나눔의집 사회복지사1급

2025년
23회 대비
최신판

SINCE 2002
22번째 개선

강의로 풀이하는

합격예상문제집

사회복지교육연구센터 편저

사회복지
전문출판 **나눔의집**

CONTENTS

2과목 사회복지실천

3과목 사회복지정책과 제도

Q & A

 합격예상문제집은 몇 문제나 되나요?

3과목 8영역 모두 합쳐 2,000개의 문제를 수록하고 있습니다.(영역별 250문제)
출제빈도가 높은 장, 자주 출제되는 부분, 학습할 내용이 많은 장 등의 경우 문제수가 조금
더 많고, 다루는 내용이 적거나 출제율이 낮은 장의 경우 문제수가 조금 더 적습니다. 어떤
내용들을 중심적으로 삼을 것인지에 대해 고민하며, 합격에 꼭 필요한 내용을 확인하기에
충분한 만큼의 문제를 담아내기 위해 노력했습니다.

 합격예상문제집에 수록된 문제의 난이도는 어떻게 되나요?

기출 난이도를 반영하고자 하였으나 조금은 어렵게 느껴질 수 있습니다.
기본적인 내용은 『기본개념』을 통해 확인하고 그 내용을 응용하여 문제의 답을 찾을 수
있도록 훈련하는 것이 『합격예상문제집』이기 때문에 다소 어려운 문제들이나 『기본개
념』에서 다루지 않은 내용들도 담고 있습니다.

 합격예상문제집의 적중률은 어떻게 되나요?

1급 시험의 출제위원은 해마다 다릅니다. 출제위원마다 중요하다고 생각하는 부분이 다
를 수 있기 때문에 사실 어떤 내용이 어떻게 출제될지를 100% 예상할 수는 없습니다. 다
만 그동안의 기출문제를 분석하여 어떤 내용이 다뤄질 가능성이 높은가를 따져 출제가능
성이 높은 내용들은 좀 더 다양한 유형으로 풀어보실 수 있게 구성하였고, 출제가능성이
낮더라도 접해보면 좋을 내용들도 함께 담았습니다.

 합격예상문제집에 기출문제도 있나요?

합격예상문제집은 나눔의집 부설 사회복지교육연구센터의 연구위원들이 출제한 예상문
제로 구성하여 기출문제를 담고 있지는 않습니다. 기출문제의 경우 나눔의집에서 출간한
『장별 기출문제집』, 『회차별 기출문제집』, 『기출회독』을 통해 확인하실 수 있습니다.

활용맵

5개년도(18~22회) 출제분포표

	18회	19회	20회	21회	22회	문항수	출제율
1장 인간행동, 발달과 사회복지	2	2	3	3	1	11	9%
2장 정신역동이론	4	4	5	3	4	20	16%
3장 인지행동이론	4	3	4	3	4	18	14%
4장 인본주의이론	3	2	2	2	2	11	9%
5장 사회체계이론	2	4	4	3	4	17	13%
6장 가족체계, 집단체계	2	-	-	1	-	3	2%
7장 조직체계, 지역사회체계, 문화체계	-	-	1	2	2	5	4%
8장 태아기, 영아기, 유아기	3	3	2	3	3	14	11%
9장 아동기	1	1	-	2	2	6	5%
10장 청소년기	2	1	2	1	1	7	6%
11장 청년기	-	1	1	-	1	3	2%
12장 장년기	1	1	1	1	1	5	4%
13장 노년기	1	3	-	1	-	5	4%

◀ 5개년도 출제분포표

출제경향 확인하기

18~22회 시험을 분석하여 각 과목이 시작하기 전 어느 장의 출제율이 높은지를 확인할 수 있도록 장별 출제문항수와 출제율 등을 제시하였다.

1장 **인간행동, 발달과 사회복지**

이 장에서는,
인간발달의 특성 및 발달원리를 이해하는 것이 주된 내용이다. 성장, 성숙, 학습, 사회화 등 발달의 유사한 개념을 이해하고, 인간발달단계에 따른 주요 발달과업과 인간발달이 사회복지실천에 미치는 영향을 이해한다. 인간발달의 특성 또는 원리에 관한 문제, 인간발달이론의 유용성, 발달의 유사개념들에 관한 문제가 주로 출제되었다.

해답과 오답노트 2쪽

+01 인간발달에 관한 설명으로 옳지 않은 것은?

① 생애 전 과정에 걸쳐 이루어진다.
② 이전 단계의 발달을 기반으로 한다.
③ 다음 단계의 발달을 예측할 수 있다.
④ 유전적 요인에 한정되어 진행된다.
⑤ 발달단계마다 특징적인 변화가 있다.

기출 STYLE
인간발달 원리에 대해 묻는 유형이다. 인간발달의 전체와 원리에 대해 정리해둘 필요가 있다.

+02 인간발달 및 그 유사개념에 관한 설명으로 옳은 것은?

① 신체적 발달을 의미하는 성장은 생애 전 과정을 통해 일어난다.
② 사춘기에 일어나는 2차 성징은 유전적 요인에 의해 진행된다.
③ 발달은 하강적 변화를 제외한 상승적 변화에 한정되어 나타난다.
④ 사회구성원으로 동화되어 가는 과정인 학습은 발달에 영향을 미친다.
⑤ 발달과 성숙은 사회환경적 요인의 영향을 받는다는 공통점이 있다.

기출 STYLE
성장, 성숙, 학습, 사회화 등 발달과 구별되는 개념들을 확인하는 문제가 출제되곤 한다.

◀ 각 장별 23회 대비 안내

23회 시험을 위한 전략

각 장별로 23회 시험을 위해 살펴봐야 할 내용은 무엇인지를 짚어보았다.

✛03 다음에서 사용된 변수의 종류를 옳게 나타낸 것은?

> 재정분권화가 확대될수록 지방정부의 복지지출 수준은 감소할 것이라는 가설을 검증하기 위해 ⓐ재정분권화는 지방행정부 전체 예산 대비 자체수입 비중으로 정의하였고, ⓑ지방정부의 복지사업 수준은 지방정부의 사회복지 예산 중 사회복지 자체사업 예산 비중으로 규정하였다. 또한 ⓒ복지지수도 포인구급단, 노인, 영유아의 비중)을 통제하였다.

① ⓐ 종속변수 ⓑ 독립변수 ⓒ 억압변수
② ⓐ 선행변수 ⓑ 독립변수 ⓒ 외생변수
③ ⓐ 독립변수 ⓑ 종속변수 ⓒ 통제변수
④ ⓐ 외생변수 ⓑ 독립변수 ⓒ 종속변수
⑤ ⓐ 매개변수 ⓑ 종속변수 ⓒ 이산변수

기출 STYLE

변수의 종류에 따른 특징과 기능을 구별하는 문제나 가설 사례에서 변수의 종류를 구별하는 유형이 주요 출제경향이다. 특히 매개변수, 조절변수, 통제변수의 의미를 명확히 구분해서 이해할 필요가 있다.

04 경험적으로 검증할 수 있는 가설의 예로 옳은 것은?

① 노인의 사회활동 참여정도가 높을수록 삶의 만족도가 높을 것이다.
② 사회복지사는 자격증이 없어도 될 수 있다.
③ 불평등이 없는 나라가 그렇지 않은 나라보다 더 바람직하다.
④ 우리나라의 GDP는 1조 5,302억 달러이다.
⑤ 정치적 행위는 근본적으로 인간이 결정한다.

05 개념의 조작화 과정에 관한 설명으로 옳지 않은 것은?

① 추상적 세계와 경험적 세계를 연결하는 작업이다.
② 연구대상인 사람, 사물의 속성, 사회적 현상 등의 변수를 개념적으로 정의하는 것이다.
③ 양적 조사에서 매우 중요한 과정이다.
④ 직접적으로 측정이 가능한 지표가 무엇인지를 찾아내고 정의하는 과정이다.
⑤ 변수값이나 범주를 명확하게 기술하는 작업이 포함된다.

✛06 다음 사례에서 나타나는 사회적 지지의 역할에 해당하는 것은?

> 청소년의 스트레스와 사회적 지지, 자살행동의 관계를 살펴본 결과, 사회적 지지가 높은 경우는 스트레스가 자살행동에 별다른 영향을 주지 않았지만, 사회적 지지가 낮은 경우는 스트레스가 자살행동에 통계적으로 유의미한 영향을 주는 것으로 나타났다.

① 독립변수
② 매개변수
③ 조절변수
④ 외생변수
⑤ 억압변수

문제풀이 TIP

독립변수가 종속변수에 미치는 영향을 조절하는 변수이다.

기출유형 문제와 중요 문제를 확인하자

기존의 기출경향을 분석하여 자주 등장하는 내용과 유형의 문제들을 각 장의 초반에 우선 제시하였으며, 이와 함께 꼭 풀어보았으면 하는 문제들은 ✛표로 표시하였다.

문제풀이 TIP

문제풀이를 위한 TIP

헷갈리기 쉬운 내용이나 함께 살펴봐야 할 내용들을 TIP을 통해 부가적으로 정리하였다.

해답과 오답노트

해답과 오답노트

더욱 풍부한 해설과 오답노트를 통해 수험생들이 쉽게 이해할 수 있도록 하였고, 동시에 관련 내용을 자연스럽게 복습할 수 있도록 하였다.

1영역 인간행동과 사회환경

1장 인간행동, 발달과 사회복지

1.④	2.②	3.③	4.③	5.⑤
6.①	7.②	8.④	9.②	10.⑤
11.①	12.①	13.②	14.⑤	15.①
16.②	17.②	18.⑤		

01

답과 해설 답 ④

④ 인간발달은 환경적·유전적 상호작용으로 이루어진다.

02

답과 해설 답 ②

오답노트
① 신체적 발달을 의미하는 성장은 일정 시기가 되면 멈추게 된다.
③ 발달은 상승적 발달과 하강적 발달을 모두 포함한다.
④ 사회구성원으로 동화되어 가는 것은 학습이 아닌 사회화에 해당한다.
⑤ 성숙은 유전적 기제에 따라 진행된다.

03

답과 해설 답 ③

③ 사회복지실천에 있어 인간발달이론은 특정 발달단계에서의 공통적인 과업에 대한 이해뿐만 아니라 발달의 개인차를 파악할 수 있도록 한다.

04

답과 해설 답 ③

점성원리
점성원리는 에릭슨 발달이론의 근거이다. 성장하는 모든 것은 기초 안에 따라 각 부분마다 정차 발달한다. 먼저 발달한 부분을 기초로 다음 발달이 이루어진다.

05

답과 해설 답 ⑤

⑤ 발달에는 상승적 변화와 하강적 변화의 측면이 모두 포함된다. 인간발달은 기능과 구조가 발달해가는 상승적 변화와 기능이 위축되고 약화되는 하강적 변화로 나눌 수 있다.

06

답과 해설 답 ①

① 이상행동은 부적응행동 또는 이상심리로 불리기도 한다. 개인의 심리적 갈등과 관계에서 나타나는 신경증, 성격이상, 알코올 중독 등의 문제를 포함한다.

2024년 제22회
사회복지사1급 국가자격시험 결과

22회 필기시험의 합격률은 지난 21회 40.70%보다 10%가량 떨어진 29.98%로 나타났다. 많은 수험생들이 3교시 과목을 어려워하는데, 이번 22회 시험의 3교시는 순간적으로 답을 찾기에 곤란할 만한 문제들이 더러 포진되어 있었고 그 결과가 합격률에 고스란히 나타난 듯하다. 이번 시험에서 정답논란이 있었던 사회복지정책론 19번 문제는 최종적으로 '전항 정답' 처리되었다.

제22회 사회복지사1급 응시현황 및 결과

합격자 수	합격률
7,633명	29.98%

접수인원	응시인원	결시인원	응시율
31,608명	25,458명	6,150명	80.5%

※이는 필기시험 결과이다.

1회~22회 사회복지사1급 국가시험 합격률 추이

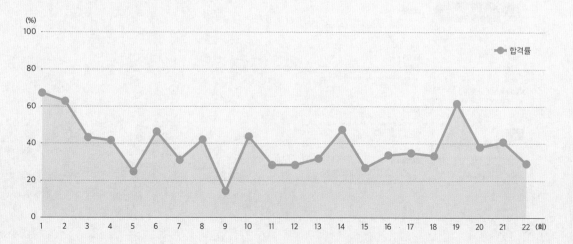

22회 기출 경향 분석

1과목 **사회복지기초**

인간행동과 사회환경
우리 교재 8~13장에서 다루는 발달단계에 관한 문제는 2~4장에서 다루는 학자들의 이론이 연결되어 출제되곤 한다. 따라서 여러 학자들의 이론을 헷갈리지 않도록 정리하며 공부하는 것이 필요하며 이론에서 공부한 내용을 각 발달단계와 연결할 수 있어야 한다.

사회복지조사론
출제영역의 분포에 있어서 예년과 비교하여 크게 변하지 않는 모습을 보였으며, 난이도도 높지 않게 출제되었다. 다만, 선택지의 내용을 헷갈리게 하거나 새로운 용어를 사용하는 등 답을 선별하기 어렵게 만든 문제가 다수 출제되었다.

2과목 **사회복지실천**

사회복지실천론
주요 역사, 윤리강령, 통합적 접근, 사례관리, 관계론, 면접 기술 및 개입 기술 등 암기할 사항들이 꽤 있다. 전반적으로 다른 영역들보다 어렵지 않아 기출문제를 바탕으로 꼼꼼히 학습하면 점수를 확보하기에 유리하다.

사회복지실천기술론
22회 시험에서는 실천모델, 가족치료모델, 개입기술 등이 어렵지 않게 출제되었다. 하지만, 기술론은 사례제시형 문제가 얼마나 어렵게 제시되는지, 모델들의 특징이나 개념이 얼마나 구체적으로 다뤄지는지 등에 따라 득점 편차가 크게 나타난다는 점에 주의해서 학습해야 한다.

지역사회복지론
22회 시험에서는 사회복지사의 역할이 2문제 출제된 것을 비롯해 최근에 자주 출제되지 않던 내용들이 제법 등장했다. 그럼에도 지역사회의 개념부터 이론, 모델, 개입기술, 추진기관 등 빈출 키워드를 확인하면서 23회 시험을 준비하면 충분히 득점전략 영역으로 만들 수 있다.

3과목 **사회복지정책과 제도**

사회복지정책론
출제 영역의 분포에 있어서 특정 내용에 편중되는 모습을 보였다. 즉, 5장 사회복지정책의 분석틀, 6장 사회보장론 일반, 11장 빈곤과 공공부조제도 이렇게 3개의 장에서 무려 20문제가 출제되었다.

사회복지행정론
22회 시험에서도 다소 생소하게 느껴질 만한 문제가 2~3문제 포진된 것처럼 행정론은 언제든 처음 보는 내용이 출제될 수 있다. 이로 인해 만점을 받기는 어려운 영역이지만 대체로 까다롭게 출제되지는 않는다.

사회복지법제론
난이도가 꽤 높게 출제되었다. 출제영역의 분포에는 큰 변화가 없지만, 예년의 시험에서 거의 출제되지 않았던 법조항이 다수의 문제에서 출제되었기 때문에 문제를 접할 때 생소하고 어렵게 느껴졌을 것이다.

사회복지사1급의 모든 것

4,840문항 모든 기출을 분석해 찾은 데이터 기반 학습법

인간행동과 사회환경

5년간 데이터로 찾아낸 합격비책

여기에서 **83.2%** (21문항) 출제

빈출순위	장	장명
1	2장	정신역동이론
2	3장	인지행동이론
3	5장	사회체계이론
4	8장	태아기, 영아기, 유아기
5	1장	인간행동, 발달과 사회복지
6	4장	인본주의이론
7	10장	청소년기
8	9장	아동기

사회복지실천론

5년간 데이터로 찾아낸 합격비책

여기에서 **82.4%** (21문항) 출제

빈출순위	장	장명
1	5장	사회복지실천의 주요 관점 및 이론
2	7장	관계형성에 대한 이해
3	2장	사회복지실천의 가치와 윤리
4	6장	사례관리
5	3장	사회복지실천의 역사적 발달과정
6	8장	면접의 방법과 기술
7	9장	접수 및 자료수집 과정
8	4장	사회복지실천현장에 대한 이해

사회복지조사론

5년간 데이터로 찾아낸 합격비책

여기에서 **79.2%** (20문항) 출제

빈출순위	장	장명
1	7장	측정
2	9장	표집(표본추출)
3	1장	과학적 방법과 조사연구
4	13장	질적 연구방법론
5	2장	조사의 유형과 절차
6	3장	조사문제와 가설
7	4장	조사설계와 인과관계
8	5장	조사설계의 유형

사회복지실천기술론

5년간 데이터로 찾아낸 합격비책

여기에서 **82.4%** (21문항) 출제

빈출순위	장	장명
1	9장	가족 대상 실천기법
2	10장	집단 대상 실천기법
3	11장	집단발달단계
4	1장	사회복지사의 전문성
5	4장	인지행동모델
6	6장	기타 실천모델
7	8장	가족문제 사정
8	7장	가족에 대한 이해

나눔의집은 2002년부터 사회복지사1급 국가시험 대비 수험서를 출간하기 시작하여 현재 22번째 개정판을 출간하였습니다.

2012년부터는 매년 가채점 데이터를 축적하여 최근 13년간 출제된 2,680문항에 대한 21,947명의 마킹률 데이터를 보유하고 있습니다.

이를 바탕으로 분석한 출제율 96.5%의 핵심키워드 250개와 마킹률 데이터를 통해 수험생에게 필요한 자세한 내용 분석을 제공할 수 있게 되었습니다.

나눔의집을 만나는 순간, 당신의 합격을 위한 최고의 전략을 만나게 될 것입니다.

지역사회복지론

5년간 데이터로 찾아낸 합격비책

여기에서 **73.6%** (19문항) 출제

빈출순위	장	장명
1	12장	지역사회복지실천의 추진체계 Ⅱ
2	5장	지역사회복지 실천모델의 이해
3	10장	지역사회복지 네트워크의 실제
4	11장	지역사회복지실천의 추진체계 Ⅰ
5	8장	지역사회복지 실천기술 Ⅰ
6	3장	지역사회복지의 역사
7	4장	지역사회복지의 주요 이론
8	6장	지역사회복지 실천과정

사회복지행정론

5년간 데이터로 찾아낸 합격비책

여기에서 **73.6%** (19문항) 출제

빈출순위	장	장명
1	3장	사회복지행정의 이론적 배경
2	8장	인적자원관리
3	7장	리더십과 조직문화
4	2장	사회복지행정의 역사
5	4장	사회복지조직의 구조와 조직화
6	1장	사회복지행정의 개념과 특성
7	9장	재정관리/재무관리
8	13장	환경관리와 정보관리

사회복지정책론

5년간 데이터로 찾아낸 합격비책

여기에서 **92.0%** (23문항) 출제

빈출순위	장	장명
1	5장	사회복지정책의 분석틀
2	11장	빈곤과 공공부조제도
3	1장	사회복지정책 개요
4	3장	사회복지정책 관련 이론과 사상
5	6장	사회보장론 일반
6	2장	사회복지정책의 역사적 전개
7	8장	국민건강보장제도의 이해
8	4장	사회복지정책 형성과정

사회복지법제론

5년간 데이터로 찾아낸 합격비책

여기에서 **97.6%** (24문항) 출제

빈출순위	장	장명
1	10장	사회서비스법
2	9장	사회보험법
3	8장	공공부조법
4	7장	사회복지사업법
5	5장	사회보장기본법
6	1장	사회복지법의 개관
7	6장	사회보장급여의 이용·제공 및 수급권자 발굴에 관한 법률
8	2장	사회복지법의 발달사

합격을 잡는 학습방법

아임패스와 함께하는 단계별 합격전략

나눔의집의 모든 교재는 강의가 함께한다. 혼자 공부하느라 머리 싸매지 말고, 아임패스를 통해 제공되는 강의와 함께 기본개념을 이해하고 암기하고 문제풀이 요령을 습득해보자. 또한 아임패스를 통해 선배 합격자들의 합격수기, 학습자료, 과목별 질문 등을 제공하고 있으니 23회 합격을 위해 충분히 활용해보자.

기본개념 학습 과정

1단계

강의로 쌓는 기본개념

어떤 유형의, 어떤 난이도의 문제가 출제되더라도 답을 찾기 위해서는 기본적인 개념이 탄탄하게 잡혀있어야 한다. 기본개념서를 통해 2급 취득 후 잊어버리고 있던 개념들을 되살리고, 몰랐던 개념들과 애매했던 개념들을 정확하게 잡아보자. 한 번 봐서는 다 알 수 없고 다 기억할 수도 없지만 이제 1단계, 즉 이제 시작이다. '이렇게 공부해서 될까?'라는 의심 말고 '시작이 반이다'라는 마음으로 자신을 다독여보자.

기본개념 완성을 위한 학습자료

기본개념 강의, 기본쌓기 문제, OX퀴즈, 기출문제, 정오표, 묻고답하기, 지식창고, 보충자료 등을 아임패스를 통해 만나실 수 있습니다.

실전대비 과정

4단계

강의로 완성하는 FINAL 모의고사 (3회분)

그동안의 학습을 마무리하면서 합격에 대한 확신을 가져보자. 답안카드를 포함하고 있으므로 모의고사는 반드시 시험시간에 맞춰 풀어봐야 한다.

강의로 잡는 회차별 기출문제집

학습자가 자체적으로 모의고사처럼 시험시간에 맞춰 풀어볼 것을 추천한다.

※이 내용은 합격수기 게시판에 올라온 선배 합격자들의 학습방법을 바탕으로 재구성한 것입니다.

기출문제 번호 보는 법

22-01-25

기출회차　영역　문제번호

'기출회차–영역–문제번호'의 순으로 기출문제의 번호 표기를 제시하여 어느 책에서든 쉽게 해당 문제를 찾아볼 수 있도록 하였다.

기출문제 풀이 과정

2단계

강의로 복습하는 기출회독

한 번을 복습하더라도 제대로 된 복습이 되어야 한다는 고민으로 만들어진 책이다. 기출 키워드마다 다음 3단계 과정으로 학습해나간다. 기출회독의 반복훈련을 통해 내 것이 아닌 것 같던 개념들이 내 것이 되어감을 느낄 수 있을 것이다.
1. 기출분석을 통한 이론요약
2. 다양한 유형의 기출문제
3. 정답을 찾아내는 훈련 퀴즈

강의로 잡는 장별 기출문제집

기본개념서의 목차에 따라 편집하여 해당 장의 기출문제를 바로 풀어볼 수 있다.

요약정리 과정

3단계

강의로 끝내는 핵심요약집

8영역을 공부하다 보면 먼저 공부했던 영역은 잊어버리기 일쑤인데, 요약노트를 정리해두면 어디서 어떤 내용을 공부했는지를 쉽게 찾아볼 수 있다.

예상문제 풀이 과정

강의로 풀이하는 합격예상문제집

내 것이 된 기본개념들로 문제의 답을 찾아보는 시간이다. 합격을 위한 필수문제부터 응용문제까지 다양한 문제를 수록하여 정답을 찾는 응용력을 키울 수 있다.

사회복지사1급
국가시험 안내문

※ 다음은 2025년 1월 11일 시행될 23회 시험에 대한 공고 내용이다.

시험방법

시험과목수	문제수	배점	총점	문제형식
3과목(8영역)	200	1점 / 1문제	200점	객관식 5지 선택형

시험과목 및 시험시간(일반수험자 기준)

구분	시험과목		입실시간	시험시간
1교시	사회복지기초(50문항)	· 인간행동과 사회환경(25문항) · 사회복지조사론(25문항)	09:00	09:30-10:20 (50분)
		휴식시간 10:20 ~ 10:40 (20분)		
2교시	사회복지실천(75문항)	· 사회복지실천론(25문항) · 사회복지실천기술론(25문항) · 지역사회복지론(25문항)	10:40	10:50-12:05 (75분)
		휴식시간 12:05 ~ 12:25 (20분)		
3교시	사회복지정책과 제도(75문항)	· 사회복지정책론(25문항) · 사회복지행정론(25문항) · 사회복지법제론(25문항)	12:25	12:35-13:50 (75분)

※ 시험관련 법령 등을 적용하여 정답을 구하여야 하는 문제는 시험 시행일(2025. 1. 11.) 현재 시행 중인 법령을 기준으로 출제함

합격(예정)자 결정기준(사회복지사업법에 의거)

· 시험의 합격결정에 있어서는 매 과목 4할 이상, 전 과목 총점의 6할 이상을 득점한 자를 합격예정자로 결정
· 사회복지사1급 국가시험 합격예정자는 한국사회복지사협회에서 응시자격 서류심사를 실시하며, 응시자격서류를 정해진 기한 내에 제출하지 않거나 심사결과 부적격자인 경우에는 최종불합격 처리함
· 최종합격자 발표 후라도 제출된 서류 등의 기재사항이 사실과 다르거나 응시자격 부적격 사유가 발견될 때에는 합격을 취소함

※ 시험관련 정보는 한국산업인력공단 사회복지사1급 홈페이지(http://www.q-net.or.kr/site/welfare)와 한국사회복지사협회 홈페이지(http://www.welfare.net)에서 확인할 수 있다.

사회복지사1급
국가시험 응시자격

대학원 졸업자

고등교육법에 따른 대학원에서 사회복지학 또는 사회사업학을 전공하고 석사학위 또는 박사학위를 취득한 자(시험 시행년도 2월 28일까지 학위를 취득한 자 포함). 다만, 대학에서 사회복지학 또는 사회사업학을 전공하지 아니하고 동 석사학위를 취득한 자는 보건복지부령이 정하는 사회복지학 전공교과목과 사회복지관련 교과목 중 사회복지현장실습을 포함한(2004. 7. 31 이후 입학생부터 해당) 필수과목 6과목 이상(대학에서 이수한 교과목을 포함하되, 대학원에서 4과목 이상을 이수하여야 한다), 선택과목 2과목 이상을 각각 이수하여야 한다.

대학교 졸업자

① 고등교육법에 따른 대학에서 보건복지부령이 정하는 사회복지학 전공교과목과 사회복지관련 교과목을 이수하고 학사학위를 취득한 자(시험 시행년도 2월 28일까지 학사학위를 취득한 자 포함)
② 법령에서 고등교육법에 따른 대학을 졸업한 자와 동등 이상의 학력이 있다고 인정하는 자로서 보건복지부령으로 정하는 사회복지학 전공교과목과 사회복지관련 교과목을 이수한 자(시험 시행년도 2월 28일까지 동등학력 취득자 포함)

외국대학(원) 졸업자

외국의 대학 또는 대학원(단, 보건복지부장관이 인정한 대학 또는 대학원)에서 사회복지학 또는 사회사업학을 전공하고 학사학위 이상을 취득한 자로서 대학원 졸업자와 대학교 졸업자의 자격과 동등하다고 보건복지부장관이 인정하는 자

전문대학 졸업자

① 고등교육법에 의한 전문대학에서 보건복지부령이 정하는 사회복지학 전공교과목과 사회복지관련 교과목을 이수하고 졸업한 자로서 (시험 시행년도 2월 28일을 기준으로) 1년 이상 사회복지사업의 실무경험이 있는 자
② 법령에서 고등교육법에 따른 전문대학을 졸업한 자와 동등 이상의 학력이 있다고 인정하는 자로서 보건복지부령이 정하는 사회복지학 전공교과목과 사회복지관련 교과목을 이수한 자로서 (시험 시행년도 2월 28일을 기준으로) 1년 이상 사회복지사업의 실무경험이 있는 자

사회복지사 양성교육과정 수료자

① 고등교육법에 따른 대학을 졸업하거나 이와 동등 이상의 학력이 있는 자로서 보건복지부장관이 지정하는 교육훈련기관에서 12주 이상의 사회복지사업에 관한 교육훈련을 이수한 자로서 (시험 시행년도 2월 28일을 기준으로) 1년 이상 사회복지사업의 실무경험이 있는 자
② 사회복지사 3급 자격증 소지자로서 (시험 시행년도 2월 28일을 기준으로) 3년 이상 사회복지사업의 실무경험이 있는 자

※ 다음 각 호의 어느 하나에 해당하는 자는 사회복지사가 될 수 없음.
가. 피성년후견인
나. 금고이상의 형의 선고를 받고 그 집행이 끝나지 아니하였거나 그 집행을 받지 아니하기로 확정되지 아니한 자
다. 법원의 판결에 따라 자격이 상실되거나 정지된 자
라. 마약·대마 또는 향정신성의약품의 중독자
마. 정신건강복지법에 따른 정신질환자(다만, 전문의가 사회복지사로 적합하다고 인정하는 사람은 예외)

※ 응시자격에 대한 자세한 사항은 한국사회복지사협회(http://www.welfare.net)에서 확인할 수 있다.

일러두기

● 이 책은 한국사회복지교육협의회의 『2022 사회복지 교과목 지침서』를 바탕으로 하면서도 시험의 출제경향, 대학교재의 공통사항, 학습의 편의성 등을 고려하여 구성하였다.

● <사회복지법제론>을 비롯해 수험서에서 다루고 있는 법률은 현재 시행 중인 규정을 따랐다. 이후 추가적인 개정사항이 있을 시 주요 사항을 정리하여 아임패스 내 '학습자료'를 통해 게시할 예정이다.

● 이 책에서 발생할 수 있는 오류사항에 대해서는 아임패스 내 '정오표' 게시판을 통해 정정할 예정이다.

● 학습 중 헷갈리거나 궁금한 내용이 있을 때에는 아임패스 내 '과목별 질문' 게시판을 이용할 수 있다.

인간행동과 사회환경

5개년도(18~22회) 출제분포표

		18회	19회	20회	21회	22회	문항수	출제율
1장	인간행동, 발달과 사회복지	2	2	3	3	1	11	9%
2장	정신역동이론	4	4	5	3	4	20	16%
3장	인지행동이론	4	3	4	3	4	18	14%
4장	인본주의이론	3	2	2	2	2	11	9%
5장	사회체계이론	2	4	4	3	4	17	13%
6장	가족체계, 집단체계	2	-	-	1	-	3	2%
7장	조직체계, 지역사회체계, 문화체계	-	-	1	2	2	5	4%
8장	태아기, 영아기, 유아기	3	3	2	3	3	14	11%
9장	아동기	1	1	-	2	2	6	5%
10장	청소년기	2	1	2	1	1	7	6%
11장	청년기	-	1	1	-	1	3	2%
12장	장년기	1	1	1	1	1	5	4%
13장	노년기	1	3	-	1	-	5	4%

1장 인간행동, 발달과 사회복지

이 장에서는,

인간발달의 특성 및 발달원리를 이해하는 것이 주된 내용이다. 성장, 성숙, 학습, 사회화 등 발달의 유사한 개념을 이해하고, 인간발달단계에 따른 주요 발달과업과 인간발달이 사회복지실천에 미치는 영향을 이해한다. 인간발달의 특성 또는 원리에 관한 문제, 인간발달이론의 유용성, 발달의 유사개념들에 관한 문제가 주로 출제되었다.

해답과 오답노트 2쪽

✛01 인간발달에 관한 설명으로 옳지 않은 것은?

① 생애 전 과정에 걸쳐 이루어진다.
② 이전 단계의 발달을 기반으로 한다.
③ 다음 단계의 발달을 예측할 수 있다.
④ 유전적 요인에 한정되어 진행된다.
⑤ 발달단계마다 특징적인 변화가 있다.

기출 STYLE

인간발달 원리에 대해 묻는 유형이다. 인간발달의 전제와 원리에 대해 정리해둘 필요가 있다.

✛02 인간발달 및 그 유사개념에 관한 설명으로 옳은 것은?

① 신체적 발달을 의미하는 성장은 생애 전 과정을 통해 일어난다.
② 사춘기에 일어나는 2차 성징은 유전적 요인에 의해 진행된다.
③ 발달은 하강적 변화를 제외한 상승적 변화에 한정되어 나타난다.
④ 사회구성원으로 동화되어 가는 과정인 학습은 발달에 영향을 미친다.
⑤ 발달과 성숙은 사회환경적 요인의 영향을 받는다는 공통점이 있다.

기출 STYLE

성장, 성숙, 학습, 사회화 등 발달과 구분되는 개념들을 확인하는 문제가 출제되곤 한다.

✛03 사회복지실천에 있어 인간발달이론에 대한 이해가 필요한 이유로 옳지 않은 것은?

① 사회복지실천의 개입이나 원조 방향을 제시해줄 수 있다.

② 사회복지사의 개인적 편견과 주관적 추론을 배제하고, 전문적 판단을 돕는다.

③ 사회복지사는 개인차를 제외하고 공통적인 발달과업만을 제시하도록 한다.

④ 인간발달을 구성하는 다양한 신체적·사회적 요인을 이해할 수 있다.

⑤ 인간의 생활주기를 이해할 수 있는 개념적 틀을 제공한다.

기출 STYLE

인간발달이론이 사회복지실천에 미친 영향과 필요성을 묻는 유형이다. 인간발달이론의 유용성과 함께 정리해둘 필요가 있다.

04 다음에서 설명하는 발달의 원리는 무엇인가?

> 인간발달은 설계도안과 같은 기본적이고 총체적인 기본형이 있다. 이러한 기본형에서 부분이 발생하고 부분이 전체를 형성한다. 각 부분은 특정한 단계에서 지배적이고 결정적인 발달이 이루어지게 되는데, 이전 단계의 발달을 토대로 다음 단계의 발달이 이루어진다.

① 방향성
② 속도의 불규칙성
③ 점성원리
④ 개인차
⑤ 연속성

05 인간발달에 관한 설명으로 옳지 않은 것은?

① 인간발달은 이전 단계의 발달에 현재의 경험이 융합되어 이루어지므로 지속성과 변화를 보인다.

② 인간발달을 이해함으로써 생활전이(life transition)에 따른 안정성과 변화를 파악할 수 있다.

③ 인간발달의 양적 변화는 크기나 질량의 변화를, 질적 변화는 본질, 구조 또는 조직상의 변화를 의미한다.

④ 발달은 전 생애를 통해 다양한 영역에 걸쳐 일어나지만 각 발달단계별로 특히 중요한 변화를 보이는 영역이 있다.

⑤ 인간발달은 기능과 구조가 발달해가는 상승적 변화만을 포함하며, 하강적 변화는 포함되지 않는다.

06 이상행동에 관한 설명으로 옳지 않은 것은?

① 개인의 부적응행동을 말하는 것으로 심리적 문제는 아니다.

② 사회복지실천에 있어 인간행동을 이해하는 데에 도움이 된다.

③ 사회문화적 규범은 이상행동을 진단하는 기준이 된다.

④ 진단분류체계로 정신질환 진단 및 통계편람(DSM)이 많이 활용된다.

⑤ 최근에는 치료보다 예방을 더욱 강조하는 추세이기도 하다.

인간행동과 사회환경

07 인간발달에 대한 설명으로 옳은 것은?

① 양적 증가를 의미하며, 신체적 부분에 국한된 것이다.
② 신체적 · 심리적 · 사회적 측면에서 변하는 것을 의미하는데 여기에는 상승적 또는 하강적 변화가 있다.
③ 외적인 환경조성이나 연습과는 비교적 무관하게 내적 · 유전적 메커니즘에 출현되는 신체적 · 심리적 변화만을 의미한다.
④ 경험, 훈련 또는 연습의 결과로 나타나는 변화만을 말한다.
⑤ 사춘기에 나타나는 2차 성징을 의미하며 환경적 요인과는 무관하다.

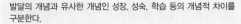

문제풀이 TIP
발달의 개념과 유사한 개념인 성장, 성숙, 학습 등의 개념적 차이를 구분한다.

08 인간발달에 관한 설명으로 옳은 것을 모두 고른 것은?

> ㄱ. 인간발달의 속도는 일정하지만, 순서는 일정하지 않다.
> ㄴ. 발달은 체계적인 특성이 있기 때문에 예측이 가능하지만, 개인차로 인해 예측이 어려운 점도 있다.
> ㄷ. 인간발달은 전 생애에 걸쳐 이루어지는 것은 아니며, 의미 있는 변화를 나타내는 영역은 발달단계와 상관없이 동일하다.
> ㄹ. 특정 단계의 발달은 이전 단계의 발달에 기반하여 진행된다.

① ㄱ
② ㄱ, ㄴ
③ ㄴ, ㄹ
④ ㄷ, ㄹ
⑤ ㄱ, ㄴ, ㄷ

09 발달과업에 관한 설명으로 옳지 않은 것은?

① 발달 단계 및 과업은 학자마다 다르게 제시되고 있다.
② 과업에는 결정적 시기가 있으며 가역적인 특징이 있다.
③ 신체적, 인지적, 사회적, 정서적 차원이 포함된다.
④ 개인이 환경에 적응하기 위해 성취해야 하는 것이다.
⑤ 특정 연령에 대해 사회가 갖는 기대가 반영된다.

✣10 다음 각 개념과 설명이 적절하게 연결된 것은?

① 기초성: 먼저 발달한 부분을 기초로 다음 발달이 이루어진다.
② 가역성: 특정 시기의 발달이 잘못되면 그 이후에 충분히 보상적 자극이나 경험을 제공받는다고 하더라도 원래의 발달상태로 회복되지 않는다.
③ 연속적 과정: 발달의 속도는 일정하지 않다.
④ 속도의 불규칙성: 유전과 환경의 영향은 서로 다른 비중으로 영향을 미친다.
⑤ 결정적 시기: 신체 및 심리발달이 가장 용이하게 이루어지는 시기를 말한다.

✦11 인간발달이론이 사회복지실천에 기여한 바로 옳은 것을 모두 고른 것은?

> ㄱ. 발달단계별로 발달의 내용을 구성하는 요소들과 그 요소들의 관계를 보여준다.
> ㄴ. 발달의 지체나 문제 상황을 파악하여 바람직한 발달을 유도할 수 있다.
> ㄷ. 사회복지실천의 사정과 개입에 필요한 기초지식을 제공해준다.
> ㄹ. 발달단계에서 각 단계의 발달에 기여하는 요소들을 제시해준다.

① ㄱ, ㄴ   ② ㄱ, ㄷ

③ ㄴ, ㄹ   ④ ㄱ, ㄴ, ㄷ

⑤ ㄱ, ㄴ, ㄷ, ㄹ

13 다음 <보기>에서 설명하고 있는 발달의 특성으로 옳은 것을 모두 고른 것은?

> 인간발달은 전 생애 동안 연속적으로 이루어지지만 일생의 발달에 영향을 미치는 기초가 형성될 필요가 있으며, 특정 발달과업을 성취하기 가장 적절한 시기에 해당 발달을 이루는 것이 중요하다. 이 시기를 놓쳐 결손이 생기면 누적되어 더 심각한 결손이 되고 다시 돌이킬 수 없게 될 수도 있다.
>
> ㄱ. 기초성
> ㄴ. 보편적 순서와 방향
> ㄷ. 불가역성
> ㄹ. 점성원리

① ㄱ   ② ㄱ, ㄷ

③ ㄴ, ㄷ   ④ ㄹ

⑤ ㄱ, ㄴ, ㄷ

 문제풀이 TIP

인간발달의 원리에는 연속성, 기초성, 적기성, 누적성, 불가역성 등이 있다.

12 인간발달과 그 유사 개념에 관한 사례의 연결이 옳은 것은?

> ㄱ. 운전을 못하는 사람이 운전학원을 다니며 면허를 취득했다.
> ㄴ. 노년기가 되자 노안이 심해지고 소리가 잘 들리지 않는다.
> ㄷ. 사춘기가 되면서 몸무게가 늘어나고 근육이 발달한다.

① ㄱ: 학습, ㄴ: 발달, ㄷ: 성장

② ㄱ: 학습, ㄴ: 성장, ㄷ: 성숙

③ ㄱ: 학습, ㄴ: 성숙, ㄷ: 발달

④ ㄱ: 사회화, ㄴ: 발달, ㄷ: 성숙

⑤ ㄱ: 사회화, ㄴ: 성숙, ㄷ: 발달

14 인간발달과 사회복지실천의 관계로 옳지 않은 것은?

① 사회복지사는 연령별로 정상적인 기능수준과 병리적인 기능수준을 명확히 이해해야 한다.

② 정상적인 발달단계의 이해를 통하여 클라이언트의 발달에 대한 기대를 조절해주고 지나친 염려를 줄일 수 있도록 도울 수 있다.

③ 장애를 조기 사정함으로써 예방적 서비스를 제공할 수 있다.

④ 생애주기에 따른 지속적인 서비스를 계획하고 제공할 수 있다.

⑤ 모든 문화권에 동일하게 적용될 수 있는 실천지식을 제공한다.

인간행동과 사회환경

✤**15** 인간발달의 전제로 옳지 않은 것은?

① 인간은 자신의 발달에 수동적으로 기여하며, 환경에 지배당한다.

② 인간발달은 삶의 모든 단계에서 일어난다.

③ 신체적 · 인지적 · 사회적 · 정서적 영역들의 상호작용으로 인간발달이 이루어지므로 전인 적인 인간(whole person)으로 이해해야 한다.

④ 인간행동은 개인이 처한 상황과 관계의 맥락 속에서 이해되고 분석되어야 한다.

⑤ 인간발달은 이전 단계의 발달을 기반으로 현 재의 경험이 융합되어 이루어지므로 지속성 과 변화를 보인다.

16 인간발달의 관점에 관한 설명으로 옳지 않은 것은?

① 인간을 신체, 심리, 사회적 요인이 통합되어 있는 전체로서의 인간으로 이해해야 한다.

② 발달은 유전적 요소나 환경적 요소의 영향에 도 불구하고 일정한 속도로 진행된다.

③ 인간은 자신의 발달에 능동적으로 기여한다.

④ 발달은 상승적 변화와 하강적 변화를 모두 포 함하는 개념이다.

⑤ 발달영역 간에 서로 직간접적으로 영향을 미 친다.

문제풀이 TIP

발달은 보편적인 성장의 과정을 거치지만 개인차가 존재한다.

✤**17** 인간발달이론의 유용성에 관한 설명으로 옳지 않은 것은?

① 신체적, 심리적, 사회적 기능 간의 상호관련 성에 대한 설명을 제공한다.

② 특정 단계에서의 발달은 이전 단계의 발달과 업 성취와 독립적인 특성을 갖고 있음을 이해 할 수 있다.

③ 일생에 걸쳐 공존하는 안정과 변화에 기여하 는 요인을 이해할 수 있는 시각을 제공한다.

④ 클라이언트의 양적, 질적 변화를 이해할 수 있는 준거틀을 제공한다.

⑤ 개인의 적응과 부적응을 판단하는 기준을 제 공한다.

✤**18** 인간발달이론에 대한 설명으로 옳은 것을 모두 고른 것은?

ㄱ. 환경적 요인을 강조하는 사람들은 성장과정에 서 환경의 자극 및 학습에 의해 발달과정이 결 정된다고 주장한다.

ㄴ. 발달과정에서 안정성과 변화속성이 공존한다.

ㄷ. 점진적인 변화는 발달의 연속성을 보여주며, 특정 시기의 급격한 변화는 발달의 불연속성을 나타낸다.

ㄹ. 행동주의이론은 유전적 요인을 강조하는 입장 이며, 정신분석이론은 학습과 환경적 요인을 강조하는 입장이다.

---

① ㄱ

② ㄱ, ㄷ

③ ㄴ, ㄹ

④ ㄹ

⑤ ㄱ, ㄴ, ㄷ

정신역동이론

이 장에서는,

프로이트의 정신분석이론, 에릭슨의 심리사회이론, 아들러의 개인심리이론, 융의 분석심리이론 등의 특징에 대해 살펴본다. 최근에는 각 이론에 대한 개별 문제뿐만 아니라 여러 이론들을 한 문제에서 종합적으로 묻는 문제나 두 가지 이론을 비교하는 문제 유형이 출제되고 있다. 따라서 정신역동이론에 속하는 각 이론들의 주요 개념, 인간관, 발달단계 구분, 사회복지실천에 미친 영향 등 각 이론들의 공통점과 차이점을 비교해서 정리해둘 필요가 있다.

해답과 오답노트 **4쪽**

✦01 프로이트(S. Freud)의 정신분석이론에 대한 설명으로 옳은 것은?

① 지형학적 모형으로 원초아, 자아, 초자아의 구성요소를 살펴보았다.

② 사회화 과정에 따라 발달단계를 구분하여 심리성적 발달단계를 제시하였다.

③ 불안으로부터 자신을 보호하기 위한 무의식적 기제를 자기방어라고 보았다.

④ 무의식은 알 수 없기 때문에 의식을 해석하는 것에 치료의 초점을 두었다.

⑤ 인간의 행동은 무의식의 본능을 따르지만 결정적 요인은 이성으로 보았다.

기출 STYLE

프로이트 이론의 주요 특징 및 주요 개념들을 종합적으로 파악하는 문제이다. 심리성적 발달단계나 방어기제 등은 단독으로도 출제된다.

✦02 에릭슨(E. Erikson)의 심리사회적 발달단계에서 획득된 심리사회적 능력과 주요 관계의 연결이 옳지 않은 것은?

① 초기 아동기(18개월~3세): 의지 – 부모

② 학령전기(3~6세): 목적의식 – 가족

③ 학령기(6~12세): 유능성 – 학교

④ 성인초기(20~24세): 사랑 – 우정, 애정의 대상

⑤ 성인기(24~65세): 자아통합 – 가족, 직장

기출 STYLE

에릭슨의 심리사회이론이 갖는 주요 특징도 출제율이 높지만 각 단계별 심리사회적 위기는 특히 꼼꼼히 암기해두어야 한다.

✛03 아들러(A. Adler)의 개인심리이론에 관한 설명으로 옳지 않은 것은?

① 사회적 관심의 발달은 성인기 사회활동으로 시작된다.

② 생활양식은 개인이 추구하는 삶의 목표와 관련된다.

③ 열등감에 대한 과잉보상은 병적 우월감을 가져올 수 있다.

④ 열등감은 자기완성을 위한 필수적인 요인이다.

⑤ 우월성 추구는 가상적 목표에 의해 결정된다.

기출 **STYLE**

아들러의 개인심리이론은 발달단계를 제시하지 않았기 때문에 이론적 특징이나 주요 개념을 파악하는 문제가 출제되고 있다.

✛04 융(C. Jung)이 분석심리이론을 통해 제시한 주요 개념에 관한 설명으로 옳지 않은 것은?

① 페르소나(persona)는 자아(ego)가 외적 세계에 적응하기 위해 사용하는 공적 얼굴이다.

② 개성화(individuation)는 의식을 무의식 속에 안착시킴으로써 자기를 구성해가는 과정이다.

③ 음영(shadow)은 대부분 긍정적인 자기상과 반대되는 부정적인 것으로 구성된다.

④ 리비도(libido)는 인생 전반에 걸쳐 작동하는 생활에너지이자 정신에너지이다.

⑤ 자아(ego)가 의식세계의 중심이라면 자기(self)는 의식과 무의식을 모두 포괄한다.

기출 **STYLE**

융이 제시한 다양한 개념들을 살펴보는 문제가 출제되곤 한다.

05 프로이트(S. Freud)의 정신분석이론에 관한 설명으로 옳은 것은?

① 구강기에 고착된 성인은 구강가학적 성격이 나타나 과도한 의존을 보인다.

② 항문기는 배변훈련의 과정에서 양육자에게 최초의 양가감정을 느끼게 된다.

③ 남근기의 남자아이는 엘렉트라 콤플렉스에 따른 거세불안을 경험한다.

④ 잠복기에는 성적 활동이 잠재되는 대신 동성 또래에 대한 관심이 증가한다.

⑤ 생식기에는 2차 성징과 함께 리비도가 나타나 심리적 질풍노도를 일으킨다.

06 에릭슨(E. Erikson)의 심리사회이론에 관한 설명으로 옳은 것은?

① 인간발달은 점성원리를 따르기 때문에 인간은 수동적 존재라고 보았다.

② 노년기의 발달과업으로 다른 사람과의 친밀감 형성을 강조하였다.

③ 자아는 원초아로부터 분화된 것이며 환경에 대해 수동적으로 대응한다고 보았다.

④ 인간발달에 있어서 사회적 · 문화적 요인을 배제하여 설명하였다.

⑤ 심리사회적 위기를 극복하면서 긍정적 자아특질을 획득한다고 보았다.

07 정신분석이론의 방어기제에 관한 설명으로 옳은 것은?

① 투사(projection): 과도한 억압의 결과로 내면에서 수용할 수 없는 충동을 정반대로 적극적으로 표현하는 것이다.

② 동일시(identification): 자신이 인정할 수 없는 위협적인 충동을 다른 사람이 가지고 있다고 원인을 돌리는 것이다.

③ 전치(displacement): 강하고 위협적인 대상에게 느끼는 감정을 그 대상이 아닌 약하고 덜 위협적인 대상에게 표현하는 것이다.

④ 보상(compensation): 개인에게 닥친 고통스러운 사건들에 대한 생각을 감정으로부터 분리하여 냉정하고 초연하게 생각하는 것이다.

⑤ 합리화(rationalization): 공격성과 같은 사회적으로 수용될 수 없는 충동을 받아들여질 수 있는 형태로 대체하는 것이다.

08 융 이론에 관한 설명으로 옳지 않은 것은?

① 개성화(individuation)는 노년기에 자아를 외적·물질적 차원으로부터 내적·정신적 차원으로 전환시키는 것을 의미한다.

② 인간을 무의식의 영향을 받지만 의식에 의해 조절될 수 있는 가변적 존재로 보았다.

③ 자아의 정신기능 중 직관형은 미래지향적이고 가능성과 의미를 추구한다.

④ 집단무의식에는 인류의 축적된 경험과 정서가 다양한 원형의 모습으로 내재되어 있다.

⑤ 융은 성격 발달을 개성화의 과정을 통한 자기실현과정이라고 본다.

09 에릭슨의 심리사회적 위기와 프로이트의 심리성적 발달단계의 연결이 옳은 것은?

① 신뢰감 대 불신감 – 잠재기
② 자율성 대 수치심 – 남근기
③ 주도성 대 죄의식 – 구강기
④ 근면성 대 열등감 – 항문기
⑤ 자아정체감 대 정체감 혼란 – 생식기

10 에릭슨의 이론에 관한 설명으로 옳은 것을 모두 고른 것은?

ㄱ. 신뢰감 대 불신감의 심리사회적 위기를 성공적으로 해결하게 되면 희망이라는 심리사회적 능력을 얻게 된다.
ㄴ. 진정한 친밀감은 자아정체감이 형성되었을 때만 가능하다.
ㄷ. 각 단계의 심리사회적 위기를 해결하게 되면 자아특질이 강화된다고 보았다.
ㄹ. 개인의 성장과 발달은 열등감을 극복하려는 시도에서 나온다고 보았다.

① ㄱ
② ㄱ, ㄷ
③ ㄴ, ㄹ
④ ㄷ, ㄹ
⑤ ㄱ, ㄴ, ㄷ

✦11 에릭슨의 발달단계 중 다음에서 설명하는 단계의 심리사회적 위기와 자아특질의 연결로 옳은 것은?

> • 이전 발달단계에서 긍정적인 자아정체감을 확립하지 못한 사람은 자신감을 갖지 못하므로 타인과의 사회적 관계에서 어려움을 느끼고 자신에게만 몰두하게 된다.
> • 이 단계에서 갈등을 성공적으로 해결하면 자신을 타인에게 관여시키게 되는데, 이 관여를 유지하는 능력으로써 다른 사람에 대한 보호나 존경, 책임과 같은 능력이 나타난다.

① 친밀감 대 고립감 – 사랑
② 신뢰감 대 불신감 – 희망
③ 자아통합 대 절망 – 지혜
④ 근면성 대 열등감 – 능력
⑤ 생산성 대 침체 – 배려

✦12 융이 제시한 성격 유형에 관한 설명으로 옳지 않은 것은?

① 판단이나 평가를 필요로 하는 기능인 감각과 직관은 합리적 기능으로 분류된다.
② 감각형은 오감에 의존하며 실제의 경험을 중시한다.
③ 직관형은 미래지향적이고 가능성과 의미를 추구한다.
④ 사고형은 논리적이고 분석적이며 객관적으로 판단한다.
⑤ 감정형은 사람과 관계에 큰 관심을 가진다.

13 프로이트의 이론에서 초자아에 대한 설명으로 옳은 것은?

① 원초아의 본능적 충동과 사회규범적 역할을 하는 자아의 요구를 통합하는 기능을 한다.
② 현실원리에 의해 작동한다.
③ 성적이고 공격적인 생물학적 본능으로 구성된다.
④ 현실적이고 논리적인 이차과정 사고기제를 활용한다.
⑤ 양심과 자아이상이라는 두 가지 요소로 구성된다.

문제풀이 TIP

프로이트의 구조적 모형
• 원초아: 본능과 충동의 원천, 쾌락 원칙에 의해 작동
• 자아: 현실 원칙에 의해 작동, 초자아와 원초아 사이의 갈등을 조정
• 초자아: 옳고 그름을 판단하고 결정, 사회의 도덕적 기준에 따라서 행동하도록 유도, 자아이상과 양심으로 구성

14 각 이론들과 사회복지실천과의 연관성에 대한 설명으로 옳지 않은 것을 모두 고른 것은?

> ㄱ. 정신분석이론을 바탕으로 한 정신분석치료는 무의식의 세계를 의식의 세계로 끌어올리기 위해 자유연상이나 꿈의 분석과 같은 방법을 활용한다.
> ㄴ. 심리사회이론은 인간의 심리사회적 발달단계에서 야기되는 위기와 사건을 이해할 수 있는 준거틀을 제시한다.
> ㄷ. 분석심리이론은 중년기의 위기나 노년기의 죽음 등 이 시기에 발생할 것으로 예상되는 문제들에 대한 이해에 도움을 제공한다.
> ㄹ. 개인심리이론에 입각한 치료목표는 증상의 경감이나 제거에 있다.

① ㄱ
② ㄱ, ㄷ
③ ㄴ, ㄹ
④ ㄹ
⑤ ㄱ, ㄴ, ㄷ, ㄹ

15 정신역동이론의 인간관에 관한 내용으로 옳지 않은 것을 모두 고른 것은?

> ㄱ. 정신분석이론: 인간의 행동은 기본적인 생물학적 충동과 본능을 만족시키려는 욕망에 의해 동기화된다.
> ㄴ. 심리사회이론: 인간행동은 무의식에 의해서 결정되는 것이 아니라 의식 수준에서 통제 가능한 자아에 의해서 동기화된다.
> ㄷ. 개인심리이론: 가치, 신념, 태도, 목표, 관심, 현실적 지각과 같은 내적 결정인자를 강조하는 인간관, 총체적이고 사회적이며, 목표지향적인 인간관이 특징이다.
> ㄹ. 분석심리이론: 인간을 불변적이고 결정론적인 존재로 보았다.

① ㄱ
② ㄴ, ㄷ
③ ㄹ
④ ㄱ, ㄴ
⑤ ㄷ, ㄹ

16 에릭슨의 이론에 관한 설명으로 옳지 않은 것은?

① 인간행동은 무의식 수준에서 자아에 의해 동기화된다고 본다.
② 각 발달단계는 이전 단계의 경험이 어떻게 해결되었는가에 따라 달라진다고 본다.
③ 문화적인 상대성을 인정하였다.
④ 인간발달이 전 생애를 통해 계속된다고 주장하였다.
⑤ 개인의 자아정체감을 발전시키는 과정에 초점을 둔다.

✚17 융의 무의식 구분에 관한 설명으로 옳은 것을 모두 고른 것은?

> ㄱ. 인간의 정신구조는 의식, 개인적 무의식, 집단적 무의식의 층으로 이루어져 있고, 개인적 무의식은 자기보다 상층부에 위치한다.
> ㄴ. 집단무의식은 무의식 깊숙이 위치하며, 원형이라고 하는 강력한 정서적인 상징으로 구성되어 있다.
> ㄷ. 음영의 대부분이 집단무의식이며, 아니마와 아니무스도 부분적으로는 집단무의식에 속한다.
> ㄹ. 개인무의식에는 하나의 공통된 주제와 관련된 정서, 기억, 사고가 집합을 이루는 콤플렉스가 존재한다.

① ㄱ, ㄴ, ㄹ
② ㄴ, ㄷ, ㄹ
③ ㄱ, ㄷ
④ ㄱ, ㄴ
⑤ ㄴ, ㄹ

✚18 다음 사례에서 설명한 방어기제의 유형은?

> 올림픽 펜싱종목 금메달리스트인 김○○선수는 어렸을 때부터 너무 산만하여 ADHD(주의력 결핍장애) 판정을 받았다. 다리를 심하게 떨고 잠시도 가만히 있지 못하는 특성을 살려 온 몸을 쉴 새 없이 움직이는 펜싱선수가 되었다.

① 억압
② 승화
③ 보상
④ 투사
⑤ 합리화

19 아들러의 생활양식에 관한 설명으로 옳지 않은 것은?

① 개인의 생활양식은 생각하고 느끼고 행동하는 모든 것의 기초가 된다.

② 출생순위가 생활양식 형성에 영향을 미친다.

③ 획득형은 개인과 사회 모두의 발전을 추구하며 그 사이에서 균형과 조화를 추구한다.

④ 긴박한 위기 상황에서 개인의 진정한 생활양식이 나타난다.

⑤ 회피형은 사회에 대한 관심도 적고, 활동수준도 낮다.

 문제풀이 TIP

아들러는 생활양식을 사회적 관심과 활동수준이라는 두 가지 축을 중심으로 지배형, 획득형, 회피형, 사회적으로 유용한 유형이라는 4가지로 분류했다.

✦20 아들러의 이론에 관한 설명으로 옳지 않은 것을 모두 고른 것은?

ㄱ. 우월의 목표에는 긍정적 경향만이 포함된다.

ㄴ. 인간발달은 열등감을 극복하려는 시도에서 나온다.

ㄷ. 개인이 추구하는 궁극적 목적은 현실에서 검증되거나 확인이 가능하다.

ㄹ. 사회적 관심의 수준이 개인의 심리적 건강을 측정하는 유용한 척도가 된다.

① ㄱ ② ㄱ, ㄷ

③ ㄴ, ㄷ ④ ㄴ, ㄹ

⑤ ㄱ, ㄴ, ㄷ, ㄹ

✦21 융의 이론에 관한 설명으로 옳은 것은?

① 인간의 정신을 의식, 전의식, 무의식으로 구성되어 있다고 보았다.

② 심리적 위기를 만족스럽게 해결하게 되면 긍정적 자아특질이 강화된다고 보았다.

③ 중년기를 전환점으로 하는 생애 후반기에는 정신에너지의 흐름이 내부로 향하게 된다.

④ 초자아의 발달에는 양육자의 양육태도와 같은 사회화 과정이 중요하다.

⑤ 인간발달은 주관적인 목표를 중심으로 형성된다고 본다.

22 프로이트 이론에서 불안에 관한 설명으로 옳은 것을 모두 고른 것은?

ㄱ. 불안이란 지나친 원초아의 욕구나 초자아의 규제로 인한 갈등으로 인해서 자아가 과도한 부담을 느낄 때 발생하는 부정적 감정을 의미한다.

ㄴ. 내일 당장 시험이 있는데 지금까지 시험 준비를 충분히 하지 않았기 때문에 느끼는 불안은 신경증적 불안에 해당한다.

ㄷ. 신경증적 불안은 원초아와 자아 사이의 충돌이나 갈등으로 발생하는 불안이다.

ㄹ. 도덕적 불안은 원초아적 욕구를 충족시키는 것이 사회적, 도덕적 규범에 위배될 수 있는 경우에 나타난다.

① ㄱ, ㄷ ② ㄴ, ㄹ

③ ㄱ, ㄴ, ㄷ ④ ㄱ, ㄷ, ㄹ

⑤ ㄴ, ㄷ, ㄹ

★23 아들러의 이론에 관한 설명으로 옳지 않은 것은?

① 인간을 목표지향적 존재라고 보았다.

② 성격의 발달을 개성화의 과정을 통한 자기실현과정이라고 보고 있다.

③ 우월에 대한 추구는 선천적으로 타고난 것이지만, 잠재력으로 존재한다.

④ 특별한 발달단계를 제시하지 않았다.

⑤ 인간행동의 형성에 있어서 개인의 주관적 판단과 선택을 중시하였다.

24 다음 중 옳지 않은 것을 모두 고른 것은?

> ㄱ. 프로이트의 이론은 정신 내적 현상을 지나치게 강조했으며, 환경의 영향을 경시하고 클라이언트를 병리적으로 보게 한 한계를 가지고 있다.
>
> ㄴ. 아들러의 이론은 프로이트의 이론과 비교하여 무의식의 중요성을 인정하면서도 의식의 중요성을 간과해서는 안 된다는 점을 지적했다.
>
> ㄷ. 에릭슨의 이론은 원초아보다 자아를 더 강조했으며, 자아가 형성되는 심리사회적 환경을 중요하게 고려하였다.
>
> ㄹ. 융의 이론은 개인의 창조적 자기의 중요성을 강조했으며, 인생과업에 대한 태도와 행동에 따라 성격을 유형화하였다.

① ㄱ, ㄷ   ② ㄴ, ㄷ

③ ㄴ, ㄹ   ④ ㄹ

⑤ ㄱ, ㄴ, ㄷ

25 아들러 이론의 주요 개념에 관한 설명으로 옳지 않은 것은?

① 열등감은 모든 인간으로 하여금 무언가를 추구할 수 있는 동기가 된다.

② 보상은 잠재력을 발휘하도록 인간을 자극하는 건전한 반응이다.

③ 우월에 대한 추구는 잠재력으로 존재하며, 잠재력을 현실화하는 것은 각 개인에게 달려 있다.

④ 사회적 관심의 발달은 사회적 환경에서 이루어지며, 발달에 가장 영향을 주는 것은 또래집단이다.

⑤ 개인의 가상적 목표는 자기 스스로 결정한 것이므로 자신의 창조력에 의해 결정되고 각 개인마다 독특하다.

★26 프로이트 이론에 관한 설명으로 옳지 않은 것은?

① 인간행동이 무의식적 동기를 지니고 있다고 본다.

② 자아는 쾌락원칙에 의해 작동한다.

③ 초자아는 현실적인 것보다는 이상적인 것, 쾌락보다는 완전함을 추구한다.

④ 리비도가 집중되는 신체 부위에 따라 발달단계의 명칭을 부여하였다.

⑤ 유아기에 해결되지 않은 무의식적 갈등은 성인기에 경험하는 심리적 문제의 중요한 원인이 된다.

27 다음 사례에 대한 설명으로 옳지 않은 것은?

> K씨는 버스를 타고 가던 중 옆 자리에 현금 5만 원이 떨어져 있는 것을 발견하였다. 주변을 살피고 5만 원을 몰래 주워 주머니에 넣는 순간 왠지 모르게 불편함을 느꼈다.

① 원초아와 자아 간 갈등으로 발생하는 불안의 한 종류이다.
② 마음속 충동이 개인과 사회의 가치관에 모순되는 경우에 느끼는 갈등이다.
③ 양심에서 오는 처벌에 대한 두려움이 수반된다.
④ 개인의 행동을 자기 양심에 알맞은 방향으로 이끄는 긍정적 기능이 있다.
⑤ 죄책감, 수치심과 연결되어 있다.

문제풀이 TIP

불안이란 지나친 원초아의 욕구나 초자아의 규제로 인한 갈등으로 인해서 자아가 과도한 부담을 느낄 때 발생하는 부정적 감정을 의미한다. 원초아와 자아 사이의 충돌이나 갈등으로 발생하는 불안을 신경증적 불안이라고 하고, 자아가 초자아로부터 처벌의 위협을 받을 때 발생하거나 혹은 원초아로 인해 비도덕적으로 욕구를 충족하려고 할 때 초자아로 인해 야기되는 불안을 도덕적 불안이라고 한다.

3장 인지행동이론

이 장에서는,

피아제의 인지발달이론, 콜버그의 도덕성발달이론, 스키너의 행동주의이론, 반두라의 사회학습이론의 특징에 대해 살펴본다. 벡의 인지치료와 엘리스의 합리적 정서행동치료에 관한 내용도 종종 출제되고 있기 때문에 기억해둘 필요가 있다. 특히, 피아제의 인지발달에 대한 특성과 인지발달단계에 관한 내용은 출제 비중이 높은 것은 물론, 이후의 생애주기별 발달단계에서도 지속적으로 언급되는 내용이기 때문에 반드시 정리해두도록 하자.

해답과 오답노트 7쪽

✦01 피아제(J. Piaget)의 인지이론에 관한 설명으로 옳지 않은 것은?

① 인지발달은 동화기제와 조절기제를 활용하여 환경에 적응하는 것이다.

② 인간은 환경과 상호작용하는 과정에서 계속해서 도식을 재구성해간다.

③ 감각운동기는 다른 사람의 관점을 인식하지 못하는 자아중심성이 나타난다.

④ 유목화, 서열화, 보존개념 등의 인지능력은 전조작기에 발달하기 시작한다.

⑤ 형식적 조작기는 추상적 사고가 가능해져 눈으로 보지 않아도 이해할 수 있다.

기출 STYLE

피아제의 인지발달이론에서는 발달단계별 특징을 확인하는 문제가 가장 많이 출제되고 있지만, 인지발달의 기본요인을 비롯한 주요 개념에 대한 이해도 필요하다.

✦02 행동주의이론의 주요 개념에 관한 설명으로 옳지 않은 것은?

① 강화계획: 행동습득을 위해 강화물을 제시하는 조건 및 규칙이다.

② 변별자극: 특정 행동이 강화를 받게 될 것인지를 판단하는 단서이다.

③ 소거: 한번 강화된 행동은 더 이상 강화물이 없어도 유지된다.

④ 처벌: 특정 행동의 빈도를 감소시키거나 제거하는 것이다.

⑤ 일반화: 강화된 행동이 다른 상황 혹은 다른 행동으로 확장된다.

기출 STYLE

스키너의 행동주의이론은 강화와 처벌의 원리부터 강화계획의 유형 등을 파악해두어야 하며, 이를 사례로 연결해보는 문제가 출제되고 있다.

✛03 콜버그의 이론에 관한 설명으로 옳지 않은 것은?

① 피아제의 연구를 확장하여 도덕성 발달을 6단계로 제시하였다.

② 도덕성 발달은 순서대로 진행된다고 보았다.

③ 아동기에 도덕성 발달이 완성된다고 보았다.

④ 상이한 도덕성 발달단계에서는 각기 다른 인지능력이 필요하다.

⑤ 모든 사람이 최고의 도덕성 발달단계에 도달할 수 있는 것은 아니다.

기출 STYLE

콜버그 이론에 대한 설명, 이론에 대한 평가를 묻는 유형 등으로 출제되고 있다. 주로 도덕성 발달과 관련된 내용이 핵심을 이루고 있다.

✛05 다음 학자의 주요 이론과 주요 개념의 연결이 옳지 않은 것은?

① 프로이트 – 정신분석이론 – 원초아, 자아, 초자아

② 아들러 – 개인심리이론 – 열등감과 보상, 생활양식

③ 로저스 – 현상학이론 – 완전히 기능하는 사람

④ 반두라 – 사회학습이론 – 자기강화, 관찰학습

⑤ 피아제 – 인본주의이론 – 보존, 도식, 평형화

기출 STYLE

인간행동과 사회환경에서 공부하는 여러 학자별 이론들은 종합적인 문제로도 출제되곤 한다. 그 중에서 학자와 이론, 주요 개념을 연결하는 것은 가장 기본적인 문제이다.

✛04 반두라(A. Bandura)의 사회학습이론에 관한 설명으로 옳지 않은 것은?

① 모델링에서는 관찰자와 유사성이 적은 모델을 선정해야 학습효과가 높아진다.

② 관찰학습은 주의집중 → 보존(기억) → 운동재생 → 동기화의 과정으로 진행된다.

③ 자기효능감은 자신의 일을 성공적으로 수행해낼 수 있다고 믿는 것이다.

④ 자기강화는 자신이 통제할 수 있는 보상을 스스로에게 주어 행동을 개선하는 것이다.

⑤ 자기수행 → 자기판단 → 자기반응 등의 과정에 따라 자신의 행동을 조절할 수 있다.

기출 STYLE

반두라의 사회학습이론은 주요 개념(모방, 관찰학습, 자기강화, 자기효능감 등)에 관한 설명으로 옳은 것, 옳지 않은 것을 고르는 유형이 주로 출제되고 있다.

06 파블로프의 실험에서 개에게 벨소리와 음식을 함께 계속 제시하면, 개는 음식이 주어지지 않은 상태에서 벨소리만 들어도 타액을 분비하였다. 고전적 조건화와 실험의 연결이 옳은 것을 모두 고른 것은?

> ㄱ. 조건 반응: 음식을 보고 타액 분비
> ㄴ. 무조건 반응: 음식을 제공하지 않고 벨소리만으로도 타액 분비
> ㄷ. 무조건 자극: 벨소리
> ㄹ. 자극의 일반화: 벨소리와 유사한 소리를 들려주었을 때 타액 분비

① ㄱ, ㄴ   ② ㄴ, ㄷ

③ ㄷ, ㄹ   ④ ㄹ

⑤ ㄱ, ㄴ, ㄷ

07 피아제의 인지발달이론의 주요 개념에 관한 설명으로 옳지 않은 것을 모두 고른 것은?

> ㄱ. 도식: 사건이나 자극을 인식하고 대응하는 데 사용되는 기본적인 이해의 틀
> ㄴ. 동화: 기존의 도식을 수정하여 외부 자극이나 정보를 받아들이는 것
> ㄷ. 평형화: 동화와 조절을 통해 균형을 이루는 것
> ㄹ. 조절: 기존의 도식으로 새로운 사건과 사물을 이해하는 것

① ㄱ, ㄴ ② ㄱ, ㄷ
③ ㄴ, ㄹ ④ ㄹ
⑤ ㄱ, ㄴ, ㄷ, ㄹ

✚**08** 반두라 이론의 주요 개념에 관한 설명으로 옳지 않은 것은?

① 관찰자보다 지위나 신분, 전문성이 높을 때 관찰자는 모델을 더 모방한다.
② 자기조정은 수행과정, 판단과정, 자기반응과정으로 구성된다.
③ 개인이 인지한 자기효능감에 따라 그 사람의 활동과 환경에 대한 선택 결과가 달라진다.
④ 관찰학습은 '주의집중과정 → 동기화 과정 → 운동재생과정 → 보존과정'의 순서로 진행된다.
⑤ 개인(사람), 행동, 환경은 지속적으로 상호작용하며, 이를 통해 서로 영향을 주고받으며 발달한다.

09 사례에 나오는 희수의 인지적 특성으로 보았을 때, 희수의 인지발달단계는?

> 엄마가 아이들에게 주스를 주기 위해 같은 모양의 컵 두 개에 동일한 양을 부어서 다섯 살인 희수와 여덟 살인 희준에게 주었다. 희수는 컵을 보더니 형보다 더 많은 것을 달라고 울기 시작했다. 엄마는 더 길고 가느다란 컵을 가지고 와서 그 컵에 우유를 부어서 주자 희수가 울음을 그쳤다.

① 감각운동기 ② 전조작기
③ 구체적 조작기 ④ 형식적 조작기
⑤ 반사활동기

 문제풀이 TIP

보존 개념(어떤 대상의 외양이 바뀌어도 그 속성이 바뀌지 않는다는 것을 이해하는 능력)이 형성되는 것은 어떤 단계에 해당하는지 생각해보자.

10 다음에 제시된 강화의 사례 중 다른 하나는?

① 학생 모두가 수업시작 전에 강의실에 도착하면, 교수가 그날 과제를 면제해준다.
② 안전벨트를 매면 안전벨트 부저의 시끄러운 소음이 멈춘다.
③ 친구들과 싸우지 않는 날에는, 화장실 청소를 안 하게 해준다.
④ 과제를 7시 전에 끝내 놓으면, 그날은 아빠가 잔소리를 하지 않는다.
⑤ 아이가 반찬투정을 하지 않고 식사를 마치면 칭찬 스티커를 준다.

 문제풀이 TIP

• 정적 강화: 어떤 행동 뒤에 즐거운 결과를 제시하여 행동의 발생 빈도를 증가시키는 것
• 부적 강화: 혐오스러운 결과를 제거함으로써 행동의 발생 빈도를 증가시키는 것

11 피아제(J. Piaget)의 인지발달이론에서 '전조작기'의 발달 특성으로 옳지 않은 것은?

① 타인의 감정을 추론하고 이해할 수 있는 능력이 발달한다.

② 한 가지 대상이 가진 한 부분에만 집중하고 다른 측면들은 무시한다.

③ 생명이 없는 대상에게도 감정과 의식을 부여한다.

④ 관계의 또 다른 면을 생각하지 못하고 한 방향에서만 생각한다.

⑤ 어떤 대상의 겉모습이 바뀌어도 속성이 유지됨을 완전히 이해하지 못한다.

문제풀이 TIP

전조작기의 특성을 단순히 용어로만 암기했다면 어려운 문제로 느껴질 수 있다. 각각의 설명에 해당하는 용어를 떠올리면서 답을 찾아보자.

12 콜버그의 이론에 대한 평가로 옳지 않은 것은?

① 도덕적 사고는 지나치게 강조한 반면, 도덕적 행동이나 감정은 무시했다는 비판을 받았다.

② 인간을 환경에 의해서 일방적으로 영향을 받는 수동적 존재로 인식하였다는 비판이 있다.

③ 모든 문화권에 보편적으로 적용하기에는 한계가 있다.

④ 여성의 성역할 가치의 중요성은 과소평가되었다.

⑤ 타인에 대한 배려나 보살핌, 대인관계의 중요성을 과소평가하고 있다는 비판을 받았다.

✛13 반두라의 사회학습이론에 관한 설명으로 옳지 않은 것은?

① 인간행동의 근원은 환경일지라도 개인 내적 특성에 따라서 자극에 반응하는 것이 달라질 수 있다.

② 직접 경험 못지않게 간접 경험이 중요한 역할을 한다.

③ 학습은 사람, 환경 및 행동의 상호작용에 의해서 이루어지며 환경적 자극에 반응하는 인간의 자기조절에 의해서 행동이 결정된다.

④ 반두라의 인간행동에 대한 기본가정을 ABC 패러다임이라고 한다.

⑤ 인간의 습관은 대부분 다른 사람을 관찰하고 모방함으로써 배우는 것이며, 이러한 사회학습의 경험이 성격을 형성한다고 본다.

14 학자와 인간관의 연결이 옳은 것을 모두 고른 것은?

> ㄱ. 피아제: 인간의 의지는 환경과 상호작용하면서 변화하고 발달하며, 이 과정에서 인간의 능동적 역할이 중요하다.
> ㄴ. 엘리스: 인간의 비합리적인 사고가 정서장애의 주요 요인이 된다.
> ㄷ. 스키너: 인간은 보상과 처벌에 따라 유지되는 기계적 존재로, 모든 인간행동은 법칙적으로 결정되고 예측 가능하므로 통제할 수 있다.
> ㄹ. 반두라: 인간행동의 근원은 환경일지라도 개인 내적 특성에 따라서 자극에 반응하는 것이 달라질 수 있다.

① ㄱ, ㄹ   ② ㄴ, ㄷ

③ ㄷ, ㄹ   ④ ㄱ, ㄴ

⑤ ㄱ, ㄴ, ㄷ, ㄹ

15 다음에서 설명하는 사고가 가능해지기 시작하는 발달단계로 바르게 짝지어진 것은?

> ㄱ. '현철이가 현희의 오빠이고, 현수는 현희의 동생이다. 현철이와 현수 중 누가 나이가 많을까?'를 구두로 질문해도 알아맞힐 수 있다.
> ㄴ. 동일한 부피의 고무찰흙을 하나는 공처럼, 하나는 넓게 펼쳤을 때, 두 고무찰흙 뭉치가 동일한 양임을 인지한다.

	ㄱ	ㄴ
①	구체적 조작기	전조작기
②	구체적 조작기	형식적 조작기
③	구체적 조작기	구체적 조작기
④	형식적 조작기	구체적 조작기
⑤	형식적 조작기	형식적 조작기

문제풀이 TIP

ㄱ. 추상적 사고, ㄴ. 보존개념

16 다음 내용과 관련한 설명 중 옳지 않은 것은?

> ㄱ. 대상이 눈에 보이지 않거나 소리가 들리지 않더라도 그 대상이 계속 존재한다는 것을 인지한다.
> ㄴ. 사물에는 생명력이 있으며 생각을 하고 감정이 있다고 믿는다.
> ㄷ. 정신적 활동은 대상이 실제로 눈에 보일 때만 가능하다.
> ㄹ. 가설 설정, 연역적 추론 등의 복잡한 인지활동이 가능해진다.

① ㄷ은 구체적 조작기의 특징에 해당한다.
② ㄱ은 감각운동기에 발달해서 전조작기에 획득하게 된다.
③ ㄹ은 형식적 조작기의 특징에 해당한다.
④ ㄴ은 전조작기의 특징에 해당한다.
⑤ ㄷ은 형식적 조작기의 특징에 해당한다.

✛17 반두라의 사회학습이론이 사회복지실천에 미치는 함의로 옳지 않은 것은?

① 사회학습이론은 어떤 행동이 있을 때와 없을 때 어떻게 다른지를 관찰하는 사정의 중요성을 강조했다.
② 관찰과 모방이 클라이언트의 문제행동 제거에 유용함을 입증했다.
③ 모델링은 아이의 치료에 적합한 방법으로 사용할 수 있음을 보였다.
④ 역할놀이를 통해 클라이언트로 하여금 새로운 방식을 학습할 기회를 제공했다.
⑤ 단순한 행동뿐만 아니라 다양하고 복잡한 기능을 필요로 하는 행동의 학습까지도 설명해준다.

문제풀이 TIP

반두라의 사회학습이론은 모방학습의 중요성을 인식하게 해주었으며, 사회적 환경이 인간에게 얼마나 많은 영향을 미치는가에 대한 인식을 증진시켰다.

18 행동주의 이론에 관한 설명으로 옳지 않은 것은?

① 스키너는 인간행동의 발달단계를 7단계로 구분하여 제시하였다.
② 파블로프는 조건반사 실험을 통해 무조건반응을 무조건자극이 없이 조건자극만으로 생성할 수 있는지를 연구하였다.
③ 행동주의 이론은 환경의 변화를 통해 문제를 해결할 수 있는 기반을 제공하였다.
④ 스키너는 인간을 환경에 의해서 일방적으로 영향을 받는 수동적 존재로 인식하였다는 비판을 받았다.
⑤ 행동주의 이론은 기본적으로 인간행동은 대부분 학습되거나 학습에 의해서 수정될 수 있다고 보았다.

✛19 피아제의 인지발달단계 중 '감각운동기'에 관한 설명으로 옳은 것을 모두 고른 것은?

ㄱ. 1차 순환반응(1~4개월): 우연한 행동이 재미있는 결과를 초래하게 되면 계속해서 그 행동을 반복하며, 빨기, 잡기와 같은 감각운동을 반복한다.
ㄴ. 2차 순환반응(4~8개월): 자신이 아닌 외부에서 흥미로운 사건을 발견하고, 이를 다시 반복하려 할 때 반응이 일어난다.
ㄷ. 2차 도식들의 협응(8~12개월): 영아의 관심은 자신의 신체가 아닌 주위환경에 있으며, 목표를 달성하기 위해 두 가지 행동을 협응하게 된다.
ㄹ. 3차 순환반응(12~18개월): 새로운 원인과 결과의 관계에 대해서 이를 가설화하여 다른 결과를 관찰하기 위해 다른 행동들을 시도한다.

① ㄱ, ㄴ, ㄷ　　② ㄱ, ㄹ
③ ㄴ, ㄷ　　④ ㄴ, ㄷ, ㄹ
⑤ ㄱ, ㄴ, ㄷ, ㄹ

20 고정비율(fixed-ratio) 강화계획의 사례로 옳은 것을 모두 고른 것은?

ㄱ. 자녀가 방 청소를 세 번 한 후에 용돈을 준다.
ㄴ. 치킨을 10번 배달해서 먹으면, 무료로 한 마리를 제공한다.
ㄷ. 목표 매출액의 10%를 초과 달성하는 경우에 성과급을 지급한다.
ㄹ. 백화점에서 매달 10일에 경품행사를 개최하여 한 명에게 TV를 경품으로 제공한다.

① ㄱ, ㄴ, ㄷ　　② ㄴ, ㄷ
③ ㄷ, ㄹ　　④ ㄴ, ㄷ, ㄹ
⑤ ㄱ, ㄴ, ㄷ, ㄹ

문제풀이 TIP
고정비율 강화계획은 어떤 특정한 행동이 일정한 수만큼 일어났을 때 강화를 주는 것을 말한다.

✛21 피아제의 인지발달이론에 관한 설명으로 옳지 않은 것은?

① 모든 아동은 단계를 순서대로 통과하여 발달하며 단계를 뛰어넘을 수 없다.
② 전조작기에는 상징적 사고가 본격화되면서 가상놀이를 즐긴다.
③ 인간의 환경에 대한 적응은 동화와 조절의 상호작용에 의해 발생한다.
④ 출생부터 청소년기에 이르기까지의 인지발달 단계만을 제시하였다.
⑤ 발달단계에 있어서 각 단계에 도달하는 개인 간 연령의 차이가 있을 수 있으며, 발달의 순서도 뒤바뀔 수 있다.

✛22 스키너 이론에 관한 설명으로 옳지 않은 것을 모두 고른 것은?

ㄱ. 수업시간에 소란스러운 행동을 하는 아이에게 다른 아이들이 바깥에서 신나게 놀고 있을 때 교실에 남아 있게 하면, 수업시간에 소란스러운 행동이 줄어들게 되는 경우는 정적 강화의 예에 해당한다.
ㄴ. 적색 신호에서 정지하지 않은 사람에게 범칙금을 부과하여 교통위반 빈도를 줄이는 것은 정적 처벌의 예에 해당한다.
ㄷ. 부적 강화는 일상생활에서 특정 행동을 무시하는 형태로 나타난다.
ㄹ. 인간행동이 객관적으로 구체화되고 조작될 수 있는 환경에 의해 다양하게 통제된다고 주장하였다.

① ㄱ, ㄴ　　② ㄱ, ㄷ
③ ㄴ, ㄹ　　④ ㄷ, ㄹ
⑤ ㄱ, ㄴ, ㄷ

23 다음 내용과 관련한 설명 중 옳지 않은 것은?

> ㄱ. 모양이 같은 두 개의 잔에 같은 양의 물을 부은 다음, 그 중 한 잔의 물을 넓적한 컵에 옮겨 담고 어느 잔의 물의 양이 더 많은지 물어보면, 같다고 대답한다.
> ㄴ. 저금통에 섞여 있는 10원, 100원, 500원짜리 동전을 손으로 같은 종류끼리 분류할 수 있다.
> ㄷ. 가장 짧은 것부터 가장 긴 것까지 여러 개의 막대들을 길이에 따라 배열할 수 있다.
> ㄹ. A, B, C를 직접 보여주지 않은 상태에서 구두로 'A는 B보다 크고, B는 C보다 크다. 그러면 누가 가장 클까?'라는 질문을 하면 잠시 생각한 후에 A라고 대답한다.

① ㄱ과 같이 대답하기 위해서는 동일성, 보상성, 가역성 개념의 획득을 전제로 한다.
② 전조작기의 유아는 ㄱ과 관련된 개념을 아직 획득하지 못한 상태이다.
③ ㄴ은 분류화(유목화)에 대한 설명이다.
④ 구체적 조작기의 아동은 ㄷ이 가능하다.
⑤ 구체적 조작기의 아동은 ㄹ과 같이 대답한다.

24 다음에서 설명하는 개념은?

> • 특정한 행동을 성공적으로 수행할 수 있으며 긍정적인 결과를 도출할 수 있다는 믿음을 의미한다.
> • 적절한 기술과 적당한 동기가 주어지면 이것에 대한 기대는 사람들이 어떤 활동을 선택할지, 얼마나 많은 노력을 할지를 결정하는 주된 요소이다.

① 주의집중   ② 운동재생
③ 자기효능감   ④ 자기강화
⑤ 모델링

25 스키너의 강화에 관한 설명으로 옳은 것은?

① 일차적 강화물에는 타인의 인정, 칭찬 등이 있다.
② 부적 강화란 더 이상 강화를 제공하지 않아 반응이나 행동이 감소하여 사라지는 것을 말한다.
③ 고정비율 강화계획의 예로 월급을 들 수 있다.
④ 가변간격 강화계획의 예로 로또 복권을 들 수 있다.
⑤ 강화는 행동의 빈도를 증가시키는 것을 말한다.

문제풀이

스키너의 강화란 보상을 제공하여 행동에 대한 반응을 강력하게 하는 것을 말한다.

26 피아제의 도덕성 발달에 관한 설명으로 옳은 것을 모두 고른 것은?

> ㄱ. 타율적 도덕성 단계의 아동은 성인이 정한 규칙에 맹목적으로 복종한다.
> ㄴ. 타율적 도덕성 단계는 구체적 조작기의 도덕적 수준이다.
> ㄷ. 자율적 도덕성 단계에서는 의도보다 결과에 치중한다.
> ㄹ. 자율적 도덕성 단계에서는 규칙을 어겼다고 반드시 처벌받는 것은 아니며 정상참작이 필요함을 인정한다.

① ㄱ, ㄴ   ② ㄴ, ㄷ, ㄹ
③ ㄱ, ㄹ   ④ ㄴ, ㄷ
⑤ ㄱ, ㄴ, ㄷ, ㄹ

27 엘리스의 이론에 대한 설명으로 옳지 않은 것은?

① 인간은 합리적 존재이면서 비합리적 존재이기도 하다.

② 개입을 실시하는 단계는 'D(dispute): 논박'에 해당한다.

③ 논박은 지적 수준과 상관 없이 적용할 수 있다.

④ 비합리적 신념은 개인의 생활목표를 방해하거나 성취하지 못하게 만들기도 한다.

⑤ 정서장애는 비합리적 신념의 산물이라고 보았다.

✛28 다음 강화계획 중 가장 지속성이 강한 순서대로 나열된 것은?

> ㄱ. 어린이집에서 2시간에 한 번씩 규칙적으로 간식을 제공
> ㄴ. 신문 100부 배달할 때마다 5천 원씩 제공
> ㄷ. 로또 5등에 당첨
> ㄹ. 공부하는 딸에게 1시간 안에 아무 때나 1회씩 간식을 제공

① ㄱ – ㄴ – ㄹ – ㄷ
② ㄴ – ㄹ – ㄷ – ㄱ
③ ㄴ – ㄱ – ㄷ – ㄹ
④ ㄷ – ㄴ – ㄹ – ㄱ
⑤ ㄹ – ㄱ – ㄴ – ㄷ

문제풀이 TIP

강화계획의 지속성이 강한 순서는 가변비율, 고정비율, 가변간격, 고정간격 강화계획 순이다.

인본주의이론

이 장에서는,

인본주의이론의 전반적인 특징과 인간관, 사회복지실천에 미친 영향에 대해 살펴본다. 또한 인본주의이론의 대표적인 이론인 매슬로우의 욕구이론과 로저스의 현상학이론의 특징에 대해서도 살펴본다. 매슬로우의 욕구이론에서는 인간관, 욕구체계의 단계, 자기실현욕구를 충족한 사람의 특징 등에 관한 내용을, 로저스의 현상학이론에서는 인간관, 주요 개념, 완전히 기능하는 사람의 특징 등에 관한 내용을 꼼꼼하게 정리해둘 필요가 있다.

해답과 오답노트 10쪽

✛01 매슬로우(A. Maslow)의 욕구이론에 관한 설명으로 옳은 것은?

① 발달단계별 과업으로서 충족해야 하는 욕구 유형을 제시하였다.

② 5단계 욕구 중 자기존중의 욕구가 가장 상위 단계에 있는 욕구이다.

③ 서열이 낮은 단계의 욕구일수록 욕구의 강도는 더 강하게 나타난다.

④ 개인의 상황이 복잡할수록 여러 욕구가 동시에 출현하게 된다.

⑤ 자기존중의 욕구는 완전한 성장을 이루기 위해 작용하는 욕구이다.

기출 STYLE

매슬로우의 이론에 관한 설명으로 옳은 것(옳지 않은 것)을 고르는 유형이나 이론의 특징과 한계, 비판 등을 묻는 유형 등이 주로 출제되고 있다.

✛02 로저스(C. Rogers)의 인간관에 관한 설명으로 옳지 않은 것은?

① 인간을 통합적 존재로 보았다.

② 인간의 주관적 경험을 강조하였다.

③ 인간은 합목적적이며 건설적인 존재이다.

④ 인간은 자아실현 경향을 가지고 있다.

⑤ 인간은 독특한 성격 유형을 갖고 태어난다.

기출 STYLE

로저스의 인간관에 관한 설명, 이론에 관한 설명, 이론의 주요 개념으로 옳은 것(옳지 않은 것을 고르는 유형이나 주요 개념을 제시하고 관련한 이론을 고르는 유형으로도 출제되고 있다.

03 매슬로우(A. Maslow)가 제시한 욕구위계 중 다음에 해당하는 것은?

> 다른 사람과 어울리며 친밀한 관계를 형성하고 싶은 욕구이다. 이 욕구를 어느 정도 충족시키지 못하면 거절에 대해 민감하게 반응하게 될 수 있으며 사회적으로 고립될 수 있다. 이 욕구는 집단따돌림이나 소외 현상 등의 사회적 문제와 관련이 깊다.

① 소속과 사랑의 욕구
② 자기존중의 욕구
③ 자기실현의 욕구
④ 안전의 욕구
⑤ 생리적 욕구

04 로저스 이론의 성격발달에 관한 내용으로 옳지 않은 것은?

① 성장하면서 형성하기 시작한 '자기개념'은 자신의 경험을 어떻게 지각하느냐에 달렸다.
② 건강하게 성격을 발달하려면 무조건적인 긍정적 관심이 가장 중요하다.
③ 자신의 자기개념과 실제 경험이 일치하지 않을 때 그 사람은 긴장, 불안, 내적인 혼란을 느낀다.
④ 자기 자신의 경험의 지각은 다른 사람이 가치를 부여하는 '긍정적인 관심에 대한 욕구'에 영향을 받는다.
⑤ 현상학이론에서는 아동기부터 성인기까지의 성격발달을 총 4단계로 구분하여 제시하였다.

05 매슬로우의 욕구단계에 관한 설명으로 옳지 않은 것은?

① 생리적인 욕구: 음식, 물, 산소, 배설 등 생존과 직접적으로 관련되어 있는 명백한 욕구이다.
② 안전에 대한 욕구: 안전, 안정, 보호, 질서, 불안과 공포로부터의 해방에 관한 욕구 등이 있다.
③ 소속과 애정에 대한 욕구: 친구, 배우자, 자녀 등이 필요해지고, 이웃이나 직장 등에도 소속되고 싶어지는 것이다.
④ 자기존중에 대한 욕구: 자기 자신과 다른 사람에게 존경받고 싶은 욕구로서, 능력, 성취, 독립의 욕구 등이 있다.
⑤ 자기실현의 욕구: 제1형태의 욕구로서 결핍동기와 관련되며, 자발성, 포부실현, 창조성의 욕구 등이 있다.

✦06 매슬로우와 로저스의 인본주의이론의 공통된 특징으로 옳지 않은 것은?

① 각 개인이 자신의 행동과 경험의 중요한 결정자임을 강조한다.
② 사랑, 창조성, 선택, 의미, 가치, 자아실현 등 인간의 긍정적인 측면에 초점을 둔다.
③ 인간의 본성은 악하다고 본다.
④ 인간은 자아실현을 위해 노력하는 존재이다.
⑤ 환경조건이 적당하기만 하면 자신의 잠재 능력을 실현해 나갈 수 있는 존재라고 본다.

✦07 로저스 이론의 주요 내용에 관한 설명으로 옳지 않은 것을 모두 고른 것은?

> ㄱ. 인간을 유기체라는 용어를 통해 통합적 존재로 인식하였다.
> ㄴ. 현상학적 장이란 주관적 경험의 세계를 의미한다.
> ㄷ. 개인의 고유한 유기체적 특성에 따라 동일한 현상을 이해하는 것에 차이가 있을 수 있다.
> ㄹ. 인간의 행동, 사고, 감정은 무의식적 동기를 지니고 있다고 본다.

① ㄱ
② ㄴ, ㄷ
③ ㄷ, ㄹ
④ ㄹ
⑤ ㄱ, ㄴ, ㄷ, ㄹ

✦08 인간발달이론이 사회복지실천에 미친 영향으로 옳지 않은 것은?

① 로저스의 이론은 인간을 하나의 통합된 유기체로 보며 모방학습의 중요성을 인식하는 데 공헌하였다.
② 매슬로우의 이론은 인간으로서 클라이언트가 갖는 기본욕구의 충족이 중요함을 역설하는 데 공헌하였다.
③ 프로이트의 이론은 클라이언트의 심리내적 갈등이 무의식의 동기에서 비롯된다는 것을 인식하는 데 공헌하였다.
④ 스키너의 이론은 인간의 행동이 내적 충동보다 외적 자극에 의해 동기화됨을 이해하는 데 공헌하였다.
⑤ 에릭슨의 이론은 인간발달 과정에서 발생하는 위기에 대해 이해할 수 있는 준거틀을 제시하는 데 공헌하였다.

✦09 매슬로우의 '자기를 실현한 사람'에 대한 설명으로 옳지 않은 것을 모두 고른 것은?

> ㄱ. 현실을 정확히 지각한다.
> ㄴ. 사고와 행동에 가식이 없다.
> ㄷ. 깊은 대인관계를 형성하고 유지한다.
> ㄹ. 자신의 잠재력에 대해 알지 못한다.

① ㄱ, ㄴ
② ㄴ, ㄷ
③ ㄷ, ㄹ
④ ㄹ
⑤ ㄱ, ㄴ, ㄷ

10 매슬로우의 욕구이론이 사회복지실천에 미친 함의로 옳은 것을 모두 고른 것은?

> ㄱ. 더 높은 단계의 욕구를 충족시킬 수 있는 서비스를 제공할 수 있다.
> ㄴ. 클라이언트의 욕구를 평가하는 데 유용한 지침이 된다.
> ㄷ. 사회복지사는 클라이언트의 기본적인 욕구 충족이 먼저 될 수 있도록 원조해야 한다.
> ㄹ. 인간의 본성에 대한 불신으로 인간을 이해하는 데 있어서 환경의 중요성을 강조하였다.

① ㄱ
② ㄱ, ㄴ
③ ㄴ, ㄷ
④ ㄹ
⑤ ㄱ, ㄴ, ㄷ

인간행동과 사회환경

+11 로저스의 '완전히 기능하는 사람'의 특징으로 옳지 않은 것은?

① 경험에 대한 개방성을 갖추고 있다.

② 실존적인 삶을 살아간다.

③ 자기 자신보다 타인을 신뢰한다.

④ 환경이나 과거에 얽매이지 않고 자유롭게 살아간다.

⑤ 창조적인 삶을 살아간다.

문제풀이 TIP

로저스의 완전히(충분히) 기능하는 사람과 매슬로우의 자아실현자의 차이를 이해할 필요가 있다.

13 로저스의 이론에 관한 설명으로 옳은 것을 모두 고른 것은?

> ㄱ. 인간행동은 개인이 세계를 지각하고 해석한 결과라고 볼 수 있다.
> ㄴ. 클라이언트에 대한 공감적 이해, 무조건적 긍정적 관심과 배려 등의 방법을 활용한다.
> ㄷ. 미리 정해지거나 고정된 성격발달 양식은 없다고 보았다.
> ㄹ. 치료기법을 의도적으로 사용하는 것을 지양한다.

① ㄱ

② ㄱ, ㄴ

③ ㄷ, ㄹ

④ ㄱ, ㄴ, ㄷ

⑤ ㄱ, ㄴ, ㄷ, ㄹ

+12 매슬로우의 이론에 관한 설명으로 옳지 않은 것은?

① 인간은 자신에 대해 좀 더 알고 싶어 하고, 자신의 능력을 최대한 개발하고자 한다.

② 인간은 자기실현을 이루고자 하는 경향이 있다.

③ 대부분의 심리학자들이 성장동기만을 다루고 있다고 비판하였다.

④ 클라이언트의 욕구평가에 활용되고 있다.

⑤ 욕구는 선천적인 것이지만 욕구를 충족시키기 위해서 인간이 하는 행동은 후천적으로 학습된 것이다.

문제풀이 TIP

욕구단계이론에서 작용하는 동기 중에서 결핍동기란 삶을 유지하기 위해 반드시 필요한 동기를 의미하며 제1형태의 욕구와 관련이 있다면, 성장동기란 인간의 가능성을 열어놓는 삶을 창조하려는 동기를 말하며, 제2형태의 욕구인 자기실현의 욕구와 관련이 있다.

14 인본주의이론에 대한 평가로 옳지 않은 것은?

① 절정경험, 성장욕구, 유기체적 경험, 완전한 기능 등 모호하거나 추상적인 개념들이 많다.

② 환경 속 인간을 이해하기 위한 구체적인 방법을 제공했다.

③ 현상학적 이론에서 주장하는 무조건적 긍정적 관심, 진실성, 일관성은 사회복지실천 영역의 기본적 철학과 맥을 함께 한다.

④ 인간의 무의식 혹은 학습을 통한 발달을 경시하는 경향이 있다.

⑤ 인간본성에 대한 낙관적인 태도를 보인다.

15 매슬로우의 이론에 관한 설명으로 옳은 것은?

① 인간의 본성은 본질적으로 악하다고 전제한다.

② 욕구는 우선순위가 없다.

③ 자존감의 욕구는 타인에게 존중받고 싶은 욕구만을 의미하며, 자아실현의 욕구는 자기 자신에 의한 존중감을 의미한다.

④ 하위욕구의 충족은 상위욕구의 충족과 관련성이 없다.

⑤ 모든 욕구는 동시에 일어날 수 없다고 가정한다.

문제풀이 **TIP**

매슬로우는 낮은 단계의 욕구가 어느 정도 충족되어야 더 높은 단계의 욕구를 의식하거나 동기가 부여된다고 가정한다.

✦16 로저스의 현상학이론에 대한 평가로 옳지 않은 것은?

① 학습 및 환경과의 상호작용을 중요시한다.

② 인간을 합리적이고 창조성을 가진 목적지향적 존재로 인식한다.

③ 특별한 발달단계를 제시하지 않는다.

④ 클라이언트의 변화를 일으키기 위한 치료기법의 의도적 사용을 자제한다.

⑤ 클라이언트에 대한 무조건적인 관심과 공감적 이해를 강조하였다.

문제풀이 **TIP**

반두라의 사회학습이론과 로저스의 현상학이론에 대한 평가를 구분하여 정리해두자.

17 매슬로우의 이론에서 기본적인 욕구에 대한 설명으로 옳지 않은 것은?

① 기본적인 욕구가 충족되지 않으면 생리적·심리적 역기능이 생긴다.

② 욕구 충족이 회복되어도 역기능적인 상태는 지속된다.

③ 인간의 욕구 중 가장 기본적인 욕구는 생리적 욕구이다.

④ 기본적인 욕구의 충족이 장기간 지속되면 그 욕구에 대한 요구가 감퇴한다.

⑤ 인간은 욕구의 결핍상태가 발생하면 욕구 결핍을 극복하기 위한 목표지향적 활동을 한다.

18 매슬로우의 욕구체계 단계 중 자기실현의 욕구에 대한 내용으로 옳지 않은 것은?

① 자기실현은 인간의 모든 능력의 최대한의 개발과 사용이며, 인간의 모든 소질과 재능의 발휘라고 정의할 수 있다.

② 자기실현 욕구의 결과로서 창조하고 학습하는 일에 정성을 쏟게 된다.

③ 자기실현을 위해서는 욕구위계에서 하위에 있는 생리적 욕구와 안전의 욕구에만 집착해서는 안 된다.

④ 집단활동에 대한 관심이 늘어나고 애정을 주고받고 싶은 욕구가 커지는 경향이 있다.

⑤ 낮은 수준의 욕구가 만족된다 하더라도 자기실현의 욕구를 만족시킬 기회를 갖지 못하면 좌절감, 불안감과 불만족을 느끼게 된다.

이 장에서는,

최근 들어 출제 비중이 높아지고 있다. 일반체계이론의 주요 개념, 생태학이론의 주요 개념, 생태체계이론의 특징 및 사회복지실천에 적용 가능성을 이해한다. 무엇보다 체계이론과 생태학이론의 기본적인 특성과 핵심적인 개념들의 이해가 중요한데, 핵심 개념을 묻는 문제는 사례제시형으로도 출제되므로 각 개념들의 정확한 의미와 사례를 연관 지어 이해하도록 해야 한다.

해답과 오답노트 12쪽

✦01 체계이론의 주요 개념에 관한 설명으로 옳은 것은?

① 안정상태: 역동적으로 체계 자체를 변화시켜 나가는 것으로 폐쇄체계에서의 현상이다.

② 시너지: 체계 내부요소의 상호작용으로 유용한 에너지가 증가하는 개방체계의 현상이다.

③ 정적 환류: 엔트로피가 증가하는 체계에서 체계의 이탈을 수정하려는 현상이다.

④ 항상성: 체계 내부의 안정과 균형을 유지하기 위해 환경과의 상호작용을 차단한다.

⑤ 엔트로피: 외부체계와 상호작용하면서 내부에 있던 에너지가 고갈되어 가는 상태이다.

> **기출 STYLE**
>
> 주요 개념에 대한 설명으로 옳은 것(옳지 않은 것)을 고르는 유형뿐만 아니라 제시된 사례에서 드러나는 체계이론의 주요 개념(홀론, 엔트로피, 넥엔트로피, 균형상태, 항상성, 안정상태 등)을 고르는 형태로도 많이 출제되고 있다.

✦02 생태체계이론에 관한 설명으로 옳지 않은 것은?

① 유능성을 발달시켜 개인이 환경을 지배할 수 있도록 한다.

② 개인의 욕구와 환경적 자원 사이의 적합성을 살펴본다.

③ 스트레스는 개인과 환경 간 상호교류에서 발생하는 불균형이다.

④ '환경 속 인간' 관점으로 개인과 환경 사이의 관계를 설명한다.

⑤ 개인이 겪는 문제에 대한 총체적 이해와 조망을 제공한다.

> **기출 STYLE**
>
> 생태체계이론의 주요 특징 및 유용성, 주요 개념을 비롯해 브론펜브레너가 제시한 생태체계 구성 등이 출제되고 있다.

03 생태체계관점에 대한 설명으로 옳은 것을 모두 고른 것은?

> ㄱ. 환경 속의 인간이라는 관점에서 체계 간의 상호작용에 대한 역동성을 설명해준다.
> ㄴ. 문제나 욕구를 상황적이고 환경적인 맥락에서 이해한다.
> ㄷ. 문제현상을 사정·평가할 수 있는 준거틀과 일반적이고 통합적인 관점을 제공한다.
> ㄹ. 개인, 집단, 지역사회 등 다양한 체계에 적용이 가능하다.

① ㄱ, ㄴ   ② ㄱ, ㄷ
③ ㄴ, ㄹ   ④ ㄷ, ㄹ
⑤ ㄱ, ㄴ, ㄷ, ㄹ

04 체계이론에 대한 설명으로 옳은 것을 모두 고른 것은?

> ㄱ. 체계와 체계 사이에 존재하는 경계의 속성을 설명하였다.
> ㄴ. 상위체계가 하위체계에 미치는 단선적 관계를 설명하였다.
> ㄷ. 다양한 체계 수준이 개인에게 미치는 영향을 설명하였다.
> ㄹ. 체계를 유지하고자 하는 노력을 안정상태로 설명하였다.

① ㄱ, ㄷ   ② ㄴ, ㄹ
③ ㄱ, ㄴ, ㄷ   ④ ㄱ, ㄷ, ㄹ
⑤ ㄴ, ㄷ, ㄹ

05 생태체계의 구성에 관한 내용으로 옳지 않은 것은?

① 중간체계는 개인의 생활에 직접적으로 개입하지는 않지만 간접적으로도 강한 영향력을 발휘하며, 하위체계에 대한 지지기반과 가치 준거틀을 제공한다.
② 개인의 특성과 성장시기에 따라 미시체계는 달라질 수 있다.
③ 외부체계는 개인과 직접 상호작용하지는 않으나 미시체계에 영향을 주는 사회적 환경이다.
④ 중간체계는 가족, 직장, 여러 사교집단 등 소집단이나 가족과 같은 개인을 둘러싸고 있는 두 가지 이상의 환경에서 일어나는 과정과 연결성이다.
⑤ 개별 미시체계는 사회환경 속에서 상호작용하는 거시체계에서 지속적으로 많은 영향을 받는다.

06 사회체계이론에 대한 설명으로 옳지 않은 것은?

① 인간을 하나의 통합된 체계로 간주하는 전체적인 인간관을 갖고 있다.
② 체계 내 한 부분의 변화는 다른 부분에도 영향을 미쳐 체계 전체의 속성을 변화시킨다.
③ 가족, 조직, 지역사회 등 구체적인 사회체계를 다룬다.
④ 클라이언트가 직면하는 문제에 영향을 미치는 다양한 요인들을 동시에 고려한다.
⑤ 사회체계의 경계는 가시적으로 파악되는 물리적인 구조이다.

문제풀이 **TIP**

체계는 정보, 에너지, 자원 등을 교환하는 경계를 가지고 있으며, 이것은 외부환경으로부터 체계를 구분해주는 테두리라고 할 수 있다.

+07 생태체계의 구성에 관한 설명으로 옳지 않은 것은?

① 미시체계 사이에는 직접적인 상호작용이 이루어진다.

② 중간체계는 개인의 발달과정에 따라 환경체계가 바뀌어도 새롭게 형성되거나 변화하지 않는다.

③ 사회복지실천에서 거시적 접근은 사회 전반을 개선하고 바꾸는 일에 참여하는 것이다.

④ 어머니의 취업 여부에 따라 아동의 생활패턴이 달라지는 것은 외(부)체계의 영향이라고 할 수 있다.

⑤ 한 개인의 생태환경은 과거, 현재, 미래의 시간체계의 변화 속에서 작용한다.

09 다음 상황을 설명할 수 있는 체계이론의 개념은?

> 올해 고등학생이 된 보검이는 친구랑 놀다 자정이 넘어 귀가한 것으로 부모님께 야단을 맞았다. 그런데 혼을 내면 낼수록 보검이는 전화도 받지 않으면서 늦게 귀가하는 날이 더 많아졌다.

① 호혜성 ② 동등결과성
③ 정적 환류 ④ 부적 환류
⑤ 안정상태

문제풀이 TIP

체계에서 이루어지는 환류의 종류에는 정적 환류와 부적 환류가 있다. 두 환류의 차이는 체계가 상호작용하는 방향과 관련이 있다. 정적 환류란 체계가 한쪽 방향으로 계속 이탈해가는 것을 말한다. 정적 환류는 엔트로피가 증가하고 있는 체계에서 나타나기 때문에 이러한 상황이 변화되지 않는다면 체계는 안정상태를 위협받게 될 것이다. 부적 환류란 체계의 이탈을 수정, 변화시키는 것을 말한다.

+08 생태체계관점에 대한 설명으로 옳지 않은 것은?

① 인간과 환경을 서로 분리되어 있는 것이 아니라 지속적인 상호교류 안에서 존재하는 하나의 체계로 본다.

② 생태체계관점은 인과관계를 규명하는 것에 관심을 둔다.

③ 생태체계이론은 생태적 관점과 체계적 관점을 통합한 것이다.

④ 생태체계관점은 인간을 매우 복잡한 존재로 본다.

⑤ 클라이언트의 행동은 환경과의 상호작용에 따른 산물이다.

+10 생태체계이론의 주요 개념에 관한 설명으로 옳지 않은 것은?

① 상호의존은 한 개인이 다른 사람이나 집단과 서로 의존하고 의지하는 것이다.

② 상호교류는 인간이 환경 속에서 다른 사람들과 역동적으로 소통하는 것이다.

③ 스트레스는 개인과 환경 사이의 상호교류에서 나타나는 불균형으로 발생한다.

④ 유능성은 스트레스를 경험할 때 정서적 고통을 완화시키려는 노력이다.

⑤ 에너지는 인간과 환경 사이에 적극적으로 개입하는 자연발생적 힘이다.

11 다음 각각이 정의하는 바를 ㄱ, ㄴ, ㄷ 순서대로 옳게 제시한 것은?

> ㄱ. 체계가 고정된 구조를 가지고 부분들 간의 수평적인 상호작용을 하면서 환경으로부터 투입이 없이도 체계를 유지할 수 있는 능력
> ㄴ. 체계가 부분들 간의 관계를 유지하고 에너지가 계속적으로 체계를 위해 활용되고 있는 상태를 유지하는 것, 체계를 변화시키려는 노력을 통해 외부자극을 수용
> ㄷ. 체계가 균형을 유지하고 있으며, 균형이 위협을 받을 때 회복하고자 하는 역동성을 지닌 경향

① ㄱ: 균형　　　　ㄴ: 안정상태　　ㄷ: 항상성
② ㄱ: 안정상태　　ㄴ: 균형　　　　ㄷ: 항상성
③ ㄱ: 항상성　　　ㄴ: 균형　　　　ㄷ: 안정상태
④ ㄱ: 균형　　　　ㄴ: 항상성　　　ㄷ: 안정상태
⑤ ㄱ: 항상성　　　ㄴ: 안정상태　　ㄷ: 균형

문제풀이 TIP

균형, 항상성, 안정은 비슷하지만 다른 개념이다. 폐쇄체계 속성인지 개방체계 속성인지를 확인하고, 유지 및 변화에 대한 초점이 어떻게 다른지를 파악하며 구분해두자.

12 다음에 제시된 내용과 관계있는 개념은?

> • 부모－자녀 간의 관계가 소원해진다.
> • 사회복지기관이 지역사회의 욕구변화를 감지하지 못함에 따라 인적·물적 자원의 유입이 적어져 기관 운영이 점점 더 힘들어지게 된다.

① 항상성　　　　　② 넥엔트로피
③ 시너지　　　　　④ 폐쇄체계
⑤ 개방체계

13 브론펜브레너(U. Bronfenbrenner)의 미시체계(micro system)에 관한 설명으로 옳은 것은?

① 개인이 속한 사회의 이념이나 제도의 일반적인 형태이다.
② 개인과 직접 상호작용하지는 않으나 영향을 주는 사회적 환경이다.
③ 개인을 둘러싸고 있는 두 가지 이상의 체계들 사이의 상호작용이다.
④ 개인 혹은 인간이 속한 가장 직접적인 사회적·물리적 환경이다.
⑤ 시대적 상황이 개인의 생애사에 미치는 영향을 고려한다.

14 다음 사례에서 가족상담을 통한 가족체계의 변화를 가장 적절히 설명할 수 있는 개념은?

> 김우진 군(17세)은 교우관계 및 등교거부 등의 문제로 의뢰되었다. 상담과정에서 어머니에 대한 폭력적 행동 문제가 드러나 가족상담을 진행하였다. 가족상담이 진행됨에 따라 부모－자녀 간 의사소통 방식이 변화하고 함께하는 시간이 늘어나면서 서로를 좀 더 이해하고 받아들일 수 있게 되었다. 또한 가족의 전체적인 분위기가 긍정적으로 바뀌고 자녀와 부모 또한 한층 성숙해지는 변화를 경험했다.

① 시너지　　　　　② 항상성
③ 엔트로피　　　　④ 긍정적 피드백
⑤ 전환

인간행동과 사회환경

15 다음에서 설명하는 체계이론의 주요 개념은?

- 체계가 서서히 무질서와 혼돈의 상태를 향해 나아가는 것이다.
- 체계 내에 질서, 형태, 분화가 없는 무질서한 상태로 폐쇄체계에서 일어나는 현상이다.
- 외부체계와 교류가 차단되어 외부의 에너지 투입이 이루어지지 않는다.

① 엔트로피(entropy)
② 넥엔트로피(negentropy)
③ 시너지(synergy)
④ 항상성(homeostasis)
⑤ 홀론(holon)

17 생태체계이론과 사회복지실천에 관한 설명으로 옳은 것을 모두 고른 것은?

ㄱ. 체계들 간의 상호작용과 갈등의 정도를 규명할 수 있는 개념 기준을 제공하고 있다.
ㄴ. 사회복지실천과정에서 클라이언트에 대한 사정의 도구로 유용성을 갖는다.
ㄷ. 체계가 항상성이나 안정상태를 유지하는 것이 위협을 받게 되었을 때를 개입이 필요한 시기로 간주한다.
ㄹ. 사회관계망 분석, 가계도, 역량강화기법 등을 사용한다.

① ㄱ
② ㄱ, ㄷ
③ ㄴ, ㄹ
④ ㄱ, ㄴ, ㄷ
⑤ ㄱ, ㄴ, ㄷ, ㄹ

문제풀이 TIP

생태체계관점이 사회복지분야에 도입됨으로써 사회복지실천은 인간과 환경의 개념에 대한 이해의 폭을 넓히는 데 기여했다.

✦16 체계이론의 주요 개념과 내용의 연결이 옳지 않은 것은?

① 개방체계: 체계의 성장 및 발달에 필요한 정보나 에너지를 외부로부터 자유롭게 받아들인다.
② 동등결과성: 체계가 균형을 위협받았을 때 이를 회복하고자 하는 체계의 경향을 말한다.
③ 엔트로피: 체계 내부의 에너지를 소모해 감으로써 점차 쇠약해지는 경향성이다.
④ 시너지: 체계 구성요소 사이에 상호작용이 증가하면서 나타난다.
⑤ 홀론: 하나의 체계는 상위체계에 속한 하위체계이면서 동시에 다른 것의 상위체계가 된다는 개념이다.

6장 가족체계, 집단체계

이 장에서는,

출제빈도가 높지는 않지만, 가족체계 및 집단체계에 대한 기본적인 이해의 틀을 잡아두어야 한다.

해답과 오답노트 14쪽

✛01 개방형 가족체계에 관한 설명으로 옳은 것을 모두 고른 것은?

ㄱ. 외부와의 경계가 명확하면서도 유동적인 특징이 있다.
ㄴ. 가족규칙의 범위 내에서 외부와의 소통이 이루어진다.
ㄷ. 다양한 외부체계와 정보, 자원 등을 교환하며 발전해나간다.
ㄹ. 외부체계와의 상호작용으로 인해 엔트로피가 진행된다.

① ㄱ, ㄴ
② ㄱ, ㄷ
③ ㄱ, ㄴ, ㄷ
④ ㄴ, ㄷ, ㄹ
⑤ ㄱ, ㄴ, ㄷ, ㄹ

기출 STYLE

가족체계의 특성, 특히 개방형 가족체계와 폐쇄형 가족체계의 특성을 살펴봄에 있어 앞서 배운 체계이론의 개념을 적용할 수 있어야 한다.

✛02 집단에 관한 설명으로 옳지 않은 것은?

① 일차집단은 원초집단이라고도 한다.
② 이차집단은 학교, 회사 등이 포함된다.
③ 또래집단은 자연집단에 해당한다.
④ 형성집단은 자연발생적으로 만들어진다.
⑤ 집단을 통해 사회화 기능이 이루어진다.

기출 STYLE

다양한 집단의 유형 및 구분 등과 관련하여 기본개념을 확인하는 문제가 출제되고 있다.

03 가족에 관한 설명으로 옳지 않은 것은?

① 가족체계 내에 존재하는 경계선의 침투성 정도가 가족구성원의 성격 발달과 행동에 많은 영향을 미친다.

② 민주적 부모에 의해 양육된 자녀는 사회적 책임감과 독립성이 강하다.

③ 속박된 경계선을 가진 가족은 가족성원 간에 관여를 허용하지 않는다.

④ 가족체계는 가족성원의 사회화와 사회통제라는 과업을 수행한다.

⑤ 가족체계의 역기능과 가족성원의 정신장애는 밀접한 연관성이 있다.

문제풀이 **TIP**

속박된 경계선을 가진 가족은 가족구성원 간의 상호작용에서 지나치게 밀착된 관계를 보인다.

04 가족체계의 역동성에 대한 설명으로 옳은 것을 모두 고른 것은?

> ㄱ. 가족체계 경계선의 침투성 정도가 가족구성원의 성격형성에 영향을 미치지는 않는다.
> ㄴ. 가족은 개인 성격형성의 생물학적 측면과 문화적 측면을 연결하는 사회제도이다.
> ㄷ. 가족은 아동이 사회성을 형성하고 성숙하는 데 필요한 원초집단이다.
> ㄹ. 가족구조가 변하면 가족구성원 각자의 역할과 행동도 변화한다.

① ㄱ, ㄴ   ② ㄷ
③ ㄷ, ㄹ   ④ ㄱ, ㄴ, ㄷ
⑤ ㄴ, ㄷ, ㄹ

05 집단과 관련한 주요 개념에 대한 설명으로 옳은 것을 모두 고른 것은?

> ㄱ. 집단지도력이란 집단 내에서 특정 지위를 점유한 사람이 집단의 목적달성을 위한 활동에 행사하는 영향력을 의미한다.
> ㄴ. 집단응집력이란 집단구성원이 집단과 그들 상호 간에 대한 헌신과 몰입의 정도를 말한다.
> ㄷ. 자조집단은 구성원들의 자율성과 내적 자원을 강조한다.
> ㄹ. 집단응집력이 강할수록 집단에 대한 만족도가 높은 경향이 있으며, 긍정적인 역할을 하기도 한다.

① ㄱ, ㄴ   ② ㄴ, ㄷ
③ ㄷ, ㄹ   ④ ㄱ, ㄴ, ㄷ
⑤ ㄱ, ㄴ, ㄷ, ㄹ

06 치료집단(treatment group)에 대한 설명으로 옳지 않은 것은?

① 집단성원의 사회정서적 욕구에 초점을 둔다.

② 대체로 집단성원의 자기개방이 높은 편이다.

③ 집단성원의 산출 및 성과가 평가의 핵심이다.

④ 집단 내에서의 적극적인 상호작용이 중요하다.

⑤ 지지집단, 교육집단, 성장집단 등이 있다.

07 가족체계에 관한 설명으로 옳은 것을 모두 고른 것은?

> ㄱ. 가족체계는 지역사회체계의 하위체계로서 지역사회체계의 영향을 받는다.
> ㄴ. 가족체계는 역동성을 통해 적응과 균형을 지속적으로 추구한다.
> ㄷ. 가족체계의 문제는 총합성의 원리로 이해할 필요가 있다.
> ㄹ. 가족체계 내에는 가시적으로 확인할 수 있는 경계가 존재한다.

① ㄱ, ㄴ 　　② ㄴ, ㄹ
③ ㄷ, ㄹ 　　④ ㄱ, ㄴ, ㄹ
⑤ ㄴ, ㄷ, ㄹ

08 다음의 집단 유형은?

> 본 프로그램은 중년부부 33쌍을 대상으로 부부의 강점 강화, 부부 간의 차이에 대한 이해와 수용, 일치적인 의사소통, 부부갈등 해결, 부부의 성(性)과 성역할, 변화유지를 내용으로 6회기로 구성된 경험적 프로그램이다.

① 과업집단
② 사회화집단
③ 교육집단
④ 지지집단
⑤ 성장집단

문제풀이 TIP

치료집단의 종류에는 지지집단, 교육집단, 성장집단, 치유집단, 사회화집단 등이 있는데, 사례를 통해 구별하기보다는 애매한 부분도 있다. 사례에 제시된 집단은 어떤 문제들에 대처한다기보다는 중년부부들의 관계 증진에 초점을 두고 있다는 점에서 집단의 유형을 찾아보자.

09 다음 중 체계에 관한 설명으로 옳은 것을 모두 고른 것은?

> ㄱ. 가족체계 내에는 다양한 하위체계가 구성된다.
> ㄴ. 집단체계의 구성 및 운영은 대체로 폐쇄체계적이다.
> ㄷ. 개인을 둘러싼 생태체계에는 거시적 차원의 체계를 포함한다.
> ㄹ. 지역사회체계는 개인체계에 일방적인 영향을 미친다.

① ㄱ, ㄷ 　　② ㄴ, ㄹ
③ ㄱ, ㄷ, ㄹ 　　④ ㄴ, ㄷ, ㄹ
⑤ ㄱ, ㄴ, ㄷ, ㄹ

10 가족체계에 관한 설명으로 옳지 않은 것은?

① 가족은 하나의 체계가 된다는 전제를 갖는다.
② 가족문제를 살펴봄에 있어 직선적 인과관계를 따른다.
③ 하위체계의 변화는 가족체계 전체의 변화를 초래할 수 있다.
④ 하위체계에는 부부체계, 부모-자녀체계, 형제자매체계 등이 있다.
⑤ 가족경계의 특징이 구성원들의 행동에 영향을 미친다.

인간행동과 사회환경

7장

조직체계, 지역사회체계, 문화체계

이 장에서는,

조직체계와 지역사회체계에 대한 개념틀을 잡고 문화체계에 대해 살펴본다. 시험은 주로 문화체계와 관련해서 출제되고 있는데, 문화체계가 갖는 주요 특징과 함께 다문화와 관련된 개념과 이론들을 정리해두는 것이 필요하다.

해답과 오답노트 15쪽

+01 문화에 관한 설명으로 옳지 않은 것은?

① 개인에게 영향을 미치는 거시체계이다.

② 후천적 학습을 통해 세대 간에 전승된다.

③ 다른 사회와 구별되는 특성을 갖는다.

④ 주변 문화와 상호작용하면서 변화한다.

⑤ 기본적 욕구보다 상위의 욕구와 관련된다.

기출 STYLE

사회체계로서 문화가 갖는 특징, 문화의 기능, 문화와 관련된 다양한 개념들 및 다문화 관련 이론들까지 출제범위이다.

+02 문화의 기능에 관한 설명으로 옳은 것을 모두 고른 것은?

> ㄱ. 문화를 통해 개인의 욕구를 충족할 수 있다.
> ㄴ. 개인은 문화를 통해 사회에 적응할 수 있다.
> ㄷ. 문화의 전승을 통해 사회가 존속될 수 있다.
> ㄹ. 문화는 인간행동의 규범적 틀이 될 수 있다.

① ㄱ, ㄹ

② ㄴ, ㄷ

③ ㄱ, ㄴ, ㄷ

④ ㄴ, ㄷ, ㄹ

⑤ ㄱ, ㄴ, ㄷ, ㄹ

03 체계에 관한 설명으로 옳지 않은 것은?

① 조직체계는 미시체계이며, 지역사회체계는 거시체계이다.

② 조직체계는 일반적으로 공식적 계약에 의해 형성된다.

③ 클라이언트체계가 조직체계에 영향력을 행사하기는 어렵다.

④ 조직체계는 환경 속에서 다른 체계와 상호작용한다.

⑤ 지역사회체계는 지역사회 구성원의 사회화 기능을 한다.

05 문화다원주의에 관한 설명으로 옳지 않은 것은?

① 문화는 확장되고 복합적이며 변화한다.

② 모든 구성원이 동등한 자격이라는 것을 전제로 한다.

③ 사회복지사는 사회정의의 문제를 다룰 수 있어야 한다.

④ 사회복지사는 차별과 불평등을 의도된 불공평의 개념으로 이해하는 것이 필요하다.

⑤ 사회복지사는 클라이언트에 대해 비심판적인 태도를 가져야 한다.

04 물질문화와 비물질문화에 관한 설명으로 옳은 것을 모두 고른 것은?

> ㄱ. 물질문화에는 인간이 환경에 적응하고 기본적인 욕구를 충족시키기 위해 필요한 도구, 사용기술 등을 포함한다.
> ㄴ. 비물질문화는 크게 규범문화와 관념문화로 나뉜다.
> ㄷ. 신화, 철학, 문학, 종교, 예술, 윤리 등은 물질문화에 속한다.
> ㄹ. 규범문화는 사회구성원들의 행위를 규제하거나 관계를 규정하는 제도, 원리를 말한다.

① ㄱ, ㄴ, ㄹ   ② ㄴ, ㄷ, ㄹ

③ ㄱ, ㄷ   ④ ㄱ, ㄴ

⑤ ㄴ, ㄹ

✛06 문화에 관한 설명으로 옳은 것을 모두 고른 것은?

> ㄱ. 문화접촉: 둘 이상의 문화는 인간과 인간의 직접적인 접촉으로만 전파된다.
> ㄴ. 문화변용: 둘 이상의 사회가 지속적으로 접촉하다 보면 문화체계의 변화가 일어난다.
> ㄷ. 문화마찰: 서로 다른 문화가 접촉하면서 갈등이 일어나기도 한다.
> ㄹ. 문화변동: 문화는 사회의 외부적인 요인과 내부적인 요인에 의해 변동된다.

① ㄱ, ㄴ   ② ㄷ, ㄹ

③ ㄱ, ㄴ, ㄷ   ④ ㄱ, ㄷ, ㄹ

⑤ ㄴ, ㄷ, ㄹ

07 다음에서 설명하고 있는 문화 관련 개념은?

> 다문화주의에서는 한 사회에 존재하는 다양한 문화가 고유한 특성을 유지하면서 조화롭게 공존하는 것을 지향한다.

① 역동성　　　② 총체성
③ 샐러드볼　　④ 용광로
⑤ 사회통제

08 체계적 관점에서 본 조직의 특성에 대한 설명으로 옳지 않은 것은?

① 조직의 각 부분은 전체에 무엇인가 기여하며, 동시에 전체에게서 무엇인가를 받는다.
② 체계로서 조직이 존속하기 위해서는 만족해야 하는 특정한 욕구가 있으며 조직은 끊임없이 그것을 충족시키려고 한다.
③ 조직체의 욕구 중 가장 중요한 것은 조직원의 결속력이다.
④ 체계로서 조직은 스스로 행동할 능력이 있으며, 동시에 조직구성원이 개별적으로 행동할 능력도 있다.
⑤ 항상 합리적인 작용으로 구조가 바뀌는 것은 아니다.

 문제풀이 TIP

조직은 특정한 목적/목표를 달성하기 위해 의도적으로 만들어진 체계로서 목적/목표달성을 가장 중요하게 고려한다.

+09 문화의 특성에 관한 설명으로 옳지 않은 것은?

① 문화는 선천적으로 타고나며, 사회화를 통해 개인의 일부가 된다.
② 문화는 상징적인 수단인 언어와 문자를 통해 세대 간에 전승되며 축적된다.
③ 문화는 인간에게만 있는 것이고, 문화가 없는 인간은 생각할 수도 없다.
④ 문화는 끊임없이 수정되고 조절되며, 새로운 특성이 추가되면서 변동한다.
⑤ 문화는 사회적 구성물인 정치, 경제, 사회, 역사 등이 상호작용한 결과물이다.

 문제풀이 TIP

문화는 공유성, 학습성, 누적성, 가변성, 총체성, 상징성, 보편성, 다양성, 사회성 등의 특성이 있다.

+10 문화에 관한 설명으로 옳지 않은 것은?

① 한 사회에는 공통적으로 나타나는 문화적 특징이 있다.
② 한 사회의 문화적 변화는 제도적 변화로 이어지기도 한다.
③ 한 사회의 주류문화에 반대하고 저항하는 하위문화도 존재한다.
④ 한 사회의 문화적 특징은 외부에서 손쉽게 파악할 수 있다.
⑤ 한 사회의 전통문화는 다른 형태로 존속되기도 한다.

✦11 문화에 관한 설명으로 옳지 않은 것은?

① 문화적 다양성에 대해 폐쇄적인 사회의 경우 통합이 이루어지기 어렵다.

② 강제적인 동화는 갈등을 불러일으킬 수 있다.

③ 이주민에게 자유가 보장될 때 다양한 문화적 응이 가능하다.

④ 분리는 새로운 이주문화와의 일상적 상호작용을 추구하지만 원문화에 대한 정체성 유지에는 소극적인 유형을 말한다.

⑤ 문화지체란 서로 관련된 문화의 두 부분 가운데 한 부분이 먼저 변화하거나 다른 부분보다 변화의 정도가 클 때 두 부분의 관계가 이전보다 잘 적응할 수 없는 관계가 되는 경우를 말한다.

13 다음의 내용을 토대로 알 수 있는 문화의 속성은?

> 어떤 원주민 부족은 협동을 매우 가치 있는 것으로 강조하는가 하면, 다른 부족은 경쟁을 가치 있는 것으로 보아 개인의 우월성을 성취하는 데 노력한다.
>
> ---
> ㄱ. 문화적 가치들은 그 사회관계적 조건에 따라 각각의 고유한 의미를 지니고 있다.
> ㄴ. 각 문화는 문화의 독특한 환경과 역사적·사회적 상황에서 이해해야 한다.
> ㄷ. 자기 민족의 문화가 타 민족의 문화보다 우월하다는 자신감을 가질 필요가 있다.
> ㄹ. 인류가 살고 있는 사회는 사회마다 특수한 문화를 가지고 있다.

① ㄱ, ㄴ   ② ㄷ

③ ㄱ, ㄴ, ㄹ   ④ ㄹ

⑤ ㄱ, ㄴ, ㄷ, ㄹ

✦12 베리(J. Berry)의 문화적응이론에 관한 설명으로 옳은 것을 모두 고른 것은?

> ㄱ. 통합: 주류사회의 문화를 받아들이면서 고유문화의 정체성과 특성을 지속한다.
> ㄴ. 동화: 주류사회의 문화에 관심을 갖지만 기존의 문화적 정체성과 특성을 포기한다.
> ㄷ. 분리: 주류사회의 문화를 거부하면서 기존의 문화적 정체성과 특성만을 유지한다.
> ㄹ. 주변화: 주류사회의 문화도 거부하면서 고유문화의 정체성도 부정한다.

① ㄱ, ㄴ   ② ㄷ, ㄹ

③ ㄴ   ④ ㄱ, ㄷ, ㄹ

⑤ ㄱ, ㄴ, ㄷ, ㄹ

14 지역사회에 대한 이론적 관점을 설명한 것으로 옳은 것을 모두 고른 것은?

> ㄱ. 구조적 관점에서 강조하는 세 가지 차원은 통합, 경쟁, 지리적 구성이다.
> ㄴ. 인류생태적 관점은 환경과 지역주민 간의 관계에 초점을 둔다.
> ㄷ. 사회심리적 관점은 쿨리의 공동사회와 이익사회의 개념이 해당한다.
> ㄹ. 사회체계적 관점은 지역사회 내의 다양한 체계들이 어떻게 상호작용하는가를 분석하는 것을 강조한다.

① ㄱ, ㄴ   ② ㄱ, ㄷ

③ ㄴ, ㄹ   ④ ㄷ, ㄹ

⑤ ㄱ, ㄴ, ㄷ

인간행동과 사회환경

15 지역사회체계에 관한 설명으로 옳은 것을 모두 고른 것은?

> ㄱ. 지리적 영역을 뛰어넘어 파악되기도 한다.
> ㄴ. 구성원의 사회참여 및 상부상조가 이루어진다.
> ㄷ. 다양한 이익집단이 충돌하고 갈등하기도 한다.
> ㄹ. 지방자치제 이후 지역사회에 관한 관심이 커졌다.

① ㄱ, ㄹ ② ㄴ, ㄷ
③ ㄱ, ㄴ, ㄹ ④ ㄴ, ㄷ, ㄹ
⑤ ㄱ, ㄴ, ㄷ, ㄹ

✢16 문화의 유형에 관한 내용으로 옳지 않은 것은?

① 물질문화는 인간이 환경에 적응하고 기본적인 욕구를 충족시키기 위해 필요한 도구, 사용기술 등을 포함한다.
② 절반문화는 문화의 중심으로부터 멀리 떨어져 문화영역의 경계선 지역에 위치하여 문화특질을 적게 지니고 있는 것을 말한다.
③ 관념문화는 신화, 철학, 문학, 종교, 예술, 윤리 등 인간이 자기 자신이나 자연, 사회 등에 대하여 지니는 관념적인 것들을 말한다.
④ 은둔문화는 외부에서 손쉽게 파악할 수 없는 감추어진 문화를 말한다.
⑤ 규범문화는 사회 구성원들의 행위를 규제하거나 관계를 규정하는 규범, 원리를 말한다.

태아기, 영아기, 유아기

이 장에서는,

태아기의 발달과정, 산모의 영향, 유전적 요인에 의한 장애 등을 살펴봐야 한다.
영아기(0~2세)에서는 프로이트의 구강기, 에릭슨의 유아기(신뢰 대 불신), 피아제의 감각운동기 등의 특징을 상기하면서 애착형성, 신생아기의 반사운동 등을 살펴봐야 한다.
유아기(3~6세)는 프로이트의 남근기, 에릭슨의 초기 아동기(자율 대 수치) 및 학령전기(주도 대 죄의식), 피아제의 전조작기 및 타율적 도덕성, 콜버그의 전인습적 도덕성 등을 떠올리며 정리해야 한다.

해답과 오답노트 17쪽

✦01 태아기에 관한 설명으로 옳지 않은 것은?

① 16~20주 사이에 태아의 움직임을 느낄 수 있다.

② 산부가 너무 어릴 때에도 태아의 선천성 결함 가능성이 높아진다.

③ 초음파 검사로 태아의 성별과 자궁 내 자세, 다양한 신체의 이상을 탐지해낼 수 있다.

④ 염색체 이상으로 인해 혈액이 응고되지 않는 혈우병이 발생할 수 있다.

⑤ 다운증후군, 클라인펠터증후군 등은 필요한 염색체가 부족한 경우에 발생한다.

기출 STYLE

태아기에 임산부에게 나타날 수 있는 문제와 함께 태아에게 발생할 수 있는 여러 장애들을 살펴봐야 한다.

✦02 영아기(0~2세)의 특성으로 옳지 않은 것은?

① 감각 운동을 통하여 지능발달을 도모한다.

② 생후 6개월부터 이가 나오기 시작하여 2년 6개월 정도면 20개의 젖니가 모두 나온다.

③ 바빈스키반사는 파악반사 혹은 손바닥 반사라고도 불린다.

④ 신생아의 반사운동은 생존반사와 원시반사로 구분된다.

⑤ 영아기의 시각은 비교적 덜 발달된 상태이며, 4~6개월이 지나면 색깔 구별이 가능해진다.

기출 STYLE

영아기에 나타나는 주요 특징을 정리해두되, 신생아기에 나타나는 반사운동은 단독으로도 출제되므로 꼼꼼한 정리가 필요하다.

✢03 유아기(3~6세)에 관한 설명으로 옳지 않은 것은?

① 이전 단계에 비해 신체의 성장 속도는 다소 둔화되지만 지속적으로 이루어진다.

② 직관적 사고를 하기 때문에 보존개념이 완전히 형성되지 못하는 시기이다.

③ 피아제(J. Piaget)의 인지발달이론에서 타율적 도덕성에 해당하는 시기이다.

④ 자기중심성을 완전히 극복하여 또래집단과의 관계 및 소속감을 발달시킨다.

⑤ 자신의 성역할에 대한 인식이 생기고, 자아개념에 자신의 성을 연결시킨다.

기출 STYLE

유아기(3~6세)의 특징, 발달특성을 묻는 유형뿐만 아니라 여러 이론가들의 발달단계와 연관 지어 특징을 비교하는 유형이 주로 출제되었다.

05 괄호 안에 들어갈 단어는?

똑같은 모양의 2개의 컵에 담긴 동일한 양의 물을 한 컵만 높이가 낮고 넓적한 컵에 따라 부으면 물의 양이 변했다고 생각하는 것은 아직 (   ) 개념을 획득하지 못했기 때문이다.

① 자기중심성

② 물활론적 사고

③ 보존

④ 전환적 추론

⑤ 분류화

06 다음과 같은 특성을 보이는 시기는?

• 책을 세워 들고는 반대편에 있는 사람은 책의 뒷면 밖에 볼 수 없다는 것을 깨닫지 못한 채 그에게 책 속의 그림에 대해 묻는다.

• 인형이 살아있다고 생각하고 옷을 입히거나 말을 건다.

• 꿈이 실제로 일어난 것이라고 믿는다.

✢04 유아기(3~6세) 인지발달의 특징으로 옳은 것을 모두 고른 것은?

| ㄱ. 직관적 사고 | ㄴ. 비가역적 사고 |
| ㄷ. 중심화 | ㄹ. 상징의 획득 |

① ㄱ, ㄹ

② ㄴ, ㄷ

③ ㄱ, ㄴ, ㄷ

④ ㄴ, ㄷ, ㄹ

⑤ ㄱ, ㄴ, ㄷ, ㄹ

① 영아기(0~2세)

② 걸음마기(1.5/2~4세)

③ 아동기(7~12세)

④ 청소년기(13~18세)

⑤ 청년기(19~29세)

문제풀이 TIP

자기중심성, 물활론 등의 특성에 해당한다.

✦07 태아기의 발달에 관한 설명으로 옳지 않은 것은?

① 양수검사를 통해 태아의 성별, 염색체 이상, 선천성 기형 등을 알아낼 수 있다.

② 터너증후군은 X염색체가 하나뿐이라서 외견상 여성으로 보이지만 2차 성징이 거의 없는 것이 특징이다.

③ 일반적으로 16주 정도가 지나면 신경계의 조절능력이 생기게 되므로 인큐베이터에서의 생존이 가능해진다.

④ 후천성면역결핍증(AIDS)은 주로 모체로부터 감염되는데, 감염된 태아는 비정상적으로 작은 얼굴과 두개골을 갖게 된다.

⑤ 거대남성증후군은 남성으로서 Y염색체를 더 많이 가지고 있는 것으로, XY 대신에 XYY형을 이룬다.

✦08 영아기(0~2세)의 발달에 관한 설명으로 옳지 않은 것을 모두 고른 것은?

> ㄱ. 영아는 부분보다는 전체를, 움직이는 물체보다는 정지된 것을 선호하여 지각한다.
> ㄴ. 낯가림과 분리불안은 애착관계 형성의 증거이다.
> ㄷ. 에릭슨의 신뢰감 대 불신감 단계에 해당한다.
> ㄹ. 인간발달의 여러 영역에서 급속한 성장이 이루어지는 시기이다.

① ㄱ   ② ㄱ, ㄷ

③ ㄴ, ㄹ   ④ ㄷ, ㄹ

⑤ ㄱ, ㄴ, ㄷ, ㄹ

09 신생아기에 나타나는 반사운동 중 다음 설명에 해당하는 것은?

> 신생아의 입 주변을 손가락으로 가볍게 건드려 자극하면 자극이 있는 쪽으로 고개를 돌려가며 찾는 행동을 한다. 그래서 이 시기에 젖꼭지를 입술 근처에 갖다대면 그 방향으로 입술을 움직여 젖꼭지를 찾는 모습을 볼 수 있다.

① 모로   ② 탐색

③ 연하   ④ 빨기

⑤ 파악

문제풀이 TIP

탐색반사와 빨기반사의 차이점을 구분해보도록 한다.

✦10 다음에 제시된 특성을 나타내는 시기는?

> 마음속으로 사물에 대한 이미지를 그리고 눈에 보이지 않는 가상의 대상을 만들어 놀이를 할 수 있을 만큼 추상능력이 발달하여 상징놀이를 할 수 있다.

① 영아기(만 2세까지)

② 걸음마기(2~4세)

③ 학령전기(4~6세)

④ 아동기(7~12세)

⑤ 청소년기(13~18세)

문제풀이 TIP

걸음마기에는 상징적 사고가 가능해지면서 가상놀이/상징놀이를 즐기게 되며, 학령전기에는 사회성이 발달하면서 집단놀이에 더 흥미를 갖게 된다.

인간행동과 사회환경

✦11 영아기(0~2세)에 관한 설명으로 옳지 않은 것은?

① 프로이트의 구강기에 해당한다.

② 피아제의 감각운동기에 해당한다.

③ 대상영속성이 발달한다.

④ 정서발달은 일차정서에 한정된다.

⑤ 감각기관과 운동기능을 통해 세상을 인식한다.

13 걸음마기에 나타나는 사회정서발달로 옳지 않은 것은?

① 정서의 지속기간이 길고 강렬하며 쉽게 변하지 않는다.

② 자기주장적이고 반항적인 행동은 3~4세에 절정에 달하며, 이를 제1반항기라 부른다.

③ 성정체감이 형성되기 시작하여 자신의 성을 구분할 줄 안다.

④ 자율성과 자기통제 능력은 대소변 훈련에서 시작된다.

⑤ 자기통제는 충동을 조절하고 통제하는 능력과 환경을 지배하는 능력이라는 두 방향으로 발달한다.

문제풀이 **TIP**

걸음마기에는 자율성과 자기통제가 발달하며, 성정체감이 형성되기 시작한다.

12 유아기(3~6세)의 설명으로 옳은 것은?

① 콜버그의 후인습적 도덕발달단계에 해당하는 시기이다.

② 역조작의 원리를 이해할 수 있게 된다.

③ 전체와 부분의 관계를 확실하게 구분하지 못한다.

④ 제시된 물건들을 특정 속성에 따라 순서대로 나열할 수 있다.

⑤ 에릭슨에 의하면 정체감 확립이 가장 중요한 발달과업이다.

문제풀이 **TIP**

유아기(3~6세)는 프로이트의 남근기, 피아제의 전조작기 후기, 에릭슨의 학령전기(주도성 대 죄의식)에 해당한다.

✦14 영아기(0~2세)의 발달특성으로 옳지 않은 것은?

① 주양육자와의 애착관계 형성을 통해 얻은 경험은 사회적 관계 형성에 영향을 미친다.

② 사물의 분류화 능력과 보존개념을 획득한다.

③ 물건이 손에 잡히거나 보이지 않더라도 그 물건은 계속 존재하고 있다는 인식이 생겨나기 시작한다.

④ 연하반사는 음식물을 삼키는 반사운동을 말한다.

⑤ 프로이트의 구강기, 피아제의 감각운동기에 해당하는 시기이다.

15 애인스워드(Ainsworth)의 애착발달 4단계에 관한 내용으로 옳은 것을 모두 고른 것은?

> ㄱ. 제1단계(출생~3개월): 영아는 울음, 발성, 미소, 응시 및 시각적 추적으로 양육자와 접촉을 시도하고, 양육자를 자기 곁에 머무르게 하려고 노력한다.
> ㄴ. 제2단계(4~6개월): 영아의 반응은 몇몇 친숙한 성인에게 한정된다.
> ㄷ. 제3단계(7개월~2세): 양육자에 대한 분명한 애착을 형성하며 다른 가족에 대해서도 애착행동을 나타낸다.
> ㄹ. 제4단계(2세 이후): 양육자가 외출할 때 따라가겠다고 떼를 쓰기도 하지만, 양육자가 돌아올 때까지 기다릴 수도 있다.

① ㄱ, ㄴ, ㄷ   ② ㄴ, ㄷ, ㄹ
③ ㄱ, ㄷ   ④ ㄴ, ㄹ
⑤ ㄱ, ㄴ, ㄷ, ㄹ

＋16 신생아기에 나타나는 반사운동에 대한 설명으로 옳지 않은 것은?

① 연하반사: 입에 닿는 것은 무엇이든 빠는 것
② 바빈스키반사: 발바닥을 간질이면 발가락을 발등 위쪽으로 부채처럼 펴는 것
③ 파악반사: 손바닥에 무엇을 올려놓으면 쥐고 놓지 않으려는 것
④ 모로반사: 껴안는 반사
⑤ 젖찾기반사: 입 근처에 무언가 닿기만 해도 자동으로 그 쪽으로 머리를 돌리고 입을 벌리는 것

＋17 유아기(3~6세)의 발달에 관한 설명으로 옳은 것을 모두 고른 것은?

> ㄱ. 콜버그의 인습적 도덕발달단계에 해당하며 다른 사람들로부터 인정을 받기 위해 착한 아이로 행동한다.
> ㄴ. 내가 좋아하는 것을 다른 사람도 좋아한다고 생각한다.
> ㄷ. 어머니를 신뢰할 수 없는 아이들은 타인과 세상을 불신하며 신뢰를 형성하지 못한다.
> ㄹ. 피아제에 의하면 타율적 도덕성 단계에 해당한다.

① ㄱ, ㄴ   ② ㄴ, ㄷ
③ ㄴ, ㄹ   ④ ㄹ
⑤ ㄱ, ㄴ, ㄷ

문제풀이 TIP

유아기는 프로이트의 남근기, 에릭슨의 학령전기, 콜버그의 도덕성 발달단계에서 전인습적 도덕기에 해당한다.

18 태아기의 성장에 관한 내용으로 옳지 않은 것은?

① 배란기(수정 후 2주)는 수정 후 수정란이 자궁벽에 착상할 때까지의 시기를 말한다.
② 배아는 태반과 연결된 탯줄을 통해 모체로부터 영양분과 산소를 공급받고, 배설물을 방출한다.
③ 임신 4~6개월은 태아의 급속한 세포분열이 일어나므로 임산부의 영양 상태, 약물복용에 가장 영향을 받기 쉽다.
④ 16~20주 사이에 태아의 움직임을 느낄 수 있다.
⑤ 30주 정도가 지나면 신경계의 조절능력이 생기게 된다.

인간행동과 사회환경

19 다음에서 설명하는 특성을 보이는 시기는?

> • 인형의 다리가 부러지면 아플 것이라고 생각한다.
> • 자신이 좋아하는 것을 다른 사람도 좋아한다고 생각해서, 자기가 갖고 싶은 것을 타인에게 선물한다.
> • 숨바꼭질 할 때, 자신이 술래를 볼 수 없으면 술래도 자신을 볼 수 없다고 생각하여 몸을 다 드러내놓고 얼굴만 가린 채 숨었다고 생각한다.

① 태아기　　　　② 영아기
③ 걸음마기　　　④ 아동기
⑤ 청소년기

✛20 각 학자들이 제시한 유아기(3~6세)의 발달 과업 및 특징으로 옳지 않은 것은?

① 에릭슨: 주도성 대 죄의식의 심리적 위기를 경험한다.
② 콜버그: 도덕적 판단은 복종과 처벌에 따라 이루어진다.
③ 하비거스트: 부모, 형제자매 등과 정서적 관계를 맺는다.
④ 프로이트: 남아는 오이디푸스 콤플렉스를 경험하게 된다.
⑤ 피아제: 언어를 습득함에 따라 객관적 사고가 나타난다.

 문제풀이 TIP

각 학자들의 발달단계에서 유아기에 해당하는 특징만 뽑아낸 문제로 헷갈리기 쉽다. 각 학자별 발달단계에서 어느 시기가 유아기에 해당하는지를 먼저 생각해보고 그 시기의 특징을 되짚어보면서 답을 찾아보자.

✛21 유아기(3~6세)에 관한 설명으로 옳지 않은 것은?

① 전체 상황 중에서 하나의 차원에만 주의를 기울이고 다른 차원은 무시하는 경향이 나타난다.
② 콜버그에 의하면 행동의 결과를 가지고 판단하는 특징이 나타난다.
③ 피아제에 의하면 자율적 도덕성 단계에 해당한다.
④ 프로이트에 의하면 남아는 오이디푸스 콤플렉스를, 여아는 엘렉트라 콤플렉스를 경험하는 시기이다.
⑤ 영아기만큼 급격한 신체적 변화는 일어나지 않는다.

**문제풀이 **

유아기는 프로이트의 남근기, 에릭슨의 학령전기, 피아제의 전조작기 및 타율적 도덕성 단계, 콜버그의 전인습적 도덕기에 해당한다.

22 학령전기의 사회정서발달에 대한 설명으로 옳지 않은 것은?

① 5~6세경에는 자신의 감정을 감추거나 가장하는 방법을 배운다.
② 학령전기에는 성안정성과 성항상성 개념이 확립된다.
③ 학령전기 아동은 자아개념에 자신의 성을 연결시키며, 성에 따르는 사회적 기대를 의식한다.
④ 학령전기에는 걸음마기에 했던 가상놀이보다 구조화되고 현실지향적인 집단놀이에 흥미를 갖는다.
⑤ 놀이경험을 통해 자기중심성이 사라진다.

✦23 영아기(0~2세)의 발달 특성으로 옳은 것을 모두 고른 것은?

> ㄱ. 대상영속성이 형성되는 과정에서 분리불안이 나타나기도 한다.
> ㄴ. 프로이트의 생식기, 에릭슨의 유아기, 피아제의 전조작기에 해당한다.
> ㄷ. 목적을 위해 수단을 활용하는 목적지향적 행동을 보인다.
> ㄹ. 영아기에 형성된 애착은 이후 인지, 정서, 사회성 발달에 중요한 영향을 미친다.

① ㄱ, ㄴ   ② ㄷ, ㄹ
③ ㄱ, ㄴ, ㄷ   ④ ㄱ, ㄷ, ㄹ
⑤ ㄱ, ㄴ, ㄷ, ㄹ

25 태아기 검사에 관한 설명으로 옳지 않은 것을 모두 고른 것은?

> ㄱ. 초음파 검사는 태아의 신체적 기형, 성별을 확인하는 데 유용하다.
> ㄴ. 산모혈액 검사에서 AFP 수준이 높을수록 태아가 정상임을 나타낸다.
> ㄷ. 양수 검사는 임산부의 복부에 주사 바늘을 삽입하여 양수를 채취한다.
> ㄹ. 융모생체표본검사는 임산부의 나이에 관계없이 진행한다.

① ㄱ, ㄷ   ② ㄴ, ㄷ
③ ㄴ, ㄹ   ④ ㄷ, ㄹ
⑤ ㄱ, ㄴ, ㄷ, ㄹ

문제풀이 TIP

태아기에 실시하는 검사들로는 초음파 검사, 양수검사, 융모생체표본검사, 산모 혈액검사 등이 있다. 각 검사의 특징과 그 검사에서 알 수 있는 정보들을 떠올려보자.

✦24 유아기(3~6세)의 발달 특성에 관한 설명으로 옳지 않은 것은?

① 성정체성을 형성하면서 자신이 속한 사회의 성에 대한 고정관념을 배우기 시작한다.
② 프로이트의 이론에서는 초기적 형태의 양심인 초자아(superego)가 발달하는 시기이다.
③ 물활론적 사고에서 벗어나게 되는 시기로, 생물과 무생물을 구분할 수 있게 된다.
④ 정신적 표상에 의한 사고는 가능하나 아직 개념적 조작 능력은 발달하지 않은 상태이다.
⑤ 두 개 이상의 차원을 동시에 고려하지 못하고 한 번에 한 가지 차원에만 주의를 집중한다.

26 다음의 빈칸에 들어갈 단어로 옳은 것은?

> 분리불안은 영아가 애착관계를 형성한 사람과 분리될 때 나타내는 불안반응으로, 정상적인 애착관계를 형성한 영아는 주 양육자인 엄마와 분리되면 불안해하며 심하게 울음을 터트린다. 어떤 대상이 시야에서 사라지거나 들리지 않아도 그것이 계속 존재한다고 믿는 것을 (   )(이)라고 하는데, (   )(이)가 완전히 확립된 시기에는 분리불안이 사라진다.

① 낯가림   ② 상징적 사고
③ 대상영속성   ④ 물활론적 사고
⑤ 전환적 추론

27 영아기(0~2세)의 반사운동에 관한 설명으로 옳지 않은 것을 모두 고른 것은?

> ㄱ. 빨기반사, 젖찾기반사, 연하반사 등은 원시반사(primitive reflexes)로 구분한다.
> ㄴ. 신생아기에 보이는 반사운동은 의식적인 행동으로 사라지지 않는다.
> ㄷ. 빨기반사는 신생아가 음식을 받아먹을 수 있는 능력을 촉진한다.
> ㄹ. 모로반사는 생후 1주경에 시작되어 3~4개월 정도가 되면 사라진다.

① ㄱ, ㄴ   ② ㄴ, ㄷ
③ ㄷ, ㄹ   ④ ㄱ, ㄴ, ㄷ
⑤ ㄱ, ㄴ, ㄷ, ㄹ

문제풀이 TIP

신생아기의 반사는 생존을 위한 반사행동인 생존반사와 생존을 위한 것은 아니지만 진화론적 관점에서 중요한 반사행동인 원시반사로 구분할 수 있다.

✦28 태아의 발달에 영향을 미칠 수 있는 요인들을 모두 고른 것은?

> ㄱ. 임신연령
> ㄴ. 건강상태
> ㄷ. 심리적 상태
> ㄹ. 임신 전의 영양상태

① ㄱ   ② ㄴ, ㄷ
③ ㄱ, ㄴ, ㄹ   ④ ㄷ, ㄹ
⑤ ㄱ, ㄴ, ㄷ, ㄹ

9장 아동기

이 장에서는,

아동기의 인지발달, 사회정서발달, 도덕성발달의 특징을 이해하며, 아동기의 사회복지실천과 관련한 내용(학습장애, 아동학대, 학교공포증 등)을 살펴본다. 아동기는 프로이트의 잠복기, 에릭슨의 학령기(근면 대 열등), 피아제의 구체적 조작기 및 자율적 도덕성(10세 이후), 콜버그의 인습적 도덕성(10~13세)에 해당한다. 이를 바탕으로 아동기에 나타나는 인지적·사회정서적 발달 및 도덕성 발달의 특징을 살펴보도록 하자.

해답과 오답노트 20쪽

✚01 아동기(7~12세)의 특징에 관한 설명으로 옳은 것은?

① 주도성 대 죄의식의 위기를 극복하는 과정에서 자기존중감을 갖게 된다.

② 학교에서의 성공 혹은 실패 경험이 자기개념 형성에 큰 영향을 미친다.

③ 물체의 외형이 변하더라도 양과 부피는 동일하다는 직관적 사고가 가능하다.

④ 한 가지 속성에 따라 대상을 순서대로 배열하는 분류화가 가능하다.

⑤ 아동기 후반에는 구체적 조작사고가 발달해 연역적 추론이 가능해진다.

기출 STYLE

아동기의 주요 발달적 특징, 학자별 발달단계 및 발달과업 등이 종합적으로 제시된 문제 유형으로 출제되곤 한다. 아동기에서는 보존개념, 분류화, 서열화, 가역성, 조합기술 등의 개념이 의미하는 바를 파악해두는 것도 필요하다.

✚02 아동기(7~12세)의 설명으로 옳은 것을 모두 고른 것은?

ㄱ. 에릭슨에 의하면 근면성의 획득이 중요한 발달과업이다.

ㄴ. 융은 이 시기 성격의 변화가 일어나기 시작하며 위기를 겪는다고 보았다.

ㄷ. 프로이트에 의하면 새로운 성감대가 나타나지 않는 시기이다.

ㄹ. 피아제에 의하면 이 시기에 최초의 의도적인 문제해결 행동이 나타난다.

① ㄱ, ㄴ 　　　　② ㄱ, ㄷ

③ ㄴ, ㄹ 　　　　④ ㄷ, ㄹ

⑤ ㄱ, ㄴ, ㄷ, ㄹ

문제풀이 TIP

아동기는 프로이트의 잠복기, 에릭슨의 학령기(근면성 대 열등감)에 해당한다.

03 아동기(7~12세)의 인지발달 특성으로 옳은 것을 모두 고른 것은?

> ㄱ. 전조작기 자기중심성에서 벗어난다.
> ㄴ. 친구들을 자기와 친한 순서대로 말할 수 있다.
> ㄷ. 현상들 간의 인과관계를 추론할 수 있다.
> ㄹ. 상징적으로 사물을 조작할 수 있는 표상기술을 익힌다.

① ㄱ ② ㄱ, ㄷ
③ ㄴ, ㄹ ④ ㄷ, ㄹ
⑤ ㄱ, ㄴ, ㄷ

04 다음에서 주희의 발달단계 특성에 대한 설명으로 옳은 것을 모두 고른 것은?

> 주희에게 한 웅큼의 5원, 10원, 100원, 500원 짜리의 동전을 쥐어 주며, 액수대로 분류해 보라고 하였더니 1분이 채 걸리기도 전에, 성공적으로 과업을 완수하였다. 그런데 손에 돈을 쥐어 주지 않고, 머릿속으로만 생각해서 해 보라고 했더니 5분이 지나도 제대로 해내지 못하였다.
>
> ㄱ. 상상놀이를 선호한다.
> ㄴ. 또래집단의 압력에 민감하다.
> ㄷ. 이성친구와 더 친밀하다.
> ㄹ. 가역적 사고가 가능하다.

① ㄱ ② ㄴ
③ ㄴ, ㄹ ④ ㄷ
⑤ ㄱ, ㄴ, ㄷ, ㄹ

 문제풀이 TIP
구체적 조작기의 인지발달, 사회정서발달에 대해서 생각해보자.

05 다음 빈칸에 해당하는 아동기(7~12세)의 주요 발달 특징은 무엇인가?

> (   )(이)란 수를 조작하는 능력, 즉 일정 수의 사물이 있으면 그것을 펼치든 모으든 또는 형태를 바꾸든 수는 같다는 것을 이해할 수 있는 능력을 말한다. 아동기에는 (   )을/를 획득함으로써 덧셈이나 뺄셈과 같은 셈이 가능해진다.

① 조합기술
② 가역적 사고
③ 서열화
④ 분류화
⑤ 보존개념

06 아동기(7~12세)의 자기개념(self-concept) 형성에 영향을 미치는 요소를 모두 고른 것은?

> ㄱ. 성공 및 실패경험
> ㄴ. 부모의 양육태도
> ㄷ. 교사
> ㄹ. 또래집단

① ㄱ, ㄴ ② ㄴ, ㄷ
③ ㄷ, ㄹ ④ ㄹ
⑤ ㄱ, ㄴ, ㄷ, ㄹ

 문제풀이 TIP
자기개념이란 자기 자신의 특성에 대해 갖는 체계화된 생각으로 나는 누구이며, 무엇인가를 깨닫는 것이다. 자기에 대한 인지적 측면을 의미한다.

07 다음 중 아동기(7~12세)에 발달하는 인지 능력을 모두 고른 것은?

> ㄱ. 분류화 기술
> ㄴ. 가설설정 능력
> ㄷ. 가역적 사고
> ㄹ. 연역적 추론

① ㄱ, ㄴ   ② ㄱ, ㄷ
③ ㄴ, ㄹ   ④ ㄷ, ㄹ
⑤ ㄱ, ㄴ, ㄷ, ㄹ

08 아동기(7~12세)의 발달에 관한 내용으로 옳은 것을 모두 고른 것은?

> ㄱ. 급속한 신체적 성숙이 일어나며, 운동능력이 왕성하여 다양한 활동을 한다.
> ㄴ. 구체적 조작을 성취함으로써 논리적으로 사고 할 수는 있지만, 이러한 논리를 언어나 가설적 문제에 적용하지는 못한다.
> ㄷ. 전조작기의 자기중심성에서 벗어나 타인의 입장, 감정, 인지 등을 추론하고 이해할 수 있는 조망수용 능력을 습득하게 된다.
> ㄹ. 부모 및 가족의 영향력이 줄어들고 학교라는 사회집단의 일원이 되면서 가족과는 다른 새로운 친구관계를 경험한다.

① ㄱ   ② ㄱ, ㄷ
③ ㄴ, ㄷ, ㄹ   ④ ㄷ, ㄹ
⑤ ㄱ, ㄴ, ㄷ

09 아동기(7~12세)의 인지발달에 대한 설명으로 옳은 것은?

① 인형의 다리가 부러지면 아플 것이라고 생각한다.
② 해와 달은 우리를 비추게 하기 위해 사람들이 하늘에 만들어두었다고 생각한다.
③ 자율성 대 수치심의 심리사회적 위기에 직면하게 된다.
④ 비행기, 자동차, 배는 서로 다르지만 운송기관이라는 공통성으로 한 범주로 묶을 수 있게 된다.
⑤ 자신이 동생을 미워하기 때문에 동생이 아프게 되었다고 생각한다.

10 아동기(7~12세)에 관한 설명으로 옳은 것을 모두 고른 것은?

> ㄱ. 눈에 보이는 구체적 사실들, 구체적 요소들에 대해서만 사고가 가능하다.
> ㄴ. 다양한 사물이나 대상을 두 개 이상의 속성에 따라 분류하는 것이 가능하다.
> ㄷ. 생활의 중심이 가정에서 학교로 옮겨지게 된다.
> ㄹ. 제2성장 급등기에 해당한다.

① ㄱ, ㄴ   ② ㄴ, ㄷ
③ ㄹ   ④ ㄱ, ㄴ, ㄷ
⑤ ㄱ, ㄴ, ㄷ, ㄹ

11 다음에서 설명하고 있는 아동기의 인지적 발달특징은?

> 사과, 참외, 체리, 방울토마토, 바나나, 망고 등의 과일을 두 개의 바구니에 나누어 담도록 했다.
> 수민이는 빨간 과일(사과, 체리, 방울토마토)과 노란 과일(참외, 바나나, 망고)로 나누어 담았다.
> 은성이는 바로 먹을 수 있는 과일(체리, 방울토마토, 바나나)과 어른이 잘라줘야 먹을 수 있는 과일(사과, 참외, 망고)로 나누어 담았다.

① 연역적 사고　　② 개인적 우화
③ 보상성　　　　④ 유목화
⑤ 모방성

12 다음과 같은 사고를 할 수 있는 아동이 보일 수 있는 특징이 아닌 것은?

> "이 컵이 긴 반면에 저 컵은 더 넓으니까 컵에 담겨 있는 물의 양은 같아요!"

① 상황과 사건에 대한 융통성 있는 사고를 할 수 있다.
② 어떤 특정 속성이나 특징을 기준으로 순서대로 배열할 수 있다.
③ 미래에 일어날 사건에 대해 예측할 수 있다.
④ 이성친구보다는 동성친구와 더 친밀한 관계를 가진다.
⑤ 옳고 그름에 대한 판단은 행위의 의도성에 바탕을 둔다.

 문제풀이 **TIP**

구체적 조작기(7~11/12세)의 보상성에 대해 설명하고 있다.

✛13 아동기(7~12세)의 도덕성 발달 수준에 관한 설명으로 옳은 것은?

① 아동기는 콜버그의 도덕성 발달수준 중 인습적 수준에 해당한다.
② 피아제에 따르면 아동기는 타율적 도덕성 단계에 해당한다.
③ 피아제의 이론에 의하면 10세경에 대부분의 아동은 타율적 도덕성 단계에 도달한다.
④ 콜버그에 따르면 7세부터 10세까지는 다른 사람의 승인을 얻기 위해 사회적 규범을 따르려고 한다.
⑤ 이 시기에는 비난에 대한 회피보다 외적인 벌과 보상에 의해 도덕적 행위를 하게 된다.

14 아동기(7~12세)에 겪을 수 있는 인지발달적 측면의 문제와 그에 대한 설명으로 옳지 않은 것은?

① 아동기에 나타나는 학습장애는 언어를 이해하거나 사용하는 데에서 한 가지 혹은 그 이상의 장애가 있는 것을 말한다.
② 아동기에 나타나는 인지장애는 학습장애와 함께 발달장애로 간주한다.
③ 학교에서 실패의 경험을 자주 한 아동은 열등감을 느끼며 이는 부정적인 자기개념을 강화시킨다.
④ 아동기의 학습장애에 대한 개입은 해당 아동에 대해서만 이루어진다.
⑤ 부정적인 자기개념이 형성된 아동의 사회복지실천은 부모, 형제, 교사, 또래친구 등 다각적인 주변인에 대한 개입을 포함한다.

 문제풀이 **TIP**

학습장애는 아동에게는 정서적 발달 지원 프로그램, 가족에게는 지지와 심리적 문제 해결을 위한 치료 프로그램 등 다각적인 개입을 실시할 필요가 있다.

15 아동기(7~12세)에 관한 설명으로 옳지 않은 것은?

① 정서 표현은 직접적이기보다 간접적인 방식으로 나타난다.

② 성적 성숙이 정서에 영향을 미쳐 우울을 호소하기도 한다.

③ 인지적 발달에 따라 자기 자신에 대한 이해가 확장된다.

④ 다양한 변수를 고려하여 상황을 파악할 수 있게 된다.

⑤ 단체놀이를 통해 집단규칙을 익혀나가며 사회화된다.

+16 생애 발달에 관한 내용으로 옳지 않은 것은?

① 영아기에는 어떤 행동을 목격하면 그 행동을 일정한 시간이 지난 후 재현할 수 있다.

② 걸음마기에는 정서적 분화가 두드러지고 물활론적 사고와 자기통제가 발달한다.

③ 학령전기에는 직관적 사고를 하고 유형화와 서열화가 가능하다.

④ 청년기에는 성적 사회화가 이루어지고 부모에 대한 양가감정을 보이기도 한다.

⑤ 장년기와 노년기에 세포는 노화되지만 인지능력 감소는 단언할 수 없다.

+17 아동기에 획득하는 발달특징 중 다음에서 설명하는 개념 및 관련 개념이 옳게 제시된 것은?

> 아동기가 되면 컵에 있는 물을 다른 그릇에 옮겨 담았다가 다시 원래 컵에 옮겨 담아도 그 물의 양은 동일하다는 것을 안다.

① 가역적 사고 – 보존개념

② 조합기술 – 덧셈, 뺄셈

③ 분류화 – 서열화

④ 물활론적 사고 – 집단놀이

⑤ 논리적 사고 – 자기중심성

문제풀이 **TIP**

각 발달의 특징이 분절적으로 나타나는 것이 아니라 하나의 특징이 또 다른 특징으로 이어짐을 이해하면서 발달특징을 연결성 있게 파악해야 한다.

18 아동기(7~12세)에 주로 나타나는 장애로 다음에서 설명하는 것은?

> 타인의 권리나 입장을 침해하거나 나이에 적합한 것으로 기대되는 기준이나 규범을 깨는 행동을 반복적 혹은 지속적으로 보이는 것이 특징이다. 흔히 어린 나이에 성행위, 음주, 흡연, 불법 약물 사용, 무모하고 위험을 초래하는 행동이 동반되는데, 이러한 행동 때문에 학교 휴학 또는 퇴학, 직업적응 문제, 법적 문제, 성병, 예기치 않은 임신, 사고나 싸움으로 신체적 손상을 초래하기도 한다.

① 학습장애

② 품행장애

③ 반사회적 인격장애

④ 주의력결핍 과잉행동장애

⑤ 지적장애

10장 청소년기

이 장에서는,

청소년기의 신체발달, 인지발달, 사회정서발달의 특징을 이해한다. 청소년기의 사회복지실천과 관련해 가족 내 갈등, 비행, 정신장애, 자살의 발생 가능성을 살펴보고, 마르시아의 위기와 전념에 따른 자아정체감 4가지 범주(자아정체감 성취, 자아정체감 유실, 자아정체감 유예, 자아정체감 혼란)를 이해한다.

해답과 오답노트 23쪽

✛01 청소년기(13~19세)의 특징으로 옳지 않은 것은?

① 신체적 발달이 활발하여 제2의 성장 급등기로 불린다.
② 정서적 변화가 급격히 일어나는 질풍노도의 시기이다.
③ 부모로부터 심리적인 독립이 일어나는 심리적 이유기이다.
④ 아니무스와 아니마가 변화하는 개성화 시기이다.
⑤ 어린이도 성인도 아니라는 점에서 주변인으로 불린다.

기출 STYLE

청소년기를 일컫는 다양한 용어들이나 신체적 발달 등의 주요 특징부터 마르시아의 자아정체감, 엘킨드의 자기중심성 등의 개념까지 두루두루 출제되고 있다.

02 청소년기(13~19세)의 발달 특징에 대한 설명으로 옳지 않은 것은?

① 신체적 · 인지적 · 사회적 행동양식이 성숙하지만 여전히 미완성 단계이다.
② 제2반항기라고 한다.
③ 청소년기에 경험하는 혼란과 방어는 자유로워지려는 시도로 주위의 중요한 성인이 해결책을 찾아주어야 한다.
④ 에릭슨의 자아정체감 대 역할혼란 단계에 해당한다.
⑤ 지각과 경험보다 논리적 원리에 지배받기 때문에 좀 더 추상적인 사고가 가능하다.

문제풀이 TIP

청소년기의 혼란과 방어는 자유로워지는 시도로 볼 수 있으며, 스스로 충분한 시간을 가지고 해결방안을 모색해야 한다.

✛03 생애주기별 주요 발달과업의 연결로 옳은 것을 모두 고른 것은?

> ㄱ. 영아기(0~2세): 반사운동, 애착형성
> ㄴ. 유아기(3~6세): 배변훈련, 자율성
> ㄷ. 아동기(7~12세): 사회적 기술, 유능성
> ㄹ. 청소년기(13~19세): 자아정체감, 생산성

① ㄱ, ㄹ   ② ㄴ, ㄷ
③ ㄱ, ㄴ, ㄷ   ④ ㄴ, ㄷ, ㄹ
⑤ ㄱ, ㄴ, ㄷ, ㄹ

05 청소년기의 특징으로 옳은 것을 모두 고른 것은?

> ㄱ. 부모로부터 독립을 꿈꾸는 시기로 제1반항기라고도 한다.
> ㄴ. 호르몬 변화와 함께 신체적 성장이 일어나는 사춘기이다.
> ㄷ. 정서적 변화가 심하고 불안정한 질풍노도의 시기이다.
> ㄹ. 아동도 아니고 성인도 아닌 주변인(marginal man)이다.

① ㄱ, ㄴ   ② ㄷ, ㄹ
③ ㄱ, ㄷ, ㄹ   ④ ㄴ, ㄷ, ㄹ
⑤ ㄱ, ㄴ, ㄷ, ㄹ

04 청소년기(13~19세)에 관한 설명으로 옳은 것은?

① 에릭슨의 친밀감 대 고립감 단계에 해당한다.
② 사회적 기술을 습득하고 의미 있는 일을 성취하기 위하여 열정적으로 참여하고 과업을 완수하게 될 경우 근면성이 발달한다.
③ 프로이트의 생식기에 해당한다.
④ 직업과 배우자 선택, 자녀 양육 등으로 스트레스를 받는다.
⑤ 감정 표현능력의 저하가 이루어진다.

✛06 마르시아의 자아정체감 유형에 대한 설명으로 옳지 않은 것은?

① 정체감 유실이나 혼란은 부적응적인 것으로 본다.
② 정체감 유예 상태는 정체감 혼란의 방향으로만 옮겨간다.
③ 정체감 성취는 정체감 위기를 성공적으로 극복하고 자신의 의사에 따라 자율적으로 의사결정을 내릴 수 있는 상태를 의미한다.
④ 위기와 전념이라는 두 가지 기준을 바탕으로 자아정체감을 4가지 유형으로 구분했다.
⑤ 정체감 유실에 해당하는 사람들은 직업과 가치에 대한 결정을 스스로 하는 것이 아니라 부모에 의해 이미 오래전에 결정되어 있다.

인간행동과 사회환경

✚07 다음에서 설명하는 것과 관련된 개념은 무엇인가?

> 청소년기와 청년기에는 자신의 미래 정체성에 많은 가능성이 있는 역할들을 실험한다. 예를 들어, 어떤 것이 자기 적성에 맞는지 몰라 이런 저런 교과목을 들어보기도 하고, 파트타임 아르바이트를 다양하게 경험해 보기도 한다. 이성친구와 데이트를 하다 헤어지고 또 다른 이성을 만나기도 한다. 술이나 담배, 혹은 약물에 손을 대보기도 하고, 자신이 오랫동안 가져오던 종교적 믿음에 혼란을 겪으며 다양한 방식으로 자신에게 맞는 종교적·도덕적 신념을 개발하고자 한다.

① 심리사회적 유예 　② 심리적 이유
③ 정체성 성취 　④ 정체성 혼란
⑤ 정체성 유실

문제풀이 TIP
최종의 정체감을 성취하기 이전에 경험하는 일정한 자유 시험 기간을 의미한다.

08 청소년기(13~19세)와 관련 있는 용어로 옳은 것을 모두 고른 것은?

> ㄱ. 제2성장급등기
> ㄴ. 생식기
> ㄷ. 형식적 조작기
> ㄹ. 심리사회적 완성기

① ㄱ, ㄴ 　② ㄴ, ㄷ
③ ㄷ, ㄹ 　④ ㄹ
⑤ ㄱ, ㄴ, ㄷ

09 청소년기(13~19세)의 자기중심성에 대한 설명으로 옳지 않은 것은?

① 청소년기의 자기중심성은 급격한 신체적·정서적 변화로 자신의 외모에 몰두해서 생기는 현상이다.
② 청소년기에는 자신이 주인공인 것처럼 행동하고 다른 사람들을 구경꾼으로 생각한다.
③ 피아제는 자기중심성을 청소년기의 특징으로 설명했다.
④ 청소년들은 상상적 관중을 머릿속에 만들어서 다른 이들이 자신에게 관심을 쏟는다고 생각한다.
⑤ 청소년기에는 자신의 감정과 사고는 너무나 독특한 것이어서 다른 사람들은 이해할 수 없다고 생각하기 쉽다.

문제풀이 TIP
피아제가 전조작기 아동의 특징으로 설명한 자기중심성 개념과 청소년기의 자기중심성 개념은 다르다는 점에 주의하자.

10 청소년기(13~19세) 신체적 발달의 남녀 간 차이에 대한 설명으로 옳은 것은?

① 여자가 남자에 비해 긍정적 신체상을 갖는 경우가 많다.
② 여자의 경우 성장급등 현상이 일어난 후 1년 정도 경과하면서 성적 성숙이 나타난다.
③ 아동기까지 남아가 신체적으로 늦은 신체적 발달을 보이던 것이 청소년기에 이르러 역전되어 나타난다.
④ 청소년기의 운동발달에 있어 성에 따른 차이는 특별히 나타나지 않는다.
⑤ 여자가 생리현상에 대해 양가감정을 보이는 반면, 남자는 기대감만을 강하게 보인다.

✦11 엘킨드(D. Elkind)가 제시한 청소년기 자기중심성(egocentrism)에 관한 설명으로 옳은 것을 모두 고른 것은?

> ㄱ. 다른 사람들의 시선을 지나치게 의식해 과도하게 체중감량을 하기도 한다.
> ㄴ. 자신이 경험해보지 못한 일에 대해서도 인과관계를 추론하고 예측할 수 있다.
> ㄷ. 자아정체감 형성 과정에서 유아기로 심리적 퇴행이 일어나는 것이다.
> ㄹ. 다른 사람들의 반응에 대해 객관적이고 현실적인 판단을 내리기 어렵다.

① ㄱ, ㄹ 　　　② ㄴ, ㄷ
③ ㄷ, ㄹ 　　　④ ㄱ, ㄴ, ㄷ
⑤ ㄴ, ㄷ, ㄹ

12 청소년기(13~19세)의 특징으로 옳은 것을 모두 고른 것은?

> ㄱ. 과도기적 시기에 해당한다.
> ㄴ. 집단놀이보다 단체놀이를 선호한다.
> ㄷ. 신체적 성장속도에 부합하지 못하는 심리적, 사회적 발달을 경험하게 된다.
> ㄹ. 자신의 여러 역할을 하나의 정체성으로 통합하지 못하고 상충되는 역할에 적응하지 못할 때 역할혼란이 발생한다.

① ㄱ, ㄴ 　　　② ㄴ
③ ㄴ, ㄹ 　　　④ ㄷ, ㄹ
⑤ ㄱ, ㄷ, ㄹ

문제풀이 TIP
학령전기에는 집단놀이, 아동기에는 단체놀이를 선호한다.

13 청소년기(13~19세)의 사회복지실천에 관한 설명으로 옳지 않은 것은?

① 부정적인 신체이미지로 야기될 수 있는 다양한 심리적 문제를 다뤄야 한다.
② 성에 대한 올바른 이해와 가치관 형성을 위한 프로그램을 실시한다.
③ 문화예술활동, 자원봉사활동, 자아발견 프로그램 등 전인적 성장을 지원하기 위한 프로그램을 실시한다.
④ 평생교육 프로그램과 고용지원서비스를 실시한다.
⑤ 인터넷 중독을 예방할 수 있는 프로그램을 실시한다.

14 청소년기(13~19세)의 또래집단 및 친구관계에 대한 설명으로 옳지 않은 것은?

① 어떤 집단에 소속되어 소속감을 느끼고 싶어 한다.
② 이성에 대한 감정은 개인적인 접촉 없이 멀리서 좋아하는 형태의 짝사랑에 가깝다.
③ 이성관계는 배우자를 탐색하는 과정으로서의 의미를 갖는다.
④ 또래집단에 가입함으로써 집단의 압력과 영향을 받게 된다.
⑤ 이성관계가 새로운 관심의 대상이 되기 시작한다.

문제풀이 TIP
청소년기 이성관계는 이성에 대한 이해와 성역할의 사회화와 관련이 있다.

인간행동과 사회환경

15 다음 ㄱ과 ㄴ에 들어갈 단어를 순차적으로 제시한 것은?

> (ㄱ)이 형성되었다는 것은 자기의 성격, 취향, 가치관, 능력, 관심, 인간관, 세계관, 미래관 등에 대해 비교적 명료한 이해를 하고 있으며, 그런 이해가 지속성과 통합성을 가지고 있는 상태를 말한다. 청소년들은 자신이 누구이며, 가정과 사회에서의 역할이 무엇인지에 대해 알고자 한다. 또한 타인의 눈에 비친 자기는 누구인가에 심각한 관심을 보인다. 그런데 (ㄱ)이 결여될 경우 (ㄴ)을 초래하게 된다.

	ㄱ	ㄴ
①	근면성	열등감
②	자율성	수치심
③	자아정체감	역할혼란
④	자기효능감	역할혼란
⑤	자아정체감	수치심

✦16 다음에서 설명하고 있는 것은 무엇인가?

> 창민이는 자신의 우정이나 사랑 등을 타인은 결코 경험하지 못한다고 생각하여 다른 사람이 경험하는 죽음이나 위기가 자신에게는 일어나지 않을 것이며 혹시 일어난다고 해도 피해를 입지 않을 것이라고 확신한다.

① 자아정체감
② 자기효능감
③ 심리적 이유
④ 상상적 관중
⑤ 개인적 우화

17 청소년기(13~19세)의 특징으로 옳지 않은 것은?

① 부모로부터 심리적으로 독립하고 자아정체감을 형성하려는 시기이다.
② 급격한 신체적, 성적 성숙이 이루어지는 기간이다.
③ 단체놀이를 통하여 개인의 목표가 단체의 목표에 종속된다는 것을 인식하게 된다.
④ 피아제의 형식적 조작기에 해당한다.
⑤ 2차 성징이 나타난다.

18 다음에서 초아의 현재 상태를 잘 나타내고 있는 정체성 상태는?

> 초아의 부모는 초아가 어렸을 때부터 매우 엄하게 키웠다. 초아는 얌전하고 착하지만 매사에 자신감이 없고 타인에 대해 의존적인 성향을 보였다. 대학에 입학한 후로 여러 가지 면에서 힘들어 하고 방황하다가 부모님의 말씀을 듣고 부모님의 종교 가치관을 따라 사이비 종교에 빠져들었다. 그 후 초아는 의욕적이고 자신감이 생겨서 적극적으로 종교생활을 하고 있다.

① 정체감 성취
② 정체감 유예
③ 정체감 유실
④ 정체감 혼란
⑤ 정체감 극복

문제풀이

부모님의 종교 가치관을 자신의 것으로 그대로 받아들였으며, 위기를 경험하지 않고 적극적으로 종교생활에 임하고 있는 상태라는 점에 주목하자.

11**장** 청년기

이 장에서는,

청년기의 사회정서발달의 특징과 성역할 정체감의 확립을 이해한다. 청년기의 사회복지실천과 관련해 청년기의 발달과업에는 어떠한 것이 있는지를 살펴보고, 자율성 확립, 자기주장능력 강화, 친밀감 형성능력 강화에 관한 내용을 이해한다.

해답과 오답노트 25쪽

✚**01** 청년기(20~35세)의 특징으로 옳지 않은 것은?

① 신체적 기능이 최고조에 달하는 시기이다.
② 자기부양 능력을 갖추어나가는 시기이다.
③ 부모로부터 독립하여 자율성을 성취하는 시기이다.
④ 인지발달이 완성되어 고착되는 시기이다.
⑤ 성역할 정체감이 완성되는 시기이다.

기출 STYLE

청년기(19~29세)의 신체적 발달 특성, 심리적 발달 특성, 사회정서적 발달 특성과 발달과업을 종합적으로 묻는 유형이 주로 출제되고 있다.

02 청년기(19~29세)에 나타나는 심리사회 발달 특징에 관한 내용으로 옳은 것은?

① 사고와 행동이 더 자율적이 되는데 이때 대부분은 독립과 의존 사이에서 양가감정을 경험한다.
② 자율성을 획득하는 과정에서 부모는 어떠한 역할도 하지 않는 것이 바람직하다.
③ 단기 기억능력은 약화되기 시작하지만 장기 기억능력은 더욱 향상된다.
④ 이 시기 직업 선택은 성인기 삶의 방식과 무관하다.
⑤ 자아정체감을 형성하는 과정에서 위기를 경험하지 않는다.

문제풀이 TIP

양가감정이란 독립과 자율성에 대한 갈망과 부모로부터의 독립에 대한 불안감을 동시에 갖는 것을 의미한다.

+03 청년기(19~29세)에 관한 설명으로 옳은 것을 모두 고른 것은?

> ㄱ. 친밀감이라는 과업을 이루기 위해서는 안정적인 자아정체성이 큰 역할을 한다.
> ㄴ. 직업 역할을 성공적으로 수행하기 위해서 특정 직무와 관련된 전문지식과 기술을 학습한다.
> ㄷ. 성역할 정체감이 완성되는 시기이다.
> ㄹ. 직업 및 가족관계의 변화로 인한 역할의 상실을 경험한다.

① ㄱ, ㄴ   ② ㄱ, ㄷ
③ ㄴ, ㄹ   ④ ㄷ, ㄹ
⑤ ㄱ, ㄴ, ㄷ

04 청년기(19~29세) 클라이언트 대상 사회복지실천을 잘못 이해하고 있는 사람은?

① 정혁: 청년기는 자율성을 확립하는 시기이므로 이들의 자율성 확보를 위한 개별상담 서비스를 구상해야겠어.
② 승준: 청년기에는 특히 무례하지 않게 직설적으로 표현하는 자기주장 능력을 중요시하지.
③ 치수: 사회복지사는 청년기의 클라이언트를 대할 때 자기주장을 최대한 접어 갈등을 피해야해.
④ 무혁: 사회복지사가 스스로의 권리와 클라이언트의 권리를 모두 고려하는 것이 자기주장이야.
⑤ 세리: 사회복지사는 클라이언트의 대인관계 효과성을 강화하기 위해 자기주장의 원칙을 가르칠 수 있어.

05 하비거스트(Havighurst)가 제시한 청년기(19~29세) 발달과업으로 옳지 않은 것은?

① 배우자를 선택하고, 가정을 꾸민다.
② 사회적 역할을 융통성 있게 수행하고 적응해야 한다.
③ 마음이 맞는 사람들과 사회적 집단을 형성한다.
④ 직업생활을 시작한다.
⑤ 시민의 의무를 완수한다.

06 다음 사례에서 태오와 다경이가 경험하고 있는 위기를 극복하기 위해 필요한 과업은 무엇인가?

> 태오(남, 29세)와 다경(여, 27세)이는 4년간의 교제 기간을 거친 후, 가정을 꾸려 빨리 정착하고 싶은 마음에 1년 전에 결혼을 했다. 그러나 결혼 후 회사 일로 서로 바빠지면서 대화할 시간이 줄다 보니 둘은 점점 공통의 관심사를 잃어 갔다. 서로에 대한 이해가 부족해지고 배우자의 필요와 인생의 목표에 대해 서로 지지하지 못하는 상황이 반복되고 있다.

① 애착관계의 형성
② 근면성의 강화
③ 생산성의 증대
④ 친밀감의 회복
⑤ 솔선성의 증대

07 청년기(19~29세)에 관한 설명으로 옳지 않은 것을 모두 고른 것은?

> ㄱ. 논리적 사고는 가능하지만, 가설적, 연역적 사고는 불가능하다.
> ㄴ. 소외를 경험하는 사람들은 사회적 관계에서 본인의 자아가 상실될 두려움을 느낀다.
> ㄷ. 역할상실에 대한 대처가 가장 중요한 시기이다.
> ㄹ. 남성과 여성의 사회화과정의 차이로 인해 친밀감 형성과정에서 성에 따른 차이가 존재한다.

① ㄱ, ㄴ
② ㄱ, ㄷ
③ ㄴ, ㄹ
④ ㄷ, ㄹ
⑤ ㄱ, ㄴ, ㄷ, ㄹ

✛08 청년기(19~29세)에 관한 설명으로 옳은 것을 모두 고른 것은?

> ㄱ. 생산성 대 침체의 심리사회적 위기를 경험하게 된다.
> ㄴ. 직업을 선택하고 이에 따른 준비를 하는 시기이다.
> ㄷ. 직장뿐만 아니라 다양한 사회적 관계 속에서 역할 기대의 조화를 이룰 수 있는 능력이 필요하다.
> ㄹ. 부모로부터 신체적, 심리적, 사회적으로 독립하게 된다.

① ㄱ, ㄷ
② ㄴ, ㄹ
③ ㄱ, ㄴ, ㄷ
④ ㄱ, ㄷ, ㄹ
⑤ ㄴ, ㄷ, ㄹ

09 청년기(19~29세)에 관한 설명으로 옳은 것은?

① 신체기능의 쇠퇴가 일어난다.
② 인지적 반응속도가 둔화된다.
③ 외부의 사회관계망과 가족생활 간에 역동적 균형을 유지하기 위한 노력이 필요하다.
④ 다양한 사회적 관계에서 친밀감이 긍정적인 관계의 원동력이 된다.
⑤ 비자발적 퇴직을 경험하게 되는 시기이기도 하다.

10 루빈의 배우자 선택 기준 이론에 대한 설명으로 옳지 않은 것은?

① 학교나 직장 등 지리적으로 가까운 사람을 배우자로 삼게 될 가능성이 크다.
② 자신과 다른 인종적 · 경제적 · 사회적 특징을 지닌 상대를 선택한다.
③ 개인의 가치와 의식적이든 무의식적이든 일치하는 사람을 선택한다.
④ 자신에게 부족한 특성을 지닌 파트너를 선택하거나 자신이 원하는 대로 도와줄 수 있는 사람을 선택한다.
⑤ 자신을 이해하고 받아들이며 유사한 인생철학을 지닌 상대를 선택한다.

인간행동과 사회환경

✤11 청년기 발달과업에 관한 설명으로 옳은 것을 모두 고른 것은?

> ㄱ. 레빈슨: 지혜를 알려주는 지도자를 발견하는 것이 필요하다.
> ㄴ. 하비거스트: 배우자와 함께 생활하는 방법을 학습한다.
> ㄷ. 펙: 신체를 초월하여 만족스러운 사회적 활동을 해야 한다.
> ㄹ. 융: 사회생활에 적응해나가는 다양한 방법을 습득해야 한다.

① ㄱ, ㄴ
② ㄷ, ㄹ
③ ㄱ, ㄴ, ㄹ
④ ㄴ, ㄷ, ㄹ
⑤ ㄱ, ㄴ, ㄷ, ㄹ

✤13 에릭슨이 제시한 발달과업 중 다음에서 설명하는 개념은 어느 시기에 해당하는가?

> 사람들과 가까워지는 과정에서 자신의 정체성을 상실한다는 두려움 없이 다른 사람과 개방적이고, 유연하고, 지지적인 관계를 경험하는 능력을 지닌 시기이다.

① 걸음마기
② 학령전기
③ 아동기
④ 청소년기
⑤ 청년기

12 청년기에 고려해야 할 사항으로 옳지 않은 것은?

① 취업 등의 상황에서 심리적으로 위축되지 않도록 근면성을 발달시켜야 한다.
② 타인과 상호적 관계를 구축하여 친밀감을 만들어갈 수 있는 능력을 발달시켜야 한다.
③ 개인적 욕구와 사회적 욕구를 고려하면서 직업과 관련된 능력을 발달시켜야 한다.
④ 자신의 의견, 상황 등을 분명하게 전달할 수 있는 자기주장 기술을 발달시켜야 한다.
⑤ 부모로부터 경제적·정서적인 독립을 이루기 위해 자율성을 발달시켜야 한다.

장년기

이 장에서는,

장년기의 신체발달, 인지발달, 사회정서발달의 특징을 이해한다. 장년기의 사회복지실천과 관련하여 가족해체, 실직, 빈곤 문제를 살펴본다. 융의 성격발달이론에 따른 중년기 개성화 과정에 대한 개념을 이해하고 에릭슨의 발달단계 구분과도 연관 지어 이해하도록 하자.

해답과 오답노트 26쪽

✦01 중년기(40~64세)의 발달 특성에 관한 설명으로 옳은 것을 모두 고른 것은?

ㄱ. 개성화 과정에서 아니마, 아니무스의 변화를 겪는다.
ㄴ. 새로운 것에 대한 학습 능력이 저하될 수 있다.
ㄷ. 유동성 지능은 떨어지지만, 결정성 지능은 좋아진다.
ㄹ. 남자는 에스트로겐 감소로 갱년기를 경험한다.

① ㄱ, ㄹ
② ㄴ, ㄷ
③ ㄱ, ㄴ, ㄷ
④ ㄴ, ㄷ, ㄹ
⑤ ㄱ, ㄴ, ㄷ, ㄹ

기출 STYLE

장년기의 발달적 특징을 파악해두어야 한다.

✦02 중년기(40~64세)의 갱년기 현상에 관한 설명으로 옳은 것을 모두 고른 것은?

ㄱ. 외부세계에 쏟았던 에너지가 자신의 내부로 향하면서 자기실현 욕구가 증가한다.
ㄴ. 여성은 에스트로겐의 분비가 감소되고 남성은 테스토스테론의 분비가 감소된다.
ㄷ. 여성은 폐경을 겪으며 생식능력을 상실하지만 남성의 생식능력은 유지된다.
ㄹ. 우울증, 무기력증 등과 같은 심리적 증상은 여성에게서만 나타나는 특징이다.

① ㄱ, ㄹ
② ㄴ, ㄷ
③ ㄱ, ㄴ, ㄹ
④ ㄴ, ㄷ, ㄹ
⑤ ㄱ, ㄴ, ㄷ, ㄹ

기출 STYLE

중년기에 경험하게 되는 갱년기의 특징 및 증상 등을 살펴보는 문제가 출제되고 있다.

✛03 장년기(30~64세)에 관한 설명으로 옳지 않은 것은?

① 여성의 경우 폐경을 경험하며, 에스트로겐의 감소와 번열증이 나타나기도 한다.

② 부모 역할과 자녀 역할을 동시에 수행해야 하는 샌드위치 세대에 해당한다.

③ 자녀 양육과 부모 부양의 책임이나 의무도 함께 지게 되었다.

④ 정체감이 제대로 형성되지 못하면, 정체감 혼란을 경험하게 된다.

⑤ 직업적 성취도가 최고조에 이를 가능성과 직업 전환을 해야 할 가능성이 공존하는 시기이다.

문제풀이 TIP
번열증이란 갑자기 상체에 열이 나는 느낌으로 얼굴이 발갛게 달아오르거나 뜨거워지는 느낌이 들고 땀이 나고 현기증이 나는 현상을 말한다.

05 에릭슨 이론에 따른 장년기(30~64세)의 발달과업 중 침체를 가져오는 원인을 모두 고른 것은?

ㄱ. 직장에서 승진 탈락
ㄴ. 노부모 부양
ㄷ. 부부 갈등
ㄹ. 새로운 기술 발달과 생활양식의 변화

① ㄱ, ㄴ   ② ㄱ, ㄷ
③ ㄴ, ㄹ   ④ ㄱ, ㄴ, ㄷ
⑤ ㄱ, ㄴ, ㄷ, ㄹ

04 다음 설명과 관련이 깊은 것은?

장재영(45세) 씨는 얼마 전 노후대비를 걱정하며 자격증 취득을 준비하기 시작하였다. 40대에 들어서면서 체력도 부족해지고 암기력도 예전같지 않아 걱정이 많았지만, 그동안의 직무경험과 연결하여 자격시험을 준비하다보니 어렵지 않게 합격할 수 있었다.

① 무의식의 의식화
② 페르소나의 변화
③ 정신적 경직성
④ 결정성 지능
⑤ 장기 기억력

✛06 중년기(40~64세)에 관한 설명으로 옳지 않은 것은?

① 하비거스트(Havighurst)는 직업에서 만족할 만한 수준에 도달하는 것을 발달과업으로 제시하였다.

② 에릭슨(E. Erikson)의 생산성 대 침체성(generativity vs stagnation) 단계에 해당된다.

③ 아들러(A. Adler)는 주관적 열등감을 극복하고 우월성을 추구하기 위한 최적의 시기라고 보았다.

④ 레빈슨(Levinson)은 젊음이 끝났다는 사실을 수용하면서 새로운 인생구조를 만들어야 한다고 보았다.

⑤ 펙(Peck)은 새로운 경험과 기존의 경험을 통합함으로써 지혜를 창출할 것을 강조하였다.

07 장년기(30~64세) 여성이 정체성 상실을 느끼는 심리적 현상으로, 특히 자녀의 독립 등으로 우울증과 같은 심리적 상태와 정체감 위기를 겪는 것을 무엇이라고 하는가?

① 정체감 유실

② 심리사회적 유예

③ 빈둥지증후군

④ 역할갈등

⑤ 노화

 문제풀이 TIP

정체감 유실. 심리사회적 유예는 청소년기의 특징과 관련이 있다.

08 중년기에 건강한 결혼관계를 유지하기 위한 노력으로 옳은 것을 모두 고른 것은?

> ㄱ. 부부 사이에 안정, 신뢰, 공감을 성취하도록 노력해야 한다.
> ㄴ. 부부 사이의 갈등을 해결하기 위한 방안을 개발해야 한다.
> ㄷ. 부부는 효과적인 대화체계를 만들어야 한다.
> ㄹ. 부부는 개인적인 성장을 미뤄두고 부부로서의 성장에 집중해야 한다.

① ㄱ, ㄴ, ㄷ

② ㄱ, ㄷ, ㄹ

③ ㄴ, ㄷ, ㄹ

④ ㄱ, ㄷ

⑤ ㄴ, ㄹ

╋09 장년기(30~64세) 사회복지실천에 대한 설명으로 옳지 않은 것은?

① 장년기에는 남아 있는 무의식적인 성장 잠재력을 개발할 수 있도록 해야 한다.

② 사고방식의 경직과 융통성의 감소로 인해 발생하는 문제를 해결하도록 도와야 한다.

③ 장년기에는 부부 간의 문제가 발생할 수 있으나 가족의 문제이므로 되도록 관여하지 않는다.

④ 장년기의 여성과 남성 모두가 자신의 연령에서 자연스럽게 경험할 수 있는 성적 변화를 이해하고 수용하도록 도와야 한다.

⑤ 이 시기의 남성은 조기퇴직으로 인한 역할 상실을 느낄 수 있으므로 이에 대한 개입이 중요하다.

10 장년기(30~64세) 심리체계의 변화 중 옳은 설명은?

① 장년기 초기(35~40세)에는 외부에 돌렸던 역량을 자기 내면으로 돌리려 한다.

② 융은 40세 이후에 남녀가 각각 반대의 성적 측면을 나타낸다고 하였다.

③ 부인과 남편은 정서적으로 서로에게 안정감을 느끼는 시기이다.

④ 개성화란 장년기에 자아가 외적·물질적으로 팽창하는 것을 의미한다.

⑤ 개성화된 인간은 자긍심이 낮고 의식과 무의식 수준의 자기를 알게 된다.

인간행동과 사회환경

✚**11** 다음 괄호 안에 들어갈 단어를 순서대로 나열한 것은?

(ㄱ)에는 자녀를 출산하고 양육하는 것 이외에 직업이나 여가활동에 참여함으로써 얻게 되는 창조성도 포함된다. (ㄱ)을 확립하기 위하여 부모역할, 직업적 성취, 사회봉사 등의 활동에 적극적으로 참여한다. 새로운 기술의 발달과 생활양식의 변화에 적응하지 못할 때 (ㄴ) 상태에 이르게 된다. (ㄴ)(이)란 다음 세대를 위해서 자신이 한 일이 아무 것도 없다는 것을 깨닫는 것이다. (ㄱ) 대 (ㄴ)의 위기를 성공적으로 극복할 경우 타인을 배려하고 보호할 수 있는 능력이 형성된다.

	ㄱ	ㄴ
①	주도성	죄의식
②	생산성	침체
③	자율성	수치심
④	신뢰감	불신감
⑤	근면성	열등감

12 장년기(30~64세)의 설명으로 옳은 것은?
① 정체감 확립을 위한 다양한 실험을 할 수 있는 심리사회적 유예기간이다.
② 최상의 신체적 상태를 가지게 된다.
③ 자아통합이 완성되는 시기이다.
④ 인지능력은 강화될 수 있지만 문제해결 능력은 저하된다.
⑤ 자녀 양육을 포함한 사회구성원으로서 사회의 유지 발전에 기여할 수 있는 의미 있는 활동을 실천하는 단계이다.

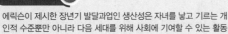

문제풀이 TIP
에릭슨이 제시한 장년기 발달과업인 생산성은 자녀를 낳고 기르는 개인적 수준뿐만 아니라 다음 세대를 위해 사회에 기여할 수 있는 활동과도 관련이 있다.

13 장년기(30~64세)를 인생의 전환기로 보는 이유로 적절한 것을 모두 고른 것은?

ㄱ. 신체적 변화에 대한 적응
ㄴ. 부부관계 재확립
ㄷ. 직업전환
ㄹ. 원초아에서 자아 분화

① ㄱ, ㄷ ② ㄴ, ㄷ
③ ㄷ, ㄹ ④ ㄹ
⑤ ㄱ, ㄴ, ㄷ

✚**14** 펙(Peck)이 제시하는 장년기(30~64세)의 경험 및 발달과업에 대한 설명으로 옳지 않은 것은?
① 이 시기를 성공적으로 적응하는 사람은 육체적 힘이 쇠퇴해져도 정신적 능력인 지혜가 이를 보상할 수 있음을 인식한다.
② 이혼이나 배우자의 사망으로 경험하는 사회적 · 신체적 변화는 대인관계를 성적 친밀성이나 경쟁심보다는 친구 사이를 강조하는 관계로 재정의하도록 한다.
③ 이 시기에는 부모의 사망, 자녀의 독립, 친지의 사망 등에 의해 정서적으로 관계의 단절을 경험한다.
④ 자신의 견해와 활동에 대한 융통성과 새로운 사고에 대한 수용력이 요구된다.
⑤ 죽음을 긍정적으로 수용하고 성공적인 노화를 이룬다.

15 중년기(40~64세)에 관한 설명으로 옳은 것을 모두 고른 것은?

> ㄱ. 젊은 시절의 인생목표를 재평가하는 시기이다.
> ㄴ. 성역할 정체감 정체감이 확고해지는 시기이다.
> ㄷ. 부부간 성적 변화에 대한 이해와 수용이 요구된다.
> ㄹ. 계획에 없던 조기 퇴직으로 인해 무기력에 빠질 수 있다.

① ㄱ, ㄷ   ② ㄴ, ㄹ
③ ㄱ, ㄷ, ㄹ   ④ ㄴ, ㄷ, ㄹ
⑤ ㄱ, ㄴ, ㄷ, ㄹ

16 다음 사례에서 상담가가 참고할 이론적 토대는?

> 내담자는 경제적인 어려움, 시댁과의 갈등, 친정에 의존, 자녀양육의 어려움과 죄책감 등으로 몸과 마음이 힘들고 지쳐 있었으며, 알 수 없는 불안과 두려움으로 건강염려증, 고소공포증 등을 지니고 있었다. 결혼 후 외부 현실세계를 힘겹게 살아오느라 자신의 내면을 돌아보지 못하고 중년이 되어 진정한 자기의 모습을 찾고자 상담을 의뢰하였다.

① 프로이트의 정신분석이론
② 에릭슨의 심리사회이론
③ 아들러의 개인심리이론
④ 융의 분석심리이론
⑤ 피아제의 인지발달이론

✛17 장년기(30~64세)에 해당하는 특성으로 옳지 않은 것은?

① 타율적 도덕성 발달
② 자기실현 과정의 시작
③ 인생의 황금기
④ 신진대사의 둔화
⑤ 신체적 회복능력의 감소

18 장년기(30~64세)에 관한 설명으로 옳은 것을 모두 고른 것은?

> ㄱ. 급격한 신체변화와 인지적, 심리적, 사회적 발달이 동시에 이루어지는 시기이다.
> ㄴ. 자아의 에너지를 외적·물질적 차원에서 내적·정신적 차원으로 전환하는 개성화가 나타난다.
> ㄷ. 결정성 지능은 감소한다.
> ㄹ. 생산성이라는 발달과업에는 개인적 생산성을 넘어선 사회의 유지와 존속에 기여할 수 있는 생산성이라는 의미도 포함한다.

① ㄱ, ㄴ   ② ㄱ, ㄷ
③ ㄴ, ㄹ   ④ ㄷ, ㄹ
⑤ ㄱ, ㄴ, ㄹ

19 다음과 같은 장년기(30~64세) 위기에 대해 융(C. Jung)이 권하는 대처는 무엇인가?

> 40대 중반인 상욱씨는 시골에서 상경했던 10대 이후로 생활 기반을 잡기 위해 안 해본 일이 없을 정도로 악착같이 살아왔고, 지금은 경제적으로 안정된 삶을 살고 있다. 그런데 최근에는 무엇을 위해 그렇게 악을 쓰고 살았나 싶고, 이렇게 목표와 야망을 잃으니 삶이 허탈하고 우울하기까지 하다.

① 정신에너지를 좀 더 내면으로 전환하여 무의식에 귀를 기울여라.
② 다음 세대를 지도하는 데 관심을 기울여라.
③ 지혜에 가치를 부여하라.
④ 정서적으로 유연해져라.
⑤ 현재 상황과 지나온 과거를 통합시키고 그 결과에 만족하라.

문제풀이 **TIP**

장년기에는 자아의 에너지를 외적/물질적 차원으로부터 내적/정신적 차원으로 전환시키는 것이 목적이다.

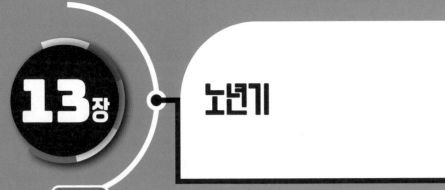

13장 노년기

이 장에서는,

노년기의 신체발달, 성격발달, 사회정서발달의 특징을 이해한다. 노년기의 사회복지실천과 관련하여 소득감소와 경제적 의존, 건강악화와 보호 문제, 역할상실, 사회심리적 고립, 노인학대 문제 등을 이해하고, 노년기의 주요 발달과업에는 어떠한 것이 있는지를 살펴본다. 분리이론, 활동이론, 큐블러–로스 모델 등 노년기와 관련된 이론도 반드시 정리해야 한다.

해답과 오답노트 29쪽

✛01 노년기(65세 이상)에 관한 설명으로 옳지 않은 것은?

① 새로운 것보다는 익숙한 것, 확실한 것을 추구하려는 경향이 강해진다.

② 신체능력이 감퇴되므로 사회적 활동을 최소화하고 자기를 되돌아보는 시간을 갖는 것이 더 중요하다.

③ 클라크와 앤더슨(Clark & Anderson)은 노년기 생활에 적합한 생활 목표와 가치를 재정립할 것을 제시하였다.

④ 에릭슨은 노년기의 발달과업인 자아통합을 이루지 못하면 절망감을 느낀다고 보았다.

⑤ 분리이론에 의하면 노년기는 사회적·심리적으로 철회하는 선천적 경향을 지니고 있다.

기출 STYLE

노년기에 나타나는 발달 특징, 학자들이 제시한 발달과업 등이 종합적으로 한 문제에 다뤄져 출제되고 있다.

✛02 큐블러-로스(E. Kübler-Ross)의 죽음에 이르는 5단계에 관한 설명으로 옳지 않은 것은?

① 1단계: 사실로 받아들이지 않는다. 흔히 의사의 오진이라고 생각한다.

② 2단계: "왜 하필이면 나에게…"라고 생각하며 가족이나 의료진에게 분노를 터뜨린다.

③ 3단계: 상실의 전부 또는 일부를 다시 회복하여 어떤 불가사의한 힘과 협상하고자 한다.

④ 4단계: "너무 슬프고, 끔찍하고, 어떻게 살아갈까…"라고 생각한다. 이별할 수밖에 없다는 데서 오는 우울증이 나타난다.

⑤ 5단계: 자신의 죽음을 받아들이지 못하여 살아 온 지난날을 원망하고 후회한다.

기출 STYLE

노년기에서는 큐블러–로스가 제시한 죽음과 상실에 대한 심리적 단계를 살펴보는 문제도 자주 출제되고 있다.

03 펙의 노년기 심리적응 이론에 대해 옳게 설명한 것을 모두 고른 것은?

> ㄱ. 직업역할 몰두에서 자기분화로 전환
> ㄴ. 신체 몰두에서 신체 초월로 전환
> ㄷ. 자기 몰두에서 자기 초월로 나아가기
> ㄹ. 신체 초월에서 정신 몰두로 나아가기

① ㄱ   ② ㄴ, ㄷ
③ ㄹ   ④ ㄱ, ㄴ, ㄷ
⑤ ㄱ, ㄴ, ㄷ, ㄹ

 문제풀이 TIP

펙은 노년기 심리적 적응 과업으로 직업역할 몰두에서 자기분화로 전환, 신체 몰두에서 신체 초월로 나아가기, 자기 몰두에서 자기 초월로 나아가기라는 3가지를 제시했다.

05 노년기(65세 이상)의 발달 특성으로 옳지 않은 것은?

① 내향성, 수동성, 조심성이 증가한다.
② 연령이 증가함에 따라 수면시간이 감소한다.
③ 노년기에 적합한 연령규범에 대한 합의가 이루어지지 않고 있다.
④ 사회적 지위와 역할의 상실과 변화를 경험한다.
⑤ 친밀감 대 고립감의 심리사회적 위기를 경험한다.

✚04 발달단계별 주요 특징으로 옳지 않은 것은?

① 유아기(3~6세)는 성역할을 인식하기 시작한다.
② 아동기(7~12세)는 타인의 시각에서 사물을 볼 수 있게 된다.
③ 청소년기(13~19세)는 자아정체감 확립을 주요 발달과업으로 한다.
④ 청년기(20~35세)는 독립에 대한 갈망과 불안이라는 양가감정이 나타날 수 있다.
⑤ 노년기(65세 이상)는 장기기억보다 단기기억의 감퇴 속도가 느리다.

06 뉴가튼(Neugarten)의 노년기 조부모 역할유형에 대한 설명이 바르게 연결된 것은?

① 공식형: 손자녀들과 놀아주는 것을 최상의 기쁨으로 생각한다.
② 대리부모형: 제사나 생일 등 특별한 날을 제외하고는 손자녀와 거의 접촉하지 않는다.
③ 거리두기형: 자녀를 대신하여 손자녀 양육을 대부분 책임진다.
④ 가족지혜 보존형: 가족 내에서 최고 권위를 가지면서 지식과 기술을 전수한다.
⑤ 재미추구형: 손자녀 양육은 자녀에게 맡기고 조부모 역할에 충실히 한다.

07 노년기(65세 이상)의 퇴직자 적응에 관한 내용 중 옳지 않은 것은?

① 은퇴는 사회적 지위의 변화와 개인의 삶의 양식을 바꾸는 중요한 변화이다.

② 은퇴로 인해 사회적 자존감이 높아진다.

③ 은퇴는 예측된 사건이므로 사전에 충실하게 준비할수록 적응이 순조롭다.

④ 갑작스런 퇴직, 직업역할과 자아개념이 밀접하게 관련을 맺은 경우일수록 퇴직 후 삶에 적응하기가 어렵다.

⑤ 퇴직은 노년기 생활에 중대한 영향을 미친다.

문제풀이 **TIP**

노년기에 은퇴는 삶의 양식을 바꾸는 중요한 변화로서, 은퇴 후 스트레스로 인해 자존감이 낮아지고 역할상실을 초래할 수도 있다.

✦08 노년기(65세 이상)에 관한 설명으로 옳은 것은?

① 에릭슨(E. Erikson)은 유산을 남기려는 경향에 따라 생산성을 발달과업으로 강조하였다.

② 펙(R. Peck)은 자기초월이 아닌 자기몰두로 전환하여 노년기에 적응해야 한다고 보았다.

③ 공식적 지위 없이 비공식적 역할만 주어지는 제도적 역할(institutional role) 유형이 많다.

④ 노년기는 생을 마무리하는 것이 주요 발달과업으로 심리사회적 위기를 겪지 않는다.

⑤ 활동이론은 능동적이고 적극적인 생활태도가 성공적인 노화를 위해 중요하다고 보았다.

09 성공적 노화의 조건으로 옳은 것을 모두 고른 것은?

> ㄱ. 일상적으로 자립할 수 있는 능력을 보유
> ㄴ. 환경에의 적응 능력 보유
> ㄷ. 사회적 네트워크의 유지
> ㄹ. 자신에 대한 통제 능력 보유

① ㄱ, ㄴ   ② ㄴ, ㄷ

③ ㄴ, ㄹ   ④ ㄷ, ㄹ

⑤ ㄱ, ㄴ, ㄷ, ㄹ

10 큐블러-로스의 죽음에 이르는 과정에서 심리적 단계의 순서가 올바르게 연결된 것은?

> ㄱ. 가족이나 의료진에게 분노를 터뜨린다.
> ㄴ. 사실로 받아들이지 않고, 의사의 오진이라고 생각하며 부인한다.
> ㄷ. 이별할 수밖에 없다는 데서 오는 우울증이 나타난다.
> ㄹ. 사실을 받아들인다.
> ㅁ. 상실의 전부 또는 일부를 다시 회복하여 어떤 불가사의한 힘과 협상하고자 한다.

① ㄱ - ㄴ - ㄷ - ㅁ - ㄹ

② ㄱ - ㄹ - ㄴ - ㅁ - ㄷ

③ ㄴ - ㄱ - ㄷ - ㄹ - ㅁ

④ ㄴ - ㄱ - ㅁ - ㄷ - ㄹ

⑤ ㄴ - ㄷ - ㄱ - ㅁ - ㄹ

문제풀이 **TIP**

큐블로-로스의 비애과정
부인 → 격노와 분노 → 협상 → 우울 → 수용

11 노년기(65세 이상)의 성공적 노화를 설명하는 이론으로 옳은 것은?

① 분리이론: 연령 증가에 따른 개인의 사회적 분리는 인생만족을 증가시키는 요인이다.

② 분리이론: 성공적 노화는 높은 수준의 사회적·정서적·물리적 참여를 유지하는 것이다.

③ 활동이론: 노년기에는 외부세계의 사회적 활동으로부터 스스로 철회하는 것이 바람직하다.

④ 활동이론: 노년기의 인생만족은 개인의 성격특성에 기인한다.

⑤ 적응이론: 노년기의 적응은 자기 자신에 대한 몰두를 통해 가능하다.

문제풀이 TIP

활동이론은 능동적이고 적극적인 생활양식을 노년기에도 지속하는 것이 노인들에게 긍정적인 영향을 준다고 본다. 분리이론은 노년기는 다양한 사회적 역할로부터 물러나면서 자신의 삶에 대해 반성하게 되고, 자신에게 몰두할 수 있는 시기라고 본다.

13 노년기(65세 이상) 성격발달에 대한 설명 중 옳지 않은 것은?

① 자신의 정확성을 중시하고 감각능력의 감퇴나 결정에 대한 자신감이 결여되어 확실한 것을 추구하려는 경향이 강해진다.

② 자신에게 친근한 사물에 대한 애착이 증가한다.

③ 노화가 진행됨에 따라 가족으로부터 자신을 분리하려고 하며 전반적 의존성이 감소한다.

④ 남아있는 시간을 계산하고 시간이 얼마 남지 않았다는 사실을 회피하기 위해 과거에 대한 회상에 집중하거나 지나치게 미래지향적이된다.

⑤ 자신에게 익숙한 습관적 태도와 방법을 고수한다.

✤12 노년기(65세 이상)에 나타나는 성격발달의 특징으로 옳지 않은 것은?

① 조심성의 증가

② 경직성의 증가

③ 능동성의 증가

④ 우울성향의 증가

⑤ 내향성의 증가

14 노년기(65세 이상)의 특징으로 옳지 않은 것은?

① 청각, 시각 등이 손상된다.

② 지적 기능이 쇠퇴한다.

③ 과거에 대한 회상이 증가한다.

④ 안전사고의 위험이 높다.

⑤ 고독, 소외 등의 문제가 나타난다.

15 다음에서 설명하는 질환은?

- 인지, 정신, 행동상의 기능에 현저한 저하와 손상이 나타나는 기질성 정신장애
- 노년기에 주로 나타나며 주요 증상은 기억장애와 인지장애
- 뇌질량의 감소, 뇌혈관장애, 알코올 등과 같은 원인으로 나타날 수 있음

① 인지증(치매)
② 섬망
③ 기억상실장애
④ 수면장애
⑤ 알코올중독

16 노년기(65세 이상)의 역할 유형과 그 설명으로 옳은 것을 모두 고른 것은?

ㄱ. 희박한 역할: 지위는 있는데 역할이 없거나 역할이 있어도 아주 희박한 유형이며, 역할을 수행하지 않을 경우 크게 겪는 불이익은 없다.
ㄴ. 비공식적 역할: 공식적 지위는 없으나 역할만 있는 형태이다.
ㄷ. 무역할: 지위도 역할도 없는 상태인데, 이는 아무런 역할 유형으로도 볼 수 없다.
ㄹ. 제도적 역할: 분명한 지위와 역할이 있는 것, 다만 이를 수행하지 않을 경우 크게 겪는 불이익은 없다.

① ㄱ, ㄴ
② ㄷ
③ ㄷ, ㄹ
④ ㄱ, ㄴ, ㄷ
⑤ ㄱ, ㄴ, ㄷ, ㄹ

문제풀이 **TIP**

노년기의 역할 중에서 제도적 역할은 분명한 지위와 역할이 있으며, 책임과 권한이 존재한다. 따라서 책임을 이행하지 못했을 경우에는 불이익이 존재한다.

17 노년기(65세 이상)의 발달과업으로 옳은 것을 모두 고른 것은?

ㄱ. 은퇴 이후 역할상실에 대한 적응
ㄴ. 배우자와의 사별에 대한 준비
ㄷ. 자신이 살아온 인생에 대한 부정
ㄹ. 노화에 따른 변화에 대한 자각

① ㄱ, ㄴ
② ㄱ, ㄷ
③ ㄱ, ㄴ, ㄹ
④ ㄱ, ㄷ, ㄹ
⑤ ㄴ, ㄷ, ㄹ

✛18 노년기(65세 이상) 역할변화와 적응에 관한 내용으로 옳지 않은 것을 모두 고른 것은?

ㄱ. 노인은 퇴직으로 경제적 능력이 약화되지만 자아존중감과 삶의 만족도는 높아진다.
ㄴ. 배우자 상실은 슬픔이나 우울뿐만 아니라 극심한 혼란을 초래하므로 배우자와의 사별에 대한 준비과정이 필요하다.
ㄷ. 은퇴는 예측된 사건이므로 사전에 충실히 준비한다면 어느 정도 순조롭게 적응할 수 있다.
ㄹ. 조부모 역할은 자신의 전체적인 자아개념과 목적의식에 긍정적인 의미를 지니기도 한다.

① ㄱ
② ㄱ, ㄴ
③ ㄷ, ㄹ
④ ㄴ, ㄷ, ㄹ
⑤ ㄱ, ㄴ, ㄷ, ㄹ

19 인생주기별 특징에 관한 설명으로 옳지 않은 것은?

① 유아기(3~6세)에는 자신의 성정체성을 형성하여 자신이 속한 사회의 성에 대한 고정관념을 배우기 시작한다.

② 에릭슨(E. Erikson)에 의하면 아동기(7~12세)에는 근면성이 발달하면서 자기존중감을 갖게 되고, 근면성이 발달하지 못하게 되면 열등감을 갖게 된다.

③ 하비거스트(Havighurst)는 청년기(19~29세)의 발달과업으로 배우자를 선택하고 가정을 꾸미며, 마음이 맞는 사람들과 사회적 집단을 형성하는 것을 제시하였다.

④ 장년기(30~64세)는 자녀의 독립으로부터 발생하는 빈둥지증후군을 극복해야 한다.

⑤ 노년기(65세 이후)에는 외부 사물이나 행동에 관심과 주의를 기울이며, 자신의 사고나 감정에 따라 사물을 판단하고 능동적으로 문제를 해결한다.

20 다음 사례에서 석만씨가 겪고 있는 과정과 가장 거리가 먼 것은 무엇인가?

> 석만(남, 72세)씨와 은실(여, 68세)씨는 금슬 좋기로 소문난 부부였다. 그러나 오랜 지병을 앓고 있는 은실씨에게 담당 의사가 임종이 얼마 남지 않았으니 마음의 준비를 하라고 말했다. 오랫동안 혼신을 다해 간병을 하며 아내의 회복을 기원하던 석만씨는 더 이상 아내를 볼 수 없다는 사실을 받아들일 수 없어 의사가 무엇인가 착각을 한 거라고 생각했다. 그러다 자신이 아내를 좀 더 잘 돌보지 못해 죽음을 미연에 방지하지 못했다는 생각에 술을 마시고, 술에 취해 소리를 지르며 아내를 빼앗아가려는 하늘을 원망하며 울분을 터뜨리기도 하고, 아내를 살려내지 못하는 의사들을 욕하기도 한다. 그러다 하늘을 향해 '차라리 나도 같이 데려가 달라'거나 '그간 자기가 잘못한 것이 있다면 그 죗값을 치르겠노라'고 애원한다.

① 격노   ② 부인
③ 우울과 외로움   ④ 분노
⑤ 협상

2영역

사회복지조사론

5개년도(18~22회) 출제분포표

		18회	19회	20회	21회	22회	문항수	출제율
1장	과학적 방법과 조사연구	2	2	3	2	3	12	10%
2장	조사의 유형과 절차	2	2	3	2	2	11	9%
3장	조사문제와 가설	4	1	2	2	2	11	9%
4장	조사설계와 인과관계	2	2	1	2	2	9	7%
5장	조사설계의 유형	1	2	2	1	2	8	6%
6장	단일사례설계	1	1	-	2	1	5	4%
7장	측정	4	3	5	5	4	21	17%
8장	척도	-	2	1	1	1	5	4%
9장	표집(표본추출)	2	3	3	3	4	15	12%
10장	자료수집방법 I : 서베이(설문조사)	2	2	2	1	1	8	6%
11장	자료수집방법 II : 관찰과 내용분석법	2	1	-	1	1	5	4%
12장	욕구조사와 평가조사	-	1	1	1	-	3	2%
13장	질적 연구방법론	3	3	2	2	2	12	10%
14장	조사계획서 및 조사보고서	-	-	-	-	-	-	-

1장 과학적 방법과 조사연구

이 장에서는,

과학적 방법과 과학의 특징을 이해하고, 과학적 조사의 논리인 연역법과 귀납법의 상호보완적이며 순환적인 과정을 이해한다. 또한 조사연구에서 발생할 수 있는 윤리적 문제와 유의해야 할 윤리적 원칙은 무엇인지를 살펴보고, 사회복지조사의 특성, 유용성, 한계에 대해 알아본다. 과학적 방법의 특징, 조사연구의 윤리, 과학적 조사방법론의 필요성에 관한 문제가 주로 출제되고 있다.

해답과 오답노트 32쪽

✤01 사회복지에서 연구방법론이 지니는 의미를 잘못 해석한 것은 무엇인가?

① 연구방법론을 통해 학문적으로 사회복지학을 과학화할 수 있다.

② 연구방법론은 사회복지현장에서 발생 가능한 오류를 완벽히 제거한다.

③ 사회복지의 목적인 인간의 욕구충족을 보다 과학적 근거를 통해 가능하게 한다.

④ 사회복지실천 현장에서 내담자의 문제측정 및 해결을 위한 적합한 개입유형과 적절한 개입시점을 찾아낼 수 있게 한다.

⑤ 일련의 문제들에 대한 적절한 해결책을 강구하는 데 기여한다.

기출 STYLE

사회복지조사의 필요성이나 특징, 사회복지조사방법론 지식이 필요한 이유를 묻는 형태로 주로 출제되고 있다. 사회복지조사의 필요성은 평가, 책임성과 밀접한 관련이 있으며, 실천기술의 과학적 발전과도 관계가 있다.

✤02 연역법과 귀납법에 관한 설명으로 옳은 것은?

① 관찰로부터 조사를 시작한다면 연역적 방법이다.

② 귀납법은 이론적 배경으로부터 가설을 설정한다.

③ 연역법에서 범할 수 있는 오류에는 인과의 오류가 있다.

④ 연역법과 귀납법은 상호보완적이며 서로 순환적인 과정이다.

⑤ 질적 조사는 연역적 방법이라 할 수 있다.

기출 STYLE

연역법과 귀납법의 특징, 연역법과 귀납법의 순서와 절차 등을 묻는 유형이다. 두 방법이 상호보완적으로 사용될 수 있음을 기억해두자.

✛03 조사연구와 관련해 윤리적으로 문제가 되지 않는 것은?

① 차량통행량을 측정하고자 하는 연구에서 각 운전자들에게 고지된 동의를 구하지 않았다.

② 사형수를 대상으로 세균이 인체에 미치는 피해를 분석하기 위해 세균을 투입한 후 치료를 제공하지 않는다.

③ 뇌사상태에 빠진 환자들이 고통 없이 죽음에 이르게 하는 방법을 연구한다.

④ 기업 내부의 부정부패를 척결하기 위한 자기기입식 설문조사에 개인의 신원이 노출될 수 있는 질문을 포함시킨다.

⑤ 학교에서 폭력을 당한 청소년을 대상으로 하는 연구에서 연구 참여의사를 대상인 청소년의 부모에게 대신하여 묻는다.

기출 STYLE

사회조사연구의 윤리적 원칙을 고르는 형태나 윤리적으로 문제가 있는 사례를 고르는 형태로 출제되고 있다. 고지된 동의, 익명성, 비밀보장 등의 원칙과 함께 예외가 되는 경우를 함께 기억해둘 필요가 있다.

✛04 과학적 방법의 특성으로 옳지 않은 것은?

① 모든 지식은 잠정적이라는 태도에 기반한다.

② 과학은 효용을 추구하기보다는 진리를 탐색하는 것이다.

③ 체계적이고 포괄적인 방법에 의존한다.

④ 수많은 일반적인 상황을 밝혀 일반적 이해를 추구한다.

⑤ 객관성의 추구를 강조한다.

기출 STYLE

과학적 방법의 특징을 묻는 유형인데, 과학적 조사가 필요한 사례를 고르는 유형도 넓은 맥락에서는 유사한 유형이라고 할 수 있다.

✛05 사회복지조사연구의 유용성에 대한 설명으로 옳은 것을 모두 고른 것은?

> ㄱ. 지역사회주민들의 욕구를 파악하기 위해
> ㄴ. 사회복지 프로그램의 효과성을 과학적으로 평가하기 위해
> ㄷ. 클라이언트의 문제에 대응하기 위한 새로운 실천기법의 과학적 근거를 제시하기 위해
> ㄹ. 사회복지 관련 연구결과를 비판적으로 활용하기 위해

① ㄱ, ㄴ   ② ㄱ, ㄷ

③ ㄴ, ㄹ   ④ ㄱ, ㄴ, ㄷ

⑤ ㄱ, ㄴ, ㄷ, ㄹ

✛06 과학철학에 관한 설명으로 옳은 것을 모두 고른 것은?

> ㄱ. 논리실증주의는 경험적으로 검증될 수 있는 명제만이 유의미하다고 주장한다.
> ㄴ. 귀납주의는 일반적인 전제로부터 특별한 사례들에 대한 결론을 도출하는 사고에 바탕을 둔다.
> ㄷ. 포퍼의 반증주의는 과학의 발전이 기존 이론의 모순에 대한 계속적인 반증과정을 통해 이뤄진다고 본다.
> ㄹ. 쿤의 과학적 혁명론에 따르면 과학의 진보에는 특정한 패턴이나 구조가 존재하지 않는다.

① ㄱ   ② ㄱ, ㄷ

③ ㄴ, ㄹ   ④ ㄷ, ㄹ

⑤ ㄱ, ㄴ, ㄷ

사회복지조사론

✚07 조사연구의 윤리적 원칙으로 옳지 않은 것은?

① 연구에 대한 사전 동의는 연구참여자들이 이해할 수 있는 언어로 연구의 목적, 방법, 절차 등에 관한 정보를 제공한 상태에서 자발적으로 이루어져야 한다.

② 잠재적인 연구참여자들도 발생 가능한 문제들에 대하여 숙지할 수 있도록 한다.

③ 연구참여자들은 자신들이 이해할 수 있는 언어와 방식으로 연구결과를 제공받을 수 있어야 한다.

④ 연구참여자가 자신 또는 타인에게 피해를 미칠 위험에 처해 있음을 알게 된 경우에도 비밀보장의 원칙을 준수해야 한다.

⑤ 연구결과가 개인, 가족, 집단 및 사회 전체에 미칠 수 있는 부정적인 측면을 고려해야 한다.

✚08 사회복지사에게 사회복지조사방법론 지식이 필요한 이유로 옳지 않은 것은?

① 실천현장에서의 문제 해결을 위한 지식 탐색

② 사회복지실무자의 비윤리적 행위에 대한 감시 및 통제

③ 지역주민의 복지욕구 분석 및 클라이언트에 관한 임상적 자료의 체계적 수집

④ 사회복지서비스 질의 향상을 위한 지식과 기술의 개발

⑤ 새롭고 효과적인 사회복지실천 개입방법의 개발

✚09 인식론에 관한 설명으로 옳은 것은?

① 해석주의는 보편적으로 적용가능한 분석도구가 존재한다고 본다.

② 실증주의는 사회현상이 일정한 질서와 규칙에 의해 일어난다고 본다.

③ 해석주의는 경험적 관찰을 통해 이론을 재검증한다.

④ 실증주의는 주관적인 접근 방법을 택하여 연구대상의 세계를 연구대상의 관점으로 바라본다.

⑤ 해석주의는 통제된 실험, 표준화된 척도를 사용한 엄격한 측정, 통계분석 등을 선호한다.

10 사회과학의 3대 주류 패러다임 중의 하나인 실증주의(positivism)에 관한 설명으로 옳은 것을 모두 고른 것은?

> ㄱ. 사회적 현상을 연구하기 위해 자연과학의 방법들을 적용한다.
> ㄴ. 행위자의 입장에서 행동의 의미를 찾는 데 초점을 둔다.
> ㄷ. 사회조사를 통해 사회현상을 예측하고 통제하고자 한다.
> ㄹ. 사회를 비판하고 변화시키기 위한 목적에서 사회조사를 실시한다.

① ㄱ, ㄴ   ② ㄱ, ㄷ
③ ㄴ, ㄹ   ④ ㄹ
⑤ ㄱ, ㄴ, ㄷ

11 다음 괄호 안에 들어 갈 내용으로 알맞은 것은?

쿤(Kuhn)의 과학철학에서 핵심적인 개념인 (㉠)은 어느 특정시기에 특정한 사회구성원들이 어떤 문제에 대해 공통적으로 지니고 있는 신념, 가치, 기술 등의 총체이자 구성요소를 의미한다. 쿤은 과학이 진보해가면서 나타나는 혁명적인 성격에 초점을 맞추고 있다. 쿤은 과학사를 지식이 누적적으로 증가되는 역사가 아니라 현상을 보는 관점의 혁명적인 전환이 계속되는 역사로 본다. 쿤은 특히 과학적 진보에서 불연속성의 중요성을 강조하고, 기존의 (㉠)이 새로운 (㉠)으로 대체되는 것을 과학의 진보라고 파악하였다. (㉡)은/는 기존의 (㉠)을 계속 유지시키려는 경향이 있기 때문에 변화와 혁신을 제한하고 새로운 (㉠)의 형성을 방해하는 속성이 있다.

① ㉠: 패러다임   ㉡: 전과학
② ㉠: 패러다임   ㉡: 정상과학
③ ㉠: 전과학   ㉡: 새로운 위기
④ ㉠: 정상과학   ㉡: 전과학
⑤ ㉠: 정상과학   ㉡: 위기

 문제풀이 TIP

과학적 혁명론의 주요 개념
• 전과학: 패러다임이 형성되기 전이며, 다양한 연구들과 시도들이 경쟁하는 시기
• 정상과학: 특정 시기에 하나의 패러다임이 타당성을 인정받는 시기의 연구를 의미
• 과학혁명: 정상과학이 위기에 처하고, 기존 패러다임이 새로운 패러다임으로 교체되고 새로운 정상과학이 탄생하는 과정을 반복하는 것

12 조사의 논리적 관점에 대한 설명으로 옳지 않은 것은?

① 선행 연구가 많지 않은 경우에는 귀납적 방법을 이용한다.
② 연역적 방법은 가설 검증을 기본으로 한다.
③ 이론이 없는 경우에는 연역적 방법을 통해 조사의 객관성을 확보할 수 있다.
④ 귀납적 방법은 가설의 설정 없이 관찰부터 시작한다.
⑤ 귀납적 방법은 주로 질적 조사방법에 해당하고, 연역적 방법은 주로 양적 조사방법에 해당한다.

 문제풀이 TIP

일반적으로 기존의 이론이 존재할 때 연역법을 사용하며, 기존의 이론이 존재하지 않을 때 귀납법을 사용한다.

13 사회조사 과정에서 연구 윤리상 문제가 되는 것을 모두 고른 것은?

ㄱ. 부모의 성적 학대 피해아동 프로그램 참여자의 정보에 대해서는 비밀을 보장한다.
ㄴ. 부모가 아동이 조사연구에 참여하는 데 동의한 경우라면 아동은 참여를 거부할 수 없다.
ㄷ. 백인과 흑인의 양육태도 차이에 관한 연구를 실시한다.
ㄹ. 동성애 경험에 대한 연구에서 자신의 신원을 밝히고 싶지 않은 조사대상자를 익명으로 처리하였다.

① ㄱ, ㄴ   ② ㄴ, ㄷ
③ ㄷ, ㄹ   ④ ㄱ, ㄴ, ㄹ
⑤ ㄱ, ㄴ, ㄷ, ㄹ

✛14 과학철학에 대한 설명 중 옳은 것은?

① 많은 수의 특정한 사례를 실험하고 관찰하여 특수한 것에서 공통된 특성을 찾아내는 것이 귀납주의이다.

② 인식의 원천은 실험과 관찰이라는 주장을 하는 것은 연역주의이다.

③ 기존의 패러다임을 수정하거나 확장하는 수준에서 이루어지는 것이 과학혁명이다.

④ 해석주의는 객관성과 엄밀성, 일반화 가능성을 강조한다.

⑤ 실증주의는 주관적 의미와 언어, 행위의 사회적 맥락에 초점을 둔다.

문제풀이 TIP

귀납주의와 연역주의
• 귀납주의: 현상에 대한 반복적인 실험과 관찰을 통해 과학적인 지식을 얻을 수 있다고 주장. 특수한 사례에서 보편적인 원칙 혹은 이론을 도출
• 연역주의: 일반적인 전제로부터 특별한 사례들에 대한 결론을 도출하는 연역적 사고에 바탕. 보편적인 이론을 특수한 사례에 적용

15 사회과학 연구방법론에 관한 설명으로 옳지 않은 것은?

① 후기실증주의는 양적 연구방법과 함께 역사적, 비교학적, 철학적, 현상학적 담론을 통한 해석을 강조한다.

② 딜씨(W. Dilthey)에 의하면 인간은 자유의지를 가지고 있기 때문에 인간의 행동을 예측하거나 일반화하는 연구는 허용할 수 없다.

③ 비판적 사회과학 연구자는 임파워먼트와 옹호를 목표로 연구결과를 해석한다.

④ 뒤르켐(E. Durkheim)에 의하면 자연과학과 사회과학은 대상의 차이를 제외하고는 차이점이 없다.

⑤ 실증주의 사회조사의 목적은 일상생활에 대한 사람들의 경험과 의미를 부여하는 것에 있다.

16 사회복지조사의 특성으로 옳지 않은 것은?

① 사회복지조사는 주로 인간의 욕구 충족과 현실 문제해결을 위한 프로그램 수행 등에 필요한 지식 산출이라는 측면에서 응용조사의 성격이 강하다.

② 사회복지조사는 주로 사회적 약자의 문제를 다루기 때문에 사회개량적 성격이 있다.

③ 사회복지조사는 문제를 계량화하고 객관적 · 통계적으로 검증하기보다는 연구자의 주관적인 해석적 연구를 지향한다.

④ 사회복지조사는 사회복지 서비스의 효과성과 효율성을 평가하기 위한 도구로서 활용된다.

⑤ 사회복지조사는 프로그램의 상호작용과 상관관계를 분석함으로써 간접적으로 시험할 수 있다.

17 다음 사례와 같은 조사 논리의 특성으로 적절하지 않은 것은?

적극적 대치행동과 사회지지 추구 대처행동을 많이 사용할수록 학교적응을 잘 할 것이라는 연구가설을 설정한 후, 이를 검증하기 위해 초등학생 5~6학년을 대상으로 우편설문조사를 실시하고자 한다.

① 일반적 사실에서 특수한 법칙을 찾고자 할 때 주로 활용된다.

② 실증주의자들이 주로 활용하는 방법이다.

③ 개념에 대한 조작적 정의가 선행되어야 한다.

④ 인과의 오류를 저지를 수 있다.

⑤ 양적 연구에서 주로 쓰이는 연구방법이다.

문제풀이 TIP

연역법에서 범하기 쉬운 오류는 구성의 오류, 귀납법에서 범하기 쉬운 오류는 인과의 오류이다.

✛18 사회복지조사에 대한 설명으로 옳은 것은?

① 사회복지조사는 철저하게 기술적이고 과학적인 고려에만 입각해 이루어진다.

② 비밀과 익명성의 보장이라는 윤리적 규범은 일반화 가능성이라는 과학적 필요와 충돌할 수 있다.

③ 사회복지조사에서는 경우에 따라 연구목적이 연구수단을 정당화시킬 수도 있다.

④ 조사문제의 선정과정에서 가치나 윤리에 대한 고려는 배제되어야 한다.

⑤ 일반적으로 사회과학이 개인이 아닌 집합체에 관심을 갖는 데 비해 사회복지조사에서는 집합체보다는 개인행동을 이해하는 데 초점을 둔다.

 문제풀이 TIP

연구의 장기적 이익이 특정한 윤리적 규범을 어기는 것보다 더 가치가 있다고 인정되는 경우도 있다.

19 조사연구의 윤리에 관한 설명으로 옳지 않은 것은?

① 참여 여부를 결정하기 전에 연구참여자에게 연구와 관련된 충분한 정보를 제공해야 한다.

② 연구참여자에게 조사참여 도중에는 조사를 중단할 수 없음을 명확하게 인식시켜야 한다.

③ 연구참여자가 응답한 내용을 개인적으로 공개하지 않고, 연구 이외의 다른 목적으로도 사용하지 않는다.

④ 프로그램이나 정책을 평가하는 연구에서 긍정적인 결과뿐만 아니라 부정적인 결과도 함께 보고한다.

⑤ 연구참여자는 자발적으로 참여를 결정해야 한다.

✛20 포퍼의 반증주의에 관한 내용으로 옳은 것을 모두 고른 것은?

> ㄱ. 과학의 발전은 기존의 이론과 상충되는 현상을 관찰하는 데서 출발한다.
> ㄴ. 관찰한 자료는 이론을 증명하는 데는 쓸 수 없고, 이론이 잘못되었다고 판정하거나 가설을 기각할 때 쓸 수 있다.
> ㄷ. 반증은 어떠한 법칙이나 이론이 참이 아닌 것을 증명하는 특수명제를 찾아 보여주는 작업이다.
> ㄹ. 과학적 진리는 과학공동체의 패러다임에 의존하며 사회의 성격에 영향을 받는다.

① ㄱ, ㄴ   ② ㄴ, ㄷ

③ ㄷ, ㄹ   ④ ㄱ, ㄴ, ㄷ

⑤ ㄱ, ㄴ, ㄷ, ㄹ

 문제풀이 TIP

• 포퍼의 반증주의: 과학의 진보에 중요한 것은 입증 가능성이 아니라 반증 가능성이며, 반증 가능성이 높은 가설이 많을 때 과학은 진보한다.

• 쿤의 과학적 혁명론: 과학의 진보는 혁명적으로 이루어지며, 이러한 혁명은 새로운 패러다임이 기존의 패러다임을 대체하는 과정을 거치면서 구체화한다.

✛21 과학적 방법에 관한 설명으로 옳지 않은 것은?

① 연구자의 주관성을 추구하는 것을 강조한다.

② 단정적 결정론이 아닌 확률적 결정론을 따른다.

③ 이론적 논리나 가정의 현실적 타당성을 경험적으로 입증할 수 있을 때 성립한다.

④ 과학적 지식은 잠정적이며, 새롭게 교체될 수 있다.

⑤ 동일한 근거를 바탕으로 동일한 결과가 산출되는지를 확인하기 위해 연구를 반복할 수 있다.

2장 조사의 유형과 절차

이 장에서는,

조사목적에 따라 분류한 조사와 시간적 차원에 따라 분류한 조사 등 조사유형을 살펴본다. 특히, 종단조사 중에서도 패널조사, 경향조사, 동년배조사의 특징을 서로 비교하여 이해한다. 조사유형에 관한 문제는 매회 지속적으로 출제되고 있는데, 최근에는 단순한 유형비교가 아닌 세부적인 특징을 알아야 풀 수 있는 문제가 출제되고 있다. 또한 조사를 진행하는 일련의 과정인 조사절차는 어떠한지를 살펴보고, 생태학적 오류, 개인주의적 오류, 축소주의 오류 등 분석단위 관련 오류를 이해한다.

해답과 오답노트 35쪽

✛01 조사유형에 관한 설명으로 옳지 않은 것은?

① 횡단조사는 주로 표본조사를 행하며 측정이 반복해서 이루어지지 않는다.
② 종단조사는 장기간에 걸쳐 조사대상자와 상황의 변화를 조사할 수 있다.
③ 패널조사는 시간이 지나면서 조사대상이 중도에 탈락하는 문제가 있다.
④ 경향조사는 시간의 변화에 따른 특정 동류집단의 변화를 조사하는 것이다.
⑤ 패널조사는 매번 동일한 사람을 조사하지만 동년배조사는 조사대상이 동일한 사람이 아니다.

기출 STYLE

조사유형과 관련한 문제들은 설명적 조사, 패널조사와 같은 개별 유형에 대한 이해를 묻는 유형부터 종단조사와 횡단조사를 비교하는 유형, 조사유형 전반에 대한 이해를 묻는 유형 등 다양한 형태로 출제되고 있다. 특히 종단조사의 대표적인 3가지 유형(패널조사, 동년배조사, 경향조사)을 구분할 수 있는 능력을 요구하는 문제가 주로 출제되고 있기 때문에 각 유형의 차이를 정확히 이해하는 것이 필요하다.

✛02 다음 빈칸에 해당하는 조사연구의 단계에 대한 설명으로 옳은 것은?

> 문제형성 ⇨ 가설형성 ⇨ 조사설계 ⇨ (   ) ⇨ 자료분석 및 해석 ⇨ 보고서 작성

① 조사의 주제, 목적, 이론적 배경, 중요성 등을 파악하고, 이를 체계적으로 정립하는 과정이다.
② 선정된 조사문제를 실증적으로 검증 가능하도록 가설을 설정한다.
③ 가설검증에 필요한 자료수집 및 분석 등의 과정을 계획하고 통제하기 위한 단계이다.
④ 관찰, 면접, 설문지 등 여러 가지 방법을 통해 자료를 수집한다.
⑤ 연구결과를 객관적으로 증명하고 경험적으로 일반화시키기 위해 일정한 형식으로 보고서를 작성한다.

기출 STYLE

조사연구 과정과 관련해서는 조사연구 과정 전반에 대한 이해를 묻는 유형, 각 단계에 해당하는 경우를 고르는 유형, 순서대로 조사과정을 연결하는 유형 등이 출제되고 있다.

+03 다음에 해당하는 것으로 가장 적절한 것은?

사회복지사 1급 국가시험의 합격률에 영향을 미치는 원인을 파악하기 위한 조사를 진행하였다. 지역별(시·도) 합격률 현황자료를 토대로 합격률을 3등급(높음, 보통, 낮음)으로 구분하고, 합격률 차이를 가져온 중요한 원인으로 연령에 주목하였다. 분석결과는 "연령이 낮은 수험생이 높은 수험생들보다 사회복지사 1급 국가시험에 더 많이 합격한다"고 제시했다.

① 생태학적 오류
② 환원주의
③ 개체주의적 오류
④ 과도한 일반화
⑤ 부정확한 관찰

기출 STYLE

사례를 제시하고 분석단위의 종류를 묻거나 분석단위와 관련된 오류를 묻는 유형으로 출제되고 있다.

+04 사회조사의 유형에 관한 설명으로 옳지 않은 것은?

① 탐색적 조사는 예비조사이므로 융통성 있게 운영될 수 있고 수정이 가능하다.
② 기술적 조사는 현상의 모양이나 분포, 크기, 비율 등 단순 통계적인 것에 대한 조사이다.
③ 설명적 조사는 사실의 인과관계를 규명하거나 미래의 사실에 대해 미리 예측하는 조사이다.
④ 탐색적 조사에는 문헌조사, 경험자 조사, 특례조사 등이 있다.
⑤ 설명적 조사는 발생빈도와 비율을 파악할 때 사용한다.

05 조사연구과정을 순서대로 올바르게 나열한 것은?

ㄱ. '부모와의 상호작용이 자녀의 게임중독에 영향을 미칠 것이다'로 가설 설정
ㄴ. 표집을 통해 연구 대상자를 선정하여 자료수집
ㄷ. 수집한 설문지를 통해 자료를 분석
ㄹ. 구조화 된 설문지 작성
ㅁ. 청소년 게임중독으로 관심주제 선정

① ㅁ→ㄱ→ㄴ→ㄹ→ㄷ
② ㅁ→ㄱ→ㄹ→ㄴ→ㄷ
③ ㅁ→ㄴ→ㄹ→ㄱ→ㄷ
④ ㄱ→ㅁ→ㄹ→ㄴ→ㄷ
⑤ ㄱ→ㅁ→ㄴ→ㄹ→ㄷ

06 조사유형의 연결이 옳은 것을 모두 고른 것은?

ㄱ. 새롭게 발견되어 기초적인 정보가 거의 파악되지 않은 독감의 발생원인과 경로에 대해 조사하려고 한다. – 탐색적 연구
ㄴ. 1990년, 2000년, 2010년에 베이비붐 세대(1955~1963년생)의 소비패턴 변화를 연구하였다. – 동년배연구
ㄷ. 비농촌지역에 거주하는 한국의 가구와 가구원을 대표하는 표본구성원(5,000가구에 거주하는 가구원)을 대상으로 1988년부터 매년 1회 경제활동, 노동시장이동, 소득활동, 사회생활 등에 관하여 추적조사하고 있다. – 패널조사
ㄹ. ○○대학교 학생생활연구소에서는 2005년부터 매년 신입생을 대상으로 신입생들의 일반 특성 및 심리적 특성을 조사하고 있다. – 횡단조사

① ㄱ, ㄴ   ② ㄴ, ㄷ
③ ㄷ, ㄹ   ④ ㄱ, ㄴ, ㄷ
⑤ ㄱ, ㄴ, ㄷ, ㄹ

사회복지조사론

07 과학적 조사는 일정한 단계를 거쳐 이루어진다. 사례의 다음 단계에 필요한 절차는 무엇인가?

사회복지사 A씨는 가정폭력으로 기관에 의뢰되는 남편들이 대부분 어릴 적에 학대받은 경험을 가지고 있음을 발견하고 문제의식을 가지게 되었다. 이에 따라 "아내를 폭행하는 남편은 아동기에 학대받은 경험이 있을 것이다."라는 가설을 세우고 연구를 진행하고자 한다.

① 가정폭력을 행사한 남편들에 대해 설문조사를 실시한다.
② 일정한 형식에 맞게 예상 내용을 가지고 보고서를 작성해 본다.
③ 어떤 사람들을 대상으로, 어떤 방법을 통해 조사할 것인지를 결정한다.
④ 일단 통계 프로그램을 사용하여 분석을 시도해 본다.
⑤ 평소에 가지고 있었던 문제들을 가설의 형식으로 표현한다.

08 조사의 유형과 사례의 연결이 옳지 않은 것은?

① 탐색적 조사 – 미혼부 가정 청소년의 학업부진에 관한 문헌 연구
② 기술적 조사 – 10대 코로나 확진 경험자의 부작용 실태 연구
③ 설명적 조사 – 황혼이혼에 영향을 미치는 사회심리적 요인에 관한 연구
④ 패널조사 – 1990년대 10대와 2000년대 10대의 직업선호도 비교 연구
⑤ 동년배조사 – 베이비붐 세대의 부모부양에 관한 인식 변화에 관한 연구

09 다음 사례에 해당하는 조사연구의 유형은 무엇인가?

사회복지사들의 근무환경과 교육실태를 알아보기 위해 전국 사회복지시설 명부를 활용하여 20%의 시설을 선정하고, 각 시설에서 일하는 사회복지사 중 가장 오래 근무한 사람, 평균적으로 근속한 사람, 가장 최근에 입사한 사람을 각각 뽑아 설문조사하였다.

① 전수조사 – 횡단조사
② 표본조사 – 서베이조사
③ 질적 조사 – 횡단조사
④ 양적 조사 – 종단조사
⑤ 동년배조사 – 사례조사

10 다음 연구문제들 중 분석단위가 나머지와 다른 하나는?

① 사회복지조직에서 직원채용과정은 어떻게 진행되는가?
② 부유한 가정의 학생들보다 빈곤한 가정의 학생들이 학교를 더 많이 중도 탈락하는가?
③ 부부가 맞벌이인 가구가 그렇지 않은 가구보다 자녀 수가 적은가?
④ 정부지원을 많이 받는 사회복지기관일수록 클라이언트 수가 많은가?
⑤ 우리나라 기초지방정부의 사회복지비 지출비중은 어떠한가?

문제풀이 TIP
분석단위가 개인인 경우와 집단(가구, 집단, 조직 등)인 경우를 구분해보자.

11 패널조사를 통해 아동기 빈곤이 장기적으로 교육수준과 소득수준에 미치는 영향을 조사하려고 한다. 조사유형이 적절하게 묶인 것은?

① 탐색적 조사 – 횡단조사 – 질적 조사
② 기술적 조사 – 횡단조사 – 양적 조사
③ 설명적 조사 – 횡단조사 – 양적 조사
④ 기술적 조사 – 종단조사 – 질적 조사
⑤ 설명적 조사 – 종단조사 – 양적 조사

12 다음의 설명에 해당하는 분석단위 관련 오류는 무엇인가?

> 어떤 현상을 어느 한두 가지의 차원으로만 제한하여 설명하는 경향을 말한다. 청소년 문제에 대한 포럼에 참석한 학자들 중에 가족학자는 청소년 문제를 '가족 문제'로만 설명하려는 경향을 보이고, 심리학자는 청소년의 '심리적인 문제'로만 설명하려는 경향을 보이는 경우가 많다.

① 생태학적 오류
② 개인주의적 오류
③ 환원주의 오류
④ 개체주의적 오류
⑤ 결정론적 오류

13 인터넷이 널리 퍼짐에 따라 최근 들어 인터넷 중독이 사회문제로 떠오르고 있다. 이러한 문제에 대한 연구를 수행하기 위해 기존 연구를 검토하였더니 다음과 같은 결과를 얻었다. 이와 같은 상황에서 적절한 연구방법은?

> • 인터넷 중독의 개념과 원인에 대해 알려진 것이 거의 없다.
> • 조사 가능한 인터넷 중독자가 소수에 불과하다.
> • 인터넷 중독에 대한 대략적인 통찰을 얻고자 한다.

① 패널조사   ② 동년배조사
③ 전수조사   ④ 기술적 조사
⑤ 탐색적 조사

문제풀이 TIP

기존에 연구되지 않았던 새로운 주제에 대해 연구하는 경우, 연구문제에 대한 사전 지식이 부족한 경우, 연구문제를 형성하거나 연구가설을 수립하기 위한 경우 등에 탐색적 조사를 실시한다.

✦**14** 다음 사례에서 설명하는 조사 유형은?

> 1998년 금융위기 이후 대학 졸업생들의 직업 선호도의 변화를 살펴보기 위해 2005년부터 2010년까지 매년마다 각 연도별 졸업생 중 100명을 무작위 선발하여 직업의 선호도를 조사하였다.

① 패널조사   ② 횡단조사
③ 경향조사   ④ 동년배조사
⑤ 여론조사

문제풀이 TIP

동일인을 반복 조사하는 것이 아니며, 특정 동류집단의 변화를 조사하는 것도 아니라는 점에 주목하자.

15 다음 사례에서 확인 가능한 연구의 유형이 아닌 것을 모두 고른 것은?

> 본 연구는 사회복지 전공 학생들이 현장실습에서 경험하는 스트레스와 그 증상이 무엇인지, 그 수준은 어떠한지, 스트레스 증상에 영향을 미치는 요인들은 어떤 것이 있는지를 살펴본 후, 실습생들이 실습 시 받는 스트레스를 효율적으로 관리하여 현장실습의 효과적인 성과를 가져올 수 있는 체계적인 실습교육 개선방안을 제시하고자 하였다.
>
> ㄱ. 설명적 연구　　ㄴ. 표본조사
> ㄷ. 응용조사　　　ㄹ. 양적 조사

① ㄱ, ㄴ　　　　　② ㄱ, ㄷ
③ ㄴ, ㄹ　　　　　④ ㄷ, ㄹ
⑤ ㄱ, ㄴ, ㄷ, ㄹ

16 다음에 해당하는 조사유형에 대한 설명으로 옳은 것을 모두 고른 것은?

> 자활사업 참여자의 취업 결정요인을 분석하기 위해, 2012년부터 2014년까지 3년 동안 자활사업 참여자 중에서 일부를 대상(2012년 2,000명, 2013명 2,500명, 2014년 2,600명)으로 설문조사를 실시하였다.
>
> ㄱ. 인과관계를 파악하기 위한 목적을 가지고 있다.
> ㄴ. 시간의 흐름에 따라 지속적으로 연구대상에 대해 자료를 수집, 분석한다.
> ㄷ. 양적 조사, 표본조사에 해당한다.
> ㄹ. 특정 시점에 연구대상에 대해 한 차례만 자료를 수집, 분석한다.

① ㄱ　　　　　　② ㄴ, ㄷ
③ ㄷ, ㄹ　　　　　④ ㄹ
⑤ ㄱ, ㄴ, ㄷ

✦17 다음 사례에서 사용하고 있는 조사연구 방법은 무엇인가?

> B대학에서는 386세대의 정치의식 변화와 사회적 역할에 대한 연구 프로젝트를 위해 1960~1969년 사이에 태어난 사람들 중 1,000명을 매년 선정하여 조사하고 있다. 사회복지에 대한 태도를 연구하기 위해 이 대학의 연구에 참여하여 매년 사회복지인식과 관련한 설문을 포함시키고 이를 분석하고 있다.

① 패널조사
② 동년배조사
③ 경향조사
④ 평가조사
⑤ 전수조사

18 다음 사례와 관련이 없는 조사는?

> 서울특별시에서는 2014년 11월 1일부터 11월 10일까지 10일간에 걸쳐 서울특별시에 거주하는 장애인 전체를 대상으로 장애인 각각의 사회경제적 특징과 복지욕구를 1회 조사한 후 장애인의 사회경제적 특징이 장애인 복지욕구에 미치는 영향을 분석하고, 현재 실시되고 있는 장애인 복지제도의 내용을 개선하려고 하고 있다.

① 응용조사
② 설명적 조사
③ 횡단조사
④ 미시조사
⑤ 표본조사

문제풀이 TIP

조사대상의 범위에 따른 연구 분류에서 전수조사와 표본조사, 단일대상조사를 구분하자.

19 다음 사례에서 나타난 오류의 종류는?

사회복지사 1급 시험의 합격률 차이를 초래하는 원인을 분석하기 위해 대학별로 합격률 차이를 등급별로 나누고 중요한 원인이 되는 것으로 IQ를 제시했다. 조사결과는 다음과 같다.

대학	합격률	IQ평균점수
A	22%	98
B	64%	104
C	78%	106
D	31%	100
E	18%	96
F	25%	99

위 자료를 토대로 'IQ가 높은 학생들이 낮은 학생들보다 사회복지사 1급 시험에 더 많이 합격한다'는 결론을 내렸다.

① 개인주의적 오류

② 환원주의 오류

③ 생태학적 오류

④ 제1종 오류

⑤ 원자 오류

문제풀이 TIP

연구자가 자기 연구의 분석단위에 대해 명확한 분별을 하지 못하는 경우, 개인단위로 분석한 것을 집단단위로 추론하거나, 집단단위로 분석한 결과로 개인단위의 추론을 하는 오류를 저지르게 된다.

✛20 다음에 해당하는 조사유형을 연결한 것으로 옳은 것은?

다른 지역에서 ○○시로 이사온 지 5년 이내인 65세 이상의 저소득 여성 노인 20명을 대상으로 거주이동 경험에 대해 연구하였다. 4개월간에 걸친 인터뷰 자료를 분석하여 범주화를 시도한 결과, 저소득 여성노인이 주거를 옮기며 겪는 경험을 관계적 차원, 경제적 차원, 환경적 차원 등 세 개의 핵심범주로 정리할 수 있었다. 이 연구를 통해 저소득 여성노인에 대한 사회복지적 개입 전략 마련을 위한 기초자료로 활용할 수 있을 것이다.

① 양적 조사 - 탐색적 조사 - 표본조사

② 질적 조사 - 탐색적 조사 - 표본조사

③ 양적 조사 - 기술적 조사 - 전수조사

④ 질적 조사 - 기술적 조사 - 전수조사

⑤ 양적 조사 - 설명적 조사 - 표본조사

3장 조사문제와 가설

이 장에서는,

변수유형, 가설설정, 개념적 · 조작적 정의에 관해 살펴본다. 먼저, 변수유형에 관한 문제는 매회 출제되고 있으며, 주로 사례제시형으로 출제되고 있다. 다양한 변수의 유형(독립변수, 종속변수, 매개변수, 조절변수, 외생변수, 억압변수, 통제변수 등)에 따른 특징과 기능을 구분하여 살펴보고, 이에 해당하는 사례를 접목하여 이해한다. 또한 가설의 원칙 및 특성, 가설의 유형에 대해 살펴보고, 개념적 정의와 조작적 정의에 대한 개념을 비교해서 이해한다.

해답과 오답노트 37쪽

✤01 가설에 대한 설명으로 옳지 않은 것은?

① 명확하고 구체적이어야 한다.

② 변수 간의 관계를 예측하고 가정한다.

③ 가설에 포함되는 변수는 두 개로 한정한다.

④ 가치중립적이며 검증할 수 있어야 한다.

⑤ 검증 과정에 따라 영가설과 대립가설로 구분하기도 한다.

기출 STYLE

가설의 원칙과 가설의 유형에 따른 특성 등 가설에 대한 설명으로 옳은 것(옳지 않은 것)을 고르는 형태로 주로 출제되었으며, 영가설에 대한 세부적인 지식을 묻는 유형도 출제되었다. 영가설은 연구가설을 반증하는 과정에서 활용된다는 것을 기억해두자.

✤02 조작적 정의에 해당하지 않는 것은?

① 사회경제적 지위: 직업(종사상 지위), 학력(교육기간), 소득(월 가구소득)

② 실업급여제도의 관대성: 실업급여의 순소득 대체율

③ 과부담의료비: 가구 총소비지출에서 식료품비를 제외한 소비지출 중 의료비 지출이 40%를 넘는 경우

④ 문제해결능력: 문제해결과정을 수행할 수 있는 능력

⑤ 자살생각: 자살에 대한 생각, 계획, 시도 등의 횟수, 여부

기출 STYLE

개념적 정의/개념화와 조작적 정의/조작화로 이어지는 과정은 추상적 개념을 경험적으로 측정 가능하도록 만드는 과정이기도 하다. 이러한 과정에 대한 설명과 함께 실제 사례를 통해 각 단계에서 이루어지는 작업에 대한 이해를 요구하는 문제들이 출제되고 있다.

✛03 다음에서 사용된 변수의 종류를 옳게 나타낸 것은?

> 재정분권화가 확대될수록 지방정부의 복지지출 수준은 감소할 것이라는 가설을 검증하기 위해 ㉠재정분권화는 지방정부 전체 예산 대비 자체사업 비중으로 정의하였고, ㉡지방정부의 복지지출 수준은 지방정부의 사회복지 예산 중 사회복지 자체사업 예산 비중으로 규정하였다. 또한 ㉢복지수요 요인(수급자, 노인, 영유아의 비중)을 통제하였다.

① ㉠: 종속변수   ㉡: 독립변수   ㉢: 억압변수
② ㉠: 선행변수   ㉡: 독립변수   ㉢: 외생변수
③ ㉠: 독립변수   ㉡: 종속변수   ㉢: 통제변수
④ ㉠: 외생변수   ㉡: 독립변수   ㉢: 종속변수
⑤ ㉠: 매개변수   ㉡: 종속변수   ㉢: 이산변수

기출 STYLE

변수의 종류에 따른 특징과 기능을 구분하는 문제나 가설 사례에서 변수의 종류를 구분하는 유형이 주로 출제되고 있다. 특히 매개변수, 조절변수, 통제변수의 의미를 명확하게 구분해서 이해할 필요가 있다.

04 경험적으로 검증할 수 있는 가설의 예로 옳은 것은?

① 노인의 사회활동 참여정도가 높을수록 삶의 만족도가 높을 것이다.
② 사회복지사는 자격증이 없어도 될 수 있다.
③ 불평등이 없는 나라가 그렇지 않은 나라보다 더 바람직하다.
④ 우리나라의 GDP는 1조 5,302억 달러이다.
⑤ 정치적 행위는 근본적으로 인간이 결정한다.

05 개념의 조작화 과정에 관한 설명으로 옳지 않은 것은?

① 추상적 세계와 경험적 세계를 연결하는 작업이다.
② 연구대상인 사람, 사물의 속성, 사회적 현상 등의 변수를 개념적으로 정의하는 것이다.
③ 양적 조사에서 매우 중요한 과정이다.
④ 직접적으로 측정이 가능한 지표가 무엇인지를 찾아내고 정의하는 과정이다.
⑤ 변수값이나 범주를 명확하게 기술하는 작업이 포함된다.

✛06 다음 사례에서 나타나는 사회적 지지의 역할에 해당하는 것은?

> 청소년의 스트레스와 사회적 지지, 자살행동의 관계를 살펴본 결과, 사회적 지지가 높은 경우는 스트레스가 자살행동에 별다른 영향을 주지 않았지만, 사회적 지지가 낮은 경우는 스트레스가 자살행동에 통계적으로 유의미한 영향을 주는 것으로 나타났다.

① 독립변수
② 매개변수
③ 조절변수
④ 외생변수
⑤ 억압변수

문제풀이 **TIP**

독립변수가 종속변수에 미치는 영향을 조절하는 변수이다.

사회복지조사론

✣07 다음 사례의 ㄱ~ㄷ에 해당하는 변수에 관한 설명으로 옳지 않은 것은?

> 재가 요양보호사의 장기근속을 위한 연구를 진행하였다. 연구를 진행한 결과, (ㄱ) 재가 요양보호사와 요양보호 대상자 간의 관계가 좋을수록 (ㄴ) 직무만족도가 높아져 (ㄷ) 장기근속하게 되는 것으로 나타났다.

① ㄴ은 독립변수의 결과인 동시에 종속변수의 원인이 되는 변수이다.

② ㄱ은 원인변수, 설명변수, 예측변수라고도 부른다.

③ ㄷ은 독립변수의 영향을 받아 일정한 결과를 나타내는 변수이다.

④ ㄴ은 독립변수와 종속변수 간의 관계의 강도나 방향에 영향을 미친다.

⑤ ㄴ은 종속변수에 이르는 시간적 전후 관계와 논리적 과정에 대한 이해를 가능케 함으로써 인과관계에 대해 정확히 규명할 수 있도록 한다.

08 다음에서 '성별'은 어떤 변수에 해당하는가?

> '키가 클수록 취업이 잘 된다'는 가설이 있다고 하자. 여기서 독립변수는 '키'이고, 종속변수는 '취업'이다. 이 가설을 검증할 때 고려해볼 수 있는 유력한 제3의 변수로는 '성별'이 있을 수 있다. 이때, 성별은 키, 취업에 영향을 미칠 수 있다. 남자가 대체로 여자보다 크고 취업도 잘 되는 경향이 있어 외생변수로 작용할 가능성이 있기 때문이다. 따라서 성별을 통제시켜 주어야 한다.

① 억압변수 ② 통제변수
③ 조절변수 ④ 매개변수
⑤ 선행변수

09 조사문제의 선정단계에서 고려해야 할 사항으로 적절하지 않은 것은?

① 독창적이고 창의적이어야 한다.

② 구체적인 가설을 도출할 수 있어야 하며, 경험적으로 검증 가능해야 한다.

③ 조사대상자에게 정신적 · 신체적 피해를 줄 가능성을 미리 검토해보아야 한다.

④ 시간, 비용, 인력 등의 현실적 조건에 따른 조사의 실행가능성을 고려해야 한다.

⑤ 질적 조사는 연구문제에 대해 수립된 지식이 부족하므로 문헌검토가 필요하지 않다.

10 독립변수와 종속변수 간의 인과관계가 단지 제3의 변수로 말미암아 발생하였기 때문에, 두 변수가 서로 관련되어 있는 것처럼 보이는 관계가 있다. 이러한 관계를 무엇이라 하는가?

① 인과관계
② 상관관계
③ 가식적 관계
④ 매개변수관계
⑤ 가식적 영관계

문제풀이 **TIP**

- 가식적 관계: 두 변수 간에 관계가 있는 것처럼 보이지만, 제3의 변수로 인해 그렇게 보이는 것일 뿐 실제로는 관계가 없는 경우
- 가식적 영관계: 두 변수 간에 관계가 없는 것처럼 보이지만, 제3의 변수를 통제했더니 실제로는 관계가 있는 경우

11 개념의 조작화 과정에 관한 설명으로 옳지 않은 것을 모두 고른 것은?

> ㄱ. 조작적 정의와 명목적 정의는 동일하다.
> ㄴ. 직접적으로 측정이 가능한 지표가 무엇인가를 찾아내고 정의하는 과정이다.
> ㄷ. 변수값이나 범주를 명확하게 기술하는 작업이 포함된다.
> ㄹ. 추상적 수준에서 측정하고자 하는 개념에 대한 명목적 정의를 도출하는 과정이 선행된다.

① ㄱ   ② ㄱ, ㄷ
③ ㄴ, ㄹ   ④ ㄹ
⑤ ㄱ, ㄴ, ㄷ, ㄹ

문제풀이 TIP

조작화란 개념적 정의를 조작적 정의로 구체화하는 과정을 의미한다.

 12 가설을 구성할 때 고려해야 할 사항으로 옳은 것을 모두 고르면?

> ㄱ. 가설의 표현은 간단명료해야 한다.
> ㄴ. 가설은 가능한 한 2개의 변수 간의 관계를 기술하는 것이 좋다.
> ㄷ. 가설은 연구 분야의 다른 가설이나 이론과 연관이 있어야 한다.
> ㄹ. 가설은 가능한 한 적용범위가 좁아야 한다.

① ㄱ, ㄴ   ② ㄱ, ㄷ
③ ㄴ, ㄷ   ④ ㄷ, ㄹ
⑤ ㄱ, ㄴ, ㄷ

문제풀이 TIP

가설평가의 기준
경험적 입증가능성, 논리적 연관성, 명료성, 간결성, 계량화 및 수량화, 일반화

13 다음 주요 변수들에 대해 바르게 짝지은 것을 모두 고른 것은?

> 여성의 사회참여가 사회적인 이슈로 떠오르면서 여성가족부에서는 여성의 결혼 여부가 정치참여에 미치는 영향에 대해 연구를 하기로 하였다. 1차 분석결과 미혼 여성이 정치참여를 더 많이 하는 것으로 나타났으나, 연령을 통제한 상태에서 결혼여부가 여성의 정치참여에 어떤 영향을 미치는지 살펴본 결과 오히려 기혼여성이 정치참여를 더 많이 하는 것으로 나타났다.
>
> ㄱ. 여성 – 독립변수   ㄴ. 연령 – 조절변수
> ㄷ. 결혼여부 – 외생변수   ㄹ. 정치참여 – 종속변수

① ㄱ, ㄴ   ② ㄱ, ㄷ
③ ㄴ, ㄹ   ④ ㄹ
⑤ ㄱ, ㄷ, ㄹ

문제풀이 TIP

결혼여부(미혼, 기혼)가 정치참여에 미치는 영향을 연구하는데, 연령이라는 제3의 변수가 두 변수의 관계를 정반대의 방향으로 나타나게 하는 경우 연령이라는 변수를 왜곡변수라고 하며, 이를 통제시킬 경우 통제변수가 된다.

14 다음 중 개념을 조작적으로 정의하였을 때 옳지 않은 것은?

① 지능을 IQ테스트로 조작화하였다.
② 빈곤을 물질적 결핍상태로 조작화하였다.
③ 신앙심을 종교의식 참여 횟수로 조작화하였다.
④ 소득을 월수입 ○○○만 원으로 조작화하였다.
⑤ 서비스만족을 재이용 의사유무로 조작화하였다.

✤15 변수 간의 관계에 대한 설명으로 옳지 않은 것은?

① 교사의 지지가 높으면 집단따돌림이 아동의 자아존중감에 미치는 영향력은 감소한다는 가설에서 교사의 지지는 조절변수이다.

② 경제가 발전할수록 복지정책의 재원이 늘어 생활수준이 향상된다는 가설에서 복지정책 재원은 매개변수이다.

③ 교육의 투입이 소득수준 향상의 원인일 때 소득수준 향상은 독립변수이다.

④ 키가 클수록 취업이 잘된다는 가설에서 성별이 키와 취업에 영향을 미쳐 통제한다면 성별은 통제변수이다.

⑤ 삶의 만족도 향상이 건강수준 향상의 결과라면 삶의 만족도는 종속변수이다.

16 노인의 빈곤에 관하여 연구할 때 조작적 정의(operational definition) 단계에 해당하는 것은?

① 사전(dictionary)을 참고하여 빈곤을 명확히 정의한다.

② 노인의 빈곤에 대한 기존 연구 결과를 정리한다.

③ 빈곤 관련 척도를 탐색 후 선정한다.

④ 빈곤한 노인과 그렇지 않은 노인의 차이에 대해 조사한다.

⑤ 빈곤한 노인의 현황을 파악한다.

문제풀이 TIP

• 개념적 정의: 명목적 정의, 사전적, 추상적인 정의
• 조작적 정의: 추상적인 개념을 실증적·경험적으로 측정 가능하도록 구체화한 정의

17 변수에 대한 설명으로 옳은 것을 모두 고른 것은?

> ㄱ. 외생변수를 통제하지 않아도 독립변수와 종속변수 간의 정확한 관계를 규명할 수 있다.
> ㄴ. 조절변수는 독립변수에 의해 영향을 받지 않으나 독립변수와 종속변수 간의 관계의 정도와 방향에 영향을 미치는 변수를 말한다.
> ㄷ. 억압변수는 독립변수의 결과인 동시에 종속변수의 원인이 되는 변수를 말한다.
> ㄹ. 통제변수란 독립변수와 종속변수 간의 인과관계에 영향을 주는 제3의 변수 중에서 조사설계에서 통제하는 변수를 말한다.

① ㄱ, ㄷ   ② ㄴ, ㄷ
③ ㄴ, ㄹ   ④ ㄷ, ㄹ
⑤ ㄱ, ㄴ, ㄷ, ㄹ

문제풀이 TIP

변수의 종류
• 외생변수: 가식적 관계(두 변수가 실제로 서로 관련이 없지만, 관련이 있는 것처럼 보이는 관계)를 만드는 변수
• 억압변수: 가식적 영관계(두 변수가 실제로 서로 관련이 있지만, 관련이 없는 것처럼 보이는 관계)를 만드는 변수

✤18 가설의 검증에 관한 내용으로 옳지 않은 것은?

① 영가설이 참인데도 이를 기각하는 결정을 하는 오류를 제1종 오류라고 한다.

② 연구가설은 영가설이 거짓일 때 채택하기 위해 설정되는 가설이다.

③ 영가설을 설정하는 근거는 가설은 검증되는 것이 아니라 반증되는 것이라는 포퍼의 반증주의에 있다.

④ 영가설이 거짓인데도, 이를 채택하는 결정을 하는 오류를 제2종 오류라고 한다.

⑤ 유의수준은 연구결과를 가지고 조사가설을 받아들임으로써 범할 수 있는 오류의 수준을 말한다.

✦19 통계적 가설 검정에 관한 설명으로 옳은 것을 모두 고른 것은?

> ㄱ. 제1종 오류와 제2종 오류는 동시에 낮출 수 있다.
> ㄴ. 유의수준은 조사가설이 참이 아닌데 우연히 조사가설과 같은 연구결과가 나올 확률로서, $p<.05$ 또는 $p<.01$ 등으로 나타낸다.
> ㄷ. $p<.05$의 유의수준은 제1종 오류가 있을 확률이 5% 미만이라는 의미이다.
> ㄹ. 영가설을 설정하는 근거는 포퍼의 반증주의에 있다고 볼 수 있다.

① ㄱ, ㄴ
② ㄴ, ㄷ
③ ㄷ, ㄹ
④ ㄱ, ㄴ, ㄷ
⑤ ㄴ, ㄷ, ㄹ

✦20 영가설(null hypothesis)에 관한 설명으로 옳지 않은 것을 모두 고른 것은?

> ㄱ. 변수 간의 차이가 없거나 관계가 없다는 내용으로 서술된다.
> ㄴ. 조작화되기 이전의 가설 형태를 말한다.
> ㄷ. 연구가설을 반증하는 과정에서 설정한다.
> ㄹ. 가설검증을 통하여 거짓으로 판명 난 가설이다.

① ㄱ
② ㄱ, ㄷ
③ ㄴ, ㄹ
④ ㄷ, ㄹ
⑤ ㄱ, ㄴ, ㄷ, ㄹ

21 "부모의 아동학대가 학대피해아동의 자아존중감에 미치는 영향은 아동의 성별에 따라 다르다"는 연구결과의 내용만으로 알 수 있는 변수로 짝지어진 것은?

① 독립변수, 조절변수
② 매개변수, 종속변수
③ 조절변수, 통제변수
④ 독립변수, 외생변수
⑤ 통제변수, 종속변수

✦22 다음의 연구주제를 검증하기 위하여 변수를 구성할 때 변수명(측정방법), 해당 변수의 종류와 분석가능한 통계수치의 연결이 옳은 것은?

> 장애인 근로자와 동료 근로자 간의 관계가 좋을수록 직장만족도가 높아져 장기근속하게 된다.

① 장애인 근로자와 동료 근로자 간의 관계(5점 척도) – 매개변수, 산술평균
② 직장만족도(5점 척도) – 종속변수, 산술평균
③ 직장만족도(5점 척도) – 독립변수, 중앙값
④ 장기근속(개월 수) – 매개변수, 최빈값
⑤ 장기근속(개월 수) – 종속변수, 기하평균

조사설계와 인과관계

이 장에서는,

조사설계에 있어 내적 타당도와 외적 타당도 저해요인에는 어떠한 것이 있는지를 살펴보고, 이에 대한 통제방법을 살펴본다. 특히, 내적 타당도의 저해요인에 관한 문제는 매년 출제되고 있으며, 최근 시험에서는 타당도 저해요인을 사례로 제시한 뒤, 해당 사례에서 타당도를 저해하는 요인이 무엇인지를 묻는 유형의 문제가 출제되고 있다. 이와 함께 인과관계 성립을 위해 충족해야 하는 요건에 대해서도 살펴본다.

해답과 오답노트 40쪽

✛01 다음 사례에서 나타난 내적 타당도의 저해요인은?

> 교정프로그램의 효과성 분석을 위해 보호관찰기간 중에 있는 청소년들 100명 중 프로그램 참여에 자원하는 사람 50명과 참여하지 않은 청소년들 50명을 대상으로 사전사후 검사를 실시하였다. 검사결과 교정프로그램에 참여한 청소년들이 참여하지 않은 청소년들보다 사회성이 높게 나왔고 공격성이 낮게 나와 프로그램의 효과가 있는 것으로 결론 내렸다.

① 우연한 사건　　② 성숙
③ 도구효과　　④ 편향된 선별
⑤ 개입의 확산

기출 STYLE

내적 타당도 저해요인과 관련해서는 사례를 제시한 뒤, 해당 사례에서 내적 타당도를 저해하는 요인이 무엇인지를 묻는 형태가 일반적인 유형에 해당한다. 따라서 사례를 통해 내적 타당도 저해요인을 구분해내는 연습이 필요하다.

✛02 외적 타당도의 저해요인으로 옳은 것을 모두 고른 것은?

> ㄱ. 표본의 대표성이 떨어지면 외적 타당도가 떨어진다.
> ㄴ. 연구 환경과 절차가 일반적인 상황과 동떨어지면 외적 타당도가 떨어진다.
> ㄷ. 가실험 효과가 발생하는 경우 외적 타당도가 떨어진다.
> ㄹ. 인과관계의 방향이 모호한 경우 외적 타당도가 떨어진다.

① ㄱ, ㄷ　　② ㄴ, ㄷ
③ ㄴ, ㄹ　　④ ㄹ
⑤ ㄱ, ㄴ, ㄷ

기출 STYLE

내적 타당도 저해요인에 비해서는 출제 비중이 낮지만, 외적 타당도 저해요인도 종종 출제되고 있다. 외적 타당도 저해요인을 묻거나 외적 타당도를 높이기 위한 방법을 묻는 유형이 주로 출제되었으며, 내적 타당도 저해요인과 비교하는 유형도 출제되고 있다.

03 타당도에 관한 설명으로 옳은 것은?

① 두 변수 간의 인과관계에서 한 변수가 다른 변수의 원인인지를 확신하는 것은 외적 타당도이다.

② 외적 타당도는 인과관계의 성립조건을 얼마나 충족시켰는지 여부에 따라 좌우된다.

③ 연구결과를 일반화할 수 있는지 여부는 내적 타당도의 내용이다.

④ 내적 타당도와 외적 타당도 가운데 우선적으로 내적 타당도를 높이는 것이 중요하다.

⑤ 연구의 외적 타당도를 확인하는 것은 다양한 저해요인을 얼마나 잘 통제했는지의 여부이다.

문제풀이 TIP

• 내적 타당도: 종속변수의 변화가 독립변수에 의한 것이라고 확신할 수 있는 정도(인과관계)
• 외적 타당도: 연구결과를 보다 많은 상황과 사람들에게 일반화할 수 있는 정도

04 실험설계의 내적 타당도에 관한 설명으로 옳지 않은 것은?

① 성숙효과를 통제하기 위해 조사기간을 짧게 유지한다.

② 검사효과(testing effect)란 사전－사후검사 시 서로 다른 척도를 사용하는 경우에 발생한다.

③ 선정편향(selection bias)을 통제하기 위해 무작위할당을 활용한다.

④ 배합(matching)은 무작위할당과 병행해서 사용할 경우 내적 타당도를 높일 수 있다.

⑤ 인과관계의 방향성의 모호함은 내적 타당도를 저해하는 요인이다.

05 내적 타당도를 높이기 위한 방법으로 옳은 것을 모두 고른 것은?

ㄱ. 내적 타당도 저해요인들을 실험집단과 병행해서 통제집단으로 설정하여 제거한다.

ㄴ. 플라시보 통제집단을 설정하여 조사결과의 진위 여부를 파악한다.

ㄷ. 연구주제에 영향을 미칠 것이라고 여겨지는 속성을 실험집단과 통제집단에 동일하도록 만든다.

ㄹ. 조사대상을 확률적 표집 또는 무작위 표집으로 선정하여 표본의 대표성을 높인다.

① ㄱ, ㄴ   ② ㄱ, ㄷ

③ ㄴ, ㄷ   ④ ㄷ, ㄹ

⑤ ㄱ, ㄴ, ㄷ, ㄹ

06 다음에서 나타난 내적 타당도 저해 요인으로 가장 적합한 것은?

K노인복지관에서는 노인성 우울증세가 있는 독거노인을 대상으로 3월부터 5월까지 약 3개월간 원예치료를 실시하였다. 프로그램이 실시되는 기간 중 대상자들이 복지관 전체 행사로 진행된 3월 셋째주 경로잔치와 5월 첫째주 독거노인 나들이에 참여하는 관계로 프로그램에 참석할 수 없었던 주를 제외하고 전체 12주 중 10주 동안 주 1회씩 총 10회기를 진행하였다. 우울증 측정을 통해 프로그램에 참여한 노인들의 우울증 측정결과 우울증세가 많이 나아졌음을 확인하였다.

① 검사효과   ② 역사요인

③ 선택과의 상호작용   ④ 개입의 확산

⑤ 실험대상자의 상실

문제풀이 TIP

프로그램 사이에 통제 불가능한 사건이 진행되면서 내적 타당도를 저해하였다. 이러한 내적 타당도 저해요인은 조사기간이 길수록 영향을 받을 가능성이 커지므로 조사기간을 짧게 유지하여야 한다.

✛07 실험설계 시 고려해야 할 타당도 저해요인 중 특성이 같은 요인끼리 묶인 것을 모두 고른 것은?

> ㄱ. 우연한 사건(history)
> ㄴ. 통계적 회귀(statistical regression)
> ㄷ. 표본의 대표성(sample representativeness)
> ㄹ. 인과관계 방향의 모호성(ambiguity about the direction of causal influence)

① ㄱ, ㄴ, ㄹ
② ㄴ, ㄷ, ㄹ
③ ㄱ, ㄷ, ㄹ
④ ㄱ, ㄴ, ㄷ
⑤ ㄱ, ㄴ, ㄷ, ㄹ

✛09 다음 사례의 내적 타당도 저해요인은?

> 20명의 가출 청소년을 대상으로 집단 상담 프로그램을 실시하고 프로그램의 효과성을 파악하기 위해 프로그램 실시 전후로 자아존중감 검사를 실시하였다. 프로그램 진행 도중에 10명의 가출 청소년을 부모들이 데려갔고, 나머지 10명만 남아서 프로그램을 종료하였다. 그런데 프로그램 실시 전에 비해 실시 후에 자아존중감 검사 점수가 낮게 나왔다.

① 성숙효과
② 조사반응성
③ 통계적 회귀
④ 중도탈락
⑤ 도구효과

08 인과관계를 성립시키기 위한 요건에 해당하는 것을 모두 고른 것은?

> ㄱ. 원인의 조작화가 가능해야 한다.
> ㄴ. 원인이 결과보다 시간적으로 우선해야 한다.
> ㄷ. 외부의 영향력을 배제한 상태에서 독립변수와 종속변수라는 두 변수 간의 공변성과 시간적 우선성을 확인할 수 있어야 한다.
> ㄹ. 원인으로 추정되는 변수와 결과로 추정되는 변수가 동시에 존재하며, 상호연관성을 가지고 변화해야 한다.

① ㄱ, ㄷ
② ㄴ, ㄹ
③ ㄱ, ㄴ, ㄷ
④ ㄹ
⑤ ㄱ, ㄴ, ㄷ, ㄹ

10 다음은 실험설계의 내적 타당도를 위협하는 요인 중 하나를 설명한 것이다. 무엇을 설명한 것인가?

> 청소년 자기통제력 향상을 위해 A복지관에서 방학 계획 프로그램을 실시하였다. 프로그램이 실시된 후 2개월 뒤 자기통제력 척도를 통해 참여 청소년들의 자기통제력이 향상되었음이 발견되었다. 그러나 본 프로그램 외에 학교에서 매주 학생들의 과제 점검 프로그램이 실시되었음을 사회복지사가 알게 되었다.

① 검사효과
② 성숙효과
③ 우연한 사건
④ 통계적 회귀
⑤ 실험대상자 상실

11 다음 사례에서 H씨가 간과하고 있는 문제는?

> 의료사회복지사 H씨는 지난 몇 년간 병원에서 시행하고 있는 노인 장기 입원 환자의 건강증진 프로그램의 효과성이 있는지를 알아보기 위해 입원 환자 전체를 대상으로 프로그램을 실시하고 그 효과를 1년에 걸쳐 측정하였다. 다른 조건들을 모두 통제한 상태에서 동일한 검사도구로 측정한 노인들의 1년 전 건강상태와 1년 후 건강상태는 전혀 변화가 없었다. 이에 H씨는 프로그램의 효과성이 없다고 판단하고 병원 측에 새로운 프로그램 개발의 필요성을 제기했다.

① 프로그램 전후 검사도구의 차이로 인한 문제
② 시간의 경과에 따른 성숙의 문제
③ 통계적 회귀의 문제
④ 개입의 확산 또는 모방의 문제
⑤ 편향된 선별의 문제

 문제풀이 TIP

연구기간 중에 발생하는 개인의 신체적·심리적 변화와 관련이 있다.

12 다음 사례에서 영향을 미칠 수 있는 내적 타당도 저해요인으로 옳은 것은?

> 건강상태가 매우 좋은 90세 이상 노인들에게 건강증진 프로그램을 1년 동안 제공하기로 하였으나 프로그램 중도에 많은 노인들이 갑작스럽게 사망하여 프로그램 대상자에서 중도 탈락하는 현상이 발생하였다. 남아 있는 사람들을 대상으로 프로그램을 지속적으로 제공한 후 건강상태를 측정한 결과 상태가 더 나빠진 것을 알 수 있었다.

① 우연한 사건, 테스트효과, 통계적 회귀
② 성숙효과, 플라시보효과, 실험대상자 상실
③ 선택과의 상호작용, 도구효과, 플라시보효과
④ 통계적 회귀, 실험대상자 상실, 성숙효과
⑤ 개입의 확산, 도구효과, 통계적 회귀

+13 내·외적 타당도 저해요인에 관한 설명으로 옳지 않은 것을 모두 고른 것은?

> ㄱ. 연구대상자들의 탈락으로 인한 외적 타당도의 저해를 막기 위해 연구대상자들이 연구의 일부로 제공되는 개입에 대해 실망하거나 좌절하는 것을 예방할 필요가 있다.
> ㄴ. 무작위 표집은 외적 타당도를 확보하기 위한 방법이며, 무작위 할당은 내적 타당도를 확보하기 위한 방법이다.
> ㄷ. 검사효과로 인한 내적 타당도 저해를 통제하기 위해 전후에 서로 다른 검사를 실시한다.
> ㄹ. 내적 타당도를 확보하기 위해 극단적인 측정값을 갖는 연구대상자들이 프로그램이나 개입의 효과와 상관없이 정상치 혹은 평균치로 회귀하는 경향을 통제하는 것이 필요하다.

① ㄱ, ㄴ
② ㄱ, ㄷ
③ ㄴ, ㄹ
④ ㄷ, ㄹ
⑤ ㄱ, ㄴ, ㄷ

+14 다음 사례의 내적 타당도 저해요인은?

> 토플 시험 대비를 위한 특강이 토플 시험 점수를 향상시키는 데 효과가 있는지를 알아보기 위해 특강 실시 전후로 모의시험을 실시하였다. 특강 실시 전 모의시험은 상대적으로 난이도가 높고 특강 실시 후 모의시험은 상대적으로 난이도가 낮아서 모의시험 점수의 향상이 특강의 효과 때문인지 모의시험의 난이도 차이 때문인지 판단하기 어렵다.

① 외부사건
② 통계적 회귀
③ 개입확산
④ 조사반응성
⑤ 도구효과

사회복지조사론

15 다음 사례의 연구설계가 갖는 한계점을 모두 고른 것은?

치매노인 가족부양자를 위한 집단프로그램이 가족들의 부양부담, 대처기술, 우울에 미치는 효과를 살펴보고자 선착순 20명을 모집하여, 우선 10명을 대상으로 교육 및 심리적 프로그램을 실시하여 치매, 치매노인, 부양부담에 따른 스트레스 등을 이해시키고, 대처기술을 강화시키는 프로그램을 실시하였다.

ㄱ. 대상자의 대표성이 결여되어 있다.
ㄴ. 선택의 편의가 발생하였다.
ㄷ. 연구결과의 일반화에 문제가 있다.
ㄹ. 통계적 회귀 문제가 발생하였다.

① ㄱ   ② ㄴ
③ ㄷ, ㄹ   ④ ㄹ
⑤ ㄱ, ㄴ, ㄷ

문제풀이 TIP

통계적 회귀란 종속변수의 값이 가장 높거나 가장 낮은 극단적인 사람들을 실험집단으로 선택했을 경우 사후검사에는 독립변수의 효과가 없더라도 종속변수의 값이 높은 집단은 낮아지고 낮은 집단은 높아지는 현상이 나타나는 것을 의미한다.

16 다음 사례에서 설명하는 수입과 결혼생활 만족도의 관계로 적절하지 않은 것은?

어떤 자료분석 결과 부부의 수입이 높을수록 결혼생활만족도가 높게 나타났다. 여기에서 연구자는 기존의 연구결과를 검토하여 교육수준이 수입과 결혼생활만족도에 모두 유의미한 영향을 미친다는 것을 발견하였다. 이후 교육수준을 통제변수로 설정하고 다시 자료분석을 실시한 결과, '부부의 수입이 높을수록 결혼생활만족도가 높을 것이다'라는 가설은 맞지 않는 것으로 나타났다.

① 인과관계   ② 가식적 관계
③ 상관관계   ④ 공변관계
⑤ 허위관계

17 다음 사례에서 나타난 현상에 대한 설명으로 옳지 않은 것은?

M복지관에서는 지난 2년간 성차별을 없애기 위한 교육프로그램을 운영해왔다. 프로그램의 효과성 점검 및 프로그램 개선을 위한 목적으로 프로그램 평가를 진행하기로 하고 참가자들을 대상으로 프로그램을 시작하기 전 사전검사를 실시하였다. 사전검사에서의 내용이 여성에 대한 관용도를 측정하는 내용이라는 것을 인식하게 된 참가자들은 교육프로그램에 대해 더 민감하게 반응하였다.

① 사전검사가 개입프로그램과 상호작용을 불러 일으켜 결과에 영향을 주었다.
② 사전검사 – 개입의 상호작용은 결과를 일반화시키는 가능성을 낮출 수 있다.
③ 사전검사와 사후검사를 다르게 함으로써 검사효과의 문제를 해결할 수 있다.
④ 사전검사 자체가 피실험자들이 개입프로그램에 반응하는 데 영향을 줄 수 있다.
⑤ 사전검사는 내적 타당도를 위협하는 요인이다.

문제풀이 TIP

사전검사와 사후검사 시 서로 다른 척도를 사용할 경우 전후의 차이가 진정한 차이인지 알 수 없다.

✦18 외적 타당도를 높이기 위한 방법에 관한 설명으로 옳은 것을 모두 고른 것은?

ㄱ. 표본의 대표성을 높일 수 있도록 확률적 표집으로 연구대상을 선정한다.
ㄴ. 표본의 크기를 크게 한다.
ㄷ. 가실험 효과를 제거하기 위해 가실험 통제집단을 설계한다.
ㄹ. 무작위 할당을 한다.

① ㄱ   ② ㄱ, ㄷ
③ ㄴ, ㄷ   ④ ㄱ, ㄴ, ㄷ
⑤ ㄱ, ㄴ, ㄷ, ㄹ

5장

조사설계의 유형

이 장에서는,

먼저 실험조사설계의 기본요소(종속변수의 비교, 독립변수의 조작, 외생변수의 통제, 실험대상의 무작위화)를 이해하고, 순수실험설계, 유사실험설계, 전실험설계 및 비실험설계의 세부적인 유형과 그 특징에 대해 살펴본다. 최근 시험에서는 개별 설계유형의 특징들에 대한 이해를 넘어서 설계유형 간 공통점과 차이점을 비교하는 문제가 출제되고 있다.

해답과 오답노트 42쪽

✛01 다음에서 설명하고 있는 실험조사설계 방법은 무엇인가?

> A제약회사에서 새로 개발된 약의 효능을 실험하기 위해 무작위로 실험집단과 통제집단으로 대상자를 나누어 측정을 실시하고, 실험집단에게는 새로운 약을 복용케 한 후, 두 집단의 결과를 비교하였다.

① 단일집단 전후비교 설계
② 통제집단 전후비교 설계
③ 비동일 통제집단 전후비교 설계
④ 통제집단 사후비교 설계
⑤ 복수시계열 비교 설계

기출 STYLE

설계유형의 특징이나 사례를 제시하고 이에 해당하는 적합한 설계유형을 고르는 형태가 주로 출제되고 있다. 또한 개별 설계유형에 국한하지 않고 여러 설계유형에 공통적인 특징을 제시하고 이에 해당하는 설계유형을 비교해서 파악하는 능력을 요구하는 유형도 출제되고 있다. 설계유형별로 특징과 내/외적 타당도 저해요인과 관련한 내용들을 비교해서 파악해둘 필요가 있다.

✛02 순수실험설계에 대한 설명으로 옳지 않은 것은?

① 인과관계를 검증하는 데 가장 적절하다.
② 통제집단 사전사후검사 설계, 솔로몬 4집단 설계 등이 해당한다.
③ 실험대상을 실험집단과 통제집단에 무작위로 할당한다.
④ 유사실험설계보다 외적 타당도는 높은 편이다.
⑤ 실험집단에만 독립변수의 개입이 이루어진다.

문제풀이 **TIP**

유사실험설계는 순수실험설계보다 실험설계의 기본 요건의 엄격성이 다소 완화된 수준이기 때문에 연구에 대한 일반화 가능성이 상대적으로 높다.

사회복지조사론

03 다음 <보기>의 조사설계와 관련한 설명으로 옳지 않은 것은?

집단 구분		사전 검사 점수	개입 유무	사후 검사 점수
무작위 할당	집단1	20	유	30
	집단2	21	무	26

① 순수실험설계에 속한다.
② 인과관계를 추정하는 가장 전형적인 방법이다.
③ 이 설계를 통해 확인할 수 있는 독립변수의 효과는 5점이다.
④ 사전검사와 실험처치 간의 상호작용을 통제할 수 있다.
⑤ 이 설계를 통해 확인할 수 있는 외생변수의 효과는 5점이다.

✛04 다음은 솔로몬 4집단 설계를 도식화한 것이다. <보기>에 대한 설명으로 옳지 않은 것은?

〈집단1〉 R O_1 × O_2
〈집단2〉 R O_3 O_4
〈집단3〉 R   × O_5
〈집단4〉 R O_6

① 네 개의 집단에 실험대상자를 무작위로 배정하였기에 선정편견의 문제를 없애준다.
② 통제집단 사전사후검사 설계와 통제집단 사후검사 설계를 결합한 것이다.
③ 〈집단2〉의 경우 사전검사로 인한 검사효과(주시험효과)와 외생변수의 효과만이 작용하고 있다.
④ 〈집단4〉의 경우는 외생변수의 효과만이 작용하고 있다.
⑤ 사전검사와 독립변수와의 상호작용효과를 배제할 수 없다.

✛05 다음에 해당하는 실험설계 유형의 특징으로 옳은 것은?

실험집단과 통제집단을 임의적으로 선정하고 실험집단은 독립변수를 도입한 후 사후검사를, 통제집단은 독립변수를 도입하지 않고 사후검사를 실시하였다.

① 선택적 편의가 독립변수 조작과 상호작용할 수 있다.
② 탐색적 목적으로 수행되는 연구에 유용하다.
③ 비교관찰도 없이 단 한번으로 독립변수의 효과를 판단해야 하므로 인과관계 추론에 문제가 있다.
④ 실험집단과 통제집단에 사전사후검사를 동시에 실시할 수 없어서 통제집단에 사전검사 후 독립변수가 도입되는 것을 배제할 수 없는 상황에서 채택하는 설계이다.
⑤ 내적 타당도가 가장 높은 설계이다.

06 다음 조사설계 유형들 간의 공통적인 특징을 모두 고른 것은?

통제집단 사전사후검사 설계, 통제집단 사후검사 설계, 솔로몬 4집단 설계

ㄱ. 통제집단에는 독립변수의 조작이 이루어지지 않는다.
ㄴ. 사전검사－사후검사를 실시한다.
ㄷ. 연구대상을 실험집단과 통제집단에 무작위로 배치한다.
ㄹ. 유사실험설계보다 내적 타당도가 낮다.

① ㄱ, ㄴ   ② ㄱ, ㄷ
③ ㄴ, ㄹ   ④ ㄷ, ㄹ
⑤ ㄱ, ㄴ, ㄷ, ㄹ

✤07 다음과 같은 설계 유형은?

H구 지역사회복지관에서는 관할 아동복지센터에 있는 청소년들의 욕구를 충족시키기 위해 '통합적 원조계획' 프로그램을 시행하였다. 이 프로그램은 지역사회에 기초한 사회복지서비스기관의 심리상담과 현장체험을 접목시켜 경험적 교육으로 통합한 것이었다. 프로그램 효과는 프로그램을 마친 부모와 학생들을 대상으로 8개월의 추적 설문을 통해 측정되었다.

① 정태적 집단비교 설계
② 단순시계열 설계
③ 비동일 통제집단 설계
④ 1회사례 설계
⑤ 분리표본 사전사후검사 설계

08 다음 실험설계 유형에 대한 설명으로 옳지 않은 것은?

㉠ 통제집단 사전사후검사 설계
㉡ 1회사례 설계
㉢ 단순시계열 설계

① ㉠은 검사효과와 상호작용시험효과가 발생할 수 있다.
② ㉡은 통제집단을 별도로 두지 않는다.
③ ㉡은 인과관계를 추론할 수 있다.
④ ㉠은 순수실험설계 유형으로, ㉢은 유사실험설계 유형으로 분류할 수 있다.
⑤ ㉢은 복수의 사전검사와 복수의 사후검사를 실시한다.

문제풀이 TIP

1회사례 설계는 시간적 우선성을 확인할 수는 있지만 공변성이나 외생변수에 대한 통제는 결여되어 있기 때문에 인과관계를 추론할 수 없다.

09 조사설계 유형에 대한 설명으로 옳지 않은 것을 모두 고른 것은?

ㄱ. 유사실험설계(준실험설계)는 실험설계의 기본 요소인 무작위 할당, 독립변수 조작, 종속변수의 비교 중 한두 가지 요소가 충족되지 않은 설계유형이다.
ㄴ. 복수시계열 설계는 단순시계열 설계에 통제집단을 추가한 형태이며, 비동일 통제집단 설계에 시계열분석을 추가한 형태이다.
ㄷ. 비동일 통제집단 설계는 무작위 할당을 제외하고 통제집단 사전사후검사 설계와 유사하다.
ㄹ. 실제 사회과학 연구에서는 유사실험설계보다 순수실험설계를 더 많이 활용한다.

① ㄱ
② ㄴ, ㄷ
③ ㄴ, ㄹ
④ ㄹ
⑤ ㄱ, ㄴ, ㄷ, ㄹ

10 <보기>는 실험설계에서 내적·외적 타당도의 주요 위협요소를 비교해 놓은 것이다. 빈칸에 들어갈 단어로 옳은 것은?

조사설계 유형	내적 타당도 위협요소	외적 타당도 위협요소
통제집단 전후비교 설계	㉠	상호작용시험효과
통제집단 후비교 설계	㉡	㉢
솔로몬 4집단 설계	없음	없음

	㉠	㉡	㉢
①	도구효과	없음	상호작용시험효과
②	없음	검사효과	없음
③	검사효과	없음	없음
④	검사효과	선정편견	상호작용시험효과
⑤	없음	없음	없음

사회복지조사론

11 다음 조사설계에 대한 설명으로 옳지 않은 것은?

K대학에서는 대학 신입생들의 흡연 위험성에 대한 인식 정도에 미치는 시청각 자료의 영향을 측정하기 위해 두 가지 유형의 교육비디오를 사용하였다. 연구설계는 사전검사를 거치는 실험집단과 통제집단, 사전검사가 없는 실험집단과 통제집단, 총 네 집단을 무작위로 구성하였다. 조사 결과 인지적 내용의 비디오를 시청한 학생들보다 정서적 내용을 시청한 학생들이 흡연의 인지된 감수성에 괄목할 만한 증가를 보여주었는데, 특별히 흡연 경험이 있는 학생들에게 더욱 뚜렷이 나타났다.

① 통제집단 사전사후검사 설계와 통제집단 사후검사 설계를 결합한 설계 유형이다.
② 외생변수를 가장 잘 통제한다.
③ 집단 간의 교류는 허용된다.
④ 사전검사효과, 사전검사와 독립변수의 상호작용효과 등을 구분하여 파악할 수 있고, 그것을 배제한 독립변수의 효과를 계산할 수 있다.
⑤ 이상적인 유형이지만 현실적 제약이 많아서 활용도는 낮다.

문제풀이 TIP
네 개의 집단에 무작위로 연구대상자들을 할당하는 유형은 솔로몬 4집단 설계를 의미한다.

12 다음이 설명하는 조사설계는 무엇인가?

• 독립변수가 두 개 이상일 때 적용되며 실험집단에 둘 이상의 프로그램을 실시하게 된다.
• 실험집단과 통제집단을 설정하고 개별 독립변수와 종속변수, 복수의 독립변수와 종속변수의 인과관계를 검증한다.
• 고려해야 할 독립변수의 수가 많은 경우 시간과 비용 면에서 효율적이지 못하다.

① 요인 설계
② 비동일 통제집단 설계
③ 통제집단 사후검사 설계
④ 솔로몬 4집단 설계
⑤ 가실험 통제집단 설계

＋13 다음 연구설계에 관한 설명으로 옳은 것은?

노인종합복지관에서 은퇴 후 재취업한 노인 중 임의로 10명을 선택하여 재취업한 노인의 직장 적응을 위해 직업훈련을 실시하고, 훈련 실시 전후 각각 4회씩 관찰하였다. 관찰값은 매번 관찰 때마다 대상자인 재취업 노인 10명의 평균치로 기록하였다. 훈련 실시 전과 비교했을 때, 재취업 노인의 직장만족도는 현저히 향상되었다.

① 전실험설계에 해당하며, 내적 타당도와 외적 타당도 저해요인을 거의 통제하지 못한다.
② 종속변수의 변화가 우연한 사건들의 영향을 받았을 가능성을 완벽하게 제거한다.
③ 독립변수 이외의 요인들이 종속변수에 미치는 영향을 통제하기 위해 반복측정을 한다.
④ 통제집단에 대해서는 실험변수를 도입하지 않고, 실험집단의 측정시기에 맞춰 계속 관찰하여 종속변수의 변화상태를 비교한다.
⑤ 무작위 할당이 이루어지므로 내적 타당도가 높다.

14 다음에서 설명하고 있는 조사설계 유형으로만 묶인 것은?

> • 순수실험설계의 대안으로 활용되며, 실제 현장에서 무작위 할당이 가능하지 않을 때 활용
> • 무작위 할당과 엄격한 통제집단 활용이 용이하지 않아 내적 타당도가 낮지만 실험에 대한 통제가 비교적 적어 외적 타당도는 어느 정도 확보될 수 있음
> • 무작위 할당이 가능하지 않을 때 두 집단이 유사하도록 하기 위해 배합을 활용하는데, 이때 참여자 선정과 성숙, 측정 및 역사적 사건 간의 상호작용이 주된 위협 요소가 됨

① 분리표본 사전사후검사 설계−솔로몬 4집단 설계
② 통제집단 사후검사 설계−단순시계열 설계
③ 비동일 통제집단 설계−복수시계열 설계
④ 단일집단 사전사후검사 설계−정태적 집단비교 설계
⑤ 비동일 통제집단 설계−정태적 집단비교 설계

✦15 실험설계에 관한 설명으로 옳지 않은 것은?

① 통제집단 사전사후검사 설계는 전반적으로 내적 타당도 저해요인을 통제할 수 있어 내적 타당도가 높다고 볼 수 있다.
② 정태적 집단비교 설계는 실험집단과 통제집단이 무작위로 할당되었기 때문에 선정상의 편의(selection bias)를 통제할 수 있다.
③ 전실험설계는 내적 타당도와 외적 타당도 저해요인을 거의 통제하지 못한다.
④ 비동일 통제집단 설계는 통제집단 사전사후검사 설계와 유사하지만 단지 무작위 할당에 의해 실험집단과 통제집단이 선택되지 않은 점이 다르다.
⑤ 1회사례 설계는 비교 관찰도 없이 단 한번으로 독립변수의 효과를 판단해야 하므로 인과관계를 추론하는 데 문제가 있다.

16 다음에서 설명하고 있는 조사설계 유형에 대한 설명으로 옳지 않은 것은?

> 소규모 가정폭력피해여성 쉼터에서 피해여성들과 함께 쉼터에 입소한 자녀들을 대상으로 적응력 향상을 위한 집단프로그램을 실시하고, 체계적인 평가를 하려고 한다. 이를 위해 쉼터의 자녀들과 비슷한 특성을 가진 인근의 다른 쉼터 아이들로 통제집단을 구성하고 사전검사를 통해 실험이 시작되는 단계에서 두 집단 아이들의 적응 수준이 유사함을 확인하였다.

① 사회복지현장에서 가장 널리 사용되고 있는 조사설계 유형이다.
② 선정 편견을 배제할 수 없다.
③ 역사요인이나 성장요인 등 외생변수들과 상호작용하여 연구의 내적 타당도를 저해할 수 있다.
④ 두 집단 간의 동일성에 대한 통제가 명확히 이루어지지 않는다.
⑤ 대상자의 규모가 작을 때 무작위 할당을 배합과 통합하여 사용한다.

17 다음 <보기> 설계에서 가실험효과(플라시보효과)는 몇 점인가?

	집단 구분	사전검사 점수	개입 유무	사후검사 점수
무작위 할당	집단1	10	유	18
	집단2	9	무	12
	집단3	11	가실험 처치	16

① 2점   ② 3점
③ 5점   ④ 8점
⑤ 9점

6장 단일사례설계

이 장에서는,

단일사례설계의 개념과 특징을 이해하고, 단일사례설계의 세부 유형(AB설계, ABA설계, ABAB설계, BAB설계, ABCD설계) 각각의 특징을 비교하여 살펴본다. 사례제시형으로 출제되기도 하므로 각각의 설계유형에 해당하는 다양한 사례를 접목시켜 이해할 필요가 있다.

해답과 오답노트 45쪽

✛01 단일사례설계에 관한 설명으로 옳지 않은 것은?

① 개인 및 가족, 소집단 등을 대상으로 문제를 해결하기 위한 개입효과를 입증하는 것이다.

② 연구대상의 선정은 모집단으로부터 무작위 표본추출 한다.

③ 1차적인 목적은 가설의 검증이 아니라 어떤 표적행동에 대한 개입의 효과성 분석이다.

④ 하나의 사례를 반복 측정함으로써 실험집단과 통제집단과 같은 집단비교의 효과를 갖는다.

⑤ 개입의 효과성에 대한 즉각적인 피드백을 얻을 수 있다.

기출 STYLE

단일사례설계의 기본 개념과 특성을 이해할 필요가 있다. 전반적인 내용을 묻는 유형과 사례를 제시하고 이 사례가 어떤 유형의 단일사례설계이며, 어떠한 특징이 있는지를 묻는 형태로 출제되고 있다.

✛02 다음의 사례에 적합한 연구설계 유형은?

집단미술치료 프로그램이 지적장애아동에 대한 사회적 상호작용에 유용한 프로그램인지 알아보기 위해 K-WISC-Ⅴ 지능검사에서 지능이 55 이하인 지적장애로 진단된 초등학교 고학년 5명을 대상으로 집단미술치료 프로그램을 실시하고자 한다. 우선 프로그램을 실시하기 전에 5차례 기초선을 관찰하고, 프로그램을 실시하면서 10차례 정도 프로그램의 효과를 측정하였다.

① AB설계　　　　② BA설계

③ ABC설계　　　 ④ ABA설계

⑤ 단일집단 사전사후 설계

기출 STYLE

단일사례설계의 기본적인 특성과 단일사례설계의 유형(AB설계, ABA설계, ABAB설계, BAB설계, ABCD설계 등)별 특징들을 비교해서 이해할 필요가 있다.

✛03 단일사례설계방법에 관한 설명으로 옳은 것은?

① 조사연구의 대상이 하나의 사례에 국한되기 때문에 일반화가 높다.

② 클라이언트가 위기상황에 처해서 즉각적 개입이 필요한 경우에는 ABAB설계가 적합하다.

③ ABCD설계는 융통성이 없어서 개입계획을 수정하거나 변경하기가 어렵다.

④ 단일사례설계의 구조에서 기초선 단계는 통제집단과 유사한 역할을 수행한다.

⑤ AB설계는 개입효과를 평가하기 위한 목적으로 개입을 중단해야 하기 때문에 윤리적 문제를 일으킨다.

04 다음 사례에서 사회복지사가 사용하고자 하는 조사설계의 유형은?

> 최근 중학교에서 징계를 받은 K군은 자아정체감, 자기통제능력, 관계형성능력에 문제가 있어 학교 사회복지사 A는 이 문제를 해결하기 위해 학생지도 프로그램(개입)을 실시하고, 개입에 따라 K군의 문제들이 각각 얼마나 해결되었는가를 살펴보고자 한다.

① ABAB설계

② ABCD설계

③ 문제 간 복수기초선설계

④ 상황 간 복수기초선설계

⑤ 대상자 간 복수기초선설계

 문제풀이 TIP

하나의 특수한 개입방법이 같은 상황에서 같은 대상자의 다른 문제해결에 효과가 있는지를 평가하기 위한 것이다.

05 단일사례설계의 유형에 관한 설명으로 옳지 않은 것은?

① BAB설계: 반복된 개입을 통해 개입의 효과를 가져 오며 바로 개입단계에 들어감으로써 위기개입에 유용하다.

② ABAB설계: 두 번째 개입 이후 표적행동이 제2기초선 단계와 비교해 현저한 변화를 보인다면 개입효과가 없다고 볼 수 있다.

③ ABA설계: 개입효과를 평가하기 위한 목적으로 개입을 중단하는 것은 윤리적 문제를 일으킨다.

④ 복수기초선설계: 하나의 동일한 개입방법을 여러 문제, 대상, 상황에 적용하여 개입의 효과성을 파악한다.

⑤ ABCD설계: 클라이언트에게 적합한 새로운 개입방법을 적용해볼 수 있다는 장점이 있다.

06 ABAB설계에 대한 설명으로 옳지 않은 것은?

① AB설계에 또 하나의 기초선 – 개입국면을 추가한 것이다.

② AB설계에 비해 우연한 외부사건의 영향을 잘 통제할 수 있다.

③ 제2기초선 단계에서는 일정 기간 동안 개입을 중단한다.

④ 클라이언트에 대한 개입효과를 확신할 수 있어 윤리적인 방법이다.

⑤ 표적문제의 경향이 개입의 도입, 중지, 재도입에 따라 연속적으로 예측된 방향으로 변화한다면 이러한 변화가 외부사건의 영향에 의한 것이라고 보기는 어렵다고 가정한다.

 문제풀이 TIP

ABAB설계를 중지/반전 설계라고 한다. 외생변수를 보다 효과적으로 통제하기 위해 제2기초선(A)과 제2개입단계(B)를 추가하는 것이다.

사회복지조사론

✤07 단일사례설계 개입의 평가에 관한 설명으로 옳지 <u>않은</u> 것은?

① 변화의 파동이 심한 경우 관찰의 횟수가 많아야 변화의 일정 유형을 판단할 수 있다.

② 평균비교법은 기초선에서 나타나는 관찰값들의 평균과 평균값을 비교하는 방법이다.

③ 기초선기간과 개입기간 동안 경향의 방향이 일치되면 개입영향을 판단하기 어렵고, 상반되면 개입영향의 판단이 쉽다.

④ 경향선 접근법은 기초선이 비교적 안정적이고 수치화하는 것이 가능할 경우에 사용한다.

⑤ 실용적 분석이란 변화의 크기를 임상적인 기준에서 판단해보는 것을 말한다.

09 다음 사례의 경우 어떤 설계 방법을 활용하였는가?

> 자활근로 대상자의 안정적인 고용창출을 위해 근로일수(표적행동)를 관찰하였다. 표적행동의 변화를 위해 직업재활훈련을 실시하였으나 표적행동상의 변화가 없었다. 그리하여 사회기술훈련을 실시하였는데, 역시나 변화가 없었다. 이에 사례관리자를 배치하고 나니 표적행동상의 변화가 나타나기 시작했다.

① ABA설계　　　　② ABAB설계

③ ABC설계　　　　④ ABCD설계

⑤ BAB설계

문제풀이 **TIP**

- 기초선(A): 근로일수 관찰
- 제1개입단계(B): 직업재활훈련 실시
- 제2개입단계(C): 사회기술훈련 실시
- 제3개입단계(D): 사례관리자 배치

✤08 ABCD설계에 관한 설명으로 옳지 <u>않은</u> 것을 모두 고른 것은?

> ㄱ. 각기 다른 개입을 연속적으로 시행해야 하는 경우에 적합하다.
> ㄴ. 융통성이 있어서 개입계획을 변경할 수 있다.
> ㄷ. 기초선 형성 후 서로 다른 복수의 개입방법을 연속적으로 도입한다.
> ㄹ. 우연한 사건, 순서효과, 이월효과에 영향을 받지 않는다.

① ㄱ, ㄴ　　　　② ㄷ

③ ㄴ, ㄹ　　　　④ ㄹ

⑤ ㄱ, ㄴ, ㄷ

10 복수기초선설계에 관한 설명으로 옳지 <u>않은</u> 것을 모두 고른 것은?

> ㄱ. 비용이 저렴하나 개입효과의 일반화 가능성이 낮다.
> ㄴ. 외생변수 차단을 위한 개입의 인위적 중단에 따른 윤리적 문제를 해결할 수 있다.
> ㄷ. 문제 간 복수기초선설계는 하나의 특수한 개입방법이 같은 상황에서 같은 대상자의 다른 문제해결에 효과가 있는지를 평가한다.
> ㄹ. 여러 문제, 대상, 상황에 대한 개입효과를 함께 알 수 있어 경제적이다.

① ㄱ　　　　② ㄱ, ㄷ

③ ㄴ, ㄹ　　　　④ ㄷ, ㄹ

⑤ ㄱ, ㄴ, ㄷ, ㄹ

이 장에서는,

측정의 의미와 기능을 이해하고, 측정수준(명목수준, 서열수준, 등간수준, 비율수준)별 특성을 예시와 함께 상호 구분하여 살펴본다. 또한 측정의 신뢰도와 타당도의 개념 및 평가방법, 신뢰도와 타당도를 높이는 방법 등을 살펴본다. 사례를 제시하고 여기서 사용하는 신뢰도 및 타당도의 평가방법은 무엇인지를 묻는 유형이 주로 출제되고 있다. 마지막으로 측정에 있어 체계적 오류와 비체계적 오류의 개념과 오류를 줄일 수 있는 방법을 이해한다.

해답과 오답노트 46쪽

✦01 측정수준에 관한 설명으로 옳지 않은 것은?

① 명목척도를 통해 측정한 자료는 통계분석 시 최빈값을 활용할 수 있다.

② 서열척도를 통해 서비스 만족도를 평가할 때, 두 배 더 만족했다거나 세 배 더 만족했는지를 판단할 수 없다.

③ 비율척도는 선택할 수 있는 통계분석 기법의 폭이 넓다.

④ 등간척도는 절대 영점이 존재한다.

⑤ 서열척도를 통해 측정한 자료는 통계분석 시 중앙값을 활용할 수 있다.

기출 STYLE

측정수준에 관한 설명으로 옳은 것(옳지 않은 것)을 고르는 유형, 변수와 측정수준을 연결하는 유형 등이 출제되고 있다. 4가지 측정수준의 사례와 특징, 수학적인 속성상의 차이를 이해할 필요가 있다.

✦02 신뢰도에 대한 설명으로 옳지 않은 것은?

① 신뢰도는 측정의 무작위 오류와 관련이 있다.

② 검사–재검사법은 검사와 재검사 사이의 시간 경과가 짧아야 한다.

③ 대안법은 동일한 척도를 사용한다.

④ 반분법은 어떻게 문항들을 나누느냐에 따라서 다른 상관계수를 가질 수 있다.

⑤ 크론바하 알파계수와 반분법 모두 척도를 구성하는 다양한 문항들이 내적으로 일관성이 있는지 여부를 평가하는 것이다.

기출 STYLE

측정의 신뢰도와 타당도와 관련한 문제는 신뢰도와 타당 각각에 대한 설명으로 옳은 것(옳지 않은 것)을 고르는 유형, 신뢰도와 타당도에 대한 전반적인 내용을 동시에 비교하는 유형 등으로 출제되고 있다.

사회복지조사론

✛03 측정오류에 관한 설명으로 옳지 않은 것은?

① 타당도는 체계적 오류와 관련이 있고, 신뢰도는 비체계적 오류와 관련이 있다.
② 비체계적 오류는 제거하기가 용이하다.
③ 체계적 오류에는 사회경제적 특성에 따른 오류, 편향에 따른 오류 등이 있다.
④ 측정오류는 측정도구, 측정환경, 측정대상자에 따라 달라질 수 있다.
⑤ 신뢰할 수 있는 측정도구를 활용하여 측정오류를 예방할 수 있다.

기출 STYLE
체계적 오류와 비체계적 오류가 발생하게 되는 원인을 묻거나 오류를 줄이는 방법을 묻는 유형, 체계적 오류와 비체계적 오류를 서로 비교하여 구분하는 유형으로 출제되고 있다.

✛04 측정도구의 신뢰도와 타당도에 관한 설명으로 옳은 것을 모두 고른 것은?

ㄱ. 타당도는 측정하고자 하는 개념을 얼마나 정확히 측정하였는가를 말한다.
ㄴ. 신뢰도는 측정값과 실제값 사이의 일치도를 말하는 개념이다.
ㄷ. 응답자가 잘 모르는 내용은 측정하지 않는 것이 신뢰도를 높이는 방법이다.
ㄹ. 신뢰도가 높으면 타당도도 반드시 높다.

① ㄱ, ㄴ　　　② ㄱ, ㄷ
③ ㄴ, ㄹ　　　④ ㄷ, ㄹ
⑤ ㄱ, ㄴ, ㄷ

05 타당도의 개념이 잘못 연결된 것을 모두 고른 것은?

ㄱ. 내용타당도: 전문가의 판단 및 합의에 근거하여 결정한다.
ㄴ. 개념타당도: 측정도구를 구성하고 있는 내용들이 측정하고자 하는 개념이 포함하고 있는 의미의 범위를 담고 있는 정도이다.
ㄷ. 기준타당도: 새로운 척도와 기존 척도를 사용해 측정한 결과 사이에 높은 상관관계가 있다.
ㄹ. 동시타당도: 수렴타당도와 판별타당도가 있다.

① ㄱ　　　　② ㄱ, ㄷ
③ ㄴ, ㄹ　　　④ ㄷ
⑤ ㄱ, ㄴ, ㄷ, ㄹ

06 신뢰도와 타당도를 저해하는 오류들이 바르게 연결된 것을 모두 고른 것은?

ㄱ. 중앙집중 경향의 오류
ㄴ. 응답의 후행효과
ㄷ. 측정상황 요인으로 인한 오류
ㄹ. 문화적 차이에 의한 편향

	신뢰도	타당도
①	ㄱ	ㄴ
②	ㄹ	ㄷ
③	ㄷ	ㄹ
④	ㄹ	ㄱ
⑤	ㄴ	ㄷ

문제풀이 TIP
체계적 오류란, 어떤 요인이 변수에 일정하게 영향을 주어, 측정 결과가 모두 높아지거나 모두 낮아지게 되는 편향된 경향을 보이는 오류로 타당도를 저해하는 요인이 된다. 한편, 비체계적 오류란, 일정한 규칙이나 원인을 알 수 없이 값이 무작위적으로 들쭉날쭉하게 측정되는 것을 말하며 신뢰도를 저해하는 요인이 된다.

07 실제로는 75kg인 철수가 어떤 저울에 올라가 자신의 몸무게를 측정하였더니 저울의 측정값이 67kg이었고, 다시 한 번 저울에 올라가 몸무게를 측정했더니 몸무게가 여전히 67kg이었다. 이에 관한 설명으로 옳은 것은?

① 신뢰도는 낮지만 타당도는 높다.

② 신뢰도도 높고 타당도도 높다.

③ 신뢰도도 낮고 타당도도 낮다.

④ 신뢰도는 높지만 타당도는 낮다.

⑤ 신뢰도나 타당도를 평가할 수 없다.

08 사격에서 과녁을 명중하려 했으나 결과는 다음과 같았다. 옳은 설명을 모두 고른 것은?

ㄱ. 체계적 오류가 있다.

ㄴ. 무작위적 오류가 있다.

ㄷ. 타당도가 떨어진다.

ㄹ. 신뢰도가 떨어진다.

① ㄱ, ㄴ   ② ㄱ, ㄷ

③ ㄴ, ㄹ   ④ ㄷ, ㄹ

⑤ ㄱ, ㄴ, ㄷ, ㄹ

 문제풀이 TIP

측정값의 일관성이 존재하며, 다양하게 분산되어 있는 것이 아니라 일정하게 편향된 경향을 보이고 있다.

09 타당도와 신뢰도의 관계에 대한 설명으로 옳지 않은 것은?

① 신뢰도가 낮으면 항상 타당도가 낮다.

② 타당도가 높으면 항상 신뢰도가 높다.

③ 신뢰도가 높으면 타당도가 낮을 수도 있다.

④ 신뢰도가 높으면 타당도가 높을 수도 있다.

⑤ 타당도가 낮으면 항상 신뢰도가 낮다.

10 측정수준에 관한 설명으로 옳은 것은?

① 삶의 만족도를 측정했을 때 80점인 사람은 40점인 사람보다 삶의 만족도가 두 배 높다는 것을 의미한다.

② 서열수준으로 측정하는 경우 변수값의 평균을 활용할 수 있다.

③ 낮은 수준의 측정을 그보다 높은 수준의 측정으로 전환할 수 있다.

④ 측정수준에 따라서 적용할 수 있는 통계기법에 차이가 있다.

⑤ 명목수준의 측정에서 사용되는 숫자는 양적인 크기를 갖는다.

✛11 신뢰도를 높이기 위한 방법에 관한 설명으로 옳지 않은 것은?

① 측정도구의 문항을 명확하게 한다.

② 측정항목 수를 줄인다.

③ 측정자의 측정방식과 태도에 일관성이 있어야 한다.

④ 조사대상자가 잘 모르거나 전혀 관심이 없는 내용에 대한 측정은 하지 않는 것이 좋다.

⑤ 표준화된 측정도구를 사용한다.

 문제풀이 TIP

신뢰도를 높이기 위해서, 즉 비체계적인 오류를 줄이기 위해서는 측정도구의 내용을 명확하게 하고, 측정방식이나 태도에 일관성이 있어야 하며, 측정항목 수를 늘릴 필요가 있다.

12 타당도에 대한 설명 중 옳지 않은 것은?

① 개념타당도에서 다른 개념을 측정하는 측정도구와 상관관계가 낮을 때 이를 판별타당도라 한다.

② 개념타당도는 이론적인 틀 속에서 평가하는 것을 말한다.

③ 요인분석은 개념타당도를 측정할 수 있는 분석방법이다.

④ 액면타당도는 하나의 측정도구를 한 번에 적용하여 측정하는 방법이다.

⑤ 측정결과가 현재 알려진 기준과 상관관계가 높을 때 동시타당도가 있다.

문제풀이 TIP

액면타당도/내용타당도란 측정도구에 포함된 설문문항들이나 관찰내용들이 측정하려고 하는 속성이나 개념을 얼마나 대표성 있게 포함하고 있는가에 대해 논리적으로 판단하는 것이다.

✦13 다음 (   ) 안에 들어갈 타당도 평가방법으로 옳은 것은?

> 나눔대학교 사회복지학과 4학년을 대상으로 사회복지조사론 졸업시험을 보았다. 시험범위는 교재 1~14장이다. 하지만 대부분의 시험문제가 3~6장의 내용에서만 출제되었고, 8~14장의 내용은 거의 출제되지 않았다. 사회복지조사론의 전반적인 내용을 골고루 포함하고 있는 시험이어야 사회복지조사론 실력을 제대로 측정하는 측정도구라고 할 수 있다. 따라서 이 졸업시험은 학생들의 사회복지조사론 실력을 제대로 측정하지 못하였기 때문에 (   )가 떨어지는 측정도구이다.

① 내용타당도(content validity)

② 집중수렴타당도(convergent validity)

③ 동시타당도(concurrent validity)

④ 예측타당도(predictive validity)

⑤ 판별타당도(discriminant validity)

✦14 신뢰도 측정방법에 관한 설명으로 옳지 않은 것은?

① 재검사법은 검사효과나 우연한 사건의 영향 등의 한계가 있다.

② 반분법은 개별 문항의 신뢰도를 측정할 수 없다.

③ 크론바하 알파계수의 단점을 극복한 방법이 반분법이다.

④ 크론바하 알파계수가 1이면 신뢰도가 완벽한 상태를 의미한다.

⑤ 복수양식법은 동일한 개념을 측정하는 두 가지 측정도구를 사용한다.

문제풀이 TIP

크론바하 알파계수란 문항들을 반으로 나누는 방식에 따라 신뢰도계수가 달라지는 반분법의 문제를 해결하기 위해 반분법에서 산출한 모든 신뢰도계수들의 평균값으로 신뢰도를 계산하는 방법이다.

15 측정의 타당도에 대한 설명으로 옳지 않은 것은?

① 어떤 한 집단을 위해 만든 측정도구를 다른 집단에 적용하고자 할 때는 타당도 검증이 필요하다.

② 구성타당도는 통계적으로 검증이 불가능하다.

③ 내용타당도는 주관적인 판단에 의존하므로 편향이나 오류의 가능성을 배제하기 어렵다.

④ 동일한 개념을 측정하기 위하여 만든 서로 다른 측정도구로부터 얻은 결과가 높은 정적인 상관관계가 있을 경우 수렴타당도를 가진다.

⑤ 이미 타당도를 인정받은 기존의 측정도구의 측정 결과와 새로 개발된 측정도구의 결과 간의 상관관계가 높게 나타날 경우 기준타당도를 가진다.

✦16 우리나라 사회복지제도상의 정보를 나타내는 다음 변수의 측정 수준이 바르게 짝지어진 것은?

> ㄱ. 부양의무자의 소득
> ㄴ. 수급자가 거주하는 지역(동, 洞)
> ㄷ. 노인장기요양등급(1~5급)
> ㄹ. 장애인의 장애유형(지체장애인, 시각장애인 등)

① ㄱ: 등간변수, ㄴ: 명목변수, ㄷ: 서열변수,
　ㄹ: 서열변수

② ㄱ: 등간변수, ㄴ: 명목변수, ㄷ: 등간변수,
　ㄹ: 비율변수

③ ㄱ: 비율변수, ㄴ: 서열변수, ㄷ: 서열변수,
　ㄹ: 등간변수

④ ㄱ: 비율변수, ㄴ: 명목변수, ㄷ: 서열변수,
　ㄹ: 명목변수

⑤ ㄱ: 비율변수, ㄴ: 명목변수, ㄷ: 등간변수,
　ㄹ: 명목변수

17 한 연구에서 사용된 "4대보험 가입률" 변수의 측정수준에 관한 설명으로 옳지 않은 것은?

① 속성이 전혀 존재하지 않는 상태의 절대 영점이 존재하지 않는다.

② 숫자는 속성의 실제 양을 나타낸다.

③ 체중, 신장, 서비스 횟수 등과 같은 측정수준이다.

④ 산술평균, 기하평균 등의 통계적 측정이 가능하다.

⑤ 모든 사칙연산(±, ×, ÷)이 가능하다.

18 신뢰도 검사 방식의 특성에 대한 설명으로 옳지 않은 것은?

① 검사 – 재검사는 같은 도구를 반복하여 사용하기 때문에 기억력 통제의 어려움이 있다.

② 내적 일관성은 측정도구의 구성문항들이 서로 유사한 정도를 말한다.

③ 반분법은 또 다른 도구의 개발 없이도 신뢰도를 측정할 수 있다는 장점이 있다.

④ 신뢰도 검사는 비체계적 오류보다는 체계적 오류와 관련된다.

⑤ 내적 일관성은 최소 크론바하 알파값 0.6 혹은 0.7 이상을 확보하는 것이 좋다.

문제풀이 **TIP**

크론바하 알파계수는 0에서 1까지의 값을 가지며 1에 가까울수록 신뢰도가 높다고 볼 수 있다. 척도를 구성하는 문항들 간의 상관관계가 증가할수록 신뢰도계수 값이 커진다.

✦19 비체계적 오류를 줄이는 방법에 관한 설명으로 옳지 않은 것은?

① 신뢰도를 제고하기 위한 방안이다.

② 측정항목 수를 늘린다.

③ 조사대상자가 관심 없어 하는 항목도 측정한다.

④ 2회 이상 동일한 질문이나 유사한 질문을 한다.

⑤ 조사대상자가 모르는 내용은 측정하지 않는다.

20 측정도구의 신뢰도를 향상시킬 수 있는 방법을 모두 고른 것은?

> ㄱ. 측정 환경요인 통제
> ㄴ. 측정도구에 대한 사전검사 수행
> ㄷ. 측정도구의 검사문항 늘리기
> ㄹ. 명확한 문항 사용

① ㄱ, ㄴ
② ㄴ, ㄷ
③ ㄴ, ㄹ
④ ㄱ, ㄴ, ㄷ
⑤ ㄱ, ㄴ, ㄷ, ㄹ

 문제풀이 TIP

신뢰도를 높일 수 있는 방법
• 측정항목의 모호성 줄이기, 측정항목 구체화하기
• 응답자가 무관심하거나 잘 모르는 내용은 측정하지 않는 것이 좋음
• 응답자의 수준에 적합한 내용을 측정
• 신뢰도를 떨어뜨리는 측정항목을 제외
• 측정항목(하위변수)을 늘리고 선택범위(값)를 넓히기
• 신뢰도가 검증된 표준화된 측정도구를 활용

21 다음은 주민세 인상에 대한 여론조사 설문지에 포함된 문항이다. 본 문항에서 발생하기 쉬운 측정오류는 무엇인가?

> 더불어 살아가는 사회를 만들기 위해서는 모두가 조금씩 양보할 필요가 있습니다. 사회복지에 필요한 재원을 확보하기 위해 주민세를 1% 정도 높이는 것에 대해 어떻게 생각하십니까?
> 해당하는 란에 ○표 해 주십시오.
> ( ) 찬성   ( ) 모르겠음   ( ) 반대

① 사회경제적 특성으로 인한 오류
② 고정반응에 의한 편향
③ 관용의 오류
④ 사회적 적절성의 편향
⑤ 문화적 차이에 의한 편향

 문제풀이 TIP

응답자들이 조사자의 의도에 맞춰 대답하거나 사회적으로 바람직하다고 생각되는 규범에 일치하는 응답을 하는 오류에 해당한다.

22 측정과정의 단계별 오류발생 원인으로 옳지 않은 것은?

① 연구문제와 가설설정: 애매한 개념의 형성과 불명확한 조작적 정의로 인한 오류
② 연구방법 설계: 측정도구 내에 불명확한 표현으로 인한 오류
③ 자료수집: 대표성이 결여된 표본수집 및 자료수집과정으로 인한 오류
④ 자료분석: 연구가설의 논리성 부족으로 인한 오류
⑤ 연구결과 해석: 자료분석 과정에서 잘못 해석하는 오류

23 측정오류에 대한 설명 중 성격이 다른 하나는?

① 응답자가 고학력일수록 응답문항 중 앞쪽에 있는 답을 선택하는 경향
② 무조건 긍정적인 입장으로 응답하는 경향
③ 무조건 중립적인 입장으로 응답하는 경향
④ 자기 자신과 상반되는 것으로 다른 사람을 평가하는 경향
⑤ 측정대상의 한 가지 속성에 강한 인상을 받아 그것으로 전체 속성을 평가하는 데 부당한 영향을 미치는 성향

 문제풀이 TIP

체계적 오류란 어떤 요인이 변수에 일정하게 영향을 주어 측정 결과가 모두 높아지거나 모두 낮아지게 되는 편향된 경향을 보이는 오류를 의미한다. 체계적 오류는 인구통계학적 또는 사회경제적인 특성으로 인해 일정한 방향으로 오류가 나타나는 경향과 개인적 성향에 따라 나타나는 오류로 구분할 수 있다.

24 신뢰도 측정방법 중 검사-재검사법과 복수양식법(대안법)의 공통된 문제점으로 가장 적절한 것은?

① 첫 번째 조사가 두 번째 조사에 영향을 미칠 수 있다.

② 측정도구의 적용기간 사이에 측정대상에 어떤 외부적 변화가 일어날 수 있다.

③ 반분하는 방법에 따라 결과들의 상관관계가 달리 나타날 수 있다.

④ 유사한 두 개의 척도를 만든다는 것이 현실적으로 어렵다.

⑤ 신뢰도가 낮은 경우 질문지의 신뢰도가 낮아서인지 아니면 두 개의 양식에 차이가 있어서인지는 알 수 없다.

문제풀이 TIP
제시된 신뢰도 측정방법의 공통점은 주시험효과를 완전히 배제할 수 없다는 데 있다.

25 측정의 수준-사례-가능한 통계분석의 연결이 옳은 것을 모두 고른 것은?

> ㄱ. 명목척도-성별, 계절, 자녀수-최빈값
> ㄴ. 서열척도-장기요양등급, 석차-중앙값
> ㄷ. 등간척도-섭씨온도, 지능지수(IQ)-산술평균
> ㄹ. 비율척도-연령, TV시청률-기하평균

① ㄱ, ㄴ ② ㄴ, ㄷ, ㄹ
③ ㄷ, ㄹ ④ ㄱ
⑤ ㄱ, ㄴ, ㄷ, ㄹ

26 크론바하 알파 측정방법에 대한 설명으로 옳은 것을 모두 고른 것은?

> ㄱ. 기본논리는 반분법의 연장이라 할 수 있다.
> ㄴ. 한 질문지에서 계산되는 크론바하 알파 신뢰도 계수는 하나이다.
> ㄷ. 신뢰도계수가 낮은 경우 여기에 가장 큰 영향을 미치는 문항을 제거하여 신뢰도를 높일 수 있다.
> ㄹ. 질문내용을 두 부분으로 나누고 상관계수를 구한다.

① ㄱ, ㄴ ② ㄴ, ㄷ
③ ㄷ, ㄹ ④ ㄱ, ㄴ, ㄷ
⑤ ㄱ, ㄴ, ㄷ, ㄹ

27 측정에 관한 설명으로 옳지 않은 것은?

① 측정은 변수에 대한 개념적 정의에 입각해 이뤄진다.

② 특정 분석단위에 대해 질적·양적 값이나 수준을 결정하고 이를 규칙화해 숫자를 부여하는 과정이다.

③ 개념에 대한 측정이 없다면 경험적인 검증이 어려울 뿐만 아니라 검증이 어려워지면 이론을 일반화시키는 것도 정확히 할 수 없게 된다.

④ 수(number)가 가지고 있는 속성에 따라 다양한 측정수준이 존재하며, 이를 기초로 변수를 일정한 범주, 정도, 빈도 등으로 기술할 수 있게 해준다.

⑤ 추상적인 개념을 경험적으로 인식할 수 있도록 해줌으로써 조사문제에 대한 해답을 제공하고 가설검증에 중요한 역할을 한다.

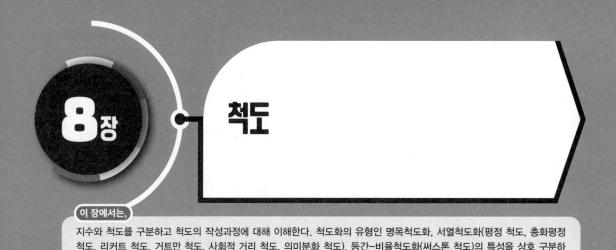

8장 척도

이 장에서는,

지수와 척도를 구분하고 척도의 작성과정에 대해 이해한다. 척도화의 유형인 명목척도화, 서열척도화(평정 척도, 총화평정 척도, 리커트 척도, 거트만 척도, 사회적 거리 척도, 의미분화 척도), 등간–비율척도화(써스톤 척도)의 특성을 상호 구분하여 이해하고, 각 척도의 장점과 단점을 살펴본다.

해답과 오답노트 49쪽

✦01 척도에 관한 설명으로 옳은 것을 모두 고른 것은?

ㄱ. 써스톤 척도는 문항평가자들을 통해 사전평가를 시행하고 결과를 분석하여 각 문항에 대한 중앙값을 척도치로 부여한다.
ㄴ. 의미분화 척도는 양 극단에 서로 상반되는 형용사를 배치하여 평가를 내리도록 한다.
ㄷ. 리커트 척도의 각 문항들은 동등한 가치를 부여받는다.
ㄹ. 거트만 척도는 등간척도에 해당한다.

① ㄱ, ㄴ
② ㄱ, ㄷ
③ ㄴ, ㄹ
④ ㄱ, ㄴ, ㄷ
⑤ ㄱ, ㄴ, ㄷ, ㄹ

기출 STYLE

척도 구성의 기본 요건을 묻는 유형, 개별 척도 유형에 대한 설명으로 옳은 것(옳지 않은 것)을 고르는 유형, 척도 사례를 제시하고 해당하는 척도를 고르는 유형 등이 출제되고 있다. 실제 척도 사례를 보고 척도 유형을 구분할 수 있는 능력이 필요하다.

02 다음 내용에서 설명하고 있는 척도는 무엇인가?

• 어떤 사실에 대하여 가장 긍정적인 태도와 가장 부정적인 태도를 나타내는 양 극단을 등간적으로 구분하여 여기에 수치를 부여함으로써 등간 척도를 구성한다.
• 문항평가자들을 통해 사전평가를 시행하고 그 결과를 분석하여 각 문항에 대한 중앙값을 척도치로 부여한다.
• 평가자에 의존하기 때문에 여러 평가자의 편견이 개입될 여지가 있다.

① 리커트(Likert) 척도
② 써스톤(Thurstone) 척도
③ 의미분화(Semantic Differential) 척도
④ 사회적 거리감(Social Distance) 척도
⑤ 거트만(Guttman) 척도

✛03 리커트 척도에 관한 설명으로 옳지 않은 것은?

① 서열척도에 해당한다.

② 하나의 문항보다는 여러 개의 문항들을 하나의 척도로 사용한다.

③ 척도를 구성하는 개별 문항들을 서열화한다.

④ 각 문항의 값들을 단순 합산한 총점이 측정치가 된다.

⑤ 척도의 구성과 활용이 비교적 용이하다.

05 다음에 해당하는 척도는?

질문문항	찬성	반대
1. 쓰레기 처리장이 서울에 있는 것을 어떻게 생각합니까?		
2. 쓰레기 처리장이 여러분이 속해 있는 구에 있는 것을 어떻게 생각합니까?		
3. 쓰레기 처리장이 여러분 동네에 있는 것을 어떻게 생각합니까?		
4. 쓰레기 처리장이 여러분 집 옆에 있는 것을 어떻게 생각합니까?		

① 의미분화 척도 ② 리커트 척도
③ 거트만 척도 ④ 사회적 거리감 척도
⑤ 써스톤 척도

✛04 써스톤 척도에 대한 설명으로 옳은 것을 모두 고른 것은?

ㄱ. 일반적 서열척도보다 한 수준 높은 등간척도 수준을 유지한다.
ㄴ. 평가자의 편견이 개입될 수 있다.
ㄷ. 평가작업에 과다한 비용과 시간이 소요된다.
ㄹ. 등간격성의 가정이 비현실적이다.

① ㄱ ② ㄱ, ㄷ
③ ㄴ, ㄷ ④ ㄷ, ㄹ
⑤ ㄱ, ㄴ, ㄷ, ㄹ

문제풀이 TIP

어떤 사실에 대하여 가장 긍정적인 태도와 가장 부정적인 태도를 나타내는 양 극단을 등간적으로 구분하여, 여기에 수치를 부여함으로써 등간척도를 구성하는 방법이다.

✛06 거트만 척도에 대한 설명으로 옳은 것을 모두 고른 것은?

ㄱ. 척도를 구성하는 문항들이 위계적으로 서열을 이루고 있다.
ㄴ. 등간척도에 해당한다.
ㄷ. 응답과 척도의 위계서열의 일치도는 재생계수로 측정한다.
ㄹ. 사전평가자를 활용한다.

① ㄱ, ㄴ ② ㄱ, ㄷ
③ ㄴ, ㄹ ④ ㄷ, ㄹ
⑤ ㄱ, ㄴ, ㄷ, ㄹ

문제풀이 TIP

거트만 척도는 서열척도에 해당하며, 척도를 구성하는 문항들이 내용의 강도에 따라 일관성 있게 서열을 이루고 있어서 단일차원적이고 누적적인 척도를 구성하고 있다. 거트만 척도는 각 문항들 간에 서열이 매겨진다.

✦07 다음에 해당하는 척도에 관한 설명으로 옳은 것은?

○○복지관에 대한 귀하의 이미지를 표시해주세요.

불친절하다 ├──┼──┼──┼──┼──┼──┤ 친절하다
　　　　　1　2　3　4　5　6　7
불필요하다 ├──┼──┼──┼──┼──┼──┤ 필요하다
　　　　　1　2　3　4　5　6　7
어렵다 ├──┼──┼──┼──┼──┼──┤ 친근하다
　　　　　1　2　3　4　5　6　7

① 비율척도에 해당한다.
② 누적척도로 분류할 수 있다.
③ 다차원적인 개념을 측정하는 데 유용하다.
④ 문항평가자들의 편견이 개입될 여지가 있다.
⑤ 척도 개발에 상당한 시간과 노력이 소요된다.

08 요인분석에 관한 내용으로 옳은 것을 모두 고른 것은?

ㄱ. 척도를 구성하는 여러 개의 문항들 중 불필요한 문항을 제거하고 각 문항의 상대적 영향력을 비교하여 적절한 문항을 선택하는 과정에서 활용된다.
ㄴ. 요인분석의 기본원리는 문항들 간의 상관관계가 높은 것끼리 하나의 요인으로 묶어내며, 요인들 간에는 상호독립성을 유지하도록 하는 것이다.
ㄷ. 구성타당도를 평가하는 작업에 활용되기도 한다.
ㄹ. 하나의 요인으로 묶여진 측정 문항들은 수렴타당도가 높은 것으로 판단하고, 서로 다른 요인들 간에는 판별타당도가 높은 것으로 해석할 수 있다.

① ㄱ, ㄴ　　　　　② ㄴ, ㄹ
③ ㄱ, ㄷ　　　　　④ ㄷ, ㄹ
⑤ ㄱ, ㄴ, ㄷ, ㄹ

09 다음에 해당하는 척도는?

점수	범주(사회적 관계 맺음을 허용하는 정도)	
7	나는 동성애자가 가족의 배우자가 된다는 사실을 꺼리지 않을 것이다.	
6	나는 동성애자와 진정한 개인적 친구가 된다는 사실을 꺼리지 않을 것이다.	
5	나는 동성애자가 바로 옆자리에서 일하는 동료가 된다는 사실을 꺼리지 않을 것이다.	
4	나는 동성애자와 이웃하여 산다는 것을 꺼리지 않을 것이다.	
3	나는 동성애자와 내가 같은 동호회 모임에 참가하는 것을 꺼리지 않을 것이다.	
2	나는 내가 속한 동호회에 동성애자가 들어오는 것을 꺼리지 않을 것이다.	
1	나는 동성애자와 그냥 알고 지내는 사이가 되는 것을 꺼리지 않을 것이다.	

① 써스톤 척도　　　② 리커트 척도
③ 사회적 거리감 척도　④ 명목 척도
⑤ 의미분화 척도

 문제풀이 **TIP**

응답자와 다른 사회적 범주 혹은 정체성을 가진 구성원 간에 인지되는 거리감을 측정하는 척도이다.

10 의미분화 척도에 대한 설명으로 옳은 것을 모두 고른 것은?

ㄱ. 주로 사용되는 측정차원에는 평가차원, 권력차원, 활동차원이 있다.
ㄴ. 등간-비율수준의 척도이다.
ㄷ. 감정을 표현하는 한 쌍의 반대되는 형용사를 사용한다.
ㄹ. 가장 긍정적인 태도와 가장 부정적인 태도를 나타내는 양 극단을 등간적으로 구분하여 수치를 부여한다.

① ㄱ　　　　　② ㄱ, ㄷ
③ ㄴ, ㄹ　　　　④ ㄷ
⑤ ㄱ, ㄴ, ㄹ

✦11 다음 <보기>에 해당하는 척도는?

척도문항 (측정문항)	응답범주(항목)				
	전혀 아니다 1	아니다 2	보통 이다 3	그렇다 4	매우 그렇다 5
1. 일이 없으면 스스로 일을 만든다.					
2. 평균 정도의 성과로는 만족하지 못한다.					
3. 휴일에도 자꾸 일이 떠올라 마음 편히 쉬지 못한다.					
4. 일은 나의 가장 큰 보람이다.					
5. 다른 사람에게 일을 맡기면 왠지 불안하다.					

① 명목척도　　　　② 총화평정 척도

③ 리커트 척도　　　④ 거트만 척도

⑤ 써스톤 척도

문제풀이 TIP

여러 개의 문항을 하나의 척도로 사용하며, 각 문항들은 동등한 가치를 부여받는다.

12 <보기>처럼 2차 자료를 이용해 노인이 인식한 노인의 이미지 실태를 파악하고자 한다. 연구자가 고려해야 할 척도는?

노인에 관한 이미지 연구는 주로 타인이 인식한 연구들로서 노인 자신이 지각하는 노인이미지 연구는 많지 않다. 이미지란 구체적·실증적 지식에 의해서가 아니라 직관이나 감정적인 인상에 의해 구성되지만, 행동을 구속하는 힘은 강하다. 그런데 노년기는 위축과 상실의 시기로 인식되어 노인 스스로도 부정적인 자아개념, 부정적인 자아정체감을 형성하기 쉽다.

① 리커트 척도　　　　② 총화평정 척도

③ 써스톤 척도　　　　④ 의미분화 척도

⑤ 사회적 거리 척도

13 다음과 같은 특성을 갖는 척도에 대한 설명으로 옳지 않은 것은?

• 측정대상을 상호배타적인 집단으로 구분하는 데 이용한다.
• 모든 측정대상을 어느 한 집단으로 분류할 수 있어야 하며, 동일한 집단에 속해 있는 대상은 동일한 척도값을 가져야 한다.
• 기본 척도 중 가장 적은 양의 정보만 제공한다.

① 측정의 각 범주들이 상호배타적이어야 한다.

② 응답 범주들이 응답 가능한 상황을 다 포함하고 있어야 한다.

③ 응답 범주들이 논리적 연관성을 가지고 있어야 한다.

④ 정확하게 정량화하기 어려운 응답자의 태도, 선호도, 사회계층 등의 측정에 주로 이용된다.

⑤ 통계적 분석은 기초적 기술통계 형태인 빈도분포, 교차분석, 최빈값, 이항분포검정으로 제한된다.

사회복지조사론

14 다음은 어떠한 척도에 해당하는가?

구분	예	아니오
1. 스스로 적당량의 술만을 마시고 있다고 생각하십니까?	1	0
2. 술 마신 다음날 아침, 지난 밤 일 중 일부를 기억하지 못한 적이 있습니까?	1	0
3. 아내가 당신의 음주에 대하여 걱정하거나 불평할 때가 있습니까?	1	0
4. 당신은 음주 도중에 아무 때나 원하는 때에 술을 그만 마실 수 있습니까?	1	0
5. 당신은 음주가 나쁘다고 생각하십니까?	1	0
6. 당신의 친구와 친척들은 당신이 적당량의 술만을 마시고 있다고 생각합니까?	1	0
7. 술을 그만 마셔야겠다고 생각하고 노력해 본 적이 있습니까?	1	0

① 총화평정 척도 ② 사회적 거리 척도

③ 써스톤 척도 ④ 거트만 척도

⑤ 비율척도

15 다음에서 설명하고 있는 척도는?

- 문항평가자들이 사전평가를 시행한다.
- 어떤 사실에 대하여 가장 긍정적인 태도와 가장 부정적인 태도를 나타내는 양극단을 등간격으로 구분하여 수치를 부여한다.
- 척도를 만드는 과정이 지나치게 복잡하고 많은 시간과 노력이 소요되는 단점이 있다.

① 거트만 척도 ② 의미분화 척도

③ 리커트 척도 ④ 써스톤 척도

⑤ 사회적 거리 척도

문제풀이

문항평가자들이 사전평가를 시행한다는 특징에 주목하자.

16 다음 사례에 대한 설명으로 옳지 않은 것은?

종교가 중년여성의 우울증에 미치는 영향을 알기 위해 중년여성들 300명을 편의표집하여 설문지를 통해 조사를 실시하였다. 종교는 종교 유무를 측정하였고, 우울증은 20문항짜리 5점 리커트 형식의 표준화된 척도를 사용하여 측정하였다. 그리고 가구의 월평균 소득, 연령, 건강상태(상, 중, 하)를 통제하기 위해 설문내용에 이 변수들을 추가하였다.

ㄱ. 서베이조사에 해당되며, 모집단에 대한 표본의 대표성이 떨어진다.

ㄴ. 통계분석에 포함되는 변수는 명목, 서열, 비율 수준으로만 측정되었다.

ㄷ. 설문에 사용된 척도는 써스톤 척도에 비해 단순성과 유용성을 갖는다.

ㄹ. 위의 정보만으로는 척도의 신뢰도와 타당도를 전혀 알 수 없다.

① ㄱ ② ㄱ, ㄷ

③ ㄴ, ㄹ ④ ㄹ

⑤ ㄱ, ㄴ, ㄷ, ㄹ

문제풀이

표준화된 척도란 타당도와 신뢰도 검증을 통해 이미 공인받은 척도를 말한다.

9장 표집(표본추출)

이 장에서는,

표집의 개념을 이해하고, 표집 관련 용어(모집단, 표집틀, 표집단위, 관찰단위, 표본오차, 신뢰수준, 신뢰구간 등)에 대해 살펴본다. 표집방법에 관한 문제는 매해 빠짐없이 출제되고 있다. 확률표집(단순무작위표집, 체계적 표집, 층화표집, 군집표집 등)과 비확률표집(편의표집, 유의표집, 할당표집, 눈덩이표집 등)의 세부 유형별 특징을 이해하고, 실제 조사연구에 어떻게 접목되어 사용되어지는지 사례를 적용하여 살펴본다. 마지막으로 표본 크기를 결정하는 요인과 표본오차의 특성을 이해한다. 표집과 관련한 내용은 전반적으로 난이도가 높은 유형에 해당한다.

해답과 오답노트 51쪽

✚01 다음 사례에서 표집 관련 용어의 연결이 옳지 않은 것은?

> ○○구에 거주하는 이주민들의 차별실태를 조사하기 위해 구청에 등록된 이주민명부에서 동별, 이주유형별, 성별, 출신국에 따라 임의로 500명을 선정하였다.

① 모집단 – ○○구에 거주하는 이주민

② 표집틀 – 이주민명부

③ 표집방법 – 층화표집

④ 표집단위 – 개인

⑤ 관찰단위 – 개인

기출 STYLE

표집에 대한 사례를 제시한 후 표집 용어를 해당 사례의 부분들과 연결 짓는 문제가 주로 출제되고 있다. 이와 관련해서는 실제 조사연구 사례에서 모집단, 표집틀, 표집방법 등을 정리해놓은 자료를 살펴보면서 표집 관련 용어의 개념을 이해하고, 구분해내는 연습이 필요하다.

✚02 다음 사례에 해당하는 표집방법은?

> 서울시에 거주하는 만 19세 이상 60세 미만의 성인 남녀 1,000명을 서울시 25개 자치구별로 표본 수(자치구별 40명)를 균등 배분한 후, 해당 자치구별로 성별, 연령을 균등 배분하여 표집하는 방식을 취하였다.

① 체계적 표집

② 단순무작위표집

③ 군집표집

④ 비례층화표집

⑤ 의도적 표집

기출 STYLE

각각의 확률표집방법과 비확률표집방법에 대한 문제와 사례를 통해 해당하는 표집방법을 고르는 유형이 자주 출제되고 있다. 표집방법의 특징을 파악해두어야 실제 사례에서 표집방법을 구분해낼 수 있을 것이다. 다양한 연구사례 속에서 적용된 표집방법을 찾아보는 것도 도움이 될 수 있다.

✚03 표본의 크기에 관한 설명으로 옳은 것을 모두 고른 것은?

> ㄱ. 표본의 크기는 신뢰수준과는 관련이 없다.
> ㄴ. 표본의 크기가 커질수록 비표집오차는 줄어들 수 있다.
> ㄷ. 변수의 종류와 범주가 다양할수록 표본의 크기는 작아져야 한다.
> ㄹ. 표본의 크기는 모집단의 동질성 정도에 영향을 받는다.

① ㄱ, ㄴ
② ㄷ
③ ㄴ, ㄹ
④ ㄹ
⑤ ㄱ, ㄴ, ㄷ, ㄹ

기출 STYLE

표본의 크기, 표집오차와 관련한 내용에 초점을 두는 유형도 자주 출제되고 있다. 특히 표본크기와 표집오차의 관계 등에 대한 이해가 필요하다.

04 표집관련 용어에 관한 설명이 옳은 것은?

① 모집단(population): 자료나 정보를 수집하는 기본단위이다.
② 표집틀(sampling frame): 표본에서 변수의 특성을 요약하여 기술한 수치이다.
③ 표집단위(sampling unit): 표본이 추출되는 각 단계에서 표본으로 추출되는 요소들의 단위이다.
④ 관찰단위(observation unit): 표본을 추출하기 위한 모집단의 목록이다.
⑤ 통계치(statistics): 모집단의 변수를 요약하여 기술한 수치이다.

05 다음 설명에 해당하는 표집방법은 무엇인가?

> • 모집단에 대한 정보가 전혀 없는 경우, 모집단의 구성요소들 간의 차이가 없다고 판단될 때 조사자 임의대로 확보하기 쉽고 편리한 표집단위를 표본으로 추출하는 것이다.
> • 비용과 시간 면에서 효율적이나 표본의 대표성 문제와 표집의 편의 문제가 발생할 수 있다.
> • 백화점 앞에서 쇼핑을 마친 고객들을 대상으로 면접조사를 진행하는 경우를 예로 들 수 있다.

① 편의표집법
② 유의표집법
③ 층화표집법
④ 계통표집법
⑤ 할당표집법

06 표본추출과정을 순서대로 올바르게 나열한 것은?

> ㄱ. 표집크기 결정
> ㄴ. 표본추출
> ㄷ. 표집방법 결정
> ㄹ. 모집단 확정
> ㅁ. 표집틀 선정

① ㄹ → ㅁ → ㄷ → ㄱ → ㄴ
② ㄹ → ㄷ → ㅁ → ㄱ → ㄴ
③ ㄹ → ㄱ → ㅁ → ㄴ → ㄷ
④ ㅁ → ㄹ → ㄷ → ㄴ → ㄱ
⑤ ㅁ → ㄷ → ㄹ → ㄱ → ㄴ

✛07 표본크기와 표집오차에 관한 설명으로 옳은 것을 모두 고른 것은?

> ㄱ. 실험연구나 사례연구, 질적 연구에 비해 서베이조사는 표본의 크기가 대체로 크다.
> ㄴ. 표본의 수는 모집단의 크기와 동질성 여부에 의해 좌우된다.
> ㄷ. 표본오차는 표집을 잘못해서 발생하는 모수와 통계치 간의 차이이다.
> ㄹ. 표본의 크기를 크게 하면 표본오차는 증가하지만 비표본오차의 발생가능성은 낮아진다.

① ㄱ, ㄴ   ② ㄴ, ㄷ
③ ㄷ, ㄹ   ④ ㄱ, ㄴ, ㄷ
⑤ ㄱ, ㄴ, ㄷ, ㄹ

08 다음 표집방법에 대한 설명으로 옳은 것을 모두 고른 것은?

> 약물중독, 도박 중독자, 이주 노동자 등 모집단의 구성원을 찾기 어려운 경우에 활용되는 표집이다.
>
> ㄱ. 집락표집법에 해당한다.
> ㄴ. 표본이 모집단에 대해 갖는 대표성을 추정할 근거가 없다.
> ㄷ. 질적 연구나 현장연구에서 많이 활용되는 방법이다.
> ㄹ. 최초의 작은 표본을 선택하여 그를 통해 표본을 확대해 나간다.

① ㄱ   ② ㄱ, ㄷ
③ ㄴ, ㄹ   ④ ㄴ, ㄷ, ㄹ
⑤ ㄱ, ㄴ, ㄷ, ㄹ

문제풀이 TIP

점차로 표본 수를 늘려가는 비확률표집방법은 눈덩이표집에 해당한다.

✛09 다음에 해당하는 표집방법은?

> ○○대학교에서는 학교에서 제공하는 취업서비스에 대한 학생들의 만족도를 조사하려고 한다. 이 조사를 통해서 전체 학생의 서비스 만족도뿐만 아니라 성별, 학년별, 전공별(인문계열, 이공계열, 예체능계열)로 학생들이 느끼는 만족도를 함께 알아보고자 한다. 학생들의 등록명부를 이용하여 성별(2), 학년(4), 전공(3)을 고려하여 24개층으로 구분한 다음, 각 층별로 단순무작위표집하였다.

① 체계적 표집   ② 군집표집
③ 층화표집   ④ 눈덩이표집
⑤ 유의표집

문제풀이 TIP

모집단을 24개의 하위집단으로 층화한 후에 각 집단(층)에서 단순무작위표집한다는 점에 주목하자.

10 표본의 크기에 관한 설명으로 옳지 않은 것은?

① 모집단이 클수록 표본은 줄어들 필요가 있다.
② 모집단의 이질성이 클수록 표본의 크기를 증가시킬 필요가 있다.
③ 표본의 크기를 정할 때 신뢰구간, 신뢰수준 등 통계적인 유의성을 가지는 데 직접적으로 영향을 미치는 부분들을 고려해야 한다.
④ 표본의 크기는 연구의 목적, 예산, 시간 등을 고려해서 결정해야 한다.
⑤ 표본의 크기를 증가시키면 표본오차는 줄어든다.

사회복지조사론

✦11 집락표집법에 대한 설명으로 옳은 것을 모두 고른 것은?

> ㄱ. 모집단을 여러 개의 집단으로 나누고 그 중 일부를 선정하여 선택된 집단에서만 표본을 선정하는 방법이다.
> ㄴ. 단순무작위표집에 비해 시간과 비용을 절약할 수 있다.
> ㄷ. 표집과정에서 행정구역이나 조직체계상 분류된 단위들을 집단으로 많이 사용한다.
> ㄹ. 표집된 집단 간에는 이질적이지만 집단 내에서는 동질적이다.

① ㄱ, ㄷ
② ㄴ, ㄷ
③ ㄴ, ㄹ
④ ㄱ, ㄴ, ㄷ
⑤ ㄱ, ㄴ, ㄷ, ㄹ

문제풀이 TIP

층화표집에서는 집단 간 이질성이 특징이지만, 집락표집에서는 집단 간 동질성이 특징이다.

12 비표집오차에 관한 설명으로 옳지 않은 것은?

① 조사과정에서 나타나는 측정오차를 의미한다.
② 표집과 무관하게 나타나는 오차이다.
③ 면접이나 질문지 사용 시의 비응답오차는 해당되지 않는다.
④ 조사원의 훈련 부족으로 인한 조사의 오차도 해당된다.
⑤ 표집오차와 마찬가지로 조사결과에 편의를 일으킬 수 있다.

문제풀이 TIP

비표집오차란 표집과정에서 발생하는 오차가 아니라 설문지나 조사자료의 작성, 또는 인터뷰과정에서 비롯되는 오류, 분석된 자료의 그릇된 해석, 자료집계나 자료를 분석하는 도중에 발생하는 요인들, 응답자의 불성실한 태도 등에서 야기되는 오차이다.

13 다음 사례에서 두드러지게 나타난 문제는 무엇인가?

> 1936년 미국 대통령 선거를 앞두고 미국 잡지 다이제스트는 상류층이 지지하는 랜돈 후보와 서민층이 지지하는 루즈벨트 후보 중 어떤 후보가 대통령에 당선될 것인가를 예측하는 여론조사를 실시하였다. 전화번호부와 자동차 등록대장을 사용하여 무작위 표본 추출된 200만 명에 대하여 우편조사를 실시한 결과 랜돈 후보의 압도적인 승리를 예상했으나 실제 결과 루즈벨트 후보의 압도적인 승리로 선거가 막을 내렸다.

① 자료수집방식(우편조사)에 문제가 있었다.
② 비교 대상 선정에 편의(bias)가 있었다.
③ 표본추출 방식에 문제가 있었다.
④ 선거결과에 영향을 미치는 잠재적 변수를 고려하지 못했다.
⑤ 표본의 수가 모집단을 대표하기에 충분하지 않았다.

✦14 '청소년 성소수자의 커밍아웃 경험에 대한 연구'를 진행할 때, 일반적으로 사용하는 표집방법으로 옳지 않은 것은?

① 동질적 표집
② 최대변화량 표집
③ 예외사례 표집
④ 눈덩이 표집
⑤ 단순무작위 표집

✦15 표집방법에 대한 설명으로 옳지 않은 것은?

① 할당표집은 거주지, 연령, 성별 등과 같은 이미 알려진 모집단의 특성의 차이에 의해 표본에 포함되는 단위들의 할당 비율을 결정한다.

② 집락표집은 지역조사나 대규모 조사에서 효율적으로 대상을 표집할 수 있으며, 무작위표집만큼 모집단에 대한 자세한 정보가 필요하지 않다.

③ 비확률표집은 연구자의 편의를 제거하는 데 효과적이다.

④ 층화표집에서는 모집단을 하위집단으로 층화할 때 연구목적에 부합하는 변수를 고려하여 기준을 잘 선택하는 것이 중요하다.

⑤ 사회복지연구에서는 모집단을 정확하게 규정하기 어렵거나 모집단을 구성하는 요소의 목록을 구하는 것이 어려운 이유 등으로 비확률표집방법을 활용하기도 한다.

16 정규분포에 관한 설명으로 옳지 않은 것은?

① 정규분포곡선에서 평균과 중앙값, 최빈값은 일치한다.

② 정규분포곡선과 표본의 대표성과는 관련이 없다.

③ 평균을 중심으로 좌우대칭 구조를 갖는다.

④ 정규분포곡선의 면적의 합은 1이다.

⑤ 평균이 0, 분산이 1인 정규분포를 표준정규분포라고 한다.

 문제풀이 TIP

정규분포곡선은 표본의 대표성에 관한 유용한 정보를 제공해준다. 만약 표본값들의 분포가 정규분포곡선과 같은 모양에 가깝다면, 표본을 통해 모수의 위치를 추정하는 데 정규분포곡선의 특성을 이용할 수 있다.

✦17 표집유형에 관한 설명으로 옳지 않은 것을 모두 고른 것은?

> ㄱ. 층화표집과 할당표집은 이질적 집단보다 동질적 집단에서 추출한 표본의 표집오차가 작다는 이론에 기초한 표집방법이다.
> ㄴ. 할당표집은 같은 크기의 표본을 추출할 때 단순무작위표집보다 적은 비용으로 추출할 수 있다.
> ㄷ. 층화표집에서는 층화한 집단 간에는 이질적이며, 집락표집에서는 집락 간에는 동질적이라는 특성이 있다.
> ㄹ. 집락표집은 단순무작위표집보다 특정 집단의 특성이 편중되게 나타날 위험성이 낮다.

① ㄱ   ② ㄱ, ㄷ
③ ㄴ, ㄹ   ④ ㄹ
⑤ ㄱ, ㄴ, ㄷ

 문제풀이 TIP

집락표집은 집락 간의 동질성이 확보되지 않는다면 표집오차가 발생할 가능성이 커진다.

18 다음 사례에서 사용한 표본추출 방식에 해당하는 것은?

> 연구자 H는 학교폭력 가해자 청소년들이 학교폭력 문제에 대해 어떻게 인식하고 있는지 알아보고자 한다. H는 학교폭력의 가해자로 보호관찰소에서 교정 프로그램을 수강하고 있는 중고생들이 연구주제나 목적에 가장 적합한 표본이라고 생각하여 이에 해당되는 12명의 학생들을 표집하여 일대일 면접을 실시했다.

① 임의표집   ② 할당표집
③ 유의표집   ④ 눈덩이표집
⑤ 가용표집

19 다음 사례에 해당하는 표집방법에 관한 설명으로 옳지 않은 것은?

성매매 여성의 삶의 의미에 대한 연구를 진행하였다. 연구에 참여할 성매매 여성들을 표집하기 위해 이전에 성매매 여성을 위한 센터에서 자원봉사를 하며 알게 되었던 박○○씨에게 연구에 대한 정보를 먼저 얻었고, 이 성매매 여성 박○○씨에게 연구 참여자를 소개받기 시작하여 계속해서 표본의 수를 늘렸다.

① 모수치를 추정하는 것이 불가능하다.

② 외적 타당도가 높다.

③ 연구대상이 표본으로 추출될 확률이 동등하지 않다.

④ 질적 조사연구 혹은 현장연구에서 많이 사용된다.

⑤ 누적표집법, 연쇄의뢰표집법이라고도 한다.

✦20 2,000명을 번호 순서대로 배열한 모집단에서 3번이 처음 무작위로 선정되고, 7번, 11번, 15번, 19번, … 등이 차례로 체계(systematic) 표집을 통해 선정되었다. 이 표집에서 표집간격 (ㄱ)과 표본 수 (ㄴ)가 옳게 짝지어진 것은?

① ㄱ: 4, ㄴ: 100

② ㄱ: 4, ㄴ: 200

③ ㄱ: 4, ㄴ: 500

④ ㄱ: 5, ㄴ: 500

⑤ ㄱ: 5, ㄴ: 200

21 다음 빈칸에 들어갈 표본추출방법으로 올바르게 짝지어진 것은?

A복지관에서 이용자 200명의 표본을 표집할 경우 이용자 성별 비율(남 4 : 여 6)을 고려하여 표본 수를 할당(남 80명, 여 120명)한 뒤 임의적으로 추출한다면 (ㄱ)이 된다. (ㄴ)과 유사하지만, 실제 표본추출에 있어서 무작위 추출방법을 사용하지 않는다는 차이가 있다.

① ㄱ: 할당표집법, ㄴ: 집락표집법

② ㄱ: 할당표집법, ㄴ: 층화표집법

③ ㄱ: 할당표집법, ㄴ: 단순무작위 표집법

④ ㄱ: 층화표집법, ㄴ: 할당표집법

⑤ ㄱ: 층화표집법, ㄴ: 눈덩이표집법

22 확률이론에 근거한 표본평균들의 표집분포에 관한 설명으로 옳지 않은 것은?

① 표준오차는 표본의 크기가 커짐에 따라 표본 크기의 제곱근에 반비례하여 감소한다.

② 정규분포곡선은 좌우대칭이며 종형 모양을 지닌다.

③ 표본크기가 증가할수록 표집분포는 정규분포에 가깝게 된다.

④ 표집분포의 평균과 모집단의 평균은 다르다.

⑤ 표집분포란 표본추출을 반복했다고 가정했을 때 표본값들이 어떻게 분포되어 있는지를 나타낸다.

23 다음에서 설명하는 것으로 옳지 않은 것은?

> ㄱ. 신문기자가 거리를 지나가는 사람들을 붙잡거나 또는 사람들이 많이 모여 있는 곳에서 그 자리에서 선정한 사람들을 대상으로 어떤 이슈에 대해 인터뷰를 진행한다.
>
> ㄴ. 폐지를 수집하는 사람의 하루 수입이 얼마나 되는지를 알고자 재활용센터를 이용하는 사람 50명을 의도적으로 선정하여 설문조사를 진행한다.
>
> ㄷ. 폭력서클에 가입한 10대 학생들의 의식을 조사하기 위해 해당 학생들을 알고 있는 사람들을 대상으로 조사를 진행하고 다른 사람들을 소개받아서 조사를 이어간다.

① ㄱ은 시간과 공간을 정해 두고 표본을 우발적으로 선택하는 방법이다.

② ㄴ은 연구자의 판단과 연구의 목적에 기초해 표본을 선정하는 방법이다.

③ 모두 비확률표집에 해당한다.

④ ㄷ은 표본의 집단별 분포를 미리 정해두고 그에 맞춰 집단으로부터 할당된 수만큼 단위를 임의로 추출하는 방법이다.

⑤ ㄷ은 모집단에 대한 사전정보가 거의 없어 탐색적으로 조사할 때 주로 사용되는 방법이다.

24 다음은 청소년 성역할 고정관념에 대한 조사논문의 일부다. 다음 내용을 통해 알 수 있는 것으로 옳은 것은?

> 청소년의 성역할 고정관념이 어떠한지를 알아보기 위해 다음과 같은 연구방법을 사용하였다. 한국청소년정책연구원이 2003년 전국의 중학교 2학년 학생을 모집단으로 하여 층화 다단계 집락표집방법에 의해 표본으로 뽑은 3,449명에 대해 1년 단위로 패널조사를 실시한 데이터에서 3차년도 데이터를 사용하였다. 성역할 고정관념은 사람들이 성에 따라 다르다고 믿고 있는 전형적 특성을 가리키는 용어로, 본 연구에서는 여성에 대한 성역할 고정관념 3문항과 남성에 대한 성역할 고정관념 3문항 총 6문항에 대해 '전혀 그렇지 않다'에서 '매우 그렇다'까지의 5점 척도로 응답한 값들을 합산하여 사용하였는데, 점수가 높을수록 고정관념의 수준이 높음을 의미한다. 이 척도의 크론바하의 알파값은 .73이었다.

① 인과관계를 밝히기 위한 설명적 조사이다.

② 1단계 집락표집에서 추출된 집락의 사례만 표본으로 선정되므로 중요한 집단이 표집에서 배제될 위험이 있다.

③ 종단적 조사 중 패널조사에 해당한다.

④ 변수에 대한 개념적 정의와 조작적 정의가 제시되어 있다.

⑤ 성역할 고정관념을 측정하는 여섯 문항의 타당도는 적절하다.

문제풀이 **TIP**

측정을 위한 조작적 정의부터 조사유형, 표집방법, 측정의 신뢰도와 타당도의 부분을 연관지어 생각해보자.

✚25 표본오차와 비표본오차에 관한 설명으로 옳지 않은 것을 모두 고른 것은?

> ㄱ. 표본의 크기를 크게 하면 표본오차의 발생가능성은 증가한다.
> ㄴ. 표본의 크기와 신뢰구간은 표본오차를 추정할 때 영향을 주는 요인이다.
> ㄷ. 비표본오차는 표본추출과정에서 발생하는 오차를 말한다.
> ㄹ. 표본오차가 적을수록 통계치로부터 모수를 보다 정밀하게 예측할 수 있다.

① ㄱ, ㄴ   ② ㄱ, ㄷ
③ ㄴ, ㄹ   ④ ㄷ, ㄹ
⑤ ㄱ, ㄴ, ㄷ, ㄹ

26 다음 사례에서 제시한 표집방법이 갖는 특성으로 적절하지 않은 것은?

> 최근 사회복지사의 대량 배출과 그로 인한 취업경쟁의 심화가 사회복지학을 전공하는 학생들의 취업 스트레스로 이어지고 있다. 그러나 아직까지 사회복지전공 학생들의 취업 스트레스 수준과 그 대처 행동에 대한 연구는 없었다. 따라서 본 연구는 서울 지역 3개 대학을 임의로 선정하여 사회복지학을 전공하는 4학년 학생 194명을 대상으로 설문조사를 실시하였다.

① 모집단의 모든 표집단위가 표본에 선정될 수 있는 확률이 미리 알려져 있지 않다.
② 연구자의 의도 하에 표집이 이루어진다.
③ 표본의 크기가 클 경우에만 표본오차 측정이 가능하다.
④ 표집절차가 복잡하지 않기 때문에 비용이 적게 든다.
⑤ 대상자 선정에 드는 소요 시간이 길지 않다.

27 다음 중 표집방법의 성격이 나머지와 다른 하나는?

① 사회복지사의 직무특성을 알아보기 위해 사회복지전담공무원, 사회복지관, 생활시설을 대상으로 각각 70부씩 총 210부를 할당하여 편의표집을 하였다.
② 이혼여성들의 이혼 후 적응과정을 알아보기 위해 연구자가 네트워크를 갖고 있는 이혼 관련 기관을 통해 대상자를 소개받는 형식으로 대상자를 표집하였다.
③ 청소년 동성애자에 대한 연구를 위해 한국동성애자인권연대, 대학 내 동성애자단체, 청소년 동성애자들이 자주 모이는 장소, 인터넷 청소년 동성애자 커뮤니티 등을 통해 설문조사에 참여할 사람을 모집하였다.
④ 초등학생들의 자살충동에 대한 조사를 위해 서울지역 학교명부에서 매 25번째 학교를 선정하여 해당 학교 학생들 전체를 대상으로 설문조사를 실시했다.
⑤ 가출청소년의 정서조절능력에 대한 조사를 위해 임의로 표집한 서울시 8개 가출청소년 쉼터에 소속된 종사자들을 대상으로 설문조사를 실시했다.

이 장에서는,

서베이 방법의 의미와 장단점을 살펴보고, 우편조사, 면접조사, 전화조사, 인터넷조사 등 각 자료수집방법의 특징과 장단점을 비교해서 이해한다. 설문지 작성과정에 대한 전반적인 내용(사전검사, 질문유형, 모니터링 등)과 설문지의 어구구성 및 문항배열을 이해한다. 마지막으로 자기기입식 설문조사와 면접 설문조사의 장단점을 비교해서 이해한다.

해답과 오답노트 55쪽

✛**01** 설문지 작성에 관한 설명으로 옳지 않은 것은?

① 질문은 문화적으로 민감해야 한다.

② 복수응답을 유발하는 질문은 피해야 한다.

③ 전문적이고 기술적인 용어는 되도록 사용하지 않고, 부정형의 질문은 피해야 한다.

④ 적절한 곳에 명료한 지시문과 소개문이 포함되어 있어야 한다.

⑤ 질문순서와 응답률은 관련성이 없다.

기출 STYLE

설문지를 통해 이루어지는 설문조사의 경우 설문지 작성이 관건이라고 할 수 있다. 주로 설문지 작성에서 유의할 사항들을 묻는 유형이 자주 출제되고, 설문지를 구성하는 질문 유형들, 사전검사를 실시하는 이유, 설문조사의 회수율 모니터링과 관련한 유형이 출제되었다. 설문지의 어구구성, 문항배열 등에 대해서도 기억해두자.

✛**02** 우편조사, 전화조사, 대면면접조사에 관한 설명으로 옳지 않은 것은?

① 우편조사는 대면면접조사나 전화조사에 비해 응답률이 낮다.

② 전화조사는 표집에 있어서 편의가 발생할 가능성이 거의 없다.

③ 지리적으로 멀리 떨어져 있는 대상자에게는 우편조사나 전화조사가 유용할 수 있다.

④ 전화조사는 시간의 제약으로 다양하고 심도 있는 질문을 하기 어렵다.

⑤ 대면면접조사는 응답자의 익명성이 보장되지 않는다.

기출 STYLE

서베이의 유형과 관련해서 개별 유형의 장단점을 묻는 형태뿐만 아니라 유형 간에 비교하는 형태로도 출제되고 있다. 또한 설문조사의 특징, 면접조사의 특징, 자기기입식 설문조사와 면접법을 비교하는 유형도 출제되고 있다.

사회복지조사론

03 구조화된 면접의 특징으로 옳은 것을 모두 고른 것은?

> ㄱ. 면접자가 상대적으로 융통성을 발휘하기 어렵다.
> ㄴ. 일관성과 신뢰성이 있다.
> ㄷ. 질문의 언어구성에서 오는 오류를 최소화할 수 있다.
> ㄹ. 숙련된 면접자와 면접기술이 필요하며, 조사결과의 분석 및 처리가 상대적으로 어렵다.

① ㄱ
② ㄱ, ㄴ
③ ㄷ, ㄹ
④ ㄹ
⑤ ㄱ, ㄴ, ㄷ

문제풀이 TIP

구조화된 면접은 질문내용과 순서, 표현 등이 자세하고, 구체적으로 규정된 면접조사표에 따라 면접을 진행하며, 면접 조사자는 응답자들에게 이를 동일하게 적용한다. 반구조화 면접은 질문의 주요 내용만 정해져있는 면접지침을 활용한다.

04 자료수집방법으로서 면접법에 관한 설명으로 옳지 않은 것은?

① 표준화 면접은 가장 구조화된 형태로서 질문의 내용과 순서가 미리 고정되어 있다.
② 면접환경에 대한 통제가 가능하다.
③ 비표준화 면접은 응답자료의 일관성이 훼손될 우려가 있다.
④ 면접원에 의한 편의가 발생할 가능성이 높다.
⑤ 표준화 면접은 깊이 있는 탐색적 연구를 시도하는 질적 연구에 적용하기에 적절하다.

문제풀이 TIP

표준화 면접(구조화된 면접)은 많은 면접원을 필요로 하는 대규모 조사에서 선호되는 방법이며, 대부분의 문항은 폐쇄형 질문이며 단지 응답자로 하여금 기입하게 하지 않고 면접원이 기록한다는 측면에서 차이가 있다고 볼 수도 있다. 깊이 있는 탐색적 연구에서는 비표준화 면접이 더 적절하다.

05 서베이(survey) 유형별 장단점의 비교 설명으로 옳은 것은?

① 우편설문법은 대인면접법에 비해 응답자가 시간적 여유를 갖고 응답할 수 없다.
② 우편설문법과 대인면접법은 응답자가 지리적으로 광범위하게 분포되어 있어도 응답이 가능하다.
③ 자기기입식 설문조사는 대인면접법에 비해 응답자의 익명성을 보장하지 못한다.
④ 대인면접법은 우편설문법에 비해 많은 비용이 소요된다.
⑤ 전화조사는 대인면접법에 비해 응답률이 높다.

06 설문지 질문에서 다음과 같은 응답범주의 형식은 무엇인가?

> Q. 귀하는 현 정부의 서민정책에 대해 만족하십니까?
> A. 1. 매우 만족한다.　2. 만족한다.
> 　3. 보통이다　　　 4. 불만이다.
> 　5. 매우 불만이다.

① 다항선택형 질문
② 이분형 질문
③ 서열형 질문
④ 평정형 질문
⑤ 어의차형 질문

✦07 설문지 작성에 대한 설명으로 옳은 것을 모두 고른 것은?

> ㄱ. 폐쇄형 질문의 선택항목은 가능한 응답을 모두 포함하고 있어야 하며, 항목 간에 서로 중복을 피해야 한다.
> ㄴ. 민감한 질문이나 주관식 질문은 중간에 배치한다.
> ㄷ. 응답자가 편견을 갖고 응답할 가능성을 가급적 줄이도록 노력한다.
> ㄹ. 고정반응을 활성화하기 위해 같은 형식의 문항을 모아서 배치한다.

① ㄱ, ㄴ   ② ㄱ, ㄷ
③ ㄴ, ㄹ   ④ ㄷ, ㄹ
⑤ ㄱ, ㄴ, ㄷ, ㄹ

□8 개방형 질문에 관한 내용으로 옳은 것을 모두 고른 것은?

> ㄱ. 응답범주가 구체화되어 있지 않다.
> ㄴ. 신뢰성 있는 응답 확보가 가능하다.
> ㄷ. 응답자에게 심리적 부담감을 줄 수 있다.
> ㄹ. 응답률이 높다.

① ㄱ   ② ㄱ, ㄷ
③ ㄴ, ㄷ   ④ ㄹ
⑤ ㄷ, ㄹ

 문제풀이 **TIP**

• 개방형 질문(주관식 질문): 조사자의 의도나 질문형식에 구애받지 않고 응답자가 자유롭게 답할 수 있어 다양한 정보를 얻을 수 있다. 응답에 시간이나 노력이 많이 소요되기 때문에 응답률이 낮은 편이다. 응답을 해석하는데 연구자의 자의적인 판단이 개입될 여지가 많다.
• 폐쇄형 질문(객관식 질문): 응답자에게 미리 정해진 응답범주를 제시하여 특정한 응답 범주를 선택하도록 하는 형태이다. 응답자가 질문에 응답하기 용이하며, 응답결과를 입력하고 분석하기가 상대적으로 용이하다.

✦09 설문지 질문의 작성방법에 관한 설명으로 옳지 않은 것은?

① 질문 내에 어떤 가정이나 암시가 있어서는 안 된다.
② 응답자의 능력에 적합하도록 언어구성을 적절한 수준에서 유지한다.
③ 응답하기 쉬운 문항일수록 설문지의 앞에 배치하는 것이 좋다.
④ 응답군이 조성되지 않도록 문항을 적절히 배치해야 한다.
⑤ 여과형 질문, 수반형 질문들은 앞에 배치하는 것이 좋다.

10 면접법에 대한 설명으로 옳지 않은 것은?

① 면접자에 의한 오류가 발생할 수 있다.
② 비표준화 면접의 경우 면접자의 면접기술과 능력이 특히 중요한 영향을 미친다.
③ 표준화 면접은 면접계획에 규정된 대로 면접을 진행하며, 대부분의 질문은 폐쇄형으로 구성되어 있다.
④ 면접자의 훈련에 많은 비용을 필요로 하지 않는다.
⑤ 응답률이 높은 편이다.

 문제풀이 **TIP**

면접조사는 면접자에 대한 교육과 교통비 등 조사과정에서 시간과 비용이 많이 소요된다.

11 우편조사에 관한 설명으로 옳지 않은 것은?

① 응답자의 익명성을 보장할 수 있다.

② 대면조사에 비해 비용이 적게 든다.

③ 설문표지는 응답자에게 동기를 부여하고 설문조사에 대한 거부감을 줄일 수 있도록 구성한다.

④ 불확실한 응답에 대한 추가 질의가 어렵다.

⑤ 후속독촉은 필요하지 않다.

문제풀이 TIP

우편조사의 회수율을 높이기 위해서는 응답하지 않은 사람들에게 독촉 엽서 또는 전화를 이용하여 회수율을 계속 높여 나가는 것이 필요하다.

✦12 설문지 작성에 관한 설명으로 옳지 않은 것은?

① 개방형 질문은 깊은 생각과 시간을 필요로 하기 때문에 뒤쪽에 배치한다.

② 편견을 내포하는 용어나 서술은 피해야 하며 가치중립적인 표현을 사용한다.

③ 응답자가 질문의 요지를 자세히 파악할 수 있도록 가급적 길게 질문한다.

④ 직접 질문과 간접 질문을 적절히 사용하면 효과적이다.

⑤ 용어의 난이도, 언어의 형식, 속어, 구어의 사용 등 응답자의 능력과 특성을 고려하여 적절하게 구성하고 유지한다.

13 면접조사에 관한 설명으로 옳은 것을 모두 고른 것은?

> ㄱ. 면접의 흐름을 중단하지 않는 범위에서 질문 순서 등은 융통성 있게 변경할 수 있다.
> ㄴ. 응답자의 비언어적 행위나 표정 등을 통해 추가적인 정보를 얻을 수 있다.
> ㄷ. 비구조화 면접의 경우 면접자에 의한 오류가 발생할 수 있다.
> ㄹ. 질문지 구성 체제를 복잡하게 사용할 수 없다.

① ㄱ, ㄴ ② ㄱ, ㄷ
③ ㄷ, ㄹ ④ ㄱ, ㄴ, ㄷ
⑤ ㄱ, ㄴ, ㄷ, ㄹ

✦14 자료수집 방법에 대한 설명으로 옳지 않은 것을 모두 고른 것은?

> ㄱ. 대면면접조사는 관찰을 통해 부가적인 정보 수집이 가능하다.
> ㄴ. 우편조사는 대면면접조사보다 응답률이 높은 편이다.
> ㄷ. 인터넷조사는 표본집단의 대표성을 확보하기가 어렵다.
> ㄹ. 전화조사는 응답자가 편한 시간에 응답이 가능하며 시간적 여유를 가지고 정확한 응답이 가능하다.

① ㄱ, ㄴ ② ㄱ, ㄷ
③ ㄴ, ㄹ ④ ㄷ, ㄹ
⑤ ㄱ, ㄴ, ㄷ, ㄹ

✛15 서베이조사의 장점에 대한 설명으로 옳은 것을 모두 고른 것은?

> ㄱ. 규모가 큰 모집단의 특성을 묘사하기에 유용한 방법이다.
> ㄴ. 표본오차가 있긴 하나 비교적 내적 타당도가 높은 정보를 얻을 수 있다.
> ㄷ. 표집을 잘하는 경우 일반화 수준이 높다.
> ㄹ. 시계열적인 정보를 얻기에 유용하다.

① ㄱ   　　② ㄱ, ㄷ
③ ㄴ, ㄹ   ④ ㄹ
⑤ ㄱ, ㄴ, ㄷ

문제풀이 TIP

서베이 방법의 장단점
· 장점: 대규모 모집단의 특성이나 태도와 성향을 측정하는 데 있어서 효과적인 방법이다. 표준화된 설문지를 사용함으로써 객관적으로 측정할 수 있다.
· 단점: 외생변수의 통제가 불가능하기 때문에 변수들 간의 인과관계를 규명함에 있어 내적 타당도가 결여될 수 있다. 한 시점에서 끝나는 경우가 많아 시계열적인 정보를 얻기 어렵다.

16 설문지 작성과정 중 사전검사에 대한 설명으로 옳지 않은 것은?

① 10명 이하의 소규모 표본을 대상으로 진행한다.
② 본 조사에서 실시하는 것과 똑같은 절차와 방법으로 진행한다.
③ 사전조사에 참여한 사람들은 실제 연구에도 참여할 수 있다.
④ 표현의 명확성, 질문 배열의 적절성, 용어 선택 등에 대해서 검토한다.
⑤ 무응답이 많거나 기타에 대한 응답이 많은 경우 질문을 수정한다.

17 다음의 지시사항 이외에 면접자에게 면접의 재량을 부여하는 면접조사 유형의 특징은?

> ＜면접자에 대한 지시사항＞
> · 자녀와 따로 살고 있는 노인들이 자녀와의 사이에서 겪는 갈등의 종류를 찾아낼 것
> · 갈등은 의견 차이, 말다툼, 신체적 마찰 등을 포함하는 것으로 보고, 가능하면 갈등과 경제적 지원 여부와의 관계를 확인할 것
>
> ㄱ. 면접결과의 정리와 분류에 시간, 인력, 비용이 소모된다.
> ㄴ. 가설검증이나 인과관계 규명이 어렵다.
> ㄷ. 숙련된 면접자를 필요로 한다.
> ㄹ. 면접결과의 비교가 용이하다.

① ㄱ, ㄴ   　　② ㄴ, ㄷ
③ ㄴ, ㄹ   　　④ ㄷ, ㄹ
⑤ ㄱ, ㄴ, ㄷ

18 다음과 같은 질문형식을 무엇이라고 하는가?

> 10. 해외에 거주한 경험이 있습니까?
> 　　① 예(→ 11번으로)　　② 아니오(→ 12번으로)
> 11. 10번 질문에 '예'라고 응답한 사람만 응답하시오.
> 11-1. 어디에 거주하였습니까?
> 11-2. 거주기간은 몇 년이었습니까?

① 평정형 질문
② 선다형 질문
③ 여과형/수반형 질문
④ 이분형 질문
⑤ 행렬식 질문

문제풀이 TIP

· 여과형 질문(filter question): 응답자가 다음 질문에서 어떤 문항에 응답해야 하는가를 결정하기 위한 첫 번째 질문. 응답자의 일부를 구분하기 위해 사용하는 질문
· 수반형 질문(contingency question): 여과형 질문에 대한 응답결과에 따라 응답해야 할 내용이 다른 질문. 해당하는 일부만이 대답하도록 하는 질문

사회복지조사론

11장 자료수집방법 II : 관찰과 내용분석법

이 장에서는,

관찰법과 내용분석법에 대해 살펴본다. 먼저 관찰법의 특징과 장단점을 살펴보고, 관찰법의 신뢰도와 타당도를 높일 수 있는 방법에 대하여 이해한다. 내용분석법과 관련해서는 내용분석법의 의미와 특징, 장단점을 살펴보고, 내용분석법의 범주와 분석단위에 대하여 이해한다. 최근 시험에서는 주로 사례제시형 문제가 출제되었으며, 내용분석법의 특성을 직접 묻는 대신 비반응성 혹은 비관여적 연구조사의 특성을 묻는 문제가 출제되기도 하였다.

해답과 오답노트 57쪽

✛01 비반응성 혹은 비관여적 연구조사에 대한 설명으로 옳지 않은 것을 모두 고른 것은?

ㄱ. 2차 자료분석은 신뢰도와 타당도에 대한 검토와 함께 생태학적 오류의 가능성에 유의할 필요가 있다.
ㄴ. 영향력이 큰 외생변수를 통제할 수 있다.
ㄷ. 연구대상자의 반응성, 사회적 기대편견, 연구자에 의한 영향 등의 문제점을 해결할 수 있다.
ㄹ. 충분한 자료의 확보가 가능하다.

① ㄱ, ㄴ
② ㄴ, ㄷ
③ ㄴ, ㄹ
④ ㄷ, ㄹ
⑤ ㄱ, ㄷ, ㄹ

기출 STYLE

비반응성/비관여적 조사란 연구대상자의 반응성에서 야기되는 오류를 피하기 위한 자료수집방법으로 간접관찰, 내용분석, 2차 자료분석 등이 이러한 유형에 해당한다. 2차 자료분석의 특징에 관해 묻는 유형, 비반응성 조사 전반의 특징을 묻는 유형 등이 주로 출제되고 있다.

✛02 내용분석법(content analysis)의 특징에 관한 설명으로 옳지 않은 것은?

① 의사소통의 드러난 내용뿐만 아니라 숨은 내용도 분석대상이 된다.
② 객관성, 체계성, 일반성 등 과학적 연구방법의 요건을 갖춰야 한다.
③ 양적인 분석방법과 질적인 분석방법 모두를 사용하고 있다.
④ 직접적으로 자료를 수집하는 방법에 비해 상대적으로 시간과 비용이 많이 든다.
⑤ 분석하고 싶은 자료에 접근하거나 구하는 것 자체가 어려운 경우가 있다.

기출 STYLE

내용분석과 관련해서는 내용분석의 장단점을 묻는 유형도 있지만, 내용분석 연구의 사례를 제시한 후 해당 연구방법의 특징을 묻는 형태로 주로 출제되고 있다. 비반응성 연구로 분류할 수 있는 내용분석의 특징과 장단점을 기억해둘 필요가 있다.

✛03 관찰법의 단점으로 옳지 않은 것은?

① 자연적 환경에서 조사하기 때문에 외생변수를 통제하기가 현실적으로 어렵다.

② 관찰자의 비계량화된 인식의 형태를 취하기 때문에 계량화가 어렵다.

③ 관찰자가 직접적인 자료수집의 도구가 되므로, 관찰대상이 되는 표본의 크기를 확대하는 데 뚜렷한 한계가 있다.

④ 조사과정에서 관찰자의 추리나 주관이 개입될 확률이 높다.

⑤ 비언어적 행동이나 사회적 상호작용에 관한 자료수집이 어렵다.

기출 STYLE

관찰법과 관련해서는 관찰법의 주요 특징, 관찰법의 장점과 단점을 묻는 문제가 출제되고 있다. 한동안 출제되지 않다가 최근 시험에서 다시 등장하였으므로 반드시 내용을 꼼꼼하게 살펴봐야 한다.

05 관찰법에서 신뢰도와 타당도를 높이기 위한 방법이 아닌 것은?

① 관찰자에 대한 훈련으로 관찰자의 질을 높인다.

② 하나의 관찰대상을 여러 명이 동시 관찰한 후 결과를 비교하여 편견을 제거한다.

③ 관찰을 기록할 때 사실과 해석을 명백히 구분한다.

④ 같거나 유사한 형태의 경우 다른 용어를 사용함으로써 적용범위를 넓힌다.

⑤ 윤리적·법적 문제가 없는 경우 녹음기 등을 사용하여 사실을 기록한다.

문제풀이 TIP

관찰의 신뢰도를 높이기 위해 같은 형태나 유사한 형태에 대해서는 동일한 용어로 기록 및 평가하도록 한다.

04 다음에 제시된 분석단위는 무엇인가?

1980년대, 1990년대, 2000년대별로 영화에 나오는 여성 주인공들의 특징을 남성과의 관계에 있어서 의존적인 여성과 독립적인 여성으로 분류해봄으로써 각 시기별로 여성들이 남성을 대하는 태도의 변화를 파악해볼 수 있다.

① 단어   ② 주제

③ 인물   ④ 공간 및 시간

⑤ 항목

**문제풀이 **

분석단위의 예
- 단어: 2000년대 사회복지실천에 관한 논문에서 진단, 치료, 사정이라는 단어가 얼마나 사용되는가를 분석
- 주제: 1990년대 주요 일간지 사회면 연재기사들의 주제를 검토
- 인물: 1970년대 문학작품에 나오는 주인공의 특징을 분류
- 공간 및 시간: 인쇄물의 지면(신문의 1면 등), 방송 시간(아침 시간대, 저녁 시간대 등)
- 항목: 책 한권, 수필 한 편, 드라마 한 편 등

06 내용분석법의 단점으로 옳은 것을 모두 고른 것은?

ㄱ. 자료수집에 시간과 비용이 많이 든다.
ㄴ. 실제적인 타당도를 확보할 수 없다.
ㄷ. 역사적 연구에는 적당하지 않다.
ㄹ. 기록된 의사전달만을 분석할 수 있다.

① ㄱ, ㄴ   ② ㄱ, ㄷ

③ ㄴ, ㄹ   ④ ㄷ, ㄹ

⑤ ㄱ, ㄴ, ㄷ, ㄹ

**문제풀이 **

내용분석의 장점
- 직접적인 자료수집방법에 비해 상대적으로 시간과 비용이 절감
- 비관여적인 연구방법
- 장기간에 걸친 종단연구 가능

사회복지조사론

✚07 다음에 해당하는 조사방법의 특징으로 옳은 것을 모두 고른 것은?

> 최근 치매가족의 자살 및 살인사건이 빈번히 발생하고 있어 이에 대한 실태 파악과 대책 마련이 시급히 요구되고 있다. 이와 관련해서 치매가족의 자살 및 살인사건의 현황과 원인, 특성 등을 파악하기 위해 1920년부터 2014년 3월까지의 신문기사에 보도된 내용을 중심으로 관련 사건을 4가지 유형('치매가족의 자살', '치매 가족의 살인', '살인 후 자살', '동반자살')으로 분류하여 분석하였다.
>
> ───────────────────
>
> ㄱ. 조사대상자의 반응성으로 인한 염려를 해결할 수 있다.
> ㄴ. 연구의 일부를 다시 수행하는 것이 용이하다.
> ㄷ. 질적인 내용을 양적인 자료로 전환해 분석한다.
> ㄹ. 타당도를 확보하기 쉽다.

① ㄱ
② ㄴ, ㄷ
③ ㄷ, ㄹ
④ ㄹ
⑤ ㄱ, ㄴ, ㄷ

08 내용분석의 범주와 분석단위에 관한 설명으로 옳지 않은 것은?

① 분석범주는 내용의 전체를 분석하고자 하는 분류기준을 말한다.
② 적절한 범주설정을 위해서는 문헌의 질적인 분석보다는 양적으로 많이 수집하여 자료를 확보하는 것이 중요하다.
③ 내용분석의 분석범주는 포괄적이어야 하고 상호배타적이어야 한다.
④ 분석단위는 기술적 또는 설명적으로 진술할 수 있는 의사소통의 단위를 말한다.
⑤ 분석단위로는 단어, 주제, 인물, 항목, 공간 등이 사용된다.

09 다음 중 조사과정에서 반응성이 문제가 되지 않는 경우를 모두 고른 것은?

> ㄱ. 청소년 비행실태를 조사하기 위해 경찰서와 법원의 통계자료를 조사했다.
> ㄴ. 일면경(oneway mirror)을 통해 놀이치료 중인 아동을 몰래 관찰한다.
> ㄷ. 1970년대부터 2000년대까지의 소설 속에 나타난 장애인의 이미지를 분석한다.
> ㄹ. 성경험에 대해 대면조사를 실시한다.

① ㄱ, ㄷ
② ㄴ, ㄷ
③ ㄹ
④ ㄱ, ㄴ, ㄷ
⑤ ㄱ, ㄴ, ㄷ, ㄹ

10 관찰법의 장점으로 볼 수 없는 것은?

① 비언어적 행동에 관한 자료수집에 뛰어나다.
② 자연적 환경에서 일어나는 자연스러운 행동에 관한 자료를 수집한다.
③ 광범위한 횡단적 분석이 가능하다.
④ 조사대상자가 조사연구에 비협조적이거나 면접을 거부할 때에 사용이 가능하다.
⑤ 연구대상의 태도가 모호한 경우에 사용 가능하다.

문제풀이 TIP

관찰은 자연적 상태에서 조사를 수행하기 때문에 장기간에 걸친 종단적 조사가 가능하다.

11 관찰의 방법에 대해 예를 들어 설명하고 있는 다음의 내용은 어느 유형의 관찰에 해당하는가?

> 사회복지학과 학생들이 사회복지실습을 사회복지기관에서 받으면서 기관에 근무하는 사회복지사들이 클라이언트를 대하는 태도를 관찰한다. 이때 학생들은 사회복지사들의 일상생활에 완전히 참여할 필요는 없으며, 기관에 근무하는 사회복지사들도 실습생들이 자신에 대해 관찰하고 있다는 것을 알고 있지만, 일상적인 업무를 수행하는 데 아무런 지장을 받지 않는다.

① 참여관찰
② 비참여관찰
③ 준참여관찰
④ 조직적 관찰
⑤ 비조직적 관찰

✛12 내용분석법에 대한 설명으로 옳은 것을 모두 고른 것은?

> ㄱ. 메시지의 현재적 내용뿐 아니라 잠재적인 내용도 분석대상이 된다.
> ㄴ. 실수를 하더라도 쉽게 바로잡을 수 없다.
> ㄷ. 연구대상자에 대한 자료를 간접적으로 수집한다.
> ㄹ. 장기간에 걸친 종단연구에는 적용이 불가능하다.

① ㄱ, ㄴ   ② ㄱ, ㄷ
③ ㄴ, ㄷ   ④ ㄴ, ㄹ
⑤ ㄷ, ㄹ

문제풀이 TIP

내용분석은 직접적인 자료수집방법이 아니라 기존자료를 이용하는 간접적인 자료수집방법에 해당하며 비관여적인 방법이다. 의사소통의 드러난 현재적 내용뿐만 아니라 숨은 저변에 깔려 있는 내용도 분석대상이 된다.

13 참여관찰에 대한 설명으로 옳은 것을 모두 고른 것은?

> ㄱ. 어린이와 같이 언어구사력이 떨어지는 집단에 효과적이다.
> ㄴ. 현장에서 이루어지므로 자료가 세밀하고 정교하다.
> ㄷ. 관찰자의 선입견이 개입될 수 있다.
> ㄹ. 질적인 내용을 양적 자료로 전환하는 방법이다.

① ㄱ   ② ㄱ, ㄷ
③ ㄴ, ㄹ   ④ ㄱ, ㄴ, ㄷ
⑤ ㄱ, ㄴ, ㄷ, ㄹ

✛14 내용분석법의 장점으로 볼 수 없는 것은?

① 다양한 심리적 변수를 효과적으로 측정할 수 있다.
② 다른 연구방법과 함께 사용이 가능하다.
③ 기존 자료들이 중요한 정보를 제공한다.
④ 실수를 쉽게 보완할 수 있는 안전성이 있다.
⑤ 자료의 실제적인 타당도를 확보하기 쉽다.

문제풀이 TIP

내용분석법의 단점
• 기록된 의사전달 자료에만 의존하므로 기록으로 남아 있지 않은 것은 분석하기 어렵다.
• 이미 기록된 자료를 바탕으로 추상적 개념을 측정하고자 하기 때문에 타당도를 확보하기 어려운 점도 있다.

15 다음의 연구방법이 갖는 특징으로 적절한 것은?

> 본 연구는 유치원에서 활용되고 있는 장애관련 동화의 내용을 분석함으로써 장애관련 동화의 바람직한 교육적 이해와 활용을 위한 기초자료를 제공하는 데 그 목적을 두었다. 이와 같은 연구목적에 따라 A광역시에 소재하는 공립유치원과 사립유치원을 대상으로 장애관련 동화 17편을 조사수집하여 분석하였다. 자료분석은 유치원 교육목표 영역별, 동화의 장르별, 동화의 주제별, 동화의 소재별, 주인공 장애별, 주인공 묘사별, 그리고 주인공 성별 등의 7개 부분으로 이루어졌다.
>
> ㄱ. 간접적 자료수집 방법에 속한다.
> ㄴ. 연구조사자가 연구대상의 반응에 영향을 미치지 않는다.
> ㄷ. 자료수집과정보다 자료분석과정이 중요하다.
> ㄹ. 자료의 수정 및 반복이 불가능하다는 한계를 내포한다.

① ㄱ, ㄴ   ② ㄱ, ㄷ
③ ㄷ, ㄹ   ④ ㄱ, ㄴ, ㄷ
⑤ ㄱ, ㄴ, ㄷ, ㄹ

문제풀이 TIP

내용분석법은 자료의 수정 및 반복이 가능하여 조사의 융통성이 있다.

✛16 다음은 국내 인터넷 중독 연구동향에 대한 조사 논문의 일부를 발췌한 것이다. 이 논문에서 사용하고 있는 조사방법에 대한 설명으로 옳지 않은 것은?

> 본 연구의 목적은 국내 인터넷 중독 관련 학술지 게재 논문의 연구동향을 살펴보는 것이다. 자료분석을 위해 학술진흥재단 등재 및 등재후보 학술지에 2000년부터 2007년 말까지 게재된 논문들 중 인터넷 중독에 대한 논문 173편을 선정하여 연구내용, 연구대상, 연구방법, 자료분석방법, 측정도구의 평가로 구분하여 분석하였다.

① 비관여적 조사방법이다.
② 조사를 위해 2차자료를 수집하였다.
③ 모집단은 학술진흥재단 등재 및 등재후보 학술지에 2000년부터 2007년 말까지 게재된 논문 전체다.
④ 조사의 분석범주가 제시되어 있지 않다.
⑤ 조사의 분석단위는 제시되어 있다.

✛17 2차 자료분석에 관한 설명으로 옳은 것을 모두 고른 것은?

> ㄱ. 자료수집과정에서 조사대상자의 반응성으로 인해 발생하는 오류를 피할 수 있다는 점에서 비반응성 자료수집에 해당한다.
> ㄴ. 기존 자료를 활용하는 방법이기 때문에 상대적으로 비용이 적게 들며, 상대적으로 자료수집에 소요되는 시간과 노력을 줄일 수 있다.
> ㄷ. 기존 자료의 신뢰성에 문제가 있을 수 있으며, 생태학적 오류의 가능성이 있다.
> ㄹ. 연구자가 관련 변수를 통제하기 어렵다.

① ㄱ, ㄴ, ㄷ   ② ㄴ, ㄷ, ㄹ
③ ㄱ, ㄷ   ④ ㄴ, ㄹ
⑤ ㄱ, ㄴ, ㄷ, ㄹ

욕구조사와 평가조사

해답과 오답노트 59쪽

✢01 욕구조사의 유형에 관한 설명으로 옳지 않은 것은?

① 지역사회 공개토론회는 자유로운 분위기에서 다양한 지역사회의 의견이 도출될 수 있다.

② 서비스 이용자 조사는 이미 서비스를 받고 있는 클라이언트의 규모나 성향에 기반을 두고 조사하는 것이다.

③ 지역주민 서베이는 지역주민 전체를 모집단으로 할 수도 있고, 특정 주민들을 대상으로 할 수도 있다.

④ 주요 정보제공자 조사는 지역사회 주민에 대한 직접적인 욕구 확인 방법이다.

⑤ 사회지표조사는 기존의 통계자료를 활용하는 방법이다.

기출 STYLE

욕구조사의 다양한 유형들 각각의 장단점과 특징들을 비교하는 문제이다. 개별 유형들에 대한 이해를 묻는 형태로도 출제되고 있다.

✢02 다음 빈칸에 알맞은 말을 순서대로 고르시오.

연구자 A는 ○○정신건강복지센터의 환자 150명을 대상으로 치료방법별로 (㉠)분석을 시도하였다. 환자가 입원과 방문치료를 받는 경우를 각각 비교하여 분석한 결과, 입원 1인당 비용은 20,346원이고, 방문치료의 경우 13,358원으로 나타나 (㉡)가 (㉢)보다 (㉠)적인 것으로 나타났다.

	㉠	㉡	㉢
①	비용-효과	입원치료	방문치료
②	비용-효과	방문치료	입원치료
③	비용-편익	입원치료	방문치료
④	비용-편익	방문치료	입원치료
⑤	비용-효율	방문치료	입원치료

기출 STYLE

평가조사의 다양한 유형에 따른 특징을 이해할 필요가 있다. 제시된 사례에 적합한 평가유형을 고르는 형태가 꾸준히 출제되고 있으며, 효과성과 효율성에 관하여 구분하고 분석하는 문제가 출제되므로 이에 대비하여야 한다.

사회복지조사론

03 평가조사에 대한 설명으로 옳은 것은?

① 과정평가는 프로그램의 존속 여부 등에 관련된 평가이다.

② 외부평가자는 내부평가자에 비해 프로그램 관련 정보 및 관계자와 자주 접촉할 수 있다.

③ 형성평가는 프로그램의 목표를 얼마나 달성했는가에 초점을 둔다.

④ 내부평가자는 외부평가자에 비해 프로그램 운영자들로부터 많은 협조와 도움이 될 만한 정보를 제공받을 수 있다.

⑤ 총괄평가는 프로그램 진행과정에서 장단점을 파악하고, 이를 바탕으로 개선방안을 제시한다.

문제풀이 TIP

- 총괄평가: 프로그램이 종결된 이후에 수행, 프로그램의 지속, 중단 등의 여부를 결정하는 데 활용
- 과정평가: 프로그램 운영과정 상의 장단점을 파악하여 프로그램 개선 방안을 마련하는 데 도움을 제공, 프로그램 진행과정에서 수행
- 내부평가: 프로그램의 운영, 집행을 담당하고 있는 사람들이나 같은 조직 내의 다른 구성원들이 진행하는 평가
- 외부평가: 외부의 전문가, 연구기관의 연구원, 다른 조직의 실무자 등이 진행하는 평가

 04 욕구조사 유형에 관한 설명으로 옳지 않은 것은?

① 델파이 기법: 전문가를 모으는 수고를 덜고 응답자의 시간을 효율적으로 사용할 수 있다.

② 초점집단기법: 자료수집과정에서 연구자의 주관적 개입이 가능하다.

③ 명목집단기법: 해결해야 하는 욕구나 문제에 대한 공유된 이해를 형성하기 위해 사용된다.

④ 사회지표분석: 장기적 변화의 파악이 가능하며 해당 지역에 알맞은 지표를 쉽게 찾을 수 있다.

⑤ 행정자료 조사: 사회단체에서 행정 및 관리를 위해 수집한 자료를 분석하여 욕구를 파악한다.

05 욕구조사를 위하여 지역사회 공개포럼을 개최하는 경우 발생할 수 있는 문제점으로 옳지 않은 것은?

① 광범위한 지역에 분포하는 사람들을 한 번에 모으는 것이 불가능할 수 있다.

② 관심이 있는 사람들만 참석하여 표본의 편의현상이 나타날 수 있다.

③ 시간적 제약으로 인하여 참석자 가운데 소수만이 의견을 발표할 수 있다.

④ 거동이 불편한 장애인이나 노인의 경우 욕구 수준은 높지만 물리적 이유로 참석이 불가능할 수 있다.

⑤ 정치적으로 민감한 문제들이 주로 다뤄지고 실제적인 지역사회 욕구가 배제될 가능성이 있다.

06 프로그램 효과성 평가에 관한 설명으로 옳지 않은 것은?

① 효과측정의 대상은 서비스를 제공받은 클라이언트의 욕구상태와 행동의 변화이며, 서비스 전달체계상의 변화도 포함이 된다.

② 효율성 평가가 프로그램의 목표달성의 정도를 알고자 하는 것이라면, 효과성 평가는 그러한 목표달성을 위해 얼마만큼의 자원을 사용했는가를 평가하고자 하는 것이다.

③ 이론적 오류는 프로그램 개입이 매개변수들의 변화는 초래하였지만, 개입 목표의 성과지표는 변화하지 않는 경우를 말한다.

④ 프로그램의 효과성 평가는 성과변수들을 프로그램의 예상목표 혹은 기대치와 비교하여 평가한다.

⑤ 프로그램 목표가 클라이언트의 문제와 행동의 변화이므로 클라이언트는 평가자료의 가장 중요한 원천이 된다.

07 다음에 해당하는 욕구조사 유형에 관한 설명으로 옳은 것을 모두 고른 것은?

> 전문가를 선정하여 패널을 구성한다. →설문지를 작성한다. →설문지를 발송하고 수거한다. →회수된 설문지를 정리하고 분석한다. →합의된 부분과 합의되지 않은 부분으로 나눠서 정리하고 분석한다. →두 번째 질문지를 작성해 발송하고 회수한다. →회수된 응답을 재분석한다. →일정 정도의 합의점을 도출할 때까지 이러한 절차를 반복한다.

> ㄱ. 패널들의 의견이 일치될 때까지 의견을 수렴하는 기법이다.
> ㄴ. 전문가들은 시간을 효율적으로 사용할 수 있다.
> ㄷ. 일정 정도의 합의점을 도출할 때까지 반복한다는 점에서 많은 시간이 소요될 수 있다.
> ㄹ. 익명으로 이루어진다는 점에서 특정 참여자의 영향력을 줄일 수 있다.

① ㄱ, ㄴ, ㄷ
② ㄱ, ㄷ
③ ㄴ, ㄹ
④ ㄹ
⑤ ㄱ, ㄴ, ㄷ, ㄹ

 문제풀이 TIP

델파이 기법
일반적으로 전문가들의 의견이나 정보를 수집/분석한 결과를 다시 응답자들에게 보내는 과정을 반복하면서 전문가들의 일정한 합의를 도출하기 위해 적용하는 기법이다. 얼굴을 맞대지 않고서도 특정 사안이나 주제에 대한 활발한 상호작용을 가능하게 만드는 기법이다. 집단적인 압력에서 자유로울 수 있다는 장점이 있다.

08 주요 정보제공자(key informants)를 활용한 욕구조사에 관한 설명으로 옳지 않은 것은?

① 지역사회의 사정에 대해 잘 알고 있는 사람들이나 지역사회에서 장기간 활동했던 사람들을 대상으로 한다.
② 정보제공자들의 유형에 상관없이 일정한 수준의 질이 확보된 정보를 수집할 수 있다.
③ 상대적으로 용이하게 표본을 얻을 수 있다.
④ 지역사회의 자원과 친밀한 관계를 형성할 수 있다.
⑤ 정보제공자들의 편향성이 개입될 수 있다.

 문제풀이 TIP

주요 정보제공자 조사의 단점
조사에 포함된 정보제공자들이 누가 되는지에 따라 정보의 내용과 질이 크게 달라질 수 있으며, 정보제공자들의 편향성의 개입이 불가피하다는 점이 있다.

09 평가조사에 대한 설명으로 옳지 않은 것은?

① 과정평가는 정부에서 새로운 시범사업을 시행할 때 자주 활용된다.
② 비용-효과분석은 다른 유형의 성과가 발생하는 프로그램들에 적용하기 어려운 한계가 있다.
③ 메타평가는 평가계획서나 평가결과를 다른 평가자에 의해 점검 받는다.
④ 각기 다른 목표를 갖는 프로그램들을 동일한 가치기준으로 평가하는 경우 비용-편익분석보다 비용-효과분석이 더 적절한 방법이다.
⑤ 내부평가는 프로그램의 결정, 집행을 담당하는 사람들이나 같은 기관의 다른 구성원이 진행하는 평가를 의미한다.

 문제풀이 TIP

비용-편익분석은 서로 다른 목표를 갖는 프로그램을 화폐로 환산한 비용-편익을 통해 비교할 수 있다면, 비용-효과분석은 동일한 목표를 가진 프로그램들을 각각의 소요 비용들로 비교하여 최소 비용으로 최대 효과를 내는 프로그램이 가장 효율적이라고 판단한다.

✦10 욕구조사방법에 대한 설명으로 옳지 않은 것을 모두 고른 것은?

> ㄱ. 지역사회 서베이: 기존에 존재하는 자료를 수집하여 활용하는 2차자료 분석에 해당한다.
> ㄴ. 주요 정보제공자 조사: 대규모 설문조사에 비해 표본의 대표성이 높은 편이다.
> ㄷ. 지역사회 포럼: 지역주민을 대상으로 개별적으로 자료를 수집하는 데 유리하다.
> ㄹ. 델파이 조사: 전문가들에게 우편으로 의견이나 정보를 수집하여 분석한 결과를 다시 응답자들에게 보내는 것을 만족스러운 결과를 얻을 때까지 반복하는 방법이다.

① ㄱ, ㄴ
② ㄱ, ㄷ
③ ㄴ, ㄹ
④ ㄷ, ㄹ
⑤ ㄱ, ㄴ, ㄷ

11 다음 사례에서 제시한 욕구조사 방법에 대한 설명으로 적절한 것은?

> 노인수발보장제도의 실효성에 대한 전문가들 간의 합의점을 찾기 위해 A대학 부설 연구소에서는 1차 설문에 대한 응답을 토대로, 2차 설문에서 이를 재확인하는 방식을 취했다.
>
> ㄱ. 전문가를 한자리에 모으는 수고를 덜 수 있다.
> ㄴ. 전문가가 자유로운 시간에 의견을 말할 수 있다.
> ㄷ. 익명이므로 참가자의 영향을 줄일 수 있다.
> ㄹ. 반복하는 동안 응답자의 수를 늘려갈 수 있다.

① ㄱ
② ㄴ, ㄷ
③ ㄷ, ㄹ
④ ㄱ, ㄴ, ㄷ
⑤ ㄱ, ㄴ, ㄷ, ㄹ

12 다음에서 설명하고 있는 평가조사의 유형은?

> 노인취업을 위한 2개 유형의 프로그램이 기획되어, 각 프로그램을 취업 가능한 50명의 노인들을 대상으로 취업을 위한 사전교육과 기능교육이 비슷한 형태로 진행되었다. 프로그램이 종료된 후 진행된 프로그램의 평가결과는 다음과 같다.
>
> | 구분 | A프로그램 | B프로그램 |
> |---|---|---|
> | 총 프로그램 비용 | 380,000원 | 500,000원 |
> | 취업 노인 수 | 10명 | 20명 |
> | 1인당 취업비용 | 38,000원 | 25,000원 |
>
> 총 프로그램 비용을 취업 노인 수로 나누어 구한 1인당 취업비용을 비교함으로써 프로그램을 평가한다.

① 형성평가
② 비용－편익분석
③ 내부평가
④ 비용－효과분석
⑤ 메타평가

 문제풀이 TIP

프로그램에 투입된 비용만을 화폐단위로 계산하여 달성된 결과(취업 노인 수)와 비교해서 프로그램을 평가하고 있다는 점에 주목하자.

13장

질적 연구방법론

이 장에서는,

질적 연구방법론의 특징과 유형(근거이론, 문화기술지, 현상학적 연구 등)을 이해한다. 최근 들어 질적 연구방법론에 관한 문제가 정교해지고 난이도가 높아지는 경향을 보이고 있으므로 세부적인 내용까지 꼼꼼하게 살펴보아야 한다. 양적 연구방법론과의 특징 비교, 질적 연구와 양적 연구를 통합하는 혼합연구의 특징, 질적 연구의 조사도구, 질적 연구의 엄격성에 관한 내용을 이해한다. 마지막으로 참여관찰과 심층면접의 특성을 상호 비교하여 이해한다.

해답과 오답노트 **61쪽**

✛01 양적 연구와 질적 연구를 비교한 내용으로 옳은 것은?

> ㄱ. 양적 연구는 객관적이고 일반화할 수 있는 결과를 산출하는 데 용이하며, 질적 연구는 심층적이고 풍부한 사실을 발견하는 데 활용된다.
> ㄴ. 양적 연구의 자료수집방법에는 실험, 구조화된 설문지 등이 있으며, 질적 연구의 자료수집방법에는 참여관찰, 심층면접 등이 있다.
> ㄷ. 양적 연구는 표준화된 자료수집도구를 활용한다면, 질적 연구는 연구자 자신이 자료수집을 위한 도구가 된다.
> ㄹ. 양적 연구는 가설 없이 시작이 가능하며, 질적 연구는 연구설계 및 변수를 사전에 확정한다.

① ㄱ, ㄴ 　　② ㄴ, ㄷ
③ ㄷ, ㄹ 　　④ ㄱ, ㄴ, ㄷ
⑤ ㄱ, ㄴ, ㄷ, ㄹ

기출 STYLE

질적 연구와 양적 연구를 통합하는 혼합연구의 특징을 묻거나 질적 연구와 양적 연구 각각에 적합한 사례를 연결하는 유형 등이 출제되었다. 질적 연구와 양적 연구의 장단점을 비교해보고, 특히 질적 연구의 유형별 특징들을 비교해서 이해하도록 하자.

✛02 근거이론(grounded theory) 접근을 적용한 연구에 대한 설명으로 옳지 않은 것은?

① 표본을 선정할 때 주로 의도적 추출방법을 활용한다.
② 이론적 기반이 확고한 분야를 연구할 때 주로 활용한다.
③ 연구과정을 통해 체계적으로 수집되고 분석된 자료를 상호 비교, 검토함으로써 이론을 추출하는 방법이다.
④ 귀납적인 접근방법을 채택한다.
⑤ 자료수집과 분석, 이론개발이 상호작용하면서 동시에 이루어진다.

기출 STYLE

질적 연구에 관한 설명 또는 사례를 제시하고 해당하는 질적 연구방법론의 유형은 무엇인지를 묻는 유형이 출제되고 있다. 근거이론에 관한 문제가 가장 많이 출제되고 있다.

✛03 질적 연구의 특성에 대한 설명으로 옳지 않은 것은?

① 자료수집방법에 융통성이 있고, 연구설계에 있어서 유연성이 있다.

② 연구대상자의 반응성을 고려하여, 연구사실을 알리지 않은 채 연구를 진행한다.

③ 엄격한 인과관계를 규명하기보다는 복합적인 상호작용의 규명에 초점을 둔다.

④ 연구대상자가 소규모일 경우가 많다.

⑤ 자연스러운 상태의 생활환경이 연구의 장이 된다.

문제풀이 TIP

연구사실을 알리지 않은 채 연구를 진행하는 것은 윤리적으로 문제의 소지가 있다.

04 다음에 해당하는 질적 연구방법은 무엇인가?

> 사물이나 현상의 본질을 탐구한다기보다는 사물이나 현상에 대한 경험의 본질을 탐구하는 것이다. 즉, 어떤 경험이 그 경험을 한 사람에게 주는 의미가 무엇인지를 탐구한다.

① 근거이론

② 민속지학

③ 사례연구

④ 현상학

⑤ 참여행동연구

✛05 양적 연구와 질적 연구의 차이점에 대한 설명 중 옳지 않은 것은?

① 양적 연구는 연구설계의 융통성이 많지만 질적 연구는 연구설계에 융통성이 적다.

② 양적 연구는 가설검증이 목적이지만 질적 연구는 가설 없이 시작이 가능하다.

③ 양적 연구는 규모가 큰 표본에 주로 실시하지만 질적 연구는 작은 표본 및 대상자에게도 적용이 가능하다.

④ 양적 연구는 구체적인 이론적 배경을 가지고 시작하지만 질적 연구는 별다른 이론적 배경 없이 시작이 가능하다.

⑤ 양적 연구는 비교적 구조화된 환경에서 실시되지만 질적 연구는 자연스러운 실제 환경에서 주로 실시된다.

06 다음 중 질적 연구방법론과 관련된 용어를 모두 고른 것은?

> ㄱ. 확률적 규명
> ㄴ. 현장연구
> ㄷ. 실증주의
> ㄹ. 상징적 상호작용론

① ㄱ, ㄴ   ② ㄱ, ㄷ

③ ㄴ, ㄹ   ④ ㄷ, ㄹ

⑤ ㄱ, ㄴ, ㄷ, ㄹ

✦07 질적 연구의 신뢰성을 높이기 위한 방법으로 옳은 것을 모두 고른 것은?

> ㄱ. 연구자가 연구대상자에게 관찰결과와 해석의 정확성에 대해 확인할 수 있도록 한다.
> ㄴ. 연구자의 해석에 적합하지 않은 예외사례를 충분히 찾아보도록 한다.
> ㄷ. 다른 동료연구자들의 점검을 통해 자료수집과 해석에 있어서 편견이나 문제점을 점검한다.
> ㄹ. 해석의 객관성을 위해 연구대상자와의 관계는 거리를 유지한다.

① ㄱ, ㄷ   ② ㄴ, ㄷ
③ ㄴ, ㄹ   ④ ㄱ, ㄴ, ㄷ
⑤ ㄱ, ㄴ, ㄷ, ㄹ

08 다원측정(다각화)에 대한 설명으로 옳지 않은 것은?

① 자료를 해석하기 위해 다양한 이론과 관점을 활용한다.
② 주 연구책임자를 지속적으로 교체한다.
③ 여러 가지 연구방법을 함께 활용한다.
④ 여러 명의 관찰자가 동시에 관찰한다.
⑤ 다양한 자료 출처를 활용한다.

09 참여관찰에 대한 설명으로 옳지 않은 것은?

① 외부로 드러나지 않는 관찰대상의 내재적 동기나 미묘한 감정 변화를 포착할 수 있다.
② 관찰자가 관찰대상 집단에 지나치게 동화되면 객관적 관찰에 방해가 될 수 있다.
③ 양적 연구방법보다 일반화 가능성이 낮다.
④ 설명적 연구에 유용하다.
⑤ 신분을 숨긴 상태에서 관찰하므로 윤리적으로 문제가 될 수도 있다.

✦10 양적 연구와 질적 연구의 비교로 적절하지 않은 것은?

① 양적 연구는 연구에 앞서 가설을 설정하고, 질적 연구는 연구 도중에 잠정적인 가설들이 형성, 기각, 수정된다.
② 양적 연구는 실험, 구조화된 면접과 관찰이, 질적 연구는 참여관찰과 개방적 면접이 주요 기법이다.
③ 양적 연구는 연구자와 연구대상이 독립적이라고 인식하며, 질적 연구는 이 둘이 상호작용한다고 인식한다.
④ 양적 연구는 일반화 가능성이 높은 반면에, 질적 연구는 일반화 가능성이 낮다.
⑤ 양적 연구는 자료에 기반을 둔 이론을 산출하는 반면에, 질적 연구는 기존의 이론에서 검증할 자료를 구한다.

11 질적 연구방법의 특성에 대한 설명으로 옳지 않은 것은?

① 현상을 있는 그대로 개방적인 상태에서 파악하고자 한다.
② 연구자는 연구대상자와 긴밀하게 상호작용하면서 연구를 진행한다.
③ 자료수집을 하는 과정 속에서 지속적 · 귀납적으로 비교와 분석을 수행한다.
④ 연구에 앞서 가설을 설정하지 않고, 연구 도중에 잠정적인 가설을 형성한다.
⑤ 기존의 이론에 따라 검증할 자료를 구한다.

12 다음 사례에서 제시된 질적 연구의 특성으로 옳지 않은 것은?

> 연구자 A는 대학생 자원봉사활동의 지속성과 중단성의 요인에 대한 연구를 수행하였다. 15명의 대학생 자원봉사자를 대상으로 이루어진 심층면접과 기록을 개방코딩, 축코딩, 선택코딩의 과정을 거쳐 분석한 결과 자원봉사자 대학생은 '자원봉사 참여 전 단계', '중단 및 지속 결정단계', '지속단계 및 재참여 결정단계'를 거치는 것으로 나타났다.

① 미리 어떤 이론을 설정하지 않고 조사를 시작한다.
② 수집된 데이터를 통해 이론을 도출하는 연구방법이다.
③ 질적 연구의 한 방법으로 비확률표집을 선호한다.
④ 다른 질적 연구방법론과 달리 결과의 객관성을 위해 조사자의 관점을 엄격한 구조 틀로서 배제한다.
⑤ 면접조사나 관찰 등의 기법을 중시한다.

13 현장연구에 대한 설명으로 옳은 것을 모두 고른 것은?

> ㄱ. 비교적 장기간에 걸쳐 이루어지며 사람들의 행동, 생각, 감정 등을 심층적으로 이해할 수 있다.
> ㄴ. 자료의 수집, 분석, 가설설정 등이 동시적으로 이루어지기도 한다.
> ㄷ. 연구자의 창의력과 연구능력이 중요하다.
> ㄹ. 자료의 처리와 분석이 용이하다.

① ㄱ, ㄴ   ② ㄱ, ㄷ
③ ㄴ, ㄹ   ④ ㄱ, ㄴ, ㄷ
⑤ ㄱ, ㄴ, ㄷ, ㄹ

✦14 질적 연구의 신뢰성을 높이기 위한 방법에 대한 설명으로 적절하지 않은 것은?

① 질적 연구의 신뢰성이란 질적 연구를 통해 얻은 결과와 해석을 신뢰할 수 있는 정도를 의미한다.
② 연구자와 연구대상자의 장기간에 걸친 신뢰적인 관계 형성은 연구대상자의 반응성과 편견을 줄이는 데 도움을 줄 수 있다.
③ 연구자의 해석에 적합하지 않은 예외사례와 근거들을 충분히 찾아본다.
④ 동일한 이론적 지향을 가진 동료연구자가 자료를 분석해보도록 한다.
⑤ 연구대상자들에게 연구자의 관찰결과와 해석에 대해 재확인한다.

 문제풀이 TIP

질적 연구의 신뢰성을 높이기 위한 방법 중에 다원측정의 경우 연구방법의 다원화, 관찰자 다원화, 자료의 다원화와 더불어 자료를 해석하기 위해 다양한 이론과 관점을 활용하는 이론의 다원화도 포함된다.

15 질적 연구방법을 사용하여 연구하기에 적절한 주제를 모두 고른 것은?

> ㄱ. 발달장애 자녀를 둔 어머니의 양육 경험의 의미에 관한 연구
> ㄴ. 일탈경험을 한 성인남성의 사회적응과정에 대한 생애사 연구
> ㄷ. 민간의료보험의 가입 여부 및 유형이 미충족의료 욕구에 미치는 영향 연구
> ㄹ. 사회복지사의 직무스트레스와 이직의도에 미치는 요인 분석 연구

① ㄱ, ㄴ, ㄷ   ② ㄹ
③ ㄱ, ㄴ   ④ ㄷ, ㄹ
⑤ ㄱ, ㄷ, ㄹ

16 참여행동연구(participatory action research)에 대한 설명으로 옳지 않은 것은?

ㄱ. 연구자와 연구대상자는 엄격하게 구분되어야 한다.
ㄴ. 기존의 연구패러다임이 연구대상자를 단지 대상으로 축소시키는 문제점이 있다고 비판한다.
ㄷ. 연구는 교육과 의식개발, 그리고 의식을 행동으로 옮기는 수단으로 기능해야 한다고 주장한다.
ㄹ. 연구대상자들이 자신의 문제와 해결책을 정의하고 목적을 실현하는 데 도움이 될 수 있도록 연구설계에서 주도적 역할을 수행한다.

① ㄱ   ② ㄱ, ㄷ
③ ㄴ, ㄹ   ④ ㄴ, ㄷ, ㄹ
⑤ ㄱ, ㄴ, ㄷ, ㄹ

문제풀이 TIP

참여행동연구는 연구자와 연구대상자의 구분이 사라져야 하며, 연구설계에 연구대상자들이 함께 참여해야 한다고 주장한다.

17 근거이론의 자료분석에서 개방코딩에 관한 설명으로 옳은 것을 모두 고른 것은?

ㄱ. 자료를 통해 현상에 이름을 붙이고 개념을 도출하고 범주화하는 단계이다.
ㄴ. 확보된 자료를 전사한 후, 각 의미 단위마다 속성과 차원에 따라 '명명'하는 과정이다.
ㄷ. 패러다임 혹은 논리적 다이어그램을 사용하여 중심현상, 인과적 조건, 상호작용 전략을 확인·구체화하고, 맥락적 조건, 중재적 조건을 확인하며 이 현상의 결과를 묘사한다.
ㄹ. 모든 범주의 유형을 통합시키고 정교화하여 이후 새로운 이론을 생성하고, 이를 도식화한다.

① ㄱ, ㄷ   ② ㄴ, ㄹ
③ ㄱ, ㄴ   ④ ㄷ, ㄹ
⑤ ㄱ, ㄴ, ㄷ, ㄹ

18 다음 사례에서 나타난 참여관찰자의 유형에 해당하는 것은?

1970년대 초 미국 스탠포드 대학 연구진 8명은 정신질환자로 가장하여 환청을 호소하며 정신병원에 입원하였다. 이들은 평균 19일 동안 입원하였으며, 입원기간 동안에 그 누구도 이들이 정상인인 것을 알아채지 못했다. 그리고 퇴원 시에는 정신분열증이 다소 완화된 상태라는 진단을 받았다. 이들은 정신병원에 있는 동안 정신병원의 내부 상황과 치료진, 환자의 모습, 치료자와 환자의 상호작용 등을 생생하게 그려 냈다.

① 완전 참여자   ② 관찰 참여자
③ 참여 관찰자   ④ 완전 관찰자
⑤ 완전 참여관찰자

★19 혼합연구방법론에 관한 설명으로 옳지 않은 것은?

① 질적 연구방법으로 발견한 연구주제를 양적 연구방법을 이용하여 탐구하기도 한다.
② 양적 연구와 질적 연구에 대한 전문적 지식이 모두 필요하다.
③ 상충되는 다양한 연구 패러다임을 수용 할 수 있어야 한다.
④ 질적 연구결과와 양적 연구결과는 경우에 따라 상반될 수도 있다.
⑤ 양적 설계에 질적 자료를 단순히 추가하는 방법이다.

사회복지조사론

20 다음 빈칸에 들어갈 근거이론의 자료분석방법 단계는?

- (ㄱ): 확보된 자료를 전사한 후, 각 의미 단위마다 속성과 차원에 따라 '명명'하는 과정이다.
- (ㄴ): 발견된 각 범주와 하위 범주들 간의 관계를 연결시키고 범주를 속성과 차원의 수준으로 계속 발전시킨다.
- (ㄷ): 코딩 패러다임 혹은 논리적 다이어그램을 사용해서 제시된다.
- (ㄹ): 모든 범주의 유형을 통합시키고 정교화하여 이후 새로운 이론을 생성하고 도식화한다.

① ㄱ: 개방코딩, ㄴ: 개방코딩, ㄷ: 축코딩, ㄹ: 선택코딩
② ㄱ: 축코딩, ㄴ: 개방코딩, ㄷ: 축코딩, ㄹ: 선택코딩
③ ㄱ: 축코딩, ㄴ: 개방코딩, ㄷ: 선택코딩, ㄹ: 선택코딩
④ ㄱ: 개방코딩, ㄴ: 축코딩, ㄷ: 축코딩, ㄹ: 선택코딩
⑤ ㄱ: 개방코딩, ㄴ: 선택코딩, ㄷ: 축코딩, ㄹ: 축코딩

21 질적 연구에서 참여관찰의 특성으로 옳지 않은 것은?

① 어린아이와 같이 언어구사력이 떨어지는 집단에 효과적이다.
② 행동의 미묘한 차이를 연구하고 일정 기간의 사회과정을 조사하는 데 효과적이다.
③ 연구가 비공개적일 때는 관찰에서 철수하는 것 자체가 대상자에게 영향을 미칠 수 있다.
④ 연구문제나 목적이 표본의 크기를 결정하는 중요한 변수가 된다.
⑤ 표본을 추출할 때 대부분 확률표집을 실시한다.

22 질적 연구에 대한 설명으로 옳은 것을 모두 고른 것은?

ㄱ. 복합적이며 풍부한 맥락에 대한 깊이 있는 이해에 목적을 둔다.
ㄴ. 연구자 자신이 자료수집의 주요한 도구로 활용된다.
ㄷ. 현상학과 해석학은 질적 연구의 철학적 기반을 제공한다.
ㄹ. 정밀한 표본추출과 표준화된 측정에 기초한 연구보다 일반화 가능성이 크다.

① ㄱ, ㄴ, ㄷ   ② ㄱ, ㄷ
③ ㄴ, ㄹ   ④ ㄴ, ㄷ, ㄹ
⑤ ㄱ, ㄴ, ㄷ, ㄹ

23 질적 연구의 유형에 대한 설명으로 옳은 것을 모두 고른 것은?

ㄱ. 참여행동연구는 주로 사회변화와 임파워먼트를 목적으로 하며, 연구자와 대상자가 함께 연구를 진행한다는 특징이 있다.
ㄴ. 근거이론연구는 할당표집방법을 주로 활용한다.
ㄷ. 근거이론연구는 상징적 상호작용론에 바탕을 두고 있으며, 수집되는 자료로부터 이론이 생성되도록 접근하는 방식이다.
ㄹ. 사례연구에서는 양적 방법을 활용하지 않는다.

① ㄱ, ㄴ   ② ㄱ, ㄷ
③ ㄴ, ㄹ   ④ ㄷ, ㄹ
⑤ ㄱ, ㄴ, ㄷ, ㄹ

조사계획서 및 조사보고서

이 장에서는,

조사보고서 작성 시 고려해야 할 사항과 표제, 목차, 개요, 서론, 본문, 결론 및 제언, 참고문헌, 부록에 이르는 조사보고서의 기본 구조를 이해한다. 6회 시험 이후 출제되지 않았으며, 이후에도 출제될 가능성은 매우 낮아 보인다.

해답과 오답노트 63쪽

✚01 연구보고서에서 연구문제 및 연구목적이 명확하게 드러나야 할 부분은?

① 서론
② 이론적 고찰
③ 기존문헌 검토
④ 연구방법
⑤ 연구결과

기출 STYLE

조사보고서 작성 시 유의할 사항을 묻는 유형과 조사보고서의 기본구조를 묻는 유형이 주로 출제되었다. 보고서의 작성요령과 표제, 목차, 개요, 서론, 본문, 결론 및 제언, 참고문헌, 부록에 이르는 조사보고서의 기본구조를 이해할 필요가 있다.

02 <보기>에서 설명하고 있는 조사보고서의 유형은?

> 놀이치료 과정에서 치료자가 지각한 아동과의 관계 안에서의 체험(lived experience)을 심층적으로 기술함으로써 아동－치료자 간의 관계의 본질을 이해하고자 '놀이치료자는 아동과의 관계 안에서 무엇을 체험하며 그 체험의 의미는 무엇인가?'에 대한 연구결과를 제시하였다.

① 탐색적 조사보고서
② 기술적 조사보고서
③ 설명적 조사보고서
④ 제안적 조사보고서
⑤ 통합적 조사보고서

사회복지조사론

3영역

사회복지실천론

5개년도(18~22회) 출제분포표

		18회	19회	20회	21회	22회	문항수	출제율
1장	사회복지실천의 개념 및 정의	-	2	-	2	1	5	4%
2장	사회복지실천의 가치와 윤리	3	3	3	1	4	14	11%
3장	사회복지실천의 역사적 발달과정	2	1	3	2	3	11	9%
4장	사회복지실천현장에 대한 이해	1	1	1	2	1	6	5%
5장	사회복지실천의 주요 관점 및 이론	4	5	4	3	4	20	16%
6장	사례관리	3	3	2	4	2	14	11%
7장	관계형성에 대한 이해	3	4	3	5	4	19	15%
8장	면접의 방법과 기술	3	1	3	2	2	11	9%
9장	접수 및 자료수집 과정	2	2	2	1	1	8	7%
10장	사정과정	1	1	1	1	1	5	4%
11장	계획수립과정	1	-	1	-	1	3	2%
12장	개입과정	1	1	1	2	1	6	5%
13장	종결 및 평가	1	1	1	-	-	3	2%

1장 사회복지실천의 개념 및 정의

이 장에서는,

사회복지실천의 정의 및 목적을 비롯해 사회복지실천의 이념과 철학적 배경을 살펴본다. 사회복지실천을 미시, 중시, 거시적 차원 및 직접, 간접 차원에서 구분할 수 있어야 한다. 사회복지 전문직의 정체성과 관련하여 플렉스너의 비판과 그린우드가 제시한 전문직 속성 등을 파악해두어야 한다.

해답과 오답노트 64쪽

✛01 그린우드가 제시한 전문직의 속성 중 다음에서 설명하는 것은?

> 사회복지직은 전문직으로서 그들만의 고유한 가치나 규범 등을 공유한다. 이는 사회복지 전문직으로서의 사명감과 직업의식과 연결된다.

① 전문직 문화 ② 윤리강령
③ 전문적 권위 ④ 체계적 이론
⑤ 사회적 인가

기출 STYLE

사회복지 전문직의 정체성 논란과 관련하여 플렉스너가 어떤 점에서 사회복지가 전문직으로서의 속성을 갖추지 못했다고 비판했는지와 함께 그린우드가 제시한 전문직의 속성을 살펴보자. 이 내용은 사회복지실천의 발달과정에서도 출제되곤 한다.

✛02 다음 중 거시적 실천에 해당하는 것은?

① 청소년 대상의 진로찾기 문화체험 프로그램
② 클라이언트의 권리확보를 위한 법 개정 촉구 캠페인
③ 자원봉사자를 통한 혼자 사는 어르신 이동지원 서비스
④ 일상적 불안을 호소하는 클라이언트에 대한 장기 상담 프로그램
⑤ 가족 간 의사소통 방식 개선을 위한 교육 프로그램

기출 STYLE

미시/중시/거시적 실천 및 직접/간접 실천을 구분하는 문제가 종종 등장하고 있다. 주로 사례들을 제시하고 어떤 실천 유형에 속하는지를 파악하도록 출제되고 있기 때문에 실천 유형이 어떤 기준으로 어떻게 구분되는지를 토대로 사례에 적용할 수 있는 훈련을 해두어야 한다.

✛03 사회복지실천의 이념적 배경에 관한 설명으로 옳지 않은 것은?

① 사회진화론은 모든 인간은 평등함을 전제로 한다.

② 인도주의는 자선조직협회 우애방문원의 활동 철학이었다.

③ 개인주의에 따라 최소한 수혜 자격의 원칙이 제시되었다.

④ 민주주의는 클라이언트의 자기결정권 개념에 영향을 주었다.

⑤ 다문화주의는 다양한 문화의 평등한 공존을 지향한다.

기출 STYLE

사회복지실천의 이념과 철학적 배경도 간헐적으로 출제되곤 하는데, 각 이념들이 어떤 측면에서 사회복지와 연결되는지를 살펴봐야 한다. 특히 개인주의나 사회진화론도 사회복지에 영향을 미쳤다는 점 놓치지 말아야 한다.

04 사회복지실천에 관한 설명으로 옳지 않은 것은?

① 사회복지실천의 궁극적인 목적은 클라이언트의 삶의 질 향상이다.

② 클라이언트와 지역사회의 자원을 연결하여 역량강화를 지원한다.

③ 사회복지사는 클라이언트의 문제해결에 전적인 책임을 갖고 개입한다.

④ 사회구조적 문제의 해결 및 사회정의 향상을 위해 사회행동을 추진한다.

⑤ 사회학, 심리학, 정신의학 등 연관 학문에 대한 이해가 바탕이 된다.

✛05 플렉스너(Flexner)가 제기했던 사회복지직의 전문성에 대한 비판에 해당하지 않는 것을 모두 고른 것은?

> ㄱ. 사회복지에 대한 수요와 욕구가 불명확하다.
> ㄴ. 사회복지는 전문적 실천에 대한 강령이 없다.
> ㄷ. 사회복지는 사회과학적 기초가 결여되어 있다.
> ㄹ. 사회복지만의 자체적인 문화와 규범이 있다.

① ㄱ, ㄹ   ② ㄴ, ㄷ

③ ㄱ, ㄴ, ㄷ   ④ ㄴ, ㄷ, ㄹ

⑤ ㄱ, ㄴ, ㄷ, ㄹ

06 사회복지실천의 성격이 다른 하나는?

① 부부관계 향상 집단 프로그램 운영

② 식이장애를 가진 클라이언트 개인 상담

③ 알코올중독자 가족을 위한 가족치료

④ 저소득층 클라이언트를 위한 옹호 활동

⑤ 가정폭력 피해자 역량강화 프로그램 운영

문제풀이 TIP

직접적 실천과 간접적 실천으로 분류하면서 생각해보자.

07 사회복지실천의 수준에 따른 예시가 옳지 않은 것은?

① 미시적 실천 – 가족상담

② 미시적 실천 – 사후관리

③ 중시적 실천 – 자조집단 프로그램

④ 거시적 실천 – 사회기술훈련 제공

⑤ 거시적 실천 – 취약집단 옹호활동

✛08 사회복지실천에 영향을 미친 이념 중 다음 설명과 관련이 깊은 것은?

> • 개인의 권리를 존중해야 함과 동시에 그 개인에게 부여된 의무가 있음을 강조한다.
> • 이 이념은 빈곤에는 개인의 책임도 있다고 보아 '최소한의 수혜자격 원칙'이 만들어지는 데에 영향을 미쳤다.
> • 이 이념은 모든 클라이언트는 개개인의 특성에 따라 원조 내용과 방법 등이 달라져야 한다는 '개별화의 원칙'에도 영향을 미쳤다.

① 박애사상   ② 민주주의
③ 상부상조   ④ 개인주의
⑤ 사회진화론

✛10 그린우드(Greenwood)가 제시한 전문직으로서의 속성에 관한 설명으로 옳은 것을 모두 고른 것은?

> ㄱ. 전문적 권위: 사회복지직은 클라이언트와의 관계에서 권위를 내세우지 않는다.
> ㄴ. 사회적 승인: 사회복지직은 자격시험 등을 통해 전문직에 대한 권한을 부여한다.
> ㄷ. 윤리강령: 사회복지 전문직의 업무수행에 있어 구속력을 갖는 윤리강령이 존재한다.
> ㄹ. 통합적 관점: 사회복지직은 클라이언트에 대해 통합적 관점을 바탕으로 접근한다.

① ㄱ, ㄹ   ② ㄴ, ㄷ
③ ㄱ, ㄴ, ㄷ   ④ ㄴ, ㄷ, ㄹ
⑤ ㄱ, ㄴ, ㄷ, ㄹ

09 사회복지실천을 위해 사회복지사가 고려해야 할 사항으로 옳지 않은 것은?

① 클라이언트에게 상담 서비스를 제공할 때에는 심리학적 소양을 갖출 필요가 있다.
② 이미 발견된 문제의 해결뿐만 아니라 발생될 문제에 대한 예방을 계획할 필요가 있다.
③ 클라이언트에게 어떤 서비스가 적합한지를 판단할 수 있는 예술적 기반을 다져야 한다.
④ 우리나라 사회복지 윤리강령의 규정을 이해하고 준수할 수 있도록 노력해야 한다.
⑤ 사회문제에 관심을 가지고 정책의 변화를 촉구하는 직접 실천을 추구해야 한다.

11 사회복지실천의 기능으로 볼 수 있는 것을 모두 고른 것은?

> ㄱ. 클라이언트의 문제해결 능력 향상 원조
> ㄴ. 조직과 제도 간의 상호관계에 영향력 행사
> ㄷ. 클라이언트의 자원 취득 원조
> ㄹ. 사회정의 향상

① ㄱ, ㄴ, ㄷ   ② ㄱ, ㄷ, ㄹ
③ ㄱ, ㄴ, ㄹ   ④ ㄴ, ㄷ, ㄹ
⑤ ㄱ, ㄴ, ㄷ, ㄹ

12 사회복지실천의 전문적 기반과 관련하여 다음 중 성격이 다른 하나는?

① 클라이언트와의 전문적 관계형성

② 클라이언트에 대한 공감적 의사소통

③ 문제분석에 있어서의 직관적 능력

④ 변화에 대한 클라이언트의 저항 극복

⑤ 사전사후검사설계를 통한 효과성 평가

문제풀이 TIP

과학적 기반과 예술적 기반을 구분하는 문제이다.

⊹13 사회복지 전문직으로의 발전 과정에서 정체성 논란과 관련하여 옳은 것을 모두 고른 것은?

> ㄱ. 플렉스너(Flexner)는 리치몬드(Richmond)의 「사회진단」을 바탕으로 사회복지 전문직에 대한 의문을 제기했다.
>
> ㄴ. 플렉스너의 비판에 대한 대응으로 미국사회복지사협회(American Association of Social Workers)가 설립되었다.
>
> ㄷ. 플렉스너의 비판 이후 사회복지계는 정신의료적 치료기법을 적극적으로 받아들여 오늘날 사회복지직은 정신의료적 치료자로서 자리매김하게 되었다.
>
> ㄹ. 그린우드(Greenwood)는 체계적 이론, 전문적 권위, 사회적 승인, 윤리강령, 전문직 문화 등 전문직으로서의 속성을 갖추고 있다고 주장했다.

① ㄱ, ㄷ   ② ㄴ, ㄹ

③ ㄱ, ㄴ, ㄹ   ④ ㄴ, ㄷ, ㄹ

⑤ ㄱ, ㄴ, ㄷ, ㄹ

⊹14 사회복지실천에 영향을 미친 이념 및 철학적 배경에 관한 설명으로 옳지 않은 것은?

① 자선조직협회(COS)의 우애방문원들은 인도주의를 기반으로 원조활동을 실시하였다.

② 민주주의는 클라이언트의 권리와 클라이언트의 적극적 참여를 강조한다.

③ 사회진화론은 수혜자격에 따른 선별적 사회복지서비스 제공에 영향을 미쳤다.

④ 개인주의를 강조하는 국가는 공공 부문에 의한 사회복지 제도 및 정책을 거부한다.

⑤ 우리나라는 다문화 가정의 증가로 사회복지에서도 문화적 다양성이 강조되고 있다.

15 다음 중 사회복지실천이 강조하는 목적과 기능이 바르게 짝지어진 것은?

① 사회복지사 권위 향상 – 인간의 삶의 질 향상

② 특정 정당 옹호 – 인간의 사회적 기능 증진

③ 인간의 삶의 질 향상 – 인간의 사회적 기능 증진

④ 전문가주의 확대 – 사회적 기능 증진

⑤ 인간의 삶의 질 향상 – 사회복지시설 확대

16 다음과 관련된 것을 모두 고른 것은?

사회복지사는 클라이언트의 표적행동을 선정하여 개입 전 3차례에 걸쳐 기초선을 관찰하였다. 이후 6차례에 걸쳐 개입활동을 진행하였고, 개입을 중단한 후 개입의 효과가 지속되고 있는지를 관찰하였다.

ㄱ. 간접적 사회복지실천
ㄴ. 전문직으로서의 지식
ㄷ. 전문직의 공유된 규범
ㄹ. 사회복지실천의 과학성

① ㄱ, ㄷ   ② ㄴ, ㄹ
③ ㄱ, ㄴ, ㄷ   ④ ㄴ, ㄷ, ㄹ
⑤ ㄱ, ㄴ, ㄷ, ㄹ

문제풀이 TIP

사례에서 사회복지사는 단일사례설계를 진행하였다.

✦17 사회복지실천 수준에 관한 설명으로 옳지 않은 것은?

① 미시 수준의 실천은 개인의 가장 친밀한 상호작용 과정에 개입하는 활동이다.

② 미시 수준에서의 활동은 일반적으로 클라이언트를 직접 만나서 이루어지므로 간접실천에 해당한다.

③ 미시 수준과 거시 수준의 중간 수준에서 활동하는 것을 중범위 수준의 사회복지실천이라한다.

④ 중범위 수준의 실천에는 주로 집단을 조직하고 운영하는 활동 등이 해당된다.

⑤ 거시 수준의 실천은 지역사회나 전체 사회, 혹은 국가의 복지체계를 대상으로 한다.

2장 사회복지실천의 가치와 윤리

이 장에서는,

사회복지사는 실천활동을 진행함에 있어 가치판단을 하기도 하고 윤리적 갈등을 겪기도 한다. 가치는 '호불호', 윤리는 '시시비비'라는 개념 차이를 토대로 사회복지실천의 본질적 가치는 무엇인지, 사회복지 전문직으로서 어떠한 가치들을 고려해야 하는지, 윤리적 갈등상황에서 어떻게 대처해야 할 것인지와 관련된 내용들이 출제되고 있다. 가장 많이 출제되고 있는 내용은 한국사회복지사 윤리강령의 규정들로 다양한 문제를 통해 꼼꼼히 살펴두어야 한다.

해답과 오답노트 66쪽

✛01 한국사회복지사 윤리강령에서 다음을 통해 추구하고자 하는 핵심가치는?

> • 사회복지사는 개인적 · 사회적 · 문화적 · 정치적 · 종교적 다양성을 고려하며 개인의 인권을 보호하고 존중한다.
> • 사회복지사는 클라이언트의 자율성을 존중하고, 자기결정을 지원한다.
> • 사회복지사는 클라이언트가 역량을 강화하고, 자신과 환경을 변화시킬 수 있도록 지원한다.
> • 사회복지사는 사회복지 실천 과정에서 클라이언트의 개입과 참여를 보장한다.

① 사회정의
② 권익옹호
③ 개별화
④ 삶의 질 향상
⑤ 인간 존엄성

기출 STYLE

한국사회복지사 윤리강령은 매회 1~2문제가 다양한 유형으로 출제되어 왔다. 2023년에 진행된 5차 개정을 반영하여 더 까다롭게 출제될 수 있기 때문에 꼼꼼한 학습이 필요하다.

✛02 로웬버그와 돌고프(Lowenberg & Dolgoff)가 제시한 윤리원칙의 우선순위에 따르면 다음 중 가장 우선하는 것은 무엇인가?

① 사생활과 비밀보장의 원칙
② 평등과 불평등의 원칙
③ 삶의 질 향상의 원칙
④ 자율과 자유의 원칙
⑤ 최소 해악의 원칙

기출 STYLE

로웬버그와 돌고프가 제시한 의사결정의 원칙 7가지는 순서대로 기억해두어야 한다. 더불어 사례제시형 문제에 대비하여 어떤 상황에서 어떤 원칙이 적용되어야 하는지를 파악할 수 있어야 한다.

사회복지실천

✛03 다음에서 사회복지사가 겪는 가치갈등 유형은 무엇인가?

> 클라이언트 A씨(64세, 남)는 최근 대장암 진단을 받았다. 아내와는 수년 전 이혼했고 자녀는 셋이 있는데 2년 전 막내 아들까지 결혼한 뒤로 현재 혼자 지내고 있다. A씨는 자기가 치료를 받기 시작하면 결혼해서 잘 살고 있는 아이들에게 짐이 될 것 같다며 치료를 거부하고 있다.

① 의무 상충
② 가치 상충
③ 클라이언트체계의 다중성
④ 결과의 모호성
⑤ 권력의 불균형

04 다음 중 클라이언트의 자기결정권이 제한받을 수 있는 상황은?

> ㄱ. 만성질환으로 심한 고통을 받는 클라이언트가 자살 결심을 하여 준비를 하는 경우
> ㄴ. 치매환자인 어머니의 치료비 부담을 덜기 위해 클라이언트가 소득을 허위신고하여 복지혜택을 받겠다고 한 경우
> ㄷ. 만성적인 신장질환으로 고통받던 환자가 오랫동안 장기이식을 받지 못하고 있다가 불법 브로커를 통해 장기이식을 받겠다고 결정하는 경우
> ㄹ. 사회봉사수강명령을 받은 클라이언트가 자신이 원하지 않는 일이라며 이행을 거부하는 경우

① ㄱ
② ㄴ, ㄷ
③ ㄴ, ㄷ, ㄹ
④ ㄷ, ㄹ
⑤ ㄱ, ㄴ, ㄷ, ㄹ

✛05 로웬버그와 돌고프(Lowenberg & Dolgoff)가 제시한 윤리적 의사결정의 원칙에 관한 설명으로 옳은 것은?

① 클라이언트가 자살을 고민할 때에도 자기결정의 원칙은 적용된다.
② 사례관리에서 클라이언트 사례를 공유하는 것은 비밀보장의 원칙에 위배된다.
③ 대안들이 모두 유해할 때에는 삶의 질 향상의 원칙을 따라야 한다.
④ 다른 사람은 다르게 취급될 권리, 즉 의도적 불평등을 제시하였다.
⑤ 기관 입장에서 불리한 정보를 클라이언트에게 공개해야 할 필요는 없다.

06 한국사회복지사 윤리강령의 규정으로 옳은 것을 모두 고른 것은?

> ㄱ. 사회복지사는 인간과 자연이 서로 떨어져 살 수 없음을 깨닫고, 인간과 자연환경, 생명 등 생태에 미칠 영향을 생각하며 실천해야 한다.
> ㄴ. 사회복지사는 클라이언트에게 제공되는 서비스가 더 이상 클라이언트의 이해나 욕구에 부합하지 않으면 업무상 관계와 서비스를 종결한다.
> ㄷ. 사회복지사는 소속 기관의 활동에 적극적으로 참여함으로써 기관의 성장과 발전을 위해 노력해야 한다.
> ㄹ. 사회복지사는 아동학대 혹은 노인학대를 알게 된 때에는 즉시 관련 보호전문기관 또는 수사기관에 신고하여야 한다.

① ㄱ, ㄴ
② ㄷ, ㄹ
③ ㄱ, ㄴ, ㄷ
④ ㄴ, ㄷ, ㄹ
⑤ ㄱ, ㄴ, ㄷ, ㄹ

✛07 레비(Levy)가 제시한 사회복지 전문직의 가치 중 수단우선 가치와 관련된 것은?

① 클라이언트에 대한 비심판적 태도
② 클라이언트의 개별성에 대한 인정
③ 서비스 제공에 따른 성과 도출
④ 인간으로서 누려야 할 기본욕구 충족
⑤ 불평등의 개선 등 사회적 책임

✛08 사회복지실천의 가치갈등 유형에 관한 설명으로 옳지 않은 것은?

① 가치 상충 – 사회복지사가 두 개 또는 그 이상의 경쟁적 가치와 직면했을 때 윤리적 갈등에 빠지게 되는 것
② 의무 상충 – 사회복지사가 기관에 대한 의무와 클라이언트 대한 의무 사이에서 갈등하게 되는 것
③ 클라이언트체계의 다중성 – 클라이언트의 욕구가 다양할 경우 어떤 욕구를 최우선적으로 고려해야 하는지 판단하기 어려운 경우
④ 결과의 모호성 – 사회복지사가 내릴 결정의 결과가 불투명할 때 어떤 결정을 내려야 할지 갈등이 생기는 경우
⑤ 힘 또는 권력의 불균형 – 사회복지사와 클라이언트의 관계가 권력적으로 평등하지 않기 때문에 생기는 갈등

09 다음 사례에서 상충하는 가치가 바르게 제시된 것은?

> 사회복지사 A씨는 청소년 대상 아웃리치를 진행하던 중 가출청소년 B양을 만나게 되었다. ㄱ: A씨는 상담을 진행하며 B양에게 청소년쉼터에 입소하기를 권했지만, ㄴ: B양은 친구들과 지내는 것이 좋아 입소를 원하지 않는다고 했다.

① ㄱ: 온정주의, ㄴ: 자기결정
② ㄱ: 온정주의, ㄴ: 비밀보장
③ ㄱ: 진실성, ㄴ: 자기결정
④ ㄱ: 진실성, ㄴ: 삶의 질 향상
⑤ ㄱ: 삶의 질 향상, ㄴ: 비밀보장

10 로웬버그와 돌고프가 제시한 윤리원칙 중 다음 상황에서 적용된 원칙은?

> 발달장애아동 멘토링 프로그램을 진행하고 있는 강기영 사회복지사는 미니올림픽 프로그램을 준비하고 있다. 지난해에는 경기종목이 다양하지 않아 휠체어를 탄 발달장애아동 3명은 주로 관람만 하는 문제가 있었음을 파악하고, 올해는 장애의 특성과 정도 및 가용능력의 차이를 고려하여 모든 참여자들이 즐길 수 있도록 다양한 경기종목을 실시할 예정이다.

① 자기결정의 원칙
② 최소손실의 원칙
③ 평등과 불평등의 원칙
④ 삶의 질 향상의 원칙
⑤ 비밀보장의 원칙

11 H복지관의 K사회복지사는 갑작스런 출장으로 내일 잡힌 면담 5개 중 2개를 취소해야 하는 상황이다. 이때 K사회복지사가 갖는 갈등은 다음 중 어느 차원에 해당하는가?

① 클라이언트에 대한 직접적 개입활동과 관련된 윤리적 갈등
② 사회복지정책 및 프로그램 차원의 갈등
③ 사회복지조직체와의 갈등
④ 개인의 가치 및 선호도와 관련된 갈등
⑤ 전문가 규범 및 역할에 관한 갈등

13 인권의 특성으로 옳지 않은 것은?

① 보편적 권리
② 천부적 권리
③ 성문법적 권리
④ 불가양적 권리
⑤ 존엄적 권리

12 다음은 로웬버그와 돌고프가 제시한 윤리적 의사결정모델의 일부분이다. 순서를 바르게 나열한 것은?

ㄱ. 개입목표를 명확히 한다.
ㄴ. 누가 의사결정에 참여할 것인가 결정한다.
ㄷ. 개입방법을 선택한다.
ㄹ. 개입수단과 개입대상을 확인한다.
ㅁ. 확정된 목표에 따라 설정된 각각의 개입 방안의 효과성과 효율성을 평가한다.

① ㄱ－ㄴ－ㄷ－ㄹ－ㅁ
② ㄱ－ㄴ－ㄹ－ㄷ－ㅁ
③ ㄱ－ㄹ－ㅁ－ㄴ－ㄷ
④ ㄹ－ㄱ－ㅁ－ㄴ－ㄷ
⑤ ㄹ－ㄱ－ㄴ－ㄷ－ㅁ

문제풀이 TIP
로웬버그와 돌고프의 윤리적 의사결정모델 11단계를 순차적으로 떠올려보자.

✛**14** 한국사회복지사 윤리강령 중 클라이언트에 대한 윤리기준의 규정으로 옳은 것을 모두 고른 것은?

ㄱ. 직업적 경계 유지: 사회복지사는 클라이언트와의 전문적 관계를 자신의 개인적 이익을 위해 이용해서는 안 된다.
ㄴ. 기록·정보 관리: 사회복지사는 클라이언트의 알 권리를 인정하고 동의를 얻어야 하며, 클라이언트의 권리 등에 대해 정확하고 충분한 정보를 제공한다.
ㄷ. 서비스의 종결: 사회복지사는 클라이언트에게 제공되는 서비스가 더 이상 클라이언트의 이해나 욕구에 부합하지 않으면 업무상 관계와 서비스를 종결한다.
ㄹ. 클라이언트의 권익옹호: 사회복지사는 기관의 부당한 정책이나 요구에 대해 전문직의 가치와 지식을 근거로 대응해야 한다.

① ㄱ, ㄷ
② ㄴ, ㄷ
③ ㄷ, ㄹ
④ ㄱ, ㄷ, ㄹ
⑤ ㄴ, ㄷ, ㄹ

문제풀이 TIP
클라이언트에 대한 윤리기준에서는 클라이언트의 권익옹호, 클라이언트의 자기결정권 존중, 클라이언트의 사생활 보호 및 비밀보장, 정보에 입각한 동의, 기록·정보 관리, 직업적 경계 유지, 서비스의 종결 등에 대해 규정하고 있다.

15 사회복지실천윤리에 관한 설명으로 옳은 것을 모두 고른 것은?

> ㄱ. 일반 사회의 윤리와 관련되어 있다.
> ㄴ. 원조과정에서 판단의 지침이 된다.
> ㄷ. 사회복지사의 전문성과 관련된다.
> ㄹ. 클라이언트의 이익을 위해 강조된다.

① ㄱ, ㄹ   ② ㄴ, ㄷ
③ ㄱ, ㄴ, ㄹ   ④ ㄴ, ㄷ, ㄹ
⑤ ㄱ, ㄴ, ㄷ, ㄹ

✦16 한국사회복지사 윤리강령에서 중 다음에 해당하는 것은?

> • 사회복지사는 전문가로서의 품위와 자질을 유지하고, 자신이 맡고 있는 업무에 대해 책임을 진다.
> • 사회복지사는 클라이언트의 이익을 우선으로 고려하고, 이해 충돌이 있을 때는 아동, 소수자 등 취약한 자의 이해와 권리를 우선시한다.

① 기본적 윤리기준 - 클라이언트의 자기결정권 존중
② 기본적 윤리기준 - 전문가로서의 실천
③ 기본적 윤리기준 - 전문성 개발을 위한 노력
④ 클라이언트에 대한 윤리기준 - 클라이언트의 권익옹호
⑤ 클라이언트에 대한 윤리기준 - 전문가로서의 자세

 문제풀이 TIP

기본적 윤리기준에는 3개의 하위규정이 있고 클라이언트에 대한 윤리기준에는 7개의 하위규정이 있으므로 어느 윤리기준에서 어떤 내용을 담고 있는지를 구분하면서 답을 찾아야 한다.

✦17 한국사회복지사 윤리강령의 목적으로 옳지 않은 것은?

① 사회복지 전문직의 사명과 사회복지실천의 기반이 되는 핵심가치를 제시한다.
② 사회복지사업법의 특별법으로서 실천과정의 민형사상 책임과 의무를 규정한다.
③ 사회복지 실천현장에서 발생하는 윤리적 갈등 상황에서 의사결정의 판단기준이 된다.
④ 사회복지사가 자기관리를 통해 클라이언트를 보호할 수 있도록 안내한다.
⑤ 외부 통제로부터 사회복지 전문직을 보호할 수 있는 기준을 제공한다.

✦18 한국사회복지사 윤리강령 중 사회복지사의 동료에 대한 윤리기준에 해당하지 않는 것은?

① 사회복지사가 동료의 클라이언트를 의뢰받을 때는 기관 및 슈퍼바이저와 논의하는 과정을 거쳐야 한다.
② 사회복지사는 사회복지 전문직의 권익 증진을 위해 동료와 다른 전문직 동료와도 협력하고 협업한다.
③ 슈퍼바이저는 사회복지사 수련생과 실습생에게 인격적·성적으로 수치심을 주는 행위를 해서는 안 된다.
④ 슈퍼바이저는 전문적 기준에 따라 슈퍼비전을 수행하며, 공정하게 평가하고 평가 결과를 슈퍼바이지와 공유한다.
⑤ 사회복지사는 동료의 직무 가치와 내용을 인정하고 이해하며, 상호 간에 민주적인 직무 관계를 이루도록 노력해야 한다.

19 한국사회복지사 윤리강령의 전문에서 강조하고 있는 사항으로 옳지 않은 것은?

① 평등, 자유, 민주주의 가치 실현
② 천부의 자유권과 생존권 보장활동에 헌신
③ 인본주의 · 평등주의 사상에 기초
④ 사회적 · 경제적 약자를 위한 사회정의 실현
⑤ 사회복지사의 주체성과 자기결정권 보장

20 다음은 사회복지실천현장에서 일어날 수 있는 일들의 예시이다. 이 가운데서 수단적 가치에 해당하는 것을 모두 고른 것은?

> ㄱ. 클라이언트가 서비스 제공 유무에 대해 최종적으로 결정을 내리도록 하였다.
> ㄴ. 클라이언트의 개인적인 정보를 보호하기 위해 다른 사람이 볼 수 없도록 조치를 취하였다.
> ㄷ. 클라이언트에게서 정보를 수집하기 전에 충분히 정보를 제공하고 사전 동의를 얻었다.
> ㄹ. 사회복지사 자신의 종교적 신념과는 별개로 성소수자에게 차별 없이 서비스를 제공하였다.

① ㄱ, ㄴ, ㄷ
② ㄱ, ㄷ
③ ㄱ, ㄴ, ㄹ
④ ㄴ, ㄹ
⑤ ㄴ, ㄷ, ㄹ

문제풀이 TIP
수단적 가치는 궁극적 가치를 달성하기 위한 수단이다. 궁극적 가치, 차등적 가치, 수단적 가치의 개념을 떠올리면서 옳은 답을 골라보자.

✤21 사회복지실천에 있어 인권에 관한 설명으로 옳지 않은 것은?

① 사회복지실천에서 인간의 존엄성은 가장 기본적이면서 핵심적인 가치이다.
② 인권의 3세대 유형화 중 사회복지와 가장 밀접하게 여겨져온 것은 제2세대 인권이다.
③ 지역사회조직은 제3세대 인권인 집합적 권리를 실현하기 위한 수단이 될 수 있다.
④ 천부적 권리이면서 공동체 의식을 바탕으로 나누어 가질 수 있는 권리이다.
⑤ 사회복지실천에서는 인권으로서 기회의 평등을 넘어 결과의 평등 가치를 강조한다.

✤22 한국사회복지사 윤리강령에서 '사회정의'라는 핵심가치를 위한 윤리적 원칙의 규정에 해당하지 않는 것은?

① 사회복지사는 개인, 가족, 집단, 지역사회의 다양성을 존중하는 포용적 지역사회를 만들기 위해 노력한다.
② 사회복지사는 부적절하고 억압적이며 불공정한 사회제도와 관행을 변화시키기 위해 사회의 다양한 구성원들과 협력한다.
③ 사회복지사는 클라이언트가 역량을 강화하고, 자신과 환경을 변화시킬 수 있도록 지원한다.
④ 사회복지사는 개인적 · 집단적 · 사회적 · 문화적 · 정치적 · 종교적 차별에 도전하여 사회정의를 촉진한다.
⑤ 사회복지사는 포용적이고 책임 있는 사회를 만들어 가기 위해 연대 활동을 한다.

문제풀이 TIP
윤리강령 5차 개정에서는 인간 존엄성 및 사회정의를 사회복지의 핵심가치로 제시하면서 각각에 대한 윤리적 원칙을 규정하였다.

3장

사회복지실천의 역사적 발달과정

이 장에서는,

자선조직협회와 인보관운동부터 사회복지사의 출현, 사회복지 전문직의 발전, 진단주의와 기능주의 학파의 대립, 통합적 관점의 등장 등 사회복지의 발달과 관련한 다양한 내용이 출제되고 있다. 서구 사회의 발전 흐름이 더 자주 출제되었지만, 우리나라의 사회복지전담공무원, 사회복지 관련 자격제도, 전달체계 등의 변천과정을 비롯해 학문적 발달과정도 살펴봐야 한다.

해답과 오답노트 **69쪽**

✛01 서구 사회복지발달을 순서대로 나열한 것은?

> ㄱ. 기능주의 학파와 진단주의 학파 간의 대립이 일어났다.
> ㄴ. 밀포드 회의에서는 사회복지실천의 공통요소를 발표하였다.
> ㄷ. 리치몬드는 『사회진단』으로 사회복지실천 이론과 기술을 체계화했다.
> ㄹ. 문제해결모델, 단일화모델 등 다양한 통합적 방법론이 제시되었다.

① ㄱ - ㄷ - ㄴ - ㄹ
② ㄴ - ㄱ - ㄹ - ㄷ
③ ㄴ - ㄷ - ㄱ - ㄹ
④ ㄷ - ㄱ - ㄹ - ㄴ
⑤ ㄷ - ㄴ - ㄱ - ㄹ

기출 STYLE

주요 사건들과 함께 발달흐름을 파악해두어야 한다. 간혹 외국 역사와 우리나라 역사가 한 문제에 다뤄지기도 한다. 자선조직협회 및 인보관, 진단주의와 기능주의 학파 간 대립 등은 단독으로 출제되기도 한다.

✛02 한국 사회복지실천의 발전과정에 관한 내용으로 옳은 것은?

① 한국전쟁 이후 활동했던 KAVA는 현재 한국 사회복지협의회에 귀속되었다.

② 2010년 정신보건법 개정으로 일반국민에 대한 정신건강 서비스 제공 근거를 마련하였다.

③ 1990년부터 읍 · 면 · 동 사무소 등 공공영역에서 사회복지전문요원이 활동하기 시작하였다.

④ 1985년부터 시 · 도 단위의 종합사회복지관이 본격적으로 설립되기 시작하였다.

⑤ 의료사회복지사, 학교사회복지사는 2016년부터 사회복지사업법에 따른 국가자격이 되었다.

기출 STYLE

실천론 영역에서는 우리나라의 역사보다 서구의 발전과정이 더 출제빈도가 높지만 사회복지관 등 주요 기관의 설립이나 공공 전달체계의 변화, 자격제도 등에 관한 내용은 다른 영역에서도 다뤄지기 때문에 필수적으로 알아두어야 한다.

사회복지실천론

03 사회복지실천의 역사에 관한 설명으로 옳지 않은 것은?

① 1920년대 등장한 진단주의 학파는 프로이트의 정신분석학을 바탕으로 하였다.
② 1930년대에는 집단 사회복지실천이 사회복지 실천방법으로 인식되기 시작하였다.
③ 세계 대공황을 거치면서 사회환경적 문제를 인식한 기능주의 학파가 등장하였다.
④ 통합적 접근의 필요성에 따라 문제해결모델, 단일화모델, 역량강화모델 등이 등장하였다.
⑤ 통합기에는 가족 개입에 있어 개별 실천과 집단 실천을 접목하기 시작하였다.

✛05 인보관 운동에 관한 설명으로 옳은 것을 모두 고른 것은?

> ㄱ. 자선 활동만으로는 빈곤 해결이 불가능하다고 보았다.
> ㄴ. 빈곤 문제를 개인적 측면과 사회적 측면으로 살펴보았다.
> ㄷ. 우애방문원의 활동을 통해 집단사회사업으로 발전하게 되었다.
> ㄹ. 빈민 지역에 함께 거주하면서 생활환경의 개선에 힘썼다.

① ㄱ, ㄹ   ② ㄴ, ㄷ
③ ㄱ, ㄴ, ㄹ   ④ ㄴ, ㄷ, ㄹ
⑤ ㄱ, ㄴ, ㄷ, ㄹ

✛04 기능주의 학파에 대한 설명으로 옳은 것은?

① 전문직 확립기에 진단주의에 반발하며 등장했다.
② 과거를 통찰함으로써 현재의 행동을 분석한다.
③ 클라이언트의 변화에 있어 치료자가 중심이 된다.
④ 홀리스(F. Hollis)의 심리사회모델로 발전하였다.
⑤ '질병이론'이 아닌 '성장이론'에 기초한 관점이다.

06 메리 리치몬드의 『사회진단』(1917)에 대한 설명으로 옳은 것을 모두 고른 것은?

> ㄱ. 사회복지실천방법을 체계화시킨 최초의 출판이다.
> ㄴ. 사회복지실천의 과정을 단계에 따라 구분하여 제시하였다.
> ㄷ. 사회복지실천의 전문화에 이바지하였다.
> ㄹ. 사회진단에서 제시한 케이스 연구방법은 질적 연구방법론이다.

① ㄱ, ㄴ   ② ㄷ, ㄹ
③ ㄱ, ㄴ, ㄹ   ④ ㄴ, ㄷ, ㄹ
⑤ ㄱ, ㄴ, ㄷ, ㄹ

✚07 다음에서 설명하고 있는 것은 무엇인가?

> • 영국의 산업혁명 이후 나타난 빈곤문제를 사회적 차원에서 접근하여 해결해야 한다고 보았다.
> • 빈민 지역에 함께 거주(Residence)하면서 연구조사(Research)를 통해 사회제도의 문제점을 파악하고 개혁(Reform)해야 한다고 주장하였다.
> • 집단사회복지실천의 효시이자 지역사회복지의 발달에 영향을 미쳤다.

① 통합적 접근　　② 사례관리
③ 역량강화모델　　④ 기능주의 학파
⑤ 인보관운동

✚08 다음에 제시된 사건 이후의 사회복지실천 발전 과정이 순서대로 제시된 것은?

> 플렉스너(A. Flexner)는 사회복지실천이 전문직으로 인정되기에는 미흡한 점이 많다고 지적했고, 이로 인해 사회복지 전문성에 대한 논쟁이 시작되었다.

① 그린우드(Greenwood) 전문직 속성 발표 – 사회복지실천 3대 방법론으로 분화 – 통합적 방법론의 등장
② 기능주의 학파의 등장 – 리치몬드의『사회진단』출간 – 통합적 방법론의 등장
③ 사회복지실천 3대 방법론으로 분화 – 기능주의 학파의 등장 – 통합적 방법론의 등장
④ 사회복지실천 공통요소 정리 시도 – 진단주의 학파의 등장 – 리치몬드의『사회진단』출간
⑤ 리치몬드의『사회진단』출간 – 그린우드(Greenwood) 전문직 속성 발표 – 기능주의 학파의 등장

09 1929년 밀포드회의에서 발표한 개별사회복지실천에서의 8가지 공통요소에 해당하지 않는 것은?
① 개별사회복지실천의 철학적 배경에 대한 이해
② 사회치료에 지역사회 자원 활용
③ 통합적 관점에 기반한 역량강화 적용
④ 인간관계 규범의 활용도
⑤ 클라이언트 사회력의 중요성

10 미국의 역사에서 사회복지실천 전문직 확립기(1900년 전후~1920년대 전후)에 일어난 일이 아닌 것은?
① 미국사회복지사협회 설립
② 제인 아담스의 헐하우스 설립
③ 유급 의료사회복지 인력 최초 고용
④ 메리 리치몬드의『사회진단』발표
⑤ 사회복지전문인력 훈련과정 최초 개설

11 1930년대~1960년대 사이 미국에서 공공복지기관과 시설이 급격히 증가한 원인은?
① 기능주의적 관점의 대두
② 역량강화 강조
③ 탈빈곤화 정책 추진
④ 인보관운동의 활성화
⑤ 자선조직협회의 몰락

사회복지실천론

✦12 우리나라 사회복지실천의 발달과정을 순서에 따라 나열한 것은?

> ㄱ. 한국사회사업가협회 창립
> ㄴ. 시·군·구 지역사회보장협의체 설치
> ㄷ. 한국사회복지사 윤리강령 제정
> ㄹ. 제1회 사회복지사 1급 국가시험 시행

① ㄱ - ㄷ - ㄹ - ㄴ
② ㄱ - ㄹ - ㄷ - ㄴ
③ ㄴ - ㄷ - ㄱ - ㄹ
④ ㄴ - ㄱ - ㄹ - ㄷ
⑤ ㄷ - ㄴ - ㄱ - ㄹ

14 다음에 제시된 사회복지실천의 발달 과정 중 시기적으로 다른 하나는?

① '상황 속의 인간' 관점 제시
② 진단주의와 기능주의의 대립
③ 그룹워크의 활성화
④ 질병의 심리학과 성장의 심리학의 대립
⑤ 케이스워크의 활성화

문제풀이 **TIP**

미국 사회복지실천의 전문직 분화기(1920~1950년 전후)에는 어떤 변화들이 있었는지 생각해보자.

✦13 자선조직협회에 관한 설명으로 옳지 않은 것은?

① 순수 민간단체로 1869년 영국 런던에 최초로 설립되었다.
② 중복구제로 인해 자원이 낭비되는 것을 방지하는 데에 초점을 두었다.
③ 빈곤층 생활조사, 사례연구 등을 바탕으로 과학적인 자선활동을 펼쳤다.
④ 빈곤의 원인을 개인적 결함이 아닌 사회적 문제로 보고 해결하려 했다.
⑤ 우애방문원은 빈곤가정을 방문하면서 교화 및 교육 활동을 진행했다.

✦15 우리나라 사회복지실천의 역사에 관한 설명으로 옳지 않은 것은?

① 1921년 태화여자관 설립은 우리나라 지역사회복지사업의 시작으로 평가된다.
② 1952년 결성된 카바(KAVA)는 국내단체 간의 협의체로서 기능하였다.
③ 1987년부터 공공영역에서 사회복지를 전담하는 공무원이 배치되었다.
④ 1995년 정신보건법 제정과 함께 정신보건사회복지사 자격제도가 도입되었다.
⑤ 2005년부터 건강가정기본법에 의한 건강가정센터가 운영되고 있다.

✛16 사회복지실천의 전문화 과정에서 기능주의와 진단주의에 관한 설명으로 옳지 않은 것은?

① 기능주의 학파는 클라이언트의 현재 문제에 초점을 두고 시간제한적인 개입을 선호하였다.

② 기능주의 학파는 사회복지실천가가 치료에 책임을 지며 문제해결과정을 주도해야 한다고 보았다.

③ 심리사회모델의 고든 해밀턴(G. Hamilton), 플로랜스 홀리스(F. Hollis)는 진단주의 학자이다.

④ 진단주의 학파는 클라이언트의 성격 구조를 분석하여 자아(ego)의 강화를 도모했다.

⑤ 진단주의 학파는 인간을 무의식의 힘에 의해 좌우되는 존재로 보았다.

문제풀이 TIP

프로이트의 정신분석학을 기반으로 진단주의가 등장했으며, 이에 반대하며 기능주의가 등장했다.

✛17 사회복지 전문직의 발달과 관련한 설명으로 옳은 것을 모두 고른 것은?

> ㄱ. 우리나라는 1970년 사회복지사업법 제정으로 사회복지사라는 명칭이 공식화되었다.
> ㄴ. 자선조직협회에서의 우애방문원은 사회복지사의 시초로 여겨지고 있다.
> ㄷ. 미국에서는 20세기를 전후하여 전문사회복지학교가 설립되었다.
> ㄹ. 1929년 밀포드회의를 통해 사회복지 전문직의 속성을 정리하였다.

① ㄱ, ㄹ   ② ㄴ, ㄷ

③ ㄱ, ㄴ, ㄷ   ④ ㄱ, ㄷ, ㄹ

⑤ ㄴ, ㄷ, ㄹ

✛18 사회복지실천의 발달과 관련한 설명으로 옳은 것을 모두 고른 것은?

> ㄱ. 19세기 후반에 나타난 인보관운동은 집단사회복지실천의 발달에 영향을 미쳤다.
> ㄴ. 1929년 밀포드(Milford) 회의를 통해 역량강화를 기반으로 한 실천이 강조되었다.
> ㄷ. 전통적인 3대 방법론은 통합적 방법론이 발달하면서 1970년대 사례관리로 통합되었다.
> ㄹ. 1950년대 펄만(Perlman)의 문제해결모델은 진단주의와 기능주의를 절충하였다.

① ㄱ, ㄹ   ② ㄴ, ㄷ

③ ㄱ, ㄴ, ㄹ   ④ ㄴ, ㄷ, ㄹ

⑤ ㄱ, ㄴ, ㄷ, ㄹ

사회복지실천론

4장 사회복지실천현장에 대한 이해

이 장에서는,

사회복지사가 활동하는 사회복지실천현장에 대해 살펴보는 장으로, 사회복지실천현장을 분류하는 다양한 기준과 내용, 사회복지사의 역할 등의 내용을 다루고 있다. 생활시설과 이용시설의 구분, 1차 현장과 2차 현장의 구분은 이 장에서 매우 필수적인 내용이다. 실천현장에서 사회복지사가 수행하게 되는 다양한 역할에 관한 문제도 살펴보아야 한다. 사회복지사, 정신건강 사회복지사, 학교 사회복지사 등 관련 자격증에 관한 문제는 제도 변화를 반영하여 출제되기도 했다.

해답과 오답노트 72쪽

✦01 다음에 제시된 사회복지 실천현장 중 1차 현장이면서 이용시설인 기관을 모두 고른 것은?

> ㄱ. 청소년 쉼터
> ㄴ. 노인복지관
> ㄷ. 지역아동센터
> ㄹ. 영유아 어린이집

① ㄱ, ㄹ
② ㄴ, ㄷ
③ ㄱ, ㄴ, ㄹ
④ ㄴ, ㄷ, ㄹ
⑤ ㄱ, ㄴ, ㄷ, ㄹ

기출 STYLE

실천현장을 1차 현장 및 2차 현장, 이용시설 및 생활시설로 구분하는 문제가 꾸준히 출제되고 있다.

✦02 사회복지사의 역할에 관한 설명으로 옳지 않은 것은?

① 옹호자: 클라이언트의 입장을 대변하여 표적체계에 시정을 요구한다.
② 중재자: 논쟁이나 갈등이 일어난 체계 사이를 연결하여 조정한다.
③ 교육자: 슈퍼비전, 보수교육 등을 통해 직원의 전문성을 강화한다.
④ 계획가: 지역사회의 문제를 조사하고 해결할 서비스를 개발한다.
⑤ 촉진자: 서비스 전달체계를 강화할 방법을 모색하고 실행한다.

기출 STYLE

사회복지사는 실천현장에서 다양한 역할을 수행하게 되는데, 이와 관련하여 어떤 상황에서 어떤 역할에 초점이 있는지를 판단하는 문제들이 간헐적으로 출제되고 있다.

03 사회복지사의 기능과 역할의 연결이 옳지 않은 것은?

① 체계와의 연결 – 기획가

② 체계 유지 및 강화 – 자문가

③ 체계 개발 – 프로그램 개발자

④ 연구 및 조사 – 프로그램 평가자

⑤ 직접서비스 제공 – 상담가

04 클라이언트의 복지를 가로막는 사회적 조건들을 인식하고 사회행동을 통한 사회변화의 유도 및 유지를 위해 노력하는 사회복지사의 역할은?

① 협상가　　　② 교사

③ 행동가　　　④ 연구자

⑤ 집단촉진자

✛05 다음 중 생활시설에 해당하지 않는 것은?

① 아동양육시설

② 성폭력피해자보호시설

③ 요양병원

④ 학대피해아동쉼터

⑤ 중독관리통합지원센터

06 다음의 사례에서 살펴볼 수 있는 사회복지사의 역할은 무엇인가?

> 지역의 한 정신과의원에서 기초생활 대상자인 정신질환자 클라이언트에게 의료비 일부를 부당하게 징수한 것을 알게 된 사회복지사가 클라이언트를 대신하여 한국건강보험심사평가원에 정식으로 이의 신청을 하여 부당 징수된 의료비를 돌려받을 수 있도록 했다.

① 교육자　　　② 조정자

③ 중재자　　　④ 옹호자

⑤ 상담자

✛07 사회복지사가 수행하게 되는 역할과 그 사례가 바르게 제시되지 않은 것은?

① 중개자 – 거동이 불편한 독거어르신에게 바깥 출입시 동행 서비스가 이루어질 수 있도록 지역 내 봉사단체와 연계했다.

② 활동가 – 교내 집단 따돌림 가해학생 대상 프로그램으로 비폭력 의사소통훈련을 마련했다.

③ 옹호자 – 외국인 노동자의 출입을 제한한 찜질방에 대해 차별시정 촉구시위를 벌이고 국가인권위원회에 진정서를 제출했다.

④ 중재자 – 부모와의 갈등으로 가출을 선택한 청소년을 위해 부모를 만나 가족치료 프로그램에의 참여를 이끌었다.

⑤ 계획가 – 지역사회의 이혼율 증가에 따라 한부모가정 위한 서비스를 개발하기로 하였다.

사회복지실천론

✦08 다음에서 설명하고 있는 시설과 그 분류가 옳게 짝지어진 것은?

> ㄱ. 아동양육시설
> ㄴ. 희망복지지원단
> ㄷ. 청소년회복지원시설

① ㄱ: 1차현장, ㄴ: 민간기관, ㄷ: 생활시설
② ㄱ: 1차현장, ㄴ: 공공기관, ㄷ: 생활시설
③ ㄱ: 2차현장, ㄴ: 공공기관, ㄷ: 이용시설
④ ㄱ: 1차현장, ㄴ: 공공기관, ㄷ: 이용시설
⑤ ㄱ: 2차현장, ㄴ: 민간기관, ㄷ: 생활시설

09 사회복지사의 기능과 주요 역할에 대한 내용으로 옳지 않은 것은?

① 직접서비스 제공하기 - 클라이언트에게 직접 서비스를 제공하는 것으로 상담가, 교육자 등의 역할이 있다.
② 체계와 연결하기 - 클라이언트를 다른 체계와 연결하는 것으로 중개자, 사례관리자 등의 역할이 있다.
③ 연구 및 조사하기 - 개입방법의 효과성을 평가하기 위해 연구 및 조사를 수행하는 것으로 조사자, 평가자 등의 역할이 있다.
④ 체계유지 및 강화하기 - 기관의 조직관계와 클라이언트와의 관계를 평가하는 것으로 조정자, 계획가 등의 역할이 있다.
⑤ 체계 개발하기 - 기관의 서비스를 확대, 개선하기 위해 체계를 개발하는 것으로 개발자, 기획가 등의 역할이 있다.

10 사회복지 실천현장에 관한 설명으로 옳은 것은?

① 2차현장은 노인복지관과 같이 이용자가 특정되는 시설을 말한다.
② 이용시설을 통해서도 클라이언트가 입소하여 주거서비스를 받을 수 있다.
③ 사회복지공동모금회는 보건복지부의 공공기관으로서 모금액을 배분한다.
④ 지역사회복지협의회는 기간 관 연계·협력을 추진하는 간접서비스 기관이다.
⑤ 아동양육시설은 주간에만 아이를 돌봐주는 곳으로 이용시설이다.

11 다음 사례에서 A와 B가 이용하는 사회복지실천현장의 분류로 옳은 설명은?

> A씨는 남편과 함께 맞벌이를 하기 때문에 아이 양육문제로 고민이 많았다. A씨는 어머니 B씨에게 일하는 낮 시간 동안만이라도 아이를 맡기고 싶었지만 B씨는 자신의 친구들과 함께 집 근처 노인복지관에서 운영하는 다양한 프로그램에 참여하는 등 자신의 노후를 즐기고 싶어 했기에 양육을 거부하였다. 결국 A씨는 직장어린이집이 있는 회사로 이직하여 아이를 시설에 맡기고 있다.

① A씨의 시설은 1차 현장이며 생활시설이다.
② B씨의 시설은 2차 현장이며 이용시설이다.
③ 두 시설 모두 이용시설이다.
④ 두 시설 모두 1차 현장이다.
⑤ B씨의 시설에서만 복지서비스를 제공한다.

 문제풀이 TIP
어린이집과 노인복지관의 사업성격을 고려하여 답을 찾아보자.

12 다음에 제시된 실천현장에 대한 설명으로 옳은 것은?

> 지역사회 아동의 보호·교육, 건전한 놀이와 오락의 제공, 보호자와 지역사회의 연계 등 아동의 건전육성을 위하여 종합적인 아동복지서비스를 제공한다.

① 사회복지사업법에 따른 아동복지시설 중 하나이다.
② 사회복지서비스 제공이 주된 목적인 1차현장이다.
③ 부모가 없는 아동들에게 의식주를 제공하는 생활시설이다.
④ 아동들에 대한 보호 및 자립을 지원하는 교정시설이다.
⑤ 초등학생 대상의 방과 후 돌봄서비스 제공 시설이다.

13 가사도우미서비스를 받고 있는 노인이 서비스를 받는 데 문제나 장애가 있는지 살펴보고, 노인과 가사도우미 간에 갈등이 있음을 발견하여 제3자의 입장에서 이를 해결하기 위한 역할을 수행하였다. 이때 사회복지사의 역할은 무엇인가?

① 중재자　　② 조정자
③ 분석가　　④ 집단촉진자
⑤ 교육자

14 다음의 상황에서 이후 사회복지사가 수행해야 할 역할로 거리가 먼 것은?

> 청소년 상담을 담당하고 있는 사회복지사 A씨는 아웃리치 과정에서 3개월째 가출 중인 B양(16세)을 만나게 되었다. B양은 아버지의 주취폭력이 심해 집에 돌아갈 생각은 없으며, 학업을 계속해야 할 것 같다는 생각은 한다면서 앞으로 어떻게 해야 할지 모르겠다고 호소했다.

① 사정자　　② 중개자
③ 계획가　　④ 조직분석가
⑤ 사례관리자

✦15 서비스 제공 방식에 따라 실천현장을 분류할 때 다음의 기관과 성격이 다른 것은?

> A군 다문화가정지원센터에서는 결혼이민자들이 조기에 정착할 수 있도록 센터 운영과 방문교육을 통한 교육 및 지원을 하고 있으며, 관계기관과 연계한 다문화 인식 개선 및 한국사회 적응교육을 실시하여 자연스럽게 우리 문화에 적응하도록 돕기 위해 노력하고 있다.

① 지역아동복지센터
② 무한돌봄센터
③ 사회복지공동모금회
④ 건강가정지원센터
⑤ 노인학대예방센터

 문제풀이 TIP

다문화가정지원센터의 주 업무가 무엇인지, 어떤 서비스들이 어떤 형태로 제공되는지를 파악하고 그와 성격이 다른 현장을 골라보자.

5장 사회복지실천의 주요 관점 및 이론

이 장에서는,

통합적 접근이 등장한 배경과 통합적 접근의 주요 특징을 연결하여 공부해두어야 한다. 통합적 접근의 주요 이론과 관점인 환경 속의 인간, 일반체계이론, 사회체계이론, 생태체계관점 등 각 이론이 갖는 특징들을 잘 파악해두자. 엔트로피/네겐트로피, 균형, 항상성, 안정상태, 홀론, 다중종결, 개방체계/폐쇄체계 등 주요 개념들에 관한 문제도 등장하고 있다. 통합적 접근 모델인 4체계모델, 6체계모델을 비교하고, 사례에 적용하는 것도 주요 빈출이다.

해답과 오답노트 74쪽

+01 통합적 접근에 관한 설명으로 옳은 것은?

① 사회복지실천을 개별, 집단, 지역사회 등 3가지 차원으로 구분하여 추진한다.

② 정신역동이론 등 전통적 이론이 갖는 한계를 지적하며 실천에서 배제한다.

③ 개별화의 원칙, 자기결정의 원칙 등을 강조하며 클라이언트의 존엄성을 존중한다.

④ 클라이언트가 갖고 있는 성장의지나 잠재력 등에 대해 부정적이다.

⑤ 통합적 방법으로 문제해결모델, 핀커스와 미나한의 6체계모델 등이 제시되었다.

> **기출 STYLE**
>
> 통합적 접근이 등장하게 된 배경과 주요 특징을 연결하여 정리해두도록 하자.

+02 핀커스와 미나한(Pincus & Minahan)이 제시한 4체계모델에 관한 설명으로 옳지 않은 것은?

① 변화매개체계: 사회복지사와 사회복지사를 고용하고 있는 기관 및 조직을 의미한다.

② 표적체계: 서비스를 받게 될 체계로 클라이언트체계와 중복되거나 동일할 수 있다.

③ 클라이언트체계: 서비스를 요청한 사람들로 변화매개체계와 계약함으로써 클라이언트체계가 된다.

④ 의뢰체계: 서비스가 필요한 사람들을 변화매개체계와 연결해주는 경찰, 법원, 타 기관 등을 말한다.

⑤ 행동체계: 변화매개인이 표적체계의 변화를 위해 상호작용하는 가족, 이웃, 친구, 전문가 등을 말한다.

> **기출 STYLE**
>
> 핀커스와 미나한의 4체계, 콤튼과 갤러웨이의 6체계의 구성을 기억해두고, 각 체계를 사례제시형 문제에 대입할 수 있어야 한다.

✛03 역량강화모델에 관한 설명으로 옳은 것은?

① 개입과정은 대화단계 → 발전단계 → 발견단계로 진행된다.

② 클라이언트가 겪는 문제의 원인이 된 과거 경험에 초점을 둔다.

③ 클라이언트에게 개입과정에서의 권리와 책임이 함께 부여된다.

④ 개인의 힘의 획득에만 국한된 미시적 개입이라는 한계가 있다.

⑤ 사회복지사의 역할이 지나치게 제한적이라는 비판도 있다.

기출 STYLE

역량강화모델 및 강점관점의 주요 특징에 관한 문제도 꾸준히 출제되고 있다.

✛04 다문화 사회복지실천에 있어 사회복지사의 자세와 관련하여 옳지 않은 것은?

① 스스로 다른 문화에 대한 편견이나 고정관념이 있는지를 생각해봐야 한다.

② 동화주의 관점에 따라 우리 문화를 알리고 적응시키는 데에 초점을 둔다.

③ 사회복지사는 클라이언트와의 문화적 차이를 이해하고 인정할 수 있어야 한다.

④ 다문화와 관련된 사회적 이슈와 국가 정책에 대해 파악해두어야 한다.

⑤ 다양한 문화를 경험하고 다양한 문화에 대한 지식을 쌓는 것이 필요하다.

기출 STYLE

다문화 클라이언트와의 사회복지실천에 있어 사회복지사가 어떤 관점과 태도를 가져야 하는지를 생각해봐야 한다.

✛05 체계이론에 관한 설명으로 옳지 않은 것은?

① 투입 → 전환 → 산출 → 환류의 흐름이 순환적으로 작동한다.

② 체계는 기본적으로 관찰 가능한 물리적 공간을 차지하고 있다.

③ 다중종결은 유사한 상황에 있는 체계들의 최종상태는 다를 수 있다는 것이다.

④ 폐쇄체계인 조직은 엔트로피가 지속됨에 따라 소멸될 수 있다.

⑤ 평형상태는 개방체계에서 나타나는 구조의 유지와 안정을 말한다.

✛06 '환경 속 인간' 관점에 관한 설명으로 옳은 것은?

① 문제해결 방안을 주변 환경의 변화에서만 찾는다.

② 문제를 진단함에 있어 사회적 맥락에 대한 고려는 중요시하지 않는다.

③ 인간을 이해하기 위해 인간 내부의 심리 역동성에 집중한다.

④ 문제의 원인을 개인적 요소와 환경적 요소 중 어느 한쪽의 결함으로 본다.

⑤ 개인의 심리적 특성 외에도 환경 혹은 상황까지 모두 고려한다.

사회복지실천론

07 통합적 접근방법에 따른 사회복지사의 활동으로 볼 수 없는 것은?

① 클라이언트와 환경체계와의 상호작용에 관심을 둔다.

② 클라이언트를 문제해결의 주체적 존재로 보고 자기결정권을 존중한다.

③ 클라이언트에게 적용하는 기술은 정신분석모델을 기반으로 한다.

④ 클라이언트와 사회복지사의 관계를 동반자적 관계로 설정한다.

⑤ 클라이언트의 사회적 지위, 성, 연령 등의 다양성을 있는 그대로 수용한다.

✛08 생태체계관점에 따른 사회복지실천에 대한 설명으로 옳지 않은 것은?

① 클라이언트를 이해할 때에는 환경 및 상황을 고려해야 한다.

② 클라이언트가 가진 강점은 무엇인지에 초점을 두어야 한다.

③ 클라이언트와 환경 간의 적합성, 상호교류 등을 파악해야 한다.

④ 클라이언트의 생활공간 어디에든 개입할 수 있어야 한다.

⑤ 클라이언트의 환경 부적응을 병리 관점에서 살펴봐야 한다.

✛09 콤튼과 갤러웨이가 제시한 6체계모델의 구성요소에 대한 설명으로 옳은 것을 모두 고른 것은?

> ㄱ. 클라이언트체계는 서비스를 요청한 사람으로 표적체계와 명확히 구분되는 요소이다.
> ㄴ. 변화매개체계는 사회복지사뿐만 아니라 사회복지사를 고용한 기관도 포함하는 개념이다.
> ㄷ. 전문가체계는 사회복지사협회, 교육협회, 전문가 실천의 가치나 사회적 인가 등을 의미한다.
> ㄹ. 행동체계는 잠재적 클라이언트와 변화매개체계를 연결해주는 체계로 의뢰체계라고도 한다.

① ㄱ, ㄴ   ② ㄱ, ㄹ

③ ㄴ, ㄷ   ④ ㄴ, ㄹ

⑤ ㄷ, ㄹ

10 생태체계 구성의 예로 옳지 않은 것은?

① 미시체계 – 아동의 입장에서 부모, 친구, 학교

② 중간체계 – 아동의 입장에서 교사와 부모 간의 관계, 형제간의 관계

③ 거시체계 – 정부기관, 교통통신시설, 문화시설

④ 외부체계 – 부모의 직장, 형제의 학교, 대중매체

⑤ 시간체계 – 가족제도의 변화, 결혼관의 변화, 직업관의 변화

문제풀이 TIP

생태체계는 미시체계, 중간체계, 거시체계, 외부체계, 시간체계로 구성된다.

✛11 강점관점에 대한 설명으로 옳지 않은 것은?

① 클라이언트가 가진 가능성에 초점을 둔다.

② 아동기의 경험을 분석하여 현재를 사정한다.

③ 클라이언트를 자기 삶에 대한 전문가로 상정한다.

④ 문제를 새로운 도전과 기회로 인식한다.

⑤ 이용 가능한 자원을 찾고 활용하도록 원조한다.

문제풀이 TIP

강점 관점과 병리 관점을 비교하면서 답을 찾을 수 있어야 한다.

✛12 임파워먼트모델에서 각 단계별 과업으로 옳지 않은 것은?

① 대화단계: 파트너십 형성

② 대화단계: 현재 상황 명확화

③ 발견단계: 자원과 강점 파악

④ 발전단계: 해결방안 수립

⑤ 발전단계: 개입의 성과 확인

13 사회체계이론에 대한 내용으로 옳은 것을 모두 고른 것은?

> ㄱ. 문제의 원인과 결과의 관계를 중시
> ㄴ. 인간과 환경 간의 복잡한 상호작용에 관심을 둠
> ㄷ. '체계'를 추상적인 개념으로 다룸
> ㄹ. 각각의 체계들은 공생적 관계에 있음

① ㄱ, ㄴ, ㄷ
② ㄱ, ㄷ
③ ㄴ, ㄹ
④ ㄴ, ㄷ, ㄹ
⑤ ㄱ, ㄴ, ㄷ, ㄹ

✛14 통합적 접근의 등장배경 및 특징에 관한 설명으로 옳지 않은 것은?

① 서비스의 파편화 문제를 해결하기 위해 전문화를 강조하였다.

② 다양한 사회복지 영역 사이의 공통기반을 마련하고자 한 것이다.

③ 개인과 관련된 다양한 체계에 개입하는 일반주의 실천을 특징으로 한다.

④ 클라이언트의 복잡한 문제를 해결하기 위한 노력으로 시작되었다.

⑤ 클라이언트의 자기결정권을 존중하며 개별화된 실천을 강조한다.

✛15 사회복지실천에서의 다문화 관점과 관련하여 옳지 않은 것은?

① 주류 사회 혹은 문화로의 통합 및 수용에 초점을 둔다.

② 다양한 민족집단 간의 상호작용을 긍정적으로 본다.

③ 다른 문화가 가지고 있는 역사적 배경을 이해한다.

④ 문화 상대주의의 맥락에서 문화의 다양성을 인정한다.

⑤ 윤리강령에 따라 사회복지사는 문화적 다양성을 고려하여 인간의 존엄성을 존중해야 한다.

문제풀이

다문화 관점은 주류 문화와 주변 문화를 구분하지 않고 모든 문화를 동등하게 인정한다. 따라서 동화, 통합, 수용 등은 다문화 관점과 배치된다.

16 사회복지실천모델 중 통합적 접근 모델에 해당하지 않는 것은?

① 단일화모델
② 생활모델
③ 문제해결모델
④ 4체계모델
⑤ 인지행동모델

17 통합적 접근의 특징으로 볼 수 없는 것은?

① 생태체계적 관점
② 단선적 사고
③ 다체계적 차원에서 접근
④ 이론과 개입의 개방적 선택
⑤ 환경 속 인간 관점

✦18 강점관점의 실천원리로 옳은 것을 모두 고른 것은?

ㄱ. 개입의 초점은 클라이언트의 문제가 아닌 가능성에 둔다.
ㄴ. 클라이언트의 성장 가능성에 대한 믿음을 바탕으로 한다.
ㄷ. 사회복지사는 클라이언트를 완벽히 분석하고 온전히 이해하는 존재이다.
ㄹ. 사회복지사와 클라이언트의 협력적 관계를 강조한다.

① ㄱ, ㄴ
② ㄷ, ㄹ
③ ㄱ, ㄴ, ㄹ
④ ㄴ, ㄷ, ㄹ
⑤ ㄱ, ㄴ, ㄷ, ㄹ

✦19 역량강화모델을 기반으로 한 사회복지사의 활동으로 옳은 것을 모두 고른 것은?

ㄱ. 클라이언트의 병리적 문제를 치료하는 것에 집중한다.
ㄴ. 클라이언트와 협력적인 관계가 형성될 수 있도록 한다.
ㄷ. 클라이언트의 문제와 관련해 사회행동을 진행한다.
ㄹ. 클라이언트와 지역사회를 연결하여 자원 확보를 돕는다.

① ㄱ, ㄴ
② ㄷ, ㄹ
③ ㄱ, ㄴ, ㄷ
④ ㄴ, ㄷ, ㄹ
⑤ ㄱ, ㄴ, ㄷ, ㄹ

✦20 PIE(Person In Environment) 분류체계에 대한 설명으로 옳은 것을 모두 고른 것은?

ㄱ. 사회적 기능 수행상 문제: 현재 클라이언트의 신체적 상태 및 장애를 표시한다.
ㄴ. 환경상의 문제: 현재 클라이언트를 둘러싼 환경적 조건 등을 표시한다.
ㄷ. 정신건강 문제: 현재 클라이언트의 정신적, 성격적, 발달상의 장애 등을 표시한다.
ㄹ. 가족관계상의 문제: 현재 클라이언트에게 영향을 미친 가족문제를 표시한다.

① ㄱ, ㄹ
② ㄴ, ㄷ
③ ㄱ, ㄴ, ㄷ
④ ㄱ, ㄷ, ㄹ
⑤ ㄴ, ㄷ, ㄹ

✚21 핀커스와 미나한(Pincus & Minahan, 1973)이 분류한 실천체계로 옳은 것은?

① 변화매개체계, 클라이언트체계, 표적체계, 전문체계

② 변화매개체계, 클라이언트체계, 표적체계, 행동체계

③ 변화매개체계, 표적체계, 전문체계, 의뢰－응답체계

④ 클라이언트체계, 표적체계, 전문체계, 의뢰－응답체계

⑤ 클라이언트체계, 표적체계, 행동체계, 의뢰－응답체계

문제풀이 TIP

핀커스와 미나한은 4체계를 제시하였고, 콤튼과 갤러웨이는 4체계에 더해 6체계모델을 제시하였다. 두 모델을 헷갈리지 않도록 조심하자.

22 다문화 관점에 따른 사회복지사의 태도로 적절하지 않은 것은?

① 다문화 클라이언트가 갖는 문화적 차이점보다는 공통점에 주목하여 적응력을 높인다.

② 문화적 민감성을 바탕으로 다문화 생활경험과 가치에 맞는 개입전략을 수립한다.

③ 관계형성을 위해 최대한 긍정적 관심을 표현하며 의사소통을 진행한다.

④ 클라이언트의 출신국가에서 나타나는 사회문화적 특징들을 살펴본다.

⑤ 문화상대주의, 문화다원주의와 같은 다문화 관점과 관련된 지식들을 쌓는다.

23 다음 빈칸에 해당하는 요소들을 나열한 것은?

> 생활모델에서는 클라이언트의 문제는 클라이언트의 성격장애가 아니라 ( ), ( ), ( ) 등 3가지 상호관련된 생활영역에서 일어나는 스트레스라고 보았다.

① 정서적 영역, 신체적 영역, 환경적 영역

② 개인 병리, 가족 역기능, 상황적 위기

③ 개인의 성격, 집단활동, 지역사회 영역

④ 환경체계, 환경 적합성, 상호작용 빈도

⑤ 생활변천, 환경의 압박, 대인관계 문제

✚24 콤튼과 갤러웨이(Compton & Galaway)의 6체계모델을 다음 사례에 적용할 때 구성체계의 연결이 옳은 것은?

> 14세 유민이는 할머니와 초등학교 3학년 동생과 살고 있다. 돈을 벌고 싶은데 나이 때문에 힘들다며 고등학교에 진학하기보다 일을 하고 싶다고 했다. 사회복지사는 통장, 이웃 등을 통해 유민이네 집의 상황을 파악하고 사회복지전담공무원에게 상황을 알렸다. 사회복지사는 유민이와 면담을 진행하며 ADHD가 의심되어 정확한 정신과 상담을 받도록 연계하면서 유민이네 가족을 지원하기 위한 사례관리팀을 꾸렸다.

① 정신과 의사는 전문체계이다.

② 유민이네 가족은 표적체계이다.

③ 사회복지사는 행동체계이다.

④ 사회복지전담공무원은 변화매개체계이다.

⑤ 통장 및 이웃은 응답체계이다.

✛25 사회복지실천에 있어 생태체계모델의 적용이 잘못 이루어진 것은?

① 생태도를 활용하여 미시, 중간, 거시 체계들 사이의 자원과 에너지의 흐름을 살펴본다.

② 우울증을 보이는 아동의 학교생활, 가족관계, 또래집단 관계 등을 다차원적으로 살펴본다.

③ 문제가 발생하게 된 원인은 한 가지가 아닐 수 있으므로 현상을 단정짓지 말고 여러 측면에서 살펴본다.

④ 환경에 적응하기 위한 클라이언트의 노력 혹은 환경을 변화시키고자 하는 클라이언트의 노력이 적절했는지를 살펴본다.

⑤ 같은 상황을 겪는 사람은 유사한 정도의 스트레스가 일어난다는 전제에 따라 대응한다.

26 전통적 방법론의 한계에 관한 설명으로 옳은 것을 모두 고른 것은?

> ㄱ. 복잡한 문제와 욕구를 지닌 클라이언트의 상황에 적절한 개입이 어렵다.
> ㄴ. 지나친 분화와 전문화로 서비스가 파편화되었다.
> ㄷ. 전문화를 중심으로 한 교육은 사회복지사가 타 분야로 직장을 옮기는 데 불리하게 작용했다.
> ㄹ. 개인을 환경 속에서 바라보는 고유한 관점이 확립되었다.

① ㄱ, ㄴ, ㄷ   ② ㄴ, ㄷ, ㄹ
③ ㄱ, ㄴ   ④ ㄴ, ㄷ
⑤ ㄷ, ㄹ

✛27 펄만(Perlman)의 4P이론에 관한 설명으로 옳지 않은 것은?

① 사회복지실천은 클라이언트가 문제를 인식하고 판단할 수 있도록 하는 과정이라고 보았다.

② 클라이언트가 겪는 어려움은 문제가 아닌 문제를 해결하는 태도에 있다고 보았다.

③ 실천과정에서는 클라이언트가 스스로 문제에 대처할 수 있도록 해야 한다고 강조하였다.

④ 문제(Problem), 사람(Person), 장소(Place), 실천(Practice)으로 문제해결과정을 설명하였다.

⑤ 인간의 삶 자체가 지속적인 문제해결 과정이며, 사회복지실천의 변화표적은 문제라고 제시하였다.

28 문제해결모델에 관한 설명으로 옳은 것은?

① 인간의 삶 자체를 문제를 해결해나가는 지속적인 과정으로 보았다.

② 클라이언트가 어려움을 겪는 원인은 문제 그 자체에 있다.

③ 사회복지실천은 문제를 정확하게 진단하여 해결해주는 과정이다.

④ 문제해결과정을 문제, 사람, 계획, 과정 등 4가지 요소로 설명하였다.

⑤ 자아심리학, 실용주의 철학, 역할이론 등에 영향을 미쳤다.

6장 사례관리

이 장에서는,

꾸준히 출제율이 높은 사례관리에 대해 학습한다. 사례관리가 왜 등장했는지, 왜 강조되고 있는지, 어떤 원칙들을 따르는지 등 원론적인 개념 이해에 관한 문제부터 실천활동으로서 사례관리의 과정, 사례관리자의 역할 및 활동 내용 등에 관한 문제까지 다양한 내용들이 두루두루 출제되고 있다. 클라이언트가 가진 복합적인 문제에 대한 통합적 지원체계라는 핵심적 특징을 토대로 종합적으로 대비해두자.

해답과 오답노트 77쪽

✦**01** 사례관리에 관한 설명으로 옳은 것은?

① 병리관점을 따르기 때문에 클라이언트의 치료에 집중한다.

② 생태체계관점에서 클라이언트와 환경과의 적합성을 살펴본다.

③ 클라이언트가 갖고 있지 못한 자원만 집중적으로 사정한다.

④ 계획은 사례관리자가 전문적 시각에서 독자적으로 수립한다.

⑤ 타 기관과의 경쟁을 부추기게 된다는 문제점이 지적되고 있다.

기출 STYLE

복합적 욕구를 가진 클라이언트에 대한 통합적 서비스 제공이라는 점을 토대로 사례관리의 주요 특징을 살펴두어야 한다.

✦**02** 사례관리의 등장배경에 관한 설명으로 옳지 않은 것은?

① 재가복지서비스 이용이 어려운 클라이언트의 시설 이용을 원조하기 위해 개발되었다.

② 공식 서비스와 비공식 서비스를 조정하고 통합하는 방법으로서 주목을 받았다.

③ 다양하고 복합적인 문제를 가진 클라이언트의 욕구충족을 위해 제시되었다.

④ 클라이언트와 그 가족들에게 부과된 보호책임을 원조할 필요성이 제기되었다.

⑤ 지역사회 내 한정된 자원으로 인한 문제를 극복할 방안이 요구되었다.

기출 STYLE

사례관리의 등장배경도 종종 출제되는 내용인데, 등장배경은 사례관리의 주요 특징 및 목적과 연결되기 때문에 이들 내용을 같이 공부해두면 좋을 듯하다.

✤03 사례관리의 과정을 순서대로 나열한 것은?

① 연계 및 조정 → 사정 → 계획 → 재사정 → 점검
② 계획 → 점검 → 사정 → 재사정 → 연계 및 조정
③ 계획 → 연계 및 조정 → 사정 → 점검 → 재사정
④ 사정 → 점검 → 계획 → 재사정 → 연계 및 조정
⑤ 사정 → 계획 → 연계 및 조정 → 점검 → 재사정

> **기출 STYLE**
> 사례관리의 과정 및 각 단계별 과업을 파악해두자.

✤05 다음에서 사례관리자가 수행한 역할은?

> 혼자 살고 있는 클라이언트 A씨는 사고 후유증으로 출퇴근이 어려워졌다. 현재 급식 서비스, 반찬배달 서비스, 이동 서비스, 생활용품 지원 등을 받고 있지만, 장기화되면서 몸이 불편해 집안 청소가 제대로 되지 않고 있으며 경제적 문제와 정서적 문제도 나타나고 있다. 이에 사례관리팀 회의를 통해 현재 서비스의 적절성을 점검하여 가사도우미 지원, 심리상담 서비스 및 취업상담을 통해 재택근무로 할 수 있는 일을 연계해보기로 하였다.

① 조정자   ② 평가자
③ 상담자   ④ 촉진자
⑤ 옹호자

> **기출 STYLE**
> 사례관리자로서 수행하게 되는 역할과 관련하여 사례제시형 문제가 종종 출제되고 있으므로 이에 대한 대비가 필요하다.

✤04 사례관리의 원칙과 관련하여 옳은 설명을 모두 고른 것은?

> ㄱ. 체계성: 클라이언트의 욕구를 점검하여 필요한 서비스가 계속 이루어질 수 있게 한다.
> ㄴ. 개별성: 클라이언트의 문제나 욕구를 유형화하지 않고 그에 맞는 계획을 세워야 한다.
> ㄷ. 연계성: 반드시 제공되어야 하는 서비스는 클라이언트가 원치 않더라도 제공해야 한다.
> ㄹ. 접근성: 거동이 불편한 어르신들을 위해 전화 및 가정방문 등을 통해 서비스를 알린다.

① ㄱ, ㄷ   ② ㄴ, ㄹ
③ ㄱ, ㄴ, ㄷ   ④ ㄴ, ㄷ, ㄹ
⑤ ㄱ, ㄴ, ㄷ, ㄹ

> **기출 STYLE**
> 사례관리에서 고려해야 할 주요 원칙을 살펴봐야 한다.

06 사례관리 개입과정 중 사정에 관한 설명으로 옳은 것을 모두 고른 것은?

> ㄱ. 클라이언트와 함께 문제 목록을 작성하며 우선순위를 살펴본다.
> ㄴ. 문제를 해결하는 데에 도움이 될 만한 자원들을 탐색해본다.
> ㄷ. 클라이언트가 갖고 있는 신념, 태도, 가치관에 대해 이야기 나눈다.
> ㄹ. 클라이언트가 자신의 의지로 해결할 수 없는 선천적 문제를 파악한다.

① ㄱ, ㄴ   ② ㄷ, ㄹ
③ ㄱ, ㄴ, ㄹ   ④ ㄴ, ㄷ, ㄹ
⑤ ㄱ, ㄴ, ㄷ, ㄹ

✛07 다음에서 설명하는 사례관리의 실천과정은?

학교생활 부적응, 정서장애, 아동학대 등의 문제로 학교에서 지역사회복지관으로 의뢰된 준영이에 대해 사례관리를 실시하고 있다. 사례관리자는 목표 달성 진행상황을 비롯해 서비스와 지원이 잘 이루어지고 있는가에 대해 살펴보고, 새로운 욕구나 문제는 없는지 등을 검토하였다.

① 사정   ② 계획
③ 개입   ④ 점검
⑤ 평가

문제풀이 **TIP**

사례관리의 실천과정은 사정-계획-개입-점검-평가의 순서로 이루어진다.

08 다음 사례에서 나온 사례관리의 기능은 무엇인가?

홀로 아이를 키우는 김미경씨는 일하는 동안 아이를 부탁할 곳이 없어 집 근처 사회복지관의 사회복지사에게 도움을 요청했다. 사회복지사는 김미경씨 주위의 이웃들에게 요청하여 김미경씨가 주말에 근무하는 경우 아이를 돌봐주기로 하였다.

① 옹호기능
② 조정기능
③ 상담기능
④ 서비스의 연결기능
⑤ 비공식 보호체계와 상호작용 촉진기능

09 사례관리자의 역할별 활동 내용으로 옳은 것은?

① 상담자: 욕구충족을 위한 개입방법, 서비스 통합, 기관 간 협력 등을 계획한다.
② 계획자: 클라이언트가 새로운 지식이나 기술을 획득하도록 가르치고 원조한다.
③ 조정자: 원조활동에 있어 클라이언트와 자원 원조자들 사이에서 의사소통을 한다.
④ 옹호자: 클라이언트의 욕구를 수집하고 분석하는 종합적 활동을 수행한다.
⑤ 중개자: 프로그램의 효과성, 효율성을 평가하여 사례관리과정을 분석한다.

✛10 사례관리에 관한 설명으로 옳지 않은 것은?

① 생태체계이론, 사회적 지지망 이론 등을 기반으로 한다.
② 지역사회보호와 개별사회복지실천이 혼합되어 있다.
③ 목적 달성을 위한 전략을 수립한 후 사례회의를 한다.
④ 클라이언트 중심 접근으로 개별화된 서비스를 제공한다.
⑤ 역량강화를 통해 클라이언트의 내적, 외적 힘을 강화한다.

✛11 사례관리의 등장배경으로 옳은 것을 모두 고른 것은?

> ㄱ. 지역사회서비스의 중앙화
> ㄴ. 복잡한 욕구에 대한 대응의 필요성 대두
> ㄷ. 시설 중심의 복지서비스 활성화의 영향
> ㄹ. 비용효과성에 대한 인식 증가

① ㄱ, ㄴ
② ㄱ, ㄷ
③ ㄴ, ㄹ
④ ㄱ, ㄷ, ㄹ
⑤ ㄴ, ㄷ, ㄹ

13 사례관리 과정을 순서대로 나열한 것은?

> ㄱ. 서비스를 제공하면서 클라이언트의 생활 변화를 점검한다.
> ㄴ. 클라이언트의 도박중독 검사를 실시하고 폭력 정도에 대해 면담한다.
> ㄷ. 클라이언트에게 사례관리가 어떠하였는지 설문조사를 실시한다.
> ㄹ. 관련 전문가들이 모여 클라이언트에게 필요한 서비스를 계획한다.

① ㄴ→ㄱ→ㄹ→ㄷ
② ㄹ→ㄱ→ㄴ→ㄷ
③ ㄴ→ㄷ→ㄹ→ㄱ
④ ㄹ→ㄴ→ㄷ→ㄱ
⑤ ㄴ→ㄹ→ㄱ→ㄷ

✛12 사례관리의 개입원칙에 관한 설명으로 옳지 않은 것은?

① 서비스의 전문적 제공을 위해 비공식적 지원체계의 접근을 방지해야 한다.
② 클라이언트마다 욕구와 강점이 다르다는 것을 전제로 계획을 수립해야 한다.
③ 클라이언트가 자립할 수 있도록 돕고 스스로 결정을 내릴 수 있도록 도와야 한다.
④ 클라이언트의 서비스 접근을 방해하는 물리적, 심리적 장벽을 제거해야 한다.
⑤ 일회적이고 단편적인 서비스가 아닌 지속적인 서비스 제공이 이루어지도록 해야 한다.

문제풀이 TIP

사례관리의 개입원칙
서비스 개별화, 서비스 제공의 포괄성, 클라이언트의 자율성 극대화, 서비스 지속성, 서비스 연계성, 서비스 접근성, 서비스 체계성

14 사례관리자의 역할 및 과업과 관련하여 옳지 않은 것은?

① 사례관리팀을 꾸려 다양한 전문가들의 의견을 종합한다.
② 모든 서비스는 공식적 체계 내에서 이루어지도록 한다.
③ 클라이언트의 권리 확보를 위한 옹호자의 역할을 한다.
④ 연계한 서비스들이 계획대로 진행되고 있는지를 점검한다.
⑤ 클라이언트의 의사에 반하는 서비스는 제공하지 않는다.

15 사례관리를 실시할 수 있는 상황을 모두 고른 것은?

> ㄱ. 지역주민들은 치매에 걸린 독거노인 A씨에 대한 개입을 행정복지센터에 요청했다.
> ㄴ. 미혼모인 B씨는 출산휴가가 끝나면서 아이 양육 및 경제적 문제를 호소하고 있다.
> ㄷ. 학교폭력 가해자인 C군의 분노조절 장애는 부모님의 불화에서 비롯된 것으로 보인다.
> ㄹ. 지적장애 동생과 살고 있는 45세 D씨는 교통사고로 장기 입원 중에 있다.

① ㄱ, ㄴ
② ㄷ, ㄹ
③ ㄱ, ㄴ, ㄹ
④ ㄴ, ㄷ, ㄹ
⑤ ㄱ, ㄴ, ㄷ, ㄹ

✦17 사례관리의 목적에 관한 설명으로 옳은 것을 모두 고른 것은?

> ㄱ. 클라이언트에게 서비스가 지속되도록 보호의 연속성을 보장한다.
> ㄴ. 클라이언트의 가족과 일차집단의 보호능력을 확대시킨다.
> ㄷ. 클라이언트의 잠재능력을 개발시키고 생활기술을 증진시킨다.
> ㄹ. 클라이언트에게 서비스가 중복 제공되지 않도록 관리한다.

① ㄱ, ㄷ
② ㄴ, ㄹ
③ ㄱ, ㄴ, ㄷ
④ ㄴ, ㄷ, ㄹ
⑤ ㄱ, ㄴ, ㄷ, ㄹ

16 사례관리의 바탕이 된 이론 및 관점 중 다음에서 설명하고 있는 것은?

> • 환경 속 인간의 관점에서 클라이언트와 클라이언트를 둘러싼 환경체계와의 상호작용에 주목한다.
> • 클라이언트에 개입함에 있어 클라이언트와 상호 간 신뢰관계를 바탕으로 개인과 환경 사이의 적합성을 증진시키는 데에 초점을 두고 개입방법을 모색한다.

① 강점관점
② 임파워먼트 모델
③ 문제해결모델
④ 생태체계이론
⑤ 사회적 지지망 이론

18 사례관리의 사정 단계에서 내부 장애물로 분류할 수 있는 것을 모두 고른 것은?

> ㄱ. 지적 장애 클라이언트와의 의사소통 문제
> ㄴ. 가족이 무조건 반대할 것이라는 믿음
> ㄷ. 클라이언트 거주 지역의 자원 부족
> ㄹ. 자신은 가치가 없다는 생각

① ㄱ, ㄴ, ㄹ
② ㄴ, ㄷ, ㄹ
③ ㄱ, ㄴ
④ ㄴ, ㄹ
⑤ ㄷ, ㄹ

문제풀이 **TIP**

사례관리 사정단계의 장애물은 외부장애물, 선천적 무능력, 내부장애물이 있다.

✤19 사례관리의 개입원칙에 관한 설명으로 옳지 않은 것은?

① 서비스 개별화: 클라이언트 개개인의 욕구에 맞는 서비스를 적절하게 개발하여 제공한다.

② 클라이언트의 자율성 극대화: 클라이언트가 선택할 자유를 최대화하고 지나치게 보호하지 않으며 클라이언트의 자기결정권을 보장한다.

③ 서비스 지속성: 클라이언트의 욕구를 점검하여 일회적이거나 단편적인 서비스가 제공되지 않고 지속적으로 서비스가 제공되게 한다.

④ 서비스 연계성: 지역사회에서 통합적으로 제공되고 있는 서비스들을 세분화하여 서비스의 효과성을 높인다.

⑤ 서비스 체계성: 서비스 간 중복을 줄이고 효율적 비용 관리를 위해 서비스와 자원 간 조정을 한다.

✤20 사례관리에 관한 설명으로 옳지 않은 것은?

① 지역사회 차원의 네트워크 개발 강조

② 환경 속 인간 관점을 바탕으로 한 역량강화 강조

③ 공식적 · 비공식적 자원 모두 활용

④ 사례관리팀을 통한 전문적 서비스 제공

⑤ 미시적 접근 및 직접적 접근 강조

✤21 사례관리에서 점검 단계의 과업으로 옳은 것은?

① 클라이언트의 정서적, 인지적, 행동적 변화를 이끌어낸다.

② 클라이언트와 함께 문제목록을 작성해본다.

③ 현재 서비스를 확인하고 수정 및 보완할 점을 찾는다.

④ 서비스 제공 과정 및 결과를 종합적으로 살펴본다.

⑤ 사례관리팀을 조직하여 서비스를 계획한다.

22 다음 사례에서 나타난 사례관리자의 역할이 아닌 것은?

> 73세 할아버지와 18세 손자 둘이 사는 가족이다. 사례관리자는 손자에게 지역아동센터 이용 및 자원봉사자의 학습지원 등을 설명하고 학업을 포기하지 않도록 동기를 부여했다. 또한 가족의 생계 문제, 할아버지의 건강 문제 등과 관련된 지역사회 전문가들로 사례회의팀을 구성하여 개입계획을 수립하고 가족에게 필요한 서비스가 통합적으로 제공될 수 있도록 연결하였다.

① 상담가 ② 계획가
③ 중개자 ④ 정보제공자
⑤ 중재자

7장 관계형성에 대한 이해

이 장에서는,

사회복지사는 사회복지서비스를 제공하는 전문직으로서 클라이언트와 전문적 관계를 형성하게 된다. 이와 관련하여 전문적 관계의 특징, 관계형성의 요소, 비스텍이 제시한 관계형성의 원칙 등의 내용이 출제되고 있다. 또 여기서 주목해야 할 점은 클라이언트 중에는 비자발적 클라이언트도 있으며, 자발적으로 기관을 방문했음에도 불구하고 저항을 드러내는 클라이언트도 있다는 점이다. 이런 다양한 상황 속에서 사회복지사가 어떻게 대처해야 하는지에 대해 생각해봐야 한다.

해답과 오답노트 80쪽

✦01 비스텍(Biestek)이 제시한 관계의 7대 원칙에 관한 설명으로 옳은 것은?

① 수용: 다른 누군가에게 자신의 가치관을 비난받고 싶지 않아 하는 욕구가 있음을 이해한다.

② 비심판적 태도: 클라이언트를 유형화하지 않고 한 개인으로서 가진 특성을 있는 그대로 이해한다.

③ 의도적 감정표현: 클라이언트가 가지고 있는 부정적인 감정들을 자유롭게 표현할 수 있도록 격려한다.

④ 비밀보장: 면담 과정에서 알게 된 클라이언트의 정보는 어떠한 경우에도 제3자에게 노출되어서는 안 된다.

⑤ 개별화: 클라이언트가 표현한 감정에 대해 공감과 이해를 바탕으로 적절히 반응하는 것이다.

기출 STYLE

비스텍이 제시한 관계의 7대 원칙은 필수 영역이다. 7대 원칙이 무엇인지를 파악해두어야 하며, 이 문제와 같이 각 원칙과 사례를 연결하는 유형도 종종 출제되고 있다.

✦02 전문적 관계형성의 요소에 관한 설명으로 옳지 않은 것은?

① 사회복지사는 진실성을 바탕으로 클라이언트를 대하며 담보할 수 없는 약속을 해서는 안 된다.

② 사회복지사는 실패하거나 비난받을 수 있음을 인식하고 이를 받아들일 수 있어야 한다.

③ 사회복지사는 감정이입의 과정에서 문제에 대해 객관적으로 분석하고 이성적으로 반응해야 한다.

④ 사회복지사는 전이나 역전이 문제의 발생을 고려하여 자기노출을 시도하지 말아야 한다.

⑤ 사회복지사는 클라이언트가 가진 고유한 문화를 이해하고 인정할 수 있어야 한다.

기출 STYLE

자기노출, 타인에 대한 관심, 원조의지, 진실성, 권위와 권한, 헌신과 의무, 감정이입 등 전문적 관계 요소와 관련된 문제도 자주 출제되고 있다. 각 개념과 함께 사회복지사가 취해야 할 태도를 정리해두어야 한다.

✛03 사회복지실천의 전문적 관계의 특징에 대한 설명으로 옳지 않은 것은?

① 사회복지사는 어떤 의도나 목적 없이 클라이언트를 원조한다.

② 사회복지사의 전문적 판단에는 그에 따른 책임이 수반된다.

③ 사회복지사는 클라이언트의 변화 능력에 대한 믿음이 있어야 한다.

④ 관계형성에 있어 사회복지사의 객관성과 자기인식이 요구된다.

⑤ 사회복지실천과정은 구체적으로 한정된 기간 동안 이루어진다.

기출 STYLE

사회복지사와 클라이언트는 전문적 관계를 맺게 된다. 뚜렷한 목적을 갖고 그 목적을 달성하기 위해 개입이 진행되며, 사회복지사는 객관성을 바탕으로 개입과정을 통제한다는 특징을 기억해두자.

04 비밀보장의 원칙에 있어 발생할 수 있는 예외적 상황으로 볼 수 없는 것은?

① 상담 과정 중 클라이언트가 타인에게 해를 가할 위험성이 발견된 때

② 클라이언트에게 제공할 만한 적절한 서비스가 없어 타 기관에 의뢰하게 된 때

③ 클라이언트가 자신의 형제들에 대해 인격적으로 무시하는 모욕적인 말을 할 때

④ 클라이언트와의 상담 내용을 슈퍼바이저에게 보고해야 할 때

⑤ 클라이언트의 문제가 복잡하다고 판단되어 사례관리팀에서 사례회의를 할 때

05 다음에서 사회복지사가 적용한 관계의 원칙은?

연이은 사업실패로 인해 어린 자녀를 친척집에 맡기고 아내와도 별거를 하게 된 남성 클라이언트는 사회복지사가 자신을 무능력하다고 볼까봐 염려되어 사업실패의 원인을 동업자에게 돌리고 원망과 분노를 터트렸다.
이에 대해 사회복지사는 클라이언트의 말에 대해 동조하거나 비난하지 않고 클라이언트의 말을 인정하고 존중해주었다.

① 개별화

② 의도적인 감정표현

③ 통제된 정서적 관여

④ 수용

⑤ 비밀보장

✛06 원조관계 형성의 요소 중 다음과 관련이 깊은 것은?

한국사회복지사 윤리강령에서는 실천 과정에서 사회복지사가 자신의 개인적·사회적·문화적·정치적·종교적 가치, 신념, 편견이 클라이언트 및 동료 사회복지사에게 미칠 수 있는 영향을 고려할 것을 규정하고 있다.

① 자기인식   ② 감정이입

③ 자기개방   ④ 민감성

⑤ 개별화

07 사회복지사의 자기노출에 대한 설명으로 옳지 않은 것은?

① 클라이언트의 상황에 공감하면서 자신이 겪었던 이야기를 한다.

② 클라이언트와 반대되는 의견을 제시하여 문제를 다각도로 살펴보게 한다.

③ 클라이언트의 반응을 살펴보면서 자기노출의 정도를 조절하도록 한다.

④ 클라이언트가 아닌 사회복지사가 관계의 초점이 되지 않도록 해야 한다.

⑤ 클라이언트가 전이 반응을 보이지는 않는지 살펴보면서 진행해야 한다.

+08 원조관계의 요소 중 다음에서 설명하는 것은?

> • 원조과정에서의 책임감을 의미하는 것으로 신뢰성, 일관성을 포함한다.
> • 사회복지사와 클라이언트 모두 절차상의 조건을 따라야 한다.

① 구체성　　　　② 권위
③ 헌신과 의무　　④ 자기인식
⑤ 창의적 능력

 문제풀이 TIP

원조관계의 요소로는 타인에 대한 관심 및 원조의지, 헌신과 의무, 권위와 권한, 진실성, 구체성, 의사소통 능력, 사회복지사의 자기노출, 공감능력 등을 비롯해 사회복지사에게 요구되는 다양한 자질이 언급되며, 문제에서 설명하는 바가 정확히 무엇인지를 파악할 수 있어야 한다.

+09 비자발적 클라이언트에 대한 사회복지사의 개입으로 옳은 것은?

① 사람은 누구나 가치관과 의견이 다를 수 있으므로 문제가 무엇인지에 대해 논쟁한다.

② 비자발적 클라이언트가 저항을 보일 때에는 의뢰했던 기관에 보고하여 조치를 취하도록 한다.

③ 클라이언트의 변화 속도가 느릴 때에는 어려운 과제를 부여하여 적극적으로 도전하게 한다.

④ 클라이언트를 안심시키기 위해서는 빈말이라도 변화에 대 한 확신을 가질 수 있게 한다.

⑤ 클라이언트의 행동에 대한 잘못을 따지지 않으며 클라이언트가 자신의 감정을 표현할 수 있도록 돕는다.

10 사회복지사가 클라이언트의 요구를 거절해야 하는 상황을 모두 고른 것은?

> ㄱ. 클라이언트가 자신이 다니는 교회에 함께 가자고 청할 때
> ㄴ. 상담 종결 시에 새로운 문제를 꺼내어 정해진 상담시간의 연장을 청할 때
> ㄷ. 클라이언트가 술을 마시고 다급하게 상담을 청할 때
> ㄹ. 클라이언트의 아내가 클라이언트와의 상담 내용을 알려 달라고 청할 때

① ㄱ, ㄴ, ㄷ　　　　② ㄱ, ㄷ, ㄹ
③ ㄱ, ㄴ, ㄹ　　　　④ ㄴ, ㄷ, ㄹ
⑤ ㄱ, ㄴ, ㄷ, ㄹ

사회복지실천론

⁺11 비스텍이 제시한 관계의 기본원칙 중 다음에서 설명하는 것은?

> 누구나 자신의 문제에 대해 공감적인 반응을 얻고 싶어하는 욕구를 가진다. 사회복지사는 이러한 클라이언트의 욕구를 인식하여 클라이언트의 감정을 민감하게 살피고, 그 의미를 이해하며, 적절한 반응을 할 수 있어야 한다. 클라이언트는 자신의 문제가 이해받는 느낌을 갖게 되면서 심리적 안정을 찾을 수 있다.

① 수용
② 의도적 감정표현
③ 초점화
④ 통제된 정서적 관여
⑤ 개별화

문제풀이 **TIP**

클라이언트의 감정에 대한 민감성, 이해, 적절한 반응은 통제된 정서적 관여의 구성요소이다.

12 클라이언트의 자기결정을 위한 사회복지사의 역할로 옳지 않은 것은?

① 클라이언트가 부담감을 덜 수 있도록 최종 결정은 사회복지사가 한다.
② 클라이언트가 필요로 하는 자원을 환경체계에서 찾을 수 있도록 지원한다.
③ 클라이언트의 선택과 결정에 대해 수용하는 자세를 가져야 한다.
④ 클라이언트가 갖고 있는 잠재적인 힘을 살펴봐야 한다.
⑤ 클라이언트에게 사회복지사가 생각하는 결정을 강제하지 않는다.

⁺13 클라이언트가 갖는 양가감정에 대한 설명으로 옳지 않은 것은?

① 양가감정이란 변화하고 싶은 마음과 변화를 거부하는 마음이 공존하는 것을 말한다.
② 클라이언트가 보이는 양가감정은 자발적 클라이언트에게서도 나타날 수 있는 현상이다.
③ 클라이언트가 보이는 양가감정이 사회복지사에 대한 저항의 표현이라고 단정할 수는 없다.
④ 사회복지사는 양가감정을 직접 다루기보다 클라이언트가 스스로 극복할 수 있도록 한다.
⑤ 사회복지사가 지나치게 빠른 변화를 촉진하면 클라이언트의 양가감정이 악화될 수 있다.

14 사회복지사와 클라이언트 간의 관계형성에 관한 설명으로 옳지 않은 것은?

① 사회복지사와 클라이언트 간 관계의 질이 개입의 결과에 영향을 미친다.
② 때에 따라서는 다소 여유를 가지고 신뢰 형성을 위해 노력해야 할 때도 있다.
③ 클라이언트의 반대 입장에서 의견을 내어 사고의 범위를 확장하도록 돕는다.
④ 클라이언트의 말뿐만 아니라 표정, 몸짓 등에도 주의를 기울여야 한다.
⑤ 긍정적인 관계형성은 클라이언트가 자기존중감을 가질 수 있게 한다.

✚**15** 사회복지사의 자기인식에 관한 설명으로 옳은 것을 모두 고른 것은?

> ㄱ. 한국사회복지사 윤리강령에서는 사회복지사의 자기인식에 관한 규정을 마련하고 있다.
> ㄴ. 문화적으로 민감한 실천을 제공하기 위해서 자기인식을 증진할 수 있도록 한다.
> ㄷ. 실천과정에서 자신의 가치, 신념, 편견 등이 클라이언트에게 미칠 수 있는 영향을 고려한다.
> ㄹ. 자신의 개인적·사회적·문화적·정치적·종교적 가치가 동료 사회복지사에게 미칠 수 있는 영향을 고려한다.

① ㄱ, ㄷ   ② ㄴ, ㄹ
③ ㄱ, ㄴ, ㄷ   ④ ㄴ, ㄷ, ㄹ
⑤ ㄱ, ㄴ, ㄷ, ㄹ

✚**16** 비스텍이 제시한 관계형성의 원칙 중 다음에 해당하는 것은 무엇인가?

> • 단 한 사람의 독특한 인간으로 대우받고 싶어하는 클라이언트의 욕구를 바탕으로 한다.
> • 사회복지사는 클라이언트의 특성과 욕구를 살펴 어떤 서비스를 어떤 방법으로 얼마나 제공할지를 정한다.
> • 클라이언트는 어떤 유형화된 사람으로서 정의되는 것이 아니라 한 개인으로서 이해받는다고 느끼며 전문적 관계에 몰입할 수 있게 된다.

① 개별화   ② 비심판적 태도
③ 자기결정   ④ 수용
⑤ 의도적 감정표현

17 클라이언트의 저항 행동으로 볼 수 없는 것은?

① 클라이언트가 바닥만 보며 할 말이 없다고 아무 말도 하지 않는 경우
② 클라이언트가 타인과의 관계에서 경험했던 감정을 사회복지사에게 보이는 경우
③ 클라이언트가 주제와 상관없는 이야기를 계속하는 경우
④ 클라이언트가 무엇을 해도 소용없다며 무기력한 태도로 일관하는 경우
⑤ 클라이언트가 의도적으로 반복적으로 면담 시간에 늦게 오는 경우

✚**18** 관계형성의 원칙과 클라이언트의 욕구가 바르게 연결되지 않은 것은?

① 개별화 – 개별적인 개인으로 취급되기를 바라는 욕구
② 의도적인 감정표현 – 자신의 감정을 자유롭게 표현하고자 하는 욕구
③ 통제된 정서적 관여 – 자기 스스로 선택하고 결정하고자 하는 욕구
④ 수용 – 가치 있는 인간으로 인정받고자 하는 욕구
⑤ 비심판적 태도 – 누군가로부터 자신에 대한 판단을 받고 싶지 않은 욕구

사회복지실천론

19 사회복지실천의 관계형성에 관한 내용으로 옳지 않은 것은?

① 클라이언트가 환경에 좀 더 잘 적응할 수 있도록 돕기 위함이다.

② 사회복지사는 타인의 욕구에 민감할 수 있도록 객관성과 자기인식에 기초한 관계를 형성한다.

③ 클라이언트에게 사회복지사와 맺은 원조관계는 긍정적인 변화의 원인이 된다.

④ 사회복지사는 긍정적인 관계에서 자기존중과 자신이 가치 있는 존재라는 느낌을 받게 된다.

⑤ 사회복지사와 클라이언트는 구체적으로 한정된 기간을 갖고 관계를 맺는다.

문제풀이 TIP

사회복지실천은 사회복지사가 아닌 클라이언트를 위한 것임을 염두에 두어야 함정에 빠지지 않는다.

21 관계형성의 장애요인에 관한 내용으로 옳은 것을 모두 고른 것은?

ㄱ. 전이반응은 상황에 맞지 않는 비현실적인 왜곡을 낳아 변화에 대한 저항을 일으킨다.

ㄴ. 역전이는 왜곡된 인식과 치료를 방해하는 감정 반응을 만들어 관계를 악화시킨다.

ㄷ. 사회복지사에 대한 클라이언트의 불신은 대체로 과거의 다른 관계에서 비롯되는 경우가 많다.

ㄹ. 양가감정은 사회복지사에 대한 클라이언트의 저항감이 가장 극대화되었을 때 나타나는 현상이다.

① ㄱ, ㄴ, ㄷ   ② ㄱ, ㄷ, ㄹ

③ ㄴ, ㄷ, ㄹ   ④ ㄱ, ㄴ

⑤ ㄷ, ㄹ

문제풀이 TIP

전이와 역전이, 저항, 침묵, 불신 등이 관계형성의 장애요인이 될 수 있다.

20 사회복지사가 클라이언트와 전문적 관계를 형성함에 있어 고려해야 할 사항으로 옳지 않은 것은?

① 원조의지: 사회복지사는 클라이언트에 대해 책임감을 갖고 원조해야 한다.

② 의무: 사회복지사는 클라이언트와의 관계에서 절차상의 조건들을 지켜야 한다.

③ 권위: 사회복지사는 전문가로서 클라이언트의 행동에 대한 강제력을 갖는다.

④ 진실성: 사회복지사는 클라이언트에게 담보할 수 없는 약속을 해서는 안 된다.

⑤ 창조성: 사회복지사는 개방성을 가지고 다양한 방식의 해결책을 모색해야 한다.

22 다음 중 전문적 관계에서 수용을 저해하는 요인을 모두 고른 것은?

ㄱ. 사회복지사가 인간행동에 대한 이해가 충분하지 못한 경우

ㄴ. 사회복지사가 자신에 대해 해결하지 못한 문제가 있어 갈등을 억압하는 경우

ㄷ. 사회복지사가 수용과 동의를 혼동한 경우

ㄹ. 클라이언트에 대한 존경심이 결여된 경우

① ㄱ, ㄴ, ㄷ   ② ㄱ, ㄷ

③ ㄱ, ㄴ, ㄹ   ④ ㄷ, ㄹ

⑤ ㄱ, ㄴ, ㄷ, ㄹ

면접의 방법과 기술

이 장에서는,

사회복지실천에서 이루어지는 면접의 특징을 비롯해 시간, 장소 등에 있어 고려할 사항들을 파악하고, 면접 내용을 기록하는 방식에 대해 학습한다. 가장 중요하게 출제되는 내용은 질문, 명료화, 해석, 직면, 초점화 등 면접에서 사용하게 되는 다양한 기술들이다.

해답과 오답노트 83쪽

✛01 면담기술에 관한 설명으로 옳은 것을 모두 고른 것은?

> ㄱ. 관찰 – 클라이언트의 언어적 표현이 아닌 비언어적 표현에 주의를 기울이는 것이다.
> ㄴ. 해석 – 클라이언트의 행동이나 표현에 대해 사회복지사가 전문성을 바탕으로 분석하는 것이다.
> ㄷ. 환원 – 클라이언트의 이야기를 사회복지사가 다른 표현으로 바꾸어 다시 이야기하는 것이다.
> ㄹ. 공감 – 클라이언트의 주관적 경험에 대해서 사회복지사가 주관적 반응을 보이는 것이다.

① ㄱ, ㄹ
② ㄴ, ㄷ
③ ㄱ, ㄴ, ㄹ
④ ㄴ, ㄷ, ㄹ
⑤ ㄱ, ㄴ, ㄷ, ㄹ

기출 STYLE

면접에서 활용되는 다양한 기술들에 대한 개념적인 이해를 묻는 문제, 어떤 상황에서 어떤 기술들이 활용될 수 있는지를 파악하는 문제, 주의할 점은 무엇인지를 확인하는 문제 등이 출제된다.

✛02 면접 과정에서 적절한 개방형 질문으로 옳은 것을 모두 고른 것은?

> ㄱ. 추석 때문에 2주만에 만나게 되었는데 그동안 어떤 일이 있었나요?
> ㄴ. 어제는 몇 시간 정도 주무셨나요?
> ㄷ. 그때 동생한테 왜 그런 행동을 하셨나요?
> ㄹ. 하기 싫어서 그만 둔 걸 부모님 핑계를 대는 거 아닌가요?

① ㄱ
② ㄱ, ㄹ
③ ㄱ, ㄴ, ㄹ
④ ㄴ, ㄷ, ㄹ
⑤ ㄱ, ㄴ, ㄷ, ㄹ

기출 STYLE

면접 과정에서 클라이언트를 알기 위해 진행되어야 할 대화 내용은 무엇인가를 토대로 어떤 질문이 이루어져야 하는지를 생각해보는 문제가 출제되고 있다.

03 사회복지 면접에서 유의해야 할 사항으로 옳지 않은 것은?

① 특정한 목적을 두고 진행되기 때문에 대화의 초점을 잃지 않도록 해야 한다.

② 클라이언트의 행동을 평가하거나 탓하는 느낌을 주는 말은 주의하도록 한다.

③ 공식적인 과정이므로 반드시 기관에 마련된 상담실을 이용해야 한다.

④ 명확한 답변을 얻기 위해서는 궁금한 점이 무엇인지가 명확한 질문을 해야 한다.

⑤ 클라이언트의 이야기가 길어지더라도 되도록 정해진 시간을 지키도록 한다.

기출 STYLE

실천과정에서 면접이 갖는 특성을 비롯해 사회복지사가 유의해야 할 점을 파악하는 문제도 출제되곤 한다.

04 정보수집을 위한 면접에서 다루어야 할 내용으로 거리가 먼 것은?

① 클라이언트의 나이, 성별, 학력, 결혼상태

② 클라이언트에게 필요한 기술 훈련

③ 클라이언트의 가족관계, 교우관계

④ 클라이언트가 현재 호소하고 있는 문제상황

⑤ 클라이언트의 성장과정상의 문제

05 클라이언트와의 면담과정에서 사회복지사의 태도로 옳지 않은 것은?

① 클라이언트가 면접 장소에 대해 불편함을 느끼지 않는지를 살펴본다.

② 클라이언트의 대답이 느릴 때에는 추가적인 질문을 통해 답변을 재촉해본다.

③ 클라이언트의 대답이 불충분하다고 생각될 때에 캐어묻기를 시도해본다.

④ 클라이언트가 사회복지사의 질문에 보이는 표정 변화를 관찰해본다.

⑤ 클라이언트의 진술과 진술 속에 감춰진 의미가 일치하는지를 탐색해본다.

✚06 과정기록에 대한 설명으로 옳지 않은 것은?

① 면접 과정에서 있었던 모든 상호작용을 있는 그대로 기록한다.

② 슈퍼비전이나 사례회의에서 활용하기에 유용하다는 장점이 있다.

③ 기록에 지나치게 많은 시간이 소요된다는 단점이 있다.

④ 사회복지사의 의견이 서술되지 않는다는 단점이 있다.

⑤ 대체로 직접인용 방식으로 기록하는 경우가 많다.

07 면접기술에 관한 설명으로 옳지 않은 것은?

① 클라이언트의 이야기에 경청하고 있음을 표현하기 위한 목적이라 하더라도 이야기 도중에 자주 끼어드는 것은 좋지 않다.

② 클라이언트가 무엇을 해야 할지에 대해 조언함에 있어서는 클라이언트의 자기결정권을 인식하는 것이 중요하다.

③ 클라이언트가 자신의 결정에 대해 불안감을 표시할 때에는 정서적인 지지를 통해 불안감을 덜어주는 것이 필요하다.

④ 클라이언트가 지나치게 단답형으로 대답함에 따라 면접이 원활하지 않을 때에는 유도형 질문을 통해 해결의 실마리를 찾는다.

⑤ 클라이언트에 대한 관찰을 통해 클라이언트가 반복적으로 하는 말이 무엇인지, 회피하는 주제는 무엇인지 등을 파악한다.

+08 사회복지실천에서 면접에 관한 설명으로 옳지 않은 것은?

① 목적지향적 과정이다.

② 치료적 효과를 갖기도 한다.

③ 특정한 역할 관계가 있다.

④ 공식적인 과정이다.

⑤ 비전문적 대화 과정이다.

09 다음 사례에서 사회복지사가 실시한 면접에 해당되는 것은?

> A학교에 학교폭력이 빈번하게 발생하자 사회복지사는 피해경험이 있는 학생을 30명을 대상으로 학교폭력 실태에 대해 조사하기 위해 면접을 실시하였다. 학교사회복지사는 구체적인 질문 20문항을 만들어서 면접대상자에게 차례로 질문하였고 30명에 대해 동일한 방법으로 면접을 실시하였다.

① 비구조화된 면접 – 사정을 위한 면접

② 반구조화된 면접 – 정보수집을 위한 면접

③ 구조화된 면접 – 사정을 위한 면접

④ 반구조화된 면접 – 치료를 위한 면접

⑤ 구조화된 면접 – 정보수집을 위한 면접

문제풀이 **TIP**

사례에서 사회복지사는 동일한 절차와 방법으로 학교폭력실태를 알기 위한 면접을 했다는 점에 초점을 두자.

10 다음 대화에서 사회복지사가 사용한 면접기술에 대한 설명으로 옳지 않은 것은?

> • 클라이언트: "퇴근해서 집에 오면, 아내는 나를 위해 항상 걱정한다고 하면서, 제가 싫어하는 이야기만 골라서 합니다."
> • 사회복지사: "아내와 함께 지내는 시간이 힘들고 고통스럽군요."

① 사회복지사는 '반영' 기법을 사용하였다.

② 상투적인 문구는 피해야 한다.

③ 사회복지사는 깊이 있는 해석을 내려야 한다.

④ 관찰이 동시에 이루어져야 한다.

⑤ 적절한 언어를 사용해야 한다.

✢11 면접 과정에서 사회복지사의 태도로 적절하지 않은 것은?

① 초기 면접에서는 클라이언트에게 되도록 많은 질문을 하여 클라이언트의 문제에 관심을 갖고 있음을 보여준다.

② 클라이언트의 다양한 감정을 표현할 수 있도록 개방형 질문을 하지만 단편적인 사실을 확인할 때에는 폐쇄형 질문도 한다.

③ 고개를 끄덕이는 등의 반응을 보임으로써 클라이언트의 말에 귀를 기울이고 있다는 것을 표현해준다.

④ 클라이언트의 진술이 불일치하거나 침묵하거나 갑자기 화제를 돌릴 때 등에는 그 의미를 살펴본다.

⑤ 면접 내용을 기록하는 것은 필요하지만 지나치게 기록에만 집중하지 않도록 유의해야 한다.

✢12 사회복지면접 기록에 대한 설명으로 옳지 않은 것은?

① 과정기록에는 비언어적 표현까지 포함하여 기록한다.

② 요약기록은 일반적으로 가장 많이 사용된다.

③ 기관은 클라이언트를 위해 관련된 기록을 보호해야 할 책임이 있다.

④ 문제중심기록은 클라이언트를 총체적으로 보게 하는 데 효과적이다.

⑤ 이야기체 기록은 기록을 할 때 사용하는 문체에 달려 있다.

13 면접의 유형에 관한 설명으로 옳은 것은?

① 구조화된 면접은 개방형 면접이라고도 하며, 표준화된 질문들을 통해 면접을 수행한다.

② 사정을 위한 면접은 클라이언트의 기능 향상을 위한 사회적 환경을 변화시키기 위함이다.

③ 정보수집을 위한 면접에는 사회력 면접, 사회조사 등이 있다.

④ 반구조화된 면접은 표준화된 면접이므로 수집한 자료를 비교하는 것이 중요할 때 사용한다.

⑤ 치료를 위한 면접은 서비스의 의사결정을 하기 위한 면접이다.

14 다음에 해당하는 면접 기술이 옳게 제시된 것은?

> 면접 과정에서는 상황에 따라 다양한 기술들이 쓰이지만 (ㄱ)과 (ㄴ)은 클라이언트와 함께하는 전 과정에서 사용되는 가장 기본적인 기술이다. (ㄱ)은 사회복지사가 클라이언트를 이해하고 공감하면서 신뢰관계를 형성하는 데에 도움이 되며, (ㄴ)을 통해 클라이언트가 언어로 전하는 것 외에 다른 감정이나 의미에 대한 단서를 찾을 수 있다.

① ㄱ: 경청, ㄴ: 관찰

② ㄱ: 경청, ㄴ: 질문

③ ㄱ: 해석, ㄴ: 침묵

④ ㄱ: 해석, ㄴ: 관찰

⑤ ㄱ: 직면, ㄴ: 침묵

15 해석기법에 관한 설명으로 옳지 않은 것은?

① 사회복지사에 따라 해석의 내용이 달라질 수 있다.

② 클라이언트가 한 말을 단순히 되풀이 하는 것은 아니다.

③ 해석을 어느 시점에 제공할 것인가도 고려해야 한다.

④ 과거의 행동, 사고, 감정과 관련된 요소에 초점을 둔다.

⑤ 클라이언트의 표현과 행동 저변에 있는 단서를 발견한다.

✛17 면접 기술에 관한 설명으로 옳은 것을 모두 고른 것은?

> ㄱ. 사회복지사는 클라이언트가 대화 중에 보이는 표정, 손짓, 몸짓, 습관 등을 관찰하며 주의를 기울여야 한다.
>
> ㄴ. 사회복지사가 클라이언트에게 질문을 할 때에는 유도형 질문, 중첩형 질문, 폐쇄형 질문 등은 피하는 것이 좋다.
>
> ㄷ. 클라이언트가 하는 표현이 애매모호할 때에 사회복지사는 직면 기술을 통해 의미를 분명히 할 필요가 있다.
>
> ㄹ. 사회복지사가 해석 기술을 사용할 때에는 동일한 상황에 대해서도 다양한 해석이 가능할 수 있음을 인식해야 한다.

① ㄱ, ㄴ, ㄷ   ② ㄴ, ㄷ, ㄹ

③ ㄱ, ㄹ   ④ ㄴ, ㄷ

⑤ ㄷ, ㄹ

✛16 면접에서 활용되는 기술과 그 예가 적절하게 제시된 것을 모두 고른 것은?

> ㄱ. 감정 반영 – "그동안 누구에게 말도 못하고 혼자서 많이 힘드셨겠어요."
>
> ㄴ. 명료화 – "지금 남편이 가부장적이라고 하셨는데, 어떤 상황이 있었는지 예를 들어주실 수 있나요?"
>
> ㄷ. 초점 맞추기 – "남편과의 관계 이야기 중에 시어머니 얘기가 나왔는데요. 그럼 다시 남편과의 관계 이야기를 이어가 볼까요?"
>
> ㄹ. 요약 – "지난 시간에 나눈 이야기들을 대략 정리해서 말씀드렸는데요. 제가 정리한 내용이 맞나요?"

① ㄱ, ㄴ, ㄷ   ② ㄱ, ㄷ, ㄹ

③ ㄱ, ㄴ, ㄹ   ④ ㄴ, ㄷ, ㄹ

⑤ ㄱ, ㄴ, ㄷ, ㄹ

18 면접과정에서 초점화를 어렵게 만드는 클라이언트의 반응으로 볼 수 없는 것은?

① 중요한 이야기를 빼놓고 답변하는 것

② 관련 없는 이야기를 장황하게 하는 것

③ 질문에 대해 질문으로 답변하는 것

④ 해당 주제에 대한 답변을 회피하는 것

⑤ 자신의 감정에 집중해 답변하는 것

19 다음 상황에서 사회복지사의 질문으로 적절하지 않은 것은?

> 클라이언트 원지은 씨(28세, 여)는 5년째 공무원 시험에서 떨어지자 의기소침해지고 무기력해지면서 차라리 시험을 포기하기로 결정했다. 그런데 시험을 포기한 후 또 다른 우울감이 생겼다고 호소했다.

① 접수 때 뵙고 오늘 첫 상담까지 어떻게 지내셨어요?

② 오늘 방문하시면서 어떤 얘기를 하고 싶은지 생각하신 게 있나요?

③ 시험을 포기한다니까 부모님은 어떤 말씀을 하셨나요?

④ 시험에 왜 5번이나 떨어졌는지는 좀 생각해 보셨나요?

⑤ '또 다른 우울감'이라고 하셨는데 구체적으로 어떤 느낌일까요?

✛20 면접에 관한 설명으로 옳지 않은 것은?

① 클라이언트가 사회복지사의 개인적인 정보를 질문할 때에는 답변을 피해야 한다.

② 사회복지사와 클라이언트가 특정한 목적을 가지고 함께 이야기를 나누는 것이다.

③ 초기 면접에서 해석, 직면 등의 개입기술을 활용하는 것은 주의해야 한다.

④ 사정 면접은 정보수집 면접보다 좀 더 목적지향적인 특징을 갖는다.

⑤ 긴박한 상황에서는 지정된 장소가 아닌 다른 장소에서 면접을 진행하기도 한다.

9장 접수 및 자료수집 과정

이 장에서는,

접수 및 자료수집 → 사정 → 계획 수립 → 개입 → 평가 및 종결로 이어지는 실천과정을 정리하고, 그 첫 단계인 접수 및 자료수집 단계의 과업을 파악한다. 접수단계에서는 클라이언트의 문제를 확인하고 그 문제를 기관에서 해결할 수 있는 것인지를 판단하게 되는데, 이때 타 기관에 의뢰하기도 한다는 점도 중요하게 다뤄진다. 자료수집을 함에 있어 어떤 정보들을 수집해야 하는지와 함께 클라이언트의 이야기 외에 다양한 정보의 출처가 있음을 이해하고 그 출처들을 파악해두어야 한다.

해답과 오답노트 85쪽

✛01 접수단계의 과업으로 옳지 않은 것은?

① 클라이언트의 기본적인 인적 정보를 확인한다.

② 기관을 방문하게 된 이유를 확인한다.

③ 기관에 적합한 서비스가 있는지 살펴본다.

④ 개입의 유형, 방식, 기간 등을 결정한다.

⑤ 클라이언트의 양가감정을 수용한다.

기출 STYLE

접수단계에서 사회복지사가 수행해야 할 과제 및 유의사항은 지속적으로 출제되고 있는 부분이다.

✛02 자료수집에 관한 설명으로 옳지 않은 것은?

① 그동안 문제해결을 위해 시도했던 클라이언트의 노력들을 살펴본다.

② 문제에 대한 클라이언트의 진술은 주관적이기 때문에 우선 배제한다.

③ 면담 과정에서 사회복지사가 클라이언트에 대해 느낀 점도 자료가 된다.

④ 클라이언트의 가족관계 및 친구관계를 통해서 자료를 얻을 수 있다.

⑤ 여러 자료의 내용이 모순될 경우 그 모순이 갖는 의미를 파악한다.

기출 STYLE

자료수집에서 확인해야 할 정보 및 그 정보의 출처에 관한 내용이 출제되곤 한다.

사회복지실천론

✛03 의뢰에 관한 설명으로 옳은 것을 모두 고른 것은?

> ㄱ. 클라이언트의 변화 가능성에 따라 적격성 여부를 판단하여 의뢰한다.
> ㄴ. 클라이언트의 저항이 심할 때에는 동의 없이 의뢰를 진행할 수 있다.
> ㄷ. 의뢰를 진행할 만한 기관에 먼저 연락하여 의뢰가 가능한지를 확인한다.
> ㄹ. 의뢰될 기관에 클라이언트가 호소한 문제가 무엇인지를 알려야 한다.

① ㄱ, ㄷ   ② ㄴ, ㄹ
③ ㄷ, ㄹ   ④ ㄱ, ㄴ, ㄷ
⑤ ㄴ, ㄷ, ㄹ

기출 STYLE

어떤 상황에서 의뢰가 진행될 수 있는지, 의뢰를 할 때에 어떤 점을 주의해야 하는지 등에 관한 문제가 출제되고 있다. 의뢰는 접수단계뿐만 아니라 종결단계에서도 진행될 수 있다는 것도 같이 기억해두자.

✛04 초기면접지를 기록할 때 포함되어야 할 사항이 아닌 것은?
① 클라이언트가 받게 될 서비스의 일정 및 비용
② 클라이언트의 기본적인 인적 사항
③ 클라이언트가 기관을 방문하게 된 계기
④ 클라이언트가 의뢰를 통해 기관을 방문하게 된 이유
⑤ 클라이언트가 이전에 서비스를 받았던 경험

05 자발적으로 사회복지기관에 찾아온 클라이언트가 사회복지사의 도움을 수용하기 꺼려하거나 원조과정에 비협조적인 태도 등을 보이는 경우, 클라이언트의 행동은 다음 중 어떤 것에 기인하는가?
① 라포   ② 동기화
③ 양가감정   ④ 자기노출
⑤ 비현실적 기대

06 접수단계에서 진행되어야 할 상담 내용으로 보기 어려운 것은?
① "함께 사는 가족은 몇 분이신가요?"
② "저희 기관을 어떻게 알고 방문하신 건가요?
③ "어떤 문제가 가장 고민이신가요?"
④ "그동안 사회복지사가 도움이 되셨나요?"
⑤ "이전에 같은 문제로 다른 기관을 방문하신 적이 있나요?"

07 자료수집 단계에서 확인해야 할 정보로 보기 어려운 것은?
① 클라이언트가 겪는 문제에 관한 정보
② 클라이언트의 서비스에 대한 만족도
③ 클라이언트의 대인관계 능력
④ 클라이언트가 거주하는 지역사회의 특징
⑤ 클라이언트의 사회적 관계망

08 클라이언트를 타 기관으로 의뢰할 때 고려할 사항으로 옳지 않은 것은?

① 접수과정에서의 의뢰는 클라이언트에 대한 거부일 수 있기 때문에 제한된다.

② 기관의 서비스 중에 클라이언트의 문제에 적합한 것이 있는지를 살펴본다.

③ 클라이언트의 문제가 심각한 수준이라도 의뢰에 대한 동의는 필수적이다.

④ 의뢰할 기관에 대한 클라이언트의 심리적·물리적 접근성 문제를 파악한다.

⑤ 클라이언트에게 의뢰될 기관의 위치, 받게 될 서비스 등에 대한 정보를 제공한다.

✚10 클라이언트에 대한 자료수집과 관련하여 옳지 않은 것은?

① 클라이언트는 일차적인 정보제공자로서 가장 중요하다.

② 자기모니터링은 클라이언트의 관심에 초점을 맞춘다.

③ 가정방문은 클라이언트의 환경을 이해하는 데 효과적이다.

④ 클라이언트의 비언어적 행동에서 나온 정보는 수집하지 않는다.

⑤ 가족이나 이웃 등으로부터 자료를 얻을 경우 클라이언트의 동의를 얻는다.

문제풀이 **TIP**

클라이언트 자신에게서 얻는 자료, 클라이언트의 가족에게서 얻는 자료, 객관적인 자료, 클라이언트의 개인적 관계에서 얻는 자료 등이 출처가 된다.

✚09 인테이크 단계에 관한 설명으로 옳은 것은?

① 클라이언트에 대한 개입목표를 설정하고 계약을 공식화한다.

② 클라이언트가 경험하고 있는 다양한 문제 중 가장 시급한 문제를 선정한다.

③ 문제해결을 위한 변화전략의 효과성을 지속적으로 살펴본다.

④ 비자발적 클라이언트에 대해 참여를 이끌어낼 수 있도록 한다.

⑤ 클라이언트의 변화가 지속되고 있는지를 확인하기 위해 사후관리를 진행한다.

11 접수단계의 지침으로 적절하지 않은 것은?

① 클라이언트를 돕고자 하는 사회복지사의 의도를 표현한다.

② 클라이언트의 책임과 의무에 대해 설명하여 협력관계를 형성해간다.

③ 변화의 과정에서 느낄 수 있는 어려움은 당연한 것임을 인식시켜준다.

④ 표준화된 서비스가 제공될 수 있도록 클라이언트의 문제를 진단한다.

⑤ 기관의 목적과 사회복지사의 역할, 제공할 수 있는 서비스 등을 설명한다.

✦12 다음의 과업이 이루어지는 사회복지실천 과정은?

> • 클라이언트가 제시한 문제를 기관에서 해결할 수 있는지 없는지를 판단해야 한다.
> • 클라이언트의 저항감이나 양가감정 등을 파악하고 동기화할 수 있도록 해야 한다.

① 사정단계   ② 개입단계
③ 접수단계   ④ 종결단계
⑤ 계획단계

13 자료수집과 관련하여 옳지 않은 것은?
① 인적사항 등 기본정보 파악
② 문제가 지속된 원인 분석
③ 클라이언트의 주관적 인식 확인
④ 가족관계 파악을 위한 가정방문
⑤ 클라이언트의 개별화 및 유형화

14 접수과정에서 클라이언트의 참여를 유도하기 위한 전략으로 옳지 않은 것은?
① 신뢰와 공감을 바탕으로 관계 맺기
② 적극적 참여를 위한 동기부여
③ 변화에 대한 두려움 해소
④ 클라이언트가 갖는 기대감 확인
⑤ 클라이언트에 대해 캐어묻기

15 객관적 자료가 아닌 것을 모두 고른 것은?

> 일주일 전 가출했다는 A군(17세)이 경찰을 통해 청소년 쉼터로 의뢰되어 왔다. A군은 학교 친구들이랑 놀던 중 자해를 시작했고 당시 같이 있던 친구들이 신고했다고 한다.
>
> ㄱ. A군의 심리상태에 대한 의사의 소견서
> ㄴ. A군의 가족 상황에 대한 친구들의 이야기
> ㄷ. A군의 담임교사로부터 받은 생활기록부
> ㄹ. A군과 대화하며 느낀 사회복지사의 생각

① ㄱ, ㄷ   ② ㄴ, ㄹ
③ ㄱ, ㄴ, ㄷ   ④ ㄴ, ㄷ, ㄹ
⑤ ㄱ, ㄴ, ㄷ, ㄹ

16 자료수집에 관한 설명으로 옳지 않은 것은?
① 클라이언트의 문제와 욕구를 명확히 하는 데에 주된 목적이 있다.
② 실천의 전 과정에 걸쳐 이루어지는 지속적인 과정이다.
③ 수집한 자료는 클라이언트를 사정하는 데에 활용된다.
④ 클라이언트에 대한 사회복지사의 주관적 경험도 자료가 된다.
⑤ 기본적인 정보만 확인하는 과정으로 환경을 고려하지 않는다.

문제풀이 TIP
자료수집단계에서는 개입의 가능성을 판단하고, 개입에 도움이 될 수 있는 자료를 마련한다.

17 접수단계에서 사회복지사의 역할로 적절한 것을 모두 고른 것은?

> ㄱ. 클라이언트의 기대와 실제 가능한 것의 차이를 분명히 한다.
> ㄴ. 클라이언트의 가족성원을 변화시킨다.
> ㄷ. 클라이언트가 표현하는 문제의 심각성 및 긴급함에 대해 감정이입한다.
> ㄹ. 클라이언트에게 교육과 조언을 제공한다.

① ㄱ, ㄴ   ② ㄱ, ㄷ
③ ㄴ, ㄹ   ④ ㄱ, ㄹ
⑤ ㄷ, ㄹ

✛18 아이의 양육문제로 사회복지관을 찾은 클라이언트와의 초기면접 과정이다. 다음 중 가장 부적절한 사회복지사의 행동은?

① 클라이언트의 문제를 확인한다.
② 기관에서 제공할 수 있는 서비스가 무엇인지 설명한다.
③ 기관을 찾아온 사실에 대한 양가감정을 다루어준다.
④ 클라이언트가 호소하는 문제보다는 그 이면의 문제에 대해 탐색한다.
⑤ 클라이언트에게 기관의 정책과 기관의 한계점을 설명해준다.

문제풀이 TIP

초기 면접에는 클라이언트의 문제를 확인하되, 클라이언트가 호소하는 문제에 초점을 맞춘다.

10장 사정과정

이 장에서는,

사정의 특징과 함께 생태도, 가계도, 소시오그램 등 사정도구도 출제된다. 사정을 위한 자료나 사정을 위해 어떤 질문을 할 수 있는지도 생각해보아야 한다. 앞서 공부한 자료수집이 문제를 확인하기 위한 활동이라면, 사정은 실천의 방향을 결정하기 위한 활동이라는 차이가 있다는 점과 함께 이 두 가지 활동은 한 차례로 그치는 것이 아니라 실천의 전 과정에 걸쳐 이루어질 수 있다는 점도 중요하다.

해답과 오답노트 87쪽

✛01 사정도구에 대한 설명으로 옳은 것을 모두 고른 것은?

> ㄱ. 가계도는 가족끼리 작성하는 것보다 사회복지사가 함께 작성하는 것이 좋다.
> ㄴ. 가족조각에서 사회복지사는 가족들의 의견을 수렴하여 조각한다.
> ㄷ. 생태도를 통해 가족과 상호작용하는 환경체계를 파악할 수 있다.
> ㄹ. 생활력도표는 전체 가족 구성원의 발달단계와 과업을 하나의 표로 정리한 것이다.

① ㄱ, ㄷ
② ㄴ, ㄹ
③ ㄱ, ㄴ, ㄹ
④ ㄴ, ㄷ, ㄹ
⑤ ㄱ, ㄴ, ㄷ, ㄹ

기출 STYLE

사정도구에 대한 문제는 출제빈도가 매우 높다. 생활력도표, 가계도, 생태도, 소시오그램 등의 사정도구를 골고루 알아두어야 한다. 실천론 외에 기술론에서도 출제빈도가 높다.

✛02 사회복지실천에서 사정에 관한 내용으로 옳지 않은 것은?

① 수집된 정보들이 갖는 의미와 문제와의 연관성을 파악하는 과정이다.
② 사회복지사의 전문적 시각에서 문제를 규정하기 위한 과정이다.
③ 수평적 탐색과 수직적 탐색이 모두 이루어지는 과정이다.
④ 사회복지사는 주체가, 클라이언트는 대상이 되는 과정이다.
⑤ 사정은 개입이 시작된 이후에도 다시 진행될 수 있는 과정이다.

기출 STYLE

사정도구 외에 사정의 주요 특징, 초점, 사정단계에서의 과업 등에 관한 문제도 제법 출제되곤 한다.

✛03 다음에서 설명하는 사정단계의 과제는 무엇인가?

> 클라이언트가 기관을 처음 방문했을 때 호소했던 문제에 초점을 두면서도 더 본질적인 문제는 무엇인지에 대해 깊이 있게 탐색해나가야 한다.

① 자료수집　　　② 계획수립
③ 목표설정　　　④ 문제형성
⑤ 문제발견

04 클라이언트가 자신이 겪고 있는 문제와 관련해 두서없이 이야기할 때 이를 시기별로 정리하여 문제발생 및 촉발사건의 시점을 정리하기 위해 표로 작성되는 사정도구는?

① 소시오그램　　② 가계도
③ 생태도　　　　④ 생활력도표
⑤ 사회적 관계망표

✛05 가계도에 관한 설명으로 옳지 않은 것은?

① 클라이언트와 함께 작성하면서 치료적으로 활용한다.
② 각 가족 구성원의 인구사회학적 특성을 표시한다.
③ 여러 세대에 반복적으로 나타나는 특징을 알 수 있다.
④ 가족의 구조적 측면과 관계적 측면을 살펴볼 수 있다.
⑤ 클라이언트의 상황을 환경과의 관계에서 파악한다.

06 사정의 대상에 관한 설명으로 옳지 않은 것은?

① 문제행동 장소를 알아봄으로써 문제행동과 관련된 요소에 대해 깊은 탐색을 할 수 있다.
② 문제와 관련된 핵심적인 사람을 확인하고 문제를 야기하는 상호작용의 방법을 고려한다.
③ 문제행동 기간에 있어 문제발생이 갑작스럽게 시작된 경우라도 단기간의 위기개입은 불가능하다.
④ 문제행동 빈도의 사정은 역기능적 행동의 정도와 일상적 기능에 미치는 영향을 명확하게 해준다.
⑤ 클라이언트의 잠재적 강점과 약점, 자원, 장애물을 환경 및 개인적인 요소까지 복합적으로 사정한다.

07 사회복지실천 과정 중 다음에서 설명하는 단계 및 과업은?

> • 클라이언트의 문제와 상황을 이해하여 어떤 개입을 진행할 것인지를 살펴보기 위한 목적으로 실시된다.
> • 클라이언트의 문제와 관련하여 수집한 정보들을 분석하여 사회복지사는 전문적인 시각에서 문제를 판단하고 규정한다.

① 접수단계, 자료수집
② 사정단계, 문제발견
③ 사정단계, 문제형성
④ 계획단계, 목표설정
⑤ 계획단계, 계약하기

✛08 사정의 기능에 대한 설명으로 옳은 것은?

① 잠재적 클라이언트의 문제를 확인하고 서비스 적격성 여부를 판단한다.

② 클라이언트와 함께 우선적으로 해결할 문제를 선정하고 합의한다.

③ 개입의 필요성을 명확히 하고 목적을 목표로 구체화시킨다.

④ 클라이언트 및 그의 환경체계에서 변화가 일어날 수 있도록 원조한다.

⑤ 클라이언트의 문제와 상황에 대한 이해를 바탕으로 개입방향을 모색한다.

10 생활력도표에 대한 설명으로 옳지 않은 것은?

① 가족원이 현재 위치해 있는 발달 단계 및 과업에 초점을 둔다.

② 클라이언트가 겪고 있는 문제의 발생시점을 파악할 수 있다.

③ 특정 발달단계의 생활경험을 이해하는 데에 도움이 된다.

④ 아동, 청소년을 대상으로 한 사회복지실천에서 유용하게 사용된다.

⑤ 클라이언트의 생애에 일어난 주요 사건과 특징들이 나타난다.

09 다음에 제시된 사정도구 중 개인 및 가족의 사회적 지지체계를 알아보는 데에 적합한 도구를 모두 고른 것은?

> ㄱ. 소시오그램
> ㄴ. 가계도
> ㄷ. 생태도
> ㄹ. 가족조각
> ㅁ. 사회적 관계망 격자

① ㄴ, ㄷ   ② ㄷ, ㅁ

③ ㄱ, ㄴ, ㄷ   ④ ㄱ, ㄷ, ㅁ

⑤ ㄱ, ㄴ, ㄷ, ㅁ

✛11 다음 상황에서 이루어진 사정단계의 과제는?

> 지은수 씨(20세, 여)와 어머니가 함께 기관에 방문했다. 4년 전부터 둘이 살고 있는데 점점 늘어가는 엄마의 신경질적인 반응과 짜증섞인 말에 상처 받는다고 했다. 윤미정 사회복지사는 엄마의 부정적인 대화방식이라는 문제에는 '대화하고 소통하고 싶은 욕구'가 있다고 보았다.

① 문제발견   ② 자료수집

③ 목표설정   ④ 강점사정

⑤ 문제형성

12 사회관계망 격자(social network grid)에서 얻을 수 있는 정보를 모두 고른 것은?

> ㄱ. 클라이언트의 사회적 관계망에서 중요한 인물
> ㄴ. 개인적 친밀감의 정도
> ㄷ. 각 사람들이 제공하는 지지의 특정 유형
> ㄹ. 클라이언트의 심리적 변화

① ㄱ, ㄴ, ㄷ   ② ㄹ
③ ㄴ, ㄹ   ④ ㄱ, ㄷ
⑤ ㄱ, ㄴ, ㄷ, ㄹ

문제풀이 **TIP**

사회적 관계망 격자는 개인의 사회지지체계의 사정, 가족의 사회적 지지체계의 사정에 사용되는 사정도구이다.

13 사정의 특성으로 옳지 않은 것은?

① 개별화의 원칙 적용
② 단편적, 일회적 과정
③ 전문적 지식의 활용
④ 클라이언트와 사회복지사의 상호작용
⑤ 클라이언트에 대한 수평적, 수직적 탐색

14 사정에 관한 설명으로 옳은 것은?

① 의료모델에 대한 비판이 강해지면서 '진단' 대신 '사정'이 대안으로 떠올랐다.
② 사정의 목적은 클라이언트에 대한 자료를 수집하는 것에 있다.
③ 사정은 클라이언트가 제시한 문제만을 집중적으로 알아보는 단계이다.
④ 클라이언트의 강점보다는 클라이언트의 약점에 초점을 둔다.
⑤ 클라이언트에 대한 사회복지사의 느낌으로 사정이 이루어지지 않도록 한다.

15 사정도구를 통해 파악할 수 있는 정보로 옳지 않은 것은?

① PIE 분류체계를 통해 클라이언트의 경제적 상황 및 건강상태 등을 살펴본다.
② 생활력도표를 통해 클라이언트가 생애과정에서 경험한 주요 사건을 살펴본다.
③ 사회적 관계망 도구를 통해 클라이언트가 속한 집단 내 삼각관계를 살펴본다.
④ 생태도를 통해 클라이언트와 환경체계 간의 에너지 및 자원 흐름을 살펴본다.
⑤ DSM-5를 통해 클라이언트가 겪고 있는 정신건강과 관련된 증상을 살펴본다.

✛16 사정을 위한 자료가 될 수 있는 것을 모두 고른 것은?

> ㄱ. 사회복지사에 대한 클라이언트의 태도
> ㄴ. 이웃들에게서 얻은 정보
> ㄷ. 클라이언트의 심리검사 결과
> ㄹ. 가족구성원들 간의 상호작용

① ㄱ, ㄴ   ② ㄷ, ㄹ
③ ㄱ, ㄴ, ㄹ   ④ ㄴ, ㄷ, ㄹ
⑤ ㄱ, ㄴ, ㄷ, ㄹ

17 생태도에 대한 설명으로 옳지 않은 것을 모두 고른 것은?

> ㄱ. 클라이언트 및 가족과 관련된 사람이나 환경체계와의 상호작용 상태를 그림으로 표현한다.
> ㄴ. 가족을 둘러싼 환경체계와의 관계를 표로 정리하여 한눈에 자원을 파악할 수 있다.
> ㄷ. 여러 세대에 걸쳐 유사하게 반복적으로 나타나는 문제를 파악하기에 용이하다.
> ㄹ. 클라이언트 및 클라이언트 가족에게 어떤 체계가 유용한지 혹은 스트레스 요소가 되는지 등을 파악할 수 있다.

① ㄱ, ㄴ   ② ㄴ, ㄷ
③ ㄱ, ㄹ   ④ ㄴ, ㄹ
⑤ ㄷ, ㄹ

11장 계획수립과정

이 장에서는,

표적문제 선정, 개입목표 설정, 계약 등으로 이루어지는 계획수립 과정의 과업을 파악해야 한다. 이러한 활동들을 수행함에 있어 사회복지사가 유의해야 할 점은 무엇인지에 관하여 출제되고 있다. 특히 목표설정과 관련하여서는 SMART 지침을 토대로 어떤 점을 고려해야 하는지를 정리해두어야 한다.

해답과 오답노트 89쪽

+01 사회복지실천 과정에서 표적문제 선정에 관한 설명으로 옳지 않은 것은?

① 계획을 구체적으로 수립하기 전에 진행되는 과정이다.

② 구체적으로 설정된 목표에 따라 표적문제를 선정한다.

③ 클라이언트의 여러 문제 중 우선순위를 정하는 것이다.

④ 현실적으로 대처가 가능한 문제인지를 확인해야 한다.

⑤ 사회복지사와 클라이언트의 합의에 따라 선정한다.

기출 STYLE

표적문제를 선정할 때에 고려해야 할 점을 확인해두자. 클라이언트의 문제가 아무리 복잡하게 얽혀있다 하더라도 집중해야 할 문제를 선정하며, 클라이언트의 의견과 사회복지사의 전문적 판단 사이에 합의로 선정된다는 점은 꼭 기억해두자.

+02 계획수립과정에서의 과업으로 옳은 것을 모두 고른 것은?

ㄱ. 사회복지사가 속한 기관이 추구하는 가치를 고려해야 한다.

ㄴ. 클라이언트가 호소한 문제를 구체적인 욕구로 변환한다.

ㄷ. 클라이언트의 동기부여를 위해 표적문제는 최대한 많이 선정한다.

ㄹ. 목표는 다소 비현실적이더라도 이상적인 수준에서 설정한다.

① ㄱ

② ㄱ, ㄹ

③ ㄴ, ㄷ

④ ㄱ, ㄴ, ㄷ

⑤ ㄴ, ㄷ, ㄹ

기출 STYLE

사회복지사가 계획수립과정에서 수행해야 할 과업들을 살펴보는 문제가 출제되고 있다.

사회복지실천론

✛03 개입 계획을 수립하는 과정을 순서대로 나열한 것은?

> ㄱ. 목적을 목표로 구체화하기
> ㄴ. 문제의 우선순위 정하기
> ㄷ. 목적 설정하기
> ㄹ. 클라이언트와 함께하기
> ㅁ. 계약의 공식화

① ㄹ → ㄱ → ㄴ → ㄷ → ㅁ
② ㄹ → ㄴ → ㄷ → ㄱ → ㅁ
③ ㄹ → ㄷ → ㄱ → ㄴ → ㅁ
④ ㄴ → ㅁ → ㄱ → ㄷ → ㄹ
⑤ ㄴ → ㄷ → ㄱ → ㅁ → ㄹ

04 다음 빈칸의 과정에서 수행해야 할 과업과 관련하여 옳은 것은?

> 접수 및 자료수집 → 사정 → ( ) → 개입 → 종결 및 평가

① 제공된 서비스가 클라이언트에게 실질적인 효과가 있었는지를 살펴본다.
② 사회복지사가 도움을 주기 어렵더라도 클라이언트가 원하는 목표를 설정한다.
③ 계약을 진행할 때에는 반드시 서면으로 된 계약서를 작성하고 동의를 받아야 한다.
④ 다양한 전략과 자원을 활용하여 클라이언트의 변화를 창출할 수 있도록 한다.
⑤ 목표를 달성했는지를 쉽게 파악할 수 있도록 측정가능한 형태로 목표를 설정한다.

✛05 표적문제 선정 시 고려해야 할 사항을 모두 고른 것은?

> ㄱ. 대표성   ㄴ. 해결가능성
> ㄷ. 시급성   ㄹ. 사회복지사의 능력

① ㄱ, ㄷ   ② ㄴ, ㄹ
③ ㄱ, ㄴ, ㄷ   ④ ㄴ, ㄷ, ㄹ
⑤ ㄱ, ㄴ, ㄷ, ㄹ

06 사회복지실천과정의 목적과 목표에 관한 설명으로 옳은 것을 모두 고른 것은?

> ㄱ. 목적은 개입의 노력을 통해 얻고자 하는 장기적이고 궁극적인 결과이다.
> ㄴ. 목적은 단기적인 개입목표들이 달성됨으로써 이루어질 수 있다.
> ㄷ. 목표는 사회복지사와 클라이언트의 노력으로 달성하고자 하는 바람직한 미래 상태이다.
> ㄹ. 목표는 광범위하고 추상적이며 해결책을 제시하는 방향이다.

① ㄱ, ㄴ, ㄷ   ② ㄱ, ㄷ, ㄹ
③ ㄱ, ㄴ   ④ ㄷ, ㄹ
⑤ ㄱ, ㄴ, ㄷ, ㄹ

문제풀이 **TIP**

목적은 개입의 노력을 통해 얻고자 하는 장기적이고 궁극적인 결과이고, 목표는 목적을 세분화·구체화한 것이다.

07 다음 중 계약에 대한 설명으로 옳은 것을 모두 고른 것은?

> ㄱ. 계약은 클라이언트의 자기결정권을 보장해주는 장치가 될 수 있다.
> ㄴ. 계약에는 개입활동과 사회복지사와 클라이언트 간의 역할을 명확하게 제시해야 한다.
> ㄷ. 가장 공식적인 계약은 서면계약이다.
> ㄹ. 암묵적 계약은 공식적인 구속력을 갖는다.

① ㄱ, ㄴ, ㄷ   ② ㄱ, ㄷ, ㄹ
③ ㄴ, ㄹ   ④ ㄱ, ㄹ
⑤ ㄱ, ㄴ, ㄷ, ㄹ

+08 목표를 선택하고 결정하는 지침으로 옳은 것을 모두 고른 것은?

> ㄱ. 목표는 클라이언트가 생각하는 바람직한 결과와 관련이 있어야 한다.
> ㄴ. 비자발적인 클라이언트를 위한 목표는 가능한 한 클라이언트에게 동기를 부여할 수 있는 일치되는 것을 포함해야 한다.
> ㄷ. 목표는 현재와 비교하여 무엇이 얼마나 달성되었는지를 측정할 수 있도록 작성되어야 한다.
> ㄹ. 사회복지사 스스로 의심이 되더라도, 기관의 기능과 조화로워야 한다.

① ㄱ, ㄴ, ㄷ   ② ㄱ, ㄷ
③ ㄱ, ㄴ, ㄹ   ④ ㄴ, ㄹ
⑤ ㄴ, ㄷ, ㄹ

+09 계획수립의 과정에 관한 설명으로 옳은 것을 모두 고른 것은?

> ㄱ. 접수 시 제기된 문제와 목표를 바탕으로 계획을 수립한다.
> ㄴ. 한번 수립된 계획은 이후 수정될 수 없음을 분명히 설명한다.
> ㄷ. 목표는 부정적인 표현보다 긍정적인 표현으로 서술한다.
> ㄹ. 목표는 현실적으로 성취가능한 선에서 구체적으로 설정한다.

① ㄱ, ㄴ   ② ㄷ, ㄹ
③ ㄱ, ㄴ, ㄷ   ④ ㄱ, ㄷ, ㄹ
⑤ ㄴ, ㄷ, ㄹ

10 다음 중 사회복지실천을 위한 계약에 포함해야 할 사항으로 옳지 않은 것은?
① 클라이언트가 지불할 비용
② 클라이언트와 사회복지사가 합의한 목표
③ 클라이언트가 기관을 방문한 이유
④ 개입의 시작일 및 진행 회차
⑤ 개입에 사용될 기법

11 사회복지실천에 있어 계획에 대한 설명으로 옳은 것은?

① 클라이언트의 강점과 자원체계를 파악하는 것에서 시작되는 과정이다.

② 클라이언트와의 라포형성이 가장 중요하게 강조되는 과정이다.

③ 클라이언트에게 서비스를 제공할 것인지를 결정하는 과정이다.

④ 클라이언트에 대해 완전히 이해할 수 있는 과정이다.

⑤ 클라이언트의 변화를 일으키기 위한 준비과정이다.

✛12 개입목표를 설정함에 있어 고려해야 할 사항으로 거리가 먼 것은?

① 사회복지사와 클라이언트 사이에 목표에 관한 합의가 있어야 한다.

② 부정적인 언어로 표현하여 강한 자극이 발생하도록 해야 한다.

③ 단기간에 달성하여 성취감을 느낄 수 있는 목표를 우선 채택한다.

④ 사회복지사의 역량 내에서 달성가능한 목표인지를 고려해야 한다.

⑤ 측정 가능한 형태로 명시하여 달성정도를 파악할 수 있게 한다.

 문제풀이 TIP

목표는 명시적, 현실적으로 성장을 강조하는 긍정적인 표현으로 기술해야 한다.

13 다음 중 각 클라이언트에 대한 실천개입의 목표를 적절하게 설정한 것은?

① 실직한 장애남성 – 경제적 안정을 꾀한다.

② 알콜의존 여성 – 오늘부터 당장 술을 끊는다.

③ 청소년 집단 – 집단상담 프로그램을 제공한다.

④ 소원한 부부 – 매일 아침저녁 서로 칭찬을 건넨다.

⑤ 학교폭력 가해학생 – 바람직한 교우관계를 형성한다.

 문제풀이 TIP

목표를 설정할 때는 명시적이고 측정 가능한 형태로 목표를 설정해야 한다.

✛14 다음 사례의 단계 이후에 사회복지사가 우선적으로 수행해야 할 과업은?

> 남편 남우진 씨는 접수 과정에서 아내 은나라 씨가 주말 내내 외출하는 것을 이해하기 어렵고 처가의 잦은 모임에 불려다니는 것도 지쳤다고 했다. 생태도를 작성하며 부부의 환경체계를 살펴본 결과 은미라 씨는 친구들, 각종 모임, 원가족 및 친척 등과의 교류가 모두 활발하게 일어나고 있었다. 생태도를 보면서 은미라 씨는 남편에게 신경 쓰지 못해 미안하다고 말하면서도 관계들의 우선순위를 따지는 게 어렵다고 했다.

① 개입과정에 대해 합의하고 계약을 진행한다.

② 사후관리에 대해 설명하고 계획을 수립한다.

③ 부부와 함께 이야기 나누면서 표적문제를 선정한다.

④ 부부가 원하는 결과를 고려하여 목표를 설정한다.

⑤ 현재 상황을 점검하여 개입방법을 바꿔본다.

15 개입계획의 수립과정에 관한 설명으로 옳지 않은 것을 모두 고른 것은?

ㄱ. 클라이언트의 자기결정권을 존중해야 하며, 모든 과정에 참여시킴으로써 동기화시킨다.

ㄴ. 목표가 설정되고 나면 목표달성 여부를 측정할 수 있는 형태인 목적으로 구체화한다.

ㄷ. 명료하게 진술된 목적은 개입의 성공 여부를 평가하기 수월하게 한다.

ㄹ. 사회복지사와 클라이언트 간에 개입과정에 관해서 합의를 이루는 것을 접수라고 한다.

① ㄱ, ㄴ
② ㄱ, ㄹ
③ ㄱ, ㄷ
④ ㄴ, ㄹ
⑤ ㄷ, ㄹ

✦16 각 실천과정별 과업이 적절하게 제시된 것은?

① 접수단계 – 개입목표를 구체적으로 설정한다.

② 사정단계 – 우선순위를 고려하여 표적문제를 선정한다.

③ 계획단계 – 클라이언트를 참여시켜 동기화를 촉진한다.

④ 개입단계 – 효과성이 없더라도 계획을 변경하지 않는다.

⑤ 종결단계 – 개입의 부정적인 측면은 다루지 않는다.

12장 개입과정

이 장에서는,

재명명, 재보증, 환기, 직면, 타임아웃, 초점화 등 다양한 개입기법을 익혀두어야 한다. 어떤 상황에서 어떤 기법이 적절한지를 판단할 수 있어야 한다. 또한 조력자, 중개자, 중재자, 계획가, 옹호자 등 사회복지사가 개입활동 과정에서 수행하게 되는 다양한 역할들에 관한 문제도 출제된 바 있다. 간접적 개입과 직접적 개입을 구분하는 문제도 간헐적으로 등장하고 있다.

해답과 오답노트 91쪽

✛01 각 개입기법에 관한 설명으로 옳지 않은 것은?

① 도전: 문제를 문제로 인식하지 않고 회피하려는 클라이언트에게 적용한다.

② 모델링: 클라이언트에게 적절한 모델을 제시하여 그 모델을 따라하게 한다.

③ 재보증: 문제에 대해 클라이언트가 부여하는 부정적 의미를 수정한다.

④ 행동조성: 강화 원리에 따라 특정 행동을 점차적으로 습득할 수 있게 한다.

⑤ 환기: 클라이언트의 부정적 감정을 표출하도록 하여 감정의 강도를 약화시킨다.

기출 STYLE

개입기법은 개입과정을 통해서 출제되기도 하지만 7장에서 배운 면접기술로 출제되기도 하고 기술론을 통해 사례와 접목하여 출제되기도 한다. 어느 한 기법의 개념을 확인하는 단답형 문제도 출제되며, 사례제시형 문제에도 대비해야 한다.

✛02 클라이언트의 정서적, 인지적 차원에 개입하여 문제에 대한 관점을 변화시키기 위해 실시하는 기법이 아닌 것은?

① 모델링

② 일반화

③ 환기

④ 재보증

⑤ 재명명

기출 STYLE

직접적 기술들은 각 기술의 성격을 파악하여 정서나 인지적 측면에서 개입하는 기술인지, 행동변화를 위한 기술인지 등을 구분할 수 있어야 한다.

03 다음 사례에서 사회복지사가 수행한 역할이 바르게 제시된 것은?

> 사회복지사 A씨는 학교폭력 가해자로 의뢰된 학생 B군(14세)에 대해 ㄱ. 폭력이 아닌 다른 방식으로 자신의 감정과 의사를 표현할 수 있는 방법을 가르치고, ㄴ. 폭력 성향이 짙은 아버지에 대해 가족상담을 연계하였다.

① ㄱ: 조력자, ㄴ: 중개자
② ㄱ: 조력자, ㄴ: 중재자
③ ㄱ: 교사, ㄴ: 중개자
④ ㄱ: 교사, ㄴ: 중재자
⑤ ㄱ: 옹호자, ㄴ: 중개자

04 개입단계에서 사회복지사가 수행해야 할 과업으로 옳지 않은 것은?

① 클라이언트의 변화를 점검하기 위해 사후관리를 진행한다.
② 변화를 위한 클라이언트의 노력이 계속되도록 지지한다.
③ 자신감이 부족하고 불안에 시달리는 클라이언트를 격려하고 안심시킨다.
④ 클라이언트와 의견이 다른 가족원들 사이에서 적절히 중재한다.
⑤ 클라이언트의 복잡한 문제를 다루기 위해 지역 내 여러 기관과 협력한다.

05 간접적 개입에 관한 내용으로 옳은 것을 모두 고른 것은?

> ㄱ. 특정 집단이나 개인이 불이익을 받을 때 이들을 위해 제도적이거나 법률적인 체계를 변화시키도록 옹호한다.
> ㄴ. 기관에 정보를 교환하거나 협조체계를 구축하는 등 지역사회 내 기관 간 협력하여 클라이언트의 욕구에 대응한다.
> ㄷ. 복합적인 서비스를 제공하는 한 기관의 여러 전문가들이 특정한 클라이언트에게 관심을 갖도록 서비스를 연결시키고 조정한다.
> ㄹ. 클라이언트의 문제를 해결할 수 있는 프로그램이 지역사회 내에 없을 경우 이를 계획하고 개발한다.

① ㄱ, ㄴ, ㄷ
② ㄱ, ㄷ, ㄹ
③ ㄴ, ㄹ
④ ㄷ, ㄹ
⑤ ㄱ, ㄴ, ㄷ, ㄹ

06 다음에 제시된 개입활동 중 성격이 다른 하나는?

① 성폭력 피해여성을 관련 전문 상담소로 의뢰
② 독거노인 말벗서비스를 위한 자원봉사자 모집
③ 아동학대 방지를 위한 캠페인 진행
④ 성소수자 인권 포럼 개최를 위한 후원금 모금
⑤ 학업 스트레스가 큰 학생들을 위한 심신안정 프로그램 운영

✛07 클라이언트의 잘못된 행동을 수정하기 위한 개입기술에 관한 설명으로 옳은 것을 모두 고른 것은?

> ㄱ. 조언: 클라이언트가 어떤 것을 해야 할지에 대해 추천하거나 조언한다.
> ㄴ. 시연: 클라이언트가 습득한 행동기술을 사회복지사 앞에서 실시하며 연습한다.
> ㄷ. 행동조성: 작은 과제부터 시작하여 특정 수준까지 끌어올릴 수 있도록 진행한다.
> ㄹ. 모델링: 모델은 반드시 실재하는 인물로 선정하여 접근성과 현실성을 확보한다.

① ㄱ, ㄹ   ② ㄴ, ㄷ
③ ㄱ, ㄴ, ㄷ   ④ ㄱ, ㄷ, ㄹ
⑤ ㄴ, ㄷ, ㄹ

문제풀이 **TIP**

행동변화기술에 해당하는 기술을 찾고, 각 기술에 대한 설명이 옳은지도 판단해야 하는 문제이다.

09 다음 사례에서 사회복지사가 활용할 개입기술로 적절한 것을 모두 고른 것은?

> 26세 여성 A씨는 대학 시절 성적도 좋은 편이고 졸업 후 아르바이트를 하면서 관련 자격증도 꾸준히 취득하면서 노력해왔으나 친구들과 달리 취업이 되지 않았다. 자꾸 떨어지는 게 무섭고 두려워서 두어 달 전부터는 이력서도 넣지 못하고 있다고 했다. 자신에게 문제가 있는 것은 아닌지 걱정되고 자신감도 바닥난 것 같다며 미래에 대한 불안감을 호소하고 있다.
>
> ㄱ. 격려   ㄴ. 재보증
> ㄷ. 일반화   ㄹ. 직면

① ㄱ, ㄴ   ② ㄷ, ㄹ
③ ㄱ, ㄴ, ㄷ   ④ ㄴ, ㄷ, ㄹ
⑤ ㄱ, ㄴ, ㄷ, ㄹ

08 개입단계에서 사회복지사의 과업으로 옳지 않은 것은?

① 클라이언트의 변화과정을 관찰
② 목표의 달성 과정을 점검
③ 클라이언트와 자원체계를 연결
④ 개입의 성과에 대한 평가
⑤ 문제해결 능력 향상을 원조

✛10 클라이언트가 자신의 문제를 부정하고 합리화하여 변화를 거부하는 등 개입을 피하려고 할 때 사용되는 것으로, 클라이언트의 말과 행위 사이의 불일치, 표현한 가치와 실행 사이의 모순을 스스로 주목할 수 있게 해주는 의사소통 기술은?

① 초점화   ② 일반화
③ 재명명   ④ 재보증
⑤ 직면

✤11 다음에서 설명하고 있는 개입기법은?

> • 클라이언트가 어떤 구체적인 사건이나 상황에 대해 가지고 있는 시각을 다른 관점에서 볼 수 있도록 사회복지사가 새로운 해석을 제시해주는 것이다.
> • 클라이언트가 가족이나 친구 등 다른 사람의 언행에 부여하는 부정적 의미를 긍정적 방향으로 변화시킬 수 있도록 적용하기도 하며, 자존감이 낮은 클라이언트가 자책하거나 자기비하 할 때에도 유용한 기술이다.

① 재보증   ② 재명명
③ 환언   ④ 명료화
⑤ 초점화

13 사회복지사가 옹호의 역할을 하게 되는 상황으로 옳지 않은 것은?

① 클라이언트가 시민권이나 법적 권리를 거부 당했을 때
② 기관이나 직원이 자격요건이 있는 클라이언트에게 서비스와 급여주기를 거절할 때
③ 정부나 기관 정책이 자원과 급여가 필요한 사람들에게 부정적인 영향을 미칠 때
④ 해고를 당한 노동자와 회사 간의 의견 차이를 타협할 때
⑤ 클라이언트가 자신을 위해서 효과적으로 행동할 수 없을 때

12 사회복지사의 활동 중 클라이언트 체계에 직접적으로 개입하는 활동이 아닌 것은?

① 청소년 집단에 건전한 성의식을 함양할 수 있는 교육을 진행한다.
② 자신의 감정을 성숙하게 표현할 수 있도록 자기주장훈련을 실시한다.
③ 자신의 권리를 주장하기 어려운 장애인의 입장을 대변한다.
④ 자신감 부족으로 이력서 제출을 미루는 클라이언트를 격려한다.
⑤ 혼자 사는 어르신들에게 필요한 복지 서비스 정보를 제공한다.

✤14 개입단계에서의 사회복지사의 과제 및 역할에 관한 내용으로 옳지 않은 것은?

① 사회복지사는 문제해결을 위해 직접적 개입 외에 간접적 개입도 수행한다.
② 사회복지사는 자원과 클라이언트를 연결할 수 있는 정보와 기술을 갖춰야 한다.
③ 사회복지사는 문제를 해결하기 위한 전략을 수립할 수 있어야 한다.
④ 사회복지사는 개입의 효과가 없을 때에는 다른 사회복지사에게 의뢰해야 한다.
⑤ 사회복지사는 중재자로서 제3자의 시각에서 체계 간의 갈등을 조정하기도 한다.

15 다음 중 사회복지실천에서 클라이언트를 돕기 위해 클라이언트 이외의 개인, 소집단, 조직 또는 지역사회에 주의를 기울이는 활동에 해당하는 것을 모두 고른 것은?

> ㄱ. 사회적 지지체계의 개발
> ㄴ. 프로그램 개발
> ㄷ. 후원자 개발
> ㄹ. 행동조성

① ㄱ, ㄴ, ㄷ   ② ㄱ, ㄷ
③ ㄱ, ㄴ, ㄹ   ④ ㄷ, ㄹ
⑤ ㄴ, ㄷ, ㄹ

문제풀이 **TIP**

질문에서 설명하는 활동은 사회복지실천에서의 간접적 개입에 해당한다.

16 다음에 해당하는 의사소통기법을 알맞게 고른 것은?

> ㄱ. 청소년기에 접어든 딸이 갑자기 말대꾸와 반항적인 행동을 보여 걱정하는 부모에게 자녀의 그러한 행동이 청소년기 발달단계에서 일어나는 전환기적 현상이며 자연스러운 것이라고 인식할 수 있게 해주는 것
> ㄴ. 소진현상을 겪으면서 클라이언트에 대한 사명감이나 애정이 감소하고 있어서 사직을 고민하고 있다고 말하는 사회복지사에게 슈퍼바이저가 의외로 많은 사람들이 그런 고비를 겪게 되니 죄책감을 덜고 대처방법을 찾아 극복할 수 있다고 이야기를 해주는 것

① ㄱ: 일반화   ㄴ: 재보증
② ㄱ: 재명명   ㄴ: 일반화
③ ㄱ: 초점화   ㄴ: 재명명
④ ㄱ: 도전   ㄴ: 초점화
⑤ ㄱ: 재보증   ㄴ: 도전

✦17 직면 기술에 관한 설명으로 옳은 것을 모두 고른 것은?

> ㄱ. 상황에 대한 클라이언트의 인식을 변화시키기 위한 목적으로 실시된다.
> ㄴ. 서비스 초기에 사용하는 것보다는 신뢰관계가 형성된 이후에 사용하는 것이 좋다.
> ㄷ. 잘못 사용할 경우 클라이언트가 방어적 태도나 저항적 태도를 보일 수 있다.
> ㄹ. 클라이언트의 정서적 긴장이 극심할 때 사용하여 문제에 대한 현실감각을 키워준다.

① ㄱ, ㄷ   ② ㄴ, ㄹ
③ ㄱ, ㄴ, ㄷ   ④ ㄴ, ㄷ, ㄹ
⑤ ㄱ, ㄴ, ㄷ, ㄹ

✦18 사회복지사의 역할에 관한 설명으로 옳지 않은 것은?

① 조력자: 사회복지사는 클라이언트의 문제를 반드시 해결해야 한다는 적극적인 역할이다.
② 중개자: 클라이언트에게 필요한 다른 자원과 서비스를 연계 또는 의뢰하는 역할이다.
③ 중재자: 체계 사이에 발생한 갈등이나 의견 대립을 조정해주는 중립적인 역할이다.
④ 교사: 클라이언트가 필요로 하는 정보를 제공하고 지식이나 기술을 가르치는 역할이다.
⑤ 옹호자: 클라이언트의 입장에서 클라이언트의 권리를 대변하고 보호하는 역할이다.

13장 종결 및 평가

이 장에서는,

종결단계에서 사회복지사가 수행해야 할 과업을 중심으로 살펴보도록 하자. 종결의 유형 및 적절한 대응 방법을 생각해보고, 사후관리에 대해 정리해 두어야 한다. 그 밖에 평가방법에 관한 문제도 간헐적으로 출제되고 있다.

해답과 오답노트 93쪽

+01 종결단계에서 사회복지사의 과업으로 옳은 것을 모두 고른 것은?

> ㄱ. 클라이언트에게 의존하는 사회복지사의 감정을 다루도록 한다.
> ㄴ. 형성평가를 진행하여 개입의 효율성 및 효과성을 분석한다.
> ㄷ. 기초선과 비교하여 개입의 효과가 나타나는지를 살펴본다.
> ㄹ. 클라이언트의 만족이 성과는 아님을 전제로 평가를 진행한다.

① ㄱ, ㄷ   ② ㄴ, ㄹ

③ ㄷ, ㄹ   ④ ㄱ, ㄴ, ㄷ

⑤ ㄴ, ㄷ, ㄹ

기출 STYLE

종결단계의 사회복지사의 과업, 종결상황에 맞는 사회복지사의 대처 등에 관한 문제가 꾸준히 출제되고 있다.

02 다양한 평가방법과 그에 대한 설명으로 옳은 것은?

① 실천활동의 비용적 측면을 고려하여 효율성을 평가한다.

② 클라이언트 만족도 평가는 개입의 효과성을 측정하는 데 유용하다.

③ 질적 평가는 계량화가 가능한 자료일 때 활용한다.

④ 과정평가는 최종 결과에 관심을 둔다.

⑤ 형성평가는 개입이 종결된 후에 수행된다.

사회복지실천론

✛03 사회복지실천의 과정 중에서 종결 시점을 확정하는 때는 어느 단계인가?

① 개입단계

② 종결단계

③ 계획단계

④ 계약단계

⑤ 사정단계

문제풀이 TIP

서비스 기간을 정해두지 않는 개방형 서비스도 있으며 기간이 제한된 경우에도 종결 시기가 바뀔 수 있다는 점에서 생각해보자.

05 종결시기가 되었는지를 판단할 때 고려해야 할 기준을 모두 고른 것은?

> ㄱ. 개입목표의 달성 정도
> ㄴ. 서비스의 시간 내 제공 완료 여부
> ㄷ. 클라이언트의 문제해결 정도
> ㄹ. 클라이언트의 의존성

① ㄱ, ㄴ   ② ㄱ, ㄷ

③ ㄴ, ㄷ, ㄹ   ④ ㄱ, ㄴ, ㄹ

⑤ ㄱ, ㄴ, ㄷ, ㄹ

✛04 각 실천단계별 과업으로 옳지 않은 것은?

① 계획단계: 클라이언트의 문제를 해결하기 위해 목표를 설정하고 개입방법 등을 구체화해야 한다.

② 종결단계: 미해결 문제가 있을 때에는 클라이언트의 의사와 상관없이 개입기간을 늘려야 한다.

③ 개입단계: 클라이언트가 참여에 소극적인 경우 그 원인을 파악하고 피드백(feedback)을 해야 한다.

④ 접수단계: 자발적 클라이언트와 비자발적 클라이언트 모두 초기면접지를 작성해야 한다.

⑤ 사정단계: 수집된 정보를 통해 클라이언트가 호소한 문제 외에 다른 문제가 있는지를 살펴봐야 한다.

06 클라이언트의 일방적인 종결 요구에 대한 사회복지사의 반응으로 옳지 않은 것은?

① 클라이언트의 입장을 무시하고 정해진 계획에 따르도록 한다.

② 클라이언트가 보이는 저항의 표현이기도 하다.

③ 클라이언트가 문제가 모두 해결되었다고 말할 때, 그 근거들을 탐색해 보는 것이 좋다.

④ 더 이상 자신의 문제를 노출시키지 않으면서 종결을 원할 때 이루어진다.

⑤ 종결로 인해 발생하는 결과들을 설명해 주는 것이 좋다.

✛07 종결 및 평가 과정에서 사회복지사의 활동으로 옳지 않은 것은?

① 사회복지사에 대해 보이는 의존이나 집착 등의 감정을 다룬다.

② 새로운 문제가 발견된 경우 타 기관으로의 의뢰를 고려해본다.

③ 목표달성에 성공한 경우 따로 평가를 진행하지 않는다.

④ 클라이언트 만족도 조사 결과도 평가에 포함된다.

⑤ 개입활동과 관련된 효과성 및 효율성, 책임성 등을 살펴본다.

09 종결단계에서 클라이언트의 반응 중 부정적인 유형을 모두 고른 것은?

> ㄱ. A씨는 종결을 불안해하며 사회복지사에게 더 많이 의존하는 듯하다.
> ㄴ. B씨는 예전에 자신을 괴롭혔던 불면증이 다시 시작되는 것 같다고 한다.
> ㄷ. C씨는 함께 집단 프로그램을 한 E씨에게 집착하는 모습을 보인다.
> ㄹ. D씨는 그동안 얘기한 적 없는 새로운 문제를 호소한다.

① ㄱ, ㄴ, ㄷ   ② ㄱ, ㄷ

③ ㄱ, ㄴ, ㄹ   ④ ㄷ, ㄹ

⑤ ㄱ, ㄴ, ㄷ, ㄹ

08 다음에서 설명하고 있는 것은?

> 코로나 시기를 보내면서 실직하게 되었던 클라이언트 A씨는 ○○센터의 재취업 지원 프로그램에 참여하였다. 프로그램 종료 후에도 A씨는 좀처럼 자신감을 회복하지 못해 이력서를 작성하고 제출하는 것도 힘들어 했었는데 석 달 남짓 지난 시점에서 취업에 성공하게 되었다. 취업을 하고 몇 주 후 통화한 A씨는 여전히 풀이 죽은 목소리로 이전에 하던 다른 부분들이 있어서 다른 직원들한테 민폐를 끼치고 있는 것 같다며 걱정했다. 이에 사회복지사는 일주일에 한번씩 진행되는 재취업자 집단 상담 프로그램이 계획 중에 있음을 소개하였다.

① 연계   ②옹호활동

③ 의뢰   ④사후관리

⑤ 재보증

✛10 종결단계에서 사회복지사가 수행하는 활동으로 적절하지 않은 것은?

① 기술평가척도를 활용하여 사회복지사의 과제를 평가하였다.

② 서비스를 제공받은 클라이언트의 만족도를 측정하였다.

③ 클라이언트에게 개입과정에 대한 피드백을 요청하였다.

④ 문제 수준을 알아보기 위해 기초선을 측정하였다.

⑤ 클라이언트가 종결상황을 잘 받아들일 수 있도록 시간을 갖고 대화를 나눈다.

 문제풀이 TIP

종결단계에서는 종결시기 정하기, 정서적 반응 다루기, 효과의 유지와 강화, 의뢰, 평가 등을 수행한다.

사회복지실천론

11 종결단계에서 사회복지사의 과제로 옳지 않은 것은?

① 진행상황 점검하기
② 사후관리 계획하기
③ 종결시기 확정하기
④ 목표달성 확인하기
⑤ 접촉빈도 줄여가기

13 사회복지실천을 평가하는 이유로 적절한 것을 모두 고른 것은?

> ㄱ. 개입의 목적을 얼마나 효과적으로 달성했는지 밝히기 위해
> ㄴ. 프로그램을 다시 운영할 경우 수정할 내용이 무엇인지에 대한 정보를 얻기 위해
> ㄷ. 개입에서 사용한 모델이나 이론의 효과성을 검증하기 위해
> ㄹ. 프로그램과 관련된 외부 자원을 획득하는 데 필요한 근거 마련을 위해

① ㄴ, ㄹ   ② ㄱ, ㄷ
③ ㄱ, ㄴ, ㄷ   ④ ㄴ, ㄷ, ㄹ
⑤ ㄱ, ㄴ, ㄷ, ㄹ

✛12 다음의 상황에서 사회복지사의 반응으로 적절하지 않은 것을 모두 고른 것은?

> 김진아 사회복지사는 개인적인 사정으로 급하게 퇴사를 결정하게 되었다. 이에 대해 클라이언트인 정○○씨는 사회복지사가 책임감이 없다고 강한 불만을 제기하며 배신감과 실망감이 든다고 했다.
>
> ㄱ. 클라이언트가 충격이 큰 경우 우선 퇴사를 철회했다고 거짓말을 한다.
> ㄴ. 다소 불편하더라도 가능한 클라이언트가 표현하는 감정들을 허용한다.
> ㄷ. 문제는 스스로 해결해야 하는 것임을 강조하며 이성적으로 받아들이길 권한다.
> ㄹ. 교체될 다른 사회복지사에 대해 소개하고 서비스가 지속됨을 설명한다.

① ㄱ, ㄴ, ㄷ   ② ㄱ, ㄷ
③ ㄱ, ㄴ, ㄹ   ④ ㄴ, ㄹ
⑤ ㄴ, ㄷ, ㄹ

✛14 사후관리에 대한 설명으로 옳은 것은?

① 개입기간 동안 사회복지사와 클라이언트가 맺었던 공식적 관계가 비공식적 관계로 전환됨을 의미한다.
② 사정 → 계획 → 개입 → 점검의 순서에 따라 종결 이후에도 클라이언트의 변화 및 개입의 성과를 극대화시킨다.
③ 클라이언트가 종결로 인해 느낄 수 있는 불안감이나 두려움 등의 정서적 문제를 완화시켜 줄 수 있다.
④ 클라이언트가 종결 이후 변화를 유지하고 있는지에 대한 사회복지사의 개인적인 궁금증을 해소하는 것이 목적이다.
⑤ 클라이언트의 사생활 침해 문제가 제기될 수 있으므로 종결 이후에 새롭게 나타난 문제는 다루지 말아야 한다.

✤**15** 사회복지실천의 평가에 관한 설명으로 옳지 않은 것은?

① 성과평가 – 원하는 변화가 사회복지실천활동, 즉 개입을 통해 일어났다는 것을 검증해야 한다.

② 총괄평가 – 개입방법의 성과, 효율성과 효과성 등을 평가한다.

③ 실무자평가 – 사회복지사의 행동이나 태도 등이 개입에 어떤 영향을 주었는지 알아본다.

④ 과정평가 – 사회복지사가 과정을 검토 후 필요한 경우에 개입계획을 수정할 수 있도록 한다.

⑤ 형성평가 – 진행과정에서 개입을 부분적으로 수정, 보완하는 데 필요한 정보를 얻기 위하여 주기적으로 평가한다.

16 '시간제한이 없는 개방형 모델에서의 종결'에 대한 설명으로 옳은 것을 모두 고른 것은?

> ㄱ. 종결의 시점을 결정하는 것이 중요한 과업이다.
> ㄴ. 클라이언트의 종결에 따른 정서적 반응을 해결해야 한다.
> ㄷ. 클라이언트가 더 이상의 만남이 큰 도움이 되지 않을 것이라는 것에 합의한 경우 종결한다.
> ㄹ. 계획된 종결에 비해서 사회복지사에 대한 클라이언트의 정서적 애착과 의존이 낮다.

① ㄱ, ㄴ, ㄷ   ② ㄱ, ㄷ
③ ㄱ, ㄴ, ㄹ   ④ ㄱ, ㄹ
⑤ ㄴ, ㄷ, ㄹ

문제풀이 TIP

시간제한이 없는 개방형 모델에 따른 종결은 클라이언트의 욕구에 근거해서 이루어져야 한다.

17 과제성취척도(Task Achievement Scale, TAS)에 대한 설명으로 옳지 않은 것을 모두 고른 것은?

> ㄱ. 기초선을 설정하거나 단일사례설계를 이용하기 어려울 때 유용하다.
> ㄴ. 일반적으로 4점 척도를 이용한다.
> ㄷ. 인지행동모델에서 개발된 척도이다.
> ㄹ. 과제 수행에 있어 의도나 노력, 동기를 평가하는 척도이다.

① ㄱ, ㄴ, ㄷ   ② ㄱ, ㄷ
③ ㄴ, ㄷ, ㄹ   ④ ㄷ, ㄹ
⑤ ㄱ, ㄴ, ㄷ, ㄹ

4영역

사회복지실천기술론

5개년도(18~22회) 출제분포표

	18회	19회	20회	21회	22회	문항수	출제율
1장 사회복지사의 전문성	4	2	2	3	2	13	10%
2장 정신역동모델	1	2	-	1	1	5	4%
3장 심리사회모델	1	-	1	1	2	5	4%
4장 인지행동모델	2	1	3	4	2	12	9%
5장 과제중심모델	-	1	1	-	1	3	2%
6장 기타 실천모델	3	2	2	2	1	10	8%
7장 가족에 대한 이해	2	1	1	1	2	7	6%
8장 가족문제 사정	3	2	1	2	-	8	7%
9장 가족 대상 실천기법	2	6	6	4	5	23	18%
10장 집단 대상 실천기법	3	5	3	2	3	16	13%
11장 집단발달단계	2	2	3	3	4	14	11%
12장 사회복지실천 기록	1	1	1	1	1	5	4%
13장 사회복지실천 평가	1	-	1	1	1	4	3%

1장 사회복지사의 전문성

이 장에서는,
사회복지실천의 특성을 토대로 사회복지사의 현장활동에 있어 바탕이 되는 지식, 사회복지사가 수행하게 되는 역할 및 기술 등에 대해 살펴본다.

해답과 오답노트 96쪽

✛01 사회복지실천기술에 관한 설명으로 옳지 않은 것은?

① 재명명: 클라이언트의 말과 행동이 일치하지 않을 때 이를 인식하도록 돕는다.

② 재보증: 클라이언트의 불안한 감정을 줄이고 안심할 수 있도록 원조한다.

③ 요약: 면접 중 주제를 전환할 때에 앞서 진행된 진술 내용을 간단히 정리한다.

④ 환언: 클라이언트가 한 말을 사회복지사가 자신의 언어로 다시 말해준다.

⑤ 환기: 분노, 증오, 슬픔 등을 표출하도록 하여 감정의 강도를 낮출 수 있게 한다.

기출 STYLE

사회복지실천론을 통해 학습했던 다양한 면접기법, 개입기법들이 기술론을 통해 출제되기도 한다. 각 기법들의 특징을 파악해 사례에 적용할 수 있도록 하자.

✛02 사회복지실천지식의 구성체계에 관한 설명으로 옳지 않은 것은?

① 모든 이론이 모델로 발전하는 것은 아니다.

② 관점보다는 이론, 이론보다는 모델에서 더욱 구체화된다.

③ 패러다임은 가장 구체적인 수준의 실천지식이다.

④ 여러 이론이 하나의 모델로 발전하기도 한다.

⑤ 사회복지사가 실천현장에서 얻은 경험적 지식을 포함한다.

기출 STYLE

실천의 바탕이 되는 패러다임, 관점, 이론, 모델, 실천지혜 등 지식의 구성수준에 대해 확인하는 문제도 출제된 바 있다.

03 사회복지실천기술에 관한 설명으로 옳지 않은 것은?

① 사회적 책임감을 기반으로 한다.

② 문제해결을 위해 클라이언트와 협상한다.

③ 클라이언트의 개인적 특성을 존중한다.

④ 클라이언트의 자기결정을 지지한다.

⑤ 사회복지사의 자기인식이 요구된다.

✦04 다음에서 설명하고 있는 개입기술은?

> 사회복지사가 클라이언트의 문제에 공감하며 자신의 경험을 나누는 것으로, 이를 통해 클라이언트의 이야기를 이끌어낼 수 있다.

① 해석　　　　　② 자기노출

③ 감정이입　　　④ 반영

⑤ 명료화

05 사회복지실천의 전문적 기반 중 성격이 다른 하나는?

① 클라이언트에 대한 믿음

② 관련 정책에 관한 지식

③ 공감적으로 이해하는 능력

④ 개입기술의 창의적 적용

⑤ 문제상황에 대한 판단력

06 다음 빈칸에 알맞은 말을 순서대로 나열한 것은?

> 사회복지 실천지식은 사회복지실천에 영향을 주는 구체성의 정도에 따라 순서대로 나열할 수 있다. 패러다임은 가장 추상적인 수준으로 현실에 대한 인식의 방향을 결정하는 역할을 한다. 패러다임보다 다소 구체성이 높은 관점은 (ㄱ)을 통해 개념화되며, (ㄴ)은 (ㄱ)을 토대로 한층 더 구체화되어 직접적인 기술방법을 제시한다.

① ㄱ: 시각　　　　ㄴ: 이론

② ㄱ: 모델　　　　ㄴ: 직관

③ ㄱ: 모델　　　　ㄴ: 경험

④ ㄱ: 이론　　　　ㄴ: 경험

⑤ ㄱ: 이론　　　　ㄴ: 모델

07 사회복지사가 갖추어야 할 전문적 기반에 관한 설명으로 옳지 않은 것은?

① 사회정책에 관한 지식, 실천기술의 적용 능력, 공감 능력 등 과학적 기반을 다진다.

② 인간행동에 관한 지식을 바탕으로 클라이언트의 발달 시기에 관련된 욕구를 파악한다.

③ 미시, 중범위, 거시 등 클라이언트 체계 수준에 따라 다양한 실천기술을 활용한다.

④ 가족학, 심리학, 정신분석학, 문화인류학 등 다양한 관련 지식을 함양한다.

⑤ 사회변화에 따라 새롭게 대두되는 사회문제에 맞추어 새로운 지식을 보완해나간다.

08 사회복지사의 역할과 기능이 올바르게 연결된 것으로 묶인 것은?

> ㄱ. 행정가: 인간서비스 조직에서 정책, 서비스, 프로그램을 계획하고 개발하며 수행한다.
> ㄴ. 사회변화 대행자: 지역사회의 변화나 새로운 자원획득을 옹호하기 위해 이익집단을 동원하는 데 참여한다.
> ㄷ. 교사: 클라이언트가 문제를 예방하거나 사회적 기능을 향상시키는 데 필요한 지식과 기술을 갖추도록 준비한다.
> ㄹ. 옹호자: 클라이언트를 적절한 인간서비스와 자원에 연결한다.

① ㄱ, ㄴ, ㄷ
② ㄱ, ㄷ
③ ㄴ, ㄷ, ㄹ
④ ㄱ, ㄹ
⑤ ㄱ, ㄴ, ㄷ, ㄹ

09 사회복지실천에 있어 사회복지사의 활동에 관한 설명으로 옳지 않은 것은?

① 사회복지사는 상황에 따라 가치판단적 의사결정을 내리게 된다.
② 사회복지사는 개입기술을 선택함에 있어 전문적 판단을 내려야 한다.
③ 사회복지사는 조력자로서, 행동가로서, 계획가로서 다양한 역할을 수행하게 된다.
④ 사회복지사는 서비스를 직접 전달하는 미시적 차원의 개입기술에만 집중해야 한다.
⑤ 사회복지사는 다양한 연계체계를 마련하고 활용할 수 있어야 한다.

10 사회복지 전문직으로서 고려해야 할 가치로 옳은 것을 모두 고른 것은?

> ㄱ. 클라이언트의 자기결정에 대한 지지
> ㄴ. 개인의 존엄성과 독특성에 대한 존중
> ㄷ. 개인의 복지에 대한 사회적 책임감
> ㄹ. 사회적 형평성의 원리

① ㄱ, ㄴ, ㄷ
② ㄱ, ㄴ, ㄹ
③ ㄱ, ㄷ, ㄹ
④ ㄴ, ㄷ, ㄹ
⑤ ㄱ, ㄴ, ㄷ, ㄹ

✦11 다음 대화에서 사회복지사가 사용한 사회복지실천기술은?

> • 클라이언트: 그렇게 A랑 얘기를 잘하고 있었는데, 아, 맞다! 진짜 걔는 왜 그러는지 모르겠어요. B 말이에요! 괜히 끼어들어서 불난 집에 기름 붓는 것도 아니고. 걔도 원래 좀 잘난 척하고 싶어하는 성격이 있어서 은근슬쩍 여기저기 나서길 잘해요! (갑자기 예전에 B와 있었던 일화를 얘기함)
> • 사회복지사: 네, 그런 일이 있었군요. 그런데 A와 다투고 고민이라고 하셨던 상황이 어떻게 정리되었는지 말씀하시던 중이었는데 다시 그 얘기를 이어나가 볼까요?

① 환언
② 초점화
③ 반영
④ 시연
⑤ 환기

문제풀이 TIP

사례가 대화체로 제시된 문제는 클라이언트의 말도 중요하지만 사회복지사의 말에 주목할 필요가 있다. 사회복지사가 대응한 방법이 곧 사회복지사가 사용한 실천기술이기 때문이다.

12 사회복지실천을 위한 지식에 관한 설명으로 옳지 않은 것은?

① 사회복지사 1급 시험을 준비하면서 얻은 이론적 지식과 함께 실천에 적용하는 예술적 기반을 다져야 한다.

② 한국사회복지사 윤리강령에서는 사회복지사의 전문성 개발을 위한 노력으로 지식기반의 실천을 강조하고 있다.

③ 사회복지사는 과학적 조사연구 방법에 관한 지식을 함양하여 이를 계획 및 실천에 적용할 수 있도록 한다.

④ 사회복지사는 인간에 대한 기초지식을 바탕으로 클라이언트의 정서적·인지적·행동적 측면을 이해할 수 있도록 해야 한다.

⑤ 사회복지사는 자신의 전문성을 획득하기 위해 특정 이론과 모델을 집중적으로 학습하여 최상의 서비스를 제공해야 한다.

13 사회복지실천의 각 단계에 관한 설명으로 옳지 않은 것은?

① 접수 단계에서는 서비스 적합성을 확인한다.

② 사정 단계의 목적은 클라이언트의 문제를 형성하는 것이다.

③ 계획은 사회복지사가 전문성을 기반으로 혼자 수립하고 결정한다.

④ 개입과정에서는 상황에 따라 개입기술을 변경하는 유연함도 필요하다.

⑤ 종결 시점을 확정지으면서 종결 단계에 돌입하게 된다.

14 다음 사례에서 사회복지사가 활용한 실천기술은?

- 클라이언트: 유나(여자친구)가 요즘 자꾸 상사 뒷담화를 해요. 저는 그 상사 입장도 이해가 돼서 '아마 그 사람은 이러저러해서 그랬을 거다' 그랬더니 자기 편을 안 들어줄 거면 듣기만 하라고 짜증을 내는 거예요. 그래서 듣고만 있었더니 또 왜 듣기만 하냐고 그래요. 아무 상관 없는 저한테 왜 그러는지 모르겠어요.
- 사회복지사: 제가 듣기에는 유나씨랑 즐거운 시간을 보내고 싶은데 그런 얘기를 꺼내는 게 불편하시는 것 같아요. 제 생각이 맞습니까?

① 해석하기 ② 초점 맞추기
③ 환언하기 ④ 직면하기
⑤ 재명명하기

✦15 사회복지실천기술에 관한 예시로 옳지 않은 것은?

① 명료화: "툭하면 싸우게 된다고 하셨는데, 구체적으로 어떤 일이 있었는지 말씀해주시겠어요?"

② 재보증: "그동안 열심히 준비하셨으니까 차분한 마음으로 진행하시면 잘 될 거라고 생각해요."

③ 재명명: "따님이 한 가지에 집중하지 못한다기보다는 호기심도 많고 하고 싶은 것도 많은 것 같아요."

④ 초점화: "지금까지 말씀을 들어보면, 문제의 시작은 항상 아버님이라고 생각하시는 건가요?"

⑤ 환기법: "낯선 사람이 두렵다고 하셨는데, 그에 관한 이야기를 좀 더 해주실 수 있나요?"

2장 정신역동모델

이 장에서는,

정신역동모델의 개입목표는 무엇인지, 그러한 목표를 달성하기 위해 어떤 개입기술을 사용하는지가 핵심내용이다. 정신역동모델의 기본 가정인 심리결정론, 무의식가정, 생애초기경험 중시 등을 바탕으로 구체적인 개입기술을 살펴봐야 한다.

해답과 오답노트 98쪽

✦01 정신역동모델에 관한 설명으로 옳지 않은 것은?

① 심리결정론을 따른다.

② 과거를 통해 현재를 통찰한다.

③ 클라이언트의 무의식적 충동을 강조한다.

④ 발달단계상의 고착과 퇴행을 고려한다.

⑤ 통찰보다는 치료적 처방제공에 초점을 둔다.

기출 STYLE

심리결정, 과거 경험의 강조, 무의식 등 정신역동모델의 주요 특징을 살펴보아야 한다.

✦02 정신역동모델의 개입기법에 관한 설명으로 옳지 않은 것은?

① 자유연상에서는 클라이언트가 한 말의 모순을 짚어주는 것이 중요하다.

② 사회복지사는 클라이언트가 보이는 전이를 치료에 이용하기도 한다.

③ 꿈에 대한 해석은 클라이언트의 무의식을 통찰하기 위한 것이다.

④ 사회복지사는 클라이언트가 저항 행동을 보일 때 직면을 활용할 수 있다.

⑤ 훈습은 반복적으로 실시하여 저항에 대한 이해를 확장하도록 한다.

기출 STYLE

정신역동모델의 특징을 바탕으로 주요 개입기술들을 파악해야 한다. 특히 실제로 어떻게 활용되는지에 초점을 맞춰 공부해야 한다.

✈03 훈습에 관한 설명으로 옳은 것을 모두 고른 것은?

> ㄱ. 클라이언트가 자신의 문제나 상황을 통합적으로 이해할 수 있도록 한다.
> ㄴ. 클라이언트가 현실상황에서의 대처능력 및 해결능력을 키워나갈 수 있도록 한다.
> ㄷ. 사회복지사는 클라이언트가 보이는 전이와 저항을 반복적으로 분석해나간다.
> ㄹ. 사회복지사가 같은 해석을 되풀이하여 설명하면 개입의 효과가 떨어질 수 있다.

① ㄱ, ㄷ   ② ㄴ, ㄹ
③ ㄱ, ㄴ, ㄷ   ④ ㄴ, ㄷ, ㄹ
⑤ ㄱ, ㄴ, ㄷ, ㄹ

04 정신역동모델에 대한 설명으로 옳지 않은 것은?

① 인간의 정신과 여러 가지 힘 사이의 관계를 다루는 이론이다.
② 인간의 행동은 무의식적 동기에 의해 크게 좌우된다고 가정한다.
③ 인간의 모든 행동과 감정, 생각은 우연으로 일어나는 것이라는 '우연의 일치적 관점'을 따른다.
④ 과거 경험을 이해해야 인간의 행동을 이해할 수 있다고 본다.
⑤ 사회는 개인의 에너지 방출에 일정 정도의 통제를 가한다.

 문제풀이 TIP

정신역동이론에서는 심리결정론적 관점을 따른다.

05 다음에서 사회복지사가 적용한 사회복지 실천기술은?

> 사회복지사: (의자에 편안하게 앉아 있는 클라이언트에게) 눈을 감으세요. 침착하고 편안한 기분을 유지하세요. 머릿속에 떠오르는 조그마한 일이라도 이야기해주세요. 한 가지 생각에서 자연스럽게 다음 생각이 떠오르게 하세요. 떠오르는 생각에 대해 '옳다' 혹은 '나쁘다'라는 판단을 하지 말고, 떠오르는 생각을 자유롭고 편안하게 이야기해 보세요.

① 전이 해석   ② 꿈의 분석
③ 자유연상   ④ 훈습
⑤ 역전이

 문제풀이 TIP

사회복지사는 클라이언트에게 마음속에 떠오르는 것을 자유롭게 말하도록 하는 기술을 사용하고 있다.

06 정신역동모델에 관한 설명으로 옳은 것은?

① 초자아는 본능적인 욕구를 충족시키기 위해 현실적이고 합리적인 방법을 찾는다.
② 무의식은 우리가 자각할 수 있는 경험과 기억으로 구성되며 무의식에 따라 행동이 결정된다.
③ 큰 좌절을 경험하여 심리성적 발달단계 중 특정 단계에 머무르게 되는 현상은 퇴행이다.
④ 클라이언트가 사회복지사에게 보이는 동일시는 클라이언트에게 자아구축의 기회가 된다.
⑤ 방어기제는 그 자체로 병리적인 것으로 강도, 균형, 연령, 철회가능성 등을 검토해야 한다.

사회복지실천기술론

07 정신역동모델의 개입과정을 순서대로 나열한 것은?

> ㄱ. 클라이언트가 자신의 방어기제 및 그 행동의 뿌리를 이해할 수 있도록 돕는다.
> ㄴ. 클라이언트가 덜 방어적인 태도로 개입과정에 임할 수 있도록 신뢰관계를 형성한다.
> ㄷ. 클라이언트가 사회복지사에게 동일시를 보일 때에는 현실감을 부여해주는 것이 필요하다.
> ㄹ. 클라이언트가 독립된 정체감을 형성하고 확립해나갈 수 있도록 원조한다.

① ㄱ → ㄴ → ㄷ → ㄹ
② ㄴ → ㄱ → ㄷ → ㄹ
③ ㄴ → ㄷ → ㄹ → ㄱ
④ ㄷ → ㄴ → ㄱ → ㄹ
⑤ ㄷ → ㄹ → ㄱ → ㄴ

+09 다음의 상황에 적절한 정신역동모델의 개입기법은 무엇인가?

> 28세 대학졸업반 김 모 양은 부모님과의 잦은 갈등으로 인해 스트레스를 받는다. 스트레스를 푸는 방법은 주로 먹는 것인데, 지나치게 많이 먹고 토하는 것을 반복하며 취업에 대한 죄책감과 부모님 또는 스스로에 대한 실망감 등을 위로 받는 느낌이라고 한다. 식이장애 진단을 받을 정도로 상태가 심각하지만 본인은 무엇이 문제인지 잘 깨닫지 못한다. 사회복지사는 이러한 내면적 갈등을 풀어내는 잘못된 식습관의 원인과 역동성에 대해 통찰하며 반복적으로 문제를 경험하고 인식할 수 있도록 돕기로 했다.

① 전이의 해석
② 자유연상
③ 훈습
④ 꿈의 분석
⑤ 동일시

08 다음은 각각 어떤 방어기제를 사용하고 있는가?

> ㄱ. 입사시험에 떨어진 취업준비생이 문제가 황당하다며 출제자를 탓한다.
> ㄴ. 모피코트를 입고 싶어 하면서 동물애호가로 앞장서서 활동한다.

① ㄱ: 투사   ㄴ: 억압
② ㄱ: 부정   ㄴ: 반동형성
③ ㄱ: 상환   ㄴ: 억압
④ ㄱ: 투사   ㄴ: 반동형성
⑤ ㄱ: 전치   ㄴ: 보상

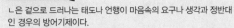

문제풀이 TIP
ㄴ은 겉으로 드러나는 태도나 언행이 마음속의 요구나 생각과 정반대인 경우의 방어기제이다.

10 다음 중 전이에 관한 설명으로 옳지 않은 것은?

① 클라이언트가 사회복지사를 자신의 과거 속 중요한 인물로 느끼는 현상이다.
② 심리적 불균형이 발생했을 때 무의식적으로 나타나는 방어기제의 하나이다.
③ 클라이언트의 전이 현상을 살펴봄으로써 치료의 실마리를 찾을 수 있다.
④ 사회복지사가 클라이언트의 전이 현상을 다룰 때에는 중립적 태도를 가져야 한다.
⑤ 클라이언트가 전이를 보이는 것처럼 사회복지사가 역전이를 보일 수도 있다.

11 무의식에 대한 설명으로 옳지 않은 것은?

① 우리가 자각하지 못하는 경험과 기억으로 구성된다.

② 주로 원초아와 초자아로 구성되어 있다.

③ 인식하거나 직접 확인할 수 없다.

④ 인간행동의 동기에 미치는 영향력이 적다.

⑤ 의식의 영역으로 쉽게 바뀔 수 없다.

13 정신역동모델의 특징으로 옳은 것을 모두 고른 것은?

> ㄱ. 잘못된 행동의 수정
> ㄴ. 무의식의 의식화
> ㄷ. 방어기제에 대한 이해
> ㄹ. 생태체계적 분석

① ㄱ, ㄹ   ② ㄴ, ㄷ

③ ㄱ, ㄴ, ㄷ   ④ ㄴ, ㄷ, ㄹ

⑤ ㄱ, ㄴ, ㄷ, ㄹ

12 프로이트의 정신분석모델에서 가정하는 인간에 대한 관점을 모두 고른 것은?

> ㄱ. 수동적 인간
> ㄴ. 창조적 인간
> ㄷ. 결정론적 인간
> ㄹ. 투쟁적 인간

① ㄱ, ㄴ   ② ㄱ, ㄷ

③ ㄴ, ㄹ   ④ ㄱ, ㄴ, ㄹ

⑤ ㄱ, ㄷ, ㄹ

14 정신역동모델을 기반으로 한 사회복지사의 개입으로 옳지 않은 것은?

① 클라이언트는 사회복지사와의 동일시를 통해 생각과 태도 등이 변화하게 된다.

② 과거보다 미래에 초점을 두어 클라이언트의 문제행동을 수정해나간다.

③ 사회복지사는 클라이언트가 퇴행에서 벗어나 성장할 수 있도록 원조한다.

④ 합리화, 보상, 억압 등 방어기제가 일어나는 무의식 차원에 관심을 둔다.

⑤ 클라이언트가 전이를 보일 때에는 이에 대해 다루어주어야 한다.

사회복지실천기술론

3장 심리사회모델

이 장에서는,

심리사회모델의 등장배경을 토대로 주요 특징을 파악하고, 무엇보다 다양한 개입기법을 살펴봐야 한다. 직접적 개입기법에 해당하는 지지하기, 직접 영향주기, 탐색-기술-환기, 개인-환경에 대한 반성적 고찰, 유형-역동성 고찰, 발달적 고찰 등이 두루두루 출제되고 있으므로 각 기법의 개념을 정확하게 이해하고 사례제시형 문제에 적용할 수 있도록 대비해야 한다.

해답과 오답노트 100쪽

✛01 다음에서 사회복지사가 사용한 개입기법은 무엇인가?

> • 김씨: 그때 남편은 막 화를 내면서 저한테 큰 소리를 질렀어요. 저도 너무 화나서 이것저것 다 집어던지고 깨뜨렸어요. 약간 겁도 났고, 무섭고…… . 저도 제정신이 아닌 것 같았어요…… .
> • 사회복지사: 남편이 그렇게 소리를 지르고 흥분했을 때 겁도 나고 무섭다고 했는데, 그런 기분을 어렸을 때에도 느낀 일이 있었나요?

① 지지하기
② 탐색-기술-환기
③ 발달적 고찰
④ 해석하기
⑤ 명료화

기출 STYLE

심리사회모델에서는 특히 개입기술에 대한 출제비중이 높다. 개입기술을 사례에 적용할 수 있어야 하며, 다른 모델들의 기술과 함께 선택지로 구성되어 심리사회모델에서 사용되는 개입기술인지 아닌지를 판단하는 문제도 출제되고 있다.

✛02 심리사회모델에 관한 설명으로 옳지 않은 것은?

① 초기 → 사정 → 개입 → 종결의 개입과정을 따라 진행된다.
② 클라이언트의 무의식이 현재 행동에 결정적 요인이라고 전제한다.
③ 클라이언트 및 클라이언트의 문제상황에 대한 차별성을 강조한다.
④ 모든 인간은 자신의 환경을 변화시킬 수 있는 능력이 있다고 본다.
⑤ 수용, 개별화, 자기결정, 현재 상황에서 출발 등을 원칙으로 한다.

03 심리사회모델에서의 '개인−환경에 관한 고찰'을 실시함에 있어 포함되는 내용이 아닌 것은?

① 클라이언트의 행동과 결과를 살펴보면서 클라이언트가 간과한 상황을 살핀다.

② 클라이언트가 보이는 전이 행동을 유년기 경험과 연결하여 이해하도록 돕는다.

③ 개입과정에서 클라이언트가 사회복지사에게 드러내는 반응을 탐색한다.

④ 사회복지사는 자기이미지, 도덕성, 가치 등 클라이언트의 자기평가를 지도한다.

⑤ 클라이언트가 자신의 숨겨진 감정, 성격을 스스로 통찰할 수 있게 원조한다.

문제풀이 TIP

'개인−환경에 관한 고찰'은 클라이언트를 둘러싼 현재의 최근 사건에 대해 고찰하게 하여 현실적으로 파악하게 하는 기법이다.

04 다음에서 설명하는 개념은 무엇인가?

> 인간 혹은 인간의 문제를 이해하기 위해서는 인간의 심리 내적인 특성만을 고려할 것이 아니라, 이외에도 환경 혹은 상황까지 모두 고려해야 한다. 특히 인간과 환경, 혹은 인간을 둘러싼 상황이 서로 상호작용하는 과정이나 결과를 간과해서는 안 된다.

① 창조적 자아
② 항상성
③ 기능주의
④ 순환론적 인과성
⑤ 상황 속의 인간

05 심리사회모델에서 제시하는 인간행동에 대한 기본 가정이 아닌 것은?

① 모든 인간은 성장할 수 있고, 환경을 변화시킬 능력이 있다고 본다.

② 인간의 행동은 단순히 이해될 수 있는 것이 아니며, 예측 가능한 방법으로 영향을 받고 변화될 수 있다.

③ 인간의 현재 행동을 이해하기 위해서 과거를 중요시한다.

④ 인간은 존엄성을 가지고 태어난다.

⑤ 인간의 생각과 행동은 무의식적인 충동에 의한 것이다.

+06 개입기술에 대한 예시로 옳지 않은 것은?

① 직접 영향주기: "따님이랑 일주일에 한 번이라도 같이 식사하는 시간을 만들어보면 좋을 것 같아요."

② 지지하기: "그런 상황에서는 누구라도 화가 날 것 같아요."

③ 개인−환경에 관한 고찰: "○○씨가 남편에게 불만을 느낄 때 아들과 싸우는 것 같지 않나요?"

④ 발달적 고찰: "유년 시절 아버지에게서 느꼈던 것처럼 부장님이 무섭고 위축된다는 건가요?"

⑤ 명료화하기: "퇴근할 때가 되면 마음이 무겁다는 건 집에서도 할 일이 많기 때문인가요?"

+07 심리사회모델에 관한 설명으로 옳은 것은?

① 사회복지사가 전문적 시각에서 규명한 문제를 중심으로 개입한다.

② 클라이언트에 대한 수용적인 태도를 통해 협력적 관계를 형성한다.

③ 클라이언트의 심리 내적 상태와 환경을 분리하여 살펴본다.

④ 클라이언트의 문제상황을 유형화하여 적절하게 개입한다.

⑤ 과거의 경험이 현재의 행동을 결정짓는다는 관점에서 접근한다.

+09 학교 사회복지사 A씨가 학생들을 상담함에 있어 심리사회모델을 기반으로 접근한 사례로 옳지 않은 것은?

① A씨는 학생들의 성격이나 문제는 생활의 다양한 요인 때문에 형성된다고 본다.

② A씨는 최근 교내에서 벌어진 사건에 대해 현실적으로 학생들의 행동을 파악한다.

③ A씨는 상담 중인 학생 K와 S가 유사한 성장과정을 겪어 동일한 문제행동을 보인다고 생각한다.

④ A씨는 상담을 의뢰한 학생과 그 학생의 사회환경 간의 상호작용에 초점을 둔다.

⑤ A씨는 학생들의 생활사에 대해 다각적으로 사정하는 것을 중요하게 여긴다.

08 다음에 제시된 심리사회모델의 주요 기법 중 성격이 다른 하나는?

① 클라이언트가 호소하는 당면 문제에 대해 실질적인 도움을 제공한다.

② 경청하기, 따뜻한 표정으로 대하기, 눈 마주치기 등 비언어적 표현방법을 포함한다.

③ 클라이언트가 원조를 요청할 때 느끼게 되는 긴장감이나 불안감을 덜어주는 기법이다.

④ 클라이언트와 그를 둘러싸고 있는 환경 및 주변 인물들과의 상호작용에 초점을 둔다.

⑤ 클라이언트에 대한 이해를 바탕으로 안심시키고 클라이언트의 능력에 대해 격려한다.

10 다음에서 설명하는 심리사회모델의 개입 기법은?

> 클라이언트가 사실 및 그와 관련된 감정을 표출하여 감정을 정화시키고, 이와 관련된 사실을 이해하고 설명하도록 원조한다. 구체적인 기법으로는 초점 잡아주기, 부분화하기, 화제 전환하기 등이 사용된다.

① 환경 조정하기

② 유형-역동성 고찰

③ 지금-여기에 초점맞추기

④ 탐색-기술-환기

⑤ 개인-환경 고찰

11 직장 내 인간관계에 대한 어려움을 호소하는 클라이언트에게 심리사회모델을 적용할 때 옳지 않은 것은?

① 어려움을 느끼는 대상과 효과적으로 의사소통하는 방법을 제안한다.
② 클라이언트의 이야기를 통해 주로 사용되는 방어기제를 인식하게 해준다.
③ 학창시절 교우관계를 맺을 때 겪었던 어려움에 대해 이야기 나눈다.
④ 지금 회사에서 어려움을 느끼는 사람들과의 사건 및 상호작용을 고찰한다.
⑤ 소크라테스식 문답법을 통해 클라이언트의 인지과정을 살펴본다.

13 심리사회모델에서 사용하는 개입기법이 아닌 것은?

① 발달적 고찰
② 지지하기
③ 직접적 조언
④ 환경 조정
⑤ 인지 재구조화

12 심리사회모델의 형성에 기반이 된 이론이 아닌 것은?

① 정신분석이론
② 역량강화이론
③ 체계이론과 생태체계관점
④ 자아심리이론
⑤ 대상관계이론

14 심리사회모델의 개입기술에 관한 설명으로 옳은 것은?

① 직접적 영향: 자기 상황과 감정을 말로 표현하게 함으로써 감정의 전환을 도모한다.
② 유형-역동성 고찰: 성격, 행동, 감정의 주요 경향에 관한 자기이해를 돕는다.
③ 개인-환경 간 관계 고찰: 클라이언트를 둘러싼 인적, 물적 환경 문제를 해결한다.
④ 지지하기: 상황 속 인간 관점에서 클라이언트의 현재 사건을 살펴본다.
⑤ 탐색-기술-환기: 유년기 생애경험이 현재의 기능에 미치는 영향에 대해 고찰한다.

15 심리사회모델의 한계점으로 옳은 것은?

① 지역사회, 기관과 같은 환경적 측면에 대한 개입기술과 전략이 미흡하다.

② 인간을 단순히 심리적 측면에서만 접근한다는 한계가 있다.

③ 의료적 모델에서 탈피하지 못하였다.

④ 정신역동과 과거를 무시하고 인간 내면의 복합적인 문제를 지나치게 단순화한다.

⑤ 문제의 원인을 해결하기보다는 임시대응적인 응급책으로 여겨진다.

✢17 다음에서 적용된 사회복지실천모델은 무엇인가?

> 막내아들과의 관계의 어려움을 호소하는 소영 씨에게 "소영 씨가 남편에게 불만을 느낄 때 아들과 싸우는 것 같지 않나요?"라고 질문하였다. 이 질문을 통해 아들과 싸우고 관계가 좋지 않은 상황의 진정한 원인이 남편에 대한 불만 때문이라는 것을 알게 되었을 때, 아들과의 관계의 어려움을 해결하기 위해서 남편과의 관계를 먼저 개선하도록 개입목표를 설정하였다.

① 심리사회모델

② 클라이언트 중심모델

③ 인지수정모델

④ 역량강화모델

⑤ 위기개입모델

문제풀이 TIP

문제에서 사회복지사는 반복적인 아들과의 싸움에 대해 남편에 대한 불만이라는 사고유형을 고찰하도록 하고 있다.

✢16 다음 중 심리사회모델의 특징으로 옳지 않은 것은?

① '상황 속의 인간'이라는 개념을 강조한다.

② 주요 실천원칙으로는 수용, 개별화, 자기결정, 대리적 조건화 등이 있다.

③ 과제중심모델과 함께 클라이언트의 자기결정을 존중한다.

④ 인간의 심리적인 측면, 사회적인 측면, 양측의 상호작용에 의한 결과 모두를 고려한다.

⑤ 정신분석이론의 영향을 받았다.

문제풀이 TIP

대리적 조건화는 행동주의이론에서의 개념이다.

4장 인지행동모델

이 장에서는,

인지행동모델은 기술론에서 공부하는 다양한 모델 중에서도 특히 출제비중이 높다. 주관적 경험, 클라이언트의 능동적 참여, 시간제한적 개입, 교육적 접근 등 주요 특징과 그에 따른 한계점 등을 살펴보고 다양한 개입기법의 개념을 정리하여 사례에 적용할 수 있도록 해야 한다. 사회기술훈련이나 인지적 왜곡(인지 오류)에 관한 문제도 종종 등장하고 있다. 인지행동모델의 이론적 기반이 되는 행동주의의 반응적 조건화, 강화와 처벌 등 조작적 조건화의 개념에 대한 이해도 필수영역이다.

해답과 오답노트 102쪽

✦01 인지행동모델의 특징으로 옳은 것은?

① 클라이언트가 자신의 경험 혹은 문제 등에 대해 갖는 객관적 의미를 중요시한다.

② 클라이언트의 인지적 기능과 정서적·행동적 반응을 함께 탐색한다.

③ 클라이언트에게 인지행동모델의 원리나 개입방법 등에 대해 설명하지 않는다.

④ 궁극적인 책임은 클라이언트에게 있기 때문에 클라이언트의 적극성을 강조한다.

⑤ 지적 능력이 다소 낮은 클라이언트에게 특히 큰 효과를 보이는 모델이다.

기출 STYLE

인지행동모델의 주요 초점과 접근방법 등의 특징을 확인하는 문제가 출제되고 있다.

✦02 인지행동모델에서 사용하는 개입기술에 관한 설명으로 옳지 않은 것은?

① 경험적 학습은 인지적 불일치의 원리를 따른다.

② 모델링은 관찰학습과정을 활용한다.

③ 이완훈련은 정서적 차원의 개입기법이다.

④ 내적 의사소통의 명료화는 인지 변화를 위해 실시한다.

⑤ 행동시연은 역설적 의도의 차원에서 진행된다.

기출 STYLE

인지행동모델에서 활용하는 다양한 개입기술이 두루두루 출제되고 있다. 단순하게는 인지행동모델에서의 개입기술인 것을 고르는 문제나 각 기술의 개념을 확인하는 문제도 출제되지만, 하나의 개입기법이 단독으로 상세하게 출제되기도 하며 사례제시형 문제로 출제되기도 한다.

사회복지실천기술론

✛03 행동수정모델의 개입기법에 관한 설명으로 옳지 않은 것은?

① 처벌을 통해 바람직하지 않은 행동의 발생빈도를 감소시킨다.
② 부적 강화는 바람직한 행동을 증가시키기 위한 방법이다.
③ 행동조성의 성공률을 높이기 위해서는 목표를 높게 설정한다.
④ 보상이나 처벌이 없어도 행동관찰을 통해 행동습득이 가능하다.
⑤ 간헐적으로 강화된 행동일수록 소거하기가 더 어렵다.

기출 STYLE
인지행동모델의 이론적 기반이 되는 행동주의이론의 특징, 행동수정의 원리 등을 파악해두어야 한다.

✛05 인지적 오류에 관한 설명으로 옳은 것을 모두 고른 것은?

ㄱ. 개인화 – 맥락에서 벗어난 세부사항에 초점을 두는 것으로서 전체적인 상황이나 맥락을 무시하는 것이다.
ㄴ. 과잉일반화 – 연관되지 않은 사건에 대한 결론이나 법칙을 끌어내서 관련 없는 상황에 광범위하게 적용하는 것이다.
ㄷ. 선택적 요약 – 관련된 적절한 원인 없이 부정적인 상황을 개인에게 연결시키는 것이다.
ㄹ. 임의적 추론 – 충분하고 적절한 증거가 부족하거나 부적절함에도 불구하고 결론에 도달하는 것이다.

① ㄱ, ㄴ
② ㄱ, ㄹ
③ ㄴ, ㄹ
④ ㄱ, ㄴ, ㄷ
⑤ ㄴ, ㄷ, ㄹ

04 벡(Beck)의 인지치료에 관한 설명으로 옳지 않은 것은?

① 클라이언트의 경험을 조직하는 인지구조의 기초를 핵심믿음체계라고 한다.
② 클라이언트의 자동적 사고를 수정하여 클라이언트의 정서나 행동을 변화시킨다.
③ 클라이언트의 심리사회적 문제를 해결하기 위해 인지적 측면의 왜곡을 수정한다.
④ 클라이언트의 적극적 참여를 강조하며 치료자의 일방적 개입에 대해 반대한다.
⑤ 클라이언트의 감정이나 행동을 결정하는 것은 특정 사건 혹은 상황 그 자체이다.

06 다음에 해당하는 인지행동 개입기술은 무엇인가?

아동이 특정 스트레스 요인에 직면했을 때 상황과 결과에 대한 부정적인 평가 대신에 그가 생각할 수 있는 긍정적인 자기진술을 만들어냄으로써 자신의 사고를 변경시키도록 하는 기술이다.

① 경험적 학습
② 체계적 둔감법
③ 모델링
④ 인지 재구조회
⑤ 자기지시기술

07 행동주의의 원리에 관한 설명으로 옳지 않은 것은?

① 인간의 행동은 직접적인 보상이 있어야만 습득될 수 있다.

② 인간의 행동은 그 결과에 따라 강화 또는 소거 된다.

③ 인간의 행동은 간헐적으로 강화될수록 소거 가 어렵다.

④ 인간의 역기능적 행동은 잘못된 행동을 학습 한 결과이다.

⑤ 인간의 바람직하지 않은 행동은 처벌을 통해 감소될 수 있다.

09 문제해결모델의 접근과 관련하여 옳지 않은 것은?

① 즈릴라와 골드프라이드(D'Zurilla & Goldfried)가 대표적인 학자이다.

② 일상생활에 직면하는 문제상황에 대처할 수 있도록 한다.

③ 변화에 대한 의지가 약한 클라이언트에게 적합한 모델이다.

④ 대안이 많을수록 좋은 대안을 선택할 수 있다고 전제한다.

⑤ 문제를 대하는 클라이언트의 자세나 대처능력 부족을 문제로 본다.

✦**08** 인지행동모델에 관한 설명으로 옳지 않은 것은?

① 클라이언트가 인지행동모델에 대해 이해할수록 개입의 효과성이 높아진다.

② 역기능적 문제는 자신과 환경에 대한 왜곡된 인지체계에서 비롯된다.

③ 불안을 줄이기 위해서는 불안과 관련된 신체적 단서를 인식는 것이 필요하다.

④ 행동연습을 통해 역기능적 사고가 기능적 사고로 전환될 수 있게 한다.

⑤ 개입이 종료된 후 클라이언트가 스스로 문제를 해결해나갈 수 있어야 한다.

✦**10** 인지적 오류의 종류와 그 예가 바르게 제시된 것은?

① 과잉일반화: 아침에 거울이 깨졌으니 오늘 뭔가 불길한 일이 생길 거야.

② 이분법적 사고: 완벽히 해내지 못했으니 결국 난 실패자인 거야.

③ 개인화: 면접에서 또 떨어지다니 나는 잘하는 게 하나도 없어.

④ 자의적 유추: 내가 1등 한 게 대단한 건 아니지. 누구라도 할 수 있는 거잖아.

⑤ 극대화: 내 실수 때문에 우리 팀이 낙제점을 받았어.

11 사회기술훈련에서 활용할 수 있는 행동적 기법으로 옳지 않은 것은?

① 심상법

② 강화와 처벌

③ 역할 바꾸기

④ 반복적 연습

⑤ 행동시연

✛12 다음에서 설명하는 인지행동모델 개입기술은?

> 고전적 조건화의 원칙에 근거하여 자극과 반응을 연결짓는 기법이다. 클라이언트에게 가장 덜 위협적인 상황에서 가장 위협적인 상황까지 순서대로 제시하면서 불안자극과 불안반응 간의 연결고리가 없어질 때까지 반복한다.

① 자기지시   ② 이완훈련

③ 체계적 탈감법   ④ 역설적 의도

⑤ 인지 재구조화

✛13 인지행동모델의 특징으로 옳지 않은 것은?

① 교육적 접근   ② 과거 중심 접근

③ 문제 중심 접근   ④ 구조화된 접근

⑤ 목표지향적 접근

문제풀이 **TIP**

인지행동모델에서는 클라이언트가 인지 · 정서 · 행동 · 사회환경적 요인의 상호작용적 속성, 사회복지사와 클라이언트 간 협조적 관계의 중요성, 문제에 대한 클라이언트의 잘못된 시각, 인지행동치료의 특징 등에 대한 이해가 있으면 더 효과적인 개입이 이루어질 수 있다고 본다.

✛14 사회기술훈련에 대한 설명으로 옳지 않은 것은?

① 사회복지사의 행동을 따라하거나 특정 역할을 연기해보도록 하는 행동주의적 기법을 활용한다.

② 특정 행동을 이루는 다양한 요소들을 세분화하여 그와 관련된 기술 요소를 구성한다.

③ 역할연기에서 클라이언트가 적절한 행동을 연기했을 때 긍정적 강화를 제공하는 것이 중요하다.

④ 시연을 통해 훈련된 행동이 클라이언트의 실제 생활에서도 적용될 수 있도록 과제를 부여한다.

⑤ 주로 집단 프로그램으로 이루어지는 경우가 많기 때문에 공격적인 사람들에게는 적합하지 않다.

15 사회기술훈련 프로그램의 참여자로 고려해볼 수 있는 사례를 모두 고른 것은?

> ㄱ. 다른 사람의 부탁을 거절하지 못한다는 A씨(42세, 직장인)
>
> ㄴ. 타인에 대한 의존성향이 높다고 생각하는 B씨(36세, 직장인)
>
> ㄷ. 대인기피증으로 취업을 두려워하는 C씨(25세, 대학생)
>
> ㄹ. 교우관계에서 공격성이 강해 학교로부터 의뢰된 D씨(14세, 중학생)

① ㄱ, ㄹ   ② ㄴ, ㄷ

③ ㄱ, ㄴ, ㄷ   ④ ㄴ, ㄷ, ㄹ

⑤ ㄱ, ㄴ, ㄷ, ㄹ

16 다음 사례에서 나타난 인지적 오류는?

> 중학교 2학년인 진아라 양은 초등학교 입학 전 부모님이 이혼을 한 뒤로 엄마와 살다가 엄마의 재혼 이후 남동생과 함께 이모와 살고 있다. "이모랑 제가 큰 방을 같이 쓰고 남동생이 작은 방을 혼자 쓰는데, 이모가 자꾸 늦게 들어오시는 게 저 때문인 것 같아요.", "저 때문에 동생이 게임중독이 돼버렸어요. 제가 중학생이 된 뒤로 동생을 챙겨주질 못했거든요."라고 하는 등 모든 일을 자신의 잘못으로 연결시켰다.

① 과잉일반화   ② 자의적 유추
③ 선택적 추론   ④ 과장
⑤ 개인화

✦18 인지행동모델의 개입기법에 관한 설명으로 옳지 않은 것은?

① 모델링: 클라이언트가 다른 사람의 행동을 관찰하고 모방함으로써 시행착오를 겪지 않고 새로운 행동을 학습한다.

② 체계적 둔감법: 클라이언트가 위험을 느끼는 상황에 직접 노출이 아닌 상상을 통해 극복하도록 한다.

③ 행동시연: 클라이언트가 힘들어하는 행동을 실생활에서 실행하기 전에 사회복지사 앞에서 반복적으로 연습해보게 한다.

④ 역설적 의도: 클라이언트가 염려하는 행동을 더 강화하도록 지시하여 그 행동에 관한 인지적 오류를 감소시킨다.

⑤ 자기지시: 클라이언트가 변화시키기를 원하는 행동에 대한 실천지침을 작성하여 스스로 실행해보게 한다.

✦17 인지행동모델에 대한 설명으로 옳지 않은 것은?

① 클라이언트가 자신의 문제에 대해 어떻게 인식하고 있는가를 중요시한다.

② 클라이언트의 능동적 참여 및 사회복지사와의 협조적 노력을 강조한다.

③ 클라이언트가 기존과는 다른 방식의 사고와 행동을 위해 교육·훈련한다.

④ 클라이언트의 왜곡된 사고로 인한 정서적 문제에 개입하기에 적절하다.

⑤ 클라이언트는 자신의 문제를 스스로 통제할 수 없다라는 전제를 갖는다.

19 남자친구와 헤어져 극도의 우울감에 빠져 있는 미영이에게 합리정서행동치료의 ABCDE 모델을 적용하였다. 잘못 연결된 것은?

① A: 남자친구와 헤어졌다.

② B: 남자친구에게 거부당하다니 나는 더 이상 가치없는 인간이야.

③ C: 모든 사람들이 나를 거부할 것이라고 생각하여 집 밖으로 나오지 않았다.

④ D: 극심한 우울과 불안으로 불면증에 시달렸다.

⑤ E: 새로운 사랑에 대해 조금 염려가 되기는 하지만 불안하지는 않다.

20 즈릴라와 골드프라이드가 제시한 문제해결치료의 5단계를 순서대로 나열한 것은?

> ㄱ. 대안들에 대한 객관적 평가를 바탕으로 최적의 대안을 선택한다.
> ㄴ. 선택된 대안을 실행하는 과정에서 평가를 통해 점검해나간다.
> ㄷ. 문제에 대한 클라이언트의 인식을 살펴보고 문제를 평가한다.
> ㄹ. 문제해결을 위한 목표를 구체적이고 현실적으로 설정한다.
> ㅁ. 양의 원칙, 판단유예 원칙, 다양성 원칙 등을 바탕으로 대안을 모색한다.

① ㄱ → ㄴ → ㄷ → ㄹ → ㅁ
② ㄴ → ㄷ → ㄹ → ㅁ → ㄱ
③ ㄷ → ㄹ → ㅁ → ㄱ → ㄴ
④ ㄹ → ㅁ → ㄱ → ㄴ → ㄷ
⑤ ㅁ → ㄱ → ㄴ → ㄷ → ㄹ

✦21 인지행동모델의 한계점에 관한 설명으로 옳지 않은 것은?

① 특정 개입기법을 사용함에 있어 윤리적 문제가 제기될 수도 있다.
② 클라이언트가 스스로를 파악할 능력이 부족한 경우에는 효과가 낮을 수 있다.
③ 문제의 원인이 되는 과거의 경험을 파악하는 데에 소홀한 점이 있다.
④ 문제해결에 대한 클라이언트의 적극성을 무시하는 측면이 있다.
⑤ 구조화된 계획을 따르기 때문에 즉각적인 도움을 주기에는 한계가 있다.

22 엘리스(Ellis)가 제시한 합리적 정서치료에 관한 설명으로 옳지 않은 것은?

① 인지적, 정서적, 행동적 기법을 통합하는 다차원적 접근이다.
② 논리성, 현실성, 효용성에 근거하여 클라이언트의 비합리적 신념을 논박한다.
③ 과거의 경험에서 문제의 원인을 찾아 문제를 해결하려는 것에 반대한다.
④ 부정적 감정들과 심리적 증상들은 비합리적 신념체계에 따른 것이다.
⑤ 사건 자체가 잘못된 행동을 유발한다고 보고 행동적 차원의 개입을 강조하였다.

> **문제풀이** TIP
>
> 엘리스는 개인의 성격은 합리적 또는 비합리적 신념에 의해 좌우된다고 보면서 신념을 통해 행동과 정서가 나타나는 과정과 비합리적 신념을 수정하는 과정을 ABCDE모델로 제시하였다.

✦23 각 모델의 주요 특징으로 옳은 것을 모두 고른 것은?

> ㄱ. 정신역동모델: 심리결정론을 기초로 하며 과거 발달과정에서의 경험을 중요시한다.
> ㄴ. 심리사회모델: 사회복지사와 클라이언트의 치료적 관계를 통해 변화가 가능하다고 본다.
> ㄷ. 인지행동모델: 이론적으로는 정신분석을, 개입에서는 행동주의 이론을 기반으로 한다.
> ㄹ. 과제중심모델: 클라이언트의 자기결정권 보장을 위해 사회복지사와의 합의를 강조한다.

① ㄱ, ㄹ   ② ㄴ, ㄷ
③ ㄱ, ㄴ, ㄹ   ④ ㄴ, ㄷ, ㄹ
⑤ ㄱ, ㄴ, ㄷ, ㄹ

5장 과제중심모델

해답과 오답노트 105쪽

✛01 과제중심모델에 관한 설명으로 옳지 않은 것은?

① 사회복지사의 책무성 강조

② 전문가가 제시한 과제 중심

③ 시간제한적 단기개입 추구

④ 합의된 표적문제에 초점

⑤ 클라이언트의 환경에 개입

기출 STYLE

과제중심모델의 기본적인 특징들을 파악해두어야 한다.

✛02 과제중심모델에서 표적문제의 특성으로 옳지 않은 것은?

① 클라이언트가 변화를 원하고 개입의 초점으로 동의한 문제가 선정된다.

② 하나의 표적문제에 대하여 하나의 목표를 설정하며 표적문제와 목표를 구체적으로 표현한다.

③ 클라이언트의 견해는 최소화하고 사회복지사의 전문적인 견해가 최대한 반영되어야 한다.

④ 클라이언트가 중요하게 생각하고 있으며 현실적으로 변화가능성이 높은 것부터 우선순위가 된다.

⑤ 클라이언트가 인정한 문제, 클라이언트 자신의 노력으로 해결 가능한 문제가 선정기준이 된다.

사회복지실천기술론

03 과제중심모델에서 실행단계의 과업에 해당하지 않는 것은?

① 사정단계에서의 오류를 확인하여 수정·보완한다.

② 주요 표적문제, 목표, 과제 등에 대해 계약한다.

③ 클라이언트가 규정한 주요 문제를 집중적으로 다룬다.

④ 표적문제가 어떻게 변화하고 있는지를 확인한다.

⑤ 과제가 제대로 이행되지 않을 때에는 다른 과제를 제안한다.

05 과제중심모델이 등장하게 된 배경을 모두 고른 것은?

> ㄱ. 전통적인 개별사회사업의 장기적 개입이 효과성을 입증하지 못함
> ㄴ. 시간제한적인 단기치료에 대한 문제점 제기
> ㄷ. 집중적이고 구조화된 개입형태 선호 경향
> ㄹ. 경험적 자료보다는 이론을 통해 개입의 기초를 마련하려는 움직임

① ㄱ, ㄷ   ② ㄴ, ㄹ

③ ㄱ, ㄴ, ㄷ   ④ ㄴ, ㄷ, ㄹ

⑤ ㄱ, ㄴ, ㄷ, ㄹ

06 다음 사례에 대하여 과제중심모델을 적용할 경우, 가장 첫 단계로 이루어져야 하는 내용은?

> 평소에는 활발하고 농담도 잘하는 여성 클라이언트가 남성들 앞에만 가면 말도 한마디도 못하고 소극적이 되는 자신의 성격을 고치고 싶다고 상담소를 찾아왔다.

① 클라이언트에게 과제를 부여한다.

② 클라이언트가 상담소에 방문한 이유를 확인한다.

③ 개입기간과 방법에 대해 설명하고 합의한 뒤 계약한다.

④ 클라이언트가 수행할 과제를 계획한다.

⑤ 신속한 초기 사정을 수행한다.

04 과제중심모델에 따른 개입이 유용한 클라이언트를 모두 고른 것은?

> ㄱ. 비자발적인 클라이언트
> ㄴ. 실업문제로 고민하는 클라이언트
> ㄷ. 진로고민이 많은 대학교 4학년생들의 소모임
> ㄹ. 산후우울증으로 자살충동을 느끼는 클라이언트

① ㄱ, ㄴ, ㄷ   ② ㄱ, ㄷ, ㄹ

③ ㄱ, ㄴ, ㄹ   ④ ㄴ, ㄷ, ㄹ

⑤ ㄱ, ㄴ, ㄷ, ㄹ

✚**07** 과제중심모델에 관한 설명으로 옳은 것은?

① 비구조화된 단기치료에 대한 관심이 커지면서 등장했다.

② 표적문제는 사회복지사가 전문적 판단으로 선정하는 것이다.

③ 비자발적 클라이언트에 대해서는 적용하기 어렵다는 한계가 있다.

④ 클라이언트가 호소하는 문제는 일시적인 불균형 상태이다.

⑤ 과제는 어떠한 상황에서도 계약된 범위 내에서만 실시해야 한다.

✚**08** 과제중심모델에서 과제의 특성으로 옳지 않은 것은?

① 과제구성은 개입의 주된 목표이면서 동시에 문제 개선을 위한 주된 수단이다.

② 과제의 내용이나 형식, 수행 등은 클라이언트와 사회복지사가 함께 계획하고 동의해야 한다.

③ 사례가 진행되는 동안 표적문제가 해결되지 않는 경우 과제를 변경할 수 있다.

④ 클라이언트에게만 과제가 부여된다는 점에서 비민주적이라는 비판을 받는다.

⑤ 클라이언트와 사회복지사 간의 토론을 통하여 대안적 과제들이 제시되며 계획을 구체화한다.

✚**09** 과제중심모델에 관한 설명으로 옳은 것을 모두 고른 것은?

> ㄱ. 대체로 2~3개월 동안 서비스가 이루어지는 시간제한적 단기치료이다.
> ㄴ. 사회복지사는 클라이언트의 문제에 대한 최선의 해결책을 알고 있어야 한다.
> ㄷ. 클라이언트가 행동적 과업을 수행하여 스스로 문제를 해결할 수 있도록 돕는다.
> ㄹ. 개입과정을 객관적으로 기록하고 모니터링함으로써 책무성을 제고한다.

① ㄱ, ㄴ, ㄷ   ② ㄱ, ㄷ, ㄹ
③ ㄴ, ㄷ, ㄹ   ④ ㄱ, ㄷ
⑤ ㄴ, ㄹ

10 다음 중 표적문제와 과업설정의 연결로 가장 적절한 것은?

① 수줍어한다. – 자기표현을 할 수 있도록 노력하고 자신감 있게 행동한다.

② 성적이 좋지 않다. – 열심히 공부하여 2등급을 올린다.

③ 싸움을 잘 한다. – 인내심과 덕을 쌓을 수 있도록 더 많은 독서를 한다.

④ 불안감이 높다. – 불안이 생길 때마다 불안의 원인을 신중히 탐색한다.

⑤ 충동구매로 매달 적자생활을 한다. – 매일 가계부를 작성하여 지출규모를 확인한다.

✛11 각 사회복지실천모델에 관한 설명으로 옳은 것을 모두 고른 것은?

> ㄱ. 인지행동모델은 인지적, 정서적, 행동적 측면의 다양한 개입기법을 활용한다.
> ㄴ. 과제중심모델은 사회복지사의 전문적 견해에 따른 표적문제 선정을 강조한다.
> ㄷ. 정신역동모델은 클라이언트의 과거 경험을 살펴봄으로써 현재 행동을 통찰한다.
> ㄹ. 역량강화모델은 클라이언트가 가진 강점과 변화가능성에 초점을 둔다.

① ㄱ, ㄹ
② ㄴ, ㄷ
③ ㄱ, ㄴ, ㄹ
④ ㄱ, ㄷ, ㄹ
⑤ ㄴ, ㄷ, ㄹ

12 과제중심모델의 개입과정에 관한 설명으로 옳은 것을 모두 고른 것은?

> ㄱ. 자발적 클라이언트와 의뢰된 클라이언트에 대한 초기면접의 과업은 동일하다.
> ㄴ. 표적문제 설정에 있어 클라이언트가 가진 해결 능력을 살펴봐야 한다.
> ㄷ. 개입과정에서 변화 양상에 따라 계약한 과제를 변경할 수 있다.
> ㄹ. 종결의 시점은 계약 단계에서 미리 정해지게 된다.

① ㄱ, ㄹ
② ㄴ, ㄷ
③ ㄱ, ㄴ, ㄹ
④ ㄴ, ㄷ, ㄹ
⑤ ㄱ, ㄴ, ㄷ, ㄹ

13 과제중심모델과 인지행동모델의 공통점으로 볼 수 없는 것은?

① 시간제한적 개입
② 구조화된 접근
③ 클라이언트와 사회복지사 간 협조적 관계
④ 교육적 접근
⑤ 현재 중심의 모델

14 과제중심모델에서 설정되는 과제의 예가 적절하지 않은 것은?

① 폐쇄과제(closed tasks): 8월 15일까지 구직신청서 5개 제출하기
② 공유된 과제(shared tasks): 부부가 함께 대인관계 클리닉을 방문하여 상담받기
③ 상호적 과제(reciprocal tasks): 부인은 남편에게 소리지르는 것을 그만두고, 남편은 외박을 하지 않는 대신 부인에게 화가 나는 이유를 설명하기
④ 복합과제(complex tasks): 휴직이 자녀 양육과 가사에 미치는 영향에 대해 남편과 의논하고 역할분담을 한 다음, 직장에 사직서를 제출하기
⑤ 되풀이과제(recurrent tasks): 금요일에 입양기관 담당자 만나기

6장 기타 실천모델

이 장에서는,

역량강화모델, 위기개입모델 등은 해마다 1문제 정도 꾸준히 출제되고 있다. 역량강화모델에서는 강점 관점의 내용과 함께 대화단계 → 발견단계 → 발전단계의 과업을 파악해두어야 한다. 위기개입모델에서는 위기반응단계, 위기개입의 목표, 원칙 등이 두루두루 출제되고 있다. 클라이언트 중심 모델, 동기강화모델 등도 상세히 다뤄지지는 않지만 선택지에 구성되어 간헐적으로 등장하고 있다.

해답과 오답노트 107쪽

✛01 위기개입모델의 특징으로 옳지 않은 것은?

① 위기 상황 해결
② 신속한 개입
③ 단기적 개입
④ 정서적 지지
⑤ 제한적인 목표

기출 STYLE

위기개입모델과 관련해서는 위기의 개념, 위기개입모델의 주요 특징 및 원칙, 위기개입의 목표, 위기발달단계 등 다양한 내용이 두루두루 출제되고 있다.

✛02 역량강화모델에 관한 설명으로 옳지 않은 것은?

① 사회복지사와 클라이언트 간 상호협력적 파트너십을 강조한다.
② 문제해결을 위해 이용 가능한 클라이언트의 자원체계를 분석한다.
③ 클라이언트가 문제에 도전하고 대처할 수 있도록 지지한다.
④ 클라이언트의 잠재적 역량보다 활용하고 있는 능력을 강화한다.
⑤ 클라이언트가 자신의 삶을 스스로 통제할 수 있도록 원조한다.

기출 STYLE

역량강화모델의 주요 특징과 함께 3단계의 각 단계별 과업, 강점 관점 등이 다뤄지고 있다.

03 제시된 위기 상황 중 속성이 다른 하나는?

① 구조조정으로 실직하면서 자살할 목적으로 약물을 복용했다.

② 묻지마 폭행을 당한 후 외출할 때마다 호흡곤란이 온다.

③ 동업자에게 배신을 당하고 폐업하게 되면서 게임중독이 되었다.

④ 어머니가 교통사고로 갑작스레 사망한 뒤로 실어증이 생겼다.

⑤ 갱년기로 인해 오락가락하는 기분을 스스로 통제할 수 없다.

문제풀이 TIP

위기는 발달적, 상황적, 실존적 차원에 따라 구분된다.

04 위기개입모델에서 보는 위기에 관한 설명으로 옳은 것을 모두 고른 것은?

ㄱ. 일반적으로 급격한 위기 상태는 일시적이며 단기간에 나타난다.

ㄴ. 위기는 위험한 상황이면서도 변화의 기회가 될 수 있다.

ㄷ. 위기로 인해 나타나는 클라이언트의 증상은 다양할 수 있다.

ㄹ. 동일한 사건이라도 사람에 따라 위기일 수도 있고 아닐 수도 있다.

① ㄱ, ㄹ   ② ㄴ, ㄷ

③ ㄷ, ㄹ   ④ ㄱ, ㄴ, ㄷ

⑤ ㄱ, ㄴ, ㄷ, ㄹ

✦05 단기적 개입으로 진행하는 실천모델을 모두 고른 것은?

ㄱ. 과제중심모델   ㄴ. 위기개입모델

ㄷ. 동기강화모델   ㄹ. 정신역동모델

① ㄱ, ㄷ   ② ㄴ, ㄹ

③ ㄱ, ㄴ, ㄷ   ④ ㄴ, ㄷ, ㄹ

⑤ ㄱ, ㄴ, ㄷ, ㄹ

✦06 임파워먼트모델에서 대화단계의 과업에 해당하지 않는 것은?

① 클라이언트와 동반자 관계 수립

② 클라이언트의 강점 및 역량 탐색

③ 클라이언트의 참여 동기화

④ 클라이언트와의 방향 설정

⑤ 클라이언트의 현재 상황 명확화

✦07 골란(Golan)의 위기발달단계 중 실제로 위기개입이 요구되는 단계는?

① 위험한 사건 발생

② 실제 위기단계

③ 위기촉진요인 발생

④ 재통합 단계

⑤ 취약단계

08 역량강화모델의 실천원칙으로 옳은 것을 모두 고른 것은?

> ㄱ. 협력, 신뢰, 파워의 공유는 원조관계의 기초가 된다.
> ㄴ. 변화과정에 클라이언트가 참여하도록 한다.
> ㄷ. 상호지지적인 네트워크 및 자조집단 등을 활용한다.
> ㄹ. 클라이언트를 위해 자원을 동원하고 그의 권리를 옹호한다.

① ㄱ, ㄹ
② ㄴ, ㄷ
③ ㄱ, ㄴ, ㄹ
④ ㄴ, ㄷ, ㄹ
⑤ ㄱ, ㄴ, ㄷ, ㄹ

10 다음은 병리관점과 강점관점을 비교한 내용으로 적절하지 않은 것을 모두 고른 것은?

병리적 관점		강점 관점
문제에 초점을 둠	ㄱ. 초점	가능성에 초점을 둠
병리에 의해 제한	ㄴ. 가능성	가능성은 열려 있음
실천가	ㄷ. 전문가	클라이언트
개인, 가족, 지역사회의 적응기술	ㄹ. 자원	전문가의 지식과 기술

① ㄱ, ㄴ, ㄷ
② ㄱ, ㄴ
③ ㄷ, ㄹ
④ ㄹ
⑤ ㄱ, ㄴ, ㄷ, ㄹ

09 위기개입모델에 관한 설명으로 옳지 않은 것은?

① 사회복지사는 클라이언트의 회복을 위해 적극적인 개입을 해야 한다.
② 사회복지사의 개입활동은 실제 위기단계에서 이루어진다.
③ 사회복지사가 해결할 수 없는 문제는 다루지 않는다.
④ 위기 이전 상태로의 회복이라는 제한된 초점을 갖는다.
⑤ 사회복지사의 역할은 행동기술에 초점을 둔다.

11 클라이언트 중심 모델의 개입원칙으로 옳지 않은 것은?

① 클라이언트의 인성적 특징이 형성된 원인을 규명해야 한다.
② 클라이언트와의 관계에서 진실하려고 노력해야 한다.
③ 선입견적인 진단적 범주에서 클라이언트를 판단해서는 안 된다.
④ 클라이언트의 주관적 세계에 들어가서 그들을 도와야 한다.
⑤ 인간 대 인간으로서 클라이언트를 대해야 한다.

사회복지실천기술론

12 다음에서 설명하고 있는 사회복지실천모델은 무엇인가?

- 클라이언트의 행동 변화를 목표로 하며, 행동 변화를 위해 동기를 강화한다.
- 우울증이나 중독 문제를 가진 사람에게 적용하기에 적합하다.
- 공감 표현하기, 불일치감 만들기, 저항과 함께 구르기, 자기효능감 지지하기 등의 원리를 바탕으로 개입한다.

① 역량강화모델
② 해결중심모델
③ 심리사회모델
④ 동기강화모델
⑤ 클라이언트 중심 모델

13 위기발달단계에 대한 설명으로 옳지 않은 것을 모두 고른 것은?

ㄱ. 재통합단계는 사실상 위기단계의 연장이다.
ㄴ. 취약단계를 거치면서 안정된 상태로 회복하기 어려운 불균형 상태가 된다.
ㄷ. 취약단계는 최초의 쇼크에 대한 개인의 주관적 반응의 관계이다.
ㄹ. 위기단계는 특정한 스트레스 사건이 발생하는 단계를 말한다.

① ㄹ
② ㄱ, ㄷ
③ ㄴ, ㄹ
④ ㄱ, ㄴ, ㄷ
⑤ ㄴ, ㄷ, ㄹ

문제풀이 TIP
위기발달단계는 사회적 위험-취약단계-위기촉진요인-위기단계-재통합단계로 진행된다.

✤14 역량강화모델의 단계별 과업에 관한 설명으로 옳은 것을 모두 고른 것은?

ㄱ. 대화단계 → 발전단계 → 발견단계로 진행된다.
ㄴ. 발전단계에서는 목표를 달성하기 위한 세부적인 전략을 수립한다.
ㄷ. 대화단계에서는 파트너십을 형성하고 방향을 설정한다.
ㄹ. 발견단계에서는 클라이언트의 강점 및 자원을 탐색한다.

① ㄱ, ㄴ, ㄷ
② ㄴ, ㄷ, ㄹ
③ ㄱ, ㄷ
④ ㄴ, ㄹ
⑤ ㄷ, ㄹ

✤15 강점관점에 대한 설명으로 옳지 않은 것은?
① 문제를 성장의 기회로 간주한다.
② 아동기의 외상으로 성인기의 병리를 예측하지 않는다.
③ 클라이언트의 문제해결능력과 가능성에 초점을 둔다.
④ 실천을 위한 자원은 전문가의 지식과 기술이다.
⑤ 역량강화모델의 기반이 된다.

16 학창시절 따돌림을 당한 경험으로 사람들과의 관계에서 어려움을 느끼는 클라이언트와의 상담에서 역량강화모델을 활용함에 있어 옳지 않은 것은?

① 대화 과정에서 신뢰를 쌓으며 파트너십을 형성한다.

② 과거 경험에 따른 수치심을 자극하지 않는다.

③ 현재 문제에 도전할 수 있는 행동계획을 수립한다.

④ 사회구조적 문제에 대한 비판의식을 고양시킨다.

⑤ 클라이언트가 호소하는 병리적 문제에 초점을 둔다.

문제풀이 TIP

역량강화모델을 종합적으로 적용해보는 문제이다. 강점관점을 기반으로 한 주요 특징과 각 단계별 과업을 생각해보자.

✛17 위기개입의 기본원리에 관한 설명으로 옳지 않은 것은?

① 클라이언트의 기능은 위기 이전 수준으로 회복될 수 없음을 전제로 한다.

② 클라이언트가 건전한 자기상(self-image)을 확립하도록 돕는다.

③ 문제 파악과 해결에 초점을 두면서 클라이언트가 현실에 직면할 수 있도록 돕는다.

④ 행동적 기술들을 지시적으로 활용하면서도 희망고취 등 정서적 측면에서도 원조한다.

⑤ 위기 이후 나타난 증상들을 완화하고 제거하는 것이 1차적 목표이다.

✛18 다음 상황에서 가장 적합한 모델은 무엇인가?

> A군(13세)은 동네 슈퍼마켓에서 빵, 우유 등을 훔치다 걸려 경찰에서 기관으로 의뢰되었다. 초등학교 3학년 때 부모가 이혼한 후 할머니, 아버지와 셋이 살던 중 지난해에 할머니가 돌아가셨다고 했다. 아버지는 다른 지역에서 일하는 날이 많아 집에는 한 달에 한두 번 오는 정도여서 지난 해 할머니가 돌아가신 후 실질적으로 아이를 양육할 사람이 없는 상황이다.

① 역량강화모델

② 다세대 가족치료모델

③ 정신역동모델

④ 위기개입모델

⑤ 이야기치료모델

19 클라이언트 중심 모델에 관한 설명으로 옳은 것을 모두 고른 것은?

> ㄱ. 미국의 심리학자 칼 로저스가 제시한 모델로, 정신분석적 접근법을 기반으로 한다.
> ㄴ. 모든 인간은 선한 존재이며, 자아실현의 욕구를 가졌다고 가정한다.
> ㄷ. 클라이언트의 행동 및 이야기 등에 대한 전문가적 탐색과 해석을 강조한다.
> ㄹ. 사회복지사가 보이는 태도가 클라이언트의 변화를 촉진시킬 수 있다고 본다.

① ㄱ, ㄷ   ② ㄴ, ㄹ

③ ㄱ, ㄴ, ㄹ   ④ ㄴ, ㄷ, ㄹ

⑤ ㄱ, ㄴ, ㄷ, ㄹ

✤20 라포포트(Rapoport)가 제시한 위기개입의 기본목표에 해당하지 않는 것은?

① 클라이언트의 기능을 위기 이전 수준으로 회복시킨다.

② 새로운 대처방안을 발전시키도록 가르친다.

③ 위기에 따른 증상들을 완화한다.

④ 클라이언트가 지역사회 자원을 통해 얻을 수 있는 치료방법을 모색한다.

⑤ 불균형 상태를 야기한 위기촉진요인들에 대해 이해한다.

✤21 사회복지실천모델에 관한 설명으로 옳은 것을 모두 고른 것은?

> ㄱ. 역량강화모델에서는 문제를 도전과 기회의 측면으로 접근한다.
> ㄴ. 클라이언트중심모델에서는 클라이언트의 성장적 변화를 추구한다.
> ㄷ. 인지행동모델에서는 문제에 대한 객관적 인지를 창출할 수 있도록 돕는다.
> ㄹ. 과제중심모델에서는 사정을 충분히 진행하여 적절한 과제를 도출한다.

① ㄱ, ㄷ   ② ㄴ, ㄹ

③ ㄱ, ㄴ, ㄷ   ④ ㄴ, ㄷ, ㄹ

⑤ ㄱ, ㄴ, ㄷ, ㄹ

7장 가족에 대한 이해

이 장에서는,

체계론적 관점에서 가족을 살펴보는 주요 개념들을 파악해두어야 한다. 가족항상성, 가족 내외부 경계, 가족 내 하위체계, 순환적 인과성 등의 개념들을 살펴보자. 한편 가족 개념은 사회변화를 반영하며 가족의 유형도 다양해지고 있으며, 이는 가족생활주기에도 영향을 미침을 이해해야 한다.

해답과 오답노트 110쪽

✛01 가족체계에서 제시한 주요 개념들에 관한 설명으로 옳지 않은 것은?

① 가족항상성이 강할수록 문제해결이 용이하다.

② 가족 내부 경계는 명확하면서 융통성이 있는 것이 바람직하다.

③ 가족체계는 비총합성의 원리에서 살펴봐야 한다.

④ 정적 환류와 부적 환류는 어느 것이 옳다는 기준은 아니다.

⑤ 가족체계는 상위체계가 되기도 하위체계가 되기도 한다.

기출 STYLE

가족체계의 역동성, 가족항상성, 경계, 순환적 인과성 등 체계로서의 가족 관련 개념들을 이해하도록 하자.

✛02 가족에 관한 설명으로 옳지 않은 것은?

① 사회변화의 영향에 따라 가족에 대한 개념도 달라진다.

② 현대사회에서의 가족은 정서적 기능 약화가 지적되고 있다.

③ 가족 내 한 성원의 문제는 가족 전체에 영향을 미친다.

④ 가족 내에서는 문화전승 및 사회화 기능이 이루어진다.

⑤ 일차집단으로 이차집단과 달리 규칙이 존재하지 않는다.

기출 STYLE

가족의 개념 및 특징을 비롯해, 가족체계와 관련된 개념들과 현대 가족에서 나타나는 특징 등을 전반적으로 다룬 문제가 출제되고 있다.

✛03 가족체계의 순환적 인과성에 관한 설명으로 옳지 않은 것은?

① 단선적 · 직선적 인과관계와 대립되는 개념이다.

② 문제를 지속시키는 악순환적인 상호작용의 고리를 파악한다.

③ 가족 내에서 일어나는 파문효과(ripple effect)와 관련된다.

④ 가족성원이 많을수록 문제의 양상은 더욱 복잡할 수 있다.

⑤ 문제의 원인이 된 성원을 찾는 것이 문제해결의 시작이다.

05 가족생활주기와 발달과업에 대한 설명으로 옳은 것을 모두 고른 것은?

> ㄱ. 가족생활주기는 사회문화적 차이에 따라 달라질 수 있다.
> ㄴ. 가족생활주기는 결혼을 통해 부부가 된 순간부터 시작된다.
> ㄷ. 가족발달과업의 성취 여부는 다음 단계의 과업 수행에 영향을 미친다.
> ㄹ. 가족생활주기의 단계가 다음 단계로 이행할 때 위기를 경험할 수 있다.

① ㄱ, ㄹ   ② ㄴ, ㄷ
③ ㄷ, ㄹ   ④ ㄱ, ㄷ, ㄹ
⑤ ㄴ, ㄷ, ㄹ

04 가족체계의 경계에 관한 설명으로 옳은 것을 모두 고른 것은?

> ㄱ. 가족 내 체계들 간을 구분하거나 가족체계와 외부체계를 구분해준다.
> ㄴ. 반투과적 경계가 건강한 가족경계이다.
> ㄷ. 경직된 경계는 체계 간 상호작용이 이루어지기 어렵기 때문에 의사소통에 어려움을 겪는다.
> ㄹ. 가족내부의 경계가 명확하면서도 융통성이 높으면 가족 내 문제가 발생할 가능성이 높다.

① ㄱ, ㄴ, ㄷ   ② ㄱ, ㄷ
③ ㄴ, ㄷ, ㄹ   ④ ㄴ, ㄹ
⑤ ㄱ, ㄴ, ㄷ, ㄹ

> **문제풀이** **TIP**
> 경직된 경계와 명확한 경계는 다르다는 것에 주의해야 한다.

06 가족체계이론에 따른 접근으로 옳지 않은 것은?

① 한 성원의 변화와 다른 성원의 변화가 갖는 관련성을 파악한다.

② 가족 내에 존재하는 다양한 하위체계의 구성 및 기능을 확인한다.

③ 가족마다 상황에 대한 의미부여나 해석방식이 다를 수 있음을 전제한다.

④ 가족은 변화를 원하면서도 균형상태를 유지하려는 속성이 있음을 이해한다.

⑤ 역기능적 가족규칙이 유지 및 강화되는 가족 내 환류고리를 살펴본다.

07 현대 가족의 변화와 관련하여 옳지 않은 것은?

① 가족의 규모가 축소됨에 따라 가족의 구조도 단순화되고 있다.

② 가족의 통제기능, 사회화 기능, 정서적 지지 기능 등이 강화되고 있다.

③ 가족생활주기에 진입하기 이전 기간이 길어지고 있다.

④ 청년실업과 같은 사회문제는 가족 구조의 변화에 원인이 된다.

⑤ 가족성원의 보호기능이 약화되고 가족해체가 증가되고 있다.

✤08 가족체계의 역동성에 관한 설명으로 옳은 것은?

① 가족에 위기가 발생하면 새로운 가족규칙이 생겨난다.

② 가족원 간의 갈등을 통해 가족항상성이 유지된다.

③ 명확한 경계의 가족은 소외감, 거리감이 문제될 수 있다.

④ 부적 환류는 가족원의 일탈적 행동을 증폭시킨다.

⑤ 가족원 사이에 나타나는 상호작용과는 무관하다.

09 현대 가족의 구조 및 기능상의 변화에 대한 설명으로 옳은 것을 모두 고른 것은?

ㄱ. 비전통적 형태의 가족유형이 증가하고 있다.

ㄴ. 전통사회의 가족에 비해 현대의 가족은 기능이 약화되었다.

ㄷ. 가족생활주기의 마지막 단계가 길어지고 있다.

ㄹ. 부부가족은 감소되고 복합가족이 일반화되고 있다.

① ㄱ, ㄴ, ㄷ ② ㄱ, ㄷ, ㄹ

③ ㄴ, ㄹ ④ ㄷ, ㄹ

⑤ ㄱ, ㄴ, ㄷ, ㄹ

문제풀이 TIP

현대사회에 들어오면서 가족의 개념은 변화하고 있는데, 전통적으로 혈연이나 혼인에 의한 관계를 강조하기보다는 가족형태의 다양성을 인정하는 개념으로 변화하고 있다.

10 다음에서 설명하고 있는 가족 관련 개념은?

원가족으로부터 독립하여 결혼, 출산, 자녀의 성장 및 독립, 은퇴, 배우자의 사망 등에 이르기까지 가정생활의 변화과정을 말한다. 개인에게 발달단계와 발달과업이 있듯이 가족에게도 발달단계와 그에 따른 발달과업이 있음을 의미한다.

① 환류고리 ② 가족역동성

③ 가족생활주기 ④ 비총합성

⑤ 가족경계

11 '가족'에 대한 설명으로 옳은 것을 모두 고른 것은?

ㄱ. 가족은 혈연, 입양 혹은 혼인을 기반으로 하는 일차집단이다.
ㄴ. 가족은 개별성원들로 이루어진 상위체계임과 동시에 확대가족, 지역사회, 문화 등과 지속적으로 상호작용하는 하위체계로 이해할 필요가 있다.
ㄷ. 가족의 개념은 한부모가정, 확대가족, 레즈비언부부, 게이부부 등 다양한 가족형태를 인정한다.
ㄹ. 결혼식을 올리지 않은 성인 부부는 가족이라 정의할 수 없다.

① ㄱ, ㄴ, ㄷ
② ㄱ, ㄷ, ㄹ
③ ㄴ, ㄹ
④ ㄱ, ㄹ
⑤ ㄱ, ㄴ, ㄷ, ㄹ

✢12 가족체계의 역동성에 관한 설명으로 옳은 것을 모두 고른 것은?

ㄱ. 가족은 부적 환류를 통해 변화를 빠르게 진전시킬 수 있다.
ㄴ. 한 가족원이 일탈행동을 보일 경우 가족의 항상성이 작동될 수 있다.
ㄷ. 가족 및 그 구성원은 다른 환경체계의 영향을 받는다.
ㄹ. 단선적 인과관계에 따른 가족원간의 상호작용을 통해 문제의 원인을 살펴볼 수 있다.

① ㄱ, ㄹ
② ㄴ, ㄷ
③ ㄱ, ㄴ, ㄹ
④ ㄴ, ㄷ, ㄹ
⑤ ㄱ, ㄴ, ㄷ, ㄹ

13 다음 중 환류고리에 대한 설명으로 틀린 것은?

① 가족은 주로 의사소통이나 환류를 통해 평형 상태를 유지하려고 한다.
② 가족규범을 벗어나려는 행동은 부적 환류과정을 통해 저지한다.
③ 내용이 부정적인 상황이나 행위, 변화를 지속하게 하는 것은 부적 환류에 해당한다.
④ 정적 환류와 부적 환류 중 어느 것이 더 바람직한가는 의미가 없다.
⑤ 정적 환류는 최초의 일탈이나 갈등을 증폭시키는 작용을 한다.

✢14 가족체계이론에 대한 설명으로 옳지 않은 것은?

① 가족원들이 가족의 변화와 안정성의 균형을 맞추기 위해 노력한다는 전제를 갖는다.
② 특정한 원인과 결과에 대한 직선적 인과관계에 초점을 두어 가족문제를 살펴본다.
③ 명확한 가족경계는 가족원의 자율성과 독립성이 인정되며 융통적인 상호작용이 일어난다.
④ 가족 내에서는 다양한 하위체계가 형성될 수 있으며 경계가 명확할수록 건강한 가족이다.
⑤ 가족에 위기가 발생하면 새로운 규칙을 통해 새로운 균형을 꾀하며 항상성을 추구한다.

8장 가족문제 사정

이 장에서는,

가족의 구조, 경계, 기능 등에 대한 이론적 내용을 바탕으로 가족문제를 어떻게 사정해야 하는지에 대한 실천적 방법들을 탐구해야 한다. 가족사정을 위한 다양한 도구들의 특징을 정리하고, 어떻게 활용할 수 있는지 등에 관한 문제가 출제되곤 한다.

해답과 오답노트 112쪽

✚01 가족 사정도구에 관한 설명으로 옳지 않은 것은?

① 가계도는 보웬의 다세대 가족치료모델에서 개입기술로서 활용되기도 한다.

② 생태도는 환경 속 인간의 관점에 초점을 두어 클라이언트의 가족구성은 알 수 없다.

③ 생활력도표는 클라이언트의 출생부터 개입시점까지의 주요 사건을 도표화하여 작성한다.

④ 원가족 척도는 개인이 원가족에 대해 느끼는 불만족 정도를 측정하는 방식이다.

⑤ 가족생활주기표는 모든 가족 성원의 발달단계를 하나의 도표로 확인해볼 수 있다.

기출 STYLE

가족사정도구와 그에 맞는 개념을 연결짓는 문제 유형이다. 각 사정도구의 특징을 파악하고 있어야 한다.

✚02 가족의 구조 및 기능과 관련된 설명으로 옳지 않은 것은?

① 가족은 구성원의 양육 및 보호 외에 정서적 교류, 가족문화의 유지 및 계승 등 다양한 기능을 수행한다.

② 시대적, 사회문화적 가치에 따라 강조되는 가족의 기능은 다를 수 있다.

③ 가족의 기능이 원활하게 이루어지기 위해서는 가족규칙이 강제적이고 경직적이어야 한다.

④ 외부와의 경계가 없는 방임형 가족은 가족의 방어선이 명확하지 않아 역기능적으로 흐를 수 있다.

⑤ 사회복지사는 각 구성원의 역할을 파악함으로써 가족에 대한 이해도를 높일 수 있다.

기출 STYLE

가족을 사정하기 위한 영역으로서 가족의 기능 및 경계 등에 관한 내용도 꾸준히 출제되고 있다. 가족기능의 범위를 확인하고 기능적 가족이 되기 위한 조건들을 생각하면서 관련 내용을 정리해두어야 한다.

사회복지실천기술론

03 가족규범에 관한 설명으로 옳지 않은 것을 모두 고른 것은?

> ㄱ. 가족들 간에 지켜야 할 의무나 태도에 대한 지침이나 권리 등을 말한다.
> ㄴ. 말로 표현되지 않는 경우도 있다.
> ㄷ. 가족의 발달단계에 따라 융통성 있게 변화하는 것이 바람직하다.
> ㄹ. 역기능적 가족의 경우 많은 수의 가족규범이 존재한다.

① ㄱ, ㄴ 　　　　　② ㄴ
③ ㄴ, ㄷ 　　　　　④ ㄹ
⑤ ㄱ, ㄹ

04 역기능적 의사소통에 해당하는 것을 모두 고른 것은?

> ㄱ. 애매모호하고 간접적인 방식으로 의사소통한다.
> ㄴ. 다른 수준의 상호 모순되는 두 가지 메시지를 동시에 보내는 것을 이중구속 메시지(double-bind message)라고 한다.
> ㄷ. 서로 눈치를 보면서 주제를 선택하거나 표현을 주저하고 회피적인 태도를 보인다.
> ㄹ. 주로 너 전달법(you-message)을 사용한다.

① ㄱ, ㄴ, ㄷ 　　　② ㄱ, ㄷ
③ ㄱ, ㄴ, ㄹ 　　　④ ㄷ, ㄹ
⑤ ㄱ, ㄴ, ㄷ, ㄹ

✚05 가족사정에 관한 설명으로 옳지 않은 것은?

① 가계도를 통해 가족원들의 역할과 기능이 균형적으로 이루어지고 있는지를 살펴볼 수 있다.
② 생활력도표를 통해 클라이언트의 생애 동안 발생한 문제가 어떻게 발전해왔는지를 파악할 수 있다.
③ 원가족척도는 원가족에 대한 평가를 통해 자신의 부부관계 및 자녀와의 관계 등에 대해 이해할 수 있는 기회를 제공한다.
④ 가족의 항상성 유지 및 신뢰감·친밀감 형성을 위해 가족신화가 없는 가족에 대해 가족신화 형성을 과제로 부여한다.
⑤ 가족 구성원 간의 경계를 사정하여 밀착된 가족인지, 유리된 가족인지에 따라 개입의 초점이 달라질 수 있다.

✚06 가족조각에 관한 설명으로 옳지 않은 것은?

① 가족의 상호작용 및 역동을 공간 속에서 시각적으로 표현하는 방식이다.
② 조각 과정에서 숨겨져 있던 가족규칙이나 표출되지 못한 감정이 드러날 수 있다.
③ 조각이 진행되는 동안 가족들 사이의 언어적 의사소통을 제한한다.
④ 가족들의 설명을 토대로 사회복지사가 가족원들의 위치와 동작 등을 조각한다.
⑤ 사회복지사는 조각이 끝난 후 가족들이 바라는 변화를 다시 조각해볼 수 있게 한다.

✛**07** 가계도를 통해 파악할 수 있는 정보를 모두 고른 것은?

> ㄱ. 가족 내에 발생한 삼각관계
> ㄴ. 가족원과 외부체계와의 에너지 흐름
> ㄷ. 가족의 전체적인 구조 및 구성
> ㄹ. 생애주기 변화에 대한 가족의 적응
> ㅁ. 지역사회 네트워크 및 자원

① ㄱ, ㄷ, ㄹ   ② ㄱ, ㄷ, ㅁ
③ ㄴ, ㄹ, ㅁ   ④ ㄱ, ㄴ, ㄷ, ㅁ
⑤ ㄴ, ㄷ, ㄹ, ㅁ

08 가족의 기능과 구조를 사정할 때 고려해야 할 내용을 모두 고른 것은?

> ㄱ. 가족규칙   ㄴ. 가족항상성
> ㄷ. 가족 하위체계   ㄹ. 경계

① ㄱ, ㄴ, ㄷ   ② ㄱ, ㄷ
③ ㄴ, ㄷ, ㄹ   ④ ㄱ, ㄹ
⑤ ㄱ, ㄴ, ㄷ, ㄹ

09 부부관계의 갈등이 심하여 사회복지기관을 방문한 부부를 대상으로 면담을 한 결과, 남편과 아내는 '부부끼리는 비밀이 있어서는 안 된다' 혹은 '부부싸움은 불화의 증거이므로 이상적인 부부는 싸워서는 안 된다'와 같은 생각을 하고 있었다. 부부의 이러한 생각 혹은 기대를 무엇이라고 하는가?

① 위장   ② 가족신화
③ 융합   ④ 대칭적 관계
⑤ 메타 커뮤니케이션

✛**10** 다음에서 설명하는 가족사정을 위한 도구는 무엇인가?

> • 클라이언트가 경험해온 삶의 중요한 사건이나 문제를 시기별로 정리해 표로 나타내는 방식이다.
> • 문제가 발생한 시점과 그 문제가 어떻게 발전되어 왔는지를 파악할 수 있다.

① 사회적 관계망표   ② 생활력도표
③ 생태도   ④ 가계도
⑤ 가족조각

✛**11** 사회적 관계망 표를 통해 알 수 있는 정보가 아닌 것은?

① 지지제공자와의 접촉빈도
② 친밀감 수준
③ 지지 제공자의 생활영역
④ 지지의 유형
⑤ 지지제공자와의 삼각관계 형성 여부

12 가족사정에 관한 설명으로 옳은 것은?

① 생태체계적 관점에서 왜곡된 가족신화를 파악한다.
② 가족 내 권력구조와 의사소통 방식을 분리하여 살펴본다.
③ 가족 내 희생양이 가족문제의 시작이라는 관점에서 접근한다.
④ 생태도를 통해 가족과 환경체계 간의 상호작용을 살펴본다.
⑤ 생활력도표를 통해 세대 간에 반복되는 문제를 분석한다.

사회복지실천기술론

✢13 가족 경계에 관한 설명으로 옳은 것은?

① 밀착된 가족: 가족 응집력과 구성원들의 자율성이 높게 나타난다.

② 유리된 가족: 가족원 간 가시적인 상호작용은 적지만 정서적 지지는 높게 나타난다.

③ 개방형 가족: 가족의 경계가 유동적이며, 가족 규칙은 가족원의 합의로 만든다.

④ 방임형 가족: 외부와의 교류에 제한이 없는 형태로, 건강한 가족형태로 제시된다.

⑤ 폐쇄형 가족: 가족 내부 문제를 가장 효율적으로 회복할 수 있는 유형이다.

✢15 다음 예시에 공통적으로 나타나는 의사소통 방식은 무엇인가?

> • "친구를 때리면 안 된단다."
> (며칠 후) "넌 왜 맞고만 다니니! 태권도학원은 맞으라고 보낸 줄 알아?!"
> • "선물 같은 건 필요 없어요. 어른이 생일은 무슨…. 절대 신경 쓰지 마세요. 부담되니까요."
> (생일 날) "아이고 내 팔자야. 언제 당신이 내 생일 한 번 제대로 챙겨준 적 있어요?!"

① 위장

② 너 전달법

③ 초이성형 의사소통

④ 이중구속 메시지

⑤ 회유형 의사소통

14 가족 내부에 대한 사정에서 가족 내 하위체계에 대한 사정의 내용이 적절하지 않은 것은?

① 부부 하위체계에서는 부부가 서로에게 만족스러운 관계를 가지고 있는지 사정한다.

② 형제자매 하위체계에서는 감정적 유대관계를 형성하고 있는지 등을 탐색한다.

③ 부부 하위체계에서는 자녀를 통제하고 지도하는 권위를 누가 갖고 있는지를 평가한다.

④ 부모 하위체계에서는 부모가 적절한 부모기술을 가지고 있는지 확인한다.

⑤ 부모-자녀 하위체계에서는 자녀가 한쪽 부모를 배제한 채 다른 한쪽 부모와 지나치게 연합되어 있는지 검토한다.

✢16 가족 대상 실천에 있어 고려해야 할 개념들에 관한 설명으로 옳지 않은 것은?

① 정적 환류는 가족에서 일어나는 현재의 변화가 유지되거나 증폭되도록 한다.

② 가족규칙은 가족원으로서 지켜야 할 규칙으로 암묵적으로 형성되는 경우가 많다.

③ 1차 수준 사이버네틱스는 전문가는 중립적, 객관적인 입장을 견지한다고 본다.

④ 명확한 경계에서는 가족원 사이의 경계가 경직되어 상호작용이 원활하지 않다.

⑤ 가족신화는 가족의 구조와 기능을 유지하기 위한 수단으로 작용하기도 한다.

17 다음 사례에서 나타난 가족 문제는 무엇인가?

> 클라이언트 A씨는 딸은 공부도 잘하고 말도 잘 듣고 착하고 성실한데 아들은 노력도 하지 않고 게으르고 공부할 생각이 아예 없는 것도 같다며 부부 사이에 일어나는 크고 작은 말다툼은 모두 아들 문제에서 시작되는 것이라고 말했다.

① 폐쇄적 가족체계
② 희생양
③ 부모화
④ 의사소통의 역기능
⑤ 정서적 단절

18 가족을 사정하기 위한 차원으로 옳은 것을 모두 고른 것은?

> ㄱ. 문제에 대한 사정: 가족문제에 대한 가족원들의 생각의 차이가 어떠한가?
> ㄴ. 생태학적 사정: 가족원과 환경체계들 간의 경계는 어떠한가?
> ㄷ. 세대 간 사정: 해결되지 않은 세대 간 가족문제가 있는가?
> ㄹ. 가족 내부 사정: 가족 의사소통을 지배하는 규칙들이 있는가?

① ㄱ, ㄹ
② ㄴ, ㄷ
③ ㄱ, ㄴ, ㄹ
④ ㄴ, ㄷ, ㄹ
⑤ ㄱ, ㄴ, ㄷ, ㄹ

19 다음 중 생태도 작성방법에 대한 설명으로 옳지 않은 것은?

① 가족을 표현하는 원을 중앙에 그리고 클라이언트와 가족을 표시한다.
② 실선은 긍정적인 관계를 나타내며 선의 굵기가 굵어질수록 강한 관계를 표현한다.
③ 생태도 사용자는 생태도 작성 시 약어와 기호를 만들어낼 수 있다.
④ 가족과 환경체계의 관계는 한 가지 종류의 선으로 통일하여 표현한다.
⑤ 에너지의 직접적 흐름의 방향은 화살표로 나타낸다.

문제풀이 **TIP**

가족사정도구들에 대한 문제에서 각 사정도구에서 쓰이는 선이나 도형의 의미를 묻는 문제가 자주 출제되고 있기 때문에 잘 알아두어야 한다.

9장 가족 대상 실천기법

이 장에서는,

세대 간 가족치료, 구조적 가족치료, 경험적 가족치료, 전략적 가족치료, 해결중심모델 등 가족을 대상으로 한 다양한 실천기법을 공부한다. 각 기법의 이론적 특징이나 개념도 중요하지만, 각 모델에서 사용되는 기법의 종류를 파악하고 이를 사례에 접목시킬 수 있는가가 주요 기출유형이다. 이 장은 다양한 모델들이 두루두루 출제되는 만큼 사회복지실천기술론 중에서도 가장 출제율이 높은 장이므로 꼼꼼한 대비가 요구된다.

해답과 오답노트 114쪽

✛01 다음 사례에서 사회복지사가 고려해야 할 개입으로 적절하지 않은 것은?

> 엄마는 관계가 소원한 아빠 대신 딸에게 의지하는 모습을 보인다. 딸은 그런 엄마를 이해하면서도 엄마가 자신에게 의지하는 것을 부담스러워 한다.

① 제지하기
② 탈삼각화
③ 분화촉진
④ 경계 만들기
⑤ 합류하기

기출 STYLE

사례에서 나타난 개입기법을 확인하는 문제유형은 꼭 대비해야 한다. 개입기법의 방법을 알고 있는 것뿐만 아니라 해당 기법이 어떻게 활용되는지를 파악하고 있어야 하기 때문에 난이도가 높다.

✛02 가족 대상 실천에 있어 다음과 같은 사례에 우선적으로 적용해볼 만한 개입모델은?

> 다섯 살, 두 살 아이를 가진 부부는 맞벌이를 하고 있으며, 친정 엄마가 양육 및 집안일을 맡아주고 있다. 엄마와 딸은 양육방식의 문제로 부딪칠 때가 있는데, 엄마가 '네가 애들을 낳아나 봤지 키워보진 않아서 뭘 모른다'고 하면, 딸은 '엄마가 편하신대로 하시라'고 하는 대화가 반복된다고 한다.

① 이야기치료모델
② 다세대 가족치료모델
③ 해결중심모델
④ 전략적 가족치료모델
⑤ 경험적 가족치료모델

기출 STYLE

각 모델별 특징을 바탕으로 사례에서 적용된 치료모델을 찾아낼 수 있어야 한다.

✛03 사티어가 제시한 의사소통 유형에 관한 설명으로 옳은 것은?

① 계산형: 타인을 속이고 상황을 조작하여 자신에게 유리하게 만든다.

② 비난형: 자신만이 중요하기 때문에 상황도, 타인도 모두 무시한다.

③ 혼란형: 자신, 타인, 상황을 고려하지 못해 말과 행동이 어긋난다.

④ 일치형: 자신과 타인의 감정에만 몰두하여 상황을 고려하지 못한다.

⑤ 회유형: 상황을 회피하기 위해 농담을 던지며 분위기를 이끌어간다.

기출 STYLE

경험적 가족치료는 가족에게 적합한 경험을 제공함으로써 성장을 돕고자 한다는 점을 기억해두고, 특히 사티어가 가족 내 의사소통 문제에 주목하였으므로 사티어가 제시한 의사소통 유형도 종종 출제되고 있다.

✛05 해결중심모델에 대한 설명으로 옳지 않은 것은?

① 클라이언트의 강점을 발견하기 위해 장기적인 개입을 추구한다.

② 클라이언트에 대한 알지 못함의 자세를 기반으로 한다.

③ 한 사람의 변화를 통한 파문효과로 가족문제가 해결될 수 있다고 본다.

④ 문제가 발생하지 않은 예외상황을 발견하는 것을 강조한다.

⑤ 탈이론적이고, 비규범적인 모델로 클라이언트의 견해를 존중한다.

기출 STYLE

해결중심 가족치료모델에서는 비규범적, 탈이론적이라는 주요 특징과 함께 다양한 질문 기법에 대해 정리해두어야 한다.

✛04 전략적 가족모델에서의 개입기법 중 다음에서 설명하는 것은?

> 가족의 변화속도가 지나치게 빠를 때 가족의 변화가 조금 천천히 이루어질 수 있도록 하는 것으로 역설적 지시의 한 가지 기법이다.

① 시련　　　　　② 증상 활용

③ 재구조화　　　④ 긴장 고조시키기

⑤ 제지

기출 STYLE

전략적 가족치료모델에서는 특히 개입기법에 관한 문제가 자주 출제되었는데, 그 중에서도 치료적 이중구속의 개념과 역설적 개입기법들을 살펴봐야 한다.

06 가족 대상 사회복지실천에서 사회복지사의 행동으로 적절하지 않은 것은?

① 가족원들이 가족문제에 대해서 어떻게 생각하고 있는지를 파악한다.

② 문제를 더 깊게 이해할 수 있게 가족을 둘러싼 환경체계를 살펴본다.

③ 주눅이 든 가족원의 편을 들어 자신의 감정을 표현할 수 있게 한다.

④ 클라이언트의 말을 해석하여 다른 관점에서 문제를 볼 수 있게 한다.

⑤ 어느 한 가족원의 편을 들어 가족에 합류하여 신뢰관계를 형성한다.

✛07 해결중심 가족치료모델에서 사용하는 질문기법과 예시로 옳은 것은?

① 관계성 질문: "최근 남편과 싸우지 않고 잠에 든 날은 언제였나요?"

② 예외 질문: "지난 한 주 동안 남편과의 관계는 몇 점 정도일까요?

③ 기적 질문: "남편과 당신이 사이가 좋아지면 어머님은 어떤 말씀을 하실까요?"

④ 순환적 질문: "남편이 당신에게 짜증을 냈을 때 당신은 어떻게 반응했나요?"

⑤ 대처 질문: "그동안 남편과의 불편한 관계를 어떻게 견뎌 왔나요?"

09 사티어의 의사소통 유형 중 다음에 해당하는 것은?

> 자신의 욕구를 분명히 표현하지 못하며 희생적으로 행동하는 사람들이 이러한 의사소통 유형을 많이 사용한다. 상대방의 의견에 무조건 동의하고 자기 탓을 많이 하여 상대방에게 죄의식을 갖게 함으로써 상대방으로부터 거부되는 것을 방어한다.

① 일치형　　　　② 초이성형
③ 혼란형　　　　④ 비난형
⑤ 회유형

08 다음 사례에서 아내의 말을 통해 부부 간 대화를 살펴볼 때 적용하기에 적절한 가족치료모델은?

> 아내가 남편에게 이혼을 요구하면서 남편과 아내가 함께 상담실을 찾았다.
> 아내: 이 사람(남편)은 항상 저한테 '넌 생각을 왜 그런 식으로 하냐', '너만 잘하면 된다' 말을 그렇게 해요. 그럼 저도 욱해서 '니 탓이지, 내 탓이냐', '너 때문인 걸 너만 모른다' 서로 막말하다 싸움이 커지죠.

① 위기개입모델
② 경험적 가족치료모델
③ 다세대 가족치료모델
④ 이야기치료모델
⑤ 전략적 가족치료모델

10 다세대 가족치료의 주요 개념에 대한 설명으로 옳은 것은?

① 다세대 전수: 미분화된 가족원이 결혼으로 새로운 가족을 형성하면 자연스럽게 분화된다.

② 가족투사과정: 부부가 불안이 증가될 때 자신의 미분화된 정서문제를 자녀에게 투사한다.

③ 출생순위: 동일한 가족사건에 대해서 형제들마다 느끼고 경험하는 것은 모두 같다.

④ 탈삼각화: 부부 사이에서 발생한 갈등상황에 제3자인 아들을 끌어들여 문제를 해결한다.

⑤ 정서적 단절: 세대 간 정서적 융합이 심할수록 정서적 단절의 가능성은 낮아진다.

11 다음에서 설명하는 가족치료 개입기술은?

- 클라이언트 안에 내재된 문제를 밖으로 끌어내어 객관화시킴으로써 문제를 새로운 시각에서 바라보면서 가능성을 찾고자 하는 대화기법이다.
- 클라이언트가 "나를 좋아하는 사람은 아무도 없어요"라는 내재화된 부정적인 감정을 이야기할 때 사회복지사는 "'좋아하는 사람이 아무도 없다는 것'이 당신에게 어떤 의미를 갖나요?"라는 방식으로 질문하여 문제를 대상으로 볼 수 있게 해준다.

① 문제의 외현화
② 증상처방
③ 탈삼각화
④ 균형 깨뜨리기
⑤ 긍정적 의미부여

✤12 다양한 치료기법에 대한 설명으로 옳지 않은 것은?

① 균형 깨뜨리기: 가족 하위체계 간의 기능적인 균형을 깨뜨려 치료적 효과를 얻는다.
② 문제의 재구성: 가족성원의 문제를 다른 방법으로 이해하도록 돕는다.
③ 역할연습: 문제상황을 구체적으로 표현하고 변화가 필요한 행동을 연습할 때 사용한다.
④ 경계 만들기: 가족 하위체계 간에 경계가 너무 밀착되어 있으면 거리를 두도록 만든다.
⑤ 기적질문: 기적이 일어났을 때 달라질 수 있는 것들에 대해 대화하고 실제로 행해본다.

13 다음 사회복지사가 한 질문에 대한 설명으로 옳은 것은?

"오늘 면담을 하고 집으로 돌아가서 잠자리에 들었는데, 밤 사이에 놀라운 일들이 일어나서 염려했던 문제가 해결되었다고 상상해 봅시다. 아침에 눈을 떴을 때 지민씨가 고민하는 모든 문제가 해결되었다는 것을 어떻게 알 수 있을까요?"

① 클라이언트가 가족문제의 순환성을 인식할 수 있도록 한다.
② 자신의 문제의 정도, 변화에 대한 의지 등을 구체적인 숫자로 표현해보게 한다.
③ 문제가 해결되었을 때의 상황들이 실제로 일어날 수 있도록 이끈다.
④ 클라이언트가 문제 상황을 이겨낸 방식을 확인한다.
⑤ 성공했던 경험을 찾아내어 그 경험이 반복될 수 있도록 한다.

✤14 다음 대화에서 사회복지사가 사용한 개입기법은?

- 아내: 남편은 아이들 교육문제에 관심도 없어요. 맨날 자기 일이 힘들다, 집에서는 쉬고 싶다 그러기만 하고. 이번에도 첫째 아이 성적이 뚝 떨어져서 학원을 바꿔볼까 과외를 시켜야 하나 하는데 같이 좀 얘기하자고 했더니 그런 건 알아서 하라고 신경질을 내고 나가버리더라고요.
- 사회복지사: 그럼 여기서 그 문제에 대해 두 분이 이야기 나눠 보실까요?

① 합류하기
② 탈삼각화
③ 가족조각
④ 긴장 고조시키기
⑤ 실연

사회복지실천기술론

✦15 각 가족치료모델과 실천기법이 올바르게 짝지어진 것을 모두 고른 것은?

> ㄱ. 해결중심적 가족치료 – 척도질문, 기적질문
> ㄴ. 세대 간 가족치료 – 가족그림, 역할극
> ㄷ. 전략적 가족치료 – 역설적 개입, 시련기법
> ㄹ. 경험적 가족치료 – 실연, 합류하기

① ㄱ, ㄴ, ㄷ   ② ㄱ, ㄷ
③ ㄱ, ㄴ, ㄹ   ④ ㄷ, ㄹ
⑤ ㄱ, ㄴ, ㄷ, ㄹ

✦17 전략적 가족치료에 관한 설명으로 옳은 것은?

① 역설적 기법, 비지시적 기법을 통해 가족의 구조 및 기능에 개입한다.
② 가족 내 역기능적 의사소통 방식을 통해 가족의 병리성을 판단한다.
③ 문제의 원인을 명확히 파악함으로써 해결에 필요한 전략을 수립한다.
④ 문제가 심각한 가족일수록 변화를 성장의 기회로 인식하게 된다.
⑤ 가족이 치료자의 지시를 따르지 않아도 문제가 해결될 수 있다.

✦16 구조적 가족치료모델에 관한 설명으로 옳은 것을 모두 고른 것은?

> ㄱ. 가족이 적절한 기능을 수행할 수 있도록 현재 가족구조를 재구조화한다.
> ㄴ. 가족 내에 위계질서가 모호하면 가족문제가 발생할 수 있다고 본다.
> ㄷ. 개인의 행동은 빙산의 일각이라는 관점에서 빙산기법을 활용한다.
> ㄹ. 개입초기에는 가족의 상호작용을 살펴보고 그에 맞추어 합류한다.

① ㄱ, ㄴ   ② ㄷ, ㄹ
③ ㄱ, ㄴ, ㄹ   ④ ㄴ, ㄷ, ㄹ
⑤ ㄱ, ㄴ, ㄷ, ㄹ

18 다세대 가족치료모델에 관한 설명으로 옳은 것을 모두 고른 것은?

> ㄱ. 다세대 전수과정을 통해 삼각관계, 융합 등의 양상이 대를 이어 전개됨을 설명한다.
> ㄴ. 경계 만들기는 가족 내 하위체계 간 경계선이 모호할 때 이를 수정하기 위한 방법이다.
> ㄷ. 가계도 및 생태도를 작성하면서 여러 세대를 걸쳐 나타나는 가족체계의 문제를 살펴본다.
> ㄹ. 세대 간 정서적 융합이 극심한 경우 도피를 통해 문제를 해결하려고 하는 정서적 단절을 분석한다.

① ㄱ, ㄹ   ② ㄴ, ㄷ
③ ㄱ, ㄴ, ㄹ   ④ ㄴ, ㄷ, ㄹ
⑤ ㄱ, ㄴ, ㄷ, ㄹ

19 경험적 가족치료모델의 특징으로 옳지 않은 것은?

① 역기능적 의사소통의 교정

② 가족조각을 통한 가족 이해

③ 낮은 자아존중감의 회복

④ 하위체계 간 경계 만들기

⑤ 역할반전을 통한 행동 연습

✦20 구조적 가족치료모델에 따른 사회복지사의 개입으로 옳지 않은 것은?

① 균형 깨뜨리기: 의도적으로 어느 한 쪽 편을 들어 하위체계 사이의 역기능적 균형을 바로잡는다.

② 과제부여: 가족 사이에 자연스럽게 일어날 수 없는 행위를 실연해보도록 과제를 준다.

③ 실연: 가족의 갈등상황을 지금-여기 상담장소로 가져와 성원 간 상호작용을 확인한다.

④ 증상 활용: 가족원들에게 공통적으로 나타나는 증상을 다룸으로써 문제해결의 실마리를 찾는다.

⑤ 긴장 고조시키기: 가족원들이 의견 차이를 숨기려고 할 때 그 차이를 표현하게 한다.

21 이야기치료 모델에 관한 내용으로 옳은 것을 모두 고른 것은?

> ㄱ. 가족의 역기능을 수정하는 데에 초점을 둔다.
> ㄴ. 문제의 원인을 가족 내부에서 찾는다.
> ㄷ. 내담자의 잠재력 및 강점 개발에 주목한다.
> ㄹ. 문제의 외현화 기법을 활용한다.

① ㄱ, ㄴ   ② ㄷ, ㄹ

③ ㄱ, ㄷ   ④ ㄴ, ㄹ

⑤ ㄱ, ㄹ

22 해결중심모델에서의 목표설정에 관한 설명으로 옳지 않은 것은?

① 상담을 통해 클라이언트가 원하는 것을 확인한다.

② 클라이언트의 노력 그 차체가 성공의 시작이다.

③ 구체적이고 명확하고 행동적인 것으로 설정한다.

④ 문제를 완전히 없앨 수 있는 해결방법을 찾는다.

⑤ 쉽게 성취할 수 있는 작은 것에서 시작한다.

 문제풀이 TIP

해결중심모델에서는 클라이언트가 원하는 것, 할 수 있는 것, 현재와 다른 것 등에서 해결책을 찾는다는 점을 생각하면서 목표설정에 있어 어떤 원칙들을 제시하고 있는지를 살펴보자.

사회복지실천기술론

해답과 오답노트 117쪽

23 가족 대상 실천에 있어 사이버네틱스에 관한 설명으로 옳지 않은 것은?

① 베이트슨(Bateson)은 공학적 개념의 사이버네틱스를 가족치료에 도입하였다.

② 1차 사이버네틱스에서 치료자는 가족 내에서 객관적으로 가족을 관찰한다.

③ 1차 사이버네틱스에서 치료자는 가족 내부의 의사소통을 중립적으로 조절한다.

④ 2차 사이버네틱스에서는 치료자와 가족체계 사이에 상호작용이 발생한다.

⑤ 2차 사이버네틱스에서는 치료자는 관찰자인 동시에 관찰대상자가 된다.

24 가족실천 종결과정에서 사회복지사의 과업으로 옳은 것을 모두 고른 것은?

```
ㄱ. 개입목표의 달성 정도, 새로운 서비스 필요성의
   여부 등의 판단을 통해 종결시기를 결정한다.
ㄴ. 분리과정 동안 경험하는 정서적 반응을 클라이
   언트와 상호 해결한다.
ㄷ. 원조과정의 결과를 평가하고 개입의 효과성 및
   효율성을 측정한다.
ㄹ. 목표가 달성되지 않았을 경우에 한하여 새로운
   서비스를 의뢰한다.
```

① ㄱ, ㄴ, ㄷ   ② ㄱ, ㄷ

③ ㄱ, ㄴ, ㄹ   ④ ㄴ, ㄷ

⑤ ㄹ

25 구조적 가족치료모델을 적용할 수 있는 상황을 모두 고른 것은?

```
ㄱ. 부부체계가 지나치게 밀착되어 있어서 딸이 소
   외감을 느끼고 있다.
ㄴ. 아버지와 딸 사이가 좋지 않아 아들이 그 사이
   에서 중재역할을 한다.
ㄷ. 아버지와 어머니의 교육에 대한 관점이 달라
   딸이 혼란스러워한다.
ㄹ. 비난형 아버지와 회유형 어머니 사이에서 아들
   은 의사표현을 어려워한다.
```

① ㄱ, ㄴ, ㄷ   ② ㄱ, ㄴ, ㄹ

③ ㄱ, ㄷ, ㄹ   ④ ㄴ, ㄷ, ㄹ

⑤ ㄱ, ㄴ, ㄷ, ㄹ

✛26 전략적 가족치료모델의 역설적 지시에 관한 설명으로 옳은 것을 모두 고른 것은?

```
ㄱ. 빙산 기법을 기반으로 드러나지 않은 문제를
   살펴본다.
ㄴ. 가족들이 변화에 대한 두려움과 저항이 클 때
   유용하다.
ㄷ. 변화속도가 지나치게 빠를 때 제지기법을 활용
   한다.
ㄹ. 증상처방 기법을 통해 증상에 대한 통제력을
   갖도록 한다.
```

① ㄱ, ㄴ   ② ㄷ, ㄹ

③ ㄱ, ㄴ, ㄹ   ④ ㄴ, ㄷ, ㄹ

⑤ ㄱ, ㄴ, ㄷ, ㄹ

27 다음 중 전략적 가족치료 기법을 적용한 사례로 보기 어려운 것을 모두 고른 것은?

> ㄱ. 결혼 후 한 번도 밥을 차려본 적이 없다는 남편에게 이번 아내 생일에 직접 미역국을 끓여 이벤트를 해보라고 권유하였다.
> ㄴ. 양육방식이 너무 다름에도 자꾸 간섭하는 시어머니 때문에 고민하는 클라이언트에게 양육을 전부 시어머니에게 맡겨보자고 했다.
> ㄷ. 동생과 관심사가 너무 달라 점점 소원해졌다는 형에게 동생이 좋아하는 밴드의 콘서트에 같이 가보는 건 어떻겠냐고 제시했다.
> ㄹ. 부모님의 과잉보호로 위축된 자녀들을 따로 만나 각자 자신의 느낌과 생각을 자유롭게 이야기할 수 있는 시간을 주었다.

① ㄱ, ㄴ, ㄷ   ② ㄴ
③ ㄴ, ㄹ   ④ ㄹ
⑤ ㄱ, ㄹ

28 가족 대상 사회복지실천에 관한 설명으로 옳지 않은 것은?

① 접수 시 가족이 제시한 문제를 확인하고 의뢰 여부를 결정한다.
② 가족의 문제를 살펴보기 위해 가정방문을 실시하기도 한다.
③ 초기에는 말이 잘 통하는 특정 성원을 수용하여 가족에 합류한다.
④ 개입은 계획에 따라 실시하되 수정 또는 보완할 수 있어야 한다.
⑤ 종결 과정에서는 향후 진행될 사후관리에 대해 계획하고 설명한다.

29 해결중심모델에서 사회복지사와 클라이언트의 관계에 관한 설명으로 옳은 것을 모두 고른 것은?

> ㄱ. 고객형 클라이언트는 문제를 분명히 인식하고 자발적이며 적극적이다.
> ㄴ. 방문형 클라이언트에게는 클라이언트의 의사결정과 자율성을 존중해 주어야 한다.
> ㄷ. 불평형 클라이언트에게는 문제를 다른 관점에서 관찰하고 깊게 생각할 수 있는 과제가 효과적이다.
> ㄹ. 방문형 클라이언트는 문제의 원인이 자기 자신에게 있다고 생각한다.

① ㄱ, ㄴ, ㄷ   ② ㄱ, ㄷ
③ ㄴ, ㄷ, ㄹ   ④ ㄱ, ㄹ
⑤ ㄱ, ㄴ, ㄷ, ㄹ

30 다음 사례에서 사회복지사가 사용하고 있는 가족치료모델과 기법은?

> 최민기, 이현진 부부는 중학교 1학년, 초등학교 6학년인 두 형제의 사이가 지나치게 소원한 것이 걱정이라며 두 아이들을 데리고 방문했다. 사회복지사는 형제들이 좋아하는 것을 살펴보고 둘 다 좋아한다는 영화를 둘이 함께 보고 이야기나누는 시간을 갖도록 했다.

① 전략적 가족치료, 긴장 고조시키기
② 전략적 가족치료, 재구조화
③ 구조적 가족치료, 경계 만들기
④ 구조적 가족치료, 고된 체험
⑤ 경험적 가족치료, 의사소통의 교정

✚**31** 가족치료모델에 관한 설명으로 옳은 것은?

① 전략적 가족치료는 변화에 대한 저항이 큰 가족에 대해서도 적용할 수 있다.

② 경험적 가족치료에서는 역기능적 의사소통의 수정을 위해 역설적 지시를 실시한다.

③ 해결중심 가족치료에서는 문제가 해결된 상태를 가정하는 대처질문을 활용한다.

④ 구조적 가족치료에서는 개개인의 자아존중감 향상을 통해 가족을 재구조화한다.

⑤ 다세대 가족치료, 이야기치료, 해결중심치료 등은 사회구성주의 관점에 기초한다.

✚**32** 전략적 가족치료의 기법에 관한 설명으로 옳지 않은 것은?

① 증상처방 – 클라이언트에게 증상행동을 중단하도록 격려하는 지시나 과제를 주는 기법이다.

② 시련기법 – 클라이언트가 가진 증상보다 더 고된 체험을 하도록 과제를 주어 증상을 포기하도록 하는 기법이다.

③ 재정의 – 가족성원의 문제를 다른 관점에서 보거나 다른 방법으로 이해하도록 돕는 기법이다.

④ 순환적 질문 – 가족성원들이 문제에 대해 제한적인 시각에서 벗어나 문제의 순환성을 깨닫도록 돕기 위한 질문을 연속적으로 하는 기법이다.

⑤ 긍정적 의미부여 – 가족의 응집력을 향상시키고 치료에 대한 저항을 줄이기 위해 가족의 문제나 행동을 긍정적으로 재해석하는 기법이다.

집단 대상 실천기법

이 장에서는,

집단의 개념을 비롯하여 치료집단, 과업집단, 자조집단 등 집단의 유형, 집단사회복지 실천모델, 집단지도력, 집단역동성, 집단과정을 촉진하는 기술, 집단사회복지사의 역할, 집단사회복지실천의 원칙, 집단의 치료적 효과 등을 공부하는데 이 모두가 출제영역이다. 공부하는 내용도 많지만 모두 중요한 내용이기 때문에 그만큼 출제율도 높은 장이다.

해답과 오답노트 118쪽

✚01 집단유형별 특징에 관한 설명으로 옳지 않은 것은?

① 사회화집단은 사회적 기술 습득을 목적으로 한다.

② 지지집단은 비교적 유대감 형성이 잘 이루어진다.

③ 성장집단은 집단으로서의 성장에 초점을 둔다.

④ 교육집단은 전문가의 정보제공을 중심으로 한다.

⑤ 과업집단은 과업의 달성을 목표로 구성된다.

기출 STYLE

집단의 유형별 특성을 파악해두고, 각 집단별 사회복지사의 주된 역할을 살펴보고, 집단 프로그램을 구성하고자 할 때 어떤 유형의 집단으로 구성해야 하는지를 판단할 수 있어야 한다.

✚02 다음 사례에서 나타난 집단의 치료적 효과는?

사회복지사 김영진 씨는 생활시설에 근무하며 이용자들에게 필요한 지원을 제공하고 연계하는 일을 주로 해왔다. 김영진 씨는 자조모임에 참여하면서 이용자들이 '누구는 지원금을 얼마 주면서 나는 왜 요만큼 주냐', '누구는 학원도 보내주면서 나는 왜 안 보내주냐'고 하면, 피폐해지는 기분이 든다고 했다. 다른 사회복지사들도 저마다 비슷한 경험들이 있다고 말하며 '내 마음대로 주는 게 아닌데 어떤 때는 설명하기도 지친다'며 공감해주었다.

① 재경험 ② 보편성

③ 모델링 ④ 실존적 요인

⑤ 감정의 정화

기출 STYLE

집단의 치료적 효과는 희망주기, 보편성, 이타심, 사회기술 발달, 모방행동, 대인관계 학습, 정보습득 등 다양한 집단사회복지실천의 장점이 무엇인가와 관련하여 파악할 수 있다.

✢03 집단역동에 관한 설명으로 옳지 않은 것은?

① 집단역동은 집단의 활동과 발전에 항상 긍정적인 영향을 미친다.

② 개별 성원의 목적과 집단의 목적이 일치할수록 집단역동이 증진된다.

③ 성원들에게 다양한 지위를 부여함으로써 집단역동을 증진시킬 수 있다.

④ 자유로운 의사소통과 상호작용을 통해 집단역동이 증진될 수 있다.

⑤ 집단응집력, 집단규범, 집단문화 등은 집단역동성에 영향을 준다.

기출 STYLE

집단역동성의 개념을 이해하고 집단역동을 구성하는 요소 및 집단역동을 증진시키기 위한 방안 등에 대해 생각해보자.

✢05 집단 프로그램의 중간과정에서 성원들의 참여를 촉진하기 위한 사회복지사의 활동으로 옳지 않은 것은?

① 집단이 특정 목적을 달성할 수 있도록 집단을 이끌어나간다.

② 특정 성원의 행동에 대해 선별적으로 반응하여 그 행동을 강화한다.

③ 집단성원들이 서로 의견과 감정 등을 나눌 수 있도록 지지한다.

④ 중요한 문제에 집중할 수 있도록 관련 없는 의사소통을 감소시킨다.

⑤ 성원들 간의 의사소통보다 사회복지사와의 의사소통에 주력한다.

기출 STYLE

집단성원의 참여를 촉진시키기 위해 사회복지사에게 요구되는 다양한 기술들을 살펴보자.

✢04 집단 대상 실천에서 공동지도력이 갖는 장점으로 옳은 것은?

① 지도자 간 의사소통이 원활하지 않으면 집단에 혼란이 생길 수 있다.

② 지도자를 중심으로 하위집단이 조직되어 집단활동이 활성화될 수 있다.

③ 지도자 간 슈퍼비전을 통해 상호간에 정서적 지지를 얻을 수 있다.

④ 지도자 간의 갈등이 해결되지 못하면 집단 내 갈등으로 번질 수 있다.

⑤ 지도자 간 가치가 일치하지 않으면 서로 다른 목적을 추구할 수 있다.

기출 STYLE

공동지도력의 장점과 단점에 대해 정리해두어야 한다.

06 집단 대상 사회복지실천 접근방법 중 사회적 목표모델에 해당하는 것은?

① 개인의 치료에 목적을 두기 때문에 집단은 목적달성을 위한 수단이 된다.

② 개인과 집단의 공생적 관계를 통해 집단성원의 욕구와 문제를 해결한다.

③ 사회복지사는 주로 전문적인 변화매개인으로서의 역할을 수행한다.

④ 인보관운동의 영향을 받은 모델로 민주적 집단 과정을 중요시한다.

⑤ 사회복지사는 집단에 대한 통제권을 구성원들과 공유한다.

07 집단사회복지실천에서 사회복지사의 활동에 관한 설명으로 옳지 않은 것은?

① 조력자, 중개자, 중재자, 옹호자, 교육자 등 다양한 역할을 수행하게 된다.

② 공동지도력을 활용할 때에는 하위집단 형성에 따른 갈등이 심화되지 않도록 유의한다.

③ 성원 간 상호작용을 촉진시켜 집단응집력이 향상될 수 있도록 한다.

④ 재구성, 지시, 조언, 직면, 모델링 등 다양한 행동기술을 적절하게 활용한다.

⑤ 자유의지에 따른 참여를 강조하기 때문에 침묵하는 성원에 대해 개입하지 않는다.

08 과업달성을 목적으로 하기보다 개별성원의 심리사회적 욕구 충족을 목적으로 하는 집단지도자의 역할에 관한 설명으로 옳은 것을 모두 고른 것은?

> ㄱ. 모든 성원이 집단과정에 참여할 수 있도록 참여를 촉진한다.
> ㄴ. 개별성원들의 부정적 감정을 표현하도록 안전감을 제공한다.
> ㄷ. 성원들이 자기개방을 할 수 있도록 격려한다.
> ㄹ. 성원들이 제시한 아이디어와 의견을 분석한다.

① ㄱ, ㄴ, ㄷ   ② ㄱ, ㄷ
③ ㄱ, ㄴ, ㄹ   ④ ㄴ, ㄹ
⑤ ㄴ, ㄷ, ㄹ

문제풀이 TIP

과업달성을 목적으로 하는 집단보다 개별성원의 심리사회적 욕구 충족을 목적으로 하는 집단은 지지집단이다.

09 비슷한 문제를 경험한 사람들로 구성되어 쉽게 유대감이 형성되는 집단으로, 상호원조를 통해 대처기술을 형성하도록 돕는 집단 유형은?

① 성장집단   ② 지지집단
③ 과업집단   ④ 사회화집단
⑤ 교육집단

10 집단응집력을 방해하는 요소로 보기 어려운 것은?

① 불규칙적인 출석
② 사회복지사에 대한 지나친 의존
③ 특정 성원의 지배력
④ 수동적 상호작용
⑤ 하위집단의 형성

11 집단사회복지 실천모델과 그 사례가 적절하지 않은 것은?

① 사회적 목표모델 – 청소년 유해환경 감시단
② 사회적 목표모델 – 지역사회 환경 감시단
③ 상호작용모델 – 장애아동부모 모임
④ 치료모델 – 정신장애인 사회복귀 모임
⑤ 치료모델 – 우울증 치료모델

✤**12** 집단의 치료적 효과에 대한 설명으로 바르지 않은 것은?

① 보편성: 자신과 비슷한 문제가 있는 다른 성원을 보면서 위안을 받는다.

② 이타심: 집단과정에서 자신도 누군가를 도울 수 있음을 발견한다.

③ 대인관계 학습: 집단성원과 사회복지사는 새로운 행동을 배우는 데 좋은 모델이 된다.

④ 감정의 정화: 집단에서 성원들은 그동안 억압되었던 감정을 자유롭게 발산할 수 있다.

⑤ 실존적 요인들: 집단경험을 통해 인생의 궁극적인 책임은 자신에게 있다는 것을 배운다.

✤**13** 집단사회복지실천의 원칙에 관한 설명으로 옳은 것을 모두 고른 것은?

> ㄱ. 집단 성원의 자기노출 수준을 적절히 조정할 수 있어야 한다.
> ㄴ. 집단 성원의 개인적인 욕구가 드러나지 않게 제지한다.
> ㄷ. 한번에 너무 많은 피드백이 제공되지 않도록 한다.
> ㄹ. 집단의 규칙은 사회복지사가 단독으로 제시해야 한다.

① ㄱ, ㄴ, ㄷ   ② ㄱ, ㄷ
③ ㄱ, ㄴ, ㄹ   ④ ㄴ, ㄹ
⑤ ㄱ, ㄴ, ㄷ, ㄹ

14 집단 사회복지실천에서 사회복지사의 역할에 관한 설명으로 옳은 것은?

① 집단성원의 일탈 행동 방지를 위해 개입 전 집단규칙을 세워 고지한 후 계약해야 한다.

② 집단 초기 과정에서는 긴장과 갈등이 일어나지 않도록 직면 기술을 통해 참여를 촉진한다.

③ 집단성원의 자기개방 촉진을 위해 사회복지사가 자신의 경험이나 생각을 드러내기도 한다.

④ 집단활동이 지속되면서 각 성원에게 부여된 역할과 지위가 고정되도록 신경써야 한다.

⑤ 집단 성원들의 목표달성을 조력하는 동시에 지역사회 자원을 활용할 수 있도록 원조한다.

15 각 집단별 사회복지사의 역할로 적절하지 않은 것을 모두 고른 것은?

> ㄱ. 예비부모 교육 프로그램 – 부모역할 교육에 관한 전문가 초빙
> ㄴ. 암환자 가족 프로그램 – 불안감, 무력감, 우울감 등에 대한 심리적 지지
> ㄷ. PTSD 치유 프로그램 – 개별 성원의 증상 완화를 위한 옹호
> ㄹ. 중학생 사회성 향상 프로그램 – 다양한 공부법에 대한 정보제공

① ㄱ, ㄴ   ② ㄷ, ㄹ
③ ㄱ, ㄴ, ㄷ   ④ ㄴ, ㄷ, ㄹ
⑤ ㄱ, ㄴ, ㄷ, ㄹ

✛16 집단 대상 사회복지실천에서 하위집단에 대한 설명으로 옳은 것을 모두 고른 것은?

> ㄱ. 하위집단의 형성을 사정하기 위해 소시오그램을 활용할 수 있다.
> ㄴ. 하위집단은 성원들의 참여 촉진을 위해 사회복지사의 의도에 따라 구성한다.
> ㄷ. 하위집단의 형성 및 성격 등에 대한 사회복지사의 관찰이 필요하다.
> ㄹ. 하위집단 간 갈등이 심화되면 중도 탈락으로 이어질 수 있음을 주의해야 한다.

① ㄱ, ㄴ   ② ㄴ, ㄷ
③ ㄷ, ㄹ   ④ ㄱ, ㄴ, ㄷ
⑤ ㄱ, ㄷ, ㄹ

17 성장집단에 관한 설명으로 옳지 않은 것은?

① 병리적인 부분을 치료하기보다 심리사회적인 건강에 초점이 있다.
② 사회복지사는 전문가, 권위 있는 인물 또는 변화매개인으로서 역할한다.
③ 성원들은 각자의 잠재력을 발전시키면서 집단결속력을 강화한다.
④ 성원들은 집단활동을 경험하면서 자신의 잠재력을 최대한 발휘하는 데에 목적이 있다.
⑤ 예비부부를 위한 참만남집단, 은퇴 후 노년의 삶으로 초점을 옮기려는 집단 등이 있다.

18 집단사회복지실천을 실시하기에 적절하지 않은 경우는?

① 자살 충동이 높은 우울증 환자들의 모임
② 알코올중독 환자의 단주를 위한 모임
③ 결혼을 준비하고 있는 예비 신혼부부 모임
④ 장애 형제자매를 두고 있는 사람들의 모임
⑤ 가정폭력 피해자들의 자존감 향상을 위한 모임

✛19 자조모임의 특징으로 옳지 않은 것은?

① 유사한 경험, 문제 등을 중심으로 구성된다.
② 성원들의 자기개방성이 높게 나타난다.
③ 치료적 차원에서 구성되기도 한다.
④ 사회복지사의 역량에 따라 성과가 좌우된다.
⑤ 상호지지를 통해 긍정적 변화를 도모한다.

20 과업집단(task group)의 특징으로 옳은 것을 모두 고른 것은?

> ㄱ. 자기개방 수준이 높은 편이다.
> ㄴ. 계획, 산출, 성과가 강조된다.
> ㄷ. 정신적 치료를 목적으로 한다.
> ㄹ. 기관의 위원회 등이 해당한다.

① ㄱ, ㄴ, ㄹ   ② ㄴ, ㄷ, ㄹ
③ ㄱ, ㄴ   ④ ㄴ, ㄹ
⑤ ㄷ, ㄹ

사회복지실천기술론

✦21 집단사회복지실천에 있어 상호작용모델에 관한 설명으로 옳은 것은?

① 민주주의와 지역사회의 정의에 관심을 두고 시민의 역량을 개발한다.

② 집단 내 상호작용을 활용하여 개별성원의 역기능을 변화시켜 나간다.

③ 개별성원과 집단의 공생적 관계에 초점을 두어 상호원조체계를 구축한다.

④ 집단이 사회변화를 이끌어나갈 수 있는 힘을 가지고 있다고 전제한다.

⑤ 사회복지사는 지시적이고 계획적이며 목표지향적인 활동을 진행한다.

22 집단 프로그램에서 사회복지사의 과업으로 옳지 않은 것은?

① 초기단계에는 집단의 목적과 성원들의 역할을 설명한다.

② 성원들이 자유롭게 자신의 생각을 말할 수 있는 분위기를 조성한다.

③ 집단 활동의 진행 과정에서는 성원들의 목표달성 상황을 확인해야 한다.

④ 중재자로서 성원들 간에 일어난 갈등에 중립적으로 개입한다.

⑤ 모든 집단 성원에 대해 항상 일관된 반응을 보여야 한다.

✦23 집단역동에 관한 설명으로 옳지 않은 것은?

① 집단응집력이 높다고 해서 목표달성에 효과적인 것은 아니다.

② 집단문화는 집단성원들의 동질성이 높을 때 빠르게 형성된다.

③ 집단규범은 기능적일 수도 있지만 역기능적일 수도 있다.

④ 폐쇄집단이 집단응집력이 높으면 집단사고가 나타날 수 있다.

⑤ 집단의 목적은 집단의 규모와 구성에 영향을 미친다.

✦24 집단의 유형별 특징에 관한 설명으로 옳은 것을 모두 고른 것은?

> ㄱ. 교육집단은 성원들의 자기개방을 바탕으로 지식과 정보를 습득한다.
> ㄴ. 치료집단은 다소 심한 정서적 문제를 가진 성원들로 구성되는 경우가 많다.
> ㄷ. 사회화집단은 사회적 기술의 습득을 원조하는 데에 초점을 둔다.
> ㄹ. 성장집단은 개인의 성장을 이끌어내기 위한 도구로서의 의미가 크다.

① ㄱ, ㄹ   ② ㄴ, ㄷ

③ ㄱ, ㄴ, ㄹ   ④ ㄴ, ㄷ, ㄹ

⑤ ㄱ, ㄴ, ㄷ, ㄹ

25 장 이론(Field theory)에 관한 설명으로 옳은 것을 모두 고른 것은?

> ㄱ. 인간의 행동에는 원인이 되는 과거의 사건이 존재한다고 본다.
> ㄴ. 상황의 여러 영역들이 서로 배타적인 것이 아니라고 본다.
> ㄷ. 장은 서로 상호의존적이고 공존하고 있는 모든 사실들의 통합을 가리킨다.
> ㄹ. 체계이론으로 가족을 설명하고자 한 이론이다.

① ㄱ, ㄴ, ㄷ   ② ㄴ, ㄷ, ㄹ
③ ㄴ, ㄹ   ④ ㄱ, ㄹ
⑤ ㄴ, ㄷ

26 다음을 통해 알 수 있는 집단의 치료적 효과는 무엇인가?

> 송윤지 씨(26세, 여)는 집단상담에 참여하기 전 주변 사람들의 말에 위축되고 미움 받게 될 것에 대한 두려움과 불안감이 크다고 했었다. 집단을 종결하며 다음과 같은 소감을 남겼다.
> "여기 참여하기 전에는 외로움도 많고 불안감도 높았는데, 집단에서 위로와 지지를 받으며 힘을 얻었어요. 프로그램이 끝난다고 생각하니 다시 불안감도 생기지만 결국 삶의 주인은 저 자신이라는 것을 알았어요. 그래서 이제부터 "맏딸답게, 여자답게"라는 주변 사람들의 말에 너무 흔들리지 않고 자기주장을 하며 나답게 살아보려고 해요."

① 1차 가족집단의 교정적 재현
② 모방행동
③ 보편성
④ 이타심
⑤ 실존적 요인

27 집단지도자의 역할에 관한 설명으로 옳지 않은 것은?

① 조력자 – 성원들이 자신의 장점과 자원을 발견하고 이를 활성화시킬 수 있도록 원조한다.
② 중개자 – 성원들 간에 갈등이 일어났거나 조직 간에 분쟁이 발생했을 경우 원조한다.
③ 중재자 – 대립하는 두 체계가 합의나 타협점을 찾을 수 있도록 의사소통이 이루어지게 한다.
④ 옹호자 – 특정 서비스에 클라이언트가 거부 당하게 될 때 서비스를 확보하고 원조한다.
⑤ 교육자 – 클라이언트가 특정 상황에 대처하는 데 필요한 새로운 지식과 기술을 제공한다.

28 집단사회복지실천에 있어 고려해야 할 사항으로 적절하지 않은 것은?

① 집단규범은 사회복지사와 집단성원들이 논의하여 정할 수 있도록 한다.
② 집단을 구성함에 있어 클라이언트의 자발적 참여를 전제로 해야 한다.
③ 집단에서 사회복지사가 수행하게 되는 역할이 무엇인지를 성원들에게 설명한다.
④ 집단의 활동이 민주적 절차를 통해 결정될 수 있도록 한다.
⑤ 하위집단이 집단의 목표성취에 방해가 되지 않도록 주의를 기울여야 한다.

집단발달단계

해답과 오답노트 122쪽

✛01 집단사회복지실천의 준비단계에서 고려할 사항으로 옳지 않은 것은?

① 구체적인 활동 프로그램을 고려하여 집단의 크기를 결정한다.

② 자기노출이 필수적인 집단은 폐쇄형 집단으로 구성하는 것이 바람직하다.

③ 개방형 집단으로 구성하면 집단발달단계를 계획대로 이끌어갈 수 있다.

④ 집단 활동에서 다양한 의견이 중요할 때에는 이질성을 우선 고려한다.

⑤ 집단 응집력이 중요한 경우 유사성이 높은 성원들로 구성한다.

기출 STYLE

이 장에서 가장 출제율이 높은 단계가 구성단계(준비단계)이다. 폐쇄집단과 개방집단의 성격을 파악하여 적용할 수 있어야 하고, 구성원들의 동질성과 이질성이 균형을 이룰 수 있도록 해야 하며, 목적 설정에 있어 구성원의 의견이 반영되어야 하고 동의가 필요하다는 점을 기억해두자. 또한 집단의 크기나 자원환경 준비, 집단의 지속기간 등도 고려해야 할 사항이다.

✛02 집단발달단계의 각 단계별 과업으로 옳지 않은 것은?

① 준비단계: 집단의 목적을 설정하고 잠재적 성원을 확인한다.

② 초기단계: 집단의 회합빈도 및 종결일시 등을 정한다.

③ 사정단계: 소시오그램을 통해 집단성원 간 관계를 살펴본다.

④ 중간단계: 각 회기마다 진행될 활동을 준비한다.

⑤ 종결단계: 의존도가 높은 성원의 독립성을 촉진한다.

기출 STYLE

각 단계별로 사회복지사가 수행해야 할 과업 내지는 역할을 확인하는 문제가 출제되곤 한다.

✛03 소시오그램을 통해 알 수 있는 정보를 모두 고른 것은?

> ㄱ. 집단 내 하위집단의 형성
> ㄴ. 성원 간 의사소통의 빈도
> ㄷ. 성원과 환경체계의 관계
> ㄹ. 성원 간 결속력 및 친밀도

① ㄱ, ㄹ

② ㄴ, ㄷ

③ ㄱ, ㄴ, ㄹ

④ ㄴ, ㄷ, ㄹ

⑤ ㄱ, ㄴ, ㄷ, ㄹ

기출 STYLE

소시오그램, 의의차별척도, 소시오메트리 등 집단을 사정하는 도구에 관한 문제도 줄곧 등장하고 있다. 이러한 도구들을 통해 파악할 수 있는 내용을 중심으로 어떻게 활용할 수 있는지를 살펴보아야 한다.

✛04 집단 종결단계의 과업으로 옳은 것을 모두 고른 것은?

> ㄱ. 종결에 대한 감정 다루기
> ㄴ. 진행과정을 모니터링하기
> ㄷ. 성취된 변화를 일반화하기
> ㄹ. 집단 응집력 향상시키기

① ㄱ, ㄷ

② ㄴ, ㄹ

③ ㄱ, ㄴ, ㄷ

④ ㄴ, ㄷ, ㄹ

⑤ ㄱ, ㄴ, ㄷ, ㄹ

05 집단발달에 관한 설명으로 옳지 않은 것은?

① 모든 집단은 순차적으로 진행된다.

② 집단의 구성이나 여러 가지 요인들에 의해 영향을 받는다.

③ 폐쇄집단은 비교적 집단발달단계를 예측하기 쉽다.

④ 집단발달단계를 구분하고 각 단계의 성격을 규정하는 것은 학자에 따라서 차이가 있다.

⑤ 일반적인 발달단계를 따르지만 이전 단계로 역행할 수도 있다.

06 집단의 종결단계에서 집단의 변화노력을 유지하고 일반화할 수 있도록 원조하는 방법으로 적절하지 않은 것은?

① 집단에서의 성공적인 경험을 집단 외부에 적용하게 한다.

② 긍정적인 결과보다는 아직 해결되지 않은 문제에 초점을 두어 자만심을 갖지 않도록 한다.

③ 예측되는 장애물들을 점검하고 이에 대비하게 한다.

④ 추후 모임이나 사후관리를 실시한다.

⑤ 그동안 성취한 것들을 다시 확인시켜 주어 자신감을 향상시킨다.

07 집단사회복지실천에서 중간단계의 원조 방법에 대한 설명으로 옳지 않은 것은?

① 대인관계의 변화에 초점을 두어 역할극이나 모델관찰을 통한 학습을 한다.

② 집단의 규범, 역할, 지위, 위계구조에 대한 통제 등 집단 전체에 대한 개입을 한다.

③ 개인 내적 수준의 개입은 보류하고 집단의 과정에 초점을 맞추는 것이 중요하다.

④ 필요하다면 자원의 연결이나 기관 간 연계망 형성을 위한 개입도 한다.

⑤ 지역사회의 인식 증진을 위한 환경수준의 개입도 병행할 수 있다.

08 인터넷에 중독된 아동을 위한 집단을 구성할 때 사회복지사가 고려해야 할 사항으로 옳은 것을 모두 고른 것은?

> ㄱ. 아동과 상호작용이 매우 중요하므로 일렬로 앉기보다는 둥그랗게 둘러앉도록 한다.
> ㄴ. 치료집단의 특성상 집단의 정원은 20~25명 정도로 구성한다.
> ㄷ. 폐쇄집단으로 구성하여 회기에 집중도를 높인다.
> ㄹ. 주 1회 오전에 모임을 갖고 아동의 기능수준을 고려해 회기 시간은 2시간으로 운영한다.

① ㄱ, ㄴ, ㄷ   ② ㄱ, ㄷ
③ ㄱ, ㄴ, ㄹ   ④ ㄷ, ㄹ
⑤ ㄱ, ㄴ, ㄷ, ㄹ

✛09 집단회기를 마무리할 때 적절하지 않은 것은?

① 회기 중에 느꼈던 감정들을 나누는 시간을 갖는다.

② 회기 중에 제시된 문제를 모두 다루고 종료해야 한다.

③ 집단활동에 방해가 되었던 상황들과 관련 규칙들을 짚어본다.

④ 습득한 행동을 실제 생활에 어떻게 적용해볼지 이야기 나눈다.

⑤ 다음 회기에 다룰 문제와 진행될 활동들을 소개한다.

10 집단 구성과 관련하여 옳지 않은 설명은?

① 가정폭력 피해자 쉼터 같이 입퇴소에 따라 집단 참여가 시작 또는 종료되는 경우에는 개방집단으로 구성하게 된다.

② 위기상황에 놓인 클라이언트를 위해서는 공감대 형성이 충분히 이루어질 수 있도록 폐쇄집단으로 구성하는 것이 좋다.

③ 심리치료집단과 같이 집단 성원들의 변화를 단계적으로 살펴봐야 하는 경우에는 폐쇄집단으로 구성하는 것이 더 적절하다.

④ 집단의 크기를 결정할 때에는 구성원들이 충분히 만족할 만한 상호작용이 일어날 수 있는지를 고려해야 한다.

⑤ 집단 구성원의 동질성이 높으면 상호 간 관심도가 높게 나타나는 반면 새로운 배움을 얻기에는 다소 어려울 수 있다.

11 집단프로그램 진행 중 사회복지사의 개인 사정에 의해 집단구성원과 이별하게 되었다. 이 때 사회복지사의 과업으로 옳지 않은 것은?

① 사회복지사가 떠난 이후에 집단을 운영할 수 있는 다른 지도자를 고려한다.

② 집단성원에게 집단이 종결될 수 있음을 미리 알린다.

③ 집단 종결에 대한 성원들의 감정을 충분히 공유하고 솔직하게 토론해 보도록 한다.

④ 새로운 사회복지사가 새 프로그램을 구성할 수 있도록 이전의 프로그램은 바로 종결한다.

⑤ 마무리해야 하는 일들을 수행하고 남아 있는 문제와 목표들을 재점검한다.

12 집단사회복지실천에서 초기단계에 관한 설명으로 옳은 것을 모두 고른 것은?

> ㄱ. 집단 성원들이 서로에 대해 탐색하는 단계이다.
> ㄴ. 집단규칙을 설정하고 활동에 대한 계약을 진행한다.
> ㄷ. 집단 성원들은 불안과 저항감을 보일 수도 있다.
> ㄹ. 성원들이 달성한 변화를 확인하고 유지될 수 있도록 한다.

① ㄱ, ㄴ, ㄷ　　　　② ㄴ, ㄷ, ㄹ
③ ㄱ, ㄴ　　　　　　④ ㄴ, ㄷ
⑤ ㄹ

✛**13** 집단 구성단계에서 고려할 사항으로 옳지 않은 것은?

① 집단의 목적, 크기, 활동사항 등에 따라 공동지도자의 참여를 고려한다.

② 잠재적 성원들의 특성을 고려하여 집단활동을 진행할 공간을 선정한다.

③ 집단의 크기는 최대 5명에서 최대 10명을 넘어서는 안 된다.

④ 단기 이용자가 많은 시설의 집단 프로그램은 대체로 개방집단으로 운영한다.

⑤ 다양한 경험을 나눌 필요가 있을 때에는 이질성에 더 무게를 둔다.

14 집단사회복지실천에 관한 설명으로 옳지 않은 것은?

① 집단성원을 선발할 때에는 연령, 성별, 사회문화적 요소 등의 다양성을 고려한다.

② 사전면접을 통해 참여자와 관계를 형성하며 개별적인 관심사를 파악하도록 한다.

③ 참여자들이 개입과정 중 자연스럽게 자신의 역할을 인식할 수 있도록 해야 한다.

④ 전체 집단에 대한 사정을 통해 집단의 규범, 행동양식 등을 파악하도록 한다.

⑤ 종결에 다다랐을 때에는 추가적인 개입이 필요한 사항을 살펴보도록 한다.

15 다음 중 노튼이 제시한 집단발달단계의 특징을 발달단계의 순서대로 나열한 것은?

> ㄱ. 집단에 대한 의존성을 줄인다.
> ㄴ. 하위집단이 형성되고 통제기제가 발생한다.
> ㄷ. 집단성원 간의 불안과 긴장이 가장 높은 단계이다.
> ㄹ. 목적에 대해 일치성이 높다.

① ㄱ-ㄴ-ㄷ-ㄹ   ② ㄷ-ㄱ-ㄹ-ㄴ
③ ㄴ-ㄷ-ㄹ-ㄱ   ④ ㄷ-ㄴ-ㄹ-ㄱ
⑤ ㄹ-ㄴ-ㄷ-ㄱ

문제풀이 TIP

노튼의 집단발달단계의 순서는 준비단계-오리엔테이션단계-탐색과 시험단계-문제해결단계-종료단계이다.

✦16 A복지관에서는 교우관계에 어려움을 호소하는 아동들을 대상으로 사회성 향상 집단프로그램을 실시하고자 한다. 이때 프로그램의 과정을 순서대로 나열한 것은?

> ㄱ. 개개인의 참여동기를 확인하고 목표를 설정한다.
> ㄴ. 초빙한 전문가와 함께 자기표현 훈련을 진행한다.
> ㄷ. 참여자들의 만족도 및 목표달성도를 확인한다.
> ㄹ. 집단 활동에 적합한 장소를 찾아본다.
> ㅁ. 개별 성원의 성격과 특징, 장단점 등을 살펴본다.

① ㄱ-ㄷ-ㄹ-ㅁ-ㄴ
② ㄱ-ㅁ-ㄹ-ㄴ-ㄷ
③ ㄷ-ㄹ-ㄱ-ㅁ-ㄴ
④ ㄹ-ㄱ-ㅁ-ㄴ-ㄷ
⑤ ㅁ-ㄹ-ㄱ-ㄷ-ㄴ

17 집단 프로그램에 참여하게 될 클라이언트를 모집할 때에 고려해야 할 사항을 모두 고른 것은?

> ㄱ. 집단 목적과의 적합성
> ㄴ. 프로그램 홍보 방법
> ㄷ. 집단의 크기
> ㄹ. 효과성 평가 방법

① ㄱ, ㄷ   ② ㄴ, ㄹ
③ ㄱ, ㄴ, ㄷ   ④ ㄱ, ㄷ, ㄹ
⑤ ㄴ, ㄷ, ㄹ

18 집단사회복지실천에서 개입단계의 과업으로 옳지 않은 것은?

① 집단을 구조화한다.
② 저항하는 성원을 독려한다.
③ 개별 성원의 활동을 격려한다.
④ 모니터링을 통해 피드백을 한다.
⑤ 집단목적과 성원의 적합성을 파악한다.

19 다음에 제시된 과업들 중 수행 단계가 다른 하나는?

① 집단 참여에 대한 동기를 부여한다.
② 성원들 간 상호원조를 격려한다.
③ 회기별 프로그램 활동을 준비한다.
④ 회기마다 과제를 제시한다.
⑤ 개별 성원의 행동과 감정을 파악한다.

✛**20** 집단 사정단계에 관한 설명으로 옳은 것은?

① 전체집단을 사정할 때에는 개별성원의 역기능적 행동패턴을 파악한다.

② 개별성원에 대한 사정에 있어서는 단점보다는 장점을 파악해야 한다.

③ 중간단계에서 진행한 사정 결과에 따라 활동계획을 수정하면 안 된다.

④ 한 성원의 동료성원들에 대한 생각을 의의차별척도를 통해 알 수 있다.

⑤ 소시오메트리를 통해 회기 중에 나타나는 성원 간 상호작용 빈도를 살펴본다.

✛**21** 집단사정도구에 관한 설명으로 옳은 것을 모두 고른 것은?

ㄱ. 소시오메트리: 성원 간의 상호작용 빈도를 기록한다.
ㄴ. 상호작용차트: 성원 간에 나타나는 의사소통 유형을 알 수 있다.
ㄷ. 의의차별척도: 한 성원이 다른 성원들에 대해 느끼는 호감도를 파악한다.
ㄹ. 소시오그램: 관계의 유형 및 방향을 토대로 하위집단의 유무를 파악할 수 있다.

---

① ㄱ, ㄴ, ㄷ   ② ㄴ, ㄷ, ㄹ
③ ㄱ, ㄷ   ④ ㄴ, ㄹ
⑤ ㄹ

12장 사회복지실천 기록

이 장에서는,

과정기록, 요약기록, 문제중심기록, 이야기체기록 등의 주요 특징을 이해하고, 기록의 목적 및 기록에 있어서의 유의사항 등에 초점을 두어 정리하자. 기록에 관한 문제는 실천론, 기술론 어디서든 출제될 수 있다.

해답과 오답노트 124쪽

✦01 사회복지실천 기록에 관한 설명으로 옳은 것을 모두 고른 것은?

> ㄱ. 요약기록에서는 개입 내용과 과정을 파악하기 어렵다.
> ㄴ. 과정기록에서는 사회복지사의 의견을 함께 작성한다.
> ㄷ. 문제중심기록은 서비스 제공자 간 정보교환에 용이하다.
> ㄹ. 이야기체기록은 기록자의 역량에 따라 기록의 질이 달라진다.

① ㄱ, ㄷ
② ㄴ, ㄹ
③ ㄱ, ㄴ, ㄷ
④ ㄴ, ㄷ, ㄹ
⑤ ㄱ, ㄴ, ㄷ, ㄹ

기출 STYLE

이전에는 과정중심 기록의 특징을 파악하는 문제가 주로 출제되었지만, 최근에는 문제중심기록, 요약기록 등 여러 기록 방식들이 돌아가며 출제되고 있으므로 다양한 기록 방식의 특징들과 장단점을 파악해두어야 한다.

✦02 사회복지실천 기록에 관한 설명으로 옳지 않은 것은?

① 사회복지실천 기록은 사회복지사의 윤리적 실천의 근거가 된다.
② 클라이언트에 대한 느낌을 있는 그대로 주관적으로 작성한다.
③ 클라이언트 및 다른 분야의 전문가가 알아보기 쉽게 작성한다.
④ 좋은 기록을 위해서는 클라이언트의 관점을 배제해서는 안 된다.
⑤ 제3자에게 공개할 때에는 클라이언트의 동의를 얻어야 한다.

기출 STYLE

기록의 목적 및 용도에 대해서도 종종 출제되곤 한다. 기초적인 내용을 다루기 때문에 상식선에서 생각하며 정리해두면 된다.

✛**03** 문제중심기록에 관한 설명으로 옳지 않은 것은?

① 클라이언트의 문제를 목록화한다.

② 불필요한 기록은 하지 않는다.

③ 클라이언트의 강점이 중심이 된다.

④ 미해결된 과제를 파악할 수 있다.

⑤ 타 전문직과의 의사소통에 용이하다.

✛**04** 사회복지사가 실천활동을 기록함에 있어 유의해야 할 사항으로 옳지 않은 것은?

① 활동과정에 대한 사회복지사의 느낌이나 고민 등을 포함한다.

② 클라이언트의 비밀유지를 위해 민감한 사항은 임의로 수정한다.

③ 기록은 사회복지사만 보는 것이 아니라는 점을 생각해야 한다.

④ 서비스의 질, 책임성 등에 관한 입증자료가 됨을 고려해야 한다.

⑤ 기관에서 사용하는 기본적인 양식을 준수하도록 한다.

05 요약기록에 관한 설명으로 옳지 않은 것은?

① 사회복지사가 중요하다고 판단한 것만 선택하여 기록할 수 있는 융통성이 있다.

② 일정한 간격을 정하여 기록하거나 주제별로 조직화해서 작성한다.

③ 면담 내용이 지나치게 단순화되어 초점이 분명하지 않을 수 있다.

④ 사회복지기관에서 흔히 사용되는 기록형태이다.

⑤ 클라이언트나 사회복지사의 생각과 느낌이 잘 드러난다.

✛**06** 좋은 기록의 특징으로 옳은 것은?

① 객관적인 사실과 그에 대한 사회복지사의 의견을 구분하여 작성한다.

② 개인정보 보호 및 비밀보장을 위해 기록 내용을 잘 찾아보기 어렵게 한다.

③ 있는 그대로 상세히 기록하여 기록의 목적을 반영할 수 있어야 한다.

④ 클라이언트의 느낌이나 생각이 아닌 사회복지사의 관점을 중심으로 작성한다.

⑤ 사회복지사의 전문성이 나타나도록 전문적인 용어를 사용하여 기록한다.

문제풀이 **TIP**

좋은 기록은 기록의 목적을 충분히 반영하고, 사실과 견해를 구분하여 작성해야 하며, 간결한 문제를 사용해야 한다.

07 기록에 포함할 내용을 모두 고른 것은?

> ㄱ. 사회복지사의 기본적인 인적사항
> ㄴ. 사회복지사가 사정한 내용
> ㄷ. 서비스가 필요한 이유 및 목적
> ㄹ. 서비스의 유형 및 제공 계획

① ㄱ, ㄹ   ② ㄴ, ㄷ

③ ㄱ, ㄴ, ㄹ   ④ ㄴ, ㄷ, ㄹ

⑤ ㄱ, ㄴ, ㄷ, ㄹ

사회복지실천기술론

✛08 다음을 SOAP기록 방식의 순서에 따라 나열한 것은?

> ㄱ. 심리 상담, 퇴직자 모임 지원, 재취업 정보 제공 등이 필요함.
> ㄴ. "내가 뭘 할 수 있을지 모르겠어요. 이 나이에 나한테 일을 줄 사람은 없을 거예요."
> ㄷ. 줄곧 무기력한 태도를 보이며, 우울증 검사 결과가 위험수준에 가깝게 나옴.
> ㄹ. 정서적 지지체계나 경제적 지지체계가 전반적으로 빈약한 상태

① ㄴ - ㄱ - ㄷ - ㄹ
② ㄴ - ㄷ - ㄹ - ㄱ
③ ㄷ - ㄴ - ㄱ - ㄹ
④ ㄷ - ㄹ - ㄴ - ㄱ
⑤ ㄹ - ㄴ - ㄱ - ㄷ

문제풀이 TIP

SOAP기록은 주관적 정보 – 객관적 정보 – 사정 – 계획의 순서로 이루어진다는 것을 기억하자.

09 다음에서 설명하는 사정도구는?

> • 사회적 사정 보고서라고도 한다. 클라이언트, 가족에 대한 정보, 사회적 상황 등을 포함한다.
> • 클라이언트의 문제나 욕구를 역사적 · 생태학적 맥락에서 작성되며, 강점 관점을 기반으로 이루어지는 기록이다.

① 의미분화척도 ② 사회력
③ 소시오메트리 ④ 문제중심기록
⑤ 과정기록

10 기록에 관한 설명으로 옳은 것은?

① 효과적인 사례관리를 위하여 클라이언트의 동의 없이 기록 내용이 공개될 수 있다.
② 공개될 수 있는 기록 내용은 클라이언트의 기본적인 인적 사항 및 현재 호소하는 문제이다.
③ 작성의 용이성 및 효율성 등을 고려하여 요약기록이 많이 사용되지만 특정 기록방식이 정해진 것은 아니다.
④ 과정기록을 작성할 때에는 서비스 제공이 이루어진 전반적인 과정을 확인하기 쉽도록 간략히 요약한다.
⑤ 사회복지사의 전문성을 확인하는 자료로서 클라이언트의 변화보다 사회복지사의 산출 및 성과 위주로 작성한다.

11 사회복지실천과정에서 사회력을 활용할 때 얻을 수 있는 이득과 거리가 먼 것은?

① 문제의 원인과 해결에 필요한 자원을 찾을 수 있다.
② 클라이언트에게 가장 적합한 서비스나 프로그램을 결정하는 데 도움이 된다.
③ 모든 실무자가 하나의 기록부 같은 형태로 기록함으로써 문서회, 정보 교환을 이룰 수 있다.
④ 다른 서비스 제공자에게 사회복지실천 관점을 알려준다.
⑤ 서비스 전달과 관련이 있는 결정사항과 활동의 근거를 문서화한다.

문제풀이 TIP

사회력은 사회적 사정보고서라고도 하며, 클라이언트의 문제나 욕구를 역사적, 생태학적으로 강점에 기반하여 이해하기 위해 사용되는 기록방법이다.

✚**12** 과정기록의 특징으로 옳은 것을 모두 고른 것은?

> ㄱ. 클라이언트에게 일어난 변화 양상을 간략히 파악할 수 있다.
> ㄴ. 클라이언트의 언어적, 비언어적 표현을 모두 살펴볼 수 있다.
> ㄷ. 실습생이 슈퍼비전을 받거나 모니터링을 받을 때 유용하다.
> ㄹ. 사회복지사가 관찰한 내용과 판단 등은 기록되지 않는다.

① ㄱ, ㄴ　　　　② ㄴ, ㄷ
③ ㄷ, ㄹ　　　　④ ㄱ, ㄴ, ㄷ
⑤ ㄴ, ㄷ, ㄹ

13 사회복지실천과정에서 사회복지사의 태도로 적절하지 않은 것은?

① 문제에 대해 사회복지사가 아닌 클라이언트의 관점에서 접근하도록 한다.
② 클라이언트가 프로그램 참여를 망설일 때에는 그 이유를 살펴봐야 한다.
③ 클라이언트의 문제해결 양상이 느리게 나타난다고 해서 재촉해서는 안 된다.
④ 클라이언트와의 면담을 정확히 기록하기 위해 면담 중에는 기록에 집중한다.
⑤ 사회복지사에 대한 클라이언트의 의존성이 심화되지 않도록 유의해야 한다.

14 다음 중 기록의 목적과 설명이 올바르게 짝지어진 것은?

① 정보 제공 – 기록의 일차적인 목적이다.
② 클라이언트에 대한 이해 증진 – 클라이언트의 알 권리를 존중하여 정보를 공유한다.
③ 지도·감독 및 교육 활성화 – 개입이나 서비스가 효과적이었는지 평가하는 데 사용한다.
④ 근거자료 제공 – 서비스를 전달하는 전문가들 사이의 협조체계를 원활히 해준다.
⑤ 효과적인 사례관리 – 서비스의 중복이나 누락을 막아 효과적으로 사례를 관리한다.

15 다음의 기록방법에 관한 내용으로 옳은 것은?

면담 내용	사회복지사의 코멘트
• 사회복지사: "어서오세요. 지난 일주일 동안 어떻게 지내셨나요?" • 클라이언트: "선생님 말씀대로 활동을 좀 늘려봤어요. 산책도 하고 어렵지만 친구도 만나려고 좀 노력해봤고요. 하지만 친구를 만나 이야기를 하다보면 여전히 내 신세를 한탄하게 되고, 뭐하러 내가 여기 나와 있나 싶기도 하고 …. 우울해지더라고요."(눈물을 흘림)	• 클라이언트가 올 때 당황하여 어떤 말을 건네야 할지 몰라 불안하였다. • 클라이언트에게 건넬 휴지가 상담실에 비치되어 있지 않아 상담실의 구조 또한 좀 더 신경써야 함을 느꼈다.

① 사례가 장기간 지속될 경우 유용하다.
② 이야기하듯 풀어서 서술한다.
③ 문제의 사정이 부분적으로 이루어지고 지나치게 단순화한다.
④ 사회복지관에서 흔히 사용되는 기록형태이다.
⑤ 어려운 사례를 다루거나 새로운 기술 등을 개발할 때 유용하다.

사회복지실천 평가

이 장에서는,

평가의 목적을 토대로 평가 방법 등을 학습하자. 이 장에서 가장 많이 출제되는 내용은 단일사례설계이다. 단일사례설계에 대한 특징 및 어떤 상황에서 사용할 수 있는지 등을 묻는 문제가 주로 출제되지만, 사례에서 활용된 유형을 확인하는 문제도 출제되고 있어 이에 대한 대비도 필요하다.

해답과 오답노트 126쪽

✛01 다음 사례에 해당하는 단일사례설계 유형은?

> 남편의 오랜 투병 생활과 사망으로 상실감과 우울감을 호소하는 클라이언트(72세)에게 6회기에 걸쳐 상담을 진행하였다. 이후 심리검사를 실시하였고, 다시 4회기의 상담을 진행하였다.

① ABAB   ② BAB

③ ABCD   ④ AB

⑤ ABA

기출 STYLE

단일사례설계의 다양한 유형을 사례와 연결해볼 수 있어야 한다.

02 단일사례설계에 관한 설명으로 옳은 것은?

① AB설계의 경우 기초선 자료를 수집하지 않고 개입을 시작할 수 있다.

② 다중요소설계는 하나의 기초선에 다양한 개입방법을 시도할 수 없다.

③ 다수의 클라이언트에 개입하기 위해 복수기초선설계를 적용할 수 있다.

④ 개입의 효과성을 정확히 살펴보기 위해서는 통제집단이 있어야 한다.

⑤ 반복적인 관찰을 실시하므로 개입과정에서 개입방법이 바뀌지 않는다.

03 사회복지실천평가에 관한 설명으로 옳지 않은 것은?

① 사회복지사 및 클라이언트의 책무성 향상과 관련된다.

② 클라이언트의 만족도 분석은 성과평가를 의미한다.

③ 양적 평가와 질적 평가를 병행할 수 있다.

④ 형성평가를 통해 실천과정을 점검한다.

⑤ 총괄평가를 통해 효율성, 효과성을 분석한다.

✚04 다음 사례에 적용된 단일사례설계 유형은?

> 정세연 씨는 자신이 분노조절장애가 있는 것 같다며 인터넷으로 상담을 신청했다. 다른 사람들은 대수롭지 않아 하는 일에 자기 혼자 화가 나 온몸이 부들부들 떨린다고 했다. 편한 사람들과 있을 때는 자기도 모르게 소리를 버럭 지를 때도 더러 있다고 했다. 이에 증상이 나타날 때마다 상황과 증상의 정도 등을 적어보고 4주 뒤에 상담을 시작하기로 하였다.

① AA설계　　　　　② AB설계

③ ABA설계　　　　④ BA설계

⑤ BAB설계

05 다음 중에서 윤리적 문제를 일으킬 수 있는 단일사례설계 유형을 모두 고른 것은?

> ㄱ. ABA설계　　　　ㄴ. ABAB설계
> ㄷ. 철회설계　　　　ㄹ. 복수기초선설계

① ㄱ, ㄴ, ㄷ　　　　② ㄱ, ㄷ

③ ㄴ, ㄷ, ㄹ　　　　④ ㄱ, ㄹ

⑤ ㄱ, ㄴ, ㄷ, ㄹ

06 다음은 단일사례연구의 절차를 설명한 것이다. 순서대로 바르게 나열한 것은?

> ㄱ. 기초선 및 정보수집　　ㄴ. 변화사정
> ㄷ. 개입 및 모니터링　　　ㄹ. 효과성 평가
> ㅁ. 측정도구 선택　　　　ㅂ. 개입목표 설정

① ㄱ→ㅂ→ㄴ→ㅁ→ㄷ→ㄹ

② ㄱ→ㅂ→ㅁ→ㄷ→ㄴ→ㄹ

③ ㅁ→ㄱ→ㅂ→ㄴ→ㄷ→ㄹ

④ ㅂ→ㅁ→ㄷ→ㄱ→ㄴ→ㄹ

⑤ ㅂ→ㅁ→ㄱ→ㄷ→ㄴ→ㄹ

07 ○○시 ○○초등학교 6학년 3개 반 학생을 대상으로 자아탄력성 향상을 위한 집단 프로그램을 10주간 실시하였다. 1, 2, 3반은 프로그램을 실시하지 않고 4, 5, 6반은 프로그램을 실시하여 두 반의 자아탄력성 검사 점수를 비교하여 프로그램의 효과성을 평가하였다. 이 평가에 해당하는 것은?

> ㄱ. 사전-사후 비교 방법
> ㄴ. 결과평가
> ㄷ. 과정평가
> ㄹ. 실험집단-통제집단 비교방법

① ㄱ, ㄴ　　　　　② ㄱ, ㄷ

③ ㄴ, ㄹ　　　　　④ ㄱ, ㄷ, ㄹ

⑤ ㄴ, ㄷ, ㄹ

08 단일사례연구설계와 집단연구설계를 비교한 내용으로 옳은 것은?

① 단일사례연구의 연구대상은 모집단으로부터 추출한 표본이다.

② 단일사례연구의 목적은 가설검증이다.

③ 실험집단과 통제집단으로 나누어 사전 – 사후값을 비교하는 것은 집단연구설계이다.

④ 단일사례연구는 한 번의 측정으로 개입의 효과성을 평가한다.

⑤ 소집단을 대상으로 할 경우 단일사례연구가 부적절하다.

문제풀이 TIP
단일사례연구설계와 집단연구설계의 특징을 비교하며 떠올려 보도록 한다.

10 과제성취척도의 특징에 해당하는 것을 모두 고르면?

ㄱ. 목적성취 여부를 결과의 기준으로 잡는다.
ㄴ. 시간과 자료가 부족할 때 사용할 수 있다.
ㄷ. 치료집단에서 개인의 목적에 대한 진척상황을 평가하는 데 쓰이기도 한다.
ㄹ. 사회복지사와 클라이언트가 합의한 개입과제를 성취한 정도를 평가한다.

① ㄱ, ㄴ, ㄷ 　　　　② ㄱ, ㄷ, ㄹ
③ ㄴ, ㄹ 　　　　　　④ ㄱ, ㄹ
⑤ ㄱ, ㄴ, ㄷ, ㄹ

문제풀이 TIP
과제성취척도는 단일사례설계를 이용하거나 기초선 설정이 어려울 때 유용하다.

✦09 다음 사례에 적용된 단일사례설계 유형은?

부부는 수개월 전 집 앞에서 횡단보도를 건너다 아이가 차에 치일 뻔한 적이 있었는데 그 후 불안감이 조금씩 계속되는 것 같다고 했다. 두 사람의 불안정도를 파악할 수 있도록 심리검사를 진행하였다. 이후 불안감이 조금 더 크게 나타난 남편에 대한 심리상담을 먼저 실시하였고 6주 후에는 아내에 대한 심리상담을 시작하였다.

① ABAB 설계 　　　② ABAC 설계
③ 다중요소설계 　　④ 복수기초선설계
⑤ 집단연구설계

✦11 단일사례설계의 유형에 관한 설명으로 옳지 않은 것은?

① ABA: 개입 효과의 지속 여부를 확신할 수 없다.

② BAB: 클라이언트가 위기상황에 처해있을 때에 유용하다.

③ AB: 개입이 행동변화에 미치는 효과의 신뢰도가 낮다.

④ ABCD: 여러 개의 기초선 자료에 하나의 개입방법을 시도한다.

⑤ ABAB: 개입의 철회로 인해 윤리적 문제가 제기된다.

12 사회복지실천 평가에 관한 설명으로 옳은 것은?

① 개입에 대한 효과성을 파악하기 위한 수단이지만 책임성과는 관련이 없다.

② 평가는 개입에 대해서 진행하는 것이지 실무자에 대해서 진행하는 것은 아니다.

③ 클라이언트의 만족도가 높게 나타나면 개입의 효과성도 높게 나타난다.

④ 클라이언트의 성취감을 높이기 위해 긍정적 결과만을 도출할 수 있도록 한다.

⑤ 유사한 문제를 가진 클라이언트에 대해 개입할 때 평가 결과를 참고할 수 있다.

✤**13** 다음에서 설명하는 단일사례설계의 유형은 무엇인가?

- 외생변수를 좀 더 효과적으로 통제하기 위해 제2기초선과 제2개입단계를 추가하였다.
- 개입과 철회를 반복함으로써 같은 결과가 나오면 인과관계를 명확히 할 수 있다.
- 개입을 철회하는 경우 윤리적인 문제가 발생할 수 있다는 단점이 있다.
- 제2기초선과 제2개입단계를 추가한 설계이므로 철회/반전설계라고 부른다.

① AB설계   ② ABA설계

③ ABAB설계   ④ ABCD설계

⑤ BAB설계

14 단일사례설계에서 개입이 효과가 있거나 변화가 유의미한지를 보기 위한 분석에 관한 설명으로 옳지 않은 것은?

① 개입단계 동안 관찰된 자료를 토대로 예상되는 파동과 통계적으로 비교한다.

② 개입의 근거가 되는 이론과 제시된 변화의 방향의 일치 정도를 검토한다.

③ 개입단계 동안 전문가가 의미 있는 변화의 정도를 주관적으로 판단한다.

④ 개입으로 인해 표적행동에 의미 있는 변화가 일어나는지 그 차이를 확인한다.

⑤ 개입의 도입이나 중단 후 표적행동의 변화가 시각적으로 나타나는지 분석한다.

문제풀이 TIP

개입의 유의성 분석은 객관적 기준에 따라 이루어지며, 시각적 유의성, 통계적 유의성, 실질적 유의성, 이론적 유의성 등의 차원에서 분석된다.

15 목표달성척도의 특징으로 옳지 않은 것은?

① 목표달성 정도를 측정하기 위해 활용된다.

② 표준화된 척도와 차이가 있다.

③ 거의 모든 사회복지실천현장에서 쉽게 활용할 수 있는 평가도구이다.

④ 개별화의 원리와 상반된다.

⑤ 정신보건분야에서 정신장애인을 평가하기 위해 개발되었다.

✤16 다음 사례에 해당하는 단일사례설계 유형은?

> 박재민 씨(28세, 남)는 입사한 지 두어 달이 지나면서 지각하면 안 된다는 긴장감이 생기기 시작했고, 실수하면 안 된다는 압박감, 회사 사람들과의 관계에서 오는 스트레스 등이 점점 커졌다고 했다. 최근에는 때때로 이유도 없이 불안감, 분노감이 치솟을 때가 있다고 했다.
> 개입에 앞서 총 3회의 심리검사를 진행한 후 클라이언트가 대면상담이 부담스럽다고 하여 이메일 상담을 4회 진행하였다. 이후 클라이언트의 요청으로 5회에 걸쳐 대면상담을 진행하였다.

① ABC   ② ABAB

③ ABA   ④ AB

⑤ BAB

문제풀이 TIP

단일사례설계가 사례로 출제된 경우 기초선과 개입국면을 정확히 찾아내야 한다.

✤17 단일사례설계에서 활용할 수 있는 측정방법과 그에 대한 설명으로 옳지 않은 것은?

① 직접관찰은 변화 여부를 명백하고 객관적으로 규정할 수 있어야 한다.

② 자기보고 평가척도는 클라이언트의 내적인 상태를 평가하기에 적절하다.

③ 표준화된 측정도구는 누구나 일정하게 기입하는 절차가 있다.

④ 변화 여부를 관찰해야 하기 때문에 직접관찰 대상은 행동적인 부분에만 국한한다.

⑤ 자기보고 평가척도는 너무 주관적일 수 있다는 단점이 있다.

5영역

지역사회복지론

5개년도(18~22회) 출제분포표

	18회	19회	20회	21회	22회	문항수	출제율
1장 지역사회의 개념과 유형	1	2	2	1	1	7	6%
2장 지역사회복지와 지역사회복지실천	2	-	1	2	3	8	6%
3장 지역사회복지의 역사	2	2	2	2	2	10	8%
4장 지역사회복지의 주요 이론	2	1	2	3	2	10	8%
5장 지역사회복지 실천모델의 이해	2	2	3	3	2	12	10%
6장 지역사회복지 실천과정	2	1	3	2	2	10	8%
7장 지역사회복지실천에서의 사회복지사의 역할	1	-	-	1	2	4	3%
8장 지역사회복지 실천기술 I	2	4	1	2	2	11	9%
9장 지역사회복지 실천기술 II	2	2	1	-	1	6	5%
10장 지역사회복지 네트워크의 실제	3	3	3	2	1	12	10%
11장 지역사회복지실천의 추진체계 I	3	3	2	2	2	12	10%
12장 지역사회복지실천의 추진체계 II	2	3	3	3	4	15	12%
13장 지역사회복지운동	1	2	2	2	1	8	6%

1장 지역사회의 개념과 유형

이 장에서는,

기능적 지역사회와 지리적 지역사회의 구분에 초점을 둔 문제가 주로 출제되었지만, 최근에는 지역사회의 정의, 지역사회의 의미, 좋은 지역사회의 요건, 지역사회에 관한 이론, 지역사회의 유형화, 지역사회의 기능과 제도, 지역사회 기능의 비교 척도 등 다양한 내용들이 포괄적으로 출제되는 경향이 있다.

해답과 오답노트 129쪽

✛01 지역사회의 개념에 관한 설명으로 옳은 것은?

① 로스만(Rothman): 지리적 의미의 지역사회와 기능적 의미의 지역사회로 구분하였다.

② 그린(Green): 지역적 영역, 공동의 유대, 사회문화적 상호작용 등 3가지 요소를 제시하였다.

③ 맥키버(MacIver): 부락이나 읍과 같은 최소 범위의 공동생활 지역을 지역사회로 본다.

④ 던햄(Dunham): 지역사회에서 일어나는 상부상조 기능은 사회복지 제도적 성격을 갖는다.

⑤ 파크와 버제스(Park & Burgess): 모든 지역사회는 사회이지만, 모든 사회가 지역사회는 아니다.

기출 STYLE

지역사회와 관련하여 다양한 학자들의 정의 및 개념들이 출제되기도 한다.

✛02 지역사회(community)에 관한 설명으로 옳은 것은?

① 정보통신기술의 발달로 인해 지리적 지역사회가 주목받게 되었다.

② 지역사회는 다른 지역과 구별되는 특징이 있어야 한다.

③ 지역적 자치성을 통해 지역주민의 소속감을 분석할 수 있다.

④ 아동 대상 범죄의 근절을 위한 모임은 지리적 차원이 강조된다.

⑤ 기능적 지역사회는 개념적인 것일 뿐 실재하는 것은 아니다.

기출 STYLE

로스의 구분에 따라 지역사회를 지리적 차원과 기능적 차원으로 살펴보는 것을 비롯해 지역사회의 성격을 파악하는 것은 이 장에서 가장 기본적인 문제이다.

03 다음에서 설명하고 있는 이론은?

현대사회에서의 지역사회는 과거의 지역성에 한정된 의미에서 벗어난 새로운 개념이다. 지역성의 개념을 넘어 혈연, 노동, 주거, 직업, 관심 등과 같은 폭넓은 관계망의 틀을 고려하여 다양한 사회적 관계망의 관점에서 비공식적 연계를 강조한다. 이 이론에서는 현대사회의 지역사회가 지리적 의미와 기능적 의미를 포괄적으로 함축하게 된 사회발전현상을 설명할 수 있다.

① 지역사회 개방이론
② 지역사회 갈등이론
③ 지역사회 보존이론
④ 지역사회 개발이론
⑤ 지역사회 상실이론

✛04 길버트와 스펙트(Gilbert & Specht)가 제시한 지역사회의 기능과 사회적 제도의 연결이 옳지 않은 것을 모두 고른 것은?

ㄱ. 생산 · 분배 · 소비의 기능 → 경제제도
ㄴ. 사회통합의 기능 → 교육제도
ㄷ. 사회화의 기능 → 사회복지제도
ㄹ. 사회통제의 기능 → 정치제도

① ㄱ, ㄹ
② ㄴ, ㄷ
③ ㄱ, ㄴ, ㄷ
④ ㄴ, ㄷ, ㄹ
⑤ ㄱ, ㄴ, ㄷ, ㄹ

05 힐러리(Hillery)가 제시한 지역사회의 요소를 모두 고른 것은?

ㄱ. 공동의 유대감
ㄴ. 주민들의 자율성
ㄷ. 사회 · 문화적 상호작용
ㄹ. 전통적 윤리규범

① ㄱ, ㄷ
② ㄴ, ㄹ
③ ㄱ, ㄴ, ㄷ
④ ㄴ, ㄷ, ㄹ
⑤ ㄱ, ㄴ, ㄷ, ㄹ

✛06 워렌(Warren)이 제시한 지역사회 기능의 비교 척도에 관한 설명으로 옳은 것을 모두 고른 것은?

ㄱ. 수평적 유형: 지역사회 내에 있는 상이한 단위 조직들이 구조적으로 얼마나 강한 관련을 갖고 있는가
ㄴ. 서비스 영역의 일치성: 상점, 학교, 공공시설, 교회 등의 서비스 영역이 어느 정도 동일 지역 내에서 이루어지고 있는가
ㄷ. 주민들의 심리적 동일시: 지역주민들이 가지고 있는 사회적, 문화적, 정치적 가치기준이 얼마나 유사한가
ㄹ. 사회규범성: 지역사회 내의 도덕적 관습, 윤리적 규준, 법적 규율 등이 어느 정도 지켜지고 있는가

① ㄱ, ㄴ
② ㄴ, ㄹ
③ ㄷ, ㄹ
④ ㄱ, ㄴ, ㄷ
⑤ ㄴ, ㄷ, ㄹ

 문제풀이 **TIP**

워렌은 지역사회의 기능을 측정하는 척도로 지역적 자치성, 서비스 영역의 일치성, 지역에 대한 주민들의 심리적 동일시, 수평적 유형 등 4가지를 들었다.

지역사회복지론

07 지리적 지역사회에 대한 설명으로 옳은 것을 모두 고른 것은?

ㄱ. 한 지역을 구성하는 사람들과 조직들의 지리적 분포이다.
ㄴ. 사이버 공간에서 생성되는 다양한 모임들이 이에 해당한다.
ㄷ. 시·군·구, 읍·면·동 등 행정구역에 따른 구분이 이에 해당한다.
ㄹ. 구성원들 간의 일체감, 공통된 관심사 등이 강조된다.

① ㄱ, ㄴ, ㄷ   ② ㄱ, ㄷ
③ ㄱ, ㄴ, ㄹ   ④ ㄴ, ㄹ
⑤ ㄴ, ㄷ, ㄹ

문제풀이 TIP

지리적 의미와 기능적 의미의 지역사회
지리적 의미의 지역사회는 지역성을 중심으로 구성되며, 기능적 의미의 지역사회는 사회·문화·심리 등 다양한 차원의 동질성을 중심으로 구성된다.

08 기능적 의미의 지역사회에 해당하는 설명을 모두 고른 것은?

ㄱ. 주어진 지역 내에서 상호작용하는 사람들로 구성된다.
ㄴ. 구성원의 공동이익을 중심으로 형성되는 이익공동체의 성격을 갖는다.
ㄷ. 지리적으로 같은 사회제도를 따르는 사람들의 집합이다.
ㄹ. 지리적 제약에서 벗어나 공통된 관심사를 토대로 구성된다.

① ㄱ, ㄴ, ㄷ   ② ㄹ
③ ㄴ, ㄹ   ④ ㄱ, ㄷ
⑤ ㄱ, ㄴ, ㄷ, ㄹ

09 지역사회의 역량을 향상시키기 위한 방법으로 옳지 않은 것은?

① 구성원들 사이에 인격적인 관계가 형성될 수 있도록 해야 한다.
② 구성원들이 자유롭게 의사를 개진할 수 있는 수단이 마련되어야 한다.
③ 지역사회 내 권력집단, 지배집단의 참여는 최대한 제한해야 한다.
④ 목표 및 그 목표를 달성하는 방법을 결정함에 있어 합의가 있어야 한다.
⑤ 다양한 집단 사이의 갈등을 조정할 수 있는 절차가 있어야 한다.

★10 <보기>에 제시된 지역사회를 던햄의 기준에 따라 유형화할 경우 어디에 속하는가?

아늑한 정서와 여가생활을 제공하는 특이한 상징적 지형지물이나 관광명소 특구가 있을 때, 그 지역에 노인들이 많이 이주하여 자연스럽게 노인밀집구역이 형성되고 통합형 생활시설이 들어서면서 노인자치활동이 활발해지는 장점이 생길 수 있다.

① 인구의 크기
② 경제적 기반
③ 행정구역
④ 지역사회의 기능
⑤ 인구구성의 특수성

★11 좋은 지역사회에 관한 요건으로 옳지 않은 것은?

① 구성원들은 인간적인 기초 위에서 서로를 존중해야 한다.

② 구성원들의 자율적 참여가 충분히 보장되어야 한다.

③ 구성원들이 지역사회에 헌신하고 협력해야 한다.

④ 목표달성을 위한 수단과 방법에 있어 의견일치가 있어야 한다.

⑤ 지역사회 내의 권력은 소수에 집중되어야 한다.

12 지역사회에 관한 설명으로 옳은 것은?

① 활동 참여에 대한 의무는 없다.

② 자율성은 최대한 제한된다.

③ 사회통제의 기능도 이루어진다.

④ 공간적 제약 속에서 형성된다.

⑤ 지리적 지역사회가 더 강조되고 있다.

13 지역사회는 지리적 의미의 지역사회와 기능적 의미의 지역사회로 구분할 수 있다. 다음 중 성격이 다른 하나는?

① 정기적으로 봉사활동을 하는 직장인들의 모임

② 서울시 ○○구에 사는 엄마들의 모임

③ 1980년대에 태어난 사람들의 모임

④ 연극, 영화, 공연에 관한 정보를 공유하는 모임

⑤ 아동폭력 문제에 관심을 갖는 사람들의 모임

14 다음 모임의 특성으로 거리가 먼 것은?

> 몇 년 전 한 환경단체 캠페인에 참가했던 김윤정 씨와 친구들은 그 일을 계기로 환경문제에 대한 관심이 더 높아졌다. 현재는 인터넷을 통해 환경보호 모임을 만들어 그 활동 범위와 내용을 넓혀나가고 있다.

① 공동의 관심을 바탕으로 한다.

② 다양한 인구사회학적 배경의 성원들이 참여할 수 있다.

③ 구성원들의 헌신과 협력이 요구된다.

④ 시공간의 제약 내에서 활동 범위가 정해진다.

⑤ 민주적 의사결정 및 적극적 참여를 강조한다.

15 던햄(A. Dunham)이 제시한 지역사회 유형 구분 중 다음 설명에 해당하는 것은?

> 그 지역사회에서만 나타나는 특징적인 차이에 초점을 둔 구분이다. 우리나라 경기도 안산시에는 대단위 공업단지가 형성되고 외국인 근로자들의 유입이 급증하면서 다문화거리가 조성되는 바탕이 되었다.

① 정부의 행정구역에 따른 기준

② 인구구성의 사회적 특수성에 따른 기준

③ 사회통합 수준에 따른 기준

④ 인구의 크기에 따른 기준

⑤ 경제적 기반에 따른 기준

✢16 지역사회의 기능에 관한 설명으로 옳은 것을 모두 고른 것은?

> ㄱ. 분배의 기능은 누가 무엇을 얼마나 어떻게 갖도록 하는지를 규정해주는 기능이다.
> ㄴ. 사회통제의 기능은 가족 등을 통하여 사회가 향유하는 가치나 행동양식을 구성원들에게 전달하는 기능이다.
> ㄷ. 상부상조의 기능은 사회구성원들이 주요 사회제도에 의해 자기들의 욕구를 충족할 수 없는 경우 필요한 기능이다.
> ㄹ. 지역사회는 종교제도를 통하여 사회통합의 기능을 수행한다.

① ㄱ, ㄴ, ㄷ   ② ㄱ, ㄷ, ㄹ
③ ㄱ, ㄷ   ④ ㄴ, ㄷ
⑤ ㄷ, ㄹ

문제풀이 TIP

길버트와 스펙트는 지역사회의 기능을 생산·분배·소비 기능, 사회화 기능, 사회통제 기능, 사회통합 기능, 상부상조 기능 등 5가지로 구분하였으며, 상부상조 기능은 사회복지제도와 관계된다.

✢17 지역사회에 관한 이론에 대한 설명으로 옳지 않은 것은?

① 지역사회 보존이론은 무너진 전통적 공동체를 보존하기 위한 국가 개입을 강조한다.
② 지역사회 개방이론에서의 지역사회는 지역적 의미에서 나아가 기능적 의미를 함축한다.
③ 퇴니스가 제시한 공동사회와 이익사회는 사회변동에 따른 사회형태의 변화를 보여준다.
④ 사회보험, 공공부조 등과 같은 사회복지의 제도화는 이익사회에서 나타난 것이다.
⑤ 맥키버는 지역사회를 지역적 측면에서 공동생활이 영위되는 범위로 한정하였다.

18 지역사회에 관한 설명으로 옳은 것은?

① 던햄의 대도시, 중소도시 등의 구분은 행정적 차원에 따른 것이다.
② 지역사회 개방이론은 전통적 지역사회 기능의 회복에 초점을 둔다.
③ 퇴니스의 이익사회 협의체에서는 공공에 의한 공식적 복지가 발전했다.
④ 일부 학자들은 지역사회를 민주주의를 실현하기 위한 기본 단위로 보기도 한다.
⑤ 현대사회에는 공동의 이해관계를 중심으로 한 지리적 지역사회가 강조된다.

19 퇴니스의 공동사회와 이익사회에 관한 설명으로 옳은 것을 모두 고른 것은?

> ㄱ. 공동사회는 합리적인 이익추구를, 이익사회는 전통적 관계를 기반으로 한다.
> ㄴ. 이익사회의 연합체 → 이익사회의 협의체 → 공동사회의 협의체 → 공동사회의 연합체의 순서로 발전했다고 주장하였다.
> ㄷ. 이익사회의 연합체 단계에서는 교회, 자선기관 등에 의한 사회복지가 발전하였다.
> ㄹ. 공동사회의 연합체 단계에서는 가족중심의 비공식적 복지 형태가 중심이었다.

① ㄱ, ㄷ   ② ㄱ
③ ㄴ, ㄹ   ④ ㄹ
⑤ ㄷ, ㄹ

2장 지역사회복지와 지역사회복지실천

이 장에서는,

지역사회복지의 특성, 이념, 목적, 원칙, 가치, 관련 개념 등에 관한 내용들을 다룬다. 정상화, 사회통합, 탈시설화, 주민참여 등의 특징을 파악해두어야 한다. 지역사회복지실천은 지역사회를 대상으로 하는데 지역사회는 대상이면서 수단이기도 하다는 점, 지역주민의 다양성과 자기결정권이 존중되어야 한다는 점은 꼭 기억해두자.

해답과 오답노트 132쪽

✤ 01 지역사회복지실천에 관한 설명으로 옳지 않은 것은?

① 지역사회는 있는 그대로 이해되고 수용되어야 한다.

② 개별화의 원칙에 따라 일차적인 클라이언트는 지역주민이다.

③ 욕구의 가변성을 인식하여 사업과정에 반영할 수 있어야 한다.

④ 지역주민들에게 사회구조 등에 대한 비판의식을 키우도록 한다.

⑤ 지역사회 내 다양한 집단들의 참여와 통합을 목적으로 한다.

기출 STYLE

지역사회복지의 개념, 지역사회복지실천의 원칙, 지역사회복지실천의 가치 및 방향 등과 함께 살펴봐야 한다.

✤ 02 지역사회복지 이념에 관한 설명으로 옳지 않은 것은?

① 정상화는 1950년대 덴마크에서 장애인에 대한 격리수용에 반대하면서 제기되었다.

② 주민참여는 지역사회 구성원의 주체성 및 공동체 의식을 강조한다.

③ 탈시설화는 대규모 수용시설의 폐쇄성에 대한 비판으로 시작되었다.

④ 사회통합은 지역사회 내에 존재하는 계층적 차이와 갈등해결에 초점을 둔다.

⑤ 네트워크는 지역사회 구성원의 개인정보 공유를 통한 상부상조가 핵심이다.

기출 STYLE

이념에 관한 문제는 특징을 제시하고 해당 이념을 찾는 문제, 특정 이념에 대한 바른 설명을 찾는 문제 등의 유형으로 출제되고 있다.

지역사회복지론

+03 지역사회복지 관련 개념에 대한 설명으로 옳지 않은 것은?

① 지역사회행동: 지역사회 내 약자들의 권익을 보호하고 스스로 역량을 강화하여 권익을 찾을 수 있도록 지원한다.

② 지역사회보호: 격리된 시설이 아닌 가정 또는 그와 유사한 지역사회 내의 환경에서 서비스가 제공되어야 한다.

③ 지역사회개발: 지역주민들의 참여를 핵심으로 주민들의 삶의 질 향상을 위해 주민들이 대처기술을 획득할 수 있도록 한다.

④ 지역사회조직: 지역사회의 복지 향상을 위해 공공기관이 아닌 민관기관의 계획적이고 조직적인 활동이 요구된다.

⑤ 재가보호: 공식적, 비공식적 보호를 모두 포함하여 보호를 필요로 하는 주민들이 자신의 가정에서 보호를 받는다.

기출 STYLE
지역복지가 대두된 배경과 지역사회복지실천의 광범위한 영역들을 이해하는 차원에서 기본이 되는 개념들을 확인해두어야 한다.

+04 지역사회복지에 관한 설명으로 옳지 않은 것은?

① 지역사회의 문제를 조기에 발견하여 대응함으로써 사전예방적 효과를 거둘 수 있다.

② 시설보호와 대치되는 개념으로서 시설 외의 환경에서 제공되는 서비스에 초점을 둔다.

③ 아동, 청소년, 노인 등 대상 중심 활동이 아닌 지역주민의 삶의 질 향상을 위한 활동이다.

④ 두레, 품앗이 등과 같은 민간 활동은 지역사회복지의 맥락에서 살펴볼 수 있다.

⑤ 일정한 지역 내에서 전문가에 의해 제공되는 사회복지서비스를 의미한다.

기출 STYLE
지역사회복지의 특징에 관해 파악해두어야 한다.

05 지역사회복지에서 추구하는 가치에 관한 설명으로 옳지 않은 것은?

① 지역사회의 의사결정 과정에 지역주민을 참여시킴으로써 역량강화를 꾀한다.

② 지역사회의 불평등을 야기하는 사회구조적 문제에 대한 비판의식을 개발한다.

③ 지역주민과 실천가 간 상호학습을 통해 전문적이고 위계적인 관계를 맺는다.

④ 지역주민들의 다양한 문화에 대한 상호이해를 통해 화합할 수 있도록 한다.

⑤ 지역사회 자원의 불균등한 분배에 문제를 제기하고 사회개혁적인 노력을 한다.

06 지역사회복지실천에 관한 설명으로 옳은 것을 모두 고른 것은?

> ㄱ. 지역사회의 욕구를 반영한 사회서비스의 개발이 강조된다.
> ㄴ. 개입의 일차적 목표는 문제를 가진 개인의 변화이다.
> ㄷ. 불이익집단과 이익집단의 갈등에 직접 개입해서는 안 된다.
> ㄹ. 지역사회는 실천의 대상인 동시에 실천을 위한 수단이 된다.

① ㄱ, ㄹ   ② ㄴ, ㄷ
③ ㄱ, ㄴ, ㄹ   ④ ㄴ, ㄷ, ㄹ
⑤ ㄱ, ㄴ, ㄷ, ㄹ

07 지역사회복지를 실천하는 사회복지사가 가져야 할 바람직한 태도로 옳은 것을 모두 고른 것은?

> ㄱ. 지역주민 및 유관기관에 대해 협력적인 관계를 구축하도록 한다.
> ㄴ. 클라이언트 개인의 문제를 제도적 차원과 연결하여 고민한다.
> ㄷ. 억압받는 집단을 주변화하는 상황, 환경에 대해 비판의식을 키운다.
> ㄹ. 근무하고 있는 조직의 가치를 최우선으로 반영하여 활동을 전개한다.

① ㄱ, ㄴ, ㄷ   ② ㄱ, ㄷ
③ ㄱ, ㄴ, ㄹ   ④ ㄷ, ㄹ
⑤ ㄴ, ㄷ, ㄹ

08 지역사회복지실천에 관한 설명으로 옳은 것은?

① 지역사회 전체를 위해 내부의 다양성은 무시해도 좋다.
② 사회복지사는 반드시 모든 구성원과 직접 접촉해야 한다.
③ 대상집단이 사회복지사를 선택할 수는 없다.
④ 사회적 문제보다는 개인의 문제에 초점을 두어야 한다.
⑤ 지역주민의 욕구가 변할 수 있음을 인식해야 한다.

09 지역사회복지와 관련된 개념들에 대한 설명으로 옳지 않은 것은?

① 지역사회조직 사업은 전문사회복지사에 의해 조직적, 계획적으로 진행된다.
② 지역사회복지실천은 지역사회 내 사회적 약자층, 취약계층의 이익 증대 및 환경에 대한 대처능력 향상을 목적으로 한다.
③ 지역사회계획은 지역사회를 대상으로 실시한 욕구조사 결과를 토대로 문제해결을 위한 프로그램을 개발한다.
④ 지역사회보호란 지역 내 노인이나 장애인 등이 지역사회에서의 일상적 삶을 유지하면서 필요한 사회복지서비스를 받을 수 있도록 하는 것을 목표로 한다.
⑤ 지역사회개발은 지역사회 내 도로나 주택 등 물리적 시설 개발에 한정된다.

지역사회복지론

✢10 정상화 이념에 관한 설명에 해당하는 것은?

① 1950년대 미국에서 대두된 이념이다.

② 일상적인 가정과 지역사회에 통합된 삶을 강조한다.

③ 일정한 시설에 거주하면서 보호서비스를 제공받는 형태이다.

④ 주요 목적은 계층 간의 격차를 줄이고, 전반적인 불평등을 감소시키는 것이다.

⑤ 문제해결의 주체로서 주민의 주체성과 참여를 강조한다.

12 다음의 지역사회에서 구현되고 있는 지역사회복지 이념은?

> '사이좋은 우리 마을'은 마을을 소중히 여기는 사람들이 자발적으로 모여서 지역 안에서 다양한 공익적 활동을 하고자 시작되었다. 지역에서 주민이 상상을 실천할 수 있도록 긴 호흡으로 꾸준히 지역과 소통하며 대안을 만들어가고자 한다.

① 비판의식 개발　　　② 사회통합

③ 상호학습　　　　　④ 네트워크

⑤ 주민참여

문제풀이 **TIP**

지역사회복지와 관련된 중요한 이념들로 정상화, 사회통합, 탈시설화, 주민참여, 네트워크 등이 있다. 정상화는 일상적인 삶, 사회통합은 사회의 불평등 감소, 탈시설화는 개방적인 소규모 생활시설, 주민참여는 주민의 주체성, 네트워크는 유관기관과의 연계 등에 초점을 두고 있다.

✢11 지역사회복지와 관련된 개념에 관한 설명으로 옳지 않은 것은?

① 재가복지는 공식적 보호 외에 비공식적 보호를 포함한다.

② 시설보호는 의식주 서비스를 비롯한 사회적 보호를 제공한다.

③ 지역사회행동은 사회적 약자들의 권익보호에 초점을 둔다.

④ 지역사회보호는 시설보호의 장점을 강화하기 위해 제시되었다.

⑤ 시설의 사회화는 시설생활자의 인권존중 및 생활보장을 강조한다.

✢13 지역사회복지실천의 원칙으로 옳은 것을 모두 고른 것은?

> ㄱ. 지역사회의 환경과 조건들을 있는 그대로 수용할 수 있어야 한다.
> ㄴ. 인간의 욕구가 바뀌듯 지역사회의 욕구도 바뀔 수 있음을 인식해야 한다.
> ㄷ. 지역사회복지실천은 그 자체가 목적이 아닌 수단임을 이해해야 한다.
> ㄹ. 지역사회의 이익보다 사회복지기관으로서의 사명과 목적을 우선해야 한다.

① ㄱ, ㄴ　　　　　② ㄷ, ㄹ

③ ㄱ, ㄴ, ㄷ　　　④ ㄴ, ㄷ, ㄹ

⑤ ㄱ, ㄴ, ㄷ, ㄹ

14 지역사회복지실천이 추구하는 목적으로 옳은 것을 모두 고른 것은?

> ㄱ. 이익집단에 대한 갈등 유도
> ㄴ. 지역사회 문제에 대한 대처능력 고취
> ㄷ. 지역사회에 필요한 서비스 마련
> ㄹ. 지역사회의 통합 강화

① ㄱ, ㄴ   ② ㄷ, ㄹ
③ ㄱ, ㄴ, ㄷ   ④ ㄱ, ㄴ, ㄹ
⑤ ㄴ, ㄷ, ㄹ

✦15 지역사회복지실천의 원칙에 관한 설명으로 옳지 않은 것은?

① 지역사회복지의 일차적인 클라이언트는 지역사회여야 한다.
② 지역사회의 특성에 따른 개별화 원칙을 준수해야 한다.
③ 지역사회의 다양한 계층이 참여할 수 있도록 해야 한다.
④ 기관의 자체적인 사업보다 연계 · 협력 사업에 주력해야 한다.
⑤ 지역사회에도 자기결정의 권리가 있음을 인식해야 한다.

✦16 지역사회복지실천의 목적에 관한 설명으로 적절하지 않은 것은?

① 지역사회 내 이익집단을 위한 서비스를 확보할 수 있도록 한다.
② 지역사회가 환경변화에 대처할 수 있는 능력을 향상시키도록 한다.
③ 지역사회의 욕구를 해결하기 위한 효과적인 서비스 방법을 개발한다.
④ 지역사회에 있는 모든 집단들이 자신들의 의사를 표현할 수 있도록 격려한다.
⑤ 다양한 집단들과 조직들 간의 적응과 협동적 관계가 중요하다.

17 지역사회복지 실천활동에 관한 설명으로 옳지 않은 것은?

① 지역사회 내 문제해결을 위해 서비스를 개발하고 자원을 동원한다.
② 지역주민의 주체적 활동을 위해 사회복지사의 역할은 간접적 개입에 국한된다.
③ 지역사회 내 취약계층이나 특수집단의 이익 증대를 꾀한다.
④ 지역사회는 지역사회복지실천의 대상인 동시에 수단이기도 하다.
⑤ 지역사회에의 참여와 지역사회 내 집단들의 통합을 강화하는 활동이다.

문제풀이 **TIP**

지역사회복지실천은 지역주민이 공유하는 문제를 해결하기 위해 지역사회의 변화를 위한 직접적인 개입활동이며, 네트워크, 자원동원, 옹호, 조직화 등 다양한 기술을 활용한다. 지역사회복지실천의 원칙은 이러한 지역사회복지실천의 개념과 활동을 토대로 이해하는 것이 필요하다.

지역사회복지론

✤18 지역사회복지실천에서 추구하는 가치로 옳은 것을 모두 고른 것은?

> ㄱ. 다양한 문화에 대한 이해
> ㄴ. 지역사회에 대한 비판의식의 지양
> ㄷ. 클라이언트의 임파워먼트
> ㄹ. 제공자와 대상자 간 위계적 관계

① ㄱ, ㄷ　　　　② ㄴ, ㄹ
③ ㄱ, ㄴ, ㄷ　　④ ㄹ
⑤ ㄱ, ㄴ, ㄷ, ㄹ

20 지역사회복지실천에 관한 설명으로 옳은 것은?

① 지역사회 혹은 지역주민을 수단으로 삼아서는 안 된다.
② 아동, 청소년, 노인, 가족 등 대상 중심의 활동이다.
③ 하향식으로 전개되는 사회계획모델에 반대한다.
④ 지역주민의 참여를 통한 예방적 효과를 추구한다.
⑤ 주민들이 공동으로 해결할 수 없는 문제에 대한 대응책이다.

✤19 지역사회복지의 특성에 대한 설명으로 적절하지 않은 것은?

① 예방성: 욕구를 조기에 발견하여 확산을 방지
② 폐쇄성: 주민의 기초적인 생활권역에 따라 지역적 특성을 고려
③ 공동성: 사적 활동으로 해결하기 어려운 문제에 대한 공동 행동
④ 통합성: 서비스 제공기관 간의 네트워크 구축
⑤ 연대성: 주민운동, 상호부조 활동

3장 지역사회복지의 역사

이 장에서는,

우리나라의 역사가 가장 많이 출제되고 있다. 우리나라의 공공 전달체계 변화를 비롯해 조선시대 인보 관행 및 제도, 해방 이후 KAVA의 활동, 새마을운동 등 다양한 내용이 두루두루 출제되고 있다. 그 밖에 자선조직협회와 인보관운동의 특징을 파악하는 문제도 주요 출제범위이며, 최근 시험에는 영국에서 발표됐던 지역사회보호 관련 보고서들도 연이어 출제되었기 때문에 영국의 발달사도 관심있게 봐두어야 한다.

해답과 오답노트 134쪽

✦01 우리나라 지역사회복지실천의 역사적 변천 과정에 관한 설명으로 옳은 것은?

① 1992년 설치된 재가복지봉사센터는 2010년 노인장기요양센터로 흡수되었다.

② 1998년에 실시된 국민기초생활보장제도는 지역사회 중심의 자활사업을 촉진시켰다.

③ 2005년에는 제1기 지역사회복지계획을 수립하기 시작해 2007년부터 진행되었다.

④ 2016년 복지허브화 사업으로 동사무소의 복지기능을 강화하며 주민센터로 거듭났다.

⑤ 시 · 군 · 구 지역사회복지협의체는 2017년부터 지역사회보장협의체로 대체되었다.

기출 STYLE

역사적 사건들의 시기를 묻는 문제들은 특정 시대를 제시하고 그에 해당하는 사건을 찾는 문제, 사건들을 제시하고 순서대로 나열하는 문제, 시기와 특징이 바르게 연결된 것을 찾는 문제, 2000년대 이후 최근의 변화 내용을 묻는 문제 등 다양한 유형으로 출제되고 있다.

✦02 영국의 지역사회복지 역사에 관한 설명으로 옳지 않은 것은?

① 1834년 신구빈법으로 노동능력이 있는 빈민에 대한 강제노동이 강화되었다.

② 1884년에는 바네트 목사는 최초의 인보관인 토인비홀을 설립하였다.

③ 1950년대에는 지역사회가 사회복지의 새로운 장으로 인식되기 시작하였다.

④ 1964년에는 빈곤과의 전쟁 선포로 지역사회 행동 프로그램이 실시되었다.

⑤ 1988년 그리피스 보고서가 발표된 이후 케어매니지먼트가 도입되었다.

기출 STYLE

영국의 역사에서는 자선조직협회 및 인보관운동부터 지역사회보호와 관련된 보고서들을 확인해두어야 한다.

지역사회복지론

03 한국 지역사회복지의 발달과정을 순서대로 나열한 것은?

> ㄱ. 지역사회복지협의체가 지역사회보장협의체로 변경되었다.
> ㄴ. 통합 사례관리를 위해 희망복지지원단 운영을 시행하였다.
> ㄷ. 영구임대주택단지 내에 사회복지관 건립이 의무화되었다.
> ㄹ. 재가복지서비스의 확대를 위해 재가복지봉사센터를 설립하였다.

① ㄱ → ㄴ → ㄷ → ㄹ
② ㄴ → ㄱ → ㄷ → ㄹ
③ ㄴ → ㄱ → ㄹ → ㄷ
④ ㄷ → ㄴ → ㄹ → ㄱ
⑤ ㄷ → ㄹ → ㄴ → ㄱ

✛04 2000년대 이후 한국 지역사회복지의 변화로 옳은 것을 모두 고른 것은?

> ㄱ. 시·군·구 지역사회보장협의체 설치
> ㄴ. 읍·면·동 행정복지센터 운영
> ㄷ. 시·군·구 희망복지지원단 개설
> ㄹ. 시·도 사회복지협의회 조직

① ㄱ, ㄴ
② ㄷ, ㄹ
③ ㄱ, ㄴ, ㄷ
④ ㄱ, ㄷ, ㄹ
⑤ ㄴ, ㄷ, ㄹ

05 미국 지역사회복지 역사에 관한 설명으로 옳지 않은 것은?

① 미국의 자선조직협회운동은 1877년 거틴 목사에 의해 시작되었다.
② 1차 세계대전, 대공황을 거치면서 지역사회 조직화의 움직임이 나타났다.
③ '빈곤과의 전쟁' 시기에는 사회복지 문제에 대한 연방정부의 책임이 확대되었다.
④ 1960년대에는 지역사회복지 실천모델로서 로스만의 3가지 실천모델이 등장했다.
⑤ 1970년대 후반 신보수주의 경향은 1980년대 정부 복지사업 확대로 이어졌다.

✛06 새마을 운동에 관한 설명으로 옳지 않은 것은?

① 근면, 자조, 협동 등을 기본이념으로 한 지역사회개발 사업이었다.
② 과정중심 목표를 중시하면서도 과업중심적 경향이 컸다는 한계가 있었다.
③ 농촌의 생활환경개선 사업으로 시작해 소득증대 사업으로 확대되었다.
④ 민간 주도 사업으로 실시되다가 1970년대 국가 사업으로 전환되었다.
⑤ 1980년대에는 정치적 목적으로 이용되면서 본래의 의미가 퇴색되었다.

07 다음은 영국 지역사회복지의 역사적 흐름에 따른 각 시기별 특징을 제시한 것이다. 시기별 순서대로 나열한 것은?

> ㄱ. 시장경제의 원리에 따른 서비스 향상 및 제공
> ㄴ. 온정주의와 집합적 지역사회행동에 따른 지역사회복지의 시작
> ㄷ. 지역주민들의 다양한 욕구충족을 위한 비공식 보호서비스 강조
> ㄹ. 수용시설의 부정적 평가에 따른 지역사회보호의 태동

① ㄹ — ㄴ — ㄷ — ㄱ
② ㄷ — ㄴ — ㄱ — ㄹ
③ ㄴ — ㄹ — ㄷ — ㄱ
④ ㄹ — ㄷ — ㄱ — ㄴ
⑤ ㄴ — ㄷ — ㄹ — ㄱ

08 미국 지역사회복지 역사에 관한 설명으로 옳은 것을 모두 고른 것은?

> ㄱ. 1800년대 후반부터 1900년대 초반에는 사회진화론, 실용주의, 자유주의 등의 이념이 크게 작용했다.
> ㄴ. 1930년대 후반에는 시카고의 노동자 거주지역에서 지역사회복지사업이 시작되었다.
> ㄷ. 1960년대 여성해방운동, 인종차별철폐운동 등을 통해 시민권 운동이 진일보하게 되었다.
> ㄹ. 1980년대 신보수주의 경향에 따른 '작은 정부'는 사회복지에 대한 국가적 책임을 강화하였다.

① ㄱ, ㄴ, ㄷ   ② ㄱ, ㄴ, ㄹ
③ ㄱ, ㄷ, ㄹ   ④ ㄴ, ㄷ, ㄹ
⑤ ㄱ, ㄴ, ㄷ, ㄹ

✦09 인보관운동에 관한 설명으로 옳지 않은 것은?

① 자유주의, 급진주의, 계몽주의 등의 이념을 토대로 하였다.
② 기독교적 도덕성을 바탕으로 빈민을 교화시킴으로써 빈곤을 해결하고자 하였다.
③ 빈민들을 이해하고 욕구를 반영하기 위해 함께 거주하고 생활할 것을 강조하였다.
④ 사회적 환경 변화의 필요성을 강조하며 사회개혁을 위한 노력을 추진하였다.
⑤ 사회조사를 실시하여 통계자료를 바탕으로 입법 활동에 활용하였다.

문제풀이 **TIP**

자선조직협회와 인보관
자선조직협회와 인보관 모두 지역사회복지 및 지역사회보호라는 측면에서 새로운 틀을 제시했다는 의의가 있다. 하지만 자선조직협회는 중산층을 중심으로 선별적인 서비스 조정 활동을 했고, 인보관은 지식인층을 중심으로 서비스 직접 제공 및 의식화 교육을 통한 사회개혁을 추구했다는 점에서 특징적인 차이가 있다.

10 우리나라 지역사회복지 발달에 관한 설명으로 옳은 것은?

① 조선시대 노동력을 상시적으로 차용하던 계는 지금도 이어지고 있다.
② 조선시대 오가통(五家統)은 지역에서 자율적으로 진행된 인보제도이다.
③ 일제강점기에는 농촌마다 전통적인 자생적 복지활동이 더욱 활발해졌다.
④ 일제강점기에 실시되었던 사회보험인 조선구호령은 생활보호법 제정으로 폐지되었다.
⑤ 한국전쟁 이후 외국 원조기관들의 활동으로 서구의 사회복지 사업이 소개되었다.

✦11 영국 지역사회복지의 발달 과정에서 제시된 보고서에 관한 설명으로 옳은 것을 모두 고른 것은?

> ㄱ. 시봄 보고서는 지역사회를 기반으로 한 서비스 제공에 초점을 둔 행정개편이 필요하며, 지역에 서비스전담사무소를 설치할 것을 주장했다.
> ㄴ. 하버트 보고서는 비공식 서비스의 중요성을 강조하면서 공공과 민간은 비공식적 보호를 지원하는 데에 주요 과업이 있다고 주장했다.
> ㄷ. 바클레이 보고서는 대부분의 보호가 비공식 돌봄망에 의해 이루어지고 있으며, 공식 서비스가 점차적으로 이를 대체해야 한다고 주장했다.
> ㄹ. 그리피스 보고서는 신보수주의 및 복지다원주의의 영향을 받은 것으로 국가가 서비스의 공급자로서 제 역할을 수행해야 한다고 주장했다.

① ㄱ, ㄴ
② ㄷ, ㄹ
③ ㄱ, ㄴ, ㄹ
④ ㄴ, ㄷ, ㄹ
⑤ ㄱ, ㄴ, ㄷ, ㄹ

12 1952년 조직된 KAVA에 관한 설명으로 옳은 것을 모두 고른 것은?

> ㄱ. 당시 보건부가 추진했던 사업으로 외국 원조단체의 도움을 받아 읍·면·동 단위에 설치되었다.
> ㄴ. 한국전쟁으로 인한 난민 및 고아를 돕기 위한 시설보호로 출발하였다.
> ㄷ. 상호 간 정보 교환을 통해 원조의 중복을 피하고자 하였다.
> ㄹ. 우리나라의 경제가 성장하면서 1970년대 후반에는 사업을 종료하기 시작하였다.

① ㄱ, ㄴ
② ㄷ, ㄹ
③ ㄱ, ㄴ, ㄹ
④ ㄴ, ㄷ, ㄹ
⑤ ㄱ, ㄴ, ㄷ, ㄹ

13 우리나라 지역사회복지의 역사에서 해방 이후의 지역사회복지에 관한 설명으로 옳은 것을 모두 고른 것은?

> ㄱ. 해방 직후에는 한국전쟁으로 발생한 전쟁고아를 위한 수용시설 및 빈민구호 활동이 중심이 되었다.
> ㄴ. 1951년 기부금품모집금지법의 제정으로 민간 주도적 모금 활동이 활발하게 이루어게 되었다.
> ㄷ. 1950년대 후반에 진행된 지역사회개발사업은 1970년대에 실시된 새마을운동으로 이어졌다.
> ㄹ. 1957년 이화여자대학교 부설 사회복지관 건립을 시작으로 1960년대에는 사회복지관의 설립이 급증했다.

① ㄱ, ㄴ, ㄷ
② ㄱ, ㄷ
③ ㄱ, ㄴ, ㄹ
④ ㄷ, ㄹ
⑤ ㄱ, ㄴ, ㄷ, ㄹ

14 다음에 제시된 우리나라 지역사회복지 발달 과정을 순서대로 나열한 것은?

> ㄱ. 시·군·구 단위의 통합 사례관리를 위한 '희망복지지원단' 출범
> ㄴ. 지방자치제도 추진에 따른 '1기 지역사회사회복지계획' 시작
> ㄷ. 공공부문에서 사회서비스를 직접 제공하는 '사회서비스원' 시행
> ㄹ. 읍·면·동의 복지기능 강화를 위한 '복지 허브화' 사업 추진

① ㄱ - ㄴ - ㄷ - ㄹ
② ㄱ - ㄷ - ㄴ - ㄹ
③ ㄴ - ㄱ - ㄹ - ㄷ
④ ㄴ - ㄹ - ㄱ - ㄷ
⑤ ㄷ - ㄴ - ㄹ - ㄱ

15 우리나라 지역사회복지와 관련된 변화에 관한 설명으로 옳지 않은 것은?

① 1989년 주택건설촉진법을 통해 저소득층 영구임대 아파트 내 사회복지관 건립을 의무화하였다.

② 1990년대에는 사회통합, 정상화 이념을 바탕으로 재가복지서비스가 확대되었다.

③ 1990년대 지방자치제도 실시의 영향으로 2000년대에는 지역사회 중심의 복지가 발전하였다.

④ 2000년대에는 국민기초생활보장 제도에 따라 지역사회 중심의 자활지원 사업이 본격화되었다.

⑤ 2010년대에는 사회복지사업법 개정으로 지역사회보장을 지역사회복지로 전문화하였다.

16 자선조직협회와 관련된 설명으로 옳은 것은?

① 빈곤을 개인문제가 아닌 사회문제로 인식하였다.

② 빈민과의 동등한 관계형성을 강조하였다.

③ 빈민교육을 통한 사회개혁을 추구하였다.

④ 가난한 사람들을 가치 기준에 따라 구분하였다.

⑤ 자유주의, 급진주의 사상의 영향을 받았다.

17 시설보호가 아닌 지역사회보호의 중요성을 강조한 영국의 보고서를 모두 고른 것은?

ㄱ. 하버트 보고서	ㄴ. 바클레이 보고서
ㄷ. 그리피스 보고서	ㄹ. 시봄 보고서

① ㄱ, ㄴ, ㄷ   ② ㄱ, ㄷ, ㄹ

③ ㄱ, ㄴ, ㄹ   ④ ㄴ, ㄷ, ㄹ

⑤ ㄱ, ㄴ, ㄷ, ㄹ

18 한국 지역사회복지 역사에서 나타난 인보관행 및 제도에 관한 설명으로 옳지 않은 것은?

① 계는 경제적 대비를 위해 주민 간에 이루어진 자연발생적 조직이었다.

② 품앗이는 농민의 노동력을 서로 차용 또는 교환하기 위한 관행이었다.

③ 오가통은 인보상조 및 연대책임을 규정한 지방자치 성격의 제도였다.

④ 향약은 농민들의 이탈 방지 및 결속력 강화를 위해 국가적으로 실시되었다.

⑤ 진휼청은 조선시대 흉년으로 인한 이재민과 빈민을 구제하기 위한 기관이었다.

19 한국 지역사회복지의 발달에 관한 설명으로 옳지 않은 것은?

① 복지사각지대 발굴을 위해 읍 · 면 · 동 복지 허브화를 추진하였다.

② 지방분권화로 사회복지에 대한 중앙정부의 책임이 강화되었다.

③ 사회복지공동모금회의 출범은 민간 재원의 발굴이라는 의의를 갖는다.

④ 새마을운동은 근면 · 자조 · 협동을 주요 정신으로 한다.

⑤ 시설운영의 효율성 제고를 위해 사회복지 시설평가를 도입하였다.

20 영국 시봄 보고서에 관한 설명으로 옳은 것을 모두 고른 것은?

> ㄱ. 각 지역별 전담 사회서비스 사무소 설치를 위한 행정개편을 주장했다.
> ㄴ. 정부에 의한 공식 서비스 외에 비공식 서비스의 활용을 강조했다.
> ㄷ. 지역주민의 주체성을 고려하지 못했다는 한계가 지적되기도 했다.
> ㄹ. 그리피스 보고서와 함께 지역사회보호의 형성에 기여한 것으로 평가되고 있다.

① ㄱ, ㄴ   ② ㄱ, ㄹ

③ ㄱ, ㄴ, ㄷ   ④ ㄴ, ㄷ, ㄹ

⑤ ㄱ, ㄴ, ㄷ, ㄹ

지역사회복지의 주요 이론

4장

이 장에서는,

이전에는 기능론적 관점과 갈등론적 관점을 구분하는 문제나 교환이론, 자원동원이론 정도가 주로 출제되었으나 권력의존이론, 생태체계이론을 비롯해 사회구성론, 다원주의이론 등 여기서 배우는 이론들이 모두 출제범위라고 생각하고 학습해야 한다. 각 이론들이 제시하는 관점과 개념들을 정리하면서 이론들이 지역사회복지실천과 어떻게 연결되는지를 생각해봐야 한다.

해답과 오답노트 137쪽

✛01 다음 상황을 설명할 수 있는 이론은?

> A 사회복지관은 자체적으로 욕구조사를 시행한 결과, 해당 지역 내에 다문화가정이 많지 않은 것으로 확인되었다. 이에 따라 내년도 사업기획안에서 다문화가정 지원 사업을 제외하였다. 그러나 다문화 정책을 강조하는 보건복지부로부터 사업기획안을 수정하라는 요구를 받게 되었다.

① 권력의존이론
② 갈등주의이론
③ 자원동원이론
④ 다원주의이론
⑤ 사회구성론

기출 STYLE

각 이론의 주요 특징을 바탕으로 실제 지역사회복지실천활동에 어떻게 적용할 수 있는지도 연결하여 생각할 수 있어야 한다.

✛02 지역사회복지 이론에 관한 설명으로 옳은 것은?

① 사회학습이론: 주민들의 역량강화를 통해 지역사회의 발전을 이끌어낼 수 있다.
② 사회교환이론: 교환 과정에서 나타나는 갈등을 조정함으로써 사회가 발전한다.
③ 권력의존이론: 이익집단 간에 나타나는 권력다툼의 결과에 따라 정책이 결정된다.
④ 다원주의이론: 이익집단의 참여로 인해 정책 결정은 혼란에 빠지게 된다.
⑤ 자원동원이론: 국가가 사회복지 제도를 시행함에 있어서는 자원이 확보되어야 한다.

기출 STYLE

다양한 이론들의 주요 특징을 잘 정리해두어야 한다.

✛03 자원동원이론에 관한 설명으로 옳은 것은?

① 이 이론에서의 자원은 돈, 사람 등 물질적인 것에 국한된다.

② 자원의 유무가 사회운동의 성패에 결정적 요인은 아니다.

③ 후원자 간 계층화를 막기 위해 거액기부자 모집은 지양한다.

④ 사회적 약자를 위한 사회운동 조직화에 토대가 되는 이론이다.

⑤ 교환 행위가 반복되면서 집단 간의 사회적 관계는 더욱 강화된다.

✛04 갈등이론에 관한 설명으로 옳지 않은 것은?

① 사회에서 발생하는 갈등은 본질적인 현상이다.

② 갈등이 온전히 해결되면 사회적 안정이 지속된다.

③ 갈등은 경제적 격차뿐만 아니라 문화 차이에서도 발생한다.

④ 지역사회의 권력구조 및 권력관계를 살펴보는 것이 중요하다.

⑤ 사회행동모델을 설명해주는 이론적 근거가 된다.

 문제풀이 TIP

갈등이론에서는 갈등을 불가피한 현상으로 보았고, 사회변화를 일으킬 수 있다는 점에서 긍정적으로 보았다는 특징을 기억해두자.

✛05 교환이론에 관한 설명으로 옳은 것은?

① 교환행위가 반복되면 갈등이 커져 관계가 와해된다.

② 다양한 체계들 간의 상호작용을 강조한다.

③ 호혜적인 교환은 참여자 사이의 신뢰를 강화한다.

④ 사람들은 타인의 이익을 위해 교환에 참여한다.

⑤ 교환관계에서는 불균형이 일어나지 않는다.

 문제풀이 TIP

교환이론은 이익, 보상 등의 차원에서 인간관계의 상호작용을 살펴본다는 특징이 있다.

06 지역사회복지 관련 이론들에 관한 내용으로 옳지 않은 것은?

① 자원동원이론은 재정자원의 확보에만 초점을 두고 있어 사회적 소수자의 권익옹호를 위한 실천활동을 설명하지는 못한다.

② 사회체계이론은 지역사회의 균형과 유지에 초점을 두고 있어 지역사회에서 일어나는 변화나 갈등을 설명하지는 못한다.

③ 상호조직이론은 조직 상호 간의 지지와 협력을 통해 자원의 중복을 방지하면서 지역사회의 욕구를 해결해나갈 수 있음을 설명한다.

④ 엘리트주의는 소수 엘리트의 정책결정에 주목하며, 다원주의는 다양한 대중 집단의 참여와 경쟁을 통한 정책결정을 강조한다.

⑤ 교환이론은 지역사회복지실천 역시 교환의 장에서 이루어진다는 측면에서 비영리조직의 마케팅을 설명할 수 있다.

07 힘과 관련된 지역사회복지이론에 관한 설명으로 옳은 것을 모두 고른 것은?

> ㄱ. 사회적 공감대의 형성을 사회변화를 이루는 중요한 기제로 간주한다.
> ㄴ. 취약계층이 자신들의 욕구해결을 위해서는 힘을 가져야 한다고 본다.
> ㄷ. 힘은 자원, 정책결정권한을 획득함에 있어 필수적 요소이다.
> ㄹ. 힘을 가진 엘리트들이 사회에 부정적인 영향을 미친다고 전제한다.

① ㄱ, ㄴ, ㄷ   ② ㄱ, ㄷ
③ ㄴ, ㄷ, ㄹ   ④ ㄴ, ㄹ
⑤ ㄱ, ㄴ, ㄷ, ㄹ

문제풀이 TIP

힘을 강조하는 대표적 이론으로는 엘리트이론, 자원동원이론, 권력의존이론, 갈등이론 등이 있다.

08 다원주의에 대한 설명으로 옳은 것을 모두 고른 것은?

> ㄱ. 어떤 단일한 제도 또는 제도적 집합체도 지배적인 것은 없다.
> ㄴ. 사회는 특별한 문제를 중심으로 일시적으로 연합하는 변화무쌍한 연합체로 구성된다.
> ㄷ. 대중은 선거와 조직적인 참여를 통하여 엘리트에 대해 상당한 영향을 미칠 수 있다.
> ㄹ. 공동체적 의사결정 과정과 권력구조를 지향한다.

① ㄱ, ㄴ, ㄷ   ② ㄱ, ㄷ
③ ㄱ, ㄴ, ㄹ   ④ ㄷ, ㄹ
⑤ ㄱ, ㄴ, ㄷ, ㄹ

✛09 다음 중 교환이론에 관한 설명으로 옳은 것을 모두 고른 것은?

> ㄱ. 인간은 합리적인 동물이며 최대의 이익을 추구하려는 경향이 있다고 전제한다.
> ㄴ. 블라우는 불평등한 교환관계로부터 권력구조가 만들어진다고 보았다.
> ㄷ. 블라우는 교환이 어떤 경로를 통해 평등 혹은 불평등 관계를 만들어 내는지에 관심을 가졌다.
> ㄹ. 호만스의 교환이론에 따르면 보상이나 이익은 관계에서 도출되는 부정적인 결과를 가리킨다.

① ㄱ, ㄴ, ㄷ   ② ㄱ, ㄷ, ㄹ
③ ㄴ, ㄷ, ㄹ   ④ ㄱ, ㄴ, ㄹ
⑤ ㄱ, ㄴ, ㄷ, ㄹ

문제풀이 TIP

교환은 모든 사회적 상호작용에서 나타난다고 보았으며, 교환이 호혜적일 때에는 평등한 관계가 되지만 교환이 시혜적일 때에는 불평등한 관계가 된다고 보았다. 또한 자원의 소유여부에 따라 권력, 권위가 굳어지면 조직이 안정화된다고 보았다.

✛10 다음에서 설명하는 이론은 무엇인가?

> • 지역사회가 변화에 순응하면 살아남고, 변화에 순응하지 못하면 도태된다는 자연의 섭리를 강조한다.
> • 사회 속에서의 경쟁, 지배, 집중화, 계승, 분리 등의 개념을 통해 사회환경의 변천과정을 역동적으로 설명할 수 있다.

① 사회구성론   ② 사회체계이론
③ 교환이론   ④ 갈등이론
⑤ 생태이론

11 다음 중 체계이론에 대한 설명으로 옳지 않은 것은?

① 크고 작은 하위체계들이 전체 사회를 구성한다.

② 구조기능론과 마찬가지로 지역사회의 균형과 유지에 초점을 둔다.

③ 전체로서의 체계는 하위체계의 영향을 받지 않는 독립된 것이다.

④ 지역사회의 갈등을 설명하기에 한계가 있다.

⑤ 각 하위체계는 상호독립적이면서도 유기적인 개방체계를 이룬다.

12 <보기>에 제시된 이론에 대한 설명으로 옳은 것을 모두 고른 것은?

> 이 이론은 어떤 관계를 참여자가 활용가능한 자원의 크기에 의해 결정되는 권력균형의 교환과정으로 파악한다. 예를 들어, 중앙정부와 지방자치단체 사이에 서로 다른 자원의 크기에 의해 지방자치단체는 중앙정부에 의존적일 수 있다는 관점이다.
>
> ㄱ. 개인이 처한 사회나 문화 속 맥락에 따라 현실의 문제나 상황을 구성 또는 재구성할 수 있다는 관점이다.
> ㄴ. 정부의 지원금을 받는 조직이 정부의 요구나 정책을 따를 수밖에 없는 현실을 설명해준다.
> ㄷ. 포스트모더니즘과 상징적 상호작용주의의 영향을 받았다.
> ㄹ. 지역 안에 존재하는 조직들이 갖는 힘의 생성과 분배에 대해 다룬다.

① ㄱ   ② ㄱ, ㄷ

③ ㄴ, ㄹ   ④ ㄴ, ㄷ, ㄹ

⑤ ㄱ, ㄴ, ㄷ, ㄹ

문제풀이 TIP
<보기>에서 제시된 이론은 의존관계가 발생하는 맥락을 설명해준다.

✢13 지역사회에 관한 구조기능주의적 관점에 대한 설명으로 옳지 않은 것은?

① 지역사회를 유기적으로 관련된 하나의 체계로 본다.

② 사회를 구성하는 각 구조들은 합의된 가치와 규범에 따라 행동한다.

③ 조절, 조정, 통합 등을 통한 균형과 안정을 지향하는 관점이다.

④ 하위체계들 사이에 일어나는 갈등 양상을 설명할 수 있다.

⑤ 각 하위체계들의 독립성을 인정하면서도 상호관련성을 살펴본다.

✢14 다음 사례에서 우선적으로 고려해야 할 지역사회복지 이론은 무엇인가?

> ○○기관이 위치한 △△지역에는 최근 몇 년 사이 주거지역 개발과 함께 초등학교가 들어서게 되었다. 이 과정에서 인근 지역의 다문화 가정들이 이주하면서 지역 내 다문화 가정의 수가 증가하였다. 얼마 전 ○○기관을 방문한 A씨(29세, 여)는 외국인노동자로 입국한 후 한국 남성과 결혼하여 아이를 낳았으나 몇 해 전 이혼 후 혼자 아이를 키우고 있다. 자기가 한국의 교육이나 문화를 잘 몰라서 그런지 전에 다니던 어린이집의 한국 엄마들이 아이를 그렇게 가르치면 안 된다는 말을 많이 했었고, 이제 곧 아이가 초등학교에 가게 될 텐데 자기가 잘못 가르쳐서 아이가 따돌림이라도 당할까 걱정스럽다고 했다.

① 사회체계론   ② 사회구성론

③ 생태체계론   ④ 다원주의이론

⑤ 인간행동이론

✛15 각 이론을 지역사회복지에 적용했을 때 나타날 수 있는 시사점 및 한계점에 대한 설명으로 적절하지 않은 것은?

① 구조기능론에서는 지역사회의 유지와 균형에 초점을 두기 때문에 갈등 현상을 설명하는 데에는 한계가 있다.

② 갈등이론에서의 갈등은 긍정적인 측면도 있지만, 오히려 지역사회 내 긴장관계가 고조될 수 있다는 측면도 있다.

③ 생태이론은 환경에 대한 적응을 중요하게 여기기 때문에 지나치게 변화추구적이라는 문제점이 지적된다.

④ 자원동원이론은 사회적 약자의 권익옹호 활동이나 사회운동을 행동화하는 데 있어 이론적 토대가 된다.

⑤ 지역사회복지를 실천하는 과정에서도 다양한 자원의 교환이 일어난다는 점에서 교환이론의 의의를 찾을 수 있다.

16 사회연결망이론에서의 사회연결망에 관한 설명으로 옳지 않은 것은?

① 교환에 개입하는 사람, 집단, 조직들로 구성된다.

② 도움을 주고받기 위한 사회적 교환체계로서 기능한다.

③ 물질적 교환에 국한되는 것은 아니다.

④ 사회복지조직을 중심으로 위계적 구조를 갖는다.

⑤ 통합적 서비스 제공을 가능하게 하는 연합구조이다.

✛17 사회구성론에 대한 설명으로 옳은 것을 모두 고른 것은?

> ㄱ. 클라이언트가 주류 문화를 학습하고 실행하는 데에 초점을 둔다.
> ㄴ. 클라이언트와의 지속적이고 집중적인 대화 과정이 강조된다.
> ㄷ. 사회복지사와 클라이언트가 함께 있는 '지금-여기'의 현실을 중요시한다.
> ㄹ. 기존의 지식에 영향을 미친 사회문화적 맥락에 관심을 둔다.

① ㄱ, ㄴ, ㄷ, ㄹ   ② ㄱ, ㄷ
③ ㄴ, ㄹ   ④ ㄱ, ㄴ, ㄷ
⑤ ㄴ, ㄷ, ㄹ

18 다음 설명에 해당하는 학자는?

> 지역사회 수준에서 갈등이론을 적용한 학자이다. 부유한 사람이든, 가난한 사람이든 동일한 사회 혜택을 받는 것이 지역사회조직의 목표라고 보았다. 이와 더불어 힘이 있는 집단이 자원동원이나 의사결정 권한을 힘이 없는 집단에게 이양해야 하고 이는 대중조직의 결성과 대항을 통해 달성될 수 있다고 주장했다.

① 호만스(Homans)
② 로스만(Rothman)
③ 블라우(Blau)
④ 알린스키(Alinsky)
⑤ 던햄(Dunham)

지역사회복지론

✦19 다음을 설명할 수 있는 지역사회복지 이론을 모두 고른 것은?

> 사회복지기관에서는 부족한 경제적 자원을 보충하기 위해 후원금 및 기부금을 조성하기 위해 노력한다. 또한 다양한 기관 및 조직과 연계함으로써 상호간에 부족한 물적, 인적 자원을 보충하면서 함께 문제의식을 공유하고 해결해나가고자 한다.
>
> ㄱ. 교환이론   ㄴ. 자원동원이론
> ㄷ. 다원주의이론   ㄹ. 사회연결망이론

① ㄱ, ㄴ, ㄷ   ② ㄱ, ㄴ, ㄹ
③ ㄱ, ㄷ, ㄹ   ④ ㄴ, ㄷ, ㄹ
⑤ ㄱ, ㄴ, ㄷ, ㄹ

20 엘리트주의에 대한 설명으로 옳은 것을 모두 고른 것은?

> ㄱ. 권력을 가진 엘리트가 사회의 상층에서 독점적·지배적으로 힘을 행사한다.
> ㄴ. 권력은 특수계층에 대한 대중들의 지지를 통해 획득되는 것이다.
> ㄷ. 엘리트는 선거나 어떤 다른 형식의 정치활동을 통해서도 대중의 영향을 거의 혹은 전혀 받지 않는다.
> ㄹ. 권력의 핵심 내부는 갈등이 지속되어 특정 문제에 대한 집단 내 동의가 이루어질 수 없다.

① ㄱ, ㄴ   ② ㄱ, ㄷ
③ ㄱ, ㄴ, ㄹ   ④ ㄱ, ㄷ, ㄹ
⑤ ㄴ, ㄷ, ㄹ

✦21 생태체계이론에 관한 설명으로 옳지 않은 것은?

① 지역사회와 지역사회 간의 상호작용에도 관심을 둔다.
② 경쟁, 지배, 집중화, 계승, 분산 등의 개념을 사용한다.
③ 인간이 속해 있는 생태환경을 체계적으로 구조화하여 살펴본다.
④ 지역사회의 변화과정을 역동적 진화과정으로 설명할 수 있다.
⑤ 문제적 환경을 적극적으로 변화시키기 위한 사회행동을 추진한다.

22 하드캐슬(Hardcastle)의 권력균형 전략 중 다음에 해당하는 것은?

> A기관은 B기업과 후원계약을 통해 다양한 물품을 지원받아 왔다. 그런데 지역사회의 인구구성 변화에 대응하여 A기관의 사업이 바뀌면서 더 이상 B기업의 후원물품이 필요하지 않게 되었다. 이에 A기관은 B기업과의 후원 계약을 지속하지 않기로 하였다.

① 경쟁   ② 재평가
③ 연합   ④ 의존
⑤ 개발

문제풀이 TIP

하드캐슬은 권력균형전략으로 경쟁, 재평가, 호혜성, 연합, 강압(강제) 전략을 제시하였다.

지역사회복지 실천모델의 이해

5장

이 장에서는,

로스만의 실천모델을 시작으로 웨일과 갬블의 모델, 테일러와 로버츠의 모델, 포플의 모델 등에 대해 학습한다. 로스만의 실천모델은 각각의 주요 특징을 정리해두고 혼합적으로 사용할 수 있다는 점도 같이 기억해두어야 한다. 웨일과 갬블의 모델도 꾸준히 출제되고 있기 때문에 8가지 모델의 주요 특징을 잘 비교해두어야 한다. 간헐적으로 테일러와 로버츠의 모델이 등장하기도 했고, 최근 시험에서는 포플의 모델이 출제되기도 했다.

해답과 오답노트 140쪽

✦01 로스만(Rothman)의 지역사회개발모델에 관한 설명으로 옳은 것은?

① 자조정신을 바탕으로 사회행동을 추진한다.

② 일부 집단이 주도적으로 문제를 해결한다.

③ 대화, 토의, 합의 등이 주요 전술이다.

④ 변화를 위한 매개체는 과정지향적 소집단이다.

⑤ 사회복지사가 지역주민의 지도자가 된다.

기출 STYLE

로스만의 실천모델은 가장 기본적으로 알아두어야 하는 내용이다. 3가지 모델의 특징을 잘 비교하며 파악해두어야 하며, 그 중 단일 출제로는 지역사회개발모델이 가장 자주 출제되었는데 지역사회개발모델 자체는 과정지향적이지만 이 모델에서 구성되는 소집단은 과업지향적이라는 점은 꼭 기억해두어야 한다.

✦02 로스만(Rothman)이 제시한 모델과 관련하여 다음 사례에 적용된 것은?

○○지역에는 소위 말하는 판자촌이 있다. 원래 이곳에 오는 마을버스 노선이 두 개 있었는데 하나는 지난해에 버스 회사가 파산하면서 없어졌고 남아 있던 노선마저 적자로 없어지게 되어 이곳을 오갈 수 있는 대중교통이 사실상 없어지게 되었다. 이에 ○○복지관에서는 다른 기관들과 함께 날짜를 정해 다가오는 겨울 동안이라도 마을 주민들이 이용할 수 있도록 기관 차량을 제공하기로 하였으며, 이와 함께 지자체와 버스 회사에 마을버스 운영을 호소하는 탄원서와 주민들의 서명 등을 제출할 예정이다.

① 지역개발/사회계획모델

② 사회계획/사회행동모델

③ 지역개발/사회행동모델

④ 사회행동모델

⑤ 사회계획모델

기출 STYLE

실천모델은 각 모델의 특징을 살펴봄과 동시에 사례에서 어떤 모델이 적용되고 있는지도 파악할 수 있도록 시험에 대비해야 한다.

✛03 웨일과 갬블이 제시한 지역사회복지 실천모델 중 다음에서 설명하고 있는 것은?

- 로스만의 사회행동모델과 관련이 있다.
- 정책 및 제도의 변화에 초점을 둔다.
- 일차적 구성원은 정치적 권한이 있는 시민이다.
- 사회복지사는 조사자, 옹호자, 조직가, 조정자로서의 역할을 수행한다.

① 기능적 지역사회조직모델
② 프로그램 개발과 지역사회연계모델
③ 사회운동모델
④ 정치 · 사회행동모델
⑤ 사회계획모델

기출 STYLE

로스만의 실천모델 다음으로 출제비중이 높은 내용이 웨일과 갬블의 실천모델이다. 특정 모델에 대한 단답형, 사례제시형 문제가 출제되고 있으며, 각 모델의 특징 및 강조되는 사회복지사의 역할 등이 자세히 다루어지기도 하였다.

✛04 다음 중 테일러와 로버츠가 제시한 지역사회실천모델이 아닌 것은?

① 정치적 역량강화 모델
② 계획 모델
③ 지역사회개발 모델
④ 프로그램 개발 및 조정 모델
⑤ 지역사회보호 모델

기출 STYLE

다소 지엽적이지만 테일러와 로버츠가 제시한 모델을 골라내는 문제도 꽤 종종 출제되곤 했다. 어느 학자가 어떤 모델을 제시했는지를 정확히 암기해두지 않으면 답을 놓칠 수밖에 없다.

✛05 <보기>에서의 지역사회복지 실천모델은?

농촌지역사회와 도시지역사회 그리고 국가와 세계적 차원의 여러 문제를 탐구하여 지역 간 균등발전을 도모하고, 인적 · 물적 자원을 효율적으로 이용하여 지역사회를 윤택한 복지사회로 건설하기 위해 지역주민의 역량강화를 강조한다.

① 사회연대활동모델
② 사회운동모델
③ 사회계획모델
④ 사회행동모델
⑤ 지역사회개발모델

06 웨일과 갬블이 제시한 지역사회복지실천모델과 사회복지사의 역할이 바르게 연결된 것은?

① 근린지역사회조직모델 – 협상가
② 지역사회의 사회 · 경제모델 – 대변가
③ 사회계획모델 – 조직가
④ 정치 · 사회모델 – 교사
⑤ 사회운동모델 – 옹호자

07 로스만의 사회행동모델에서 대상 지역사회의 범위는?

① 억압받는 지역사회 일부
② 지역사회 일부 특권 계층
③ 지리적 측면에서의 지역사회
④ 기능적 측면에서의 지역사회
⑤ 전체 지역사회

✚08 로스만의 지역사회개발모델에서 활용하는 변화전술은?

① 다양한 집단 간의 토론

② 갈등과 대결

③ 대중조직과 정치과정 활용

④ 지역사회의 통합

⑤ 공식조직과 객관적인 자료 활용

문제풀이 **TIP**

로스만이 제시한 모델은 각각의 특징에 따라 전술도 다르게 나타난다. 이 문제에서 특히 주의해야 할 점은 모델별로 전술을 구분하는 것 외에도 각 모델의 변화전술, 개입목표, 변화의 매개체 등도 구분해야 한다는 점이다.

✚09 웨일과 갬블의 지역사회복지 실천모델에 관한 설명으로 옳은 것은?

① 사회운동모델은 갈등이론, 자원동원이론, 권력의존이론 등의 맥락에서 살펴볼 수 있다.

② 경제개발과 사회개발을 동시에 추구할 때에는 프로그램 개발과 지역사회연계모델을 적용한다.

③ 사회계획모델에서 사회복지사는 사회행동을 통한 사회정의 실현에 초점을 둔다.

④ 연합모델에서 사회복지사의 주된 역할은 계획가로서의 역할이다.

⑤ 정치 · 사회행동모델은 제도를 개혁하기보다 제도에 순응하도록 하는 데 역점을 둔다.

10 로스만이 제시한 사회행동모델에 관한 설명으로 적절하지 않은 것은?

① 민주주의와 사회정의를 바탕으로 한다.

② 지역사회 내 피억압 집단이 클라이언트가 된다.

③ 항의, 시위 등 대결 전술을 활용한다.

④ 위로부터의 접근을 취한다.

⑤ 조직가, 옹호자로서의 역할이 강조된다.

11 로스만(Rothman)이 제시한 지역사회복지 실천모델에 관한 설명으로 옳은 것을 모두 고른 것은?

> ㄱ. 사회행동모델에서 사회복지사는 옹호자, 조정자, 조력자 등의 역할을 수행한다.
> ㄴ. 지역사회개발모델은 지리적 측면에서의 지역사회 전체를 대상 집단으로 본다.
> ㄷ. 사회계획모델은 지역사회 내 불이익집단의 권력을 강화하는 데에 초점을 둔다.
> ㄹ. 지역사회 자원의 재분배를 위해 사회계획모델과 사회행동모델을 함께 활용할 수 있다.

① ㄱ, ㄷ   ② ㄴ, ㄹ

③ ㄱ, ㄴ, ㄷ   ④ ㄴ, ㄷ, ㄹ

⑤ ㄱ, ㄴ, ㄷ, ㄹ

12 포플(Popple)이 제시한 지역사회복지 실천모델 중 다음에서 설명하고 있는 것은?

지역사회 내 다른 복지기관들과 상호협력을 통해 서비스의 중복을 방지하고 지역 자원을 효율적으로 활용하는 데에 초점을 둔 모델이다.

① 지역사회보호(community care)
② 지역사회행동(community action)
③ 지역사회개발(community development)
④ 지역사회조직(community organization)
⑤ 사회 · 지역계획(social/community planning)

✦13 다음은 웨일과 갬블의 지역사회복지 실천모델 중 어떤 모델에 관한 설명인가?

A기관은 맞벌이부부 증가와 관련하여 지역사회에 나타나고 있는 문제를 분석하고 문제해결을 위한 신규 프로그램을 개발하려고 한다. 이를 위해 지역에서 활동하고 있는 관련 전문가와 유관기관의 직원, 기관의 이사들이 프로젝트팀을 이루어 수차례에 걸쳐 회의를 진행하고 있으며, 서비스를 직접 받게 될 잠재적 클라이언트들을 초청해 의견을 듣는 시간도 갖고 있다.

① 정치적 역량강화모델
② 지역사회개발모델
③ 사회운동모델
④ 프로그램 개발과 지역사회연계모델
⑤ 기능적 지역사회조직모델

14 테일러와 로버츠의 지역사회연계모델에 대한 설명으로 옳은 것을 모두 고른 것은?

ㄱ. 클라이언트의 개별적 문제를 지역사회 문제와 연계한다.
ㄴ. 후원자의 권한이 가장 강하게 나타나는 모델이다.
ㄷ. 지역사회와의 관계형성, 관계개발, 관계조정 활동에 큰 비중을 둔다.
ㄹ. 로스만의 지역사회개발모델과 유사한 특징을 갖는다.

① ㄱ
② ㄱ, ㄷ
③ ㄴ, ㄹ
④ ㄷ, ㄹ
⑤ ㄱ, ㄴ, ㄷ

15 지역사회복지 실천모델에 대한 설명 중에서 관점이 다른 하나는?

① 문제해결의 활동단위로서 지역사회 전체에 의존한다.
② 지역사회의 자기결정을 근간으로 하고 외부의 원조를 결합한다.
③ 변화의 기본적 전제로서 지역사회의 자발성과 지도력을 중시한다.
④ 사회복지사는 안내자 · 중개자로서의 역할, 비전을 제시해주는 역할을 한다.
⑤ 갈등과 경쟁을 독특한 변화기술로 사용한다.

✛16 다음에서 설명하고 있는 테일러와 로버츠의 지역사회복지실천모델은?

> • 사회적으로 소외된 집단, 배제된 집단의 사회참여를 지원하여 그들의 권리를 찾고 확대시키는 데에 초점을 둔 모델이다.
> • 갈등이론과 다원주의 사회에서의 다양한 이익집단의 경쟁원리에 기초한다.

① 계획모델
② 지역사회연계모델
③ 사회행동모델
④ 연대모델
⑤ 정치적 역량강화모델

✛18 웨일과 갬블(Weil & Gamble)이 제시한 지역사회복지 실천모델에 관한 설명으로 옳은 것은?

① 기능적 지역사회조직모델: 특정 이슈를 기반으로 조직화하여 정책 개선, 옹호 등을 진행한다.
② 사회운동모델: 선거권자, 선출직 공무원 등을 표적체계로 제도의 변화를 추진하는 모델이다.
③ 근린지역사회조직모델: 사회계획모델의 성격이 강하면서도 지역과 프로그램 간의 상호작용을 강조한다.
④ 정치적 역량강화모델: 사회복지사는 배제된 집단의 사회참여를 이끌고 지지하여 권리를 확대시켜 나간다.
⑤ 프로그램 개발과 지역사회연계모델: 지리적 차원의 지역사회 조직화를 중심으로 삶의 질 향상을 꾀한다.

✛17 로스만의 사회계획모델에 관한 설명으로 옳은 것을 모두 고른 것은?

> ㄱ. 과정보다는 과업의 성취에 초점을 두는 경향이 있다.
> ㄴ. 사회복지사는 조력자로서 협동적 문제해결을 강조한다.
> ㄷ. 지역사회의 역량강화나 사회구조 개혁에 크게 관심을 두지 않는다.
> ㄹ. 지역주민들의 주체적 참여를 통한 항의, 시위가 주요 전술이 된다.

① ㄱ, ㄴ　　② ㄱ, ㄷ
③ ㄷ, ㄹ　　④ ㄱ, ㄴ, ㄷ
⑤ ㄴ, ㄷ, ㄹ

19 포플이 제시한 지역사회복지실천모델의 주요 전략이 바르게 제시된 것은?

① 지역사회보호모델: 자원 부재의 현상을 극복하기 위해 타 기관 간의 협력을 증진한다.
② 지역사회조직모델: 복지욕구 충족을 위한 사회관계망 구축을 강조한다.
③ 지역사회개발모델: 사회정책과 기관의 서비스를 분석하여 주요 목표 및 우선순위를 설정한다.
④ 지역사회행동모델: 특정 이슈에 대한 권력자와의 협상을 위해 간접적인 행동을 선호한다.
⑤ 지역사회교육모델: 지역사회의 경험, 문화, 가치 등을 공유하고, 비판적 사고를 기른다.

✚**20** 웨일과 갬블(Weil & Gamble)의 모델 중 연대활동(연합)모델에 관한 설명으로 옳은 것을 모두 고른 것은?

> ㄱ. 로스만의 사회계획모델의 성격과 유사하다.
> ㄴ. 사회변화 유형에 해당한다.
> ㄷ. 분리된 집단 및 조직을 집합적인 사회변화에 동참시키는 것을 강조한다.
> ㄹ. 전문가의 지식과 기술, 객관적 조사와 자료분석 등을 기초로 한다.

① ㄱ, ㄴ
② ㄱ, ㄷ
③ ㄴ, ㄹ
④ ㄴ, ㄷ
⑤ ㄷ, ㄹ

21 다음에 해당하는 지역사회복지 실천모델은?

> ○○동은 몇 년째 재개발이 무산되고 낙후된 시설물이 방치되고 있다. 얼마 전에는 언덕길 계단이 일부 파손되어 있었는데 노인복지관 이용자가 계단을 오르다 낙상하는 사고가 발생했다. 이에 복지관에서는 길 보수, 언덕길 교통수단 마련 등을 구청에 요청하는 탄원서 서명 및 집회를 진행하며, 마을의 자원봉사단과 기관의 후원자들을 통해 주민조직을 결성하여 우선 할 수 있는 일을 추진해보기로 했다.

① 웨일과 갬블의 지역사회의 사회·경제개발모델
② 웨일과 갬블의 프로그램 개발과 지역사회연계모델
③ 테일러와 로버츠의 프로그램 개발 및 조정 모델
④ 로스만의 사회계획모델과 지역사회개발모델
⑤ 로스만의 지역사회개발모델과 사회행동모델

22 지역사회복지 실천모델에 관한 설명으로 옳지 않은 것은?

① 포플의 지역사회개발 모델에서 사회복지사는 주민들이 삶의 질 향상을 위한 기술을 습득하도록 원조한다.
② 로스만의 사회행동모델은 지역사회 내 불이익 집단을 중심으로 한 상향식 접근이다.
③ 로스만의 지역사회개발모델은 체계이론의 맥락에서, 사회행동모델은 갈등이론의 맥락에서 설명할 수 있다.
④ 테일러와 로버츠는 로스만의 3가지 모델에 여권주의적 지역사회사업 모델과 인종차별철폐 지역사회사업 모델을 추가하였다.
⑤ 웨일과 갬블의 정치·사회적 행동모델, 연합모델, 사회운동모델은 로스만의 사회행동모델을 세분화한 것이다.

23 다음 중 로스(Ross)가 제시한 추진회에 관한 설명으로 옳지 않은 것은?

① 지역사회의 현존 조건에 대한 불만을 토대로 결성된다.
② 주민들로부터 지지를 받을 수 있는 목표를 설정해야 한다.
③ 효과적인 지도자를 개발하는 데에 힘써야 한다.
④ 추진회에 참여하는 집단들을 지원하고 강화시켜야 한다.
⑤ 정서적인 내용을 지닌 활동들은 배제되어야 한다.

✛01 지역사회복지의 실천과정에 관한 설명으로 옳지 않은 것은?

① 계획단계에서는 목표를 설정하며, 이는 이후 평가를 위한 기준이 된다.

② 지역주민의 욕구를 사정한 후 문제를 찾아 분석하도록 한다.

③ 프로그램 진행 과정에서는 계획에 맞게 진행되고 있는지를 점검해야 한다.

④ 어떤 평가 방식을 취할지에 대해서는 계획 단계에서 정하도록 한다.

⑤ 프로그램을 실시하기 이전에 인적, 물적 자원이 확보되도록 한다.

기출 STYLE

실천과정 전반을 다룬 문제가 출제되고 있다. 각 과정에서 이루어져야 할 과업 및 주요 특징을 파악해두도록 하자.

✛02 지역사회 욕구조사 방법에 관한 설명으로 옳지 않은 것은?

① 델파이 기법은 참여자들이 한 자리에 모이지 않아도 되므로 사안이 긴급한 경우에 적합하다.

② 객관적인 양적인 자료를 수집하기 위해서 설문조사나 사회지표분석을 실시할 수 있다.

③ 참여관찰은 조사자가 그 지역에서 주민들과 함께 생활하면서 관찰하는 것을 전제로 한다.

④ 지역사회포럼은 다양한 의견을 들을 수 있지만 구체화하기에는 적합하지 않은 측면도 있다.

⑤ 주요정보제공자 기법을 통해 문제와 관련된 전문적인 의견을 들을 수 있다.

기출 STYLE

욕구사정 방법도 비교적 자주 출제되고 있으며, 특히 조사론이나 행정론에서도 같은 내용이 다뤄지고 있기 때문에 어느 과목에서든 꼭 만나게 되는 내용이다. 포럼과 공청회, 주요정보제공자기법과 초점집단기법 등 헷갈리는 기법은 잘 구분해두어야 하고, 공식인터뷰와 비공식인터뷰의 차이, 델파이기법과 명목집단기법의 유사점 · 차이점도 중요하다.

해답과 오답노트 143쪽

✛03 지역사회복지실천에 있어 다음 빈칸의 과정에서 수행되어야 할 사회복지사의 과업은?

> 문제확인 – 사정 – (   ) – 실행 – 평가

① 전문가 및 지역주민들을 만나 욕구를 명확히 한다.
② 해당 문제를 겪고 있는 표적집단을 파악한다.
③ 서비스의 효과성과 효율성을 파악한다.
④ 참여자들이 프로그램에 적응할 수 있도록 원조한다.
⑤ 개입 방향과 수준을 결정하고 예산을 확보한다.

> **기출 STYLE**
>
> 실천과정의 순서를 파악하는 문제도 자주 등장하고 있다. 이 문제처럼 괄호의 내용에 해당하는 과업을 묻기도 하고, 가장 첫 번째에 진행할 과업 혹은 가장 마지막에 진행할 과업 등을 묻기도 한다.

04 지역사회복지실천의 과정에서 욕구사정 단계에 관한 설명으로 옳은 것을 모두 고른 것은?

> ㄱ. 욕구사정의 목적은 지역사회의 문제 및 욕구를 확인하는 데에 있다.
> ㄴ. 기본적인 자료가 없는 경우 포괄적 사정을 통해 1차 자료를 만든다.
> ㄷ. 사정의 범위는 사정의 주요 목표나 초점과 상관없이 동일하다.
> ㄹ. 공식 인터뷰를 실시할 때에는 개방형 질문지를 미리 작성해둔다.

① ㄱ, ㄴ, ㄷ   ② ㄱ, ㄷ, ㄹ
③ ㄴ, ㄹ   ④ ㄷ, ㄹ
⑤ ㄱ, ㄴ, ㄷ, ㄹ

05 A아동복지관에서는 저소득층 아동 및 청소년들에게 대학생 자원봉사 멘토를 이어주는 사업을 구상하려고 한다. 이 사업을 위해 지역사회를 사정함에 있어 고려해야 할 사항으로 보기 어려운 것은?

① 지역사회의 교육 수준
② 대학생 수
③ 저소득층의 규모
④ 저소득층 아이들의 학습 정도
⑤ 사업에 대한 구체적 계획 수립

✛06 다음에서 설명하는 지역사회의 욕구사정 방법은?

> • 주로 문제에 관한 전문적 지식을 가진 사람들로 구성한다.
> • 직접 대면하지 않기 때문에 참여자들 간에 영향력을 최소화할 수 있다.
> • 설문은 개방형으로 시작하지만 이후에는 폐쇄형으로 구성한다.

① 지역사회 포럼
② 명목집단기법
③ 주요정보제공자기법
④ 델파이기법
⑤ 공식 인터뷰

✦**07** 지역사회복지실천에서 사정에 관한 설명으로 옳은 것은?

① 문제확인 과정에서 미처 파악하지 못한 문제는 살펴보지 않는다.

② 사정은 전문가의 의견을 듣는 것이 아니라 지역주민의 의견을 듣는 것이다.

③ 지역주민의 욕구는 상대적인 것이 아닌 절대적인 것임을 이해해야 한다.

④ 욕구사정의 결과는 지역주민들에게 필요한 서비스로 연결되어야 한다.

⑤ 지역사회의 인적 · 물적 자원 영역을 검토하는 협력 사정을 진행한다.

✦**09** 지역사회 사정의 주요 원칙에 대한 설명으로 옳지 않은 것은?

① 사정의 목표와 초점을 명확히 한다.

② 지역주민의 다양한 관점을 고려해야 한다.

③ 지역주민의 참여를 중요하게 고려한다.

④ 추상적인 쟁점에 주목해야 한다.

⑤ 공식적이고 체계적인 접근이 필요하다.

10 지역사회복지 실천 과정 중 프로그램 평가의 단계에서 확인해야 할 내용으로 거리가 먼 것은?

① 지역주민의 참여도

② 지역사회의 문제 진단

③ 프로그램에 따른 성과

④ 참여자들의 만족도

⑤ 프로그램에 사용된 전략

✦**08** 지역사회복지실천 과정에서 사회복지사의 과업에 관한 설명으로 옳지 않은 것은?

① 프로그램 계획의 첫 단계로서 문제에 관한 사회지표를 분석한다.

② 지역사회 내 문제와 관련된 표적집단의 규모를 확인해야 한다.

③ 파악하려는 정보의 내용 및 범위 등에 따라 사정 방법을 결정한다.

④ 다양한 집단과 소통함으로써 문제에 대한 시각 차이를 살펴본다.

⑤ 프로그램의 성과를 평가하는 방법은 대체로 계획단계에서 수립한다.

✦**11** 다음에서 설명하는 지역사회 욕구사정 방법은?

- 참여자들이 한 자리에 모여 해당 문제에 대해 토론을 진행한다.
- 문제와 관련된 사람들을 중심으로 구성하기 때문에 문제를 경험하고 있는 사람, 잠재적 클라이언트, 유사한 서비스를 제공하고 있는 전문가 등이 주요 참여자가 된다.

① 초점집단기법   ② 명목집단기법

③ 델파이 기법   ④ 지역사회포럼

⑤ 비공식인터뷰

12 지역사회복지실천에서 문제확인 과정에 관한 설명으로 옳지 않은 것은?

① 초기 단계에서는 피해집단, 불이익집단에 집중한다.

② 다양한 문제들 중 우선시 해야 할 문제를 선정한다.

③ 그동안 문제가 해결되지 못한 이유를 살펴본다.

④ 문제와 관련된 객관적인 문헌과 실증자료를 분석한다.

⑤ 변화가 필요한 표적집단의 범위를 가늠해본다.

✦13 지역사회복지 실천과정의 각 단계에 대한 설명으로 옳은 것은?

① 문제확인 단계에서는 기관에서 제공한 프로그램의 문제점을 파악하기 위해 평가를 진행한다.

② 사정 단계에서는 지역사회에 영향을 미치는 문제들이 무엇인지를 광범위하게 살펴본다.

③ 프로그램을 구체적으로 수립하기 전에 주요 정보제공자들을 기관에 초청하여 의견을 듣는다.

④ 프로그램에 대한 평가는 프로그램의 전 과정이 모두 종료된 이후에 진행한다.

⑤ 프로그램의 계획을 모두 세운 뒤 프로그램의 목표를 설정한다.

 문제풀이 TIP

실천 과정은 학자들마다 조금씩 다르게 제시되고 있지만, 문제확인 → 사정 → 계획 및 실행 → 평가의 과정을 큰 틀로 두고 흐름을 파악한 뒤 각 단계에서 진행되는 과업들을 세부적으로 살펴보면서 문제에 접목해보도록 하자.

✦14 지역사회복지 실천과정에서 다음에 제시된 내용 중 가장 나중에 수행해야 하는 것은?

① 지역사회에서 나타나고 있는 문제를 명확히 한다.

② 지역주민과의 인터뷰를 통해 필요한 서비스를 파악한다.

③ 구체적인 목표를 설정한다.

④ 선택한 개입전략을 계획에 따라 실행한다.

⑤ 지역사회 내 이용가능한 자원을 파악한다.

✦15 지역사회 사정에 관한 설명으로 옳지 않은 것은?

① 다양한 문제를 포괄하여 사정한 후 우선순위를 결정한다.

② 초점집단기법을 통해 수량화된 자료를 확보한다.

③ 공식 인터뷰를 진행할 때에는 질문을 개방형으로 구성한다.

④ 문제를 파악하기 위해 집단 간 대화기법을 활용할 수 있다.

⑤ 특정 집단의 권리를 위해 옹호지향적 사정을 실시한다.

 문제풀이 TIP

공식 인터뷰, 비공식 인터뷰, 참여관찰, 포럼, 명목집단기법, 초점집단기법, 델파이기법 등은 질적 방법에 해당하며, 서베이, 사회지표분석 등은 양적 방법에 해당한다.

16 지역사회 사정에 대한 설명으로 옳은 것은?

① 포괄적 사정은 특정한 문제와 관련하여 복지 욕구에 관한 다양한 견해를 살펴보는 것이다.

② 협력 사정은 지역사회 내 유관기관과의 네트워킹을 목적으로 한다.

③ 하위체계 사정은 지역사회 내에 존재하는 인적, 물적 자원 영역을 검토한다.

④ 문제중심 사정은 지역사회에서 우선적으로 해결이 필요한 중요한 영역에 초점을 둔다.

⑤ 자원 사정은 지역사회의 특정 하위체계를 중심으로 사정이 이루어지는 유형이다.

18 지역자활센터에서는 자활근로 사업단이 창설되고 난 최근 1년 동안 탈수급한 클라이언트 사례가 10% 내외에 불과함을 알고, 목표 달성을 더 용이하게 하기 위하여 사회적응이라는 새로운 목표를 기존의 목표에 추가하였다. 목표 설정 시 어떠한 점에 초점을 두고 있음을 의미하는가?

① 목표의 승계　　② 목표의 확장

③ 목표의 축소　　④ 목표의 다원화

⑤ 목표의 비중 변동

17 지역사회복지실천의 과정 중 평가단계에 관한 설명으로 옳지 않은 것은?

① 투입 대비 산출을 비교하여 프로그램의 효율성을 파악한다.

② 프로그램의 과정에 대해서는 양적 평가를, 결과에 대해서는 질적 평가를 진행하는 것이 적절하다.

③ 프로그램의 종료 후 참여자들의 만족도를 살펴보기 위해서 인터뷰를 진행한다.

④ 프로그램이 계획에 따라 적절히 진행되고 있는지를 살펴보기 위해 모니터링을 실시한다.

⑤ 평가의 결과를 토대로 실무자들에게 피드백을 해준다.

✦19 지역사회복지 실천과정에 관한 설명으로 옳지 않은 것을 모두 고른 것은?

> ㄱ. 지역사회복지실천에서 표적집단은 사실상 지역주민 전체가 된다.
>
> ㄴ. 주민을 대상으로 욕구조사를 진행할 때 구조화된 질문지가 필수는 아니다.
>
> ㄷ. 목표를 설정할 때에는 긍정적인 평가결과를 위해 구체적으로 작성한다.
>
> ㄹ. 문제의 원인 및 상황에 대한 분석에 따라 개입의 초점이 달라질 수 있다.

① ㄱ, ㄴ　　　　② ㄱ, ㄷ

③ ㄱ, ㄹ　　　　④ ㄴ, ㄹ

⑤ ㄷ, ㄹ

20 지역사회복지 실천을 위해 사정을 진행함에 있어서 다음 중 초점이 다른 하나는 무엇인가?

① 가정형편이 어려운 아이들과 1:1 자매결연에 참여할 수 있는 후원자들을 찾아본다.
② 노숙인 쉼터에 겨울 침구류를 지원해줄 수 있는 관련 업체를 물색해본다.
③ 가정폭력 가해자 상담을 진행할 수 있는 가족 상담 전문가를 알아본다.
④ 청소년 문제 중 우울감에 초점을 두고 문제를 겪는 청소년들을 인터뷰한다.
⑤ 매주 수요일 지역 어르신 무료식사 제공 사업에 힘을 보텔 자원봉사자를 파악해본다.

문제풀이 TIP

사정의 목적 및 초점 등에 따라 포괄적 사정, 문제중심 사정, 하위체계 사정, 자원 사정, 협력 사정 등으로 구분된다.

22 지역사회복지실천에서 과정별 활동으로 옳은 것을 모두 고른 것은?

> ㄱ. 계획 단계: SMART 지침에 따른 목표설정
> ㄴ. 평가 단계: 비용편익 분석을 통한 효율성 확인
> ㄷ. 문제확인 단계: 통계 등 객관적 자료 분석
> ㄹ. 사정 단계: 성과주의 방식의 예산 수립 및 확보

① ㄱ, ㄷ ② ㄴ, ㄹ
③ ㄱ, ㄴ, ㄷ ④ ㄴ, ㄷ, ㄹ
⑤ ㄱ, ㄴ, ㄷ, ㄹ

문제풀이 TIP

• 문제확인 단계: 지역사회에 내재되어 있거나 표출된 문제들이 무엇인지를 명확히 규명하기 위한 과정
• 사정 단계: 현재의 상황을 진단하기 위한 체계적 과정이며 지역사회의 제반 요소를 확인하는 과정
• 계획 단계: 목표를 설정하고, 예산을 수립하며, 홍보 활동을 진행
• 평가 단계: 지역사회의 변화를 위해 활용된 개입의 과정과 결과를 평가

★25 지역사회복지 실천과정에서 활용되는 기법의 연결로 옳지 않은 것은?

① 문제확인 과정 – 통계자료 분석
② 사정 과정 – 델파이기법
③ 계획 단계 – 품목별 예산 기법
④ 실행 단계 – PERT 기법
⑤ 종결 단계 – 설문조사 기법

7장 지역사회복지실천에서의 사회복지사의 역할

해답과 오답노트 145쪽

✦01 <보기>에서 사회복지사의 역할은?

○○동 A아파트에서는 각 동 대표 등 일부 가구에서는 난방비가 0원으로 나오는 대신 나머지 가구에서 전체 난방비를 분담하는 방식으로 수년째 난방비 비리가 이루어진 것으로 나타났다. 이에 사회복지사는 난방비를 부당하고 억울하게 과부담해 온 입주자들과 함께 모임을 결성하여 이 문제를 외부에 알리고 조속한 문제해결을 위해 함께 투쟁하기로 하였다.

① 조직가
② 중개자
③ 안내자
④ 행정가
⑤ 치료자

기출 STYLE

사회복지사의 역할은 특히 사례제시형 문제로 많이 출제되고 있다. 이론으로 공부한 각 역할들의 특징을 사례에 적용하여 파악할 수 있도록 대비해야 한다.

✦02 지역사회복지실천을 위한 사회복지사의 역할에 관한 설명으로 옳지 않은 것은?

① 지역사회의 오랜 관습과 새로 유입된 문화의 충돌로 주민 간 갈등이 일어날 때에는 사회치료자로서의 역할을 해야 한다.

② 프로그램 운영을 위해 인적, 물적 자원을 동원하고 관리하는 행정가로서의 역할은 특히 사회행동모델에서 강조된다.

③ 지역사회개발모델에서 전문가로서의 역할은 지역주민들에게 객관적인 분석 자료 및 기술, 방법 등을 제공한다.

④ 옹호자로서의 역할은 사회정의에 목적을 두고 사회적 약자들의 권리가 확보될 수 있도록 직접적인 행동을 취한다.

⑤ 중개자로서의 역할은 클라이언트가 필요로 하는 자원이 어디에 있는지 알려주고 그 자원에 접근할 수 있도록 돕는다.

지역사회복지론

✢03 다음에서 살펴볼 수 있는 사회복지사의 역할은?

> 사회복지사 A씨는 나눔복지관에서 청소년 프로그램을 진행하고 있다. 어느 날 클라이언트 B양이 어머니에 대한 아버지의 가정폭력이 점점 심해지고 있다며 어떻게 해야 할지 모르겠다고 도움을 요청해왔다. 이에 A씨는 B양과 어머니에 대해 상담을 실시한 후 관련 상담을 받을 수 있는 상담센터와 쉼터를 연계하기로 했다.

① 중개자   ② 옹호자
③ 행정가   ④ 안내자
⑤ 조직가

✢04 <보기>에서 지역사회복지실천가가 가장 주력해야 할 역할은?

> 150만 인구의 A시 91개 지역에서 대규모 재개발·재건축 사업이 동시다발적으로 추진되면서 B동에 거주하고 있던 세입자들은 시급하게 다른 지역으로 이주를 해야 하는 상황이 벌어졌다. 하지만, 세입자들의 입장에서 마련된 대책은 전무하였다.

① 계획가   ② 중개자
③ 전문가   ④ 분석가
⑤ 옹호자

05 지역사회복지실천에서 사회복지사가 수행하는 조력가로서의 역할에 대한 설명으로 옳은 것은?

① 주민들 간에 좋은 관계가 형성될 수 있도록 가교 역할을 하며 공동의 목표를 강조한다.
② 주민조직을 만드는 것이 아니라 주민조직의 지속적인 활동을 원조하는 것이 주된 역할이다.
③ 계획을 수립하고 실행함에 있어 필요한 인적, 물적 자원을 동원하고 배분한다.
④ 기관에 다룰 지역사회 문제에 대해 반대자를 배제하고 동조자를 결집한다.
⑤ 문제를 분석하고 문제해결에 필요한 자료 및 기술적 경험 등을 제공하고 조언한다.

06 지역사회복지실천에 있어서 사회치료자로서 사회복지사의 역할을 모두 고른 것은?

> ㄱ. 적절한 진단을 통해 지역사회 문제의 성격과 특성을 주민들에게 제시한다.
> ㄴ. 지역사회의 문제해결을 위한 협력적인 작업을 방해하는 요인을 제거하도록 돕는다.
> ㄷ. 지역사회의 불화 또는 긴장을 일으키는 금기적 사고나 불합리한 관습 등을 변화시키기 위해 노력한다.
> ㄹ. 지역주민들이 표출한 불만을 연결하여 집약하고 조직화를 격려하는 일을 수행한다.

① ㄱ, ㄴ, ㄷ   ② ㄱ, ㄷ
③ ㄴ, ㄷ, ㄹ   ④ ㄷ, ㄹ
⑤ ㄱ, ㄴ, ㄷ, ㄹ

07 <보기>에 제시된 사회복지사의 역할에서 강조하는 활동은?

> A사회복지관에서는 연내에 지역 내 저소득층 아이들을 위한 공부방을 열 계획을 세웠다. 이에 정유미 사회복지사는 공부방의 규모와 위치를 비롯하여 필요한 비용, 인력 등을 파악하고 있으며, 시청에서 근무하는 분들을 만나 예산을 확보하기 위해 노력하고 있다.
>
> ㄱ. 지역주민이나 단체를 지역사회 행동체계에 참여시킨다.
> ㄴ. 주민들의 참여의식을 고취시킨다.
> ㄷ. 문제를 발견하고 그 원인에 대해 분석한다.
> ㄹ. 목표를 설정하고, 목표달성을 위한 수단을 검토한다.

① ㄱ, ㄴ, ㄷ   ② ㄱ, ㄷ
③ ㄴ, ㄹ   ④ ㄹ
⑤ ㄱ, ㄴ, ㄷ, ㄹ

08 사회계획모델에서 강조되는 사회복지사의 역할과 거리가 먼 것은?
① 주민들의 참여를 이끄는 조직가로서의 역할
② 실제 프로그램을 운영하는 행정가로서의 역할
③ 목표달성을 위한 수단을 검토하는 계획가로서의 역할
④ 사회문제의 원인을 조사하는 분석가로서의 역할
⑤ 사회정의 실현을 위해 활동하는 행동가로서의 역할

09 사회행동을 진행하고자 하는 사회복지사에게 강조되는 역할로 거리가 먼 것은?

> ㄱ. 지역주민들에게 필요한 지역사회의 자원을 찾아 직접 연결한다.
> ㄴ. 지역주민을 조직화하는 동시에 적극적으로 사회활동에 관여한다.
> ㄷ. 사회적 약자의 권리 확보를 위한 프로그램을 개발한다.
> ㄹ. 기관 내에서 사무적, 행정적으로 지원가능한 일에만 집중한다.

① ㄱ, ㄴ   ② ㄱ, ㄷ
③ ㄴ   ④ ㄹ
⑤ ㄱ, ㄴ, ㄷ

문제풀이 TIP

사회행동에서 사회복지사는 사회적으로 발언권이 미약한 불이익을 받는 집단들을 대신하여 그들의 권리옹호를 위한 활동을 진행한다.

10 사회복지사의 역할에 관한 설명으로 옳은 것은?
① 사회복지사는 업무의 혼란을 막기 위해 한 가지 역할에 충실해야 한다.
② 사회복지사의 역할은 사업의 목적과 형태에 따라 달라질 수 있다.
③ 지역사회개발모델에서는 전문가로서의 역할을 가장 중요시한다.
④ 사회계획모델에서의 역할은 사회행동모델에서의 역할보다 적극적인 개입이다.
⑤ 사회행동모델에서 강조하는 조직가의 역할은 이데올로기적 과업에 초점을 둔다.

11 다음 사례에서 중심적으로 나타난 사회복지사의 역할은?

> ○○동의 다세대주택 밀집지역에서는 길고양이에게 밥을 주는 주민들과 길고양이로 인해 밤마다 잠을 자지 못한다고 호소하는 주민들 사이에 갈등 양상이 포착되었다. 이에 A사회복지사는 주민 갈등이 심화되지 않도록 동물단체 실무자 및 수의사 등 전문가의 의견과 주민들의 여러 의견을 취합하고, 관계 공무원을 만나 우선 주택 밀집지역과 조금 떨어진 곳에 고양이 급식소를 설치하고 점차 주민들의 자원봉사를 통해 관리될 수 있는 방안을 추진하고자 한다.

① 계획가 　　　 ② 중개자
③ 사회치료자 　 ④ 행동가
⑤ 사례관리자

12 지역사회복지실천에서 조력가로서의 역할에 관한 설명으로 옳지 않은 것은?

① 사회복지사는 지역주민 개개인이 호소하는 문제가 지역사회 차원의 문제인지를 확인한다.
② 사회복지사는 주민들 사이에 신뢰를 바탕으로 협력하는 관계가 조성될 수 있도록 한다.
③ 사회복지사는 주민들이 공동노력으로 문제를 해결할 수 있음을 인식하도록 돕는다.
④ 사회복지사는 주민들이 스스로 문제를 해결하기 위해 주민조직을 결성하도록 돕는다.
⑤ 사회복지사는 주민조직의 리더가 되어 주민의 입장을 대변하는 사회행동을 진행한다.

✛13 사회복지사의 안내자로서의 역할에 관한 설명으로 틀린 것은?

① 지역사회 내 지배집단에 대해 배타적인 태도를 취해야 한다.
② 사회복지사의 역할 중 가장 기본적이며 1차적인 역할이라고 할 수 있다.
③ 지역주민들이 판단을 내릴 수 있도록 다양한 견해를 소개해준다.
④ 지역의 사회적, 문화적 특징에 대한 충분한 지식을 갖추도록 한다.
⑤ 사회복지사가 수행하는 역할을 주민들에게 설명해야 한다.

✛14 사회복지사의 역할에 대한 설명으로 옳은 것은?

① 안내자로서의 역할: 사회복지사는 지역주민들이 제시한 문제를 해결하기 위해 직접 해결책을 마련하고 추진한다.
② 중개자로서의 역할: 클라이언트가 스스로 자원의 소재를 파악할 수 있도록 도와주는 다소 소극적인 개입이다.
③ 옹호자로서의 역할: 사회계획모델에서 강조되는 역할로 지역주민의 입장에서 자신의 전문성을 발휘한다.
④ 조직가로서의 역할: 주민들의 참여의식을 고취시키고 주민들의 집단행동을 조직화하여 목적의 달성을 돕는다.
⑤ 계획가로서의 역할: 프로그램의 운영을 위해 직원들의 업무배치, 예산 편성, 홍보 활동 등을 기획한다.

8장 지역사회복지 실천기술 I

이 장에서는,

조직화, 네트워크, 자원동원 등 지역사회 내 다양한 지원체계 간 연계·협력과 관련된 기술들을 살펴보며, 특히 네트워크와 관련해서는 사회자본의 특징을 파악하는 문제도 종종 등장하고 있다. 지역조직화를 통해 네트워크가 형성될 수 있고 네트워크를 기반으로 자원을 동원할 수 있다는 점에서 기술들은 서로 연관된다는 점도 기억해두자.

해답과 오답노트 147쪽

01 조직화 기술에 대한 설명으로 옳은 것은?

① 다양한 지역사회 활동에 지역주민을 강제적으로 동원한다.

② 쟁점을 중심으로 조직화를 하되 쟁점이 구체적일 필요는 없다.

③ 주민들 간 갈등과 대립은 의도적으로 피해야 한다.

④ 주민모임을 만들고 문제를 해결해나가도록 돕는 기술이다.

⑤ 기존의 조직과는 다른 독자적인 노선을 취해야 한다.

> **기출 STYLE**
>
> 조직화 기술은 주민들이 주체가 되어 스스로 문제를 해결해나갈 수 있도록 돕는 것이기 때문에 사회복지사가 문제해결의 주체가 되는 것은 아니라는 점을 기본적으로 이해해야 하고, 이를 바탕으로 사회복지사의 역할 및 활동들을 파악하는 문제들이 출제되곤 했다.

02 네트워크 기술에 관한 설명으로 옳지 않은 것은?

① 참여 조직 간 수평적인 관계를 강조한다.

② 상호 신뢰 및 호혜성을 바탕으로 한다.

③ 사회자본의 확충을 위한 충분조건이다.

④ 서비스 제공의 효율화를 위한 전략이다.

⑤ 공동의 목표를 기반으로 유지된다.

> **기출 STYLE**
>
> 네트워크의 주요 특징을 살펴보는 문제가 주로 출제된다. 서비스의 통합적 제공, 자원의 효율적 관리 등을 목적으로 하며, 참여조직 간 민주적이고 평등한 구조가 형성되어야 한다는 점, 사회자본의 전제가 된다는 점 등이 단골로 다뤄졌다.

지역사회복지론

✚03 다음과 관련된 지역사회복지 실천기술은?

A복지관에서는 지역 내 독거 어르신, 장애인, 저소득층 가구 등에 생활용품 나눔 사업을 진행하고 있다. 일부는 방문수령으로, 일부는 자원봉사자들의 도움으로 배송을 하였으나 코로나19 이후 방문수령 제한 및 자원봉사자 수의 감소로 사업 진행이 곤란하게 되었다. 이에 A복지관의 사회복지사들은 자동차가 있는 지인들과 복지관 이용자들에게 배달 도움을 요청하여 사업을 이어나가고 있다.

① 사회행동
② 동맹
③ 자원동원
④ 지역사회개발
⑤ 탈시설화

기출 STYLE

자원동원 기술은 주요 특징을 묻는 문제도 출제되곤 했지만, 최근에는 사례와 접목한 문제들도 출제되곤 했다. 자원동원 기술과 관련해서는 공익연계마케팅 기법도 간헐적으로 출제되었다.

✚04 사회자본에 관한 설명으로 옳은 것을 모두 고른 것은?

ㄱ. 사회적 교환에 따라 발생한다.
ㄴ. 이익은 지역사회 전체에 공유될 수 있다.
ㄷ. 한 번 획득한 것은 유지된다.
ㄹ. 구성원 사이의 신뢰로 형성된다.

① ㄱ, ㄷ
② ㄴ, ㄹ
③ ㄱ, ㄴ, ㄹ
④ ㄴ, ㄷ, ㄹ
⑤ ㄱ, ㄴ, ㄷ, ㄹ

기출 STYLE

최근 시험에서는 사회자본에 관한 문제도 심심치 않게 등장했다. 사회자본은 모두에게 공유되고 한번 형성되었다고 고정되는 것이 아니라는 점 등 주요 특징을 살펴두어야 한다.

05 네트워크 기술에 있어 사회복지사의 역할 및 고려사항으로 옳지 않은 것은?

① 참여 조직 사이의 갈등을 조정하는 역할을 해야 한다.
② 네트워크에 참여를 거부하는 조직에 대해 힘을 행사해야 한다.
③ 네트워크의 목표를 바탕으로 그 필요성을 설명할 수 있어야 한다.
④ 네트워크의 크기와 조직 간 역할분담 등에 대해 고려해야 한다.
⑤ 참여 조직 간 응집력을 높일 수 있는 방안을 찾아야 한다.

✚06 지역주민 조직화 과정에서 사회복지사가 고려해야 할 사항으로 옳지 않은 것은?

① 시급한 문제를 주요 쟁점으로 삼아야 한다.
② 지역사회에는 여러 갈등이 혼재되어 있음을 인식해야 한다.
③ 지역주민들의 자발적인 참여를 유도할 수 있어야 한다.
④ 지역주민과의 신뢰관계를 구축할 수 있어야 한다.
⑤ 문제해결을 주도할 수 있는 리더십을 발휘해야 한다.

07 자원동원을 위한 전략으로 옳은 것을 모두 고른 것은?

> ㄱ. 공익연계마케팅 등 다양한 마케팅 전략을 활용한다.
> ㄴ. 기존의 주민모임 및 네트워크를 활용한다.
> ㄷ. 잠재적 기부자 발굴을 위해 DM을 발송한다.
> ㄹ. 주민과의 공감대 형성을 통해 참여 가능성을 높인다.

① ㄱ, ㄹ   ② ㄴ, ㄷ
③ ㄱ, ㄴ, ㄹ   ④ ㄴ, ㄷ, ㄹ
⑤ ㄱ, ㄴ, ㄷ, ㄹ

08 다음에서 설명하고 있는 것은?

> 이는 사회공동체 구성원 사이의 협조, 협동을 가능하게 해주는 네트워크, 규범, 신뢰를 통해 구성된다. 네트워크를 위한 필요조건의 성격을 갖는다.

① 주민조직   ② 사회행동
③ 상호학습   ④ 사회자본
⑤ 주민참여

✛09 네트워크의 특징으로 옳지 않은 것은?

① 집권성   ② 유연성
③ 호혜성   ④ 자발성
⑤ 통합성

✛10 자원동원 기술에 대한 설명으로 옳지 않은 것을 모두 고른 것은?

> ㄱ. 자원의 효율적 관리를 위해 서비스 패키지화를 모색한다.
> ㄴ. 지역사회 내 사회적 관계망을 활용하여 부족한 자원을 확보한다.
> ㄷ. 정당한 처우를 받지 못하는 지역주민들의 상황을 대변한다.
> ㄹ. 새로운 자원을 발굴하기 위해 적극적인 홍보활동을 진행한다.

① ㄱ, ㄴ, ㄷ   ② ㄱ, ㄷ
③ ㄴ, ㄷ, ㄹ   ④ ㄴ, ㄹ
⑤ ㄱ, ㄴ, ㄷ, ㄹ

문제풀이 TIP

네트워크와 자원동원의 목적이 구분되기는 하지만 기존의 네트워크를 활용하여 자원을 동원할 수 있다는 점에서 두 기술은 연결성을 갖기도 한다.

11 조직화에 관한 설명으로 옳은 것을 모두 고른 것은?

> ㄱ. 장기적 관점에서 지역사회에 나타날 문제를 예방할 수 있다.
> ㄴ. 사회복지사는 전문가주의에 입각하여 조직화를 진행해야 한다.
> ㄷ. 사회복지사는 주요 쟁점을 해결하는 데에 초점을 둔다.
> ㄹ. 지역사회의 갈등 상황을 조직화에 이용하기도 한다.

① ㄱ, ㄹ   ② ㄴ, ㄷ
③ ㄱ, ㄴ, ㄹ   ④ ㄴ, ㄷ, ㄹ
⑤ ㄱ, ㄴ, ㄷ, ㄹ

✦12 지역사회 내 사회자본의 특징으로 옳지 않은 것은?

① 동시 교환의 원칙
② 지역사회 역량강화
③ 상호호혜적 문화
④ 네트워크 기반
⑤ 이익의 공유

✦13 지역사회복지 실천기술에 관한 설명으로 옳지 않은 것은?

① 사회자본의 총량을 증가시켜 나가기 위해서는 네트워크가 밀도 있게 구성되고 유지될 수 있도록 해야 한다.
② 클라이언트가 자신의 문제를 객관적으로 인식하고 주체적으로 해결해나갈 수 있도록 임파워먼트에 초점을 둔다.
③ 문제를 겪는 특정 클라이언트에게 보다 많은 서비스와 혜택이 집중적으로 투입될 수 있도록 네트워크를 활용한다.
④ 조직화를 통해 주민들이 지역사회 활동에 참여할 수 있도록 유도하고 소속감을 고취시킬 수 있게 한다.
⑤ 지역주민을 위한 옹호 활동은 지역주민의 이익이나 권리를 사회복지사가 직접 대변하는 활동이다.

14 조직화 기술에서 사회복지사의 주요 역할을 모두 고른 것은?

ㄱ. 촉진자	ㄴ. 조직가
ㄷ. 옹호자	ㄹ. 교육자

① ㄱ, ㄴ, ㄹ
② ㄴ, ㄷ, ㄹ
③ ㄱ, ㄴ
④ ㄱ, ㄹ
⑤ ㄴ, ㄷ

15 다음 상황에서 요구되는 기술로 거리가 먼 것은?

A지역에서는 지역의 중심 산업이 사회·경제 변화로 사양 사업이 되면서 관련 사무실과 공장 등이 문을 닫게 되었다. 이후 젊은 층은 일자리를 찾아 다른 지역으로 이주하게 되었고, 일자리를 구하지 못한 노인가구, 특히 독거노인가구의 비율의 급증하게 되었다. 이에 사회복지사는 주민조직화 및 네트워크를 통해 지역 어르신들의 건강 문제, 경제적 문제, 기타 생활상의 문제 등에 도움이 될 사업을 계획하고 있다.

① 유관기관과의 협력 추진
② 주민의 자발적 참여 유도
③ 사회자본의 확보
④ 표적집단과의 협상
⑤ 주민의 역량강화

✦16 지역사회 조직화 기술에서 사회복지사가 지켜야 할 원칙으로 볼 수 없는 것은?

① 지역주민들이 해야 할 역할을 인식시켜준다.

② 지역주민과의 신뢰관계를 구축하도록 노력해야 한다.

③ 조직이 지속적으로 운영될 수 있도록 지원해야 한다.

④ 주민들의 다양한 의견을 귀담아 들어야 한다.

⑤ 특정 쟁점보다는 친목도모 차원에서 조직화를 진행한다.

17 사회자본에 관한 설명으로 옳지 않은 것은?

① 사용자가 많을수록 더 축적되기 때문에 사용할수록 사회자본의 총량이 증가하게 된다.

② 한 번 형성되었다고 해도 소멸될 수 있기 때문에 사회자본이 유지될 수 있도록 노력해야 한다.

③ 사회자본은 질적 차원보다 양적 차원의 확보가 강조되기 때문에 참여조직이 많을수록 좋다.

④ 사회자본의 교환은 동시성을 전제로 하지 않기 때문에 주민들은 이익이 없다고 느낄 수 있다.

⑤ 네트워크에 있다는 것만으로 사회자본은 아니기 때문에 지속적인 관계 확인이 필요하다.

지역사회복지론

9장 지역사회복지 실천기술 II

이 장에서는,

옹호, 역량강화와 함께 협력전략, 협상, 지역사회교육 등을 학습한다. 그 중 옹호 기술에서는 옹호의 유형 및 옹호를 위한 다양한 전술 등을 함께 살펴봐야 한다. 역량강화 기술은 최근 출제빈도가 높아졌기 때문에 실천론이나 기술론에서 학습한 역량강화의 특징을 기반으로 지역사회복지에서의 역량강화를 위한 전략들을 파악해두고, 주민들의 권리 확보를 위해 사회행동적 차원에서 이루어질 수 있음을 기억해두자.

해답과 오답노트 149쪽

+01 옹호 기술에 관한 설명으로 옳지 않은 것은?

① 탄원서 서명을 통해 문제를 알리고 동조자를 확보할 수 있다.
② 해당 기관 앞에서 시위를 함으로써 표적을 난처하게 할 수 있다.
③ 관련 법률의 제정 및 개정을 요구하는 활동을 진행할 수 있다.
④ 지역주민은 스스로를 대변하는 자기옹호를 진행할 수 있다.
⑤ 사회복지사가 직접 지역주민 개개인의 문제를 해결할 수 있다.

기출 STYLE

옹호 기술은 옹호 활동에 관한 전반적인 사항을 훑어보는 문제도 출제되지만, 옹호의 유형이나 구체적인 전술 등도 단일 문제로 출제되곤 하기 때문에 세세하게 학습해두는 것이 필요하다.

+02 <보기>에서 설명하고 있는 사회복지사의 기술은?

- 지역주민이 자신의 권한과 능력을 발견·획득해가는 과정을 포함한다.
- 지역주민의 삶의 질이나 능력을 향상시키는 데 있어서 방해요소를 제거한다.
- 지역주민이 자신과 환경의 변화를 통하여 주체적으로 문제를 해결하도록 원조한다.

① 역량강화 기술   ② 연계 기술
③ 자원동원 기술   ④ 옹호/대변 기술
⑤ 조직화 기술

기출 STYLE

기존에는 역량강화가 주로 실천론과 기술론에서 다루어졌는데 최근 시험에서는 지역사회복지론에서도 자주 등장했다. 역량강화의 기본 개념과 주요 특징, 역량강화를 위한 구체적인 방법들을 정리해두자.

03 다음에서 진행된 사회복지사의 지역사회복지 실천기술을 모두 고른 것은?

> 정원석 사회복지사는 지역사회 내 청소년 자원봉사단 구성을 계획하고 있다. 학교 앞, 학원가 등에서 자원봉사에 관한 인식 함양을 위한 캠페인을 진행하면서 자원봉사에 관한 정보를 제공하고 있다. 청소년들에게 자원봉사단의 경험은 성인이 된 후 지역사회 활동을 지속할 수 있는 기반이 되어줄 것이다.
>
> ---
>
> ㄱ. 지역사회교육   ㄴ. 사례관리
> ㄷ. 옹호   ㄹ. 조직화

① ㄱ, ㄹ

② ㄴ, ㄷ

③ ㄷ, ㄹ

④ ㄱ, ㄴ, ㄷ

⑤ ㄱ, ㄴ, ㄹ

04 지역사회교육에 있어서 사회복지사에게 요구되는 역량으로 거리가 먼 것은?

① 명확한 정보 전달을 위한 의사소통 능력

② 지역주민의 관심사에 대한 민감성

③ 다양한 행사를 추진할 수 있는 기획력

④ 지역주민의 연대감 고취

⑤ 소외된 지역주민의 권리 대변

05 다음 사례에서 사회복지사가 수행하고 있는 기술은?

> 조원석 사회복지사는 무분별한 개발계획으로 훼손될 위험에 처해있는 환경을 보존하고, 산을 쾌적하게 조성할 수 있도록 정당성을 주장하기 위해 주민의 입장을 대변하여 주민의견서와 함께 생태공원화 제안서를 작성하여 구청에 제출하였다.

① 옹호

② 지역사회교육

③ 조직화

④ 자원동원

⑤ 연계

06 사회복지사들이 지역사회복지실천의 과정에서 다양한 기술을 활용함에 있어 고려해야 할 사항으로 옳지 않은 것은?

① 지역주민들에게 도움이 될 수 있는 정보를 제공하기 위해 다양한 행사를 기획할 수 있다.

② 집단이 아닌 개인의 문제를 다룰 때에 한정적으로 역량강화 기술을 모색할 수 있다.

③ 지역 내에서 자원을 동원하고자 할 때에는 자원 제공자의 자율성이 지켜질 수 있도록 한다.

④ 조직화기술을 활용하는 사회복지사는 조직가, 촉진자 등의 역할을 동시에 수행할 수 있다.

⑤ 지역 조직화를 통해 만들어진 사회연계망은 곧 사회자본이 될 수 있다.

지역사회복지론

✛07 협상에 관한 설명으로 옳은 것을 모두 고른 것은?

> ㄱ. 시한을 정하지 않고 계속적으로 진행한다.
> ㄴ. 어떤 입장에서 어떤 요구를 할 것인지를 명확히 한다.
> ㄷ. 상대방이 어떤 제안을 하는가는 중요하지 않다.
> ㄹ. 협상의 진행상황에 따라 중재자의 개입을 고려한다.

① ㄱ, ㄷ   ② ㄴ, ㄹ
③ ㄷ, ㄹ   ④ ㄱ, ㄴ, ㄷ
⑤ ㄴ, ㄷ, ㄹ

✛08 다음에서 설명하고 있는 옹호 활동의 전술은?

> • 문제에 관한 잘못된 정보를 바로 잡고 추가적인 정보를 제시하여 표적체계가 기존과는 다른 결정을 할 수 있도록 하는 것이다.
> • 대상, 메시지, 전달자, 전달형식 등의 구성요소를 갖는다.

① 탄원서   ② 청원
③ 증언청취   ④ 설득
⑤ 정치적 압력

09 임파워먼트 기술을 활용하는 사회복지사의 태도로 옳지 않은 것을 모두 고른 것은?

> ㄱ. 지역주민이 자신의 문제를 객관적으로 인식할 수 있도록 한다.
> ㄴ. 문제해결을 위해 병리적 문제의 치료에 초점을 두어야 한다.
> ㄷ. 참여한 주민들 스스로에게 선택권이 부여될 수 있도록 해야 한다.
> ㄹ. 이성주의적이고 기술적인 차원에서만 접근해야 한다.

① ㄱ, ㄴ   ② ㄱ, ㄷ
③ ㄴ, ㄹ   ④ ㄱ, ㄹ
⑤ ㄷ, ㄹ

10 옹호의 다양한 유형에 대한 설명으로 옳은 것을 모두 고른 것은?

> ㄱ. 자기옹호: 사회복지기관의 존재 이유를 알리는 홍보 중심의 활동
> ㄴ. 집단옹호: 희생자 집단을 위한 옹호자의 활동
> ㄷ. 정치옹호: 기관의 입장과 동일한 정치적 뜻을 품은 정치인들을 지원
> ㄹ. 체제변환적 옹호: 제도상의 근본적인 변화를 추구하는 활동

① ㄱ, ㄴ   ② ㄷ
③ ㄴ, ㄹ   ④ ㄹ
⑤ ㄱ, ㄴ, ㄷ

11 사회적 대결에 관한 설명으로 옳지 않은 것은?

① 표적집단에 타격을 가할 수 있는 직접적인 행동이다.

② 구체적인 전술은 내부 조직원들의 지지를 받을 수 있는 것이어야 한다.

③ 지역주민들의 권리옹호 및 역량강화를 목적으로 실시할 수 있다.

④ 불매운동과 같은 경제적 차원의 전술이 이루어지기도 한다.

⑤ 공청회, 집회, 행정심판 등의 활동들을 일컫는다.

☦13 지역사회복지실천에서 역량강화를 위한 방법으로 옳은 것을 모두 고른 것은?

> ㄱ. 비판의식 제고하기
> ㄴ. 자기 목소리 내기
> ㄷ. 공공의제로 만들기
> ㄹ. 사회행동 진행하기

① ㄱ, ㄴ   ② ㄷ, ㄹ

③ ㄱ, ㄴ, ㄷ   ④ ㄴ, ㄷ, ㄹ

⑤ ㄱ, ㄴ, ㄷ, ㄹ

12 지역사회 내 조직 간 협력 전략에 관한 설명으로 옳은 것은?

① 연합 < 협조 < 동맹의 순으로 협력의 정도가 강하게 나타난다.

② 연합 관계는 지속적으로 협력하면서도 자율성이 보장된다.

③ 동맹 관계는 특정 이슈와 관련된 일시적인 협력 관계이다.

④ 협조 관계는 조직의 자율성이 제한된다는 단점이 있다.

⑤ 협조, 연합, 동맹 관계 모두 별도의 정책결정 기구가 존재한다.

14 지역사회복지 실천기술에 관한 설명으로 옳지 않은 것은?

① 임파워먼트는 지역주민의 욕구충족 및 문제해결을 위한 치료를 강조한다.

② 지역사회교육 기술의 일환으로 다양한 문화행사나 생활상담 등을 진행한다.

③ 효과적인 옹호 활동을 위해 탄원서에 지역주민들의 서명을 받는다.

④ DM 발송, 이벤트, 공인연계마케팅 등 다양한 홍보방법을 활용해 자원을 동원한다.

⑤ 효과적인 네트워크를 위해 자발성, 분권성, 평등성의 원칙을 지켜야 한다.

지역사회복지론

15 비폭력 전술에 관한 설명으로 옳은 것을 모두 고른 것은?

> ㄱ. 사회적 대결의 하나이다.
> ㄴ. 윤리적 정당성 확보를 중요시한다.
> ㄷ. 수동적 복종을 의미하지 않는다.
> ㄹ. 일반대중에게 좋은 이미지를 남길 수 있다.

① ㄱ, ㄹ

② ㄴ, ㄷ

③ ㄱ, ㄴ, ㄹ

④ ㄴ, ㄷ, ㄹ

⑤ ㄱ, ㄴ, ㄷ, ㄹ

16 다음과 관련된 지역사회복지 실천기술은?

> 오수진 사회복지사는 임대아파트에 거주하고 있는 주민들의 모임을 구성하고 주민들 중 리더를 양성할 계획을 세우고 있다. 이를 통해 주민들이 자신의 삶에 대한 통제력을 획득하도록 하는 것이 궁극적인 목적이다.

① 조직화, 역량강화

② 조직화, 지역사회교육

③ 옹호, 지역사회교육

④ 옹호, 역량강화

⑤ 지역사회교육, 역량강화

10장

지역사회복지 네트워크의 실제

이 장에서는,

필수 기출영역 중 하나인 지역사회보장계획에 대해 학습한다. 지역사회보장계획은 민·관 협력을 위한 장치로서 네트워크의 사례로 볼 수 있다. 제도 연혁, 수립원칙, 수립절차, 수립내용, 심의기관 등이 모두 출제범위이므로 관련 내용들을 확인해두기 바란다. 특히 시·군·구 계획의 심의기관인 지역사회보장협의체와 민간협의체인 사회복지협의회를 헷갈리지 않도록 유의해야 한다.

해답과 오답노트 151쪽

✦01 지역사회보장계획에 관한 설명으로 옳은 것은?

① 시·군·구 의회의 심의와 지역사회보장협의체의 보고를 거쳐 시·군·구 계획이 수립된다.

② 지역사회보장에 관한 문제를 단기적 차원에서만 다룬다는 한계가 있다.

③ 실업, 노령, 질병, 빈곤 등 사회보장의 전반적인 영역을 모두 포괄하지 못한다는 한계가 있다.

④ 사회보장기본법상 사회보장에 관한 기본계획과 연계되도록 해야 한다.

⑤ 사회복지사업법에서 정하는 바에 따라 매년 평가를 받아야 한다.

기출 STYLE

지역사회보장계획의 도입 의의, 연혁, 주요 특징, 절차 등이 모두 중요하게 다루어지고 있다.

✦02 지역사회보장협의체에 관한 설명으로 옳지 않은 것을 모두 고른 것은?

> ㄱ. 사회보장에 관한 민·관 협력을 추진하기 위해 시·군·구 단위에 조성되었다.
> ㄴ. 위원장 1명을 포함한 10명 이상 40명 이하의 위원으로 구성한다.
> ㄷ. 특별자치시 내 읍·면·동 지역사회보장협의체의 구성 및 운영에 대해 심의·자문한다.
> ㄹ. 실무협의체의 구성에 대한 모든 사항은 시·군·구의 조례로 정한다.

① ㄱ, ㄴ   ② ㄷ, ㄹ

③ ㄱ, ㄴ, ㄷ   ④ ㄱ, ㄴ, ㄹ

⑤ ㄴ, ㄷ, ㄹ

기출 STYLE

지역사회보장협의체의 구성, 심의·자문 사항, 읍·면·동 지역사회보장협의체까지 한 문제에 종합적으로 출제되기도 하지만 각각의 내용이 단독으로 출제되기도 한다.

✛03 사회복지협의회에 관한 설명으로 옳은 것을 모두 고른 것은?

> ㄱ. 「사회보장급여의 이용 · 제공 및 수급권자 발굴에 관한 법률」에 근거한다.
> ㄴ. 한국사회복지협의회는 공공성을 인정받아 기타 공공기관으로 지정되었다.
> ㄷ. 시 · 도 사회복지협의회는 사회복지사업법에 따른 사회복지법인이다.
> ㄹ. 모든 시 · 군 · 구 단위에 사회복지협의회가 설치되어야 하는 것은 아니다.

① ㄱ
② ㄴ, ㄷ
③ ㄱ, ㄹ
④ ㄱ, ㄴ, ㄷ
⑤ ㄴ, ㄷ, ㄹ

기출 STYLE

사회복지협의회의 설립 과정, 성격, 기능 등에 대해 파악해두도록 하자. 수험생들이 지역사회보장협의체와 헷갈려하는 경우가 많으므로 이에 주의하기 바란다.

✛04 시 · 군 · 구 지역사회보장계획에 포함되어야 하는 사항을 모두 고른 것은?

> ㄱ. 사회보장급여의 사각지대 발굴 및 지원 방안
> ㄴ. 시 · 군 · 구의 부정수급 방지대책을 지원하기 위한 방안
> ㄷ. 지역사회보장에 필요한 재원의 규모와 조달 방안
> ㄹ. 시 · 도 및 시 · 군 · 구의 사회보장 추진 현황 분석

① ㄱ, ㄷ
② ㄴ, ㄷ
③ ㄷ, ㄹ
④ ㄱ, ㄴ, ㄷ
⑤ ㄴ, ㄷ, ㄹ

05 지역사회보장계획의 필요성 및 의의에 관한 내용으로 옳지 않은 것은?

① 지역사회의 실정을 반영한 맞춤형 사회보장제도의 발전에 기여한다.
② 지역사회 내 사회보장급여의 사각지대 발굴에 관심을 둔다.
③ 서비스의 안정적인 제공을 위해 중앙집권적 체제를 확립한다.
④ 공공과 민간이 협력할 수 있는 기회가 마련된다.
⑤ 지역사회의 다양한 자원을 확보할 수 있는 기반이 된다.

06 지역사회보장계획 실시와 관련하여 다음 빈칸에 들어갈 알맞은 말을 순서대로 제시한 것은?

> 2003년 (ㄱ)법 개정을 통해 (ㄴ)년마다 지역사회복지계획과 연차별 시행계획을 수립하도록 의무화하였다. 이후 2015년부터 시행된 사회보장급여의 이용 · 제공 및 수급권자 발굴에 관한 법률로 이관되면서 지역사회복지에서 (ㄷ)으로 범위를 확장하였다.

① ㄱ: 사회보장기본   ㄴ: 4   ㄷ: 지역사회보장
② ㄱ: 사회보장기본   ㄴ: 5   ㄷ: 전국사회보장
③ ㄱ: 사회보장급여   ㄴ: 4   ㄷ: 지역사회보장
④ ㄱ: 사회복지사업   ㄴ: 5   ㄷ: 전국사회보장
⑤ ㄱ: 사회복지사업   ㄴ: 4   ㄷ: 지역사회보장

✛07 지역사회보장계획의 절차에 관한 설명으로 옳은 것은?

① 시·군·구 계획을 수립한 후 지역주민 등 이해관계인의 의견을 들어야 한다.

② 시·군·구 계획은 지역사회보장협의체 및 해당 시·군·구 의회에 보고해야 한다.

③ 시·군·구 계획 및 시·도 계획은 보건복지부장관에게 제출해야 한다.

④ 시·도 계획은 시·도 사회보장위원회의 심의를 거쳐야 한다.

⑤ 보건복지부장관은 시·도 계획을 한국사회복지협의회에 보고해야 한다.

✛09 지역사회보장계획 수립을 위한 원칙으로 옳지 않은 것은?

① 연차별 시행계획 등과 연계되도록 한다.

② 지역 고유의 특성이 반영되도록 해야 한다.

③ 주민의 욕구조사를 통한 객관적 분석이 요구된다.

④ 지역의 필요에 따라 수립하기 때문에 의무는 아니다.

⑤ 행정적, 재정적 계획을 토대로 실천가능성을 확보해야 한다.

문제풀이 **TIP**

계획을 수립하기 위한 원칙은 지역성, 과학성(객관성), 연속성, 실천성, 자율성, 참여성 등을 꼽을 수 있다.

✛08 지역사회보장협의체에 관한 설명으로 옳지 않은 것은?

① 「사회보장급여의 이용·제공 및 수급권자 발굴에 관한 법률」에 의해 구성된다.

② 사회보장 추진 현황 분석 및 지역사회보장계획 평가 등을 진행한다.

③ 수요자 중심의 통합적 서비스를 제공하는 데에 초점을 둔다.

④ 사회보장 관련 기관·법인·단체·시설 간 연계·협력을 강화하기 위해 실무분과를 둔다.

⑤ 읍·면·동 단위 지역사회보장협의체의 구성 및 운영에 관해 심의·자문한다.

10 지역사회복지협의회에 관한 설명으로 옳지 않은 것은?

① 10인 이상 30인 이하의 이사와 감사 2인을 둔다.

② 관계 법령에 따라 해당 지역의 공무원을 임원으로 구성해야 한다.

③ 지역사회복지의 협의·조정기관으로서의 역할을 한다.

④ 정책개발을 위한 포럼, 간담회 등을 진행한다.

⑤ 서울시 협의회에서는 푸드뱅크 사업을 운영하고 있다.

✦11 한국사회복지협의회에서 진행하는 사업이 아닌 것은?

① 사회복지에 관한 조사, 연구 및 정책건의
② 보건복지부장관이 위탁하는 사회복지에 관한 업무
③ 지역 내 소외계층과 공공 자원과의 연계 사업
④ 사회복지에 관한 간행물 발간 사업
⑤ 자원봉사 및 기부문화 조성 사업

✦13 지역사회보장협의체에 관한 설명으로 옳은 것을 모두 고른 것은?

> ㄱ. 공공기관의 사회보장 사업을 평가하는 기관으로 출발하여 현재는 공공과 민간 간 연계를 위한 기관으로 운영되고 있다.
> ㄴ. 지역사회보장협의체에는 실무협의체가 구성되며, 실무협의체에서는 실무분과에서 발의된 쟁점에 대해 논의를 전개한다.
> ㄷ. 읍·면·동의 사회보장 관련 업무의 원활한 수행을 위하여 해당 읍·면·동에 읍·면·동 단위 지역사회보장협의체를 둔다.
> ㄹ. 시·도 사회보장위원회보다 상위기관으로서 시·군·구 계획 및 시·도 계획을 종합적으로 심의·자문한다.

① ㄱ, ㄴ ② ㄱ, ㄷ
③ ㄴ, ㄷ ④ ㄴ, ㄹ
⑤ ㄷ, ㄹ

12 지역사회보장 관련 기관에 대한 설명으로 옳은 것을 모두 고른 것은?

> ㄱ. 읍·면·동 단위 지역사회보장협의체는 시·군·구의 사회보장 관련 업무가 원활히 수행되도록 지원한다.
> ㄴ. 시·군·구 지역사회보장협의체는 지역 내 사회보장 관련 서비스를 제공하는 관계 기관·법인·단체·시설과의 연계·협력을 위해 구성된다.
> ㄷ. 시·도 사회보장위원회는 시·도의 지역사회보장계획 수립·시행 및 평가에 관한 사항을 심의·자문한다.
> ㄹ. 지역사회보장균형발전지원센터는 시·도 및 시·군·구의 사회보장 추진 현황 분석 등의 업무를 진행한다.

① ㄱ, ㄴ ② ㄴ, ㄷ
③ ㄷ, ㄹ ④ ㄱ, ㄴ, ㄷ
⑤ ㄴ, ㄷ, ㄹ

14 시·도 사회복지협의회에 관한 내용으로 옳은 것을 모두 고른 것은?

> ㄱ. 1998년 사회복지사업법의 개정으로 사회복지법인으로 인정되었다.
> ㄴ. 한국사회복지협의회와는 별도로 독립되어 운영된다.
> ㄷ. 시·군·구 사회복지협의회에 비해 지역사회와의 밀접성이 부족하다.
> ㄹ. 지역사회복지의 대표적인 협의, 조정기관으로 자주적 민간 조직이다.

① ㄱ, ㄴ, ㄷ ② ㄱ, ㄷ, ㄹ
③ ㄴ, ㄹ ④ ㄱ, ㄹ
⑤ ㄷ, ㄹ

✛15 지역사회복지협의회의 주요 기능으로 옳은 것을 모두 고른 것은?

> ㄱ. 유관 기관 간 연계 · 협력
> ㄴ. 사회복지에 관한 조사 · 연구
> ㄷ. 지역 내 사회복지 시설평가
> ㄹ. 지역주민의 복지 권리 옹호

① ㄱ, ㄹ   ② ㄴ, ㄷ
③ ㄱ, ㄴ, ㄹ   ④ ㄴ, ㄷ, ㄹ
⑤ ㄱ, ㄴ, ㄷ, ㄹ

✛16 시 · 군 · 구 지역사회보장협의체의 심의 · 자문 사항에 해당하는 것을 모두 고른 것은?

> ㄱ. 읍 · 면 · 동 지역사회보호체계 구축 및 운영
> ㄴ. 읍 · 면 · 동 지역사회보장협의체 구성 및 운영
> ㄷ. 시 · 군 · 구 지역사회보장계획 수립 · 시행 및 평가
> ㄹ. 시 · 군 · 구 지역사회보장조사 및 지역사회보장지표

① ㄱ, ㄹ   ② ㄴ, ㄷ
③ ㄱ, ㄴ, ㄷ   ④ ㄱ, ㄷ, ㄹ
⑤ ㄴ, ㄷ, ㄹ

✛17 지역사회보장계획의 평가에 관한 설명으로 옳지 않은 것을 모두 고른 것은?

> ㄱ. 보건복지부장관은 시 · 도 지역사회보장계획의 시행결과를 평가할 수 있다.
> ㄴ. 시 · 도지사는 시 · 군 · 구 지역사회보장계획의 시행결과를 평가할 수 있다.
> ㄷ. 보건복지부장관은 평가결과를 지방자치단체에 대한 사회보장 비용 지원에 반영할 수 있다.
> ㄹ. 시 · 도지사는 평가를 시행한 경우 그 결과를 사회보장위원회에 제출하여야 한다.

① ㄱ, ㄷ   ② ㄷ
③ ㄴ, ㄹ   ④ ㄹ
⑤ ㄱ, ㄹ

✛18 읍 · 면 · 동 지역사회보장협의체에 관한 설명으로 옳지 않은 것은?

① 조직 · 운영에 필요한 사항은 해당 특별자치시 및 시 · 군 · 구의 조례로 정한다.
② 지역사회보호체계 구축 및 운영에 관한 업무를 지원한다.
③ 사회보장 자원 발굴 및 연계에 관한 업무를 지원한다.
④ 사회보장에 관한 업무를 담당하는 공무원은 협의체 위원이 될 수 없다.
⑤ 읍 · 면 · 동 지역사회보장협의체 위원은 읍 · 면 · 동별로 각 10명 이상으로 한다.

지역사회복지론

19 지역사회보장협의체에 관한 설명으로 옳지 않은 것을 모두 고른 것은?

> ㄱ. 민간기관을 대표하는 조직으로서 지역주민의 입장을 대변한다.
> ㄴ. 협의체 위원은 시·도지사의 추천으로 보건복지부장관이 임명한다.
> ㄷ. 실무분과의 구성과 운영에 관한 사항은 법으로 엄격하게 규정하고 있다.
> ㄹ. 사회보장에 관한 업무를 담당하는 공무원도 위원이 될 수 있다.

① ㄱ, ㄴ, ㄷ   ② ㄱ, ㄷ
③ ㄱ, ㄴ, ㄹ   ④ ㄷ, ㄹ
⑤ ㄱ, ㄴ, ㄷ, ㄹ

21 시·도 및 시·군·구의 사회보장 추진현황 분석, 지역사회보장계획의 평가, 지역 간 사회보장의 균형발전 지원 등의 업무를 효과적으로 수행하기 위해 보건복지부장관이 설치·운영할 수 있도록 한 기관은 무엇인가?

① 지역사회보장협의체
② 사회보장정보원
③ 사회보장위원회
④ 지역사회보장균형발전지원센터
⑤ 한국사회복지협의회

20 사회복지협의회에서 발생할 수 없는 장면은?

① 사회복지시설의 투명성 강화를 주제로 연구를 진행하였다.
② 세계사회복지대회에 참가하여 외국의 사회복지기관 대표자들과 회의를 진행하였다.
③ 사회복지기관의 프로그램 개발 과정에 대한 교육을 진행하였다.
④ 사회복지에 관한 정보 제공을 위해 인터넷 신문을 발행하였다.
⑤ 복지자원의 조달 및 관리에 관한 내용이 포함된 지역사회보장계획을 심의하였다.

문제풀이 TIP
사회복지협의회는 민간단체의 연합으로 사회복지법인이다.

22 지역사회보장계획에 관한 규정으로 옳은 것은?

① 지역사회보장계획을 심의하는 지역사회보장협의체는 특별시·광역시·도·특별자치도에 둔다.
② 시장·군수·구청장은 지역사회보장협의체의 심의 및 시·도 의회의 보고를 거쳐 시·도지사에게 제출해야 한다.
③ 시·도지사 및 시장·군수·구청장은 지역사회보장계획 수립 시 지역사회보장조사의 결과를 반영해야 한다.
④ 보건복지부장관은 시·도 지역사회보장계획 및 시·군·구 지역사회보장계획에 따른 시행결과를 평가해야 한다.
⑤ 시·도지사 또는 시장·군수·구청장은 사회보장 관련 기관 등에 대해 정보의 제공과 협력을 요청할 수 있다.

문제풀이 TIP
시·군·구 계획 및 시·도 계획의 수립절차와 심의기관을 파악하고, 강행규정과 임의규정의 차이에도 주목하자.

11장 지역사회복지실천의 추진체계 Ⅰ

이 장에서는,

공공 사회복지 전달체계와 관련된 내용을 다룬다. 여기서 가장 중요한 부분은 지방분권화가 지역사회복지에 미친 긍정적 영향과 부정적 영향을 구분하여 살펴보는 것이다. 그 밖에 공공 전달체계의 개편 흐름, 사회복지전담공무원의 역할, 지방분권화 시대에 지역복지가 나아가야 할 방향 등에 관한 내용도 간헐적으로 출제되고 있다.

해답과 오답노트 154쪽

✛01 지방분권화의 긍정적 측면으로 옳지 않은 것은?

① 지역주민의 욕구에 대한 민감성 강화
② 지방정부 간 복지 서비스의 불균형
③ 지역주민의 참여기회 확대
④ 지방정부의 사회적 책임성 강화
⑤ 주민참여를 통한 권력의 재분배

기출 STYLE

지방분권화로 인한 영향은 거의 해마다 출제되고 있다. 긍정적인 영향과 부정적인 영향을 구분해서 파악하고, 더불어 지방분권화로 인한 문제점을 극복하기 위한 방안 및 지방분권화에 따라 민간 부문에 요구되는 역할은 무엇인지도 함께 정리해두어야 한다.

✛02 지역사회복지 관련 최근 동향에 관한 설명으로 옳지 않은 것은?

① 사회보장정보시스템 구축으로 공공 복지업무의 효율화를 꾀하게 되었다.
② 공공 복지전달체계의 변화는 복지 사각지대의 해소를 강조하고 있다.
③ 복지 허브화 사업이 시작되면서 희망복지지원단 시범사업은 종료되었다.
④ 주민자치형 공공서비스 구축사업을 통해 지역주민의 참여를 강화하고 있다.
⑤ 지역사회 통합돌봄 제공을 위해 시 · 도 단위에 사회서비스원이 설치되고 있다.

기출 STYLE

지역사회복지와 관련된 전체적인 흐름을 살펴보는 문제도 간헐적으로 출제되고 있으며, 공공 전달체계의 제도적 변화가 있을 때에도 출제되곤 한다.

✛**03** 사회복지전담공무원의 직무 내용으로 볼 수 없는 것은?

① 국민기초생활보장 수급자의 조사 · 선정에 관여한다.

② 한부모가정에 지역아동센터의 사회복지서비스를 연계한다.

③ 지역사회 내 독거노인에게 도시락 배달 서비스를 연계한다.

④ 실업급여 부정 수급자 명단을 취합한다.

⑤ 지역주민에 대한 생활실태조사를 나간다.

05 지방분권화에 관한 설명으로 옳지 않은 것은?

① 우리나라는 1995년부터 전면 실시되었다.

② 풀뿌리 민주주의로 불린다.

③ 복지정책의 전국적 통일성을 기한다.

④ 지방자치단체장은 직선제로 선출한다.

⑤ 지역문제에 대한 자기통치 원리를 담고 있다.

✛**06** 우리나라 지방분권화 및 지역사회복지 전달체계 개편 등에 관한 내용으로 옳지 않은 것은?

① 희망복지지원단은 통합적 사례관리 실시를 위해 2012년 읍 · 면 · 동 주민센터의 산하기관으로 설치되었다.

② 지방분권화의 영향으로 도입된 지역사회보장계획은 4년을 단위로 수립 · 시행되는 중장기 계획이다.

③ 전달체계 개편은 주민의 욕구에 부합하는 맞춤형 복지 서비스를 공급하는 방향으로 이루어지고 있다.

④ 지방분권화에 따라 지방으로 이양되었던 정신요양시설 사업은 2015년부터 중앙정부 사업으로 환원되었다.

⑤ 사회보장정보시스템은 정부에서 제공하는 복지사업 정보를 연계하여 중복 · 부적정 수급을 방지할 수 있도록 마련된 것이다.

✛**04** 공공 사회복지 전달체계의 개편 흐름으로 옳은 것을 모두 고른 것은?

ㄱ. 동일한 서비스가 중복적으로 제공되거나 필요한 서비스가 누락되는 현상을 방지하기 위한 방향으로 진행되고 있다.

ㄴ. 수급자 개인별, 가구별 통합관리체제를 도입하여 사례관리가 이루어지도록 하고 있다.

ㄷ. 사전예방적 지원이 아닌 사후관리적 지원에 초점을 맞춰 복지비용의 효율화를 추구하고 있다.

ㄹ. 복지사업 수급자에 대한 정보를 체계화하여 서비스 신청 및 수급 절차에서의 간소화를 꾀하고 있다.

---

① ㄱ, ㄷ

② ㄴ, ㄹ

③ ㄱ, ㄴ, ㄷ

④ ㄱ, ㄴ, ㄹ

⑤ ㄴ, ㄷ, ㄹ

✛07 지방분권화 시행에 따라 나타난 지역사회 복지의 변화와 관련이 없는 것은?

① 지역사회보장계획 의무화
② 지역별 사회서비스 수립 및 추진
③ 사회서비스 관련 국고보조 사업의 지방이양
④ 지역사회보장협의체 설치
⑤ 광역단체 사회복지협의회 조직

✛08 지방분권화의 의의로 보기 어려운 것은?

① 지방정부의 자율성 강화
② 지역의 특성에 맞는 복지정책 수립
③ 중앙정부의 책임 및 역할 강화
④ 지역 간 균형있는 발전 도모
⑤ 지역주민의 참여 기회 확대

문제풀이 **TIP**

지방분권화는 중앙정부의 권한을 지방으로 이양하여 지방정부의 권한을 확대시키는 것이다.

09 최근 지역사회복지 관련 동향에 관한 설명으로 옳지 않은 것은?

① 지역 간 복지 불균형을 해소하기 위해 중앙정부의 권한을 강화하고 있다.
② 지방정부는 사회보장을 위한 재정력을 키워나가야 할 숙제를 안고 있다.
③ 사회복지서비스 주체의 다양화로 민간은 경쟁력을 강화해나가야 한다.
④ 지역사회 내 민관 협력 및 복지 네트워크의 중요성이 강조되고 있다.
⑤ 지역주민들의 욕구에 부합하는 밀착된 서비스 제공에 초점을 두고 있다.

10 사회복지와 관련된 지방분권화의 과정에 관한 설명으로 옳지 않은 것은?

① 2003년 지역사회복지계획 수립이 법적으로 의무화되었다.
② 2004년부터 국고보조 사업을 지방으로 이양하였다.
③ 지방이양 사업을 위한 분권교부세는 한시적으로 시행되었다.
④ 사회복지관 운영사업은 지방이양 사업으로 분류되었다.
⑤ 장애인거주시설 운영사업은 중앙정부 사업으로 환원되었다.

11 사회복지전담공무원과 관련한 내용으로 옳지 않은 것을 모두 고른 것은?

> ㄱ. 사회복지사 자격증이 없어도 사회복지전담공무원이 될 수 있다.
> ㄴ. 읍·면·동의 사회복지전담공무원은 사례관리 대상자를 희망복지지원단에 의뢰할 수 있다.
> ㄷ. 국민건강보험공단의 사회복지전담공무원은 보험료 납부 및 체납자 관리를 처리한다.
> ㄹ. 사회복지전담공무원은 사회보장정보시스템을 통해 수급자의 서비스 이력을 파악할 수 있다.

① ㄱ, ㄴ, ㄷ　　　② ㄱ, ㄷ
③ ㄱ, ㄴ, ㄹ　　　④ ㄴ, ㄹ
⑤ ㄴ, ㄷ, ㄹ

지역사회복지론

✦12 최근 읍 · 면 · 동 중심의 공공 사회복지전
달체계 개편과 관련된 내용으로 옳은 것을 모두
고른 것은?

> ㄱ. 사후적 서비스 제공이 아닌 선제적 서비스 제
> 공을 목표로 한다.
> ㄴ. 복지 · 보건 · 고용 연계 등이 통합된 서비스 제
> 공을 추진한다.
> ㄷ. 사회보장정보시스템 개통에 따라 맞춤형 서비
> 스를 제공한다.
> ㄹ. 민간 자원과의 연계를 활성화하여 서비스를 종
> 합적으로 제공한다.

① ㄱ, ㄷ   ② ㄴ, ㄹ
③ ㄱ, ㄴ, ㄹ   ④ ㄴ, ㄷ, ㄹ
⑤ ㄱ, ㄴ, ㄷ, ㄹ

✦13 지방분권화가 가져온 지역사회복지의 변
화에 대한 설명으로 옳지 않은 것을 모두 고른
것은?

> ㄱ. 보건복지부 소관 사업 중에서 기초생활보장급
> 여 예산이 지방정부로 이양되었다.
> ㄴ. 지역주민의 욕구에 신속하고 적극적으로 대응
> 할 수 있는 복지 프로그램의 실현이 가능해졌다.
> ㄷ. 전국 단위의 보편적이고 포괄적인 서비스를 제
> 공하기 위한 지방정부 중심의 복지체계가 발전
> 하였다.
> ㄹ. 지방자치단체들 간에 재정 격차가 발생함에 따
> 라 지역 간 복지수준의 격차가 발생하고 있다.

① ㄹ   ② ㄱ, ㄷ
③ ㄴ, ㄹ   ④ ㄱ, ㄴ, ㄷ
⑤ ㄱ, ㄴ, ㄷ, ㄹ

문제풀이 **TIP**

중앙정부는 전국 단위 사업을, 지방정부는 지역의 욕구를 반영한 사
업을 추진한다.

14 사회복지전담공무원에 관한 설명으로 옳
은 것을 모두 고른 것은?

> ㄱ. 1992년 사회보장기본법 개정에서 관련 규정이
> 마련되었다.
> ㄴ. 일반행정직 공무원과는 구분되어 임용되고
> 있다.
> ㄷ. 공공부조 및 사회보험 수급 대상자를 파악하는
> 업무를 수행한다.
> ㄹ. 찾아가는 복지 사업을 통해 복지 사각지대 발
> 굴을 추진한다.

① ㄱ, ㄴ   ② ㄷ, ㄹ
③ ㄱ, ㄷ   ④ ㄴ, ㄹ
⑤ ㄱ, ㄹ

15 최근 공공 사회복지 전달체계의 변화에
관한 설명으로 옳지 않은 것을 모두 고른 것은?

> ㄱ. 행복e음과 범정부로 구분된 기존의 사회보장정
> 보시스템을 통합한 차세대 사회보장정보시스
> 템을 구축하고 있다.
> ㄴ. 통합적 사례관리를 추진하기 위해 희망복지지
> 원단을 운영하고 있다.
> ㄷ. 기초연금, 국민연금, 건강보험 등은 국민건강
> 보험공단에서 통합 징수하고 있다.
> ㄹ. 지방분권화의 영향으로 사회복지전문요원에서
> 사회복지전담공무원으로 변화하였다.

① ㄱ, ㄴ   ② ㄴ, ㄷ
③ ㄷ, ㄹ   ④ ㄱ, ㄴ, ㄷ
⑤ ㄴ, ㄷ, ㄹ

지역사회복지실천의 추진체계 Ⅱ

이 장에서는,

지역사회복지와 관련된 주요 단체들의 성격을 살펴본다. 사회복지관의 기능, 사업분야, 대상 등은 매우 필수적인 내용이다. 최근에는 사회적 경제조직에 관한 문제가 계속 출제되고 있다. 출제비중이 다소 주춤해졌지만 공동모금회의 배분사업, 모금방식 등은 살펴봐야 한다.

해답과 오답노트 156쪽

✦01 사회복지관에 관한 설명으로 옳지 않은 것은?

① 이용료를 부과하는 것은 원칙적으로 금지되어 있다.

② 지역성, 전문성, 책임성, 투명성 등의 원칙이 강조된다.

③ 취업 알선이 필요한 사람은 우선 대상자가 된다.

④ 지역사회 복지 관련 문제의 해결 및 예방에 초점을 둔다.

⑤ 사회복지 시설평가 제도에 따라 3년마다 평가를 받는다.

기출 STYLE

이 장에서 가장 많이 출제되는 내용은 사회복지관에 관한 문제이다. 운영의 기본 원칙, 설치·운영 관련 사항, 후원금 관리, 사업내용, 발전과정 등이 두루두루 등장하였다.

✦02 A사회복지관에서는 그동안 자원봉사자 관리 업무를 담당해 오던 사회복지사가 최근 사직을 하게 되었다. 이에 따라 같은 업무를 인계받을 사회복지사를 모집하고자 한다. 채용공고에 작성할 사업분야로 적절한 것은?

① 사례관리

② 지역사회보호

③ 자원 개발 및 관리

④ 교육, 문화

⑤ 서비스 연계

기출 STYLE

사회복지관에 관한 내용 중에서도 사업분야별 사업내용은 반드시 정리해두어야 하는 사항이다. 각 분야별 사업내용이 바르게 연결된 것을 찾는 유형으로도 출제되었으며, 지역사회보호 사업 담당자의 업무에 해당하지 않는 것을 찾는 유형으로도 출제된 바 있다.

지역사회복지론

✢03 사회적 경제 주체에 관한 설명으로 옳지 않은 것은?

① 협동조합은 조합원 자격을 가진 자가 5인 이상이어야 한다.

② 사회적 기업은 영리기업과 비영리기업의 중간 형태라고 볼 수 있다.

③ 지역자활센터는 기초수급자 및 차상위계층의 자활촉진을 위한 사업을 수행한다.

④ 마을기업은 영리를 추구하는 기업이면서 지역사회의 이익을 실현해야 한다.

⑤ 사회적협동조합은 영리법인 또는 비영리법인으로서 설립할 수 있다.

기출 STYLE

최근 시험에서는 사회적 경제 주체에 관한 문제가 연이어 등장했다. 사회적 기업, 마을기업, 협동조합, 자활기업 등 대표적인 사회적 경제 주체의 특징들을 살펴볼 필요가 있다.

✢04 사회복지공동모금회에 관한 설명으로 옳지 않은 것은?

① 지역사회의 재원을 동원하고 배분하는 전문기관이다.

② 법인격은 사회복지사업법에 따른 사회복지법인이다.

③ 보건복지부장관의 인가를 받아 등기함으로써 설립된다.

④ 시 · 도 공동모금지회는 각각 독립된 법인으로 운영된다.

⑤ 회장, 부회장 및 이사의 임기는 3년으로 하며, 한 차례만 연임할 수 있다.

기출 STYLE

공동모금의 의의, 특징, 기능, 공동모금회, 모금방법, 배분사업 등에 관한 문제들이 출제되어 오고 있다.

05 다음 중 사회복지공동모금의 의의로 보기 어려운 것은?

① 제도적 틀 내에서 민간자원을 동원한다.

② 무분별한 자선사업의 난립을 막을 수 있다.

③ 사회복지 프로그램의 전문성을 제고한다.

④ 공공재정의 확충에 직접적으로 기여한다.

⑤ 자발적 기부문화의 확산 · 정착을 꾀한다.

06 <보기>에서 설명하고 있는 사회복지관의 운영 원칙은?

사회복지관은 지역사회의 특성과 지역주민의 문제나 욕구를 신속하게 파악하여 사업계획 수립 시 반영하여 지역사회의 문제를 해결하고, 이에 따른 서비스를 제공하여야 한다.

① 전문성의 원칙　　② 지역성의 원칙

③ 통합성의 원칙　　④ 중립성의 원칙

⑤ 자율성의 원칙

07 지역사회복지실천 기관 중에서 직접서비스기관에 해당하지 않는 것은?

① 자원봉사센터

② 지역자활센터

③ 지역아동센터

④ 종합사회복지관

⑤ 노인복지관

08 사회복지관의 사업으로 추진할 수 없는 것은?

① 지역 내 요보호 노인 및 결식아동 등을 위한 급식서비스를 추진한다.

② 가족원간 의사소통을 원활하게 할 수 있는 방법에 대한 교육 및 상담을 진행한다.

③ 지역 내 보호가 필요한 대상자 및 위기개입 대상자를 발굴하여 사례관리를 실시한다.

④ 보호대상아동을 입소시켜 보호, 양육 및 취업 훈련, 자립지원 서비스 등을 제공한다.

⑤ 경제적 이유로 사교육 기관을 이용하기 어려운 학생들에게 학습을 지원한다.

09 자활사업에 관한 설명으로 옳지 않은 것은?

① 차상위계층은 자활사업의 대상에 속하지 않는다.

② 보건복지부 주관 사업으로 2000년부터 시행되고 있다.

③ 개인별 맞춤형 자립계획을 지원하기 위해 사례관리를 실시한다.

④ 자활에 관한 정보제공 등을 위해 지역자활센터가 마련되었다.

⑤ 시 · 군 · 구 및 시 · 도는 지역자활지원계획을 매년 수립해야 한다.

10 자원봉사센터에 관한 설명으로 옳지 않은 것은?

① 국가기관 및 지방자치단체는 자원봉사센터를 설치할 수 있다.

② 국가기관은 센터 운영을 비영리 법인에 위탁할 수 있다.

③ 시 · 군 · 구뿐만 아니라 시 · 도에도 설치할 수 있다.

④ 지방자치단체는 센터 운영에 필요한 경비를 지원할 수 있다.

⑤ 센터의 조직 · 운영은 사회보장기본법에서 규정한다.

11 사회복지공동모금에 관한 설명으로 옳은 것은?

① 사회복지공동모금에 관한 규정은 사회복지사업법을 따른다.

② 기부자가 특정 지역, 특정 대상자, 사용용도 등을 지정할 수 있다.

③ 정치적, 종교적 목적과 관련된 활동에 대해서도 필요한 경우 배분한다.

④ 태풍, 홍수, 대형화재 등 전국적인 이슈와 관련된 모금만 진행한다.

⑤ 재원 조성을 위해 기획재정부 장관의 승인을 받아 복권을 발행할 수 있다.

✦12 사회복지관의 운영원칙에 관한 설명으로 옳지 않은 것은?

① 사업의 효과성과 효율성을 입증할 책임이 있다.

② 정치활동, 종교활동 등을 통해 사회통합에 기여해야 한다.

③ 지역 내 복지자원을 동원 · 활용하기 위해 노력해야 한다.

④ 전문적인 서비스가 제공될 수 있도록 해야 한다.

⑤ 운영과정의 투명성을 유지하여야 한다.

✦14 사회적 기업에 관한 설명으로 옳지 않은 것은?

① 지역주민의 삶의 질 제고라는 사회적 목적을 추구한다.

② 재화 및 서비스의 생산 · 판매 등과 관련한 영업활동을 한다.

③ 취약계층에 대해 사회서비스 또는 일자리를 제공해야 한다.

④ 사회적 기업은 보건 및 복지 분야에 한정되지 않는다.

⑤ 사회복지사업법에 따라 보건복지부장관의 인증을 받아야 한다.

13 지역아동센터의 프로그램에 관한 설명으로 틀린 것은?

① 기본 프로그램과 특화 프로그램을 운영한다.

② 아동에 대한 프로그램 외에도 부모 · 가족 상담을 진행한다.

③ 기초학습이 부진한 아동들을 위한 특별지도 프로그램을 운영한다.

④ 주말 · 공휴일 프로그램에서는 보호서비스를 제공하지는 않는다.

⑤ 야간보호 프로그램을 통해 부모의 늦은 귀가 시간으로 방임되고 있는 아동을 보호한다.

문제풀이 **TIP**

지역아동센터는 보호, 교육, 놀이 · 오락, 보호자와 지역사회 연계 등에 관한 프로그램 외에 주말 · 공휴일, 야간보호, 가족기능강화 등을 위한 프로그램을 운영한다.

15 자원봉사활동에 관한 설명으로 옳은 것은?

① 행정안전부장관 소속의 자원봉사활동진흥위원회는 자원봉사활동에 관한 주요 정책을 심의한다.

② 행정안전부 장관은 자원봉사활동의 진흥을 위한 국가기본계획을 3년마다 수립해야 한다.

③ 자원봉사단체는 그 대표의 명의로 특정 정당이나 특정인의 선거운동을 진행할 수 있다.

④ 공명선거에 관한 활동, 범죄예방 및 선도에 관한 활동 등도 자원봉사활동의 범위에 포함된다.

⑤ 대가 없이 자발적으로 시간과 노력을 제공하는 행위를 말하므로 어떤 종류의 금품도 오가서는 안 된다.

16 우리나라 사회복지공동모금에 대한 설명으로 옳은 것을 모두 고른 것은?

> ㄱ. 중앙정부와 지방정부에 흩어져 있는 복지재원의 통합을 추진한다.
> ㄴ. 모금방식은 크게 연중모금 캠페인과 연말집중모금으로 구분할 수 있다.
> ㄷ. 기업모금이 전체 모금에서 가장 큰 비중을 차지하고 있다.
> ㄹ. 모금액의 배분대상에서 개인은 제외된다.

① ㄱ, ㄹ
② ㄴ, ㄷ
③ ㄱ, ㄴ, ㄹ
④ ㄴ, ㄷ, ㄹ
⑤ ㄱ, ㄴ, ㄷ, ㄹ

✤17 사회복지관 설치 및 운영에 관한 설명으로 옳지 않은 것은?

① 사회복지관의 설치는 일부 지역에 편중되지 않도록 해야 한다.
② 지방자치단체는 사회복지법인 및 비영리법인에 위탁하여 설치할 수 있다.
③ 시설 종사자 대표는 시설운영위원회의 구성원이 될 수 없다.
④ 사업에 소요되는 최소한의 비용을 이용자로부터 수납할 수 있다.
⑤ 후원자가 사용용도를 지정한 후원금은 그 용도 외에는 사용할 수 없다.

✤18 다음에서 설명하고 있는 지역사회복지 추진체계는 무엇인가?

> 취약계층에게 사회서비스 또는 일자리를 제공하여 지역주민의 삶의 질을 높이는 등의 사회적 목적을 추구하면서 재화 및 서비스의 생산·판매 등 영업활동을 하는 기업으로 고용노동부 장관의 인증을 받아 설립된다.

① 지역사회복지관
② 자활기업
③ 사회적 기업
④ 마을기업
⑤ 비영리 민간단체

✤19 지역사회복지 추진기관에 관한 설명으로 옳은 것은?

① 사회복지공동모금회는 전국 단위에서 성금을 모금하고 배분하는 사회복지법인이다.
② 지역자활센터는 자활을 위한 정보제공, 상담, 직업교육 등을 제공하는 공공기관이다.
③ 사회적 기업은 저소득층의 청년 일자리 창출을 목적으로 하는 보건복지부 사업이다.
④ 다함께돌봄센터는 아동복지시설의 하나로, 학년 전 아동에게 다양한 문화 체험활동을 제공한다.
⑤ 자원봉사센터는 인권단체, 교육시설, 문화시설, 정당 등 모든 분야에서 자원봉사를 연계한다.

20 사회복지공동모금회에서 모금재원을 배분할 수 없는 경우가 아닌 것은?

① 종교단체에서 다문화가정을 대상으로 선교활동을 진행하는 경우

② 열악한 재정상황으로 인해 수익을 주된 목적으로 사업을 진행하는 경우

③ 동일한 사업에 대하여 다른 기관으로부터 이미 지원을 받은 경우

④ 동일한 사업에 대하여 국가로부터 지원을 받기로 확정된 경우

⑤ 사회복지서비스를 필요로 하는 개인이 신청한 경우

✦21 우리나라 사회복지공동모금의 의의 및 특징으로 옳지 않은 것은?

① 민간복지의 발전에 필요한 재원을 강제적으로 마련한다.

② 자발적인 기부문화 확산을 꾀한다.

③ 모금의 일원화하여 모금에 소요되는 노력을 절약한다.

④ 상부상조 정신, 공동체 의식을 바탕으로 한다.

⑤ 전국적 차원의 협조를 도모할 수 있다.

22 지역사회복지관에서 제공하는 서비스의 우선지원 대상이 아닌 사람은?

① 국민기초생활보장 수급자는 아니지만 차상위계층에 속하는 주민

② 아버지의 가출로 베트남에서 온 어머니와 둘이 살고 있는 초등학생

③ 3년 전 교통사고로 장애를 입게 된 30대 여성

④ 1년 전 귀농하여 농사를 지으며 사는 40대 미혼남성

⑤ 남편과 사별 후 일자리를 찾고 있는 40대 경력단절여성

23 다음에 제시된 사회복지관의 기능 및 사업분야는?

> 주민복지증진사업, 주민교육 등을 통해 주민이 지역사회 문제에 스스로 참여하고 공동체 의식을 갖도록 주민 조직의 육성을 지원하고, 이러한 주민협력강화에 필요한 주민의식을 높이기 위한 교육을 실시하는 사업

① 사례관리 기능, 교육문화 사업

② 지역 조직화 기능, 주민 조직화 사업

③ 서비스 제공 기능, 사례발굴 사업

④ 서비스 제공 기능, 서비스 연계 사업

⑤ 지역 조직화 기능, 복지 네트워크 구축 사업

문제풀이 **TIP**

사회복지관의 기능
- 사례관리 기능: 사례발굴, 사례개입, 서비스 연계
- 서비스 제공 기능: 가족기능 강화, 지역사회보호, 교육문화, 자활지원 등 기타
- 지역조직화 기능: 복지 네트워크 구축, 주민 조직화, 자원 개발 및 관리

지역사회복지운동

이 장에서는,

지역사회복지운동과 주민참여 등에 대해 학습한다. 지역사회복지의 주요 이념 중 하나인 주민참여와 관련하여서는 아른스테인이 제시한 주민참여 8단계를 살펴봐야 한다. 지역사회복지운동의 개념이나 성격 등은 한동안 출제되지 않다가 최근 시험에서 다시 등장하기도 했다.

해답과 오답노트 158쪽

✦01 아른스테인(Arnstein)이 제시한 주민참여 8단계 중 다음 설명에 해당하는 것은?

> 행정기관과 주민이 서로 간의 관계를 확인하는 정도에 그친다. 공무원이 일방적으로 교육, 설득시키고 주민은 단순히 참석하는 수준일 뿐이다. 주민참여 정도가 가장 낮은 수준으로, 참여의 형식을 흉내내는 수준일 뿐 사실상 주민들이 의사결정에 참여한다고 말할 수는 없는 단계이다.

① 주민통제(citizen control)
② 정보제공(informing)
③ 치료(therapy)
④ 회유(placation)
⑤ 조작(manipulation)

기출 STYLE

반드시 암기해야 한다. 최근 시험에서는 사례를 제시하거나 각 단계별 내용을 응용하여 제시한 문제가 출제되었다. 주민참여와 관련하여 아른스테인이 제시한 8단계의 내용은 암기해둘 필요가 있다.

✦02 지역사회복지운동의 성격에 관한 설명으로 옳지 않은 것은?

① 사회복지를 달성하기 위한 의도적인 조직 활동이다.
② 노동운동, 민중운동 등과 같이 제한적인 계층을 기반으로 한다.
③ 지역주민의 시민의식을 배양하는 사회권 확립 운동이다.
④ 주민들의 삶의 질과 관련된 생활운동으로서 의미를 갖는다.
⑤ 주민참여를 활성화하고 주민의식을 제고하기 위한 수단이 된다.

기출 STYLE

지역사회복지운동의 개념 및 성격을 바탕으로 지역사회복지운동의 사례도 함께 생각해보자.

03 지역사회복지운동단체의 주요 활동으로 옳은 것을 모두 고른 것은?

> ㄱ. 직접 서비스 제공
> ㄴ. 옹호활동, 연대활동
> ㄷ. 지역복지정책 개발
> ㄹ. 수익사업을 통한 이윤창출

① ㄱ, ㄴ, ㄷ   ② ㄱ, ㄷ
③ ㄱ, ㄴ, ㄹ   ④ ㄷ, ㄹ
⑤ ㄴ, ㄷ, ㄹ

✛04 아른스테인(Arnstein)이 제시한 주민참여 8단계 중 주민들이 특정한 계획에 관해서 우월한 결정권한을 행사하고 그 계획을 집행하는 단계에 있어서도 강력한 권한을 행사하는 단계는?

① 주민회유(placation)
② 주민통제(citizen control)
③ 권한위임(delegated power)
④ 조작(manipulation)
⑤ 정보제공(informing)

05 A 지자체는 3조 원에 달하는 내년도 사업 예산편성에 앞서 시민의 참여를 보장하고 재정의 투명성을 확보하기 위해 해당 분야의 학식과 경험이 풍부한 전문가와 지역주민의 의견을 듣기 위해 회의를 소집하려고 한다. 어떤 형태로 소집하는 것이 적절한가?

① 공청회   ② 심포지엄
③ 델파이   ④ 패널
⑤ 샤레트

✛06 지역사회복지운동에 대한 설명으로 옳은 것을 모두 고른 것은?

> ㄱ. 지역사회의 변화를 주도하기 위한 조직적인 운동이다.
> ㄴ. 문제해결 능력을 갖춘 전문가에 의한 전문적 활동이다.
> ㄷ. 주민의 실질적인 권리를 확보하는 데에 초점을 둔다.
> ㄹ. 지역주민들의 권리의식을 제고할 수 있는 기회가 된다.

① ㄱ, ㄴ   ② ㄷ, ㄹ
③ ㄱ, ㄴ, ㄹ   ④ ㄱ, ㄷ, ㄹ
⑤ ㄴ, ㄷ, ㄹ

07 비영리 민간단체의 기능으로 볼 수 없는 것은?

① 사회적 약자의 권익을 옹호한다.
② 정부와 이익집단 간의 분쟁 시 정부의 입장을 대변한다.
③ 국가와 시장이 지닌 권력을 비판하고 감시한다.
④ 정부가 제공할 수 없는 사회서비스를 제공한다.
⑤ 리더십을 학습하고 공동체 의식을 배양한다.

문제풀이 **TIP**

비영리 민간단체의 기능
- 견제 기능   • 복지 기능   • 대변 기능
- 조정 기능   • 교육 기능

08 민간 시민단체의 특성으로 옳은 것을 모두 고른 것은?

| ㄱ. 비영리성 | ㄴ. 무보수성 |
| ㄷ. 자치성 | ㄹ. 법인격 |

① ㄱ, ㄴ, ㄷ ② ㄱ, ㄷ
③ ㄱ, ㄴ, ㄹ ④ ㄱ, ㄹ
⑤ ㄴ, ㄷ, ㄹ

09 지역사회복지운동의 과제에 대한 설명으로 옳지 않은 것은?

① 조직화된 주민들의 정치적 영향력 확보
② 지역사회복지조직 간의 네트워크 형성
③ 지역사회 내 특정 계층을 위한 제도 개편 및 영향력 강화
④ 지역사회복지운동의 전문역량 강화
⑤ 주민들의 능동적인 참여와 조직화를 위한 다양한 기제 마련

✦10 다음에서 제시된 아른스테인의 주민참여 8단계 중에서 형식적 참여에 해당하는 것을 모두 고른 것은?

| ㄱ. 정보제공 | ㄴ. 상담 |
| ㄷ. 회유 | ㄹ. 협동 |

① ㄱ, ㄴ, ㄷ ② ㄱ, ㄷ, ㄹ
③ ㄱ, ㄴ ④ ㄱ, ㄹ
⑤ ㄴ, ㄹ

11 주민참여 방법에 대한 설명으로 틀린 것은?

① 공청회: 특수한 전문적 문제에 초점을 맞추어 의견을 교환하는 것이 좋다.
② 설문조사: 주민들이 의식하고 있는 문제점, 중요성 등을 파악하는 경우에 용이하다.
③ 델파이방법: 다양한 전문가 집단의 지식과 능력을 활용한 설문조사로써 통제된 피드백 방식이다.
④ 명목집단방법: 상호작용이 이루어지지 않는 상황을 조성하여, 문제에 따라 등급화하여 정리하는 방법이다.
⑤ 샤레트방법: 지역주민과 관료, 정치인들이 함께 모여 일정 시간 내에 합의된 제안을 작성하는 방법이다.

12 지역사회복지와 관련하여 주민참여의 부정적 측면을 모두 고른 것은?

| ㄱ. 다양한 계층의 주민들이 참여하는 만큼 주민 간 갈등이 일어날 소지가 크다. |
| ㄴ. 공청회, 주민투표 등을 통해 주민의 의견을 수렴할 수 있지만 그에 대한 비용부담이 크다. |
| ㄷ. 특정 주민이 주민 전체의 의견을 대표할 수 있는가에 대한 논란이 발생할 수 있다. |
| ㄹ. 모든 주민이 복지 정신을 함양하고 있는 것은 아니라는 점은 위험요소가 될 수도 있다. |

① ㄱ, ㄷ ② ㄴ, ㄹ
③ ㄱ, ㄷ, ㄹ ④ ㄴ, ㄷ, ㄹ
⑤ ㄱ, ㄴ, ㄷ, ㄹ

13 주민참여에 관한 내용으로 옳은 것을 모두 고른 것은?

> ㄱ. 정부의 정책에 주민들이 주체적으로 관여함을 의미하는 개념이다.
> ㄴ. 주민들 간 다양한 시각이 충돌함에 따라 갈등이 심화될 수도 있다.
> ㄷ. 공청회를 통해 공공은 정책을 알리고 주민은 의사를 전달할 수 있다.
> ㄹ. 샤레트 방법은 관료 및 엘리트집단이 중심이 된다는 한계가 있다.

① ㄱ, ㄴ
② ㄷ, ㄹ
③ ㄱ, ㄴ, ㄷ
④ ㄴ, ㄷ, ㄹ
⑤ ㄱ, ㄷ, ㄹ

✦14 아른스테인(Arnstein)이 제시한 주민참여 단계에 관한 설명으로 옳지 않은 것은?
① 주민참여와 관련하여 총 8단계를 제시하였다.
② 조작 단계는 주민에게 강력한 권한이 주어진다.
③ 주민통제 단계에서는 주민이 정책을 입안할 수 있다.
④ 회유 단계는 최종결정권이 행정기관에 있다.
⑤ 상담 단계에서의 주민참여는 다소 형식적으로 진행된다.

15 주민참여에 관한 설명으로 옳은 것을 모두 고른 것은?

> ㄱ. 지역사회의 문제해결 및 지역주민의 욕구충족에 있어 주민의 주체성을 강조하는 것이다.
> ㄴ. 주민참여로 인해 의사결정 과정에 소요되는 행정비용 및 시간의 효율화 문제가 제기되기도 한다.
> ㄷ. 아른스테인(Arnstein)이 제시한 주민참여 단계 중 주민의 권력이 가장 높은 단계는 주민통제이다.
> ㄹ. 읍·면·동 찾아가는 보건복지서비스는 주민참여형 공공서비스 사업이라는 의미를 갖는다.

① ㄱ, ㄹ
② ㄴ, ㄷ
③ ㄱ, ㄴ, ㄷ
④ ㄱ, ㄴ, ㄹ
⑤ ㄱ, ㄴ, ㄷ, ㄹ

16 다음 사례에 제시된 주민참여의 방법은?

> A지역은 동네의 자투리 공간을 찾아 동네의 작은 쉼터로 만드는 활동을 주민과 함께 추진 중에 있다. 이를 위해 지역주민, 관료, 정치가들이 함께 모여 서로 배우는 비공식적 분위기를 조성하여 상호이해를 통해 한달 내 합의된 제안을 작성하기로 결정하였다.

① 델파이기법
② 명목집단방법
③ 공청회
④ 초점집단기법
⑤ 샤레트방법

17 아른스테인(Arnstein)이 제시한 주민참여 단계에 관한 설명으로 옳지 않은 것은?

① 치료: 주민의 욕구불만을 일정한 사업에 분출시키기는 하지만 행정의 일방적인 지도에 그치는 비참여 단계이다.

② 협동관계: 행정기관이 최종결정권을 갖기는 하지만 주민들이 필요에 따라 협상을 유도할 수 있는 단계이다.

③ 회유: 각종 위원회 등을 통해 주민의 범위가 확대되기는 하지만 결정권이 없다는 점에서 형식적 참여에 그친다.

④ 주민통제: 행정과 주민이 서로의 존재와 관계를 확인하는 정도에 그치며 사실상 행정이 주민을 통제한다.

⑤ 상담: 주민들을 행정에 참여할 수 있도록 공청회, 집회 등을 개최하기는 하지만 형식적으로 이루어질 뿐이다.

문제풀이 TIP

아른스테인의 주민참여 8단계
- 비참여 단계: 1단계 조작, 2단계 치료
- 형식적 참여 단계: 3단계 정보제공, 4단계 상담, 5단계 회유
- 주민권력 단계: 6단계 협동관계, 7단계 권한위임, 8단계 주민통제

6영역

사회복지정책론

5개년도(18~22회) 출제분포표

	18회	19회	20회	21회	22회	문항수	출제율
1장 사회복지정책 개요	3	4	2	5	1	15	12%
2장 사회복지정책의 역사적 전개	2	1	1	2	1	7	6%
3장 사회복지정책 관련 이론과 사상	1	3	4	3	3	14	11%
4장 사회복지정책 형성과정	-	1	1	2	-	4	3%
5장 사회복지정책의 분석틀	7	8	5	4	8	32	26%
6장 사회보장론 일반	1	2	3	3	5	14	11%
7장 공적 연금의 이해	1	1	1	1	-	4	3%
8장 국민건강보장제도의 이해	2	1	2	1		6	5%
9장 산업재해보상보험제도의 이해	1	-	1	1		3	2%
10장 고용보험제도의 이해	1	1	1	-	-	3	2%
11장 빈곤과 공공부조제도	6	3	4	3	7	23	19%

1장 사회복지정책 개요

이 장에서는,

사회복지정책에 대한 개념 및 사회복지정책의 기능과 효과를 이해한다. 또한 사회복지정책의 핵심 가치에는 어떠한 것이 있으며, 사회복지에 대한 국가 개입의 필요성을 설명하는 '시장실패'의 개념을 살펴본다. 특히, 사회복지정책의 가치에 관한 문제는 해마다 출제되고 있으며, 그밖에 시장실패 및 국가 개입의 근거, 사회복지정책의 기능, 사회보장제도의 효과, 사회복지정책의 특징, 롤스의 사회정의론 등이 출제된 바 있다.

해답과 오답노트 161쪽

✚01 사회복지정책의 가치에 대한 설명으로 옳지 않은 것은?

① 대체로 공공부조제도는 자산조사 및 대상자 관리 등에 소요되는 행정비용이 높기 때문에 운영효율성이 높다.

② 사회나 국가로부터 간섭받지 않는 것만으로는 자유가 완전하게 성립될 수 없다는 측면에서 적극적 자유의 개념이 등장하였다.

③ 우리나라의 사회보험제도인 국민연금제도는 개인의 소득과 기여 정도에 따라 분배가 이루어지는 비례적 평등의 가치를 내포하고 있다.

④ 기회의 평등 원리는 개인들에게 동등하게 기회를 부여하지만 그 결과로 나타나는 불평등은 개인의 몫이 된다.

⑤ 저소득층의 적극적 자유를 증진하기 위해서는 기회의 평등보다 결과의 평등에 초점을 둔 정책이 마련되어야 한다.

기출 STYLE

사회복지정책의 가치와 관련해서는 다양한 평등 개념을 묻는 유형, 평등과 자유, 사회적 적절성 등의 가치 전반에 대한 이해를 묻는 유형 등이 주로 출제되고 있다.

✚02 사회복지에 대한 국가의 개입이 필요한 이유로 옳지 않은 것은?

① 소득분배의 불평등을 완화하여 빈곤층의 생활을 보장할 수 있다.

② 국민들에게 더 많은 긍정적 외부효과가 돌아갈 수 있다.

③ 국민들의 최저생활을 보장하여 경기변동의 위험에 대처한다.

④ 국민들의 자유를 보장함으로써 완전경쟁시장을 달성하도록 한다.

⑤ 자유, 평등과 같은 기본적인 가치가 달성되도록 한다.

기출 STYLE

사회복지에 대한 국가 개입의 근거와 관련해서 시장실패의 유형(공공재 공급의 실패, 외부효과, 정보의 비대칭성과 역 선택, 도덕적 해이 등)을 고르는 형태로도 출제되고, 의료서비스와 관련해서 국가가 주도적으로 제공해야 하는 이유를 고르는 형태로도 출제되고 있다. 시장실패의 유형에 해당하는 것이 무엇인지 명확하게 정리해둘 필요가 있다.

✛03 사회복지정책의 특징으로 옳지 않은 것은?

① 시장에서 배분된 소득을 다양한 방향으로 재분배하는 기능을 수행한다.

② 급여 수급자의 자기결정권과 다양한 소득보장을 통해 개인의 자립과 성장을 도모한다.

③ 사회민주주의자들은 성장과 더불어 분배정책을 중시하는 복지국가를 적극적으로 지지한다.

④ 정책에 필요한 재원을 국민들로부터 거두고, 급여를 제공하는 과정에서 많은 운영비용을 사용하게 되므로 비효율성이 나타나기도 한다.

⑤ 소득재분배는 시간의 기준에 따라 세대 내 재분배와 세대 간 재분배로 구분되며, 세대를 기준으로 수직적 재분배와 수평적 재분배로 나눌 수 있다.

04 롤스(J. Rawls)의 사회정의론에 대한 설명으로 옳은 것을 모두 고른 것은?

> ㄱ. 정의의 제1원칙은 개인의 자유 보장에 관한 원칙으로서, 제2원칙에 항상 우선하는 것이라고 보았다.
> ㄴ. 제2원칙은 사회적으로 불리한 처지에 있는 사람들의 자유가 현실적으로 제한되지 않도록 하기 위한 것이다.
> ㄷ. 개인은 최소극대화의 원칙에 따라 자신의 불이익을 최대한 줄일 수 있는 사회질서를 지지하게 된다고 보았다.
> ㄹ. 무지의 베일에 가려져 있는 원초적 상황은 개인에 대한 자유도, 평등도 허락되지 않는다고 주장했다.

① ㄱ, ㄴ   ② ㄱ, ㄷ

③ ㄴ, ㄹ   ④ ㄱ, ㄴ, ㄷ

⑤ ㄱ, ㄴ, ㄷ, ㄹ

✛05 경제성장과 사회복지정책의 관계에 대한 설명으로 적절하지 않은 것은?

① 사회복지정책은 경제성장으로 인한 부작용을 완화시키고, 지속적인 성장을 지원한다.

② 사회복지정책은 경제성장의 효과가 미치지 않는 영역에 개입한다.

③ 경제성장으로 인한 재원의 확대가 사회복지정책에 대한 재정지출 증대를 가능하게 한다.

④ 사회복지정책은 노동력의 질을 향상시킴으로써 노동생산성을 제고시킨다.

⑤ 사회복지정책은 고소득층의 소득 및 소비수준을 향상시킴으로 인해서 내수기반을 안정화시킨다.

> **문제풀이** **TIP**
> 사회복지정책은 소득재분배의 기능을 한다.

06 우리나라의 노동시장 및 관련 사회복지정책에 대한 설명으로 옳지 않은 것은?

① 노동시장의 양극화와 고용없는 성장이 나타나고 있다.

② 비정규직의 급속한 증가로 임금 및 고용조건이 악화되고 있으며 근로빈곤층이 증가하고 있다.

③ 적극적 노동시장정책이란 실업 예방 및 실업자의 재취업을 촉진하기 위한 다양한 정책을 말한다.

④ 우리나라는 OECD 국가들 중에서 노동시장정책 관련 공공사회복지지출 비중이 높은 편에 속한다.

⑤ 근로능력이 있는 수급자에게 급여수급의 대가로 근로 또는 노동시장정책 참여를 의무화하는 정책이 확산되는 경향이 있다.

07 사회복지정책을 집행하면서 <보기>와 같은 문제가 발생할 경우 달성되기 어려운 사회복지정책의 가치는 무엇인가?

> 미국의 경제학자 오쿤은 1975년 『평등과 효율』이라는 그의 저서를 통해 사회복지정책을 전달하는 과정에서 전달체계의 불완전성 등을 이유로 자원이 그대로 수혜자에게까지 도달하지 못한다는 "새는 바구니 효과"를 설명했다. 정책 전달비용(운영비용, 전달 직원의 임금 등) 등이 그 예가 될 수 있는데, 합리적이고 효율적인 집행이 이루어지지 않고 비용이 과다하게 사용되는 경우 정책 대상자에게는 정작 그 혜택이 적게 돌아가는 경우가 발생할 수 있다.

① 사회적 적절성
② 결과의 평등
③ 운영효율성
④ 목표효율성
⑤ 적극적 자유

문제풀이 TIP

정책을 집행하고 운영하는 데 드는 행정비용이 많이 소요될수록 전체 자원 중에서 실제 정책 대상자에게 전달되는 자원의 비중이 줄어들 수 있다는 점과 관련이 있다.

09 사회복지정책의 가치에 관한 설명으로 옳은 것은?

① 비례적 평등 가치는 재분배를 통한 불평등 완화, 복지국가의 확대를 중요한 목표로 간주한다.
② 소극적 자유 개념은 빈곤, 실업, 공공서비스의 부족 등 사회적 조건의 제약들이 자유의 실현과 밀접하게 관련이 있다고 본다.
③ 기회의 평등 가치는 특권이나 자의적 기준에 의한 차별에 주목하며 동등한 출발선을 강조한다.
④ 결과의 평등 가치는 개인의 노력과 능력의 차이로 인해 발생한 결과는 불평등의 문제로 고려하지 않는다.
⑤ 적극적 자유란 개인의 행동에 대한 외적 강제가 없는 상태를 의미한다.

문제풀이 TIP

기회의 평등 원리는 개인들 사이의 능력, 노력의 차이로 생겨난 결과에 대해서는 불평등이 정당화될 수 있다고 본다. 결과의 평등 가치는 재분배를 통한 불평등 완화, 복지국가의 확대라는 전략으로 나타나기도 한다.

✦08 사회복지에 있어서 국가개입의 필요성에 대한 설명으로 옳지 않은 것을 모두 고른 것은?

> ㄱ. 이웃효과가 큰 사회복지서비스일수록 국가가 제공하는 것이 바람직하다.
> ㄴ. 민간보험에서 발생하는 역 선택의 문제로 인해 국가가 운영하는 사회보험의 필요성이 제기된다.
> ㄷ. 무임승차 현상이 큰 재화일수록 국가가 제공하는 것이 바람직하다.
> ㄹ. 시장은 비경쟁적이며 비배타적인 재화의 공급에서 성공을 거두었다.

① ㄱ
② ㄴ, ㄷ
③ ㄷ, ㄹ
④ ㄹ
⑤ ㄱ, ㄴ, ㄷ, ㄹ

✦10 사회복지정책의 가치에 대한 설명으로 옳은 것은?

① 분배를 위한 국가의 개입은 적극적 자유를 침해하는 결과를 낳기도 한다.
② 사회보험보다 공공부조가 사회적 적절성 실현에 더 적절하다고 평가할 수 있다.
③ 공공부조는 사회보험보다 대상효율성과 운영효율성이 더 높게 나타난다.
④ 사회적 적절성과 비례적 평등의 가치는 형평을 추구한다는 면에서 유사하게 나타난다.
⑤ 비례적 평등 가치를 실현하려면 자원배분의 기준이 우선 정해져야 한다.

✦11 사회복지정책에 반영되는 평등의 가치에 관한 설명으로 옳지 않은 것은?

① 성차별 문제를 시정하기 위한 적극적 차별시정조치는 기회의 평등 가치를 반영한 것이지만 역차별 논란을 가져오기도 한다.

② 공공부조제도는 수급자의 급여보다 근로자의 근로소득이 높아야 한다는 열등처우의 원칙에 따라 비례적 평등을 추구한다.

③ 사회보험제도는 개인의 기여도에 따라 연금액이 달라지는 비례적 평등과 함께 결과의 평등 가치를 내포한다.

④ 아동의 빈곤이 전 생애의 빈곤으로 이어지는 것을 막기 위한 드림스타트 프로그램은 기회의 평등이 아닌 결과의 평등에 초점을 둔 것이다.

⑤ 재분배를 통한 불평등의 완화를 위해서는 기회의 평등보다 결과의 평등을 추구하는 것이 바람직하다.

12 <보기>의 내용과 관련이 있는 사회복지정책의 가치는 무엇인가?

> 당신은 호주로 여행갈 자유가 있지만, 호주로 여행갈 돈이 없다. 당신은 일류호텔에서 저녁을 먹을 자유가 있지만, 저녁을 먹을 돈이 없다. 당신이 자동차를 살 능력이 없다면 당신이 가진 이동의 자유는 자동차를 소유한 사람보다 작다.

① 사회적 적절성
② 결과의 평등
③ 운영효율성
④ 목표효율성
⑤ 적극적 자유

13 비례적 평등의 가치가 반영된 정책 사례로 옳은 것을 모두 고른 것은?

> ㄱ. 국민연금은 물가상승률에 따른 연금액 조정 및 재평가를 통해 연금액의 실질가치를 보전하고 있다.
> ㄴ. 현재 아동기의 빈곤이 다음 세대로 대물림되는 빈곤의 장기화 경향과 빈곤가정에 태어났다는 이유만으로 능력을 개발할 수 있는 기회마저 제공받지 못하는 문제를 해결하기 위해 드림스타트 사업을 시행하고 있다.
> ㄷ. 사회보험의 징수업무를 통합하여 건강보험공단이 수행하고 있다.
> ㄹ. 고용보험의 구직급여는 실직 전 평균임금의 60%를 지급한다.

① ㄱ
② ㄴ
③ ㄷ, ㄹ
④ ㄹ
⑤ ㄱ, ㄴ, ㄹ

✦14 사회복지정책이 경제성장에 미치는 긍정적인 영향에 대한 설명으로 옳지 않은 것은?

① 사회복지정책은 과도한 경기변동을 억제시켜 경제주체들이 안정적인 경제생활을 누릴 수 있도록 해준다.

② 저소득층의 인적 자본 투자 확대는 경제의 생산성 향상 및 성장을 촉진하는 효과를 미친다.

③ 투자적 성격의 지출은 자본시장 및 노동시장의 실패를 완화함으로써 생산요소의 질과 양을 향상시켜 경제성장에 기여한다.

④ 관대한 사회복지제도는 복지수혜자의 노동동기를 강화시키기 쉽다.

⑤ 공적 연금기금을 활용한 자본 축적과 투자 재원 확보를 통해 경제성장에 기여한다.

15 다음과 관련된 설명으로 옳은 것을 모두 고른 것은?

교육기회의 확대에 따라 계층 간 교육기회는 균등화되었지만, 부모의 교육수준이나 소득수준이 높을수록 상위권 대학으로 진학할 확률이 높아지고 있다.

ㄱ. 기회의 평등 가치는 모든 사람에게 동일한 결과가 주어지기를 바란다.
ㄴ. 기회의 평등 가치는 개인을 동등한 출발선에 서도록 하지만 그로 인해 발생하는 결과의 불평등은 개인의 몫이나 책임이 된다.
ㄷ. 기회의 평등 가치는 결과의 불평등이 정당화될 수 없다고 본다.
ㄹ. 결과의 평등 가치를 주장하는 사람들은 기회의 평등만으로는 불충분하다고 본다.

① ㄱ, ㄴ   ② ㄱ, ㄷ
③ ㄴ, ㄹ   ④ ㄷ, ㄹ
⑤ ㄱ, ㄴ, ㄷ, ㄹ

16 사회복지정책의 가치의 연결로 옳은 것은?

ㄱ. 보험료 납부수준에 따라 급여를 받는다.
ㄴ. 아동기의 빈곤이 이후 전 생애의 빈곤으로 이어지는 빈곤의 대물림을 방지하고 아동의 공평한 출발 기회를 보장하기 위해 드림스타트 사업을 실시한다.
ㄷ. 장애인의 고용을 촉진하기 위해 국가와 지방자치단체가 장애인을 소속 공무원 정원의 일정 비율 이상으로 고용한다.

	ㄱ	ㄴ	ㄷ
①	기회의 평등	비례적 평등	사회적 적절성
②	기회의 평등	비례적 평등	수량적 평등
③	비례적 평등	기회의 평등	기회의 평등
④	사회적 적절성	기회의 평등	수량적 평등
⑤	비례적 평등	수량적 평등	기회의 평등

17 다음 사례와 가장 밀접한 관련이 있는 사회복지정책의 가치는?

추석을 앞두고 전동휠체어를 탄 장애인들이 고속버스터미널에 나타났다. 이들은 장애인도 고속·시외버스를 타고 고향에 갈 수 있도록 고속·시외버스에도 저상버스를 확대해 달라고 요구하면서 버스 탑승을 시도했다. 이날 버스표를 구입한 장애인들은 각각의 고속버스에 탑승을 시도했다. 하지만 단 한 명도 탑승하지 못하고 떠나가는 버스를 바라만 봐야 했다. 한 고속버스 기사는 "접이식 휠체어의 경우에는 탑승이 가능할 수도 있지만, 전동휠체어를 탄 상황에서는 탑승할 방법이 없다, 죄송하다"라며 양해를 구했다.

이에 탑승을 거절당한 장애인은 "중증장애인들에게 전동휠체어는 신체의 일부와도 같다, 만일 버스를 타기 위해 접이식 휠체어를 타야 한다면 버스에서 내려서는 어떻게 이동하겠느냐"라면서 "장애인도 고속버스나 시외버스를 당당하게 탈 수 있도록 저상버스를 확대해야 한다"라고 말했다.

① 운영효율성
② 기회의 평등
③ 목표효율성
④ 사회적 적절성
⑤ 효과성

문제풀이 TIP

교통수단의 이용에 있어서 장애인에 대한 차별과 관련된 내용이라고 볼 수 있다.

18 사회복지정책의 가치에 대한 설명으로 옳지 않은 것을 모두 고른 것은?

> ㄱ. 모든 사람에게 동일한 규칙을 적용하는 기회의 평등만으로는 과거로부터 이어져온 불평등을 해결하기 어렵다.
> ㄴ. 결과의 평등을 위해서는 재분배를 통한 불평등 완화, 복지국가의 확대가 필수적인 전략으로 선택될 필요가 있다.
> ㄷ. 긍정적 차별은 특정집단이 차별의 결과로 과거부터 불이익을 받아왔다면 사회는 이 집단에 대한 특별한 처우를 제공함으로써 그동안의 불이익을 제거해야 할 의무가 있다는 생각에 기초한다.
> ㄹ. 보험수리원칙은 결과의 평등 가치를 반영한다.

① ㄱ   ② ㄱ, ㄴ
③ ㄷ, ㄹ   ④ ㄹ
⑤ ㄱ, ㄴ, ㄷ, ㄹ

✦19 사회복지정책에 관한 설명으로 옳지 않은 것은?

① 사회복지정책의 가치를 실현하기 위해서는 일정 부분 국가가 개입하는 것이 필요하다.
② 신자유주의자들은 선성장 후분배 논리를 주장한다.
③ 한국의 사회보험제도는 비례적 평등의 가치는 반영하고 있으나 사회적 적절성의 가치를 담지 못한다는 비판을 받고 있다.
④ 재정운영방식이 적립방식인 공적 연금의 경우에는 기금의 적립을 통해 자본축적 효과가 발생할 수 있다.
⑤ 새로운 사회적 위험이 발생하면서 전통적인 소득보장정책으로는 포괄하지 못하는 노동시장정책, 여성·가족과 관련된 정책 등이 부각되고 있다.

20 경제성장과 사회복지정책의 관계에 대한 설명을 연결한 것으로 옳지 않은 것은?

> ㉠ 사회복지정책이 경제성장을 저해하는 효과를 가진다.
> ㉡ 사회복지정책이 경제성장을 촉진하는 효과를 가진다.

① 사회복지정책이 사회적 자원을 비생산적인 부문에 집중시킨다는 주장은 ㉠과 관련이 있다.
② 적극적 노동시장정책을 통해 산업구조조정과정에서 발생하는 실업자의 재취업을 지원함으로써 산업구조조정정책으로 인한 사회적 부작용을 완화시키고 새로운 기능과 지식을 가진 인력의 공급을 촉진한다는 주장은 ㉡과 관련이 있다.
③ 사회복지정책이 과도한 세금으로 투자동기를 위축시키고, 노동의욕을 저해한다는 주장은 ㉠과 관련이 있다.
④ 사회복지정책의 확대로 인한 사회지출의 증가는 단기적으로 민간부문의 투자를 줄이는 효과를 가진다는 주장은 ㉡과 관련이 있다.
⑤ 보육이나 간병 등 사회서비스를 발전시키는 사회복지정책은 여성경제활동참가율과 고용률을 높인다는 주장은 ㉡과 관련이 있다.

> **문제풀이** **TIP**
>
> ㉠은 주로 신자유주의자들의 입장과 관련이 있고, ㉡은 대표적으로 사회민주주의적 입장과 관련이 있다.

21 사회복지정책의 역기능에 관한 내용으로 옳지 않은 것을 모두 고른 것은?

> ㄱ. 대상자 선정, 전달체계의 수립 등에 많은 운영 비용을 사용하게 될 때 비효율성이 나타날 수 있다.
> ㄴ. 빈곤함정 현상처럼 국민의 자립의지와 노동의지를 약화시키고 의존성을 증대시킬 수 있다.
> ㄷ. 실업급여 수준이 수급권자가 노동시장에서 받을 수 있는 임금보다 높으면 구직동기나 노동동기가 약화되는 경우가 생긴다.
> ㄹ. 불황기에 실업급여 등의 형태로 발생하는 사회복지지출과 이것의 재원충당을 위해 강화되는 누진세는 경기변동을 더욱 심화시킨다.

① ㄱ, ㄴ   ② ㄷ, ㄹ
③ ㄱ, ㄴ, ㄷ   ④ ㄹ
⑤ ㄱ, ㄴ, ㄷ, ㄹ

22 보건의료서비스에 대한 국가 개입이 필요한 근거로서 옳은 것을 모두 고른 것은?

> ㄱ. 의사(공급자)가 환자(소비자)에 비해 제공되는 서비스에 관한 더 많은 정보와 지식을 가지고 있기 때문에 정보의 비대칭성이 존재한다.
> ㄴ. 보건의료서비스는 가치재로서의 성격을 갖는다.
> ㄷ. 의사면허제도 등과 같이 서비스의 공급에 있어서 일정한 독점권을 보장하고 있기 때문에 시장을 통한 효율적인 배분이 어렵다.
> ㄹ. 조류독감이나 에볼라 바이러스의 확산과 같이 예측 불가능한 수요가 발생할 수 있기 때문에 시장을 통한 효율적 자원 배분이 어렵다.

① ㄱ, ㄷ   ② ㄴ, ㄹ
③ ㄱ, ㄴ, ㄹ   ④ ㄴ, ㄷ, ㄹ
⑤ ㄱ, ㄴ, ㄷ, ㄹ

23 분배와 성장의 관계에 대한 사회복지정책의 관점으로 옳은 것을 모두 고른 것은?

> ㄱ. 신자유주의자: 국가에 의한 지나친 개입은 시장의 자율적 조정기능을 방해한다.
> ㄴ. 사회민주주의자: 경제성장정책을 우선시해야 한다는 선성장 후분배 논리를 주장한다.
> ㄷ. 신자유주의자: 복지국가에 부정적이며, 국가의 역할이 작은 '최소한의 정부'를 옹호한다.
> ㄹ. 사회민주주의자: 소득의 재분배가 경제성장을 저해하지 않으며 오히려 성장을 촉진하는 촉매제 역할을 한다고 본다.

① ㄱ, ㄹ   ② ㄴ, ㄷ, ㄹ
③ ㄱ, ㄴ, ㄷ   ④ ㄱ, ㄷ, ㄹ
⑤ ㄴ, ㄹ

24 사회복지정책이 국민경제에 미치는 영향으로 옳은 것을 모두 고른 것은?

> ㄱ. 과도한 경기변동을 억제시켜 경제주체들이 안정적인 경제생활을 수행할 수 있도록 한다.
> ㄴ. 우리나라의 공적 연금은 가입자의 기여금이 연기금으로 적립되어 이 기금을 재정투융자에 사용할 수 있으므로 자본축적 기능을 수행한다.
> ㄷ. 소비 수준을 높여줌으로써 자신의 노동력의 질을 향상시키기 위해 투자할 수 있는 기회를 넓혀준다.
> ㄹ. 정책에 필요한 재원을 국민들로부터 거두고, 급여를 제공하는 과정에서 많은 운영비용을 사용하게 될 때 드는 비용에 의한 비효율성이 나타나기도 한다.

① ㄱ, ㄴ   ② ㄱ, ㄷ
③ ㄴ, ㄹ   ④ ㄷ, ㄹ
⑤ ㄱ, ㄴ, ㄷ, ㄹ

2장 사회복지정책의 역사적 전개

이 장에서는,

영국의 구빈제도부터 최근의 복지국가 재편에 관한 내용까지 사회복지정책의 역사적 전개를 살펴본다. 먼저, 영국의 주요 구빈제도의 내용과 베버리지가 제시한 사회보장체계의 내용을 이해하고, 미국의 사회보장, 독일의 사회보험 등 주요 제도의 변천사를 파악한다. 또한 복지국가의 확대에서 위기, 재편기 등 복지국가의 역사적 흐름을 살펴본다. 영국 사회복지정책의 역사는 거의 빠짐없이 출제되고 있으며, 그밖에 독일의 비스마르크 사회보험, 미국의 사회보장법, 복지국가의 발전과 위기 등에 관한 문제도 종종 출제되고 있다.

해답과 오답노트 165쪽

✦01 영국의 사회복지 역사에 관한 설명으로 옳은 것을 모두 고른 것은?

ㄱ. 수많은 보통 사람들의 생활개선에 관심을 가졌던 찰스 부스는 런던 지역에서 빈민들의 생활실태를 실증적으로 조사하였다.

ㄴ. 영국 최초의 사회보험으로 알려진 국민보험법의 건강보험을 위한 보험료는 고용주와 국가가 절반씩 부담하도록 하였다.

ㄷ. 베버리지는 사회보험의 성공을 위해 완전고용, 포괄적 보건의료서비스, 가족(아동)수당이 전제되어야 한다고 주장했다.

ㄹ. 뉴딜정책의 일환으로 1935년 제정된 사회보장법은 노령 및 실업에 대한 공공부조 및 사회보험 제도를 마련했다.

① ㄱ, ㄴ
② ㄱ, ㄷ
③ ㄴ, ㄹ
④ ㄷ, ㄹ
⑤ ㄱ, ㄷ, ㄹ

기출 STYLE

영국 사회복지정책의 역사와 관련해서는 엘리자베스빈민법, 스핀햄랜드법, 신빈민법 등 주요 구빈법의 내용부터 대처 정부의 복지 축소, 블레어 정부의 제3의 길까지 출제되고 있다. 영국의 구빈제도의 변화와 관련해서는 제도적 의의와 특징, 역사적 배경, 순서 등을 함께 비교해서 이해할 필요가 있다.

✦02 베버리지 보고서와 관련한 설명으로 옳은 것은?

① 실업, 질병, 재해 등 각각의 위험에 대응하는 사회보험 제도의 개별화를 주장했다.

② 소득수준에 따라 차등적으로 보험료를 부담할 것을 제안하였다.

③ 사회보험의 대상자를 다양한 집단별로 분류하였다.

④ 급여액을 사회경제적 수준과 부양의무자 유무에 따라 달리하도록 하였다.

⑤ 최저선의 보장으로는 빈곤층의 양산을 막을 수 없다고 보았다.

기출 STYLE

베버리지 보고서와 관련해서는 3가지 전제와 사회보험 체계의 원칙 등에 관한 문제가 주로 출제되고 있다.

✚03 독일 비스마르크 사회보험에 관한 설명으로 옳지 않은 것은?

① 세계 최초의 사회보험제도로 볼 수 있다.

② 상호부조 조직인 공제조합적 성격이 강하다.

③ 자조를 강조하는 자유주의자들의 주도로 입법되었다.

④ 사회주의자들은 노동자들을 국가복지의 노예로 만든다고 주장하며 도입을 반대했다.

⑤ 빈민에 대한 사후관리적 성격보다 빈곤에 대한 사전예방적 성격이 강하다.

기출 STYLE

독일 비스마르크의 사회보험 도입과 관련해서는 당시 도입된 사회보험의 구체적인 특징들과 함께 도입과정에서 정치세력들 간의 갈등과 역사적 배경 등과 관련한 내용을 묻는 유형들이 주로 출제되고 있다.

✚04 복지국가의 재편에 대한 설명으로 옳지 않은 것을 모두 고른 것은?

> ㄱ. 복지국가의 일방적 축소재편이라는 수렴현상이 나타나고 있다.
>
> ㄴ. 자유주의 복지국가 유형은 민영화와 근로연계복지의 강화를 통해 사회지출을 삭감하려는 경향을 나타냈다.
>
> ㄷ. 복지국가의 유형과 상관없이 실업과 같은 전통적인 사회적 위험뿐만 아니라 인구 및 가족 구조의 변화에 의한 새로운 사회적 위험에 대한 대응에 있어서 유사한 양상을 나타내고 있다.
>
> ㄹ. 사회민주주의 복지국가 유형은 공공서비스 부문의 확대를 통해 고용과 복지를 유지했으나, 조세부담과 재정위기 가능성이 상존하고 있다.

① ㄱ   ② ㄱ, ㄷ

③ ㄴ, ㄹ   ④ ㄱ, ㄴ, ㄷ

⑤ ㄱ, ㄴ, ㄷ, ㄹ

기출 STYLE

복지국가의 위기, 위기 이후 재편 방향, 변화의 특징 등과 관련한 내용을 묻는 유형도 자주 출제되고 있다.

✚05 미국의 사회보장법(1935)에 관한 설명으로 옳지 않은 것은?

① 경제대공황의 영향으로 인한 실업의 급속한 확대가 배경이 되었다.

② 케인스주의를 바탕으로 한 뉴딜정책이 영향을 미쳤다.

③ 사회복지에 대한 연방정부의 책임이 확대되었다.

④ 연방 차원의 노령연금과 연방과 주가 함께 운영하는 실업보험제도가 도입되었다.

⑤ 건강보험을 포함한 사회보험을 중심으로 하는 제도적 틀을 확립하였다.

기출 STYLE

미국 사회복지정책의 역사와 관련해서도 종종 출제되고 있는데, 주로 사회보장법, 뉴딜정책 등에 관한 내용이 출제되고 있다.

06 독일 비스마르크 사회보험에 관한 설명으로 옳은 것은?

① 여성과 아동들이 과거의 빈민구제의 주요 수혜자였던 것과는 달리 사회보험의 주요 수혜자는 취업한 남성 노동자들이다.

② 1883년 제정된 질병보험은 영국에 이어 두 번째로 시행되는 사회보험이다.

③ 질병보험은 주로 고임금의 관료들을 대상으로 하였다.

④ 1884년 산재보험은 저소득 노동자들이 본인의 의사에 따라 선택하여 가입하도록 하였다.

⑤ 1889년 노령폐질연금은 사용자만의 보험료 부담으로 운영되었다.

07 세계화가 복지국가에 미친 영향에 대한 설명으로 옳지 않은 것은?

① 세계화가 노동자들을 저임금과 열악한 노동조건으로 내몰며, 사회복지지출의 감소와 복지국가의 후퇴를 가져온다는 주장이 있다.

② 초국적 기업의 성장과 금융자본의 세계화는 복지국가의 능력과 범위를 제한하는 효과를 낳을 수 있다.

③ 세계화의 영향은 복지국가의 제도적 특성에 따라 다양한 모습을 나타낸다.

④ 세계화가 빈곤과 소득불평등을 가속화시키고 있다는 주장이 있다.

⑤ 세계화에 대응하는 복지국가의 양상은 복지의 시장화를 추구하고 복지제도를 축소하는 동일한 모습을 보이고 있다.

문제풀이 **TIP**

세계화(특히 신자유주의적 세계화)가 복지국가에 미치는 영향은 개별 국가별로 차이가 있으며, 따라서 이에 대응하는 양상에 있어서도 차이가 있다.

08 미국의 사회복지정책과 관련된 설명으로 옳은 것을 모두 고른 것은?

> ㄱ. 뉴딜정책은 구제(Relief), 부흥(Recovery), 개혁(Reform)의 과업(3R)을 목적으로 한다.
> ㄴ. 1935년 미국 최초의 전국적인 복지 프로그램으로서 사회보장법을 제정·공포하였다.
> ㄷ. 미국의 사회보장법은 최초로 사회보장(Social Security)이라는 용어를 공식화했다.
> ㄹ. 미국의 공적 의료보장제도로는 메디케어(Medicare)와 메디케이드(Medicaid)가 있다.

① ㄱ, ㄴ   ② ㄱ, ㄷ

③ ㄴ, ㄷ   ④ ㄴ, ㄹ

⑤ ㄱ, ㄴ, ㄷ, ㄹ

09 복지국가의 위기와 재편에 관한 설명으로 옳지 않은 것은?

① 지방분권화와 함께 복지제도 역시 각 지역의 특성에 맞는 서비스 개발이 강조되고 있다.

② 복지비용의 지출에도 불구하고 지속된 빈곤과 불평등은 복지국가 위기의 원인이 되었다.

③ 실용주의적 관점에서는 복지국가의 위기는 지방분권화로 인해 더 심화될 것이라고 본다.

④ 복지국가의 위기 이후 다원주의 정치가 강화되었다.

⑤ 복지의 재편 방향은 현금급여의 확대가 아닌 서비스 영역의 확대에 초점을 둔다.

10 최근 복지국가의 변화에 대한 설명으로 옳은 것을 모두 고른 것은?

> ㄱ. 복지와 고용을 연계하는 다양한 프로그램이 개발되었다.
> ㄴ. 노동시장이 비정규직 중심으로 재편되면서 양극화 해결이 더욱 어려워지고 있다.
> ㄷ. 사회적 권리가 약화되고 사회복지 급여가 축소되는 경향이 있다.
> ㄹ. 정부의 기능과 정책영역이 축소되고, 다양한 규제들이 철폐되었다.

① ㄱ, ㄴ   ② ㄱ, ㄷ

③ ㄴ, ㄹ   ④ ㄷ, ㄹ

⑤ ㄱ, ㄴ, ㄷ, ㄹ

✚11 다음 중 최근 나타나고 있는 사회복지정책 변화의 배경과 특징이라고 할 수 없는 것은?

① 노동시장의 유연화에 따라 적극적 노동시장 정책이 강조되고 있다.

② 고령화 · 저출산 문제에 대한 사회적 대응이 부각되고 있다.

③ 성장률이 하락하고 양극화가 심화되는 경향이 있다.

④ 사회복지의 제공은 국가에 의해 독점되는 경향이 있다.

⑤ 실업과 같은 전통적인 위험과 가족구조의 변화와 고령화와 같은 새로운 사회적 위험이 동시에 발생하고 있다.

문제풀이 TIP

복지다원주의 혹은 복지혼합경제는 한 사회에서 복지의 원천은 다양하며, 복지제공 주체로서 국가 이외에 시장, 비공식부문, 자원부문 등의 역할을 포괄적으로 고려할 것을 강조한다. 이는 복지국가 위기 이후 정부의 역할이 상대적으로 후퇴되고, 민간기업과 비영리조직의 역할이 부각되면서 확산된 개념이다.

12 복지국가 위기 이후 나타난 변화로 옳은 것을 모두 고른 것은?

> ㄱ. 전통적인 복지국가의 지지층이었던 노동자계급의 구성이 다양화되었다.
> ㄴ. 노동력 활성화를 위한 근로연계복지가 추진되었다.
> ㄷ. 인적 자본에 대한 투자와 아동에 대한 투자 지출을 확대하는 사회투자전략이 제시되었다.
> ㄹ. 복지국가의 재편방식이 신자유주의적으로 수렴하고 있다.

① ㄱ, ㄴ
② ㄱ, ㄹ
③ ㄴ, ㄷ
④ ㄱ, ㄴ, ㄷ
⑤ ㄱ, ㄴ, ㄷ, ㄹ

✚13 베버리지 보고서에 대한 설명으로 옳지 않은 것은?

① 국민 최저선의 보장을 기초로 하는 사회보장 원칙을 제시하였다.

② 사회보장 방식의 사회보험을 강조하였다.

③ 사회보험의 성공을 위한 전제로 노인요양서비스, 기초연금의 필요성을 강조했다.

④ 사회보험 운영의 기본원칙으로 포괄성, 균일 기여, 균일 급여, 급여의 적절성 등을 제시하였다.

⑤ 베버리지 보고서를 근거로 1948년 국민부조법이 도입되면서 실질적으로 구빈법이 폐지되었다.

문제풀이 TIP

베버리지 보고서
• 사회보험의 성공을 위한 전제로서 완전고용, 포괄적 보건의료서비스, 가족(아동)수당의 필요성을 강조
• 기본원칙: 행정의 통합화, 포괄성의 원칙(적용범위), 정액보험료, 정액급여, 급여의 적절화, 대상의 분류화

14 한국 사회복지제도의 변화에 대한 설명으로 옳지 않은 것은?

① 1997년 IMF 경제위기 이후 고용보험제도가 도입되었다.

② 생산적 복지를 지향한 김대중 정부는 2000년 기존의 생활보호제도를 대체하는 국민기초생활보장제도를 실시하였다.

③ 저출산 · 고령화에 대응하기 위해 2005년 저출산 · 고령사회기본법이 제정되었다.

④ 2007년 공급자 간의 경쟁을 통한 서비스 질 향상을 위해 수요자 중심의 지원방식으로 전환하는 바우처제도를 도입하였다.

⑤ 2008년 제5의 사회보험제도인 노인장기요양보험제도가 시행되었다.

15 다음에서 설명하는 제도가 실시된 시기별로 순서대로 나열한 것은?

> ㄱ. 구빈행정을 담당하는 행정기관을 수립하였고, 별도의 구빈세를 활용하였다.
> ㄴ. 빵값과 부양가족수에 따라 가구당 최저생계비를 설정하고 개별노동자의 소득이 이에 미달할 경우 교구의 구빈세 재원에서 이를 보충해주었다.
> ㄷ. 빈민의 자유로운 이동을 금지하였다.
> ㄹ. 열등처우의 원칙을 최초로 적용하였다.

① ㄱ - ㄴ - ㄷ - ㄹ
② ㄱ - ㄴ - ㄹ - ㄷ
③ ㄱ - ㄷ - ㄴ - ㄹ
④ ㄱ - ㄹ - ㄷ - ㄴ
⑤ ㄱ - ㄹ - ㄴ - ㄷ

문제풀이 TIP

영국의 구빈제도 실시 순서
엘리자베스 빈민법(1601) - 정주법(1662) - 작업장법(1722) - 길버트법(1782) - 스핀햄랜드법(1795) - 개정 빈민법(1834)

16 세계화가 복지국가에 미친 영향에 대한 설명으로 옳지 않은 것은?

① 금융자본의 국가 간 이동의 자유화는 복지국가의 재정적 자율성을 약화시키는 경향이 있다.
② 복지국가 황금기의 특징이었던 성장-고용-복지의 밀접한 관계에 균열이 발생했다.
③ 세계화에 대한 대응양식은 일정하게 수렴하는 양상을 나타내고 있다.
④ 긴축정책과 생산비용을 낮추려는 국가 간 경쟁의 심화로 인해 복지국가의 정책적 선택의 여지는 줄어드는 경향이 있다.
⑤ 국민국가적 정체성과 사회적 통합에 부정적인 영향을 미치기도 한다.

17 다음에서 설명하는 구빈제도에 대한 설명으로 옳지 않은 것을 모두 고른 것은?

> 4쿼터의 빵가격이 1실링일 때, 모든 빈민과 노동자는 일주일 생활 유지를 위하여 3실링이 필요하고 그 아내와 가족은 1실링 6펜스가 필요하다. 이 수준에 도달하지 않는 임금일 경우 그 부족분은 구빈세에 의한 부조로 제공한다.

> ㄱ. 원내구제를 원칙으로 한다.
> ㄴ. 빈민의 처우 개선을 위해 임금보조를 시행했다.
> ㄷ. 빈민을 노동능력자, 노동무능력자, 요보호아동으로 분류하여 서로 다른 처우를 하였다.
> ㄹ. 오늘날의 가족수당이나 최저생활보장의 기반을 이루었다.

① ㄱ, ㄴ　　　　② ㄱ, ㄷ
③ ㄴ, ㄹ　　　　④ ㄷ, ㄹ
⑤ ㄱ, ㄴ, ㄷ, ㄹ

문제풀이 TIP

생계비(빵 가격)와 부양가족 수를 고려하여 빈곤한 저임금 노동자의 임금을 보충하는 제도였다.

✦18 영국 엘리자베스 빈민법(1601)의 특징으로 옳은 것을 모두 고른 것은?

> ㄱ. 빈민구제 업무를 수행할 행정구조를 전국적으로 수립하였다.
> ㄴ. 일반조세를 통해 구빈 사업에 소요되는 비용을 충당하였다.
> ㄷ. 빈민을 자격 있는 빈자와 자격 없는 빈자로 구분하여 달리 처우하였다.
> ㄹ. 빈곤아동의 도제생활을 금지하여 아동의 권리를 보장하였다.

① ㄱ　　　　　② ㄱ, ㄷ
③ ㄴ, ㄹ　　　　④ ㄹ
⑤ ㄱ, ㄴ, ㄷ, ㄹ

19 복지국가의 역사에 대한 설명으로 옳지 않은 것은?

① 두 차례의 세계대전과 대공황을 거치면서 사회적 문제에 대한 국가의 개입 속에서 복지국가의 제도적 정비가 이루어졌다.

② 2차 세계대전 이후 지속적 경제성장을 토대로 국가-자본-노동 간의 사회적 타협은 복지국가의 발전을 가속화시키는 중요한 요인이 되었다.

③ 1970년대 오일쇼크로 인한 경제위기로 경제성장률이 저하하고 실업률이 확대되면서 복지국가의 안정적 토대가 흔들리기 시작했다.

④ 복지국가 위기 이후 복지국가들의 재편 방향은 국가별로 큰 차이 없이 수렴하는 양상을 보였다.

⑤ 1980년대 미국, 영국 등에서 보수적인 정권이 들어서면서 국가의 경제개입과 복지확대를 비판하고 기존의 복지정책을 축소시키려고 하였다.

✛20 베버리지(Beveridge) 보고서에 관한 설명으로 옳은 것은?

① 공공부조를 통해 기본적인 수요를 충족하고 이를 넘어서는 개별적인 수요는 자발적인 저축에 기대해야 한다고 주장하였다.

② 사회보험의 대상을 남성노동자로 국한하였다.

③ 사회보험의 원칙으로 사회경제적 수준에 따라 차등적인 보험료를 부담하고 급여는 균일하게 지급하는 것을 제시했다.

④ 사회보험의 성공을 위한 전제로 완전고용과 실업부조제도의 도입을 강조하였다.

⑤ 사회보장은 5대악 중 궁핍의 해소를 지향하는 것이다.

21 <보기>는 영국 사회복지정책의 역사에 대한 설명이다. (   )에 들어갈 내용에 대한 설명으로 옳은 것을 모두 고른 것은?

> 양모 산업 성장으로 공동경작지에 담을 치고 사유화를 하기 시작하면서 소수의 지주계급에게 토지가 집중되어 부랑자가 증가하고, 외국으로부터 귀금속의 대량 유입으로 극심한 인플레이션이 발생하여 부랑자의 수가 폭발적으로 증가하였다. 이에 국가가 부랑자를 비롯한 빈민을 구제하기 위해 (   )를/을 제정하였다.

> ㄱ. 이 법의 책임 담당자인 치안 판사는 구빈감독관을 임명하여 실무를 맡게 했다.
> ㄴ. 이 제도의 시행을 위해 중앙의 왕실에서 거둬들인 구빈세를 활용하였다.
> ㄷ. 구제의 대가로 시설에 입소 및 노동을 강제하여 빈민을 통제하는 성격이 강하였다.
> ㄹ. 유급 구빈 사무원을 채용하여 빈민과 실업자에게 일자리와 구제를 제공하였다.

① ㄱ   ② ㄱ, ㄷ
③ ㄴ, ㄷ, ㄹ   ④ ㄹ
⑤ ㄱ, ㄴ, ㄷ, ㄹ

문제풀이

엘리자베스 빈민법은 지방행정의 책임을 강화하였다는 특징을 기억해두자.

22 복지국가 위기론과 관련된 설명으로 옳은 것을 모두 고른 것은?

> ㄱ. 복지비용의 지출에도 불구하고 지속된 빈곤과 불평등은 복지국가 위기의 원인이 되었다.
> ㄴ. 신마르크르주의 관점에서는 자본 축적과 정당화 기능의 모순으로 인해 복지국가의 위기가 발생했다고 설명한다.
> ㄷ. 신보수주의 관점에서는 위기에 대한 해결방안으로 국가 개입의 축소를 지지한다.
> ㄹ. 실용주의적 관점에서는 복지국가의 위기는 지방분권화로 인해 더 심화될 것이라고 본다.

① ㄱ, ㄴ　　　　② ㄱ, ㄷ
③ ㄴ, ㄷ　　　　④ ㄴ, ㄹ
⑤ ㄱ, ㄴ, ㄷ

✦23 영국 구빈제도의 발달에 관하여 옳지 않은 것을 모두 고른 것은?

> ㄱ. 길버트법은 강제성이 강했으며, 원외구제를 원내구제로 전환하였다.
> ㄴ. 정주법은 빈민의 자유로운 이동을 금지하기 위해, 즉 거주지를 제한하기 위해 교구와 귀족들의 압력으로 제정되었다.
> ㄷ. 개정 빈민법은 원외구제를 원칙적으로 완전히 중지하고 작업장 내의 구제만을 인정하되 구제 수준을 최저로 하였다.
> ㄹ. 엘리자베스 빈민법의 제도화 이후 1834년 개정 빈민법이 제정되기까지 지방 기금에 의한, 지방 관리에 의한, 지방 빈민에 대한 구빈 행정이 명백한 원칙으로 지속되었다.

① ㄱ　　　　　② ㄴ, ㄷ
③ ㄷ, ㄹ　　　　④ ㄹ
⑤ ㄱ, ㄴ, ㄷ

24 다음 제도에 관한 설명으로 옳은 것을 모두 고른 것은?

> 모든 교구는 타 교구의 사람이 자기 지역에 거주하고 있는 것을 발견하고 그 발견 시점이 그 사람이 거주하기 시작한지 40일 이내이면 고발할 수 있었다.
>
> ㄱ. 최초로 빈민구제에 대한 전국적 행정구조를 수립하였다.
> ㄴ. 빈민을 노동능력이 있는 빈민, 노동능력이 없는 빈민, 요보호아동으로 구분하였다.
> ㄷ. 노동능력이 있는 빈민에 대해서 원외구제를 제공하였다.
> ㄹ. 노동력의 자유로운 이동을 억제하는 요소로 작용하였다.

① ㄱ　　　　　② ㄴ
③ ㄷ　　　　　④ ㄹ
⑤ ㄱ, ㄴ, ㄷ, ㄹ

25 사회복지 역사에 관한 설명으로 옳지 않은 것은?

① 영국은 1908년에 노령연금법, 1911년에 건강(의료)보험과 실업보험으로 구성된 국민보험법을 도입하였다.
② 자유주의자와 보수주의자들은 비스마르크의 사회보험 도입을 격렬하게 반대하였으나, 사회주의자들은 사회보험 도입을 적극적으로 지지하였다.
③ 미국의 사회보장법은 빈곤에 대한 국가 책임이 명시되었으며, 국민의 생활을 보장하는 데 있어서 연방정부의 책임을 규정하였다.
④ 영국의 베버리지 보고서는 사회보험의 대상자를 다양한 집단별로 분류하였다.
⑤ 뉴딜정책의 일환으로 미국은 1935년 사회보장법을 제정·공포하였다.

3장 사회복지정책 관련 이론과 사상

이 장에서는,

산업화이론, 시민권론, 근대화론, 종속이론 등 주요 발달이론의 내용을 이해하고, 에스핑-앤더슨의 유형화를 비롯한 다양한 복지국가 유형화 이론들을 이해한다. 또한 신마르크스주의 이론, 조합주의 이론, 사회민주주의 이론 등 복지국가 분석에 관한 이론을 이해하고, 조지와 윌딩의 이데올로기 모형, 신자유주의, 제3의 길, 사회투자국가 등 사회복지정책과 관련된 이데올로기와 사상적 조류를 살펴본다. 특히, 주요 사회복지정책 발달이론에 관한 문제, 조지와 윌딩의 이데올로기 모형, 에스핑-앤더슨의 복지국가 유형 등은 매회 시험에 빠지지 않고 출제되고 있다.

해답과 오답노트 167쪽

✦01 에스핑-앤더슨의 복지국가 유형에 관한 설명으로 옳은 것을 모두 고른 것은?

ㄱ. 사회민주주의 복지국가 유형은 직업별, 계층별로 차별적인 복지급여가 제공되며, 사회보험을 중심으로 한다.

ㄴ. 계층화는 노동시장과 복지제도가 소득불평등에 미치는 영향 등을 고려하여 전반적인 불평등의 정도를 나타낸 것이다.

ㄷ. 보수주의 복지국가 유형은 탈상품화 수준이 가장 낮다.

ㄹ. 자유주의 복지국가 유형은 공공부조 프로그램이 상대적으로 중시된다.

① ㄱ, ㄴ   ② ㄱ, ㄷ
③ ㄴ, ㄹ   ④ ㄷ, ㄹ
⑤ ㄱ, ㄴ, ㄷ, ㄹ

기출 STYLE

에스핑-앤더슨의 복지국가 유형화와 관련해서는 각각의 유형의 특징을 묻는 형태나 유형을 비교하는 형태로도 출제되고 있다. 탈상품화와 사회계층화라는 기준을 중심으로 각 유형의 특징들을 비교해서 정리하도록 하자.

✦02 복지국가 발달이론에 관한 설명으로 옳은 것을 모두 고른 것은?

ㄱ. 사회양심론은 사회복지정책을 국가의 자선 활동으로 간주하는 경향이 있다.

ㄴ. 산업화이론은 복지국가의 다양한 차이를 드러냈다는 데에 의의가 있다.

ㄷ. 이익집단론은 노인복지의 확대를 설명하는 데에 유용하다.

ㄹ. 시민권론의 대표적인 학자인 마샬(Marshall)은 공민권을 복지국가의 핵심 요소로 보았다.

① ㄱ   ② ㄱ, ㄷ
③ ㄴ, ㄷ, ㄹ   ④ ㄱ, ㄴ, ㄷ
⑤ ㄱ, ㄴ, ㄷ, ㄹ

기출 STYLE

주요 사회복지정책 발달이론(산업화이론, 시민권론, 확산이론 등) 각각의 특징을 묻는 유형이 주로 출제되고 있다. 또한 이론에 대한 설명을 보기로 제시하고 이런 설명에 해당하는 이론을 고르는 형태와 이론을 종합적으로 비교해서 이해하고 있는지를 묻는 유형도 출제되고 있다.

✛03 조지와 윌딩의 이데올로기 모형에서 국가의 개입에 대한 입장으로 옳은 것을 모두 고른 것은?

> ㄱ. 반집합주의: 시장경제의 효율성을 저해하고 개인의 자유를 침해한다고 본다.
> ㄴ. 소극적 집합주의: 시장체계의 약점을 보완하는 수준에서 제한적으로 인정한다.
> ㄷ. 페이비언 사회주의: 점진적이고 지속적인 불평등 완화에 대한 국가의 책임, 적극적인 역할을 인정한다.
> ㄹ. 마르크스주의: 부정적이며, 개입을 절대적으로 반대한다.

① ㄱ, ㄴ ② ㄴ, ㄷ
③ ㄱ, ㄴ, ㄷ ④ ㄴ, ㄷ, ㄹ
⑤ ㄷ, ㄹ

기출 STYLE

조지와 윌딩의 이데올로기 모형에 대한 각각의 특징을 구분해서 이해하고 있는지 묻는 형태로 출제되고 있다. 이데올로기에 따라 복지국가관, 국가의 개입, 중심적 가치에 있어서 어떤 차이가 있는지 비교해서 이해할 필요가 있다.

04 복지국가 발달이론에 관한 설명으로 옳지 않은 것은?

① 산업화이론은 산업화가 비슷한 수준에 도달하면 서로 다른 정치이념을 가진 국가들도 유사한 사회복지체계를 갖는다고 본다.
② 사회양심이론은 타인에 대한 사회적 의무감이 사회복지를 발전시켰다고 본다.
③ 시민권론은 복지국가의 발달이 시민의 사회적 권리가 확대되는 과정이라고 본다.
④ 음모이론은 사회안정 및 질서유지와 사회통제를 위해 사회복지가 발달한다고 본다.
⑤ 일본에서 도입된 제도들이 우리나라로 도입된 것은 이익집단이론으로 설명할 수 있다.

05 제3의 길에 대한 설명으로 옳지 않은 것을 모두 고른 것은?

> ㄱ. 소극적이고 수동적인 복지수급자가 아니라 적극적이고 능동적인 복지시민의 역할을 강조한다.
> ㄴ. 교육과 인적 자본에 대한 투자를 강조한다.
> ㄷ. 제3의 길은 사회민주주의라는 제1의 길에 대해서는 시장의 효율성을 강조하고, 신자유주의라는 제2의 길에 대해서는 사회적 평등을 부각시키는 전략으로 새로운 종합을 모색하였다.
> ㄹ. 영국의 대처 정부와 미국의 레이건 정부가 채택한 정책노선이다.

① ㄱ ② ㄴ, ㄷ
③ ㄴ, ㄹ ④ ㄱ, ㄴ, ㄷ
⑤ ㄹ

06 전통적 복지국가와 구분되는 사회투자국가(social investment state)의 특징으로 옳은 것을 모두 고른 것은?

> ㄱ. 경제정책을 우위에 둔 경제정책과 사회정책의 통합을 강조한다.
> ㄴ. 사회지출을 소비지출과 투자지출로 구분하고, 소득보장에 사용되는 소비지출은 되도록 억제하며 자산조사를 통한 표적화된 프로그램을 선호한다.
> ㄷ. 좋은 인적 자본을 창출하는 사회적 맥락과 경제활동의 포괄적 기반으로서의 사회적 자본을 강조한다.
> ㄹ. 기회의 평등보다는 결과의 평등을 강조한다.

① ㄱ, ㄴ, ㄷ ② ㄴ, ㄷ, ㄹ
③ ㄱ, ㄷ, ㄹ ④ ㄴ
⑤ ㄱ, ㄴ, ㄷ, ㄹ

✛07 조지와 윌딩이 말한 사회복지사상에 관한 설명으로 옳지 않은 것은?

① 신우파는 사회복지정책이 확대됨에 따라 경제적 비효율성이 증가하고 근로동기가 약화되었다고 비판한다.

② 사회민주주의는 경제성장이 필요하다고 보면서도 경제성장에 뒤따르는 불평등을 완화하기 위해 정부가 개입해야 함을 주장한다.

③ 페미니즘은 복지국가가 여성의 욕구를 충족시키지 못한 결과로 빈곤의 여성화 현상이 나타났음을 지적한다.

④ 페이비언 사회주의는 자유주의를 토대로 민간 차원의 자선과 가족 등 비공식부문의 역할을 강조하는 입장이다.

⑤ 중도노선은 국가의 복지정책이 자본주의의 사회적 폐해를 완화시킬 수 있다고 보면서도 정부의 개입은 최소화되어야 한다고 본다.

08 다음에서 설명하는 이론에 대한 비판으로 옳지 않은 것은?

> • 시민권의 분화 현상과 사회권 확립이라는 과정을 강조하였다.
> • 사회권은 복지체계의 발전과 함께 20세기에 등장하였다.

① 시민권의 세 가지 요소에 너무 많은 것들을 포함시키려고 하였다.

② 젠더적 차원이나 인종적 차원 등 시민권의 다른 차원들을 간과하고 있다는 비판을 받았다.

③ 실제의 시민권이 발전한 역사적 과정의 복잡성을 단순화시킨다는 비판을 받았다.

④ 시민권은 세 가지 형태 이외에도 다양한 형태를 가질 수 있다.

⑤ 경제적 변수를 중시하고 정치적 변수의 역할을 중요하게 고려하지 않았다.

✛09 에스핑-앤더슨의 복지국가 유형에 관한 설명으로 옳은 것은?

① 복지국가의 사회복지정책이 계층화에 영향을 미친다.

② 보수주의 복지국가는 자산조사에 의한 공공부조를 강조한다.

③ 독일은 사회민주주의, 캐나다는 자유주의 복지국가의 대표적인 예이다.

④ 사회민주주의 복지국가는 시장 중심적인 유형에 속하며 사회보험을 강조한다.

⑤ 자유주의 복지국가는 중산층을 주요한 복지 대상으로 포괄하며 탈상품화 효과가 가장 큰 편에 속한다.

문제풀이 **TIP**

자유주의 유형은 공공부조 프로그램을 강조하며, 보수주의 유형은 사회보험을 강조하는 특징이 있다. 탈상품화 효과가 가장 큰 유형은 사회민주주의 유형이라는 점을 기억해두자.

10 조지와 윌딩의 수정된 사회복지사상과 관련하여 옳지 않은 것은?

① 사회민주주의는 적극적 자유를 강조하며 정부의 불평등 완화조치의 필요성을 제기한다.

② 페미니즘은 복지국가가 '빈곤의 여성화'를 야기하여 여성에 대한 배려에 실패했음을 강조한다.

③ 신우파는 소극적인 개념의 자유를 주장하며, 국가의 역할을 긍정적으로 본다.

④ 중도우파는 사회정책은 사회병리를 개선하고 사회결속을 유지하는 경우에만 유용하다고 본다.

⑤ 녹색주의는 경제성장과 소비의 지속적인 확대에 대해 비판적이다.

문제풀이 **TIP**

신우파는 기존의 반집합주의와 거의 유사한 입장을 가지고 있으며, 국가의 개입이 유해하다고 주장한다.

11 복지국가에 대한 신자유주의적 관점으로 옳지 않은 것은?

① 국가 복지서비스의 확대에 기인하는 공공부문의 팽창은 민간의 기업활동에 투입할 수 있는 인력과 자본을 감소시킨다.

② 국가는 시장보다 비효율적인 자원배분기구이며, 복지국가의 확대는 경제성장을 저해한다.

③ 국가복지의 확대는 저축동기를 약화시켜 투자의 위축을 가져오며, 납세자와 수혜자의 근로동기를 약화시켜 노동력공급의 저하를 초래한다.

④ 복지국가의 확대는 저소득층의 소득 및 소비수준을 높임으로써 유효수요를 창출하고 이를 통해 국민경제의 내수 기반을 안정화시킨다.

⑤ 복지국가의 확대가 노동시장의 경직성을 야기하여 생산성에 따른 노동배분이 효율적으로 이루어지지 않는다.

✦**12** 사회복지정책의 발달 관련 이론에 관한 설명으로 옳지 않은 것은?

① 사회양심론은 사회복지정책이 타인의 고통을 해소하려는 이타적 양심과 사회적 의무감의 확대라는 요인에 의해 발달했다고 본다.

② 종속이론은 좌파정당과 노동조합의 영향력을 강조한다.

③ 수렴이론은 정치체제가 다르더라도 산업화나 경제성장의 수준이 유사하면 사회복지정책의 발달 수준도 비슷하다고 본다.

④ 음모이론은 대량실업과 같은 사회혼란과 무질서가 발생하면 복지제도가 갑자기 확대되거나 새로운 제도가 도입되는 경향이 있다고 본다.

⑤ 시민권론은 사회권이 확립되면서 사회복지도 권리의 차원으로 발전할 수 있었다고 설명한다.

13 새로운 사회적 위험에 대한 설명으로 옳지 않은 것은?

① 산업구조와 노동시장의 변화가 새로운 사회적 위험이 발생하는 배경을 이루고 있다.

② 저출산 · 고령화사회로 변화하면서 생산가능인구가 감소하고, 노인부양부담의 문제가 제기되고 있다.

③ 소득보장을 통한 유효수요의 창출과 완전고용을 강조한다.

④ 새로운 사회적 위험에 대응하기 위해서 돌봄서비스, 고용서비스 등 다양한 사회서비스의 역할이 강조되고 있다.

⑤ 미래의 인적 자원개발에 기여한다는 측면에서 아동과 청소년에 대한 적극적인 투자를 강조한다.

14 케인스(J. M Keynes)주의에 관한 내용으로 옳은 것을 모두 고른 것은?

> ㄱ. 국가는 공공사업을 일으켜 정부지출을 증대시키고 조세를 감면해주는 등 적극적인 재정 정책이 필요하다.
>
> ㄴ. 사회복지지출은 사회복지정책 목표의 달성을 위한 수단이면서 소비수요 증대를 통한 완전고용 및 경제성장 달성을 위한 수단으로서의 의미도 있다.
>
> ㄷ. 저소득층의 소득 및 소비수준을 높임으로써 유효수요를 창출하고 이를 통해 국민경제의 내수 기반을 안정화시킨다.
>
> ㄹ. 소득이 부유층에 집중되어 있는 사회보다 균등하게 분배되어 있는 사회가 국민 전체의 한계소비성향이 높아 국민소득 중 소비지출이 차지하는 비중이 높아진다.

① ㄱ, ㄴ, ㄷ   ② ㄹ

③ ㄴ, ㄷ   ④ ㄱ, ㄹ

⑤ ㄱ, ㄴ, ㄷ, ㄹ

사회복지정책론

15 복지정책 발달이론과 한국의 복지정책의 발전에 대한 설명을 옳게 연결한 것을 모두 고른 것은?

ㄱ. 산업화이론: 산업화가 본격적으로 시작된 박정희 정권 시기부터 근대적 사회복지제도라고 할 수 있는 사회보험제도가 도입되기 시작하였고, 이후 경제력이 확대되면서 서구복지국가의 여러 제도들이 도입되었다.
ㄴ. 사회양심이론: 전두환 정권 시기에 복지사회건설이라는 슬로건을 내걸고 노인과 장애인 등을 대상으로 한 시혜적인 복지시책을 마련한 것은 사회안정 및 질서유지를 목적으로 한 것이었다.
ㄷ. 권력자원론: 노동조합의 조직화 정도가 낮고, 노동정치가 상대적으로 미약하여 복지국가의 발전의 한계로 작용하였다.
ㄹ. 산업화이론: 민주주의가 발전하면서 국민의 정부 시기에는 사회복지제도의 급격한 양적 발전을 가져왔다.

① ㄱ
② ㄱ, ㄷ
③ ㄴ
④ ㄷ, ㄹ
⑤ ㄱ, ㄴ, ㄷ, ㄹ

16 복지국가 유형화 이론에 대한 설명으로 옳은 것은?

① 윌렌스키와 르보의 모형에서 제도적 모형은 빈민과 같은 요보호자를 대상으로 하여 사회적으로 최저한의 급부를 주는 역할만을 수행한다.
② 티트머스의 모형에서 제도적 재분배 모형은 사회복지 제도의 중요한 역할을 경제의 종속물로서 통합·구체화하고 있다.
③ 퍼니스와 틸튼의 모형은 적극적 국가, 소극적 국가, 사회복지국가로 구분하였다.
④ 미쉬라 모형에서 분화된 복지국가는 경제정책과 사회복지정책이 분리되어 있으며 사회복지정책은 잔여적인 역할에 국한된다.
⑤ 에스핑-앤더슨의 사회민주주의적 복지국가는 주로 사회보험 프로그램을 강조한다.

✚17 조지와 윌딩의 초기 사회복지사상 모형에서 국가의 역할에 대한 설명으로 옳은 것을 모두 고른 것은?

ㄱ. 반집합주의는 개인의 자유, 시장의 자유를 제한하는 국가의 역할을 최소화시켜야 한다고 강조하였다.
ㄴ. 소극적 집합주의는 불평등 완화를 위한 국가의 지속적인 개입을 강조하였다.
ㄷ. 마르크스주의는 국가의 강력한 개입을 지지하면서도 복지국가의 확대를 통한 자본주의 모순의 철폐는 가능하지 않다고 보았다.
ㄹ. 페이비언 사회주의는 의회정치를 활용한 사회개량의 방식보다는 즉각적이고 전면적인 변혁을 강조하였다.

① ㄱ, ㄴ
② ㄱ, ㄷ
③ ㄴ, ㄹ
④ ㄷ, ㄹ
⑤ ㄱ, ㄴ, ㄷ, ㄹ

✚18 에스핑-앤더슨의 복지국가 유형에 관한 설명으로 옳은 것은?

① 보수주의 복지국가에는 스웨덴, 덴마크 등이 있다.
② 자유주의 복지국가는 사회보험의 비중이 다른 유형에 비해 크고, 대표적으로 독일을 들 수 있다.
③ 보수주의 복지국가는 복지의 재분배적 기능이 강력하다.
④ 자유주의 복지국가는 공공부문에서 제공하는 사회서비스가 발전하였으며, 전형적인 남성 생계부양자 모형에 포함된다.
⑤ 사회민주주의 복지국가는 탈상품화 정도가 매우 높으며, 적극적 노동시장정책을 강조한다.

19 에스핑-앤더슨의 복지국가 유형에 관한 설명으로 옳은 것은?

> ㉠ 개인 또는 가족이 시장에 의존하지 않고도 적절한 수준의 생활을 유지하는 정도를 말한다.
> ㉡ 스웨덴, 덴마크 등 북유럽 복지국가들에 해당하는 유형이다.
> ㉢ 가족과 전통적 공동체의 복지 제공의 책임을 강조하는 유형이다.
> ㉣ 영국, 미국, 호주 등 영미권 복지국가들에 해당하는 유형이다.

① ㉡은 ㉠수준이 가장 낮다.

② ㉣은 보편적 시민권에 기반을 둔 복지수급권을 국가가 보장하는 형태를 강조한다.

③ ㉢에 해당하는 국가에는 독일, 오스트리아, 프랑스 등 대륙 유럽국가들이 있다.

④ ㉣은 ㉠수준이 ㉡과 ㉢의 중간 정도이다.

⑤ ㉢은 복지의 재분배적 기능이 강력하다.

 문제풀이 TIP

㉠ 탈상품화
㉡ 사회민주주의 복지국가 유형
㉢ 보수주의 복지국가 유형
㉣ 자유주의 복지국가 유형

20 새로운 사회적 위험과 그에 대응하기 위한 사회복지정책에 대한 설명으로 옳은 것을 모두 고른 것은?

> ㄱ. 맞벌이 부부의 증가와 여성의 노동시장 참여 증가로 인한 일·가정 양립 문제가 대두하고 있다. → 돌봄의 사회화, 보육서비스의 공공성 강화
> ㄴ. 저출산·고령화로 인한 생산가능인구의 감소와 노인인구의 증가로 인해 노인 부양부담 문제가 제기되고 있다. → 노인 돌봄서비스의 사회화
> ㄷ. 탈산업화, 지식기반경제로의 이행 속에서 제조업에서 서비스산업으로의 산업구조 변화와 노동시장 구조변화로 인해 고용불안정과 저임금 노동 등이 증가하고 있다. → 좋은 일자리 창출, 교육과 훈련에 대한 투자, 적극적 노동시장정책의 활성화
> ㄹ. 전통적인 복지국가의 소득보장 프로그램으로 대응하기 어려운 문제들이 발생하고 있다. → 사회서비스의 강화

① ㄱ ② ㄴ, ㄷ

③ ㄷ, ㄹ ④ ㄱ, ㄴ, ㄷ

⑤ ㄱ, ㄴ, ㄷ, ㄹ

 문제풀이 TIP

전통적인 복지국가는 실업, 노령, 질병과 같은 산업사회에서 발생하는 구사회적 위험에 대한 대응에 초점을 맞춰온 반면, 후기산업사회로 대표되는 경제사회구조의 변화로 인해 전통적인 복지국가의 프로그램으로는 대응하기 어려운 새로운 사회적 위험이 발생하고 있다는 점에 주목하자.

21 다음의 설명에 해당하는 것은?

- 국가가 적극적으로 경제에 개입하여 유효수요를 창출함으로써 시장의 불완전성을 보완할 수 있다고 보고, 시장에 대한 국가의 적극적인 개입을 주장하였다.
- 사회복지지출은 사회복지정책 목표의 달성을 위한 수단이면서 소비 수요 증대를 통한 완전고용 및 경제성장 달성을 위한 수단으로서의 의미도 있다.
- 자본주의 경제체제에서 시장체계가 항상 효율적으로 작동하지는 않으며 시장의 효율성에 문제가 발생했을 때 국가가 적절히 개입해야 한다.

① 페이비언 사회주의
② 케인스주의
③ 페미니즘
④ 사회민주주의
⑤ 마르크스주의

22 신자유주의에 대한 설명으로 옳지 않은 것은?

① 국가의 재정위기를 극복하기 위해 공공 지출을 줄여야 한다고 주장했다.
② 개인의 자유를 최대한 보장하기 위한 방향으로 사회보장제도를 개혁하였다.
③ 미국의 레이건은 신자유주의 입장에 따라 '작은 정부'를 제시하였다.
④ 적극적 자유, 보편주의적 복지제공, 노동자보호를 위한 제도를 입법하였다.
⑤ 복지국가의 축소에 따라 사회보장 부문도 민영화 경향이 나타나게 되었다.

23 복지국가 유형화 이론에 관한 설명으로 옳지 않은 것은?

① 티트머스(Titmuss)는 복지가 제공되는 형태를 사회복지, 재정복지, 기업복지로 구분하였다.
② 미쉬라(R. Mishra)의 모형 중 분화된 복지국가는 경제정책과 사회복지정책이 결합되어 있으며 국가, 사용자, 노동자 간에 협력과 합의를 토대로 이루어진다.
③ 퍼니스와 틸튼(N. Furniss & T. Tilton)의 모형 중 적극적 국가는 사회복지를 경제적 효율성이라는 원칙에 종속시키면서 사회보험제도를 강조한다.
④ 윌렌스키와 르보(Wilensky & Lebeaux)의 제도적 모형은 복지욕구의 충족기제를 국가의 사회복지제도로 본다.
⑤ 에스핑-앤더슨(Esping & Anderson)의 모형 중 조합주의적 복지국가는 높은 사회보장세로 인한 높은 노동비용 때문에 민간부문의 일자리 창출이 어려울 수 있다.

✛24 조지와 윌딩이 제시한 사회복지사상에 대한 설명으로 옳지 않은 것을 모두 고른 것은?

- ㄱ. 반집합주의: 복지국가는 개인의 자유를 보장하는 데 효과적인 형태이다.
- ㄴ. 마르크스주의: 자본주의의 개혁보다는 전면적인 변혁을 강조한다.
- ㄷ. 사회민주주의: 민영화, 기업에 대한 규제 완화 등을 주장한다.
- ㄹ. 소극적 집합주의: 자본주의의 원활한 기능 및 시장체계의 약점을 보완하기 위한 국가의 개입을 조건부로 인정한다.

① ㄱ, ㄴ
② ㄱ, ㄷ
③ ㄴ, ㄷ
④ ㄴ, ㄹ
⑤ ㄱ, ㄴ, ㄷ, ㄹ

25 시민권이론에 대한 설명으로 옳지 않은 것을 모두 고른 것은?

> ㄱ. 시민권이론을 주장한 대표적인 학자는 마샬 (T.H. Marshall)이다.
>
> ㄴ. 사회복지 발달을 18세기 정치권, 19세기 공민 권, 20세기 사회권 등 시민권의 확대과정으로 설명하였다.
>
> ㄷ. 사회권이 확대되면서 사회복지도 권리의 차원 으로 발전할 수 있었다.
>
> ㄹ. 시민권의 확대와 자본주의의 불평등한 계급구 조는 양립 불가능하다.

① ㄱ, ㄴ   ② ㄱ, ㄷ
③ ㄴ, ㄹ   ④ ㄷ, ㄹ
⑤ ㄱ, ㄴ, ㄷ, ㄹ

✛**26** 에스핑-앤더슨의 복지국가 유형화에 대한 설명으로 옳지 않은 것은?

① 자유주의 복지국가는 민간부문의 역할을 강 조하며, 공공부조가 상대적으로 중요한 역할 을 한다.

② 사회민주주의 복지국가는 공공부문의 사회서 비스가 발전했으며, 다양한 가족지원정책이 나 노동시장정책이 발전하였다.

③ 보수주의 복지국가는 사회보험이 직업별로 분리되는 특징을 가지고 있으며, 기존의 계층 과 지위를 유지시키는 경향을 보인다.

④ 프랑스, 독일 등은 사회민주주의 복지국가에 해당한다.

⑤ 계층화란 복지국가의 제도가 그 사회의 계급 적 위치를 지속 또는 강화시키는지 아니면 계 층화로 초래되는 사회적 불리함을 보상하는 지를 분석하는 것이다.

27 조지와 윌딩이 제시한 사회복지이념과 관 련하여 옳지 않은 것은?

① 마르크스주의는 복지국가의 발전을 통해 자 본주의의 근본적인 모순을 극복할 수 있다고 주장했다.

② 페이비언 사회주의는 점진적인 사회개혁을 통한 사회주의를 지향하였다.

③ 소극적 집합주의는 국가의 개입을 조건부로 인정한다.

④ 신우파는 복지국가가 자유로운 시장경제 발 전을 저해한다고 보았다.

⑤ 사회민주주의는 사회통합과 사회적 평등을 위해 복지정책의 확대를 지지하였다.

28 사회복지정책과 관련된 이데올로기의 내 용으로 옳은 것을 모두 고른 것은?

> ㄱ. 케인스주의에서 사회복지지출은 사회복지정책 목표의 달성을 위한 수단이면서 소비 수요증대 를 통한 완전고용 및 경제성장 달성을 위한 수 단으로서의 의미도 있다.
>
> ㄴ. 신자유주의는 시장적 자유와 개인의 사적 소유 권을 절대적 가치로 파악한다.
>
> ㄷ. 제3의 길은 인도주의적 자본주의 내지 인간 중 심적 자본주의를 지향한다.
>
> ㄹ. 사회투자국가는 복지의 투자적 성격과 생산적 성격을 강조하며, 복지와 성장, 사회정책과 경 제정책의 상호보완성을 강조한다.

① ㄱ, ㄴ, ㄷ   ② ㄴ, ㄷ
③ ㄱ, ㄹ   ④ ㄴ, ㄷ, ㄹ
⑤ ㄱ, ㄴ, ㄷ, ㄹ

이 장에서는,

사회복지정책 아젠다 형성과정의 특징을 이해한다. 사회복지정책 평가 개념 및 필요성, 특징 등을 이해하고, 다양한 기준들을 비교해보며, 합리모형, 만족모형, 점증모형, 최적모형, 엘리트모형, 쓰레기통모형, 공공선택모형 등 정책결정모형의 주요 내용, 특징 및 각각의 차이점을 파악한다. 정책평가에 관한 문제와 정책결정이론/모형에 관한 문제가 가장 많이 출제되었다.

해답과 오답노트 171쪽

✛01 사회복지정책 과정의 단계를 순서대로 나열한 것은?

> ㄱ. 정책결정자가 하나의 대안을 정책으로 채택하는 과정이다.
> ㄴ. 사회문제가 이슈화되어 공공의제로 선택되는 과정이다.
> ㄷ. 정책이 원래 해결하고자 했던 문제를 얼마나 해결했는지를 평가한다.
> ㄹ. 정책을 구체화하고 실현시키는 과정을 의미하며, 여러 사회세력들의 세력관계를 반영한다.

① ㄱ - ㄴ - ㄹ - ㄷ
② ㄷ - ㄱ - ㄴ - ㄹ
③ ㄴ - ㄱ - ㄷ - ㄹ
④ ㄴ - ㄱ - ㄹ - ㄷ
⑤ ㄱ - ㄹ - ㄴ - ㄷ

기출 STYLE

사회복지정책 과정은 단순히 단계를 순서대로 나열하는 유형으로 출제되기도 한다.

✛02 사회복지정책 평가에 관한 설명으로 옳은 것은?

① 정책에 대한 효과성을 평가함으로써 정책의 목표달성 정도를 파악한다.
② 비효율적인 정책은 효과적인 정책이라고 평가할 수 없다.
③ 정책의 효율성은 그 자체가 목표가 된다.
④ 적절성을 평가함에 따라 소득의 재분배 정도를 파악한다.
⑤ 평가의 결과는 정책의 수정보다 지속 여부를 판단하기 위해 활용된다.

기출 STYLE

정책평가에 대한 문제의 경우, 지문은 '평가에 대한 설명으로 옳은 것(옳지 않은 것)은?'이라는 형태로 출제되는데 정책평가의 성격, 평가유형, 평가기준 등 평가와 관련된 다양한 내용들을 다루고 있다. 따라서 평가의 특징, 평가유형, 평가기준 등과 관련한 내용을 종합적으로 이해할 필요가 있다.

✦03 사회복지정책 결정모형에 대한 설명으로 옳지 않은 것을 모두 고른 것은?

> ㄱ. 만족모형은 정책결정자가 제한된 합리성에 기반하여 정책을 결정한다고 보았다.
> ㄴ. 최적모형은 합리모형과 점증모형을 절충한 것이다.
> ㄷ. 합리모형은 인간의 이성과 합리성에 근거한다.
> ㄹ. 혼합모형은 경제적 합리성과 함께 초합리적 요소도 동시에 고려한다.

① ㄱ, ㄴ   ② ㄱ, ㄷ
③ ㄴ, ㄹ   ④ ㄷ, ㄹ
⑤ ㄱ, ㄴ, ㄷ, ㄹ

기출 STYLE

정책결정이론/모형(합리모형, 만족모형, 점증모형, 최적모형, 엘리트모형, 쓰레기통모형, 공공선택이론 등)과 관련해서는 개별 이론/모형에 대한 문제보다는 여러 이론들을 보기로 제시하고 주요 내용과 특징이 제대로 연결되어 있는지를 묻는 형태가 가장 대표적인 유형에 속한다. 각 이론들을 구분할 수 있도록 비교해서 이해하도록 한다.

✦05 정책평가의 기준에 대한 설명으로 옳지 않은 것은?

① 효율성은 사회복지정책의 목표달성 정도를 의미한다.
② 적절성은 문제해결을 위해 사용한 수단과 방법들의 바람직한 정도를 의미한다.
③ 형평성은 소득재분배 정도를 평가하기 위한 기준이다.
④ 반응성에 대한 평가는 정책대상 집단에 따라 다양하게 나타난다.
⑤ 실현가능성은 다른 평가기준들보다 우선적으로 적용할 수 있다.

문제풀이 TIP

반응성(대응성)은 정책이 수혜자 집단의 욕구를 반영하는 정도를 의미하며, 효율성이란 투입에 대한 산출의 비율을 의미한다.

04 사회복지정책 평가유형에 관한 설명으로 옳은 것은?

① 정책을 집행하는 과정 중 수정이나 보완할 것을 살펴보기 위해 형성평가를 진행한다.
② 투입과 산출의 비율을 토대로 효과성을 평가한다.
③ 과정평가에서는 주로 양적 방법을 통해 정책의 활동을 분석한다.
④ 정책집행에 따른 수혜자의 만족도를 살펴보기 위해 합법성 평가를 진행한다.
⑤ 정책과정에 있어 수혜대상자들의 참여도는 평가의 대상이 되지 않는다.

06 사회복지정책 집행과정에 관한 설명으로 옳은 것을 모두 고른 것은?

> ㄱ. 정책목표를 달성하기 위해 결정된 사항들을 구체화시키는 활동이다.
> ㄴ. 관리기술적 성격과 함께 정치적 성격도 띠게 된다.
> ㄷ. 활용가능한 인적, 물적 자원의 영향을 받는다.
> ㄹ. 결정된 정책이 모두 집행되는 것은 아니다.

① ㄱ, ㄷ   ② ㄴ, ㄷ
③ ㄴ, ㄹ   ④ ㄷ, ㄹ
⑤ ㄱ, ㄴ, ㄷ, ㄹ

07 사회복지정책 대안을 비교분석하는 기준에 대한 설명으로 옳지 않은 것은?

① 효율성은 투입이 일정하다면 산출을 최대한으로 만들고, 산출이 일정하다면 투입을 최소화하는 것이다.

② 사회적 효과성은 정책대안의 시행 결과 기대되는 사회적 통합 기능과 관련이 있다.

③ 실현가능성과 관련해서 기술적 실현가능성만을 고려한다.

④ 사회적 형평성은 사회계층 간의 불평등을 완화하는 것과 관련이 있다.

⑤ 기술적 실현가능성이란 정책 대안의 집행 가능성을 포함한다.

문제풀이 TIP

기술적 실현가능성은 정책대안의 기술적 문제뿐만 아니라 집행가능성을 포함한다. 정치적 실현가능성은 정책대안의 정치적 수용가능성과 관련이 있다.

08 <보기>에서 설명하는 정책대안 형성의 기법은?

- 소수인사에 의해 토론이 지배되는 것을 피하기 위해 고안되었다.
- 전문가들이 의견을 수집·교환하면서 발전시키는 것이다.
- 미래에 대한 광범위한 지식을 얻을 수 있다.
- 예측하는 현상에 대해 선례가 없는 경우 자주 사용된다.

① 브레인스토밍　　② 델파이기법

③ 회귀분석　　　　④ 점진적 방법

⑤ 경향성 분석

09 사회복지정책 결정모형에 대한 설명으로 옳은 것은?

① 합리모형은 정책결정이 과거 정책의 부분적·점진적 개선으로 이루어진다고 강조한다.

② 혼합모형은 최적모형과 만족모형의 절충이라 할 수 있다.

③ 최적모형은 정책결정에 필요한 요소들이 우연히 결합되어 정책결정이 이루어진다고 본다.

④ 만족모형은 정책결정자가 제한된 합리성 안에서 의사결정을 한다고 본다.

⑤ 쓰레기통모형은 인간의 이성과 합리성을 전제로 한다.

✛10 사회복지정책 평가에 대한 설명으로 옳지 않은 것은?

① 정책평가는 기술적 성격, 가치지향적 성격, 정치적 성격 등을 갖는다.

② 총괄평가는 일반적으로 정책이 종료된 이후에 실시된다.

③ 정책과정의 책임성을 확보하기 위해 정책평가가 필요하다.

④ 정책집행과정의 문제점을 발견하고 이를 수정·보완하기 위해 과정평가를 실시한다.

⑤ 정책평가자의 가치, 전문성 등은 평가의 방향을 결정하는 데 영향을 미치지 않는다.

11 정책대안의 비교분석에 대한 설명으로 옳지 않은 것은?

① 모의실험은 실제 상황에서 실행할 때 위험이 따르거나 실제 행동이 불가능할 경우에 유용한 방법이다.

② 비용편익분석은 사회적 형평성이나 클라이언트의 반응성 등의 기준을 적용하기 용이하다.

③ 기술적 실현가능성은 정책대안이 가진 기술적 문제와 집행 가능성 모두와 관련된다.

④ 한정된 시간과 비용의 한계 속에서 정책대안을 개발해야 한다.

⑤ 비용효과분석은 효과를 화폐가치로 측정하지 않는다.

문제풀이 **TIP**

비용편익분석은 대안이 초래할 비용과 편익을 모두 화폐가치로 표현한다.

12 정책의제형성과 관련한 설명으로 옳지 않은 것은?

① 외부주도형은 정책담당자가 아닌 외부 사람들의 주도에 의해 특정 문제를 정부가 해결해야 할 문제로 받아들이는 경우에 해당한다.

② 내부접근모형은 정부 밖의 이해관계자와 접촉 없이 정책의제를 설정하는 경우에 해당한다.

③ 외부주도형은 사회문제의 심각성에 대한 대중의 관심을 유도하려고 노력한다.

④ 내부접근모형과 동원모형은 정책담당자에 의해서 정책의제가 형성되는 공통점이 있다.

⑤ 동원모형은 민주화된 선진국에서 주로 나타나는 유형이다.

13 다음 중 빈칸의 과정에 대한 서술로 거리가 먼 것은?

> 정책의제 설정 – (　　　　) – 정책결정 – 정책집행 – 정책평가

① 문제를 해결하기 위한 방법을 강구하고 분석한다.

② 문제를 둘러싼 상황을 구체적으로 파악해야 한다.

③ 비용편익 분석을 실시해볼 수 있다.

④ 실제로 실행될 수 있는지를 고려해야 한다.

⑤ 사회문제를 이슈화하도록 한다.

14 정책대안의 미래예측 방법에 대한 설명으로 옳은 것을 모두 고른 것은?

> ㄱ. 유추는 기존에 존재하는 선례가 없을 경우 적용하기 어렵다.
> ㄴ. 회귀분석은 과거의 경향이나 추세를 미래에 연장시켜 추측하는 방법이다.
> ㄷ. 델파이기법은 전문가 간의 영향력을 배제할 수 있지만, 전문가의 이해관계에 따라 비합리적으로 의견이 모아질 수 있는 한계도 있다.
> ㄹ. 마르코프 모형은 확률적 정보를 제공할 수 없다.

① ㄱ, ㄴ 　　　② ㄱ, ㄷ

③ ㄴ, ㄷ 　　　④ ㄷ, ㄹ

⑤ ㄱ, ㄴ, ㄷ, ㄹ

✛15 사회복지정책 평가에 관한 설명으로 옳지 않은 것은?

① 과정평가는 정책집행과정의 문제점을 찾기 위한 것이다.

② 정책평가는 정책목표달성과 관련하여 정책활동의 가치를 판단하는 것이다.

③ 정책목표의 달성여부를 비용 측면에서 평가하는 것은 효과성 평가에 해당한다.

④ 일반적으로 과정평가는 질적 평가방법을, 총괄평가는 양적 평가방법을 주로 활용한다.

⑤ 정책평가는 정책이 원래 해결하고자 했던 문제를 얼마나 해결했는지를 평가하는 좁은 의미의 개념부터 정책의 결정, 집행 이후의 모든 평가활동을 의미하는 넓은 의미의 개념까지 포괄한다.

문제풀이 TIP

효과성 평가는 사회복지정책 목표를 얼마나 달성하였느냐에 관한 평가이다.

16 사회복지정책 평가에 대한 설명으로 옳은 것은?

① 정책평가는 가치판단을 배제함으로써 객관성을 획득한다.

② 정책평가는 정책수립, 정책집행 등 전 과정에 대해 이루어질 수 있다.

③ 정책평가의 유용성은 정책담당자의 의지에 영향을 받지 않는다.

④ 평가에는 통계기법 및 분석기법 등에 대한 기술적 지식만이 요구된다.

⑤ 총괄평가와 과정평가는 양적 방법을 활용하는 것이 더 적절하다.

✛17 정책결정 이론모형에 관한 설명으로 옳은 것을 모두 고른 것은?

> ㄱ. 점증모형: 변화의 폭과 속도가 큰 국가에서는 적용되기 어렵고, 안이한 정책결정을 조장할 가능성이 있다는 비판도 제기되고 있다.
>
> ㄴ. 만족모형: 제한된 합리성에 기초하여 만족할만한 수준의 대안을 선택한다는 입장으로, 만족할만한 수준에 대한 객관적인 척도가 없어 지나치게 주관적일 수 있다.
>
> ㄷ. 혼합모형: 장기적 전략에 대해서는 합리모형을, 단기적 전술에 대해서는 점증모형을 따르는데, 이를 실제로 적용함에 있어서 장기적 전략에 해당하는 부분과 단기적 전술에 해당하는 부분을 구분하기가 모호한 점이 있다.
>
> ㄹ. 쓰레기통모형: 인간이 가진 고도의 합리성을 전제로 하지만, 실제로 인간은 부분적인 지식만 가지고 있다는 점에서 비판이 제기된다.

① ㄱ, ㄴ ② ㄱ, ㄷ

③ ㄴ, ㄹ ④ ㄱ, ㄴ, ㄷ

⑤ ㄱ, ㄴ, ㄷ, ㄹ

18 사회복지정책 집행에 대한 설명으로 옳지 않은 것은?

① 정책의 내용을 구체화하고 실현하는 과정이다.

② 여러 참여자들 사이의 상호작용 과정이다.

③ 참여자들과의 협상, 타협을 통해 정책 목표가 왜곡되기도 한다.

④ 사회적 약자들이 정책 집행과정에서 소외되지 않도록 하는 역할이 중요하다.

⑤ 정책의 집행은 정치적 성격을 배제하여야 한다.

19 정책결정 이론모형 중 점증모형에 관한 설명으로 옳은 것은?

① 인간의 이성과 합리성에 대해 신뢰하며, 주어진 목표와 상황에서 최선의 정책대안을 제시한다.

② 대안을 선택하는 기준은 최선의 대안보다는 만족스러운 대안을 선택한다.

③ 기본적 결정이 중대한 영향을 미치고 후속적인 세부 결정의 범주와 방향을 제시한다.

④ 정책결정은 일정한 규칙에 따르는 것이 아니라 불규칙하게 이루어진다.

⑤ 기존 정책에 대한 소폭의 변화를 통해 점진적으로 보완한다.

20 사회복지정책의 평가에 관한 설명으로 옳은 것을 모두 고른 것은?

> ㄱ. 정책평가의 기준으로서 형평성은 문제해결을 위해 사용한 수단이나 방법들의 바람직한 정도를 말한다.
>
> ㄴ. 합법성 평가는 사회복지정책의 집행결과에 대해 수혜대상자들이 얼마나 만족하는가를 평가하는 것이다.
>
> ㄷ. 정확한 평가를 위해서는 적절한 분석기법의 개발이 선행되어야 하며 평가목적에 부합하는 자료의 수집과 설계 등의 기술적인 요인이 필요하다.
>
> ㄹ. 바이어스(bias)는 지정된 대상 집단의 각 하위 집단들의 참여가 다를 수 있다는, 즉 다른 참여의 정도를 나타내는 것이다.

① ㄱ, ㄴ   ② ㄴ, ㄷ

③ ㄷ, ㄹ   ④ ㄱ, ㄴ, ㄷ

⑤ ㄱ, ㄴ, ㄷ, ㄹ

✦21 사회복지정책 평가에 대한 설명으로 옳지 않은 것은?

① 정책평가는 정책결정자에게 유용한 정보를 제공해줄 수 있다.

② 정책평가의 기준으로서 효과성은 사회복지정책의 목표 달성도를 의미한다.

③ 총괄평가는 정책 집행과정에서 이루어진다.

④ 정책평가의 목적과 목표에 따라 평가기준을 설정한다.

⑤ 정치적 지지가 확실하다면 정책이 성공할 가능성도 높다.

22 사회복지정책의 평가유형에 대한 설명으로 옳지 않은 것은?

① 효율성 평가는 동일한 정책 산출물에 대해 비용을 최소화하였는가에 대한 평가이다.

② 효과성 평가는 사회복지정책 목표를 얼마나 달성하였느냐에 관한 평가이다.

③ 민주성 평가는 사회복지정책이 수행되는 과정에서 얼마나 관련 법률을 제대로 준수하였는가에 대한 평가이다.

④ 편의성 평가는 사회복지정책의 급여를 얼마나 편리하게 향유하였는가에 대한 평가이다.

⑤ 반응성 평가는 사회복지정책의 집행결과에 대해 수혜대상자들이 얼마나 만족하는가에 대한 평가이다.

5장 사회복지정책의 분석틀

이 장에서는,

사회복지정책의 분석유형(3P) 및 길버트와 테렐의 4가지 정책선택 차원의 내용, 사회복지정책의 대상선정 기준의 유형과 원리를 이해한다. 사회복지정책의 급여에 있어서 현금급여와 현물급여의 장단점을 이해하고, 그 중간 형태인 증서, 기회, 권력의 내용을 살펴본다. 또한 다양한 사회복지정책 재원의 장단점을 비교하고, 사회복지정책의 전달체계인 중앙정부와 지방정부의 장단점, 민영화의 등장배경 및 형태 등을 이해한다. 사회복지정책론 중에서 가장 출제비중이 높은 장으로, 전반적인 내용을 두루 살펴봐야 한다.

해답과 오답노트 173쪽

✛01 길버트와 테렐이 말한 사회복지정책에 대한 분석적 접근방법에 대한 설명으로 옳지 않은 것은?

① 주된 접근방법으로는 과정분석, 산물분석, 성과분석이 있다.

② 과정분석은 시간적 차원과 분석 수준을 기준으로 다양하게 구분될 수 있다.

③ 산물분석은 사회복지정책 형성의 역동성을 사회정치적 변수와 기술적–방법적 변수를 중심으로 하여 분석하는 접근을 말한다.

④ 성과분석은 정책에 관한 조사연구와 관련된 문제들을 다룬다.

⑤ 과정분석은 주로 정책의 계획과 관련된 문제들을 다룬다.

기출 STYLE

사회복지정책의 분석유형과 관련해서는 분석유형에 해당하는 것을 고르거나 분석유형에 대한 설명으로 옳은 것을 고르는 단순한 형태가 주로 출제되었지만, 최근에는 사례에 해당하는 분석유형을 고르는 다소 까다로운 유형도 출제되고 있다.

✛02 한국 사회복지제도의 대상선정 기준에 대한 설명으로 옳은 것은?

① 건강보험과 고용보험은 급여 종류에 따라 차이가 있지만, 보험료 기여를 기준으로 한다.

② 국민연금제도와 기초연금제도는 자산조사를 기준으로 한다.

③ 국민기초생활보장제도와 장애인연금제도는 인구학적 기준을 고려한다.

④ 노인장기요양보험은 인구학적 기준을 고려하지 않고 자산조사를 기준으로 한다.

⑤ 산재보험은 인구학적 기준을 고려하며, 진단적 차별은 기준으로 하지 않는다.

기출 STYLE

대상선정 기준과 관련해서 기준과 실제 제도를 연결해서 이해하는 유형의 경우에는 실제 제도의 기준에 대한 포괄적인 이해를 요구하는 유형이라는 점에서 난이도가 높은 문제에 해당한다.

✛**03 사회복지 급여 형태에 대한 설명으로 옳은 것은?**

① 현물급여는 현금급여보다 목표효율성이 낮다.
② 현금급여는 이용자의 선택권이 제한되는 단점이 있다.
③ 바우처 방식은 현물급여보다 대상효율성이 낮다.
④ 현물급여는 낙인 효과를 크게 감소시킬 수 있다.
⑤ 현물급여는 규모의 경제 효과에 취약하다.

✛**04 사회복지정책의 재원에 관한 설명으로 옳지 않은 것은?**

① 재원의 안정성과 지속성의 측면에서 조세가 다른 재원에 비하여 유리하다.
② 조세가 사회보험료보다 사회복지제도를 확대하는 데 더 유리하다.
③ 우리나라의 경우 다른 OECD 국가들에 비해 조세가 소득불평등 개선에 기여하는 정도가 낮은 편에 해당한다.
④ 조세가 사회보험료보다 누진적인 소득재분배 효과는 더 강하다.
⑤ 조세지출은 소득재분배에 역진적 효과를 갖는다.

✛**05 사회복지 전달체계에 대한 설명으로 옳은 것을 모두 고른 것은?**

ㄱ. 경쟁 전략은 새로운 서비스 기관이 기존의 전달체계 외부에 만들어지며, 기존의 전달체계 내에서는 적절하게 서비스를 제공받을 수 없는 소외계층을 위한 새로운 서비스 네트워크를 구축하기 위한 목적을 가지고 있다.
ㄴ. 사례관리는 서비스에 대한 접근성을 증가시키고, 서비스의 중복을 제거함으로써 서비스 사용에 있어서 효율성을 증진시킬 수 있다.
ㄷ. 분리 전략은 기존의 전달체계 내에 새로운 기관을 만드는 전략이며, 클라이언트의 욕구에 민감하게 만들 수 있다.
ㄹ. 클라이언트가 고충을 해결할 수 있는 적절한 수단을 갖고 있지 못한 경우 비책임성의 문제가 발생한다.

① ㄱ, ㄴ   ② ㄱ, ㄷ
③ ㄴ, ㄹ   ④ ㄷ, ㄹ
⑤ ㄱ, ㄴ, ㄷ, ㄹ

06 한국 사회복지제도의 급여자격 기준에 관한 설명으로 옳은 것은?

① 노인장기요양보험은 인구학적 기준과 기여, 진단적 구분을 기준으로 한다.
② 국민기초생활보장제도는 인구학적 기준과 자산조사를 기준으로 한다.
③ 기초연금은 자산조사를 하지 않고 인구학적 기준을 고려한다.
④ 건강보험은 인구학적 기준과 진단적 구분을 기준으로 한다.
⑤ 산재보험은 급여종류와 상관없이 기여만을 기준으로 한다.

✛07 우리나라 사회복지정책 재원에 관한 설명으로 옳지 않은 것은?

① 일반조세는 결과의 평등 가치 실현에 가장 효과적인 재원이다.

② 사회보장성 조세와 같은 목적세는 상대적으로 조세저항이 적다.

③ 조세지출은 세금을 낸 사람이든 내지 않은 사람이든 모두 대상이 된다.

④ 일반조세는 납세여부와 서비스 수혜가 관련이 없지만, 사회보장성 조세는 관련이 있다.

⑤ 일반조세는 소득재분배 효과가 크지만, 조세지출은 누진적인 소득재분배 효과가 없다.

✛09 사회보험제도의 급여와 급여 형태에 관한 설명으로 옳지 않은 것은?

① 국민기초생활보장제도의 생계급여는 현금급여이다.

② 노인장기요양보험의 재가급여, 시설급여는 현물급여이다.

③ 국민건강보험의 요양급여, 건강검진은 현물급여이다.

④ 산업재해보상보험법상 요양급여는 현금급여이다.

⑤ 국민연금의 노령연금, 장애연금은 현금급여이다.

08 복지다원주의에 대한 설명으로 옳은 것을 모두 고른 것은?

ㄱ. 복지제공 주체는 국가 이외에 시장, 비공식부문, 자원부문 등 다양한 형태를 가지고 있다.
ㄴ. 복지혼합, 복지혼합경제와 유사한 의미로 사용된다.
ㄷ. 복지국가 위기 이후 국가의 역할이 상대적으로 후퇴하고, 민간과 비영리조직의 역할이 부각되면서 확대된 개념이다.
ㄹ. 서비스 이용의 불평등을 완화하고, 공공서비스를 제공하는 데 효과적이다.

① ㄱ
② ㄱ, ㄷ
③ ㄴ, ㄹ
④ ㄱ, ㄴ, ㄷ
⑤ ㄱ, ㄴ, ㄷ, ㄹ

문제풀이 TIP

복지다원주의 혹은 복지혼합경제는 한 사회에서 복지의 원천은 다양하며, 복지제공 주체로서 국가 이외에 시장, 비공식부문, 자원부문 등의 역할을 포괄적으로 고려할 것을 강조한다.

✛10 조세와 사회보험료 부과에 관한 설명으로 옳지 않은 것을 모두 고른 것은?

ㄱ. 사회보험료는 조세에 비해 징수에 대한 저항이 적다.
ㄴ. 사회보험료는 소득세에 비해 역진적이다.
ㄷ. 사회보험료에는 소득의 상한액이 없어서 고소득층이 불리하다.
ㄹ. 소득세와 사회보험료 모두 소득이 높은 사람이 더 많이 부담한다.

① ㄱ, ㄴ, ㄹ
② ㄷ
③ ㄴ, ㄷ
④ ㄱ, ㄹ
⑤ ㄱ, ㄴ, ㄷ, ㄹ

✦11 사회복지 급여형태에 관한 설명으로 옳지 않은 것을 모두 고른 것은?

> ㄱ. 소비자 선택권이 높은 순으로 나열하면, 현금급여＞바우처＞현물급여라고 할 수 있다.
> ㄴ. 권력은 서비스 대상자나 수급자의 참여를 보장하여 재화나 자원을 통제하는 영향력이 재분배되도록 하는 것이다.
> ㄷ. 현물급여는 현금급여에 비해 대량생산과 대량소비로 인한 규모의 경제 효과가 크다.
> ㄹ. 운영효율성이 높은 순으로 나열하면, 현물급여＞바우처＞현금급여라고 할 수 있다.

① ㄱ
② ㄱ, ㄷ
③ ㄴ, ㄹ
④ ㄹ
⑤ ㄱ, ㄴ, ㄷ

✦12 사회복지정책의 전달체계에 대한 설명으로 옳지 않은 것은?

① 전달체계 간의 연계가 제대로 이루어지지 않는 경우 지속적이고 안정적인 서비스 제공에 문제가 발생할 수 있다.
② 민간 사회복지 전달체계는 안정성, 통합성 등에서 유리하다.
③ 우리나라의 사회복지서비스 분야에서는 비영리기관의 역할이 큰 비중을 차지하고 있다.
④ 전달체계의 단편성을 줄이기 위해서는 사회복지기관 간 협력의 강화가 필요하다.
⑤ 비영리기관은 재원조달에 있어서 자발적, 자선적인 기부에 의존하기 때문에 불충분하고 불안정한 특성이 있다.

 문제풀이 TIP

공공부문이 민간부문 전달체계보다 지속성, 통합성, 안정성에 있어서 유리한 경향이 있다.

13 사회복지정책에 대한 분석적 접근방법과 그 예의 연결이 옳은 것을 모두 고른 것은?

> ㄱ. 성과분석 – 자활사업 참여여부에 따른 탈빈곤률 비교 분석
> ㄴ. 과정분석 – 상병수당제도의 시행과정 분석
> ㄷ. 성과분석 – 육아휴직 및 출산휴가 관련 정책이 출산율 증가에 미치는 영향 분석
> ㄹ. 산물분석 – 국민연금 대상자와 기초연금 대상자의 선정기준 분석

① ㄱ, ㄴ, ㄷ
② ㄹ
③ ㄴ, ㄹ
④ ㄱ, ㄷ
⑤ ㄱ, ㄴ, ㄷ, ㄹ

14 중앙정부와 지방정부 간의 복지재정 이전체계에 관한 설명으로 옳은 것을 모두 고른 것은?

> ㄱ. 범주적 보조금은 재원의 사용목적이 상세히 규정되어 있고 제약조건이 부여되는 특징이 있다.
> ㄴ. 포괄 보조금은 지원대상이 되는 활동의 범주가 넓으며, 특정 사업이나 정책영역에 사용되기보다는 일반적인 영역을 대상으로 지급된다.
> ㄷ. 일반 교부세는 국가가 예산의 일부를 지방정부에게 일정한 비율로 배분하는 것이다.
> ㄹ. 지방정부의 재량권을 기준으로 작은 것에서 큰 순서로 나열하면 포괄 보조금 ＜ 범주적 보조금 ＜ 일반교부세 순으로 나열할 수 있다.

① ㄱ, ㄴ
② ㄴ, ㄷ
③ ㄱ, ㄴ, ㄷ
④ ㄴ, ㄷ, ㄹ
⑤ ㄷ, ㄹ

15 사회복지정책의 재원에 관한 설명으로 옳은 것은?

① 제도 성숙과 인구 고령화에 따라 국민연금과 건강보험 지출이 늘어날 전망이다.

② 한국은 공공부문의 재원 중 조세의 비중이 가장 크다.

③ 한국은 조세구조에서 소득세의 비중이 소비세보다 크다.

④ 소득세의 누진성이 높을수록 재분배 효과가 작다.

⑤ 사회보험 급여의 상한액을 없애면 소득재분배 효과를 높일 수 있다.

✦16 사회복지 전달체계에 대한 설명으로 옳지 않은 것은?

① 중앙정부는 포괄적이고 기초적인 사회복지서비스를 제공하는 데 효과적이다.

② 공공부문은 새로운 욕구와 문제에 대응하기 위한 사회적 합의를 도출하는 과정에서 상당한 시간과 노력이 필요하다.

③ 지방정부는 중앙정부보다 수급자의 욕구에 대한 대응이 빠르고, 수급자의 효용을 극대화하는 데 효과적이다.

④ 지방정부 간 사회복지의 격차는 국가적 차원의 사회통합을 저해할 수도 있다.

⑤ 비영리기관은 정부로부터 재정적 지원을 받을 수 없으며, 정부와 관련된 활동에 참여할 수도 없다.

✦17 사회복지정책의 재원에 대한 설명으로 옳지 않은 것은?

① 일반예산은 소득재분배 효과가 크다.

② 조세 중 소득세가 소비세보다 소득재분배 효과가 크다.

③ 사회보장성 조세는 소득재분배 효과가 제한적이다.

④ 조세지출은 공공부문 재원에 속한다.

⑤ 이전소득은 모두 공공부문 재원에 속한다.

18 복지혼합에 관한 설명으로 옳지 않은 것은?

① 복지서비스 공급주체의 다양화를 추구한다.

② 국가는 재원 보조자로서, 시장에 대한 규제자로서 역할을 한다.

③ 시립사회복지관을 민간에 위탁운영하는 것은 복지혼합의 사례이다.

④ 신보수주의적 경향에 대한 비판으로 제기되었다.

⑤ 소득수준에 따른 서비스 이용의 불평등 발생에 대한 우려가 있다.

19 사회복지정책의 재원 중, 사용자 부담(user fee)에 대한 설명으로 옳지 않은 것은?

① 소득재분배 효과를 높일 수 있다.

② 역진성이 나타날 수 있다.

③ 불필요한 서비스 이용을 억제할 수 있다.

④ 자기존중감(self-respect)을 높일 수 있다.

⑤ 저소득층에게 부담이 될 수 있다.

문제풀이 TIP

사용자 부담은 저소득층의 서비스 접근성을 떨어뜨리는 효과가 있다.

✛20 보편주의와 선별주의에 대한 설명으로 옳지 않은 것을 모두 고른 것은?

> ㄱ. 보편주의는 주로 소득조사에 의해 판별되는 개인의 욕구에 기초하여 급여를 제공하는 원리이다.
> ㄴ. 선별주의는 인간의 존엄성, 사회통합을 강조한다.
> ㄷ. 보편주의에 기반한 복지제도는 비용 절감을 강조하며, 대상자에게 낙인이 발생한다.
> ㄹ. 선별주의에 기반한 복지제도는 자산조사를 통해 수급자격을 결정하고 특정대상에게 수급 자격이 주어진다.

① ㄱ
② ㄴ
③ ㄷ, ㄹ
④ ㄱ, ㄴ, ㄷ
⑤ ㄱ, ㄴ, ㄷ, ㄹ

21 공공재원의 소득재분배 효과를 높이기 위한 조치로 옳은 것을 모두 고른 것은?

> ㄱ. 전체 공공재원에서 일반예산이 차지하는 비중을 늘린다.
> ㄴ. 일반예산을 구성하는 조세 중 소득세보다 소비세의 비중을 늘린다.
> ㄷ. 사회보험료 부과기준소득의 상한액을 없앤다.
> ㄹ. 소득공제의 범위에 사교육에 대한 지출도 포함시킨다.

① ㄱ, ㄴ
② ㄱ, ㄷ
③ ㄴ, ㄹ
④ ㄷ, ㄹ
⑤ ㄱ, ㄴ, ㄷ, ㄹ

문제풀이 TIP

일반예산의 비중이 높을수록, 특히 누진적인 소득세가 높은 비중을 차지할 때 소득재분배 효과가 높다.

✛22 우리나라 사회복지제도 중 보편주의 범주에 해당되는 것은?

① 실업급여
② 장애인연금
③ 의료급여
④ 기초연금
⑤ 주거급여

✛23 사회복지 민영화에 관한 설명으로 옳지 않은 것은?

① 자유시장과 규제완화, 재산권을 중시하는 신자유주의적 이데올로기의 영향을 받았다.
② 국가의 자금투여에도 사회문제가 해결되지 않자, 공공부문의 서비스 효율성 및 효과성에 대한 비판이 일기 시작하면서 등장한 개념이다.
③ 바우처제도는 민영화 경향이 반영된 지원 방식이다.
④ 민간부문의 책임과 함께 국가의 책임이 한층 더 강화된다는 점에서 호응을 얻고 있다.
⑤ 복지혼합의 주요 수단으로 여겨지고 있다.

사회복지정책론

＋24 한국의 사회복지제도의 급여 형태에 관한 설명을 연결한 것으로 옳지 않은 것은?

> ㉠ 수급자의 효용을 극대화할 수 있으며, 존엄성을 유지시켜줄 수 있다.
> ㉡ 참여민주주의와 민주적 거버넌스와 관련이 있다.
> ㉢ 수급자에게 필요한 물품 또는 서비스를 직접 제공하는 것으로 ㉠보다 목표효율성은 높고, 운영 효율성은 낮다.
> ㉣ ㉠과 ㉢의 중간 성격을 갖고 있다.

① 건강보험의 장애인 보조기기 구입비는 ㉣로 제공한다.
② 산재보험의 요양급여는 ㉢으로 제공한다.
③ 장애인연금은 ㉠으로 제공한다.
④ 국민기초생활보장제도의 중앙생활보장위원회는 ㉡과 관련이 있다.
⑤ 고용보험의 실업급여는 ㉠으로 제공한다.

문제풀이 **TIP**

㉠ 현금급여 ㉡ 권력 ㉢ 현물급여 ㉣ 바우처

25 다음에 제시된 공공재원의 유형에 대한 설명으로 옳은 것을 모두 고른 것은?

> 특정한 목적을 위하여 세금을 걷지 않거나 낸 세금을 되돌려주는 형태를 말한다.
>
> ㄱ. 비과세, 소득공제, 세액감면, 세액공제 등이 있다.
> ㄴ. 상대적으로 역진적인 성격을 갖는다.
> ㄷ. 증세나 세율인상에 대한 정치적 부담이 클 경우 활용하기도 한다.
> ㄹ. 저소득층보다 고소득층이 유리한 측면이 있다.

① ㄱ, ㄴ   ② ㄱ, ㄷ
③ ㄴ, ㄹ   ④ ㄷ, ㄹ
⑤ ㄱ, ㄴ, ㄷ, ㄹ

26 대상자 선정 기준에 대한 설명으로 옳은 것을 모두 고른 것은?

> ㄱ. 특정한 인구학적 조건만 충족하면 급여가 주어지는 경우 보편주의적 성격이 강하다고 볼 수 있다.
> ㄴ. 장애인연금의 경우 보험료 기여만을 유일한 대상자 선정 기준으로 활용한다.
> ㄷ. 국민연금의 경우 인구학적 기준, 보험료 기여, 진단적 차등 등을 대상자 선정 기준으로 활용한다.
> ㄹ. 노인장기요양보험의 경우 인구학적 조건만을 유일한 대상자 선정 기준으로 활용한다.

① ㄱ, ㄴ   ② ㄱ, ㄷ
③ ㄴ, ㄹ   ④ ㄷ, ㄹ
⑤ ㄱ, ㄷ, ㄹ

27 비영리기관과 정부의 혼합형태에 대한 설명으로 옳지 않은 것은?

① 위탁계약방식은 지방정부가 시설을 설립하고, 시설의 관리·운영을 비영리기관에 맡기고, 운영과 관련한 재정을 지원하는 방식이다.
② 최근 사회복지서비스의 생산 및 전달이라는 측면에서 비영리기관의 역할이 확대되고 있다.
③ 기관보조금 방식은 민간기관이 공공부문과의 종속적 의존관계에서 벗어나는 데에 유리하다.
④ 비영리기관은 다양한 욕구에 대해 신속하고 유연하게 대응할 수 있다.
⑤ 비영리기관의 장점을 활용하기 위해서는 재원 측면에서 공공부문의 책임성이 강화되어야 한다.

✦28 한국 사회복지제도의 급여자격 기준에 대한 설명을 옳게 연결한 것은?

> ○ 낙인문제가 발생하지 않는다는 특징을 가지고 있으며, 연령 등의 조건을 충족하면 급여를 지급한다.
> ○ 전문가의 분류나 판단에 근거하여 급여를 제공한다.
> ○ 대상자가 필요한 재화나 서비스를 구매할 수 있는 능력이 없음을 나타내는 근거를 기반으로 급여자격을 판단한다.
> ○ 보험료를 납부해야만 급여를 제공한다.

① 건강보험은 ○과 ○을 기준으로 한다.
② 산재보험은 ○과 ○을 기준으로 한다.
③ 국민기초생활보장제도는 ○과 ○을 기준으로 한다.
④ 고용보험은 ○ 없이 ○을 기준으로 한다.
⑤ 기초연금은 ○과 ○을 기준으로 한다.

29 사회복지정책의 비물질적 급여에 관한 설명으로 옳지 않은 것을 모두 고른 것은?

> ㄱ. 기회의 목표는 사회적으로 취약한 위치에 있는 집단이나 불평등한 처우를 받는 집단에게 유리한 기회를 주어 보다 나은 생활을 유지할 수 있도록 하려는 것이다.
> ㄴ. 권력은 현금이나 증서처럼 쓰일 수 없지만 현물이나 기회보다는 훨씬 더 많은 선택의 여지를 제공할 수도 있다.
> ㄷ. 장애인 의무고용 제도, 장애인 특례 입학제도, 여성고용할당제 등은 비물질적 급여 중 권력에 해당한다.
> ㄹ. 긍정적 차별 정책의 예로는 대학이나 기업에서 여성이나 흑인, 장애인 등을 특정 비율로 받아들이도록 강제하는 정책을 들 수 있다.

① ㄱ, ㄴ   ② ㄷ, ㄹ
③ ㄱ   ④ ㄴ
⑤ ㄷ

30 사회복지 전달체계에 대한 설명으로 옳지 않은 것은?

① 클라이언트의 고충을 해결할 수 있는 적절한 수단이 없을 경우에 비책임성의 문제가 발생한다.
② 클라이언트가 이용하고자 하는 서비스나 기관이 각각 다른 지역에 위치해 있고, 동일하거나 유사한 서비스를 중복해서 제공하는 경우 단편성의 문제가 나타난다.
③ 클라이언트가 이용할 수 있는 기관이 없어서 서비스체계에 접근하지 못하는 경우 비적절성의 문제가 나타난다.
④ 클라이언트에게 필요한 서비스 간 의뢰와 연계가 제대로 이루어지지 않는 경우 비연속성의 문제가 발생한다.
⑤ 클라이언트가 전달체계에 대한 의견을 제시할 수 있는 수단을 마련하고, 클라이언트의 의사결정권한을 강화시키는 것은 비책임성을 줄일 수 있다.

31 우리나라에서 시행되고 있는 사회서비스 관련 바우처제도에 관한 설명으로 옳지 않은 것은?

① 2007년부터 전자바우처 방식의 사회서비스를 도입하였다.
② 전자바우처는 수요자 지원이 아닌 공급자 지원을 목적으로 한다.
③ 현물급여와 현금급여의 중간적인 성격을 갖는다.
④ 보건복지부에서 서비스 유형 및 지급방법 등에 대한 기반을 마련한다.
⑤ 지역자율형사회서비스투자사업은 가사·간병 방문사업을 포함한다.

32 우리나라 사회복지제도의 급여자격기준에 관한 설명으로 옳지 않은 것은?

① 영국의 국민보건서비스제도(NHS)처럼 국민건강보험제도는 우리나라에 거주하고 있는 것만으로 의료서비스를 제공받을 수 있는 자격을 부여한다.

② 기초연금제도는 인구학적 기준과 자산조사를 기준으로 한다.

③ 장애인연금제도는 인구학적 기준과 진단적 구분, 자산조사를 기준으로 한다.

④ 어린이집 미이용아동에게 지급하는 양육수당은 인구학적 기준만을 고려한다.

⑤ 국민연금제도와 노인장기요양보험제도는 인구학적 기준을 공통적으로 고려한다.

✛33 길버트(N. Gilbert)와 테렐(P. Terrell)이 제시한 사회복지정책 분석의 4가지 기본틀에 관한 설명으로 옳은 것을 모두 고른 것은?

> ㄱ. 효과 – 사회적으로 얼마나 효과적인가?
> ㄴ. 급여 – 사회적 급여의 형태는 무엇인가?
> ㄷ. 전달 – 사회적 급여를 전달하기 위한 전략은 무엇인가?
> ㄹ. 재정 – 사회적 급여에 필요한 재정을 마련하기 위한 방법은 무엇인가?

① ㄱ   ② ㄱ, ㄷ
③ ㄴ, ㄹ   ④ ㄴ, ㄷ, ㄹ
⑤ ㄱ, ㄴ, ㄷ, ㄹ

34 사회복지정책에 대한 분석적 접근방법 중 과정분석에 관한 내용으로 옳지 않은 것을 모두 고른 것은?

> ㄱ. 정책의 계획과 관련된 문제들을 다룬다.
> ㄴ. 기획 과정을 통해 얻게 되는 산물로서 프로그램 안이나 법률안에 대한 여러 쟁점을 분석한다.
> ㄷ. 정책의 프로그램이 실행된 결과나 영향을 평가한다.
> ㄹ. 사회복지정책 형성에 영향을 주는 사회적 · 정치적 · 경제적인 배경요인 등을 파악할 수 있다.

① ㄱ   ② ㄷ, ㄹ
③ ㄴ   ④ ㄴ, ㄷ
⑤ ㄱ, ㄹ

35 민영화의 등장배경에 관한 설명으로 옳지 않은 것은?

① 공공부문의 실패로 인한 서비스 전달의 비효율성과 비효과성에 대한 비판

② 큰 정부보다 작은 정부를 지향하는 신자유주의 경향

③ 민간부문 및 시장 활성화를 통한 경제활성화

④ 수요자 중심의 서비스 체계에 대한 대중적 신호

⑤ 공공재 제공의 용이함과 평등을 추구하기 위한 노력

6장 사회보장론 일반

이 장에서는,

최근 들어 출제 비중이 높아지고 있다. 사회보장의 개념과 목적, 기본이념 및 기본방향, 운영원칙 등을 비롯하여 우리나라 사회보장제도의 형태와 비용부담 등 주요 내용들을 살펴본다. 또한 사회보험제도와 공공부조제도를 비교하는 문제, 사회보험과 민간보험을 비교하는 문제가 출제되고 있다.

해답과 오답노트 177쪽

✛01 우리나라 사회보장제도에 관한 설명으로 옳지 않은 것은?

① 사회보장의 영역은 공공부조, 사회보험 및 사회서비스로 정하고 있다.

② 최저생활을 넘어 인간다운 생활을 향유하고 사회통합을 이뤄나가는 데에 목적을 두고 있다.

③ 공공부조는 선별주의적 제도, 사회보험은 보편주의적 제도이다.

④ 가장 먼저 시행된 사회보험제도는 산업재해보상보험이다.

⑤ 중앙정부는 사회보험, 지방자치단체는 공공부조, 민간부문은 사회서비스 제공의 책임을 진다.

기출 STYLE

사회보장기본법에 따른 사회보장 영역인 사회보험, 공공부조, 사회서비스의 차이점에 대한 문제가 출제되고 있다. 기여조건 유무, 자산조사 실시 여부에 따른 사회보장제도의 형태에 대해서도 정리해둘 필요가 있다.

✛02 소득재분배의 내용으로 옳은 것을 모두 고른 것은?

ㄱ. 사회보장 지출은 수직적 재분배의 기능도 하고 있지만, 보험료를 분담하는 동일계층 간의 수평적 재분배의 기능도 담당한다.

ㄴ. 공공부조는 누진적인 조세를 재원으로 저소득층에게 제공하기 때문에 수직적 재분배 효과를 갖는다.

ㄷ. 연금재정 운영방식 중 적립방식은 연금급여를 적립했다가 장래에 지급하는 방식으로 장기적 재분배 효과를 갖는다.

ㄹ. 연금재정 운영방식 중 부과방식은 현재 노인세대에게 지급할 연금을 미래 세대인 근로계층이 부담하는 방식으로, 세대 내 재분배 효과가 발생한다.

① ㄱ, ㄴ, ㄷ   ② ㄴ, ㄷ, ㄹ

③ ㄱ, ㄴ, ㄹ   ④ ㄷ

⑤ ㄱ, ㄴ, ㄷ, ㄹ

기출 STYLE

사회보장제도의 주요 목적인 소득재분배에 관한 문제가 출제되고 있다. 단기적·장기적 재분배, 수직적·수평적 재분배, 세대 내·세대 간 재분배 등 소득재분배의 다양한 유형의 개념을 구분할 수 있어야 하며, 각각의 유형에 해당하는 실제 제도들을 연결할 수 있어야 한다.

✛03 사회보험과 민간보험에 관한 내용으로 옳지 않은 것은?

① 보험자와 피보험자의 관계에 있어 사회보험은 제도적·법적 관계이지만, 민간보험은 사적 계약에 의한 관계이다.

② 사회보험은 자신이 낸 보험료에 비례하여 급여를 받는 개인적 형평성을 중시하지만, 민간보험은 개인적 형평성보다는 사회적 적절성을 중시한다.

③ 사회보험은 강제가입을 기반으로 하기 때문에 민간보험에 비해 계약에 수반되는 비용이 저렴하며, 민간보험에 비해 규모의 경제를 실현할 수 있다.

④ 민간보험은 보험상품 판매를 위한 마케팅, 광고 등을 이유로 사회보험에 비해 더 많은 관리 비용을 필요로 한다.

⑤ 사회보험은 물가상승에 의한 실질가치의 변동을 보장하지만, 민간보험은 물가상승에 대한 보장이 어렵다.

기출 STYLE

한국 사회보험제도의 전반적인 내용을 묻는 문제, 사회보험과 민간보험의 내용을 비교하는 문제, 사회보험과 공공부조의 내용을 비교하는 문제가 출제되고 있다. 사회보험과 관련 영역과의 비교를 통해 주요 특징들을 정리해두어야 한다.

04 사회수당에 대한 설명으로 옳지 않은 것은?

① 인구학적 조건만으로 급여를 제공한다.
② 낙인감이 크다.
③ 조세를 기반으로 한다.
④ 보편주의적 가치에 기반한다.
⑤ 사회적 권리로서의 성격이 강하다.

문제풀이 TIP

사회수당제도는 자산조사를 실시하지 않는다.

05 우리나라의 사회보장제도에 관한 설명으로 옳지 않은 것은?

① 노인장기요양보험의 장기요양 5등급은 치매환자에 해당하는 등급이다.

② 아동수당은 만 8세 미만의 모든 아동이 지급받는다.

③ 사립학교교직원연금 수급권자 및 배우자는 원칙적으로 기초연금 수급대상에서 제외된다.

④ 장애인연금의 지급대상 연령은 신청월 현재 만 18세 이상이다.

⑤ 의료급여 1종 수급권자는 입원과 외래 시 모두 본인부담금이 없다.

✛06 사회보장제도의 소득재분배 효과에 대한 설명으로 옳지 않은 것은?

① 조세를 재원으로 하는 공공부조제도가 사회보험제도보다 수직적 재분배 효과가 큰 편이다.

② 우리나라는 OECD국가들 중에서 사회보장제도의 소득재분배 효과가 낮은 편에 속한다.

③ 사회보장제도를 통해 보호하는 사회적 위험의 종류가 많을수록 소득재분배 효과는 낮아진다.

④ 보험료의 상한선을 두지 않고, 급여의 상한선을 둘 경우 소득재분배 효과가 커질 수 있다.

⑤ 건강보험은 수평적 재분배 효과가 두드러지게 나타난다.

07 사회보장제도에 대한 설명으로 옳은 것을 모두 고른 것은?

> ㄱ. 사회수당제도의 수직적 재분배 효과가 가장 크다.
> ㄴ. 공공부조제도는 보편주의 원칙에 기반한다.
> ㄷ. 사회수당제도는 주로 빈곤층을 대상으로 하며 자산조사를 실시한다.
> ㄹ. 사회보험제도는 보험료를 주요 재원으로 하며, 사회수당제도는 보통 조세를 기반으로 한다.

① ㄱ, ㄴ 　　　② ㄷ
③ ㄷ, ㄹ 　　　④ ㄹ
⑤ ㄱ, ㄴ, ㄷ, ㄹ

문제풀이 TIP
사회수당은 소득에 관계없이 모든 시민들에게 제공되며, 별도의 보험료를 납부하지도 않는다.

✛08 한국의 사회보험제도에 대한 설명으로 옳지 않은 것은?

① 국민연금과 건강보험의 지역가입자는 보험료를 모두 자신이 부담한다.
② 사회보험의 보험료 징수업무는 국민건강보험공단이 담당한다.
③ 공무원은 고용보험, 산재보험의 경우 원칙적으로 적용제외에 해당하나, 건강보험은 직장가입자에 해당한다.
④ 건강보험과 산재보험의 경우 근로자가 10명 미만인 사업장에 근무하는 근로자 중 정부가 고시하는 기준에 해당하는 근로자에게 보험료를 지원한다.
⑤ 보험급여를 받을 권리는 양도 또는 압류하거나 담보로 제공할 수 없다.

09 사회보험의 보험료 산정 및 징수에 대한 설명으로 옳지 않은 것은?

① 국민연금의 보험료율은 직장가입자와 지역가입자가 동일하다.
② 건강보험의 보험료 산정방식은 직장가입자와 지역가입자가 다르다.
③ 고용보험의 보험료도 건강보험공단에서 통합 징수한다.
④ 산재보험의 보험료는 사업주가 전액 부담한다.
⑤ 노인장기요양보험의 보험료는 소득에 장기요양보험료율을 곱하여 산정한다.

10 사회보장제도의 비용부담에 대한 설명으로 옳지 않은 것은?

① 국민건강보험은 직장가입자와 지역가입자의 보험료 산정기준이 다르다.
② 공공부조 및 관계 법령에서 정하는 일정 소득수준 이하의 국민에 대한 사회서비스에 드는 비용의 전부 또는 일부는 국가와 지방자치단체가 부담한다.
③ 산재보험제도의 보험료는 근로자가 부담한다.
④ 국민기초생활보장제도에 드는 비용은 국가 및 지방자치단체가 부담한다.
⑤ 부담 능력이 있는 국민에 대한 사회서비스에 드는 비용은 그 수익자가 부담함을 원칙으로 하되, 국가와 지방자치단체가 그 비용의 일부를 부담할 수 있다.

⚜11 사회보험제도와 공공부조제도를 비교한 내용으로 옳지 않은 것은?

① 공공부조제도가 주로 저소득층을 대상으로 한다는 점에서 선별주의에 기반한다면, 사회보험제도는 전 국민을 대상으로 한다는 점에서 보편주의에 기반하고 있다.

② 공공부조제도는 주로 조세를 재원으로 하고, 사회보험제도는 주로 보험료를 재원으로 한다.

③ 공공부조제도의 경우 급여 제공 시 자산조사를 실시하지만, 사회보험제도는 자산조사에 근거하지 않는다.

④ 수급권의 성격과 관련해서 사회보험제도보다 공공부조제도의 권리성이 강한 편이다.

⑤ 공공부조제도가 사회보험제도에 비해 수직적 재분배 효과가 큰 편이다.

12 소득보장정책에 대한 설명으로 옳지 않은 것은?

① 고용보험의 실업급여는 실업에 의해 소득원을 상실한 실직자와 그 가족의 생활안정과 구직활동을 위하여 제공된다.

② 기초연금은 고령이나 노동력의 쇠퇴로 인해 소득을 상실한 경우 보험의 형태로 국가가 보장해 주는 정책이다.

③ 질병·부상으로 인한 소득 중단에 대해 현금으로 보상해 주는 상병수당 정책은 아직 공식적으로 전면 시행되지는 않고 있다.

④ 국민연금의 장애연금급여, 산재보험의 장해급여는 장애로 인한 소득 상실이나 추가적인 지출과 관련하여 소득을 보장해 준다.

⑤ 가입자의 사망으로 인한 유족의 생계보호를 위하여 국민연금의 유족연금 급여, 산재보험의 유족급여 등이 실시되고 있다.

13 한국의 사회보험제도에 대한 설명으로 옳지 않은 것은?

① 모든 사회보험료를 가입자가 전액 부담하는 것은 아니다.

② 국민연금의 급여 종류에는 노령연금, 장애연금, 유족연금 등이 있다.

③ 산재보험의 보험료 징수 업무는 국민건강보험공단에서 수행한다.

④ 국민연금의 노령연금, 건강보험의 장애인 보조기기 급여비는 현물급여이다.

⑤ 고용보험의 고용안정·직업능력개발사업의 보험료는 사업주가 전액 부담한다.

14 사회복지정책 관련 기관들에 대한 설명으로 옳은 것을 모두 고른 것은?

> ㄱ. 건강보험심사평가원은 청구된 진료비에 대한 심사와 진료가 적정하게 이루어졌는가를 평가한다.
> ㄴ. 장기요양위원회는 장기요양 보험료율을 심의한다.
> ㄷ. 국민건강보험의 체납 업무는 국민건강보험공단에서 수행한다.
> ㄹ. 고용보험의 보험료 징수는 고용보험공단에서 수행한다.

① ㄱ   ② ㄴ
③ ㄷ, ㄹ   ④ ㄱ, ㄴ, ㄷ
⑤ ㄱ, ㄴ, ㄷ, ㄹ

15 우리나라 사회보험제도의 강제가입 도입 순서로 옳은 것은?

① 산재보험 → 의료보험 → 국민연금 → 고용보험 → 노인장기요양보험

② 산재보험 → 국민연금 → 의료보험 → 고용보험 → 노인장기요양보험

③ 산재보험 → 고용보험 → 노인장기요양보험 → 의료보험 → 국민연금

④ 고용보험 → 의료보험 → 국민연금 → 산재보험 → 노인장기요양보험

⑤ 고용보험 → 산재보험 → 의료보험 → 노인장기요양보험 → 국민연금

✦17 소득재분배 유형과 관련된 제도를 연결한 것으로 옳은 것을 모두 고른 것은?

> ㄱ. 수직적 재분배 – 아동수당
> ㄴ. 수평적 재분배 – 국민기초생활보장제도
> ㄷ. 세대 간 재분배 – 노인장기요양보험
> ㄹ. 장기적 재분배 – 국민연금

① ㄱ, ㄴ   ② ㄷ, ㄹ
③ ㄹ   ④ ㄱ, ㄴ, ㄷ
⑤ ㄱ, ㄴ, ㄷ, ㄹ

16 사회보험과 민간보험의 공통점으로 옳지 않은 것을 모두 고른 것은?

> ㄱ. 위험의 이전에 기초하여 광범위한 공동부담을 원칙으로 한다.
> ㄴ. 프로그램 비용을 충족시키기에 충분한 기여금과 보험료 지불을 필요로 한다.
> ㄷ. 가입자에게 경제적 안정을 제공한다.
> ㄹ. 사회적 적절성의 원리에 입각해 있다.

① ㄴ   ② ㄴ, ㄷ
③ ㄱ, ㄴ, ㄹ   ④ ㄹ
⑤ ㄱ, ㄷ, ㄹ

문제풀이 TIP

사회적 적절성이란 인간다운 생활을 할 수 있도록 적절한 수준의 급여를 제공하는 것을 의미한다.

18 우리나라의 사회보장제도에 관한 설명으로 옳지 않은 것은?

① 1963년에 산업재해보상보험법이 제정되고 1964년 시행되면서 일반 국민을 대상으로 한 본격적인 사회보험이 시작되었다.

② 1977년에 강제가입방식의 의료보험법이 시행되었으며, 1999년에 국민건강보험법이 제정되었다.

③ 1973년에 제정된 국민복지연금법은 시행이 연기되었고, 1986년에 제정된 국민연금법은 1988년부터 시행되었다.

④ 1993년에 고용보험법이 제정되고 1995년 시행되면서 4대 보험을 모두 갖추게 되었다.

⑤ 2007년 제5의 사회보험이라 불리는 기초연금법이 제정되었으며, 2008년에 시행되었다.

✤19 사회보장기본법상의 사회보장에 관한 설명으로 옳지 않은 것은?

① 국가와 지방자치단체는 모든 국민이 생애 동안 삶의 질을 유지·증진할 수 있도록 평생사회안전망을 구축하여야 한다.

② 국가와 지방자치단체는 사회서비스 보장과 소득보장이 효과적이고 균형적으로 연계되도록 하여야 한다.

③ 보건복지부장관은 관계 중앙행정기관의 장과 협의하여 사회보장 증진을 위하여 사회보장에 관한 기본계획을 3년마다 수립하여야 한다.

④ 보건복지부장관 및 관계 중앙행정기관의 장은 기본계획에 따라 사회보장과 관련된 소관 주요 시책의 시행계획을 매년 수립·시행하여야 한다.

⑤ 국가와 지방자치단체는 공공부문과 민간부문의 소득보장제도가 효과적으로 연계되도록 하여야 한다.

20 한국 사회보험제도의 특징으로 옳지 않은 것은?

① 광범위한 사회보험의 사각지대 문제가 부각되고 있다.

② 큰 비중을 차지하고 있는 자영업종사자의 소득파악과 관리문제에 어려움을 겪고 있다.

③ 급속한 고령화로 인해 노후소득보장을 위한 재정부담 문제가 부각되고 있다.

④ 사회보장제도에서 사회보험이 차지하는 비중이 크다.

⑤ 2014년부터 시행된 기초연금은 사회보험제도로 분류된다.

✤21 우리나라 사회보장기본법에 근거한 사회보장제도가 아닌 것은?

① 노인장기요양보험

② 기초연금

③ 임금피크제

④ 국민기초생활보장제도

⑤ 아이돌봄서비스

✤22 사회보장기본법에서의 사회보장제도 운영원칙으로 옳지 않은 것은?

① 국가와 지방자치단체가 사회보장제도를 운영할 때에는 이 제도를 필요로 하는 모든 국민에게 적용하여야 한다.

② 국가와 지방자치단체는 사회보장제도의 급여 수준과 비용 부담 등에서 효율성을 유지하여야 한다.

③ 국가와 지방자치단체는 사회보장제도의 정책 결정 및 시행 과정에 공익의 대표자 및 이해관계인 등을 참여시켜 이를 민주적으로 결정하고 시행하여야 한다.

④ 국가와 지방자치단체가 사회보장제도를 운영할 때에는 국민의 다양한 복지 욕구를 효율적으로 충족시키기 위하여 연계성과 전문성을 높여야 한다.

⑤ 사회보험은 국가의 책임으로 시행하고, 공공부조와 사회서비스는 국가와 지방자치단체의 책임으로 시행하는 것을 원칙으로 한다.

23 우리나라 사회보험제도에 관한 내용으로 옳지 않은 것은?

① 국민연금의 사업 수행은 국민연금공단이 한다.

② 국민건강보험의 급여에는 요양급여, 요양비, 건강검진, 장애인 보조기기 급여비 등이 있다.

③ 우리나라 사회보험의 보험료는 국민건강보험공단에서 징수한다.

④ 고용보험과 산재보험은 고용노동부에서 관장한다.

⑤ 상병보상연금, 직업재활급여는 고용보험의 급여에 해당한다.

24 사회수당에 관한 내용으로 옳은 것을 모두 고른 것은?

> ㄱ. 기여 · 자산 조사의 형태이다.
> ㄴ. 우리나라의 사회수당 제도는 보편주의적 가치를 완벽하게 반영하고 있다.
> ㄷ. 사회보장제도 중 가장 오래된 유형이다.
> ㄹ. 재원이 많이 들고, 제한된 자원에서는 급여 수준이 높지 못하다는 한계가 있다.

① ㄱ, ㄴ, ㄷ   ② ㄹ

③ ㄱ, ㄹ   ④ ㄴ, ㄷ

⑤ ㄱ, ㄴ, ㄷ, ㄹ

25 사회보장제도에 관한 내용으로 옳지 않은 것은?

① 공공부조 제도는 장기적 재분배에 해당한다.

② 정부의 재정지출 중에서 소득재분배의 효과가 가장 두드러진 것이 사회보장 지출이다.

③ 공공부조 제도는 국가와 지방자치단체의 책임하에 생활 유지 능력이 없거나 생활이 어려운 국민의 최저생활을 보장하고 자립을 지원하는 제도이다.

④ 국민연금, 건강보험, 고용보험, 산업재해보상보험, 노인장기요양보험 등은 기여 · 비자산조사의 형태이다.

⑤ 범주적 공공부조제도는 인구학적 기준에 따른 지원대상을 소득기준에 따라 선별하는 제도로서 사회수당제도와 공공부조제도의 특성을 공유하는 제도이다.

✛**26** 소득재분배에 관한 내용으로 옳지 않은 것을 모두 고른 것은?

> ㄱ. 수직적 재분배는 특정한 조건을 가진 사람들에게 급여하는 경우를 말한다.
> ㄴ. 대부분의 수직 · 수평적 재분배는 세대 간에서 일어난다.
> ㄷ. 세대 간 재분배는 주로 적립방식으로 운영되는 공적 연금제도에서 나타난다.
> ㄹ. 누진적 소득세의 경우 수평적 재분배에 해당한다.

① ㄱ, ㄴ   ② ㄷ, ㄹ

③ ㄱ, ㄹ   ④ ㄴ, ㄷ

⑤ ㄱ, ㄴ, ㄷ, ㄹ

7장 공적 연금의 이해

이 장에서는,

공적 연금제도의 필요성, 기능, 체계, 분류 등의 특징과 다양한 공·사연금체계의 유형을 이해하고, 공적 연금의 재정운영방식인 적립방식과 부과방식에 대해 학습한다. 또한 우리나라의 공적 연금제도인 국민연금제도 및 기초연금제도의 특징과 주요 내용을 살펴본다. 공적 연금제도에 관한 일반적인 내용과 함께 국민연금제도의 급여종류나 급여자격, 보험료 등에 관한 사항을 정리해두어야 하며, 공적 연금과 사적 연금과의 비교, 적립방식과 부과방식의 차이도 확인해야 한다.

해답과 오답노트 180쪽

✛01 연금재정의 운영방식에 대한 설명으로 옳지 않은 것은?

① 부과방식은 장기적인 재정추계의 필요성은 미약하다.

② 적립방식은 대규모의 적립기금을 운용하는 과정에서 기금 투자로 인한 위험이 존재한다.

③ 우리나라의 국민연금제도는 부분적립방식을 채택하고 있다.

④ 적립방식은 부과방식에 비해 인플레이션으로 인한 영향이 크지 않다.

⑤ 부과방식은 적립방식에 비해 세대 간 재분배 효과가 상대적으로 크다.

> **기출 STYLE**
>
> 공적 연금제도와 관련해서 연금재정의 운영방식(부과방식, 적립방식)을 묻는 유형, 공적 연금의 분류유형에 대한 문제들이 출제되었다. 공적 연금과 사적 연금의 역할과 비중에 따라 다양한 유형으로 구분할 수 있다는 점을 기억해두자.

✛02 국민연금제도에 대한 설명으로 옳은 것은?

① 역 선택의 문제를 방지하기 위해 강제가입을 원칙으로 한다.

② 사회복지법인으로 설립된 국민연금공단을 통해 운용되고 있다.

③ 연금액 산정에는 물가상승률을 반영하지 않는다.

④ 출산크레딧제도에 따라 받을 수 있는 가입인정기간의 최대치는 30개월이다.

⑤ 1986년 국민복지연금법을 폐지하고 국민연금법을 제정하면서 전 국민 대상으로 실시되었다.

> **기출 STYLE**
>
> 공적 연금의 세부적인 제도들에 관한 문제가 출제되고 있다. 국민연금제도의 주요 내용(적용대상, 보험료, 급여액 등)에 관한 전반적인 사항을 묻는 문제가 주로 출제되었으며, 기초연금제도에 관한 문제는 최근 시험에서 자주 출제되지는 않지만 향후 언제든지 출제될 가능성이 있다.

03 공적 연금제도에 대한 설명으로 옳지 않은 것을 모두 고른 것은?

> ㄱ. 기여식 연금은 주로 조세를 재원으로 하며, 무기여 연금은 사회보험료를 재원으로 한다.
> ㄴ. 확정급여형은 사전에 급여산정공식에 의해 급여액이 확정되어 있으며, 상대적으로 안정된 급여를 보장한다.
> ㄷ. 소득비례연금은 사회부조식 연금이나 사회수당식 연금에서 흔히 찾아볼 수 있다.
> ㄹ. 확정기여형은 급여액이 적립한 기여금과 기여금의 투자수익에 의해 결정되기 때문에 사전에 급여액이 얼마나 될지 알 수 없다.

① ㄱ, ㄴ 　　② ㄱ, ㄷ
③ ㄴ, ㄹ 　　④ ㄷ, ㄹ
⑤ ㄱ, ㄴ, ㄷ, ㄹ

04 기초연금제도에 대한 설명으로 옳지 않은 것은?

① 소득인정액과 기초연금액을 합산한 금액이 선정기준액 이상인 경우 기초연금액의 일부를 감액할 수 있다.
② 부부가 모두 65세 이상이 되어 기초연금을 받을 수 있는 경우에는 둘 중 한 사람만이 선택하여 수급하도록 한다.
③ 장애인연금 수급권자 중 기초연금 지급대상자에게는 장애인연금 기초급여를 제공하지 않는다.
④ 보건복지부장관이 선정기준액을 정할 때 65세 이상인 사람 중 기초연금 수급자가 70% 수준이 되도록 하고 있다.
⑤ 공무원, 사립학교교직원, 군인 등 직역연금 수급권자 및 그 배우자는 원칙적으로 기초연금 수급대상에서 제외된다.

✛05 연금재정의 운영방식에 대한 설명으로 옳은 것을 모두 고른 것은?

> ㄱ. 공적 연금의 재정은 장기간에 걸쳐 안정적으로 운영되어야 한다.
> ㄴ. 국민연금제도는 부과방식을 채택하고 있다.
> ㄷ. 부과방식은 원칙적으로 적립기금 없이 당해 연도에 필요한 재원을 당해 연도 가입자에게 부과하는 보험료나 세금으로 조달하는 방식이다.
> ㄹ. 적립방식은 세대 간 재분배 효과가 상대적으로 크다.

① ㄱ 　　② ㄱ, ㄷ
③ ㄴ, ㄷ 　　④ ㄷ, ㄹ
⑤ ㄱ, ㄴ, ㄷ

✛06 국민연금제도에 관한 설명으로 옳지 않은 것은?

① 1999년부터는 도시자영업자에게까지 적용함으로써 '전 국민 연금시대'를 맞이하게 되었다.
② 우리나라는 소규모 사업을 운영하는 사업주와 소속 근로자의 국민연금 보험료의 일부를 국가에서 지원하는 사회보험료 지원제도가 있다.
③ 유족연금은 유족의 범위에 해당하는 모든 대상자에게 지급한다.
④ 2008년부터 소득대체율은 0.5%씩, 비례상수는 0.015씩 감소한다.
⑤ 기본연금액은 가입자 전체의 소득과 가입자 본인의 소득 및 가입기간에 따라서 산정된다.

＋07 국민연금제도에 관한 설명으로 옳지 않은 것은?

① 연금급여는 기본연금액과 부양가족연금액을 합산한 금액으로 받는다.

② 가입자에 대한 기록의 관리 및 유지, 연금보험료의 부과, 국민연금기금 운용 전문인력 양성 등은 국민연금공단의 업무이다.

③ 실업크레딧제도는 2016년에 시행되었다.

④ 수급권자에게 지급된 급여로서 185만원 이하의 금액에 대해서는 압류하지 못하도록 하여 연금을 통한 기본적인 생활을 보장한다.

⑤ 급여의 종류로는 노령연금, 장애인연금, 유족연금, 반환일시금, 사망일시금이 있다.

09 공적 연금에 대한 설명으로 옳지 않은 것은?

① 기여 여부에 따라 무기여 연금과 기여 연금으로 구분한다.

② 소득비례연금은 연금 급여액이 소득에 정비례한다는 특징이 있다.

③ 부과방식은 현재의 근로세대가 은퇴세대의 연금급여에 필요한 재원을 부담하는 형태이다.

④ 확정급여식 연금의 급여는 사전에 마련된 급여산정공식에 따라 확정된다.

⑤ 확정기여식 연금은 보험료는 확정되어 있지만 급여액은 확정되어 있지 않다.

08 연금재정을 운영하는 방식인 적립방식과 부과방식의 특징에 대한 서술로 옳지 않은 것은?

① 세계적으로 완전적립방식으로 공적 연금을 운용하는 국가는 없다.

② 우리나라는 일부는 급여로 지출하고 일부는 기금으로 운용하는 부분적립방식을 취한다.

③ 부과방식은 경제사회적 변화에 취약한 반면, 적립방식은 인구구조 변화에 취약하다.

④ 부분적립방식은 완전적립방식에 비해 적립하는 기금의 규모가 상대적으로 작다.

⑤ 부과방식은 적립방식보다 세대 간 재분배효과가 크게 나타난다.

10 공적 연금제도에 관한 설명으로 옳은 것을 모두 고른 것은?

> ㄱ. 재정방식에 따라 적립방식과 부과방식으로 분류할 수 있다.
> ㄴ. 국민연금제도는 완전적립방식을 채택하고 있다.
> ㄷ. 기여와 급여 중 어느 것을 확정하는지에 따라 확정기여연금과 확정급여연금으로 구분한다.
> ㄹ. 소득대체율은 연금에 가입하여 보험료를 납부한 경우 본인 가입기간 중 총소득과 대비하여 받을 수 있는 연금액의 지급수준을 말한다.

① ㄱ   ② ㄱ, ㄷ

③ ㄴ, ㄹ   ④ ㄱ, ㄷ, ㄹ

⑤ ㄱ, ㄴ, ㄷ, ㄹ

✦11 확정급여식 연금과 확정기여식 연금에 관한 설명으로 옳은 것을 모두 고른 것은?

> ㄱ. 확정급여식 연금은 퇴직 후에 안정된 급여를 보장하고, 노후의 경제적 불안정에 대한 불안을 해소하는 장점이 있다.
> ㄴ. 확정기여식 연금은 투자에 수반되는 위험에 대해서는 개인이 전적으로 책임을 지는 형태이다.
> ㄷ. 확정급여식 연금의 연금급여액은 대개 과거소득 및 소득활동기간에 의해 결정된다.
> ㄹ. 확정기여식 연금은 연금의 재정 면에서 불균형 문제를 갖지 않는다는 장점을 지니지만, 국민의 노후소득의 안정적 보장이라는 측면에서는 단점을 가지고 있다.

① ㄱ, ㄷ   ② ㄴ, ㄹ
③ ㄱ, ㄴ, ㄷ   ④ ㄹ
⑤ ㄱ, ㄴ, ㄷ, ㄹ

12 국민연금의 재정에 관한 설명 중 옳지 않은 것은?

① 우리나라 국민연금은 미리 쌓아 두는 수정적립방식이다.
② 지역가입자의 보험료는 정부와 가입자가 균등하게 나누어서 부담하고 있다.
③ 가입자의 보험료 수입과 기금운용 수익으로 구성되어 있다.
④ 기금을 주식 등에 투자하고 있다.
⑤ 사업장가입자와 지역가입자의 보험료율은 같다.

문제풀이 TIP

- 사업장가입자 보험료율은 9.0%(근로자 4.5%+사용자 4.5%)로 근로자와 사용자가 각각 4.5%씩 부담한다.
- 지역가입자, 임의가입자, 임의계속가입자의 보험료율도 9.0%이며 모두 자신이 부담한다.

13 기초연금제도에 대한 설명으로 옳지 않은 것은?

① 국민연금제도의 광범위한 사각지대와 OECD 국가 중 최고 수준에 이르는 심각한 노인빈곤에 대응하기 위해 도입되었다.
② 65세 이상의 모든 노인에게 급여를 정액으로 지급한다.
③ 공무원, 사립학교교직원, 군인, 별정우체국직원 등 직역연금 수급권자 및 그 배우자는 기초연금 수급대상에서 제외하는 것을 원칙으로 한다.
④ 기준연금액은 기초연금액 산정의 기준이 되는 금액을 말한다.
⑤ 부부가 모두 기초연금을 받는 경우 각각의 기초연금액에서 20%를 감액하여 지급한다.

14 국민연금제도의 중복급여 조정에 대한 설명으로 옳지 않은 것을 모두 고른 것은?

> ㄱ. 장애연금을 받고 있는 사람에게 노령연금 수급권이 발생한 경우 선택한 하나의 연금만 지급된다.
> ㄴ. 장애연금을 받고 있는 사람에게 유족연금 수급권이 발생한 경우 장애연금을 선택하면 장애연금과 함께 유족연금의 30%를 지급한다.
> ㄷ. 동일한 사유로 산재보상을 받게 되는 경우 국민연금의 장애연금은 1/2만 지급한다.
> ㄹ. 부부가 모두 국민연금에 가입되어 있다면 이후에 한 사람만 노령연금을 받을 수 있다.

① ㄱ   ② ㄱ, ㄷ
③ ㄴ, ㄹ   ④ ㄹ
⑤ ㄱ, ㄷ, ㄹ

문제풀이 TIP

한 사람에게 둘 이상의 국민연금 급여가 발생한 경우 원칙적으로 선택한 하나만 지급받을 수 있으나, 일정한 경우에는 선택하지 않은 급여의 일부를 지급받을 수 있다. 다른 법률에 의해 급여를 지급받을 경우 국민연금 급여액이 조정(1/2)된다.

15 연금재정의 운영방식 중 적립방식에 대한 설명으로 옳은 것을 모두 고른 것은?

> ㄱ. 세대 간 공평한 보험료 부담이 가능하다.
> ㄴ. 제도시행 초기에 적정보험료율 산정이 어렵다.
> ㄷ. 강제저축기능으로 누적기금활용이 가능하다.
> ㄹ. 인구구조의 변화에 많은 영향을 받는다.

① ㄱ, ㄴ   ② ㄷ, ㄹ
③ ㄱ, ㄷ, ㄹ   ④ ㄴ, ㄹ
⑤ ㄱ, ㄴ, ㄷ

16 연금체계의 유형에 대한 설명으로 옳지 않은 것을 모두 고른 것은?

> ㄱ. 조합주의적 연금체계는 노후보장에 있어서 공적 연금보다는 시장이 주도적인 영향력을 행사하는 경향이 있다.
> ㄴ. 잔여적 연금체계는 노후보장에 있어 시장의 역할은 주변적인 기능을 하는 것에 지나지 않으며, 공적 연금의 적용대상 또한 직업에 따라 분절화되는 특성을 보인다.
> ㄷ. 조합주의적 연금체계 유형에 해당하는 국가에는 호주, 미국, 캐나다, 스위스 등이 있다.
> ㄹ. 보편주의적 연금체계는 거의 모든 국민들에게 사회권 차원에서 연금수급권이 부여되고 지위에 따른 특권은 인정되지 않는 경향이 있다.

① ㄱ   ② ㄴ
③ ㄷ, ㄹ   ④ ㄱ, ㄴ, ㄷ
⑤ ㄱ, ㄴ, ㄷ, ㄹ

17 국민연금제도와 관련된 내용으로 옳지 않은 것은?

① 근로자가 10명 미만인 사업장에 근무하며 정부에서 고시하는 기준을 충족하는 근로자에게 국민연금 보험료를 지원하는 제도가 있다.
② 둘째 자녀 이상을 출산하는 경우에 국민연금 가입기간을 추가로 인정하고 있다.
③ 실직, 사업 중단 등으로 소득이 없는 경우 일정기간 동안 보험료 납부를 면제받을 수 있다.
④ 병역의무를 이행한 현역병 및 공익근무요원에게 6개월의 국민연금 가입기간을 추가로 인정하고 있다.
⑤ 납부예외기간은 연금액 산정 시 가입기간에 포함된다.

18 국민연금제도에 대한 설명으로 옳지 않은 것은?

① 사업장 가입자인 A씨는 연금보험료를 사용자와 본인이 각각 절반씩 부담하고 있다.
② 은행에서 압류가 들어온 67세의 B씨는 통장에 들어온 연금 450,000원이 빠져 나가지 않은 것을 확인하고 안도했다.
③ 국민연금의 기본연금액 산정식은 소득비례기능과 소득재분배기능을 모두 갖고 있다.
④ 국민연금 급여 중에 일시금으로 받을 수 있는 급여는 없다.
⑤ 노령연금수급권자인 C씨와 30년의 결혼생활 끝에 이혼한 60세의 배우자 D씨는 분할연금을 지급받을 수 있다.

문제풀이 **TIP**

> 보험료 부담, 압류금지, 기본연금액 산정, 급여 종류, 일시금 등 전반적인 내용을 알고 있어야 한다. 급여 중에는 매월 지급되는 노령연금, 장애연금, 유족연금도 있지만, 한번에 지급되는 반환일시금, 사망일시금도 있다.

19 공적 연금에 관한 내용으로 옳지 않은 것은?

① 사회보험식 공적 연금은 소득의 일정 비율을 보험료로 징수하여 이를 재원으로 필요한 급여를 제공하는 형태가 일반적이다.

② 우리나라는 국민연금제도와 기초연금제도를 통해 2층보장 연금체계를 구축하고 있다.

③ 에스핑-앤더슨의 연금체계 유형에서 잔여적 연금체계 모형은 노후보장에 있어서 공적 연금보다는 시장이 주도적인 영향력을 행사하는 경향이 있다.

④ 확정급여식 연금에서 급여액은 적립한 기여금과 기여금의 투자수익에 의해서만 결정되기 때문에 사전에 급여액이 얼마나 될지 알 수 없다.

⑤ 무기여식 연금은 일반적으로 일반조세에 의해 재정을 충당하기 때문에 급여수준이 낮은 편이다.

20 기초연금제도에 관한 내용으로 옳은 것을 모두 고른 것은?

ㄱ. 기초연금 수급권자가 국적을 상실하거나 국외로 이주한 때는 기초연금 수급권을 상실한다.

ㄴ. 국가와 지방자치단체는 기초연금의 지급에 따라 계층 간 소득역전 현상이 발생하지 아니하고 근로의욕 및 저축유인이 저하되지 아니하도록 최대한 노력하여야 한다.

ㄷ. 보건복지부장관은 5년마다 기초연금액의 적정성을 평가하고 그 결과를 반영하여 기준연금액을 조정하여야 한다.

ㄹ. 기초연금 수급권자의 권리는 3년간 행사하지 아니하면 시효의 완성으로 소멸한다.

① ㄱ, ㄴ   ② ㄴ, ㄹ

③ ㄱ, ㄷ, ㄹ   ④ ㄷ, ㄹ

⑤ ㄱ, ㄴ, ㄷ

8장 국민건강보장제도의 이해

이 장에서는,

국민건강보험제도의 목적과 역사, 특성과 기능, 관리 운영방식 등 제도의 일반적인 내용과 건강보험 적용대상, 재원조달체계, 급여의 종류, 관리운영체계, 진료비 지불방식 등의 세부적인 특징을 파악한다. 또한 노인장기요양보험제도의 급여내용, 장기요양기관, 재원조달방식 등의 주요 내용을 학습한다. 국민건강과 관련된 국민건강보험 및 노인장기요양보험제도 등의 내용이 전반적으로 고루 출제되고 있다.

해답과 오답노트 183쪽

✚01 우리나라 국민건강보험제도의 특징에 관한 설명으로 옳은 것은?

① 사회연대성을 기반으로 보험의 원리를 도입한 의료보장체계이다.

② 우리나라는 현재 국민보건서비스(NHS) 방식을 취하고 있다.

③ 소득수준과 무관하게 모든 국민에게 동일한 보험료를 부과한다.

④ 의료급여법에 따른 수급자도 이 법에 따른 수급이 인정된다.

⑤ 지역가입자와 직장가입자의 보험이 구분된 조합방식을 취하고 있다.

기출 STYLE

주로 국민건강보험제도의 전반적인 내용을 묻는 형태로 출제되고 있는데, 구체적으로 살펴보면 건강보험제도의 적용대상, 보험료, 진료비 지불방식, 급여 등의 내용을 다루고 있다.

✚02 노인장기요양보험제도에 관한 설명으로 옳지 않은 것은?

① 65세 이상인 사람으로서 소득인정액이 선정기준액 이하인 사람만 신청 가능하다.

② 특별현금급여에는 가족요양비, 특례요양비, 요양병원간병비가 있으며, 현재는 가족요양비만 시행되고 있다.

③ 장기요양기관으로 지정을 받을 수 있는 시설은 노인복지법에 따른 노인복지시설 중 노인의료복지시설 및 재가노인복지시설로 한다.

④ 국민건강보험공단은 장기요양보험료와 건강보험료를 각각의 독립회계로 관리하여야 한다.

⑤ 국민기초생활보장법에 따른 의료급여 수급자는 본인부담금을 부담하지 아니한다.

기출 STYLE

노인장기요양보험에 관한 문제는 급여대상, 급여종류, 보험료, 장기요양인정 등 제도 전반에 대한 내용을 선택지로 다루기 때문에 법제론과 연관해서 공부할 필요가 있다.

✚03 국민건강보험제도에 관한 설명으로 옳지 않은 것은?

① 건강보험의 보험자는 국민건강보험공단으로 한다.

② 지역가입자의 보험료 부과점수는 지역가입자의 소득 및 재산을 기준으로 선정한다.

③ 고액 중증질환의 의료비 부담을 덜기 위한 본인부담상한액 제도가 있다.

④ 건강보험심사평가원은 요양기관으로부터 청구된 요양급여 비용을 심사하고 요양급여의 적정성을 평가한다.

⑤ 가입자는 사업장가입자, 지역가입자, 임의가입자, 임의계속가입자로 구분한다.

04 다음에서 설명하고 있는 기구는?

> 요양급여의 기준, 직장가입자의 보험료율, 지역가입자의 보험료 부과점수당 금액 등 건강보험에 관한 주요 사항을 심의·의결하기 위하여 보건복지부 장관 소속으로 설치한다.

① 건강보험심사평가원

② 진료심사평가위원회

③ 국민건강보험공단

④ 건강보험분쟁조정위원회

⑤ 건강보험정책심의위원회

05 노인장기요양보험제도에 대한 설명으로 옳지 않은 것을 모두 고른 것은?

> ㄱ. 장기요양급여는 예외 없이 중복수급을 받을 수 없다.
> ㄴ. 보험료는 건강보험료와 별도로 징수한다.
> ㄷ. 신청 시 별도의 절차 없이 급여를 받을 수 있다.
> ㄹ. 급여의 종류는 크게 재가급여, 시설급여, 특별현금급여로 구분할 수 있다.

① ㄱ, ㄴ   ② ㄱ, ㄷ

③ ㄴ, ㄹ   ④ ㄱ, ㄴ, ㄷ

⑤ ㄱ, ㄴ, ㄷ, ㄹ

06 우리나라 국민건강보험제도의 특징에 관한 설명으로 옳은 것은?

① 요양기관에는 약사법에 따라 설립된 한국희귀·필수의약품센터도 포함된다.

② 국민건강보험공단은 요양기관으로부터 청구된 요양급여 비용을 심사하고 요양급여의 적정성을 평가한다.

③ 건강보험 급여의 종류 중 장애인 보조기기는 현물급여의 형태로 지급된다.

④ 공무원 및 교직원은 직장가입자에 해당하지 않는다.

⑤ 건강보험의 재원은 사회보험료만으로 충당한다.

✚07 국민건강보험제도에 있어 진료비 지불방식에 대한 설명으로 옳은 것을 모두 고른 것은?

> ㄱ. 행위별 수가제는 환자에게 제공한 모든 의료서비스를 항목별로 계산하여 진료비를 책정하는 방식이다.
> ㄴ. 수백 개의 질병군으로 사례를 분류하여 질병군에 따라 정액의 수가를 지급하는 방식은 포괄수가제에 해당한다.
> ㄷ. 포괄수가제는 행위별 수가제에 비해 과잉진료와 의료서비스 오남용을 억제하는 효과가 있는 것으로 알려져 있다.
> ㄹ. 우리나라는 현재 포괄수가제를 기본으로 하면서 행위별 수가제의 적용 영역을 확대해나가고 있다.

① ㄱ, ㄴ
② ㄱ, ㄷ
③ ㄴ, ㄹ
④ ㄷ, ㄹ
⑤ ㄱ, ㄴ, ㄷ

09 국민건강보험제도의 보험료 경감 대상으로 옳은 것을 모두 고른 것은?

> ㄱ. 섬 · 벽지 · 농어촌 등의 지역에 거주하는 자
> ㄴ. 65세 이상인 자
> ㄷ. 장애인복지법에 따라 등록한 장애인
> ㄹ. 휴직자

① ㄱ, ㄴ, ㄷ
② ㄴ, ㄷ, ㄹ
③ ㄷ, ㄹ
④ ㄱ, ㄷ
⑤ ㄱ, ㄴ, ㄷ, ㄹ

08 국민건강보험제도에 대한 설명으로 옳지 않은 것은?

① 국내에 체류하고 있는 재외국민 또는 외국인은 건강보험의 가입자가 될 수 없다.
② 직장가입자의 보험료는 사용자와 근로자가 50%씩 부담한다.
③ 지역가입자의 보험료는 세대별로 부과한다.
④ 요양기관으로부터 본인이 직접 제공받는 의료서비스는 현물급여의 형태이다.
⑤ 장애인 보조기기 구입에 대한 지원도 이루어지고 있다.

 문제풀이 TIP

국내에 체류하고 있는 재외국민 또는 외국인의 경우에도 건강보험의 가입자가 될 수 있다.

✚10 노인장기요양보험제도에 관한 설명으로 옳지 않은 것은?

① 천재지변 등 보건복지가족부령으로 정하는 사유로 인하여 생계가 곤란한 자는 본인부담금의 100분의 60을 감경한다.
② 노인장기요양보험 가입자 및 그 피부양자, 의료급여 수급권자라도 장기요양인정을 받아야 급여를 받을 수 있다.
③ 장기요양급여의 월 한도액을 초과하는 장기요양급여는 수급자 본인이 전부 부담한다.
④ 재가급여 중 단기보호는 장기요양요원이 수급자의 가정 등을 방문하여 신체활동 및 가사활동 등을 지원하는 것이다.
⑤ 대통령령에 따르면 장기요양인정 유효기간은 2년으로 한다.

11 노인장기요양보험의 급여를 제공하는 장기요양기관으로 짝지어진 것은?

① 노인요양공동생활가정, 노인요양병원, 노인요양시설
② 노인요양공동생활가정, 노인요양시설, 주·야간보호시설
③ 노인요양시설, 노인요양공동생활가정, 노인공동생활가정
④ 단기보호시설, 노인요양병원, 노인요양시설
⑤ 단기보호시설, 주·야간보호시설, 노인요양병원

13 국민건강보험제도상의 요양기관에 해당하는 곳을 모두 고른 것은?

> ㄱ. 의료법에 따라 개설된 의료기관
> ㄴ. 약사법에 따라 등록된 약국
> ㄷ. 약사법에 따라 설립된 한국희귀·필수의약품센터
> ㄹ. 지역보건법에 따른 보건소·보건의료원 및 보건지소

① ㄱ, ㄴ   ② ㄱ, ㄷ
③ ㄴ, ㄷ   ④ ㄴ, ㄹ
⑤ ㄱ, ㄴ, ㄷ, ㄹ

✤12 다음 중 빈칸에 들어갈 단어를 순서대로 나열한 것은?

> • 노인장기요양보험제도의 장기요양급여는 (ㄱ)와 (ㄴ)로 크게 구분할 수 있다.
> • (ㄱ) 중에서 수급자를 일정기간 동안 장기요양기관에 보호하여 신체활동 지원과 심신기능의 유지, 향상을 위한 교육 훈련 등을 제공하는 급여를 (ㄷ)라고 한다.
> • (ㄹ)은(는) 장기요양요원이 수급자의 가정 등을 방문하여, 세면, 배설, 화장실 이용, 옷 갈아입기, 머리감기 등 신체활동과, 취사, 청소, 주변정돈 등 일상생활 등을 지원하는 급여를 말한다.

① ㄱ: 재가급여   ㄴ: 시설급여
  ㄷ: 가족요양비   ㄹ: 방문목욕
② ㄱ: 시설급여   ㄴ: 재가급여
  ㄷ: 주·야간보호   ㄹ: 방문요양
③ ㄱ: 재가급여   ㄴ: 시설급여
  ㄷ: 단기보호   ㄹ: 방문요양
④ ㄱ: 시설급여   ㄴ: 재가급여
  ㄷ: 단기보호   ㄹ: 방문간호
⑤ ㄱ: 재가급여   ㄴ: 시설급여
  ㄷ: 주·야간보호   ㄹ: 방문간호

✤14 진료비 지불방식 중 행위별 수가제와 포괄수가제에 관한 설명으로 옳지 않은 것은?

① 행위별 수가제는 환자에게 제공한 모든 의료서비스를 항목별로 계산하여 진료비를 책정하는 방식이다.
② 우리나라는 행위별 수가제를 기본으로 하면서 포괄수가제의 적용도 확대하고 있다.
③ 포괄수가제는 발생 빈도가 높은 질병군에 대해 환자의 입원 일수와 중증도에 따라 미리 정해진 표준화된 진료비를 의료기관에 지급하는 방식이다.
④ 행위별 수가제는 포괄수가제에 비해 과잉진료와 의료서비스 오남용을 억제하는 효과가 있다.
⑤ 행위별 수가제는 의료진의 진료행위에 대한 자율성이 어느 정도 확보된다.

사회복지정책론

15 국민건강보험공단의 업무로 옳지 않은 것은?

① 가입자 및 피부양자의 자격 관리
② 보험급여 비용의 지급
③ 자산의 관리 · 운영 및 증식사업
④ 건강보험에 관한 교육훈련 및 홍보
⑤ 요양급여의 적정성 평가

17 건강보험급여가 제한되는 경우로 옳은 것을 모두 고른 것은?

ㄱ. 고의 또는 중대한 과실로 인한 범죄행위에 그 원인이 있거나 고의로 사고를 일으킨 경우
ㄴ. 고의 또는 중대한 과실로 공단이나 요양기관의 요양에 관한 지시에 따르지 아니한 경우
ㄷ. 고의 또는 중대한 과실로 급여의 확인에 관한 문서와 그 밖의 물건의 제출을 거부하거나 질문 또는 진단을 기피한 경우
ㄹ. 업무 또는 공무로 생긴 질병 · 부상 · 재해로 다른 법령에 따른 보험급여나 보상을 받게 되는 경우

① ㄱ, ㄴ, ㄷ   ② ㄴ, ㄷ
③ ㄴ, ㄷ, ㄹ   ④ ㄴ, ㄹ
⑤ ㄱ, ㄴ, ㄷ, ㄹ

✛16 국민건강보험제도의 급여에 관한 내용으로 옳지 않은 것은?

① 요양급여에는 가입자 및 피부양자의 약제 · 치료재료의 지급에 대한 의료서비스도 포함되어 있다.
② 건강검진은 현물급여에 해당한다.
③ 장애인복지법에 의하여 등록된 장애인인 가입자 및 피부양자가 보조기기를 구입할 경우, 구입금액의 일부를 현금급여로 지급한다.
④ 우리나라는 아직 본인부담상한액 제도를 시행하지 않고 있다.
⑤ 요양비는 가입자 또는 피부양자에게 현금급여로 지급한다.

18 노인장기요양보험제도의 장기요양인정에 관한 내용으로 옳지 않은 것은?

① 장기요양인정의 유효기간은 최소 1년 이상으로 한다.
② 장기요양급여를 받고자 하는 자가 신체적 · 정신적인 사유로 장기요양인정의 신청을 직접 수행할 수 없을 때 본인의 가족이나 친족은 이를 대리할 수 있다.
③ 장기요양인정을 신청할 수 있는 자는 노인등으로서 장기요양보험가입자 또는 그 피부양자여야 한다.
④ 장기요양인정을 신청하는 자가 도서 · 벽지 지역에 거주하여 의료기관을 방문하기 어려운 경우라도 의사소견서를 반드시 제출하여야 한다.
⑤ 장기요양인정의 유효기간이 만료된 후 장기요양급여를 계속하여 받고자 하는 경우 공단에 장기요양인정의 갱신을 신청하여야 한다.

9장 산업재해보상보험제도의 이해

산재보험의 정의 및 목적, 산재보험의 특성 및 원칙 등 일반적인 내용과 산재보험의 적용, 급여, 보험료, 근로복지공단의 업무, 심사청구 및 재심사청구 등 세부적인 주요 내용을 이해한다. 특히, 산재보험과 관련해서는 각각의 내용이 선택지로 구성되어 전반적인 사항을 묻는 문제 유형으로 주로 출제되기 때문에 전반적인 내용을 모두 파악하고 있어야 한다.

해답과 오답노트 185쪽

✛01 산업재해보상보험제도에 대한 설명으로 옳지 않은 것은?

① 고용노동부장관이 관장한다.

② 우리나라 사회보험 중 가장 먼저 도입되었다.

③ 근로자의 업무상 재해에 대하여 사용자에게는 과실의 유무를 불문하는 무과실 책임주의에 입각한 제도이다.

④ 보험료는 사업주가 전액 부담한다.

⑤ 사업주가 사업을 개시한 이후 보험관계 성립신고를 하지 않은 상황에서 재해를 당한 근로자는 산업재해보상보험의 보상을 받을 수 없다.

기출 STYLE

다른 사회보험제도와 유사하게 제도 전반에 대한 내용을 묻는 형태로 주로 출제되고 있다. 산재보험의 적용대상, 급여 종류, 심사청구, 중복급여 조정, 구상권 등 산재보험의 전반적인 내용을 공부해둘 필요가 있다.

02 산업재해보상보험제도에 대한 설명으로 옳은 것을 모두 고른 것은?

ㄱ. 급여의 종류에는 요양급여, 장애급여, 유족급여 등이 있다.

ㄴ. 요양급여는 3일의 대기일이 있다.

ㄷ. 요양급여의 범위에 간호 및 간병은 포함되지 않는다.

ㄹ. 진폐에 따른 보험급여의 특례가 존재한다.

① ㄱ, ㄴ ② ㄱ, ㄷ

③ ㄴ, ㄹ ④ ㄷ, ㄹ

⑤ ㄱ, ㄴ, ㄷ, ㄹ.

문제풀이 TIP

산재보험제도의 급여의 종류에는 요양급여, 휴업급여, 장해급여, 간병급여, 장례비, 직업재활급여, 유족급여, 상병보상연금 등이 있다. 요양급여와 휴업급여는 3일의 대기일이 있다.

✛03 산업재해보상보험제도에 관한 설명으로 옳지 않은 것은?

① 보험료는 사업주가 전액 부담한다.

② 급여의 종류에는 장해급여, 직업재활급여도 포함된다.

③ 보험료율은 업종에 상관없이 동일하다.

④ 휴업급여는 요양으로 인하여 취업하지 못한 기간에 대하여 지급하는 소득보상 성격의 급여이다.

⑤ 심사 및 재심사청구제도를 운영한다.

05 건강보험과 산재보험에 대한 설명으로 옳은 것을 모두 고른 것은?

> ㄱ. 건강보험 요양급여에는 본인부담금이 있지만 산재보험 요양급여에는 본인부담금이 없다.
> ㄴ. 건강보험 보험료율은 모든 사업장에 공통으로 적용되지만 산재보험 보험료율은 사업장마다 차등적으로 적용된다.
> ㄷ. 건강보험 요양급여에는 대기기간이 없지만 산재보험 요양급여에는 대기기간이 있다.
> ㄹ. 건강보험에서는 요양기간 동안 소득보장을 제공하지만 산재보험에서는 제공하지 않는다.

① ㄱ   ② ㄴ

③ ㄷ, ㄹ   ④ ㄱ, ㄴ, ㄷ

⑤ ㄱ, ㄴ, ㄷ, ㄹ

04 산업재해보상보험제도의 적용대상에 해당하는 경우를 모두 고른 것은?

> ㄱ. 요양보호사
> ㄴ. 특수형태근로종사자
> ㄷ. 자활근로 참여자
> ㄹ. 지방자치단체에 근무하는 공무원

① ㄱ, ㄴ   ② ㄱ, ㄷ

③ ㄴ, ㄹ   ④ ㄷ, ㄹ

⑤ ㄱ, ㄴ, ㄷ

문제풀이 TIP

산재보험은 해외파견자, 중소기업사업주, 특수형태근로종사자, 현장실습생, 자활급여 수급자 등에 대하여도 산재보험법의 적용이 가능하도록 규정하고 있다.

06 산재보험에 대한 설명으로 옳은 것은?

① 산재보험의 징수업무는 근로복지공단에서 담당하고 있다.

② 사업주가 제공한 교통수단을 이용하여 출퇴근 중 발생한 사고는 업무상 재해 인정기준에 해당하지 않는다.

③ 요양급여의 대기일은 7일, 휴업급여의 대기일은 3일이다.

④ 보험료는 사업주와 근로자가 절반씩 부담한다.

⑤ 요양급여를 신청한 사람은 공단이 요양급여에 관한 결정을 하기 전에는 국민건강보험의 요양급여 또는 의료급여를 받을 수 있다.

✚07 산업재해보상보험제도의 급여에 대한 설명으로 옳은 것은?

① 부상 또는 질병이 3일 이내의 요양으로 치유될 수 있으면 요양급여를 지급하지 아니한다.

② 간병급여는 실제로 간병을 제공하는 사람에게 지급한다.

③ 수급권자가 이 법에 따라 보험급여를 받았거나 받을 수 있더라도 보험가입자는 동일한 사유에 대하여 근로기준법에 따른 재해보상에 대해 책임을 져야 한다.

④ 요양 또는 재요양을 받고 있는 근로자가 그 요양기간 중 일정기간 또는 단시간 취업을 하는 경우에는 직업재활급여를 지급할 수 있다.

⑤ 보험급여를 받을 권리는 퇴직하면 소멸된다.

08 산업재해보상보험제도의 급여에 대한 설명으로 옳지 않은 것은?

① 가입자의 질병 또는 부상이 산업재해로 인정받기 위해서는 업무기인성과 업무수행성이라는 2가지 요건을 충족해야 한다.

② 국민기초생활보장법에 따른 자활급여 수급자는 별도의 특례 규정에 따라 산재보험에 당연가입 된다.

③ 장해급여를 지급받은 사람 중 취업을 위하여 직업훈련이 필요한 경우에는 직업재활급여를 실시할 수 있다.

④ 산업재해보상보험의 보험료율 산정은 업종별 요율과 개별 실적요율제를 토대로 한다.

⑤ 휴업급여는 7일 간의 대기기간을 두고 있으며, 이 기간 동안 지급되지 않은 급여는 대기기간이 종료된 후 지급된다.

09 산업재해보상보험제도에 대한 설명으로 옳은 것을 모두 고른 것은?

> ㄱ. 산업재해보상보험은 사업주만 보험가입자가 된다.
>
> ㄴ. 장기요양에도 불구하고 장애가 남아 노동능력이 저하되었을 경우에 대한 해고 제한 및 직장복귀 등을 위한 규정은 마련되어 있지 않다.
>
> ㄷ. 산업재해로 인해 근로자가 사망한 경우 유족이 안심하고 생활할 수 있는 보상이 이루어질 수 있도록 유족에 대한 급여도 지급하고 있다.
>
> ㄹ. 휴업급여는 업무상 사유로 인해 재해를 입은 경우 최저임금에 해당하는 금액을 지급하여 소득을 보상하도록 하는 것이다.

① ㄱ, ㄴ   ② ㄱ, ㄷ

③ ㄴ, ㄹ   ④ ㄷ, ㄹ

⑤ ㄱ, ㄴ, ㄷ, ㄹ

✚10 산업재해보상보험제도의 업무상의 재해로 인정하지 않는 것은?

① 근로자가 사업주의 지시를 받아 사업장 밖으로 업무를 수행하던 중에 발생한 사고로 부상을 입은 경우

② 근로자가 사업주가 참가하도록 지시한 행사에 참가하였다가 발생한 사고로 부상을 입은 경우

③ 사업주가 제공한 시설물 등을 사업주의 구체적인 지시를 위반하여 이용한 행위로 발생한 사고로 부상을 입은 경우

④ 사회통념상 제3자의 가해행위를 유발할 수 있는 성질의 업무라고 인정되는 업무와 관련하여 제3자의 행위로 근로자에게 발생한 사고로 부상을 입은 경우

⑤ 업무상의 재해로 요양 중인 사람이 그 업무상의 재해로 인한 정신적 이상 상태에서 자해행위를 한 경우

+11 산업재해보상보험 급여의 종류에 대한 설명으로 옳은 것을 모두 고른 것은?

> ㄱ. 요양급여: 본인부담금 없이 요양비 전액 지급
> ㄴ. 휴업급여: 요양으로 취업하지 못한 기간에 대한 소득보장
> ㄷ. 장해급여: 장해등급에 따라 차등 지급
> ㄹ. 상병보상연금: 요양급여를 받은 자가 간병이 필요할 때 지급

① ㄱ, ㄴ
② ㄱ, ㄷ
③ ㄴ, ㄷ
④ ㄴ, ㄹ
⑤ ㄱ, ㄴ, ㄷ

+12 산업재해보상보험의 주요 특징으로 옳지 않은 것은?

① 산재보험의 가입대상은 근로자를 사용하는 모든 사업이며 적용단위는 사업 또는 사업장이다.
② 근로복지공단은 고용노동부장관의 위탁을 받아 설립하고 운영하며, 법인으로 한다.
③ 2011년부터 근로복지공단이 매월 보험료를 산정·부과하고 건강보험공단이 이를 징수한다.
④ 공무원 재해보상법 또는 군인연금법에 따라 재해보상이 되는 사업도 적용대상이다.
⑤ 사업주가 제공한 교통수단이나 그에 준하는 교통수단을 이용하는 등 사업주의 지배관리 하에서 출퇴근하는 중 발생한 사고는 출퇴근 재해에 해당한다.

13 근로복지공단의 업무에 해당하지 않는 것은?

① 보험급여 결정 및 지급을 위한 업무상 질병 관련 연구
② 보험가입자와 수급권자에 관한 기록의 관리·유지
③ 가입 대상과 수급권자 등을 위한 노후준비서비스 사업
④ 재활보조기구의 연구개발·검정 및 보급
⑤ 보험급여 결정 등에 관한 심사 청구의 심리·결정

14 산업재해보상보험 관련 이론과 내용이 바르게 연결된 것을 모두 고른 것은?

> ㄱ. 최소사회비용이론: 산재보험 가입과 보상급여 지급으로 민사상 재판비용·시간·노력절감이 가능하다면 책임을 묻지 않는다는 것
> ㄴ. 원인주의이론: 산재로 인정받기 위해서는 업무 기인성과 업무수행성이라는 2가지 요건 모두를 충족시켜야 한다는 것
> ㄷ. 사회협약이론: 자본주의 체제에서 산재는 필연적인 현상이며, 산재비용은 생산비용 일부이기 때문에 과실여부에 관계없이 지급되어야 한다는 것
> ㄹ. 직업위험이론: 확실하고 신속한 산재보상을 보장받는다면 근로자는 민사배상을 포기할 수 있고 사업주는 자신의 과실이 없어도 배상할 수 있다는 것

① ㄱ, ㄴ
② ㄴ, ㄷ
③ ㄷ, ㄹ
④ ㄱ, ㄴ, ㄹ
⑤ ㄴ, ㄷ, ㄹ

10장 고용보험제도의 이해

이 장에서는,

고용보험의 역사, 고용보험의 가입대상 사업장 및 적용 근로자 등 일반적인 내용과 고용보험 사업과 급여의 유형, 보험료, 관리운영체계 등 세부적인 주요 내용을 이해한다. 자주 출제되는 영역은 아니지만 보험료, 급여 등 세부적인 내용을 묻는 문제가 출제되는 만큼 전반적인 내용을 꼼꼼하게 파악하고 있어야 한다.

해답과 오답노트 187쪽

✛01 고용보험제도에 관한 설명으로 옳지 않은 것은?

① 일용근로자도 가입대상에 해당한다.

② 고용안정 · 직업능력개발사업의 보험료는 사업주와 근로자가 50%씩 부담한다.

③ 육아휴직 기간에 대하여 통상임금의 100분의 80을 육아휴직 급여액으로 지급한다.

④ 전직 또는 자영업을 하기 위하여 이직한 경우 구직급여의 수급자격이 없는 것으로 본다.

⑤ 직업능력개발사업에는 사업주를 지원하는 사업과 근로자를 지원하는 사업들이 포함되어 있다.

기출 STYLE

고용보험제도 전반에 대한 내용을 묻는 형태로 출제되고 있다. 선택지로 제시되는 내용들이 제도 전반을 다루기 때문에 꼼꼼하게 공부할 필요가 있다.

02 우리나라 고용보험제도 중 구직급여에 대한 설명으로 옳은 것은?

① 중대한 잘못으로 해고된 경우에도 받을 수 있다.

② 실업인정을 받은 10일간은 대기기간으로 급여를 지급하지 않는다.

③ 구직급여 수급기간은 최소 120일부터 최대 270일까지이다.

④ 구직급여를 받기 위해서는 동주민센터를 통해 수급자격 인정을 받아야 한다.

⑤ 재취업활동과 상관없이 지급된다.

✛03 고용보험제도에 관한 설명으로 옳지 않은 것은?

① 예술인 또는 노무제공자의 노무를 제공받는 사업에도 적용하되, 규정된 특례 사항에 한정하여 각각 적용한다.

② 사립학교교직원 연금법의 적용을 받는 사람, 별정우체국 직원은 적용제외 근로자이다.

③ 임신 중인 여성에 대해 고용주는 출산전후를 통하여 90일의 보호휴가를 주되, 반드시 출산 후에 45일 이상이 확보되도록 부여하여야 한다.

④ 육아휴직을 신청할 수 있는 근로자는 육아휴직 대신 육아기 근로시간 단축을 신청할 수 있다.

⑤ 보건복지부장관은 보험사업에 필요한 재원을 충당하기 위해 고용보험기금을 설치한다.

✛04 고용보험제도에 관한 설명으로 옳지 않은 것은?

① 근로자는 보험가입자가 되는 동시에 피보험자가 된다.

② 외국인근로자의 고용 등에 관한 법률의 적용을 받는 외국인근로자에게는 이 법을 적용한다.

③ 취업촉진 수당은 구직급여와는 별도로 실업자들이 좀 더 빨리 재취업할 수 있도록 유인하기 위한 추가급여의 성격이다.

④ 육아휴직은 가구당 1년 사용가능하므로 자녀가 2명이어도 1년만 사용 가능하다.

⑤ 자영업자인 수급자격자에 대한 구직급여일액은 그 수급자격자의 기초일액에 100분의 60을 곱한 금액으로 한다.

05 고용보험제도상 이직 사유에 따른 수급자격이 제한되는 경우에 해당하는 것을 모두 고른 것은?

> ㄱ. 정당한 사유 없이 근로계약 또는 취업규칙 등을 위반하여 장기간 무단결근한 경우
> ㄴ. 전직 또는 자영업을 하기 위하여 이직한 경우
> ㄷ. 중대한 귀책사유가 있는 사람이 해고되지 아니하고 사업주의 권고로 이직한 경우
> ㄹ. 사업에 막대한 지장을 초래하거나 재산상 손해를 끼친 경우

① ㄱ, ㄴ   ② ㄷ, ㄹ
③ ㄱ, ㄹ   ④ ㄴ, ㄷ
⑤ ㄱ, ㄴ, ㄷ, ㄹ

✛06 고용보험제도의 급여에 대한 설명으로 옳은 것을 모두 고른 것은?

> ㄱ. 실업의 신고일부터 계산하기 시작하여 7일간은 대기기간으로 보아 구직급여를 지급하지 아니한다.
> ㄴ. 취업촉진 수당의 종류에는 조기재취업 수당, 직업능력개발 수당, 광역 구직활동비, 이주비가 있다.
> ㄷ. 원칙적으로 수급자격자가 직업안정기관의 장이 소개하는 직업에 취직하는 것을 거부하거나 직업안정기관의 장이 지시한 직업능력개발 훈련 등을 거부하면 대통령령으로 정하는 바에 따라 구직급여의 지급을 정지한다.
> ㄹ. 자영업자인 피보험자가 받을 수 있는 급여의 종류에는 연장급여와 조기재취업 수당도 포함된다.

① ㄱ, ㄴ   ② ㄴ, ㄷ
③ ㄷ, ㄹ   ④ ㄱ, ㄴ, ㄷ
⑤ ㄱ, ㄴ, ㄷ, ㄹ

07 고용보험제도의 용어에 관한 설명으로 옳지 않은 것은?

① 이직(離職)이란 피보험자와 사업주 사이의 고용관계가 끝나게 되는 것을 말한다.

② 실업이란 근로의 의사와 능력이 있음에도 불구하고 취업하지 못한 상태에 있는 것을 말한다.

③ 일용근로자란 1주 동안의 소정근로시간이 짧은 근로자를 말한다.

④ 실업의 인정이란 직업안정기관의 장이 구직급여 수급자격자가 실업한 상태에서 적극적으로 직업을 구하기 위하여 노력하고 있다고 인정하는 것을 말한다.

⑤ 보수란 소득세법에 따른 근로소득에서 대통령령으로 정하는 금품을 뺀 금액을 말한다.

08 고용보험 급여에 대한 설명으로 옳은 것을 모두 고른 것은?

> ㄱ. 구직급여를 받기 위해서는 이직일 이전 18개월간 180일 이상 근무하여야 하며, 재취업을 위한 노력을 적극적으로 해야 한다.
> ㄴ. 구직급여를 받는 자가 그 기간 중 임신 · 출산 · 육아 등의 사유로 취업할 수 없는 사유를 직업안정기관에 신고한 경우에는 그 기간을 가산하여 지급할 수 있다.
> ㄷ. 광역구직활동비는 수급자격자가 직업안정기관의 소개에 따라 광범위한 지역에 걸쳐 구직활동을 하는 경우에 지급한다.
> ㄹ. 출산한 본인과 배우자 모두 육아휴직 급여를 받을 수 있지만, 본인이 전업주부인 경우 배우자인 남편은 육아휴직 급여를 받을 수 없다.

① ㄱ, ㄴ   ② ㄴ, ㄷ
③ ㄷ, ㄹ   ④ ㄱ, ㄴ, ㄷ
⑤ ㄱ, ㄴ, ㄷ, ㄹ

09 취업촉진 수당의 종류에 대한 설명으로 옳은 것을 모두 고른 것은?

> ㄱ. 조기재취업 수당: 실업급여를 지급받고 있던 수급자격자가 재취업에 일정 기간 실패하였을 때 추가적으로 지급되는 급여이다.
> ㄴ. 직업능력개발 수당: 직업능력개발훈련을 받는 데 필요한 교통비 · 식대 등의 비용을 지원하기 위하여 구직급여와는 별도로 지급한다.
> ㄷ. 광역구직활동비: 자신이 살고 있는 지역에 재취업하기 어려워 지방 노동관서장이 소개하는 먼 지방에 출장하여 직장을 구하는 경우에 소요된 비용을 지급한다.
> ㄹ. 이주비: 수급자격자가 취직으로 거주지를 이전하거나 지시한 훈련을 받기 위하여 이사를 해야 하는 경우에 이사 비용으로 지급한다.

① ㄱ   ② ㄱ, ㄷ
③ ㄹ   ④ ㄷ, ㄹ
⑤ ㄴ, ㄷ, ㄹ

10 폐업한 자영업자인 피보험자가 구직급여를 받기 위한 수급요건으로 옳은 것을 모두 고른 것은?

> ㄱ. 폐업일 이전 24개월간 피보험 단위기간이 통산하여 1년 이상일 것
> ㄴ. 근로의 의사와 능력이 있음에도 불구하고 취업을 하지 못한 상태에 있을 것
> ㄷ. 법령을 위반하여 허가 취소를 받거나 영업 정지를 받아 폐업한 경우에 해당하지 아니할 것
> ㄹ. 재취업을 위한 노력을 적극적으로 할 것

① ㄱ, ㄴ   ② ㄴ, ㄷ
③ ㄷ, ㄹ   ④ ㄱ, ㄴ, ㄷ
⑤ ㄱ, ㄴ, ㄷ, ㄹ

사회복지정책론

11장 빈곤과 공공부조제도

이 장에서는,

빈곤의 개념과 측정방법을 이해하고, 소득불평등의 개념과 소득불평등을 측정하기 위한 다양한 방법들을 학습한다. 또한 공공부조제도의 특징과 장단점을 파악하고, 우리나라 공공부조제도의 역사를 이해한다. 대표적인 공공부조제도로서 국민기초생활보장제도, 의료급여제도, 긴급복지지원제도, 근로장려세제 등을 이해한다. 특히, 빈곤의 개념, 소득불평등의 측정, 국민기초생활보장제도의 특징 등이 자주 출제되고 있다.

해답과 오답노트 188쪽

+01 빈곤 측정에 대한 설명으로 옳지 않은 것은?

① 빈곤선이란 빈곤 여부를 판단하기 위해 빈곤에 대한 조작적 정의를 통해 수치화된 빈곤의 기준이다.

② 절대적 빈곤 개념에서 '최소한의 생활수준'은 시대와 사회에 따라서 달라질 수 있다는 점에서 완전히 절대적이라고 보기 어렵다.

③ 전물량방식에 의한 측정은 전문가의 자의성이 개입된다는 단점이 있다.

④ 상대적 빈곤을 측정하는 방식에는 박탈지표방식, 소득과 지출을 이용한 상대적 추정방식 등이 있다.

⑤ 전물량방식은 저소득층의 최소한의 식료품지출비에 3을 곱한 급액을 빈곤선으로 정한다.

+02 소득불평등에 관한 설명으로 옳지 않은 것은?

① 국가 간 소득불평등을 비교할 때에는 각 국가마다 소득 분류와 통계 방식에 차이가 있다는 점을 고려해야 한다.

② 우리나라에서는 소득불평등 심화의 원인 중 하나로 비정규직의 증가가 손꼽히고 있다.

③ 우리나라는 소득분포의 상위와 하위, 양극단이 증가하는 양상을 보이는데, 이러한 소득 양극화 문제가 사회문제로 제기되고 있다.

④ 10분위 분배율에 따라 소득불평등을 측정한 결과, 수치가 작을수록 소득격차가 크다고 볼 수 있다.

⑤ A국가와 B국가의 1인당 소득이 비슷하게 나타날 경우 A국가의 지니계수가 더 작다면 소득불평등이 더 심각하다고 말할 수 있다.

✦03 국민기초생활보장제도에 대한 설명으로 옳지 않은 것은?

① 급여는 보충성의 원리에 기반하고 있다.
② 신청주의와 직권주의를 병행하며, 거택보호를 원칙으로 한다.
③ 주거급여는 보건복지부가 주관한다.
④ 수급자 선정을 위한 기준은 기준 중위소득을 적용한다.
⑤ 가족부양 우선의 원칙을 기반으로 한다.

> **기출 STYLE**
>
> 사회복지법제론에서는 공공부조제도인 국민기초생활보장제도의 구체적인 내용에 관한 문제들이 주요하게 출제된다면, 정책론에서는 원칙이나 원리들을 중심으로 출제되고 있다. 또한 자활사업과 관련한 내용도 다루어졌다.

04 로렌즈 곡선 및 지니계수와 관련된 설명으로 옳은 것을 모두 고른 것은?

> ㄱ. 로렌즈 곡선을 토대로 지니계수를 파악할 수 있다.
> ㄴ. 로렌즈 곡선은 완전평등선에서 아래쪽으로 볼록할수록 평등하다.
> ㄷ. 현실적으로 지니계수가 0인 국가도, 1인 국가도 존재하지 않는다.
> ㄹ. 시장소득 지니계수와 가처분소득 지니계수는 같은 값을 갖는다.

① ㄱ, ㄴ　　　　② ㄱ, ㄷ
③ ㄴ, ㄹ　　　　④ ㄷ, ㄹ
⑤ ㄱ, ㄴ, ㄷ, ㄹ

05 소득의 개념에 대한 설명으로 옳지 않은 것은?

① 개인적으로 이전된 소득을 사적 이전소득이라고 하며, 사회복지급여와 같이 정부로부터 이전된 소득을 공적 이전소득이라고 한다.
② 가처분소득은 세전소득에 사적 이전소득을 합한 소득이다.
③ 세후소득은 총소득에서 소득세 및 사회보험료 등을 제외한 소득을 의미한다.
④ 시장소득은 근로소득, 사업소득 등에 사적 이전소득을 합한 개념이다.
⑤ 총소득은 시장소득에 공적 이전소득을 합한 것이다.

06 우리나라의 근로연계복지정책에 관한 설명으로 옳지 않은 것을 모두 고른 것은?

① 저소득층의 소득증대 및 근로유인을 목표로 한다.
② 근로능력자에 대한 선별적 급여라고 볼 수 있다.
③ 복지급여에 대해 개인보다 국가의 책임을 강조한다.
④ 자활지원 사업도 근로연계복지정책에 해당한다고 볼 수 있다.
⑤ 근로장려금제도도 근로연계복지정책 중 하나이다.

+07 국민기초생활보장제도에 대한 설명으로 옳지 않은 것은?

① 부양의무자란 수급권자의 1촌의 직계혈족 및 그 배우자를 말한다.

② 기준 중위소득이란 보건복지부장관이 급여의 기준 등에 활용하기 위하여 중앙생활보장위원회의 심의·의결을 거쳐 고시하는 국민 가구소득의 중위값을 말한다.

③ 급여는 건강하고 문화적인 최저생활을 유지할 수 있는 것이어야 한다.

④ 보건복지부장관 또는 소관 중앙행정기관의 장은 급여의 종류별 수급자 선정기준 및 최저보장수준을 결정하여야 한다.

⑤ 통합급여를 실시하며, 개별급여를 실시하지 않는다.

08 빈곤이론에 대한 설명으로 옳지 않은 것을 모두 고른 것은?

> ㄱ. 빈곤을 병리적인 것으로 보는 이론은 빈곤의 원인이 빈곤한 자 자신에게 있다고 설명한다.
> ㄴ. 노동시장분절론에서 개인의 빈곤은 분절된 노동시장에서 어느 쪽에 고용되느냐에 의해 영향을 받는다고 본다.
> ㄷ. 빈곤문화론은 복지국가가 책임감과 자조의식을 망각하게 하는 '의존문화'를 창조함으로써 빈곤을 영속시킨다고 주장한다.
> ㄹ. 상속이론에서 빈곤이란 인적 자본에 대한 투자의 부족에 그 원인이 있다고 주장한다.

① ㄱ, ㄴ   ② ㄴ, ㄷ
③ ㄷ, ㄹ   ④ ㄹ
⑤ ㄱ, ㄴ, ㄷ

09 소득불평등에 대한 설명으로 옳지 않은 것은?

① 1997년 IMF 경제위기는 빈곤율의 증가와 소득불평등의 확대를 가져왔다.

② 1990년대 중반과 현재를 비교했을 때 GDP의 급격한 증가와 함께 절대빈곤율과 상대빈곤율도 높은 수준을 유지하고 있는 점을 볼 때, 낙수효과(trickle down effect)가 증가하고 있음을 알 수 있다.

③ 소득불평등이 증가한 원인에는 비정규직 및 저임금 노동자의 증가, 고용 없는 성장 등이 있다.

④ 우리나라는 조세 및 공적 이전소득의 소득불평등 개선 효과가 OECD 국가들과 비교해서 낮은 편에 해당한다.

⑤ OECD 국가들과 비교해서 현재 우리나라의 상대적 빈곤율은 높은 편에 속한다.

10 국민기초생활보장제도에 대한 설명으로 옳지 않은 것은?

① 사회복지법인 및 비영리법인은 지역자활센터로 지정받아 수급자 및 차상위자에 대한 취업지원 사업을 진행할 수 있다.

② 급여를 필요로 하는 사람이 누락되지 않도록 하기 위해 사회복지전담공무원이 직권으로 신청할 수 있도록 하고 있다.

③ 생계급여는 현금급여를 원칙으로 하며, 수급자의 소득인정액과 무관하게 정액으로 지급된다.

④ 부양의무자 유무는 수급자의 선정기준에 포함되지만, 근로능력 유무는 수급자의 선정기준에 포함되지 않는다.

⑤ 1촌의 직계혈족이 사망한 경우 그 배우자는 부양의무자에서 제외되도록 하고 있다.

11 빈곤의 측정에 관한 설명으로 옳지 않은 것을 모두 고른 것은?

> ㄱ. 빈곤율은 빈곤의 정도를 측정하는 가장 정확한 방법이다.
> ㄴ. 라이덴 방식은 주관적 빈곤을 측정하는 방법이다.
> ㄷ. 빈곤율과 빈곤갭은 빈곤층 내부의 소득분배 상태를 보여준다.
> ㄹ. 상대적 빈곤선은 상대적 박탈과 불평등 개념을 반영한다.

① ㄱ, ㄴ   ② ㄱ, ㄷ
③ ㄴ, ㄹ   ④ ㄷ, ㄹ
⑤ ㄱ, ㄴ, ㄷ, ㄹ

문제풀이 TIP

빈곤율은 빈곤선을 기준으로 빈곤가구에 사는 개인의 수를 구하여 전체 인구에서 차지하는 비율을 통해 측정하는 방법이며, 빈곤갭은 빈곤층의 소득을 모두 빈곤선 수준까지 끌어올리기 위해서 어느 정도의 소득이 필요한가를 보여주는 방법이다.

12 빈곤의 개념에 대한 설명으로 옳은 것은?

① 절대적 빈곤은 경제성장에 따라 감소하는 경향이 있다.
② 상대적 빈곤의 기준은 경제성장에 따라 낮아진다.
③ 사회적 배제의 개념이 확장된 것이 상대적 빈곤이다.
④ 복지국가가 발전할수록 절대적 빈곤 개념이 강조되는 경향이 있다.
⑤ 우리나라의 기초생활보장제도는 절대적 빈곤 개념을 토대로 한다.

✤13 국민기초생활보장제도의 원칙에 해당하는 것을 모두 고른 것은?

> ㄱ. 자립지원의 원칙
> ㄴ. 보충급여의 원칙
> ㄷ. 타급여 우선의 원칙
> ㄹ. 단기지원의 원칙

① ㄱ   ② ㄱ, ㄴ
③ ㄷ, ㄹ   ④ ㄱ, ㄷ, ㄹ
⑤ ㄱ, ㄴ, ㄷ

✤14 소득불평등에 관한 설명으로 옳은 것은?

① 지니계수는 1에 가까울수록 평등한 상태를 의미한다.
② 소득불평등을 측정하는 지니계수는 로렌즈곡선에서 도출된다.
③ 로렌즈곡선은 완전평등선에서 아래쪽으로 볼록할수록 평등한 것을 나타낸다.
④ 시장소득 지니계수와 가처분소득 지니계수를 비교했을 때 후자에 비해 전자가 상당히 낮은 수준을 나타냈다면 국가의 조세 및 사회복지정책의 불평등 완화효과가 크다는 것을 보여준다.
⑤ 10분위 분배율과 5분위 분배율 모두 수치가 작을수록 소득 격차가 크다는 것을 의미한다.

15 국민기초생활보장제도의 급여에 관한 설명으로 옳지 않은 것은?

① 주거급여는 그 소득인정액이 기준 중위소득의 100분의 48 이하인 사람으로 한다.

② 의료급여에 필요한 사항은 따로 국민건강보험법에서 정한다.

③ 생계급여 최저보장수준은 생계급여와 소득인정액을 포함하여 생계급여 선정기준 이상이 되도록 하여야 한다.

④ 가구를 단위로 하여 급여를 지급하는 것을 원칙으로 하나 필요하다고 인정되는 경우 개인을 단위로 급여를 행할 수 있다.

⑤ 주거급여는 국토교통부가 주관하고, 교육급여는 교육부가 주관한다.

✤16 빈곤의 개념 및 측정 방식과 관련한 설명으로 옳은 것은?

① 한 국가에서 빈곤층의 규모가 어느 정도인지를 확인하기 위해서는 빈곤율보다 빈곤갭을 살펴봐야 한다.

② 자신의 빈곤 여부는 자기 자신이 가장 잘 판단할 수 있다는 주관적 빈곤의 개념은 라운트리 방식을 토대로 측정할 수 있다.

③ 절대적 빈곤의 문제는 최저생활의 유지, 불평등 문제, 상대적 박탈감 등과 밀접한 관련을 가지고 있다.

④ 전물량방식은 생활을 영위하는 데에 필수적인 품목의 최저 수준을 정하고 이를 화폐가치로 환산하여 빈곤선을 측정한다.

⑤ 반물량방식은 영양과 무관하게 생존을 위한 최소한의 식단 구성에 드는 비용을 기초로 빈곤선을 계측한다.

17 빈곤과 불평등에 관한 설명으로 옳은 것을 모두 고른 것은?

> ㄱ. 빈곤율은 빈곤선 이하에 있는 사람들이 빈곤에서 벗어나기 위해 어느 정도의 소득이 필요한지를 보여주는 방법이다.
>
> ㄴ. 10분위 분배율이 작을수록, 5분위 분배율이 클수록 소득 격차가 작다고 볼 수 있다.
>
> ㄷ. 지니계수가 0.272에서 0.304로 증가했다면 불평등이 완화되었다고 볼 수 있다.
>
> ㄹ. 한국은 OECD 국가들 중에서 빈곤율과 소득불평등 수준이 높은 편에 속한다.

① ㄱ   ② ㄴ, ㄷ

③ ㄷ, ㄹ   ④ ㄹ

⑤ ㄱ, ㄴ, ㄷ, ㄹ

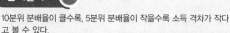

문제풀이 TIP

10분위 분배율이 클수록, 5분위 분배율이 작을수록 소득 격차가 작다고 볼 수 있다.

18 빈곤 및 불평등에 대한 설명으로 옳은 것은?

① 상대적 빈곤선을 측정할 때 보통 중위소득 기준이 평균소득 기준보다 높은 경향이 있다.

② 10분위 분배율과 5분위 분배율 모두 수치가 클수록 소득 격차가 크다는 것을 의미한다.

③ 사회적 배제는 기존의 빈곤 개념과 비교했을 때, 빈곤의 역동성과 동태적인 과정에 초점을 맞추고 있다.

④ 상대적 빈곤선은 사회의 불평등 수준과 큰 관련이 없다.

⑤ 빈곤갭은 빈곤층의 규모를 효과적으로 보여줄 수 있다.

19 다음 중 소득불평등 현황에 대한 설명으로 옳지 않은 것을 모두 고른 것은?

연도	5분위 분배율 (시장소득 기준)	10분위 분배율 (시장소득 기준)
2005	5.53	54.2
2010	6.04	52.2
2012	5.79	53.2

> ㄱ. 2005년에 비해 2010년에는 소득불평등 수준이 증가하였다.
> ㄴ. 2010년에 비해 2012년에는 소득불평등 수준이 증가하였다.
> ㄷ. 5분위 분배율은 상위 20% 소득 합을 하위 20% 소득 합으로 나눈 것이다.
> ㄹ. 10분위 분배율은 상위 20% 소득 합을 하위 40% 소득 합으로 나눈 것이다.

① ㄱ, ㄴ   ② ㄱ, ㄷ
③ ㄴ, ㄹ   ④ ㄷ, ㄹ
⑤ ㄱ, ㄴ, ㄷ, ㄹ

20 의료급여제도에 관한 설명으로 옳지 않은 것은?

① 희귀난치성질환을 가진 자는 1종 수급권자에 해당한다.
② 의료급여 수급자가 의료급여를 받을 수 있는 급여일수에는 상한이 있다.
③ 국민건강보험공단에서 관리하는 사회보험제도에 속한다.
④ 의료급여 수급자는 1차 의료급여기관에 우선 의료급여를 신청하여야 한다.
⑤ 본인부담 보상제 및 본인부담 상한제가 있어 기준을 초과하는 경우 초과금액을 국가가 지원한다.

21 다음 표에 대한 설명으로 옳지 않은 것을 모두 고른 것은?

소득별	분배 지표별	1996	1997	2000	2005
시장 소득	지니계수	0.272	0.268	0.286	0.304
	5분위 분배율	4.14	4.09	4.58	5.41
가처분 소득	지니계수	0.264	0.262	0.272	0.286
	5분위 분배율	3.99	3.94	4.19	4.73

> ㄱ. 1997년보다 2005년에 소득불평등 수준이 더 증가하였다.
> ㄴ. 시장소득 지니계수와 가처분소득 지니계수의 차이 정도는 국가의 조세 및 사회복지정책의 불평등 완화효과를 나타낸다.
> ㄷ. 5분위 분배율의 수치가 클수록 소득불평등이 증가한 것으로 볼 수 있다.
> ㄹ. 5분위 분배율은 소득이 낮은 하위 40% 가구의 소득 합을 소득이 가장 높은 상위 20% 가구의 소득 합으로 나눈 것이다.

① ㄱ   ② ㄴ
③ ㄷ   ④ ㄹ
⑤ ㄱ, ㄴ, ㄷ, ㄹ

 문제풀이 TIP

지니계수, 5분위 분배율, 시장소득과 가처분소득의 차이 등 소득불평등 측정과 관련된 개념들을 실제 소득불평등 지표에 적용하는 응용문제이다.

22 OECD 국가들의 시장소득과 가처분소득 기준의 지니계수를 비교한 설명으로 옳지 않은 것은?

	지니계수(2010)	
	시장소득	가처분소득
칠레	0.526	0.501
한국	0.341	0.310
핀란드	0.479	0.260
스웨덴	0.441	0.269
영국	0.523	0.341
미국	0.499	0.380
독일	0.492	0.286
OECD 평균	0.467	0.305

① 시장소득 기준의 지니계수와 가처분소득 기준의 지니계수를 비교했을 때, 소득재분배정책의 효과를 일정 정도 파악할 수 있다.
② 우리나라는 칠레에 이어 소득재분배정책의 효과가 상당히 낮은 국가에 해당한다.
③ 핀란드나 스웨덴과 같은 국가들은 소득재분배정책의 효과가 큰 국가에 해당한다.
④ 미국의 소득재분배정책의 효과는 OECD 평균에 비해 상대적으로 높은 편이다.
⑤ 우리나라의 소득재분배정책 효과가 작은 것은 OECD 평균에 비해 상대적으로 낮은 사회적 지출, 조세부담률 등에 기인하고 있다.

+23 빈곤의 개념에 관한 설명으로 옳지 않은 것은?

① 상대적 빈곤 개념에 기초한 빈곤선 측정방식에는 박탈지표 방식, 소득과 지출을 활용하는 방식 등이 있다.
② 사회적 배제의 개념은 복지권리, 고용에 대한 접근성, 교육, 차별문제, 사회적 관계망, 사회 참여 능력 등에 초점을 맞춘다.
③ '당신의 가구에서는 얼마의 소득이 있다면 근근이 살아갈 수 있겠습니까?'라는 식의 질문은 절대적 빈곤 개념을 측정할 때 사용하는 질문이다.
④ 타운센드(Townsend)는 객관적 박탈감을 측정할 수 있는 항목과 주관적 박탈감을 측정할 수 있는 항목을 선정하여 소득계층별로 이를 비교하였다.
⑤ 오르샨스키(Orshansky) 방식은 식료품비에 1/3의 역수인 3을 곱하여 빈곤선을 계측하였다.

24 긴급복지지원제도에 관한 내용으로 옳지 않은 것은?

① 가구구성원으로부터 방임 또는 유기되거나 학대 등을 당한 경우 긴급복지지원제도의 대상에 해당한다.
② 선지원 후처리 원칙을 적용한다.
③ 국가 및 지방자치단체는 위기상황에 처한 사람에 대한 발굴조사를 연 1회 이상 정기적으로 실시하여야 한다.
④ 금전 또는 현물 등의 직접지원에는 생계지원, 의료지원, 주거지원, 사회복지시설 이용 지원, 교육지원 등이 포함된다.
⑤ 난민으로 인정받지 못한 외국인도 긴급지원 대상자의 범위에 포함된다.

25 근로장려세제에 관한 내용으로 옳은 것을 모두 고른 것은?

> ㄱ. 근로장려세제는 2008년 1월부터 시행되었고, 최초 지급은 2009년 9월부터 시작되었다.
> ㄴ. 근로장려금은 가구단위로 소득기준과 재산기준을 모두 충족하는 경우에 받을 수 있다.
> ㄷ. 근로장려금은 거주자와 배우자의 근로소득과 사업소득을 합한 금액인 총급여액등을 감안하여 지급된다.
> ㄹ. 가구구분에 있어 홑벌이 가구란 배우자 또는 부양자녀가 있는 가구로서 맞벌이 가구가 아닌 가구를 말한다.

① ㄱ, ㄴ   ② ㄷ
③ ㄹ   ④ ㄱ, ㄴ, ㄷ
⑤ ㄱ, ㄴ, ㄷ, ㄹ

26 국민기초생활보장제도의 기본원칙에 관한 내용으로 옳은 것을 모두 고른 것은?

> ㄱ. 급여수준을 생계·주거·의료·교육 급여액과 수급자의 소득인정액을 포함한 총금액이 최저생계비 이상이 되도록 지원한다.
> ㄴ. 급여 신청자가 부양의무자에 의하여 부양될 수 있는 경우에는 기초생활보장 급여에 우선하여 부양의무자에 의한 보호가 먼저 행해져야 한다.
> ㄷ. 급여 신청자가 다른 법령에 의하여 보호를 받을 수 있는 경우에는 기초생활보장 급여에 우선하여 다른 법령에 의한 보호가 먼저 행해져야 한다.
> ㄹ. 국민기초생활보장법에 규정된 요건을 충족하더라도 성별·직업·연령·교육수준·소득원 등의 이유로 수급권을 제한할 수 있다.

① ㄱ, ㄴ   ② ㄴ, ㄷ
③ ㄷ, ㄹ   ④ ㄹ
⑤ ㄱ, ㄴ, ㄷ

✦27 공공부조의 특징으로 옳지 않은 것을 모두 고른 것은?

> ㄱ. 수급자격을 결정하기 위한 자산조사를 실시하는 데 행정비용이 많이 소요될 수 있다.
> ㄴ. 공공부조는 법적으로 모든 국민이 보호의 대상이며, 보편적으로 대상을 선정한다.
> ㄷ. 공공부조는 프로그램의 주체, 그리고 재원을 공공기관이 담당한다.
> ㄹ. 다른 제도에 비해 상대적으로 수직적 재분배 효과가 크게 나타난다.

① ㄱ, ㄴ   ② ㄴ
③ ㄷ, ㄹ   ④ ㄹ
⑤ ㄱ, ㄴ, ㄷ, ㄹ

✦28 빈곤과 소득불평등에 관한 내용으로 옳지 않은 것은?

① 사회적 배제는 소득의 문제에 국한되지 않는 다차원적인 불리함을 의미하며, 사회적 관계에서의 배제에도 관심을 기울이고 있다.

② 빈곤문화론은 사회환경이 역기능적이면 그런 환경 속에서 아동 역시 역기능적인 존재로 자라게 되는 빈곤문화가 존재한다고 본다.

③ 빈곤갭은 GNP 혹은 GDP 대비 비율로 나타내는 것이 일반적이다.

④ 주관적 빈곤을 측정하는 대표적인 방식으로 라운트리(Rowntree) 방식이 있다.

⑤ 이론적으로 소득 분포가 완전히 균등한 상태일 경우에는 지니계수는 0의 값을 나타낸다.

7영역

사회복지행정론

5개년도(18~22회) 출제분포표

	18회	19회	20회	21회	22회	문항수	출제율
1장 사회복지행정의 개념과 특성	2	1	2	3	1	9	7%
2장 사회복지행정의 역사	2	1	2	3	2	10	8%
3장 사회복지행정의 이론적 배경	2	3	6	3	4	18	14%
4장 사회복지조직의 구조와 조직화	2	2	1	3	2	10	8%
5장 사회복지서비스 전달체계	-	3	1	1	2	7	6%
6장 사회복지조직의 기획과 의사결정	1	1	1	1	2	6	5%
7장 리더십과 조직문화	3	2	3	1	2	11	9%
8장 인적자원관리	4	3	2	3	4	16	13%
9장 재정관리/재무관리	2	2	2	1	2	9	7%
10장 프로그램 개발과 평가	2	2	1	1	1	7	6%
11장 사회복지조직의 책임성과 평가	2	1	2	-	-	5	4%
12장 홍보와 마케팅	1	2	1	2	2	8	7%
13장 환경관리와 정보관리	2	2	1	3	1	9	7%

1장 사회복지행정의 개념과 특성

이 장에서는,

사회복지행정의 정의 및 특징에 관한 내용에 주목해야 한다. 사회복지행정의 정의, 특징, 일반행정과의 차이점, 사회복지조직의 특수성에 따른 행정원리 등에 관한 내용은 거의 반복적으로 출제되고 있다. 조금씩 다른 지문으로 출제되고 있지만 결국 사회복지조직의 특성에 따라 사회복지행정은 일반행정과 비교되는 다른 특징을 갖고 있음을 이해하면서 문제에 접근하면 된다. 그 밖에 접근성, 효율성, 효과성, 책임성 등 주요 가치와 행정의 과정 등도 살펴두자.

해답과 오답노트 192쪽

✛01 사회복지행정에 관한 설명으로 옳지 않은 것은?

① 목표달성을 위해 인적·물적 자원을 동원하는 과정이다.

② 조직관리, 인사관리, 재정관리 등을 포함하는 활동이다.

③ 사회복지정책을 서비스로 전환하여 전달하는 체계이다.

④ 효과성, 효율성, 접근성, 형평성 등을 주요 가치로 한다.

⑤ 경쟁조직의 증가에 따라 이윤의 극대화를 목적으로 한다.

기출 STYLE

사회복지행정은 인적, 물적 자원을 동원하고 관리하는 활동을 말하며, 사회복지 정책을 서비스로 전환시키는 총체적 활동이라는 점 기억해두자.

✛02 사회복지조직의 특징으로 옳은 것을 모두 고른 것은?

> ㄱ. 운영의 투명성이 강조된다.
> ㄴ. 사회적 책임성이 요구된다.
> ㄷ. 성과가 뚜렷하게 나타난다.
> ㄹ. 도덕적 정당성에 민감하다.

① ㄱ, ㄹ
② ㄴ, ㄷ
③ ㄱ, ㄴ, ㄹ
④ ㄴ, ㄷ, ㄹ
⑤ ㄱ, ㄴ, ㄷ, ㄹ

기출 STYLE

사회복지서비스는 사람과 사람의 관계에서 이루어지며, 사회복지사가 클라이언트의 편에서 그들의 욕구충족 및 문제해결을 위해 노력한다는 것은 매우 기본적이고도 중요한 특징이다. 사회복지조직의 특징도 결국 이러한 맥락에서 파악해야 한다.

03 다음 상황에서 가장 중요하게 고려해야 할 사회복지행정의 기능은?

> A기관은 지역이 변화를 맞이하면서 최근 2~3년에 걸쳐 새로운 사업들을 기획하고 실행했다. 이 과정에서 새 업무를 맡게 된 직원들이 급격한 소진을 보이고 있어 기관에서는 이에 대응할 필요성이 제기되고 있다.

① 조직 ② 평가
③ 조정 ④ 인사
⑤ 보고

문제풀이 TIP

POSDCoRBE
기획→조직→인사→지시→조정→보고→재정→평가

04 휴먼서비스 조직의 특성으로 옳은 것을 모두 고른 것은?

> ㄱ. 휴먼서비스 조직의 목표는 불확실하며 애매모호하다.
> ㄴ. 휴먼서비스 조직이 활용하는 기술은 불확실하다.
> ㄷ. 휴먼서비스 조직은 직원의 전문성에 대한 의존도가 크다.
> ㄹ. 휴먼서비스 조직의 원료는 인간이다.

① ㄱ, ㄴ ② ㄷ, ㄹ
③ ㄱ, ㄴ, ㄹ ④ ㄴ, ㄷ, ㄹ
⑤ ㄱ, ㄴ, ㄷ, ㄹ

05 사회복지행정에 포함되는 활동을 모두 고른 것은?

> ㄱ. 이용자들에게 동등한 서비스가 제공될 수 있도록 표준화한다.
> ㄴ. 조직의 목표, 신념 등을 구성원과 공유하며 조직문화를 형성한다.
> ㄷ. 효과성, 효율성 증진을 위해 사업계획 및 예산계획을 수립한다.
> ㄹ. 지역사회 네트워크를 기반으로 인적, 물적 자원을 동원한다.

① ㄱ, ㄴ ② ㄷ, ㄹ
③ ㄱ, ㄴ, ㄹ ④ ㄴ, ㄷ, ㄹ
⑤ ㄱ, ㄴ, ㄷ, ㄹ

06 다음 중 사회복지행정가에게 요구되는 지식을 모두 고른 것은?

> ㄱ. 개별 사회사업, 집단 사회사업, 지역사회조직, 지역사회조사에 관한 지식
> ㄴ. 사회복지사협회, 사회복지협의회, 사회복지학회 등 전문단체에 관한 지식
> ㄷ. 기획, 조직, 인사관리, 지휘, 통제 등에 대한 지식
> ㄹ. 사회복지 시설평가의 목적, 평가기준, 절차 등에 대한 지식

① ㄱ, ㄴ, ㄷ ② ㄱ, ㄷ, ㄹ
③ ㄱ, ㄴ, ㄹ ④ ㄴ, ㄷ, ㄹ
⑤ ㄱ, ㄴ, ㄷ, ㄹ

✦07 일반행정과 비교하여 사회복지행정에서만 나타나는 특징으로 옳은 것은?

① 원료가 인간인 휴먼서비스이다.

② 공공의지를 실현하는 데에 주목한다.

③ 효율성, 효과성, 생산성 등을 고려한다.

④ 구성원 간 의사소통을 중요시 여긴다.

⑤ 조직만의 독특한 문화가 발생한다.

09 사회복지조직에서 행정이 요구되는 이유로 적절하지 않은 것은?

① 조직관리가 일관성 있게 이루어질 수 있도록 한다.

② 외부환경의 영향력에서 완전히 독립할 수 있게 된다.

③ 일선 사회복지사의 역할을 효율적으로 분업할 수 있다.

④ 구성원들의 다양한 의견을 수렴하고 조정할 수 있게 된다.

⑤ 조직 운영의 실패 가능성을 감소시킬 수 있게 된다.

✦08 사회복지행정에서 고려해야 할 주요 가치를 모두 고른 것은?

> ㄱ. 제한된 서비스를 어떻게 분배할 것인가?
> ㄴ. 서비스 이용에 물리적, 심리적 제약은 없는가?
> ㄷ. 프로그램이 클라이언트의 욕구와 직접적으로 관련되어 있는가?
> ㄹ. 국가에서 제시한 복지정책의 기조를 잘 따르고 있는가?

① ㄱ, ㄴ, ㄷ ② ㄱ, ㄷ, ㄹ

③ ㄱ, ㄴ, ㄹ ④ ㄴ, ㄷ, ㄹ

⑤ ㄱ, ㄴ, ㄷ, ㄹ

✦10 사회복지서비스에 대한 접근성과 관련된 설명으로 옳은 것을 모두 고른 것은?

> ㄱ. 지역주민에게 조직에서 제공하는 서비스를 알릴 수 있는 홍보전단을 배포한다.
> ㄴ. 서비스 수급을 통한 낙인 발생을 방지하기 위한 방안을 강구한다.
> ㄷ. 대중교통을 이용하기 어려운 주민을 위한 이동도우미 서비스를 추진한다.
> ㄹ. 조직에서 제공한 서비스는 클라이언트의 욕구를 충족할 수 있어야 한다.

① ㄱ, ㄴ, ㄷ ② ㄱ, ㄷ, ㄹ

③ ㄴ, ㄹ ④ ㄷ, ㄹ

⑤ ㄱ, ㄴ, ㄷ, ㄹ

문제풀이 **TIP**

사회복지행정의 주요 가치
- 효율성: 비용의 문제
- 효과성: 성과의 차원
- 형평성(공평성): 평등
- 접근성(편익성): 이용의 용이성
- 대응성: 욕구 및 문제에 대한 민감성
- 책임성: 효과성, 효율성, 정당성 등을 포괄하는 개념

❖11 사회복지행정에 관한 설명으로 옳지 않은 것은?

① 서비스 제공자의 전문적 판단과 기술에 대한 의존도가 높다.

② 기관의 목적과 함께 도덕적 가치를 고려해야 한다.

③ 목표는 구체적일수록 좋지만 구체화하기 어려운 상황도 존재한다.

④ 영리가 목적은 아니기 때문에 효율성을 추구해서는 안 된다.

⑤ 결과의 무형성으로 인해 성과를 판단할 기준이 모호하다.

12 사회복지행정의 실천원칙에 대한 설명으로 옳은 것을 모두 고른 것은?

> ㄱ. 기획의 원칙: 서비스의 효과적인 제공을 위한 지속적인 기획이 진행되어야 한다.
> ㄴ. 기관의 정체성 원칙: 기관은 서비스 제공을 위한 하나의 총체적인 수단으로서 인식되어야 한다.
> ㄷ. 전문적 책임성의 원칙: 사회복지사의 전문적 업무 활동에 있어 책임과 권한의 위임이 이루어져야 한다.
> ㄹ. 자원 활용의 원칙: 다양한 방식으로 기부된 자원을 활용함에 있어 신중을 기해야 한다.

① ㄱ, ㄴ   ② ㄴ, ㄷ
③ ㄷ, ㄹ   ④ ㄱ, ㄴ, ㄹ
⑤ ㄴ, ㄷ, ㄹ

❖13 사회복지행정의 특징으로 옳지 않은 것은?

① 지역사회의 욕구를 바탕으로 한다.

② 기관의 사회적 목적이 명확히 설정되어야 한다.

③ 지역사회가 아닌 전체 사회의 이익과 분배에 초점을 둔다.

④ 도덕적, 윤리적 가치판단이 강조된다.

⑤ 실무자와 클라이언트의 인간적 관계를 중요시한다.

14 사회복지행정가에게 요구되는 역량으로 옳지 않은 것은?

① 지역사회 내 유관 기관 등에 관한 정보를 파악하고 네트워크를 구성하기 위해 노력해야 한다.

② 기관이 추구하는 가치가 아닌 자신이 추구하는 가치를 바탕으로 전문성을 발휘해야 한다.

③ 계획을 수립할 때에는 실행함에 있어 발생할 수 있는 현실적 문제들을 고려할 수 있어야 한다.

④ 조직 구성원의 경력, 성과, 소진 정도 등을 파악하여 적절한 인적자원관리를 진행해야 한다.

⑤ 조직의 운영과 관련하여 변화하는 제도 및 정책에 대해 기민하게 대응할 수 있어야 한다.

사회복지행정론

15 사회복지행정의 과정 중 사회복지행정가가 직원, 이사회, 지역사회, 행정기관, 후원자 등에게 조직에서 일어나는 상황을 보고한 후, 그 다음에 있을 과정에 대한 설명으로 옳은 것은?

① 조직 구조를 설정하게 되고 과업이 할당 또는 조정된다.

② 효과성 평가와 효율성 평가의 두 가지 척도를 적용하여 평가한다.

③ 사회복지행정가는 부서 간, 직원들 간의 효과적인 의사소통의 망을 만들어 유지하고 조정한다.

④ 사회복지행정가는 변화하는 목표에 맞춰 과업을 계획하고 방법과 기술을 결정한다.

⑤ 조직의 재정행정가는 중·장기적인 재정계획을 수립하고 회계규정에 따라 재정을 운용한다.

문제풀이 **TIP**

보고의 다음 단계는 재정이다.

16 사회복지행정의 접근방법에 대한 설명 중 옳은 것을 모두 고른 것은?

ㄱ. 기술적 능력에 기초하여 승진을 결정하는 것은 관료적 접근방법이다.

ㄴ. 피라미드 구조의 명령계통을 지양하고, 직원의 참여와 동참을 기초로 하는 방법은 민주적 접근방법이다.

ㄷ. 혼합적 접근방법은 피라미드 형태의 명령계통을 포함하면서, 행정가의 권위를 완화시키는 방향으로 수정된 방식이다.

ㄹ. 민주적 접근방법은 Max Weber에 의해 처음으로 체계적으로 연구되고 분석된 조직구조의 체계이다.

① ㄱ, ㄴ, ㄷ   ② ㄱ, ㄷ, ㄹ

③ ㄴ, ㄹ   ④ ㄷ, ㄹ

⑤ ㄱ, ㄴ, ㄷ, ㄹ

사회복지행정의 역사

2장

이 장에서는,

사회복지행정의 발달 흐름을 살펴본다. 우리나라 역사에 관한 내용은 주요 사건들과 해당 연도를 세밀히 암기해둘 필요가 있다. 특히 사회복지전문요원(1987년) 및 사회복지전담공무원(2000년), 시설평가제 도입(1997년 법 개정, 1999년 1기 실시), 시·군·구 희망복지지원단(2012년), 읍·면·동 복지허브화(2016년), 행복e음(2010년) 및 사회보장정보시스템(2013년) 등은 꼭 기억해두자. 미국의 역사는 출제비중은 낮지만 사회보장법 제정, 1960년대 빈곤과의 전쟁, 1980년대 작은 정부(민영화) 등의 흐름은 기본적으로 알아두는 것이 좋다.

해답과 오답노트 194쪽

✦01 우리나라 사회복지행정의 발달 과정에 관한 설명으로 옳은 것은?

① 2007년에는 주민생활지원서비스를 실시하며 행정복지센터를 개소하였다.

② 2017년 주민자치형 공공서비스 도입은 사회보장서비스의 중앙집권화를 강조하였다.

③ 2012년 희망복지지원단이 통합적 사례관리를 위해 시·군·구 단위에 마련되었다.

④ 2019년 출범한 사회서비스원을 통해 사회보험 업무를 간소화·통합화하였다.

⑤ 2023년 한국사회복지사 윤리강령 개정으로 사회복지 전문직의 권리가 법제화되었다.

기출 STYLE

우리나라 사회복지 역사에서 시기별 특징들을 유의깊게 살펴보고 주요 변화는 해당 연도까지 암기해두는 것이 필요하다.

✦02 한국 사회복지 전달체계와 관련하여 변화 과정을 순서대로 나열한 것은?

> ㄱ. 사회복지통합관리망(행복e음) 개통
> ㄴ. 주민생활지원서비스 전달체계 도입
> ㄷ. 일반직 사회복지전담공무원 임용
> ㄹ. 시·군·구 사회복지사무소 설치

① ㄴ → ㄱ → ㄷ → ㄹ

② ㄴ → ㄹ → ㄷ → ㄱ

③ ㄷ → ㄴ → ㄱ → ㄹ

④ ㄷ → ㄹ → ㄴ → ㄱ

⑤ ㄹ → ㄷ → ㄱ → ㄴ

기출 STYLE

역사적 흐름을 시기별로 나열하는 문제도 단골 유형이다. 보건복지사무소나 사회복지사무소는 시범사업 종료 후 무산되어 현재 운영되고 있는 것이 아님에도 종종 출제되고 있으므로 해당 연도를 헷갈리지 않게 기억해두어야 한다.

03 우리나라 사회복지행정의 변화에 관한 설명으로 옳지 않은 것은?

① 1990년대에는 사회복지시설의 전문성 및 사회적 책임성 제고를 위한 규정들이 마련되었다.

② 2000년 읍·면·동 단위의 복지서비스 제공을 위해 별정직 사회복지전담공무원 제도를 도입하였다.

③ 2005년부터 사회복지 관련 사업의 지방이양을 위한 분권 교부세가 한시적으로 시행되기도 했다.

④ 2012년 출범한 희망복지지원단을 통해 공공영역에서의 통합 사례관리를 추진하고 있다.

⑤ 2013년 개통한 사회보장정보시스템은 전 부처 복지사업 정보를 연계하여 부적정 수급 방지를 꾀한다.

04 우리나라 사회복지행정과 관련된 역사에서 시기적으로 다른 하나는?

① 지역사회복지계획 수립 의무화

② 사회복지 시설평가 제도 도입

③ 사회복지시설의 설치를 신고제로 전환

④ 사회복지법인 이사의 시설장 외 종사자 겸직 금지

⑤ 개인의 사회복지시설 설치 허용

 문제풀이 **TIP**

1997년에는 사회복지사의 전문성 제고, 사회복지시설 설치 기준 완화, 시설운영의 투명성 확보 등 사회복지사업의 활성화를 위한 방향으로 사회복지사업법의 전부개정이 이루어졌다.

05 우리나라 사회복지행정의 발달사와 관련하여 옳은 것은?

① 1960년대: 지역주민을 위한 다양한 이용시설이 생겨났다.

② 1970년대: 사회복지행정이 별도의 교과목으로 인정받지 못했다.

③ 1980년대: 한국사회사업가협회가 사회복지사 윤리강령을 제정했다.

④ 1990년대: 사회복지사업법 제정으로 시설평가가 시작되었다.

⑤ 2000년대: 지방분권화의 실시로 지역에 민감한 사회복지가 강조되었다.

06 사회복지 발달 과정에서 민영화의 영향으로 옳은 것을 모두 고른 것은?

> ㄱ. 위탁, 공동소유 등으로 공공과 민간 체계의 구분이 모호해졌다.
> ㄴ. 공공행정에서 정부의 축소를 강조하는 신공공관리론이 등장하였다.
> ㄷ. 민간부문에서는 기업경영에서의 마케팅 도입에 관심을 두게 되었다.
> ㄹ. 우리나라 공공부문에서는 통합 사례관리를 강조하는 양상이 나타났다.

① ㄱ, ㄷ   ② ㄴ, ㄹ

③ ㄱ, ㄴ, ㄷ   ④ ㄴ, ㄷ, ㄹ

⑤ ㄱ, ㄴ, ㄷ, ㄹ

07 2000년 이후 일어난 우리나라 사회복지행정의 변화로 옳은 것을 모두 고른 것은?

> ㄱ. 별정직 사회복지전담공무원이 일반직 사회복지전문요원으로 전환되었다.
> ㄴ. 복지 허브화 사업을 통해 읍·면·동 단위에 맞춤형 복지전담팀이 구성되었다.
> ㄷ. 사회복지사 1급 국가시험의 시행으로 사회복지행정에 관한 지식이 더욱 강조되었다.
> ㄹ. 한국사회보장정보원에서 사회서비스 전자바우처의 신청을 접수받고 있다.

① ㄱ, ㄴ
② ㄴ, ㄷ
③ ㄷ, ㄹ
④ ㄱ, ㄴ, ㄷ
⑤ ㄴ, ㄷ, ㄹ

08 다음에서 설명하는 사회복지행정 변화의 계기가 된 사건은?

> 사회복지기관의 조직 및 시설 관리, 인사 및 재정 관리, 프로그램 관리, 지역사회와의 연계 등 사회복지행정이 다루어야 할 영역을 구체화시켰으며, 실천 현장에 대한 객관적인 자료를 마련하는 토대가 되었다.

① 사회복지 시설평가 제도
② 사회복지사 1급 국가시험 제도
③ 주민생활지원서비스 체계
④ 지역사회복지계획 수립
⑤ 지방분권화

09 미국 사회복지행정의 발달 흐름에 대한 설명으로 옳지 않은 것은?

① 사회복지행정이 사회복지학 분야에서 독립된 분야로 가장 먼저 발전된 국가는 미국이다.
② 1929년 밀포드 회의에서 사회복지행정이 사회복지의 기본적인 실천방법으로 인정받았다.
③ 1970년대에는 효율성, 효과성, 책임성에 대한 관심이 증대되고, 사례관리를 통한 서비스 통합과 효율화의 방식이 본격화되기 시작했다.
④ 1980년대 이후 국가 중심의 사회복지가 발달하였고, 사회복지 예산이 확대됨에 따라 다양한 프로그램이 등장하였다.
⑤ 1990년대 이후 연합, 합병 등의 경영기법이 사회복지 분야에 확대적용되었다.

 문제풀이 TIP

미국 역사의 주요 흐름
• 1935년 사회보장법 제정으로 공공복지 확대
• 1960년대 사회운동단체 활발, 행정기능 강화, '빈곤과의 전쟁'
• 1970년대 행정의 효율화 강조, 사례관리 도입
• 1980년대 '작은 정부'
• 1990년대 경영기법 도입(재정관리, 마케팅 등)

10 최근 우리나라 사회복지행정과 관련된 경향으로 옳지 않은 것은?

① 공공부조 서비스의 민영화
② 지역사회 밀착형 서비스
③ 기관 운영의 투명성 강조
④ 민간과 공공의 협력 강화
⑤ 경쟁 조직들의 활성화

11 초기 한국 사회복지 역사에 관한 설명이 바르게 서술된 것은?

① 1906년 인보관 성격의 반열방이 미국 선교사에 의해 서울에 설립되었다.

② 일제하에서 전통적인 사회복지 양식들이 보존·체계화되기 시작하였다.

③ 조선사회사업연구회에서는 사회복지사업에 대한 조사·연구를 진행하였다.

④ 1944년 제정된 조선구호령은 근대적 복지이념에 따른 광범위한 구빈·방빈 제도였다.

⑤ 1927년 이후 빈민들을 대상으로 실시된 방면위원은 민간에 의해 제공된 것이다.

 문제풀이 TIP

해방 이전 시기의 역사
• 19세기 말 선교사에 의한 선교적 자선 활동
• 1906년 반열방
• 1921년 태화여자관, 조선사회사업연구회 조직
• 1920년대 후반 방면위원 제도
• 1944년 조선구호령

12 미국 사회복지발달의 흐름에서 제시된 이론으로 다음에서 설명하고 있는 것은?

> 레이건 정부의 민영화 정책 흐름에 따라 신보수주의, 신자유주의 경향을 기반으로 개발된 이론이다. 공공영역에 기업경영론을 도입하고자 한 것으로 성과, 고객, 경쟁 등을 강조하였다.

① 신공공서비스론
② 행정적 관리론
③ 품질관리론
④ 성과관리론
⑤ 신공공관리론

13 미국 사회복지행정의 역사를 역사적 흐름에 따라 바르게 나열한 것은?

> ㄱ. 기관의 운영원리로서 효과성과 효율성에 대한 관심이 증대되었다.
> ㄴ. 사회복지행정은 밀포드회의에서 실천방법의 하나로 인정받게 되었다.
> ㄷ. 공동모금이 전국적으로 확대되면서 미국사회복지공동모금협의회가 탄생했다.
> ㄹ. 재정관리의 중요성이 강조되면서 기업경영 기법의 도입에 관한 관심도 증가하였다.

① ㄱ - ㄴ - ㄷ - ㄹ
② ㄴ - ㄷ - ㄱ - ㄹ
③ ㄱ - ㄷ - ㄴ - ㄹ
④ ㄴ - ㄹ - ㄱ - ㄷ
⑤ ㄴ - ㄱ - ㄹ - ㄷ

✦14 우리나라 사회복지행정의 발달사를 시대순으로 바르게 나열한 것은?

> ㄱ. 사회복지시설에 대해 3년마다 1회 평가를 진행하는 제도를 마련하였다.
> ㄴ. 사회복지전문요원을 사회복지전담공무원으로 변경하는 법 개정이 이루어졌다.
> ㄷ. 지방분권화의 일환으로 시·군·구 지역사회복지협의체가 도입되었다.
> ㄹ. 우리나라의 대표적인 공공부조 정책인 국민기초생활보장법이 시행되었다.

① ㄱ - ㄴ - ㄷ - ㄹ
② ㄴ - ㄱ - ㄹ - ㄷ
③ ㄴ - ㄷ - ㄱ - ㄹ
④ ㄷ - ㄴ - ㄱ - ㄹ
⑤ ㄷ - ㄹ - ㄴ - ㄱ

15 다음 중 가장 먼저 일어난 일은 무엇인가?

① 사회복지사업법 개정으로 3년마다 사회복지 시설을 평가하도록 하여 효율성, 효과성, 책임성을 제고하고자 했다.

② 잘못된 성금 모금과 사용을 막기 위해 전국 단위의 사회복지공동모금회가 설립되었다.

③ 공공복지행정의 체계를 마련하면서 사회복지사 자격증을 소지한 사회복지전문요원이 공무원으로 활동하기 시작하였다.

④ 사회복지사업 종사자의 활동을 장려하기 위하여 매년 9월 7일을 사회복지의 날로 지정하였다.

⑤ 시·군·구에서 지역사회복지협의체를 운영함으로써 지역사회복지 부문의 중요사항을 심의하고 서비스 간의 연계를 강화하였다.

✢16 한국 사회복지행정의 역사에 관한 설명으로 옳지 않은 것은?

① 일제 강점기에는 조선사회사업협회가 창립, 운영되었다.

② 해방 이후 미군정에 의한 사회복지행정은 긴급구호 차원의 성격이 짙었다.

③ 1980년대 제5공화국을 거치면서 사회복지 관련 시설 및 기관의 수는 급감하였다.

④ 1997년 사회복지사업법 개정을 통해 사회복지 시설평가 제도가 도입되었다.

⑤ 2000년대에는 사회복지사 1급 시험이 처음으로 시행되었다.

문제풀이 TIP

우리나라 역사의 주요 흐름
- 일제강점기: 자선적, 시혜적
- 1970년대까지도 수용시설 중심, 외원기관 중심
- 1980년대 다양한 법 제·개정, 기관 급증
- 1987년: 사회복지전문요원 제도
- 1992년: 사회복지전담공무원 법적 근거 마련
- 1997년 사회복지사업법 개정으로 시설평가제, 시설 신고제, 1급 시험 규정
- 2000년대: 지역복지 강조, 전달체계 개편, 공공 정보시스템 구축

3장 사회복지행정의 이론적 배경

이 장에서는,

행정발달의 이론적 흐름을 살펴본다. 분업·효율에 초점을 두었던 관료제이론과 과학적 관리론, 인간관계의 중요성에 초점을 두었던 인간관계이론, 그리고 이후 조직환경이론 및 현대조직이론에 이르기까지 다양한 이론들의 주요 특징을 파악해두어야 한다. 상황이론, 정치경제이론, 자원의존이론, 조직군 생태론 등은 환경에 대한 개방체계적 관점의 이론들이라는 점 기억해두어야 하며, 현대조직이론에서는 무엇보다 품질의 개선과 고객만족에 초점을 둔 TQM의 주요 특징 및 서브퀄 구성요소 등을 상세히 살펴봐야 한다.

해답과 오답노트 196쪽

✤01 총체적 품질관리(TQM)에 관한 설명으로 옳지 않은 것은?

① 품질의 지속적인 개선을 중요시한다.
② 품질확보는 구성원의 헌신으로 이루어진다.
③ 품질결정은 조직의 의사결정자에 의한다.
④ 품질관리는 자료분석을 기반으로 한다.
⑤ 품질확보는 모든 과정과 연결되어 있다.

기출 STYLE

TQM에 관한 문제는 거의 해마다 출제되고 있다. 지속적인 품질관리, 분권적 구조, 전 직원의 참여, 품질결정은 클라이언트가, 전 과정에서의 총체적 품질관리 등 주요 특징을 파악해두자.

✤02 다음 설명에 해당하는 조직이론은?

- 조직 및 구성원의 역량강화를 통해 생산성 향상을 꾀한다.
- 개인적 통제감, 정신적 모델, 공유 비전, 팀 학습, 체계적 사고 등을 통해 조직의 역량강화를 추진한다.
- 구성원 개인의 역량뿐만 아니라 조직 전체 차원에서의 역량강화를 추진한다.

① 목표관리이론
② 총체적 품질관리론
③ 학습조직이론
④ 인간관계론
⑤ 조직환경이론

기출 STYLE

특정 이론에 대한 설명을 간략히 제시하고 어떤 이론인지를 파악하는 문제가 출제되곤 한다. 각 이론에 대한 주요 키워드를 파악해두어야 헷갈리지 않고 답을 찾을 수 있다.

✛03 각 조직이론의 핵심 특징으로 옳은 것은?

① 상황이론: 조직의 상황에 따라서는 집권적 구성이 더 효율적일 수 있다.

② 체계이론: 조직의 생존을 위해 외부환경 변화에 대한 분석과 대응을 강조한다.

③ 제도이론: 조직의 역할은 사회변화에 따라 새로운 제도를 고안하는 것이다.

④ 목표관리이론: 조직의 목표설정, 기획, 실행을 철저히 분리하는 관리체계이다.

⑤ 자원의존이론: 조직은 지역사회에서 필요로 하는 자원을 제공해야 한다.

기출 STYLE

특정 이론에 대한 문제가 단독으로 나오기도 하지만 이렇듯 각 이론에 대해 옳은/틀린 설명을 찾는 문제도 출제되고 있다.

✛04 사회복지조직에서의 서비스 질에 관한 설명으로 옳지 않은 것은?

① 사회복지 시설평가 제도는 서비스의 질을 확보하기 위한 것이다.

② 서비스 질의 유지 및 향상을 위해 위험관리가 강조되고 있다.

③ 서비스의 질을 높이기 위해서는 총체적 품질관리의 도입이 필수적이다.

④ 서비스 제공의 개별성으로 인해 서비스 질을 객관적으로 평가하기 어렵다.

⑤ 클라이언트가 이용 과정에서 느낀 만족도는 서비스 질의 판단기준이 된다.

✛05 과학적 관리론에 관한 설명으로 옳지 않은 것은?

① 노동을 개인이 아닌 집단적 활동으로 보았다.

② 과업을 표준화하여 분업체계를 확립하였다.

③ 노동자에 대한 동기부여에 관심을 두었다.

④ 권한과 책임은 행정관리자에게만 부여하였다.

⑤ 차별적 성과급 제도를 원칙으로 하였다.

✛06 관료제 이론의 특징으로 옳지 않은 것은?

① 수평적 구조화

② 합법성 · 합리성

③ 최대한의 효율성

④ 기술적 자격의 인정

⑤ 전문화된 분업화

07 제도이론의 핵심적인 개념으로 옳은 것은?

① 변이 → 선택 → 보전을 통한 조직변동

② 강제, 모방, 규범 등을 통한 제도적 동형화

③ 정치적 · 경제적 자원의 획득

④ 환경결정론적 시각

⑤ 조직을 구성하는 하위체계의 기능 분석

08 사회복지실천현장에서 TQM을 알맞게 적용한 것을 모두 고른 것은?

> ㄱ. 지역사회주민들의 욕구(Needs)가 무엇인지 알기 위해 지역사회 욕구조사를 실시했다.
> ㄴ. 매년 12월, A복지관에서는 기부하는 후원자들을 위해 감사카드를 만들어 보내고 있다.
> ㄷ. 직무에 대한 매뉴얼을 만들어 업무담당자가 바뀌더라도 서비스가 지속적으로 제공될 수 있도록 하고 있다.
> ㄹ. 모든 클라이언트에게 평등하고 통일된 서비스를 제공하기 위하여 조직의 집권화를 추진하였다.

① ㄱ, ㄴ, ㄷ   ② ㄱ, ㄷ
③ ㄴ, ㄷ, ㄹ   ④ ㄱ, ㄹ
⑤ ㄱ, ㄴ, ㄷ, ㄹ

 09 정치경제이론에 대한 설명으로 옳지 않은 것은?

① 조직과 외부환경과의 상호작용에 초점을 둔다.
② 자원의 유무에 따라 발생하는 권력의 역학관계에 주목한다.
③ 외부환경에 의존하게 되는 사회복지조직의 현실을 설명할 수 있다.
④ 정치적 자원과 경제적 자원을 모두 고려한다.
⑤ 조직의 자율성과 능동성을 간과했다는 비판을 받는다.

문제풀이 TIP
정치경제이론은 조직과 환경과의 관계를 정치적, 경제적 권력의 상호작용에 따라 설명하는 이론이다.

10 학습조직이론에 관한 설명으로 옳지 않은 것은?

① 조직과 인력의 역량을 강화하기 위해 실시된다.
② 학습을 통해 조직의 효과성 및 생산성을 증가시킨다.
③ 발견된 문제점에 한정된 효율적인 학습을 강조한다.
④ 학습의 체질화를 위한 조직문화 형성이 요구된다.
⑤ 모니터링 결과를 분석하여 단선적 학습을 진행할 수 있다.

11 조직군 생태이론에 대한 설명으로 옳지 않은 것은?

① 다윈의 진화론에 영향을 받아 전개된 이론이다.
② 조직을 환경적 상황에 적합한 구조를 설계하고 적응할 수 있는 존재로 본다.
③ 환경의 선택과정은 변이→선택→보전의 과정을 거친다.
④ 조직군의 밀집도가 높아 경쟁이 치열하게 되면, 어떤 조직은 도태되어 사라지게 된다.
⑤ 조직은 자체적인 관성(inertia)으로 인해 변화하기가 쉽지 않다.

12 조직이론에 관한 설명으로 옳은 것을 모두 고른 것은?

> ㄱ. 과학적 관리론은 노동자와 관리자가 동등한 위치에서 동등한 권한을 갖는다고 설명하였다.
> ㄴ. 정치경제이론은 조직의 행태를 정치적, 경제적 힘의 논리에 따라 설명하였다.
> ㄷ. Z이론은 조직 차원에서 다양한 방식의 동기부여가 이루어져야 함을 설명하였다.
> ㄹ. 조직군 생태이론은 개별조직이 아닌 조직군을 분석단위로 설명하였다.

① ㄱ, ㄴ, ㄷ   ② ㄹ

③ ㄱ, ㄷ   ④ ㄴ, ㄹ

⑤ ㄱ, ㄴ, ㄷ, ㄹ

✛13 인간관계이론에 관한 설명으로 옳은 것을 모두 고른 것은?

> ㄱ. 인간의 심리적 · 사회적 욕구에 관심을 두었다.
> ㄴ. 환경변화에 대한 조직의 대응방안을 강구하였다.
> ㄷ. 구성원에 대한 비물질적 보상의 중요성을 고려하였다.
> ㄹ. 조직 내 비공식집단이 생산성 향상에 영향을 준다고 보았다.

① ㄱ, ㄹ   ② ㄴ, ㄷ

③ ㄱ, ㄷ, ㄹ   ④ ㄴ, ㄷ, ㄹ

⑤ ㄱ, ㄴ, ㄷ, ㄹ

✛14 다음 중 개방체계적 관점의 이론으로 나열된 것은?

① 상황이론, 자원의존이론, 제도이론

② 과학적 관리론, 정치경제이론, 조직군 생태론

③ 인간관계이론, 과학적 관리론, 자원의존이론

④ 인간관계이론, 상황이론, 조직군 생태론

⑤ 관료제이론, 과학적 관리론, 제도이론

문제풀이 **TIP**

조직을 둘러싼 환경 요소들과 상호작용이 있다면 개방체계, 그렇지 않다면 폐쇄체계이다.

15 다음에서 설명하고 있는 현대조직운영기법은?

> • 1970년대 후반 미국의 복사기 제조사인 제록스(Xerox)가 경쟁사들을 분석하면서 도입된 개념이다.
> • 지속적인 개선을 달성하기 위해 조직 내부의 활동과 기능, 관리능력 등을 성공 사례인 외부의 조직과 비교 · 평가함으로써 조직의 자기혁신을 추구하는 것이다.
> • 사전준비가 부족하거나 단순 모방에 그칠 때, 구성원의 참여유도에 실패하거나 관행에서 벗어나지 못할 때 등에는 실패의 가능성이 높아진다.

① 애드호크러시(Adhocracy)

② 리스트럭처링(Restructuring)

③ 다운사이징(Downsizing)

④ 리엔지니어링(Reengineering)

⑤ 벤치마킹(Benchmarking)

16 사회복지조직의 위험관리에서 고려해야 할 사항을 모두 고른 것은?

> ㄱ. 서비스의 품질 향상
> ㄴ. 후원금 감소 등 경영상 위험
> ㄷ. 이용자의 안전 및 권리 확보
> ㄹ. 실적 및 성과 조작 가능성

① ㄱ, ㄷ
② ㄴ, ㄹ
③ ㄱ, ㄴ, ㄷ
④ ㄴ, ㄷ, ㄹ
⑤ ㄱ, ㄴ, ㄷ, ㄹ

문제풀이 **TIP**

조직 운영 및 서비스 제공 과정에서 발생할 수 있는 위험 상황을 예측하고 대비하는 것도 서비스 품질의 향상과 관련된다.

17 정치경제이론에서 말하는 자원에 해당하는 것을 모두 고른 것은?

> ㄱ. 후원자　　　　ㄴ. 지속적 학습
> ㄷ. 클라이언트　　ㄹ. 조직의 위계질서

① ㄱ, ㄷ
② ㄱ, ㄹ
③ ㄴ, ㄷ
④ ㄱ, ㄴ, ㄷ
⑤ ㄴ, ㄷ, ㄹ

18 다음 상황에서 사회복지행정가가 참고해야 할 조직이론을 모두 고른 것은?

> A복지관은 복지다원주의와 정보화의 영향, 조직의 전문성 강화, 인간유지/변화기술의 향상, 의사결정의 분산과 횡적 네트워크 개발, 창조적 프로그램의 개발, 새로운 자원동원 전략의 개발 촉구 등의 상황 속에서 조직의 행정적 차원에서 새로운 비전을 설정하고 대응전략을 살펴보고자 한다.
>
> ㄱ. 정치경제이론　　ㄴ. 제도이론
> ㄷ. 상황이론　　　　ㄹ. 인간관계이론

① ㄱ, ㄴ, ㄷ
② ㄱ, ㄷ
③ ㄴ, ㄹ
④ ㄹ
⑤ ㄱ, ㄴ, ㄷ, ㄹ

19 학습조직화를 위한 주요 영역에 대한 설명으로 옳지 않은 것은?

① 자기숙련(personal mastery): 조직구성원은 스스로를 동기부여하며 역량을 강화해나간다.
② 공유 비전(shared vision): 조직구성원이 갖는 개개인의 목표를 학습과정을 통해 통합한다.
③ 체계적 사고(system thinking): 조직의 다양한 요소 간 갈등을 인정하며 타협과 협력을 추진한다.
④ 문제해결(problem solving): 조직의 핵심가치인 효율성을 달성하기 위한 문제해결 방안을 찾는다.
⑤ 정신적 모델(mental model): 조직구성원 간 대화, 성찰, 질문을 통해 최선의 해결책을 강구한다.

20 품질관리에 있어 고려해야 할 사회복지서비스의 속성 중 다음에서 설명하고 있는 것은?

> A클라이언트와 B클라이언트가 동일한 문제를 호소한다 하더라도 구체적인 문제상황, 문제에 대한 클라이언트의 태도, 가지고 있는 자원 및 강점 등은 모두 다르다. 이로 인해 동일한 문제를 호소한다고 해서 동일한 서비스를 동일한 수준에서 제공할 수 없게 된다.

① 사회복지서비스는 가시적이지 않다.
② 사회복지서비스는 표준화하기가 어렵다.
③ 사회복지서비스는 제공과 동시에 소멸한다.
④ 사회복지서비스는 생산과 소비가 분리되지 않는다.
⑤ 사회복지서비스는 운영의 투명성이 강조된다.

21 MBO(목표관리이론)의 특징으로 옳지 않은 것은?

① 조직의 효율성을 증진시키기 위한 총체적 관리체계이다.
② 목표를 수량화하여 객관적인 평가를 진행한다.
③ 명확한 목표설정과 그에 따른 책임을 분명히 한다.
④ 목표달성을 위한 피드백과 보상이 따른다.
⑤ 목표설정은 상위관리자의 주관적 견해에 따라 결정된다.

✦22 서비스 질을 측정하는 도구인 서브퀄(SERVQUAL)의 각 요소에 대한 설명으로 옳지 않은 것은?

① 즉응성(responsiveness): 서비스는 클라이언트가 필요로 하는 시기에 즉시 제공되어야 한다.
② 공감성(empathy): 클라이언트에 대한 개별화된 이해와 관심을 기반으로 서비스가 이루어져야 한다.
③ 신뢰성(reliability): 서비스는 계약에 따라 제공되어 클라이언트의 기대를 만족시킬 수 있어야 한다.
④ 확신성(assurance): 서비스를 제공하는 사회복지사는 뚜렷한 성과를 보장할 수 있어야 한다.
⑤ 가시성(tangible): 서비스가 제공되는 장소는 클라이언트가 이용에 불편함이 없도록 청결해야 한다.

 문제풀이 TIP
다섯 가지 주요 품질차원에 무엇이 있는지와 함께 각각의 요소가 의미하는 바를 꼼꼼히 파악해두어야 한다.

23 체계이론에서 각 하위체계의 기능이 바르게 연결된 것은?

① 생산 하위체계: 클라이언트에게 서비스를 제공
② 유지 하위체계: 조직의 변화를 위한 직원 훈련
③ 경계 하위체계: 다른 조직에 대한 배타적 기능
④ 적응 하위체계: 지역사회 내 정통성 확보
⑤ 관리 하위체계: 다른 4가지 체계의 경계짓기

사회복지행정론

해답과 오답노트 199쪽

24 다음 상황을 설명하기에 적합한 조직이론은?

> ○○동은 최근 인근 산업단지와 직통으로 연결된 지하철 노선이 들어섰다. 이 과정에서 산업단지로 취업하여 타 지역에서 이사온 1인 가구가 증가하면서 소형 다가구 주택, 오피스텔 등이 난립하고 있다. ○○동에 위치한 복지관에서는 이러한 지역사회의 변화를 반영하여 1인 가구를 대상으로 '내가 만드는 간편식 요리교실'과 '좁은 공간 넓게 쓰는 인테리어 교실' 등의 주말 프로그램을 새롭게 준비하여 환경변화에 대응하고자 노력하고 있다.

① 제도이론
② 조직군 생태론
③ 자원의존이론
④ 조직구조론
⑤ 사회체계이론

26 사회복지 행정 및 조직 관련 이론에 대한 설명으로 옳은 것을 모두 고른 것은?

> ㄱ. 상황이론(contingency theory): 몇 가지 상황을 유형화하여 각 상황별 조직구조를 제시한다.
> ㄴ. 목표관리이론(MBO): 조직이 달성해야 할 단기적 목표를 설정하여 목표달성을 중심으로 운용한다.
> ㄷ. 벤치마킹(Benchmarking): 생산성 향상을 위해 다른 조직의 성공사례를 단순모방하여 반영한다.
> ㄹ. 애드호크러시(Adhocracy): 주요 전문가들로 구성되어 고도의 수평적 분화가 이루어진 구조를 갖는다.

① ㄱ, ㄷ
② ㄴ, ㄹ
③ ㄱ, ㄴ, ㄷ
④ ㄴ, ㄷ, ㄹ
⑤ ㄱ, ㄴ, ㄷ, ㄹ

✛25 각 조직이론에서 제시된 핵심 개념으로 옳지 않은 것은?

① 조직군 생태이론: 변이 → 선택 → 보전의 과정
② 목표관리이론: 목표달성을 위한 총체적 관리체계
③ 정치경제이론: 제도적 동형화 과정
④ 과학적 관리론: 차별적 성과급 제도
⑤ 학습조직이론: 단선적 학습, 복선적 학습

4장

사회복지조직의 구조와 조직화

이 장에서는,

조직의 구조, 조직의 유형, 조직화 방법 등을 공부한다. 공식성, 복잡성, 집권성 등 조직의 구조적 요소에 관한 문제는 필수 기출영역이다. 그 밖에 업무세분화의 장단점 및 극복방안, 부문화 방법, 이사회와 위원회, 동태적 조직(매트릭스, 태스크포스 등)의 특징 등이 두루두루 출제된 바 있으며, 비영리조직, 사회적 경제, 조직의 네트워크에 관한 문제가 등장하기도 했다.

해답과 오답노트 200쪽

✦01 조직구조에 관한 설명으로 옳지 않은 것은?

① 사업의 종류가 많아질수록 조직의 복잡성이 증가하게 된다.

② 수평적으로 분화할수록 조직의 수직적 계층도 증가하게 된다.

③ 분권화 정도가 높을수록 의사결정 과정의 조정 장치가 요구된다.

④ 집권화 정도가 높을수록 조직의 일관성을 유지할 수 있다.

⑤ 공식화 정도가 높을수록 업무처리의 통일성을 기하기에 유리하다.

기출 STYLE

복잡성, 집권성, 공식성 등에 관한 내용은 꾸준히 출제되고 있으므로 각 개념을 구분하여야 하고, 각 조직구조의 특징을 파악해야 한다. 더불어 어떠한 상황에 어떤 구조의 조직이 적합한지도 함께 공부해두어야 한다.

✦02 비공식조직에 대한 설명으로 옳지 않은 것은?

① 집단의 응집력 향상에 도움이 될 수 있다.

② 업무 스트레스를 해소하는 수단이 될 수 있다.

③ 업무에 관한 정보교환의 장이 되기도 한다.

④ 파벌형성으로 폐단을 가져오기도 한다.

⑤ 공식조직의 통제를 전제로 활동한다.

기출 STYLE

비공식조직의 특징에 관해 살펴보는 문제도 심심치 않게 출제되고 있다. 비공식조직은 조직 내에서 구성원들 사이에서 자율적으로 만들어지는 동호회 따위를 말하는 것임을 염두에 두어야 한다.

사회복지행정론

03 업무 세분화에 관한 설명으로 옳지 않은 것은?

① 업무자는 자신의 업무에 대한 전문성을 키울 수 있다.

② 각 담당자에 대한 관리, 감독의 경계가 모호해질 수 있다.

③ 각 부서 간 조정 및 통제를 위한 노력이 필요하다.

④ 업무자가 동일한 업무를 반복하다 보면 매너리즘에 빠질 수 있다.

⑤ 세분화에 따른 문제점을 극복하기 위해 직무확충 방안을 고려할 수 있다.

✦04 직무설계 방안에 대한 설명으로 적절하지 않은 것은?

① 직원의 전문성 제고를 위해서는 업무를 세분화할 필요가 있다.

② 세분화로 인한 문제를 극복하기 위해 복합적 직무설계를 꾀한다.

③ 직무충실은 업무자의 책임과 권한을 증가시키는 방법이다.

④ 직무공유는 주기적으로 다른 업무를 수행하도록 하는 방법이다.

⑤ 업무자가 매너리즘을 호소할 때에는 직무확충을 고려해본다.

05 조직 운영 시에 발생할 수 있는 문제에 대한 해결방안이 적절하게 제시된 것은?

① 조직력 강화 및 구성원들의 건강을 위해 매주 토요일 오전 전 직원이 등산을 하기로 하였다.

② 조직이 커지면서 업무처리가 지연된다는 문제점이 지적됨에 따라 수직조직을 수평조직으로 재편하기로 하였다.

③ 조직 내 독서토론모임이 파벌 형성의 수단으로 전락하게 됨에 따라 강제 해산을 명령했다.

④ 새로운 사업을 위해 채용한 신입 직원들이 업무에 빨리 적응할 수 있도록 권한을 확대해 주었다.

⑤ 직무의 전문성 강조로 업무가 개별화되자 팀제를 도입하여 개개인의 목표와 가치를 우선시하였다.

✦06 비영리조직의 특징으로 옳은 것을 모두 고른 것은?

> ㄱ. 수익활동을 진행한다.
> ㄴ. 사회적 가치를 추구한다.
> ㄷ. 공적 체계의 일부분이다.
> ㄹ. 세제 혜택을 받는다.

① ㄱ, ㄹ   ② ㄴ, ㄷ

③ ㄱ, ㄴ, ㄹ   ④ ㄴ, ㄷ, ㄹ

⑤ ㄱ, ㄴ, ㄷ, ㄹ

✛**07** 조직의 분화정도를 의미하는 복잡성 (complexity)에 관한 설명으로 옳은 것은?

① 수평적 분화가 증가하면 조정의 필요성이 높아진다.

② 상대적으로 수직적 조직구조인 경우 책임자의 통제범위가 넓다.

③ 복잡성이 증가할수록 조직활동의 효율성과 예측성을 높여준다.

④ 사회복지기관이 설립된 직후에는 조직의 복잡성이 매우 높다.

⑤ 복잡성을 가지게 될수록 서비스의 통합적 제공이 유리하다.

문제풀이 **TIP**

복잡성은 조직 내 분화의 정도를 의미한다. 학자마다 다양한 기준으로 제시하지만, 대체로 수직적 분화, 수평적 분화, 공간적 분화 등 세 가지 차원에서 설명한다.

✛**08** 빈칸에 해당하는 조직구조를 바르게 제시한 것은?

(ㄱ) 조직은 리더가 강력한 통솔력을 행사하며 결정의 신속성을 꾀할 수 있지만, 조직의 규모가 확대됨에 따라 (ㄴ) 조직으로 분화가 일어난다.

① ㄱ: 집권적, ㄴ: 비공식
② ㄱ: 수직적, ㄴ: 분권적
③ ㄱ: 집권적, ㄴ: 분권적
④ ㄱ: 수직적, ㄴ: 수평적
⑤ ㄱ: 공식적, ㄴ: 분권적

09 다음 빈칸에 들어갈 내용이 바르게 제시된 것은?

에찌오니(Etzioni)는 권력 및 관여의 유형에 따라 9가지 조직 유형을 제시하였다. 권력은 신체적 탄압 및 위협과 관련된 (ㄱ) 권력, 물질이나 금전과 관련된 (ㄴ) 권력, 지위나 명예 등과 관련된 (ㄷ) 권력 등 3가지로 구분하였고, 관여는 소외적 관여, 타산적 관여, 도덕적 관여 등 3가지로 분류하였다.

① ㄱ: 관료적, ㄴ: 경제적, ㄷ: 정치적
② ㄱ: 강제적, ㄴ: 보상적, ㄷ: 정치적
③ ㄱ: 강제적, ㄴ: 보상적, ㄷ: 규범적
④ ㄱ: 억압적, ㄴ: 경제적, ㄷ: 공식적
⑤ ㄱ: 폭력적, ㄴ: 보상적, ㄷ: 규범적

10 <보기>에서 수평조직의 특성에 대한 서술로 옳은 것을 모두 고른 것은?

ㄱ. 의사결정자의 단독적 권한에 따라 결정의 신속성을 꾀할 수 있다.
ㄴ. 유능한 인재를 잃게 되면, 조직의 기능이 마비될 가능성이 있다.
ㄷ. 위원회 등의 조직이 참모역할을 하면서 중앙집권화의 가능성도 제기된다.
ㄹ. 소규모 조직보다는 대규모 조직에서 유용하게 활용된다.

① ㄱ, ㄴ   ② ㄱ, ㄷ
③ ㄴ, ㄹ   ④ ㄷ, ㄹ
⑤ ㄱ, ㄹ

11 동태적 조직에 해당하지 않는 조직구조를 모두 고른 것은?

> ㄱ. 사업부 단위로 조직을 편성하여 각 사업부가 독자적인 권리를 행사하는 구조
> ㄴ. 각 부서에서 인력을 파견한 뒤 프로젝트 종료 후 원래 부서로 복귀하게 되는 구조
> ㄷ. 구성원이 원래 부서와 프로젝트 팀의 업무를 동시에 수행하게 되는 구조
> ㄹ. 모든 주요 결정에 전 구성원이 참여하는 완전 민주주의 구조
> ㅁ. 동일 분야를 기준으로 업무단위를 나누어 병렬적으로 나열한 조직구조

① ㄱ, ㄴ
② ㄱ, ㅁ
③ ㄴ, ㄹ
④ ㄷ, ㄹ
⑤ ㄷ, ㅁ

13 다음과 같은 방식으로 사업을 수행하는 조직은 제시된 조직의 유형 중 어디에 해당하는가?

> 이 조직은 음식을 필요로 하는 클라이언트나 기관이 개별적으로 공급처를 조직하는 것이 아니라 공동으로 자원을 파악하고 파악된 자원을 배분하는 방식으로 운영한다. 중앙에 운동본부를 두고 개별 업소를 직접 방문함으로써 공급처를 확보하고, 가정방문 등의 방식을 통해 잠재적인 개별 클라이언트를 발굴한다.
>
> ㄱ. 고객서비스조직　　ㄴ. 공식조직
> ㄷ. 비공식조직　　　　ㄹ. 연계조직

① ㄱ, ㄴ
② ㄱ, ㄴ, ㄷ
③ ㄴ, ㄹ
④ ㄱ, ㄷ, ㄹ
⑤ ㄷ, ㄹ

문제풀이 TIP

〈보기〉에 제시된 조직은 푸드뱅크이다. 푸드뱅크의 조직적 특성에 대해 생각해보자.

12 지역의 복지 네트워크를 활성화하기 위한 방법으로 보기 어려운 것은?

① 다양한 복지주체의 참여를 장려하여 사회자본의 총량이 확대되도록 한다.
② 참여 조직 간 자원의 분배와 교환이 균등하게 일어날 수 있도록 한다.
③ 네트워크 내에 집권적·수직적 구조가 만들어지지 않도록 경계한다.
④ 상호의존적이고 호혜적인 관계가 유지될 수 있는 방안을 개발한다.
⑤ 실무자들 간 개인적 교류를 지양하고 공적 관계만 추진하도록 한다.

14 학습조직의 구축을 위한 구체적인 활동으로 옳지 않은 것은?

① 최고관리층만을 대상으로 학습조직 교육과정 설계 및 기반교육을 실시한다.
② 준비단계로 인식공유를 위해 각종 세미나 및 워크숍과 벤치마킹 활동을 전개한다.
③ 새로운 가치체계 및 조직문화 재구축을 추진한다.
④ 정보의 입수, 전파 및 공유를 위한 시스템을 구축한다.
⑤ 지속적인 변환과 학습활동의 체질화를 추구한다.

15 사회복지조직에 관한 설명으로 옳지 않은 것은?

① 공공과 민간으로 구분할 수 있지만 그 구분이 모호한 조직들도 있다.

② 공공 영역의 사회복지 담당 공무원이 모두 사회복지전담공무원인 것은 아니다.

③ 정부가 진행하는 바우처 사업은 민영화의 한 가지 형태이다.

④ 사회적 기업은 사회복지조직의 한 가지 유형으로 설명할 수 있다.

⑤ 사회복지법인은 민간 조직이기 때문에 법적 책임과 의무를 갖지 않는다.

16 조직의 유형에 관한 설명으로 옳은 것을 모두 고른 것은?

> ㄱ. 에찌오니(A. Etzioni)가 제시한 조직 유형에서 사회복지조직은 규범적 권력 및 도덕적 관여에 따른 조직이다.
>
> ㄴ. 블라우와 스콧(Blau & Scott)은 1차적인 수혜자가 누구인가에 따라 조직을 유형화하였으며, 사회복지조직은 지역사회가 1차적 수혜자인 서비스 조직이라고 하였다.
>
> ㄷ. 길버트 스미스(G. Smith) 업무의 통제성에 따라 사회복지조직을 관료제와 일선조직, 전면적 통제조직, 투과성 조직으로 나누어 설명하였다.
>
> ㄹ. 하센펠드(Y. Hasenfeld)는 조직기술을 인간유별기술, 인간유지기술, 인간변화기술 등 3가지로 구분하여 조직 유형을 구분하였다.

① ㄱ, ㄴ, ㄷ   ② ㄱ, ㄴ, ㄹ
③ ㄱ, ㄷ, ㄹ   ④ ㄴ, ㄷ, ㄹ
⑤ ㄱ, ㄴ, ㄷ, ㄹ

17 부문화 방법에 관한 설명으로 옳지 않은 것은?

① 서비스기준 부문화는 서비스별로 부문화하는 방식으로 전문화가 촉진된다는 장점이 있다.

② 지리적 영역에 따른 부문화는 클라이언트의 지리적 접근성을 향상시킬 수 있다.

③ 24시간 서비스가 이루어져야 하는 조직에서는 시간기준 부문화 방식을 활용한다.

④ 기능기준 부문화는 클라이언트의 기능적 문제에 따른 구분으로 통합적 접근이 어려울 수 있다.

⑤ 수에 의한 부문화는 개인의 능력의 차이를 고려하지 못한다는 단점이 있다.

✦18 매트릭스(Matrix) 조직에 관한 설명으로 옳지 않은 것은?

① 지역사회복지 거버넌스 활성화를 위한 방안이다.

② 환경변화가 심해 조직에 변화가 필요할 때 적절하다.

③ 조직의 규모가 너무 작거나 큰 경우에는 적합하지 않다.

④ 실무자의 성과를 측정할 때 기준이 모호해질 수 있다.

⑤ 실무자는 두 개의 부서에 속해 역할혼란을 겪을 수 있다.

문제풀이 TIP

매트릭스 조직은 실무자가 기존의 기능부서와 프로젝트 팀의 업무를 동시에 수행한다는 특징이 있다.

✦19 사회복지조직에 관한 설명으로 옳지 않은 것은?

① 대부분은 비영리조직으로 운영된다.

② 휴먼서비스 조직의 성격을 갖는다.

③ 공공조직과 민간조직의 구분이 명확하다.

④ 사회복지법인에는 이사회가 조직된다.

⑤ 사회복지에 관한 협의 기구가 있다.

✦21 다음에서 설명하고 있는 것은?

> 기관이 지나치게 눈에 보이는 성과나 수량적 성과만을 강조할 경우 실무자들은 그에 맞춰 효과가 명확히 나타날 만한 클라이언트를 위주로 선발하여 서비스를 집중적으로 제공하는 오류를 범할 수 있다.

① 크리밍　　　　② 동조과잉

③ 공식화　　　　④ 목적전치

⑤ 집단사고

20 다음에 해당하는 조직에 대한 설명으로 옳은 것은?

> • 사회복지법인에서 이 조직을 구성할 때에는 대표자를 포함하여 7인 이상이 되도록 해야 한다.
> • 사회복지법인에서 정관의 변경, 임원선출, 수익사업, 재산의 취득 처분 및 관리, 법인의 시설 운영 등에 관한 사항을 의결하는 기능을 한다.

① 사회복지법인 산하 사회복지시설의 직원도 겸직할 수 있다.

② 회의에는 주로 실무 담당자가 참여한다.

③ 정책을 건의하는 것이 주요 임무이다.

④ 외국인도 이 조직의 구성원이 될 수 있다.

⑤ 법적으로 반드시 조직해야 하는 것은 아니다.

 문제풀이 TIP

사회복지법인은 이사회와 위원회를 두게 되는데, 이사회는 의사결정 권한을 갖고, 위원회는 주로 건의하는 역할을 한다.

22 거주시설이나 요양원, 보건의료 서비스 조직 등에서 필수적으로 적용하게 되는 부문화 방법이 갖는 한계를 적절하게 지적한 것은?

① 서비스를 통합적으로 제공하는 데에 한계가 있다.

② 교대하는 직원들 간 업무연결이 매끄럽지 않을 수 있다.

③ 실무자 개인이 갖고 있는 능력의 차이를 고려하지 못한다.

④ 서비스가 24시간 쉬지 않고 제공될 수 있다.

⑤ 클라이언트의 접근성이 제한될 수 있다.

 문제풀이 TIP

다양한 부문화 방법
- 수기준 부문화
- 기능기준 부문화
- 서비스기준 부문화
- 서비스 접근통로기준 부문화
- 시간기준 부문화
- 지리적 영역기준 부문화
- 고객기준 부문화

5장 사회복지서비스 전달체계

이 장에서는,

사회복지서비스의 전달체계와 관련된 내용을 다루고 있다. 주목할 내용을 꼽아보자면, 우선 공공 전달체계와 민간 전달체계를 구분하여 각기 어떤 역할을 수행하고 있는지, 각 전달체계의 장단점은 무엇인지 등을 파악해두어야 한다. 그리고 평등성, 적절성, 포괄성, 통합성, 책임성, 접근성, 전문성 등 전달체계 구축에 있어 고려해야 할 원칙들은 거의 해마다 출제되고 있는데, 이와 함께 통합성 증진 전략도 살펴봐야 한다.

해답과 오답노트 203쪽

✚01 사회복지서비스 전달체계 구축의 원칙에 관한 설명으로 옳지 않은 것을 모두 고른 것은?

① 적절성: 이용자의 욕구를 충족할 만큼 충분한 서비스를 제공한다.

② 통합성: 지역주민들에게 서비스를 알리는 홍보물을 제작한다.

③ 책임성: 서비스 제공을 점검하고 클라이어트의 만족도를 파악한다.

④ 전문성: 슈퍼비전, 보수교육, 팀학습 등 교육·훈련을 진행한다.

⑤ 지속성: 필요한 서비스가 계속하여 제공되도록 네트워크를 활용한다.

기출 STYLE

전달체계 구축의 원칙도 꾸준히 출제되고 있는 내용이다. 각각의 원칙에 대한 설명이 옳은 것을 찾는 문제, 사례에서 강조되는 원칙을 찾는 문제, 특정 원칙에 대한 단답형 문제 등으로 등장하고 있다.

✚02 한국의 사회복지 행정체계에 관한 설명으로 옳지 않은 것은?

① 운영주체에 따라 공공체계와 민간체계로 구분된다.

② 사회복지에 관한 주무부처는 보건복지부이다.

③ 공공체계는 서비스 전달을 민간체계에 위탁하기도 한다.

④ 민간체계를 통해 서비스 선택의 범위가 확장된다.

⑤ 민간체계는 공공재, 연대재를 제공하는 역할을 한다.

기출 STYLE

공공과 민간의 역할을 파악해두어야 한다.

사회복지행정론

✛03 사회복지서비스 전달체계에 관한 설명으로 옳지 않은 것은?

① 최근에는 사회적 목적과 영리를 동시에 추구하는 사회적 기업이 부각되고 있다.
② 공공 전달체계와 민간 전달체계의 구분이 점점 모호해지는 추세이다.
③ 사회복지 법인 및 시설 외의 사회복지서비스 제공은 법적으로 인정되지 않는다.
④ 구조기능적 차원에서 행정체계와 집행체계로 구분해볼 수 있다.
⑤ 행정체계와 집행체계는 사회복지서비스의 운영방식에 따라 다르게 구성된다.

기출 STYLE
전달체계의 구분, 전달체계의 변화흐름 등이 종합적으로 다뤄지는 문제들이 출제되고 있다.

✛04 사회복지 전달체계의 통합성 증진 전략으로 거리가 먼 것은?

① 사례관리팀 구성
② 서비스 제공자 간 네트워크 강화
③ 인테이크 전담 창구 설치
④ 분야별 전문상담 센터 확충
⑤ 트래킹(tracking) 시스템 구축

05 사회복지서비스 제공과 관련하여 다음과 관련된 것은?

어떻게 하면 한정된 자원을, 가장 필요로 하는 클라이언트에게 제공할 수 있을 것인가와 최대한의 효용을 발휘할 수 있는 클라이언트 집단에게 쓰이도록 할 것인가의 문제이다. 클라이언트의 문제에 대한 동기·인지의 부정확성 및 서비스에 대한 지식 부족, 지리적 장애, 심리적 장애, 선별기준 장애, 자원의 가용성 등으로 인해 불필요한 서비스가 제공되거나 필요한 서비스가 제공되지 못할 수 있다.

① 서비스의 지속성
② 서비스의 활용성
③ 서비스의 전문성
④ 서비스의 체계성
⑤ 서비스의 형평성

✛06 사회서비스 제공에 관한 설명으로 옳은 것은?

① 이용자가 예상보다 많을 경우 수혜자격 요건을 강화하여 수요를 억제할 수 있다.
② 시·군·구 희망복지지원단은 서비스의 통합성을 증진하기 위한 민·관 협력체계이다.
③ 동일한 서비스의 전달체계가 중복되면 클라이언트의 선택권이 강화될 수 있다.
④ 지방분권화에 따라 중앙정부는 지역에 맞는 서비스를 제공해야 할 책임을 갖는다.
⑤ 보건복지부는 사회복지사업의 중앙부처로 공공부조 및 사회보험 등을 직접 전달한다.

✤07 사회복지 전달체계의 주요 원칙들에 관한 설명으로 옳은 것을 모두 고른 것은?

> ㄱ. 적절성: 전문 인력을 통해 전문적인 서비스를 제공해야 함
> ㄴ. 통합성: 서비스 연계를 통해 중복 및 누락을 방지해야 함
> ㄷ. 책임성: 이용자에 대한 책임 및 사회적 책임을 다해야 함
> ㄹ. 포괄성: 심리적 차원의 서비스 진입 장벽을 제거해야 함

① ㄱ, ㄹ   ② ㄴ, ㄷ
③ ㄱ, ㄴ, ㄷ   ④ ㄴ, ㄷ, ㄹ
⑤ ㄱ, ㄴ, ㄷ, ㄹ

✤08 사회복지 전달체계 구축 및 개선과 관련한 설명으로 옳은 것은?

① 전달체계의 중복화를 통해 이용자의 선택권이 강화될 수 있다.
② 지역을 기반으로 설치되기 때문에 주민참여를 의도적으로 추진할 필요는 없다.
③ 민간 전달체계에서는 사회적 책임성보다 이용자의 만족도가 더 중요하다.
④ 지역사회 네트워크 강화는 지속성 확보 전략과는 거리가 멀다.
⑤ 자원의 효율화를 위해 수요를 억제하는 서비스의 희석화 전략을 실시한다.

✤09 사회복지 전달체계에 관한 설명으로 옳지 않은 것은?

① 자원봉사센터, 공동모금회 등은 간접 서비스 기관이다.
② 행정체계는 서비스의 집행을 지원·관리하는 기능을 한다.
③ 구조기능에 따라 공적 체계와 사적 체계로 구분된다.
④ 영리기관도 사회복지 전달체계로서 위치하고 있다.
⑤ 사례관리를 통한 서비스의 통합적 제공이 강조되고 있다.

10 다음에 해당하는 사회복지서비스 전달체계 개선전략은?

> • A기관은 다음 달부터 무료 셔틀버스의 운행을 중단하기로 하였다.
> • B기관은 그동안 무료로 진행해오던 사회교육 프로그램에 있어 월 5만원씩의 이용자 부담을 부과하기로 하였다.

① 클라이언트에 대한 제한 강화
② 서비스의 희석화
③ 수요억제 전략
④ 인테이크의 단일화
⑤ 트래킹

문제풀이 TIP

공급억제 전략
• 공급량을 조절하는 방법
• 제한 강화: 수혜자격 요건 강화
• 서비스의 희석화: 제공시간 단축, 전문성 및 질을 낮춤

수요억제 전략
• 접근성을 낮추는 방법
• 홍보를 하지 않거나 이용하기 어려운 시간에 편성

사회복지행정론

11 사회복지서비스의 활용성에 관한 설명으로 옳지 않은 것은?

① 클라이언트의 욕구가 아닌 사전예방적 차원에서 서비스를 제공한다.
② 사회복지사의 전문성이 부족한 경우에도 활용성 문제가 제기될 수 있다.
③ 활용성을 제고하기 위해서는 가용 자원을 정확히 분석해야 한다.
④ 지리적 한계에 따른 활용성 저해 문제는 접근성 확보를 통해 해소할 수 있다.
⑤ 서비스의 과활용 및 저활용의 문제를 해소하기 위해 강조되는 개념이다.

12 다음은 서비스 전달체계의 통합성을 증진시키기 위한 방법 중 무엇에 관한 설명인가?

> 클라이언트가 처음 기관을 방문하게 되면 기본적인 인적사항을 확인한 후 어떤 문제로 기관을 찾게 되었는지에 대한 간단한 상담이 진행된다. 이러한 접수 과정을 전담할 수 있는 창구를 따로 구축하게 되면 클라이언트는 한 번의 접수 과정으로 다양한 서비스에 대한 안내를 한번에 받을 수 있다.

① 사례관리
② 종합서비스센터
③ I&R
④ 인테이크의 단일화
⑤ 트래킹

13 서비스 공급억제 전략 중 '서비스의 희석화'와 관련된 설명을 모두 고른 것은?

> ㄱ. 클라이언트와의 접촉시간 단축
> ㄴ. 사례의 조기종결
> ㄷ. 전문가를 자원봉사자로 대체
> ㄹ. 서비스 접근의 장애요인 방치

① ㄱ, ㄴ, ㄷ
② ㄱ, ㄴ, ㄹ
③ ㄱ, ㄷ, ㄹ
④ ㄴ, ㄷ, ㄹ
⑤ ㄱ, ㄴ, ㄷ, ㄹ

14 사회복지 영역에서 민간과 공공 간 역할분담에 관한 설명으로 옳은 것을 모두 고른 것은?

> ㄱ. 협동동반 모형은 공공이 재원을 조달하고, 민간이 급여를 제공하면서 쌍방적인 관계를 형성하는 모형이다.
> ㄴ. 병행보충 모형을 따르면, 민간이 공공 급여의 사각지대에 있는 수요자에게 급여를 제공하는 역할을 수행하게 된다.
> ㄷ. 공공재의 특성이 강하거나 외부효과가가 큰 복지재는 국가에 의해 제공되는 것이 바람직하다.
> ㄹ. 역할분담은 사회복지 재화의 속성에 따라 달라질 수 있으며, 공평성의 가치가 강조되는 서비스는 민간에 의해 제공되어야 한다.

① ㄱ, ㄴ
② ㄱ, ㄷ
③ ㄴ, ㄹ
④ ㄱ, ㄹ
⑤ ㄷ, ㄹ

15 다음 빈칸에 들어갈 사회복지 전달체계 구축 원칙으로 옳은 것은?

> A법인은 아동 · 가족상담센터를 새로 개소하면서 관련 자격증을 소지한 전문가를 우선 선발하여 (ㄱ)이 확보될 수 있도록 하였다. 한편, 맘 카페, 기관 홈페이지 등을 통한 인터넷 마케팅과 아웃리치를 통해 센터의 프로그램을 소개하면서 아동발달 문제의 조기발견 및 가족치료의 필요성을 알리면서 센터를 이용하는 것이 문제아동이나 역기능적 가족이라는 낙인을 부여하는 것이 아님을 설명하며 (ㄴ)을 높였다.

① ㄱ: 자율성   ㄴ: 효과성
② ㄱ: 자율성   ㄴ: 전문성
③ ㄱ: 적절성   ㄴ: 접근성
④ ㄱ: 전문성   ㄴ: 적절성
⑤ ㄱ: 전문성   ㄴ: 접근성

16 사회복지서비스 전달체계 중 민간조직의 특징을 모두 고른 것은?

> ㄱ. 창조적이고 다양한 서비스를 제공한다.
> ㄴ. 다양한 주체들의 참여 기회가 확대된다.
> ㄷ. 공공부조 서비스를 전담하여 제공 및 관리한다.
> ㄹ. 재정 안정성이 높아 서비스가 지속적이다.

① ㄱ, ㄴ   ② ㄷ, ㄹ
③ ㄱ, ㄴ, ㄹ   ④ ㄴ, ㄷ, ㄹ
⑤ ㄱ, ㄴ, ㄷ, ㄹ

✢17 사회서비스의 통합성을 증진시키기 위한 전략으로 옳지 않은 것은?

① 하나의 서비스 기관 내에서 복수의 서비스가 제공될 수 있도록 종합사회복지관을 설치한다.
② 다양한 욕구에 대해 종합적으로 접근하기 위하여 인테이크를 전담하는 창구를 마련하도록 한다.
③ 사례관리자가 중심이 되어 조직들 간의 네트워크를 이용하여 적합한 서비스가 제공되도록 한다.
④ 클라이언트가 받은 서비스와 프로그램에 대한 정보를 서로 공유할 수 있는 시스템을 만든다.
⑤ 기관 및 프로그램에 대한 정보가 없는 사람들을 위해 직접 찾아가는 서비스를 시행한다.

18 공공과 민간 간 파트너십 모형 중 협동동반 모형의 특징으로 옳은 것은?

① 민간은 공공의 재원을 통해 급여를 제공하는 대리인으로서 기능한다.
② 공공은 재원을 조달하고 민간은 급여를 제공하면서 쌍방적 관계를 구축한다.
③ 민간은 공공 급여의 사각지대에 위치한 수요자에게 급여를 제공한다.
④ 동일한 수요자에게 공공은 현금급여를, 민간은 복지서비스를 제공한다.
⑤ 급여를 어떤 대상자에게 제공하느냐에 따라 결정되는 파트너십 모형이다.

문제풀이 TIP
공공과 민간의 파트너십과 관련하여 병행보완 모형, 병행보충 모형, 협동대리 모형, 협동 동반 모형 등 4가지 유형의 특징을 비교하여 살펴보자.

사회복지행정론

6장 사회복지조직의 기획과 의사결정

이 장에서는,

기획의 개념, 특징, 기획에 활용되는 기법들이 주로 출제되고 있다. 기획의 전반적인 과정을 파악하고, 기획이 왜 필요한지에 초점을 맞춰 기획의 특징을 파악해두어야 한다. 그 밖에 전략기획과 운영기획의 구분, 의사결정모형, 의사결정기법 등도 간헐적으로 등장하기도 한다.

해답과 오답노트 205쪽

+01 기획의 특징에 관한 설명으로 옳지 않은 것은?

① 의사결정의 분권화
② 서비스 책임성 강화
③ 구성원들의 동기부여
④ 목표달성을 위한 수단
⑤ 과정지향적 활동

기출 STYLE

기획의 특성은 아주 기초적인 내용인 동시에 필수적으로 알아두어야 한다. 기획의 특성에 관하여 별도로 출제되기도 하고, 기획의 개념 및 필요성, 과정 등과 함께 등장하기도 한다.

+02 기획 기법에 관한 설명으로 옳은 것은?

① 월별 활동계획카드는 업무 간 상관관계를 쉽게 파악할 수 있다.
② 방침관리기획은 가능한 모든 예외 상황을 살펴보고 대안을 수집하기 위한 방법이다.
③ PERT는 작성이 간편하여 가장 보편적으로 활용되는 기법이다.
④ 간트 차트는 사업에 소요되는 총 시간을 파악할 수 있다.
⑤ MBO를 기획에 도입할 경우 실무자는 기획에 참여할 수 없다.

기출 STYLE

기획 기법은 각 특징이나 장단점이 상세하게 출제되기도 하지만, 주요 특징을 제시하고 해당하는 기법을 선택하는 단답형 문제도 종종 등장한다. PERT와 관련하여서는 임계경로에 대해서도 출제된 바 있다.

✚03 의사결정에 관한 설명으로 옳지 않은 것은?

① 의사결정자는 대안선택흐름도표나 브레인스토밍 등을 통해 혼자 의사결정을 할 수 있다.

② 비정규적 의사결정은 예측하지 못한 사안이 발생한 경우 일회적으로 처리하는 방식이다.

③ 의사결정나무분석은 생각할 수 있는 대안들을 열거하여 확률 계산을 통해 의사결정을 진행한다.

④ 직관적 결정은 의사결정자가 가장 옳다고 느끼는 것을 결정하기 때문에 객관성이 결여된다.

⑤ 판단적 결정은 일상적으로 진행되는 업무에 대해 정해진 절차나 경험에 따라 결정하는 방법이다.

기출 STYLE

최근 시험에서는 의사결정의 방법 및 유형 등에 관해서도 출제되고 있다.

✚04 간트 차트(Gantt Chart)에 관한 설명으로 옳은 것을 모두 고른 것은?

> ㄱ. 활동 간 연결성을 알 수 있다.
> ㄴ. 활동의 시작과 끝을 알 수 있다.
> ㄷ. 기획의 통제적 기능이 강조된다.
> ㄹ. 작성방법이 복잡하지 않다.

① ㄱ, ㄷ   ② ㄴ, ㄹ

③ ㄱ, ㄴ, ㄷ   ④ ㄴ, ㄷ, ㄹ

⑤ ㄱ, ㄴ, ㄷ, ㄹ

05 의사결정 모형에 관한 설명으로 옳지 않은 것은?

① 만족모형은 현상유지적 결정에 머무를 수 있다는 한계가 있다.

② 쓰레기통모형은 우연이나 기회의 중요성을 강조한다.

③ 점증모형은 의사결정자의 능력에 한계가 있음을 전제로 한다.

④ 합리모형은 비용보다 편익이 큰 대안을 선택한다는 경제학적 관점을 갖는다.

⑤ 최적모형은 합리모형의 비현실성 및 이상주의적 경향을 따른다.

06 다음에서 설명하고 있는 의사결정 기법은?

> 참여할 전문가들을 선정하여 주제 혹은 질문을 이메일로 발송한다. 전문가들은 각자 자신의 의견을 정해진 기한까지 이메일로 답변한다. 취합된 의견을 분석하여 추가적인 설문지를 구성하여 전문가들에게 다시 이메일을 보낸다. 이러한 과정을 수차례 반복하면서 쟁점에 관한 합의점을 찾아간다.

① 브레인스토밍

② 명목집단 기법

③ 델파이 기법

④ SWOT분석

⑤ 변증법적 토의

07 스키드모어(Skidmore)가 제시한 기획 과정에 관한 설명으로 옳지 않은 것은?

① 목표 설정: 기획은 목표를 설정하는 것에서 시작된다.

② 대안 모색: 목표달성을 위한 대안들을 모색한 후 가용 자원을 살펴본다.

③ 결과 예측: 각각의 대안들이 갖는 기대효과와 장단점을 파악한다.

④ 계획 결정: 대안의 우선순위를 결정할 때에는 실현가능성을 고려한다.

⑤ 프로그램 수립: 결정된 대안에 맞춰 실행을 위한 구체적인 프로그램을 수립한다.

 문제풀이 TIP

스키드모어의 기획 과정: 목표 설정 → 자원의 고려 → 대안 모색 → 결과 예측 → 계획 결정 → 구체적 프로그램 수립 → 개방성 유지

08 사회복지기관에서의 기획과 관련된 설명으로 옳은 것은?

① 발생가능한 일을 다각도에서 예측해보는 것이 필요하다.

② 목표를 달성하기 위한 활동들을 수행하는 단계이다.

③ 한번 설정된 목표는 수정할 수 없음을 전제로 한다.

④ 자원이 부족할수록 새로운 사업 기획에 집중할 수 있다.

⑤ 사업의 효율성보다는 효과성을 확보하기 위한 과정이다.

09 프로그램 평가검토 기법(PERT)에 관한 설명으로 옳은 것을 모두 고른 것은?

ㄱ. 단기 기획을 한눈에 파악하기 쉽게 도식화하는 것으로 장기 기획에는 적용이 불가능하다.

ㄴ. 각각의 활동에 필요한 기대시간을 계산함에 있어 치밀하게 시간을 예측하기가 어렵다.

ㄷ. 각각의 활동을 상관관계와 순서에 따라 도식화하여 체계적인 업무수행에 도움이 된다.

ㄹ. 활동을 완수하기 위해 반드시 확보되어야 하는 임계경로(critical path)를 파악한다.

① ㄱ, ㄷ   ② ㄴ, ㄹ

③ ㄱ, ㄴ, ㄷ   ④ ㄴ, ㄷ, ㄹ

⑤ ㄱ, ㄴ, ㄷ, ㄹ

10 목표에 관한 설명으로 옳지 않은 것은?

① 목표란 어떤 활동의 주체가 달성하고자 하는 바람직한 미래의 상태를 말한다.

② 목표는 목적에 비해 비교적 장기간에 걸쳐 도달하려는 방향이다.

③ 세부목표는 목표를 달성하기 위해 설정된다.

④ 처음의 목표를 달성할 수 없을 때에는 목표를 교체할 수도 있다.

⑤ 원래의 목표는 확대되거나 축소될 수도 있다.

11 다음 중 집단적 차원에서 이루어지는 의사결정 기법을 모두 고른 것은?

> ㄱ. 명목집단 기법(NGT)
> ㄴ. 델파이(Delphi) 기법
> ㄷ. 대안선택흐름도표
> ㄹ. 변증법적 토의

① ㄱ, ㄹ　　　　　　② ㄴ, ㄷ
③ ㄱ, ㄴ, ㄹ　　　　④ ㄴ, ㄷ, ㄹ
⑤ ㄱ, ㄴ, ㄷ, ㄹ

13 사회복지조직의 운영기획으로 추진될 수 있는 과업을 모두 고른 것은?

> ㄱ. 전체 조직의 비전에 관한 기획
> ㄴ. 신규인력 충원 및 인사이동에 관한 기획
> ㄷ. 법인 내 시설설립에 관한 기획
> ㄹ. 사회복지 현장실습 지도에 관한 기획

① ㄱ, ㄷ　　　　　　② ㄴ
③ ㄴ, ㄹ　　　　　　④ ㄹ
⑤ ㄷ, ㄹ

12 사회복지행정의 과정에서 의사결정을 할 때 고려해야 할 사항이 아닌 것은?

① 문제에 대한 관련 자료를 수집하여 객관화한다.
② 대안은 성공 가능성뿐만 아니라 비용도 고려하여 모색한다.
③ 표면적으로 드러난 문제에만 집중하여 대안을 모색한다.
④ 결정된 사안을 지지함으로써 실행으로 이어지도록 한다.
⑤ 결정에도 실수가 발생할 수 있다는 것을 인지해야 한다.

✦14 <보기>에 제시된 기획 기법의 특징으로 옳지 않은 것은?

> A 복지관의 벽에는 사업일정표가 붙어있다. 가로축에는 시간에 따른 일의 시작과 마무리를 막대로 표시를 해두었고, 세로에는 세부 목표와 활동들이 기재되어 있다.

① 1910년대 간트가 고안한 도표로 현재에도 널리 사용되고 있다.
② 활동 간 연결과정이 표시되어 활동들 간의 연관성을 알 수 있다.
③ 계획과 통제 기능을 동시에 수행할 수 있도록 만들어졌다.
④ 단순명료하다는 장점 때문에 사회복지조직에서 많이 사용된다.
⑤ 상대적으로 복잡하지 않은 사업을 계획할 때 유용하다.

문제풀이 **TIP**

이 방식은 각 활동마다 막대그래프로 표시된다. 소요시간을 비롯하여 각 활동의 선후관계는 어느 정도 파악할 수 있다. 하지만 어떤 활동이 왜 그 다음 활동으로 이어지는지를 알 수는 없다.

15 기획의 유형에 관한 설명으로 옳은 것을 모두 고른 것은?

> ㄱ. 운영기획은 조직의 목표를 설정하기 위한 것이다.
> ㄴ. 최고관리층은 전략적 기획을 수립한다.
> ㄷ. 단기기획은 장기기획과의 연결성을 고려해야 한다.
> ㄹ. 장기기획에서는 미래에 대한 분석과 창의성이 강조된다.

① ㄱ, ㄹ
② ㄴ, ㄷ
③ ㄱ, ㄴ, ㄷ
④ ㄱ, ㄷ, ㄹ
⑤ ㄴ, ㄷ, ㄹ

 문제풀이 TIP

조직의 최고관리층에서 거시적인 목표를 중심으로 기획을 세우면, 중간관리층에서는 그 목표를 구체적으로 실천하기 위한 기획을 마련하다.

16 다음과 같은 절차로 진행되는 기획 방식은?

> • 1단계(Plan): 계획의 수립
> • 2단계(Do): 작업의 실행
> • 3단계(Check): 활동사항 검토
> • 4단계(Action): 수정 및 조정

① MBO
② PERT
③ 브레인스토밍
④ 방침관리기획
⑤ 월별 활동계획 카드

17 다음에서 설명하는 의사결정 기법은?

> 사회복지사 황지우씨는 서울시의 예산삭감에 대한 대응을 하기 위해, 가능한 여러 가지 다른 대안을 발견해 나열하고 각각의 대안을 택했을 경우와 그렇지 않은 경우의 결과를 그림을 그려서 생각했다. 생각되는 대안으로는 직원 감축, 서비스요금 인상, 시설 폐쇄 등이 있는데, 각각을 실제로 행했을 때 어떤 결과가 벌어질지 결과를 도출해보고 여러 가지 상황에 대한 시뮬레이션도 구상하는 중이다.

① 대안선택흐름도표
② 의사결정나무분석
③ 델파이 기법
④ 소집단투표 의사결정법
⑤ 브레인스토밍

 문제풀이 TIP

대안선택흐름도표와 의사결정나무분석은 얼핏 보면 헷갈리기 쉽다. 대안선택흐름도표는 예/아니오 중에 답을 선택하면서 다음 단계의 질문으로 넘어가는 방식이다. 의사결정나무분석은 여러 대안을 두고 각 대안의 성공확률을 계산하여 결정하는 방식이다.

✛**18** 전략기획(Strategic Planning)에 관한 설명으로 옳지 않은 것은?
① 목표달성 및 성과에 초점을 둔다.
② 비교적 장기간에 걸쳐 수립되는 기획이다.
③ 전략기획의 실행을 위해 전술기획을 수립한다.
④ 외부환경의 현재를 분석하고 미래를 예측하여 반영한다.
⑤ 조직의 방향을 설정하는 것으로 수정은 불가능하다.

19 다음의 내용을 특징으로 하는 의사결정 모형은?

> • 정책제안자의 능력에 한계가 있다는 것을 전제로 한다.
> • 완전히 새로운 것을 모색하는 것이 아니라 기존의 정책을 부분적으로 수정한다.
> • 근본적인 대안을 고려하지 않는다는 한계가 있다.

① 혼합모형   ② 최적모형

③ 합리모형   ④ 점증모형

⑤ 공공선택모형

20 <보기>에서 목표변동과 관련한 설명으로 옳은 것을 모두 고르면?

> ㄱ. 장기기획은 5년, 10년 또는 그 이상의 기간에 걸친 기획으로, 주기적으로 조직의 목적과 목표를 재설정할 필요도 있다.
> ㄴ. 목표의 전치란, 목표달성을 위한 수단이 목표가 되고 종전의 목표는 중요하지 않게 취급되는 현상이다.
> ㄷ. 원래의 목표에 목표의 범위를 새로이 추가하여 확대하는 것을 목표의 다원화라고 한다.
> ㄹ. 목표의 승계는 본래 추구하던 목표를 달성할 수 없거나 이미 달성한 경우에 일어난다.

① ㄱ, ㄴ, ㄷ   ② ㄱ, ㄷ

③ ㄱ, ㄴ, ㄹ   ④ ㄴ, ㄹ

⑤ ㄴ, ㄷ, ㄹ

7장 리더십과 조직문화

이 장에서는,

리더십과 조직문화를 공부하게 되는데, 리더십 이론은 특성이론, 행동이론, 상황이론을 발달 흐름에 따라 주요 특징을 정리해두어야 한다. 최근에는 변혁적 리더십도 종종 다뤄지고 있는데, 거래적 리더십과 변혁적 리더십은 양립할 수 있다는 점은 기억해두자. 지시적 리더십, 참여적 리더십, 자율적 리더십 등 리더십의 유형을 특징에 따라 구분하고 장단점을 파악해두어야 한다. 조직문화에 관한 문제도 간혹 등장하는데, 조직문화의 개념과, 조직문화의 형성 및 확대에 영향을 주는 요건들 정도는 살펴볼 필요가 있다.

해답과 오답노트 208쪽

+01 리더십 이론에 관한 설명으로 옳지 않은 것은?

① 서번트 리더십은 구성원들의 자발적 행동 및 공동체 의식 형성을 위한 리더의 조력을 강조한다.

② 행동이론에서 컨트리클럽형 리더십은 조직 내 인간관계에 대한 관심이 높은 유형이다.

③ 하우스(House)의 경로-목표이론에서 지지적 리더십은 목표달성에 대한 구성원들의 스트레스가 높을 때 적합하다.

④ 퀸(Quinn)의 경쟁가치 모델에서 비전제시가 리더는 인간관계, 협력, 응집력을 강조한다.

⑤ 상황이론에서는 과업환경에 따라 적합하게 대응할 수 있는 리더십이 효과적이라고 가정한다.

기출 STYLE

리더십 이론은 각 이론이 단독으로 출제되기도 하며 한 문제에 여러 이론에 대한 설명 중 옳은 것/틀린 것을 찾는 유형도 많이 출제되고 있다. 특성이론 → 행동이론 → 상황이론의 발달 순서를 기억해두어야 하며, 각 이론에 대한 특징 및 비판 등을 잘 파악해두도록 하자. 더불어 최근에는 변혁적 리더십도 중요하게 등장하고 있다.

+02 참여적 리더십의 특징으로 옳은 것은?

① 민주적 리더십으로 구성원들의 자율성이 극대화된다.

② 대부분의 의사결정권이 구성원들에게 위임된다.

③ 의사결정 과정에 구성원들이 참여할 수 있도록 이끈다.

④ 조직구성원을 보상과 처벌에 따라 통제한다.

⑤ 정책에 일관성이 있고 신속한 결정이 가능하다.

기출 STYLE

리더십 유형도 간헐적으로 출제되고 있는데 그 중에서도 참여적 리더십이 중점적으로 다뤄져 왔다. 거래적 리더십, 방임적(자율적) 리더십과의 차이점을 파악해두자.

03 조직문화에 관한 설명으로 옳지 않은 것은?

① 조직의 분위기를 결정짓는 요소이지만 공식적인 업무와는 무관하다.

② 조직문화는 구성원들 사이에 폭넓게 공유될수록 더 강하게 나타난다.

③ 조직이 극단적인 위험에 처했을 때에는 조직문화의 변화가 용이하다.

④ 조직문화가 고정적이라고 해서 그 조직의 성과가 낮은 것은 아니다.

⑤ 조직의 형성단계에서는 설립자의 경영이념이 중요한 요소가 된다.

기출 STYLE

조직문화의 기본적인 개념과 함께 조직문화의 강도, 변화 상황, 조직 성과와의 연관성 등을 공부해두자.

✦04 변혁적 리더십에 관한 설명으로 옳지 않은 것은?

① 조직환경의 변화를 파악하여 민감하게 대처할 수 있어야 한다.

② 리더와 구성원 간 독립적이면서도 협력적인 관계를 형성해야 한다.

③ 조직의 변화 과정에서 발생할 위험을 고려할 수 있어야 한다.

④ 구성원에게 비전을 제시하고 공유될 수 있도록 해야 한다.

⑤ 동기부여 과정에서는 금전적 보상을 우선적으로 고려해야 한다.

05 다음 빈칸에 들어갈 리더십 개념은?

1930~1940년대에 널리 받아들여졌던 리더십 이론은 리더가 신체적, 정신적, 정서적 특징을 갖고 태어난다는 것이었다. 그래서 리더의 특징을 연구하여 리더로서의 자질을 가진 사람을 리더로 채용하거나 육성하는 데 활용했다. 이후 1960년대는 이에 대한 반발로 리더가 처한 상황에 따라 리더의 행동이 달라져야 한다는 (   )이/가 등장했다.

① 오하이오연구　　② 미시간연구
③ 관리격자이론　　④ 상황론적 리더십
⑤ 변혁적 리더십

06 리더십 수준을 비교한 설명으로 옳지 않은 것은?

① 최고관리층은 조직의 기본적인 임무를 설정한다.

② 최고관리층은 외부환경의 변화에 민감하게 대응해나가야 한다.

③ 중간관리층은 조직 내 수직적, 수평적 연결고리로서의 기술을 갖추어야 한다.

④ 중간관리층은 조직의 특수한 목표를 달성하기 위해 어떤 종류의 서비스 기술이 적당한지를 결정한다.

⑤ 하위관리층의 리더십은 직원과 자원을 효율적으로 활용하는 전문적 기술이 있어야 한다.

문제풀이 TIP

각 관리층에 따른 리더십
최고관리층은 조직 내부 운영을 지시·조정하는 동시에 외부환경과의 관계를 확립한다. 중간관리층은 구체적인 프로그램을 수립하고 운영하며, 하위관리층은 일선 요원들을 감독하고 지지하는 역할을 한다.

07 다음에서 설명하고 있는 리더십에 관한 설명으로 옳지 않은 것은?

> 단순히 조직원의 보수나 지위를 보상하는 것이 아니라, 한층 고차원적인 도덕적 가치와 이상에 호소하여 조직원의 인식을 변화시키는 리더십이다. 이 리더십의 중점적인 개념은 '변화'에 있으며, 리더는 변화를 위해 조직원의 역량강화와 동기부여, 업무 결과에 대한 욕구자극 등을 통해 조직원 스스로의 노력을 통한 목표달성을 지향한다.

① 조직의 새로운 비전을 제시한다.
② 직원들의 신뢰를 확보하기 위해 노력한다.
③ 직원들에게 건설적인 멘토로서의 역할을 수행한다.
④ 통제보다는 유연성을 발휘한다.
⑤ 업무 수행에 대한 처벌과 보상을 강화한다.

08 경로-목표이론의 내용에 관한 설명으로 옳지 않은 것은?

① 지원적 리더 행동은 비구조화된 과업을 수행하는 하위자에게 효과적이다.
② 하위자의 만족을 예측하는 데 있어서 강한 예측력을 가지고 있다.
③ 리더의 행동은 부하의 인지에 영향을 미친다.
④ 하위자의 기대인지는 동기부여에 영향을 미친다.
⑤ 오하이오연구와 동기이론을 결합하였다.

09 리더십 이론에 관한 설명으로 옳지 않은 것은?

① 특성이론 → 행동이론 → 상황이론의 순서로 발전하였다.
② 블레이크와 머튼은 상황에 따른 리더의 행동유형을 제시하였다.
③ 행동이론은 리더의 행동 유형에 따른 성공 여부에 초점을 두었다.
④ 하우스(House), 피들러(Fiedler) 등은 상황론적 접근법을 따랐다.
⑤ 특성이론은 성공적인 리더가 갖는 특징을 찾는 데에 주목하였다.

문제풀이 TIP

전통적 리더십 이론
• 특성이론: 리더의 신체적, 사회배경적 특성을 강조
• 행동이론: 성공적인 리더의 행동 유형 파악
• 상황이론: 상황변수에 따른 리더의 변화

10 효과적인 리더십을 발휘하기 위한 리더의 조건으로 적절하지 않은 것은?

① 구성원들의 사생활과 개인시간을 존중할 줄 알아야 한다.
② 구성원들에게 조직의 비전을 뚜렷하게 제시할 수 있어야 한다.
③ 자신의 생각이 정답이라는 확고부동한 자신감을 가져야 한다.
④ 구성원들에게 적정선의 자율성을 허용할 수 있어야 한다.
⑤ 환경변화에 대응할 수 있는 융통성과 창의성을 갖춰야 한다.

✛11 블레이크와 머튼의 관리격자모형에서 제시한 리더 유형의 특징으로 옳지 않은 것은?

① 무기력형: 생산에 대한 관심도, 인간에 대한 관심도 없는 유형

② 컨트리클럽형: 조직의 분위기를 편안하게 이끌어나가는 유형

③ 과업형: 지시와 통제를 중심으로 생산성 향상에 치중하는 유형

④ 팀형: 목표달성을 위해 공동체 의식과 직원 참여를 강조하는 유형

⑤ 중도형: 다섯 가지 유형 중 가장 높은 생산성을 보이는 유형

✛12 허시와 블랜차드(Hersey & Blanchard)의 상황이론에 따르면 다음 상황에 적절한 리더십 유형은?

> 한동민 씨는 그동안 B법인 본부에서 근무하다가 올해 초 외곽 지역의 산하기관으로 발령되어 근무하고 있다. 한동민 씨는 주어진 일은 잘 해내면서도 새로운 아이디어를 내거나 자신의 의견을 개진함에 있어서는 소극적이고 다소 무기력한 태도를 보이고 있다.

① 위임형 리더십

② 참여형 리더십

③ 제시형 리더십

④ 지시형 리더십

⑤ 안정형 리더십

13 오하이오연구에 대한 설명으로 틀린 것은?

① 리더행동기술 질문지(LBDQ)를 개발하여 자료를 수집하고 분석하여 리더의 행동을 고찰하였다.

② 직무 중심적 리더십보다 구성원 중심적 리더십이 좀 더 높은 생산성을 보인다는 결론을 도출하였다.

③ 구조주도 행동과 배려 행동이라는 두 가지 차원을 사용하여 리더십 행동유형을 5가지로 분류하였다.

④ 배려 행동은 신뢰, 상호존경, 우정, 지원 그리고 구성원의 복지를 위한 관심을 나타내는 행동이다.

⑤ 구조주도 행동이란, 리더가 과업을 조직화하고 정의하며 업무를 할당하고 의사소통의 망을 확립하며 업무집단의 성과를 평가하는 행동이다.

14 카츠(Katz)가 주장한 리더십 이론에서 각기 다른 수준에서 요구되는 행정·관리자의 기술 중, 그림의 (ㄱ), (ㄴ)에 해당하는 것은?

(ㄱ)		
	인간관계기술	
		(ㄴ)
하위관리층	중간관리층	최고관리층

① ㄱ: 전문적 기술   ㄴ: 의사결정 기술

② ㄱ: 전문적 기술   ㄴ: 문제해결 기술

③ ㄱ: 전문적 기술   ㄴ: 자원동원 기술

④ ㄱ: 자원동원 기술   ㄴ: 의사결정 기술

⑤ ㄱ: 자원동원 기술   ㄴ: 문제해결 기술

15 다음 상황에서 리더의 행동으로 적절하지 않은 것은?

① 조직의 변화에 대해 저항하는 세력에 대해서는 상황을 이해시켜 참여를 유도한다.

② 시급한 변화가 필요할 때에는 지시적 리더십이 효과적일 수 있다.

③ 관리자가 기존의 리더십 스타일을 갑자기 바꾸면 직원들의 저항을 불러올 수 있다.

④ 보상과 제재에 대한 권한이 결여된 관리자는 변화를 시도하는 데 있어 어려움을 겪을 수 있다.

⑤ 관리자가 조직의 변화와 관련된 문제에 대한 정보와 이해가 명확하지 않을 때는 경력이 많은 부하직원에게 책임을 위임한다.

문제풀이 TIP

허시와 블랜차드의 상황이론이나 칼리슬이 제시한 리더십 유형, 각 관리층에 맞는 리더십 수준 등을 토대로 문제에 접근해보자.

✛16 경쟁적 가치모델에 대한 설명으로 옳지 않은 것은?

① 경쟁적 가치모델에서는 한 조직의 리더가 갖는 역할과 리더십 스타일들은 매우 다양하다는 것을 전제로 한다.

② '가장 좋은' 리더십 스타일이 확실하게 정해져 있는 것은 아니다.

③ 유연(분권)-통제(집권) 구분은 권한의 집중에 대한 가치지향을 나타내는 것으로, 세로축에서 확인할 수 있다.

④ 내부지향과 외부지향의 구분은 리더십의 가치를 어디에 두는지를 나타내는 것이다.

⑤ 비전제시가 유형은 내부지향적이며 집권적 구조를 형성하는 리더십이다.

✛17 조직문화를 강화하기 위한 노력으로 옳은 것을 모두 고른 것은?

> ㄱ. 조직을 대표하는 리더를 자주 교체하여 조직의 융통성을 학보한다.
> ㄴ. 직원들이 오랫동안 함께 일해 나갈 수 있도록 복지제도를 고안한다.
> ㄷ. 조직적 차원의 노력보다는 개인적 차원의 노력이 요구된다.
> ㄹ. 경영이념과 비전을 직원들과 공유하기 위한 워크숍을 개최한다.

① ㄱ, ㄴ, ㄷ   ② ㄴ, ㄷ, ㄹ
③ ㄱ, ㄴ   ④ ㄴ, ㄹ
⑤ ㄷ, ㄹ

✛18 리더십 상황이론에 대한 설명으로 옳은 것을 모두 고른 것은?

> ㄱ. 블레이크와 머튼(Blake & Mouton)은 생산에 대한 관심과 인간에 대한 관심이라는 두 가지 차원에서 리더 유형을 파악하였다.
> ㄴ. 피들러(Fiedler)는 동일한 리더가 어떤 조직에서는 효과적일 수 있어도 다른 조직에서는 효과적이지 못할 수 있다고 보았다.
> ㄷ. 하우스(House)는 업무가 비구조화되어 있고 구성원들의 경험이 부족할 때에는 지시적 리더십이 적합하다고 보았다.
> ㄹ. 허시와 블랜차드(Hersey & Blanchard)는 모든 조직에서 위임형 리더십의 생산성이 가장 높게 나타난다고 보았다.

① ㄱ, ㄹ   ② ㄴ, ㄷ
③ ㄱ, ㄴ, ㄹ   ④ ㄴ, ㄷ, ㄹ
⑤ ㄱ, ㄴ, ㄷ, ㄹ

19 리더십 이론 중 오하이오연구, 미시간연구, 관리격자이론이 갖는 공통점을 모두 고른 것은?

> ㄱ. 성공적인 리더와 비성공적인 리더를 행동유형에 따라 구분하였다.
> ㄴ. 성공적인 리더의 특성과 관련하여 상황적 변수를 고려하지 못했다.
> ㄷ. 성공적인 리더의 신체적, 사회적 특성을 파악하고자 하였다.
> ㄹ. 성공적인 리더의 특징은 상황에 따라 달라질 수 있다고 보았다.

① ㄱ, ㄴ   ② ㄷ, ㄹ
③ ㄱ, ㄴ, ㄷ   ④ ㄴ, ㄷ, ㄹ
⑤ ㄱ, ㄴ, ㄷ, ㄹ

문제풀이

오하이오연구, 미시간연구, 관리격자이론 등은 행동론적 접근의 리더십 이론이다.

20 리더십 특성이론에 대한 설명으로 옳지 않은 것은?

① 특정한 특성을 갖추면 성공적인 리더가 될 수 있다고 보았다.
② 특성이 천부적 · 생득적인 것인 것에 한정되는 것은 아니라고 보았다.
③ 상황적 요소들에 치중한 나머지 부하직원의 능력을 간과했다.
④ 성공적인 리더의 보편적 특성을 구체적으로 제시하지 못했다.
⑤ 하위자들이 리더를 따르게 되는 요인을 밝히지는 못했다.

8장 인적자원관리

이 장에서는,

인적자원관리에 관한 전반적인 내용을 두루두루 살펴봐야 한다. 직원을 선발하기 위한 절차나 시험방식 등에 관한 문제부터 소진을 예방하기 위한 방법, 직원능력개발 방법, 슈퍼비전, 구성원들의 동기부여와 관련된 이론 등 다양한 내용이 다뤄지고 있다.

해답과 오답노트 210쪽

✦01 인적자원관리에 관한 설명으로 옳지 않은 것은?

① 업무수행에 관한 직무기술서를 작성한 후 구체적인 직무분석을 시작한다.

② 직무분석에서는 수행할 업무에 관한 사항과 수행에 관한 요건을 살펴봐야 한다.

③ 직원선발에 있어 업무의 성격을 고려하여 시험 유형을 선정한다.

④ 직원교육은 업무능력 향상 지원 외에 복지적 차원의 의미를 갖는다.

⑤ 인적자원관리는 업무성과관리, 능력개발관리, 보상관리 등을 포함한다.

기출 STYLE

모집, 시험, 훈련 등을 포함한 인사관리 전반에 걸쳐 고려해야 할 사항들이 다뤄지고 있다.

✦02 동기부여이론에 관한 설명으로 옳은 것은?

① 알더퍼(Alderfer)는 매슬로우의 욕구계층설을 기반으로 존재욕구, 관계욕구, 성장욕구를 제시했다.

② 맥클리랜드(McClelland)는 다른 사람과의 관계를 중심으로 한 친화욕구를 가장 중요하게 보았다.

③ 맥그리거(McGregor)의 X · Y이론은 실제 동기를 일으키는 요인이 무엇인가에 초점을 두었다.

④ 허즈버그(Herzberg)는 만족하지 않는다는 것이 불만족과 같은 의미인 것은 아니라고 보았다.

⑤ 브룸(Vroom)은 투입 대비 산출의 차이가 동기부여에 영향을 준다는 점에서 공정성을 강조하였다.

기출 STYLE

동기부여이론도 종종 출제되고 있다. 주로 여러 이론들의 특징이 바르게 서술되었는지를 파악하는 형태로 출제되었지만, 최근에는 각 이론에 대한 세부적인 문제도 출제되고 있다.

03 슈퍼비전에 관한 설명으로 옳지 않은 것은?

① 슈퍼비전은 인적자원개발과 관련된 행정행위로 공식적으로 진행된다.

② 슈퍼비전을 통해 일선 사회복지사의 소진을 예방할 수 있다.

③ 슈퍼바이저는 다양한 역할을 수행하는 과정에서 갈등을 겪을 수 있다.

④ 슈퍼바이저는 풍부한 지식을 갖추고 솔직한 태도로 임해야 한다.

⑤ 슈퍼바이저와 슈퍼바이지가 1:1의 관계로 진행되도록 해야 한다.

05 사회복지조직에서의 인적자원관리에 포함되는 사항으로 옳지 않은 것은?

① 모집, 임용 및 배치

② 소진 방지를 위한 복지제도

③ 비공식 집단의 구성 및 관리

④ 근무환경에 필요한 안전교육

⑤ 동기부여를 위한 보상

06 다음과 관련이 깊은 직원능력개발 방법은?

> **사회복지사업법 제13조제2항**
> 보건복지부장관은 사회복지사의 자질 향상을 위하여 필요하다고 인정하면 사회복지사에게 교육을 받도록 명할 수 있다. 다만, 사회복지법인 또는 사회복지시설에 종사하는 사회복지사는 정기적으로 인권에 관한 내용이 포함된 보수교육을 받아야 한다.

① 사례발표　　② 계속교육

③ 신디케이트　④ OJT

⑤ 포럼

04 다음에서 진행되고 있는 소진의 단계는?

> 3년차 사회복지사 김혜인씨는 신문에 난 '대졸 신입사원 평균연봉'과 같은 뉴스를 보면서, 비슷한 교육을 받고도 상대적으로 적은 보수를 받는 것만 같아 스스로에 대한 자존감이 낮아지고 있다.

① 좌절　　　②무관심

③ 침체　　　④ 열성

⑤ 퇴사

문제풀이 TIP

소진의 4단계
· 열성: 노력
· 침체: 개인적 욕구 중심
· 좌절: 자신의 능력과 일의 가치에 의문. 직접 서비스 회피
· 무관심:신체적 정신적 기권 상태

07 다음과 관련된 매슬로우의 욕구는?

> 최소민 씨는 대학을 졸업하고 일반 사기업에 취업하였다. 4년차에 들어서면서 어느 정도 인정도 받고 승진도 했지만 요즘 들어 서른 살이 되기 전에 사회복지 전공을 살려 장애인복지관에서 일해보고 싶다는 생각을 많이 하고 있다.

① 생리적 욕구　　② 안전의 욕구

③ 사회적 욕구　　④ 자기존중의 욕구

⑤ 자아실현의 욕구

✤08 슈퍼비전 활동에 관한 설명으로 옳은 것은?

① 팀형 슈퍼비전은 두 업무자가 동등한 자격으로 상호간에 슈퍼비전을 제공하는 형태이다.

② 슈퍼바이저는 다양한 역할을 동시에 수행함에 따라 역할 간 갈등을 경험할 수 있다.

③ 슈퍼바이저는 업무에 대한 정보를 제공하되, 업무에 대한 조정이나 통제 행위를 해서는 안 된다.

④ 슈퍼비전은 슈퍼바이저와 슈퍼바이지가 반드시 직접 만나 상호작용함으로써 이루어져야 한다.

⑤ 일선 사회복지사의 업무능력 향상에 초점을 두며, 감정적 · 정서적 슈퍼비전은 지양한다.

✤09 카두신의 슈퍼비전 기능 중 행정적 기능을 모두 고른 것은?

> ㄱ. 스트레스 유발 상황 방지
> ㄴ. 업무계획, 업무지시, 업무위임
> ㄷ. 경험과 지식의 공유
> ㄹ. 업무에 대한 모니터링

① ㄱ, ㄴ   ② ㄴ, ㄷ

③ ㄴ, ㄹ   ④ ㄱ, ㄴ, ㄷ

⑤ ㄴ, ㄷ, ㄹ

✤10 직원능력개발 방법에 대한 설명으로 옳지 않은 것은?

① 계속교육: 전문성 유지 및 향상을 위해 평생교육의 맥락에서 진행된다.

② 신디케이트: 소집단별로 문제해결방안을 모색하여 발표한다.

③ 역할연기: 직원들이 사례에 대해 실연한 후 그에 대해 토론한다.

④ OJT: 전문 교육기관을 통해 업무에 필요한 요령을 습득하게 한다.

⑤ 순환보직: 여러 보직을 경험해보도록 하여 직원의 경험과 시야를 확장시킨다.

✤11 각 동기부여이론의 욕구 유형으로 옳은 것을 모두 고른 것은?

> ㄱ. 알더퍼(Alderfer)의 성취동기이론: 성취욕구, 권력욕구, 친화욕구
> ㄴ. 브룸(Vroom)의 기대이론: 행동욕구, 달성욕구, 만족욕구
> ㄷ. 허즈버그(Herzberg)의 2요인이론: 위생요인, 동기요인
> ㄹ. 매슬로우(Maslow)의 욕구계층이론: 생리적 욕구, 안전 욕구, 사회적 욕구, 자기존중 욕구, 자아실현 욕구

① ㄱ, ㄴ   ② ㄴ, ㄹ

③ ㄷ, ㄹ   ④ ㄱ, ㄴ, ㄷ

⑤ ㄴ, ㄷ, ㄹ

12 사회복지조직에서 구성원 모집 및 선발을 진행할 때 고려해야 할 사항들로 옳은 것을 모두 고른 것은?

> ㄱ. 업무내용을 중심으로 직무기술서를 작성하여 모집에 활용하도록 한다.
> ㄴ. 모집공고에는 어떤 과정을 거쳐 선발되는지를 명확히 서술해야 한다.
> ㄷ. 직무명세서를 기준으로 이력서를 검토하여 합격 여부를 가려낸다.
> ㄹ. 최종 선발이 이루어진 후에는 어떤 업무를 맡길 것인지 생각해봐야 한다.

① ㄱ, ㄹ
② ㄴ, ㄷ
③ ㄱ, ㄴ, ㄷ
④ ㄱ, ㄷ, ㄹ
⑤ ㄱ, ㄴ, ㄷ, ㄹ

13 다음 사례에 해당하는 동기이론은?

> 사회복지사 A씨는 입사 동기인 B씨와 함께 교육문화사업을 맡아 진행하고 있었는데 중요한 업무가 연이어 B씨에게 할당되는 것을 보고 의문을 갖게 되었다. 그러던 중 다른 팀에서 사회복지사 1급 소지자 및 공동모금회 프로포절 선정 경력이 있는 사회복지사가 먼저 승진된 것을 보고, 2급 소지자인 A씨는 1급 시험을 다시 준비하면서 사회복지사협회에서 실시하는 '프로포절 작성과 사회복지글쓰기 강좌'를 수강신청하였다.

① 브룸(V. Vroom)의 기대이론
② 아담스(Adams)의 형평성이론
③ 로크(Locke)의 목표설정이론
④ 허즈버그(Herzberg)의 2요인이론
⑤ 맥클리랜드(McClelland)의 성취동기이론

14 허즈버그의 2요인이론에서 사회복지사들이 업무를 수행할 때 불만족을 가져오는 요소는 무엇인가?

① 직무에 대한 달성감
② 성취에 대한 인정
③ 직무의 중요성
④ 증대되는 책임감
⑤ 상사와의 관계

문제풀이 **TIP**

허즈버그의 2요인이론
• 위생요인: 불만족을 초래하는 요인. 환경과 관련된 요인. 저차원적 욕구
• 동기요인: 만족을 가져다주는 요인. 정신적 성장 및 자기실현 욕구와 관련

✦15 사회복지조직의 인적자원관리에 관한 설명으로 옳지 않은 것은?

① 소진은 열성 → 침체 → 좌절 → 무관심의 과정으로 진행된다.
② 동기부여는 소진을 방지하기 위한 차원에서도 강조된다.
③ 슈퍼비전은 하급자의 업무상 책임을 대신한다는 의미가 있다.
④ 직무수행평가에서는 업무과정 상의 상황적 요인도 살펴봐야 한다.
⑤ 한국사회복지사 윤리강령에서는 직무능력개발을 강조하고 있다.

사회복지행정론

16 상급자인 슈퍼바이저가 갖춰야 할 자질로 볼 수 없는 것은?

① 풍부한 지식을 갖추어 필요로 하는 이론이나 기술적 조언이 제공되도록 한다.

② 성과가 좋은 직원들을 대상으로 하여 조직 전체의 성과를 제고하는 수단으로 활용한다.

③ 슈퍼비전에 있어 진지한 자세로 임함으로써 형식적인 절차가 되지 않도록 한다.

④ 필요할 때 슈퍼비전이 제공되도록 시간적 제약이나 심리적 제약을 최소화해야 한다.

⑤ 업무 상 겪게 되는 어려움, 스트레스, 갈등 등에 대해서도 솔직하게 답변하도록 한다.

17 동기-위생이론에 대한 설명으로 옳은 것은?

① 위생적인 요소들은 적극적인 동기부여 요소이다.

② 동기요인의 충족은 불만을 갖지 않게 할 뿐 만족을 의미하지는 않는다.

③ 경제적 보상과 근무여건의 개선은 직무만족도를 높이는 핵심 요인이다.

④ 위생요인의 충족은 단지 불만을 갖지 않게 할 뿐이다.

⑤ 동기요인은 매슬로우의 생리적 욕구와 관련이 깊다.

18 구성원의 소진을 방지하거나 극복하기 위한 전략으로 적절하지 않은 것은?

① 프로그램 진행을 위해 두 달간 야근했던 직원에게 포상휴가를 준다.

② 직원들에게 연간 20만원씩 문화활동 지원비를 제공한다.

③ 반복된 업무로 매너리즘에 빠진 직원에게 부서이동을 권유한다.

④ 불필요한 결재라인을 간소화하기 위해 전자결재 시스템을 도입한다.

⑤ 업무에 책임성을 더하기 위해 업무평가 실시 횟수를 늘린다.

✦19 맥클리랜드(McClelland)가 제시한 욕구 유형 중 성취욕구에 해당하는 것을 모두 고른 것은?

> ㄱ. 목표가 다소 높더라도 달성하고자 하는 욕구
> ㄴ. 다른 사람들의 행동에 대해 통제하려는 욕구
> ㄷ. 친밀감을 바탕으로 협동하고자 하는 욕구
> ㄹ. 다른 사람과의 경쟁에서 이기고자 하는 욕구

① ㄱ, ㄹ　　　　　　② ㄴ, ㄷ
③ ㄱ, ㄴ, ㄹ　　　　④ ㄴ, ㄷ, ㄹ
⑤ ㄱ, ㄴ, ㄷ, ㄹ

문제풀이 **TIP**

맥클리랜드는 친화욕구, 권력욕구, 성취욕구 등 세 가지 욕구 유형을 제시하였다.

＋20 직원선발 방식에 대한 설명으로 옳은 것을 모두 고른 것은?

> ㄱ. 객관식 시험은 고도의 복잡성을 지닌 사고능력을 측정하는 데 효과적이다.
> ㄴ. 실기시험은 타당도가 높다는 장점이 있으나, 많은 사람을 한번에 테스트하기 어렵다.
> ㄷ. 면접의 경우 면접관의 선입견이 개입될 가능성이 있으므로 면접관의 훈련, 면접조사 방법의 개발 등이 필요하다.
> ㄹ. 주관식 시험의 경우 채점자의 객관도가 문제가 되며 채점에 많은 시간과 경비가 소요된다.

① ㄱ, ㄴ
② ㄷ, ㄹ
③ ㄱ, ㄴ, ㄷ
④ ㄱ, ㄷ, ㄹ
⑤ ㄴ, ㄷ, ㄹ

21 직무수행능력평가를 위한 도구에 관한 설명으로 옳은 것은?

① 개조서열식: 각각 평가요소에 대해서 직원을 1등부터 꼴등까지 등급을 부과해 순위를 매기는 방식으로, 평가요소가 매우 구체적이다.

② 이분비교식: 각각의 평가요소에 대해 1등, 2등까지만 순위를 매긴다.

③ 강제배분식: 강제적으로 등급별 비율을 정하여 상대평가를 하도록 하여, 집중화와 관대화 경향을 방지한다.

④ 중요사건평가식: 결과가 가장 나빴던 업무만을 써내도록 하여, 해임의 기준으로 삼는다.

⑤ 행동계류평정식: 델파이 기법을 통해 사건에 대한 행동 효과성을 평가하며, 시간과 노력이 절약된다는 장점이 있다.

＋22 동기부여이론에 관한 설명으로 옳은 것은?

① 로크(Locke)의 목표설정이론은 목표설정 자체가 동기화에 결정적인 역할을 할 수 있다고 보았다.

② 허즈버그(Herzberg)의 2요인이론에서 일에 대한 책임, 일 그 자체, 승진 등은 위생요인이다.

③ 맥그리거(McGregor)의 X이론은 위계적 관계를 기초로 한 인간관계이론의 인간관과 상통한다.

④ 맥클리랜드(McClelland)의 성취동기이론은 욕구의 위계적 관계를 설명하며 성취욕구를 강조하였다.

⑤ 매슬로우(Maslow)의 욕구계층이론은 욕구가 항상 순서에 따라 나타나는 것은 아니라고 보았다.

9장 재정관리 / 재무관리

이 장에서는,

예산의 기능, 원칙, 예산편성의 과정, 예산모형 등을 비롯하여 사회복지조직의 재원, 예산의 집행 및 결산 등의 내용을 학습한다. 예전에는 예산모형에 관한 문제가 주로 출제되었는데, 최근에는 회계관리 및 후원금 관리 등을 포함한 재정관리 전반에 관한 내용들을 확인하는 문제도 종종 출제되고 있다.

해답과 오답노트 213쪽

✛01 예산 기법에 관한 설명으로 옳지 않은 것은?

① 점증주의 예산은 지난 해 예산을 기반으로 하기 때문에 신규 사업에 불리하다.

② 성과주의 예산은 성과량이 구체적으로 제시되는 관리지향적 예산방식이다.

③ 영기준 예산은 프로그램들의 우선순위를 파악하여 합리적으로 예산을 배분한다.

④ 프로그램기획 예산은 사업의 목표, 세부적인 항목 등이 간결하게 제시된다.

⑤ 목표관리 예산은 정해진 목표달성을 위해 프로그램별로 예산이 배분된다.

기출 **STYLE**

예산 모형은 특정 기법의 특징을 파악하는 문제, 각 예산 기법을 특징을 통해 구분하는 유형, 사례에서 나타난 기법을 찾는 유형, 기초적인 수준의 단답형 문제 등 다양한 유형으로 출제되고 있다.

✛02 사회복지조직의 회계관리에 관한 설명으로 옳지 않은 것은?

① 지정후원금은 후원자가 지정한 사용용도 외의 용도로 사용하지 못한다.

② 법인의 대표이사와 시설의 장은 후원금 영수증을 발급하여야 한다.

③ 법인의 대표이사 및 시설의 장은 관·항·목 간의 예산을 전용할 수 있다.

④ 2회계연도 이상에 걸쳐 진행되는 특정목적사업의 예산은 적립할 수 있다.

⑤ 예산보고서에는 예산총칙, 세입·세출결산서 등을 첨부해야 한다.

기출 **STYLE**

사회복지 법인 및 시설의 재정관리와 관련하여, 회계, 예산, 결산, 감사 등 전반적인 내용을 포괄하는 문제가 출제되고 있다.

✤03 사회서비스이용권(바우처)에 관한 설명으로 옳지 않은 것은?

① 서비스 이용자에게 이용권을 지원하는 방식으로 운영된다.

② 서비스 제공자는 비영리기관, 영리기관을 막론한다.

③ 이용자의 선택권이 현금급여보다 한층 강화된 방식이다.

④ 노인, 장애인, 산모 및 신생아, 아동 등을 대상으로 실시 중이다.

⑤ 제공자 간에 서비스 질 제고를 위한 경쟁을 유도하는 측면이 있다.

기출 STYLE

사회복지조직의 재원 중 하나인 바우처 제도에 관한 내용도 이따금 출제되곤 한다. 바우처의 주요 특징을 현물급여 및 현금급여와 비교하여 살펴보도록 하자.

✤04 프로그램기획 예산 기법(PPBS)에 관한 설명으로 옳지 않은 것은?

① 프로그램의 계획과 예산이 결합되어 통합적인 조직 운영이 가능하다.

② 지출근거가 명확하게 드러나기 때문에 예산을 효율적으로 배분할 수 있다.

③ 의사결정에 있어 객관적, 과학적 기법을 활용하여 합리적으로 판단한다.

④ 예산배분 과정에 있어 권력과 의사결정이 중앙집권화될 위험이 따르기도 한다.

⑤ 프로그램의 목표달성을 중심으로 하기 때문에 장기 프로그램에 유리할 수 있다.

✤05 사회복지조직의 회계에 관한 설명으로 옳지 않은 것은?

① 사회복지법인의 회계는 법인회계, 시설회계, 수익사업회계로 구분해야 한다.

② 회계는 별도로 정한 경우 외에는 단식부기를 원칙으로 한다.

③ 지정후원금의 경우 지정된 용도에 한정하여 사용해야 한다.

④ 법인의 대표이사와 시설의 장은 후원금에 대한 영수증을 발급해야 한다.

⑤ 예산이 목표달성에 효과적이었는지를 알아보기 위해 규정순응 감사를 실시한다.

✤06 품목별 예산에 관한 설명으로 옳지 않은 것은?

① 지난 연도의 예산이 기준이 된다.

② 예산의 기획기능이 강조된다.

③ 작성이 간편하여 많이 사용된다.

④ 예산에 대한 타당성이 부족하다.

⑤ 예산의 신축적인 집행에는 불리하다.

문제풀이 TIP

품목별 예산은 수입 혹은 지출의 항목에 따라 예산을 제시한다. 점증주의적 특징이 강하다.

+07 사회복지조직의 재원에 관한 설명으로 옳은 것은?

① 사회복지시설을 운영하는 개인은 정부보조금을 받을 수 있다.

② 정부로부터 받은 위탁비는 시설의 상황에 맞게 임의적으로 할당할 수 있다.

③ 사회복지공동모금회를 통해 배분된 지원금은 정부 측 재정이다.

④ 비영리기관이기 때문에 수익사업을 통한 수익은 재원으로 활용할 수 없다.

⑤ 바우처는 이용자에 대한 지원이기 때문에 기관의 재원이 되지는 않는다.

09 예산집행의 원칙으로 옳지 않은 것은?

① 예외의 원칙: 규칙은 예외 사항을 고려하여 수립해야 한다.

② 보고의 원칙: 항목변경 등의 사항은 공식적으로 감시되고 통제되어야 한다.

③ 생산성의 원칙: 예산집행은 서비스의 효과적인 전달을 위한 수단이어야 한다.

④ 강제의 원칙: 규칙의 동일한 적용을 통해 공평성을 공식화해야 한다.

⑤ 효율성의 원칙: 비용과 노력을 최대한으로 집행할 수 있도록 해야 한다.

+08 영기준 예산의 특징으로 옳은 것을 모두 고른 것은?

> ㄱ. 목표달성에 초점을 둔 합리적 자금 배분
> ㄴ. 모든 사업에 대한 동등한 기회 부여
> ㄷ. 전년도 예산을 기초로 한 관례적 예산
> ㄹ. 사업의 중요성에 근거한 순위지향 예산

① ㄱ, ㄷ   ② ㄴ, ㄹ

③ ㄷ, ㄹ   ④ ㄱ, ㄴ, ㄷ

⑤ ㄴ, ㄷ, ㄹ

문제풀이 `TIP`

영기준 예산은 당해 연도의 모든 사업을 '0'의 기준에서 예산 책정을 진행하는 방식이다.

10 다음 중 회계 및 회계감사에 관한 내용으로 옳지 않은 것을 모두 고른 것은?

> ㄱ. 향후 1년 동안의 재정활동에 대한 계획을 정리한 것이다.
> ㄴ. 수익사업회계에 대해서는 반드시 단식부기를 하도록 규정하고 있다.
> ㄷ. 운영감사는 프로그램의 효과성이나 능률성에 관심을 두지 않는다.
> ㄹ. 회계감사는 공인회계사 등 외부기관을 통해 진행할 수도 있다.

① ㄱ, ㄴ, ㄷ   ② ㄱ, ㄷ

③ ㄱ, ㄴ, ㄹ   ④ ㄹ

⑤ ㄴ, ㄷ, ㄹ

11 사회복지조직의 예산 수립 원칙에 관한 설명으로 옳지 않은 것은?

① 사전의결의 원칙: 예산은 집행 전에 승인을 받아야 한다.

② 수익성의 원칙: 투입된 예산으로 반드시 수익이 발생할 수 있도록 해야 한다.

③ 정확성의 원칙: 예산과 결산은 가급적 일치해야 한다.

④ 예산총계주의 원칙: 모든 수입과 지출이 예산에 나타나야 한다.

⑤ 연례성: 예산은 회계연도 단위로 작성되어야 한다.

12 사회복지조직의 재정관리에 관한 설명으로 옳지 않은 것은?

① 예산은 정해진 목적 사업에 대해서만 사용되도록 해야 한다.

② 재정관리에 있어 법적, 도덕적 책임성을 다해야 한다.

③ 예산은 통제, 관리, 기획 등의 기능을 한다.

④ 준예산은 시·군·구청장에 대한 보고 없이도 집행할 수 있다.

⑤ 한정성의 원칙에 따라 제한된 예산액 내에서 지출이 이루어져야 한다.

✦13 회복지조직의 회계에 관한 설명으로 옳지 않은 것은?

① 결산에는 세입·세출명세서, 사업수입명세서, 정부보조금명세서, 후원금 전용계좌의 입출금내역 등이 첨부되어야 한다.

② 2회계연도 이상에 걸쳐 진행될 사업에 대해서는 회계연도마다 일정액을 계상하여 특정목적사업을 위해 적립할 수 있다.

③ 회계는 단식부기를 원칙으로 하되, 법인회계와 수익사업회계에 있어서 복식부기의 필요가 있는 경우에는 복식부기를 한다.

④ 법인의 대표이사와 시설의 장은 후원금 수입 및 사용결과 보고서를 법인 및 시설의 게시판과 홈페이지에 공개해야 한다.

⑤ 법인의 회계는 법인회계, 해당 법인이 설치·운영하는 시설의 시설회계 및 수익사업회계로 구분해야 한다.

✦14 사회복지조직의 결산에 관한 설명으로 옳지 않은 것은?

① 결산은 회계연도 기간 동안의 재정보고서를 작성하기 위한 과정이다.

② 법인의 대표이사는 법인회계와 시설회계의 세입·세출결산보고서를 작성해야 한다.

③ 결산보고서에 첨부해야 할 서류는 복식부기냐, 단식부기냐에 따라 다르다.

④ 작성된 결산보고서는 시·군·구청장에게 제출한 후 이사회의 의결을 거쳐야 한다.

⑤ 법인의 대표이사는 당해 법인과 시설의 게시판에 결산 개요 등을 공고해야 한다.

15 다음 상황에서 제시된 예산모형의 특징은 무엇인가?

종래의 품목별 예산은 정부가 구입하고자 하는 물품이나 용역을 표시하는 정도에 그쳤으며, 그 물품을 왜 또는 어떤 목적으로 구입하는지를 드러내지는 못하였다. 이는 정부사업과 예산의 관계를 명확하게 보여주지 못한다는 한계점이 있어 새로운 예산모형의 도입이 필요하게 되었다.

ㄱ. 활동별로 업무단위를 선정하여 수량적으로 표시한다.
ㄴ. 원가를 기준으로 하여 예산을 과학적·합리적으로 편성한다.
ㄷ. 예산집행결과를 측정·분석·평가할 수 있도록 한다.
ㄹ. 예산을 투입하여 무엇을 구매할 것인가에 초점을 둔다.

① ㄱ, ㄴ, ㄷ
② ㄱ, ㄷ
③ ㄱ, ㄴ, ㄹ
④ ㄱ, ㄹ
⑤ ㄴ, ㄷ, ㄹ

✦16 성과주의 예산에 관한 설명으로 옳지 않은 것은?

① 단위원가와 업무량을 계산함으로써 합리적인 자금배분이 가능하다.
② 예산에 제시된 업무량이 실제로 달성되었는지를 통해 성과를 관리한다.
③ 조직 전체 차원에서 예산집행을 통제하기 위해 고안된 방식이다.
④ 산출물에 따라 예산을 할당하기 때문에 사업의 효율성을 높일 수 있다.
⑤ 성과의 달성 정도가 다음 회계연도 예산편성의 자료로 활용된다.

✦17 각 예산제도에 대한 설명으로 옳은 것을 모두 고른 것은?

ㄱ. 성과주의 예산모형은 예산에 목표하는 업무량을 제시하며, 목표의 실제 달성 여부를 통해 성과를 관리한다.
ㄴ. 품목별 예산모형은 전년도 예산을 바탕으로 물가상승률 정도를 반영하는 점증주의적 성격이 강하게 나타난다.
ㄷ. 영기준 예산모형은 모든 프로그램을 우선순위에 따라 예산을 배분한다는 점에서 장기 프로그램에 적합하다.
ㄹ. 프로그램기획 예산모형은 프로그램의 목표를 중심으로 구체적인 품목과 단위원가를 직접적으로 제시한다.

① ㄱ, ㄴ
② ㄷ, ㄹ
③ ㄱ, ㄷ
④ ㄴ, ㄹ
⑤ ㄱ, ㄹ

문제풀이 TIP

각 예산별 특징
항목별 예산은 각 항목에 따라 단순나열하는 방식으로 지난 해 예산의 영향을 많이 받는다. 성과주의 예산은 산출물에 초점을 두며, PPBS는 해당 예산이 무엇을 위해 필요한가를 중심으로 한다. 영기준 예산 방식은 해당 연도의 모든 프로그램을 지난 해 예산과 무관하게 책정한다.

18 사회복지조직에서 감사에 관한 설명으로 옳지 않은 것은?

① 조직의 수입·지출에 관한 사실을 검사한다.
② 매년 진행해야 하는 것은 아니다.
③ 사회복지법인 및 사회복지시설 재무·회계 규칙을 준수한다.
④ 규정순응 감사 방식은 항목별 예산 방식과 잘 맞는다.
⑤ 외부 회계기관을 통해 감사를 받을 수 있다.

✤19 사회복지조직에서의 재정관리와 관련하여 옳지 않은 설명은?

① 예산은 비용 문제이므로 예산을 편성할 때에는 효율성만을 고려하여 우선순위를 결정하면 된다.

② 영기준 예산 방식을 활용함으로써 관례적 예산에서 탈피하여 효율적인 예산 배분을 할 수 있다.

③ 정부 보조금은 적법절차에 따라 예산의 전용 및 세출예산의 이월이 가능하다.

④ 법인은 단식부기가 원칙이나 수익사업을 하는 경우 복식부기를 해야 한다.

⑤ 법인은 연 1회 이상 후원금의 수입 및 사용내용을 후원자에게 공개해야 한다.

✤20 사회복지조직의 재정관리에 관한 설명으로 옳지 않은 것은?

① 대부분의 사회복지조직은 외부 재정에 관한 의존도가 큰 편이다.

② 법인회계 및 시설회계의 예산은 정해진 목적에만 사용해야 한다.

③ 회계연도 안에 지출을 완료하지 못할 경우에는 이월할 수 있다.

④ 서비스 이용 요금이나 수익사업 등으로 재정을 충당할 수 있다.

⑤ 바우처 등 민간 재원의 동원을 위한 마케팅을 실시하기도 한다.

21 재정관리의 과정에 따라 순서대로 나열한 것은?

ㄱ. 심의 · 의결　　　ㄴ. 예산 편성 ㄷ. 결산　　　　　　ㄹ. 예산 집행

① ㄱ → ㄴ → ㄹ → ㄷ

② ㄱ → ㄹ → ㄷ → ㄴ

③ ㄴ → ㄱ → ㄹ → ㄷ

④ ㄴ → ㄹ → ㄷ → ㄱ

⑤ ㄹ → ㄷ → ㄱ → ㄴ

22 비용에 대한 설명으로 옳지 않은 것은?

① 사회복지조직에서는 행정관리자의 재량적인 잣대에 의해 판단되는 임의비용의 활용을 지양해야 한다.

② 대부분의 노동집약 서비스 조직들처럼 사회복지조직도 인건비와 같은 반가변 비용들이 많은 부분을 차지하고 있다.

③ 행정의 명확성과 투명성을 확보하기 위해서는 임의비용으로 처리되던 것을 기술비용으로 전환시키려는 노력이 필요하다.

④ 프로그램 운영에 바로 투입되는 비용으로서, 프로그램 홍보비와 같은 것을 간접비용이라고 한다.

⑤ 가변비용이 많이 나타나는 조직들에서는 행정관리자가 기술비용을 할당하는 데 큰 어려움이 없다.

10장 프로그램 개발과 평가

이 장에서는,

욕구를 파악하고 프로그램 수립 및 실행에서 평가로 이어지는 과정을 살펴본다. 프로그램을 논리모델에 따라 분석할 수 있는가를 비롯해 효율성, 효과성, 노력성, 서비스의 질 등 평가기준 및 형성평가, 총괄평가 등 평가유형에 관한 문제는 해마다 출제되고 있다. 그 밖에 욕구조사방법이나 욕구이론(브래드쇼), 프로그램 설계의 전반적 과정, 목표설정 등에 관한 문제도 간헐적으로 출제되고 있다. 다양한 내용이 두루두루 출제되어 사회복지행정론 중 가장 출제율이 높은 장이므로 꼼꼼히 공부해두도록 해야 한다.

해답과 오답노트 216쪽

✤01 사회복지 평가기준과 그 내용이 바르게 제시된 것은?

① 효율성 평가: 목표달성 정도
② 노력성 평가: 투입 대비 산출량
③ 효과성 평가: 제공된 서비스의 전문성
④ 공평성 평가: 자원 배분의 형평성
⑤ 질 평가: 성공 혹은 실패의 원인 분석

기출 STYLE

평가기준과 관련하여 단답형 문제, 사례제시형 문제 등이 출제되고 있는데, 시험 초기에는 주로 효율성 평가와 효과성 평가의 차이에 집중한 문제들이 출제되었고, 이는 여전히 중요한 내용이다. 최근에는 서비스의 품질에 대한 관심이 증가하면서 서비스의 질 평가에 관한 내용도 다루어졌다. 그 밖에 노력성 평가, 영향 평가, 공평성 평가 등도 함께 공부해두어야 한다.

02 총괄평가에 대한 설명으로 옳은 것을 모두 고른 것은?

> ㄱ. 프로그램에 대한 종합적인 가치판단을 한다.
> ㄴ. 계획에서 설정했던 목표의 달성에 초점을 둔다.
> ㄷ. 도출된 성과 및 수반된 비용에 관심을 둔다.
> ㄹ. 과정지향적 평가로 프로그램 전반을 판단한다.

① ㄱ, ㄹ 　　　　② ㄴ, ㄷ
③ ㄱ, ㄴ, ㄷ 　　④ ㄴ, ㄷ, ㄹ
⑤ ㄱ, ㄴ, ㄷ, ㄹ

❖03 프로그램 논리모델에 관한 설명으로 옳지 않은 것은?

① 성과(outcome) 요소는 반드시 수량적으로 측정해야 한다.

② 산출(output) 결과는 사회복지사의 업무수행 평가에 사용되기도 한다.

③ 투입(input) 요소에는 클라이언트의 자격 요건이 포함된다.

④ 프로그램의 목표와 결과 사이의 인과관계를 알 수 있다.

⑤ 체계이론을 기반으로 구성된다.

문제풀이 TIP

논리모델은 한동안 각 요소와 예시를 연결하는 문제가 꾸준히 출제되어 수험생들을 괴롭혔었다. 최근에는 출제비중이 좀 주춤하고 있긴 하지만 투입 → 전환 → 산출 → 성과로 이어지는 과정과 각 요소에 대한 이해는 기획이나 평가 등과 관련해서 언제든 출제될 수 있다.

❖04 브래드쇼의 욕구 유형에 관한 설명으로 옳지 않은 것은?

① 여러 욕구 유형들이 중첩적으로 제기된다면 프로그램화의 필요성이 높다고 볼 수 있다.

② 규범적 욕구는 연구자나 조사자가 가지고 있는 성향이나 가치에 의해 달라질 수 있다.

③ 인지적 욕구는 사람들이 실제 느끼는 욕구를 말하며 서비스를 찾는 사람들의 수로 파악한다.

④ 표출적 욕구는 개인이 서비스를 받기 위해 실질적인 노력을 했는가가 핵심이다.

⑤ 상대적 욕구는 '동일 욕구, 동일 서비스'라는 형평성의 원리와 밀접한 관련이 있다.

❖05 다음에서 설명하고 있는 욕구조사 방법은?

전문가들을 한 자리에 모아 문서를 통해 아이디어를 제출하도록 하여 발표하는 방식으로 진행된다. 보통 심층적인 토론 대신 아이디어에 대한 설명을 더한 후 투표를 통해 우선순위를 결정한다.

① 델파이 기법

② 명목집단 기법

③ 초점집단 기법

④ 비공식 인터뷰

⑤ 지역사회 포럼

❖06 프로그램을 평가함에 있어 고려할 사항으로 적절한 것은?

① 효과성을 파악하기 위해 비용효과분석을 진행하도록 한다.

② 얼마나 많은 양의 서비스가 제공되었는지를 토대로 서비스의 질을 평가한다.

③ 목표달성모형을 토대로 외부환경적 요인이 조직에 미친 영향을 파악한다.

④ 프로그램이 진행된 과정을 분석하여 목표달성에 실패한 이유를 찾는다.

⑤ 프로그램을 객관적으로 평가하기 위해서는 내부평가가 우선시되어야 한다.

07 폰시오엔의 욕구이론에 대한 설명을 모두 고른 것은?

> ㄱ. 각 사회 또는 지역사회는 더 이상 내려갈 수 없는 최소한의 욕구 수준을 규정한다.
> ㄴ. 하위단계의 욕구가 충족된 후에만 상위단계의 욕구가 발생한다고 본다.
> ㄷ. 영국은 이 이론을 바탕으로 국민보건서비스(NHS)를 발달시켰다.
> ㄹ. 구체적인 욕구의 종류로는 규범적 욕구, 인지적 욕구, 표출적 욕구, 상대적 욕구가 있다.

① ㄱ, ㄷ　　　　② ㄱ, ㄷ, ㄹ
③ ㄴ, ㄹ　　　　④ ㄴ, ㄷ, ㄹ
⑤ ㄷ, ㄹ

09 사회복지 프로그램 설계 과정에서는 대상집단의 범위를 좁혀가며 클라이언트의 규모를 가늠해야 한다. 이때 대상집단을 순서대로 나열한 것은?

> ㄱ. 클라이언트 집단
> ㄴ. 위험집단
> ㄷ. 일반집단
> ㄹ. 표적집단

① ㄴ → ㄷ → ㄹ → ㄱ
② ㄴ → ㄹ → ㄱ → ㄷ
③ ㄷ → ㄹ → ㄴ → ㄱ
④ ㄷ → ㄴ → ㄹ → ㄱ
⑤ ㄹ → ㄷ → ㄱ → ㄴ

✛08 사회복지 프로그램의 평가기준에 관한 설명으로 옳지 않은 것은?
① 서비스를 이용한 클라이언트의 수, 서비스 담당자의 활동 내용 등으로 노력성을 평가한다.
② 서비스의 효과를 금전적 가치로 환산하지 않는 비용효과분석을 통해 효과성을 평가한다.
③ 서비스와 지역사회 관련 문제의 관계를 바탕으로 서비스의 영향을 평가한다.
④ 서비스가 성공 혹은 실패한 이유를 분석하기 위해 서비스의 제공 과정을 평가한다.
⑤ 서비스가 이용자들의 다양한 욕구를 충족시킬 수 있었는지에 따라 서비스의 질을 평가한다.

✛10 학교폭력 피해 경험으로 대인관계에서 위축을 느끼는 성인(20~25세)을 대상으로 집단 상담 프로그램을 8회기에 걸쳐 실시할 때 논리모델의 연결이 옳지 않은 것은?
① 투입 – 전문 상담사
② 전환 – 프로그램 내용
③ 산출 – 참여율
④ 성과 – 자존감 향상
⑤ 영향 – 지역사회 학교폭력 감소

문제풀이 TIP
• 투입: 프로그램에 투여되는 인적 · 물적 자원, 클라이언트의 인구사회학적 특성
• 과정(전환, 활동): 투입된 요소들이 클라이언트에게 전달되는 과정
• 산출: 프로그램을 통해 제공된 실적, 서비스의 양과 질
• 성과: 프로그램 종결 후 클라이언트에게서 나타난 변화

11 프로그램의 목표를 설정하는 SMART 기준에 해당하지 않는 것은?

① 목표는 구체적이고 명료하게 작성한다.

② 목표는 측정할 수 있도록 양적으로 작성한다.

③ 목표는 달성 가능한 수준보다 높게 작성한다.

④ 목표는 결과 지향적으로 작성한다.

⑤ 목표는 시간 구조를 갖도록 작성한다.

✦12 프로그램 논리모델에서 산출(outputs)에 해당하는 것을 모두 고른 것은?

> ㄱ. 교육 프로그램 참여자의 이수율
> ㄴ. 상담 서비스 제공자와 이용자 간 접촉건수
> ㄷ. 돌봄 서비스 제공을 위해 투여된 비용
> ㄹ. 1:1 결연 서비스를 받은 노인의 우울감 감소

① ㄱ, ㄴ   ② ㄱ, ㄷ

③ ㄴ, ㄹ   ④ ㄷ, ㄹ

⑤ ㄱ, ㄴ, ㄷ

13 프로그램 평가 시 형평성 기준으로 옳은 것은?

① 프로그램 수립 시 설정한 목표를 달성하였는가

② 서비스가 인구집단에 공평하게 배분되었는가

③ 얼마나 많은 서비스가 제공되었는가

④ 투입된 비용 대비 산출된 양이 적정하였는가

⑤ 전문성 있는 실무자들에 의해 제공되었는가

✦14 <보기>에서 설명하고 있는 평가와 관련된 내용으로 옳은 것을 모두 고른 것은?

> ㄱ. 영향평가는 투입된 비용 대비 산출량을 비교하여 평가한다.
> ㄴ. 공평성 평가는 프로그램의 효과와 비용이 공평하게 배분되었는지를 평가한다.
> ㄷ. 효과성 평가는 얼마나 많은 양의 서비스가 제공되었는지를 평가한다.
> ㄹ. 과정평가는 한 프로그램의 성공이나 실패에 대한 이유를 밝히는 것이다.

① ㄱ, ㄴ, ㄷ   ② ㄴ, ㄷ, ㄹ

③ ㄱ, ㄷ   ④ ㄴ, ㄹ

⑤ ㄷ, ㄹ

문제풀이 **TIP**

평가기준에 따른 평가 유형
- 효율성: 비용 대비 산출
- 효과성: 목표달성 정도
- 노력성: 제공된 양
- 공평성: 평등한 배분
- 영향: 사회문제 해결에 끼친 영향
- 질: 서비스의 수준
- 과정: 성공/실패의 이유를 분석

✦15 브래드쇼(Bradshaw)가 제시한 욕구 유형 중 다음 사례와 관련된 것은?

> ○○노인복지관에서는 어르신들의 취미생활 프로그램으로 서예, 뜨개질, 요가, 노래교실 등을 운영하고 있다. 그러던 중 이용자분들이 옆 동네 복지관에서는 영어교실도 있다며 우리 복지관에도 영어 기초회화 같은 것도 있으면 좋겠다고 했다.

① 표출적 욕구   ② 경쟁적 욕구

③ 비교적 욕구   ④ 감촉적 욕구

⑤ 규범적 욕구

사회복지행정론

16 사회복지관에서 프로그램을 설계하는 과정에서 수행되어야 할 업무가 아닌 것은?

① 해당 프로그램이 지역사회를 위해 왜 필요한지에 대한 분석을 진행한다.

② 이미 진행되고 있는 프로그램들과의 유사성을 파악하여 중복되지 않도록 한다.

③ 욕구사정이 종료된 후에는 목표를 구체화하여 실현가능성을 높이도록 한다.

④ 프로그램 진행에 필요한 과업을 세분화하여 각 실무자에게 업무를 분담한다.

⑤ 프로그램의 적정성을 알아보기 위해 형성평가 및 총괄평가를 실시한다.

18 사회복지서비스에 있어서 평가에 대한 설명으로 옳지 않은 것은?

① 사회복지 프로그램에서 평가가 궁극적으로 지향하는 바는 이윤창출을 통한 기관의 성장에 있다.

② 업무자들이 양적인 지표에만 관심을 갖게 되면, 서비스과정이 지나치게 경직되어 버리는 '기준행동'이 발생할 수 있다.

③ 평가에서 제시되는 계량화된 평가점수들이 실질적인 서비스의 효과성과는 무관하게 도출되는 경우도 있다.

④ 평가결과를 공개하는 과정에서 다양한 외부 집단의 갈등적 이해관계의 요구를 자연스럽게 표출시킬 수 있다.

⑤ 평가 과정 및 결과에 대한 공개는 조직과 프로그램의 혁신에도 도움을 줄 수 있다.

✤17 다음에서 설명하고 있는 것과 관련된 평가 기준은?

> 기획 과정에서는 하나의 쟁점에 대해 여러 대안을 생각해봐야 하며, 한정된 자원으로 인해 그 중 가장 현실적으로 가능성이 높은 대안을 선택하게 된다. 이 과정에서 각 대안이 가져올 효과를 비용으로 환산하여 각 대안들을 비교해볼 수 있다.

① 비용한정분석　　② 비용효율분석

③ 비용효과분석　　④ 비용편익분석

⑤ 비용가치분석

11장

사회복지조직의 책임성과 평가

이 장에서는,

시설평가 제도와 관련하여 평가의 기능, 원칙, 내용 등이 출제되고 있다. 사회복지조직에서 책임성이 왜 중요하게 강조되는지와 함께 책임성을 확보하기 위해 사회복지사들은 어떤 노력을 기울여야 하는지 등을 생각해보아야 한다. 성과관리 및 성과평가에 관한 문제도 간헐적으로 출제된 바 있다.

해답과 오답노트 218쪽

✛01 사회복지 시설평가에 관한 설명으로 옳지 않은 것을 모두 고른 것은?

> ㄱ. 보건복지부장관과 시·도지사는 3년마다 시설에 대한 평가를 실시하여야 한다.
> ㄴ. 시설평가 기준은 사회보장기본법상의 서비스 최저기준을 고려하여 보건복지부장관이 정한다.
> ㄷ. 보건복지부장관과 시·도지사는 평가결과에 따라 시설 거주자를 다른 시설로 보낼 수 있다.
> ㄹ. 시·도지사와 시·군·구청장은 평가결과를 해당 기관의 홈페이지 등에 게시하여야 한다.

① ㄱ, ㄷ
② ㄴ, ㄹ
③ ㄱ, ㄴ, ㄹ
④ ㄴ, ㄷ, ㄹ
⑤ ㄱ, ㄴ, ㄷ, ㄹ

기출 STYLE

시설평가제의 목적 및 원칙, 시설평가의 주체 및 대상, 시행주기 등 개괄적인 내용이 출제되고 있다. 시설평가는 최고 수준의 시설을 선정하기 위한 것이 아니라 각 시설들이 최소한의 일정 수준 이상을 갖추도록 유도하기 위한 것임을 기억하자.

✛02 사회복지조직의 책임성 증진을 위한 노력으로 옳지 않은 것은?

① 국가 정책의 범위 내에서 서비스를 제공해야 한다.
② 공익 증진이라는 도의적 책임을 다해야 한다.
③ 접근성, 공평성 등을 확보하기 위해 노력해야 한다.
④ 사회복지사의 직업윤리가 실현되도록 해야 한다.
⑤ 프로그램 설계 과정에서 주민들을 참여시킨다.

기출 STYLE

책임성과 관련하여서는 책임성의 정의 및 기준, 주체와 대상, 책임성을 증진하기 위한 방안, 책임성이 강조되는 요인 등에 관한 내용이 전반적으로 다뤄지고 있다.

사회복지행정론

03 캐플란과 노튼(R. Kaplan & D. Norton) 이 성과관리를 위해 제시한 균형성과표의 요소를 모두 고른 것은?

> ㄱ. 재무(Financial)
> ㄴ. 내부 프로세스(Internal Process)
> ㄷ. 고객(Customer)
> ㄹ. 학습과 성장(Learning and Growth)

① ㄱ, ㄴ   ② ㄷ, ㄹ
③ ㄱ, ㄴ, ㄹ   ④ ㄴ, ㄷ, ㄹ
⑤ ㄱ, ㄴ, ㄷ, ㄹ

06 사회복지조직에서 책임성 확보를 위한 노력으로 옳은 것을 모두 고른 것은?

> ㄱ. 후원금 사용 내역의 투명한 공개
> ㄴ. 사회복지실천에서의 윤리강령 준수
> ㄷ. 클라이언트의 사생활 보호 및 비밀유지
> ㄹ. 교육적 · 행정적 · 정서적 차원의 슈퍼비전

① ㄱ, ㄷ   ② ㄴ, ㄹ
③ ㄱ, ㄴ, ㄷ   ④ ㄴ, ㄷ, ㄹ
⑤ ㄱ, ㄴ, ㄷ, ㄹ

✦04 사회복지사업법령상 사회복지시설의 서비스 최저기준에 포함되지 않는 사항은?

① 종사자 채용 시 준수사항
② 지역사회 연계
③ 서비스의 과정 및 결과
④ 시설의 안전관리
⑤ 시설 이용자의 인권

07 사회복지조직에서 평가의 기능에 관한 설명으로 옳지 않은 것은?

① 목표달성 여부 및 성과를 파악한다.
② 자원관리의 근거가 된다.
③ 개선점에 대한 환류가 일어난다.
④ 조직의 책임성을 확보한다.
⑤ 서비스의 표준화에 기여한다.

05 사회복지조직의 성과관리와 관련하여 옳은 것은?

① 성과는 효과성과 같은 개념이다.
② 성과수준의 결정은 조직의 자원과 무관하다.
③ 성과는 과정보다 결과에 초점을 둔다.
④ 성과수준은 최대치로 제시해야 한다.
⑤ 성과수준은 측정을 전제로 하지는 않는다.

✦08 사회복지 시설평가에 있어 평가의 범위에 해당하지 않는 것은?

① 이용자의 고충처리 시스템
② 운영위원회의 구성 및 활동
③ 직원 채용에 있어서의 공정성
④ 지역사회 인적 · 물적 자원의 충분성
⑤ 시설에서 제공하는 프로그램의 참신성

✦09 사회복지 시설평가에 관한 설명으로 옳지 않은 것은?

① 시설운영의 개선 및 서비스의 질 제고를 유도하는 수단이다.

② 효과성보다 효율성에 초점을 두어 시설운영의 선진화를 추구한다.

③ 평가대상 기관이 스스로 기관의 문제점을 파악할 수 있도록 한다.

④ 이용자 중심의 평가를 위해 이용자의 만족도를 고려한다.

⑤ 후원금, 자원개발, 자원봉사자 등 지역사회와의 관계를 살펴본다.

✦11 사회복지서비스 책임성의 주체에 관한 설명으로 옳지 않은 것은?

① 국가는 국민의 복지를 위해 정책적 노력을 다해야 할 책임이 있다.

② 민간 조직은 다양한 후원금 및 국가 보조금을 받기 때문에 경제적 효율성을 달성해야 할 책임이 있다.

③ 민간 조직은 사회복지라는 공익을 실현하기 위한 사회적 책임을 진다.

④ 사회복지사는 지식과 기술을 갖추고 발전시켜 나가면서 전문성을 확보할 책임을 진다.

⑤ 클라이언트는 서비스의 대상자이기 때문에 책임성의 주체가 되지 않는다.

10 사회복지 성과평가에서 성과수준을 설정할 때 고려해야 할 사항으로 옳은 것을 모두 고른 것은?

> ㄱ. 현재 조직의 인적, 물적 자원을 토대로 달성할 수 있어야 한다.
> ㄴ. 성과를 측정하는 구체적인 방법을 확실히 해야 한다.
> ㄷ. 초과 달성의 여지를 남겨두고 설정해야 한다.
> ㄹ. 목표를 달성했을 때의 상태가 구체적으로 기술되어야 한다.

① ㄱ, ㄷ   ② ㄴ, ㄹ

③ ㄱ, ㄴ, ㄷ   ④ ㄹ

⑤ ㄱ, ㄴ, ㄷ, ㄹ

12 사회복지 시설평가에 대한 설명으로 옳지 않은 것은?

① 민간기관의 서비스가 공공기관의 서비스와 유사한 경우 폐지한다.

② 질 높은 서비스를 제공할 수 있는 개선방안을 마련해준다.

③ 평가의 결과에 따른 상벌이 주된 목적은 아니다.

④ 사회복지의 역할과 기능의 재정립 방안을 모색하게 해준다.

⑤ 우수시설을 모델화하여 다른 기관에서 참고할 수 있도록 한다.

사회복지행정론

해답과 오답노트 220쪽

13 사회복지조직의 책임성 확보를 위한 행정관리자의 자세로서 옳지 않은 것은?

① 행정관리자는 특정 분야에 대해 집중적으로 전문성을 키워나가야 한다.

② 행정관리자는 지역사회를 통해 인적, 물적 자원을 확보할 수 있도록 한다.

③ 행정관리자는 변화하는 환경변화에 적극적으로 대응할 수 있어야 한다.

④ 행정관리자는 구성원들에게 적절한 지지와 인정을 제공할 수 있어야 한다.

⑤ 행정관리자는 적절한 업무 배치와 합리적 통제를 행사할 수 있어야 한다.

⁕15 사회복지 시설평가의 원칙으로 옳지 않은 것은?

① 시설의 유형과 상관없이 모두 동일한 기준이 적용되어야 한다.

② 평가기준은 모든 사람이 이해하고 수용할 수 있도록 쉽게 구성되어야 한다.

③ 평가 기준 및 절차를 사전에 공개하여 투명성이 확보되도록 해야 한다.

④ 평가대상 기관이 평가과정에 참여하여 스스로 문제점을 개선해나갈 수 있도록 한다.

⑤ 기관과 지역사회 간 원활한 상호관계를 유도해나갈 수 있는 방법을 모색해야 한다.

14 사회복지조직의 책임성에 영향을 미치는 내부적 요인에 해당하는 것은?

① 예산삭감

② 선거로 인한 정권 교체

③ 행정규제

④ 업무단위들 간의 갈등

⑤ 새로운 프로그램 및 기술의 출현

문제풀이 **TIP**

내부적 요인과 외부적 요인을 구분하면 쉽게 답을 찾을 수 있다.

16 사회복지행정의 책임성 유형과 그 기준이 잘못 연결된 것은?

① 도의적 책임: 공익

② 법적 책임: 계약 준수

③ 기능적 책임: 사회복지사 직업윤리

④ 기능적 책임: 전문가의 재량적 기준

⑤ 도의적 책임: 정관

문제풀이 **TIP**

책임성의 기준은 책임 추궁이 필요한 경우 그 근거가 되는 기준으로 법적 책임, 도의적 책임, 기능적 책임으로 구분된다.

홍보와 마케팅

이 장에서는,

사회복지조직에서 인적, 물적 자원을 동원하기 위해 펼치는 다양한 홍보 방법을 공부한다. 출제율이 높은 장은 아니지만, 사회복지기관에서 마케팅이 중요해진 배경, 마케팅을 펼칠 때 고려해야 할 사항들과 다양한 마케팅 방법들 등이 시험에 등장한 바 있다.

해답과 오답노트 221쪽

◆01 사회복지조직의 홍보 및 마케팅과 관련하여 고려해야 할 특성으로 옳지 않은 것은?

① 이용자뿐만 아니라 후원자 모집을 위해서도 진행된다.

② 사회복지서비스는 대체로 형태를 갖지 않는다.

③ 사회복지서비스는 이용자에 따라 다르게 제공될 수 있다.

④ 수익활동을 할 수 없어 외부환경에의 의존도가 높다.

⑤ 조직의 사명감, 이용자 만족, 품질관리 등을 고려해야 한다.

기출 STYLE

사회복지 마케팅의 의의 및 필요성 등을 파악하는 문제들도 간혹 출제되고 있다. 사회복지조직 및 사회복지서비스의 특성들과 연결하여 생각하면 어렵지 않게 문제를 풀 수 있다.

◆02 사회복지조직의 마케팅 전략에 관한 설명으로 옳지 않은 것은?

① 공익연계 마케팅: 기업과 연계하여 홍보효과를 창출한다.

② 고객관계관리 마케팅: 고객 맞춤형 마케팅을 추진한다.

③ 인터넷 마케팅: 홈페이지, SNS 등에 프로그램 정보를 게시한다.

④ DB 마케팅: 지역주민에게 홍보자료를 우편발송한다.

⑤ 이벤트 마케팅: 이벤트 사업을 통해 잠재적 후원자를 개발한다.

기출 STYLE

사회복지조직에서 활용할 수 있는 다양한 마케팅 기법의 사례 및 장단점을 파악해두자.

사회복지행정론

✤03 사회복지조직의 홍보활동으로 적절하지 않은 것은?

① 성과가 기대되는 이용자를 중심으로 모집하여 서비스 결과를 마케팅에 활용한다.

② 다른 기관에서 성공적으로 평가되는 홍보활동을 벤치마킹하여 전략을 세운다.

③ 앱 개발 및 QR코드 활용 등 스마트폰을 통해 서비스 정보를 확인할 수 있도록 한다.

④ 즉흥적으로 진행하기보다는 계획에 따라 효율적인 홍보활동이 이루어지도록 한다.

⑤ 이용자 모집을 위해 직접 클라이언트를 찾아나서는 아웃리치 활동을 진행한다.

04 사회복지기관의 후원금 창출을 위한 마케팅 전략과 관련하여 옳지 않은 것은?

① 지역사회의 사회적 · 경제적 상황 및 욕구에 관한 분석이 선행되어야 한다.

② 마케팅의 목표는 기관의 목적을 달성하는 데에 기여하도록 수립해야 한다.

③ 시장 세분화 정도가 가장 높은 틈새 마케팅을 통해 기부유도 효과를 극대화한다.

④ 시장 세분화를 통해 표적시장을 선정하여 시장 포지셔닝이 이루어지도록 한다.

⑤ 기업연계 마케팅, 인터넷 마케팅, DM 마케팅 등을 혼합하여 진행하기도 한다.

05 사회복지기관의 인적 · 물적 자원개발 중 모금을 위한 성공적인 지역사회 마케팅 전략으로 적절하지 않은 것은?

① 모금 전담 부서와 전담 실무자를 배정한다.

② 모금 목표시장 조사를 실시한다.

③ 후원자와 클라이언트의 욕구조사를 실시한다.

④ 전문 컨설팅 업체에 모금에 관한 모든 활동을 일임한다.

⑤ 마케팅 전략이 구체적인 계획을 통해 연결되도록 한다.

✤06 사회복지조직에서 마케팅 믹스(4P)에 관한 설명으로 옳지 않은 것을 모두 고른 것은?

> ㄱ. Product: 지역사회의 욕구를 수렴하여 서비스를 개발한다.
> ㄴ. Permission: 제공할 서비스에 대한 법인의 승인이 있어야 한다.
> ㄷ. Price: 비금전적 요소를 고려하여 서비스 이용비용을 책정한다.
> ㄹ. Place: 서비스 이용자를 모집하기 위해 홍보 활동을 한다.

① ㄱ, ㄷ   ② ㄴ, ㄹ

③ ㄷ, ㄹ   ④ ㄱ, ㄴ, ㄷ

⑤ ㄴ, ㄷ, ㄹ

문제풀이 (TIP)

마케팅 믹스(4P)
• Product: 상품/서비스
• Price: 가격(이용료, 후원금)
• Place: 유통/전달(네트워크, 접근성)
• Promotion: 촉진(홍보)

✦07 기업에서 판매하는 물품의 일정 수익을 기관에 기부하는 방식으로 진행되는 마케팅 기법은?

① 공익연계 마케팅
② 사회 마케팅
③ 고객관계관리 마케팅
④ 다이렉트 마케팅
⑤ 데이터베이스 마케팅

09 다음에서 활용하고 있는 마케팅 전략을 모두 고른 것은?

> A사회복지관에서는 자원봉사자에게 활동 시간당 적립 쿠폰을 발행하여 연말에 시상식을 가진다.
>
> ---
>
> ㄱ. 재활성화 전략　　　ㄴ. 충성도 제고 전략
> ㄷ. 고객 확보 전략　　　ㄹ. 고객 유지 전략

① ㄱ, ㄴ, ㄷ　　　　② ㄹ
③ ㄱ, ㄷ　　　　　　④ ㄴ, ㄹ
⑤ ㄱ, ㄴ, ㄷ, ㄹ

✦08 사회복지 마케팅에서 고려해야 할 사회복지서비스의 특징으로 옳지 않은 것은?

① 형태를 띤 것이 아니기 때문에 이용자가 먼저 살펴보기 어렵다.
② 개별화된 서비스를 제공해야 하기 때문에 표준화된 생산이 어렵다.
③ 지역사회의 욕구와 수요를 충족시킬 수 있어야 한다.
④ 이용자마다 만족도가 다르기 때문에 평가를 진행할 수 없다.
⑤ 생산과 소비가 동시에 이루어지므로 반환할 수 없다.

문제풀이 TIP

사회복지조직에서 마케팅은 서비스의 무형성, 비영리성이라는 독특한 특징과 연결지어 이해해야 한다.

10 A사회복지관에서는 지역사회 내 맞벌이 부부와 15세 이하의 아동 · 청소년으로 구성된 가구를 대상으로 새로운 프로그램을 기획하였다. 이 프로그램의 참여자를 모집하기 위한 홍보 활동으로 적절한 것을 모두 고른 것은?

> ㄱ. 지하철역 네거리에 기관의 전화번호가 기재된 현수막을 설치한다.
> ㄴ. 다른 기관에 홍보용 전단을 비치해줄 것을 요청한다.
> ㄷ. 기관의 홈페이지에 프로그램의 내용 및 기간 등을 담아 게시한다.
> ㄹ. 기관의 이용자 및 후원자들을 통해 아웃리치가 이루어지도록 한다.

① ㄱ, ㄴ, ㄷ　　　　② ㄱ, ㄷ
③ ㄴ, ㄷ, ㄹ　　　　④ ㄱ, ㄹ
⑤ ㄱ, ㄴ, ㄷ, ㄹ

사회복지행정론

11 <보기>에 해당하는 마케팅 과정은?

> 일부 클라이언트들은 이미 사회복지 정보의 홍수 속에 시달리고 있기 때문에 부가적인 정보를 제공하며 막대한 광고비를 쏟아 붓는 것은 큰 효과가 없다. 그러므로 단순하고 쉽게 인식되는 확실한 홍보 전략으로 우리 브랜드만의 위치를 잡아가는 것이 중요하다. 궁극적으로는 클라이언트의 인식 속에 복지관의 브랜드를 위치시키는 것이다.

① 시장 세분화
② 표적시장 선정
③ 시장 포지셔닝
④ 아웃리치
⑤ 프로모션

12 사회복지조직에서 마케팅이 필요한 이유로 보기 어려운 것은?

① 효율성과 효과성을 달성하기 위해
② 클라이언트의 만족을 이끌어내기 위해
③ 외부환경의 변화에 대처하기 위해
④ 재정확보를 위해
⑤ 조직의 분권화를 위해

 문제풀이 TIP

사회복지조직에서 마케팅은 클라이언트의 접근성 강화라는 측면과도 연결되며, 후원금품 모금 등의 측면과도 연결된다. 또한 유사단체들이 많아지고 있는 사회적 분위기 속에서 경쟁력을 확보하기 위한 목적도 있다.

13 후원 시장에 대한 시장세분화의 긍정적 기능으로 옳은 것을 모두 고른 것은?

> ㄱ. 현재 후원 중인 후원자 집단을 다양한 변수에 따라 정보화하여 관리하는 방법이다.
> ㄴ. 시장세분화를 통해 기관의 욕구에 맞는 시장을 찾을 수 있다.
> ㄷ. 지역사회 마케팅을 실시할 때 약점과 강점을 파악하는 데에 유용하다.
> ㄹ. 시장세분화를 통해 지역사회의 변화에 대처할 수 있도록 사회복지기관의 마케팅 능력이 강화된다.

① ㄱ, ㄴ, ㄷ
② ㄱ, ㄴ
③ ㄱ, ㄴ, ㄹ
④ ㄷ, ㄹ
⑤ ㄴ, ㄷ, ㄹ

14 사회복지조직에서 신규 프로그램에 대한 마케팅을 설계함에 있어 SWOT 기법을 이용할 때 분석의 대상으로 보기 어려운 것은?

① 기관 내에 확보되어 있는 인적 자원
② 제공될 프로그램의 장점
③ 지역주민들의 기관에 대한 관심
④ 지역사회 내 유사 프로그램의 존재 여부
⑤ 프로그램을 평가하기 위한 도구

15 다음에서 진행된 마케팅 전략은?

> A복지관에서는 2023년 상반기에 진행될 프로그램을 알리기 위해 기이용자 및 후원자, 설문조사 과정에서 홍보자료 발송에 동의한 지역주민에게 프로그램 안내자료를 우편으로 발송하였다. 한편, 홈페이지 및 SNS에 프로그램 진행 일정과 자료 등을 정리하여 공지하였고 연계기관 및 후원기관에 팝업 및 배너 광고를 요청하였다.

① 고객관계관리 마케팅, 이벤트 마케팅
② 고객관계관리 마케팅, 인터넷 마케팅
③ DM 마케팅, DB 마케팅
④ DM 마케팅, 인터넷 마케팅
⑤ DB 마케팅, 인터넷 마케팅

13장 환경관리와 정보관리

이 장에서는,

사회복지조직과 외부환경과의 관계, 조직의 환경에 대한 적응 및 저항 등 환경관리 등을 학습한다. 조직이 일방적으로 영향을 받는 일반환경과 조직과 상호 영향을 주고받는 과업환경을 구분할 수 있어야 하고, 과업환경의 종류는 상세하게 파악해두는 것도 필요하다.

해답과 오답노트 223쪽

✦01 사회복지조직의 외부환경에 관한 설명으로 옳지 않은 것은?

① 사회복지조직은 외부환경의 영향으로부터 자유로울 수 없다.

② 일반환경보다는 과업환경과 좀 더 긴밀하게 영향을 주고받게 된다.

③ 사회복지사업법은 사회복지시설에 정당성을 부여해주는 일반환경 요소이다.

④ 네트워크 조직들은 재정자원 제공자이면서 클라이언트 제공자가 되기도 한다.

⑤ 지역사회의 자원을 놓고 경쟁하는 조직들도 주요 환경요소이다.

기출 STYLE

이 장의 출제율은 낮은 편이지만, 그럼에도 일반환경 및 과업환경에 관한 문제는 꾸준히 출제되고 있다. 일반환경과 과업환경을 구분하는 문제가 가장 많이 출제되었고, 사회복지조직과 외부환경과의 관계에 관한 내용이 출제되기도 하였다.

✦02 사회복지조직을 둘러싼 환경변화의 흐름에 관한 설명으로 옳지 않은 것은?

① 시설평가가 도입된 이후 운영의 투명성이 꾸준히 강조되고 있다.

② 사회적 경제 주체의 증가 등으로 경쟁력 강화가 강조되고 있다.

③ 사례관리를 통한 맞춤형 통합 서비스가 강조되고 있다.

④ 사회복지사에 대해 전문직으로서의 실천윤리가 강조되고 있다.

⑤ 재정의 효율화 측면에서 시설의 대규모화가 강조되고 있다.

기출 STYLE

사회복지행정을 둘러싼 환경변화, 즉 제도적 변화 내지는 사회복지에 관한 사회적 요구의 변화 등의 흐름과 관련된 문제도 출제되곤 한다.

03 다음 상황에서 생각해볼 수 있는 내용으로 옳지 않은 것은?

> 장애인 탈시설화 정책이 발표된 후 A지방자치단체에서는 지역 내 유관기관 및 관련 전문가와 함께 장애인 거주시설에서 퇴소하여 원가정으로 복귀하게 된 장애인 및 복귀가 어려운 장애인 등에 대한 향후 대책 및 지원방안을 논의하기로 하였다.

① 일반환경의 변화는 과업환경의 변화에 영향을 미친다.
② 커뮤니티 케어를 위한 지역사회 자원 개발이 요구된다.
③ 사회복지 부문에서 민·관 협력이 강조되고 있다.
④ 공공 영역에서 전문성 확보를 위해 외부 전문가와의 협력을 추진한다.
⑤ 모든 사회복지 부문의 사업은 중앙정부에서 집행한다.

04 사회복지조직의 혁신에 관한 설명으로 옳지 않은 것은?
① 행정·관리 체계를 욕구 및 수요의 변화에 대응할 수 있도록 개선한다.
② 조직의 목표를 달성하기 위한 의도적이고 계획적인 활동이다.
③ 조직의 변화를 격려하고 지지하는 혁신풍토가 조성되어야 한다.
④ 혁신이 실패할 수 있다는 불안감을 감수할 수 있어야 한다.
⑤ 혁신에 대한 구성원의 반발에 대응하기 위해 거래적 리더십이 요구된다.

05 의사결정에 따른 실행 이후에 발생하는 비용 중 다시 되돌릴 수 없는 비용을 무엇이라 하는가?
① 고정비용
② 매몰비용
③ 가변비용
④ 생산비용
⑤ 거래비용

06 다음 중 사회복지조직이 환경으로부터의 종속을 피할 수 있는 전략을 모두 고른 것은?

> ㄱ. 외부조직과의 정보 공유
> ㄴ. 주요 자원의 직접 소유
> ㄷ. 정당성을 내세울 수 있는 이념 개발
> ㄹ. 서비스 기획에 대한 외부의 압력 허용

① ㄱ, ㄴ, ㄷ
② ㄱ, ㄷ
③ ㄱ, ㄴ, ㄹ
④ ㄴ, ㄹ
⑤ ㄱ, ㄴ, ㄷ, ㄹ

+07 사회복지조직의 과업환경에 해당하지 않는 것은?
① 경찰, 동주민센터 등 공공기관
② 유사 서비스 제공기관
③ 지역사회의 인구구성
④ 시설 이용자의 가족
⑤ 지역사회복지협의회

08 각 정보 유형에 대한 예시가 옳지 않은 것은?

① 지역사회 정보: 지역사회 내의 인구통계학적 정보, 지역사회 내 자원에 대한 정보

② 클라이언트 정보: 클라이언트의 현존 문제, 받고 있는 서비스 목록 및 기간, 가족적 특성

③ 직원 정보: 한 직원이 서비스를 통해 제공한 활동, 도움을 준 클라이언트 수

④ 자원할당 정보: 기관의 전체 비용, 특정 서비스에 소요되는 비용, 전체 직원들의 인건비

⑤ 서비스 정보: 서비스를 받는 사람들의 수, 한 명의 직원이 제공하는 서비스 시간, 서비스의 구체적인 내용

✛10 사회복지기관에서의 정보관리에 관한 설명으로 옳지 않은 것은?

① 정보관리를 어떻게 할 것인지에 대한 조직 차원의 원칙을 세워야 한다.

② 모든 정보를 전산화하여 모든 구성원이 공유할 수 있도록 해야 한다.

③ 정보관리를 통해 의사결정의 질을 향상시킬 수 있도록 해야 한다.

④ 기본적이고 일상적인 행정업무를 체계화하고 효율화하도록 해야 한다.

⑤ 클라이언트의 정보가 유출되는 것을 방지하기 위해 노력해야 한다.

문제풀이 **TIP**

정보관리가 전산화를 의미하지 않는다는 점이나 정보의 전산화로 인해 개인정보 유출 위험이 발생할 수 있다는 점 정도는 기억해두는 것이 좋다.

✛09 사회복지조직의 환경에 관한 설명으로 옳지 않은 것은?

① 사회복지 시설평가 및 종사자 보수교육 등의 규정도 환경적 요소이다.

② 민영화라는 일반환경의 변화는 경쟁조직 증가라는 과업환경의 변화를 가져왔다.

③ 컴퓨터를 통한 행정관리 프로그램의 발달은 과업환경으로서 영향을 미친다.

④ 다문화가족에 대한 사회적 인식 변화는 일반환경에 해당한다.

⑤ 지역사회의 실업률 증가는 환경의 경제적 조건으로서 고려된다.

11 사회복지조직이 환경에 대한 종속관계에서 벗어나기 위한 노력으로 적절하지 않은 것은?

① 필요한 자원을 스스로 획득하여 조직의 역량을 강화시켜 나간다.

② 성공률이 좋을 것으로 예상되는 클라이언트를 선별하여 서비스를 제공한다.

③ 유관기관과의 연합을 통해 협력하는 방안을 강구한다.

④ 다른 조직과 상호 간에 필요한 자원을 교환할 수 있도록 계약한다.

⑤ 보다 나은 서비스로 클라이언트의 만족도를 높여 경쟁력을 확보한다.

12 사회복지조직은 외부의 환경변화에 대응하기 위해 내부의 변화를 이끌게 되는데, 이때 내부 변화에 대한 구성원들의 저항을 감소시키기 위한 전략으로 옳지 않은 것은?

① 과거의 경험을 통해 구성원들의 성향을 파악하여 전략을 세운다.

② 구성원들 내에 퍼져있는 비공식적 규범을 파악한다.

③ 기존의 자원분배 구조가 어떻게 바뀔지를 예상한다.

④ 구성원들의 매몰비용을 고려해야 한다.

⑤ 변화에 대한 저항이 클수록 강력한 대응을 한다.

14 사회복지조직이 외부환경과의 관계에서 고려해야 할 사항으로 옳은 것은?

① 자원 획득을 위해 외부환경에 대한 의존도를 높이는 것이 핵심이다.

② 사회복지조직이 네트워크를 형성할 때에는 권위주의 전략이 우선이다.

③ 서비스 욕구변화에 따른 조직혁신 과정에서는 수직적 구조가 유리하다.

④ 사명감, 정당성 등은 사회복지조직이 존재할 수 있는 힘으로 작용한다.

⑤ 환경변화에 대한 대응은 조직의 최고관리층에서만 이루어지도록 한다.

13 A사회복지법인은 학교폭력 문제에 관심을 갖고 피해자 상담 프로그램을 운영하는 센터를 설치하면서 여러 환경 요소를 파악 중에 있다. 과업환경에 해당하지 않는 것은?

① 가구당 월평균 소득

② 성폭력상담센터

③ 사회복지법인의 후원자

④ 청소년복지시설

⑤ 지구대 및 파출소

문제풀이 TIP

과업환경과 일반환경의 구분은 경우에 따라 다르게 나타날 수도 있다. 즉 조직이나 특정 사업이 어떤 외부환경과 상호교환 등의 작용을 한다면 과업환경이 되며, 단지 어떤 외부환경의 영향력이 조직에게 일방적으로 미친다면 일반환경으로 구분할 수 있다.

✦15 과업환경에 관한 설명으로 옳은 것을 모두 고른 것은?

> ㄱ. 조직에 직접적인 영향을 주는 환경으로 조직이 일방적으로 적응해야 한다.
>
> ㄴ. 서비스 이용자는 조직이 산출한 것을 소비하는 자로서 과업환경에 해당한다.
>
> ㄷ. 인적, 물적 자원을 지원받을 수 있는 네트워크는 과업환경으로 볼 수 있다.
>
> ㄹ. 지역 내 타 조직은 클라이언트 제공자인 동시에 경쟁하는 조직이 되기도 한다.

① ㄱ, ㄷ   ② ㄴ, ㄹ

③ ㄱ, ㄴ, ㄹ   ④ ㄴ, ㄷ, ㄹ

⑤ ㄱ, ㄷ, ㄹ

16 사회복지조직과 환경과의 관계에 관한 설명으로 적절하지 않은 것은?

① 조직은 환경에 대해 지배적인 위치를 점하게 된다.

② 환경은 모든 조직에 다양한 방식으로 영향을 미친다.

③ 조직은 환경으로부터 자원을 공급받는다.

④ 같은 환경 내에 있는 다른 조직들과 경쟁한다.

⑤ 학교, 경찰, 경찰 등은 과업환경이 되기도 한다.

18 다음은 협동적 전략 가운데 무엇에 관한 설명인가?

- 클라이언트의 대표를 의사결정과정이나 프로그램 평가에 참여시킨다.
- 지역사회의 여론 주도층의 대표자를 사회복지관 운영위원회의 위원으로 임명한다.

① 경쟁　　　　　　② 흡수

③ 연합　　　　　　④ 권위

⑤ 방해

17 지식기반시스템에 관한 설명으로 적절한 것을 모두 고른 것은?

- ㄱ. 클라이언트에게서 얻은 정보를 토대로 사례에 관한 의사결정을 한다.
- ㄴ. 재정관리 등 조직 내부의 운영을 통제할 목적으로 사용될 수 있다.
- ㄷ. 수많은 클라이언트의 사례를 상황별, 유형별로 나누어 정보를 만든다.
- ㄹ. 주로 일상적이고 반복적으로 진행되는 사무 업무를 처리하도록 운영된다.

① ㄱ, ㄴ, ㄷ　　　　② ㄱ, ㄷ

③ ㄱ, ㄴ, ㄹ　　　　④ ㄴ, ㄹ

⑤ ㄱ, ㄴ, ㄷ, ㄹ

19 사회복지조직의 혁신유형(Perri 6) 중 서비스 내용에 대한 혁신에 해당하는 것을 모두 고른 것은?

- ㄱ. 유관기관과 협력체계 구축
- ㄴ. 서비스 대상 집단의 확대
- ㄷ. 새로운 서비스의 개발
- ㄹ. 기존 서비스의 다양화

① ㄱ, ㄹ　　　　　　② ㄴ, ㄷ

③ ㄱ, ㄴ, ㄹ　　　　④ ㄴ, ㄷ, ㄹ

⑤ ㄱ, ㄴ, ㄷ, ㄹ

문제풀이 TIP

사회복지조직의 혁신유형 분류(Perri 6)
- 제품 · 산물 혁신: 서비스 내용에 대한 혁신
- 공정 · 과정 혁신: 서비스 생산 과정의 혁신
- 행정 · 관리 혁신: 조직 내외 변화유도 혁신

8영역

사회복지법제론

5개년도(18~22회) 출제분포표

	18회	19회	20회	21회	22회	문항수	출제율
1장 사회복지법의 개관	2	3	1	2	2	10	8%
2장 사회복지법의 발달사	1	1	1	2	1	6	5%
3장 사회복지의 권리성	-	-	1	-	-	1	1%
4장 국제법과 사회복지	-	-	-	-	-	-	-
5장 사회보장기본법	2	2	3	3	3	13	10%
6장 사회보장급여의 이용 · 제공 및 수급권자 발굴에 관한 법률	2	1	2	1	2	8	6%
7장 사회복지사업법	3	3	3	4	4	17	14%
8장 공공부조법	4	3	4	4	4	19	15%
9장 사회보험법	4	5	5	3	5	22	18%
10장 사회서비스법	7	6	5	5	4	27	21%
11장 판례	-	1	-	1	-	2	2%

이 장에서는,

법원의 개념과 함께 성문법원과 불문법원의 차이를 살펴보고, 헌법, 법률, 명령, 규칙, 자치법규의 제정 주체와 그 특징을 이해한다. 또한 사회복지법의 체계와 헌법상의 사회복지법원은 무엇인지를 살펴보고, 자치법규(조례, 규칙)의 특징, 조례와 규칙의 차이, 사회복지법령에서 조례로 정하도록 위임하고 있는 사항을 이해한다. 특히, 사회복지법의 법원, 우리나라의 법체계, 법령제정, 자치법규 등에 대한 문제가 주로 출제되었으며, 최근에는 헌법상의 사회복지법원에 관한 문제가 자주 출제되고 있다.

해답과 오답노트 226쪽

✦01 우리나라의 법체계에 대한 설명으로 옳지 않은 것은?

① 헌법을 위반한 법률은 위헌법률이 된다.

② 시행규칙은 행정 각부의 장이 발하는 명령이다.

③ 조례는 지방의회에서 제정한다.

④ 국회의 의결을 거치지 않고 법률을 제정할 수 있다.

⑤ 법률의 실효성을 확보하기 위해서 시행령과 시행규칙의 제·개정도 중요하다.

기출 STYLE

사회복지법의 법원, 법체계, 법령제정과 관련한 문제들이 출제되었는데, 표현은 다르지만 묻는 내용은 유사하다.

✦02 자치법규에 관한 설명으로 옳지 않은 것은?

① 조례는 해당 지방자치단체의 지역 내에서만 효력을 갖는다.

② 지방의회는 법령의 범위 내에서 그 사무에 관하여 규칙을 제정할 수 있다.

③ 시·군 및 자치구의 조례는 시·도의 조례를 위반해서는 아니 된다.

④ 조례에서 주민의 권리 제한에 관한 사항을 정할 때에는 법률의 위임이 있어야 한다.

⑤ 주민은 조례를 제정·개정·폐지할 것을 청구할 수 있다.

기출 STYLE

자치법규의 특징과 조례로 정하도록 위임하고 있는 사항을 고르는 유형이 주로 출제되었다. 조례와 관련한 문제의 경우 사회복지법령 전반에 대한 종합적인 이해가 필요하다.

✛**03** 사회복지법의 법원으로서 우리나라 헌법 규정이 아닌 것은?

① 모든 국민은 인간다운 생활을 할 권리를 가진다.

② 국가는 사회보장·사회복지의 증진에 노력할 의무를 진다.

③ 국가는 노인과 청소년의 복지향상을 위한 정책을 실시할 의무를 진다.

④ 국가와 지방자치단체는 국가 발전수준에 부응하고 사회환경의 변화에 선제적으로 대응하며 지속가능한 사회보장제도를 확립하고 매년 이에 필요한 재원을 조달하여야 한다.

⑤ 국가는 모성의 보호를 위하여 노력하여야 한다.

기출 STYLE

사회복지에 관한 우리나라 헌법 규정, 특히 제34조에서 제36조에 해당하는 내용들은 꼭 살펴볼 필요가 있다.

04 사회복지법의 체계와 적용에 관한 설명으로 옳지 않은 것은?

① 국민연금법, 국민건강보험법 등은 사회보장기본법과의 관계에서 특별법으로 볼 수 있다.

② 사회복지법령에서는 제도의 개념과 권리, 의무에 관한 사항 외에도 구체적인 절차를 제시하고 있다.

③ 관습법, 판례, 조리 등은 사회복지법의 성문법으로서 적용된다.

④ 사회보장기본법과 사회복지사업법은 같은 위계상의 법률이기 때문에 상위법 우선의 원칙이 성립되지 않는다.

⑤ 보건복지부장관은 법률 및 대통령령에 관한 구체적인 사항을 시행규칙으로서 정한다.

05 일반법과 특별법에 대한 설명으로 옳지 않은 것은?

① 특별법은 일반법에 우선한다.

② 일반법과 특별법은 법규범의 수직적 체계에 따라 구분된다.

③ 일반법과 특별법은 상대적 개념이다.

④ 특별법에 해당 규정이 없는 경우에 그의 보충으로서 일반법을 적용한다.

⑤ 비교 대상에 따라 일반법이었던 법이 특별법이 될 수도 있다.

문제풀이 **TIP**

특별법 우선의 원칙
동등한 법형식 사이에서 어떤 법령이 규정하고 있는 일반적인 사항과 다른 특정의 경우를 한정하거나 특정의 사람 또는 지역을 한정하여 적용하는 법령이 있는 경우에 이 두개의 법령은 일반법과 특별법의 관계에 있다고 하고, 이 경우에는 특별법이 일반법에 우선한다는 것이다.

06 사회복지법의 법원과 관련된 설명으로 옳은 것을 모두 고른 것은?

> ㄱ. 크게 성문법과 불문법으로 나뉜다.
> ㄴ. 외국과 체결한 사회보장협정은 성문법원에 속한다.
> ㄷ. 명령은 국회의 의결을 거치지 아니한다.
> ㄹ. 자치법규의 예로 보건복지부령을 들 수 있다.

① ㄱ, ㄴ   ② ㄱ, ㄷ

③ ㄴ, ㄹ   ④ ㄷ, ㄹ

⑤ ㄱ, ㄴ, ㄷ

✚07 사회복지법의 법원에 대한 설명으로 옳은 것을 모두 고른 것은?

> ㄱ. 사회복지관련 성문법원을 인정한다.
> ㄴ. 우리나라의 경우 통일된 사회복지법전이 존재한다.
> ㄷ. 사회복지라는 용어가 사용되지 않아도 내용상 관계되는 법률 및 조항도 사회복지법원이 될 수 있다.
> ㄹ. 국제법, 조약은 국내 사회복지법의 법원이 될 수 없다.

① ㄱ, ㄴ　　　　　② ㄱ, ㄷ
③ ㄴ, ㄹ　　　　　④ ㄷ, ㄹ
⑤ ㄱ, ㄴ, ㄷ, ㄹ

09 사회복지법령에서 조례로 정하도록 위임하고 있는 사항으로 옳지 않은 것은?

① 의료급여법·령 및 시행규칙에서 정한 사항 외에 의료급여기금의 관리·운영에 필요한 사항
② 아동복지전담공무원의 임용 등에 필요한 사항
③ 사회복지법인의 이사회 구성에 관한 사항
④ 국민기초생활보장제도의 자활기금의 운용·관리에 필요한 사항
⑤ 기초연금의 지급에 드는 비용 중 지방자치단체가 분담하는 부담비율

✚08 사회복지 자치법규에 관한 설명으로 옳은 것은?

① 주민의 권리와 의무가 아닌 지방정부의 관리행정에 관한 규율이다.
② 지방자치단체의 장은 지방자치단체를 대표하여 모든 조례와 규칙의 제정권을 가진다.
③ 아동복지법에 따라 아동위원에 관한 시·도의 조례로서 정할 수 있다.
④ 규칙의 범위는 법령 또는 조례가 위임한 범위로 제한된다.
⑤ 자치법규는 해당 지방에서 법률이나 명령보다 우선적으로 적용된다.

✚10 헌법 제34조 규정 중 빈칸에 들어갈 내용이 순서대로 옳은 것은?

> • 신체장애자 및 질병·노령 기타의 사유로 생활능력이 없는 국민은 (　　　)이 정하는 바에 의하여 국가의 보호를 받는다.
> • 국가는 (　　　)·사회복지의 증진에 노력할 의무를 진다.
> • 국가는 노인과 (　　　)의 복지향상을 위한 정책을 실시할 의무를 진다.

① 법률, 사회보장, 장애인
② 법률, 사회보험, 아동
③ 법률, 사회보장, 청소년
④ 대통령령, 사회보장, 청소년
⑤ 대통령령, 사회보험, 장애인

✦11 우리나라의 법령 제정에 대한 설명으로 옳지 않은 것은?

① 지방의회는 법령이나 조례가 위임한 범위에서 그 권한에 속하는 사무에 관하여 규칙을 제정할 수 있다.

② 국회의원과 정부는 법률안을 제출할 수 있다.

③ 대통령은 법률에서 구체적으로 범위를 정하여 위임받은 사항과 법률을 집행하기 위해 필요한 사항에 관해 대통령령을 발할 수 있다.

④ 조례 제정 시 주민의 권리 제한 또는 의무 부과에 관한 사항이나 벌칙을 정할 때에는 법률의 위임이 있어야 한다.

⑤ 국무총리 또는 행정각부의 장은 소관사무에 관해 법률이나 대통령령의 위임 또는 직권으로 총리령 또는 부령을 발할 수 있다.

문제풀이 TIP

규칙은 지방자치단체의 장이 법령 또는 조례가 위임한 범위 내에서 제정한다.

12 우리나라의 법체계에 관한 설명으로 옳은 것은?

① 헌법은 국가의 이념을 반영하며 관련 법규의 존립근거이나 재판의 규범이 될 수 없다.

② 국제법규는 헌법 제31조 제1항에 의해 국내법과 동일한 효력을 가진다.

③ 행정부에서 정하는 명령은 대통령령, 총리령으로 제한한다.

④ 자치법규는 법률보다 하위법에 속하므로 행정부의 승인을 거쳐야 한다.

⑤ 본회의에서 의결된 법률안에 대해 대통령은 거부권을 행사할 수 있다.

문제풀이 TIP

헌법에 의해 체결·공포된 조약과 일반적으로 승인된 국제법규는 국내법과 같은 효력을 가진다(헌법 제6조 제1항).

13 사회복지법의 체계와 적용에 관한 설명으로 옳은 것은?

① 헌법은 국가통치체제와 기본권 보장의 기초에 관한 근본 규범으로 사회복지 법원으로 보지는 않는다.

② 사회보장기본법과 사회복지사업법의 규정이 상충하는 경우에는 사회보장기본법이 우선 적용된다.

③ 사회복지사업법과 장애인복지법의 규정이 충돌하는 경우 상위법인 사회복지사업법이 우선 적용된다.

④ 아동복지법 시행령과 시행규칙의 규정이 상충하는 경우에는 시행령의 규정이 우선 적용된다.

⑤ 구법인 특별법과 신법인 일반법 간에 충돌이 있는 경우에는 신법인 일반법이 우선 적용된다.

14 조례에 대한 설명으로 옳지 않은 것은?

① 조례 제정에 있어 주민의 권리 제한 또는 의무 부과에 관한 사항이나 벌칙을 정할 때에는 법률의 위임이 있어야 한다.

② 조례는 원칙적으로 지방자치단체 내에서만 효력이 있다.

③ 조례가 규칙을 위반해서는 안 된다.

④ 전국적으로 통일적 처리를 요하는 국가사무에 관해서는 조례로 제정할 수 없다.

⑤ 관련 법령에 따라 일정한 요건을 충족한 주민은 조례의 제정·개정·폐지를 청구할 수 있다.

문제풀이 TIP

규칙은 지방자치단체의 장이 법령 또는 조례가 위임한 범위 내에서 그 권한에 속하는 사무에 관하여 정립한 법이다. 따라서 규칙제정권은 지방자치단체의 장에게 속한다. 일반적으로 조례가 제정되면 조례의 시행에 관하여 필요한 사항을 규칙으로 정한다.

✦15 우리나라의 법체계와 관련한 설명으로 옳지 않은 것은?

① 일반법보다 특별법 성격의 법률이 우선하여 적용된다.

② 헌법은 선언적 성격으로 재판에 영향을 주지 않는다.

③ 법률의 제정을 위해서는 반드시 국회의 의결을 거쳐야 한다.

④ 국무총리는 소관 사무에 관하여 직권으로 총리령을 발할 수 있다.

⑤ 보건복지부장관령은 시행령보다 하위 법률이다.

16 우리나라의 법령 적용과 해석에 대한 설명으로 옳지 않은 것은?

① 헌법이 가장 상위법에 해당하며, 하위법의 내용이 상위법과 저촉되는 경우에는 상위법 우선의 원칙을 적용한다.

② 동등한 법형식 사이에 법령 내용이 상호 모순되는 경우에 시간적으로 먼저 제정된 것이 나중에 제정된 것보다 우선하는 효력을 가진다.

③ 신법과 구법을 판단하는 기준은 해당 법률의 시행일이 도래하였는지에 따라 결정한다.

④ 동등한 법형식 사이에 어떤 일반적인 사항을 규정하는 법령과 다른 특정의 경우를 한정하여 적용하는 법령이 있는 경우에 이 두 개의 법령은 일반법과 특별법의 관계에 있다고 한다.

⑤ 일반법과 특별법의 관계에서 특별법의 규정이 우선적으로 적용된다.

문제풀이 TIP

신법 우선의 원칙
동등한 법형식 사이에 법령내용이 상호 모순·저촉하는 경우에는 시간적으로 나중에 제정된 것이 먼저 제정된 것보다 우선하는 효력을 가진다는 것이다. 신법과 구법의 판단기준은 해당 법률의 시행일이 도래하였는지에 따라 결정한다.

✦17 헌법과 사회복지법의 관계에 관한 설명으로 옳지 않은 것은?

① 헌법과 사회복지법은 내용상 일관성을 갖는다.

② 헌법에 나타나는 복지국가주의는 사회복지법의 기초가 된다.

③ 헌법은 복지권을 기본권으로 보장하고 있다.

④ 사회보장기본법은 사회보장과 관련해서는 헌법과 대등한 법적 효력을 갖는다.

⑤ 헌법은 사회복지에 관한 국가의 의무에 관하여 명시적으로 규정하고 있다.

문제풀이 TIP

헌법은 법의 위계상 가장 최상위에 있는 법규범이며, 사회복지법의 법원이 된다.

✦18 법률의 제정과정에 관한 설명으로 옳지 않은 것은?

① 법률안이 제출되면 소관 상임위원회에 회부되어 심사를 받고, 심사가 끝나고 본회의에 회부되면 법률안에 대한 심의와 의결이 진행된다.

② 대통령에게 재의 요구된 법률안은 국회가 재적의원 과반수의 출석과 출석의원 2/3 이상의 찬성으로 전과 같은 의결을 하면 그 법률안은 확정된다.

③ 법률안에 이의가 있으면 대통령은 거부권을 행사하고 재의를 요구할 수 있다.

④ 법률안을 심의·의결하는 과정은 국회의 고유권한이므로 정부는 법률안을 제출할 수 없다.

⑤ 본회의에서 법률안이 의결되면 정부에 이송되어 15일 이내에 대통령이 공포하게 된다.

✚19 법률의 제정에 관한 내용으로 옳지 않은 것은?

① 법률을 제정할 수 있는 입법권은 국회에 속한다.

② 대통령은 이송된 법률안에 이의가 있을 경우 거부권을 행사할 수 있다.

③ 대통령이 15일 이내에 재의 요구를 하지 아니한 때에는 그 법률안은 폐기된다.

④ 국회에서 의결된 법률안은 정부에 이송되어 15일 이내에 대통령이 공포한다.

⑤ 법률은 특별한 규정이 없는 한 공포한 날로부터 20일을 경과함으로써 효력을 발생한다.

21 법원에 대한 설명으로 옳지 않은 것은?

① 관습법은 불문법에 속하며, 우리나라 대법원은 관습법을 인정하지 않고 있다.

② 조리는 성문법, 관습법, 판례법이 없을 경우 최종적으로 적용되는 보충적 법원이다.

③ 헌법에 의하여 체결·공포된 조약과 일반적으로 승인된 국제법규는 국내법과 같은 효력을 가지므로 국내법의 체계에 수용된다.

④ 헌법은 그 자체에 대한 입안이나 심사의 문제보다는 그 하위의 법령을 제정하거나 개정하는 경우 준거틀로서의 헌법을 해석·적용하는 문제가 더욱 중요하다.

⑤ 시행규칙은 장관령을 말하는 것이고, 규칙은 자치법규에서 지방자치단체장이 제정한 법규범이다.

20 우리나라 헌법상의 사회복지법원에 관한 내용으로 옳지 않은 것은?

① 국가는 모성의 보호를 위하여 노력하여야 한다.

② 모든 국민은 인간다운 생활을 할 권리를 가진다.

③ 수급자는 인간으로서의 존엄과 가치를 가지며, 행복을 추구할 권리를 가진다.

④ 국가는 개인이 가지는 불가침의 기본적 인권을 확인하고 이를 보장할 의무를 진다.

⑤ 모든 국민은 건강하고 쾌적한 환경에서 생활할 권리를 가지며, 국가와 국민은 환경보전을 위하여 노력하여야 한다.

22 사회복지법에 관한 설명으로 옳지 않은 것은?

① 사회복지조례의 제정·개정 및 폐지는 의결기관으로서 지방의회의 권한에 속한다.

② 사회복지행정기관의 내부 문서정리를 위한 지침은 법규명령에 해당한다.

③ 국제조약과 국제법규도 사회복지법의 법원에 포함된다.

④ 헌법 제10조, 제34조 등은 사회복지 관련 조항에 해당한다.

⑤ 사회복지법은 생존권 보장을 이념으로 하는 사회법이다.

2장

사회복지법의 발달사

이 장에서는,

사회복지법의 발달사에서 중요한 우리나라의 주요 법률들을 살펴보며, 우리나라 주요 사회복지법률들의 제·개정 과정의 특징과 핵심내용들을 시대별로 이해한다. 사회복지법의 역사적 변천과 시대별 특징, 법률 제정시기와 순서에 대한 문제가 주로 출제되었다.

해답과 오답노트 228쪽

✚01 사회복지법령을 제정 시기가 빠른 순서대로 나열한 것으로 옳은 것은?

ㄱ. 국민기초생활보장법
ㄴ. 사회복지사업법
ㄷ. 긴급복지지원법
ㄹ. 노인장기요양보험법

① ㄱ ― ㄴ ― ㄷ ― ㄹ
② ㄱ ― ㄷ ― ㄴ ― ㄹ
③ ㄴ ― ㄱ ― ㄷ ― ㄹ
④ ㄴ ― ㄷ ― ㄹ ― ㄱ
⑤ ㄷ ― ㄹ ― ㄱ ― ㄴ

기출 STYLE

시기별로 같은 시기에 제정된 법률이 바르게 짝지어진 것을 찾는 유형, 제시된 법률을 제정된 순서대로 나열하는 유형, 가장 최근에 제정된 법률을 찾는 유형 등 다양한 방식으로 변형해서 출제될 가능성이 있다.

✚02 사회복지법령의 역사적 변천에 관한 설명으로 옳지 않은 것은?

① 1970년 사회복지사업법이 제정되면서 사회복지사 자격제도가 최초로 도입되었다.

② 1989년 의료보험법 개정으로 도시지역까지 확대 적용되면서 전국민 의료보험 체제가 확립되었다.

③ 1999년 국민기초생활보장법이 제정되면서 인구학적 기준을 철폐하고 수급권자, 보장기관 등 권리적 성격이 강한 용어로 변경되었다.

④ 2007년 노인장기요양보험법이 제정되면서 노인의 간병·장기요양 문제를 사회적 연대원리에 따라 정부와 사회가 공동으로 해결하기 위한 노인장기요양보험제도를 도입하게 되었다.

⑤ 2014년 기초연금법이 제정되면서 기존의 기초노령연금법이 폐지되고 기초연금액이 확대되었다.

기출 STYLE

주요 법률의 제·개정 과정에서의 특징에 대한 종합적인 이해를 필요로 하는 문제들이 출제되고 있다. 주요 법률의 연혁에 있어서 중요한 특징을 중심으로 제·개정과 관련된 시기적, 시대적 특징이나 사회적 배경 등도 관심 있게 살펴보도록 하자.

03 법률의 제정연도가 가장 빠른 것은?

① 노인복지법

② 사회복지사업법

③ 산업재해보상보험법

④ 국민기초생활보장법

⑤ 긴급복지지원법

05 우리나라 사회복지법의 역사적 변천에 관한 설명으로 옳지 않은 것은?

① 1961년에 제정된 생활보호법은 1999년 국민기초생활보장법이 제정되면서 폐지되었다.

② 2003년에는 지역사회복지계획 수립과 지역사회복지협의체 설치를 주요 내용으로 하는 사회복지사업법 개정이 이루어졌다.

③ 1973년에 국민복지연금법이 제정되었고, 1977년부터 전국민을 강제가입대상으로 하여 국민연금제도가 실시되었다.

④ 고령화가 빠르게 진행되면서 2007년에는 노인의 간병·장기요양 문제를 사회적 연대원리에 따라 정부와 사회가 공동으로 해결하기 위해 노인장기요양보험법이 제정되었다.

⑤ 1963년 제정된 사회보장에 관한 법률을 폐지하고 우리나라의 경제·사회의 발전수준과 국민의 복지욕구에 부합하는 사회보장제도를 확립하여 국민복지의 증진을 도모하기 위하여 1995년에 사회보장기본법이 제정되었다.

04 제시된 법률을 먼저 제정된 순서대로 바르게 나열한 것은?

> ㄱ. 사회보장기본법
> ㄴ. 국민연금법
> ㄷ. 긴급복지지원법
> ㄹ. 고용보험법

① ㄱ - ㄴ - ㄷ - ㄹ

② ㄱ - ㄴ - ㄹ - ㄷ

③ ㄴ - ㄱ - ㄹ - ㄷ

④ ㄴ - ㄹ - ㄱ - ㄷ

⑤ ㄹ - ㄴ - ㄱ - ㄷ

06 사회복지사업법의 제·개정 연도와 주요 내용의 연결이 옳은 것을 모두 고른 것은?

> ㄱ. 1970년: 사회복지사업법 제정
> ㄴ. 1983년: 사회복지종사자를 사회복지사로 명칭 변경
> ㄷ. 1997년: 사회복지시설 설치·운영의 허가제를 신고제로 전환, 사회복지시설평가규정 삽입
> ㄹ. 2000년: 지역사회복지협의체 및 지역사회복지계획의 수립에 대한 규정 신설

① ㄱ, ㄴ

② ㄱ, ㄷ

③ ㄴ, ㄹ

④ ㄷ, ㄹ

⑤ ㄱ, ㄴ, ㄷ

사회복지법제론

✚07 사회복지법의 제정 시기가 바르게 배열된 것은?

① 1960년대: 생활보호법, 의료보호법
② 1970년대: 사회복지사업법, 노인복지법
③ 1980년대: 모자복지법, 국민의료보험법
④ 1990년대: 사회보장기본법, 국민기초생활보장법
⑤ 2000년대: 영유아보육법, 노인장기요양보험법

09 같은 연대에 제정된 법률을 제정된 순서대로 바르게 나열한 것은?

> ㄱ. 영유아보육법, 고용보험법, 정신보건법
> ㄴ. 심신장애자복지법, 최저임금법, 노인복지법
> ㄷ. 사회복지사업법, 국민복지연금법, 의료보호법
> ㄹ. 국민기초생활보장법, 긴급복지지원법, 기초노령연금법

① ㄱ, ㄴ   ② ㄱ, ㄷ
③ ㄴ, ㄹ   ④ ㄷ, ㄹ
⑤ ㄱ, ㄴ, ㄷ, ㄹ

 문제풀이 TIP

같은 연대에 제정된 법률을 살펴본 뒤, 순서대로 나열되었는지도 살펴보아야 한다.

08 우리나라 사회복지입법의 특성을 잘못 설명한 것은?

① 문민정부에서는 사회보장제도의 기틀을 확립하기 위하여 사회보장기본법을 제정하였다.
② 국민의 정부에서는 기존의 생활보호법을 폐지하고 국민기초생활보장법을 제정하였다.
③ 참여정부에서는 지역사회복지를 강화하기 위해서 사회복지사업법을 개정하였다.
④ 참여정부에서는 기존 기초노령연금법을 폐지하고 기초연금법을 제정하였다.
⑤ 이명박 정부에서는 다문화가족지원법을 제정하였고, 긴급복지지원법이 개정되었다.

 문제풀이 TIP

기초연금법은 2014년에 제정되었다.

10 제정 순서대로 바르게 나열된 것은?

① 생활보호법 – 사회복지사업법 – 노인복지법 – 고용보험법 – 노인장기요양보험법
② 생활보호법 – 사회복지사업법 – 노인장기요양보험법 – 고용보험법 – 노인복지법
③ 생활보호법 – 노인복지법 – 사회복지사업법 – 고용보험법 – 노인장기요양보험법
④ 사회복지사업법 – 생활보호법 – 고용보험법 – 노인복지법 – 노인장기요양보험법
⑤ 사회복지사업법 – 생활보호법 – 노인복지법 – 고용보험법 – 노인장기요양보험법

✦11 사회복지법령의 제정 시기가 가장 최근인 순서대로 바르게 나열한 것은?

> ㄱ. 기초연금법
> ㄴ. 산업재해보상보험법
> ㄷ. 국민건강보험법
> ㄹ. 노인복지법

① ㄱ－ㄴ－ㄷ－ㄹ
② ㄱ－ㄷ－ㄹ－ㄴ
③ ㄴ－ㄱ－ㄹ－ㄷ
④ ㄴ－ㄹ－ㄱ－ㄷ
⑤ ㄷ－ㄴ－ㄱ－ㄹ

12 사회복지법령의 역사적 변천에 관한 설명으로 옳은 것을 모두 고른 것은?

> ㄱ. 1970년 제정된 사회복지사업법을 통해 '사회복지사'라는 명칭이 공식적으로 사용되었다.
> ㄴ. 1973년 제정된 국민복지연금법은 1986년 국민연금법으로 전부개정되면서 실시되었다.
> ㄷ. 의료보험법과 공무원 및 사립학교 교직원 의료보험법을 통합하여 1999년 국민건강보험법을 제정하였다.
> ㄹ. 아동복지법, 노인복지법, 장애인복지법 등은 1981년 제정된 이후 법명을 유지하고 있다.

① ㄱ, ㄹ   ② ㄴ, ㄷ
③ ㄱ, ㄴ, ㄹ   ④ ㄴ, ㄷ, ㄹ
⑤ ㄱ, ㄴ, ㄷ, ㄹ

✦13 1990년대 제정된 법률이 아닌 것은?

① 사회보장기본법
② 국민기초생활보장법
③ 영유아보육법
④ 가정폭력방지 및 피해자보호 등에 관한 법률
⑤ 긴급복지지원법

14 사회복지법의 역사에 대한 설명으로 옳은 것은?

① 2014년에는 노인세대를 위한 안정적인 공적 연금제도를 마련하기 위하여 기초연금법이 제정되었고, 기존의 기초노령연금법은 폐지하였다.
② 2010년 정신보건법이 정신건강증진 및 정신질환자 복지서비스 지원에 관한 법률로 개정되면서 정신질환자의 범위를 중증정신질환자로 축소 정의하였다.
③ 산업화에 대비하여 1963년에 고용보험법이 제정되었다.
④ 1983년에는 사회복지공동모금회법이 제정되어 사회복지재원의 효과적인 관리·운용에 기여하였다.
⑤ 1999년에는 1981년 제정된 심신장애자복지법을 개정하여 장애인복지법으로 명칭을 변경하였다.

사회복지법제론

3장 사회복지의 권리성

이 장에서는,

헌법에 규정된 사회권적 기본권(생존권)의 내용과 관련 조항을 이해한다. 사회권적 기본권의 프로그램 규정적 권리, 법적 권리 등 법적 성격에 대해 이해하고, 사회권적 기본권의 규범적 구조(실체적 권리, 수속적 권리, 절차적 권리)를 이해한다. 또한 사회보장수급권에 대한 개념과 공공부조와 사회보험의 권리성의 차이를 비교해서 이해한다. 헌법에서 보장하고 있는 사회권적 기본권(생존권적 기본권)과 사회보장수급권에 관한 문제가 주로 출제되었다.

해답과 오답노트 230쪽

✛**01** <보기>는 헌법 제34조에서 규정하고 있는 내용들을 열거한 것이다. 다음의 규정들이 보장하는 권리는 무엇인가?

> 제1항. 모든 국민은 인간다운 생활을 할 권리를 가진다.
> 제2항. 국가는 사회보장·사회복지의 증진에 노력할 의무를 진다.
> 제3항. 국가는 여자의 복지와 권익의 향상을 위하여 노력하여야 한다.
> 제4항. 국가는 노인과 청소년의 복지 향상을 위하여 정책을 실시할 의무를 진다.
> 제5항. 신체장애자 및 질병·노령 기타의 사유로 생활능력이 없는 국민은 법률이 정하는 바에 의하여 국가의 보호를 받는다.
> 제6항. 국가는 재해를 예방하고 그 위험으로부터 국민을 보호하기 위하여 노력하여야 한다.

① 평등권   ② 행복추구권
③ 자유권   ④ 생존권
⑤ 건강권

기출 STYLE

헌법상의 조항으로 본 기본권의 종류에 관한 문제가 주로 출제되고 있다.

02 생존권에 대한 구체적 권리설에 관한 설명으로 옳지 않은 것은?

① 생존에 관한 조치를 국가에 적극적으로 청구할 수 있다.
② 생존권은 국가의 입법이 존재해야 보호받을 수 있는 프로그램 규정적 권리이다.
③ 국가는 사회보장 및 사회복지를 증진할 의무가 있다.
④ 국가가 국민의 생존을 보존하기 위한 법을 제정하지 않으면 위헌이다.
⑤ 국민은 국가가 구체적 조치를 취하도록 소송을 제기할 수 있다.

문제풀이 **TIP**

구체적 권리설은 헌법에 보장된 권리이며, 헌법상의 의무이기 때문에 국민은 헌법의 정신을 기초로 하여 국가 기관에 직접 사회권 보장을 청구할 수 있으며, 국가는 이에 대해 적극적으로 응해야 할 의무가 있다.

03 사회보장수급권에 관한 설명으로 옳은 것은?

① 사회보장기본법에 따라 명시된 권리로 헌법과는 무관하게 적용된다.

② 사회보장수급권은 사회권적 기본권이라기보다 복지권적 성격을 갖는다.

③ 사회보험의 수급권은 일종의 재산권적 성격을 갖는다.

④ 사회보장수급권을 침해한 주체가 행정청인 경우 소송이 불가하다.

⑤ 보험료를 지불하는 국민연금 수급권은 사사로이 양도할 수 있다.

04 프로그램 규정적 권리로서 공공부조 수급권에 관한 설명으로 옳은 것을 모두 고른 것은?

```
ㄱ. 구체적이고 현실적인 권리이다.
ㄴ. 과거 생활보호법상 생계보호를 받을 권리가 한 예이다.
ㄷ. 작위의무화소송을 제기할 수 있다.
ㄹ. 입법자에게 입법 방침을 지시하는 규정이다.
```

① ㄱ, ㄴ   ② ㄱ, ㄷ

③ ㄴ, ㄹ   ④ ㄷ, ㄹ

⑤ ㄱ, ㄴ, ㄷ, ㄹ

문제풀이 TIP

작위란 (법적·규범적으로 금지되어 있는) 어떤 행위를 한다는 것이고, 부작위란 (법적·규범적으로 해야 할) 어떤 행위를 하지 않는다는 의미이다. 작위의무화소송이란 작위의무의 확인을 구하는 소송을 말하는데, 즉 행정기관에게 일정한 적극적인 처분을 해야 할 법적 의무가 있다는 확인을 구하는 소송이다. 프로그램 규정적 권리는 구체적인 법적 권리가 아니라는 점에 주목하자.

05 헌법의 생존권적 기본권(사회권적 기본권)의 법적 성격에 대한 설명으로 옳은 것은?

① 헌법상 국가의 개입을 거부하는 권리이다.

② 프로그램 규정설은 사회복지의 혜택을 누릴 권리가 법으로 보장되어 있다고 본다.

③ 법적 권리설은, 헌법의 규정은 법적인 구속력이 없다는 학설이다.

④ 프로그램 규정설은 국가에 대한 구체적 청구권이 없다는 학설이다.

⑤ 프로그램 규정설에 따른 법 규정이 법적 권리설보다 권리를 강하게 보장해준다.

06 헌법상의 조항으로 본 기본권의 종류가 올바르게 연결되지 못한 것은?

① 자유권적 기본권: 모든 국민은 사생활의 비밀과 자유를 침해받지 아니한다.

② 평등권: 누구든지 성별·종교 또는 사회적 신분에 의하여 정치적·경제적·사회적·문화적 생활의 모든 영역에 있어서 차별을 받지 아니한다.

③ 경제적 기본권: 모든 국민은 직업선택의 자유를 가진다.

④ 정치적 기본권: 모든 국민은 언론·출판의 자유와 집회·결사의 자유를 가진다.

⑤ 청구권적 기본권: 모든 국민은 헌법과 법률이 정한 법관에 의하여 법률에 의한 재판을 받을 권리를 가진다.

사회복지법제론

4장 국제법과 사회복지

이 장에서는,

국제인권규약 A(경제적, 사회적, 문화적 권리에 관한 규약)에 포함되어 있는 권리 내용을 이해한다. 사회보장에 관한 다양한 국제 선언 및 조약과 관련해서 ILO 사회보장최저기준 조약의 내용을 이해하고, 아동권리협약, 장애인권리협약의 내용을 이해한다. 또한 우리나라와 외국 간에 체결하는 사회보장협정의 목적과 내용을 이해한다. 자주 출제되는 영역은 아니지만 ILO 사회보장최저기준조약, 아동권리협약, 사회보장협정, 국제인권규약 등에 관한 내용은 향후 출제될 가능성이 있다.

해답과 오답노트 231쪽

✛01 경제적 · 사회적 · 문화적 권리에 관한 규약(국제인권규약 A)에 포함되어 있는 권리가 아닌 것은?

① 모든 사람은 자결권에 기초하여 그들의 정치적 지위를 자유로이 결정한다.

② 모든 사람이 자유로이 선택하는 노동에 의해 생계를 영위할 권리를 인정한다.

③ 모든 사람이 사회보험을 포함한 사회보장에 대한 권리를 가지는 것을 인정한다.

④ 모든 사람이 교육에 대한 권리를 갖는 것을 인정한다.

⑤ 모든 시민적 및 정치적 권리를 향유함에 있어서 남녀에게 동등한 권리를 확보할 것을 약속한다.

기출 STYLE

경제적 · 사회적 · 문화적 권리에 관한 규약(국제인권규약 A)의 내용이나 특징을 묻는 유형이 출제된 바 있다. 이 규약에서는 자결권, 노동권, 사회보장수급권, 건강권, 교육권 등을 규정하고 있다.

✛02 사회보장협정에 대한 설명으로 옳지 않은 것은?

① 국제법상 실질적 의의를 갖는 조약에 해당한다.

② 협정을 체결한 국민이 양 국가의 사회보험제도에 이중가입하는 것을 방지한다.

③ 사회보장제도에 가입한 기간을 합산함으로써 연금수급권 확보를 도모한다.

④ 협정 상대국 국민에 대하여 자국민과 동등한 대우를 한다.

⑤ 국회의 비준 동의를 거치지 않더라도 국내법과 동일한 효력이 발생한다.

기출 STYLE

외국과의 사회보장협정을 두고 있는 법을 고르는 문제가 출제된 바 있는데, 사회보장협정의 내용과 특징을 정리해둘 필요가 있다.

03 외국과 사회보장협정을 체결하는 목적이 아닌 것은?

① 이중가입을 배제함으로써 당사국 국민들의 재정 부담을 덜어준다.

② 가입기간을 합산함으로써 연금혜택을 받을 수 있도록 한다.

③ 협정상대국 국민에 대해 자국민과 동등한 대우를 해준다.

④ 연금 급여를 해외로 자유롭게 송금할 수 있도록 한다.

⑤ 소득이 낮은 해외국민을 보호하여 최저생활이 가능하도록 한다.

+05 우리나라가 체결한 사회보장협정에 대한 설명으로 옳지 않은 것은?

① 외교부장관이 서명하면 효력이 발생한다.

② 당사국 간에 효력을 발하는 양자조약이다.

③ 사회보장협정의 대부분은 국민연금에 관하여 체결되었다.

④ 국내법과 동일한 효력을 발휘한다.

⑤ 주로 가입기간 합산, 보험료 이중부담 면제 등의 내용이 포함된다.

문제풀이 TIP

사회보장협정은 정부가 단독으로 진행하여 체결할 수 있다. 그러나 체결만으로 국내에 효력이 발생하는 것은 아니라는 점에 주의하자.

04 아동권리협약의 내용으로 옳은 것을 모두 고른 것은?

> ㄱ. 무차별의 원칙 및 아동의 최선의 이익 우선 원칙을 규정한다.
> ㄴ. 국제협약으로서 국제법의 효력을 갖는다.
> ㄷ. 자신의 의사를 표현할 자유권에 대해 규정한다.
> ㄹ. 아동을 소극적 보호의 대상으로 규정한다.

① ㄱ ② ㄴ, ㄷ
③ ㄷ, ㄹ ④ ㄱ, ㄴ, ㄷ
⑤ ㄱ, ㄴ, ㄷ, ㄹ

06 국제인권규약에 대한 설명으로 옳지 않은 것은?

① 1966년 제21차 국제연합(UN) 총회에서 채택되었다.

② A규약, B규약 및 규약의 부속선택의정서로 구성되어 있다.

③ 세계인권선언처럼 법적 구속력이 없다.

④ 생존권적 기본권을 대상으로 노동기본권·사회보장권·생활향상·교육권 등을 입법조치로서 의무화하였다.

⑤ 인권의 국제적 보장을 위이다.

5장 사회보장기본법

이 장에서는,

사회보장기본법의 목적, 기본이념을 이해하고, 사회보장의 핵심영역인 공공부조, 사회보험, 사회서비스의 특징과 차이를 이해한다. 사회보장기본법의 주요 내용으로서 사회보장에 관한 국민의 권리, 사회보장급여 수급권(사회보장급여의 수준, 신청, 보호, 제한 및 포기 등), 사회보장 기본계획과 사회보장위원회의 역할, 사회보장정책의 기본방향과 사회보장제도의 운영원칙, 사회보장정보의 관리와 권리구제에 대해 이해한다.

해답과 오답노트 232쪽

✛01 사회보장기본법상 사회보장제도의 운영에 대한 설명으로 옳지 않은 것은?

① 보건복지부장관은 사회서비스의 품질기준 마련, 평가 및 개선 등의 업무를 수행하기 위하여 필요한 전담기구를 설치할 수 있다.

② 사회보험은 국가의 책임으로 시행하고, 공공부조와 사회서비스는 지방자치단체의 책임으로 시행하는 것을 원칙으로 한다.

③ 국가와 지방자치단체는 사회보장에 대한 민간부문의 참여를 유도할 수 있도록 정책을 개발·시행하고 그 여건을 조성하여야 한다.

④ 보건복지부장관은 사회보장급여 관련 업무에 공통적으로 적용되는 기준을 마련할 수 있다.

⑤ 국가와 지방자치단체는 사회보장제도의 발전을 위하여 전문인력의 양성, 학술 조사 및 연구, 국제 교류의 증진 등에 노력하여야 한다.

기출 STYLE

사회보장제도의 운영원칙, 비용부담, 전달체계 등 사회보장제도의 운영과 관련한 내용에 초점을 둔 유형이다.

✛02 사회보장기본법상 사회보장수급권에 관한 설명으로 옳지 않은 것은?

① 모든 국민은 사회보장에 관한 관계 법령에서 정하는 바에 따라 사회보장급여를 받을 권리를 가진다.

② 국가와 지방자치단체는 저소득층 국민에 대하여 건강하고 문화적인 생활을 유지할 수 있도록 사회보장급여의 수준 향상을 위하여 노력하여야 한다.

③ 국가나 지방자치단체는 최저보장수준과 최저임금을 고려하여 사회보장급여의 수준을 결정하여야 한다.

④ 사회보장급여를 받으려는 자는 관계 법령에서 정하는 바에 따라 국가나 지방자치단체에 신청하여야 한다.

⑤ 사회보장수급권은 정당한 권한이 있는 기관에 서면으로 통지하여 포기할 수 있다.

기출 STYLE

사회보장급여의 수준, 신청, 보호, 제한, 포기 등 사회보장수급권과 관련한 전반적인 사항에 초점을 둔 유형이다. 물론 사회보장기본법의 주요 내용들도 함께 선택지로 언급되어 있다.

☀03 사회보장기본법상 다음은 어떤 용어에 대한 정의인가?

> 국가 · 지방자치단체 및 민간부문의 도움이 필요한 모든 국민에게 복지, 보건의료, 교육, 고용, 주거, 문화, 환경 등의 분야에서 인간다운 생활을 보장하고 상담, 재활, 돌봄, 정보의 제공, 관련 시설의 이용, 역량 개발, 사회참여 지원 등을 통하여 국민의 삶의 질이 향상되도록 지원하는 제도를 말한다.

① 사회보장
② 사회보험
③ 공공부조
④ 사회서비스
⑤ 평생사회안전망

☀04 사회보장기본법상 사회보장제도의 운영원칙에 해당하지 않는 것은?

① 전문성
② 형평성
③ 민주성
④ 연계성
⑤ 선별성

05 사회보장기본법의 내용으로 옳지 않은 것은?

① 사회보장수급권은 최소한의 범위에서 제한되거나 정지될 수 있다.
② 급여의 수준의 결정에 있어 최저보장수준과 최저임금 등이 고려된다.
③ 사회보장수급권은 다른 사람에게 양도하거나 담보로 제공할 수 없도록 하고 있다.
④ 모든 사회보장급여는 일정 자격이 충족되면 별도의 신청 없이 수급이 이루어진다.
⑤ 부담 능력이 있는 국민에 대한 사회서비스에 드는 비용은 수익자 부담을 원칙으로 한다.

06 사회보장기본법상 사회보장위원회에 관한 내용으로 옳지 않은 것은?

① 사회보장에 관한 주요 시책을 심의 · 조정하기 위하여 국무총리 소속으로 사회보장위원회를 둔다.
② 위원회는 위원장 1명, 부위원장 3명과 행정안전부장관, 고용노동부장관, 여성가족부장관, 국토교통부장관을 포함한 30명 이내의 위원으로 구성한다.
③ 위원회의 사무를 효율적으로 처리하기 위하여 보건복지부에 사무국을 둔다.
④ 위원의 임기는 2년으로 하며, 공무원인 위원의 임기는 그 재임 기간으로 한다.
⑤ 위원장은 보건복지부장관이 되고, 부위원장은 기획재정부장관, 교육부장관 및 고용노동부장관이 된다.

사회복지법제론

+07 사회보장기본법상 사회보장제도의 운영 원칙에 대한 설명으로 옳지 않은 것은?

① 국가와 지방자치단체가 사회보장제도를 운영할 때에는 이 제도를 필요로 하는 모든 국민에게 적용하여야 한다.

② 국가와 지방자치단체는 사회보장제도의 급여 수준과 비용 부담 등에서 효율성을 유지하여야 한다.

③ 국가와 지방자치단체는 사회보장제도의 정책 결정 및 시행 과정에 공익의 대표자 및 이해관계인 등을 참여시켜 이를 민주적으로 결정하고 시행하여야 한다.

④ 국가와 지방자치단체가 사회보장제도를 운영할 때에는 국민의 다양한 복지 욕구를 효율적으로 충족시키기 위하여 연계성과 전문성을 높여야 한다.

⑤ 국가와 지방자치단체는 사회보장 전달체계의 효율적 운영에 필요한 조직, 인력, 예산 등을 갖추어야 한다.

08 사회보장기본법에 관한 설명으로 옳지 않은 것은?

① 국무총리 소속으로 사회보장위원회를 둔다.

② 국가는 중장기 사회보장 재정추계를 5년마다 실시하고 이를 공표하여야 한다.

③ 국가와 지방자치단체는 사회보장제도를 시행할 때에 가정과 지역공동체의 자발적인 복지활동을 촉진하여야 한다.

④ 사회보장 기본계획은 다른 법령에 따라 수립되는 사회보장에 관한 계획에 우선하며 그 계획의 기본이 된다.

⑤ 사회보장에 관한 다른 법률을 제 · 개정하는 경우에는 이 법에 부합되도록 하여야 한다.

+09 사회보장기본법의 내용으로 옳지 않은 것은?

① 국가와 지방자치단체는 공공부문과 민간부문의 소득보장제도가 효과적으로 연계되도록 하여야 한다.

② 국내에 거주하는 외국인에게 사회보장제도를 적용할 때에는 상호주의의 원칙에 따르되, 관계 법령에서 정하는 바에 따른다.

③ 사회보험이란 국가와 지방자치단체의 책임하에 생활 유지 능력이 없거나 생활이 어려운 국민의 최저생활을 보장하고 자립을 지원하는 제도를 말한다.

④ 사회보장 업무에 종사하거나 종사하였던 자는 사회보장업무 수행과 관련하여 알게 된 개인 · 법인 또는 단체의 정보를 관계 법령에서 정하는 바에 따라 보호하여야 한다.

⑤ 사회보장수급권은 관계 법령에서 정하는 바에 따라 다른 사람에게 양도하거나 담보로 제공할 수 없으며, 압류할 수 없다.

10 사회보장기본법상 사회보장 기본계획과 사회보장위원회에 대한 설명으로 옳은 것을 모두 고른 것은?

> ㄱ. 보건복지부장관은 관계 중앙행정기관의 장과 협의하여 사회보장 증진을 위하여 사회보장에 관한 기본계획을 3년마다 수립하여야 한다.
> ㄴ. 사회보장 기본계획은 사회보장위원회와 국무회의의 심의를 거쳐 확정한다.
> ㄷ. 사회보장위원회 위원의 임기는 3년으로 한다.
> ㄹ. 관계 중앙행정기관의 장과 지방자치단체의 장은 사회보장위원회의 심의 · 조정 사항을 반영하여 사회보장제도를 운영 또는 개선하여야 한다.

① ㄱ, ㄴ 　　　　② ㄱ, ㄷ

③ ㄴ, ㄹ 　　　　④ ㄷ, ㄹ

⑤ ㄱ, ㄴ, ㄷ, ㄹ

11 사회보장기본법에 대한 설명으로 옳지 않은 것을 모두 고른 것은?

> ㄱ. 사회보장제도의 운영원칙에는 보편성의 원칙, 독립성의 원칙, 형평성의 원칙, 민주성의 원칙, 전문성의 원칙 등이 있다.
> ㄴ. 사회보장 기본계획에는 사회보장의 기본목표 및 중장기 추진방향, 사회보장 관련 기금 운용방안, 사회보장 전달체계 등이 포함되어 있다.
> ㄷ. 국가와 지방자치단체는 모든 국민의 인간다운 생활을 유지·증진하는 책임을 가진다.
> ㄹ. 국가와 지방자치단체는 국민생활에 중대한 영향을 미치는 사회보장 계획 및 정책을 수립하려는 경우 공청회 및 정보통신망 등을 통하여 국민과 관계 전문가의 의견을 충분히 수렴하여야 한다.

① ㄱ, ㄴ   ② ㄴ, ㄷ
③ ㄷ, ㄹ   ④ ㄱ
⑤ ㄴ, ㄷ, ㄹ

12 사회보장기본법상 비용의 부담에 관한 내용으로 옳은 것을 모두 고른 것은?

> ㄱ. 사회보장 비용의 부담은 각각의 사회보장제도의 목적에 따라 국가, 지방자치단체 및 민간부문 간에 합리적으로 조정되어야 한다.
> ㄴ. 사회보험에 드는 비용은 사용자, 피용자 및 자영업자가 부담하는 것을 원칙으로 한다.
> ㄷ. 공공부조 및 관계 법령에서 정하는 일정 소득 수준 이하의 국민에 대한 사회서비스에 드는 비용의 전부 또는 일부는 국가와 지방자치단체가 부담한다.
> ㄹ. 부담 능력이 있는 국민에 대한 사회서비스에 드는 비용은 그 수익자가 부담함을 원칙으로 한다.

① ㄱ, ㄷ, ㄹ   ② ㄴ, ㄷ, ㄹ
③ ㄴ, ㄹ   ④ ㄱ, ㄷ
⑤ ㄱ, ㄴ, ㄷ, ㄹ

13 사회보장기본법상 사회보장정책의 기본방향에 대한 설명으로 옳지 않은 것은?

① 국가와 지방자치단체는 모든 국민이 생애 동안 삶의 질을 유지·증진할 수 있도록 평생사회안전망을 구축하여야 한다.
② 국가와 지방자치단체는 평생사회안전망을 구축·운영함에 있어 사회적 취약계층을 위한 공공부조를 마련하여 최저생활을 보장하여야 한다.
③ 국가와 지방자치단체는 사회적 취약계층의 인간다운 생활과 자립, 사회참여, 자아실현 등을 지원하여 삶의 질이 향상될 수 있도록 사회서비스에 관한 시책을 마련하여야 한다.
④ 국가와 지방자치단체는 다양한 사회적 위험 하에서도 모든 국민들이 인간다운 생활을 할 수 있도록 소득을 보장하는 제도를 마련하여야 한다.
⑤ 국가와 지방자치단체는 공공부문과 민간부문의 소득보장제도가 효과적으로 연계되도록 하여야 한다.

✦14 사회보장기본법상 사회보장수급권의 보호·제한·포기에 대한 설명으로 옳지 않은 것은?

① 사회보장수급권은 타인에게 양도하거나 담보로 제공할 수 없으며 압류할 수 없다.
② 사회보장수급권을 제한하는 규정을 둘 때 과잉입법금지의 원칙을 적용해야 한다.
③ 국가사회복지재정의 보호 역시 중요하므로 사회보험법의 경우 기여금을 체납하면 급여 지급이 정지 혹은 제한될 수 있다.
④ 사회보장수급권은 자신의 권리를 포기하는 것이므로 어떠한 경우에도 인정될 수 있다.
⑤ 사회보장수급권은 사회보험, 공공부조, 사회서비스 등을 포함한다.

15 사회보장기본법에서 규정하는 사회보장 정보의 관리에 관한 내용으로 옳지 않은 것은?

① 국가와 지방자치단체는 국민편익의 증진과 사회보장업무의 효율성 향상을 위하여 사회보장업무를 전자적으로 관리하도록 노력하여야 한다.

② 국가는 관계 중앙행정기관과 지방자치단체에서 시행하는 사회보장수급권자 선정 및 급여관리 등에 관한 정보를 통합·연계하여 처리·기록 및 관리하는 사회보장정보시스템을 구축·운영할 수 있다.

③ 보건복지부장관은 사회보장정보시스템의 구축·운영을 총괄하며, 사회보장정보시스템 구축·운영의 전 과정에서 개인정보 보호를 위하여 필요한 시책을 마련하여야 한다.

④ 보건복지부장관은 관계 중앙행정기관, 지방자치단체 및 관련 기관·단체에 사회보장정보시스템의 운영에 필요한 정보의 제공을 요청하고 제공받은 목적의 범위에서 보유·이용할 수 있다.

⑤ 사회보장 업무에 종사하거나 종사하였던 자는 사회보장 업무 수행과 관련하여 알게 된 개인·법인 또는 단체의 정보를 투명하게 공개하여야 한다.

16 사회보장기본법상 사회보장제도의 운영과 관련한 국가와 지방자치단체의 책임에 대한 설명으로 옳지 않은 것은?

① 국가와 지방자치단체는 개인·법인 또는 단체가 사회보장에 참여하는 데에 드는 경비의 전부 또는 일부를 지원하거나 그 업무를 수행하기 위하여 필요한 지원을 해야 한다.

② 국가와 지방자치단체는 사회보장제도에 관하여 국민이 필요한 정보를 관계 법령에서 정하는 바에 따라 공개하고, 이를 홍보하여야 한다.

③ 국가와 지방자치단체는 사회보장 관계 법령에서 규정한 권리나 의무를 해당 국민에게 설명하도록 노력하여야 한다.

④ 국가와 지방자치단체는 사회보장 관계 법령에서 정하는 바에 따라 사회보장에 관한 상담에 응하여야 한다.

⑤ 국가와 지방자치단체는 사회보장 관계 법령에서 정하는 바에 따라 사회보장에 관한 사항을 해당 국민에게 알려야 한다.

17 사회보장기본법상 다음은 어떤 용어에 대한 정의인가?

> 생애주기에 걸쳐 보편적으로 충족되어야 하는 기본욕구와 특정한 사회위험에 의하여 발생하는 특수욕구를 동시에 고려하여 소득·서비스를 보장하는 맞춤형 사회보장제도를 말한다.

① 맞춤 복지제도　　② 사회서비스
③ 평생사회안전망　　④ 사회보장
⑤ 공공부조

18 사회보장기본법의 내용으로 옳지 않은 것은?

① 사회보장수급권을 포기하는 것이 다른 사람에게 피해를 주거나 사회보장에 관한 관계 법령에 위반되는 경우에도 사회보장수급권은 포기할 수 있다.

② 제3자의 불법행위로 피해를 입은 국민이 그로 인하여 사회보장수급권을 가지게 된 경우 사회보장제도를 운영하는 자는 그 불법행위의 책임이 있는 자에 대하여 구상권을 행사할 수 있다.

③ 사회보장위원회의 사무를 효율적으로 처리하기 위하여 보건복지부에 사무국을 둔다.

④ 국가와 지방자치단체는 공공부문과 민간부문의 소득보장제도가 효과적으로 연계되도록 하여야 한다.

⑤ 국가와 지방자치단체는 사회보장제도에 관하여 국민이 필요한 정보를 관계 법령에서 정하는 바에 따라 공개하고, 이를 홍보하여야 한다.

20 사회보장기본법상 사회보장제도의 운영에 관한 내용으로 옳지 않은 것은?

① 국가와 지방자치단체는 사회보장에 대한 민간부문의 참여를 유도할 수 있도록 정책을 개발·시행하고 그 여건을 조성하여야 한다.

② 사회보험에 드는 비용은 사용자, 피용자 및 자영업자가 부담하는 것을 원칙으로 하되, 관계 법령에서 정하는 바에 따라 지방자치단체가 그 비용의 일부를 부담할 수 있다.

③ 국가와 지방자치단체는 모든 국민이 쉽게 이용할 수 있고 사회보장급여가 적시에 제공되도록 지역적·기능적으로 균형잡힌 사회보장 전달체계를 구축하여야 한다.

④ 국가와 지방자치단체는 효과적인 사회보장정책의 수립·시행을 위하여 사회보장에 관한 통계를 작성·관리하여야 한다.

⑤ 보건복지부장관은 사회서비스의 품질기준 마련, 평가 및 개선 등의 업무를 수행하기 위하여 필요한 전담기구를 설치할 수 있다.

문제풀이 TIP

사회보장기본법은 법률의 전반적인 모든 사항을 묻는 문제가 주로 출제되고 있다. 특히, 사회보장제도의 운영원칙, 협의 및 조정, 비용의 부담, 사회보장 전달체계, 급여의 관리 등 사회보장제도의 운영에 관한 내용이 선택지로 자주 출제된다.

19 사회보장기본법상 사회보장위원회의 심의·조정사항으로 옳은 것을 모두 고른 것은?

ㄱ. 사회보장 증진을 위한 기본계획
ㄴ. 사회보장제도의 신설 또는 변경에 따른 우선순위
ㄷ. 사회보장급여 및 비용 부담
ㄹ. 사회보장의 재정추계 및 재원조달 방안

① ㄱ, ㄴ ② ㄱ, ㄷ
③ ㄴ, ㄹ ④ ㄷ, ㄹ
⑤ ㄱ, ㄴ, ㄷ, ㄹ

21 사회보장기본법상 사회보장 기본계획에 관한 내용으로 옳지 않은 것은?

① 사회보장 기본계획에는 국내외 사회보장환경의 변화와 전망, 사회보장의 기본목표 및 중장기 추진방향 등의 사항이 포함되어야 한다.

② 보건복지부장관은 관계 중앙행정기관 및 보건복지부 소관의 추진실적을 종합하여 성과를 평가하고, 그 결과를 사회보장위원회에 보고하여야 한다.

③ 사회보장 기본계획은 다른 법령에 따라 수립되는 사회보장에 관한 계획에 우선하며 그 계획의 기본이 된다.

④ 특별시장·광역시장·특별자치시장·도지사 또는 특별자치도지사·시장·군수·구청장은 관계 법령으로 정하는 바에 따라 사회보장에 관한 지역계획을 수립·시행하여야 한다.

⑤ 보건복지부장관 및 관계 중앙행정기관의 장은 기본계획에 따라 사회보장과 관련된 소관 주요 시책의 시행계획을 3년마다 수립·시행하여야 한다.

22 사회보장기본법에 관한 내용으로 옳지 않은 것은?

① 국가와 지방자치단체는 국민생활에 중대한 영향을 미치는 사회보장 계획 및 정책을 수립하려는 경우 공청회 및 정보통신망 등을 통하여 국민과 관계 전문가의 의견을 충분히 수렴하여야 한다.

② 위법 또는 부당한 처분을 받거나 필요한 처분을 받지 못함으로써 권리 또는 이익을 침해받은 국민은 행정심판법에 따른 행정심판을 청구하거나 행정소송법에 따른 행정소송을 제기하여 그 처분의 취소 또는 변경 등을 청구할 수 있다.

③ 보건복지부장관은 국가 발전수준에 부응하고 사회환경의 변화에 선제적으로 대응하며 지속가능한 사회보장제도를 확립하고 매년 이에 필요한 재원을 조달하여야 한다.

④ 중앙행정기관의 장과 지방자치단체의 장은 사회보장제도를 신설하거나 변경할 경우 신설 또는 변경의 타당성, 기존 제도와의 관계, 사회보장 전달체계에 미치는 영향 및 운영방안 등에 대하여 보건복지부장관과 협의하여야 한다.

⑤ 국가와 지방자치단체는 사회보장제도의 발전을 위하여 전문인력의 양성, 학술 조사 및 연구, 국제 교류의 증진 등에 노력하여야 한다.

6장 사회보장급여의 이용 · 제공 및 수급권자 발굴에 관한 법률

이 장에서는,

사회보장급여의 이용 · 제공 및 수급권자 발굴에 관한 법률에 관한 전반적인 사항을 살펴봐야 한다. 사회보장급여의 이용 · 제공 및 수급권자 발굴에 관한 법률은 17회 시험부터 출제되기 시작하였다. 이제 막 출제되기 시작한 법률이고 향후 지속적으로 출제될 확률이 매우 높기 때문에 법률의 전반적인 사항을 모두 빠짐없이 살펴봐야 한다.

해답과 오답노트 234쪽

✚01 사회보장급여의 이용 · 제공 및 수급권자 발굴에 관한 법률상 용어의 정의로 옳은 것을 모두 고른 것은?

> ㄱ. 사회보장급여란 보장기관이 사회보장기본법에 따라 제공하는 현금, 현물, 서비스 및 그 이용권을 말한다.
> ㄴ. 수급권자란 사회보장기본법에 따른 사회보장급여를 제공받을 권리를 가진 사람을 말한다.
> ㄷ. 지원대상자란 사회보장급여를 필요로 하는 사람을 말한다.
> ㄹ. 보장기관이란 관계 법령 등에 따라 사회보장급여를 제공하는 국가기관과 지방자치단체를 말한다.

① ㄱ, ㄴ, ㄷ
② ㄷ, ㄹ
③ ㄱ, ㄴ
④ ㄴ, ㄷ, ㄹ
⑤ ㄱ, ㄴ, ㄷ, ㄹ

기출 STYLE

17회 시험부터 출제되기 시작한 사회보장급여의 이용 · 제공 및 수급권자 발굴에 관한 법률은 향후에도 지속적으로 출제될 가능성이 매우 높다. 사회보장기본법, 사회복지사업법과 연계되는 내용이 많으니 함께 살펴보는 것도 효과적일 것이다.

✚02 사회보장급여의 이용 · 제공 및 수급권자 발굴에 관한 법률의 내용으로 옳지 않은 것은?

① 보건복지부장관은 누락된 지원대상자가 적절한 사회보장급여를 제공받을 수 있도록 지원이 필요한 위기가구를 발굴하기 위하여 노력하여야 한다.

② 지원대상자와 그 친족, 후견인, 청소년상담사 · 청소년지도사, 지원대상자를 사실상 보호하고 있는 자 등은 지원대상자의 주소지 관할 보장기관에 사회보장급여를 신청할 수 있다.

③ 보장기관의 장은 지원대상자에 대한 발굴조사를 분기마다 정기적으로 실시하여야 한다.

④ 누구든지 출산, 양육, 실업, 노령, 장애, 질병, 빈곤 및 사망 등의 사회적 위험으로 인하여 사회보장급여를 필요로 하는 지원대상자를 발견하였을 때에는 보장기관에 알려야 한다.

⑤ 보장기관과 관계 기관 · 법인 · 단체 · 시설은 지역사회 내 사회보장이 필요한 지원대상자를 발굴하고, 가정과 지역공동체의 자발적인 협조가 이루어질 수 있도록 노력하여야 한다.

03 사회보장급여의 이용 · 제공 및 수급권자 발굴에 관한 법률상 기본원칙으로 옳지 않은 것은?

① 사회보장급여가 필요한 사람은 누구든지 자신의 의사에 따라 사회보장급여를 신청할 수 있으며, 보장기관은 이에 필요한 안내와 상담 등의 지원을 충분히 제공하여야 한다.

② 보장기관은 지원이 필요한 국민이 급여대상에서 누락되지 아니하도록 지원대상자를 적극 발굴하여 이들이 필요로 하는 사회보장급여를 적절하게 제공받을 수 있도록 노력하여야 한다.

③ 보장기관은 국민의 다양한 복지욕구를 충족시키고 생애주기별 필요에 맞는 사회보장급여가 공정 · 투명 · 적정하게 제공될 수 있도록 노력하여야 한다.

④ 보장기관은 국민이 사회보장급여를 편리하게 이용할 수 있도록 사회보장 정책 및 관련 제도를 수립 · 시행하기 위하여 노력하여야 한다.

⑤ 보장기관은 지역의 수준을 고려하여 사회보장 수준이 차등적으로 실현될 수 있도록 노력하여야 한다.

04 사회보장급여의 이용 · 제공 및 수급권자 발굴에 관한 법률상 지원대상자 발견 시 신고의무자에 해당하는 사람으로 옳은 것을 모두 고른 것은?

> ㄱ. 의료법에 따른 의료인과 의료기관의 장
> ㄴ. 장애인활동 지원에 관한 법률에 따른 활동지원기관의 장 및 그 종사자
> ㄷ. 영유아보육법에 따른 어린이집의 원장 등 보육교직원
> ㄹ. 노인장기요양보험법에 따른 장기요양기관의 장과 그 종사자

① ㄱ, ㄴ   ② ㄷ, ㄹ
③ ㄱ, ㄹ   ④ ㄴ, ㄷ
⑤ ㄱ, ㄴ, ㄷ, ㄹ

05 사회보장급여의 이용 · 제공 및 수급권자 발굴에 관한 법률상 사회보장정보에 관한 내용으로 옳은 것을 모두 고른 것은?

> ㄱ. 보장기관의 장은 사회보장정보시스템을 통한 사회보장정보를 이 법에서 정한 목적 외의 용도로 이용하여서는 아니 된다.
> ㄴ. 보건복지부장관은 사회보장급여가 필요한 국민에게 사회보장 관련 자료 또는 정보의 검색, 조회 등 온라인 서비스를 제공하는 인터넷 기반의 대국민 포털을 구축 · 관리하고 그 활용을 촉진하여야 한다.
> ㄷ. 사회보장정보시스템의 운영 · 지원을 위하여 한국사회보장정보원을 설립하며, 한국사회보장정보원은 법인으로 한다.
> ㄹ. 한국사회보장정보원의 장은 사회보장정보를 처리하는 자에게 사회보장정보 보호에 관한 교육을 실시하여야 한다.

① ㄱ, ㄴ   ② ㄷ, ㄹ
③ ㄱ, ㄴ, ㄷ   ④ ㄴ, ㄷ, ㄹ
⑤ ㄱ, ㄴ, ㄷ, ㄹ

✛**06** 사회보장급여의 이용·제공 및 수급권자 발굴에 관한 법률상 사회복지전담공무원에 관한 내용으로 옳은 것을 모두 고른 것은?

> ㄱ. 사회복지사업에 관한 업무를 담당하게 하기 위하여 시·도, 시·군·구, 읍·면·동 또는 사회보장사무 전담기구에 사회복지전담공무원을 둘 수 있다.
> ㄴ. 사회복지전담공무원은 사회복지사업법에 따른 사회복지사 또는 노인복지법에 따른 요양보호사의 자격을 가진 사람으로 한다.
> ㄷ. 사회복지전담공무원은 사회보장급여에 관한 업무 중 취약계층에 대한 상담과 지도, 생활실태의 조사 등 보건복지부령으로 정하는 사회복지에 관한 전문적 업무를 담당한다.
> ㄹ. 국가는 사회복지전담공무원의 보수 등에 드는 비용의 전부 또는 일부를 보조할 수 있다.

① ㄱ, ㄷ, ㄹ   ② ㄴ, ㄷ, ㄹ
③ ㄹ   ④ ㄱ, ㄷ
⑤ ㄱ, ㄴ, ㄷ

문제풀이 TIP

사회보장급여의 이용·제공 및 수급권자 발굴에 관한 법률은 사회복지전담공무원, 사회보장급여, 사회보장정보 등 사회보장기본법, 사회복지사업법과 관련된 내용이 많다. 따라서 법률의 내용을 정리할 때 사회보장기본법, 사회복지사업법과 함께 정리하면 더욱 효과적일 것이다.

07 사회보장급여의 이용·제공 및 수급권자 발굴에 관한 법률의 내용으로 옳지 않은 것은?

① 특별자치시장 및 시장·군수·구청장은 지역사회 내 지원대상자를 발굴하는 활동을 촉진하기 위하여 예산의 범위에서 필요한 비용을 지원할 수 있다.

② 보장기관의 장은 수급권자의 지원계획 수립·변경 시 사회보장정보시스템을 통하여 수급자격을 확인할 수 있다.

③ 이 법에 따른 처분에 이의가 있는 수급권자등은 그 처분을 받은 날로부터 60일 이내에 처분을 결정한 보장기관의 장에게 이의신청을 할 수 있다.

④ 보장기관의 장은 급여 제공이 결정된 수급권자를 자신의 가정에서 돌보는 사람의 부담을 줄이기 위하여 상담을 실시하거나 금전적 지원 등을 할 수 있다.

⑤ 보건복지부장관은 통합사례관리 사업의 전문적인 지원을 위하여 해당 업무를 공공 또는 민간 기관·단체 등에 위탁하여 실시할 수 있다.

08 사회보장급여의 이용·제공 및 수급권자 발굴에 관한 법률상 지역사회보장협의체의 심의·자문 사항에 해당하는 것을 모두 고른 것은?

> ㄱ. 시·군·구의 지역사회보장계획 수립·시행 및 평가에 관한 사항
> ㄴ. 시·군·구의 지역사회보장조사 및 지역사회보장지표에 관한 사항
> ㄷ. 시·군·구의 사회보장급여 제공에 관한 사항
> ㄹ. 시·군·구의 사회보장 추진에 관한 사항

① ㄱ, ㄴ, ㄷ   ② ㄴ, ㄹ
③ ㄹ   ④ ㄱ, ㄷ
⑤ ㄱ, ㄴ, ㄷ, ㄹ

09 사회보장급여의 이용 · 제공 및 수급권자 발굴에 관한 법률상 시 · 군 · 구 지역사회보장계획에 포함되는 사항이 아닌 것은?

① 지역사회보장 수요의 측정, 목표 및 추진전략
② 지역사회 보장기관의 평가 및 관리
③ 사회보장급여의 사각지대 발굴 및 지원 방안
④ 지역사회보장의 분야별 추진전략, 중점 추진사업 및 연계협력 방안
⑤ 지역 내 부정수급 발생 현황 및 방지대책

✦10 사회보장급여의 이용 · 제공 및 수급권자 발굴에 관한 법률상 지역사회보장 운영체계에 관한 내용으로 옳지 않은 것은?

① 시 · 도지사는 시 · 도의 사회보장 증진을 위하여 시 · 도사회보장위원회를 둔다.
② 사회보장을 필요로 하는 사람의 이익 등을 대표하는 사람은 시 · 도사회보장위원회가 될 수 있다.
③ 보건복지부장관은 지역사회보장협의체의 효율적 운영을 위하여 필요한 인력 및 운영비 등 재정을 지원할 수 있다.
④ 지역사회보장협의체는 시 · 군 · 구의 지역사회보장조사 및 지역사회보장지표에 관한 사항을 심의 · 자문한다.
⑤ 사회보장사무 전담기구의 사무 범위, 조직 및 운영 등에 필요한 사항은 해당 특별자치시 및 시 · 군 · 구의 조례로 정한다.

11 사회보장급여의 이용 · 제공 및 수급권자 발굴에 관한 법률상 다음 빈칸에 해당하는 것으로 옳은 것은?

> 특별시장 · 광역시장 · 특별자치시장 · 도지사 · 특별자치도지사 및 시장 · 군수 · 구청장은 지역사회보장에 관한 계획을 (   )년마다 수립하고, 매년 지역사회보장계획에 따라 연차별 시행계획을 수립하여야 한다. 이 경우 사회보장기본법에 따른 사회보장에 관한 기본계획과 연계되도록 하여야 한다.

① 3   ② 4
③ 5   ④ 6
⑤ 7

12 사회보장급여의 이용 · 제공 및 수급권자 발굴에 관한 법률상 통합사례관리에 관한 내용으로 옳은 것을 모두 고른 것은?

> ㄱ. 보건복지부장관, 시 · 도지사 및 시장 · 군수 · 구청장은 지원대상자의 사회보장 수준을 높이기 위하여 지원대상자의 다양하고 복합적인 특성에 따른 상담과 지도, 사회보장에 대한 욕구조사, 서비스 제공 계획의 수립을 실시할 수 있다.
> ㄴ. 통합사례관리를 실시하기 위하여 필요한 경우에는 특별자치시 및 시 · 군 · 구에 사회복지사를 둘 수 있다.
> ㄷ. 보건복지부장관은 통합사례관리 사업의 전문적인 지원을 위하여 해당 업무를 공공 또는 민간 기관 · 단체 등에 위탁하여 실시할 수 있다.
> ㄹ. 통합사례관리사의 자격 · 업무 등 운영에 필요한 사항과 통합사례관리 사업의 지원업무 위탁에 필요한 사항은 보건복지부령으로 정한다.

① ㄱ, ㄴ, ㄷ   ② ㄴ, ㄹ
③ ㄱ, ㄷ, ㄹ   ④ ㄴ
⑤ ㄱ, ㄷ

7장 사회복지사업법

이 장에서는,

사회복지사업법의 목적, 기본이념, 주요 용어와 변화를 이해한다. 사회복지사업법의 주요 내용으로서 사회복지법인의 특징(법인의 설립허가 요건, 정관, 임원의 구성 및 요건, 재산규정, 설립허가 취소 등), 사회복지시설의 특징(설치, 사회복지사 채용의무시설, 운영위원회, 평가, 시설설치 방해금지 등), 사회복지사의 자격 및 결격사유, 사회복지사의 보수교육과 권리, 한국사회복지사협회와 한국사회복지협의회의 역할, 수급자의 권리보호 등에 대해 이해한다. 사회복지법인, 사회복지인력, 사회복지시설 등에 관한 문제가 주로 출제되었다.

해답과 오답노트 235쪽

✦01 사회복지사업법상 사회복지법인에 대한 설명으로 옳은 것은?

① 이사회의 구성에 있어서 대통령령으로 정하는 특별한 관계에 있는 사람이 이사 현원의 3분의 1을 초과할 수 없다.

② 이사의 임기는 3년으로 하고 감사의 임기는 2년으로 하며, 각각 연임할 수 있다.

③ 법인을 설립하려는 경우 보건복지부장관의 허가를 받아야 하며, 법인의 정관을 변경하려는 경우 시·군·구청장의 인가를 받아야 한다.

④ 법인의 이사는 법인이 설치한 사회복지시설의 장을 겸할 수 없다.

⑤ 법인은 임원을 임면하는 경우에는 지체 없이 보건복지부장관에게 보고하여야 한다.

기출 STYLE

사회복지법인과 관련한 내용은 많은 문제가 출제된 부분으로 법인에 관한 전반적인 내용(법인의 설립허가, 정관, 임원, 재산 등)을 묻는 형태로 주로 출제되었다.

✦02 사회복지사업법상 사회복지사에 관한 설명으로 옳은 것을 모두 고른 것은?

ㄱ. 현행 사회복지사의 등급은 1급·2급·3급으로 구분하며, 1급 자격증을 받으려는 사람은 국가시험에 합격해야 한다.

ㄴ. 사회복지시설을 설치·운영하는 자는 시설거주자의 생활지도업무를 담당하는 사람으로 사회복지사 대신에 생활지도사를 채용할 수 있다.

ㄷ. 금고 이상의 형을 선고받은 사람은 그 집행이 끝났더라도 사회복지사가 될 수 없다.

ㄹ. 영유아보육법에 따른 어린이집은 사회복지사 의무채용시설에 해당하지 않는다.

① ㄱ   ② ㄴ

③ ㄷ, ㄹ   ④ ㄹ

⑤ ㄱ, ㄴ, ㄷ, ㄹ

기출 STYLE

사회복지사에 관한 전반적인 내용이나 결격 사유, 사회복지사 채용의무시설, 보수교육 등에 관한 내용을 묻는 유형에 해당한다.

✛03 사회복지사업법상 사회복지시설에 대한 설명으로 옳지 않은 것은?

① 국가나 지방자치단체가 설치한 시설은 필요한 경우 사회복지법인이나 비영리법인에 위탁하여 운영하게 할 수 있다.

② 국가 또는 지방자치단체 외의 자가 시설을 설치·운영하려는 경우에는 보건복지부령으로 정하는 바에 따라 시장·군수·구청장에게 신고하여야 한다.

③ 시설의 운영자는 부득이한 경우에 시장·군수·구청장에게 신고하지 않고 그 운영을 일정 기간 중단할 수 있다.

④ 보건복지부장관 및 시·도지사는 3년마다 시설에 대한 평가를 실시하여야 한다.

⑤ 국가나 지방자치단체는 사회복지사업과 관련한 시설을 설치하거나 사업을 육성하기 위하여 필요하다고 인정하면 사회복지시설에 국유·공유 재산을 우선매각하거나 임대할 수 있다.

기출 STYLE

사회복지시설의 설치 및 운영, 시설장, 시설운영위원회(심의사항), 보험가입 의무, 안전점검 등에 초점을 둔 유형에 해당한다.

04 사회복지사업법상 사회복지법인의 임원에 대한 설명으로 옳지 않은 것은?

① 금고 이상의 실형을 선고받고 그 집행이 끝나거나 집행이 면제된 날부터 3년이 지나지 아니한 사람은 임원이 될 수 없다.

② 시·도지사는 회계부정이나 인권침해 등 현저한 불법행위 또는 그 밖의 부당행위 등이 발견되었을 때 법인에 그 임원의 해임을 명할 수 있다.

③ 법인의 이사회 구성에 있어서 특별한 관계에 있는 자의 범위에는 법인의 출연자의 8촌 이내 혈족도 포함된다.

④ 법인의 이사 또는 감사 중에 결원이 생겼을 때에는 2개월 이내에 보충하여야 한다.

⑤ 법인이 기간 내에 결원된 이사를 보충하지 아니하여 법인의 정상적인 운영이 어렵다고 판단되는 경우 시·도지사는 이해관계인의 청구 또는 직권으로 임시이사를 선임하여야 한다.

문제풀이 TIP

시·도지사는 임원이 '시·도지사의 명령을 정당한 이유 없이 이행하지 아니하였을 때, 회계부정이나 인권침해 등 현저한 불법행위 또는 그 밖의 부당행위 등이 발견되었을 때, 법인의 업무에 관하여 시·도지사에게 보고할 사항에 대하여 고의로 보고를 지연하거나 거짓으로 보고를 하였을 때, 기준을 위반하여 선임된 사람이 있을 때, 임원의 겸직 금지 사항을 위반한 사람이 있을 때, 직무집행 정지명령을 이행하지 아니한 사람이 있을 때, 그 밖에 이 법 또는 이 법에 따른 명령을 위반하였을 때'에는 법인에 그 임원의 해임을 명할 수 있다.

05 사회복지사업법상 사회복지사를 채용하지 않아도 되는 시설이 아닌 것은?

① 「영유아보육법」에 따른 어린이집

② 「성폭력방지 및 피해자보호 등에 관한 법률」에 따른 성폭력피해상담소

③ 「정신건강증진 및 정신질환자 복지서비스 지원에 관한 법률」에 따른 정신요양시설 및 정신재활시설

④ 「노인복지법」에 따른 노인여가복지시설 중 노인복지관

⑤ 「장애인복지법」에 따른 장애인 지역사회재활시설 중 수화통역센터, 점자도서관, 점자도서 및 녹음서 출판시설

❖06 사회복지사업법상 사회복지시설에 관한 설명으로 옳지 않은 것은?

① 누구든지 정당한 이유 없이 사회복지시설의 설치를 방해해서는 아니 된다.

② 대통령령으로 정하는 시설 이외에 각 시설의 수용인원은 500명을 초과할 수 없다.

③ 국가 또는 지방자치단체 외의 자가 시설을 설치·운영하려는 경우에는 시장·군수·구청장에게 신고하여야 한다.

④ 시설의 장은 정기 또는 수시 안전점검을 한 후 그 결과를 시장·군수·구청장에게 제출하여야 한다.

⑤ 시설의 운영자는 그 운영을 일정 기간 중단하거나 다시 시작하거나 시설을 폐지하려는 경우에는 시장·군수·구청장에게 신고하여야 한다.

07 사회복지사업법에서 명시하고 있는 사회복지사업 관련 법률에 해당하지 않는 것은?

① 국민건강보험법

② 정신건강증진 및 정신질환자 복지서비스 지원에 관한 법률

③ 다문화가족지원법

④ 장애인·노인·임산부 등의 편의증진 보장에 관한 법률

⑤ 일제하 일본군위안부 피해자에 대한 생활안정지원 및 기념사업 등에 관한 법률

❖08 사회복지사업법상 법인의 설립허가 취소 등에 대한 설명으로 옳지 않은 것은?

ㄱ. 시·도지사는 법인이 설립허가 조건을 위반하였을 때 기간을 정하여 시정명령을 하거나 설립허가를 취소할 수 있다.

ㄴ. 시·도지사는 법인이 거짓이나 그 밖의 부정한 방법으로 설립허가를 받았을 때 설립허가를 취소하여야 한다.

ㄷ. 시·도지사는 법인이 운영하는 시설에서 반복적 또는 집단적 성폭력범죄 및 학대관련범죄가 발생한 때 기간을 정하여 시정명령을 하거나 설립허가를 취소할 수 있다.

ㄹ. 시·도지사는 법인이 설립 후 기본재산을 출연하지 아니한 때 기간을 정하여 시정명령을 하거나 설립허가를 취소할 수 있다.

① ㄱ, ㄴ ② ㄱ, ㄷ

③ ㄴ, ㄹ ④ ㄹ

⑤ ㄱ, ㄴ, ㄷ

문제풀이 TIP

"거짓, 기타 부정한 방법으로 설립허가를 받았을 때"와 "법인이 설립 후 기본재산을 출연하지 아니한 때"에는 강행규정으로 반드시 설립허가를 취소해야 하며, 그 외의 경우는 설립허가를 취소할 수 있는 임의규정이다.

09 사회복지사업법상 사회복지법인의 재산에 관한 설명으로 옳은 것은?

> ㄱ. 법인의 보통재산은 그 목록과 가액을 정관에 적어야 한다.
> ㄴ. 법인이 매수·기부채납, 후원 등의 방법으로 재산을 취득하였을 때에는 지체 없이 이를 법인의 재산으로 편입조치하여야 한다.
> ㄷ. 법인의 보통재산을 임대하는 경우 시·도지사의 허가를 받아야 한다.
> ㄹ. 해산한 법인의 남은 재산은 정관으로 정하는 바에 따라 국가 또는 지방자치단체에 귀속된다.

① ㄱ, ㄴ
② ㄱ, ㄷ
③ ㄴ, ㄹ
④ ㄴ, ㄷ, ㄹ
⑤ ㄱ, ㄷ, ㄹ

문제풀이 **TIP**

법인의 재산은 기본재산과 보통재산으로 구분하며, 기본재산은 그 목록과 가액을 정관에 적어야 한다. 법인은 기본재산에 관하여 매도·증여·교환·임대·담보제공 또는 용도변경을 하려는 경우 시·도지사의 허가를 받아야 한다.

✦10 사회복지사업법상 사회복지사에 관한 내용으로 옳지 않은 것은?

① 사회복지사 1급 자격증을 받으려는 사람은 국가시험에 합격하여야 한다.
② 법원의 판결에 따라 자격이 상실되거나 정지된 사람은 사회복지사가 될 수 없다.
③ 사회복지법인 또는 사회복지시설을 운영하는 자는 그 법인 또는 시설에 종사하는 사회복지사가 보수교육을 받지 않을 경우 근무평가 시 불이익을 줄 수 있다.
④ 사회복지법인 또는 사회복지시설에 종사하는 사회복지사는 정기적으로 인권에 관한 내용이 포함된 보수교육을 받아야 한다.
⑤ 사회복지법인 또는 사회복지시설에 종사하는 사회복지사는 연간 8시간 이상의 보수교육을 받아야 한다.

11 사회복지사업법상 사회복지사의 자격을 반드시 취소하여야 하는 경우로 옳은 것을 모두 고른 것은?

> ㄱ. 거짓이나 그 밖의 부정한 방법으로 자격을 취득한 경우
> ㄴ. 사회복지사의 결격사유 어느 하나에 해당하게 된 경우
> ㄷ. 자격증을 대여·양도 또는 위조·변조한 경우
> ㄹ. 사회복지사의 업무수행 중 그 자격과 관련하여 고의나 중대한 과실로 다른 사람에게 손해를 입힌 경우

① ㄱ, ㄴ
② ㄱ, ㄷ
③ ㄴ, ㄹ
④ ㄷ, ㄹ
⑤ ㄱ, ㄴ, ㄷ

12 사회복지사업법에 대한 설명으로 옳지 않은 것은?

① 국가는 국민의 사회복지에 대한 이해를 증진하고 사회복지사업 종사자의 활동을 장려하기 위하여 매년 9월 7일을 사회복지의 날로 한다.
② 사회복지법인의 감사는 법인의 이사, 법인이 설치한 사회복지시설의 장 또는 그 직원을 겸할 수 없다.
③ 목적사업 외의 사업을 한 법인에 대해서는 지체없이 설립허가를 취소해야 한다.
④ 법인은 설립목적 수행에 지장이 없는 범위 안에서 수익사업을 할 수 있다.
⑤ 사회복지법인이 아닌 자는 사회복지법인이라는 명칭을 사용하지 못한다.

13 사회복지사업법상 사회복지시설 운영위원회에 관한 내용으로 옳은 것을 모두 고른 것은?

> ㄱ. 복수의 시설에 공동으로 운영위원회를 둘 수는 없다.
> ㄴ. 운영위원회의 위원은 관할 시장·군수·구청장이 임명하거나 위촉한다.
> ㄷ. 위원의 임기는 3년으로 하되, 보궐된 임원의 임기는 전임자 임기의 남은 기간으로 한다.
> ㄹ. 운영위원회의 위원은 위원장을 포함하여 5명 이상 15명 이하의 위원으로 구성한다.

① ㄱ, ㄴ
② ㄷ, ㄹ
③ ㄱ, ㄴ, ㄷ
④ ㄴ, ㄷ, ㄹ
⑤ ㄱ, ㄴ, ㄷ, ㄹ

15 사회복지사업법상 사회복지사 보수교육에 대한 설명으로 옳은 것을 모두 고른 것은?

> ㄱ. 사회복지법인 또는 사회복지시설에 종사하는 사회복지사는 정기적으로 인권에 관한 내용이 포함된 보수교육을 받아야 한다.
> ㄴ. 사회복지법인 또는 사회복지시설에 종사하는 사회복지사는 연간 12시간 이상의 보수교육을 받아야 한다.
> ㄷ. 사회복지법인 또는 사회복지시설을 운영하는 자는 그 법인 또는 시설에 종사하는 사회복지사에 대하여 보수교육을 이유로 불리한 처분을 해서는 안 된다.
> ㄹ. 보수교육에는 사회복지법제 및 지역사회복지 등이 포함되어야 한다.

① ㄱ, ㄴ
② ㄱ, ㄷ
③ ㄴ, ㄹ
④ ㄱ, ㄴ, ㄷ
⑤ ㄱ, ㄴ, ㄷ, ㄹ

14 사회복지사업법상 시·도지사의 허가를 받아야 하는 사항이 아닌 것은?

① 법인을 설립하고자 할 때
② 다른 법인과 합병하고자 할 때
③ 법인의 기본재산을 매도·증여·교환하고자 할 때
④ 법인의 정관을 바꾸고자 할 때
⑤ 법인의 기본재산의 용도를 변경하고자 할 때

 문제풀이 TIP

신고, 허가, 인가 등 각기 다른 절차로 이루어지는 경우를 구분해야 한다.

✤16 사회복지사업법상 사회복지법인에 관한 설명으로 옳은 것은?

① 사회복지법인을 설립하려는 자는 보건복지부장관의 인가를 받아야 한다.
② 법인의 정관에는 사업의 종류가 포함되지 않아도 된다.
③ 법인은 수익사업에서 생긴 수익을 법인이 설치한 사회복지시설의 운영 외의 목적에도 사용할 수 있다.
④ 법인은 임원을 임면하는 경우에는 지체 없이 시·도지사에게 보고하여야 한다.
⑤ 법인은 대표이사를 포함한 이사 5명 이상과 감사 1명 이상을 두어야 한다.

 문제풀이 TIP

법인의 설립은 시·도지사의 허가사항이라는 규정과 함께 정관에 포함되어야 하는 사항, 수익사업과 관련한 규정, 임원에 관한 규정도 주의해서 살펴봐야 한다.

17 사회복지사업법에서 다루는 내용이 아닌 것은?

① 사회복지사업법과 다른 법률과의 관계에 관한 규정
② 사회복지사 자격증의 발급에 관한 규정
③ 사회복지업무의 전자화에 관한 규정
④ 사회복지법인의 정관 및 임원 등에 관한 규정
⑤ 평생사회안전망의 구축·운영에 관한 규정

18 사회복지사업법상 기본이념으로 옳은 것을 모두 고른 것은?

> ㄱ. 사회복지법인 및 사회복지시설은 공공성을 가지며 사회복지사업을 시행하는 데 있어서 공공성을 확보하여야 한다.
> ㄴ. 사회복지사업을 시행하는 데 있어서 사회복지를 제공하는 자는 사회복지를 필요로 하는 사람의 인권을 보장하여야 한다.
> ㄷ. 사회복지서비스를 제공하는 자는 필요한 정보를 제공하는 등 사회복지서비스를 이용하는 사람의 선택권을 보장하여야 한다.
> ㄹ. 사회보장은 모든 국민이 다양한 사회적 위험으로부터 벗어나 행복하고 인간다운 생활을 향유할 수 있도록 자립을 지원한다.

① ㄱ, ㄴ, ㄷ   ② ㄹ
③ ㄱ, ㄷ   ④ ㄴ, ㄹ
⑤ ㄱ, ㄴ, ㄷ, ㄹ

19 사회복지사업법상 시설의 개선, 사업의 정지, 시설 장의 교체나 시설의 폐쇄를 명할 수 있는 사유로 옳은 것을 모두 고른 것은?

> ㄱ. 시설이 설치기준에 미달하게 되었을 때
> ㄴ. 사회복지법인 또는 비영리법인이 설치·운영하는 시설의 경우 그 사회복지법인 또는 비영리법인의 설립허가가 취소되었을 때
> ㄷ. 회계부정이나 불법행위 또는 그 밖의 부당행위 등이 발견되었을 때
> ㄹ. 운영위원회를 설치하지 아니하거나 운영하지 아니하였을 때

① ㄱ   ② ㄴ, ㄷ
③ ㄷ, ㄹ   ④ ㄴ, ㄷ, ㄹ
⑤ ㄱ, ㄴ, ㄷ, ㄹ

20 사회복지사업법상 한국사회복지사협회의 업무로 옳지 않은 것은?

① 사회복지사에 대한 전문지식 및 기술의 개발·보급
② 사회복지사의 전문성 향상을 위한 교육훈련
③ 사회복지사제도에 대한 조사연구·학술대회 개최 및 홍보·출판사업
④ 국제사회복지사단체와의 교류·협력
⑤ 사회복지 소외계층 발굴 및 민간사회복지자원과의 연계·협력

21 사회복지사업법의 내용 중 법인에 대한 설명으로 옳지 않은 것은?

① 해산한 법인의 남은 재산은 정관이 정하는 바에 의하여 국가 또는 지방자치단체에 귀속된다.

② 시·도지사는 법인이 법인 설립 후 기본재산을 출연하지 아니한 경우 설립허가를 취소하여야 한다.

③ 수익사업에 관한 회계는 법인의 다른 회계와 구분하여 회계처리하여야 한다.

④ 법인은 수익사업에서 생긴 수익을 법인 또는 법인이 설치한 사회복지시설의 운영 외의 목적에 사용할 수 없다.

⑤ 법인은 사회복지의 고유목적을 수행해야 하므로 다른 법인과 합병할 수 없다.

문제풀이 TIP

법인은 시·도지사의 허가를 받아 다른 사회복지법인과 합병할 수 있다. 다만, 주된 사무소가 서로 다른 시·도에 소재한 법인 간의 합병의 경우에는 보건복지부장관의 허가를 받아야 한다.

22 사회복지사업법상 과태료를 부과할 수 있는 경우는?

> ㄱ. 이 법에 따른 사회복지사가 아니면서 사회복지사 또는 이와 유사한 명칭을 사용한 경우
> ㄴ. 정당한 이유 없이 시설의 설치를 방해한 경우
> ㄷ. 면제사유에 해당되지 않으면서 사회복지사 보수교육을 받지 아니한 경우
> ㄹ. 지방자치단체의 보조금을 목적 외의 용도로 사용한 경우

① ㄱ, ㄴ 　　　　② ㄱ, ㄷ

③ ㄴ, ㄹ 　　　　④ ㄱ, ㄴ, ㄷ

⑤ ㄱ, ㄴ, ㄷ, ㄹ

23 사회복지사업법상 국가와 지방자치단체의 책임에 대한 설명으로 옳지 않은 것은?

① 국가와 지방자치단체는 사회복지서비스를 증진하고, 서비스를 이용하는 사람에 대하여 인권침해를 예방하고 차별을 금지하며 인권을 옹호할 책임을 진다.

② 국가와 지방자치단체는 사회복지서비스와 보건의료서비스를 함께 필요로 하는 사람에게 이들 서비스가 연계되어 제공되도록 노력하여야 한다.

③ 국가와 지방자치단체는 보호자의 희망을 반영하여 사회복지시설에서 서비스가 제공될 수 있도록 노력하여야 한다.

④ 국가와 지방자치단체는 사회복지를 필요로 하는 사람의 인권이 충분히 존중되는 방식으로 사회복지서비스를 제공하고 사회복지와 관련된 인권교육을 강화하여야 한다.

⑤ 국가와 지방자치단체는 민간부문의 사회복지 증진활동이 활성화되고 국가 및 지방자치단체의 사회복지사업과 민간부문의 사회복지 증진활동이 원활하게 연계될 수 있도록 노력하여야 한다.

문제풀이 TIP

시설 중심의 서비스 제공에서 지역사회보호체계에서 제공하는 서비스로 전환되고 있음에 유의하자.

24 사회복지사업법상 사회복지시설의 종사자에 관한 규정으로 옳지 않은 것은?

① 시설의 종사자 중 일정 비율 이상은 사회복지사 자격증 소지자로 채용해야 한다.

② 재직 중 이용자에게 성범죄를 저질러 금고 이상의 형이 확정되면 종사자 자격을 상실한다.

③ 시설의 종사자를 채용할 때 정당한 사유 없이 채용광고의 내용을 종사자가 되려는 사람에게 불리하게 변경하여 채용하여서는 아니 된다.

④ 시설 종사자의 근무환경 개선에 관한 사항은 시설의 운영위원회에서 심의한다.

⑤ 시설에 종사하는 사회복지사는 정기적으로 인권에 관한 내용이 포함된 보수교육을 받아야 한다.

25 사회복지사업법상 사회복지시설 업무의 전자화에 관한 내용으로 옳지 않은 것은?

① 보건복지부장관은 운영에 필요한 정보의 효율적 처리와 기록·관리 업무의 전자화를 위하여 정보시스템을 구축·운영할 수 있다.

② 보건복지부장관은 정보시스템을 구축·운영하는 데 필요한 자료를 수집·관리·보유할 수 있으며 관련 기관 및 단체에 필요한 자료의 제공을 요청할 수 있다.

③ 보건복지부장관은 사회복지사업을 수행할 때 관할 복지행정시스템과 정보시스템을 전자적으로 연계하여 활용하여야 한다.

④ 사회복지법인의 대표이사와 사회복지시설의 장은 국가와 지방자치단체가 실시하는 사회복지업무의 전자화 시책에 협력하여야 한다.

⑤ 보건복지부장관은 정보시스템을 효율적으로 운영하기 위하여 전담기구에 그 운영에 관한 업무를 위탁할 수 있다.

✛26 사회복지사업법상 사회복지관 사회복지서비스의 우선 제공대상자에 해당하는 경우를 모두 고른 것은?

> ㄱ. 국민기초생활보장법에 따른 수급자 및 차상위계층
> ㄴ. 장애인, 노인, 한부모가족 및 다문화가족
> ㄷ. 직업 및 취업 알선이 필요한 사람
> ㄹ. 보호와 교육이 필요한 유아·아동 및 청소년

① ㄱ, ㄴ   ② ㄴ, ㄷ
③ ㄷ, ㄹ   ④ ㄱ, ㄴ, ㄹ
⑤ ㄱ, ㄴ, ㄷ, ㄹ

27 사회복지사업법상 사회복지시설 운영위원회의 심의 사항으로 옳은 것을 모두 고른 것은?

> ㄱ. 시설운영계획의 수립·평가에 관한 사항
> ㄴ. 시설 거주자의 생활환경 개선 및 고충 처리 등에 관한 사항
> ㄷ. 사회복지 프로그램의 개발·평가에 관한 사항
> ㄹ. 시설 종사자와 거주자의 인권보호 및 권익증진에 관한 사항

① ㄱ, ㄴ, ㄷ   ② ㄴ, ㄷ, ㄹ
③ ㄷ, ㄹ   ④ ㄱ, ㄴ
⑤ ㄱ, ㄴ, ㄷ, ㄹ

28 사회복지사업법의 내용으로 옳지 않은 것은?

① 정신건강증진 및 정신질환자 복지서비스 지원에 관한 법률에 따른 정신질환자는 어떠한 경우에도 사회복지사가 될 수 없다.

② 사회복지법인의 정관에는 자산 및 회계에 관한 사항, 회의에 관한 사항 등이 포함되어야 한다.

③ 사회복지법인의 감사는 이사와 특별한 관계에 있는 사람이 아니어야 하며, 감사 중 1명은 법률 또는 회계에 관한 지식이 있는 사람 중에서 선임하여야 한다.

④ 사회복지 시설의 장은 정기 또는 수시 안전점검을 한 후 그 결과를 시장·군수·구청장에게 제출하여야 한다.

⑤ 시장·군수·구청장은 정당한 이유 없이 사회복지시설의 설치를 지연시키거나 제한하는 조치를 하여서는 아니 된다.

29 사회복지사업법상 다음의 역할을 모두 수행하는 조직은?

- 사회복지에 관한 조사·연구 및 정책 건의
- 사회복지 관련 기관·단체 간의 연계·협력·조정
- 사회복지 소외계층 발굴 및 민간사회복지자원과의 연계·협력
- 대통령령으로 정하는 사회복지사업의 조성 등

① 한국사회복지협의회

② 한국사회복지사협회

③ 한국사회복지사연합회

④ 한국사회복지사위원회

⑤ 한국사회복지관협회

✦30 사회복지사업법상 사회복지서비스 제공의 원칙으로 옳지 않은 것은?

① 사회복지서비스를 필요로 하는 사람에 대한 사회복지서비스 제공은 현금으로 제공하는 것을 원칙으로 한다.

② 시장·군수·구청장은 국가 또는 지방자치단체 외의 자로 하여금 서비스 제공을 실시하게 하는 경우에는 보호대상자에게 사회복지서비스 이용권을 지급하여 서비스 제공을 받게 할 수 있다.

③ 국가와 지방자치단체는 사회복지서비스의 품질향상과 원활한 제공을 위하여 필요한 시책을 마련하여야 한다.

④ 국가와 지방자치단체는 사회복지서비스의 품질을 관리하기 위하여 사회복지서비스를 제공하는 기관·법인·시설·단체의 서비스 환경, 서비스 제공 인력의 전문성 등을 평가할 수 있다.

⑤ 보건복지부장관은 평가를 위하여 평가기관을 설치·운영하거나, 평가의 전부 또는 일부를 관계 기관 또는 단체에 위탁할 수 있다.

 문제풀이 **TIP**

사회복지서비스 제공의 원칙에 관한 문제는 자주 출제된다. 사회복지사업법상 보호대상자에 대한 서비스 제공은 현물 제공이 원칙이다.

8장 공공부조법

이 장에서는,

국민기초생활보장법과 관련해서는 주요 용어의 정의, 급여별 수급자 선정기준, 보장기관 및 보장시설 등에 대해 이해한다. 의료급여법과 관련해서는 의료급여 수급권자의 종류, 의료급여의 내용, 보장기관 등에 대해 이해한다. 긴급복지지원법과 관련해서는 긴급복지지원법상의 위기상황, 긴급지원의 종류와 내용 등에 대해 이해한다. 기초연금법과 관련해서는 기초연금법의 수급자 선정기준, 기초연금액 산정 등에 대해 이해한다. 장애인연금법과 관련해서는 장애인연금법의 수급권자 범위와 연금의 종류 등에 대해 이해한다.

해답과 오답노트 239쪽

✛01 국민기초생활보장법에 관한 내용으로 옳지 않은 것은?

① 보건복지부장관 또는 소관 중앙행정기관의 장은 급여의 종류별 수급자 선정기준 및 최저보장수준을 결정하여야 한다.

② 부양의무자의 부양과 다른 법령에 따른 보호는 이 법에 따른 급여에 우선하여 행하여지는 것으로 한다.

③ 보장기관은 이 법에 따른 급여를 개별가구 단위로 실시하되, 특히 필요하다고 인정하는 경우에는 개인 단위로 실시할 수 있다.

④ 기준 중위소득은 통계청이 공표하는 통계자료의 가구 경상소득의 중간값에 최근 가구소득 평균 증가율, 가구규모에 따른 소득수준의 차이 등을 반영하여 가구규모별로 산정한다.

⑤ "수급자"란 이 법에 따른 급여를 받을 수 있는 자격을 가진 사람을 말한다.

기출 STYLE

국민기초생활보장법의 전반적인 내용을 묻는 문제가 출제되었다. 급여의 원칙 및 종류 등 급여와 관련된 내용, 소득인정액 기준과 부양의무자 기준에 관한 내용, 용어의 정의, 자활지원에 관한 내용이 주로 출제되고 있다.

✛02 의료급여법상 수급권자에 포함되는 경우를 모두 고른 것은?

ㄱ. 국민기초생활보장법에 따른 의료급여 수급자

ㄴ. 입양특례법에 따라 국내에 입양된 18세 미만의 아동

ㄷ. 노숙인 등의 복지 및 자립지원에 관한 법률에 따른 노숙인 등

ㄹ. 난민법에 따른 난민인정자로서 국민기초생활보장법의 수급권자의 범위에 해당하는 사람

① ㄱ, ㄴ 　　　　② ㄱ, ㄷ
③ ㄴ, ㄹ 　　　　④ ㄷ, ㄹ
⑤ ㄱ, ㄴ, ㄷ, ㄹ

기출 STYLE

의료급여법과 관련해서는 전반적인 내용과 함께 수급권자, 급여와 관련한 내용, 의료급여기관 등이 가장 빈번하게 다루어졌다.

✚**03** 긴급복지지원법에 대한 내용으로 옳지 않은 것은?

① 의료기관의 종사자, 교원 등은 긴급지원대상자가 있음을 알게 된 경우에는 관할 시장·군수·구청장에게 이를 신고하고, 긴급지원대상자가 신속하게 지원을 받을 수 있도록 노력하여야 한다.

② 국내에 체류하는 외국인은 긴급지원대상에서 제외된다.

③ 국가 및 지방자치단체는 위기상황에 처한 사람에 대한 발굴조사를 연 1회 이상 정기적으로 실시하여야 한다.

④ 긴급지원심의위원회는 시장·군수·구청장이 한 사후조사 결과를 참고하여 긴급지원의 적정성을 심사한다.

⑤ 국가 및 지방자치단체는 긴급지원의 지원대상 및 소득 또는 재산 기준, 지원 종류·내용·절차와 그 밖에 필요한 사항 등 긴급지원사업에 관하여 적극적으로 안내하여야 한다.

기출 STYLE

긴급복지지원법과 관련해서는 법률 전반에 대한 내용과 함께 위기상황, 기본원칙, 긴급지원 대상자 및 긴급지원기관, 긴급지원의 종류 및 기간 등이 주로 다루어졌다.

✚**04** 기초연금법에 관한 설명으로 옳지 않은 것은?

① 기초연금은 65세 이상인 사람으로서 소득인정액이 선정기준액 이하인 사람에게 지급한다.

② 소득인정액과 기초연금액을 합산한 금액이 선정기준액 이상인 경우에는 선정기준액을 초과하는 금액의 범위에서 기초연금액의 일부를 감액할 수 있다.

③ 기초연금 수급권자가 국외로 이주한 때에도 수급권을 상실하지 아니한다.

④ 공무원연금, 사립학교교직원연금, 군인연금, 별정우체국연금 수급권자 및 그 배우자는 원칙적으로 기초연금 수급대상에서 제외한다.

⑤ 특별자치시장·특별자치도지사·시장·군수·구청장은 기초연금 수급권자로 결정한 사람에 대하여 기초연금의 지급을 신청한 날이 속하는 달부터 기초연금 수급권을 상실한 날이 속하는 달까지 매월 정기적으로 기초연금을 지급한다.

기출 STYLE

기초연금법 전반에 대한 내용들이 출제되었는데, 지급대상, 신청, 연금액, 비용부담, 수급권의 상실과 보호 등에 대한 내용들이 주로 다루어졌다.

사회복지법제론

05 장애인연금법에 관한 내용으로 옳지 않은 것은?

① 수급권자는 18세 이상의 중증장애인으로서 소득인정액이 선정기준액 이하인 사람으로 한다.

② 장애인연금의 종류에는 기초급여와 부가급여가 있다.

③ 보건복지부장관은 선정기준액을 정하는 경우에 18세 이상의 중증장애인 중 수급자가 100분의 70 수준이 되도록 한다.

④ 수급권자와 그 배우자가 모두 기초급여를 받는 경우에는 각각의 기초급여액에서 기초급여액의 100분의 20에 해당하는 금액을 감액한다.

⑤ 수급권자 중 기초연금 수급권자에게는 기초급여와 부가급여를 모두 지급한다.

06 국민기초생활보장법상 차상위계층에 관한 내용이다. (   )에 들어갈 내용으로 옳은 것은?

> 차상위계층이란 수급권자에 해당하지 아니하는 계층으로서, 소득인정액이 기준 중위소득의 (   ) 이하인 사람을 말한다.

① 100분의 10   ② 100분의 20
③ 100분의 30   ④ 100분의 40
⑤ 100분의 50

07 의료급여법에 규정된 내용으로 옳은 것은?

① 수급권자의 소득, 재산상황이 변동된 경우 그 친족의 신청으로 급여내용이 변경될 수 있다.

② 의료급여기관은 의료급여를 하기 전에 수급권자에게 본인부담금을 청구할 수 있다.

③ 수급권자가 임신한 경우 출산비용을 제외한 진료비용에 대해 추가급여를 받을 수 있다.

④ 의료급여는 수급권자의 고의나 중대한 과실과 상관없이 제공되도록 하고 있다.

⑤ 모든 수급권자에 대한 의료급여의 내용과 기준은 형평성에 따라 동일하게 제공된다.

08 긴급복지지원법에 관한 내용으로 옳은 것은?

① 수급자에 대한 생계지원은 현금으로만 지급한다.

② 금전 또는 현물 등 직접적인 지원에 한정하고 있다.

③ 시·군·구청장은 긴급지원담당공무원을 지정하여야 한다.

④ 국민기초생활보장 수급자로서 생계급여를 받게 되는 경우에도 이 법에 따른 생계지원이 종료되는 것은 아니다.

⑤ 주거지원에 관한 긴급지원은 위기상황에 대한 1개월간의 생계유지 등에 필요한 지원으로 하며 연장할 수 없다.

09 기초연금법에 관한 내용으로 옳은 것을 모두 고른 것은?

> ㄱ. 보편적 복지의 실현을 위해 65세 이상인 모든 사람에게 지급한다.
> ㄴ. 국민연금기금은 기초연금 지급을 위한 재원으로 사용할 수 있다.
> ㄷ. 금고 이상의 형을 선고받고 교정시설에 수용되어 있는 수급자에게도 지급한다.
> ㄹ. 기초연금액 산정 시 국민연금 급여액을 고려하도록 정하고 있다.

① ㄱ, ㄴ   ② ㄷ
③ ㄴ, ㄹ   ④ ㄹ
⑤ ㄱ, ㄴ, ㄷ

10 긴급복지지원법상 빈칸에 들어갈 숫자를 바르게 나열한 것은?

> • 생계지원은 3개월간, 주거지원 · 사회복지시설 이용 지원 · 그 밖의 지원은 (ㄱ)개월간의 생계유지 등에 필요한 지원으로 한다.
> • 시장 · 군수 · 구청장은 지원에도 불구하고 위기상황이 계속되는 경우에는 긴급지원심의위원회의 심의를 거쳐 지원을 연장할 수 있는데, 생계지원, 사회복지시설 이용 지원, 그 밖의 지원은 규정된 지원기간을 합하여 총 (ㄴ)개월을 초과해서는 안 되고, 주거지원은 규정된 지원기간을 합하여 총 (ㄷ)개월을 초과해서는 안 된다.

	ㄱ	ㄴ	ㄷ
①	2	3	6
②	2	3	12
③	2	6	6
④	1	3	12
⑤	1	6	12

11 국민기초생활보장법상의 용어에 대한 정의로 옳지 않은 것은?

① 최저생계비는 국민이 건강하고 문화적인 생활을 유지하기 위하여 필요한 최소한의 비용으로서 보건복지부장관이 계측하는 금액을 말한다.
② 소득인정액은 보장기관이 급여의 결정 및 실시 등에 사용하기 위하여 산출한 개별가구의 소득평가액과 재산의 소득환산액을 합산한 금액을 말한다.
③ 보장기관은 이 법에 따른 급여를 실시하는 국가 또는 지방자치단체를 말한다.
④ 기준 중위소득은 보건복지부장관이 급여의 기준 등에 활용하기 위하여 중앙생활보장위원회의 심의 · 의결을 거쳐 고시하는 국민 가구소득의 중위값을 말한다.
⑤ 부양의무자는 수급권자를 부양할 책임이 있는 사람으로서 수급권자의 1촌의 직계혈족과 그 배우자를 말하며, 사망한 1촌의 직계혈족의 배우자도 포함한다.

12 국민기초생활보장법상 급여의 실시에 대한 내용으로 옳지 않은 것은?

① 사회복지 전담공무원은 관할지역에 거주하는 수급권자에 대한 급여를 수급권자의 동의를 구하여 직권으로 신청할 수 있다.
② 보장기관이 급여를 금전으로 지급할 때에는 수급자의 신청에 따라 수급자 명의의 지정된 계좌로 입금하여야 한다.
③ 급여 실시 및 급여 내용이 결정된 수급자에 대한 급여는 급여의 신청일부터 시작한다.
④ 급여의 변경은 서면으로 그 이유를 구체적으로 밝혀 수급자에게 통지하여야 한다.
⑤ 수급자가 급여의 일부를 거부하더라도 보장기관은 급여를 실시해야 한다.

13 국민기초생활보장법상 급여에 관한 설명으로 옳지 않은 것은?

① 급여의 기준은 수급자의 연령, 가구 규모, 거주지역, 그 밖의 생활여건 등을 고려하여 급여의 종류별로 보건복지부장관이 정하거나 급여를 지급하는 중앙행정기관의 장이 보건복지부장관과 협의하여 정한다.

② 보장기관은 수급자의 소득 · 재산 · 근로능력 등이 변동된 경우라도 직권으로 급여의 종류 · 방법 등을 변경할 수 없다.

③ 주거급여와 의료급여에 필요한 사항은 따로 법률에서 정한다.

④ 장제급여는 실제로 장제를 실시하는 사람에게 장제에 필요한 비용을 지급하는 것으로 한다.

⑤ 보장기관은 급여의 결정을 취소하려는 경우에는 청문을 하여야 한다.

15 의료급여법의 내용으로 옳지 않은 것은?

① 이 법은 생활이 어려운 자에게 의료급여를 실시함으로써 국민보건의 향상과 사회복지의 증진에 이바지함을 목적으로 한다.

② 의료급여기관이라 함은 수급권자에 대한 진료 · 조제 또는 투약 등을 담당하는 의료기관 및 약국 등을 말한다.

③ 사례관리를 실시하기 위하여 특별시 · 광역시 · 도 · 특별자치도 및 시 · 군 · 구에 의료급여 관리사를 둔다.

④ 난민법에 따른 난민인정자로서 국민기초생활보장법의 수급권자의 범위에 해당하는 자는 수급권자로 본다.

⑤ 수급권자가 다른 법령에 따라 의료급여를 받고 있는 경우에는 해당 급여를 정지하고 이 법에 따른 급여를 행한다.

14 국민기초생활보장법상 부양의무자가 있어도 부양을 받을 수 없는 것으로 보는 경우를 모두 고른 것은?

> ㄱ. 부양의무자가 병역법에 따라 징집되거나 소집된 경우
> ㄴ. 부양의무자가 해외이주법에 따른 해외이주자에 해당하는 경우
> ㄷ. 부양의무자가 부양을 기피하거나 거부하는 경우
> ㄹ. 부양의무자가 보장시설에서 급여를 받고 있는 경우

① ㄱ, ㄴ   ② ㄷ, ㄹ
③ ㄴ, ㄷ, ㄹ   ④ ㄱ, ㄴ, ㄷ
⑤ ㄱ, ㄴ, ㄷ, ㄹ

16 기초연금법상 기초연금의 지급정지 사유에 해당하는 것을 모두 고른 것은?

> ㄱ. 기초연금 수급자가 국적을 상실하게 되는 경우
> ㄴ. 기초연금 수급자가 금고 이상의 형을 선고받고 교정시설에 수용되어 있는 경우
> ㄷ. 기초연금 수급자가 실종되어 사망한 것으로 추정되는 경우
> ㄹ. 기초연금 수급자의 국외 체류기간이 60일 이상 지속되는 경우

① ㄱ, ㄹ   ② ㄴ, ㄷ
③ ㄱ, ㄴ, ㄹ   ④ ㄴ, ㄷ, ㄹ
⑤ ㄱ, ㄴ, ㄷ, ㄹ

17 다음 빈칸에 해당하는 것은?

> • 의료급여의 급여비용 심사 · 조정, 의료급여의 적정성 평가, 심사 및 평가기준의 설정 등의 업무를 (㉠)에 위탁한다.
> • 의료급여의 지급, 전산기기에 의한 수급권자의 자격, 개인별 진료 내역의 관리, 의료급여 제한에 필요한 실태조사 및 자료수집 업무를 (㉡)에 위탁한다.
> • 급여비용의 재원에 충당하기 위한 의료급여기금은 (㉢)에 설치한다.

① ㉠: 건강보험심사평가원
　㉡: 건강보험공단
　㉢: 시 · 도
② ㉠: 건강보험공단
　㉡: 건강보험심사평가원
　㉢: 시 · 군 · 구
③ ㉠: 건강보험심사평가원
　㉡: 건강보험공단
　㉢: 보건복지부
④ ㉠: 건강보험공단
　㉡: 건강보험심사평가원
　㉢: 보건복지부
⑤ ㉠: 건강보험공단
　㉡: 보건복지부
　㉢: 시 · 도

18 국민기초생활보장법상 급여의 종류에 해당하지 않는 것은?
① 의료급여
② 주거급여
③ 장제급여
④ 장례비
⑤ 자활급여

✦19 의료급여법에 관한 설명으로 옳지 않은 것은?
① 수급권자가 되려는 사람은 보건복지부령으로 정하는 바에 따라 특별자치시장 · 특별자치도지사 · 시장 · 군수 · 구청장에게 수급권자 인정 신청을 하여야 한다.
② 수급권자가 다른 법령에 따라 의료급여를 받고 있는 경우에는 이 법에 따른 의료급여를 하지 아니한다.
③ 수급권자는 1종 수급권자와 2종 수급권자로 구분한다.
④ 의료급여기관은 의료급여를 하기 전에 수급권자에게 본인부담금을 청구할 수 있다.
⑤ 시장 · 군수 · 구청장은 제3자의 행위로 인하여 수급권자에게 의료급여를 한 경우에는 그 급여비용의 범위에서 제3자에게 손해배상을 청구할 권리를 얻는다.

문제풀이 TIP

의료급여기관은 의료급여를 하기 전에 수급권자에게 본인부담금을 청구하거나 수급권자가 이 법에 따라 부담하여야 하는 비용과 비급여비용 외에 입원보증금 등 다른 명목의 비용을 청구하여서는 아니 된다.

✦20 긴급복지지원법상 금전 또는 현물(現物) 등의 직접지원에 해당하지 않는 것은?
① 생계지원
② 의료지원
③ 사회복지기관 · 단체와의 연계 지원
④ 교육지원
⑤ 사회복지시설 이용 지원

✛21 긴급복지지원법에 대한 설명으로 옳지 않은 것은?

① 이 법에 따른 지원은 긴급지원대상자의 거주지가 분명하지 아니한 경우에는 지원요청 또는 신고를 받은 시장·군수·구청장이 한다.

② 누구든지 긴급지원대상자를 발견한 경우에는 관할 시장·군수·구청장에게 신고하여야 한다.

③ 국내체류 외국인의 경우 본인의 귀책사유 없이 화재, 범죄, 천재지변으로 피해를 입은 사람에 대하여만 이 법에 따른 지원을 한다.

④ 시장·군수·구청장은 위기상황에 처한 사람을 찾아낸 경우에는 지체 없이 긴급지원담당 공무원으로 하여금 긴급지원대상자의 거주지 등을 방문하여 위기상황을 확인하여야 한다.

⑤ 이 법에 따른 지원 후에도 계속 지원이 필요한 것으로 판단되는 사람에게는 다른 법률에 따른 구호·보호 또는 지원을 받을 수 있도록 노력하여야 한다.

✛22 긴급복지지원법상 '위기상황'에 해당하는 것을 모두 고른 것은?

> ㄱ. 주소득자가 사망, 가출, 행방불명, 구금시설에 수용되는 등의 사유로 소득을 상실한 경우
> ㄴ. 가구구성원으로부터 방임 또는 유기되거나 학대 등을 당한 경우
> ㄷ. 중한 질병 또는 부상을 당한 경우
> ㄹ. 화재 등으로 인하여 거주하는 주택 또는 건물에서 생활하기 곤란하게 된 경우

① ㄱ, ㄴ   ② ㄴ

③ ㄷ, ㄹ   ④ ㄱ, ㄴ, ㄷ

⑤ ㄱ, ㄴ, ㄷ, ㄹ

✛23 기초연금법에 관한 내용으로 옳지 않은 것은?

① 국민연금기금은 기초연금 지급을 위한 재원으로 사용할 수 있다.

② 기초연금액은 기준연금액과 국민연금 급여액 등을 고려하여 산정한다.

③ 기준연금액은 보건복지부장관이 그 전년도의 기준연금액에 대통령령으로 정하는 바에 따라 전국소비자물가변동률을 반영하여 매년 고시한다.

④ 기초연금 수급자가 사망한 경우로서 그 기초연금 수급자에게 지급되지 아니한 기초연금액이 있는 경우에는 그 기초연금 수급자의 사망 당시 생계를 같이 한 부양의무자는 미지급 기초연금을 청구할 수 있다.

⑤ 기초연금 수급자의 국외 체류기간이 60일 이상 지속되는 경우 그 사유가 발생한 날이 속하는 달의 다음 달부터 그 사유가 소멸한 날이 속하는 달까지는 기초연금의 지급을 정지한다.

문제풀이 TIP

국가와 지방자치단체는 필요한 비용을 부담할 수 있도록 재원을 조성하여야 한다. 이 경우 국민연금기금은 기초연금 지급을 위한 재원으로 사용할 수 없다.

24 기초연금법에 대한 설명으로 옳지 않은 것은?

① 보건복지부장관은 선정기준액을 정하는 경우 65세 이상인 사람 중 기초연금 수급자가 100분의 50 수준이 되도록 한다.

② 특별자치시장·특별자치도지사·시장·군수·구청장은 조사를 한 후 기초연금 수급권의 발생·변경·상실 등을 결정한다.

③ 기초연금 수급자가 결혼 또는 이혼을 하거나 그 배우자가 사망한 경우 대통령령으로 정하는 바에 따라 30일 이내에 그 사실을 특별자치시장·특별자치도지사·시장·군수·구청장에게 신고하여야 한다.

④ 보건복지부장관은 이 법에 따른 기초연금 관련 자료 또는 정보의 효율적 처리·관리를 위하여 대통령령으로 정하는 바에 따라 기초연금정보시스템을 구축·운영할 수 있다.

⑤ 기초연금의 적정성 평가를 할 때에는 노인 빈곤에 대한 실태 조사와 기초연금의 장기적인 재정 소요에 대한 전망을 함께 실시하여야 한다.

25 장애인연금법상의 규정으로 옳지 않은 것은?

① 수급자의 장애인연금을 받을 권리와 장애인연금을 환수할 지방자치단체의 권리는 5년간 행사하지 아니하면 시효의 완성으로 소멸된다.

② 급여의 종류에는 기초급여와 부가급여가 있다.

③ 수급권자에 대한 통지는 장애인연금 지급의 신청일부터 10일 이내에 하여야 한다.

④ 보건복지부장관은 수급자에 대한 장애인연금 지급의 적정성을 확인하기 위하여 매년 연간 조사계획을 수립하고, 전국의 수급자를 대상으로 '신청에 따른 조사'에 규정된 사항을 조사하여야 한다.

⑤ 장애인연금은 지방자치단체의 재정 여건 등을 고려하여 국가, 특별시·광역시·도 또는 특별자치도·시·군·구가 부담한다.

26 기초연금법상 빈칸에 들어갈 숫자를 올바르게 나열한 것은?

> • 국가는 지방자치단체의 노인인구 비율 및 재정 여건 등을 고려하여 기초연금의 지급에 드는 비용 중 100분의 (ㄱ) 이상 100분의 90 이하의 범위에서 대통령령으로 정하는 비율에 해당하는 비용을 부담한다.
>
> • 본인과 그 배우자가 모두 기초연금 수급권자인 경우에는 각각의 기초연금액에서 기초연금액의 100분의 (ㄴ)에 해당하는 금액을 감액한다.

	ㄱ	ㄴ
①	50	30
②	60	30
③	50	20
④	40	20
⑤	40	50

27 기초연금법상 급여에 관한 내용으로 옳은 것은?

① 수급자가 사망한 것으로 추정되는 경우에는 그 사실을 보건복지부장관에게 신고하여야 하며, 수급권은 상실된다.

② 기초연금을 지급받으려는 사람은 특별자치시장·특별자치도지사·시장·군수·구청장에게 기초연금의 지급을 신청할 수 있으며, 대리인은 신청할 수 없다.

③ 기초연금 수급자가 사망한 경우에는 수급권이 상실되므로 미지급된 기초연금이 있다 하더라도 청구할 수는 없다.

④ 기초연금 수급권자로 결정된 사람은 기초연금의 지급을 신청한 날이 속하는 달부터 매월 정기적으로 기초연금을 받게 된다.

⑤ 보건복지부장관은 3년마다 기초연금액의 적정성을 평가하고 그 결과를 반영하여 기준연금액을 조정하여야 한다.

28 의료급여법상 의료급여기관에 해당하는 것으로 옳은 것을 모두 고른 것은?

> ㄱ. 의료법에 따라 개설된 의료기관
> ㄴ. 지역보건법에 따라 설치된 보건소·보건의료원 및 보건지소
> ㄷ. 농어촌 등 보건의료를 위한 특별조치법에 따라 설치된 보건진료소
> ㄹ. 약사법에 따라 개설등록된 약국 및 같은 법에 따라 설립된 한국희귀·필수의약품센터

① ㄱ, ㄷ, ㄹ   ② ㄴ, ㄷ, ㄹ
③ ㄴ, ㄹ   ④ ㄱ, ㄷ
⑤ ㄱ, ㄴ, ㄷ, ㄹ

29 국민기초생활보장법상 중앙생활보장위원회에 대한 설명으로 옳지 않은 것은?

① 생활보장사업의 기획·조사·실시 등에 관한 사항을 심의·의결하기 위하여 보건복지부에 설치한 기구이다.

② 중앙생활보장위원회는 위원장을 포함하여 10명 이내의 위원으로 구성한다.

③ 중앙생활보장위원회의 심의·의결사항에는 기초생활보장 종합계획의 수립, 소득인정액 산정방식과 기준 중위소득의 결정 등이 포함된다.

④ 심의·의결과 관련하여 필요한 경우 보장기관에 대하여 그 소속 공무원의 출석이나 자료의 제출을 요청할 수 있다.

⑤ 중앙생활보장위원회의 위원장은 보건복지부장관으로 한다.

✛30 다음 빈칸에 들어갈 내용을 순서대로 바르게 나열한 것은?

> 장애인연금의 수급권자는 (ㄱ)세 이상의 (ㄴ)으로서 (ㄷ)이 그 (ㄴ)의 소득·재산·생활수준과 물가상승률 등을 고려하여 보건복지부장관이 정하여 고시하는 금액 이하인 사람으로 한다.

	ㄱ	ㄴ	ㄷ
①	18	중증장애인	소득평가액
②	18	중증장애인	소득인정액
③	20	경증장애인	소득환산액
④	20	경증장애인	소득인정액
⑤	20	중복장애인	소득환산액

31 국민기초생활보장법상 자활 지원에 관한 내용으로 옳지 않은 것은?

① 지역자활센터는 자활 지원을 위한 조사·연구 및 홍보, 자활 관련 기관 간의 협력체계 구축·운영 등의 사업을 수행한다.

② 시장·군수·구청장은 자활지원사업의 효율적인 추진을 위하여 지역자활센터, 직업안정기관, 사회복지시설의 장 등과 상시적인 협의체계를 구축하여야 한다.

③ 수급자 및 차상위자는 상호 협력하여 자활기업을 설립·운영할 수 있다.

④ 보장기관은 수급자 및 차상위자가 자활에 필요한 자산을 형성할 수 있도록 재정적인 지원을 할 수 있다.

⑤ 보건복지부장관, 특별시장·광역시장·특별자치시장·도지사·특별자치도지사, 시장·군수·구청장은 수급자 및 차상위자의 자활촉진을 위하여 교육을 실시할 수 있다.

32 의료급여법상 의료급여의 내용에 해당하는 것을 모두 고른 것은?

> ㄱ. 진찰·검사
> ㄴ. 예방·재활
> ㄷ. 간호
> ㄹ. 화장 또는 매장 등 장제 조치

① ㄱ, ㄷ   ② ㄴ, ㄹ
③ ㄱ, ㄴ, ㄷ   ④ ㄴ, ㄷ, ㄹ
⑤ ㄱ, ㄴ, ㄷ, ㄹ

33 긴급복지지원법상 긴급지원대상자에 해당하는 외국인의 범위로 옳은 것을 모두 고른 것은?

> ㄱ. 대한민국 국민과 혼인 중인 사람
> ㄴ. 대한민국 국민인 배우자와 이혼하거나 그 배우자가 사망한 사람으로서 대한민국 국적을 가진 직계존비속을 돌보고 있는 사람
> ㄷ. 난민법에 따른 난민으로 인정된 사람
> ㄹ. 본인의 귀책사유 없이 화재, 범죄, 천재지변으로 피해를 입은 사람

① ㄱ, ㄴ   ② ㄱ, ㄴ, ㄷ
③ ㄴ, ㄷ, ㄹ   ④ ㄷ, ㄹ
⑤ ㄱ, ㄴ, ㄷ, ㄹ

34 기초연금법에 관한 내용으로 옳지 않은 것은?

① 보건복지부장관은 3년마다 기초연금 수급권자의 생활 수준, 금액의 변동률, 전국소비자물가변동률 등을 종합적으로 고려하여 기초연금액의 적정성을 평가해야 한다.

② 기초연금의 지급이 정지된 기간에 대하여 기초연금이 지급된 경우에는 지급한 기초연금액을 환수하여야 한다.

③ 국적을 상실하거나 국외로 이주한 때에는 기초연금 수급권자의 수급권을 상실한다.

④ 국가는 지방자치단체의 노인인구 비율 및 재정 여건 등을 고려하여 기초연금의 지급에 드는 비용 중 100분의 40 이상 100분의 90 이하의 범위에서 비용을 부담한다.

⑤ 정당한 사유로 인하여 그 기간 이내에 이의신청을 할 수 없었음을 증명한 때에는 그 사유가 소멸한 때부터 60일 이내에 이의신청을 할 수 있다.

35 장애인연금법상 수급권이 소멸하는 경우로 옳지 않은 것은?

① 수급권자가 사망한 경우

② 수급권자가 국적을 상실하거나 외국으로 이주하기 위하여 출국하는 경우

③ 수급자가 행방불명 또는 실종 등의 사유로 사망한 것으로 추정되는 경우

④ 수급권자가 수급권자의 범위에 해당하지 아니하게 된 경우

⑤ 수급권자가 장애 정도의 변경 등으로 중증장애인에 해당하지 아니하게 된 경우

✛36 국민기초생활보장법에 관한 내용으로 옳지 않은 것은?

① 급여는 수급자가 자신의 생활의 유지 · 향상을 위하여 그의 소득, 재산, 근로능력 등을 활용하여 최대한 노력하는 것을 전제로 이를 보충 · 발전시키는 것을 기본원칙으로 한다.

② 보장기관은 수급자 및 차상위자가 자활에 필요한 자산을 형성할 수 있도록 재정적인 지원을 할 수 있다.

③ 생계급여는 금전을 지급하는 것이 원칙이지만, 금전으로 지급할 수 없거나 금전으로 지급하는 것이 적당하지 아니하다고 인정하는 경우에는 물품을 지급할 수 있다.

④ 생활보장사업의 기획 · 조사 · 실시 등에 관한 사항을 심의 · 의결하기 위하여 보건복지부와 시 · 도 및 시 · 군 · 구에 각각 생활보장위원회를 둔다.

⑤ 급여 변경을 신청한 사람이 처분에 대하여 이의가 있는 경우에는 그 결정의 통지를 받은 날부터 60일 이내에 해당 보장기관을 거쳐 시 · 도지사에게 서면 또는 구두로 이의를 신청할 수 있다.

37 의료급여법에 관한 내용으로 옳지 않은 것은?

① 의료급여사업의 실시에 관한 사항을 심의하기 위하여 보건복지부, 시 · 도 및 시 · 군 · 구에 각각 의료급여심의위원회를 둔다.

② 입원, 간호는 의료급여의 내용에 포함되지 않는다.

③ 약사법에 따라 개설등록된 약국 및 한국희귀 · 필수의약품센터는 의료급여를 실시하는 의료급여기관에 해당한다.

④ 급여비용은 그 전부 또는 일부를 의료급여기금에서 부담하되, 의료급여기금에서 일부를 부담하는 경우 그 나머지 비용은 본인이 부담한다.

⑤ 수급권자가 정당한 이유 없이 이 법의 규정이나 의료급여기관의 진료에 관한 지시에 따르지 아니한 경우에는 의료급여를 하지 아니한다.

38 기초연금법상 빈칸에 들어갈 숫자로 옳은 것은?

> 기초연금액의 환수금을 환수할 권리와 기초연금 수급권자의 권리는 ( )년간 행사하지 아니하면 시효의 완성으로 소멸한다.

① 2   ② 3

③ 5   ④ 8

⑤ 10

9장 사회보험법

이 장에서는,

국민연금법과 관련해서는 가입자의 유형, 급여의 종류, 주요 용어의 정의, 연금액 등에 대해 이해한다. 국민건강보험법과 관련해서는 가입자의 유형, 급여의 종류, 보험료 산정방식 등에 대해 이해한다. 고용보험법과 관련해서는 가입대상, 적용제외 사업장, 급여의 종류 및 내용 등에 대해 이해한다. 산업재해보상보험법과 관련해서는 업무상 재해, 급여의 종류 및 내용, 수급권자와 보험가입자 등에 대해 이해한다. 노인장기요양보험법과 관련해서는 장기요양인정, 장기요양등급판정, 급여의 내용, 장기요양기관 등에 대해 이해한다.

해답과 오답노트 244쪽

✚01 국민연금법에 관한 설명으로 옳지 않은 것은?

① 수급권자에게 이 법에 따른 2 이상의 급여 수급권이 생기면 모두 받을 수 있다.

② 연금보험료를 내지 아니한 기간은 가입기간에 산입하지 아니한다.

③ 지역가입자, 임의가입자 및 임의계속가입자의 연금보험료는 지역가입자, 임의가입자 또는 임의계속가입자 본인이 부담한다.

④ 수급권자에게 지급된 급여로서 대통령령으로 정하는 금액 이하의 급여는 압류할 수 없다.

⑤ 가입자의 가입 종류가 변동되면 그 가입자의 가입기간은 각 종류별 가입기간을 합산한 기간으로 한다.

기출 STYLE

국민연금법과 관련해서는 급여의 종류(노령연금, 장애연금, 유족연금 등) 및 내용, 분할연금 수급요건, 가입대상 및 가입유형(가입자의 종류), 부양가족연금, 중복급여의 조정, 국민연금기금 등에 관한 내용이 골고루 출제되었다.

✚02 국민건강보험법에 대한 설명으로 옳은 것은?

① 공무원 및 교직원도 직장가입자에 해당한다.

② 보건복지부장관은 요양기관이 속임수나 그 밖의 부당한 방법으로 보험자·가입자 및 피부양자에게 요양급여비용을 부담하게 한 경우 그 요양기관에 대하여 3년의 범위에서 기간을 정하여 업무정지를 명할 수 있다.

③ 중대한 과실로 인한 범죄행위에 그 원인이 있는 경우에도 보험급여를 지급한다.

④ 약국은 처방전을 요양급여비용을 청구한 날부터 5년간 보존하여야 한다.

⑤ 이의신청에 대한 결정에 불복하는 자는 건강보험공단에 심판청구를 할 수 있다.

기출 STYLE

국민건강보험법의 전반적인 내용과 함께 요양기관에서 제외할 수 있는 기관을 고르는 유형, 자격의 취득/변동 및 상실, 보험료, 급여의 종류 및 내용, 급여의 제한/정지, 이의신청 및 심판청구, 국민건강보험공단의 업무에 관한 문제 등이 출제되었다.

사회복지법제론

✛03 고용보험법에 대한 내용으로 옳지 않은 것은?

① 자영업자도 피보험자에 해당한다.

② 고용보험법상 일용근로자란 1개월 미만 동안 고용되는 자를 말한다.

③ 중대한 귀책사유가 있는 자가 해고되지 아니하고 사업주의 권고로 이직한 경우는 수급자격이 있는 것으로 본다.

④ 취업촉진 수당의 종류에는 광역구직활동비, 이주비가 포함된다.

⑤ 실업의 신고일부터 7일간은 대기기간으로 보아 구직급여를 지급하지 않는다.

> **기출 STYLE**
> 고용보험법과 관련해서는 구직급여(수급요건), 자영업자인 피보험자의 실업급여의 종류에 해당하는 것을 고르는 유형, 취업촉진수당의 종류, 고용보험기금의 용도 등에 관한 문제가 출제되었다.

✛04 산업재해보상보험법상 급여에 대한 설명으로 옳지 않은 것은?

① 보험급여의 종류에 장해급여와 직업재활급여가 포함된다.

② 취업하지 못한 기간과 상관없이 업무상 사유로 부상을 당하거나 질병에 걸린 근로자에게 휴업급여를 지급한다.

③ 부상 또는 질병이 3일 이내의 요양으로 치유될 수 있으면 요양급여를 지급하지 아니한다.

④ 요양기간 중 일정기간 또는 단시간 취업을 하는 경우에는 부분휴업급여를 지급한다.

⑤ 간병급여는 실제로 간병을 받는 자에게 지급한다.

> **기출 STYLE**
> 산재보험법과 관련해서는 업무상 사고에 해당하지 않는 것을 고르는 유형, 가입자, 적용사업/적용제외사업, 급여의 종류(요양급여, 간병급여 등), 근로복지공단 등에 관한 문제가 출제되었다.

✛05 노인장기요양보험법상 장기요양인정에 대한 설명으로 옳지 않은 것은?

① 장기요양인정을 신청하는 자는 장기요양인정 신청서에 원칙적으로 의사소견서를 첨부하여 공단에 제출해야 한다.

② 공단은 등급판정위원회가 심의를 완료한 경우 지체 없이 수급자에게 장기요양인정서를 작성하여 송부해야 한다.

③ 장기요양인정의 유효기간이 만료된 후 장기요양급여를 계속하여 받고자 하는 경우 공단에 장기요양인정의 갱신을 신청하여야 한다.

④ 장기요양급여를 받고 있는 수급자는 장기요양등급, 장기요양급여의 종류 또는 내용을 변경하여 장기요양급여를 받고자 하는 경우 공단에 변경신청을 하여야 한다.

⑤ 장기요양인정의 갱신결과 직전 등급과 같은 등급으로 판정된 경우, 장기요양 1등급의 경우 유효기간은 1년으로 한다.

> **기출 STYLE**
> 노인장기요양보험법과 관련해서는 장기요양인정 신청, 장기요양급여의 종류, 장기요양등급판정위원회, 장기요양급여의 제한, 장기요양기관 등 관련한 내용들이 골고루 출제되었다.

06 국민연금법상 국민연금 급여에 관한 내용으로 잘못된 것은?

① 노령연금을 받기 위해서는 10년 이상 가입해야 한다.

② 기본연금액에 더하여 지급하는 부양가족 연금액은 일종의 가족수당의 성격이다.

③ 분할연금 수급권자에게 노령연금 수급권이 발생한 경우 합산하여 지급한다.

④ 장애연금 지급대상이 되는 자가 반환일시금을 받았으면 연금을 지급하지 아니한다.

⑤ 유족연금은 최우선 순위자 외에 모든 순위자에게 분할 지급한다.

✛**07** 국민연금법상 분할연금에 관한 내용으로 옳지 않은 것은?

① 분할연금액은 배우자였던 자의 노령연금액 중 혼인기간에 해당하는 연금액을 균등하게 나눈다.

② 혼인기간이 5년 이상인 자가 수급요건을 모두 갖추게 된 때부터 3년 이내에 청구하여야 한다.

③ 분할연금 수급권자에게 2 이상의 분할연금 수급권이 생기면 합산하여 지급한다.

④ 분할연금 수급권은 그 수급권을 취득한 후에 배우자였던 자에게 생긴 사유로 노령연금 수급권이 소멸되거나 정지되어도 영향을 받지 아니한다.

⑤ 분할연금 수급권자가 분할연금 수급권의 포기를 신청한 경우에는 그 분할연금 수급권은 신청한 날부터 소멸된다.

✛**08** 국민건강보험법에 관한 설명으로 옳은 것은?

① 국민건강보험공단은 요양급여비용을 심사하고 요양급여의 적정성을 평가한다.

② 요양급여비용은 보건복지부장관과 요양기관을 대표하는 사람들의 계약으로 정한다.

③ 업무 또는 공무로 생긴 질병·부상·재해로 다른 법령에 따른 보험급여나 보상을 받게 되는 경우에는 보험급여를 받을 수 있다.

④ 가입자나 피부양자는 본인일부부담금 외에 자신이 부담한 비용이 요양급여 대상에서 제외되는 비용인지 여부에 대하여 심사평가원에 확인을 요청할 수 있다.

⑤ 국민건강보험공단은 제3자의 행위로 보험급여사유가 생겨 가입자 또는 피부양자에게 보험급여를 한 경우에도 제3자에게 손해배상을 청구할 수 없다.

09 고용보험법에 따른 내용으로 옳은 것은?

① 모든 근로자는 1개월간 소정 근로시간과 무관하게 이 법의 적용을 받는다.

② 자기 사정으로 자영업을 하기 위해 이직한 경우에도 구직급여의 수급자격이 인정된다.

③ 직무와 무관한 법률을 위반하여 금고 이상의 형을 선고받고 그 사유로 해고된 자는 구직급여의 수급자격이 없는 것으로 본다.

④ 수급자격자가 직업안정기관의 장이 소개하는 직업에 취직하는 것을 거부한 경우에도 구직급여는 계속 지급되는 것이 원칙이다.

⑤ 실업금여를 받을 권리는 양도 또는 압류하거나 담보로 제공할 수 없다.

✛**10** 노인장기요양보험법에 대한 설명으로 옳은 것은?

① 사회복지전담공무원은 관할 지역 안에 거주하는 자에 대한 장기요양인정신청을 본인의 동의 없이 직권으로 신청할 수 있다.

② 등급판정위원회는 신청인이 신청서를 제출한 날부터 30일 이내에 장기요양등급판정을 완료하여야 함이 원칙이다.

③ 장기요양기관은 수급자에게 재가급여 또는 시설급여를 제공한 경우 시·군·구에 장기요양급여비용을 청구하여야 한다.

④ 국민기초생활보장법상의 의료급여 수급권자도 재가 및 시설 급여비용에 대한 본인부담금이 있다.

⑤ 국가는 매년 예산의 범위 안에서 당해 연도 장기요양보험료 예상수입액의 100분의 50에 상당하는 금액을 공단에 지원한다.

+11 국민연금법상 용어의 정의로 옳지 않은 것은?

① 임의가입자란 사업장가입자 및 지역가입자 외의 자로서 국민연금에 가입된 자를 말한다.

② 사업장가입자란 해당 근로자가 소속되어 있는 사업장의 사업주를 말한다.

③ 연금보험료란 국민연금사업에 필요한 비용으로서 사업장가입자의 경우에는 부담금 및 기여금의 합계액을 말한다.

④ 부담금이란 사업장가입자의 사용자가 부담하는 금액을 말한다.

⑤ 기여금이란 사업장가입자가 부담하는 금액을 말한다.

12 국민연금법상 가입자에 대한 설명으로 옳지 않은 것은?

① 공무원, 군인 및 사립학교 교직원은 가입대상에서 제외한다.

② 가입자는 사업장가입자, 지역가입자, 임의가입자 및 임의계속가입자로 구분한다.

③ 사업장가입자는 사용관계가 끝나더라도 가입자 자격을 상실하지 않는다.

④ 기초생활보장 수급자는 본인의 희망에 따라 사업장가입자가 되지 아니할 수 있다.

⑤ 지역가입자는 사망한 날의 다음 날에 자격을 상실한다.

 문제풀이 TIP

· 가입대상: 국내에 거주하는 국민으로서 18세 이상 60세 미만인 자 (공무원, 군인 및 사립학교 교직원, 그 밖에 대통령령으로 정하는 자는 제외)
· 가입자의 종류: 사업장가입자, 지역가입자, 임의가입자, 임의계속가입자

+13 국민건강보험법상 요양급여를 실시하는 요양기관에 해당하는 것으로 옳은 것을 모두 고른 것은?

> ㄱ. 의료법에 따라 개설된 의료기관
> ㄴ. 약사법에 따라 등록된 약국
> ㄷ. 약사법에 따라 설립된 한국희귀 · 필수의약품 센터
> ㄹ. 농어촌 등 보건의료를 위한 특별조치법에 따라 설치된 보건진료소

① ㄱ, ㄴ, ㄷ   ② ㄴ, ㄹ

③ ㄹ   ④ ㄱ, ㄷ

⑤ ㄱ, ㄴ, ㄷ, ㄹ

14 국민건강보험법상 보험급여에 관한 내용으로 옳은 것은?

① 요양급여는 가입자 본인의 질병, 부상, 출산 등에 한하여 실시된다.

② 의료급여와 달리 요양급여에 있어 간호, 이송, 예방 등은 제외된다.

③ 요양급여의 방법, 절차, 범위, 상한 등의 기준은 국민건강보험공단의 정관에 따라 정한다.

④ 미등록 장애인 가입자도 보조기기에 대한 보험급여를 받을 수 있다.

⑤ 공단은 가입자가 보험료를 체납한 경우 완납할 때까지 보험급여를 실시하지 않을 수 있다.

15 국민건강보험법상 이의신청 및 심판청구 등에 관한 내용으로 옳지 않은 것은?

① 보험급여 비용에 관한 공단의 처분에 이의가 있는 자는 공단에 이의신청을 할 수 있다.

② 심사평가원의 요양급여비용 처분에 이의가 있는 자는 보건복지부에 이의신청을 할 수 있다.

③ 이의신청은 원칙적으로 처분이 있은 날부터 180일을 지나면 제기하지 못한다.

④ 이의신청에 대한 결정에 불복하는 자는 건강보험분쟁조정위원회에 심판청구를 할 수 있다.

⑤ 이의신청 또는 심판청구에 대한 결정에 불복하는 자는 행정소송을 제기할 수 있다.

✦17 고용보험법상 구직급여의 수급 요건에 해당하는 것을 모두 고른 것은?

> ㄱ. 기준기간(이직일 이전 18개월) 동안의 피보험단위기간이 통산하여 180일 이상일 것
> ㄴ. 근로의 의사와 능력이 있음에도 불구하고 취업하지 못한 상태에 있을 것
> ㄷ. 이직사유가 수급자격의 제한 사유에 해당하지 아니할 것
> ㄹ. 재취업을 위한 노력을 적극적으로 할 것

① ㄱ, ㄴ   ② ㄴ, ㄷ

③ ㄷ, ㄹ   ④ ㄱ, ㄴ, ㄷ

⑤ ㄱ, ㄴ, ㄷ, ㄹ

16 국민건강보험법상 국민건강보험종합계획에 포함되어야 할 사항으로 옳은 것을 모두 고른 것은?

> ㄱ. 건강보험정책의 기본목표 및 추진방향
> ㄴ. 보험료 부과체계에 관한 사항
> ㄷ. 건강증진 사업에 관한 사항
> ㄹ. 건강보험에 관한 통계 및 정보의 관리에 관한 사항

① ㄱ, ㄴ, ㄷ   ② ㄴ, ㄷ, ㄹ

③ ㄷ, ㄹ   ④ ㄱ, ㄴ

⑤ ㄱ, ㄴ, ㄷ, ㄹ

18 고용보험법상 자영업자인 피보험자가 받을 수 있는 실업급여에 해당하는 것을 모두 고른 것은?

> ㄱ. 이주비
> ㄴ. 훈련연장급여
> ㄷ. 직업능력개발 수당
> ㄹ. 조기재취업 수당

① ㄱ, ㄴ   ② ㄱ, ㄷ

③ ㄴ, ㄹ   ④ ㄷ, ㄹ

⑤ ㄱ, ㄴ, ㄷ, ㄹ

19 고용보험법의 내용으로 옳지 않은 것은?

① 고용안정 및 직업능력개발을 위한 사업으로서 고용환경 개선, 고용조정의 지원, 지역고용의 촉진 등을 규정하고 있다.

② 실업급여는 구직급여를 비롯해 조기재취업 수당, 직업능력개발 수당, 광역 구직활동비, 이주비 등이 포함된다.

③ 구직급여를 지급받으려는 사람은 이직 후 지체없이 직업 안정기관에 출석하여 실업을 신고하여야 한다.

④ 예술인인 피보험자가 구직급여를 받기 위해서는 이직일 이전 24개월 중 9개월 이상을 예술인인 피보험자로서 자격을 유지해야 한다.

⑤ 육아기 근로시간 단축을 10일 이상 실시한 피보험자 중 단축을 시작한 날 이전 피보험 단위 기간이 180일 이상인 피보험자에게 급여를 지급한다.

20 산업재해보상보험법상 특례 적용대상에 해당하는 경우를 모두 고른 것은?

```
ㄱ. 자활급여 수급자
ㄴ. 해외파견자
ㄷ. 현장실습생
ㄹ. 특수형태근로종사자
```

① ㄱ, ㄴ   ② ㄴ
③ ㄷ, ㄹ   ④ ㄱ, ㄴ, ㄷ
⑤ ㄱ, ㄴ, ㄷ, ㄹ

21 고용보험법상 고용보험기금의 용도가 아닌 것은?

① 직업재활 급여의 지급
② 육아휴직 급여 및 출산전후휴가 급여 등의 지급
③ 일시 차입금의 상환금과 이자
④ 고용안정 · 직업능력개발 사업에 필요한 경비
⑤ 실업급여의 지급

22 노인장기요양보험법상 장기요양기관에 관한 내용으로 옳지 않은 것은?

① 재가급여 또는 시설급여를 제공하는 장기요양기관을 운영하려는 자는 보건복지부령으로 정하는 장기요양에 필요한 시설 및 인력을 갖추어 소재지를 관할 구역으로 하는 특별자치시장 · 특별자치도지사 · 시장 · 군수 · 구청장으로부터 지정을 받아야 한다.

② 파산선고를 받고 복권되지 아니한 사람은 장기요양기관을 지정받을 수 없다.

③ 장기요양기관 지정의 유효기간은 지정을 받은 날부터 6년으로 한다.

④ 장기요양기관은 수급자로부터 장기요양급여 신청을 받은 때에 입소정원에 여유가 없어도 장기요양급여의 제공을 거부하여서는 아니 된다.

⑤ 장기요양기관의 장은 폐업하거나 휴업하고자 하는 경우 폐업이나 휴업 예정일 전 30일까지 특별자치시장 · 특별자치도지사 · 시장 · 군수 · 구청장에게 신고하여야 한다.

574 합격예상문제집 3과목 사회복지정책과 제도

23 산업재해보상보험법에 관한 설명으로 옳은 것을 모두 고른 것은?

> ㄱ. 현장실습생이 실습과 관련하여 입은 재해는 업무상의 재해로 보아 보험급여를 지급한다.
> ㄴ. 간병급여는 간병이 필요하여 실제로 간병을 제공하는 자에게 지급한다.
> ㄷ. 수급권자가 이 법에 따라 보험급여를 받았거나 받을 수 있으면 보험가입자는 동일한 사유에 대하여 근로기준법에 따른 재해보상 책임이 면제된다.
> ㄹ. 요양 중에 같은 원인으로 추가로 발견된 질병에 대한 요양급여는 신청할 수 없다.

① ㄱ, ㄴ
② ㄱ, ㄷ
③ ㄴ, ㄹ
④ ㄷ, ㄹ
⑤ ㄱ, ㄴ, ㄷ, ㄹ

24 산업재해보상보험법의 보험급여에 관한 설명으로 옳은 것은?

① 요양급여는 단 하루의 요양인 경우에도 지급하여야 한다.
② 요양으로 휴업하여 휴업기간이 2년이 경과한 후에는 요양급여 외에는 급여를 지급하지 않는다.
③ 장해보상연금과 장해보상일시금은 원칙적으로 수급권자의 선택에 따라 지급하되, 대통령령이 정하는 자에게는 장해보상연금을 지급한다.
④ 유족급여는 원칙적으로 유족보상일시금으로 지급하는 것이다.
⑤ 상병보상연금을 받는 경우에도 휴업급여를 지급한다.

✦25 산업재해보상보험법에 따른 업무상의 재해로 볼 수 없는 것은?

① 사업주가 제공한 시설물 등을 이용하던 중 그 시설물의 결함으로 발생한 사고
② 업무수행 과정에서 근로자가 고의로 화학물질에 노출되어 발생한 질병
③ 업무로 인해 얻게 된 부상이 원인이 되어 발생한 질병
④ 업무상의 사유로 정신질환 치료를 받았던 사람이 정신적 이상 상태에서 자해행위를 한 경우
⑤ 사업주의 지시에 따라 참여하게 된 행사 중에 발생한 사고

26 노인장기요양보험법상 장기요양위원회에 대한 설명으로 옳지 않은 것을 모두 고른 것은?

> ㄱ. 보건복지부장관 소속이다.
> ㄴ. 장기요양보험료율, 재가 및 시설 급여비용 등을 심의한다.
> ㄷ. 근로자단체, 사용자단체, 시민단체, 노인단체, 농어업인단체 또는 자영자단체를 대표하는 자를 위원으로 포함한다.
> ㄹ. 장기요양사업의 관리운영을 담당한다.

① ㄱ
② ㄴ
③ ㄷ, ㄹ
④ ㄹ
⑤ ㄱ, ㄴ, ㄷ, ㄹ

문제풀이 TIP

장기요양위원회
장기요양보험료율, 가족요양비, 특례요양비 및 요양병원간병비의 지급기준, 재가 및 시설 급여비용을 심의하기 위하여 보건복지부장관 소속으로 장기요양위원회를 둔다.

사회복지법제론

✦27 노인장기요양보험법에 대한 설명으로 옳지 않은 것은?

① 장기요양인정 및 장기요양등급 판정 등을 심의하기 위하여 공단에 장기요양위원회를 둔다.

② 장기요양보험료는 건강보험료와 통합하여 징수한다.

③ 보건복지부장관은 장기요양사업의 실태를 파악하기 위하여 3년마다 실태조사를 실시하여야 한다.

④ 장기요양인정서가 도달한 날부터 장기요양급여를 받을 수 있다.

⑤ 장기요양기관으로 지정받으려는 자는 보건복지부령으로 정하는 장기요양에 필요한 시설 및 인력을 갖추어야 한다.

28 고용보험법상 자영업자인 피보험자의 실업급여에 관한 내용으로 옳은 것을 모두 고른 것은?

> ㄱ. 자영업자인 피보험자의 실업급여의 종류는 연장급여와 조기재취업 수당이다.
>
> ㄴ. 자영업자인 피보험자로서 폐업한 수급자격자에 대한 구직급여일액은 그 수급자격자의 기초일액에 100분의 60을 곱한 금액으로 한다.
>
> ㄷ. 폐업한 자영업자인 피보험자가 법령을 위반하여 허가 취소를 받거나 영업 정지를 받음에 따라 폐업한 경우에는 수급자격이 없는 것으로 본다.
>
> ㄹ. 폐업한 자영업자인 피보험자는 폐업일 이전 24개월간 피보험 단위기간이 통산하여 1년 이상이어야 한다.

① ㄱ
② ㄴ, ㄷ
③ ㄷ, ㄹ
④ ㄱ, ㄴ, ㄷ
⑤ ㄴ, ㄷ, ㄹ

29 노인장기요양보험법상 장기요양급여에 대한 설명으로 옳지 않은 것은?

① 장기요양급여는 재가급여를 우선적으로 제공해야 하며, 의료서비스와 연계하여 제공해야 한다.

② 방문요양은 장기요양요원이 수급자의 가정 등을 방문하여 신체활동 및 가사활동 등을 지원하는 장기요양급여를 말한다.

③ 노인요양시설로서 지정받은 장기요양기관과 노인요양공동생활가정으로서 지정받은 장기요양기관에서 시설급여를 제공할 수 있다.

④ 수급자는 장기요양인정서와 개인별장기요양이용계획서가 도달한 날의 다음 날부터 장기요양급여를 받을 수 있다.

⑤ 기타 재가급여는 수급자의 일상생활 또는 신체활동 지원에 필요한 용구 등을 제공하는 장기요양급여를 말한다.

✦30 국민건강보험법상 국민건강보험공단이 관장하는 업무에 해당하지 않는 것은?

① 가입자 및 피부양자의 자격관리

② 건강보험정책의 기본목표 및 추진방향

③ 보험급여비용의 지급

④ 건강보험에 관한 교육훈련 및 홍보

⑤ 자산의 관리 · 운영 및 증식사업

✦31 국민연금법에 관한 내용으로 옳지 않은 것은?

① 사업장가입자는 국적을 상실하거나 국외로 이주한 날의 다음 날에 자격을 상실한다.

② 국민연금 가입기간은 월 단위로 계산하되, 가입자의 자격을 취득한 날이 속하는 달의 다음 달부터 자격을 상실한 날의 전날이 속하는 달까지로 한다.

③ 미지급 급여를 받을 순위는 배우자, 자녀, 부모, 손자녀, 조부모, 형제자매의 순으로 하며, 순위가 같은 사람이 2명 이상이면 똑같이 나누어 지급한다.

④ 분할연금 수급권자가 분할연금 수급권의 포기를 신청한 경우에는 그 분할연금 수급권은 신청한 날의 다음 날부터 소멸된다.

⑤ 유족연금의 수급권자인 배우자에 대하여는 수급권이 발생한 때부터 3년 동안 유족연금을 지급한 후 55세가 될 때까지 지급을 정지한다.

32 국민건강보험법상 건강보험 가입자에 관한 내용으로 옳지 않은 것은?

① 의료급여 수급권자와 유공자등 의료보호대상자는 국민건강보험의 적용 대상에서 제외한다.

② 고용 기간이 1개월 미만인 일용근로자, 병역법에 따른 현역병도 직장가입자가 될 수 있다.

③ 유공자등 의료보호대상자이었던 사람은 그 대상자에서 제외된 날에 국민건강보험의 자격을 얻는다.

④ 직장가입자의 직계비속과 그 배우자가 직장가입자에게 주로 생계를 의존하고 소득 및 재산이 보건복지부령으로 정하는 기준 이하이면 피부양자에 해당한다.

⑤ 국민건강보험공단은 가입자에게 건강보험증을 발급하여야 한다.

33 고용보험법상 육아휴직 급여에 관한 설명으로 옳지 않은 것은?

① 고용노동부장관은 육아휴직을 30일 이상 부여받은 피보험자 중 육아휴직을 시작한 날 이전에 피보험 단위기간이 합산하여 180일 이상인 피보험자에게 육아휴직 급여를 지급한다.

② 육아휴직 급여 신청 기간에 대통령령으로 정하는 사유로 육아휴직 급여를 신청할 수 없었던 사람은 그 사유가 끝난 후 30일 이내에 신청하여야 한다.

③ 육아휴직 급여의 신청 및 지급에 관하여 필요한 사항은 대통령령으로 정한다.

④ 피보험자가 육아휴직 기간 중에 그 사업에서 이직한 경우에는 그 이직하였을 때부터 육아휴직 급여를 지급하지 아니한다.

⑤ 육아기 근로시간 단축 급여를 지급받으려는 사람은 육아기 근로시간 단축을 시작한 날 이후 1개월부터 끝난 날 이후 12개월 이내에 신청하여야 한다.

34 노인장기요양보험법상 다음은 어떤 장기요양급여에 관한 설명인가?

> 수급자를 보건복지부령으로 정하는 범위 안에서 일정 기간 동안 장기요양기관에 보호하여 신체활동 지원 및 심신기능의 유지·향상을 위한 교육·훈련 등을 제공하는 장기요양급여

① 방문요양

② 주·야간보호

③ 방문목욕

④ 방문간호

⑤ 단기보호

사회복지법제론

✚**35** 산업재해보상보험법상의 용어에 관한 설명으로 옳은 것은?

① 유족이란 사망한 자의 배우자를 말한다.

② 진폐란 부상 또는 질병이 치유되었으나 정신적 또는 육체적 훼손으로 인하여 노동능력이 상실되거나 감소된 상태를 말한다.

③ 장해란 업무상의 부상 또는 질병에 따른 정신적 또는 육체적 훼손으로 노동능력이 상실되거나 감소된 상태로서 그 부상 또는 질병이 치유되지 아니한 상태를 말한다.

④ 중증요양상태란 분진을 흡입하여 폐에 생기는 섬유증식성 변화를 주된 증상으로 하는 질병을 말한다.

⑤ 치유란 부상 또는 질병이 완치되거나 치료의 효과를 더 이상 기대할 수 없고 그 증상이 고정된 상태에 이르게 된 것을 말한다.

36 국민연금법상 유족연금에 관한 설명으로 옳지 않은 것은?

① 연금보험료를 낸 기간이 가입대상기간의 3분의 1 이상인 가입자 또는 가입자였던 자가 사망하면 그 유족에게 유족연금을 지급한다.

② 장애상태에 해당하지 아니한 자녀인 수급권자가 19세가 될 때 그 수급권은 소멸한다.

③ 25세 미만이거나 장애상태에 있는 자녀만 유족연금을 지급받을 수 있는 유족의 범위에 해당한다.

④ 유족연금의 수급권자인 배우자에 대하여는 수급권이 발생한 때부터 3년 동안 유족연금을 지급한 후 55세가 될 때까지 지급을 정지한다.

⑤ 유족연금은 유족의 범위 중 최우선 순위자에게만 지급한다.

✚**37** 국민건강보험법상 요양급여 실시 항목으로 옳은 것을 모두 고른 것은?

> ㄱ. 진찰·검사
> ㄴ. 약제·치료재료의 지급
> ㄷ. 처치·수술 및 그 밖의 치료
> ㄹ. 예방·재활

① ㄱ, ㄴ, ㄷ　　　　② ㄱ, ㄴ, ㄹ
③ ㄴ, ㄷ, ㄹ　　　　④ ㄷ, ㄹ
⑤ ㄱ, ㄴ, ㄷ, ㄹ

38 고용보험법상 취업촉진 수당에 관한 내용으로 옳은 것을 모두 고른 것은?

> ㄱ. 조기재취업 수당은 수급자격자가 안정된 직업에 재취직하거나 스스로 영리를 목적으로 하는 사업을 영위하는 경우에 지급한다.
> ㄴ. 직업능력개발 수당은 수급자격자가 직업안정기관의 장이 지시한 직업능력개발 훈련 등을 받는 경우에 그 직업능력개발 훈련 등을 받는 기간에 대하여 지급한다.
> ㄷ. 광역 구직활동비는 수급자격자가 직업안정기관의 소개에 따라 광범위한 지역에 걸쳐 구직활동을 하는 경우에 지급한다.
> ㄹ. 이주비는 수급자격자가 취업하거나 직업안정기관의 장이 지시한 직업능력개발 훈련 등을 받기 위하여 그 주거를 이전하는 경우에 지급한다.

① ㄱ, ㄴ　　　　② ㄴ, ㄷ
③ ㄷ, ㄹ　　　　④ ㄱ, ㄴ, ㄷ
⑤ ㄱ, ㄴ, ㄷ, ㄹ

39 산업재해보상보험법상 보험급여의 종류에 해당하지 않는 것은?

① 특례요양비
② 휴업급여
③ 장해급여
④ 직업재활급여
⑤ 장례비

40 노인장기요양보험법상 빈칸에 들어갈 숫자가 순서대로 나열된 것은?

> • 장기요양급여를 받는 자가 부담해야 하는 비용에 있어서 재가급여는 해당 장기요양급여비용의 100분의 (ㄱ), 시설급여는 해당 장기요양급여비용의 100분의 (ㄴ)을 수급자가 부담한다.
> • 의료급여법에 따른 수급권자, 소득·재산 등이 보건복지부장관이 정하여 고시하는 일정 금액 이하인 자, 천재지변 등 보건복지부령으로 정하는 사유로 인하여 생계가 곤란한 자에 대해서는 본인부담금의 100분의 (ㄷ)의 범위에서 보건복지부장관이 정하는 바에 따라 차등하여 감경할 수 있다.

	ㄱ	ㄴ	ㄷ
①	15	20	60
②	15	20	70
③	15	30	60
④	20	15	60
⑤	20	15	70

41 외국인에 대한 적용과 관련한 설명으로 옳지 않은 것은?

① 사회보장기본법령상 국내에 거주하는 외국인에게 사회보장제도를 적용할 때에는 상호주의의 원칙에 따르되, 관계 법령에서 정하는 바에 따른다.
② 국민기초생활보장법령상 국내에 체류하고 있는 외국인 중 대한민국 국민인 배우자와 이혼하거나 사망한 사람으로서 대한민국 국적의 미성년 자녀를 양육하고 있는 사람은 수급권자가 될 수 있다.
③ 국민연금법령상 국민연금법의 적용을 받는 사업장에 사용되고 있거나 국내에 거주하는 외국인으로서 대통령령으로 정하는 자 외의 외국인은 당연히 사업장가입자 또는 지역가입자가 된다.
④ 고용보험법령상 고용보험법은 근로자를 사용하는 모든 사업 또는 사업장에 적용하며, 외국인 근로자도 적용 대상에 포함한다.
⑤ 국민건강보험법령상 국내에 체류하는 재외국민 또는 외국인이 적용대상사업장의 근로자이고 출입국관리법에 따라 외국인등록을 한 사람이면 직장가입자가 된다.

10장 사회서비스법

이 장에서는,

노인복지법과 관련해서는 보건·복지조치, 노인복지시설의 설치·운영, 노인학대 예방 조치 등에 대해 이해한다. 아동복지법과 관련해서는 아동복지시설의 종류, 아동학대 예방 및 방지 등에 대해 이해한다. 장애인복지법과 관련해서는 장애인에 대한 책임, 장애인의 종류·등록, 장애인 복지조치 및 시설 등에 대해 이해한다. 한부모가족지원법과 관련해서는 주요 용어의 정의, 복지서비스 및 복지시설 등에 대해 이해한다. 이 외에 기타 사회서비스법들에 대해 이해한다.

해답과 오답노트 249쪽

✛01 노인복지법에 관한 내용으로 옳은 것은?

① 보건복지부장관은 노인의 보건 및 복지에 관한 실태조사를 5년마다 실시하고 공표해야 한다.

② 학대받은 노인의 직계친족은 법원의 허가로 노인학대사건의 심리에 있어 보조인이 될 수 있다.

③ 사회복지사 자격증을 소지한 자는 모두 노인학대를 알게 된 때에 즉시 노인보호전문기관 또는 수사기관에 신고해야 하는 의무를 갖는다.

④ 누구든지 보호자로부터 이탈된 노인을 발견한 경우에는 별도의 신고절차 없이 실종노인에 대한 보호행위를 진행할 수 있다.

⑤ 학대받는 노인의 발견·보호·치료 등을 신속히 처리하고 노인학대를 예방하기 위하여 지역노인보호전문기관을 시·군·구에 둔다.

기출 STYLE

노인복지시설의 종류에 해당하는 것을 고르는 문제, 요양보호사와 관련한 문제와 노인학대 신고의무자에 관한 문제가 자주 출제되는 유형에 속한다. 그 외에도 금지행위, 보건·복지조치에 해당하는 것을 고르는 문제, 노인복지상담원 등에 관한 문제도 출제되었다.

✛02 아동복지법의 내용으로 옳지 않은 것은?

① 아동에 관한 모든 활동에 있어서 아동의 이익이 최우선적으로 고려되어야 한다.

② 국가 또는 지방자치단체 외의 자는 보건복지부장관에게 신고하고 아동복지시설을 설치할 수 있다.

③ 보건복지부장관은 3년마다 아동의 종합실태를 조사하여 그 결과를 공표하고, 이를 기본계획과 시행계획에 반영해야 한다.

④ 아동위원은 시·군·구에 둔다.

⑤ 지방자치단체는 아동보호전문기관을 원칙적으로 시·도 및 시·군·구에 1개소 이상 두어야 한다.

기출 STYLE

아동복지법과 관련해서는 아동학대 신고의무자, 아동학대예방의 날, 보호대상아동의 연령에 관한 문제, 친권상실 선고의 청구 등과 관련한 문제나 벌칙과 관련한 문제도 출제되었다. 또한 아동보호조치, 아동복지시설의 종류 등에 관한 내용도 다루어졌다.

✚03 **장애인복지법에 대한 설명으로 옳은 것을 모두 고른 것은?**

ㄱ. 국가와 지방자치단체는 장애인의 장애 정도와 경제적 수준을 고려하여 장애로 인한 추가적 비용을 보전하게 하기 위하여 장애수당을 지급할 수 있다.

ㄴ. 국민기초생활보장법에 따른 생계급여를 받는 장애인과 중증장애인에게는 장애수당을 반드시 지급해야 한다.

ㄷ. 국가와 지방자치단체는 장애아동에게 보호자의 경제적 생활수준 및 장애아동의 장애 정도를 고려하여 장애로 인한 추가적 비용을 보전하게 하기 위하여 장애아동수당을 지급할 수 있다.

ㄹ. 국가와 지방자치단체는 중증장애인이 일상생활 또는 사회생활을 원활히 할 수 있도록 활동지원급여를 반드시 지원해야 한다.

---

① ㄱ, ㄴ 　　　　② ㄱ, ㄷ
③ ㄴ, ㄹ 　　　　④ ㄷ, ㄹ
⑤ ㄱ, ㄴ, ㄷ, ㄹ

기출 STYLE

장애인복지법 전반에 대한 내용을 묻는 문제가 자주 출제되고 있는데 장애인의 정의 및 종류와 같은 기본적인 사항부터 복지조치의 내용, 장애수당, 장애아동수당, 보호수당 등 장애인복지법에서 규정하고 있는 급여에 관한 문제도 출제되었다. 국가와 지자체의 책임에 관한 부분도 출제된 바 있다.

✚04 **한부모가족지원법에 대한 설명으로 옳은 것은?**

① 한부모가족의 취학 중인 19세 자녀도 지원대상자에 해당한다.

② 출산 후 해당 아동을 양육하지 아니하는 미혼모는 출산지원시설을 이용할 수 없다.

③ 이 법에 따른 지원대상자가 다른 법령에 따라 지원을 받고 있는 경우에도 그 범위에서 이 법에 따른 급여를 실시한다.

④ 국가나 지방자치단체가 한부모가족에게 제공하도록 노력해야 하는 가족지원서비스에 장애인, 노인, 만성질환자 등의 부양서비스는 포함되지 않는다.

⑤ 국가나 지방자치단체의 지원으로 형성된 자산은 청소년 한부모가 이 법에 따른 지원대상자에 해당하는지 여부를 조사·확인할 때 포함된다.

기출 STYLE

한부모가족지원법과 관련한 전반적인 내용을 묻는 문제와 함께 청소년 한부모, 아동 등 법에서 규정하고 있는 정의에 관한 문제나 시설의 종류에 관한 문제, 복지서비스의 내용에 관한 문제도 출제된 바 있다. 지원대상자의 범위에 관한 내용도 다루어졌다.

사회복지법제론

05 아동복지법상 아동보호전문기관에 관한 내용으로 옳지 않은 것은?

① 시·도지사 및 시장·군수·구청장은 아동학대예방사업을 목적으로 하는 비영리법인을 지정하여 아동보호전문기관의 운영을 위탁할 수 있다.

② 아동학대사례 전문가자문단은 피해아동 및 그 가족 등에 대한 지원, 아동학대행위에 대한 개입 방향 및 절차, 아동학대행위에 대한 고발 여부 등을 심의한다.

③ 보건복지부장관은 아동보호전문기관의 업무실적에 대하여 3년마다 성과평가를 실시하여야 한다.

④ 아동학대 예방 및 피해아동에 대한 지원 등에 관련된 사항을 심의하기 위하여 아동보호전문기관에 가정위탁지원센터를 둔다.

⑤ 아동보호전문기관은 아동학대 신고접수, 현장조사 및 응급보호, 아동학대예방 교육 및 홍보 등의 업무를 수행한다.

문제풀이 TIP

가정위탁지원센터
지방자치단체는 보호대상아동에 대한 가정위탁사업을 활성화하기 위하여 시·도 및 시·군·구에 가정위탁지원센터를 둔다. 시·도지사 및 시장·군수·구청장은 가정위탁지원을 목적으로 하는 비영리법인을 지정하여 가정위탁지원센터의 운영을 위탁할 수 있다.

06 영유아보육법에 관한 내용으로 옳지 않은 것은?

① 어린이집의 이용대상은 보육이 필요한 영유아를 원칙으로 하되, 필요한 경우 어린이집의 원장은 만 12세까지 연장하여 보육할 수 있다.

② 협동어린이집은 보호자 또는 보호자와 보육교직원이 조합을 결성하여 설치·운영하는 어린이집을 말한다.

③ 국공립어린이집 외의 어린이집을 설치·운영하려는 자는 특별자치도지사·시장·군수·구청장에게 신고를 해야 한다.

④ 영아·장애아·다문화가족의 아동 등에 대한 보육을 취약보육이라 한다.

⑤ 국민기초생활보장법에 따른 차상위계층의 자녀도 보육의 우선 제공 대상에 해당한다.

07 노인복지법에 관한 설명으로 옳지 않은 것은?

① 재가노인복지시설은 방문요양서비스, 단기보호서비스 등을 제공함을 목적으로 한다.

② 요양보호사가 되려는 사람은 요양보호사교육기관에서 교육과정을 마치고 시·도지사가 실시하는 요양보호사 자격시험에 합격하여야 한다.

③ 노인공동생활가정은 노인주거복지시설에 해당한다.

④ 119구급대의 구급대원도 노인학대 신고의무자에 해당한다.

⑤ 중앙노인보호전문기관에서는 노인학대 신고전화의 운영 및 사례접수 업무도 담당한다.

582 합격예상문제집 3과목 사회복지정책과 제도

08 정신건강증진 및 정신질환자 복지서비스 지원에 관한 법률의 기본이념에 관한 설명으로 옳지 않은 것은?

① 모든 정신질환자는 인간으로서의 존엄과 가치를 보장받고, 최적의 치료를 받을 권리를 가진다.

② 정신질환자는 원칙적으로 자신의 신체와 재산에 관한 사항에 대한 판단과 결정을 정신건강전문요원에게 위임할 권리를 가진다.

③ 미성년자인 정신질환자는 특별히 치료, 보호 및 교육을 받을 권리를 가진다.

④ 정신질환자는 자신과 관련된 정책의 결정과정에 참여할 권리를 가진다.

⑤ 정신건강증진시설에 입원 등을 하고 있는 모든 사람은 가능한 한 자유로운 환경을 누릴 권리와 다른 사람들과 자유로이 의견교환을 할 수 있는 권리를 가진다.

✤09 한부모가족지원법상 '모' 또는 '부'에 속하지 않는 자는?

① 배우자와 사별 또는 이혼한 자로서 아동을 양육하는 자

② 정신 또는 신체의 장애로 인하여 장기간 노동능력을 상실한 배우자를 가진 자로서 아동을 양육하는 자

③ 교정시설에 입소한 배우자를 가진 자로서 아동을 양육하는 자

④ 미혼자로서 아동을 양육하는 자

⑤ 수급자인 배우자를 가진 자로서 아동을 양육하는 자

✤10 장애인복지법에 관한 내용으로 옳은 것은?

① 사회복지시설 종사자는 직무상 장애인학대를 알게 된 때 신고의 의무를 갖는다.

② 이 법에서 정하는 장애인복지시설에는 장애인 거주시설, 장애인 직업재활시설, 중증장애인 자립생활지원센터 등이 있다.

③ 장애아동수당은 장애아동의 보호자에게 경제적 생활수준에 따라 장애로 인한 추가적 비용을 보전하게 하기 위하여 지급하는 것이다.

④ 자녀교육비는 장애인이 자녀를 부양하는 경우에 한하여 그 교육비를 보충하기 위한 제도이다.

⑤ 성범죄로 형을 선고받아 집행이 완료되면 장애인복지시설에 취업할 수는 있지만 시설을 운영할 수는 없다.

✤11 가정폭력방지 및 피해자보호 등에 관한 법률상 보호시설에 관한 내용으로 옳지 않은 것을 모두 고른 것은?

> ㄱ. 단기보호시설은 피해자등을 1년의 범위에서 보호하는 시설이다.
> ㄴ. 장기보호시설은 피해자등에 대하여 2년의 범위에서 자립을 위한 주거편의(住居便宜) 등을 제공하는 시설이다.
> ㄷ. 외국인보호시설은 대한민국에 거주하는 모든 외국인 피해자등을 2년의 범위에서 보호하는 시설이다.
> ㄹ. 장애인보호시설은 장애인복지법의 적용을 받는 장애인인 피해자등을 2년의 범위에서 보호하는 시설이다.

① ㄱ, ㄷ   ② ㄴ, ㄹ

③ ㄹ   ④ ㄱ, ㄴ, ㄷ

⑤ ㄴ, ㄷ, ㄹ

12 정신건강증진 및 정신질환자 복지서비스 지원에 관한 법률에 관한 설명으로 옳지 않은 것은?

① 정신건강증진시설이란 정신의료기관, 정신요양시설 및 정신재활시설을 말한다.

② 모든 국민은 정신건강증진을 위하여 국가와 지방자치단체가 실시하는 조사 및 정신건강증진사업 등에 협력하여야 한다.

③ 보건복지부장관은 3년마다 실태조사를 하여야 한다.

④ 정신건강의 중요성을 환기하고 정신질환에 대한 편견을 해소하기 위하여 매년 10월 10일을 정신건강의 날로 한다.

⑤ 정신건강증진시설의 장은 정신질환자 등의 치료, 보호 및 재활과정에서 정신질환자 등의 의견을 존중하여야 한다.

13 노인복지법에 관한 설명으로 옳지 않은 것은?

① 국가 또는 지방자치단체 외의 자가 노인주거복지시설을 설치하고자 하는 경우에는 특별자치도지사 · 시장 · 군수 · 구청장에게 신고하여야 한다.

② 노인에 대한 사회적 관심과 공경의식을 높이기 위하여 매년 10월 2일을 노인의 날로 한다.

③ 노인요양공동생활가정은 노인의료복지시설에 해당한다.

④ 의료기관에서 의료업을 하는 의료인은 노인학대 신고의무자에 해당하지 않는다.

⑤ 요양보호사가 거짓이나 그 밖의 부정한 방법으로 자격증을 취득한 경우에는 반드시 자격을 취소해야 한다.

✛14 노인복지법에서 규정한 노인복지시설에 대한 설명으로 옳지 않은 것은?

① 노인주거복지시설은 양로시설, 노인공동생활가정, 노인복지주택을 말한다.

② 노인의료복지시설은 노인요양시설, 노인요양공동생활가정, 노인전문병원을 말한다.

③ 노인여가복지시설은 노인복지관, 경로당, 노인교실을 말한다.

④ 재가노인복지시설은 방문요양서비스, 주 · 야간보호서비스, 단기보호서비스, 방문 목욕서비스 등을 제공하는 시설을 말한다.

⑤ 국가는 지역 간의 연계체계를 구축하고 노인학대를 예방하기 위하여 중앙노인보호전문기관을 설치 · 운영하여야 한다.

문제풀이 **TIP**

노인복지시설의 종류
- 노인주거복지시설: 양로시설, 노인공동생활가정, 노인복지주택
- 노인의료복지시설: 노인요양시설, 노인요양공동생활가정
- 노인여가복지시설: 노인복지관, 경로당, 노인교실
- 재가노인복지시설: 방문요양서비스, 주 · 야간보호서비스, 단기보호서비스, 방문 목욕서비스, 그 밖의 서비스 등을 제공함을 목적으로 하는 시설
- 노인보호전문기관
- 노인일자리지원기관
- 학대피해노인 전용쉼터

15 노인복지법상 노인학대 신고의무 및 절차, 응급조치의무 등에 관한 내용으로 옳지 않은 것은?

① 누구든지 노인학대를 알게 된 때에는 노인보호전문기관 또는 수사기관에 신고할 수 있다.

② 노인복지시설의 장은 노인학대를 발견했을 때 신고할 의무가 있지만, 노인복지시설의 종사자는 신고의무는 없다.

③ 신고인의 신분은 보장되어야 하며 그 의사에 반하여 신분이 노출되어서는 안 된다.

④ 노인학대신고를 접수한 노인보호전문기관의 직원이나 사법경찰관리는 지체없이 노인학대의 현장에 출동하여야 한다.

⑤ 현장에 출동한 자는 학대받은 노인을 노인학대행위자로부터 분리하거나 치료가 필요하다고 인정할 때에는 노인보호전문기관 또는 의료기관에 인도하여야 한다.

16 아동복지법의 규정으로 옳지 않은 것은?

① 보건복지부장관은 5년마다 아동정책기본계획을 수립해야 하며, 이는 아동복지심의위원회의 심의를 거쳐 확정한다.

② 시·군·구에 아동위원을 두며, 아동위원은 명예직으로 하되 수당을 지급할 수 있다.

③ 국가 또는 지방자치단체 외의 자가 아동복지시설을 설치할 때에는 관할 시·군·구청장에게 신고해야 한다.

④ 누구든지 아동을 위하여 증여 또는 급여된 금품을 그 목적 외의 용도로 사용하는 행위는 이 법령에 따라 금지된다.

⑤ 아동복지사업을 포함하여 아동복지업무에 종사하였거나 종사하는 자는 그 직무상 알게 된 비밀을 누설하여서는 안 된다.

✤**17** 아동복지법상 아동학대에 관한 내용으로 옳지 않은 것은?

① 지방자치단체는 아동학대를 예방하고 수시로 신고를 받을 수 있도록 긴급전화를 설치하여야 한다.

② 시·도지사 또는 시장·군수·구청장은 피해아동의 발견 및 보호 등의 업무를 수행하기 위하여 아동학대전담공무원을 두어야 한다.

③ 아동의 건강한 성장을 도모하고, 범국민적으로 아동학대의 예방과 방지에 관한 관심을 높이기 위하여 매년 9월 11일을 아동학대예방의 날로 지정하고, 아동학대예방의 날부터 1주일을 아동학대예방주간으로 한다.

④ 국가기관과 지방자치단체의 장, 공공기관과 공공단체의 장은 아동학대의 예방과 방지를 위하여 필요한 교육을 연 1회 이상 실시하고, 그 결과를 보건복지부장관에게 제출하여야 한다.

⑤ 보건복지부장관은 아동학대 관련 정보를 공유하고 아동학대를 예방하기 위하여 피해아동, 그 가족 및 아동학대행위자에 관한 정보와 아동학대예방사업에 관한 정보를 아동정보시스템에 입력·관리하여야 한다.

사회복지법제론

18 아동복지법상 보호조치에 관한 설명으로 옳지 않은 것은?

① 시·도지사 또는 시장·군수·구청장은 아동의 가정위탁보호를 희망하는 사람에 대하여 소득 및 재산조사를 실시해야 한다.

② 시·도지사 또는 시장·군수·구청장은 보호조치를 함에 있어서 해당 보호대상아동의 의사를 존중하여야 하며, 보호자가 있을 때에는 그 의견을 들어야 한다.

③ 시·도지사 또는 시장·군수·구청장은 보호조치를 할 때까지 필요하면 아동일시보호시설에 보호대상아동을 입소시켜 보호할 수 있다.

④ 보장원의 장 또는 가정위탁지원센터의 장은 위탁아동, 가정위탁보호를 희망하는 사람, 위탁아동의 부모 등의 신원확인 등의 조치를 시·도지사 또는 시장·군수·구청장에게 협조 요청할 수 있다.

⑤ 누구든지 보호조치와 관련하여 그 대상이 되는 아동복지시설의 종사자를 신체적·정신적으로 위협하는 행위를 하여서는 아니 된다.

문제풀이 TIP

시·도지사 또는 시장·군수·구청장은 아동의 가정위탁보호를 희망하는 사람에 대하여 범죄경력을 확인하여야 한다. 이 경우 본인의 동의를 받아 관계 기관의 장에게 범죄의 경력 조회를 요청하여야 한다.

19 장애인복지법상 자립생활의 지원에 대한 설명으로 옳지 않은 것은?

① 국가와 지방자치단체는 중증장애인의 자기결정에 의한 자립생활을 위하여 활동보조인의 파견 등 활동보조서비스 또는 장애인보조기구의 제공, 그 밖의 각종 편의 및 정보제공 등 필요한 시책을 강구하여야 한다.

② 국가와 지방자치단체는 중증장애인의 자립생활을 실현하기 위하여 중증장애인 자립생활지원센터를 통하여 필요한 각종 지원서비스를 제공한다.

③ 국가와 지방자치단체는 중증장애인이 일상생활 또는 사회생활을 원활히 할 수 있도록 활동지원급여를 지원해야 한다.

④ 국가 및 지방자치단체는 임신 등으로 인하여 이동이 불편한 여성장애인에게 임신 및 출산과 관련한 진료 등을 위하여 경제적 부담능력 등을 감안하여 활동보조인의 파견 등 활동보조서비스를 지원할 수 있다.

⑤ 국가와 지방자치단체는 장애인이 장애를 극복하는 데 도움이 되도록 장애동료 간 상호대화나 상담의 기회를 제공하도록 노력하여야 한다.

문제풀이 TIP

활동지원급여에 관한 조항은 강행규정이 아니라 임의규정이다.

✦20 장애인복지법상 복지 조치의 내용으로 옳지 않은 것은?

① 장애인 복지 향상을 위한 상담 및 지원 업무를 맡기기 위하여 시·군·구에 장애인복지상담원을 둔다.

② 국가와 지방자치단체는 장애인의 복지 향상을 위하여 장애인을 보조할 장애인 보조견(補助犬)의 훈련·보급을 지원하는 방안을 강구하여야 한다.

③ 국가, 지방자치단체 및 그 밖의 공공단체는 장애인복지시설과 장애인복지단체에서 생산한 물품의 우선 구매에 필요한 조치를 마련하여야 한다.

④ 국가와 지방자치단체는 경제적 부담능력 등을 고려하여 장애인이 부양하는 자녀 또는 장애인인 자녀의 교육비를 지급하여야 한다.

⑤ 국가와 지방자치단체, 그 밖의 공공단체는 소관 공공시설 안에 식료품·사무용품·신문 등 일상생활용품을 판매하는 매점이나 자동판매기의 설치를 허가하거나 위탁할 때에는 장애인이 신청하면 우선적으로 반영하도록 노력하여야 한다.

 문제풀이 TIP

자녀교육비 지급에 관한 내용이다. 장애인복지실시기관은 경제적 부담능력 등을 고려하여 장애인이 부양하는 자녀 또는 장애인인 자녀의 교육비를 지급할 수 있다.

✦21 장애인복지법에 관한 설명으로 옳지 않은 것은?

① 장애인복지의 기본이념은 장애인의 완전한 사회 참여와 평등을 통하여 사회통합을 이루는 데에 있다.

② 모든 국민은 장애 발생의 예방과 장애의 조기 발견을 위하여 노력하여야 하며, 장애인의 인격을 존중하고 사회통합의 이념에 기초하여 장애인의 복지향상에 협력하여야 한다.

③ 장애인에 대한 국민의 이해를 깊게 하고 장애인의 재활의욕을 높이기 위하여 매년 4월 20일을 장애인의 날로 한다.

④ 장애인복지실시기관은 해당 장애인 또는 그 부양의무자로부터 장애인복지실시기관이 부담한 재활 상담 등의 조치 비용을 받을 수 없다.

⑤ 중앙행정기관의 장은 해당 기관의 장애인정책을 효율적으로 수립·시행하기 위하여 소속공무원 중에서 장애인정책책임관을 지정할 수 있다.

문제풀이 TIP

장애인복지실시기관은 해당 장애인 또는 그 부양의무자로부터 장애인복지실시기관이 부담한 비용의 전부 또는 일부를 받을 수 있다.

✦22 한부모가족지원법에 관한 설명으로 옳은 것은?

① 국민기초생활보장법에 따라 보호를 받는 경우 추가적인 복지급여를 실시하여야 한다.

② 청소년 한부모가 아동을 양육하면 예산의 범위에서 추가적인 복지급여를 실시하여야 한다.

③ 보건복지부장관은 자녀양육비 산정을 위한 가이드라인을 마련하여 법원이 이혼 판결시 활용할 수 있도록 노력해야 한다.

④ 시·도지사, 시·군·구청장은 분기별 1회 이상 관할구역 보호대상자의 가족상황, 실태를 조사하여야 한다.

⑤ 국가는 한부모가족의 고용지원을 위하여 고용보험법에 따른 직업안정기관 간 효율적인 연계를 도모한다.

23 영유아보육법에 따른 어린이집에 관한 설명으로 옳지 않은 것은?

① 국가나 지방자치단체가 국공립어린이집을 설치할 경우 지방보육정책위원회의 심의를 거쳐야 한다.

② 법인·단체등어린이집은 사회복지법인을 포함한 각종 법인 및 단체 등이 설치·운영하는 어린이집이다.

③ 국공립어린이집 외의 어린이집을 설치·운영하려는 자는 특별자치도지사·시장·군수·구청장의 인가를 받아야 한다.

④ 국공립어린이집은 도시 저소득주민 밀집 주거지역 및 농어촌지역 등 취약지역에 우선적으로 설치하여야 한다.

⑤ 대통령령으로 정하는 일정 규모 이상의 사업장의 사업주는 직장어린이집을 설치해야 한다.

24 장애인복지법상 국가와 지방자치단체의 책임에 대한 설명으로 옳지 않은 것은?

① 국가와 지방자치단체는 장애 발생을 예방하고, 장애의 조기 발견에 대한 국민의 관심을 높일 책임을 진다.

② 국가와 지방자치단체는 여성 장애인의 권익을 보호하기 위하여 정책을 강구하여야 한다.

③ 국가와 지방자치단체는 장애인의 장애 정도와 경제적 수준을 고려하여 장애로 인한 추가적 비용을 보전하게 하기 위하여 장애수당을 지급해야 한다.

④ 국가와 지방자치단체는 여성장애인의 권익을 보호하고 사회참여를 확대하기 위하여 기초학습과 직업교육 등 필요한 시책을 강구하여야 한다.

⑤ 국가와 지방자치단체는 장애인복지정책을 장애인과 그 보호자에게 적극적으로 홍보하여야 하며, 국민이 장애인을 올바르게 이해하도록 하는 데에 필요한 정책을 강구하여야 한다.

문제풀이 TIP

국가와 지방자치단체는 장애인의 장애 정도와 경제적 수준을 고려하여 장애로 인한 추가적 비용을 보전하게 하기 위하여 장애수당을 지급할 수 있다.

25 한부모가족지원법상 한부모가족복지시설에 대한 내용으로 옳지 않은 것은?

① 한부모가족복지시설의 종류에는 출산지원시설, 양육지원시설, 생활지원시설, 일시지원시설, 한부모가족복지상담소가 있다.

② 한부모가족복지시설의 장은 청소년 한부모가 입소를 요청하는 경우에는 우선 입소를 위한 조치를 취하여야 한다.

③ 특별자치시장·특별자치도지사·시장·군수·구청장은 한부모가족복지시설이 수탁의무를 위반한 경우 그 사업의 정지나 폐지를 명하거나 시설을 폐쇄할 수 있다.

④ 한부모가족복지시설의 설치 신고를 한 자가 그 시설을 폐지하거나 그 시설의 운영을 일시적으로 중단하려면 특별자치시장·특별자치도지사·시장·군수·구청장의 인가를 받아야 한다.

⑤ 특별자치시장·특별자치도지사·시장·군수·구청장은 사업의 폐지를 명하거나 시설을 폐쇄하려면 청문을 하여야 한다.

✦26 사회복지공동모금회법에 관한 내용으로 옳지 않은 것은?

① 기부하는 자의 의사에 반하여 기부금품을 모집하여서는 아니 된다.

② 분과실행위원회는 위원장 1명을 포함하여 20명 이내의 위원으로 구성한다.

③ 모금회는 사회복지사업이나 그 밖의 사회복지활동 등을 지원하기 위한 재원을 조성하기 위하여 복권을 발행할 수 있다.

④ 모금회는 정관을 작성하여 기획재정부장관의 인가를 받아 등기함으로써 설립된다.

⑤ 매 회계연도에 조성된 공동모금재원은 해당 회계연도에 지출하는 것을 원칙으로 한다.

✦27 자원봉사활동기본법에 관한 내용으로 옳지 않은 것은?

① 행정안전부장관은 관계 중앙행정기관의 장과 협의하여 자원봉사활동의 진흥을 위한 국가기본계획을 3년마다 수립하여야 한다.

② 자원봉사활동은 무보수성, 자발성, 공익성, 비영리성, 비정파성(非政派性), 비종파성(非宗派性)의 원칙 아래 수행될 수 있도록 하여야 한다.

③ 한국자원봉사협의회는 정관을 작성하여 행정안전부장관의 인가를 받아 등기함으로써 설립된다.

④ 누구든지 개인 또는 단체에 대하여 자원봉사활동을 강요하여서는 아니 된다.

⑤ 부패 방지 및 소비자 보호에 관한 활동, 공명선거에 관한 활동도 이 법의 적용을 받는 자원봉사활동의 범위에 해당한다.

28 입양특례법에 관한 내용으로 옳은 것은?

① 건전한 입양문화의 정착과 국내입양의 활성화를 위하여 5월 11일을 입양의 날로 한다.

② 친생부모가 친권상실의 선고를 받은 경우 그 아동을 양자로 하려면 친생부모의 동의를 받아야 한다.

③ 양친이 될 사람이 대한민국 국민이 아닌 경우에도 우리나라의 양친이 될 자격에 부합해야 한다.

④ 양친이 될 사람의 자격에 재산에 관한 조건은 규정되어 있지 않다.

⑤ 아동을 입양하려는 경우에는 이 법령에서 정한 서류를 갖추어 가정법원에 신고해야 한다.

사회복지법제론

29 정신건강증진 및 정신질환자 복지서비스 지원에 관한 법률상의 입원 및 퇴원에 관한 설명으로 옳지 않은 것은?

① 정신의료기관 등의 장은 자의입원 등을 한 사람이 퇴원 등을 신청한 경우에는 지체 없이 퇴원 등을 시켜야 한다.

② 보호의무자에 의한 입원 등의 기간은 최초로 입원 등을 한 날부터 3개월 이내로 한다.

③ 경찰관은 정신질환으로 자신의 건강 또는 안전이나 다른 사람에게 해를 끼칠 위험이 있다고 의심되는 사람을 발견한 경우 정신건강의학과전문의에게 그 사람에 대한 진단과 보호의 신청을 요청할 수 있다.

④ 정신의료기관의 장은 응급입원이 의뢰된 사람을 3일 이내의 기간 동안 응급입원을 시킬 수 있다.

⑤ 정신건강증진시설의 장은 정신건강증진시설에 입원 등을 하거나 시설을 이용하는 사람의 성명, 주소, 보호의무자 등의 신상정보를 확인하여서는 안 된다.

30 한부모가족지원법에서 규정하고 있는 가족지원서비스에 해당하지 않는 것은?

① 아동의 양육 및 교육 서비스

② 장애인, 노인, 만성질환 등의 부양 서비스

③ 취사, 청소, 세탁 등 가사 서비스

④ 직업훈련 및 취업지원 서비스

⑤ 교육 · 상담 등 가족관계 증진 서비스

31 사회복지공동모금회법에 대한 내용으로 옳지 않은 것은?

① 공동모금재원의 배분은 객관적인 기준에 따라 효율적으로 이루어지도록 하고, 그 결과를 공개하여야 한다.

② 모금회에 지역단위의 사회복지공동모금사업을 관장하기 위하여 특별시 · 광역시 · 특별자치시 · 도 · 특별자치도 단위 사회복지공동모금지회를 둔다.

③ 모금회는 기본재산을 취득하려면 보건복지부장관의 허가를 받아야 한다.

④ 기부금품의 기부자는 배분지역, 배분대상자 또는 사용 용도를 지정할 수 없다.

⑤ 모금회는 재원을 조성하기 위하여 복권을 발행할 수 있다.

32 건강가정기본법에 관한 내용으로 옳지 않은 것은?

① 보건복지부장관은 관계 중앙행정기관의 장과 협의하여 건강가정기본계획을 5년마다 수립해야 한다.

② 건강가정지원센터에는 건강가정사업을 수행하기 위하여 관련분야에 대한 학식과 경험을 가진 전문가인 건강가정사를 두어야 한다.

③ 한국건강가정진흥원은 법인으로 한다.

④ 건강가정기본계획에는 위기가족에 대한 긴급지원책에 관한 내용이 포함되어야 한다.

⑤ 건강가정이란 가족구성원의 욕구가 충족되고 인간다운 삶이 보장되는 가정을 말한다.

33 자원봉사활동기본법에 관한 내용으로 옳지 않은 것은?

① 국가 및 지방자치단체는 자원봉사단체의 활동에 필요한 행정적 지원을 할 수 있으며 비영리민간단체지원법에 따라 사업비를 지원할 수 있다.

② 자원봉사활동의 진흥을 위한 정책은 민·관 협력의 기본정신을 바탕으로 하여 추진해야 한다.

③ 자원봉사진흥위원회는 보건복지부 소속으로 관계중앙행정기관 및 민간전문가로 구성한다.

④ 국가기관 및 지방자치단체는 자원봉사센터를 설치하는 경우 자원봉사센터를 법인으로 하여 운영하거나 비영리 법인에게 위탁하여 운영해야 한다.

⑤ 국가는 자원봉사센터의 설치·운영이 활성화될 수 있도록 적극 노력하여야 하며, 지방자치단체는 자원봉사센터의 운영에 필요한 경비를 지원할 수 있다.

34 한부모가족지원법의 복지급여에 대한 설명 중 옳지 않은 것은?

① 급여에는 생계비, 아동교육지원비, 아동양육비 등이 있다.

② 직업훈련비와 훈련기간 중 생계비를 추가적으로 지급할 수 있다.

③ 아동양육비의 경우 미혼모나 미혼부가 5세 이하의 아동을 양육할 경우 추가적인 복지급여를 실시해야 한다.

④ 국민기초생활보장법에 따른 수급자는 이 법에 따른 급여를 하지 아니한다.

⑤ 한부모가족지원법의 복지급여의 기준 및 절차 등은 보건복지부령으로 정한다.

35 노인복지법에 관한 내용으로 옳지 않은 것은?

① 노인 또는 그 부양의무자는 이 법에 따른 복지조치에 대하여 이의가 있을 때에는 해당 복지실시기관에 이의를 신청할 수 있다.

② 요양보호사가 거짓이나 그 밖의 부정한 방법으로 자격증을 취득한 경우에는 자격을 반드시 취소하여야 한다.

③ 국가 또는 지방자치단체는 노인보건복지관련 연구시설이나 사업의 육성을 위하여 필요하다고 인정하는 경우라 하더라도 국유재산법 또는 지방재정법의 규정에 의해 국·공유재산을 무상으로 대부하거나 사용·수익하게 할 수 없다.

④ 국가 또는 지방자치단체는 사회적 신망과 경험이 있는 노인으로서 지역봉사를 희망하는 경우에는 이를 지역봉사지도원으로 위촉할 수 있다.

⑤ 국가 또는 지방자치단체는 노인의 일상생활에 관련된 사업을 경영하는 자에게 65세 이상의 자에 대하여 그 이용요금을 할인하여 주도록 권유할 수 있다.

36 장애인복지법상 장애인정책조정위원회의 심의·조정 사항으로 옳은 것을 모두 고른 것은?

> ㄱ. 장애인복지 향상을 위한 제도개선과 예산지원에 관한 사항
> ㄴ. 장애인 고용촉진정책의 중요한 조정에 관한 사항
> ㄷ. 장애인정책 추진과 관련한 재원조달에 관한 사항
> ㄹ. 장애인복지에 관한 정보의 수집·분석·관리, 조사·연구·정책개발 및 국제개발 등의 국제협력 사업에 관한 사항

① ㄱ, ㄴ
② ㄴ, ㄷ
③ ㄷ, ㄹ
④ ㄱ, ㄴ, ㄷ
⑤ ㄱ, ㄴ, ㄷ, ㄹ

✦37 아동복지법에 관한 설명으로 옳지 않은 것은?

① 아동학대란 보호자를 제외한 성인이 아동의 건강 또는 복지를 해치거나 정상적 발달을 저해할 수 있는 신체적·정신적·성적 폭력이나 가혹행위를 하는 것을 말한다.
② 보건복지부장관, 관계 중앙행정기관의 장 및 시·도지사는 매년 기본계획에 따라 연도별 아동정책시행계획을 수립·시행하여야 한다.
③ 시·도지사 또는 시장·군수·구청장은 보호조치 중인 보호대상아동의 양육상황을 보건복지부령으로 정하는 바에 따라 매년 점검하여야 한다.
④ 보건복지부장관은 자산형성지원사업을 효율적으로 추진하기 위하여 자산형성지원사업 운영업무 및 금융자산관리업무를 하여야 한다.
⑤ 아동주간보호사업은 부득이한 사유로 가정에서 낮 동안 보호를 받을 수 없는 아동을 대상으로 개별적인 보호와 교육을 통하여 아동의 건전한 성장을 도모하는 사업이다.

✦38 노인복지법에 관한 설명으로 옳지 않은 것은?

① 노인의 복지를 담당하게 하기 위하여 특별자치도와 시·군·구에 노인복지상담원을 둔다.
② 고용노동부장관은 노인의 취업의 활성화를 기하기 위하여 노인취업알선기관 등 노인복지관계기관에 대하여 필요한 지원을 할 수 있다.
③ 재가노인복지시설은 방문요양서비스, 주·야간보호서비스, 단기보호서비스, 방문 목욕서비스 등을 제공함을 목적으로 하는 시설을 말한다.
④ 이 법에 의한 학대노인의 보호와 관련된 업무에 종사하였거나 종사하는 자는 그 직무상 알게 된 비밀을 누설하지 못한다.
⑤ 노인보호전문기관의 장은 노인학대가 종료된 후에도 가정방문, 시설방문, 전화상담 등을 통하여 노인학대의 재발 여부를 확인하여야 한다.

✦39 한부모가족지원법에 관한 설명으로 옳지 않은 것은?

① 보건복지부장관은 한부모가족 지원을 위한 정책수립에 활용하기 위하여 3년마다 한부모가족에 대한 실태조사를 실시하고 그 결과를 공표하여야 한다.

② 지원대상자 또는 그 친족이나 그 밖의 이해관계인은 복지 급여를 관할 특별자치시장·특별자치도지사·시장·군수·구청장에게 신청할 수 있다.

③ 국가나 지방자치단체가 운영하는 공공시설의 장은 그 공공시설에 각종 매점 및 시설의 설치를 허가하는 경우 이를 한부모가족 또는 한부모가족복지단체에 우선적으로 허가할 수 있다.

④ 국가나 지방자치단체는 국민주택을 분양하거나 임대할 때에는 한부모가족에게 일정 비율이 우선 분양될 수 있도록 노력하여야 한다.

⑤ 국가와 지방자치단체는 청소년 한부모의 학업과 양육의 병행을 위하여 그 자녀가 청소년 한부모가 속한 학교에 설치된 직장어린이집을 이용할 수 있도록 지원할 수 있다.

문제풀이 **TIP**

각각의 법률에 명시되어 있는 실태조사에 관한 내용은 자주 출제되는 내용이므로 반드시 살펴보아야 한다. 실태조사를 누가 실시하는지, 그리고 몇 년마다 실시되는지를 반드시 정리해두도록 하자.

40 노인복지법상 요양보호사에 대한 설명으로 옳지 않은 것은?

① 노인복지시설의 설치·운영자는 노인 등의 신체활동 또는 가사활동 지원 등의 업무를 전문적으로 수행하는 요양보호사를 두어야 한다.

② 시·도지사는 요양보호사의 양성을 위하여 보건복지부령으로 정하는 지정기준에 적합한 시설을 요양보호사교육기관으로 지정·운영하여야 한다.

③ 시·도지사는 요양보호사가 영리를 목적으로 노인 등에게 불필요한 요양서비스를 알선·유인하거나 이를 조장한 경우 자격을 취소할 수 있다.

④ 요양보호사는 사회복지사 2급 이상의 자격을 반드시 갖추어야 한다.

⑤ 요양보호사의 자격이 취소된 날부터 1년이 경과되지 아니한 사람은 요양보호사가 될 수 없다.

41 장애인복지법상 장애인복지 전문인력에 속하지 않는 사람은?

① 점역(點譯)·교정사
② 장애인재활상담사
③ 한국수어 통역사
④ 장애심리상담사
⑤ 언어재활사

42 아동복지법의 내용이다. 빈칸에 들어갈 내용이 옳은 것은?

> • 보건복지부장관은 아동정책에 대한 종합적인 수행과 아동복지 관련 사업의 효과적인 추진을 위하여 필요한 정책의 수립을 지원하고 사업평가 등의 업무를 수행할 수 있도록 (ㄱ)을/를 설립한다.
> • 시·도지사, 시장·군수·구청장은 보호조치 및 퇴소조치 등에 관한 사항을 심의하기 위하여 그 소속으로 (ㄴ)을/를 각각 둔다.
> • 보건복지부장관, 관계 중앙행정기관의 장 및 시·도지사는 (ㄷ) 기본계획에 따라 아동정책 시행계획을 수립·시행하여야 한다.

① ㄱ: 아동복지심의위원회, ㄴ: 아동정책조정위원회, ㄷ: 3년마다
② ㄱ: 아동정책조정위원회, ㄴ: 아동권리보장원, ㄷ: 5년마다
③ ㄱ: 아동권리보장원, ㄴ: 아동복지심의위원회, ㄷ: 매년
④ ㄱ: 아동권리보장원, ㄴ: 아동복지심의위원회, ㄷ: 3년마다
⑤ ㄱ: 아동권리보장원, ㄴ: 아동정책조정위원회, ㄷ: 매년

43 한부모가족지원법상 지원대상자인 아동으로 옳은 것을 모두 고른 것은?

> ㄱ. 부모가 사망하거나 생사가 분명하지 아니한 아동
> ㄴ. 부모가 정신 또는 신체의 장애·질병으로 장기간 노동능력을 상실한 아동
> ㄷ. 부모의 장기복역 등으로 부양을 받을 수 없는 아동
> ㄹ. 부모가 이혼하거나 유기하여 부양을 받을 수 없는 아동

① ㄱ, ㄴ, ㄷ
② ㄴ, ㄷ, ㄹ
③ ㄱ, ㄹ
④ ㄴ, ㄷ
⑤ ㄱ, ㄴ, ㄷ, ㄹ

✦44 성폭력방지 및 피해자보호 등에 관한 법률상 성폭력피해상담소의 업무로 옳은 것을 모두 고른 것은?

> ㄱ. 성폭력피해의 신고접수와 이에 관한 상담
> ㄴ. 피해자등의 질병치료와 건강관리를 위하여 의료기관에 인도하는 등 의료 지원
> ㄷ. 성폭력 예방을 위한 홍보 및 교육
> ㄹ. 피해자등의 보호 및 숙식 제공

① ㄱ, ㄴ, ㄷ
② ㄴ, ㄷ, ㄹ
③ ㄱ, ㄹ
④ ㄴ, ㄷ
⑤ ㄱ, ㄴ, ㄷ, ㄹ

✦45 다문화가족지원법에 관한 설명으로 옳지 않은 것은?

① 국가와 지방자치단체는 가정폭력의 피해를 입은 결혼이민자등에 대한 보호 및 지원을 위하여 외국어 통역 서비스를 갖춘 가정폭력 상담소 및 보호시설의 설치를 확대하도록 노력하여야 한다.

② 여성가족부장관, 관계 중앙행정기관의 장과 시·도지사는 3년마다 기본계획에 따라 다문화가족정책에 관한 시행계획을 수립·시행하여야 한다.

③ 다문화가족정책위원회는 위원장 1명을 포함한 20명 이내의 위원으로 구성하고, 위원장은 국무총리가 된다.

④ 국가와 지방자치단체는 아동·청소년 보육·교육을 실시함에 있어서 다문화가족 구성원인 아동·청소년을 차별하여서는 아니 된다.

⑤ 국가와 지방자치단체는 다문화가족 지원 사업을 수행하는 단체나 개인에 대하여 필요한 비용의 전부 또는 일부를 보조하거나 그 업무 수행에 필요한 행정적 지원을 할 수 있다.

✦46 다문화가족지원법에 관한 내용으로 옳지 않은 것은?

① 여성가족부장관은 다문화가족 지원을 위하여 5년마다 다문화가족정책에 관한 기본계획을 수립하여야 한다.

② 다문화가족의 삶의 질 향상과 사회통합에 관한 중요 사항을 심의·조정하기 위하여 여성가족부 소속으로 다문화가족정책위원회를 둔다.

③ 여성가족부장관은 다국어에 의한 상담·통역 서비스 등을 결혼이민자등에게 제공하기 위하여 다문화가족 종합정보 전화센터를 설치·운영할 수 있다.

④ 국가 또는 지방자치단체는 다문화가족지원센터의 설치·운영을 법인이나 단체에 위탁할 수 있다.

⑤ 여성가족부장관은 다문화가족의 현황 및 실태를 파악하고 다문화가족 지원을 위한 정책 수립에 활용하기 위하여 3년마다 다문화가족에 대한 실태조사를 실시하고 그 결과를 공표하여야 한다.

✛47 가정폭력방지 및 피해자보호 등에 관한 법률상의 보호시설에 관한 내용으로 옳지 않은 것은?

① 장기보호시설은 피해자등에 대하여 3년의 범위에서 자립을 위한 주거편의 등을 제공하는 시설이다.

② 단기보호시설의 장은 그 단기보호시설에 입소한 피해자등에 대한 보호기간을 각 3개월의 범위에서 두 차례 연장할 수 있다.

③ 입소자가 거짓이나 그 밖의 부정한 방법으로 입소한 경우 보호시설의 장은 퇴소를 명할 수 있다.

④ 보호시설의 종류에는 단기보호시설, 장기보호시설, 외국인보호시설, 장애인보호시설이 있다.

⑤ 사회복지법인과 그 밖의 비영리법인은 시장·군수·구청장의 인가를 받아 보호시설을 설치·운영할 수 있다.

48 성폭력방지 및 피해자보호 등에 관한 법률의 내용으로 옳지 않은 것은?

① 여성가족부장관은 피해자나 피해자의 가족구성원이 각급 학교의 학생인 경우 주소지 외의 지역에서 취학할 필요가 있을 때에는 그 취학이 원활히 이루어지도록 지원하여야 한다.

② 보호시설의 종류에는 일반보호시설, 장애인보호시설, 특별지원 보호시설, 외국인보호시설, 자립지원 공동생활시설, 장애인 자립지원 공동생활시설이 있다.

③ 성폭력 피해상담, 치료, 기관에 법률상담등 연계, 수사지원, 그 밖에 피해구제를 위한 지원업무를 종합적으로 수행하기 위하여 성폭력피해자통합지원센터를 설치·운영할 수 있다.

④ 시·도지사는 성교육 및 성폭력 예방교육의 실시, 생애주기별 교육프로그램 개발·보급, 장애인 등 대상별 특성을 고려한 교육프로그램 개발·보급, 전문강사 양성 등의 업무를 수행하기 위한 기관을 설치·운영할 수 있다.

⑤ 여성가족부장관은 성폭력의 실태를 파악하고 성폭력 방지에 관한 정책을 수립하기 위하여 3년마다 성폭력 실태조사를 하고 그 결과를 발표하여야 한다.

49 다음 법률의 실태조사 중 3년마다 실시하는 것을 모두 고른 것은?

> ㄱ. 아동복지법령상 아동종합 실태조사
> ㄴ. 노인복지법령상 노인의 보건 및 복지에 관한 실태조사
> ㄷ. 영유아보육법령상 보육 실태조사
> ㄹ. 장애인복지법령상 장애 실태조사

① ㄱ
② ㄴ, ㄷ
③ ㄹ
④ ㄴ, ㄷ, ㄹ
⑤ ㄱ, ㄴ, ㄷ, ㄹ

50 사회복지법률의 청문에 관한 설명으로 옳지 않은 것은?

① 사회복지사업법령상 법인의 설립허가를 취소하려면 청문을 하여야 한다.
② 국민기초생활보장법령상 지역자활센터의 지정을 취소하려는 경우에는 청문을 하여야 한다.
③ 산업재해보상보험법령상 산재보험 의료기관의 지정을 취소하려는 경우에는 청문을 하여야 한다.
④ 노인장기요양보험법령상 장기요양기관 지정을 취소하려는 경우에는 청문을 하여야 한다.
⑤ 아동복지법령상 아동복지시설의 개선을 명하려면 청문을 하여야 한다.

이 장에서는,

판례가 갖는 의의를 이해하고, 사회복지 관련 주요 판례들의 내용을 사건개요와 결정요지를 중심으로 이해한다. 최근 사회복지 관련 판례들이 증가하면서 판례의 중요성이 부각되고 있는 추세이다. 향후에도 구체적인 판례를 제시하는 문제가 출제될 가능성이 있기 때문에 주요 판례의 내용에 관해서 정리해둘 필요가 있다.

해답과 오답노트 254쪽

✛01 우리나라 판례에 대한 설명으로 옳지 않은 것은?

① 국민연금 가입자자격을 상실한 후 1년이 경과한 가입자는 반환일시금을 받을 수 없도록 개정한 것은 소급입법이 아니다.

② 지방자치단체가 제정한 조례가 '1994년 관세 및 무역에 관한 일반협정'에 위반되는 경우 무효이다.

③ 국민연금 가입대상을 18세 이상 60세 미만으로 제한하는 것은 헌법상 평등원칙에 위배되는 것이 아니다.

④ 연금보험료 강제징수는 재산권보장 원칙에 위배된다.

⑤ 공항고속도로 통행료를 지원하는 조례는 헌법의 평등원칙에 위배되지 않는다.

기출 STYLE

최근 사회복지 관련 판례들이 증가하면서 판례의 중요성이 부각되고 있는 추세이다. 격년을 주기로 출제되고 있으며 구체적인 판례의 내용을 묻는 형태로 출제되고 있다. 사회복지제도와 관련된 주요 판례의 내용에 관해서 정리해두어야 한다.

02 우리나라 판례로 옳지 않은 것은?

① 영유아보육법상 일정 규모 이상의 사업장의 사업주는 직장보육지원을 하여야 한다는 조항은 직업수행의 자유 및 재산권, 평등권을 침해하지 않는다.

② 장애인고용의무제는 사업주의 계약자유의 원칙 및 기업의 경제상의 자유를 침해한다고 볼 수 있다.

③ 산업재해보상보험법상 유족의 범위에 근로자의 직계혈족의 배우자를 포함하지 않은 조항은 인간다운 생활을 할 권리를 침해하는 것은 아니다.

④ 건강보험공단이 보험급여사유를 발생시켜 보험급여를 하게 한 제3자에 대하여 구상권을 취득할 수 있도록 규정한 조항은 합헌이다.

⑤ 국민연금의 경우 고소득자와 저소득자 사이의 소득재분배로 인하여 고소득자들이 손해를 본다고 할 수도 없으므로, 고소득자의 재산권 침해가 있다 할 수 없다.

03 우리나라 판례의 내용으로 옳은 것은?

① 장애인고용할당제도는 사업주의 헌법상 권리를 침해한다.

② 국민건강보험 강제가입은 인간다운 생활을 할 권리를 침해한다.

③ 국민건강보험 보험료 체납 시 급여를 실시하지 않는 것은 재산권을 침해한다.

④ 국민연금 보험료도 강제징수되지만 조세와는 그 성격이 다르다.

⑤ 국민연금은 헌법상의 사회적 경제질서에 부합되지 않는 제도이다.

04 판례법에 대한 설명으로 옳은 것을 모두 고른 것은?

> ㄱ. 불문법원으로 성문법원의 보충적 기능을 수행한다.
> ㄴ. 원칙적으로 재판의 근거규범은 아니다.
> ㄷ. 사회복지법과 관련된 판례는 공공의 이익과 관련된다.
> ㄹ. 법원이 특정한 소송사건에 대하여 법을 해석하거나 적용하여 내린 판단이다.

① ㄱ, ㄴ   ② ㄴ, ㄷ
③ ㄷ, ㄹ   ④ ㄴ, ㄷ, ㄹ
⑤ ㄱ, ㄴ, ㄷ, ㄹ

05 사회복지에 관한 헌법재판소나 대법원의 결정 또는 판결의 내용으로 옳지 않은 것은?

① 사회복지법인의 대표자가 이사회의 의결 없이 법인의 재산을 제3자에게 양도한 경우, 그 처분행위는 효력이 없다.

② 국민연금 보험료의 강제징수는 헌법상 재산권을 침해하는 것은 아니다.

③ 국민건강보험의 보험료 체납기간 동안 급여를 실시하지 않을 수 있도록 한 규정은 행복추구권을 침해한다고 볼 수 없다.

④ 국민연금의 가입대상을 경제활동이 가능한 18세 이상 60세 미만의 국민으로 제한한 조항은 평등의 원칙을 침해한다고 볼 수 없다.

⑤ 한 사람의 국민연금 수급권자에게 2 이상의 급여를 중복하여 지급하지 않도록 한 조항은 기본권을 제한한다고 볼 수 있다.

06 사회복지에 관한 헌법재판소나 대법원의 결정 또는 판결의 내용으로 옳지 않은 것을 모두 고른 것은?

> ㄱ. 국민연금법상 병급조정은 평등권, 재산권 등에 위배된다고 볼 수 없다.
> ㄴ. 장애인을 위하여 저상버스를 도입해야 한다는 구체적 내용의 의무가 헌법으로부터 나온다.
> ㄷ. 국민건강 보험료 체납시 급여를 실시하지 않는 것은 인간다운 생활을 할 권리를 침해한다고 볼 수 없다.
> ㄹ. 대한민국 정부가 지방공무원에게 맞춤형 복지제도를 시행하기 위한 법규 제정 및 예산지원을 하지 않은 것은 위헌이다.

① ㄱ, ㄴ   ② ㄱ, ㄷ
③ ㄴ, ㄹ   ④ ㄷ, ㄹ
⑤ ㄱ, ㄴ, ㄷ, ㄹ

사회복지법제론

07 다음의 헌법재판소 판례와 관련 있는 공공부조의 원칙은?

국민기초생활 보장법 제23조에 의한 수급자의 수급권 확인조사 규정에 따라, 동법 시행규칙 제35조의 "시장·군수·구청장은 급여를 신청한 수급권자·수급자·차상위계층 및 그 부양의무자에 대하여 금융거래정보자료제공동의서와 거래 금융기관의 통장사본 등 수급자 등의 금융자산 또는 부채를 확인할 수 있는 자료의 제출을 요구할 수 있다."라는 규정이 "급여신청자의 개인정보자기결정권을 침해하는지 여부와 급여신청자의 평등권을 침해하는지 여부"를 묻는 헌법소원에 대해 헌법재판소는 다음과 같은 판결을 했다.

"위 규정은 급여신청자의 수급자격 및 급여액 결정을 객관적이고 공정하게 판정하려는 데 그 목적이 있는 것으로 그 정당성이 인정되고, 이를 위해서 금융거래정보를 파악하는 것은 적절한 수단이며 [……] 정보주체의 불이익보다 추구하는 공익이 더 크므로 개인정보자기결정권을 침해하지 아니한다. 또한, 급여대상자의 소득과 재산을 정확히 파악하여 급여가 정말 필요한 사람들에게 제대로 지급되도록 하기 위한 불가피한 조치이므로 그 차별의 합리성이 인정되므로 급여신청자의 평등권을 침해하지 않는다."(2005. 11. 24. 자 2005헌마112)

ㄱ. 선별주의 원리 ㄴ. 자기결정의 원리
ㄷ. 보충성의 원리 ㄹ. 소득 재분배 원리

① ㄱ, ㄴ　　　　　② ㄱ, ㄷ
③ ㄴ, ㄹ　　　　　④ ㄱ, ㄴ, ㄷ
⑤ ㄱ, ㄴ, ㄷ, ㄹ

08 우리나라 사회복지법의 영역에서 판례가 갖는 의미로 옳은 것을 모두 고른 것은?

ㄱ. 법원이 특정 소송사건에 대해 법을 해석하거나 적용하여 내린 판단이다.
ㄴ. 우리나라의 경우 선례구속주의를 따르고 있다.
ㄷ. 법원 간의 상하관계를 규정한 심급제도로 인해 사실상 구속력을 갖는다.
ㄹ. 법원(法源)으로서 다른 사건에 대해서도 법적 구속력을 갖는다.

① ㄱ, ㄴ, ㄷ　　　　② ㄱ, ㄷ
③ ㄴ, ㄹ　　　　　④ ㄹ
⑤ ㄱ, ㄴ, ㄷ, ㄹ

09 국민연금기금의 운용주체인 대한민국이 공공자금관리법을 통해 국민연금기금을 공공자금관리기금으로 강제편입한 것이 위헌인지 여부에 대한 헌법재판소의 판결은?

① 국민연금기금은 순수한 민간기금이므로 강제예탁할 수 없다.
② 법률 조항이 재판의 전제성을 갖추고 있지 못하다.
③ 공공복리를 위한 국민의 기본권 제한의 한계를 벗어난 것이다.
④ 연금가입자의 장래의 연금수급권을 침해한다고 볼 수 없다.
⑤ 연금가입자들의 재산권 및 행복추구권을 침해하였다.

해답과 오답노트

인간행동과 사회환경

1장 인간행동, 발달과 사회복지

01.④	02.②	03.③	04.③	05.⑤
06.①	07.②	08.③	09.②	10.⑤
11.⑤	12.①	13.②	14.⑤	15.①
16.②	17.②	18.⑤		

01

답과 해설 답 ④

④ 인간발달은 환경적 · 유전적 상호작용으로 이루어진다.

02

답과 해설 답 ②
오답노트

① 신체적 발달을 의미하는 성장은 일정 시기가 되면 멈추게 된다.
③ 발달은 상승적 발달과 하강적 발달을 모두 포함한다.
④ 사회구성원으로 동화되어 가는 것은 학습이 아닌 사회화에 해당한다.
⑤ 성숙은 유전적 기제에 따라 진행된다.

03

답과 해설 답 ③

③ 사회복지실천에 있어 인간발달이론은 특정 발달단계에서의 공통적인 과업에 대한 이해뿐만 아니라 발달의 개인차를 파악할 수 있도록 한다.

04

답과 해설 답 ③

점성원리
점성원리는 에릭슨 발달이론의 근거이다. 성장하는 모든 것은 기초 안에 따라 각 부분마다 점차 발달한다. 먼저 발달한 부분을 기초로 다음 발달이 이루어진다.

05

답과 해설 답 ⑤

⑤ 발달에는 상승적 변화와 하강적 변화의 측면이 모두 포함된다. 인간발달은 기능과 구조가 발달해가는 상승적 변화와 기능이 위축되고 약화되는 하강적 변화로 나눌 수 있다.

06

답과 해설 답 ①

① 이상행동은 부적응행동 또는 이상심리로 불리기도 한다. 개인의 심리적 갈등과 관계되어 나타나는 신경증, 성격이상, 알코올 중독 등의 문제를 포함한다.

07

답과 해설 답 ②

② 발달은 신체적 · 심리적 · 사회적 측면의 변화로서 상승적 변화는 물론 하강적 변화도 포함된다.

오답노트

① 성장에 대한 설명이다.
③⑤ 성숙에 대한 설명이다.
④ 학습에 대한 설명이다.

08

답과 해설 답 ③
오답노트

ㄱ. 인간발달의 속도는 일정하지 않지만, 일정한 순서로 진행된다.
ㄷ. 인간발달은 전 생애에 걸쳐 다양한 영역에서 이루어지며, 각 발달단계별로 특히 중요하고 의미 있는 변화를 나타내는 영역이 있다.

09

답과 해설 답 ②

② 과업에는 결정적 시기가 있으며 불가역적인 특징이 있다.

10

답과 해설 답 ⑤
오답노트

① 기초성은 어릴 때 발달이 이후 모든 발달의 기초가 된다는 원리이다. 먼저 발달한 부분을 기초로 다음 발달이 이루어진다는 것은 점성원리에 해당한다.
② 가역성이 아니라 불가역성이다.
③ 연속적 과정은 전생애를 통해 이전 발달에 이어 연속적으로 계속 일어난다는 것이다.
④ 속도의 불규칙성은 발달의 속도가 빠르게 진행되는 시기도 있고 느리게 진행되는 시기도 있다는 것을 나타낸다.

11

답과 해설 답 ⑤

인간발달이론은 인간의 전반적 생활주기를 이해할 수 있는 개념적 준거틀을 제공하고, 태아기부터 사망에 이르기까지 각 단계에서 수행해야 할 발달과업을 제시한다. 또한 특정 발달단계에서 특징적으로 나타나는 발달요인을 설명해주며, 발달을 구성하는 다양한 신체, 심리, 사회적 요인을 파악할 수 있다. 이전 발달단계의 결과가 다음 단계에 미치는 영향을 파악할 수 있고, 각 단계의 성공과 실패를 설명할 수 있다.

12

답과 해설 답 ①

ㄱ. 운전은 훈련이나 연습 같은 외부자극과 조건에 의한 변화이므로 학습에 해당한다.
ㄴ. 발달에는 상승적 발달과 하강적 발달이 있는데, 노안이 되고 소리가 잘 들리지 않는 것은 발달의 하강적 측면을 나타낸다.
ㄷ. 사춘기에 몸무게가 늘어나고 근육이 발달하는 것은 성장에 해당한다.

13

답과 해설 답 ②

- 인간발달은 전 생애 동안 연속적으로 이루어지지만 → 연속성
- 일생의 발달에 영향을 미치는 기초가 형성될 필요가 있으며 → 기초성
- 특정 발달과업을 성취하기 가장 적절한 시기에 해당 발달을 이루는 것이 중요하다 → 결정적 시기(적기성)
- 이 시기를 놓쳐 결손이 생기면 누적되어 더 심각한 결손이 되고 → 누적성
- 다시 돌이킬 수 없게 될 수도 있다 → 불가역성

14

답과 해설 답 ⑤

⑤ 발달은 신체적 · 인지적 · 심리적 측면은 물론 사회적 측면도 반영된 복합적 변화과정이므로 문화권에 따라 인간발달에 대한 지식도 달라질 수밖에 없다.

15

답과 해설 답 ①

① 인간은 자신의 발달에 능동적으로 기여한다.

16

답과 해설 답 ②

② 발달은 보편적인 성장의 과정을 거치지만 개인차가 존재한다. 유전적 요소나 환경적 요소 등 외적인 변수들의 영향이 많을수록 개인차의 폭은 커지고 발달을 예측하기도 어렵다.

17

답과 해설 답 ②

② 특정 단계에서의 발달은 이전 단계의 발달과업 성취와 밀접한 관련성이 있으며, 다음 단계의 발달에 영향을 미친다.

18

답과 해설 답 ⑤
오답노트

ㄹ. 행동주의이론은 환경적 요인을 강조하는 입장으로, 정신분석이론은 유전적 요인을 강조하는 입장으로 분류할 수 있다.

2장 정신역동이론

01.③	02.⑤	03.①	04.②	05.④
06.⑤	07.③	08.①	09.⑤	10.⑤
11.①	12.①	13.⑤	14.④	15.③
16.①	17.①	18.②	19.③	20.②
21.③	22.④	23.②	24.③	25.④
26.②	27.①			

01

답과 해설 답 ③
오답노트

① 지형학적 모형은 의식, 전의식, 무의식이다. 이러한 지형학적 모형을 보완하는 성격에 관한 구조모형으로 원초아, 자아, 초자아를 제시하였다.
② 프로이트는 성격발달에서 사회적 요인보다 생물학적 요인이 더 중요하다고 하였다. 프로이트가 제시한 심리성적 발달단계는 리비도가 집중된 부위에 따라 구분한 것이다.
④ 정신분석의 목표는 클라이언트가 무의식적 자료를 통찰할 수 있도록 돕는 것이다.
⑤ 인간의 행동은 이성을 따르는 것이 아니라 무의식의 본능에 의해 결정된다.

02

답과 해설 답 ⑤

⑤ 성인기에는 생산성 대 침체라는 심리사회적 위기를 겪으며, 이 과정에서 배려(타인을 보호할 수 있는 능력)라는 심리사회적 능력을 획득한다. 자아통합은 노년기의 발달과업이다.

03

답과 해설 답 ①

① 사회적 관심이란 타인을 향한 감정이입 능력, 사회의 안녕과 발전을 위해 다른 사람들과 협력하고자 하는 성향을 말한다. 이는 선천적으로 갖는 특징이지만 의식적으로 개발하는 것이 필요하며, 사회적 관심의 발

달에 가장 큰 영향을 주는 사람은 양육자라고 보았다.

04

답과 해설 답 ②

② 개성화는 무의식적 내용을 의식화하고 통합해가는 과정이며, 개인의 의식이 타인으로부터 분화되어 가는 과정이다.

05

답과 해설 답 ④
오답노트

① 구강기에 고착된 성인이 과도한 의존을 보이는 것은 구강수동적 성격 유형에 해당한다.
② 양육자에게 최초의 양가감정을 느끼게 되는 단계는 구강기이다.
③ 남근기의 남자아이는 오이디푸스 콤플렉스로 인해 거세불안을 경험한다.
⑤ 프로이트가 말한 리비도는 성적 에너지로 2차 성징과 함께 나타나는 것이 아니라 태어날 때부터 갖고 있는 본능적인 에너지이다.

06

답과 해설 답 ⑤
오답노트

① 에릭슨의 이론은 잠재 가능성이 있는 능동적 인간관을 특징으로 한다. 점성원리는 앞서 전개된 발달단계의 결과로부터 다음 단계의 발달이 진행됨을 의미한다.
② 친밀감 형성은 청년기(성인 초기)의 발달과업이다. 노년기의 발달단계에서는 더 이상 자신이 사회에 필요한 존재가 아니라는 사실을 인식하며 자아통합(ego integrity)이라는 과업에 직면하게 된다.
③ 자아는 원초아로부터 분화된 것이 아니라 그 자체로 형성되며 환경에 대해 적극적이고 창조적으로 대응한다고 보았다. 즉, 에릭슨은 자아를 성격의 자율적 구조로 보고 있다.
④ 에릭슨 이론은 사회적·문화적 요인을 배경으로 인간 발달을 이해하게 함으로써 정신분석학을 확대·발전시켰다.

07

답과 해설 답 ③

오답노트

① 반동형성에 해당하는 설명이다.
② 투사에 해당하는 설명이다.
④ 주지화에 해당하는 설명이다.
⑤ 승화에 해당하는 설명이다.

08

답과 해설 답 ①

① 개성화(individuation)는 장년기에 자아를 외적·물질적 차원으로부터 내적·정신적 차원으로 전환시키는 것을 의미한다.

09

답과 해설 답 ⑤
오답노트

① 신뢰감 대 불신감 – 구강기
② 자율성 대 수치심 – 항문기
③ 주도성 대 죄의식 – 남근기
④ 근면성 대 열등감 – 잠재기

10

답과 해설 답 ⑤
오답노트

ㄹ. 아들러의 이론에 대한 설명이다.

11

답과 해설 답 ①

제시된 내용은 성인초기(청년기)에 해당한다.

에릭슨의 발달단계별 위기와 자아특질
• 1단계: 신뢰 vs 불신 ⇒ 희망
• 2단계: 자율 vs 수치 ⇒ 의지력
• 3단계: 주도성 vs 죄의식 ⇒ 목적의식
• 4단계: 근면 vs 열등 ⇒ 유능감
• 5단계: 자아정체감 vs 역할혼란 ⇒ 성실
• 6단계: 친밀감 vs 고립감 ⇒ 사랑
• 7단계: 생산성 vs 침체 ⇒ 배려
• 8단계: 자아통합 vs 절망 ⇒ 지혜

12

답과 해설 답 ①

① 판단이나 평가를 필요로 하는 기능인 사고와 감정은 합리적 기능으로, 이성적 판단을 필요로 하지 않는 지각의 두 형태인 감각과 직관은 비합리적 기능으로 분류된다.

13

답과 해설 답 ⑤

• 초자아는 현실적인 것보다는 이상적인 특성을 지니며 쾌락보다는 완전함을 추구한다.
• 초자아는 양심과 자아이상이라는 두 가지 요소로 이루어진다. 양심은 보통 잘못된 행동에 대한 처벌에 의해 형성되며, 자아이상은 보통 잘한 행동에 대한 칭찬이나 수용을 통해 형성된다.

오답노트

① 자아는 원초아의 본능적 충동과 사회규범적 역할을 하는 초자아의 요구를 통합적으로 소화해내는 기능을 한다.
②④ 자아에 대한 설명이다.
③ 원초아에 대한 설명이다.

14

답과 해설 답 ④

ㄹ. 아들러의 개인심리이론은 증상의 경감이나 제거보다는 기본적인 삶의 전제를 수정하고 왜곡된 삶의 동기를 수정하는 데 초점을 둔다.

15

답과 해설 답 ③

ㄹ. 분석심리이론은 인간을 가변적 존재로 보고 인간의 정신구조는 살아가는 과정을 통해 후천적으로 변할 수 있다고 보았다.

16

답과 해설 답 ①

① 인간행동은 의식 수준에서 통제가 가능한 자아에 의해 동기화된다고 본다.

17

답과 해설 답 ①

오답노트

ㄷ. 음영의 대부분이 개인무의식이며, 아니마와 아니무스도 부분적으로는 개인무의식에 속한다.

18

답과 해설 답 ②

본능적인 에너지를 개인적으로나 사회적으로 용납되는 형태로 유용하게 돌려쓰는 것은 승화에 해당한다.

오답노트

① 억압: 의식적으로 용납하기 어려운 생각이나 욕망, 충동을 무의식 속에 머물도록 눌러 놓는 것
③ 보상: 자신이 가지고 있는 결함을 다른 것으로 보상받기 위해 자신의 강점을 지나치게 강조하는 것
④ 투사: 자신이 용납할 수 없는 행동이나 충동 등을 무의식적으로 다른 사람이 행한다고 믿는 것
⑤ 합리화: 자신의 언행 속에 숨어 있는 용납하기 어려운 충동이나 욕구에 대해 사회적으로 그럴듯한 설명이나 이유를 대는 것

19

답과 해설 답 ③

③ 획득형은 다른 사람이나 사회에 의존하여 자신의 필요를 채우는 유형에 해당하며, ③에서 설명하는 것은 사회적으로 유용한 유형에 해당한다.

20

답과 해설 답 ②

ㄱ. 우월의 목표는 긍정적 경향과 부정적 경향을 모두 취할 수 있다.
ㄷ. 개인이 추구하는 궁극적 목적은 현실에서 결코 검증되거나 확인될 수 없는 가상적 목표이다.

21

답과 해설 답 ③
오답노트

①④ 프로이트 이론에 대한 설명이다.
② 에릭슨 이론에 대한 설명이다.
⑤ 아들러 이론에 대한 설명이다.

22

답과 해설 **답 ④**
오답노트

ㄴ. 내일 당장 시험이 있는데 지금까지 시험 준비를 충분히 하지 않았기 때문에 느끼는 불안은 현실불안에 해당한다. 현실불안은 현실세계의 위험에 대해 느끼는 두려움, 고통스러운 심리적 체험을 의미한다.

23

답과 해설 **답 ②**

② 융의 이론에 대한 설명이다.

24

답과 해설 **답 ③**

ㄴ. 융의 분석심리이론에 대한 설명이다.
ㄹ. 아들러의 개인심리이론에 대한 설명이다.

25

답과 해설 **답 ④**

④ 사회적 관심은 각 개인이 이상적인 공동사회의 목표를 달성하고자 할 때 사회에 공헌하려는 성향을 말한다. 가족관계 및 다른 아동기 경험에서 발달하며 어머니가 사회적 관심의 발달에 가장 큰 영향을 준다.

26

답과 해설 **답 ②**

② 자아는 현실원칙에 의해 작동한다. 반면, 원초아는 쾌락원칙에 의해 작동한다.

27

답과 해설 **답 ①**

불안의 형태(프로이트)
• 현실불안: 주위 환경의 위험에 대해 자아가 느끼는 두려움, 고통, 공포
• 신경증적 불안: 원초아의 성적 본능, 공격적 본능을 자아가 조절할 수 없을 것이라는 위협을 느낄 때 발생
• 도덕적 불안: 원초아적 욕구를 충족시키는 것이 사회적 · 도덕적 규범에 위배될 수 있는 경우에 발생. 불안의 원인을 의식 수준에서 이해할 수 있음

3장 인지행동이론

01. ③	02. ③	03. ③	04. ①	05. ⑤
06. ④	07. ③	08. ④	09. ②	10. ⑤
11. ①	12. ②	13. ④	14. ⑤	15. ④
16. ⑤	17. ⑤	18. ①	19. ⑤	20. ①
21. ⑤	22. ②	23. ⑤	24. ③	25. ⑤
26. ③	27. ③	28. ④		

01

답과 해설 **답 ③**

③ 다른 사람의 관점을 인식하지 못하는 자아중심성은 감각운동기가 아닌 전조작기의 특성이다.

02

답과 해설 **답 ③**

③ 소거는 강화물이 더 이상 제시되지 않으면 강화되던 행동이 유지되지 않고 사라지거나 약화되는 것이다.

03

답과 해설 **답 ③**

③ 콜버그는 도덕성 발달연구를 청소년기, 성인기까지 확장하였다. 10대 아동, 청소년 및 대부분의 성인이 인습적 수준의 도덕성에 머물며, 성인 중 소수만이 후인습적 수준의 도덕성에 도달한다고 보았다.

04

답과 해설 **답 ①**

① 모델이 관찰자와 유사할수록 관찰자는 모델을 더욱 모방하는 경향이 있다.

05

답과 해설 **답 ⑤**

⑤ 피아제의 이론은 인지행동이론에 해당한다.

06

답과 해설 답 ④

조건 자극과 유사한 자극을 제공해도 동일한 또는 유사한 조건 반응을 나타내는 현상을 의미한다.

ㄱ. 조건 반응: 음식을 제공하지 않고 벨소리만으로도 타액 분비
ㄴ. 무조건 반응: 음식을 보고 타액 분비
ㄷ. 무조건 자극: 음식을 제공

07

답과 해설 답 ③

ㄴ. 동화: 기존의 도식으로 새로운 사건과 사물을 이해하는 것
ㄹ. 조절: 기존의 도식을 수정하여 외부 자극이나 정보를 받아들이는 것

08

답과 해설 답 ④

④ 관찰학습은 '주의집중과정 → 보존과정 → 운동재생과정 → 동기화 과정'의 순서로 진행된다.

09

답과 해설 답 ②

희수는 보존개념을 획득하지 못했다. 전조작기에는 보존개념이 어렴풋이 생기지만 완성된 상태가 아니다. 따라서 길고 가느다란 컵에 주스를 부으면 수면이 올라가므로 그 컵에 담긴 주스가 더 많다고 생각한다. 보존개념은 구체적 조작기에 획득된다.

10

답과 해설 답 ⑤

①~④가 설명하는 개념은 부적 강화이다. 부적 강화란, 혐오스러운 결과를 제거해 줌으로써 행동빈도를 증가시키는 방법이다. 반면, ⑤는 정적 강화에 해당한다. 정적 강화란 즐거운 결과를 부여하여 행동빈도를 증가시키는 방법이다. 음식을 줌으로써 쥐가 지렛대를 누르는 행동을 증가시키는 것이다.

① 과제 면제라는 혐오스런 결과를 제거해줌으로써 정시에 강의실에 도착하는 행동을 늘리는 것이다.
② 시끄러운 소음을 멈춤으로써 안전벨트를 매는 행동이 증가하는 것이다.
③ 화장실 청소라는 혐오결과를 제거해줌으로써 친구들과 다투지 않는 날이 증가하게 된다.
④ 아빠의 잔소리라는 혐오자극을 제거함으로써 7시 전에 과제를 끝내는 행동이 증가하는 것이다.

11

답과 해설 답 ①

① 어떤 상황에서 타인의 감정을 추론하고 이해(수용)할 수 있는 능력을 조망수용 능력이라고 한다. 조망수용 능력을 습득하게 되는 것은 구체적 조작기의 발달 특성이다.

전조작기의 특징 중 ②는 중심화, ③은 물활론적 사고, ④는 비가역성에 해당하는 설명이다. ⑤의 설명은 보존개념과 관련있는데, 전조작기에는 보존개념을 어렴풋이 이해하기 시작하지만 완전히 획득하지는 못하며, 이후 구체적 조작기에서 보존개념을 획득하게 된다.

12

답과 해설 답 ②

② 스키너의 이론에 대한 평가에 해당한다. 스키너는 인간의 행동은 외적 자극에 의해 동기화되며, 인간은 보상과 처벌에 따라 행동하는 기계적 존재로 보았다.

13

답과 해설 답 ④

④ 스키너의 인간행동에 대한 기본가정을 ABC패러다임이라고 한다.

스키너의 ABC 패러다임

• 선행요인(A, antecedents): 행동 이전에 일어나는 사건을 말한다. 이 사건은 일어날 행동의 단계를 설정한다.
• 행동(B, behavior): 관찰 가능하고, 측정 가능한 반응 혹은 행동이다. 행동은 때로 인지, 심리생리적 반응, 감정 등을 포함하는 넓은 의미이다.
• 결과(C, consequences): 특정 행동의 직접적인 결과인 그 무엇을 말한다. 결과를 가장 잘 설명하는 용어는 강화와 벌이다.

14

답과 해설 답 ⑤

모두 옳은 내용이다.

15

답과 해설 답 ④

ㄱ. A>B이고, B>C이면, A>C라는 논리를 구체적 조작기에는 눈으로 보여줘야 알 수 있으나, 형식적 조작기에는 구체적으로 보지 않고 구두로 질문을 해도 대답할 수 있는 추상적 사고가 가능하다.

ㄴ. 보존개념에 대한 설명이다. 보존개념이 획득되는 시기는 구체적 조작기이다.

16

답과 해설 답 ⑤

⑤ ㄷ은 구체적 조작기의 특징에 해당한다.

ㄱ. 대상영속성 개념에 대한 설명으로, 감각운동기에 나타나기 시작하며, 전조작기에 대상영속성을 획득하게 된다.

ㄴ. 물활론적 사고에 대한 설명이다.

ㄹ. 형식적 조작기에는 직접 눈으로 보지 않더라도 추상적, 가상적 사고가 가능하며, 가설적, 연역적 사고가 가능해진다.

17

답과 해설 답 ⑤

⑤ 사회학습이론은 관찰이 단순한 행동을 신속하고 쉽게 학습하여 행동할 수 있다는 장점을 가지지만, 다양하고 복잡한 기능을 필요로 하는 행동의 학습을 설명하는 데 한계를 지닌다.

18

답과 해설 답 ①

① 스키너는 인간행동의 발달단계를 별도로 구분하여 제시하지 않았다.

19

답과 해설 답 ⑤

모두 옳은 내용이다. 감각운동기는 반사활동기(출생~

1개월) – 1차 순환반응(1~4개월) – 2차 순환반응(4~8개월) – 2차 도식들의 협응(8~12개월) – 3차 순환반응(12~18개월) – 통찰기 정신적 표상(18~24개월)의 6단계로 구분한다.

20

답과 해설 답 ①

고정비율 강화계획은 일정한 횟수나 양의 반응(행동)을 했을 때 강화를 제공하는 것이다.

오답노트

ㄹ. 고정간격 강화계획의 사례에 해당한다.

21

답과 해설 답 ⑤

⑤ 발달단계에 있어서 각 단계에 도달하는 개인 간 연령의 차이는 있을 수 있으나 발달순서는 뒤바뀌지 않는다.

22

답과 해설 답 ②

ㄱ. 부적 처벌의 예에 해당한다.

ㄷ. 소거에 해당하는 설명이다.

23

답과 해설 답 ⑤

ㄱ. 보존 개념에 대한 설명이다.

ㄴ. 분류화에 대한 설명이다.

ㄷ. 서열화에 대한 설명이다.

ㄹ. 추상적 사고에 대한 설명이며 형식적 조작기에 가능하다. 구체적 조작기의 아동은 A, B, C를 직접 보여줘야 알아맞힐 수 있다.

24

답과 해설 답 ③

반두라의 사회학습이론에서 자기효능감에 대한 설명이다. 개인이 인지한 자기효능감에 따라 그 사람의 활동에 대한 선택 결과가 달라진다.

25

답과 해설 답 ⑤

① 일차적 강화물이란 음식이나 물과 같이 본래부터 강화의 속성을 가진 것을 말하며, 이차적 강화물이란 타인의 인정이나 칭찬 등과 같이 일차적 강화물과 연합된 결과 강화의 속성을 가지게 되는 것을 말한다.
② 더 이상 강화를 제공하지 않아 반응이나 행동이 감소하여 사라지는 것은 소거에 해당한다.
③ 월급은 고정간격 강화계획의 예에 해당한다.
④ 로또 복권은 가변비율 강화계획의 예에 해당한다.

26

답과 해설 답 ③

ㄴ. 타율적 도덕성 단계는 전조작기의 도덕적 수준이다.
ㄷ. 자율적 도덕성 단계에서는 행위의 결과보다 행위자의 의도에 따라 옳고 그름을 판단한다.

27

답과 해설 답 ③

③ 비합리적 신념을 합리적 신념으로 바꾸기 위해서는 논박이 필요한데, 일정한 지적 수준을 가진 사람들에게 적용이 가능하며, 지적 수준이 낮은 지적 장애인에게는 적용하는 데 한계가 있다.

28

답과 해설 답 ④

강화계획의 지속성이 강한 순서는 가변비율 강화계획(ㄷ) – 고정비율 강화계획(ㄴ) – 가변간격 강화계획(ㄹ) – 고정간격 강화계획(ㄱ) 순이다.

4장 인본주의이론

01.③	02.⑤	03.①	04.⑤	05.⑤
06.③	07.④	08.①	09.④	10.⑤
11.③	12.③	13.⑤	14.②	15.⑤
16.①	17.②	18.④		

01

답과 해설 답 ③

① 욕구 유형을 발달단계에 따라 제시한 것은 아니다.
② 자기실현의 욕구가 가장 상위단계에 있는 욕구이다.
④ 저순위 욕구가 어느 정도 충족되어야 고순위 욕구가 나타난다고 보았다. 따라서 여러 욕구가 동시에 생기지 않고 어느 한 시기에는 하나의 욕구만이 우세하게 나타난다고 보았다.
⑤ 성장 욕구는 자아실현의 욕구이다.

02

답과 해설 답 ⑤

⑤ 로저스는 인간은 본래 특정한 성격 유형을 갖고 태어나는 것이 아니라 다양한 주관적인 경험을 통해 자신을 형성해간다고 보았다.

03

답과 해설 답 ①

② 자기존중의 욕구: 명성, 능력, 존경, 성취의 욕구
③ 자기실현의 욕구: 자발성, 포부실현, 창조성의 욕구
④ 안전의 욕구: 보호, 의존, 질서, 구조의 욕구
⑤ 생리적 욕구: 음식, 배설, 수면, 성의 욕구

04

답과 해설 답 ⑤

⑤ 현상학이론에서는 성격발달 그 자체에 특별한 주의를 기울이지 않았기 때문에 발달단계에 대한 구체적인

시기를 언급하지는 않았다.

05

답과 해설 답 ⑤

⑤ 자기실현의 욕구는 제2형태의 욕구로서 성장동기(삶을 창조하려는 동기)와 관련된 욕구이다. 욕구위계 중 자기실현의 욕구만이 제2형태의 욕구에 해당되며, 나머지 4가지 욕구는 결핍동기(삶을 유지하려는 동기)를 충족하기 위한 제1형태의 욕구에 해당된다.

06

답과 해설 답 ③

③ 매슬로우와 로저스는 인간의 본성은 선하다고 본다.

07

답과 해설 답 ④

ㄹ. 프로이트의 이론에 해당하는 설명이다.

08

답과 해설 답 ①

① 로저스가 인간을 하나의 통합된 유기체로 본 것은 맞는 내용이지만, 모방학습의 중요성을 인식하는 데 공헌한 것은 반두라의 이론이다.

09

답과 해설 답 ④

자기실현자의 특징
• 현실을 정확히 지각한다.
• 불만 없이 자신의 본성과 타인을 수용한다.
• 사고와 행동에 가식이 없다.
• 독창적이다.
• 자기중심적이기보다는 문제중심적이다.
• 삶의 기본적인 것에 대한 경외심을 갖고 감사하는 능력을 지닌다.
• 깊은 대인관계를 형성하고 유지한다.
• 민주적인 성격을 가진다.
• 어린아이와 같이 순진무구하고 폭넓은 창조성을 지닌다.
• 사회적 압력에 저항한다.
• 자기 자신과 타인들을 있는 그대로 받아들인다.

10

답과 해설 답 ⑤

매슬로우의 욕구체계이론은 사회복지사가 클라이언트의 욕구를 평가하는 데 유용한 지침이 될 수 있다. 또한 사회복지실천에 적용하면 사회복지사는 우선 클라이언트의 기본적 욕구(생리적 욕구, 안전의 욕구 등)가 충족되도록 원조해야 한다. 기본적인 욕구가 충족되고 나면 더 높은 단계의 욕구를 다룰 수 있게 된다.

오답노트

ㄹ. 매슬로우는 인간 본성에 대한 긍정적인 관점을 중심으로 인간을 이해하는 데 있어 전체로 다루고, 환경과 상호작용하는 존재로 본다. 이 같은 관점이 사회복지실천의 기본적 원칙에 잘 부응하는 부분이다.

11

답과 해설 답 ③

③ 로저스의 '완전히 기능하는 사람'은 자기 자신을 신뢰하는 사람이다.

12

답과 해설 답 ③

③ 성장동기란 삶을 창조하려는 동기를 의미하며, 결핍동기는 삶을 유지하기 위해 필요한 동기를 의미한다. 매슬로우는 대부분의 심리학자들이 결핍동기만을 다루고 있다고 비판하였다.

13

답과 해설 답 ⑤

로저스의 현상학이론에서는 객관적 현실세계란 존재하지 않으며 개인이 주관적으로 인식한 현실세계만 존재한다고 본다.

14

답과 해설 답 ②

② 환경 속 인간을 이해하기 위한 구체적인 방법을 제공한 이론은 생태체계이론이다. 반면, 인본주의이론에서는 인간 내적인 부분에 주목하였다.

15

답과 해설 답 ⑤

오답노트

① 인간의 본성은 본질적으로 선하다고 전제한다.
② 욕구를 강도와 중요성에 따라 위계적으로 구분하였다.
③ 자존감의 욕구는 타인에게 존중받고 싶은 욕구와 자기 자신에 의한 존중감을 포함하며, 자아실현의 욕구는 잠재적으로 실현 가능한 자신이 되려는 욕구를 의미한다.
④ 상위욕구의 충족을 위해서는 하위욕구의 충족이 일정부분 이루어져야 한다.

16

답과 해설 답 ①

① 반두라의 사회학습이론에 대한 평가에 해당한다.

17

답과 해설 답 ②

② 욕구 충족이 회복되면 생리적 또는 심리적 역기능이나 혼란 상태는 회복된다.

18

답과 해설 답 ④

④ 집단활동에 대한 관심이 늘어나고 애정을 주고받고 싶은 욕구가 커지는 경향이 있는 것은 소속과 애정에 대한 욕구에 해당한다.

5장 · 사회체계이론

01.②	02.①	03.⑤	04.①	05.①
06.⑤	07.②	08.②	09.③	10.④
11.①	12.④	13.④	14.①	15.①
16.②	17.⑤			

01

답과 해설 답 ②

오답노트

① 안정상태: 역동적으로 체계 자체를 변화시켜 나가는 것으로 개방체계에서의 현상이다.
③ 정적 환류: 체계가 한쪽 방향으로 계속 이탈되어 가는 것을 말한다.
④ 항상성: 비교적 안정적이며 지속적인 균형상태를 유지하기 위한 자동적 경향으로 개방체계의 현상이다.
⑤ 엔트로피: 폐쇄체계에서 외부 체계의 에너지가 유입되지 못하고 내부에 있던 에너지는 고갈되면서 혼란이 일어나는 상태를 말한다.

02

답과 해설 답 ①

① 생태체계이론에서 유능성은 개인이 환경과 효과적으로 상호작용을 할 수 있는 능력을 말한다.

03

답과 해설 답 ⑤

생태체계이론에 관한 설명으로 모두 옳은 내용이다.

04

답과 해설 답 ①

오답노트

ㄴ. 체계 간의 상호작용은 상호인과성, 상호의존성을 갖는다고 보았기 때문에 상위체계와 하위체계의 관계를 단선적으로 설명하지 않았다.
ㄹ. 안정상태는 개방체계에서 나타나는 속성으로 체계

자체를 변화시키기 위해 외부의 자극을 받아들이는
것이다.

05

답과 해설 답 ①

개인의 생활에 직접적으로 개입하지는 않지만 간접적으로도 강한 영향력을 발휘하며, 하위체계에 대한 지지기반과 가치 준거틀을 제공하는 것은 거시체계이다.

06

답과 해설 답 ⑤

⑤ 사회체계의 경계는 물리적인 구조가 아닌 사회적인 구조이기 때문에 눈에 보이는 것은 아니다.

07

답과 해설 답 ②

② 중간체계는 개인의 발달과정에서 새로운 환경으로 이동할 때마다 형성되거나 확대된다.

08

답과 해설 답 ②

② 생태체계관점은 단순히 인과관계를 규명하는 것이 아니라 인간과 환경 간의 복잡한 상호보완성을 설명하는 데 관심을 둔다.

09

답과 해설 답 ③

부모님께 야단을 맞을수록 귀가시간이 더 늦어지는 것은 부모님의 야단이 보검이의 늦은 귀가를 더욱 촉진하는 정적 환류로 작용하고 있다는 것을 나타낸다. 반면, 보검이가 부모님께 야단을 맞은 뒤 늦게 귀가하는 일이 사라지게 되었다면, 이때 부모님의 야단은 보검이의 실수를 바로잡고 체계가 목표와 조화를 이뤄 행동을 수정하게 하는 부적 환류가 된다.

10

답과 해설 답 ④

④ 유능성은 환경과 성공적인 상호작용을 경험하면서 형성되는 것으로, 스스로에 대한 믿음, 자기확신, 환경에

바람직한 영향을 미칠 수 있는 능력 등을 포함한다. 스트레스를 경험할 때 문제를 극복하고 정서적 고통을 완화시키기 위해 자연적으로 발생하는 것은 대처이다.

11

답과 해설 답 ①

• 균형상태: 체계의 유지를 위해 외부환경과 상호작용하지 않는다(폐쇄체계).
• 항상성: 체계의 유지를 위해 외부환경과 지속적으로 상호작용을 한다(개방체계).
• 안정상태: 체계의 역동적인 변화를 위해 외부환경의 자극을 받아들인다(개방체계).

12

답과 해설 답 ④

④ 폐쇄체계는 다른 체계와 상호작용하지 않아 고립되어 있는 체계이다.

오답노트

① 항상성: 체계가 환경과 지속적으로 상호작용하면서 지속적이고 안정적인 상태를 유지하려고 하는 경향이며 개방체계에서 나타난다.
② 넥엔트로피: 체계 외부로부터 에너지를 유입함으로써 체계 내부에 유용하지 않은 에너지가 감소되는 것을 의미한다.
③ 시너지: 체계 내에 유용한 에너지가 증가하는 것이다.
⑤ 개방체계: 체계 유지에 필요한 에너지, 정보, 자원을 다른 체계들과 교환한다.

13

답과 해설 답 ④
오답노트

① 거시체계에 관한 설명이다.
② 외(부)체계에 관한 설명이다.
③ 중간체계에 관한 설명이다.
⑤ 시간체계에 관한 설명이다.

14

답과 해설 답 ①

이 사례에는 체계의 여러 특성들이 포함될 수 있겠으나 문제에서 묻고 있는 것은 '가족상담을 통한 가족체계의 변화'에 해당하는 개념이다. 가족상담을 통해 가족체계

는 체계 요소들 간의 대화와 의사소통, 함께 하는 시간 등을 증가시키면서 결과적으로 긍정적 에너지가 증가되었다. 이렇듯 체계 구성요소 사이의 상호작용이 증가하면서 체계 내에 유용한 에너지가 증가하는 것을 체계이론에서는 시너지(synergy)라고 한다. 이 사례에서 가족상담을 통해 이 가족에서 나타난 변화들이 바로 시너지 효과에 해당된다.

15

답과 해설 답 ①

① 엔트로피는 체계 구성요소 간의 상호작용이 감소함에 따라 유용한 에너지가 감소하는 상태를 말한다.

16

답과 해설 답 ②

② 체계가 균형을 위협받았을 때 이를 회복하고자 하는 체계의 경향을 말하는 것은 항상성이다. 동등결과성이란 각각 다른 체계들이 초기에는 각각 다른 상태였다고 하더라도 투입(input)이 같은 경우에는 비슷한 안정상태에 도달할 것이라는 의미이다.

17

답과 해설 답 ⑤

모두 옳은 내용이다.

6장 가족체계, 집단체계

01.③ 02.④ 03.③ 04.⑤ 05.⑤
06.③ 07.① 08.⑤ 09.① 10.②

01

답과 해설 답 ③
오답노트

ㄹ. 엔트로피는 체계 구성요소 간의 상호작용이 감소함에 따라 유용한 에너지가 감소하는 상태를 말한다. 엔트로피는 폐쇄형 가족체계에서 나타나는 특성이다.

02

답과 해설 답 ④

④ 자연발생적으로 만들어지는 집단은 자연집단이다.

03

답과 해설 답 ③

③ 속박된 경계선을 가진 가족은 가족 간 경계선이 모호하기 때문에 서로의 생활에 지나치게 관여하고 간섭하는 양상이 나타난다. 가족 내부의 결속력이 너무 강하기 때문에 오히려 구성원 개개인의 자율성과 독립성이 무시되는 경향이 있다.

04

답과 해설 답 ⑤
오답노트

ㄱ. 성격은 타고난 기질만 있는 것은 아니며 가족, 생육환경의 영향을 받는다. 따라서 가족체계 경계선의 침투성은 성격형성에 영향을 미친다.

05

답과 해설 답 ⑤

집단과 관련된 주요 개념으로 모두 옳은 내용이다.

06

답과 해설 답 ③

③ 집단성원의 산출 및 성과가 평가의 핵심이 되는 집단은 과업집단이다. 치료집단은 치료적 목표의 성취 정도가 평가의 주요 사항이 된다.

07

답과 해설 답 ①

오답노트

ㄷ. 가족체계의 문제는 비총합성의 원리로 이해할 필요가 있다. 비총합성의 원리란 전체로서의 가족은 각 가족원의 개인적인 특성의 합보다 크다는 것이다.

ㄹ. 경계는 가족체계 내부의 하위체계 간 관계 혹은 가족과 외부의 관계 등에 있어 보이지 않는 선이다. 따라서 가시적으로 확인할 수 있는 성질은 아니다.

08

답과 해설 답 ⑤

③ 인간의 성장을 기초로 하는 사티어(Satir)모델을 바탕으로, 중년기 부부들의 개인성장 및 관계성장을 도모하는 성장집단의 예이다.

09

답과 해설 답 ①

오답노트

ㄴ. 집단의 목적에 따라 폐쇄집단으로 구성할 수도, 개방집단으로 구성할 수도 있다.

ㄹ. 지역사회체계와 개인체계의 관계가 일방적인 것은 아니다. 개인의 자원이 지역사회의 자원으로 확장되기도 하며 개인의 지역사회 활동은 지역사회의 변화에 영향을 준다.

10

답과 해설 답 ②

② 가족성원의 행동이나 가족문제를 살펴봄에 있어 순환적 인과관계에 따라 접근한다.

7장 조직체계, 지역사회체계, 문화체계

01.⑤	02.⑤	03.①	04.①	05.②
06.⑤	07.③	08.③	09.①	10.④
11.④	12.⑤	13.③	14.③	15.⑤
16.②				

01

답과 해설 답 ⑤

⑤ 문화는 의식주와 같은 기본적 욕구와도 관련된다.

02

답과 해설 답 ⑤

모두 문화의 기능에 관한 설명으로 옳은 내용이다.
ㄱ. 욕구충족 기능, ㄴ. 사회화 기능, ㄷ. 사회존속 기능,
ㄹ. 사회통제 기능에 해당한다.

03

답과 해설 답 ①

① 개인, 가족 등은 미시체계이며, 조직체계 및 지역사회체계는 거시체계로 분류된다.

04

답과 해설 답 ①

오답노트

ㄷ. 비물질문화 중 신화, 철학, 문학, 종교, 예술, 윤리 등 인간이 자기 자신이나 자연, 사회 등에 대하여 지니는 관념적인 것들을 관념문화라고 한다.

05

답과 해설 답 ②

② 문화다원주의는 사회적으로 주류문화가 있음을 전제하면서 문화의 다원성 및 다양성을 인정한다.

06

답과 해설 답 ⑤

ㄱ. 문화접촉: 둘 이상의 문화는 인간 간 직접적인 접촉으로 전파되기도 하지만, 미디어 등을 통해 간접적으로 전파되기도 한다.

07

답과 해설 답 ③

샐러드볼 개념은 하나의 그릇에 여러 재료들이 각각 고유의 맛을 내면서 하나의 샐러드를 완성하는 것처럼 여러 문화가 각기 고유한 문화적 특성을 유지하면서 공존하는 것을 지향하는 다문화주의적 개념이다.

08

답과 해설 답 ③

③ 조직의 가장 중요한 욕구는 조직의 목표달성이다.

09

답과 해설 답 ①

① 문화는 학습을 통해 후천적으로 획득되며, 사회화를 통해 개인의 일부가 된다.

10

답과 해설 답 ④

④ 외부에서 손쉽게 파악할 수 없는 숨겨진 문화적 특징이 있을 수 있다. 이를 은둔문화라고 한다.

11

답과 해설 답 ④

④ 동화에 대한 설명이다. 분리는 주류문화와 거리를 두며 자신의 고유문화를 이어가는 것이다.

12

답과 해설 답 ⑤

모두 옳은 내용이다. 베리는 모국의 고유문화를 유지하느냐의 여부와 이주사회의 주류문화에 적극적으로 참여하느냐의 여부에 따라, 동화(Assimilation), 통합(Integration), 분리(Segregation), 주변화(Marginalization) 등 4가지 유형을 제시하였다.

13

답과 해설 답 ③

사회환경과 맥락을 고려하여 문화를 판단하며, 어떤 문화요인도 나름대로 존재 이유가 있다는 문화상대주의 견해를 의미하는 내용이다. 각 사회의 문화는 서로 상대적인 단면들을 가지고 있으며, 문화적 가치들은 그 사회관계적 조건에 따라 각각의 고유한 의미를 지니고 그에 따라 각기 다른 사회적 관계맺음의 원리, 즉 윤리를 형성한다. 따라서 세계 문화의 다양성을 인정하고 각 문화는 문화의 독특한 환경과 역사적·사회적 상황에서 이해해야 한다.

ㄷ. 문화의 상대성을 부정하는 극단적 태도는 자민족 중심주의로 자기 민족의 모든 것이 타 민족의 문화보다 우월하다고 믿고 타 민족의 문화를 배척하는 태도를 말한다.

14

답과 해설 답 ③

ㄱ. 구조적 관점에서 강조하는 세 가지 차원은 정치적 실체, 힘, 지리적 구성이다.
ㄷ. 사회심리적 관점은 퇴니스의 공동사회와 이익사회의 개념이 해당한다.

15

답과 해설 답 ⑤

모두 옳은 설명이다.
ㄱ. 기능적 지역사회는 공동의 관심사를 바탕으로 지리적 영역을 뛰어넘어 구성된다.
ㄴ. 지역사회는 생산·분배·소비의 기능, 사회화의 기능, 사회통제의 기능, 사회참여의 기능, 상부상조의 기능 등이 이루어진다.
ㄷ. 지역사회 내의 다양한 이익집단은 서로 협력하기도 하지만 추구하는 이익이 다르기 때문에 충돌하고 갈등하기도 한다.
ㄹ. 우리나라에서는 1995년 지방자치제가 전면적으로 실시되면서 이후 지역사회에 관한 관심이 커졌다.

16

답과 해설 답 ②

② 문화의 중심으로부터 멀리 떨어져 문화영역의 경계선 지역에 위치하여 문화특질을 적게 지니고 있는 것은 주변문화이다. 절반문화는 어느 한 문화가 완전한 의미의 독자적인 형태를 이루지 못하고 다른 문화에 의존하는 것을 말한다. 한 민족이나 지역의 문화가 다른 문화나 지역의 문화에 의존하여 살아가는 것이다.

8장 태아기, 영아기, 유아기

01.⑤	02.③	03.④	04.⑤	05.③
06.②	07.③	08.①	09.②	10.②
11.④	12.③	13.①	14.②	15.⑤
16.①	17.③	18.③	19.③	20.⑤
21.③	22.⑤	23.④	24.③	25.③
26.③	27.①	28.⑤		

01

답과 해설 답 ⑤

⑤ 다운증후군은 21번 염색체가 3개, 클라인펠터증후군은 성염색체가 XXY로 불필요한 염색체가 존재하는 경우에 발생한다.

02

답과 해설 답 ③

③ 바빈스키반사는 발바닥과 관련된 반사현상으로, 아이의 발바닥을 간질이면 발가락을 발등 위쪽으로 부채처럼 펴는 경향을 의미한다. 파악반사, 쥐기반사, 손바닥반사는 영아의 손바닥에 무엇을 올려놓으면 손가락을 쥐는 것과 같은 반응을 보이는 것을 말한다.

03

답과 해설 답 ④

④ 유아기에는 자기중심성으로 인해 타인의 입장에서 생각하기가 어렵다. 또래집단과의 활동을 통해 극복해 나가게 된다.

04

답과 해설 답 ⑤

모두 유아기의 특징이다. 유아기(3~6세)는 피아제의 인지발달단계에서 전조작기(2~7세)에 해당한다. 전조작기에는 상징의 획득을 통해 언어발달이 이루어지며, 직관적 사고, 물활론적 사고, 중심화, 자아중심성, 비가역적 사고, 타율적 도덕성 등을 주요 특징으로 한다.

05

답과 해설 답 ③

③ 학령전기에는 아직 보존개념을 획득하지 못해 같은 양이라 할지라도 부피나 수가 변하면 혼돈을 일으킨다.

06

답과 해설 답 ②

<보기>는 인지특성 중 자기중심성, 물활론, 꿈이 실재한다고 생각하는 경향을 보여주는 것으로 걸음마기(전조작기)의 인지특성에 해당된다. 자기중심성이란, 자기자신의 관점과 다른 사람의 관점을 구별하지 못해 다른 사람도 자신과 동일할 것으로 생각하는 사고를 말한다. 물활론이란, 세상의 모든 사물이 사람과 같이 생명이 있고 살아 움직인다고 생각하는 것이다. 4~6세경이 되면 움직이는 모든 것이 살아있다고 생각하게 되고, 6~8세에는 스스로 움직이는 것만이 살아있다고 생각하게 된다. 걸음마기 유아가 보이는 인지특성 중 또 다른 특성으로 꿈과 현실을 구분하지 못하고 꿈이 실제로 일어난 것이라고 믿는 경향을 들 수 있다. 이 시기에는 꿈과 현실이 명백히 구분되지 않으며 마음속으로 상상한 것과 현실의 상황이 엄격하게 구분되지 않는다. 5~6세경에는 꿈과 현실을 어느 정도 구별할 수 있으며, 6~7세가 되면 꿈이 실재가 아니라는 것을 알게 된다.

07

답과 해설 답 ③

③ 일반적으로 30주 정도가 지나면 신경계의 조절능력이 생기게 되므로 인큐베이터에서의 생존이 가능해진다. 대략 임신 210일(7개월)을 출산예정일보다 빨리 태어난 태아가 살 수 있는 생존가능연령이라고 부른다.

08

답과 해설 답 ①

ㄱ. 영아는 전체보다는 부분을, 정지된 것보다는 움직이는 물체를 선호하여 지각한다.

09

답과 해설 답 ②

탐색반사는 '입 근처에' 무언가가 닿으면 그쪽으로 입을 벌려 빠는 모습을 취하는 것을 말한다. 같은 의미로 젖찾기반사, 근원반사, 탐지반사 등의 용어를 사용한다.

10

답과 해설 답 ②

상징놀이(가상놀이)는 피아제의 전조작기 전기(2~4세)의 특징이다. 이 시기는 걸음마기로서 상징놀이와 물활론, 인공론적 사고, 전환적 추론 등의 특징이 있다.

11

답과 해설 답 ④

④ 영아기 초기에는 기쁨, 슬픔, 놀람, 공포 등 일차정서가 나타나고, 첫 돌이 지나면서 수치, 부러움, 죄책감 같은 이차정서가 나타난다.

12

답과 해설 답 ③
오답노트

① 콜버그의 전인습적 도덕발달단계에 해당하는 시기이다.
② 역조작의 사고가 불가능하다.
④ 서열화에 대한 설명이다. 서열화는 구체적 조작기인 아동기의 특징에 해당한다.
⑤ 정체감 확립은 청소년기의 발달과업이다.

13

답과 해설 답 ①

① 걸음마기 아동의 정서 지속기간은 짧고 강렬하며, 변하기 쉽다.

14

답과 해설 답 ②

② 아동기에 해당하는 설명이다.

15

답과 해설 답 ⑤

모두 옳은 내용이다. 애인스워드(Ainsworth, 1979)는 어머니와의 기본적인 애착은 보통 생후 7개월경에 형성되며, 애착형성을 위한 민감기는 생후 1.5개월에서부터 생후 2년까지 확대될 수 있다고 본다. 2세 이후의 애착형성은 불가능한 것은 아니지만 대단히 어렵다고 본다.

16

답과 해설 답 ①

① 연하반사(swallowing reflex)는 음식물을 삼키는 반사를 말한다.

17

답과 해설 답 ③
오답노트

ㄱ. 유아기는 콜버그의 전인습적 도덕발달단계에 해당한다.
ㄷ. 영아기(0~2세)에 해당하는 설명이다.

18

답과 해설 답 ③

③ 임신초기인 임신 1~3개월은 가장 중요한 시기로, 태아의 급속한 세포분열이 일어나므로 임산부의 영양 상태, 약물복용에 가장 영향을 받기 쉽다.

19

답과 해설 답 ③

〈보기〉에서 설명한 개념은 물활론적 사고와 자기중심적 사고이며, 이와 같은 사고가 나타나는 시기는 걸음마기이다.

20

답과 해설 답 ⑤

⑤ 유아기(3~6세)는 피아제의 인지발달단계에서 전조작기(2~7세)에 해당한다. 전조작기는 언어를 습득하기는 하지만 객관적 사고보다는 직관적 사고가 일어나는 시기이다. 객관적 사고는 전조작기 이후인 구체적 조작기(7~11세)의 특징이다.

21

답과 해설 답 ③

③ 피아제의 타율적 도덕성 단계에 해당한다.

22

답과 해설 답 ⑤

⑤ 또래들과 집단놀이를 통해 자기중심성이 완화되긴 하지만, 학령전기에도 여전히 자기중심성은 남아 있다. 이러한 자기중심성 때문에 다툼이 자주 일어나 지속적인 우정을 쌓기는 어렵다.

23

답과 해설 답 ④
오답노트

ㄴ. 프로이트의 구강기, 에릭슨의 유아기, 피아제의 감각운동기에 해당한다.

24

답과 해설 답 ③

③ 유아기에는 물활론적 사고를 한다. 물활론적 사고는 무생물이 감정, 의도, 동기, 생각과 같은 살아 있는 생명의 특성을 가진다고 사고하는 것을 의미한다.

25

답과 해설 답 ③

ㄴ. 산모혈액 검사에서 AFP 수준이 높다면 두뇌와 척수에 이상이 있음을 경고하는 것이다.
ㄹ. 융모생체표본검사는 35세 이상 임산부에게만 제한적으로 실시한다.

26

답과 해설 답 ③
오답노트

① 낯가림은 영아가 낯선 사람에 대해 불안반응을 보이는 현상을 말한다.
② 상징적 사고는 자신의 행동이나 감각에 의존하지 않아도 여러 형태의 상징으로 표현할 수 있는 사고이다.
④ 물활론적 사고는 생명이 없는 사물이나 대상에게 감정과 생명을 부여하는 것이다.
⑤ 전환적 추론은 비약적 추론 혹은 전도추리라고도 한다. 두 사건이 인접해서 발생하면 두 사건 간에 아무런 관계가 없는데도 인과관계가 있는 것으로 생각하는 경우를 말한다.

27

답과 해설 답 ①

ㄱ. 빨기반사, 젖찾기반사, 연하반사 등은 적응이나 생존을 위해 필요한 반사행동이라는 점에서 생존반사(survival reflexes)로 구분되고, 모로반사, 걷기반사, 쥐기반사, 바빈스키반사 등은 생존을 위해 필요한 것은 아니지만 진화론적 관점에서 중요한 반사행동으로 이를 원시반사(primitive reflexes)라고 구분한다.

ㄴ. 신생아기에 보이는 반사운동은 무의식적인 자동적 반응이다. 정상적인 반사운동은 대체로 일정 기간이 지나면서 사라지거나 의식적인 행동으로 전환된다.

28

답과 해설 답 ⑤

임산부의 영양상태, 임산부의 약물복용과 치료, 임산부의 알코올 섭취 및 흡연, 임산부의 나이, 임산부의 질병, 임산부의 분만횟수 등이 태아에게 영향을 미친다.

9장 아동기

01.② 02.② 03.⑤ 04.③ 05.①
06.⑤ 07.② 08.③ 09.④ 10.④
11.④ 12.③ 13.① 14.④ 15.②
16.③ 17.① 18.②

01

답과 해설 답 ②

오답노트

① 근면성 대 열등감의 위기를 극복하는 과정에서 자기존중감을 갖게 된다.

③ 물체의 외형이 변하더라도 양과 부피는 동일하다는 보존개념을 확립한다.

④ 한 가지 속성에 따라 대상을 배열하는 서열화가 가능하다. 분류화는 대상을 일정한 특징에 따라 다양한 범주로 나누는 것이다.

⑤ 아동기 후반에는 형식적 조작사고가 발달해 연역적 추론이 가능해진다.

02

답과 해설 답 ②

ㄱ. 아동기는 에릭슨의 근면 대 열등 단계에 해당한다.

ㄷ. 프로이트의 잠복기에는 새로운 성감대가 나타나지 않으며 성적 본능이 수면상태에 있다.

오답노트

ㄴ. 융에 의하면, 성격의 변화가 일어나기 시작하며 위기를 맞는 시기는 중년기이다.

ㄹ. 수단과 목적을 결합하면서 최초의 의도적 문제해결 행동을 보이는 시기는 감각운동기(영아기에 해당) 중 이차도식의 협응단계이다.

03

답과 해설 답 ⑤

아동기(7~12세) 인지발달단계는 구체적 조작단계이다. 전조작기 자기중심성에서 벗어나 타인의 관점을 이해한

다. 유목화, 서열화 개념이 발달하여 대상을 분류하고 순
서대로 배열하는 능력이 생긴다. 현상들 간의 인과관계
를 추론할 수 있으므로 과학, 수학, 역사의 원리를 이해할
수 있게 된다.

> **오답노트**
>
> ㄹ. 모방, 심상, 상징놀이와 같이 상징적으로 사물을 조작
> 할 수 있는 표상기술은 전조작기 전기(2~4세)인 전개
> 념적 사고단계에 발달한다.

04

답과 해설 답 ③

구체적 조작기 특성

- 인지발달(보존개념 획득, 분류화, 서열화, 자기중심성
  극복, 탈중심화, 가역적 사고, 조합기술 획득)
- 사회정서발달(자기개념, 자기존중감, 대인관계 발달,
  또래집단 형성, 단체놀이 선호, 학교와 대중매체의 영
  향), 도덕성 발달(자율적 도덕성, 인습적 도덕기)
- 일상적 상호작용: 삶에는 다양한 방식이 존재함을 인
  식. 또래집단의 사회적 규범과 압력에 민감, 동성친구
  와 더 친밀

05

답과 해설 답 ①

> **오답노트**
>
> ② 가역성은 어떤 변화가 일어났을 때 이것을 이전 상태
> 로 되돌려놓는 것인데, 구체적 조작기에는 사고의 비
> 가역성을 극복함으로써 가역적 사고가 가능해진다.
> ③ 서열화는 어떤 특정의 속성이나 특징을 기준으로 하
> 여 순서대로 배열하는 능력을 말한다.
> ④ 분류화는 대상을 일정한 특징에 따라 다양한 범주로
> 나누는 능력으로서 상위유목과 하위유목 간의 관계,
> 즉 전체와 부분의 관계를 이해하는 것이다.
> ⑤ 보존개념은 물체의 외형이 달라지더라도 양이나 부피
> 등 물체의 특성은 변하지 않고 원래와 동일하다는 사
> 실을 인식하는 것이다.

06

답과 해설 답 ⑤

아동기의 자기개념 형성에 영향을 미치는 요인

- 개인적 요인: 개인의 연령과 성공 및 실패 경험
- 가족 요인: 부모의 양육태도
- 친구 요인: 학교라는 사회집단의 친구집단, 또래집단

07

답과 해설 답 ②

아동기에는 보존의 개념, 분류화 기능, 서열화 기능, 전조
작기의 자기중심성 극복, 탈중심화, 가역적 사고, 조합의
기술 등을 획득한다.

> **오답노트**
>
> ㄴ. ㄹ. 논리적으로 이해하고 가설설정 및 연역적 추론이
> 가능한 시기는 형식적 조작기에 해당하는 청소년기
> 이다.

08

답과 해설 답 ③
> **오답노트**
>
> ㄱ. 이전 단계들처럼 급속한 신체적 성숙은 일어나지 않
> 으나 점진적이고 지속적인 발달이 이루어진다.

09

답과 해설 답 ④

④ 아동기에는 유목화 능력을 획득한다. 유목화란, 전체
와 부분과의 관계, 상위 유목과 하위 유목과의 관계 등
을 이해하는 능력을 말한다.

> **오답노트**
>
> ① 물활론적 사고(걸음마기)에 관한 설명이다.
> ② 자기중심적 사고(걸음마기)에 관한 설명이다.
> ③ 에릭슨의 초기아동기(18개월~3세)에 관한 설명이다.
> ⑤ 전환적 추론(걸음마기)에 관한 설명이다.

10

답과 해설 답 ④
> **오답노트**
>
> ㄹ. 청소년기에 해당하는 설명이다.

11

답과 해설 답 ④

④ 제시된 내용은 유목화(분류화)에 해당한다. 유목화는
아동기에 발달하는 특징 중 하나로 유사한 특징들이
나 속성들에 따라 분류할 수 있는 능력을 말한다.

12

답과 해설 답 ③

아동기(구체적 조작기, 7~11/12세)의 보상성에 대한 내용이다. 이 시기의 아동은 다양한 변수를 고려하여 상황과 사건을 파악할 수 있게 되며, 서열화, 분류화, 보존개념 등을 획득한다. 친구관계의 경험을 통해 우정이 발달하는데 이성보다 동성친구와 더 친밀한 관계를 경험한다. 학령전기의 타율적 도덕성에서 벗어나 의도성에 의해 옳고 그름을 판단하는 자율적 도덕성 단계에 접어들게 된다.
③ 미래사건 예측 또는 가설적 판단은 형식적 조작기에 해당하는 청소년기의 특징이다.

13

답과 해설 답 ①

오답노트

피아제에 따르면 아동기는 자율적 도덕성 단계에 해당하며, 7~10세경에는 타율적 도덕성과 자율적 도덕성이 공존하고 10세 이후에는 대부분 자율적 도덕성 단계에 도달한다(②③). 또한 콜버그의 이론에 의하면 아동기는 인습적 수준의 도덕성 단계이며, 특히 10세에서 13세 경에는 다른 사람의 승인을 얻기 위해 또는 사회적 질서를 유지하기 위해 사회적 규칙과 규범을 따르고자 한다(④). 이 시기에는 외적인 보상 대신에 사회적 칭찬과 비난에 대한 회피가 도덕적 행위의 동기로 작용한다(⑤).

14

답과 해설 답 ④

④ 아동기의 학습장애를 해결하기 위해서 심리적 지지와 문제해결에 목적을 둔 프로그램은 아동의 가족을 대상으로 수행하며, 아동에게는 학습장애 해결 프로그램을 수행한다.

15

답과 해설 답 ②

② 성적 성숙이 정서에 영향을 미쳐 우울을 호소하기도 하는 것은 청소년기의 특징이다.

16

답과 해설 답 ③

③ 구체적 조작기(7~12세)에 보존개념이 확립되며 유형화와 서열화가 가능하고, 수를 조작하는 조합기술과 가역적 사고가 가능하다.

17

답과 해설 답 ①

① 아동기는 물체의 외형이 바뀌어도 그 특성은 보존된다는 보존개념을 획득하며, 컵을 바꾸어 옮겨담아도 물의 양이 동일하다는 것을 아는 가역적 사고를 하게 된다.

오답노트

② 아동기에는 수를 조작하는 조합기술을 바탕으로 덧셈, 뺄셈을 익혀나간다.
③ 분류화 및 서열화도 아동기의 주요 특징이다. 분류화는 어떤 대상물을 범주화할 수 있는 능력을 말하며, 서열화는 순서대로 배열하는 능력을 말한다.
④ 유아기에는 물활론적 사고가 발달하면서 상징놀이를 한다.
⑤ 아동기에는 논리적 사고가 현저히 발달하며, 유아기의 자기중심성을 극복한다.

18

답과 해설 답 ②

오답노트

① 학습장애: 지적 능력의 제한, 심리적 갈등, 불안감 등으로 지적 호기심이 억압되거나 학습동기가 결여되어 학업수행에 지장을 초래하는 것
③ 반사회적 인격장애: 사회적응의 여러 면에 걸쳐서 지속적이고 만성적으로, 비이성적, 비도덕적, 충동적, 반사회적 또는 범죄적 행동, 죄의식 없는 행동 또는 남을 해치는 행동을 나타내는 이상성격
④ 주의력결핍 과잉행동장애: 아동기에 많이 나타나는 장애로, 지속적으로 주의력이 부족하여 산만한 과다활동, 충동성을 보이는 상태
⑤ 지적장애: 유전적 원인에 의해, 또는 질병 및 뇌장애로 청년기 전에 야기되는 정신발달 지체 상태. IQ가 50~70점을 경증, 35~49점 중등도, 20~34점을 심도(深度) 지적장애인이라고 분류함

10장 청소년기

01.④	02.③	03.③	04.③	05.④
06.②	07.①	08.⑤	09.③	10.③
11.①	12.⑤	13.④	14.③	15.③
16.⑤	17.③	18.③		

01

답과 해설 답 ④

④아니무스와 아니마의 변화는 융의 중년기 개성화에 관한 설명이다.

02

답과 해설 답 ③

③청소년기의 혼란과 방어는 자유로워지려는 시도로 볼 수 있으며, 스스로 해결책을 찾는 기회를 제공해야 한다.

03

답과 해설 답 ③

오답노트

ㄹ. 생산성은 성인기(24~65세)에 해당한다.

04

답과 해설 답 ③

오답노트

①④ 청년기에 해당한다.
② 아동기에 해당한다.
⑤ 노년기에 해당한다.

05

답과 해설 답 ④

오답노트

ㄱ. 부모로부터의 독립을 꿈꾸며 제2반항기가 시작된다. 제1반항기는 2~4세경에 나타난다.

06

답과 해설 답 ②

②정체감 유예 상태는 정체감 성취나 정체감 혼란 중 어느 방향으로도 나아갈 수 있다.

07

답과 해설 답 ①

에릭슨은 최종의 정체감을 성취하기 이전에 경험하는 일정 기간의 자유 시험기를 심리사회적 유예라는 용어로 표현한 바 있다.

08

답과 해설 답 ⑤

ㄱ. 제2성장급등기: 청소년기에 신체적 성장과 발달이 급격하게 진행되면서 골격이 완성되며, 소화기 등의 내부기관도 급속히 성장한다. 제1성장급등기는 영아기(출생~2세)로, 이후 성장이 느리게 진행되다가 청소년기에 다시 폭발적인 신체적 변화가 일어난다.

ㄴ. 생식기: 청소년기는 프로이트의 심리성적 발달단계 중 생식기에 해당한다.

ㄷ. 형식적 조작기: 청소년기는 피아제의 인지발달단계 중 형식적 조작기에 해당한다.

오답노트

ㄹ. 심리사회적 완성기가 아니라 심리사회적 유예기이다. 에릭슨은 청소년기에 사회적, 직업적 역할을 탐색하면서 자아정체성을 확립해가지만 이 과정에서 자신에 대한 절망, 동요, 방황 등을 경험하게 된다고 설명하면서 심리사회적 유예기라고 표현했다.

09

답과 해설 답 ③

③피아제는 자기중심성을 전조작기 아동의 특징으로 설명했다.

10

답과 해설 답 ③

③청소년기의 신체적 성장비율은 이전보다 2배 정도 빨라지며, 소년의 성장속도가 더 빠르게 진행되어 청소년기가 끝날 무렵 소년의 신체적 발달이 더 우세해진다.

오답노트

① 일반적으로 청소년들은 자신의 신체에 대한 부정적 신체상을 형성하는 경우가 많고 남자가 여자에 비해 긍정적 신체상을 갖는 경우가 많다.

② 신체구조적 발달의 차이가 성적 성숙에 있어서 차이를 나타내며, 여아의 경우 성장급등 현상이 일어난 직후에 성적 성숙이 일어나 남자보다 빠르게 나타난다.

④ 운동발달에 있어 근육발달의 차이와 내부기관의 발달 차이 등으로 성에 따른 차이가 나타난다.

⑤ 생리현상과 사정에 대해 소녀와 소년 모두 불안과 기대감을 동시에 갖게 된다.

11

답과 해설 답 ①

오답노트

ㄴ. 청소년기는 피아제의 발달단계에서 형식적 조작기에 해당하는데, 자신이 경험해보지 못한 일에 대해서도 인과관계를 추론할 수 있다는 것은 이러한 형식적 조작과 관련된다.

ㄷ. 청소년기 자기중심성이 심리적 퇴행인 것은 아니다.

12

답과 해설 답 ⑤

오답노트

ㄴ. 아동기의 특징에 해당한다.

13

답과 해설 답 ④

④ 중년기의 사회복지실천과 관련된 내용이다.

14

답과 해설 답 ③

③ 청소년기 이성관계는 이성에 대한 이해와 성역할의 사회화와 관련이 있다. 배우자를 탐색하는 과정은 청년기의 특성이다.

15

답과 해설 답 ③

에릭슨의 발달단계 중 청소년기는 자아정체감 대 역할혼란으로 설명된다. 12~20세까지의 청소년기는 아동기에서 성인기로 옮겨가는 전환기로 이 시기 주요 발달과업은 자신이 누구인지를 탐구하고 자신의 정체성을 형성하는 시기이다. 이 위기를 극복하지 못하면 준비되지 않은 상태에서 성인의 역할을 수행해야만 하는 불행을 경험하게 된다.

16

답과 해설 답 ⑤

개인적 우화(personal fable)는 자신의 감정과 사고는 너무나 독특한 것이어서 다른 사람들이 이해할 수 없다고 생각하는 청소년기 특유의 비합리적이고 허구적인 자아관념을 뜻한다. 반면, 상상적 청중(imaginary audience)은 청소년기의 과장된 자의식으로 인해 타인의 집중적인 관심과 주의의 대상이 되고 있다고 믿는 것이다.

17

답과 해설 답 ③

③ 아동기의 특징에 해당한다.

18

답과 해설 답 ③

마르시아의 자아정체감 4범주
- 정체감 성취: 위기를 극복하여 자기 신념에 따라 의사결정이 가능한 상태
- 정체감 유예: 위기 중인 상태로, 다양한 실험 중에 있으며 아직 의사결정을 못한 상태
- 정체감 유실: 위기를 경험하지 않은 채 부모 혹은 사회적 가치관을 그대로 따르는 상태
- 정체감 혼란: 정체감 확립에 대한 노력도, 기존의 가치관에 대한 의문도 없는 상태

11장 청년기

01. ④ 02. ① 03. ⑤ 04. ③ 05. ②
06. ④ 07. ② 08. ⑤ 09. ④ 10. ②
11. ③ 12. ① 13. ⑤

01

답과 해설 답 ④

④ 청소년기 이후로는 인지발달이 거의 이루어지지 않는다고 보는 학자도 있지만, 청년기에도 인지발달이 지속적으로 이루어진다고 보는 학자도 있으며 인지발달은 평생동안 이루어진다고 보는 학자도 있다.

02

답과 해설 답 ①

① 청년기에는 독립과 자율성에 대한 갈망, 부모로부터의 독립에 대한 불안감 및 의존감을 동시에 갖는 양가감정이 출현한다.

오답노트

② 청년기 자율성을 획득하는 과정에서 부모의 역할이 매우 중요하다.
③ 장년기의 특징이다.
④ 청년은 이 시기에 선택하는 직업에 따라 삶의 방식이 결정될 것이라고 인식하기 때문에 직업 선택에 신중을 기하고 자신이 원하는 직업을 갖기 위해 노력한다.
⑤ 자아정체감 형성은 청소년기의 과제이며, 이 과정에서 청소년은 위기를 경험한다.

03

답과 해설 답 ⑤

오답노트

ㄹ. 은퇴, 자녀의 출산 등으로 역할변화, 역할상실 등을 경험하는 시기는 노년기이다.

04

답과 해설 답 ③

사회복지사는 클라이언트와의 관계에서 자신의 전문적이고 개인적인 권리를 인식해야 함과 동시에 클라이언트의 욕구와 권리 또한 인식하고 존중해야 한다. 또한 자기주장 능력은 사회복지사와 클라이언트에게 모두 강조되는 것이 일반적이다.

05

답과 해설 답 ②

② 사회적 역할을 융통성 있게 수행하고 적응해야 하는 것은 하비거스트가 제시한 노년기 발달과업이다.

06

답과 해설 답 ④

청년기(대략 20대 동안)에는 '친밀감 대 고립감'의 심리사회적 위기에 직면하게 된다. 결혼을 통해 친밀감을 형성할 수 있지만, 결혼 그 자체가 친밀감은 아니라는 점, 즉 결혼이 곧 친밀감은 아니라는 점에 주의해야 한다. 부부간의 관계가 소원해지거나 고립감을 느낄 수 있기 때문에 친밀한 관계를 유지하고 무관심한 관계를 회복하려는 노력이 필요하다.

07

답과 해설 답 ②

ㄱ. 아동기에 해당하는 설명이다.
ㄷ. 노년기에 해당하는 설명이다.

08

답과 해설 답 ⑤

오답노트

ㄱ. 에릭슨의 심리사회적 발달단계에서 생산성 대 침체의 시기는 성인중기(중년기)이다.

09

답과 해설 답 ④

오답노트

①②③⑤ 장년기에 해당하는 설명이다.

10

답과 해설 답 ②

인간행동과 사회환경

루빈(Rubin, 1973)의 배우자 선택이론
- 근접성이론: 학교나 직장 등 지리적으로 가까운 관계의 사람을 배우자로 삼게 될 가능성이 큼
- 이상형 배우자이론: 개인이 바라는 특성과 특질을 이상적으로 갖춘 인물을 선택
- 가치의 일치이론: 자신의 가치와 의식적이든 무의식적이든 일치하는 사람을 선택
- 동형 배우자이론: 자신과 유사한 인종적·경제적·사회적 특징을 지닌 상대를 선택
- 보완적 욕구이론: 자신에게 부족한 특성을 지닌 파트너를 선택하거나 자신이 원하는 유형이 되도록 도와줄 수 있는 사람을 선택
- 조화이론: 자신을 이해하고 받아들이며, 유사한 인생철학을 지니고 있어서 원활한 의사소통이 가능할 것 같은 상대를 선택

11

답과 해설 답 ③
오답노트

ㄷ. 신체를 초월하여 만족스러운 사회적 활동을 해야 한다는 것은 펙이 제시한 노년기 발달과업에 해당한다.

12

답과 해설 답 ①

① 근면성은 에릭슨이 아동기의 발달과업으로 제시한 것이다.

13

답과 해설 답 ⑤

〈보기〉에서 제시하는 개념은 청년기 발달과업인 '친밀감 대 고립감' 중 '친밀감'에 해당한다. 친밀한 관계에서는 개인의 감정을 나누고, 부족한 생각이나 계획도 서슴없이 나눌 수 있다. 친밀감은 또한 공감적이고 관계 내에서 즐거움을 주고받을 수 있음을 의미한다.

12장 장년기

01.③	02.②	03.④	04.④	05.⑤
06.③	07.③	08.①	09.③	10.②
11.②	12.⑤	13.⑤	14.⑤	15.③
16.④	17.①	18.③	19.①	

01

답과 해설 답 ③
오답노트

ㄹ. 여성은 에스트로겐이, 남성은 테스토스테론이 감소하면서 갱년기를 경험한다.

02

답과 해설 답 ②
오답노트

ㄱ. 융의 중년기 개성화 과정에 관한 설명이다.
ㄹ. 갱년기는 여성뿐만 아니라 남성에게서도 나타나며, 남성도 심리적 증상을 겪을 수 있다.

03

답과 해설 답 ④

④ 청소년기에 대한 설명에 해당한다.

04

답과 해설 답 ④

④ 결정성 지능은 후천적 경험 및 반복적인 학습에 따라 습득되고 발달되는 지능을 말한다. 중년기에는 그동안 쌓인 경험을 통합적으로 사고하여 활용할 수 있다.

05

답과 해설 답 ⑤

침체는 직장에서 승진 탈락, 노부모 부양, 부부 갈등과 이혼 등으로 무능력을 경험할 때 형성되며, 새로운 기술발

달과 생활양식의 변화도 장년기 성인이 침체에 이르는 원인이 된다.

06

답 ③

③ 아들러는 발달단계 및 발달과업을 구분하여 제시하지 않았다. 인간은 본질적으로 열등감을 경험하게 된다고 보았으며, 우월성 추구는 5세 이후부터 현실화되기 시작한다고 보았다. 열등감이나 우월성 추구가 특정 발달단계에서만 일어난다고 보지는 않았다.

07

답 ③

자녀와 떨어져 생활한 적이 없는 경우, 자녀의 독립을 겪는 중년기 여성이 겪는 심리적 우울현상이다. 이 시기 남편은 직업에 몰두하는 시기이므로 여성 혼자 빈집을 지키게 된다는 의미에서 빈둥지증후군이라 한다.

08

답 ①

ㄹ. 뉴만과 뉴만은 건강한 결혼관계를 유지하기 위한 조건을 제시하면서, 부부는 각자 개인적인 성장과 부부로서의 성장을 위해 헌신해야 한다고 보았다.

09

답 ③

③ 장년기에는 부부 간 문제에 대한 효과적인 의사소통이 가능하도록 해야 한다.

10

답 ②

② 융은 40세 이후를 개성화의 시기로 보았다. 이 시기에는 페르소나, 그림자, 아니마, 아니무스에 변화가 생긴다. 남자에게는 아니마가 여자에게는 아니무스가 발달한다.

① 장년기 초기에는 외부 세계에 몰두하는 시기이다. 장년기 중 특히 40세 이후에는 외부 세계와 물질세계에 대한 관심을 내부로 돌린다.

③ 남녀 모두 성적인 변화로 서로 갈등을 겪는다.
④ 개성화란 장년기 초기까지 외부 세계에 몰두하던 자아를 내적 정신세계로 관심을 돌리는 것을 말한다.
⑤ 개성화된 인간은 자긍심이 높아진다.

11

답 ②

에릭슨의 심리사회적 발달단계 중에서 생산성 대 침체 단계에 대한 설명이다.

12

답 ⑤

① 청소년기에 해당하는 설명이다.
② 청년기에 해당하는 설명이다.
③ 노년기에 해당하는 설명이다.
④ 인지능력의 변화에 대해서는 상반된 견해가 있지만, 문제해결 능력은 높아진다.

13

답 ⑤

장년기는 경제적 안정과 다양한 삶의 경험을 통해 지혜를 터득하고, 사회적·가정적으로 중요한 역할을 수행하는 시기이나, 신체적 변화로부터 오는 심리적 위축과 적응문제 등 위기를 극복해야 하는 시기이기도 하다. 따라서 많은 학자들은 공통적으로 장년기를 인생의 전환기로 간주한다.

ㄹ. 원초아에서 자아의 분화 및 발달은 대략 생후 4~6개월(교재에 따라서 1세경)부터 시작된다.

14

답 ⑤

⑤ 노년기의 발달과업에 해당한다.

펙이 제시한 성인기 발달과업
• 장년기
  −지혜에 가치 부여 vs 물리적 힘에 가치 부여
  −대인관계의 사회화 vs 성적 대상화
  −정서적 유연성 vs 정서적 빈곤성
  −정신적 유연성 vs 정신적 경직성

인간행동과 사회환경

- 노년기
  - 직업 역할 몰두에서 자기분화로
  - 신체 몰두에서 신체 초월로
  - 자기몰두에서 자기초월로

15

답과 해설 답 ③

오답노트

ㄴ. 성역할 정체감 정체감이 확고해지는 시기는 청년기
(혹은 청소년 후기)에 해당한다.

16

답과 해설 답 ④

융의 성격발달이론에 따른 중년기 개성화 과정
- 남성들은 여성적 측면을, 여성들은 남성적 측면을 나타냄
- 남성들은 공격적 야망이 줄어들고 그동안 소홀했던 대인관계에 관심을 갖는 반면, 여성들은 좀 더 공격적이고 독립적이 됨
- 자아의 에너지를 외적 · 물리적 차원으로부터 내적 · 정신적 차원으로 전환
- 페르소나, 음영, 아니마, 아니무스에 변화가 발생

17

답과 해설 답 ①

① 피아제는 도덕성 발달단계를 타율적 도덕성과 자율적 도덕성으로 나누어 보았다. 타율적 도덕성은 전조작기 후기인 4~7세에 해당한다.

18

답과 해설 답 ③

오답노트

ㄱ. 청소년기에 해당하는 설명이다.
ㄷ. 결정성 지능은 연습과 반복의 결과로 획득된 능력으로서 장년기에도 증가한다.

19

답과 해설 답 ①

사람들은 40세 이후가 되면 정신적인 면에 변화가 생겨 추구하던 목표와 야망들이 그 의미를 잃게 되며 마치 결정적인 무엇인가가 빠진 것 같이 우울감과 침체감을 경

험한다. 융은 이러한 위기에서 우리의 정신을 외부가 아닌 자기 내면으로 향하도록 하여, 자신 안에 자신조차 알지 못하고 있던(무의식 속의) 자기(self), 즉 진정한 자기 자신을 만날 것을 권고한다. 이러한 과정을 개성화(개별화)라 한다.

오답노트

② 에릭슨이 이 시기의 발달과업으로 제시한 생산성 개념에 해당한다.
③④ 펙(Peck)이 제시한 장년기의 발달과업에 해당된다.
⑤ 에릭슨이 노년기 발달과업으로 제시한 자아통합에 대한 설명이다.

13장 노년기

01. ②	02. ⑤	03. ④	04. ⑤	05. ⑤
06. ④	07. ②	08. ⑤	09. ⑤	10. ④
11. ①	12. ③	13. ③	14. ②	15. ①
16. ④	17. ③	18. ①	19. ⑤	20. ③

01

답과 해설 답 ②

② 대체로 노년기에도 사회적 활동을 하며 다른 사람들과 사회적 관계를 맺는 것이 우울 예방에 도움이 되며 인생만족 및 자아통합에 긍정적 영향을 줄 수 있다고 본다.

02

답과 해설 답 ⑤

⑤ 큐블러-로스의 죽음에 이르는 5개의 심리적 단계에서 마지막 5단계는 '수용'의 단계로 자신의 죽음을 수용하고 임종을 준비한다.

03

답과 해설 답 ④

펙의 심리적응 이론에서 노년기에 심리적으로 적응해야할 과업으로 다음 3가지를 제시했다. 퇴직의 상황에 빨리 적응하고 새로운 활동에서 만족을 얻을 수 있도록 자기 가치를 재평가해야 하며(ㄱ), 노화로 인한 건강상태와 외모 변화에 초월함으로써 인간관계와 창조적 정신능력에서 행복을 정의할 줄 알아야 하며(ㄴ), 죽음에 직면한 상황에 적응하여 죽음을 긍정적으로 수용하고 성공적인 노화를 이루어야 한다(ㄷ).

04

답과 해설 답 ⑤

⑤ 노년기(65세 이상)는 단기기억보다 장기기억의 감퇴 속도가 느리다.

05

답과 해설 답 ⑤

⑤ 청년기에 해당하는 설명이다.

06

답과 해설 답 ④

④ 가족지혜 보존형은 권위주의적인 역할을 떠맡고 특별한 자원이나 기술을 전수하려는 조부모 유형이다.

오답노트

① 공식형: 자녀 양육책임을 부모에게 맡기고 간헐적으로 아기를 돌보는 등 손자녀와의 관계를 제한하는 조부모
② 대리부모형: 손자녀의 부모가 직업이 있는 경우, 많은 시간을 아이의 부모 역할을 해주는 조부모
③ 거리두기형: 특별한 기념일이나 공휴일에만 손자녀와 정기적으로 만나고 손자녀의 생활에는 거의 관여하지 않는 조부모
⑤ 재미추구형: 손자녀와 함께 놀아주는 놀이 동료 조부모

07

답과 해설 답 ②

② 은퇴는 사회적 지위 상실로 노인의 자존감이 낮아질 수 있다.

08

답과 해설 답 ⑤
오답노트

①④ 에릭슨(E. Erikson)은 노년기에 자아통합 대 절망이라는 심리사회적 위기를 겪는다고 보았다.
② 펙(Peck)은 이 시기에 자기몰두에서 자기초월로 적응해야 한다고 보았다.
③ 노년의 역할 유형에서 제도적 역할은 분명한 지위와 역할을 갖는 유형이다. 공식적 지위 없이 비공식적 역할만 주어지는 유형은 비공식적 역할(unofficial role) 유형이다.

09

답과 해설 답 ⑤

모두 성공적인 노화의 조건에 해당한다.

10

답과 해설 답 ④

ㄴ: 부인
ㄱ: 격노와 분노
ㅁ: 협상
ㄷ: 우울
ㄹ: 수용

11

답과 해설 답 ①

성공적 노화는 내적 · 심리적 측면뿐 아니라 외적 · 사회적 측면을 가진다. 성공적 노화를 설명하는 분리이론은 노년기의 사회적 · 심리적 철회는 선천적 경향을 지니며, 다양한 역할과 사회관계에서 물러남으로써 반응하는 과정을 분리라고 보았다. 이러한 사회적 철회는 자신에 대해 더욱 몰두하고 대상에 대한 정서적 관심이 감소하는 노년기 발달 성향과 밀접한 관련이 있으며, 연령 증가에 따른 개인의 사회적 분리는 인생 만족을 증가시키는 요인이라고 보았다.

오답노트

② 활동이론의 내용이다.
③ 활동이론은 노년기에도 높은 수준의 사회적 · 정서적 · 물리적 참여를 유지하는 것이 중요하다.
④ 활동이론에서 노년기의 만족은 계속적인 활동과 높은 상관성이 있다고 강조한다.
⑤ 분리이론에 관한 내용이다.

12

답과 해설 답 ③

③ 노년기에는 능동적 문제해결보다는 타인에 대한 의존성이 증가한다.

13

답과 해설 답 ③

노년기에는 내향성과 수동성, 조심성, 경직성, 우울성향이 증가하며 생에 대한 회상이 증가한다. 남은 시간에 대한 회피를 위해 시간전망이 변하며 유산을 남기려는 경향도 나타난다. 또한 노화가 진행됨에 따라 신체적, 정신적, 경제적 의존 등 전반적인 의존이 증가하는 경향을 보인다.

14

답과 해설 답 ②

② 노년기에 지적 기능이 쇠퇴한다는 주장에는 통일된 견해가 없다.

15

답과 해설 답 ①

노년기에 주로 일어나는 사고능력과 기억력의 심각한 장애인 인지증(치매)은 다양한 원인으로 나타나는 기질성 정신장애로 기억장애, 추상적 사고장애, 판단장애, 성격 변화를 수반함으로써 직업 및 일상생활, 대인관계 등에 문제를 야기한다.

16

답과 해설 답 ④

노년의 역할 유형에는 제도적 역할, 희박한 역할, 비공식적 역할, 무역할 등 4가지의 역할 유형이 있다.

오답노트

ㄹ. 제도적 역할은 분명한 지위와 역할이 있는 것으로 직업, 가족, 사회계급, 종교단체 등에서 공적인 지위를 맡고 그 지위에 따른 규범적인 역할 기대, 책임 등을 다하지 못했을 경우 불이익이 존재한다.

17

답과 해설 답 ③
오답노트

ㄷ. 에릭슨은 노년기 발달과업으로 자신의 삶을 수용함으로써 자아통합을 이룰 것을 제시하였다. 자신의 삶을 수용하지 못하면 인생에 대한 후회, 공허함과 죽음에 대한 두려움 등이 겹치면서 절망에 빠질 수 있다고 보았다.

18

답과 해설 답 ①

ㄱ. 노인은 직업역할을 상실하므로 지위로 인한 위엄과 명예, 자아존중감, 삶의 만족도는 낮아진다.

19

답 ⑤

⑤ 노년기에는 외부 사물이나 행동보다는 내적인 측면에
관심과 주의를 기울이며, 자신의 사고나 감정에 따라
사물을 판단하고 능동적 문제해결보다는 타인에 대한
의존성이 증가한다.

20

답 ③

사례는 배우자의 사별을 맞이하는 과정에서 겪는 비애
과정을 보여주고 있다. 석만씨는 큐블러-로스의 비애
5단계 중 부인(denial)단계 → 격노와 분노단계 → 협상
단계에 이르는 과정에 있다.
이별할 수밖에 없다는 데에서 오는 우울, 외로움, 고립감
등은 이 이후 단계에 해당된다.

2영역

사회복지조사론

1장 과학적 방법과 조사연구

01.②	02.④	03.①	04.②	05.⑤
06.②	07.④	08.②	09.②	10.②
11.②	12.③	13.②	14.①	15.⑤
16.③	17.④	18.③	19.②	20.④
21.①				

01

답과 해설 답 ②

오류를 완벽하게 제거하기란 불가능하다. 오류를 최소화하기 위한 노력을 기울여야 한다.

02

답과 해설 답 ④

오답노트

① 관찰로부터 조사를 시작한다면 귀납적 방법이다.
② 이론적 배경으로부터 가설을 설정하는 것은 연역법이다.
③ 인과의 오류는 귀납법에서 범할 수 있는 오류이다.
⑤ 질적 조사는 귀납적 방법이라 할 수 있다.

03

답과 해설 답 ①

오답노트

② 연구대상자에게 피해를 미치는 경우에 해당한다.
③ 안락사가 허용되지 않는 국가에서는 비윤리적인 주제라고 할 수 있다.
④ 연구참여자의 사생활보호와 비밀보장이라는 기준에 위배될 수 있다.
⑤ 연구참여자는 자발적으로 참여를 결정해야 한다.

04

답과 해설 답 ②

과학은 진리를 추구하기보다는 효용을 탐색하는 것이다.

05

답과 해설 답 ⑤

이외에도 사회복지조사연구의 유용성에는 사회복지서비스 질의 향상을 위한 지식과 기술의 개발, 사회복지이론과 실천기술 구축, 사회복지의 책임성 제고 등이 있다.

06

답과 해설 답 ②

오답노트

ㄴ. 일반적인 전제로부터 특별한 사례들에 대한 결론을 도출하는 사고에 바탕을 두는 것은 연역주의이다.

ㄹ. 쿤의 과학적 혁명론은 과학적 진리가 특정한 사회 혹은 과학공동체의 패러다임에 의해 의존한다고 본다.

07

답과 해설   답 ④

연구참여자가 자신 또는 타인에게 피해를 미칠 위험에 처해 있음을 알게 된 경우에는 적절한 기관에 알리는 등의 합리적 조치를 취하는 것이 필요하다.

08

답과 해설   답 ②

사회복지조사방법론 지식은 사회복지실무자 및 조사대상에 대한 비윤리적 행위를 예방하기 위해 필요한 것이지, 감시와 통제를 하기 위해 필요한 것이라고는 할 수 없다.

09

답과 해설   답 ②

오답노트

① 보편적으로 적용가능한 분석도구가 존재한다고 보는 것은 실증주의이다.
③ 경험적 관찰을 통해 이론을 재검증하는 것은 실증주의이다.
④ 주관적인 접근 방법을 택하여 연구대상의 세계를 연구대상의 관점으로 바라보는 것은 해석주의이다.
⑤ 통제된 실험, 표준화된 척도를 사용한 엄격한 측정, 통계분석 등을 선호하는 것은 실증주의이다.

10

답과 해설   답 ②

실증주의는 사회과학에 자연과학의 방법론을 적용함으로써 사회현상에 대한 과학적 접근을 가능하게 한 대표적 패러다임이다(ㄱ). 이론 – 가설 – 관찰 – 일반화의 반복적 절차에 따른 엄격한 측정과 양적 자료수집 및 통계적 분석을 중요시하며, 이를 통해 도출된 확률적 일반적 법칙을 바탕으로 사회현상을 예측하고 통제할 수 있다고 본다(ㄷ).

오답노트

ㄴ. 실증주의는 사람들의 행동을 측정하고 관찰하는 데 초점을 두는 반면, 해석주의에서는 행위자의 입장에서의 의미를 찾는 데 초점을 둔다.
ㄹ. 실증주의는 사회적 현실이 자연물과 같이 객관적으로 존재한다고 보는 반면, 비판적 사회과학은 사회적 현실을 역사적 산물로 보고 사회를 변화시키는 원인을 찾아내고자 한다.

11

답과 해설   답 ②

쿤은 위대한 과학적 발견은 정상과학의 시기에 이루어지지 않고 패러다임 혁명의 시기에 이루어졌다고 주장한다.

12

답과 해설   답 ③

이론이 미개발된 분야에서는 탐색적 연구로 질적 조사를 하는 것이 좋다. 질적 조사는 보통 귀납적 방법을 취한다.

13

답과 해설   답 ②

ㄴ. 부모가 아동이 조사연구에 참여하는 데 동의한 경우라도 아동은 참여를 거부할 수 있다.
ㄷ. 연구의 주제와 내용은 사회적 윤리를 고려하여 선정해야 한다. 인종에 따른 양육태도 차이에 관한 연구는 조사결과를 수용하는 데 논란의 여지가 있을 수 있다.

14

답과 해설   답 ①

귀납적 방법은 관찰에서 시작하여 일반적인 원리나 이론으로 전개해나가는 논리적 과정이다.

오답노트

② 인식의 원천을 실험과 관찰이라고 주장하는 것은 귀납주의이다.
③ 쿤은 기존 패러다임이 새로운 패러다임으로 교체되고 새로운 정상과학이 탄생하는 과정을 반복하는 것을 패러다임의 전환이라고 하며, 이러한 패러다임의 전환을 과학혁명이라고 하였다. 새로운 패러다임의 전환은 이전의 패러다임을 수정하거나 확장하는 수준에서 이루어지는 것이 아니다.
④ 객관성과 엄밀성, 일반화 가능성을 강조하는 것은 실증주의이다.
⑤ 해석주의는 주관적 의미와 언어, 행위의 사회적 맥락에 초점을 둔다.

15

답 ⑤

일상생활에 대한 사람들의 경험과 의미를 부여하는 것을 목적으로 하는 것은 해석주의 사회조사에 해당한다. 실증주의 사회조사의 목적은 사회현상의 예측과 통제에 있다.

16

답 ③

사회복지조사는 문제를 계량화하고 객관적 · 통계적으로 검증할 수 있는 과학적 연구를 지향한다.

17

답 ④

〈보기〉는 가설 설정 후, 이를 검증하는 연역법의 원리를 따르고 있다. 인과의 오류는 귀납법에서 범할 수 있는 오류이다.

18

답 ③

경우에 따라서는 연구의 장기적 이익이 특정한 윤리적 규범을 어기는 것보다 더 가치 있다고 받아들여지는 경우도 있다. 즉 연구목적이 연구수단을 정당화시킬 수도 있다. 그러나 이러한 이슈에는 여전히 논란의 여지가 많다.

오답노트

① 사회복지조사는 기술적 · 과학적인 고려뿐 아니라 행정적 · 윤리적 · 정치적 고려에 의해 영향을 받는다.
② 일반화 가능성과 충돌할 가능성이 있는 윤리적 규범은 '고지된 동의'에 입각한 자발적 참여이다.
④ 조사문제의 선정과정에서 가치나 윤리적 고려는 필요하다.
⑤ 사회복지조사를 포함한 사회과학에서는 개인의 독특한 행위보다는 사람들의 집합적 행동에서 드러나는 사회적 규칙성을 발견하는 데 초점을 둔다.

19

답 ②

조사참여 도중이라도 원하는 경우에는 언제든 조사를 중단할 수 있음을 명확하게 인식시켜야 한다.

20

답 ④

오답노트

ㄹ. 쿤의 과학적 혁명론에 따르면 과학적 진리는 과학공동체의 패러다임에 의존하며 사회의 성격에 영향을 받는다.

21

답 ①

과학은 이해관계, 선입견이나 편견의 영향을 최소화할 수 있도록 객관성을 추구하는 것을 강조한다.

2장 조사의 유형과 절차

01.④	02.④	03.①	04.⑤	05.②
06.④	07.③	08.④	09.②	10.②
11.⑤	12.③	13.⑤	14.③	15.③
16.⑤	17.②	18.⑤	19.③	20.②

01

답과 해설 답 ④

시간의 변화에 따른 특정 동류집단의 변화를 조사하는 것은 동년배조사이다.

02

답과 해설 답 ④

빈칸은 자료수집 단계에 해당한다. 자료는 관찰, 면접, 설문지 등 여러 가지 방법을 통해 수집되는데, 과학적 조사자료는 조사자가 직접 수집하는 1차 자료와 이미 다른 주체가 수집한 2차 자료로 구분된다.

03

답과 해설 답 ①

집단(지역)을 분석단위로 한 조사결과를 바탕으로 개인에 대한 결론을 끌어내는 오류를 의미한다.

오답노트

② 환원주의: 다양한 인간행동을 설명할 때 원인이라고 생각할 수 있는 개념이나 변수의 종류를 지나치게 제한하거나 한 가지로 환원시키는 경우를 의미한다.
③ 개체주의적 오류: 개인을 분석단위로 한 조사결과를 바탕으로 집단에 대한 결론을 끌어내는 오류를 의미한다.
④ 과도한 일반화: 소수의 사례에 기반한 결론을 보편적인 다수에게 확대 적용할 때 발생하는 오류이다.
⑤ 부정확한 관찰: 일상생활에서 무의식적으로 이루어지는 관찰은 특정 현상이나 사건을 간과할 수도 있다.

04

답과 해설 답 ⑤

발생빈도와 비율을 파악할 때 사용하는 것은 기술적 조사이다.

05

답과 해설 답 ②

사회복지조사의 과학적 수행과정은 '문제형성 → 가설형성 → 조사설계 → 자료수집 → 자료분석 및 해석 → 보고서 작성'이다.

06

답과 해설 답 ④
오답노트

ㄹ. 종단조사 중 경향연구에 해당한다.

07

답과 해설 답 ③

사회복지조사의 과학적 수행은 '문제형성 → 가설형성 → 조사설계 → 자료수집 → 자료분석 및 해석 → 보고서 작성' 등의 절차를 거쳐 이루어진다. 사례에서 사회복지사 A씨는 문제의식을 바탕으로 가설을 형성한 단계까지 수행했기 때문에 다음 단계로 필요한 절차는 구체적인 조사 대상과 조사 방법 등을 결정하는 조사설계이다.

08

답과 해설 답 ④

1990년대 10대와 2000년대 10대의 직업선호도 비교에 관한 연구는 경향조사에 해당한다.

09

답과 해설 답 ②

조사대상 중 일부를 선정하였으므로 표본조사이며 서베이조사이다.

10

답과 해설 답 ②

②의 분석단위는 개인이고, 나머지는 집단(가구, 집단,

조직 등)에 해당된다.

11

답 ⑤

아동기 빈곤(독립변수)이 교육수준과 소득수준(종속변수)에 미치는 영향이라는 인과관계를 규명하기 위한 설명적 조사이다. 패널조사는 종단조사에 해당하며 양적 조사로 분류할 수 있다.

12

답 ③

환원주의 오류는 사회현상의 원인이 다양한 요인에 의한 것임에도 불구하고 인간과 사회에 대한 현상들의 원인으로 생각되는 개념이나 변수를 지나치게 제한하거나 한 가지로 환원시킴으로써 지나친 단순화로 잘못을 범하는 오류이다. 즉, 복합적 현상을 단 하나 혹은 몇 개의 개념으로 협소하게 설명해 버리는 오류를 말한다.

13

답 ⑤

연구하려는 문제가 생소하거나 주어진 문제에 대한 사전지식이 부족한 경우 탐색적 조사를 실시한다.

① 패널조사: 동일한 주제와 동일한 응답자에 대해 장기간 반복적으로 실시하는 조사
② 동년배조사: 구체적인 범위에 속한 인구집단의 변화를 연구하기 위한 조사
③ 전수조사: 조사대상 전체를 모두 조사
④ 기술적 조사: 현상의 모양이나 분포, 크기, 비율 등을 상세히 파악하기 위한 조사

14

답 ③

사례는 시간의 흐름에 따라 나타나는 일반적인 대상집단의 변화를 조사하는 것으로 종단조사 중 경향조사에 해당한다. 동일대상을 반복적으로 조사하는 것이 아니기 때문에 패널조사는 아니고, 특정 동류집단의 변화를 조사한 것도 아니기 때문에 동년배조사도 아니다. 여론조사는 주로 횡단조사에 해당한다.

15

답 ③

스트레스 증상에 영향을 미치는 요인들을 살펴본다고 하였으므로 설명적 연구에 해당한다. 현장실습의 효과적인 성과를 가져올 수 있는 체계적인 실습교육 개선방안을 제시하고자 하였으므로 응용조사에 해당한다. 실습생 전체를 대상으로 한 전수조사인지 표본조사인지는 확인되지 않으며(ㄴ), 관찰이나 면접을 통한 질적 조사인지 혹은 대규모 양적 조사인지도 확인되지 않는다(ㄹ).

16

답 ⑤

사례의 조사연구는 설명적 조사 – 표본조사 – 종단조사 – 양적 조사에 해당한다.

ㄹ. 종단조사이므로 여러 차례 자료를 수집, 분석한다.

17

답 ②

일정 연령이나 일정 연령 범위 내의 사람들 중에서 반복조사하므로 동년배조사에 해당한다.

18

답 ⑤

서울특별시에 거주하는 장애인 전체를 대상으로 실시하는 전수조사에 해당한다.

① 응용조사: 조사결과를 사회문제의 해결이나 개선에 직·간접적으로 응용한다.
② 설명적 조사: 장애인의 사회경제적 특징과 장애인복지욕구 간의 인과관계를 분석하고자 한다.
③ 횡단조사: 일정 시점에서 이루어지는 조사이다.
④ 미시조사: 분석단위가 장애인 각각, 즉 개인에 해당한다.

19

답 ③

사례에서 나타난 조사의 분석단위는 집단이고 수집된 자료 역시 집단에 관한 것이기 때문에 본 자료로는 개별 학

생들의 합격률이 높은 원인을 IQ로 단정할 수 없다. 단지 '합격률이 높은 대학의 학생들의 IQ가 합격률이 낮은 대학의 학생들의 평균보다 높다'는 것뿐이다. IQ가 높은 대학에 다니는 IQ가 낮은 학생들이 시험에 더 많이 합격했을 수도 있다. 이처럼 집단이나 집합체 단위의 조사에 근거하여 그 안에 포함된 개별 단위들에 대한 성격을 규정하는 오류를 '생태학적 오류(ecological fallacy)'라 한다. 원자 오류(atomistic fallacy)는 개인주의적 오류와 같은 의미로 사용되는 개념이다.

20

답과 해설   답 ②

해당 연구는 질적 조사에 해당하며, 저소득 여성노인의 거주이동 경험이라는 그동안 연구되지 않은 분야에 대한 탐색적 조사로 분류할 수 있으며, 저소득 여성 노인 20명을 대상으로 한 표본조사로 분류할 수 있다.

3장 조사문제와 가설

1.③	2.④	3.③	4.①	5.②
6.③	7.④	8.②	9.⑤	10.③
11.①	12.⑤	13.④	14.②	15.③
16.③	17.③	18.②	19.⑤	20.③
21.①	22.⑤			

01

답과 해설   답 ③

가설에 포함되는 변수는 두 개로 한정되지 않는다. 다만, 3개 이상의 변수들을 포함하는 복합 가설의 검증은 복잡해질 가능성이 있으므로 가능하면 단순 가설을 만들어 검증하는 것이 좋다.

02

답과 해설   답 ④

조작적 정의란 추상적인 개념을 실증적, 경험적으로 측정 가능하도록 구체화한 정의를 의미한다.

03

답과 해설   답 ③

통제변수란 독립변수와 종속변수의 관계에 영향을 미칠 수 있는 제3의 변수 중에서 조사설계에서 통제하려는 변수를 의미한다.

04

답과 해설   답 ①

가설은 2개 이상의 변수로 구성되어야 하며, 그것들 간의 관계를 나타내고 있어야 한다.

05

답과 해설   답 ②

연구대상인 사람, 사물의 속성, 사회적 현상 등의 변수를 개념적으로 정의하는 것은 명목적 정의이다.

06

답과 해설 답 ③

조절변수란 독립변수가 종속변수에 미치는 영향을 조절하는 변수로, 독립변수가 종속변수에 미치는 영향이 어떤 요인에 의해 다르게 나타날 때 그 요인은 조절변수에 있다. 사례에서 스트레스가 자살행동에 미치는 영향은 사회적 지지의 수준에 따라 다르게 나타나고 있다. 따라서 사회적 지지는 스트레스가 자살행동에 미치는 영향을 조절하는 조절변수로 기능하고 있음을 알 수 있다.

07

답과 해설 답 ④

(ㄱ) 재가 요양보호사와 요양보호 대상자 간의 관계는 독립변수, (ㄴ) 직무만족도는 매개변수, (ㄷ) 장기근속은 종속변수에 해당한다. ④의 내용에서 독립변수와 종속변수 간의 관계의 강도나 방향에 영향을 미치는 변수는 조절변수이다.

08

답과 해설 답 ②

통제변수란 독립변수와 종속변수의 인과관계에 영향을 주는 제3의 변수 중 조사설계에서 조사자가 통제하려는 변수를 말한다.

09

답과 해설 답 ⑤

모든 문제가 사회복지 조사의 대상이 되지는 않는다. 연구가치가 있고 독창적이며 창의적이고 경험적으로 검증 가능하며 도덕적인 배려가 있는 문제를 선정해야 한다. 질적 조사를 시행하는 목적이 연구문제에 대한 지식을 수립하기 위한 것이더라도 조사문제가 새로운 것이고 조사할 가치나 필요성이 있다는 것을 확인하는 의미에서도 기존 문헌의 검토는 필요하다.

10

답과 해설 답 ③

가식적 관계에 대한 설명이며, 이때 제3의 변수를 외생변수라고 한다. 가식적 관계를 밝히기 위해 외생변수는 통제되어야 한다.

① 인과관계: 일반적으로 선행사실과 후행사실이 원인과 결과의 관계에 있는 것
② 상관관계: 두 가지 가운데 한쪽이 변화하면 다른 한쪽도 따라서 변화하는 관계
④ 매개변수관계: 두 변수는 서로 직접적인 관계가 없는데 제3의 변수가 두 변수의 중간에서 연결시켜서 두 변수가 간접적으로 관계를 가지는 경우
⑤ 가식적 영관계: 원래 상관관계가 있는 두 변수 각각과 관련을 맺고 있는 제3의 변수로 인해 두 변수의 상관관계가 없는 것처럼 보이는 관계

11

답과 해설 답 ①

ㄱ. 명목적 정의는 개념적 정의라고도 한다. 개념적 정의를 실증적이고 경험적으로 측정 가능하도록 조작적 정의로 구체화하는 과정을 조작화라고 한다.

12

답과 해설 답 ⑤

가설을 구성하기 위해 고려해야 할 사항은 다음과 같다. 첫째, 연구문제를 해결해 줄 수 있어야 한다. 둘째, 가설은 연구분야의 다른 가설이나 이론과 연관이 있어야 한다. 셋째, 가설은 경험적으로 검증할 수 있어야 한다. 넷째, 가설의 표현은 간단명료해야 한다. 다섯째, 가설은 가능한 2개의 변수 간의 관계로 기술하는 것이 좋다. 여섯째, 가설은 가능한 광범위한 적용범위를 가지고 있어야 한다. 일곱째, 너무 당연한 관계를 가설로 세우는 것은 좋지 않다.

ㄹ. 가설이 적용되는 범위가 너무 좁다면 가설 검증 결과가 별로 유용하게 쓰이지 못하게 된다. 예를 들어 "하루에 소주를 4~5병 마시는 사람은 1~2병 마시는 사람에 비해 간암에 걸릴 가능성이 높을 것이다"라고 가설을 세우는 것보다 "술을 많이 마시는 사람은 간암에 걸릴 가능성이 높을 것이다"로 가설을 세우는 것이 좋다.

13

답과 해설 답 ④

두 변수의 관계가 처음에는 긍정적이었는데 제3의 변수인 검증요인을 넣고 분석했을 때 부정적으로 변할 경우, 여기서의 검증요인을 왜곡변수라고 한다. 부정적이었는

데 긍정적으로 변한 경우도 마찬가지이다. 사례에서 원래 미혼 여성이 정치에 더 많이 참여하는 것으로 나타난 결과가 연령이라는 제3의 변수로 인해 기혼 여성이 정치참여를 더 많이 하는 것으로 결과가 변했기 때문에 본 사례에서 연령은 왜곡변수라 할 수 있으며, 이를 통제시킬 경우 통제변수가 된다. 결혼여부는 독립변수, 정치참여는 종속변수이다. 여기서 여성은 변수가 아니다.

14

답과 해설 답 ②

빈곤을 물질적인 결핍상태로 정의하는 것은 개념화에 해당한다.

15

답과 해설 답 ③

교육의 투입이 소득수준 향상의 원인일 때 독립변수는 교육의 투입이 된다.

16

답과 해설 답 ③

조작적 정의 단계는 추상적인 개념을 실증적, 경험적으로 측정 가능하도록 구체화하는 단계이다. 이를 위해서 개념이나 변수를 측정할 수 있는 측정도구, 즉 척도를 선택하는 과정이 포함된다.

17

답과 해설 답 ③

오답노트

ㄱ. 외생변수는 독립변수와 종속변수 간의 관계가 표면적으로 인과관계가 있는 것처럼 보이게 하는 변수로서 이 변수를 통제해야만 독립변수와 종속변수 간의 정확한 관계를 규명할 수 있다.

ㄷ. 매개변수에 관한 설명에 해당하며, 억압변수는 독립변수와 종속변수 간에 아무런 관계가 없는 것처럼 보이게 만드는 변수를 의미한다.

18

답과 해설 답 ②

영가설이 거짓일 때 채택하기 위해 설정되는 가설은 대립가설이다. 연구가설은 이론으로부터 도출된 가설로서 검증될 때까지는 조사문제에 대한 잠정적 해답으로 간주되는 가설이다.

19

답과 해설 답 ⑤

오답노트

ㄱ. 제1종 오류는 영가설이 참인데도 이를 기각하는 결정을 하는 오류이고, 제2종 오류는 영가설이 거짓인데도 이를 채택하는 오류를 말한다. 이 두 가지 오류는 하나를 줄이면 다른 하나가 높아지기 때문에 둘 다 낮게 할 수는 없다.

20

답과 해설 답 ③

영가설은 변수 간의 차이가 없거나 관계가 없다는 내용으로 서술하며, 연구가설을 부정하거나 기각하기 위해 설정하는 가설을 의미한다.

21

답과 해설 답 ①

부모의 아동학대는 독립변수, 학대피해아동의 자아존중감은 종속변수가 되며, 독립변수와 종속변수 간의 관계의 강도나 방향에 영향을 미치는 성별이 조절변수가 된다. 해당 연구결과의 내용만으로는 통제변수, 외생변수가 무엇인지 알 수 없으며, 매개변수는 존재하지 않는다.

22

답과 해설 답 ⑤

장애인 근로자와 동료 근로자 간의 관계가 원인변수인 독립변수, 장기근속이 결과변수인 종속변수가 된다. 독립변수와 종속변수 사이에서 직장만족도가 매개체가 되었으므로 직장만족도는 매개변수가 된다. 장기근속의 개월 수는 종속변수이며, 비율변수에 해당하므로 기하평균을 구할 수 있다.

4장 조사설계와 인과관계

01.④	02.⑤	03.④	04.②	05.②
06.②	07.①	08.⑤	09.④	10.③
11.②	12.④	13.②	14.⑤	15.⑤
16.①	17.③	18.④		

01

답과 해설 답 ④

조사대상을 실험집단과 통제집단으로 구분할 때 자원하는 사람을 실험집단에 배치하고 그렇지 않은 사람을 통제집단으로 배치했기 때문에 특정 속성이 실험집단에서 두드러지게 되는 편향된 선별의 문제를 야기할 수 있다.

02

답과 해설 답 ⑤

오답노트

ㄹ. 독립변수와 종속변수의 관계에서 인과관계의 방향이 모호한 경우 내적 타당도를 저해한다.

03

답과 해설 답 ④

내적 타당도는 변수 간의 인과관계의 확신 정도를 의미하며, 인과관계의 성립조건을 얼마나 충족시키는지 여부에 따라 좌우된다. 또한 다양한 저해요인을 얼마나 잘 통제했는지를 통해 확인할 수 있는 것은 내적 타당도의 내용이다. 연구결과의 일반화 여부는 외적 타당도와 관계된 내용이다.

오답노트

①②⑤ 내적 타당도에 관한 설명이다.
③ 외적 타당도에 해당한다.

04

답과 해설 답 ②

검사효과(testing effect)란 사전－사후검사 시 동일한 측

05

답과 해설 답 ②

오답노트

ㄴ. 플라시보 통제집단을 설정하여 조사결과의 진위 여부를 파악하는 가실험 통제집단설계는 외적 타당도를 높이는 방법이다.
ㄹ. 조사대상을 확률적 표집 또는 무작위 표집으로 선정하여 표본의 대표성을 높이는 것은 외적 타당도를 높이는 방법이다.

06

답과 해설 답 ②

노인들의 우울증세가 호전된 것이 프로그램의 영향일 수도 있지만 치료 프로그램이 진행되는 동안 전체 행사로 진행된 경로잔치와 나들이의 영향일 수도 있다. 이처럼 실험 기간 중 종속변수에 영향을 미칠 수 있는 통제 불가능한 사건을 역사요인이라고 한다.

07

답과 해설 답 ①

우연한 사건, 통계적 회귀, 인과관계 방향의 모호성은 조사설계의 내적 타당도 저해요인에 해당한다.

오답노트

ㄷ. 표본의 대표성은 조사설계의 외적 타당도 저해요인에 해당한다.

08

답과 해설 답 ⑤

사회과학에서 인과관계가 성립되기 위해서는 '공변성, 시간적 우선성, 개방체계 전제, 확률적 결론, 외생변수 통제, 원인의 조작화, 비대칭적 관계' 등의 요건들을 충족해야 한다.

09

답과 해설 답 ④

① 성숙효과: 단순한 시간 경과나 연구대상자들의 성장이나 노화와 같은 자연적인 발달상의 변화가 종속변수에 영향을 미치는 경우
② 조사반응성: 조사대상자가 자신이 실험에 참여하고 있다는 것을 의식해서 평소 상황과는 다른 행동과 반응을 보이는 경우
③ 통계적 회귀: 사전검사에서 극단적인 점수를 받았다면 사후검사에서는 독립변수의 효과와 무관하게 정상치에 가까운 점수로 돌아가는 경우
⑤ 도구효과: 사전검사와 사후검사에서 서로 다른 측정도구를 사용하거나 평가자가 다른 경우에 종속변수에 영향을 미치는 경우

10

답과 해설 답 ③

복지관 프로그램 외에 청소년들의 자기통제력을 향상시키기 위한 프로그램이 진행되었기 때문에 청소년의 자기통제력 향상이 복지관 프로그램에 의한 것이라고 보기 어려움을 설명하고 있다. 이는 우연한 사건(history)에 관한 설명이다.

11

답과 해설 답 ②

의료사회복지사 H씨는 프로그램 참가자들의 건강상태가 변화하지 않았으므로 프로그램의 효과성이 없다고 단정하였다. 하지만 다른 조건들을 모두 통제한 상태에서도 대상자들에게 시간의 경과에 따른 자연 성숙효과가 발생할 수 있다. 이 경우, 노인들의 성숙효과란 자연스런 퇴행 현상을 의미하기 때문에 건강상태의 변화가 없다는 것을 바탕으로 오히려 이 프로그램이 효과성이 있다고 판단할 수 있다. 동일한 검사도구를 사용하였기 때문에 도구의 차이로 인한 문제는 발생하지 않으며, 극단치의 대상자들만 프로그램에 참여한 것이 아니기 때문에 통계적 회귀의 문제도 발생하지 않는다. 통제집단이 설정되지 않았기 때문에 개입의 확산이나 편향된 선별의 문제도 발생하지 않는다.

12

답과 해설 답 ④

• 통계적 회귀: 매우 건강한 노인들을 실험집단으로 선택하였기 때문에 사전검사에서는 건강상태가 지나치게 좋게 나타났을 가능성이 크며, 사후검사에서는 프로그램과 무관하게 건강상태가 이전보다 악화될 수 있다.
• 실험대상자 상실: 일부 노인들의 사망으로 실험대상자에서 탈락하면서 표본의 수가 줄어들어 잘못된 실험결과가 나올 수 있다.
• 성숙효과: 90세 이상의 노인들의 경우 노화가 급속히 진행되며 1년이 넘는 긴 시간 동안 프로그램이 진행되었기 때문에 성숙효과가 나타날 수 있다.

13

답과 해설 답 ②

ㄱ. 연구대상자들의 탈락은 내적 타당도 저해요인에 해당한다.
ㄷ. 서로 다른 검사를 사용할 경우에 도구효과가 발생할 수 있다.

14

답과 해설 답 ⑤

① 외부사건: 조사연구과정 중 결과를 혼란스럽게 만드는 외부사건을 의미한다.
② 통계적 회귀: 사전검사에서 어떤 점수가 지나치게 높거나 낮은 사람들을 대상으로 프로그램을 수행하는 경우 사후검사점수는 반대로 낮아지거나 높아지는 경향을 보이는 것을 의미한다.
③ 개입확산: 실험집단에서 실시한 프로그램이나 특정한 개입에 의해서 실험집단의 사람들에게 효과가 발생하고, 그 효과들이 다른 집단의 사람들(통제집단)에게 전파되어 두 집단 간의 차이가 약해지는 경우를 의미한다.
④ 조사반응성: 실험이나 조사가 수행되는 과정에서 피실험자들이나 연구대상자들이 자신에게 기울이는 특별한 관찰과 관심에 대해 반응하는 것을 의미한다.

15

답과 해설 답 ⑤

대상자가 20명에 불과하며, 20명 또한 연구 대상자로서 대표성을 가지고 있는지 확인되지 않는다. 소수의 참여자로 인해 연구 결과의 일반화의 어려움이 있다. 또한 자기 선택에 의해 실험 집단에 배정되는 경우 선택의 편의가 발생한다. 그러나 통계적 회귀 문제는 확인되지 않는다.

16

답과 해설 답 ①

통제변수를 설정하지 않고 자료를 분석한 결과, 수입과 결혼생활만족도는 상관관계(공변관계)를 갖는 것으로 나타났다. 하지만 통제변수를 투입하여 다시 분석한 결과, 수입과 결혼생활만족도는 인과관계가 없는 것으로 나타났으며, 이를 가식적 관계라고 부른다. 따라서 두 변수 사이에는 인과관계가 성립한다고 볼 수 없다.

17

답과 해설 답 ③

사전검사는 내적 타당도를 위협하는 요인이기도 하지만 외적 타당도를 위협하기도 한다. 사례에서 사전검사의 내용을 인지한 참가자들이 교육프로그램에 더 민감하게 반응하고 있다. 사전검사 자체가 피실험자들이 개입프로그램에 반응하는 데 영향을 주게 된 것이다. 즉 사전검사가 개입프로그램과 상호작용을 일으켜 결과에 영향을 주는 것(사전검사-개입 상호작용)이다. 동시에 일반 현장에서는 사전검사 없이 개입프로그램이 실행되므로 실험 결과의 일반화 가능성을 의미하는 외적 타당도가 떨어진다. 이처럼 사전검사는 내적 타당도와 외적 타당도를 동시에 위협하는 요인이다. 사전검사와 사후검사를 다르게 하는 것은 도구효과를 일으킬 수 있으며, 본 사례와는 관계가 없는 진술이다.

18

답과 해설 답 ④

외적 타당도는 조사결과의 일반화와 관련된 것으로, 확률표집방법 사용, 표본의 크기 확대, 통제집단의 설정 등이 외적 타당도를 높이는 방법에 해당한다.

오답노트

ㄹ. 무작위 할당이란 이미 추출된 표본을 대상으로 실험집단과 통제집단을 나눌 때 무작위로 배치한다는 말로, 조사결과의 정확성 증진이라는 내적 타당도를 높이는 방법에 해당된다.

5장 조사설계의 유형

01.②	02.④	03.④	04.⑤	05.①
06.②	07.④	08.③	09.④	10.③
11.③	12.①	13.③	14.③	15.②
16.⑤	17.①			

01

답과 해설 답 ②

실험집단과 통제집단의 설정, 사전검사와 사후검사의 실시 등 실험설계의 대표적인 형태인 통제집단 전후비교 설계에 해당한다.

오답노트

① 단일집단 전후비교 설계: 조사대상자에 대해서 사전검사를 실시하고, 독립변수를 도입한 후, 사후검사 실시한다.

③ 비동일 통제집단 전후비교 설계: 실험조사설계의 통제집단 전후비교 설계와 유사하나, 실험집단과 통제집단이 임의적 할당에 의해 나누어진다는 점에서 차이가 있다.

④ 통제집단 사후비교 설계: 전검사를 실시하지 않아, 주시험효과와 상호작용효과의 제거가 가능하다.

⑤ 복수시계열 비교 설계: 비슷한 특성을 지닌 두 집단을 선택하여 실험집단에 대해서는 실험변수를 도입하기 전에 여러 번 관찰을 하고, 실험변수 도입 후 다시 여러번 관찰을 실시한다.

02

답과 해설 답 ④

유사실험설계는 순수실험설계보다 내적 타당도는 떨어지지만, 외적 타당도는 높은 편이다.

03

답과 해설 답 ④

통제집단 사전사후검사 설계의 가장 큰 단점은 사전검사와 실험처치(독립변수 개입)와의 상호작용효과를 통제할 수 없다는 데 있다.

이 설계는 통제집단 사전사후검사 설계로 순수실험설계 중에서도 가장 전형적인 기본 유형에 해당된다(①, ②). 이 설계에서는 실험집단에서의 종속변수 점수 변화 (30−20=10)를 통제집단에서의 종속변수 점수 변화 (26−21=5)와 비교하여 그 차이를 통해 독립변수의 효과를 판단한다. 이 사례에서는 5점(10−5=5)이 바로 독립변수의 효과로 계산된다. 통제집단에서의 종속변수 점수 변화(26−21=5)는 통제되는 외생변수의 효과를 말한다. 즉, 개입으로 인한 실험집단의 점수 변화(30−20=10) 중 독립변수 이외의 외생변수의 효과를 알아내어 이를 통제하고 보다 순수한 독립변수의 효과를 판단하기 위해 무작위 할당을 통해 다른 조건은 실험집단과 동등한 통제집단을 설정하여 독립변수의 개입에 있어서만 차이를 가하는 방식을 설정하는 것이다. 따라서 이 설계를 통해 확인할 수 있는 외생변수의 효과는 통제집단에서의 종속변수 점수 변화와 같으며 이 사례에서는 5점이다.

04

답과 해설 답 ⑤

솔로몬 4집단 설계는 통제집단 사전사후검사 설계와 통제집단 사후검사 설계를 결합한 것으로 검사효과와 상호작용시험효과(사전검사와 독립변수의 상호작용효과), 기타 외생변수로 인한 효과를 배제하여 독립변수의 개입으로 인한 순수한 주효과를 밝힐 수 있다.

05

답과 해설 답 ①

제시된 실험설계 방법은 정태적 집단비교 설계이다. 이 방법은 통제집단 사후검사 설계에서 무작위 할당만 제외된 형태로 실험집단과 통제집단이 무작위로 할당된 것이 아니기 때문에 선택적 편의가 독립변수 조작과 상호작용할 수 있다.

②③은 1회사례 설계, ④는 분리표본 사전사후검사 설계, ⑤는 솔로몬 4집단 설계의 특징에 해당한다.

06

답과 해설 답 ②

ㄴ. 통제집단 사후검사 설계는 사전검사를 실시하지 않는다.

ㄹ. 순수실험설계에 해당하며, 유사실험설계보다 내적 타당도가 높다.

07

답과 해설 답 ④

사례의 조사설계는 1회사례 설계로 단일집단 사후실험 설계라고도 한다. 이 유형은 통제집단을 선정하지 않고 사전검사도 실시하지 않고 단일집단에 대해 실험 또는 프로그램 개입을 실시한 후 사후에 종속변수의 변화만을 검사하기 때문에 선택의 편의나 우연한 사건, 중도탈락 등 내적·외적 타당도를 저해시킬 수 있는 요소들을 통제할 수 없다. 하지만 사전검사를 실시하지 않기 때문에 검사효과는 발생하지 않는다.

08

답과 해설 답 ③

1회사례 설계는 시간적 우선성을 확인할 수는 있지만 공변성이나 외생변수에 대한 통제는 결여되어 있기 때문에 인과관계를 추론할 수 없다.

09

답과 해설 답 ④

ㄹ. 순수실험설계는 엄격한 조건으로 인해 실제 사회과학연구에서는 적용되기 어려운 점들이 있다.

10

답과 해설 답 ③

통제집단 전후비교 설계는 사전검사를 실시하기 때문에 검사효과가 발생하며, 사전검사와 실험처치가 상호작용을 일으켜 생기는 상호작용시험효과로 인해 외적 타당도 상의 문제가 나타날 수 있다. 사전검사로 인한 문제를 해결하기 위해 사전검사를 실시하지 않는 통제집단 후비교 설계는 검사효과와 상호작용시험효과가 발생하지 않아 내적 타당도나 외적 타당도의 문제를 감소시킬 수 있다.

11

답과 해설 답 ③

솔로몬 4집단 설계에서 집단 간 교류는 엄격히 통제된다.

12

답과 해설 답 ①

요인 설계는 독립변수가 두 개 이상일 때 적용되는 설계로서, 각 변수의 분류항목의 조합의 수만큼 실험집단을 설정하고 개별 독립변수–종속변수, 두 개 이상의 독립변수–종속변수의 인과관계를 검증한다.

13

답과 해설 답 ③

단순시계열 설계에 해당한다. 통제집단을 별도로 두지 않고 그 대신 실험처치로 인한 효과 확인을 위해 동일집단 내 여러 번에 걸쳐 실시된 사전검사 점수와 사후검사 점수를 비교한다.

오답노트

① 단순시계열 설계는 유사실험설계에 해당한다.
② 단순시계열 설계는 통제집단을 사용하지 않기 때문에 종속변수의 변화가 우연한 사건들의 영향을 받았을 가능성을 배제하지 못한다.
④ 단순시계열 설계는 통제집단이 존재하지 않는다.
⑤ 무작위 할당은 연구대상자로 정해진 표본을 실험집단과 통제집단에 무작위적으로 배치하는 것이다. 단순시계열 설계는 통제집단이 존재하지 않으므로 무작위 할당이 이루어지지 않는다.

14

답과 해설 답 ③

〈보기〉는 유사실험설계의 특징을 설명하고 있다. 유사실험설계에는 비동일 통제집단 설계, 단순시계열 설계, 복수시계열 설계, 분리표본 사전사후검사 설계 등이 포함되나 분리표본 사전사후검사 설계는 실험집단과 통제집단을 무작위로 나눴다는 점에서 다른 유형과 구분된다.

15

답과 해설 답 ②

정태적 집단비교 설계는 실험집단과 통제집단이 무작위로 할당된 것이 아니라 배합 등의 방법에 의해 동질적인 특성의 집단으로 선정되지만 무작위 할당이 아니므로, 선정상의 편의(selection bias)가 독립변수 조작과 상호작용할 수 있다.

16

답과 해설 답 ⑤

사례는 비동일 통제집단 설계에 대한 설명이다. 비동일 통제집단 설계는 실험집단과 통제집단을 무작위 할당하지 못하는 경우 연구자가 임의로 실험집단과 유사하다고 판단되는 집단을 통제집단으로 선정하고 실험집단에만 개입을 제공한 후 두 집단에 대한 사전, 사후검사 결과를 비교하는 연구설계이다. 사회복지현장에서 가장 많이 활용하는 실험조사설계로서 무작위 할당이 이루어지지 않으므로 두 집단 간 동일성에 대한 통제가 명확히 이루어지지 않는다. 따라서 선정편견이나 역사요인, 성장요인 등의 외생변수들이 내적 타당도를 저해할 수 있다. 대상자의 규모가 작을 때 무작위 할당을 배합과 통합하여 사용하는 경우는 순수실험설계에 해당한다.

17

답과 해설 답 ①

1단계

집단1의 점수 변화는 8점(18−10=8)이다. 그러나 이는 순수하게 독립변수(개입)의 효과라기보다는 가실험효과나 기타 외생변수의 효과에 일정 정도 영향을 받아 나타난 변화일 수 있다. 따라서 효과를 통제하기 위해 집단2와 집단3을 두게 된다. 집단3에서는 가실험 처치, 즉 개입은 아니지만 개입을 받은 듯 가실험 처치를 가함으로써 가실험효과를 계산할 수 있고, 집단2에서는 기타 외생변수를 계산할 수 있다.

2단계

집단2와 집단3에서의 외생변수 효과 및 가실험효과를 통제하여 8점 중 몇 점이 독립변수로 인한 주효과인지를 판단할 수 있게 된다. 아무런 개입이 없었음에도 집단2에서는 3점(12−9=3)의 변화가 있었고(즉, 개입 이외의 외생변수 효과들이 작용하여 3점 정도를 변화시켰다는 것임), 집단3에서는 5점의 변화가 있었다. 이때 집단1, 집단2, 집단3이 동일하게 무작위 할당된 것이므로 집단2에 작용한 외생변수의 효과는 집단1과 집단3에도 그대로 적용된다고 할 수 있다.

3단계

집단3의 점수 변화 5점 중 3점은 외생변수의 효과에 해당되고 나머지 2점이 가실험효과라 할 수 있다. 즉 집단1에서의 점수 변화 8점 중 3점은 외생변수의 효과로 인한 변화, 2점은 가실험효과로 인한 변화고, 나머지 3점이 개입(독립변수)으로 인한 순수한 효과, 즉 주시험효과에 해당한다고 볼 수 있다.

6장 단일사례설계

01. ② 02. ① 03. ④ 04. ③ 05. ②
06. ④ 07. ④ 08. ④ 09. ④ 10. ①

01

답과 해설 답 ②

연구대상을 선정할 때 모집단으로부터 무작위 표본추출하는 것은 가설의 검증을 목적으로 하는 표본조사설계에 해당한다.

02

답과 해설 답 ①

기초선과 개입단계로 이루어진 AB설계이다. 유지단계는 개입이 유지된다는 의미이지 새로운 개입을 실시했다거나 기존 개입을 철회했다는 의미가 아님을 유의해야 한다.

03

답과 해설 답 ④

오답노트

① 조사연구의 대상이 하나의 사례에 국한되기 때문에 그 결과를 일반화하는 데 제약이 따른다. 즉, 외적 타당도가 낮다.

② 클라이언트가 위기상황에 처해서 즉각적 개입이 필요한 경우에는 BAB설계가 적합하다.

③ ABCD설계는 융통성이 있어서 연속적인 단계에서 옳다고 입증된 대로 개입계획을 변경할 수 있다. 클라이언트에게 도움이 되지 않는 개입을 수정하거나 실제로 표적문제에 변화를 가져오는지 설명하고자 할 때 유용하다.

⑤ AB설계는 기초선 단계와 개입 단계가 한 번씩만 있기 때문에 개입효과를 평가하기 위한 목적으로 개입을 중단하지 않는다.

04

답과 해설 답 ③

복수기초선설계는 하나의 동일한 개입방법을 여러 문제, 상황, 대상자에게 적용하여 같은 효과를 얻음으로써 표적행동에 대한 개입의 효과를 추정하는 데 신빙성을 높이려는 것이다. 복수기초선설계는 적용대상에 따라 문제 간 복수기초선설계, 상황 간 복수기초선설계, 대상자 간 복수기초선설계로 구분할 수 있다. 문제 간 복수기초선설계는 하나의 특수한 개입방법이 같은 상황에서 같은 대상자의 다른 문제해결에 효과가 있는지를 평가하기 위한 것이다. 여기서 문제는 서로 간에 상호독립적인 것이어야 하고 상관된 것이어서는 안 된다. 상관된 경우 한 행동의 변화는 자동적으로 다른 행동의 변화에 영향을 미치게 되어 개입의 효과를 약하게 만들거나 불확실하게 만들기 때문이다.

05

답과 해설 답 ②

ABAB설계는 개입효과를 가장 높이 확신할 수 있기 때문에 실천현장에서 유용하다. 두 번째 개입 이후 표적행동 상태가 제2기초선 단계와 비교해 현저한 변화를 보인다면 개입효과를 더욱 신뢰할 수 있다.

06

답과 해설 답 ④

ABAB설계는 개입 이외의 다른 요인 때문에 변화가 일어났을 가능성이 거의 배제됨으로써 개입의 효과를 확신할 수 있는 설계이다. 하지만 개입을 일단 시작한 후 관찰을 위해 중지하는 것은 계속적 치료를 바라는 클라이언트의 욕구에 반하는 것이므로 비윤리적이다.

07

답과 해설 답 ④

경향선 접근법은 기초선이 다소 불안정한 경우에 사용하는 방법이다. 기초선(A)의 관찰점을 전반부와 후반부로 나눠 각 평균을 구해 두 점을 잇는 직선을 그어 개입(B) 부분까지 연장하는 경향선을 긋는다. 만일, 개입단계에서의 관찰점이 모두 경향선 아래 또는 위에 있으면 그 개입은 효과적이다.

08

답과 해설 답 ④

ㄹ. ABCD설계는 우연한 사건, 순서효과, 이월효과가 개입과정에 영향을 미친다는 단점이 있다.

사회복지조사론

09

답과 해설 **답 ④**

기초선A → 개입1(직업재활훈련) → 개입2(사회기술훈련) → 개입3(사례관리)인 ABCD설계에 해당한다.

오답노트

① ABA설계: AB설계에 또 하나의 기초선을 추가하였다. 개입을 일정 시간 실시하고 나서 개입을 중단한 후 표적행동을 관찰하는 방법이다.
② ABAB설계: AB설계에 외생변수를 좀 더 효과적으로 통제하기 위하여 제2기초선과 제2개입 단계를 추가한 것이다.
③ ABC설계: 하나의 기초선에 대해서 여러 개의 각기 다른 방법(BC)을 도입하는 것이다.
⑤ BAB설계: 처음에 기초선 기간을 설정하지 않고 바로 개입단계에 들어가고, 그 다음에 개입을 중단하는 기초선단계를 갖고 다시 개입을 재개한다.

10

답 ①

ㄱ. 복수기초선설계는 비용이 저렴하며, 개입효과에 대한 일반화 가능성을 제고할 수 있다.

7장 측정

01.④	02.③	03.②	04.②	05.③
06.③	07.④	08.②	09.⑤	10.④
11.②	12.④	13.①	14.③	15.②
16.④	17.①	18.④	19.③	20.⑤
21.④	22.④	23.①	24.①	25.②
26.④	27.①			

01

답 ④

절대 영점이 존재하는 것은 비율척도에 해당한다.

02

답 ③

동일한 척도를 사용하는 것은 검사-재검사법에 해당하며, 대안법은 유사한 2개의 척도를 사용한다.

03

답 ②

비체계적 오류는 무작위적으로 일관성 없이 나타나는 오류이므로, 제거하기가 쉽지 않다.

04

답 ②

오답노트

ㄴ. 신뢰도는 측정값들 사이의 일치도를 말하는 개념으로, 같은 대상에 대해 반복적으로 측정할 때 어느 정도 동일한 측정값을 산출하는지의 정도를 말한다.
ㄹ. 타당도가 높은 측정은 신뢰도도 높은 경향이 있지만, 신뢰도가 높다고 해서 반드시 타당도가 높은 것은 아니다.

05

답과 해설 답 ③

ㄴ. 내용타당도에 해당하는 설명이다.
ㄹ. 구성타당도(개념타당도)에 해당하는 설명이다.

06

답과 해설 답 ③

신뢰도는 비체계적 오류, 타당도는 체계적 오류에 의해 저해된다. 〈보기〉에서 비체계적 오류에 해당하는 것은 ㄷ이다. 나머지 보기는 모두 체계적 오류에 해당한다.

07

답과 해설 답 ④

신뢰도는 측정값의 일관성을 의미하며, 타당도는 측정한 값과 대상의 진정한 값의 일치 정도를 의미한다. 철수의 몸무게를 측정한 결과, 8kg이 더 가볍게 일관적으로 측정되었으므로 신뢰도는 높다고 할 수 있지만, 실제 몸무게와는 8kg의 차이가 나는 것이므로 타당도는 낮다고 할 수 있다.

08

답과 해설 답 ②

이 그림에서는 일관되게 과녁을 맞추기는 했으나 의도한 곳과는 다른 곳을 맞추고 있다. 일관성은 있으므로 신뢰도는 있다고 볼 수 있으나 원래 의도한 지점을 맞추지 못했으므로 타당도는 떨어진다고 볼 수 있다. 측정에 오류가 있으나 오류가 일정한 패턴을 보이므로(즉, 과녁의 오른쪽 상단을 일정하게 맞추고 있으므로) 체계적 오류가 발생하고 있다고 볼 수 있다. 이 경우 무작위적 오류와 달리 오류에 예측성이 있어서 다시 사격을 했을 때에도 오른쪽 상단을 맞출 가능성이 높다고 예측할 수 있다.

09

답과 해설 답 ⑤

타당도가 낮으면 신뢰도가 높을 수도, 낮을 수도 있다.

10

답과 해설 답 ④

① 삶의 만족도는 보통 등간척도나 서열척도에 해당하며 비례적 특성을 갖는 진술을 할 수 없다.
② 서열수준으로 측정하는 경우 변수값의 평균을 활용할 수 없다.
③ 낮은 수준의 측정을 그보다 높은 수준의 측정으로 전환할 수 없다.
⑤ 명목수준의 측정에서 사용되는 숫자는 양적인 크기를 갖지 않는다.

11

답과 해설 답 ②

신뢰도를 높이기 위해서는 측정항목(하위변수)을 늘리고 항목의 선택범위(값)를 넓혀야 한다. 측정항목이 많거나 선택범위가 넓을수록 신뢰도는 증가하고, 반대로 측정항목 수가 적거나 선택범위가 좁을수록 신뢰도가 낮아지는 경향이 있다.

12

답과 해설 답 ④

하나의 측정도구를 한 번에 적용하여 측정하고 그 안에서 신뢰도를 평가하는 방법은 내적 일관성 신뢰도 평가 방법이다.

13

답과 해설 답 ①

내용타당도는 측정도구에 포함된 설문문항들이나 관찰 내용들이 측정하려고 하는 속성이나 개념을 얼마나 대표성 있게 포함하고 있는가에 대해 논리적으로 판단하는 것이다.

14

답과 해설 답 ③

단일한 신뢰도계수를 산출하지 못하는 반분법의 단점을 극복한 방법이 크론바하 알파계수이다.

15

답과 해설 답 ②

구성타당도를 검증하는 통계적인 방법에는 상관계수법, 요인분석 등이 있다.

16

답과 해설 답 ④

ㄱ. 부양의무자의 소득 – 비율변수
ㄴ. 수급자가 거주하는 지역(동, 洞) – 명목변수
ㄷ. 노인장기요양등급(1~5급) – 서열변수
ㄹ. 장애인의 장애유형(지체장애인, 시각장애인 등) – 명목변수

17

답과 해설 답 ①

"4대보험 가입률"은 비율척도에 해당한다. 비율척도는 속성이 전혀 존재하지 않는 상태의 절대 영점이 존재한다.

18

답과 해설 답 ④

신뢰도 검사는 비체계적 오류(무작위 오류)와 관련되며 타당도가 체계적 오류와 관련된다.

19

답과 해설 답 ③

조사대상자가 잘 모르거나 관심 없는 내용에 대해서는 측정하지 않는 것이 바람직하다.

20

답과 해설 답 ⑤

측정도구의 신뢰도를 높이기 위해서는 첫째, 측정항목의 모호성을 줄이고 구체적이고 명확한 문항을 사용해야 한다. 둘째, 사전검사를 수행하여 기존도구가 수정된 경우 수정 과정에서 발생하는 신뢰도의 문제를 가려낼 수 있고, 기존의 도구를 사용한 경우 기존도구가 해당 연구 주제에 측정도구로서 신뢰성이 있는지를 확인할 수 있다. 셋째, 일반적으로 문항을 추가하는 것은 신뢰도 계수를 향상시킨다. 넷째, 조용한 측정공간 확보 등 검사를 위한 준비가 측정이 일어나는 환경과 관련된 측정오차를 감소시킬 수 있다.

21

답과 해설 답 ④

사회적 적절성 편향은 응답자들이 질문자의 의도를 고려

함으로써 발생하는 측정의 오류로, 자신이 어떻게 생각하는 지와는 무관하게, 응답을 통해 자기 집단이 어떻게 비추어질 것인가를 고려해서 대답하는 경우에 사회적 적절성 편향의 오류가 자주 나타난다. 〈보기〉에서는 더불어 살아가는 사회를 만들기 위해서는 양보를 할 필요가 있다는 언급을 통해 응답자들이 질문자의 의도를 충분히 읽을 수 있기 때문에 세금인상에 대한 개인적인 견해에 따라 응답하기보다는 사회적으로 적절하다고 판단되는 것에 따라 응답할 가능성이 높다.

22

답과 해설 답 ④

자료분석 단계에서는 코딩이나 컴퓨터 입력 시 잘못 입력하여 오류가 발생할 가능성이 있다.

23

답과 해설 답 ①

①은 체계적 오류 중 인구통계학적, 사회경제적 특성으로 인한 오류, ②③④⑤는 체계적 오류 중 개인적 성향으로 인한 오류에 해당한다.
①: 응답의 선행 효과, ②: 관용의 오류, ③: 중앙집중 경향의 오류, ④: 대조의 오류, ⑤: 후광효과

24

답과 해설 답 ①

대안법은 검사–재검사법의 시간적 간격의 문제를 극복하기 위해 시간적 간격을 최소로 줄이고 측정수단과 관찰방법에 있어서 형식은 다르지만 같은 내용으로 진행하는 방법이다. 대안법의 경우 검사–재검사법이 갖고 있는 외생변수의 영향과 주시험효과 또는 학습효과의 문제를 극복하는 데 어느 정도 유용하지만, 주시험효과에 의한 오차를 제거할 수는 없다.

25

답과 해설 답 ②
오답노트

ㄱ. 자녀수는 비율척도에 해당한다.

측정의 수준별 통계분석
명목척도의 경우는 각 범주별 빈도와 백분율이 어느 정도인지를 분석하는 빈도분석을 사용할 수 있고, 범주들 중 가장 빈도(혹은 백분율)가 높은 경우가 무엇인지를 확인하는 최빈값(최빈치) 등을 사용할 수 있다. 서열척도의

경우도 마찬가지로 빈도분석(빈도, 백분율)과 최빈값을 사용할 수 있다. 등간척도나 비율척도에서는 산술평균과 표준편차, 중위수, 최빈값 등을 사용할 수 있다.

26

답과 해설 답 ④

크론바하 알파는 반분법의 기본 논리를 따르고 있지만 반분법이 질문 전체를 두 개의 부분으로 나눈 후 두 부분 간의 상관관계를 구하는 것인 반면, 크론바하 알파는 질문문항 각각에 대해 상관계수를 구해 그들의 평균값으로 신뢰도를 판단한다는 점에서 차이가 있다. 한 질문지에서는 언제나 하나의 크론바하 알파값이 계산되며 신뢰도가 낮은 경우 신뢰도를 저해하는 문항을 찾아내어 이를 제외시킴으로써 척도의 신뢰도를 높일 수 있다.

27

답과 해설 답 ①

측정은 변수에 대한 조작적 정의에 입각해 이뤄진다.

8장 척도

01.④ 02.② 03.③ 04.⑤ 05.③
06.② 07.③ 08.⑤ 09.③ 10.②
11.③ 12.④ 13.④ 14.① 15.④
16.④

01

답과 해설 답 ④

오답노트

ㄹ. 거트만 척도는 서열척도에 해당한다.

02

답과 해설 답 ②

써스톤 척도는 문항별 척도치를 가지며, 척도치 산출을 위해 사전 문항평가자를 두고, 문항평가자의 주관적 편의가 작용할 수 있다는 특징이 있다.

03

답과 해설 답 ③

거트만 척도에 해당하는 설명이다. 거트만 척도는 척도를 구성하는 문항들이 내용의 강도에 따라 일관성 있게 서열을 이루고 있어서 단일 차원적이고 누적적인 척도를 구성한다.

04

답과 해설 답 ⑤

써스톤 척도는 어떤 사실에 대한 양극단적 태도를 등간격으로 구분하여 여기에 수치를 부여하는 등간척도이다. 그러나 조사대상자가 아닌 별도의 판단자에게 평가시킴으로써 비용과 시간이 많이 소요되고, 판단자에 따라 문항 평가가 크게 달라질 수 있고, 각 문구에 대한 수치 부여가 등간격성을 가정하고 있지만 엄격하게 등간격성이 보장된다고 확신할 수 없다는 단점이 있다.

05

답과 해설 답 ③

척도를 구성하는 문항이 내용의 강도에 따라 일관성 있게 서열을 이루고 있는 거트만 척도에 해당한다.

06

답과 해설 답 ②

오답노트

ㄴ. 서열척도이다.
ㄹ. 써스톤 척도에 해당하는 설명이다.

07

답과 해설 답 ③

의미분화 척도는 서열척도에 해당하며, 양 극단에 서로 상반되는 형용사를 배치하여 평가를 내리도록 하는 척도이다. 다차원적인 개념을 측정하는 데 유용하며, 비교적 쉽게 만들 수 있다. 응답자가 간단하게 응답할 수 있는 장점이 있다.

08

답과 해설 답 ⑤

모두 옳은 내용이다. 요인분석은 척도를 개발하는 과정에서 활용되는 통계학적인 방법이다. 다수의 문항들을 보다 적은 요인(차원)으로 분류하는 기법이다.

09

답과 해설 답 ③

소수자 집단이나 특정 집단에 대하여 가지는 사회적 거리감 등을 분석하는 데 사용되는 척도이다.

10

답과 해설 답 ②

의미분화 척도에서는 측정하고자 하는 개념에 대해 조사대상자들의 감정을 표현하는 것으로 생각되는 한 쌍의 반대되는 형용사를 사용한다. 주로 사용되는 측정차원에는 평가차원, 권력차원, 활동차원의 세 가지 차원이 있다.

오답노트

ㄴ. 의미분화 척도는 서열수준의 척도이다.
ㄹ. 가장 긍정적인 태도와 가장 부정적인 태도를 나타내

는 양 극단을 등간적으로 구분하여 수치를 부여하는 척도는 써스톤 척도이다.

11

답과 해설 답 ③

리커트(Likert) 척도
• 개별문항에 응답자가 답한 점수를 합산, 해당 개념의 점수를 산출한다.
• 문항 간의 일관성을 떨어뜨리는 문항은 분석에서 제외한다.

12

답과 해설 답 ④

의미분화 척도(어의적 분화 척도)는 단어와 개념의 정서적 의미를 끌어내기 위해 다양한 형용사 짝을 주의 깊게 선정하여 구성한 측정도구이다. 오스굿(C. Osgood)과 그 동료들이 고안한 것으로 태도변화와 같은 사회심리학 연구에 널리 쓰이고 있다. 이러한 의미분화 척도는 좋고 나쁨의 평가적 차원과 강하고 약함의 힘의 차원 그리고 빠르고 늦음의 행동적 차원 등으로 나뉜다.

13

답과 해설 답 ④

<보기>는 명목척도에 대한 설명이다. 명목척도는 기본적인 척도 구성의 원칙, 즉 척도의 응답 범주가 상호 배타적이고, 응답가능한 모든 범주를 다 포함하고 있으며, 범주들 간의 논리적 연관성만 있으면 된다. 기초적 기술통계 형태만 가능하기 때문에 빈도분포, 교차분석, 최빈값, 이항분포검정 등만 가능하다. ④는 서열척도에 대한 설명이다.

14

답과 해설 답 ①

서열척도 중 하나인 총화평정 척도이다. 이 척도는 응답자가 응답하는 여러 질문문항의 값들을 총합하여 계산하는 척도이다.

15

답과 해설 답 ④

오답노트

① 거트만 척도: 척도를 구성하는 문항들이 내용의 강도

에 따라 일관성 있게 서열을 이루고 있어서 단일차원적이고 누적적인 척도를 구성하는 방법

② 의미분화 척도: 개념에 대한 연구대상자의 감정을 표현하는 것으로 생각되는 한 쌍의 반대되는 형용사를 사용하여 측정

③ 리커트 척도: 하나의 문항보다 여러 개의 문항들을 하나의 척도로 사용해야 한다는 논리에 기초

⑤ 사회적 거리 척도: 보가더스가 인종적 편견의 강도를 측정하기 위해 제시한 척도

16

답과 해설 답 ④

표준화된 척도란 타당도와 신뢰도 검증을 통해 이미 공인받은 척도를 말한다. 따라서 위의 정보만으로 척도의 신뢰도와 타당도를 전혀 알 수 없다는 말은 적절치 않다.

오답노트

ㄱ. 표집된 표본에 대한 설문조사이므로 서베이조사가 맞다. 그러나 표집과정에서 비확률표집에 해당하는 편의표집을 사용하였으므로 모집단에 대한 표본의 대표성은 떨어진다.

ㄴ. 설문조사에서는 외생변수를 조사과정에서 통제하지 못하고 사후 통계분석을 통해 그 영향력을 통제하였다. 따라서 통계분석에는 독립변수와 종속변수뿐만 아니라 설문에 포함된 통제변수들도 함께 투입되어야 한다. 이 연구에서는 등간변수로 측정된 변수는 없으므로 ㄴ의 진술은 맞는 진술이다.
- 독립변수: 종교 유무 – 명목측정
- 종속변수: 우울증 – 서열측정
- 통제변수: 가구 월평균 소득 – 비율측정, 연령 – 비율측정, 건강상태 – 서열측정

ㄷ. 설문에 사용된 척도는 우울증 척도로 리커트 척도다. 리커트 척도는 써스톤 척도에 비해 단순하고 유용해서 사회복지조사에서 가장 많이 사용되는 척도이다.

9장 **표집(표본추출)**

01. ③	02. ④	03. ④	04. ③	05. ①
06. ①	07. ④	08. ④	09. ③	10. ①
11. ④	12. ③	13. ③	14. ⑤	15. ③
16. ②	17. ④	18. ③	19. ②	20. ③
21. ②	22. ④	23. ④	24. ④	25. ②
26. ③	27. ④			

01

답과 해설 답 ③

여기서는 동별, 이주유형별, 성별, 출신국에 따라 표본을 임의적으로 추출하는 것이기 때문에 층화표집이 아니라 할당표집에 해당한다.

02

답과 해설 답 ④

모집단을 동질적인 하위집단으로 층화하고, 각 하위집단에서 동일한 비율로 표본을 추출하는 방법이다.

03

답과 해설 답 ④

모집단이 동질적이라면 표본의 크기는 작아도 된다.

오답노트

ㄱ. 표본의 크기는 신뢰수준에 따라 달라진다.
ㄴ. 표본의 크기가 커질수록 표집오차는 줄어들지만, 비표집오차는 증가할 수 있다.
ㄷ. 변수의 종류와 범주가 다양할수록 표본의 크기는 커져야 한다.

04

답과 해설 답 ③

오답노트

① 자료나 정보를 수집하는 기본단위는 요소 또는 표집

사회복지조사론

요소라고 한다.
② 표본에서 변수의 특성을 요약하여 기술한 수치는 통계치라고 한다.
④ 표본을 추출하기 위한 모집단의 목록은 표집틀이라고 한다.
⑤ 모집단의 변수를 요약하여 기술한 수치는 모수라고 한다.

05

답과 해설 답 ①

비확률표집법 중 편의표집법에 관한 설명으로 임의표집법, 우발적표집법, 가용표집법이라고도 한다.

06

답과 해설 답 ①

표본설계는 연구대상이 되는 모집단을 확정하고 적당한 표집틀을 선정한 후, 표집의 방법과 표본의 크기를 결정하고 실제로 표본을 추출하는 과정을 거친다. 따라서 표본추출은 'ㄹ. 모집단 확정 → ㅁ. 표집틀 선정 → ㄷ. 표집방법 결정 → ㄱ. 표집크기 결정 → ㄴ. 표본추출'의 순서로 진행된다.

07

답과 해설 답 ④
오답노트

ㄹ. 표본의 크기를 크게 하면 표본오차는 감소하지만 비표본오차의 발생가능성은 높아진다.

08

답과 해설 답 ④
오답노트

ㄱ. 대상자 전체를 초기에 표집하기 어려운 경우 해당 대상자를 찾아서 이 사람을 통해 조금씩 대상자를 늘려가는 눈덩이표집법을 사용한다.

09

답과 해설 답 ③

모집단을 여러 개의 하위집단으로 층화한 후에 각 층에서 단순무작위표집에 따라 배정된 표본을 추출하는 방법이다.

10

답과 해설 답 ①

모집단이 클수록 표본도 커질 필요가 있다.

11

답과 해설 답 ④

집락표집법은 모집단을 서로 동질적인 몇 개의 집단으로 나누고 이 중 일부집단을 선정하여 선택된 집단에서만 표본을 선정하는 방법이다. 지리적 거리를 고려하여 몇 개의 대표적인 집락에서 집중표집함으로써 시간과 비용을 절약할 수 있고, 전국단위의 대규모조사에서는 행정구역을 기준으로 상위집단에서 하위집단으로 이동하면서 집락을 선정하여 표본을 추출하는 경우가 많다.

오답노트

ㄹ. 하위집단 중 일부집단에 국한해 조사가 이루어지는 집락표집이 모집단에 대한 대표성을 가지려면 집단 간에 서로 동질적이라는 전제가 성립되어야 한다.

12

답과 해설 답 ③

면접이나 질문지 사용 시의 비응답오차도 포함된다.

13

답과 해설 답 ③

사례는 표본의 대표성이 확보되어야 정확한 예측 결과를 도출할 수 있음을 단적으로 나타내고 있다. 200만 명을 무작위로 추출하였기 때문에 표본의 대표성을 확보한 것처럼 보이나 표본틀이 전화번호부와 자동차 등록대장이었다는 점에서 당시 전화와 차량을 소유하지 못한 서민들의 의견이 반영되지 못했다는 점을 파악할 수 있다. 이처럼 표본이 모집단을 적절히 반영하지 못하면 현실을 왜곡한 통계 결과를 얻게 된다.

14

답과 해설 답 ⑤

'청소년 성소수자의 커밍아웃 경험에 대한 연구'는 질적 연구에 해당한다. 질적 연구는 일반적으로 확률표집방법이 아닌 비확률표집방법을 사용하여 연구자가 연구에 필요한 표본을 의도적으로 선택하는 방법을 사용한다. 단순무작위 표집은 확률표집방법에 해당한다.

15

답과 해설 답 ③

연구자의 편의를 제거하는 데 효과적인 것은 확률표집의 장점에 해당한다.

16

답과 해설 답 ②

정규분포곡선은 표본의 대표성에 관한 유용한 정보를 제공해준다.

17

답과 해설 답 ④

ㄹ. 집락표집은 단순무작위표집보다 특정 집단의 특성이 편중되게 나타날 위험성이 높다.

18

답과 해설 답 ③

유의표집은 연구자의 판단이나 조사목적에 의해 연구자에게 흥미있는 요소들을 포함시켜 표집을 선정하는 방법이다. 사례에서는 학교폭력으로 인해 보호관찰소에 있는 청소년들을 대상으로 표본을 추출함으로써 모든 대상자들이 연구의 주제에 알맞은 특성을 지닌 사람들로 구성되었다. 유의표집이 임의표집(가용표집)과 다른 점은 유의표집이 연구자의 관심을 고려하여 요소들을 선택하기 때문에 임의표집보다 조사목적을 충족시키는 요소를 정밀하게 고려할 수 있다는 것이다.

19

답과 해설 답 ②

해당 표집방법은 눈덩이표집법이다. 주로 약물중독, 성매매, 도박 등과 같이 일탈적인 대상을 연구하거나 노숙인, 이주노동자, 불법이민자 등 모집단의 구성원을 찾기 어려운 대상을 연구하는 경우에 사용된다. 비확률표집방법으로서 어떤 사람이 선택될 확률이 알려지지 않기 때문에 표본이 모집단을 대표하고 있다고 말할 수 없고, 따라서 연구의 일반화에도 제한점이 있다. 즉, 외적 타당도가 떨어진다.

20

답과 해설 답 ③

사례에서 3번, 7번, 11번, 15번, 19번, … 등을 차례로 표집하고 있기 때문에 표집간격은 4임을 알 수 있다. 이 표집간격(k)은 모집단 수(N)를 표본 수(n)로 나눈 것이다 (k=N/n). 따라서 4=2,000/n이므로 표본 수는 500이 된다.

21

답과 해설 답 ②

모집단의 속성 중 조사내용에 영향을 주는 요소를 정해서, 이를 기준으로 몇 개의 범주로 구분하고 각 범주에 해당하는 표본을 모집단에서 차지하는 범주의 비율에 따라 할당하고 각 범주로부터 할당된 수의 표본을 임의적으로 추출하는 것은 (ㄱ) 할당표집법이다. 할당표집법은 (ㄴ) 층화표집법과 유사하지만 할당된 표본의 수를 무작위 표집이 아닌 임의표집한다는 점에서 층화표집법과 다르다.

22

답과 해설 답 ④

표집분포의 이론은 동일한 모집단에서 동일한 크기의 표본을 되풀이하여 무수히 추출한다고 할 때, 그러한 표본들에서 도출되는 표본값들의 평균은 모집단의 평균과 일치한다고 본다. 따라서 표집분포의 평균과 모집단의 평균은 동일하다.

23

답과 해설 답 ④

ㄱ은 편의표집, ㄴ은 유의표집, ㄷ은 눈덩이표집에 해당한다. ④는 할당표집에 대한 설명이다.

24

답과 해설 답 ④

• 개념적 정의: 사람들이 성에 따라 다르다고 믿는 전형적 특성
• 조작적 정의: 성역할 고정관념을 측정하는 6문항에 대한 응답값을 합산한 값

오답노트

① 이 연구는 인과관계를 밝히는 데 목적이 있는 것이 아니라 청소년들이 나타내는 성역할 고정관념이 어떠한지를 기술하는 데 목적이 있으므로 기술적 조사이다.
② 다단계 집락표집의 경우 1단계 집락표집에서 추출된 집락의 사례만이 표본으로 선정되어 다른 확률표집에 비해 대표성이 떨어지나, 층화 다단계 집락표집은 모

집단을 동질적인 몇 개의 계층으로 나눈 후 각 계층에서 단계적으로 집락표집을 실시하므로 중요한 집단을 빼지 않고 표본에 포함시킬 수 있는 층화표집의 장점을 살린다.
③ 패널조사의 데이터를 사용하기는 했지만, 3차년도 데이터에 한정하여 횡단분석을 실시하고 있으므로 횡단조사에 속한다.
⑤ 타당도에 대해서는 제시되지 않았으며, 크론바하의 알파값은 신뢰도를 보여주는 계수이다.

25

답과 해설 답 ②

ㄱ. 표본의 크기를 크게 하면 표본오차의 발생가능성은 감소하지만, 비표본오차의 발생가능성은 높아진다.
ㄷ. 표본추출과정에서 발생하는 오차는 표본오차이며, 비표본오차는 표본추출과정 외에 면접의 잘못이나 기록의 잘못 등으로 생기는 오차를 말한다.

26

답과 해설 답 ③

사례의 연구는 서울 지역 3개 대학을 임의로 선정하였으므로 비확률표집에 해당하며, ③을 제외하고는 모두 비확률표집에 대한 설명이다. 표본오차란 자료 전체가 아닌 일부의 표본을 뽑아 조사함에 따라 발생하는 오차로서 표본조사의 정확성을 나타내는 척도이다. 즉, 표본의 크기에 따라 정확성이 달라질 수는 있어도 표본의 크기가 클 경우에만 측정 가능한 것은 아니다.

27

답과 해설 답 ④

확률표집에 해당하는 체계적 표집과 집락표집의 혼합방법이다. 나머지는 모두 비확률표집에 해당된다.

오답노트

① 할당표집에 해당한다. 할당표집은 모집단의 속성 중 조사내용에 영향을 주는 요소를 정해서, 이를 기준으로 몇 개의 범주로 구분하고 각 범주에 해당하는 표본을 모집단에서 차지하는 범주의 비율에 따라 할당하고 각 범주로부터 할당된 수의 표본을 임의적으로 추출하는 것이다. 할당표집법은 층화표집법과 유사하지만 할당된 표본의 수를 무작위 표집이 아닌 임의표집한다는 점에서 층화표집과 다르다.
② 눈덩이표집에 해당한다. 눈덩이를 굴리는 것과 같이 처음에는 연구에 필요한 특성을 갖춘 소수의 표본을 찾고, 그 표본을 통해서 다른 사람을 소개받아 점차로 표본의 수를 늘려가는 표집방법이다. 주로 모집단의 구성원을 찾기 어려운 대상을 연구하는 경우에 사용하며, 질적 조사연구 혹은 현장연구에서 많이 사용된다.
③⑤ 편의표집에 해당한다. 임의표집법, 우발적표집법, 가용표집법이라고도 한다. 모집단에 대한 정보가 전혀 없는 경우, 모집단의 구성요소들 간의 차이가 없다고 판단될 때 표본 선정의 편리성에 기준을 두고 조사자 임의대로 확보하기 쉽고 편리한 표집단위를 표본으로 추출하는 방법이다. 모든 표본추출법 중 비용과 시간 면에서 가장 효율적이지만, 표본의 대표성 문제와 표집의 편의 문제가 발생할 수 있다.

01.⑤	2.②	03.⑤	4.⑤	5.④
06.④	07.②	8.②	9.⑤	10.④
11.⑤	12.③	13.④	14.③	15.②
16.③	17.⑤	18.③		

01

답과 해설   답 ⑤

질문순서는 응답률에 영향을 미칠 수 있다.

02

답과 해설   답 ②

전화조사는 전화번호부에 미등재되어 있거나 전화통화가 되지 않는 경우 표본추출에서 제외되어 표집에 있어서 편의가 발생할 수 있다.

03

답과 해설   답 ⑤

구조화된 면접은 면접조사표가 질문문항, 질문의 순서, 어조까지 정확히 제시하는 면접으로 질문의 언어구성에서 오는 오류를 최소화할 수 있으며, 면접결과가 비교 가능하다. 일관성과 신뢰성이 있으며 비교적 훈련이 덜 된 면접자에게 활용할 수 있다.

04

답과 해설   답 ⑤

표준화 면접은 깊이 있는 탐색적 연구를 시도하는 질적 연구에 적용하기에는 오히려 부적절할 수 있다.

05

답과 해설   답 ④

대인면접법은 면접자에 대한 교육과 교통비 등 조사과정에서 비용이 많이 소요된다.

오답노트

① 우편설문법은 대인면접법에 비해 응답자가 시간적 여유를 갖고 응답할 수 있다.
② 우편설문법과 인터넷조사는 응답자가 지리적으로 광범위하게 분포되어 있어도 응답이 가능하다.
③ 자기기입식 설문조사는 대인면접법에 비해 응답자의 익명성을 보장한다.
⑤ 대인면접법이 전화조사에 비해 응답률이 높다.

06

답과 해설   답 ④

평정형 질문은 강도를 달리하는 응답범주들 중 하나를 선택하는 것이다.

오답노트

① 다항선택형 질문: 여러 개의 응답 범주 중에서 하나 혹은 두 개 이상의 범주를 선택하도록 하는 질문
② 이분형 질문: 예－아니오, 찬성－반대와 같이 간단한 찬반양론을 묻는 질문
③ 서열형 질문: 응답항목에 대한 중요성, 선호도에 따라서 우선순위를 표시
⑤ 어의차형 질문: 서로 반대되는 형용사 어의를 양 극단에 두고, 사물이나 개념에 대한 응답자의 반응을 평가

07

답과 해설   답 ②
오답노트

ㄴ. 민감한 질문이나 주관식 질문은 가능하면 뒷부분에 배치한다.
ㄹ. 고정반응이란 응답자가 질문내용이나 정확한 응답유형들을 깊이 고려하지 않고 일정한 방향으로 응답해 버리는 경향을 의미한다. 고정반응을 피하기 위해 유사한 질문이나 같은 형식의 문항은 분리해서 배치하는 것이 필요하다.

08

답과 해설   답 ②

개방형 질문은 응답범주가 구체화되지 않은 채 질문만 던지는 형태로서 응답자에게 심리적 부담감을 줄 수 있는 단점을 가지고 있다.

오답노트

ㄴ. 폐쇄형 질문은 신뢰성 있는 응답의 확보가 가능하다.
ㄹ. 개방형 질문은 응답률이 낮은 단점을 가지고 있다.

09

답과 해설 답 ⑤

여과형 질문은 응답자가 다음 질문에서 어떤 문항에 응답해야 하는가를 결정하기 위한 첫 번째 질문이며, 수반형 질문은 여과형 질문에 대한 응답결과에 따라 응답해야 할 내용이 다른 질문이다. 여과형 질문, 수반형 질문들은 응답자가 쉽게 확인하고 이동할 수 있도록 문항들을 시각적으로 적절히 배치하여야 한다.

10

답과 해설 답 ④

면접자의 훈련에 많은 비용과 시간이 소요되는 단점이 있다.

11

답과 해설 답 ⑤

응답률을 높이기 위해서 후속독촉이 필요하다.

12

답과 해설 답 ③

긴 질문은 무응답의 가능성이 높다. 금방 이해할 수 있도록 짧고 명확하게 쉬운 문장으로 질문한다.

13

답과 해설 답 ④
오답노트

ㄹ. 면접조사는 복잡한 질문을 사용할 수 있다는 장점이 있다. 질문지 구성 체제를 복잡하게 사용할 수 없는 것은 우편조사 방법이다.

14

답과 해설 답 ③

ㄴ. 우편조사는 대면면접조사보다 응답률이 낮은 편이다.
ㄹ. 우편조사에 해당하는 설명이다.

15

답과 해설 답 ②

오답노트

ㄴ. 표본오차가 있긴 하지만 비교적 외적 타당도가 높은 정보를 얻을 수 있다(이것은 일반화 수준이 높다는 말과 같은 의미이다). 그러나 설문조사는 외생변수를 통제하지 못해 내적 타당도는 낮은 문제점이 있다.
ㄹ. 한 시점에서 끝나는 경우가 많아 시계열적인 정보를 얻기 어렵다.

16

답과 해설 답 ③

일반적으로 사전검사(사전조사)에 참여한 사람들은 실제 연구에 참여하지 않는 것을 원칙으로 한다.

17

답과 해설 답 ⑤

연구목적에 어긋나지 않는 한도 내에서 면접자가 면접 상황에 따라 정한 내용이나 순서 없이 면접을 진행하는 방식은 구조화 정도가 가장 약한 비구조화된 면접에 해당된다.

비구조화 면접의 단점
• 면접결과의 정리와 분류에 시간, 인력, 비용이 소모
• 가설검증이나 인과관계 규명이 어려움
• 숙련된 면접자를 필요로 함

오답노트

ㄹ. 면접의 내용과 순서가 같은 형식으로 사전에 주어지는 구조화 면접에 비해 면접자의 재량에 의존하는 비구조화 면접의 경우 조사를 통해 수집된 면접결과들을 서로 비교하기가 어렵다.

18

답과 해설 답 ③
오답노트

① 평정형 질문: 강도를 달리하는 응답범주들 중 하나를 선택하도록 하는 질문
② 선다형 질문: 세 개 이상의 선택항목 가운데 하나를 선택하도록 하는 질문
④ 이분형 질문: 찬반양론을 묻는 형태
⑤ 행렬식 질문: 동일한 응답 항목들을 가진 질문들을 체계적으로 묶어서 질문세트로 만드는 것

01.③	02.④	03.⑤	04.③	05.④
06.③	07.⑤	08.②	09.④	10.③
11.③	12.②	13.④	14.⑤	15.④
16.③	17.⑤			

01

답과 해설 답 ③

ㄴ. 내용분석이나 기존 자료를 활용하는 경우에 영향력이 큰 외생변수를 통제할 수 없다.
ㄹ. 연구목적에 부합하는 자료가 불충분한 경우가 많다.

02

답과 해설 답 ④

내용분석법은 직접적으로 자료를 수집하는 방법에 비해 상대적으로 시간과 비용이 절감된다. 내용분석법은 많은 조사원이나 특별한 장비가 필요하지 않고 다만 분석하고자 하는 자료에 접근할 수만 있으면 된다.

03

답과 해설 답 ⑤

관찰법은 비언어적 행동에 관한 자료수집이 용이하다. 비언어적 행동이나 사회적 상호작용도 관찰대상에 포함되며, 언어적 의사소통이 어려운 아동, 노인, 장애인 등을 대상으로 진행할 수 있다는 장점이 있다.

04

답과 해설 답 ③

인물이나 주인공을 단위로 하는 경우 인물이나 주인공의 특성에 대한 시기별 변화를 파악해볼 수 있다.

05

답과 해설 답 ④

관찰의 신뢰도를 높이기 위해서는 같은 형태나 유사한 형태에 대해서 동일한 용어로 기록하고 평가해야 한다. 그 밖에도 기록을 철저히 하고, 제3자의 검토를 받거나 조직적 관찰의 경우 질문문항을 정확히 기록하는 것 역시 신뢰도와 타당도를 높이는 방법들이다.

06

답과 해설 답 ③

내용분석법의 장점
• 직접적인 자료수집방법에 비해 자료수집에서의 시간과 비용 절감
• 자료의 수정이나 반복 검토를 통한 보완이 가능
• 역사적 연구에 적용가능함
• 조사대상의 반응성이 유발되지 않는 비관여적인 조사

내용분석법의 단점
• 실제적인 타당도 확보의 어려움
• 기록된 의사전달만을 분석할 수 있음

07

답과 해설 답 ⑤
오답노트

ㄹ. 기록된 내용이 현실을 그대로 반영한다고 보기 어렵기 때문에 타당도가 문제가 될 수 있다.

08

답과 해설 답 ②

내용분석의 범주를 설정하는 데 있어 분석범주는 연구목적에 적합해야 하고, 적절한 범주설정을 위해서는 문헌주제에 대한 사전 지식이 보다 중요하다.

09

답과 해설 답 ④

반응성이란 조사대상자가 조사 자체에 대해 반응을 보여 평소의 모습과는 다른 행동이나 태도를 보이는 것으로 사람이 사람을 조사하는 대부분의 조사에서 발생할 수 있다. 다만, 조사대상자가 자신이 조사되고 있다는 사실을 모를 때에는 반응성 문제가 발생하지 않지만, 이는 윤리적인 측면에서 문제의 소지가 있다. 설문조사, 관찰, 면접 등은 조사 사실을 조사대상에게 감추는 비공개 조사가 아닌 경우 반응성을 유발한다. 한편, 내용분석이나 기존 통계자료의 분석처럼 2차 자료를 분석하는 경우는 반응성을 유발하지 않는 비관여 조사이다. 제시된 조사들

중 ㄱ은 기존 통계자료를 분석한 경우에 해당되고, ㄴ은 조사대상 모르게 관찰하는 비공개 관찰이며, ㄷ은 의사소통의 기록물인 소설을 분석하고 있으므로 내용분석에 해당한다. 이 세 가지는 모두 반응성이 문제 되지 않는다.

오답노트

ㄹ. 성경험에 대한 대면조사는 관여적 조사 혹은 반응성을 유발하는 조사이다. 특히 '성경험'과 같은 민감한 주제의 경우 조사과정에서 반응성을 더욱 유발할 수 있다.

10

답과 해설 답 ③

관찰법은 종단적 분석에 유용하다는 장점이 있다.

관찰법의 장점
- 비언어적 행동에 관한 자료수집이 뛰어남
- 자연적 환경에서 일어나는 자연스러운 행동에 관한 자료를 수집
- 종단적 분석이 가능
- 현장에서 즉시 사실을 포착함으로써 진실된 모습을 포착할 수 있음
- 비언어적 사실도 조사할 수 있음
- 연구대상의 태도가 모호한 경우에 사용가능
- 조사대상자의 일상적이고 의례적인 행동을 측정가능
- 조사대상자가 비협조적이거나 면접을 거부할 때에 사용가능
- 가족이나 집단구성원 간 또는 의사소통의 행태를 연구하기에 적당
- 응답자가 언어적으로 표현해야 하는 노력이 작음

11

답과 해설 답 ③

실습생들은 사회복지사들의 일상생활에 부분적으로만 참여하고 있으며, 사회복지사들이 관찰 사실을 인지하고 있으므로 준참여관찰에 속한다.

참여관찰, 준참여관찰, 비참여관찰
- 참여관찰: 조사자의 신분을 밝히지 않고 관찰대상인 집단의 일부가 되어 사회적 과정에 완전히 참여하면서 동시에 관찰하는 방법
- 준참여관찰: 생활의 일부에만 참여함. 조사대상자는 관찰을 받고 있음을 알고 있음
- 비참여관찰: 조사자의 신분을 밝히고 관찰함. 주로 조직적인 관찰이 많이 사용됨

12

답과 해설 답 ②

내용분석법은 질적인 내용을 양적인 자료로 전환하는 방법이다. 신문, 서적, 일기 등을 통해 연구대상에 대한 자료를 간접적으로 얻는 자료수집방법이며(ㄷ), 이 자료들을 체계적·객관적·양적으로 분석하고 연구하는 방법이다. 나아가 내용분석법은 의사전달의 동기, 원인 및 결과나 영향을 체계적으로 추리해 가고자 한다. 내용분석에서는 메시지에서 분명하게 파악할 수 있는 표면적 의미와 함께 내부에 숨어 있는 심층적 의미도 연구의 대상이 된다(ㄱ).

오답노트

ㄴ. 실수를 하더라도 쉽게 바로잡을 수 있으며, 보완이 가능하다.

ㄹ. 역사적 연구와 같은 장기간에 걸친 종단연구에도 적용 가능하다.

13

답과 해설 답 ④

ㄱ. 아이들과 같이 언어구사력이 떨어지기 때문에 설문조사를 통해 자료를 얻을 수 없는 경우에 효과적이다.

ㄴ. 현지에서 연구와 관찰이 이루어지기 때문에 자료가 세밀하고 정교하다.

ㄷ. 참여관찰은 관찰자의 주관이나 추리가 개입될 소지가 많다.

오답노트

ㄹ. 내용분석법에 대한 설명이다.

14

답과 해설 답 ⑤

내용분석의 장점과 단점
- 장점
  - 다양한 심리적 변수를 효과적으로 측정가능
  - 다른 방법과 함께 사용 가능
  - 기존 자료들이 중요한 정보를 제공
  - 실수를 쉽게 보완할 수 있는 안전성
- 단점
  - 비효율적
  - 자료와 분석의 타당도 확보가 어려움
  - 자료 입수의 한계

15

답과 해설 답 ④

ㄹ. 내용분석은 자료를 다시 검토하여 실수를 보완할 수 있기 때문에 자료의 수정 및 반복이 가능하여 조사의 융통성이 있다.

16

답과 해설 답 ③

이 연구 모집단은 학술진흥재단 등재 및 등재후보 학술지에 2000년부터 2007년 말까지 게재된 논문들 중 인터넷 중독 관련 논문 전체다.

내용분석은 대표적인 2차자료 분석방법으로서 비관여적 조사다. 이 연구에서는 5개의 분석단위를 구분하여 분석하였으나 분석범주에 대해서는 별도로 제시되어 있지 않다.

17

답과 해설 답 ⑤

모두 옳은 내용이다. 2차 자료분석은 연구자가 직접 자료를 수집하는 1차 자료수집 방법과는 달리 문헌에 나와 있는 데이터, 국제기구, 정부나 공공기관, 연구기관에서 제공하는 통계자료, 조사자료 등 기존 자료를 2차적으로 분석하는 방법이다.

12장 욕구조사와 평가조사

01.④	02.②	03.④	04.④	05.⑤
06.②	07.⑤	08.②	09.④	10.⑤
11.④	12.④

01

답과 해설 답 ④

지역사회 주민에 대한 간접적인 욕구 확인 방법이다.

02

답과 해설 답 ②

연구자 A는 치료의 효과는 계산하지 않고 비용만 계산하고 있기 때문에 이는 비용효과 분석에 해당한다. 방문치료가 입원치료보다 비용이 더 적게 들었기 때문에 방문치료가 입원치료에 비해 비용효과적이라고 볼 수 있다.

03

답과 해설 답 ④

① 프로그램의 존속 여부 등에 관련된 평가는 총괄평가이다.
② 내부평가자는 프로그램 관련 정보 및 관계자와 자주 접촉할 수 있다.
③ 프로그램의 목표를 얼마나 달성했는가에 초점을 두는 것은 성과평가에 해당한다.
⑤ 프로그램 진행과정에서 장단점을 파악하고, 이를 바탕으로 개선방안을 제시하는 것은 과정평가에 해당한다.

04

답과 해설 답 ④

사회지표분석은 정부기관이나 연구기관의 관련 전문가가 정기적 또는 비정기적으로 발표한 자료를 활용하여 지역사회의 욕구를 파악하는 방법이다. 자료로부터 얻은 정보는 해당 지역의 조사대상 집단들의 특정한 실태를 파악하고 변화 후의 차이를 확인하는 데 유용하지만, 해당 지역에 알맞은 지표를 찾아내는 일이 쉽지 않다.

05

답과 해설 답 ⑤

정치적으로 민감한 문제들이 주로 다뤄지고 실제적인 지역사회 욕구가 배제될 가능성이 있는 것은 주요 정보제공자 조사의 단점이다.

지역사회 공개포럼의 단점

- 비교적 적은 비용으로 광범위한 지역, 계층 및 집단들의 의견을 들을 수 있다.
- 문제에 대한 인식과 관심을 개인, 집단 또는 기관에 따라 식별할 수 있다.
- 참석자 중에 소수만이 의견을 발표할 수 있는 단점을 극복하기 위해 특정 문제에 대한 소규모의 회의를 여러 번 개최하거나 지역사회 내의 다른 장소에서 여러 번 회의를 개최할 수 있다.

06

답과 해설 답 ②

효과성 평가가 프로그램의 목표달성의 정도를 알고자 하는 것이라면, 효율성 평가는 그러한 목표달성을 위해 얼마만큼의 자원을 사용했는가를 평가하고자 하는 것이다.

07

답과 해설 답 ⑤

〈보기〉는 델파이 기법에 관한 설명이며, ㄴ, ㄹ은 장점, ㄷ은 단점에 해당한다.

08

답과 해설 답 ②

정보제공자들이 누구인지에 따라 수집되는 정보의 질과 내용이 크게 달라질 수 있다.

09

답과 해설 답 ④

각기 다른 목표를 갖는 프로그램들을 동일한 가치 기준에서 비교할 수 있게 해준다는 점에서 비용-편익분석이 더 적절한 방법이다.

10

답과 해설 답 ⑤

- ㄱ. 지역사회 서베이는 지역의 일반 주민을 대상으로 자료를 수집하는 직접적인 자료수집방법(1차자료)에 해당한다.
- ㄴ. 주요 정보제공자 조사는 표본의 편의현상이 나타날 수 있으며, 대규모 설문조사에 비해 대표성이 떨어질 수 있다.
- ㄷ. 지역사회 포럼은 지역주민을 한 자리에 모아서 집단적으로 의견을 수렴하는 방법이다.

11

답과 해설 답 ④

델파이 기법에 대한 설명이다.

오답노트

ㄹ. 반복하는 동안 시간이 많이 걸리며, 응답자의 수가 줄어드는 문제가 있다.

12

답과 해설 답 ④

프로그램에 투입된 비용만을 화폐단위로 계산하여 달성된 성과와 비교분석하는 방법을 취한다.

오답노트

① 형성평가: 프로그램 운영 도중에 이뤄지는 평가
② 비용-편익분석: 프로그램에 드는 비용과 성과 모두를 화폐단위로 계산하여 비교분석하는 방법
③ 내부평가: 프로그램을 직접 담당하지 않는 기관 내부자에 의해 이뤄지는 평가
⑤ 메타평가: 평가의 신뢰도와 타당도, 평가의 방식, 적정성 등을 평가

13장 질적 연구방법론

01.④	02.②	03.②	04.④	05.①
06.③	07.④	08.②	09.④	10.⑤
11.⑤	12.④	13.④	14.④	15.③
16.①	17.③	18.①	19.⑤	20.④
21.⑤	22.①	23.②		

01

답과 해설 답 ④

오답노트

ㄹ. 양적 연구는 가설 검증을 목적으로 하기 때문에 가설을 포함한 연구설계 및 변수가 사전에 확정된다. 반면에 질적 연구는 가설 없이도 시작이 가능하다.

02

답과 해설 답 ②

이론적 기반이 갖추어지지 않은 분야를 연구할 때 활용한다.

03

답과 해설 답 ②

연구사실을 알리지 않은 채 연구를 진행하는 것은 윤리적 측면에서 논란의 여지가 있다.

04

답과 해설 답 ④

질적 연구방법의 유형 중 현상학에 대한 설명이다.

05

답과 해설 답 ①

양적 연구는 연구설계 및 변수가 사전에 확정되어 연구설계의 융통성이 적으나, 질적 연구는 연구가 진행되는 과정에서도 연구방법에 대한 수정이 가능할 정도로 융통

성이 많다.

06

답과 해설 답 ③

질적 연구방법과 관련된 용어에는 현장연구, 상징적 상호작용, 민속방법론(문화기술지), 참여관찰, 현상학 등이 있다. 확률적 규명, 실증주의, 실험 등은 주로 양적 연구와 관련된 용어이다.

07

답과 해설 답 ④

오답노트

ㄹ. 연구자와 연구대상자 간의 장기간에 걸친 관계형성은 연구대상자의 반응성과 연구자의 편견을 줄이는 데 도움이 될 수 있다. 하지만 지나친 연구자의 몰입은 관찰과 해석에 있어서 문제가 생길 수도 있다.

08

답과 해설 답 ②

주 연구책임자를 계속해서 교체하는 것은 적절한 방법이라고 할 수 없다.

09

답과 해설 답 ④

참여관찰은 질적 연구에서 주로 사용되며 탐색적 혹은 기술적 조사에 유용하다.

참여관찰
참여관찰은 외부로 드러나지 않는 행동이나 감정 같은 세세한 사실도 심층적인 조사가 가능하며, 관찰대상의 전체적인 모습을 자연스러운 상태에서 관찰할 수 있다는 장점을 갖는다. 참여관찰이 원활하게 진행되도록 하기 위해서는 관찰자가 다른 구성원들과 외관상으로 구분되지 않도록 관찰대상 집단의 일부로 동화될 필요가 있지만, 관찰자가 관찰대상 집단에 지나치게 동화되는 것은 객관적 관찰에 방해가 될 수도 있다. 또한 관찰자가 자신의 신분을 숨긴 상태에서 관찰하는 것이므로 이것이 윤리적으로 어디까지 허용될 수 있는지 문제가 될 수 있다. 참여관찰은 소수의 사람들을 대상으로 깊이 있는 관찰을 추구하기 때문에 보다 표준화된 방법으로 다수의 사람들에 대해 진행되는 양적 연구보다 조사결과의 일반화에 취약하다.

사회복지조사론

10

답과 해설 답 ⑤

질적 연구는 자료에 기반을 둔 구체적인 이론이라는 측면에서 현실기반이론이라고 불리며, 양적 연구는 기존의 이론을 바탕으로 가설을 설정하고 그 가설을 검증하기 위해 자료를 수집하고 분석한다.

11

답과 해설 답 ⑤

질적 연구에서는 수집된 자료를 바탕으로 이론을 산출한다. 기존의 이론을 바탕으로 그것을 검증할 자료를 구하는 것은 양적 연구의 특성에 속한다.

12

답과 해설 답 ④

사례에서 제시된 질적 연구방법은 현실기반이론(근거이론)으로, 조사과정을 통해 체계적으로 수정되고 분석된 자료를 상호 비교, 검토함으로써 이론을 추출해 내는 방법이다. 현실기반이론은 다른 질적 연구방법과 동일하게 참여관찰이나 개방형 면접과 같은 현장관찰방법을 사용하며, 조사자의 관점을 엄격한 틀로 배제하는 것이 아니라 오히려 조사자의 관점을 조사연구의 중요한 요소로 포함시킨다.

13

답과 해설 답 ④

오답노트

ㄹ. 현장연구는 표준화된 측정방법과 도구를 사용하지 않는 경우가 많아서 자료를 체계적으로 분류하고 해석하는 것에 어려움이 존재한다.

14

답과 해설 답 ④

대조적인 이론적 지향을 가진 동료 연구자가 자료를 분석해보도록 한다.

15

답과 해설 답 ③

질적 연구는 주로 서술적이고 탐색적인 연구에 활용되며, 조사대상자의 삶의 현장에서 이루어지는 구체적인 일상의 삶에 대한 심층적인 이해와 파악을 추구한다.

오답노트

ㄷ과 ㄹ은 이론을 바탕으로 하여 가설을 검증하고 요인을 분석하는 등의 연구는 양적 연구방법을 사용하여 연구하기에 적절한 주제이다.

16

답과 해설 답 ①

ㄱ. 참여행동연구에서는 연구자와 연구대상자의 구분이 사라져야 한다고 주장한다.

17

답과 해설 답 ③

오답노트

ㄷ. 축코딩에 해당한다.
ㄹ. 선택코딩에 해당한다.

18

답과 해설 답 ①

사례에서는 연구자들이 자신의 신분을 완전히 숨기고, 정신질환자로 가장하여 입원한 상태로 연구를 진행하였다. 이들은 환자의 신분으로 대상자와 자연스럽게 생활하고 상호작용 하였으며, 가장 완벽한 수준에서 그 상황에 몰입하며 구성원의 한 사람으로 활동하였다. 이는 완전 참여자(complete participant)에 해당한다.

19

답과 해설 답 ⑤

혼합연구방법은 양적 설계에 질적 자료를 단순히 추가하는 것은 아니며, 질적 연구와 양적 연구를 결합하거나 연합하여 탐구하는 접근방법이다. 양적 연구의 결과에서 질적 연구가 시작될 수도 있고, 질적 연구의 결과에서 양적 연구가 시작될 수도 있다. 연구자에 따라 어떤 연구방법에 더 비중을 두는 가에는 차이가 있을 수 있다. 양적 연구는 주로 실증주의 패러다임에 토대를 두고, 질적 연구는 주로 해석주의 패러다임에 토대를 두는데, 혼합연구방법은 다양한 연구 패러다임을 수용할 수 있어야 한다. 질적 연구결과와 양적 연구결과는 경우에 따라 상반될 수도 있다.

20

답과 해설 답 ④

ㄱ. 개방코딩: 확보된 자료를 전사한 후, 각 의미 단위마다 속성과 차원에 따라 '명명'하는 과정이다.

ㄴ. 축코딩: 발견된 각 범주와 하위 범주들 간의 관계를 연결시키고 범주를 속성과 차원의 수준으로 계속 발전시킨다.

ㄷ. 축코딩: 코딩 패러다임 혹은 논리적 다이어그램을 사용해서 제시된다.

ㄹ. 선택코딩: 모든 범주의 유형을 통합시키고 정교화하여 이후 새로운 이론을 생성하고 도식화한다.

21

답과 해설 답 ⑤

질적 연구는 표본을 추출할 때 대부분 비확률표집을 실시한다. 추출된 표본을 대상으로 자료를 수집한다.

22

답과 해설 답 ①
오답노트

ㄹ. 정밀한 표본추출과 표준화된 측정에 기초한 연구보다 일반화 가능성이 작다.

23

답과 해설 답 ②
오답노트

ㄴ. 근거이론연구에서는 특정한 개인이나 집단이 연구에서 의도하는 전형적인 특징을 가지고 있다는 판단에 기초하여 의도적 표집방법을 선호한다.

ㄹ. 사례연구는 질적, 양적 방법을 함께 적용하며 다양한 자료수집원을 활용한다.

14장 조사계획서 및 조사보고서

01.① 02.①

01

답과 해설 답 ①

서론에서는 연구의 취지, 필요성, 기존의 연구와 비교 등이 서술된다.

02

답과 해설 답 ①

탐색적 보고서는 조사문제를 규명하거나 가설을 설정하는 데 도움을 주는 보고서로 향후 논리적이고 정교한 조사를 실시하기 위해 사전에 수행된 조사의 결과를 보고하는 문서이다. 탐색적 보고서는 보고가 탐색적 목적을 가지고 있으며 결론은 단정적이 아니라 잠정적 수준에 그친다.

오답노트

② 기술적 조사보고서: 조사문제와 관련된 사회적 현상의 특성과 변수 간의 상호관계성을 서술하기 위해서 수행된 조사의 결과를 보고한 것

③ 설명적 조사보고서: 변수 간의 인과관계를 밝히기 위해 수행된 조사의 결과를 보고

④ 제안적 조사보고서: 분석결과에 따라 특정한 정책대안이나 개입방안을 창안하여 보고한 것

3영역

사회복지실천론

1장 사회복지실천의 개념 및 정의

01.① 02.② 03.① 04.③ 05.①
06.④ 07.④ 08.④ 09.⑤ 10.②
11.⑤ 12.⑤ 13.② 14.④ 15.③
16.② 17.②

01

답과 해설 답 ①

오답노트

② 윤리강령: 전문직의 행위에 대한 옳고 그름의 판단기
   준이 되는 윤리강령을 말한다.
③ 전문적 권위: 클라이언트와의 관계에서 사회복지직에
   부여되는 전문적 권위를 말한다.
④ 체계적 이론: 사회복지직의 체계적이고 전문적인 이
   론과 기술의 활용을 말한다.
⑤ 사회적 인가: 사회적으로 전문직에 부여되는 권한, 자
   격 등을 말한다.

02

답과 해설 답 ②

미시적 실천이 클라이언트와 직접 상호작용하는 활동이
라면, 거시적 실천은 지역사회 혹은 전체 사회의 차원에
서 진행되는 활동이다.

미시와 거시의 구분은 개입기간에 따라 나뉘는 것은 아
니다. 한편, 지역사회의 자원 개발이라는 측면에서 자원
봉사단을 꾸리는 것은 거시적 차원의 실천이지만, 자원
봉사자의 도움을 받아 서비스가 제공되도록 하는 것은
미시적 차원의 실천이다.

03

답과 해설 답 ①

① 모든 인간은 평등함을 전제로 한 것은 민주주의였다.
   사회진화론은 적자생존의 논리를 바탕으로 우월한 인
   종이 열등한 인종을 지배하는 것은 당연하고, 빈부격
   차는 사회진화 과정에서 자연스럽게 나타나는 것으로
   보았다. 이러한 논리에 따라 사회진화론자들은 가난
   한 사람들에게 도움을 주는 것은 인류의 진보를 막는
   것이라고 주장하기도 했다. 이 때문에 사회진화론은
   사회복지와 거리가 멀다고 생각하기 쉬운데, 자선조
   직협회는 이러한 사회진화론을 이념으로 삼아 수혜자
   격을 조사하여 구빈의 필요성이 있는 빈민들에게 사
   회적응을 돕는 활동을 펼쳤다는 점에서 선별적 사회
   복지에 영향을 주었다.

04

답과 해설 답 ③

③ 클라이언트의 문제해결에 대한 책임은 클라이언트 자
   신에게 있으며, 사회복지사는 클라이언트의 문제해결
   을 원조하는 책임을 갖는다.

05

답과 해설 답 ①

플렉스너는 사회과학적 기초의 결여, 전문기술의 결여, 국가적 차원의 자격제도 및 교육의 부재, 전문적 조직체의 부재, 전문적 실천에 대한 강령의 부재 등을 이유로 꼽으면서 사회복지직은 전문직으로서 갖춰야 할 특성이 결여되어 있다고 주장(1915년)한 바 있다.

그린우드는 전문직의 속성으로 체계적 이론, 전문적 권위, 사회적 승인, 윤리강령, 자체적인 문화와 규범 등을 꼽았으며, 사회복지직도 이를 갖추고 있기 때문에 이미 전문직이며 계속 전문직화를 추구해나가는 과정 속에 있다고 주장(1957년)했다.

06

답과 해설 답 ④

④ 옹호는 간접적 실천에 해당된다.

07

답과 해설 답 ④

④ 사회기술훈련이 개별 클라이언트에 대해 이루어진다면 미시적 실천, 집단활동으로 이루어진다면 중시적 실천이 된다. 보통 사회기술훈련은 집단으로 진행되는 경우가 많기는 하다.

08

답과 해설 답 ④

09

답과 해설 답 ⑤

⑤ 사회문제에 관심을 가지고 정책의 변화를 촉구하는 활동은 간접 실천에 해당한다.

10

답과 해설 답 ②

그린우드가 제시한 전문직 속성

• 체계적인 이론(지식 기반 및 기술)
• 전문적인 권위
• 사회적 승인
• 전문직의 윤리강령
• 전문직 문화(고유한 가치, 규범 등)

오답노트

ㄱ. 전문적 권위는 클라이언트와의 관계에 있어 사회복지사에게 주어지는 전문적 권위를 의미한다.
ㄹ. 통합적 관점이 전문직 속성으로서 제시된 것은 아니다.

11

답과 해설 답 ⑤

사회복지실천의 기능

• 사회정의 향상
• 사회기능 증진
• 클라이언트의 문제해결 능력과 대처능력의 향상 원조
• 자원 취득 원조
• 조직이 사람에게 반응하도록 함
• 개인과 환경 내 다른 사람 및 조직과의 상호관계 촉진
• 조직과 제도 간의 상호관계에 영향력 행사
• 사회정책과 환경정책에 영향을 미침

12

답과 해설 답 ⑤

사회복지실천의 전문적 기반은 크게 과학적 기반과 예술적 기반으로 나뉜다.

과학적 기반은 효과적인 개입을 위해서 다양한 실천이론과 관련된 지식에 바탕을 두고 이를 적용, 활용하는 것을 말한다. 반면에 예술적 기반은 '능숙한 수행을 하는 데 필요한 특수한 기술로서 학습만으로 배울 수 없는 직관적인 능력을 발휘해야 하는 것'으로 정의되며 '노하우'에 가까운 것이다.

사회복지실천에서 과학적 기반이 적용되는 상황은 자료의 수집과 조직화, 분석 등 효과적인 실천을 위한 연구활동과 계획을 수립하기 위한 기초자료 활용, 결과에 대한 비평적 평가 등이다. 반면에 예술적 기반은 클라이언트와 관계를 형성하고, 창의적 사고를 하며, 동정과 용기, 희망과 에너지, 건전한 판단력의 사용, 적합한 가치에 헌신하는 것에 주로 사용되며, 사회복지사의 개인적인 특성이나 예술적 능력 혹은 직관적 능력을 적절히 활용하는 것을 말한다.

사회복지실천이 효과적으로 이루어지기 위해서는 과학적 기반과 예술적 기반이 조화를 이루어야 한다.

13

답과 해설 답 ②

오답노트

ㄱ. 플렉스너의 비판(1915년)에 대한 대응으로 리치

사회복지실천론

몬드의 「사회진단」(1917년)이 출간되었다. 「사회진단」은 사회복지실천과정의 이론을 최초로 정리한 책으로 평가받고 있다.

ㄷ. 플렉스너의 비판 이후 사회복지계는 정신의료적 치료기법을 사용하면서 전문성을 확보하고자 하였다. 하지만 이는 사회복지직만의 전문성이 없다는 또 다른 논란을 낳아 이후 사회복지직만의 전문성을 구축하기 위한 노력들이 일어났다.

14

답과 해설 답 ④

④ 개인주의 사상이 개인에 대한 국가의 간섭을 거부하는 측면은 있다. 하지만 개인주의를 강조하는 국가라 하더라도 사회복지에 관련 공공 정책 자체가 없는 것은 아니며, 최소한 수혜자격의 원칙, 열등처우의 원칙 등을 통해 수혜 자격을 제한하고 서비스 양을 축소하는 방향으로 전개되어 왔다.

15

답과 해설 답 ③

사회복지실천은 사회구성원 모두의 삶의 질 향상을 목적으로 하며, 이를 위해 인간의 사회적 기능을 증진시키고 사회정의를 향상시키기 위한 활동들을 수행한다.

16

답과 해설 답 ②

사례는 ABA유형으로 이루어진 단일사례설계이다. 전문직으로서 갖춰야 할 이론, 기술 등의 지식은 사회복지실천에 있어 과학적 기반이 된다.

오답노트

ㄱ. 사회복지사가 클라이언트의 표적행동 변화를 위해 직접 개입하고 있으므로 직접적 실천에 해당한다.
ㄷ. 전문직에 공유된 규범, 가치 등을 전문직 문화라고 하는데 사례는 이론과 기술을 실천에 접목한 것이기 때문에 문화의 차원은 아니다.

17

답과 해설 답 ②

② 미시 수준에서의 활동은 일반적으로 클라이언트를 직접 만나서 이루어지므로 대부분 직접실천에 해당한다.

2장 사회복지실천의 가치와 윤리

01.⑤	02.②	03.②	04.⑤	05.④
06.③	07.①	08.③	09.①	10.③
11.②	12.③	13.③	14.①	15.⑤
16.②	17.②	18.①	19.⑤	20.①
21.④	22.③

01

답과 해설 답 ⑤

한국사회복지사 윤리강령은 핵심가치로 인간 존엄성과 사회정의를 제시하고 있으며, <보기>에 제시된 내용은 인간 존엄성과 관련해 사회복지 전문직이 준수해야 할 윤리적 원칙이다.

02

답과 해설 답 ②

로웬버그와 돌고프의 윤리원칙
1. 생명보호의 원칙
2. 평등과 불평등의 원칙
3. 자율과 자유의 원칙(자기결정의 원칙)
4. 최소 해악의 원칙
5. 삶의 질 향상의 원칙
6. 사생활과 비밀보장의 원칙
7. 진실성과 정보공개의 원칙(성실의 원칙)

03

답과 해설 답 ②

사회복지사가 두 개 또는 그 이상의 경쟁적 가치와 직면했을 때 윤리적 갈등에 빠지게 된다. 문제의 사례에서는 클라이언트의 자기결정권 존중과 생명보호라는 가치가 충돌하는 가치 상충이 일어나고 있다.

04

답과 해설 답 ⑤

클라이언트의 자기결정권은 보호되어야 하지만 몇 가지

상황에서는 제한을 받는다. 클라이언트의 선택에 대한 대안이 전혀 없거나 선택 혹은 결정능력에 문제가 있는 경우, 클라이언트가 선택한 행동이 사회규범이나 법률에 위배될 경우 등이 해당된다. ㄱ, ㄴ, ㄷ, ㄹ은 모두 사회규범이나 법률에 위배되는 경우에 해당되므로 클라이언트의 자기결정권이 제한될 수 있다.

05

답과 해설 **답 ④**

④ 로웬버그와 돌고프는 '평등과 불평등의 원칙'을 통해 '능력이 같은 사람들은 똑같이 취급받을 권리가 있고 능력이 다른 사람들은 다르게 취급받을 권리가 있다'고 보았다.

오답노트

① 윤리적 의사결정의 원칙에서 가장 상위의 원칙은 생명보호의 원칙이다. 클라이언트가 자살을 고민할 때에는 자기결정의 원칙보다 생명보호의 원칙이 우선한다.
② 사례관리 등의 상황은 비밀보장의 원칙의 예외 상황에 해당하며, 사전에 사례관리 등의 상황에서 클라이언트의 정보가 공유될 수 있음을 고지하고 동의를 받는다.
③ 대안들이 모두 유해하다고 판단될 때에는 가장 최소한으로 유해한 것으로 선택할 수 있도록 해야 한다. 최소손실의 원칙이라고 한다.
⑤ 기관에 불리한 정보라 하더라도 당사자인 클라이언트에게 진실하게 공개해야 한다.

06

답과 해설 **답 ③**
오답노트

ㄹ. 사회복지시설의 장 및 종사자 등은 아동학대범죄의 처벌 등에 관한 특례법에 따른 아동학대 신고의무 및 노인복지법에 따른 노인학대 신고의무가 있다. 법률에 규정된 사항으로 윤리강령의 내용은 아니다.

07

답과 해설 **답 ①**

사회복지 전문직의 가치(C. Levy)
• 사람우선 가치: 사람 자체에 대해 전문직이 갖추고 있어야 할 기본적인 가치이다.
• 결과우선 가치: 바람직한 결과의 성취에 초점을 두는 가치이다. 욕구 충족, 사회문제 제거 등이 포함된다.
• 수단우선 가치: 자기결정권 존중, 비심판적 태도 등 클라이언트를 대하는 바람직한 방법에 대한 가치이다.

08

답과 해설 **답 ③**

③ 클라이언트체계의 다중성은 클라이언트가 여러 명일 경우 누가 클라이언트이고 누구의 이익을 최우선적으로 고려하여 개입해야 하는지를 판단하기 어려운 경우에 발생하는 갈등을 말한다.

09

답과 해설 **답 ①**

① 온정주의는 개인의 복지, 행복, 욕구, 이익, 가치 등을 위해 개인의 자유로운 행위에 대한 간섭을 정당화하는 경향이 있다. 즉 클라이언트의 이익을 위한다는 목적으로 클라이언트의 선택과 자유를 방해하는 결과를 가져올 수 있기 때문에 자기결정의 원칙과 온정주의는 상충하기도 한다.

10

답과 해설 **답 ③**

평등과 불평등의 원칙은 능력이 같은 사람은 같은 취급을 받을 권리가 있음과 동시에 능력이 다른 사람은 다른 취급을 받을 권리가 있음을 의미한다. 사례에서 장애아동의 장애특성과 정도 및 가용능력의 차이를 고려하여 다양한 경기 종목을 제공한 점은 "능력이 다르면 다르게 취급할 권리가 있다"는 불평등의 원칙(차이수용)을 지킨 것이고, 모두 미니올림픽에서 같은 수준의 참여기회를 가지게 한 점은 건강권과 즐거움의 권리를 평등하게 누리도록 했다는 점에서 평등의 원칙을 지킨 것이므로 평등과 불평등의 원칙을 적용한 것으로 볼 수 있다.

11

답과 해설 **답 ②**

현장 사회복지사에게 윤리적 갈등이 발생할 수 있는 주된 3가지 범주는 직접적 개입활동과 관련된 윤리적 갈등, 사회복지정책 및 프로그램 차원의 갈등, 조직의 일원으로서 겪는 윤리적 갈등이다. 이때 사회복지정책 및 프로그램 차원의 갈등은 사회복지실천 영역에 있어 분배의 문제와 관련된 갈등이다. 여기서 분배의 문제는 물리적인 자원의 분배는 물론, 시간의 분배문제도 포함한다.
문제의 상황에서 사회복지사는 주어진 시간 안에 취소해야 하는 면담을 선택할 때 공정한 우선순위라는 시간 분배의 문제에 관한 갈등을 겪는 것이므로 답은 ②이다.

12

답 ③

로웬버그와 돌고프의 윤리적 의사결정모델

단계	내용
1단계	문제가 무엇인지, 문제를 야기하는 요인은 무엇인지를 확인한다.
2단계	누가 클라이언트이고 피해자인지, 지지체계와 다른 전문가 등 해당 문제와 관련된 사람과 단체는 누구누구인지 확인한다.
3단계	사회적 가치, 전문가로서의 가치, 클라이언트와 사회복지사의 개인적 가치 등 두 번째 단계에서 확인된 다양한 주체들이 주어진 문제와 관련해서 어떤 가치가 있는지 확인한다.
4단계	주어진 문제를 해결하거나 혹은 최소한 문제의 정도를 경감시킬 수 있는 개입목표를 명확히 한다.
5단계	개입수단과 개입대상을 확인한다.
6단계	확정된 목표에 따라 설정된 각각의 개입 방안의 효과성과 효율성을 평가한다.
7단계	누가 의사결정에 참여할 것인가를 결정한다.
8단계	개입방법을 선택한다.
9단계	선택한 개입방법을 수행한다.
10단계	선택된 개입방법이 수행되는 것을 검토하여 예상하지 않았던 결과가 나타나는지 주의를 기울인다.
11단계	결과를 평가하고 추가적인 문제들이 무엇인지 확인한다.

13

답 ③

③ 대부분의 국가는 성문화된 법체계 내에서 인권보장을 위한 규정을 마련하고 있다. 그렇다고 해서 인권이 꼭 성문화된 법률로서만 보장됨을 의미하는 것은 아니다. 인권은 인간이라면 마땅히 누려야 할 당연한 권리이기 때문에 법률로서 제도화되지 않더라도 인정되는 절대적 권리이다.

14

답 ①

ㄴ. '기록 · 정보 관리'가 아닌 '정보에 입각한 동의'에 해당한다.
ㄹ. 기관에 대한 윤리기준에 해당하는 규정이다.

15

답 ⑤

모두 옳은 설명이다. 사회복지실천윤리는 사회복지사가 실천활동을 하는 과정에서 윤리적 행동의 지침이 된다. 사회적인 윤리기준이 반영될 수밖에 없기 때문에 일반 사회의 윤리와 완전히 동일하다고 말할 수는 없지만 밀접하게 관련되어 있다고 말할 수 있다.

16

답 ②

② 기본적 윤리기준 중 전문가로서의 실천에 해당한다. 그 중 위의 내용은 품위와 자질 유지에 관한 규정에 해당하며, 아래 내용은 이해 충돌에 대한 대처에 관한 규정에 해당한다.

17

답 ②

② 윤리강령은 법률이 아니며, 법적인 책임과 의무를 규정하고 있는 것은 아니다.

18

답 ①

① 클라이언트에 대한 윤리기준으로서 '동료의 클라이언트를 의뢰받을 때는 기관 및 슈퍼바이저와 논의하는 과정을 거쳐야 하며, 클라이언트에게 설명하고 동의를 얻은 후 서비스를 제공한다'고 규정하고 있다.

사회복지사의 동료에 대한 윤리기준은 동료에 대한 규정과 슈퍼바이저에 대한 규정으로 구분되어 있다.
②⑤는 동료에 대한 규정이며, ③④은 슈퍼바이저에 대한 규정이다.

19

답 ⑤

⑤ 한국사회복지사 윤리강령 전문에서는 "사회복지사는 개인의 주체성과 자기결정권을 보장하는 데 최선을 다하고, 어떠한 여건에서도 개인이 부당하게 희생되는 일이 없도록 한다"고 규정하고 있다. 이는 사회복지사가 아닌 클라이언트의 주체성과 자기결정권 보장을 다룬 것이다.

20

답과 해설　답 ①

사회복지실천에서 가치

- 궁극적 가치는 가장 추상적이고 다수에 의해 가장 쉽게 동의를 얻을 수 있는 내용들이며, 자유, 인간의 존엄성, 인간능력에 대한 인정, 평등한 대우 및 차별금지 등을 예로 들 수 있다.
- 차등적(근사적) 가치는 중간단계의 가치라고도 불리는데 궁극적 가치와 수단적 가치의 사이에 위치하며 추상적 가치를 좀 더 구체화한 가치이다. 사회문화적 영향이나 개인의 경험에 따라 찬성과 반대가 가능한 가치로 보건의료서비스나 치료를 거부할 수 있는 환자의 권리, 낙태나 동성애에 대한 가치 등이 있다.
- 수단적(도구적) 가치는 목적을 위해 요구되는 수단들을 명확하게 하는 것이며, 궁극적 가치를 달성하기 위한 수단이다. 자기결정, 비밀보장, 고지된 동의, 수용적이며 비난하지 않는 태도 등이 있다.

오답노트

ㄹ. 평등한 대우 및 차별금지에 해당하므로 궁극적 가치이다.

21

답과 해설　답 ④

④ 인권은 공동체 속에서 상호의존적 특성을 갖게 된다. 나누거나 양도할 수 있는 것은 아니며, 이를 인권의 불가분성·불가양성이라고 한다.

22

답과 해설　답 ③

③의 내용은 '인간 존엄성'이라는 핵심가치와 관련된 규정이다.

3장　사회복지실천의 역사적 발달과정

1.⑤	2.④	3.④	4.⑤	5.①
6.⑤	7.⑤	8.③	9.③	10.②
11.③	12.①	13.④	14.①	15.②
16.②	17.②	18.①		

01

답과 해설　답 ⑤

ㄷ. 리치몬드의 『사회진단』은 1917년에 출간되었다.

ㄴ. 1929년 밀포드 회의에서 사회복지실천의 공통요소를 발표하였다.

ㄱ. 1920년대 전후에 등장한 진단주의에 반대하며 1930년대 후반에 기능주의가 등장하였고, 두 학파 간에 대립은 1950년대까지 지속되었다.

ㄹ. 문제해결모델, 단일화모델 등 다양한 통합적 방법론이 제시된 시기는 사회복지실천방법 통합기인 1950~1970년대이다.

02

답과 해설　답 ④

오답노트

① 한국전쟁 이후 활동했던 KAVA는 우리나라가 발전함에 따라 1990년대 중반 해체하였다.

② 2016년 정신보건법을 정신건강증진 및 정신질환자 복지서비스 지원에 관한 법률로 개정(2017년 시행)하면서 일반국민에 대한 정신건강 서비스 제공 근거를 마련하였다.

③ 사회복지전문요원 도입은 1987년에 이루어졌다.

⑤ 의료사회복지사, 학교사회복지사는 2018년 개정, 2020년 12월 시행된 사회복지사업법을 통해 법정 국가자격이 되었다.

03

답과 해설　답 ④

④ 역량강화모델은 통합적 접근의 필요성에 따라 등장한 것은 아니다. 1970년대 들어서면서 병리관점이 아닌

강점관점이 주목을 받게 되었고 강점관점을 기반으로 역량강화모델이 발전하게 되었다.

04
답 ⑤

① 진단주의와 기능주의 학파의 대립은 전문직 분화기에 해당한다.
②③④ 진단주의 학파의 특징에 해당한다.

05
답 ①

ㄴ. 인보관 운동에서는 빈곤 문제를 개인의 탓이 아닌 사회의 탓이라고 생각했다.
ㄷ. 우애방문원은 자선조직협회의 활동가였다. 처음에는 무보수 자원봉사자였다가 이후 체계화되면서 사회복지사의 시초가 된 것으로 평가되고 있다.

06
답 ⑤

메리 리치몬드(1917)의 『사회진단』은 사회복지실천에 대한 이론과 방법을 체계화시킨 최초의 출판이며, 개별사례접근방법론을 제시하고 있다. 또한 『사회진단』에서의 사례연구방법은 질적 연구로서, 개인에 대한 정보수집을 통해 사례를 심도 있게 분석, 개입한다.

07
답 ⑤

인보관운동
• 자선조직협회와 달리 빈곤문제를 사회구조적 차원에서 살펴봐야 한다고 보았다.
• 빈민들과 함께 생활하면서 그들이 스스로 문제를 해결할 수 있도록 힘을 길러주어야 하고, 빈곤문제에 관한 연구조사를 기반으로 사회를 개혁해 나가야 한다고 주장하였다.

08
답 ③

문제에 제시된 사건들의 발생 연도는 다음과 같다.
• 플렉스너의 비판: 1915년

• 리치몬드의 『사회진단』 출간: 1917년
• 진단주의 학파의 등장: 1920년대 전후로 프로이트의 정신분석학을 기반으로 발달
• 사회복지실천 3대 방법론으로 분화: 1920년대
• 사회복지실천 공통요소 정리 시도: 1929년 밀포드 회의
• 기능주의 학파의 등장: 1930년대 후반 진단주의에 대해 비판하며 등장
• 그린우드(Greenwood) 전문직 속성 발표: 1957년
• 통합적 방법론의 등장: 1950년대

09
답 ③

③ 통합적 관점은 1950년대에 등장하였다.

10
답 ②

② 제인 아담스가 1889년 미국에 설립한 헐하우스는 대표적인 인보관 중 하나이다. 자선조직협회 및 인보관 운동의 시작은 전문적 사회복지실천 태동기로 분류된다. 이들의 활동이 발전되어 가면서 사회복지사업이 전문화되는 바탕이 되었고 이후 사회복지실천 전문직 확립기로 나아가게 되었다.

①③④⑤는 전문직 확립기에 해당한다.
① 미국사회복지사협회 설립: 1921년
③ 메사추세츠 병원에 유급 사회복지인력 고용: 1905년
④ 메리 리치몬드의 『사회진단』 발표: 1917년
⑤ 뉴욕자선학교의 후원으로 자선조직협회에서 사회복지전문인력 훈련과정 개설: 1898년

11
답 ③

미국에서 민간 자선조직협회와 인보관을 중심으로 발전해 온 사회복지실천 분야는 사회복지에 대한 정부 개입의 확대로 공공영역으로 확대되었다. 미국의 경우, 1930년대와 1960년대에 이루어진 정부의 탈빈곤화 정책과 프로그램의 영향으로 공공복지기관과 시설이 급격히 증가하였다.

12
답 ①

ㄱ. 1967년(한국사회사업가협회로 출발하였고, 1985년

현재의 이름인 사회복지사협회로 개칭하였다.)

ㄷ. 1982년

ㄹ. 2003년

ㄴ. 2005년(지역사회복지협의체로 출발하였고, 관련 법제·개정에 따라 2015년부터 지역사회보장협의체로 명칭이 변경되었다.)

13

답과 해설 답 ④

④ 자선조직협회는 빈곤의 원인을 개인의 나태함이나 도덕적 문제 등 개인적 결함으로 보았다. 빈곤의 원인을 사회적 문제로 인식한 것은 인보관운동이었다.

14

답과 해설 답 ①

① 사회복지실천의 통합기에 나타난 모습으로 개인의 이해에 있어 심리적인 측면과 사회적인 측면을 모두 중시하는 '상황 속의 개인'으로 이해하고자 한 홀리스의 대표적인 시각이다.

오답노트

②③④⑤는 미국 사회복지실천의 전문직 분화기에 나타난 모습들이다.

15

답과 해설 답 ②

② 1952년 결성된 카바(KAVA)는 외원단체들 모여 결성한 것이었다. 1955년에는 사무국을 갖추어 연합회로서의 기능을 본격화했다. 해외에서 온 원조 물품의 조정 및 배분이 주된 활동이었지만, 이들을 통해 외국의 사회복지 학문 및 실천기술이 소개되기도 했다. 우리나라의 경제발전에 따라 철수하기 시작하면서 1990년대 중반 해체했다.

16

답과 해설 답 ②

② 기능주의 학파는 클라이언트가 성장할 수 있는 내적 힘과 자유의지를 가지고 있다고 전제하고, 클라이언트에게 자율성과 선택권이 있음을 인정한다. 문제해결의 책임이 사회복지실천에게 있는 것이 아니라 클라이언트에게 있으며 사회복지실천가는 이를 원조하는 역할을 한다고 보았다.

17

답과 해설 답 ②

오답노트

ㄱ. 1970년 사회복지사업법 제정 당시에는 '사회복지사업 종사자'라는 명칭을 사용하였으며, 1983년 개정에서 '사회복지사'라는 명칭을 사용하기 시작했다.

ㄹ. 밀포드회의에서는 사회복지실천의 8가지 공통영역을 정리하였다.

18

답과 해설 답 ①

오답노트

ㄴ. 1929년 밀포드 회의에서는 사회복지 공통요소를 정리했다. 역량강화를 기반으로 한 실천을 강조한 것은 아니다.

ㄷ. 개별사회복지실천, 집단사회복지실천, 지역사회조직 등을 전통적 3대 방법론이라고 한다. 이후 사례관리를 추가하여 4대 방법론으로 불리기도 한다.

4장 사회복지실천현장에 대한 이해

01.②	02.③	03.①	04.③	05.⑤
06.④	07.②	08.②	09.④	10.④
11.③	12.②	13.①	14.④	15.③

01

답과 해설　답 ②

오답노트

ㄱ. 청소년 쉼터는 1차 현장이면서 생활시설이다.
ㄹ. 영유아 어린이집은 2차 현장이면서 이용시설이다.

02

답과 해설　답 ③

③ 교육자: 클라이언트에게 정보를 제공하거나 필요한 지식을 알려준다.

03

답과 해설　답 ①

기능에 따른 사회복지사 역할
- 직접 서비스 제공 – 상담가, 가족치료사, 집단사회복지 지도자, 정보제공 및 교육자
- 체계와 연결하기 – 중개자, 사례관리자/조정자, 중재자, 클라이언트 옹호자
- 연구 및 조사하기 – 프로그램 평가자, 조사자
- 체계 유지 및 강화 – 조직 분석가, 촉진자, 팀 성원, 자문가
- 체계 개발 – 프로그램 개발자, 기획가, 정책과 절차 개발자

04

답과 해설　답 ③

③ 사회복지사는 행동가로서 클라이언트의 이익이나 권리가 침해당하는 사회적 조건 등을 인식하고 클라이언트의 인권을 보호하기 위한 활동에 참여한다.

05

답과 해설　답 ⑤

⑤ 정신건강증진 및 정신질환자 복지서비스 지원에 관한 법률에 따른 중독관리통합지원센터는 알코올, 마약, 도박, 인터넷 등의 중독 문제와 관련한 종합적인 지원 사업을 수행하는 이용시설이다.

06

답과 해설　답 ④

④ 옹호자는 클라이언트의 욕구에 서비스기관이 반응하지 않거나 서비스 제공을 거절당하는 경우 클라이언트가 서비스를 받을 수 있고 권리를 획득할 수 있도록 기관 내 프로그램이나 정책을 변화시키는 활동을 한다.

오답노트

① 교육자: 클라이언트의 사회적 기능이나 문제해결 능력이 향상될 수 있도록 교육적인 프로그램이나 정보를 제공하는 역할
② 조정자: 클라이언트를 다른 체계에 의뢰할 때 클라이언트의 욕구 사정, 서비스 전달 조정, 서비스 제공을 보장하는 역할
③ 중재자: 체계 사이의 갈등 및 의견 차이를 조정하는 역할
⑤ 상담자: 클라이언트와 직접 대면하여 문제해결을 하는 역할

07

답과 해설　답 ②

- 클라이언트의 문제해결 능력 향상이나 사회적 기능 향상 등을 위해 교육 프로그램, 기술 프로그램, 정보 제공 등을 제공하는 것은 교육자로서의 역할이라고 볼 수 있다.
- 활동가로서의 역할을 클라이언트의 인권이 보호되고 클라이언트가 인권을 행사할 수 있도록 제도적 변화를 추구한다. 이러한 변화를 위해 지역사회의 욕구를 조사, 분석하고 그 결과를 알려 대중의 힘을 동원하고 조직하기도 한다.

08

답과 해설　답 ②

ㄱ. 아동양육시설: 보호대상아동을 입소시켜 보호, 양육 및 취업훈련, 자립지원 서비스 등을 제공하는 것을 목적으로 하는 시설

ㄴ. 희망복지지원단: 복합적 욕구를 가진 대상자에게 맞춤형 통합 사례관리를 제공하기 위해 시·군·구 단위에 설치

ㄷ. 청소년회복지원시설: 소년법에 따라 감호 위탁 처분을 받은 청소년에 대해 보호자를 대신하여 그 청소년을 보호할 수 있는 사람이 상담, 주거, 학업, 자립 등의 서비스를 제공

09

답과 해설 답 ④

④ 체계유지 및 강화하기의 기능은 서비스 전달 시 효율성을 떨어뜨리는 기관의 정책 및 기능적 관계를 평가하는 것으로 조직분석가, 촉진자, 자문가 등의 역할을 수행한다.

10

답과 해설 답 ④

오답노트

① 사회복지서비스 제공이 주된 목적인 기관은 1차현장이며, 복지서비스 제공이 부차적으로 이루어지는 기관은 2차현장이다.
② 클라이언트가 입소하여 주거서비스를 받을 수 있는 시설은 생활시설이다.
③ 사회복지공동모금회는 사회복지법인이며 민간기관이다.
⑤ 아동양육시설은 아동이 입소를 통해 보호, 양육, 교육을 비롯한 복지서비스를 제공받기 때문에 생활시설에 해당한다.

11

답과 해설 답 ③

A씨가 이용하는 직장어린이집은 사회복지서비스 제공이 중심인 기관이 아니기 때문에 2차 현장이며, 주거서비스가 제공되는 것은 아니므로 이용시설이다.
B씨가 이용하는 노인복지관은 사회복지서비스를 주목적으로 하는 1차 현장이며 이용시설이다.

12

답과 해설 답 ②

문제에 제시된 시설은 아동복지법상 아동복지시설의 하나인 지역아동센터이다. 지역아동센터는 1차현장이면서 이용시설이다.

오답노트

① 지역아동센터는 아동복지법에 따른 아동복지시설에 속한다.
③ 지역아동센터는 부모가 있는 아동들도 서비스를 받을 수 있으며, 의식주를 제공하지 않는 이용시설이다.
④ 교정시설은 교도소, 구치소, 보호감호소, 소년원 등을 통칭한다.
⑤ 초등학교의 정규교육 이외의 시간 동안 방과 후 돌봄 서비스를 실시하는 기관은 다함께돌봄센터이다.

13

답과 해설 답 ①

중재자로서의 역할
서비스 수혜에 문제나 장애가 없는지 살펴보고, 있다면 그 문제를 제거하는 역할을 한다.

14

답과 해설 답 ④

사례에서 사회복지사는 B양에 대한 사정을 진행하며, B양에게 어떤 서비스를 어떤 방식으로 제공할 것인지를 계획하고, 쉼터 등 생활이 가능한 곳을 연계하고, 그 밖에 필요한 서비스를 연결하는 사례관리자로서 역할을 수행하게 된다.

④ 조직분석가로서의 역할은 사회복지사가 속한 기관의 조직구조나 업무절차 등에 관한 행정적 차원의 문제점을 파악하고 수정하는 역할로 사례와 큰 관련은 없다.

15

답과 해설 답 ③

다문화가정지원센터는 직접서비스 기관이다.
사회복지공동모금회는 사회복지사가 직접 클라이언트를 대면하지 않으면서 클라이언트의 문제해결을 위해 간접적으로 도움을 제공하는 간접서비스 기관이다.

01. ③	02. ④	03. ③	04. ②	05. ⑤
06. ⑤	07. ③	08. ⑤	09. ③	10. ③
11. ②	12. ④	13. ③	14. ①	15. ①
16. ⑤	17. ②	18. ③	19. ④	20. ②
21. ②	22. ①	23. ④	24. ②	25. ⑤
26. ①	27. ④	28. ①		

01

답과 해설 답 ③

오답노트

① 통합적 접근은 사회복지실천이 개별, 집단, 지역사회 등 3가지 차원으로 구분되어 전문화, 파편화되면서 클라이언트의 복잡한 문제에 포괄적으로 대응하지 못하는 문제가 제기되면서 나타났다.

② 통합적 접근은 특정 이론을 지향하지도 지양하지도 않는다. 필요에 따라 다양한 이론과 개입방법을 선택적으로 활용하기 때문에 정신역동이론을 배제하지 않는다.

④ 클라이언트의 성장과 잠재성에 대해 미래지향적인 관점을 취한다.

⑤ 핀커스와 미나한은 4체계모델을 제시했다.

02

답과 해설 답 ④

4체계모델(핀커스와 미나한)
• 변화매개체계: 사회복지사, 사회복지조직 등
• 클라이언트체계: 서비스를 요청한 사람, 받는 사람
• 표적체계: 변화의 필요가 있는 사람
• 행동체계: 개입과정에서 함께하는 이웃, 가족, 전문가들

6체계모델(콤튼과 갤러웨이)
• 4체계모델
• 의뢰-응답체계: 의뢰한 체계와 그에 따른 클라이언트
• 전문체계: 전문가 육성 및 지원을 위한 단체

03

답과 해설 답 ③

오답노트

① 역량강화모델의 개입은 대화단계 → 발견단계 → 발전단계로 진행된다.

② 역량강화모델은 클라이언트의 과거보다 현재와 미래를 강조한다.

④ 역량강화모델에서는 힘의 획득을 위해 개인적 차원, 대인관계 차원을 비롯해 보다 거시적인 제도적 차원에서의 개입도 이루어진다.

⑤ 역량강화모델이 클라이언트의 자기결정과 강점을 강조한다고 해서 사회복지사의 역할이 최소한으로 이루어진다거나 지나치게 제한적이라고 말할 수는 없다.

04

답과 해설 답 ②

② 동화주의 관점은 소수 문화가 주류 문화에 순응하도록 하는 것이기 때문에 사회복지실천에서의 다문화 관점과는 반대된다. 다문화 관점에서는 다양한 문화를 그 자체로 인정하고 존중한다.

05

답과 해설 답 ⑤

⑤ 평형(균형)상태는 구조 변화가 거의 일어나지 않는 상태이며 폐쇄체계에서 나타나는 현상이다.

06

답과 해설 답 ⑤

'환경 속 인간' 관점
개인-환경 간 상호작용 증진의 책임을 개인-환경 모두에 둔다. 즉, 인간이 경험하는 각종 사회복지적 문제의 원인을 개인이나 환경 어느 한쪽의 결함으로 보기보다는 개인적 요소와 환경적 요소가 어우러져서 나타난 결과라고 본다. 때문에 개인-환경 간 상호작용 증진을 위해 환경변화를 시도하거나 개인의 역량을 강화하며, 문제해결 방안을 개인의 변화와 함께 주변 환경의 변화에서도 찾고, 사회적 맥락을 고려하여 문제를 사정한다.

07

답과 해설 답 ③

③ 통합적 접근은 특정 이론을 따르지 않는다. 정신분석

이론 등 전통적 접근에서의 이론을 포함하여 환경과 체계를 강조하는 이론 등 다양한 이론과 개념을 사용하여 문제에 따라 적합한 접근을 취한다.

08

답과 해설 답 ⑤

⑤ 생태체계관점에서는 클라이언트가 환경에 적응하지 못한 것을 병리적 문제로 보지 않는다. 단지 개인의 욕구 및 대처방식이 환경과 일치하지 못한 것으로 본다.

09

답과 해설 답 ③

오답노트

ㄱ. 클라이언트체계는 서비스를 요청한 사람이고, 표적체계는 실제 서비스를 받게 되는 체계라고 보면 된다. 표적체계와 클라이언트체계는 동일할 수도 있다.

ㄹ. 행동체계는 변화매개인들의 변화노력을 도우며 상호작용하는 사람들로 이웃, 가족, 전문가 등이다.

10

답과 해설 답 ③

③ 거시체계는 개인이 속한 사회의 이념이나 제도의 일반적인 형태 혹은 개인에게 영향을 미치는 환경요소를 말한다. 정치, 경제, 사회, 법, 문화, 관습 등이 속한다.

생태체계 구성의 예

- 미시체계: 아동의 입장에서 부모, 친구, 학교 등
- 중간체계: 아동의 입장에서 학교(교사)와 가정(부모) 간의 관계, 형제간의 관계, 가정과 또래집단과의 관계 등
- 거시체계: 정치, 경제, 사회, 법, 문화, 관습 등
- 외부체계: 부모의 직장, 대중매체, 정부기관, 교통통신시설, 문화시설 등
- 시간체계: 가족제도의 변화, 결혼관의 변화, 직업관의 변화 등

11

답과 해설 답 ②

② 과거의 경험을 분석하는 것은 병리관점의 특징이다. 병리관점에서는 아동기의 외상을 통해 성인 병리를 예측할 수 있다고 보는 반면, 강점관점에서는 아동기의 외상이 성인 병리와 직결되지는 않는다고 본다.

12

답과 해설 답 ④

④ 임파워먼트모델에서 사정, 분석, 계획 등은 발견단계의 과업이다.

13

답과 해설 답 ③

오답노트

ㄱ. 사회체계이론은 다른 체계이론과 더불어 인과관계보다는 인간과 환경 간의 상호교류 및 상호 보완성에 더욱 관심이 있다.

ㄷ. 사회체계이론은 가족, 조직, 지역사회, 문화 등 구체적인 사회체계를 다룬다.

14

답과 해설 답 ①

① 통합적 접근은 전통적인 접근방법이 서비스의 전문화를 지나치게 강조하면서 나타난 파편화 문제를 해결하기 위해 제기된 것이다.

15

답과 해설 답 ①

① 다문화 관점은 소수 사회, 비주류 문화를 있는 그대로 인정하고 수용하는 데에 초점을 둔다. 주류 사회 혹은 문화로의 통합에 초점을 두는 것은 아니다.

16

답과 해설 답 ⑤

⑤ 통합적 접근방법은 4단계인 통합화기에 해당된다. 인지행동모델은 사회복지실천모델이 다양화되는 시기인 5단계에 등장하였다.

오답노트

① 단일화모델: 통합적 접근방법으로서 유기체로서의 개인과 역동적인 사회관계 및 양자 간의 상호관계에 초점을 두는 모델이다.

② 생활모델: 통합적 접근방법으로서 저메인과 기터만(Germain & Gitterman)이 생태체계이론을 실천분야에 도입하여 개발한 모델이다.

③ 문제해결모델: 펄만(Perman, 1957)이 개발한 모델로 사회복지 분야에서는 진단주의와 기능주의 두 가지의

영향을 절충한 모델이다.

④ 4체계모델: 핀커스와 미나한이 일반체계이론을 사회
복지실천에 응용하여 만든 모델로서 통합적 접근 모
델이다.

17

답과 해설 **답 ②**

② 통합적 접근은 단선적 사고가 아닌 순환적 사고를 특
징으로 한다. 순환적 사고는 A와 B 사이에 시간을 두
고 일어나는 순환적 교환에 관심을 둔다.

18

답과 해설 **답 ③**

오답노트

ㄷ. 강점관점에서 클라이언트의 삶에 대한 전문가는 클
라이언트 자신이다.

19

답과 해설 **답 ④**

오답노트

ㄱ. 개입의 주요 초점을 클라이언트의 병리적 문제에 두
는 것은 병리 관점에 해당한다. 역량강화모델은 강
점 관점을 기반으로 하며 강점 관점의 주요 초점은
클라이언트의 문제가 아닌 가능성에 둔다.

20

답과 해설 **답 ②**

PIE(Person In Environment) 분류체계
• 요소 1. 사회적 기능 수행상 문제: 클라이언트의 사회
적 역할문제를 확인하고 묘사한다.
• 요소 2. 환경상의 문제: 요소 1에 영향을 주고 있는 환
경상의 문제를 묘사한다.
• 요소 3. 정신건강 문제: 현재의 정신적, 성격적 혹은 발
달상의 장애 혹은 상태를 표시한다.
• 요소 4. 신체건강 문제: 클라이언트의 사회적 역할 수
행과 환경에 관한 문제를 살펴보고, 문제를 지속시킬
수 있는 현재의 신체 장애 혹은 상태를 표시한다.

오답노트

ㄱ. 사회적 기능 수행상 문제는 클라이언트의 사회적 역
할 문제에 관한 것이다. 제시된 설명은 요소 4. 신체
건강 문제에 해당한다.
ㄹ. 가족관계상의 문제를 별도로 제시하지는 않았다.

21

답과 해설 **답 ②**

핀커스와 미나한은 포괄적인 관점에서 실천체계를 변화
매개체계, 클라이언트체계, 표적체계, 행동체계로 나누어
4가지 체계가 어떻게 상호작용하는지에 관심을 두었다.

22

답과 해설 **답 ①**

① 다문화 관점은 사람들 사이에 존재하는 다양성과 차
이점에 대한 인식과 그에 대한 존중을 바탕으로 한다.

23

답과 해설 **답 ⑤**

생활모델에서 스트레스와 관련된 생활영역
• 생활변천: 발달상의 변화, 지위와 역할의 변화, 위기에
의한 변화 등
• 환경의 압박: 차별적인 사회구조, 물리적 환경이 적합
하지 않은 경우 등
• 대인관계 문제: 대인관계에서 의사소통으로 인한 문제

24

답과 해설 **답 ②**

콤튼과 갤러웨이의 6체계모델
• 클라이언트체계: 도움을 요청한 사람으로, 사례에서
유민이가 해당한다.
• 표적체계: 변화가 필요한 체계로, 사례에서는 가족 전
체에 대한 사례관리가 계획 중으로 유민이네 가족이
표적체계가 된다.
• 변화매개체계: 사회복지사이다.
• 행동체계: 변화노력 과정에서 상호작용하게 되는 이
웃, 가족, 전문가들로 사례에서는 통장, 이웃, 사회복지
전담공무원, 정신과 의사 등이 될 수 있다.
• 전문체계: 전문가 단체를 말하는 것으로 사례에는
없다.
• 의뢰-응답체계: 유민이 및 유민이네 가족에 대한 의
뢰가 진행된 것은 아니기 때문에 사례에 해당하지는
않는다.

25

답과 해설 **답 ⑤**

⑤ 생태체계관점에서의 스트레스는 개인과 환경 간의 상

호교류에 있어 불균형이 일어나는 현상이다. 사람에 따라 같은 상황을 스트레스로 경험할 수도 있고, 하나의 도전으로 받아들일 수도 있다고 본다.

26

답과 해설 답 ①

전통적 방법론의 한계

- 주로 특정 문제를 중심으로 개입
- 지나친 분화와 전문화로 서비스를 파편화
- 전문화를 중심으로 한 교육과 훈련은 사회복지사가 다른 분야로 직장을 옮기는 데 불리하게 작용
- 공통기반이 없는 분화와 전문화로 개별 영역 간 의사소통의 혼란 야기

오답노트

ㄹ. 사회복지실천의 통합적 접근은 사회복지직의 전문직 정체성 확보와 동시에 개인을 환경 속에서 바라보는 고유한 관점을 확립하게 되었다.

27

답과 해설 답 ④

④ 펄만(Perlman)은 문제해결과정을 '문제(Problem)를 가지고 있는 사람(Person)이 어떤 장소(Place)에 자신의 문제를 가지고 도움을 얻기 위해 찾아오게 되며, 사회복지사는 이때 클라이언트와 문제해결 기능에 관여하게 되고, 나아가 문제해결에 필요한 자원을 보완해주는 과정(Process)'으로 정의하였다.

28

답과 해설 답 ①

오답노트

② 문제의 원인은 문제를 해결해가는 태도가 잘못되었기 때문이라고 보았다.
③ 사회복지실천은 클라이언트의 문제해결 능력을 회복시키거나 향상시켜주는 과정이다.
④ 문제해결과정을 문제, 사람, 장소, 과정 등 4가지 요소로 설명하였다.
⑤ 자아심리학, 실용주의 철학, 역할이론 등에 영향을 준 것이 아니라 이들의 영향을 받아 문제해결모델이 탄생한 것이다.

6장 사례관리

01. ② 02. ① 03. ⑤ 04. ② 05. ①
06. ⑤ 07. ④ 08. ⑤ 09. ③ 10. ③
11. ③ 12. ① 13. ⑤ 14. ② 15. ⑤
16. ④ 17. ⑤ 18. ④ 19. ④ 20. ⑤
21. ③ 22. ⑤

01

답과 해설 답 ②
오답노트

① 사례관리는 병리관점을 따르지 않는다.
③ 자원을 사정할 때에는 현재 갖고 있는 자원은 무엇인지도 살펴본다. 사정은 자원뿐만 아니라 클라이언트의 욕구나 장애물 등에 대해서도 진행된다.
④ 개입전략은 사례관리자와 클라이언트, 그리고 개입에 참여하게 되는 전문가들의 의견도 취합하여 수립한다.
⑤ 사례관리는 타 기관과 연계, 협력이 없이는 불가능하다시피 하기 때문에 사례관리로 인해 경쟁적 관계가 만들어진다는 것은 적절한 지적이 아니다.

02

답과 해설 답 ①

① 시설 이용이 어려운 장애인, 아동, 노인 등을 위한 재가복지가 활성화됨에 따라 재가복지서비스를 받는 클라이언트를 위한 사례관리가 강조되었다.

03

답과 해설 답 ⑤

04

답과 해설 답 ②
오답노트

ㄱ. 체계성이 아닌 지속성(연속성)에 관한 설명이다.

ㄷ. 연계성은 지역사회에 흩어져있는 다양한 서비스를
   연계하여 제공함을 의미한다. 클라이언트가 원치 않
   는 서비스를 강제적으로 받게 해서는 안 된다.

05

답과 해설 답 ①

① 과다하게 중복 제공되는 서비스들을 조정하고 부족
한 서비스를 추가하는 등의 역할은 조정자로서의 역
할이다.

오답노트

② 평가자: 사례관리의 전반적인 과정을 분석하고 효율
성 및 효과성 등을 파악한다.
③ 상담자: 클라이언트의 문제해결 능력 향상 및 심리적
지지 등을 위해 직접 상담하기도 한다.
④ 촉진자: 클라이언트가 개입과정에 적극적으로 참여할
수 있도록 이끄는 역할이다.
⑤ 옹호자: 자신의 권리를 주장할 능력과 자원이 부족한
클라이언트의 입장을 대변하는 역할이다.

06

답과 해설 답 ⑤

사정은 클라이언트 개인의 심리적·사회적 기능과 사회
적 지지망과 지역사회 내에서 활용 가능한 자원까지 포
함하여 다차원적으로 접근한다. 사정은 클라이언트에게
유용한 자원을 결정하는 데 필요한 자료를 수집하기 위
해 클라이언트의 건강상태, 심리사회적·기능적인 상태
와 욕구를 포괄적으로 살펴보는 과정이다.

07

답과 해설 답 ④

사례관리 과정은 사정→계획→개입→점검→평가이다.
문제의 내용은 이 중에서 점검에 해당된다. 점검은 클라
이언트의 계획에서 정해진 서비스와 지원의 전달과정을
추적하는 것이다. 이 과정에서는 서비스 계획이 적절하
게 이루어지고 있는지 검토하고 클라이언트에 관한 서비
스와 지원계획의 목표에 대한 성취를 검토한다. 또한 클
라이언트의 욕구 변화를 점검하여 서비스 계획의 변화
여부를 검토한다.

08

답과 해설 답 ⑤

사례에서 사회복지사는 비공식 지원체계를 통하여 클라
이언트의 사회적인 안정이라는 실질적 지원을 하였다.

오답노트

① 옹호기능: 클라이언트의 불리한 현재의 정책 등에 대
해 수정하기 위한 활동
② 조정기능: 공식적인 정책이나 비공식 기관과의 협정
을 통해 연계하는 것
③ 상담기능: 주로 클라이언트의 정서적 지지를 제공하
거나 문제를 스스로 해결할 수 있도록 동기를 부여하
는 것
④ 서비스의 연결기능: 이웃의 양육보조를 서비스 연결
이라 보기는 어렵다.

09

답과 해설 답 ③

오답노트

① 계획자 역할
② 상담자 역할
④ 사정자 역할
⑤ 평가자 역할

10

답과 해설 답 ③

③ 사례회의를 통해 전략을 수립한다.

11

답과 해설 답 ③

오답노트

ㄱ. 분산된 서비스, 서비스 전달의 지방분권화 등 지역사
회서비스의 비중앙화로 인해 사례관리의 필요성이
대두되었다.
ㄷ. 지역사회 중심의 재가복지서비스 활성화의 영향으로
인해 사례관리의 필요성이 대두되었다.

12

답과 해설 답 ①

① 사례관리는 클라이언트에게 필요한 서비스가 제공될
수 있도록 다양한 공식적, 비공식적 지원체계를 모두
활용한다.

13

답과 해설 답 ⑤

사례관리 과정은 사정(ㄴ)→계획(ㄹ)→개입(ㄱ)→점검
(ㄱ)→평가(ㄷ)이다.

14

답과 해설 답 ②

② 사례관리는 공식적 체계뿐만 아니라 비공식 체계에서
　 이루어지는 서비스도 모두 활용한다.

15

답과 해설 답 ⑤

제시된 경우와 같이 복합적 문제에 대해 사례관리를 추
진할 수 있다.

16

답과 해설 답 ④

사례관리의 이론적 기초로 생태체계이론, 강점관점, 임
파워먼트모델, 사회적 지지망 이론 등이 손꼽힌다. 그 중
생태체계이론은 환경 속 인간 관점에 따라 클라이언트와
환경과의 상호작용을 살펴보면서 지원체계로서 환경을
활용한다는 점에서 사례관리의 이론적 기반이 된다.

17

답과 해설 답 ⑤

18

답과 해설 답 ④

사례관리 사정단계에서의 장애물은 외부장애물, 선천적
인 무능력, 내부 장애물이 있다.

- 외부장애물: 클라이언트가 처한 환경에 포함된 자원과
　관련된 장애물을 말한다.
- 선천적인 무능력: 클라이언트가 통제할 수 없는 것으로
　사회복지실천에서 클라이언트와 효과적으로 의사소통
　하거나 적극적으로 참여하는 데 장애가 될 수 있다.
- 내부 장애물: 클라이언트에게 있는 잘못된 신념, 태도,
　가치 등을 말한다.

오답노트

ㄱ은 선천적인 무능력이며, ㄷ은 외부환경과 관련된 것

이므로 외부장애물이다.

19

답과 해설 답 ④

서비스 연계성은 복잡하고 분리되어 있는 서비스전달체
계를 연결하는 것으로, 지역사회에 분산되어 있는 서비
스 정보를 제공하고 서비스들을 서로 연결하여 서비스의
효과성을 높인다.

20

답과 해설 답 ⑤

⑤ 사례관리는 다차원적 접근이다. 미시적 접근과 거시
　 적 접근, 직접적 접근과 간접적 접근 모두 진행된다.

21

답과 해설 답 ③

오답노트

① 개입단계의 과업이다.
② 사정단계의 과업이다.
④ 평가단계의 과업이다.
⑤ 계획단계의 과업이다.

22

답과 해설 답 ⑤

⑤ 중재자로서의 역할은 문제의 사례에서는 나타나지 않
　 고 있다. 클라이언트와 갈등이 있는 다른 개인 혹은 집
　 단 사이에 타협을 이끌어내는 역할이다.

7장 · 관계형성에 대한 이해

01.③	02.④	03.①	04.③	05.④
06.①	07.②	08.③	09.⑤	10.⑤
11.④	12.①	13.④	14.③	15.⑤
16.①	17.②	18.③	19.④	20.③
21.①	22.⑤			

01

답과 해설 답 ③

오답노트

① 수용은 클라이언트를 있는 그대로 인정해야 한다는 것이다. 가치있는 인간으로서 인정받고 싶은 욕구를 반영하는 것이다.

② 비심판적 태도는 다른 누군가에게 자신의 가치관을 비난받고 싶지 않아 하는 욕구에 관한 원칙이다. 클라이언트의 문제에 대해 클라이언트의 잘못을 따지지 않는다.

④ 사례관리를 비롯해 다른 분야의 전문가와 공조하는 경우, 클라이언트의 위험 상황으로 인해 노출이 불가피한 경우 등 비밀보장의 예외가 되는 상황들이 있다.

⑤ 개별화는 클라이언트를 유형화하지 않고 한 개인으로서 가진 특성을 있는 그대로 이해하는 것이다. 클라이언트가 표현한 감정에 대해 공감과 이해를 바탕으로 적절히 반응하는 것은 통제된 정서적 관여에 해당한다.

02

답과 해설 답 ④

④ 사회복지사는 클라이언트의 표현을 촉진하기 위해 자신의 경험을 이야기하는 자기노출을 시도할 수 있다. 다만 전이와 역전이는 주의해야 하며 또한 대화의 초점이 클라이언트가 아닌 사회복지사가 되지 않도록 유의해야 한다.

03

답과 해설 답 ①

① 사회복지사와 클라이언트의 관계는 합의된 목적을

갖고 그 목적을 달성하기 위해 의도적으로 맺는 관계이다.

04

답과 해설 답 ③

비밀보장의 원칙은 다른 권리와 충돌할 때, 다른 전문가와의 협력이나 사례관리 등을 위해 정보공개가 필요할 때, 클라이언트 자신 혹은 다른 사람의 생명을 보호해야 할 때 등에 있어서는 제한될 수 있다.

05

답과 해설 답 ④

수용은 클라이언트를 있는 그대로 받아들이고 대하는 것이다. 사회복지사가 클라이언트의 강점과 약점, 바람직한 성격과 그렇지 못한 성격, 긍정적인 강점과 부정적인 감정, 클라이언트가 보이는 파괴적인 태도 및 행동을 있는 그대로 인정하고 존중해주는 것이다.

06

답과 해설 답 ①

한국사회복지사 윤리강령
기본적 윤리기준 중 '전문가로서의 자세'
사회복지사는 문화적으로 민감한 실천을 제공하기 위해, 사회복지 실천 과정에서 자신의 개인적·사회적·문화적·정치적·종교적 가치, 신념과 편견이 클라이언트와 동료 사회복지사에게 미칠 수있는 영향을 고려하여 자기인식을 증진하기 위해 힘쓴다.

07

답과 해설 답 ②

사회복지사의 자기노출은 클라이언트의 이야기를 끌어내거나 클라이언트에게 도움이 될 수 있는 정보를 제공하는 차원에서 사회복지사가 자신의 개인적인 경험을 말하는 것이다.

08

답과 해설 답 ③

오답노트

① 구체성: 사회복지사는 클라이언트가 구체적인 답변을 할 수 있도록 질문할 수 있어야 한다.

② 권위: 사회복지사는 기관에서 위임한 권한과 지위 및 클

라이언트의 인정 등에 따라 전문가로서의 권한을 부여
받게 된다.
④ 자기인식: 사회복지사가 스스로 자신이 가지고 있는 가
치관, 편견 등을 정확히 알고 있어야 함을 의미한다.
⑤ 창의적 능력: 문제해결책을 찾는 과정에서 개방성을 갖
는 것이다.

09

답과 해설 답 ⑤
오답노트

① 클라이언트의 반대 입장에 서서 자신의 의견을 주장
하고 논쟁하는 것은 클라이언트를 불필요하게 자극하
거나 클라이언트를 비난하는 것과 같은 상황이 벌어
질 수 있기 때문에 적절한 태도는 아니다.
② 클라이언트가 보이는 저항에 대해서는 사회복지사가
스스로 저항의 의미를 찾고 적절히 다뤄야 한다.
③ 어려운 과제를 부여할 경우 오히려 클라이언트가 위
축될 수도 있다.
④ 사회복지사가 근거 없이 '내가 하란 대로만 하면 다 잘
될 것이다'라는 식의 이야기를 하는 것은 오히려 불신
을 줄 수 있다.

10

답과 해설 답 ⑤

클라이언트와 사회복지사의 견해가 다르거나 클라이언
트가 사적인 요구나 무리한 요구를 할 때 등에 있어 사회
복지사는 때때로 클라이언트의 요구를 거절하거나 한계
를 설정해야만 한다.

11

답과 해설 답 ④
오답노트

① 수용: 클라이언트의 모습을 있는 그대로 받아들여야
함을 강조하는 원칙이다.
② 의도적 감정표현: 클라이언트가 가지고 있는 감정들,
특히 부정적인 감정들을 자유롭게 표현할 수 있도록
해야 한다는 원칙이다.
③ 초점화: 개입기술 중 하나로 관계의 7대 원칙에 해당
하는 것은 아니다.
⑤ 개별화: 클라이언트를 범주화, 유형화하지 않고 클라
이언트 한 사람이 가진 개별적 특성과 욕구에 따라 이
해해야 한다는 원칙이다.

12

답과 해설 답 ①

① 사회복지사는 클라이언트의 결정에 있어 정보와 조언
을 제공할 수는 있지만 최종 결정은 클라이언트가 할
수 있도록 해야 한다.

13

답과 해설 답 ④

④ 클라이언트가 양가감정을 표현하고 사회복지사가 그
표현을 수용함으로써 저항으로 이어지지 않도록 할 수
있다.

14

답과 해설 답 ③

③ 클라이언트의 반대 입장에서 의견을 제시할 경우 클
라이언트는 자신을 비난하거나 공격한다고 느낄 수
있으므로 피해야 한다.

15

답과 해설 답 ⑤

모두 옳은 설명이다.
2023년 4월 11일 5차 개정된 한국사회복지사 윤리강령에
서는 기본적 윤리기준 중 전문가로서의 자세로, 사회복
지사의 자기인식에 관한 규정을 다음과 같이 담고 있다.
"사회복지사는 문화적으로 민감한 실천을 제공하기 위
해, 사회복지 실천과정에서 자신의 개인적 · 사회적 · 문
화적 · 정치적 · 종교적 가치, 신념과 편견이 클라이언트
와 동료 사회복지사에게 미칠 수 있는 영향을 고려하여
자기인식을 증진하기 위해 힘쓴다."

16

답과 해설 답 ①
오답노트

② 비심판적 태도: 문제의 원인이나 책임이 클라이언트
에게 있는지를 판단하지 않는다.
③ 자기결정: 클라이언트가 자신이 나아갈 방향을 스스
로 결정하려는 것을 존중한다.
④ 수용: 클라이언트가 가진 장점뿐만 아니라 약점, 단점
등을 모두 있는 그대로 인정해준다.
⑤ 의도적 감정표현: 자신의 감정을 표현하고 싶어하는
클라이언트의 욕구를 인식하여 감정표현을 격려하고

촉진한다.

17

답 ②

②는 전이 현상에 해당한다. 전이가 저항으로 연결될 수는 있지만 전이 그 자체만으로 저항이라고 볼 수는 없다.

18

답 ③

③ 자기 스스로 선택하고 결정하고자 하는 욕구는 클라이언트의 자기결정과 관련된 내용이다. 자기결정은 클라이언트에 대한 존중이기도 하며, 클라이언트의 잠재된 강점을 자극하는 효과를 낳아 클라이언트의 적극적인 참여를 이끌어낼 수도 있다.

19

답 ④

④ 긍정적인 관계에서 자기존중과 자신이 가치 있는 존재라는 느낌을 받게 되는 것은 사회복지사가 아니라 클라이언트이다.

20

답 ③

③ 사회복지사는 전문적 지식과 기술을 바탕으로 클라이언트에게 개입하여 영향력을 미칠 수 있는 권위와 권한을 부여받게 된다. 이러한 권위와 권한이 클라이언트의 행동이나 결정에 대해 사회복지사가 강제력을 행사할 수 있다는 의미는 아니다.

21

답 ①

ㄹ. 양가감정은 클라이언트가 변화를 원하면서도 원치 않는 상반된 마음이 동시에 존재하는 것을 의미한다. 양가감정은 그 자체로 저항이라고 결론 내리기 어려운 자연스러운 현상이다.

22

답 ⑤

수용의 저해요인
• 인간행동 양식에 관한 불충분한 지식
• 사회복지사로서 어떠한 면을 받아들이지 못하는 태도
• 자기 자신의 감정을 클라이언트에게 맡겨버리려는 것
• 편견과 선입견
• 보장할 수 없으면서 말로만 안심시키는 태도
• 수용과 허용의 혼동
• 클라이언트에 대한 존경의 결여

8장 면접의 방법과 기술

01.②	02.①	03.③	04.②	05.②
06.④	07.④	08.⑤	09.⑤	10.③
11.①	12.④	13.③	14.①	15.④
16.⑤	17.③	18.⑤	19.④	20.①

01

답과 해설 답 ②

오답노트

ㄱ. 관찰이라고 해서 언어적 표현에 대한 관심을 배제하는 것은 아니다. 다시 말해 관찰의 내용에는 언어적, 비언어적 표현이 모두 포함된다.

ㄹ. 공감은 클라이언트의 감정이나 욕구, 행위 등을 잘 이해함을 의미한다. 클라이언트의 주관적 감정에 대해 더불어 느끼는 것을 말하지만, 사회복지사의 주관적 반응을 말하는 것은 아니며 전문직으로서의 관점과 객관성을 유지해야 한다.

02

답과 해설 답 ①

오답노트

ㄴ. 폐쇄형 질문에 해당한다.

ㄷ. 왜? 질문에 해당한다. 따져묻는 듯한 인상을 줄 수 있기 때문에 피해야 할 질문 유형이다.

ㄹ. 유도형 질문에 해당한다. 사회복지사가 원하는 답변을 하도록 유도한다는 점에서 피해야 할 질문 유형이다.

03

답과 해설 답 ③

③ 면접은 공식적인 과정이긴 하지만 그렇다고 해서 꼭 기관의 상담실을 이용해야 하는 것은 아니다. 거동이 어려운 경우도 있을 수 있고 상담실에서 더 집중하기 어려워하는 클라이언트도 있을 수 있기 때문에 클라이언트의 상황과 특성을 고려하여 다른 곳에서 면접을 진행할 수 있다.

04

답과 해설 답 ②

② 클라이언트에게 필요한 기술 훈련은 치료를 위한 면접에 해당한다.

목적에 따른 면접 유형

- 정보수집 면접: 클라이언트와 그의 상황을 이해하는 데 필요한 정보를 수집하는 것
- 사정 면접: 자료를 해석하고 의미를 부여하여 실천방향 및 개입방향을 결정하기 위한 것
- 치료 면접: 클라이언트의 자신감 및 자기효율성 강화, 필요한 기술의 훈련 및 문제해결 능력 고취 등을 위한 것

05

답과 해설 답 ②

② 클라이언트의 대답이 느리다고 해서 답변을 재촉하면 클라이언트가 부담을 느낄 수 있기 때문에 유의해야 한다. 질문을 할 때에는 클라이언트의 속도에 맞춰서 질문하는 것이 필요하다.

06

답과 해설 답 ④

④ 과정기록은 사회복지사와 클라이언트 사이에 있었던 대화 내용만 적는 것이 아니라 그에 대한 사회복지사의 의견, 향후 방향 등을 같이 기록해둔다.

07

답과 해설 답 ④

④ 유도형 질문은 클라이언트에게 사회복지사가 원하는 답변을 응답하도록 이끄는 질문방식으로 피해야 할 방식이다.

08

답과 해설 답 ⑤

⑤ 사회복지실천 면접은 사회복지사가 클라이언트와 그의 욕구를 이해하고 원조하기 위한 목적으로 진행하는 전문적 대화 과정이다.

09

답 ⑤

면접 내용을 구체적으로 작성하여 면접상황에 관계없이 피면접자에게 동일한 절차와 방법으로 면접을 하는 것은 구조화된 면접이다. 학교폭력실태에 대해 조사하는 것이므로 정보수집을 위한 면접에 해당된다.

10

답 ③

면접의 기법 중 '반영하기'에 해당한다. 말하고 있는 클라이언트의 감정을 분명히 파악하고 그것을 다시 그 사람에게 전달함으로써 클라이언트에게 마치 거울을 보듯 자신의 내면을 보게 한다. 클라이언트의 논지를 파악하거나 의견을 제시하기 위한 해석이 아니라 클라이언트를 이해하기 위한 것임을 주의해야 한다.

11

답 ①

① 초기에는 클라이언트가 면접 상황이나 사회복지사와의 관계를 낯설어할 수 있다. 이로 인해 지나치게 캐어묻거나 너무 많은 질문을 하는 것은 오히려 부담을 가중시키거나 긴장을 더하는 역효과를 가져올 수도 있다.

12

답 ④

④ 문제중심기록은 간결한 정보 중심으로만 구성되어 클라이언트를 총체적으로 보지 못하며, 서비스 전달의 복잡성이 간과된다.

13

답 ③

① 구조화된 면접은 표준화된 면접이라고 하며, 개방형 면접은 비구조화된 면접을 의미한다.
② 클라이언트의 기능 향상을 위한 사회적 환경을 변화시키는 면접은 치료를 위한 면접이다.
④ 수집한 자료를 비교하는 것이 중요할 때는 구조화된 면접을 사용한다. 반구조화된 면접은 비구조화된 면접과 구조화된 면접 양자의 장점을 취하기 위한 것으로 기본적인 지침을 가지고 진행한다.

⑤ 서비스의 의사결정을 하기 위한 면접은 사정을 위한 면접이다.

14

답 ①

15

답 ④

④ 해석기법은 과거가 아닌 현재의 행동, 사고, 감정과 관련된 요소에 초점을 두어야 한다.

16

답 ⑤

ㄱ. 감정 반영 – 말하고 있는 개인의 감정을 분명하게 파악하고 그것을 다시 그 사람에게 전달하는 방법이다.
ㄴ. 명료화 – 클라이언트가 말한 내용을 확인하거나 추상적인 내용을 구체적이고 분명하게 드러날 수 있게 하는 방법이다.
ㄷ. 초점 맞추기 – 클라이언트의 이야기가 산만할 때 초점 맞추기 기술을 통해 본래 주제로 되돌아오게 한다.
ㄹ. 요약 – 클라이언트가 면접 과정에서 언급한 내용을 간략히 요약하여 내용을 분명히 하는 기술이다.

17

답 ③

ㄴ. 특정한 답을 이끌어내는 유도형 질문이나 한꺼번에 여러 질문을 던지는 중첩형 질문은 피해야 한다. 폐쇄형 질문은 간단한 사실을 확인할 때 등에 쓰일 수 있으므로 피해야 할 질문 유형은 아니다.
ㄷ. 클라이언트의 표현이 애매모호할 때에는 명료화 기술을 통해 의미를 분명히 하도록 한다.

18

답 ⑤

초점화 기술
클라이언트는 불편한 주제를 다룰 때 답변을 회피하거나 다른 문제가 더 큰 것처럼 말하거나 자신과 상관 없는 일 혹은 잘 모르는 일인 것처럼 사회복지사에게 되묻기도 한다. 또한 말하기 불편한 주제가 아니더라도 한 가지 문제는 여러 문제와 얽혀있기 때문에 자연스레 다른 주제로 벗어나는 경우도 많다.

이때 사회복지사는 초점화 기술을 통해 클라이언트가 다른 주제로 벗어나지 않도록 해야 한다. 초점화 기술은 면접 시간을 효율적으로 쓰기 위해 필요하며, 특히 집단 프로그램에 있어 중요한 기술이다.

19

답과 해설 답 ④

④ 클라이언트가 '왜?'라는 질문을 받게 되면 추궁당한다는 느낌이 들어 방어적인 태도를 취하거나 비난받지 않을 정도의 무난한 대답을 하는 경우가 생기기 때문에 '왜'라고 묻는 것은 피해야 할 질문 방식이다. 문제에서처럼 '왜 떨어졌는지는 생각해보셨나요?'라고 질문하게 되면 클라이언트 입장에서는 노력을 다하지 않았다고 야단 맞는 느낌이 들 수 있다. '그동안 시험 준비는 어떻게 해오셨나요?'와 같이 바꾸어 질문하면, 클라이언트가 공부에 집중할 수 없었던 상황들에 대한 단서 등의 정보를 얻을 수 있다.

20

답과 해설 답 ①

① 클라이언트도 사회복지사에 대해 궁금해할 수 있기 때문에 답변이 가능한 선에서는 간략히 답변하고 얼른 대화의 주제로 초점을 맞추는 것이 필요하다.

9장 접수 및 자료수집 과정

01.④	02.②	03.③	04.①	05.③
06.④	07.②	08.①	09.④	10.④
11.④	12.③	13.⑤	14.⑤	15.②
16.⑤	17.②	18.④		

01

답과 해설 답 ④

④ 계획단계의 과업에 해당한다.

02

답과 해설 답 ②

② 문제에 대한 클라이언트의 진술은 주관적일 수 있어 주의가 필요하지만 클라이언트의 진술이 일차적 정보로서 가장 중요하다. 또한 클라이언트가 문제에 대해 갖는 시각, 태도 등은 그 자체로 자료가 된다.

03

답과 해설 답 ③

ㄷ. 의뢰될 기관에서 관련 서비스를 제공하고 있다 하더라도 기관의 상황에 따라 의뢰를 받을 수 없는 경우도 있을 수 있다. 따라서 먼저 연락을 취해 의뢰를 해도 되는지 여부를 확인하는 것이 필요하다.

ㄹ. 의뢰될 기관에서도 클라이언트의 문제가 기관에서 다룰 수 있는 것인지를 판단해야 하므로 해당 문제가 무엇인지를 알려 의뢰가 가능한지를 타진해봐야 한다.

오답노트

ㄱ. 적격성을 판단하는 기준은 우리 기관에서 클라이언트에게 제공할 만한 서비스가 있는가이다. 클라이언트의 변화 가능성이 의뢰의 기준이 되지는 않는다.

ㄴ. 클라이언트의 저항을 보일 때에는 저항감을 해소할 수 있도록 노력하는 것이 우선이며, 클라이언트의 저항이 너무 커서 의뢰가 필요하다고 판단될 때에도 클라이언트의 동의는 필수이다.

04

답과 해설 답 ①

① 초기면접지는 접수단계에서 작성한다. 클라이언트가 받게 될 서비스의 비용 및 계획 등은 사정 이후 계약서에 명시하게 된다.

05

답과 해설 답 ③

문제의 지문에서 나타난 상황은 클라이언트가 저항감을 느끼는 경우로 이는 변화를 원하는 마음과 원하지 않는 마음이 동시에 존재하는 양가감정에 기인한다.

06

답과 해설 답 ④

④의 질문은 서비스 제공이 끝난 후, 즉 종결 및 평가 단계에서 적절한 질문이다.

07

답과 해설 답 ②

② 서비스에 대한 만족도는 서비스 종결 이후에 확인할 수 있는 것으로 자료수집에서는 알 수 없다.

08

답과 해설 답 ①

① 접수과정에서 의뢰는 클라이언트에게 적절한 서비스가 없거나 서비스를 제공할 수 없는 상황일 때 고려하게 된다. 다만 의뢰 과정에서 클라이언트가 거부당했다는 느낌을 받을 수 있기 때문에 의뢰에 대해 오해하지 않도록 설명하는 것이 필요하다.

09

답과 해설 답 ④

오답노트
① 계획수립과정에 해당한다.
② 계획수립과정 중 표적문제 선정에 해당한다.
③ 개입과정 중 효과성이 없다고 판단될 경우 개입방법을 변경하거나 목표를 수정하기도 한다.
⑤ 사후관리는 서비스 종결 후에 진행된다.

10

답과 해설 답 ④

④ 클라이언트의 비언어적 행동은 언어적 정보보다 더 신뢰감 있는 정보를 줄 수도 있고 의미있는 정보를 제공하므로 정보수집의 중요한 원천이 된다.

11

답과 해설 답 ④

④ 개별화의 원칙에 따라 클라이언트에게 필요한 서비스가 제공될 수 있도록 안내한다.

12

답과 해설 답 ③

③ 접수단계에서는 클라이언트가 기관을 방문한 이유 및 문제 등을 파악하고, 기관에서 제공할 만한 적절한 서비스가 없는 경우 의뢰에 대해 안내한다. 클라이언트의 저항감 및 양가감정 등 혼란스러운 마음을 격려하고 참여를 지지해주는 것이 필요하다.

13

답과 해설 답 ⑤

⑤ 클라이언트는 개별화해야 한다. 클라이언트를 문제에 따라 유형화하거나 범주화한다는 것은 개별화에 반대되는 의미이다.

14

답과 해설 답 ⑤

⑤ 접수과정에서는 사회복지사와 클라이언트 사이에 라포 형성이 이루어지지 않았기 때문에 클라이언트가 말하지 않은 것을 캐어물으면 오히려 방어적인 태도를 보일 수 있다.

15

답과 해설 답 ②

오답노트
ㄱ. ㄷ. 의사, 심리상담사, 교사 등 전문가의 판단 및 검사 결과, 기관의 자료 등은 객관적 자료에 해당한다.

16

답과 해설 답 ⑤

⑤ 클라이언트를 둘러싸고 있는 환경에 대한 정보도 자료로서 수집해야 한다. 클라이언트의 환경에 대한 자료는 개인과 환경이 어떤 관계를 맺고 어떤 영향을 주고받고 있는지를 비롯해 어떤 환경체계가 클라이언트의 문제를 일으키는지, 혹은 문제해결을 어렵게 만드는지 등을 파악하는 데에 도움이 된다.

17

답과 해설 답 ②

클라이언트는 초기단계에서 마술 같은 해결방법, 조언 제공, 다른 가족성원을 변화시키는 것 등의 다양한 기대를 하고 온다. 특히 전문적 원조관계를 경험해보지 않은 소수 클라이언트에게는 클라이언트의 암시를 바탕으로 민감하게 기대를 탐색하고 역할을 조절하는 것이 좋다.

오답노트

ㄴ. ㄹ. 개입과정에서의 역할이다.

18

답과 해설 답 ④

④ 접수단계의 과제인 '문제 확인'은 클라이언트가 문제로 호소하는 것에서부터 출발하며, 클라이언트가 표현하는 문제를 '문제'로 받아들여야 한다.

10장 사정과정

01.①	02.④	03.⑤	04.④	05.⑤
06.③	07.③	08.⑤	09.②	10.①
11.⑤	12.①	13.②	14.①	15.③
16.⑤	17.②			

01

답과 해설 답 ①
오답노트

ㄴ. 가족조각에서 조각자는 사회복지사가 아닌 가족 성원이다.
ㄹ. 생활력도표는 클라이언트 한 사람의 생애사건을 시기별로 전개해 표로 구성한다.

02

답과 해설 답 ④

④ 사정은 클라이언트와 사회복지사의 상호작용으로 이루어지는 과정이다. 사회복지사와 클라이언트가 함께 클라이언트가 가진 문제, 강점, 장애물, 문제가 일어나는 현장, 문제행동의 빈도 및 지속기간 등을 대상으로 사정을 진행한다.

03

답과 해설 답 ⑤

사정단계에서는 클라이언트가 가진 문제의 본질을 탐색하는 과정이 진행되며 이를 문제발견이라고 한다. 또한 사정을 위해 자료와 정보를 지속적으로 수집하며, 수집된 자료와 정보들을 바탕으로 문제를 판단하는 문제형성(문제규정)이 이루어진다.

04

답과 해설 답 ④

생활력(도)표는 클라이언트 삶의 중요한 사건이나 문제를 시기별로 전개해 표로 나타내는 사정도구이다. 생태도나 가계도처럼 원이나 화살표 등의 기호를 사용하지

사회복지실천론

않고 하나의 표로 제시한다는 점에서 두 가지 도구와는 차이점이 있다. 주요 내용은 주로 연도, 나이, 장소, 가족, 주요 사건, 문제 등으로 구성된다.

05

답과 해설 답 ⑤

⑤ 생태도에 해당한다.

06

답과 해설 답 ③

③ 문제발생이 갑작스럽게 시작된 경우라면 단기간의 위기개입으로도 가능할 수 있다.

사정의 대상
• 표명된 문제
• 강점과 장애물
• 관련된 사람과의 상호작용 방법
• 클라이언트의 문제에 대한 태도
• 문제행동의 현장 · 빈도 · 지속기간

07

답과 해설 답 ③

사정을 통해 클라이언트에 관한 자료를 분석하고 종합하여 적합한 개입을 계획하기 위한 사정단계이다. 사정단계에서는 접수단계에서 확인한 문제에만 초점을 두지 않고 더 큰 포괄적인 문제나 다른 문제가 있는지를 살펴보면서 문제를 형성한다.

08

답과 해설 답 ⑤

⑤ 사정은 자료를 수집하여 분석하고 종합하여 문제를 규명하고 이를 통해 개입방향을 결정하는 것이다.

오답노트

① 접수단계에 해당한다.
②③ 계획수립단계에 해당한다.
④ 개입단계에 해당한다.

09

답과 해설 답 ②

오답노트

ㄱ. 소시오그램은 집단 차원에서 사용되는 사정도구로 집단 내 성원 사이의 상호작용을 그림으로 표현한다.
ㄴ. 가계도는 가족 차원에서 사용되는 사정도구이지만 다세대를 분석하기 위한 도구로 사회적 지지체계를 살펴보기 위한 도구는 아니다.
ㄹ. 가족조각은 가족원들이 지정된 공간 속에서 몸을 이용해 가족의 상호작용을 표현하는 방법으로 사회적 지지체계를 살펴보기 위한 도구는 아니다.

10

답과 해설 답 ①

① 생활력도표는 현재 시점의 발달 단계와 과업만 살펴보는 것은 아니다. 한 사람의 생애에서 중요한 사건들을 시기적 순서대로 나열하여 표로 작성한다.

11

답과 해설 답 ⑤

⑤ 사정과정에서 클라이언트가 호소한 문제에 대해 정보들을 분석하여 사회복지사가 전문적인 시각에서 문제를 판단하여 욕구로 재진술하는 것은 문제형성이다.

12

답과 해설 답 ①

사회망 격자(혹은 사회적 관계망 그리드)는 다음의 정보를 제공한다.
• 클라이언트의 사회적 관계망에서 중요한 인물
• 지지를 받는 생활영역
• 각 사람들이 제공하는 지지의 특정 유형
• 지지 정도의 중요도
• 지지의 성격: 상호적인가 혹은 일방적인가
• 개인적 친밀감 정도
• 접촉빈도
• 관계한 기간

13

답과 해설 답 ②

② 사정은 단편적, 일회적으로 끝나는 것이 아니라 실천과정 중 새로운 문제 혹은 새로운 정보가 발견될 때 다시 진행될 수 있는 지속적인 과정이다.

14

답과 해설 답 ①

오답노트

② 사정의 주요 목적은 자료를 수집하고 분석하여 최종적으로 문제를 규정하여 개입의 방향을 결정하는 것이다.

③ 클라이언트가 제시한 문제에 우선적으로 초점을 두어야 하지만, 사회복지사의 시각에서 봤을 때 더 중요하거나 더 시급한 문제가 있을 수 있으며 이때에는 클라이언트와의 합의를 통해 문제를 선정하는 것이 필요하다.

④ 클라이언트의 강점과 약점 모두 사정의 대상이 된다.

⑤ 클라이언트에 대한 사회복지사의 느낌도 사정에서의 정보가 된다.

15

답과 해설 답 ③

③ 사회적 관계망 도구를 통해 클라이언트의 사회적 지지체계를 살펴본다. 클라이언트의 문제나 혹은 변화 노력과 관련해 특정 지지체계가 어떤 역할을 하는지를 파악할 수 있는 도구이다. 집단 내에 형성된 삼각관계를 살펴보는 도구는 소시오그램이다.

16

답과 해설 답 ⑤

사정을 위한 자료

- 클라이언트의 진술 내용
- 면접 과정에서 보인 비언어적 행동
- 가족 혹은 집단 내에서 상호작용하는 방식
- 클라이언트에 대한 주변인들의 진술
- 클라이언트의 자기모니터링 결과
- 각종 심리검사 등
- 면접 과정에서 클라이언트에 대해 느낀 사회복지사의 주관적 경험

17

답과 해설 답 ②

ㄴ. 생태도는 가족을 중심원에 두고 가족을 둘러싼 환경체계를 중심원 밖에 그려 도식화한다.

ㄷ. 가계도에 해당하는 설명이다.

11장 계획수립과정

01. ②	02. ①	03. ②	04. ⑤	05. ⑤
06. ①	07. ①	08. ①	09. ②	10. ③
11. ⑤	12. ②	13. ④	14. ③	15. ⑤
16. ②				

01

답과 해설 답 ②

② 선정된 표적문제에 따라 구체적으로 목표를 설정한다.

02

답과 해설 답 ①

오답노트

ㄴ. 사정 과정의 과업에 해당한다.

ㄷ. 표적문제는 대체로 2~3가지로 선정한다.

ㄹ. 목표는 현실적으로 달성할 수 있는 것이어야 한다.

03

답과 해설 답 ②

클라이언트의 욕구와 기대를 명료화하기 위해 클라이언트와 함께 대화를 나누고 표적문제를 선정하여 개입목표를 설정한 뒤 계약을 공식화한다.

04

답과 해설 답 ⑤

⑤ 빈칸은 계획수립 및 계약을 진행하는 단계에 해당한다. 계획을 수립할 때에는 개입목표를 설정하게 되는데, 이때에는 SMART 지침을 고려하여 구체적이고, 측정가능하며, 현실적이고, 달성가능하게, 시간제한적으로 목표를 설정한다.

오답노트

① 평가단계에서의 사회복지사의 과업이다.

② 개입목표를 설정할 때에는 클라이언트가 원하는 목표

이면서도 사회복지사의 능력으로 도움을 줄 수 있어
야 하며, 기관의 기능상 문제가 없어야 한다.
③ 서면계약이 계약 내용에 관한 오해의 소지가 적지만
반드시 서면으로 작성할 필요는 없다.
④ 개입단계에서의 사회복지사의 과업이다.

05

답과 해설 답 ⑤

모두 옳은 내용이다. 간혹 표적문제 선정과 사회복지사
의 능력 사이에 어떤 관계가 있는지를 묻는 수험생들이
있는데, 사회복지사는 표적문제에 맞춰 개입목표를 구체
화하고 개입방법을 모색해야 하기 때문에 사회복지사가
다룰 수 없는 문제를 표적문제로 선정해서는 안 된다.

06

답과 해설 답 ①
오답노트

ㄹ. 광범위하고 추상적이며 해결책을 제시하는 방향은
목적이다. 목표는 목적을 세분화한 것으로 단기적이
며 구체적이어야 한다.

07

답과 해설 답 ①

계약은 목표설정과 그것을 달성하기 위한 전략, 역할, 개
입, 평가방법 등의 구체적인 활동용어로 기술한 계획에
대하여 사회복지사와 클라이언트가 서로 동의하는 것이
다. 또한 계약과정에서 클라이언트의 의견이 충분히 반
영될 수 있게 함으로써 클라이언트의 자기결정권을 보장
하는 기능을 한다.

오답노트

ㄹ. 암묵적 계약은 공식적인 구속력을 갖지는 않는다.

08

답과 해설 답 ①
오답노트

ㄹ. 사회복지사 스스로 의심이 되는 목표는 피해야 한다.
가령, 클라이언트의 목표가 사회복지사 자신과 타인
의 육체적, 심리적 안녕에 잠재적으로 해가 될 수 있
는 것에 대해서 제한할 수 있다.

09

답과 해설 답 ②
오답노트

ㄱ. 사정을 통해 문제와 목표가 변경될 수 있다. 클라이
언트와 합의된 문제와 목표를 바탕으로 계획을 수립
하며, 이는 계약을 통해 공식화된다.
ㄴ. 개입과정에서 계획에 잘못된 점이 발견된 경우, 다른
문제가 제기된 경우, 다른 개입방법의 추가가 필요하
다고 생각되는 경우 등 다양한 상황이 발생할 수 있으
며 이에 따라 계획의 수정 및 변경 가능하다.

10

답과 해설 답 ③

③ 클라이언트가 기관을 방문한 이유는 보통 초기면접지
에 작성하는 사항이다.

11

답과 해설 답 ⑤
오답노트

① 클라이언트의 강점과 자원체계를 파악하는 것은 사정
단계에 해당한다.
② 라포형성은 접수단계에서부터 실천의 전 과정동안 강
조되며, 계획과정의 주요 초점은 어떤 문제에 대해 어
떤 과정에 걸쳐 어떤 목표를 달성할 것인가를 결정하
는 데에 있다.
③ 계획과정은 클라이언트에게 '어떤' 서비스를 제공할
것인지를 결정하는 과정이다. 서비스 제공 여부를 판
단하는 단계는 접수과정이다.
④ 사회복지실천에서는 클라이언트에 대한 완전한 이해
는 애초에 불가능함을 인정한다.

12

답과 해설 답 ②

목표는 성장을 강조하는 긍정적인 표현으로 기술한다.
• 부정적인 표현의 예: 의미 없는 술자리에 참석하지 않
는다. 부부간에 비난하는 말을 금한다.
• 긍정적인 표현의 예: 금주기간을 점차적으로 늘려간
다. 부부간에 개방적으로 대화를 나눈다.

13

답과 해설 답 ④

오답노트

①⑤ 목표보다 포괄적이고 추상적인 목적이라고 볼 수 있다.

② "오늘부터 당장 술을 끊는다"는 추상적이고 실현가능성이 낮으며 부정적 표현으로 서술되었기에 적절하다고 볼 수 없다. 목표는 "금주기간을 며칠씩 늘려나간다"라든지 "한 달에 한번만 술자리를 갖는다" 등 구체적이고 달성가능한 긍정적인 표현으로 서술하는 것이 좋다.

③ 집단상담 프로그램은 목표달성을 위한 개입활동이다.

14

답과 해설 답 ③

제시된 사례는 사정과정에 해당한다. 사정 이후에는 계획수립과정으로 돌입하게 되는데, 계획수립의 과정은 표적문제 선정 → 목적 및 목표 설정 → 계약의 과정으로 진행되기 때문에 해당 문제에서는 ③번의 표적문제 선정이 답이 된다. ② 사후관리 계획은 종결과정에 해당하며, ⑤ 점검은 개입과정에 해당한다.

15

답과 해설 답 ④

ㄴ. 목적이 설정되고 나면 목적달성 여부를 측정할 수 있는 형태인 목표로 구체화한다.

ㄹ. 사회복지사와 클라이언트 간에 개입과정에 관해서 합의를 이루는 것을 계약이라고 한다.

16

답과 해설 답 ③

오답노트

① 구체적인 개입목표 설정은 계획단계의 과업이다.

② 우선순위를 고려하여 표적문제를 선정하는 것은 계획단계의 과업이다.

④ 개입을 진행할 때에는 효과성을 점검하는 것이 필요하다. 효과는 다소 늦게 나타날 수 있기 때문에 섣불리 판단해서는 안 되지만 실제로 효과가 없을 수도 있으며 클라이언트의 동기가 꺾일 수도 있기 때문에 효과성이 없는 경우에는 계획을 변경할 수도 있다.

⑤ 성과가 없거나 클라이언트가 만족하지 못한 경우에는 그 이유 등에 대해 다룰 필요가 있다.

12장 · 개입과정

1.③ 2.① 3.③ 4.① 5.⑤
6.⑤ 7.② 8.④ 9.③ 10.⑤
11.② 12.③ 13.④ 14.④ 15.①
16.② 17.③ 18.①

01

답과 해설 답 ③

③ 재보증은 클라이언트가 자신감을 가지고 안심할 수 있도록 하는 정서적 차원의 개입이다.

02

답과 해설 답 ①

① 모델링은 행동의 변화를 유도하는 기술이다.

03

답과 해설 답 ③

ㄱ: 정보 제공, 지식 및 기술 교육 등은 교사로서의 역할에 해당한다.

ㄴ: 연계 및 의뢰 등은 중개자로서의 역할에 해당한다.

04

답과 해설 답 ①

① 사후관리는 종결 이후에 진행된다.

05

답과 해설 답 ⑤

개입과정에서의 간접적 개입의 유형에는 사회적 지지체계 개발, 클라이언트 옹호, 지역사회 내 기관 간의 협력, 서비스 조정에 관련된 활동, 프로그램 계획과 개발, 환경 조작 등이 있다.

06

답과 해설 답 ⑤

- 클라이언트에게 직접 상담 및 교육 등의 서비스를 진행하는 것은 직접적 개입에 해당한다.
- 클라이언트를 위한 옹호활동, 자원개발, 의뢰 등은 간접적 개입에 해당한다.

07

답과 해설 답 ②

오답노트

ㄱ. 문제는 개입기술 중 행동기술에 대한 것을 묻고 있는데 조언은 행동기술에 해당하지 않는다. 조언은 문제의 설명처럼 어떤 것을 해야 할지에 대해 추천하거나 조언하는 것으로, 구체적인 행동을 제시하기도 하지만 조언의 초점은 클라이언트가 현재의 문제상황에 대해 명확하게 파악하도록 돕고 그에 맞는 해결책을 찾도록 돕는 것에 있다는 점에서 의사소통기술로 분류된다.

ㄹ. 모델은 반드시 실재하는 모델이 있어야 하는 것은 아니다. 드라마나 영화 등에서의 가상 인물도 모델로 삼을 수 있다.

08

답과 해설 답 ④

④ 개입의 성과에 대한 평가는 종결 이후에 진행한다.

09

답과 해설 답 ③

ㄱ. 격려: 자신감이 낮아진 클라이언트가 다시 취업에 도전할 수 있도록 격려한다.

ㄴ. 재보증: 좋은 성적, 관련 자격증 취득 등 취업할 수 있는 요건들을 성실히 갖춰나가고 있다는 점에서 충분히 좋은 결과가 있을 것임을 얘기하면서 안심시킨다.

ㄷ. 일반화: 청년 취업 문제는 사회적 문제로 취업 문제가 클라이언트만 겪는 문제가 아님을 말해주고 클라이언트의 잘못으로 생각할 필요는 없음을 이야기해준다.

오답노트

ㄹ. 직면은 클라이언트가 보이는 말과 행동의 불일치나 모순을 인식할 수 있도록 하는 기법이기 때문에 사례에서 적절한 기술은 아니다.

10

답과 해설 답 ⑤

도전은 클라이언트가 자신의 문제해결에 있어 불일치하거나 부정, 회피, 합리화를 하는 경우 모두 쓰일 수 있다. 제시된 문제는 그 중 클라이언트의 말과 행위의 불일치, 표현한 가치와 실행 사이의 모순을 스스로 주목할 수 있도록 해주는 보다 구체적인 면접기술을 물어본 것이므로 이에 해당하는 것은 직면이다.

11

답과 해설 답 ②

12

답과 해설 답 ③

③ 옹호 활동으로 표적체계(공공기관, 정치인 등)에 클라이언트의 입장을 알려 표적체계의 결정을 통해 클라이언트의 권리가 확보될 수 있도록 한다는 점에서 간접적 개입에 해당한다. 직접적 개입은 제3자의 결정과 무관하게 사회복지사의 개입으로 문제가 변화 또는 해결될 수 있는 개입을 말한다.

13

답과 해설 답 ④

④ 해고를 당한 노동자와 회사 간의 의견 차이를 타협하고 해결하는 것은 중재자의 역할이다.

14

답과 해설 답 ④

④ 개입방법이 효과적이지 않다고 판단되거나 적절하지 않다고 판단되는 경우 이에 관하여 클라이언트와 이야기를 나누고 적절한 방법으로 수정하면 된다.

15

답과 해설 답 ①

문제에서 요구하는 것은 사회복지실천에서 간접적 개입에 관한 설명이다. 이는 사회적 지지체계의 개발 및 서비스를 조정하고 프로그램을 개발하거나 클라이언트 집단을 위한 옹호활동이 포함된다.

ㄹ. 행동조성은 클라이언트의 행동에 직접적으로 영향을 주는 직접개입에 속한다.

16

답과 해설 답 ②

ㄱ. 재명명: 어떤 문제에 대해 클라이언트가 부여하는 의미를 수정해줌으로써 클라이언트 시각을 긍정적으로 변화시키는 방법이다.

ㄴ. 일반화: 클라이언트의 생각, 행동 등이 다른 사람과 같다고 말해줌으로써 이질감이나 소외감을 해소하고 자신에 대한 자신감을 회복시키는 기법이다.

17

답과 해설 답 ③
오답노트

ㄹ. 직면 기술은 클라이언트의 말과 행동에 모순이 있을 때 이에 대해 사회복지사가 언급해줌으로써 자신의 모순을 인식할 수 있도록 하는 것이다. 클라이언트의 정서적 긴장이 매우 높을 때 사용하면 반발심을 갖게 되거나 더욱 위축될 수 있다는 점에서 주의가 필요하다.

18

답과 해설 답 ①

① 조력자의 역할은 클라이언트가 스스로 문제를 해결할 수 있는 능력을 키우거나 대처할 수 있는 능력을 갖추도록 원조해주는 데에 초점을 둔 역할이다.

13장 · 종결 및 평가

1.③	2.①	3.②	4.②	5.⑤
6.①	7.③	8.④	9.⑤	10.④
11.①	12.②	13.⑤	14.③	15.④
16.①	17.④			

01

답과 해설 답 ③
오답노트

ㄱ. 종결단계에서는 클라이언트의 아쉬움, 불안감 등의 감정을 다루는 단계이다. 클라이언트가 사회복지사에 대한 의존도가 높다면 그 의존도를 낮출 수 있도록 해야 한다.

ㄴ. 형성평가는 개입과정 중에 모니터링의 차원에서 수정·보완을 목적으로 실시한다.

02

답과 해설 답 ①
오답노트

② 클라이언트 만족도 평가는 개입기간 동안 클라이언트가 받은 서비스 혹은 프로그램에 대해 클라이언트의 의견을 구하는 평가방법으로서, 개입의 결과에 대한 클라이언트의 주관적 인식을 알 수 있을 뿐, 개입의 효과성을 측정하는 것은 아니다.

③ 계량화가 가능한 자료일 때는 양적 평가가 유용하다.

④ 과정평가는 개입과정에 대한 클라이언트의 인식이 중요하다.

⑤ 형성평가는 개입과정 중에, 총괄평가는 개입종결 시에 이루어진다.

03

답과 해설 답 ②

계약단계에서 언제까지 개입을 진행할 것인지를 정했다고 하더라도 개입과정에서 변경될 수 있다. 이로 인해 보통 종결 시점을 확정하게 되는 때부터 종결단계가 시작된다고 본다.

04

답과 해설 **답 ②**

② 해결되지 못한 문제가 있다고 해서 개입기간을 무조건 늘려야 하는 것은 아니다. 당장은 해결되지 못한 것처럼 보여도 개입의 효과가 뒤늦게 천천히 나타날 수도 있고, 해결되지 못한 문제가 기관의 서비스에 적합하지 않은 경우에는 의뢰를 고려할 수도 있다. 또한 개입이 지속되면 클라이언트가 오히려 심리적, 체력적으로 부담을 느끼기도 하기 때문에 개입의 연장은 다양한 상황을 고려하여 클라이언트와 상의하고 합의해야 한다.

05

답과 해설 **답 ⑤**

적절한 종결시기 결정 기준
- 개입목적의 달성 정도
- 서비스의 시간 내 제공 완료 여부
- 클라이언트의 문제해결 정도
- 클라이언트의 의존성
- 사회복지사와 기관의 투자노력
- 이득체감에 대한 사회복지사와 클라이언트의 합의
- 클라이언트에 대한 새로운 서비스의 적합성 여부

06

답과 해설 **답 ①**

① 사회복지사가 클라이언트에게 지속할 것을 강요할 수는 없다.

07

답과 해설 **답 ③**

③ 목표달성에 성공했든 그렇지 못했든 평가는 진행한다.

08

답과 해설 **답 ④**

사례는 프로그램이 종료된 후 진행된 사후관리에 해당한다. 사후관리를 통해 변화가 유지되고 있는지, 새로운 문제점은 없는지 등을 파악할 수 있다.

09

답과 해설 **답 ⑤**

모두 부정적 종결반응에 해당한다.

10

답과 해설 **답 ④**

④ 기초선을 측정하는 것은 개입 전에 이루어져야 하는 활동이다.

11

답과 해설 **답 ①**

① 진행상황을 모니터하는 것은 개입단계, 실행단계에서 진행된다.

12

답과 해설 **답 ②**

사회복지사의 개인적인 사유로 인해 개입이 종결될 때에는 시간 등 상황이 허락하는 한도 내에서 되도록 클라이언트의 감정표현을 허용하는 것이 필요하다. 또한 다른 사회복지사에게 의뢰됨을 알려 클라이언트가 수용할 수 있도록 하고 서비스에 대한 신뢰감을 잃지 않도록 주의할 필요가 있다.

13

답과 해설 **답 ⑤**

사회복지실천은 목적달성 정도를 파악하고, 개입을 성공적으로 이끈 요인이 무엇인지 알아내며, 프로그램 시행에 대한 책임성 및 외부자원 획득의 근거를 명확히 하기 위해서 과학적인 방법을 통해 평가되어야 할 필요가 있다.

14

답과 해설 **답 ③**

오답노트

① 사회복지사와 클라이언트의 관계는 공식적 관계이며, 사후관리를 통해 공식적 관계가 유지되는 것이지 비공식적 관계로 전환되는 것은 아니다.
② 사후관리는 종결 이후에 변화가 유지되고 있는지, 새롭게 나타난 문제는 없는지 등을 확인하기 위한 과정이다. 사정 → 계획 → 개입 → 점검의 순서를 따라 진

행되는 것은 아니다.

④ 사후관리가 사회복지사의 개인적인 궁금증을 해소하기 위한 것은 아니다.

⑤ 사후관리는 종결 이후 나타나는 새로운 문제에 대해 신속히 대응할 수 있는 기회가 된다.

15

답과 해설 답 ④

④ 과정평가는 클라이언트가 개입방법이나 과정에서 도움이 되었다고 느끼는지 등의 피드백을 받기 위한 평가이다.

16

답과 해설 답 ①

오답노트

ㄹ. 시간제한이 없는 개방형 모델에 따른 종결(=계획을 세워나가는 종결)은 클라이언트가 종결 시점을 예상할 수 없기 때문에 종결할 즈음에 사회복지사에게 종결을 거부하며 매달리거나 과거문제가 재발했다고 하는 등 강한 정서적 반응을 보일 수 있다.

17

답과 해설 답 ④

과제성취척도(Task Achievement Scale, TAS)

과제중심모델에서 개발된 것으로서 사회복지사와 클라이언트가 합의한 과제의 성취 정도를 평가하는 기법이다. 일반적으로 각 과제의 진척을 기록하기 위해 4점 척도를 이용하며, 기초선을 설정하거나 단일사례설계를 이용하기 어려울 때 유용하다. 주의할 점은 과제의 달성정도를 평가하는 것이지 의도나 노력 또는 동기를 평가하는 것은 아니라는 점이다.

사회복지실천기술론

1장 사회복지사의 전문성

01. ①	02. ③	03. ②	04. ②	05. ②
06. ⑤	07. ①	08. ①	09. ④	10. ⑤
11. ②	12. ⑤	13. ③	14. ①	15. ④

01

답과 해설 답 ①

① 재명명은 문제를 다른 관점에서 보거나 다른 방법으로 이해하도록 돕는 기법이다. 클라이언트의 말과 행동이 일치하지 않을 때 이를 인식하도록 돕는 기법은 직면이다.

02

답과 해설 답 ③

③ 패러다임은 가장 추상적인 수준의 실천지식이다. 패러다임 > 관점 > 이론 > 모델 > 실천지혜의 순서로 구체성이 높아진다.

03

답과 해설 답 ②

② 사정, 계획, 개입 등 사회복지실천의 전 과정에서 클라이언트의 의견을 존중하며 합의해야 한다. 합의가 둘 사이에 의견을 일치시키는 것이라면 협상은 어떤 목적에 부합되는 결정을 하기 위해 의견이 충돌하는 상호 간에 만족스러운 합의를 도출하는 것이다. 사회복지실천은 사회복지사가 클라이언트를 원조하기 위한 것이기 때문에 사회복지사의 만족을 위한 것은 아니기 때문에 협상하는 관계는 될 수 없다.

04

답과 해설 답 ②

05

답과 해설 답 ②

② 과학성에 해당한다.
①③④⑤ 예술성에 해당한다.

06

답과 해설 답 ⑤

실천지식은 패러다임 → 관점(시각) → 이론 → 모델 → 실천지혜(경험적 · 암묵적 지식, 직관)의 순서대로 구체화된다.

07

답과 해설 답 ①

① 사회복지사의 진실성 및 공감 능력 등은 예술적 기반에 해당한다.

08

답과 해설 **답 ①**

오답노트

ㄹ. 클라이언트를 적절한 인간서비스와 자원에 연결하는 것은 중개자이다.

09

답과 해설 **답 ④**

사회복지실천에서 있어 개입의 차원은 미시 수준, 중범위 수준, 거시 수준 등 크게 3가지 차원으로 분류할 수 있다. 사회복지사는 효과적인 실천을 위해 이 세 가지 영역을 포괄적으로 살펴볼 수 있는 총체적인 지식과 기술이 요구된다.

10

답과 해설 **답 ⑤**

사회복지사는 사회복지 전문직으로서 삶의 질 향상을 비롯한 기본적 권리에 대한 존중, 개인의 존엄성·다양성·독특성에 대한 존중, 개인의 자유에 대한 인정 및 자기결정에 대한 존중, 개인의 복지에 대한 사회적 책임감, 사회적 형평성 등의 가치를 고려해야 한다.

11

답과 해설 **답 ②**

사례에서 사회복지사는 진행되던 이야기에서 벗어난 클라이언트의 진술이 본래 주제로 되돌아올 수 있도록 초점화를 실시하였다.

12

답과 해설 **답 ⑤**

⑤ 사회복지사는 다양한 이론과 모델을 공부하여 적절하게 적용할 수 있도록 하는 것이 필요하다.

13

답과 해설 **답 ③**

③ 계획 단계에서는 클라이언트의 문제를 해결하기 위한

목표를 설정하고 구체적인 변화 전략과 과정을 결정하게 된다. 이 과정에서 클라이언트의 현재 역량과 상황이 고려되어야 하기 때문에 사회복지사 혼자 결정할 수 없으며 합의에 따라 계획을 수립한 후 계약을 통해 공식화한다.

14

답과 해설 **답 ①**

해석하기

• 해석하기는 클라이언트의 표현과 행동 상황 등을 토대로 사회복지사가 이를 분석하여 설명하는 것을 말한다.
• 해석은 대체로 임시적 가설의 형태로 이루어진다. 이는 해석하기가 클라이언트가 사회복지사의 이야기를 절대적으로 수용해야 하는 것은 아니라는 전제를 갖고 있기 때문이다.
• 사회복지사의 진술은 '제 생각에는 … 이런 것 같은데 어떻게 생각하시는지요?', '이야기를 들어보니 … 이런 말씀인 것 같은데 제 생각이 맞습니까?' 등의 형태로 이루어진다.

오답노트

② 초점 맞추기: 이야기가 주제와 멀어질 때 원래 주제로 돌아오게 하는 방법이다. 예 "새로 입사한 여직원과 의사소통이 어렵다는 이야기를 하다가 여자친구 이야기가 나왔는데요. 그 직원분과의 있었던 일을 더 얘기 나눠 볼까요?"
③ 환언하기: 클라이언트의 말을 사회복지사가 자신의 언어로 바꾸어 표현하는 것이다. 예 "여자친구의 말에 어떻게 반응해줘야 할지 몰라서 힘드시다는 거죠?"
④ 직면하기: 클라이언트가 회피하는 상황이나 언행이 불일치하는 상황에 대해 주목할 수 있도록 하는 방법이다. 예 "여자친구와 소원해진 관계를 회복하고 싶다고 하시면서 여자친구의 고민을 나누는 걸 피하시면 관계회복에 도움이 되지 않을 것 같아요."
⑤ 재명명하기: 클라이언트가 말하는 문제를 다른 관점에서 이해할 수 있도록 하는 방법이다. 예 "여자친구분한테 ○○님이 많이 의지가 되나 봅니다."

15

답과 해설 **답 ④**

④ 초점화는 클라이언트의 이야기가 다른 주제로 벗어날 때 원래 주제로 돌아오도록 하는 기술이다. "그럼, 좀 전까지 하던 이야기를 계속 이어나가 볼까요?" 정도로 진행할 수 있다.

2장 정신역동모델

01.⑤	02.①	03.⑤	04.③	05.③
06.④	07.③	08.④	09.③	10.②
11.④	12.⑤	13.②	14.②	

01

답과 해설 답 ⑤

⑤ 과거, 무의식 분석을 통해 현재를 통찰하는 데에 초점을 둔다.

02

답과 해설 답 ①

① 자유연상은 클라이언트의 말이 모순적이더라도 끼어들어가거나 중단하거나 비판해서는 안 된다. 자유연상은 생각나는 대로 가감없이 이야기하도록 한다.

03

답과 해설 답 ⑤

04

답과 해설 답 ③

③ 정신분석이론에서는 인간의 행동과 감정, 생각 등이 무의식적인 충동에 의한 것이라는 '결정론적 관점'을 따르고 있다.

05

답과 해설 답 ③

③ 자유연상은 클라이언트의 마음속에 떠오르는 것을 자유롭게 말하게 하는 기술로 이를 통해 클라이언트는 자기 꿈의 밑에 깔려 있는 의미에 도달하게 되며, 무의식 혹은 무의식적 갈등에 접근할 수 있다.

오답노트

① 전이 해석: 전이는 클라이언트가 치료상황 밖의 세상에서 인간관계를 어떻게 수립하며 어떻게 해석하고 있는가에 관해 매우 중요한 실마리를 제공해주므로 사회복지사를 비롯한 치료자들은 중립적인 태도와 반영적 태도로 클라이언트의 전이를 다루며 해석한다.

② 꿈의 분석: 프로이트는 통찰을 통해서 꿈에 내재된 억압된 무의식을 분석했다.

④ 훈습: 클라이언트가 인지한 저항을 좀 더 숙지시키고 반복 강박의 지배로부터 해방시켜주는 심리적 작업이다. 훈습의 목표는 전이현상이나 생활문제의 갈등, 과거 문제의 갈등 등에 대한 클라이언트의 이해 및 관점의 수준을 확장시켜 자신의 문제나 상황을 좀 더 통합적인 관점으로 이해하게 하는 것이다.

⑤ 역전이: 역전이는 전이의 반대적 상황으로, 전이에 대한 치료자의 정서적 반응을 말한다. 즉, 치료자가 클라이언트와의 관계에서 억압된 무의식적 갈등이나 동기를 행동으로 표출하는 것이다.

06

답과 해설 답 ④

오답노트

① 초자아는 안정과 이상을 추구한다. 본능적인 욕구를 충족시키기 위해 현실적이고 합리적인 방법을 찾는 것은 자아와 관련된다.

② 무의식은 우리가 자각할 수 없는 경험과 기억으로 구성된다.

③ 퇴행은 특정 단계로 발달이 이루어진 뒤 어떤 원인으로 이전 단계로 돌아가는 현상을 말한다. 특정 단계에 머무르게 되는 현상은 고착이다.

⑤ 인간은 기본적으로 갈등이나 불안을 겪을 때 방어기제를 사용하게 되므로 그 자체로 병리적인 것은 아니다. 방어기제의 강도, 균형, 연령, 철회가능성 등을 검토하여 병리성을 판단한다.

07

답과 해설 답 ③

ㄴ. 관계형성 단계

ㄷ. 동일시를 통한 자아구축 단계

ㄹ. 독립적 정체감 형성을 원조하는 단계

ㄱ. 클라이언트의 자기이해를 원조하는 단계

08

답과 해설 답 ④

ㄱ. 투사: 자신이 갖고 있는 좋지 않은 충동을 다른 사람의 것인 양 문제의 탓을 타인에게 돌리는 것이다. 입

사시험에 떨어진 취업생이 자신의 실패에 따른 불안의 근원을 출제자에게 돌리는 것은 투사의 예이다.

ㄴ. 반동형성: 무의식 속의 받아들여질 수 없는 생각, 소원, 충동 등을 정반대의 것으로 표현하는 경우인데 원래의 생각, 소원, 충동 등을 의식화하지 못하게 하는 기제이다. 동물을 사냥하여 만든 모피코트가 너무 입고 싶은 여성이 정반대로 동물애호가가 되어 활동하는 것은 반동형성의 예이다. 이런 반동형성의 심리는 재혼을 너무 하고 싶은 엄마가 결사반대하는 딸을 지나칠 정도로 과보호하며 희생적으로 돌보는 사례에서도 찾아볼 수 있다.

09

답과 해설 답 ③

사례에 등장한 김 모 양은 잘못된 식습관으로 인해 스트레스를 무의식적으로 풀곤 하는데, 이러한 현상은 훈습을 통해 자신의 무분별한 식습관과 망가지는 체력조건을 보완할 수 있다.

10

답과 해설 답 ②

② 방어기제는 심리적 불균형, 갈등, 불안 등이 발생했을 때 무의식적으로 일어나는 현상을 말한다. 한편, 전이는 클라이언트가 다른 사람에게 느꼈던 부정적, 적대적 감정을 사회복지사(치료자)에게 드러내는 것으로 방어기제는 아니다.

11

답과 해설 답 ④

④ 무의식은 인간행동의 동기에 가장 큰 영향을 미친다.

12

답과 해설 답 ⑤

ㄱ. 수동적 인간: 프로이트의 이론에서는 인간의 자유의지, 책임감, 자발성, 자기결정과 선택을 할 수 있는 능력, 즉 인간의 자유를 인정하지 않았으며, 인간의 모든 행동은 무의식적인 힘에 의하여 결정되고, 인간은 이런 힘의 지배를 받는 수동적 존재로 본다.

ㄷ. 결정론적 인간: 인간의 기본적 성격구조는 초기아동기, 특히 만 5세 이전의 경험에 의해 결정된다.

ㄹ. 투쟁적 인간: 인간은 무의식적인 내적 충동에 의해 야기된 긴장상태를 제거하여 쾌락을 추구하려는 속성

을 지니고 있으며, 이를 방해하는 사회적 요인에 대하여 지속적으로 대항하는 존재이다.

오답노트

ㄴ. 인본주의 로저스의 인간관이다.

13

답과 해설 답 ②

오답노트

ㄱ. 행동주의의 특징에 해당한다.

ㄹ. 정신역동모델은 환경체계를 고려하지 않는다. 생태체계적 분석은 해당하지 않는다.

14

답과 해설 답 ②

② 정신역동모델은 과거의 경험이 현재 행동의 뿌리가 된다고 보기 때문에 과거에 대한 분석을 중요시한다.

1.③	2.②	3.②	4.⑤	5.⑤
6.③	7.②	8.④	9.③	10.④
11.⑤	12.②	13.⑤	14.②	15.①
16.②	17.①			

01

답과 해설 답 ③

유년기의 문제와 현재 행동의 인과관계를 클라이언트가 자각하게 하는 기법은 심리사회모델의 기법 중 발달적 고찰에 해당된다.

02

답과 해설 답 ②

② 심리사회모델에서는 무의식이 현재 행동에 영향을 미치기는 하지만 결정적 요인이라고 보지는 않는다.

03

답과 해설 답 ②

② 클라이언트가 보이는 전이 행동을 유년기 경험과 연결하여 이해하도록 돕는 것은 발달적 고찰에 해당한다.

개인-환경에 관한 고찰에서의 6가지 하위영역

- 주변인물들의 감정, 행동, 상황 등에 대한 이해
- 클라이언트의 행동이 자신과 다른 사람들에게 미치는 영향
- 클라이언트 행동에서의 숨겨진 성격
- 클라이언트 행동의 원천: 반응행동의 의미 및 원인 탐색
- 클라이언트의 자기 평가 원조
- 사회복지사의 개입이나 기관의 규칙 등에 관한 클라이언트의 반응

04

답과 해설 답 ⑤

⑤ 상황 속의 인간 개념은 고든 해밀튼이 사용한 것으로

서 심리사회모델에서 초점이 되는 개념이다.

오답노트

① 창조적 자아: 아들러의 개인심리이론의 중심 개념으로서 생의 의미를 제공해주는 원리. 창조적 자아는 목표를 직시하고 결정하고 선택하며, 개인의 목표와 가치관에 부합하는 모든 종류의 배려를 나타내는 능력을 의미하기도 함

② 항상성: 체계가 스스로 평형과 균형상태를 유지하려는 경향

③ 기능주의: 진단주의 학파에 반기를 들어 1930년대 등장. 오토 랭크(Otto Rank)의 '의지' 강조, 인간에 대한 낙관적 견해, 치료라는 말의 거부, 대신 원조과정이라 표현, 성장의 심리학

④ 순환론적 인과성: 모든 행위는 다른 행위의 한 원인이 되면서 동시에 결과가 된다고 보는 것

05

답과 해설 답 ⑤

심리사회모델의 기본 전제는 모든 인간은 성장하고, 학습할 수 있으며, 적응하고, 사회 또는 물리적 환경을 변화시킬 수 있는 능력을 가지고 있다고 보는 것이다. 인간은 존엄성을 가지고 태어나며, 현재 행동을 이해하기 위해서는 과거를 중요시한다. 인간의 무의식을 중요하게 다루면서도 무의식이 행동을 결정짓는 요인은 아니라고 보았다.

06

답과 해설 답 ③

③ 개인-환경에 관한 고찰은 "남편의 어떤 행동이 ○○씨를 힘들게 하나요?"와 같이 주변 인물과의 상호작용을 살펴보는 방식이다. "○○씨가 남편에게 불만을 느낄 때 아들과 싸우는 것 같지 않나요?"는 특정 행동 유형이나 사고를 이끌어내는 상황을 살펴보는 것으로 유형-역동성 고찰에 해당한다.

07

답과 해설 답 ②

오답노트

① 클라이언트의 존엄성과 자기결정을 존중하기 때문에 클라이언트가 인식하는 문제에 대해 클라이언트의 관점에서 개입한다.

③ 클라이언트의 심리 내적 상태, 클라이언트의 환경, 그리고 이 둘 간의 상호작용을 살펴본다.

④ 이 모델에서는 클라이언트의 개별화를 강조한다.
⑤ 과거의 경험이 영향을 미치기는 하지만 현재의 행동을 결정짓는 요인은 아니라고 본다.

08

답과 해설 답 ④

④ 개인－환경에 대한 고찰 기법에 해당한다.

오답노트

①②③⑤ 지지하기 기법에 해당하는 서술들이다. 지지하기는 클라이언트의 불안 감소 및 동기화 촉진을 통해 원조관계를 수립하기 위한 것이다. 관심과 공감을 동반한 경청, 격려, 재보증 등이 실시된다.

09

답과 해설 답 ③

③ 심리사회모델은 동일한 유형의 문제상황이라 하더라도 그 상황이 발생한 맥락이 다르기 때문에 클라이언트나 클라이언트의 문제상황을 다룸에 있어 차별성을 강조한다.

10

답과 해설 답 ④

④ 탐색－기술－환기는 클라이언트가 자신과 상황에 대해 갖고 있는 견해를 이해하도록 돕고 감정을 표출시키는 기법이다.

오답노트

① 환경 조정하기: 클라이언트와 관계된 환경변화를 원조한다.
② 유형－역동성 고찰: 클라이언트의 심리 내적 역동을 이해하게 원조한다. 명확화, 해석, 통찰 등의 기법이 주로 쓰인다.
③ 지금－여기에 초점맞추기: 초점을 과거에서 현재로, 즉 지금－여기로 옮겨오도록 하는 기법이다.
⑤ 개인－환경 고찰: 클라이언트를 둘러싼 최근 사건에 대해 고찰하게 하여 현실적으로 파악하게 한다.

11

답과 해설 답 ⑤

⑤의 내용은 인지행동모델에 해당한다.

오답노트

① 직접 영향주기
② 유형－역동성 고찰
③ 발달적 고찰
④ 개인－환경에 관한 고찰

12

답과 해설 답 ②

심리사회모델의 이론적 기반으로는 정신분석이론, 대상관계이론, 체계이론과 생태체계관점, 자아심리이론, 역할이론, 의사소통이론 등이 있다.

13

답과 해설 답 ⑤

⑤ 인지 재구조화는 인지행동모델의 개입기법이다.

오답노트

①②③ 심리사회모델에서의 직접적 개입기법이다.
④ 심리사회모델에서의 간접적 개입기법이다.

14

답과 해설 답 ②
오답노트

① 자기 상황과 감정을 말로 표현하게 함으로써 감정의 전환을 도모하는 것은 탐색－기술－환기이다.
③ 클라이언트를 둘러싼 인적, 물적 환경 문제를 해결하는 것은 간접적 개입이며, 개인－환경의 관계 고찰은 직접적 개입이다.
④ 상황 속 인간 관점에서 클라이언트의 현재 사건을 살펴보는 것은 개인－환경 간 관계 고찰이다.
⑤ 유년기 생애경험이 현재의 기능에 미치는 영향에 대해 고찰하는 것은 발달적 고찰에 해당한다.

15

답과 해설 답 ①

① 심리사회모델은 개인의 심리 내적 문제와 환경의 문제를 동시에 중요시하지만 개입기법에 있어서는 환경적 측면에 대한 기술이나 전략이 부족하다는 한계가 있다.

16

답과 해설 답 ②

② 심리사회모델의 주요 기본가치로는 수용, 개별화, 자기결정, 클라이언트의 현재 상황에서 시작하기 등이 있다. 대리적 조건화는 인지행동모델의 이론적 기반인 행동주의이론에 포함되는 개념으로, 자신이 직접 경험하지 않더라도 타인의 행동을 관찰함으로써 새로운 행동을 학습하는 것을 말한다.

17

답과 해설 답 ①

문제의 사례는 아들과의 싸움이라는 반복적인 상황에 대해 남편에 대한 불만이라는 사고 유형을 고찰하도록 하였다. 이는 심리사회모델의 개입기법 중 '유형 – 역동성 고찰'에 해당한다. 이 기법은 사회복지사가 클라이언트가 개인의 생활에서 반복적으로 발견되는 일련의 행동이나 상황, 사고 또는 방어기제를 검토하게 하여 클라이언트 스스로 자신이 어떤 행동과 사고 유형을 가지고 있는지에 대한 이해를 높이려는 목적이 있다.

4장 · 인지행동모델

01.②	02.⑤	03.③	04.⑤	05.③
06.④	07.①	08.④	09.③	10.②
11.①	12.③	13.②	14.⑤	15.⑤
16.⑤	17.⑤	18.②	19.④	20.③
21.④	22.⑤	23.③		

01

답과 해설 답 ②
오답노트

① 인지행동모델은 클라이언트의 주관적 경험, 즉 경험에 대해 갖는 주관적 의미를 중요시한다.
③ 인지행동모델에서는 클라이언트에게 모델의 원리나 개입방법 등에 대해 설명하고 논의함으로써 이에 대한 클라이언트의 이해가 높아지면 개입기간은 단축되고 효과는 커질 수 있다고 본다.
④ 클라이언트의 적극성을 강조하지만, 궁극적인 책임은 사회복지사에게 있다.
⑤ 지적 능력이 다소 낮은 클라이언트에게는 적용하기 어려울 수 있다.

02

답과 해설 답 ⑤

⑤ 행동시연은 클라이언트가 현실세계에서 특정 행동을 하기 이전에 사회복지사 앞에서 반복적으로 연습해보는 것을 말한다. 역설적 의도는 클라이언트가 걱정하는 특정 행동을 더욱 강화하여 그 문제행동에 대한 조절력을 키울 수 있도록 하는 것이다. 행동시연이 역설적 의도에 따른 것은 아니다.

03

답과 해설 답 ③

③ 목표가 너무 높으면 클라이언트가 변화에 대한 동기와 의지를 상실할 수도 있다.

04

답과 해설 답 ⑤

⑤ 벡은 클라이언트의 감정이나 행동은 특정 사건 혹은 상황 그 자체에 따라 결정되는 것이 아니라, 클라이언트가 특정 사건 혹은 상황을 고정된 인지유형에 따라 해석하는 방식에 따라 좌우된다고 보았다.

05

답과 해설 답 ③

오답노트

ㄱ. 세부사항에만 초점을 두고 전체적인 상황이나 맥락을 무시하는 것은 선택적 요약이다.
ㄷ. 관련된 적절한 원인 없이 부정적인 사건이나 상황을 개인에게 연결시키는 것은 개인화이다.

06

답과 해설 답 ④

④ 인지 재구조화는 클라이언트의 역기능적 사고와 관념을 인식해서 이를 현실적인 사고와 관념으로 대치하고 순기능적일 수 있도록 원조하는 기법이다.

오답노트

① 경험적 학습: 클라이언트가 스스로 자신의 인지적 오류를 발견하고 수정하도록 하는 기법
② 체계적 둔감법: 불안자극과 불안반응 간의 연결이 없어질 때까지 불안자극들과 이완상태에 반복적으로 노출시키는 방법
③ 모델링: 타인의 행동을 통해 새로운 행동을 학습할 수 있도록 하는 방법
⑤ 자기지시기술: 내적 대화와 겉으로 드러나지 않은 자기진술을 하게 함으로써 어려운 생활사건에 대처하고 행동문제를 해결하게 하는 기법

07

답과 해설 답 ①

① 행동주의에서는 인간의 행동은 직접적인 보상이나 처벌 없이 다른 사람의 행동을 관찰하고 모방하는 방식으로 습득할 수 있다고 본다.

08

답과 해설 답 ④

④ 행동연습은 행동적 차원의 전략이다. 역기능적 사고를 기능적 사고로 전환하도록 돕는 기법은 인지적 차원의 전략이다.

09

답과 해설 답 ③

③ 문제해결모델은 클라이언트가 스스로 치료자로서 기능할 수 있다고 보기 때문에 이에 초점을 둔 훈련을 강조한다. 때문에 변화의 동기가 약하거나 변화에 대한 의지가 부족한 클라이언트에게 적용하기에 부적절할 수 있다.

10

답과 해설 답 ②

② 모든 경험을 양 극단 중 하나로 평가하는 이분법적 사고에 해당한다. 완벽히 해낸 것과 크게 실패한 것 사이에 있는 다양한 스펙트럼을 생각하지 못하는 것을 의미한다.

오답노트

① 임의적 추론(자의적 유추), ③ 과잉일반화, ④ 극소화, ⑤ 개인화

11

답과 해설 답 ①

① 심상법은 정서적 차원의 개입방법이다.

12

답과 해설 답 ③

오답노트

① 자기지시: 클라이언트가 변화시키기 원하는 행동을 대상으로 구체적인 목표를 정하고 실천행동지침을 작성하여 실행에 옮기는 기술이다.
② 이완훈련: 클라이언트에게 근육을 수축·이완하는 기술, 규칙적이고 깊은 호흡을 할 수 있는 방법, 즐거운 생각이나 이미지를 떠올리는 법 등을 훈련하도록 하여 스트레스 상황에 대처할 수 있게 돕는다.
④ 역설적 의도: 클라이언트가 염려하는 특정 행동에 대해 그 행동을 더욱 강화하는 방식으로 지시함으로써 인지적 오류를 감소시키고 문제행동에 대한 조절력을 증가시키는 전략이다.
⑤ 인지 재구조화: 클라이언트가 가지고 있던 역기능적

사고 및 비합리적 신념 등을 인식하여 새로운 사고로 재구성할 수 있도록 하는 것이다.

13

답과 해설 답 ②

② 인지행동모델은 현재를 중심으로 접근한다. 과거 경험이나 무의식의 탐색을 강조하지 않는다.

14

답과 해설 답 ⑤

⑤ 공격적인 사람들에게는 공격성을 줄이면서 원만한 대인관계를 맺을 수 있도록 사회기술훈련을 실시할 수 있다.

15

답과 해설 답 ⑤

사회기술훈련은 지나치게 부끄러움이 많은 사람, 타인에게 의존적인 사람, 다른 사람들에게 무관심한 사람, 분노조절이 어려운 사람, 공격적인 사람, 자기중심적인 사람 등 대인관계가 어려운 사람들에게 사회적 관계를 맺는 데에 필요한 기술을 학습할 기회를 제공한다.

16

답과 해설 답 ⑤

자신과 상관없이 일어난 부정적인 사건의 원인을 자신과 연결하여 생각하는 인지적 오류는 개인화이다.

17

답과 해설 답 ⑤

⑤ 클라이언트가 자신의 문제에 대한 통제력을 가지고 있다고 전제한다.

18

답과 해설 답 ②

② 체계적 둔감법: 두려움이 적은 상황부터 큰 상황까지 단계적으로 노출시켜 문제를 극복하도록 돕는다. 상상을 통한 방법으로 진행되기도 하며, 실제 상황에 노출하여 진행되기도 한다. 두 가지를 혼합하여 사용하기도 한다. 상상만 이용하는 것보다는 실제 직접 노출

하는 것이 더 효과적인 것으로 알려져 있다.

19

답과 해설 ④

엘리스의 합리정서행동치료의 ABCDE모델은 A(사건) – B(신념체계) – C(결과) – D(논박) – E(효과)를 통해 클라이언트가 자신의 부정적 감정 혹은 행동과 연관된 비합리적 신념을 찾아내고, 비합리적 신념이 옳은지 그른지에 대해 사회복지사와 토론함으로써 비합리적 신념과 합리적 신념을 구분해 내도록 교육한다.

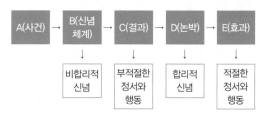

④ D는 비합리적 신념체계에 대한 논박이 이루어지는 과정으로 "모든 사람들에게 사랑을 받는다는 것은 가능한 일인가?", "남자친구와 내가 맞지 않았을 뿐이야", "사랑에 한번 실패했다고 해서 다른 사랑을 하지 않는다면 나에게 어떤 이득이 돌아오나?" 등을 예로 들 수 있겠다.

20

답과 해설 답 ③

ㄷ. 문제지향 단계
ㄹ. 문제정의 단계
ㅁ. 대안모색 단계
ㄱ. 의사결정 단계
ㄴ. 실행 및 검증 단계

21

답과 해설 답 ④

④ 인지행동모델은 개입에 대한 궁극적 책임은 사회복지사에게 있다고 보면서도 클라이언트와 사회복지사 간 협조적 노력을 강조하며, 클라이언트가 능동적이고 적극적으로 참여할 때 문제를 해결할 수 있는 능력이 형성된다고 본다.

22

답과 해설 답 ⑤

⑤ 클라이언트가 겪은 사건(A) 자체가 행동을 유발하는
것이 아니라, 사건에 대한 신념(B)이 행동(C)을 유발
하는 주요 원인이라고 보았다.

23

답과 해설 답 ③

오답노트

ㄷ. 인지행동모델: 정신분석이론의 한계를 지적하고 반
대하면서 행동주의이론이 제시되었고, 행동주의이론
은 인지행동모델의 이론적 기초가 되었다.

5장 과제중심모델

01.②	02.③	03.②	04.①	05.①
06.②	07.④	08.④	09.②	10.⑤
11.④	12.④	13.④	14.⑤	

01

답과 해설 답 ②

② 과제중심모델은 표적문제를 해결하기 위해 과제를 부
여하는 방식으로 진행되는데, 이때 과제는 전문가가
일방적으로 제시하는 것은 아니며 사회복지사와 클라
이언트 간에 합의에 따라 과제가 선정된다.

02

답과 해설 답 ③

③ 표적문제 선정 시 가장 중요한 것은 클라이언트의 견
해가 최대한 반영되어야 한다는 점이다.

03

답과 해설 답 ②

② 과제중심모델은 시작단계(면접) → 초기단계(문제규
명 → 계약) → 실행단계 → 종결단계로 진행된다. 즉
계약한 내용에 따라 실행단계에 돌입하므로 계약이
실행단계의 과업은 아니다.

04

답과 해설 답 ①

과제중심모델은 구조화된 단기개입으로 클라이언트가
집중하고 내적 자원을 동원하는 데 도움이 되므로 개인,
부부, 가족, 소집단뿐만 아니라 비자발적 클라이언트나
지원이 불충분한 클라이언트에 대해 적용 가능하다.

오답노트

ㄹ. 산후우울증으로 자살충동을 느끼는 클라이언트의 경
우는 위기개입모델을 적용하는 것이 더 적절하다.

05

ㄴ. 시간제한적인 단기치료에 관한 관심이 커지면서 과
제중심모델이 등장했다.

ㄹ. 이론적 연구보다는 경험적 자료를 통해 개입의 기초
를 마련하려는 움직임에 의해, 실제 개입의 경험들을
토대로 발견된 사실들을 일반화한 모델이다.

06

과제중심모델의 첫 단계는 시작하기 단계로서 클라이언
트가 자발적으로 찾아온 경우 클라이언트의 문제가 무엇
인지, 클라이언트의 문제가 기관의 서비스와 적합한지
등을 확인한 후 문제의 우선순위를 정한다.

① 중기단계, 3단계 실행단계
③ 초기단계, 2단계 계약단계
④ 중기단계, 3단계 실행단계
⑤ 초기단계, 1단계 문제규명단계

07

① 과제중심모델은 구조화된 단기개입 방식이다.
② 표적문제를 선정할 때 사회복지사의 전문적 판단도
중요하지만 클라이언트의 견해가 최대한 반영될 수
있도록 하며, 사회복지사와 클라이언트 간에 합의가
필수이다.
③ 비자발적 클라이언트에게도 적용할 수 있다.
⑤ 과제가 너무 쉽거나 어려운 경우, 일찍 목표를 달성한
경우 등 개입과정에서 상황에 따라 수정 또는 변경할
수 있다.

08

④ 과제중심모델은 클라이언트에게도 과제를 부여하지
만 사회복지사 역시 문제해결을 위한 과제를 갖게 되
며 이에 대해 클라이언트에게 알려주고 점검한다.

09

ㄴ. 과제중심모델은 사회복지사가 클라이언트의 문제에
대해 최선의 해결책을 알고 있어야 한다고 가정하지
는 않는다.

10

과제중심모델에서는 표적문제와 과업설정 모두 구체적
으로 명시하는 것이 중요하다. 표적문제의 선정기준은
클라이언트가 인정하는 문제이며, 클라이언트의 노력으
로 해결이 가능한 문제이고, 구체적인 문제이어야 한다.
또한 과업의 설정도 조작적 과제의 설정은 클라이언트가
수행하는 구체적인 활동이 되어야 한다.

이러한 과제중심모델의 특성을 잘 반영한 표적문제와 과
업설정은 ⑤이다. ①②③④는 모두 표적문제가 명확하
지 못하고 과업설정 역시 구체적인 목표와 구체적인 활
동의 설정으로 보기 어렵다.

11

ㄴ. 과제중심모델은 클라이언트의 자기결정권을 중요시
하기 때문에 표적문제 선정에 있어서도 클라이언트
의 견해가 최대한 반영될 수 있도록 해야 한다고 강조
한다.

12

ㄱ. 자발적 클라이언트의 경우 호소하는 문제가 기관에
서 해결가능한 것인지를 판단하는 것이 주요 과업이
되며, 자발적 클라이언트라 할지라도 심리적 부담감
등으로 저항감, 갈등을 가질 수도 있고 또 반대로 비
현실적인 기대감을 가질 수도 있기 때문에 이에 대해
간단히 다루는 것도 필요하다. 비자발적 클라이언트
의 경우 우선 의뢰된 이유나 달성해야 할 목표를 확인
해야 하며, 의뢰기관이 제시한 내용과 클라이언트가
원하는 바가 다를 경우 이에 대해 조율하고 합의해야
한다.

13

답과 해설　답 ④

④ 교육적 접근은 인지행동모델의 특징이다.
과제중심모델과 인지행동모델은 둘 다 시간제한적인 단기개입으로서 클라이언트와 사회복지사의 협조적 노력이 강조되며 구조화되고 방향적인 접근이다. 또한 문제중심이며 현재 중심이고 목표를 지향하는 모델이다.

14

답과 해설　답 ⑤

⑤ 되풀이과제(recurrent tasks): 반복적인 활동을 수행하도록 계획된 과제

오답노트

① 폐쇄과제: 설정된 종결시점이 있는 과제
② 공유된 과제: 두 사람 이상이 같은 목표를 성취하기 위해서 함께 수행하는 과제
③ 상호적 과제: 두 사람 이상이 교환으로 수행하는 과제로서 분리되었지만 서로 관련된 과제
④ 복합과제: 두 개 혹은 분리된 활동들이 밀접하게 연결된 활동

6장　기타 실천모델

1.①	2.④	3.⑤	4.⑤	5.③
6.②	7.②	8.⑤	9.③	10.④
11.①	12.④	13.③	14.⑤	15.④
16.⑤	17.①	18.④	19.②	20.②
21.③				

01

답과 해설　답 ①

① 위기개입모델은 클라이언트가 위기 상황 이전의 상태로 돌아갈 수 있도록 하는 것에 제한적인 목표를 둔다. 위기 상황은 애초에 해결할 수 없는 것들이 있기 때문에 위기 상황의 해결 자체가 목표가 되지 않는다.

02

답과 해설　답 ④

④ 역량강화는 클라이언트가 이미 가지고 있는 능력, 활용하고 있는 능력 외에 활용하고 있지 못하는 잠재적 역량을 발견하여 강화하는 것을 포함한다.

03

답과 해설　답 ⑤

⑤ 생애주기에 따른 발달적 위기에 해당한다. ①②③④는 상황적 위기에 해당한다.

위기의 유형
- 발달적 위기: 졸업, 취업, 결혼 및 출산, 중년기, 노년기 등 개인의 생애주기나 가족의 발달단계에 따라 나타날 수 있는 위기를 말한다.
- 상황적 위기: 교통사고나 자연재해, 불치병 등 사람이 예견하거나 통제할 수 없는 위기를 말한다.
- 실존적 위기: 삶의 목적, 책임감, 책임 등과 같이 중요한 삶의 이슈에 동반되는 갈등이나 불안과 관련된 위기를 말한다.

04

답과 해설 답 ⑤

05

답과 해설 답 ③

ㄱ. 과제중심모델은 길어야 2~3개월 정도의 비교적 단기
간 내에 변화가 일어난다고 전제한다.
ㄴ. 위기개입모델은 개인 혹은 가족이 심각한 위험에 처
했을 때 즉각적, 단기적, 일시적, 집중적으로 개입하
는 모델이다.
ㄷ. 동기강화모델은 3개월 이내의 집중적인 단기개입으
로 진행되며 이후 사후관리나 사례관리 등으로 연계
할 수 있다.

오답노트

ㄹ. 정신역동모델은 과거나 무의식 등을 분석하기 위해
긴 시간이 소요되기 때문에 단기개입으로는 적합하
지 않다.

06

답과 해설 답 ②

② 클라이언트의 강점 탐색은 발견단계에서의 과업이다.

07

답과 해설 답 ②

위기발달단계는 '위험한 사건 → 취약단계 → 위기촉진요
인 발생 → 실제 위기단계 → 재통합(회복)'의 과정으로
진행되며, 그 중 위기개입이 필요한 단계는 네 번째 단계
인 실제 위기단계이다.

08

답과 해설 답 ⑤

역량강화모델의 실천원칙
• 협력, 신뢰, 파워의 공유는 원조관계의 기초가 된다.
• 집단행동을 활용한다.
• 클라이언트가 정의한 문제를 수용한다.
• 클라이언트의 강점을 확인하여 활용한다.
• 계급과 파워에 관한 이슈에 대해 클라이언트의 의식을
고양시킨다.
• 변화과정에 클라이언트가 참여하도록 한다.
• 특정 기술을 가르친다.

• 상호지지적인 네트워크 및 자조집단 등을 활용한다.
• 개인이 가지고 있는 파워를 느끼게 한다.
• 클라이언트를 위해 자원을 동원하고 그의 권리를 옹호
한다.

09

답과 해설 답 ③

③ 사회복지사가 해결할 수 없는 문제는 다양한 자원체
계를 통해 원조할 수 있도록 해야 한다.

10

답과 해설 답 ④

ㄹ. 병리관점에서 실천을 위한 자원은 전문가의 지식과
기술이라고 보는 반면, 강점관점은 개인, 가족, 혹은
지역사회의 강점능력과 적응기술이라고 본다.

11

답과 해설 답 ①

① 클라이언트 중심 모델은 현재 클라이언트가 보이는
인성적 특징이 형성된 원인을 찾기보다는 인간의 성
장 자체에 초점을 두고 변화를 가져오는 방법을 탐색
하는 데에 주력한다.

12

답과 해설 답 ④

13

답과 해설 답 ③

ㄴ. 취약단계는 붕괴되기 쉬운 상태, 긴박한 상태이다.
이 단계에서 대부분의 사람들은 사건을 처리하여 위
기의 가능성이 낮아짐에 따라 안정된 상태로 회복하
게 되지만, 일부는 사건을 처리하는 과정에서 점점 혼
란에 빠져 불균형이 심화되기도 한다.
ㄹ. 특정한 스트레스 사건이 발생하는 단계는 사회적 위
험단계이다.

오답노트

ㄱ. 재통합단계는 긴장과 불안이 점차 가라앉고 개인의
기능이 다소 재구성되는 단계이지만 사실상 위기단
계의 연장이다.
ㄷ. 취약단계는 혼란단계라고도 하며, 최초의 쇼크에 대한

개인의 주관적 반응의 단계이다. 개개인마다 사건을 인지하는 정도에 따라 나름대로의 방법으로 대처한다.

14

답과 해설 답 ⑤

오답노트

ㄱ. 대화단계 → 발견단계 → 발전단계로 진행된다.
ㄴ. 계획은 발견단계에서의 과업이다.

15

답과 해설 답 ④

④ 강점관점에서 실천을 위한 자원은 개인, 가족, 혹은 지역사회의 강점능력과 적응기술이라고 본다. 실천을 위한 자원을 전문가의 지식과 기술이라고 보는 것은 병리관점이다.

16

답과 해설 답 ⑤

⑤ 역량강화모델은 강점관점을 기반으로 하기 때문에 병리적 문제보다 강점에 초점을 둔다.

17

답과 해설 답 ①

① 위기개입은 위기 이전 상태로의 기능 회복을 개입목표로 한다.

18

답과 해설 답 ④

④ 사례는 부모의 이혼 이후 양육자 역할을 했던 할머니의 부재라는 위기가 발생한 상황이므로 위기개입모델이 적절하다.

19

답과 해설 답 ②

오답노트

ㄱ. 클라이언트 중심 모델은 정신분석적 접근법에 대한 반동으로 시작되었으며, 인본주의, 실존주의, 현상학 등을 기반으로 한다.
ㄷ. 클라이언트 중심 모델에서는 불필요한 탐색과 해석을 거부한다. 해석이나 탐색보다 무조건적인 긍정적 관심, 공감을 더 강조한다.

20

답과 해설 답 ②

①③④⑤는 기본목표, ②는 추가목표에 해당한다.

21

답과 해설 답 ③

오답노트

ㄹ. 과제중심모델에서의 사정단계는 신속하게 진행된다.

사회복지실천기술론

1.① **2.**⑤ **3.**⑤ **4.**① **5.**④
6.③ **7.**② **8.**① **9.**① **10.**③
11.① **12.**② **13.**③ **14.**②

01

답과 해설 답 ①

① 가족항상성은 가족이 기존의 방식 그대로 가족체계를 유지하고자 하는 경향을 말한다. 이로 인해 가족항상성이 강하면 변화에 대한 저항이 강하게 나타나 문제해결을 어렵게 하기도 한다.

02

답과 해설 답 ⑤

⑤ 가족 내에서도 명시적이든 묵시적이든 규칙이 존재한다.

03

답과 해설 답 ⑤

⑤ 순환적 인과성은 가족성원들이 상호간에 영향을 미치기 때문에 원인 혹은 원인이 되는 성원을 찾는 것보다 문제가 지속되는 성원들 간의 상호작용에 초점을 두어야 한다는 것이다.

04

답과 해설 답 ①
오답노트

ㄹ. 가족내부의 경계, 즉 가족 간의 경계는 경직된 경계, 명확한 경계, 혼돈된 경계로 구분해볼 수 있다. 가족 간 교류가 없는 경직된 경계나 지나치게 밀착적인 혼돈된 경계는, 가족 간에 상호작용이 원활하게 일어나면서도 각자의 자율성이 인정되는 명확한 경계로 전환될 수 있도록 해야 한다.

05

답과 해설 답 ④
오답노트

ㄴ. 가족생활주기의 구분은 학자마다 다르다. 듀발 (Duvall)이나 콜린즈 외(Collins et al.) 등은 자녀가 없는 부부부터 가족생활주기 단계를 제시한 반면, 카터와 맥골드릭(Carter & McGoldrick)은 원가족으로부터 독립한 미혼의 젊은 성인을 첫 번째 단계로 제시하였다.

06

답과 해설 답 ③

③ 가족마다 상황에 대한 의미부여나 해석방식은 다르다는 것을 전제로 접근한다는 것은 사회구성주의적 관점에 해당한다.

07

답과 해설 답 ②

② 핵가족화 등으로 인해 가족의 통제기능, 사회화 기능, 정서적 지지 기능 등이 약화되고 있다.

08

답과 해설 답 ①
오답노트

② 가족항상성은 가족체계가 스스로 균형 상태를 유지하고자 하는 경향을 말한다. 갈등을 통해 유지되는 것은 아니다.
③ 명확한 경계의 가족은 자율성과 독립성이 보장된다. 경직된 경계의 가족에서는 소외감, 거리감이 문제될 수 있다.
④ 어떤 상태나 행동이 부적절할 때 부적 환류를 통해 일탈을 저지할 수 있다.
⑤ 가족은 반복적으로 일어나는 상호작용 및 의사소통 방식을 통해 적응과 균형을 추구해나간다.

09

답과 해설 답 ①

현대 가족의 구조 및 기능상의 변화
• 다양하고 비전통적인 형태의 가족유형이 증가하고 있다.
• 직장과 지역사회가 가족공동체에서 분화되어 감으로

써 가족은 본래 가지고 있던 기능의 많은 부분을 다양한 사회제도로 넘기게 되었다.
- 가족생활주기의 마지막 단계, 즉 부부 모두가 사망에 이르기까지의 기간은 평균 수명의 연장으로 인해 길어지고 있다.
- 대가족 혹은 복합가족은 감소되고 부부가족이 일반화되고 있다.

10

답과 해설 답 ③

11

답과 해설 답 ①

가족의 정의는 현대사회에 올수록 포괄적이고 다양해지고 있다. 혈연이나 혼인을 기반으로 가족의 개념을 정의해오던 기존의 틀에서 나아가 한부모가정, 확대가족, 동성애부부로 이루어진 가족, 동거가족 등 가족의 의미와 범위가 확장되고 있다.

오답노트

ㄹ. 결혼식을 올리지 않은 성인인 법적 부부도 가족이라고 정의할 수 있다.

12

답과 해설 답 ②
오답노트

ㄱ. 정적 환류는 새로운 행동이나 변화가 발생했을 경우, 변화를 수용하여 그 변화를 유지하게 한다. 반면 부적 환류는 체계가 항상성을 유지하고 안정을 유지하게 하는 변화 감소의 역할을 한다.

ㄹ. 가족원간의 상호작용을 통해 문제의 원인을 살펴보는 것은 순환적 인과관계와 관련된다.

13

답과 해설 답 ③

내용이 긍정적이든 부정적이든 관계없이 상황이나 행위, 변화를 지속하게 하면 정적 환류에 해당한다.
부적 환류는 소극적 환류, 소극적 피드백 등이라고도 하며, 어떤 상태나 변화, 새로운 행동으로부터의 일탈 감소, 안정 유지, 변화 감소의 역할을 한다.

14

답과 해설 답 ②

② 가족체계이론은 직선적 인과관계가 아닌 순환적 인과관계에 초점을 둔다. 즉 가족체계의 부분들이 어떻게 상호연관을 맺고 어떻게 상호작용이 일어나는지에 초점을 둔다.

01. ②	02. ③	03. ④	04. ⑤	05. ④
06. ④	07. ①	08. ⑤	09. ②	10. ②
11. ⑤	12. ④	13. ③	14. ③	15. ④
16. ④	17. ②	18. ⑤	19. ④	

01

답과 해설　답 ②

② 생태도는 가족을 중심원 안에 그려 관계를 표시하고 그 가족을 둘러싼 주변 환경체계를 중심원 밖에 그려 가족체계와의 관계를 표시하여 나타내는 도구이다.

02

답과 해설　답 ③

③ 가족규칙은 어느 정도의 강제성을 가질 수 있지만 가족발달에 맞게 변화되는 유연성과 융통성이 있어야 한다.

03

답과 해설　답 ④

ㄹ. 역기능적 가족의 경우는 가족규범이 한정되어 있으며, 역기능의 정도가 심할수록 적은 수의 규범에 의해 운영되는 경우가 많다.

04

답과 해설　답 ⑤

역기능적 의사소통의 예로서는 이중구속 메시지, 위장(신비화 혹은 거짓꾸밈, mystification), 너 전달법(You-message) 등이 있다.

05

답과 해설　답 ④

④ 가족신화는 가족의 항상성을 유지하는 데 기여하기도

하지만, 가족관계를 파괴할 정도로 위협적이고 강도 높은 긴장을 유발하기도 한다. 가족신화가 항상 긍정적인 측면만 있는 것은 아니기 때문에 가족신화가 없는 가족에게 가족신화 형성을 과제로 부여할 필요는 없다.

06

답과 해설　답 ④

④ 가족조각은 가족원 중 한 명이 다른 가족원들의 위치를 잡고 몸의 모양을 조각하며 실시한다.

07

답과 해설　답 ①

가계도는 가족을 다세대 차원에서 분석하여 세대를 걸쳐 반복적으로 나타나는 양상을 파악하기 위한 도구이다. 가족을 둘러싼 외부환경에 대한 정보는 다뤄지지 않기 때문에 외부체계와의 관계나 지역사회 관련 정보를 알 수는 없다.

08

답과 해설　답 ⑤

가족사정에서 고려할 내용

가족규칙, 가족항상성, 피드백과 통제, 가족하위체계, 경계, 가족의 주변배경, 가족의 권력구조, 의사결정과정, 가족 정서와 감정표현의 범위, 가족목표, 가족신화, 가족역할, 가족구성원들의 의사소통양식, 가족강점, 가족생활주기 등

09

답과 해설　답 ②

가족신화

가족성원 모두가 공유하고 있는 가족 혹은 가족성원에 대한 잘못된 신념과 기대 같은 것이다. 가족성원 모두에게 받아들여지고 지지되는 가족의 믿음으로서 특정의 정형화된 관계나 기능을 의미한다.

오답노트

① 위장: 의사소통의 명확성이 낮은 역기능적 의사소통으로서 가족 내에서의 갈등이나 어려움을 드러내지 못하고 오히려 모호하게 하거나 가면을 쓰고 거짓반응을 하는 것이다.

③ 융합: 보웬 가족치료의 개념이며, 한 사람이 다른 한

명과 정서적으로 상당히 가까워 자신의 감각이나 경계가 다른 사람에게 의존하는 것처럼 보이는 경향이다.
④ 대칭적 관계: 한 사람의 행동이 상대방에게 영향을 주고 다시 그 행동의 영향을 받아 서로 계속 상승작용을 하는 것을 의미한다. 가족치료의 경우 대칭적 관계는 부부간의 세력경쟁에서 자주 보이는 것으로 부부가 같은 수준에 있는 것을 동의할 수 없을 때 일어난다.
⑤ 메타 커뮤니케이션: 메시지의 내용 외에 말의 억양, 얼굴표정, 소리의 크기, 자세 등으로 의미를 강화시키거나 약화시키는 비언어적인 메시지를 의미한다.

10

② 생활력도표는 출생부터 개입시점까지 클라이언트가 생애과정 동안 경험해온 사건들을 조사하여 클라이언트의 현재를 이해할 수 있다.

11

답과 해설 답 ⑤

⑤ 지지제공자와의 삼각관계 형성 여부는 알 수 없다.

사회적 관계망 표를 통해서 알 수 있는 정보
가족의 사회적 관계망에서 중요한 인물, 가족이 지지를 받는 생활영역, 지지의 유형, 지지의 방향, 지지제공자와의 친밀감 정도, 접촉빈도, 지지제공자와 알고 지낸 기간

12

답과 해설 답 ④
오답노트

① 가족신화는 가족 내에 존재하는 왜곡된 신념과 기대로 가족성원들 사이에 공유되며 암묵적으로 정해진 불문율 같은 성격을 갖는다. 생태체계적 관점에서 파악하는 내용은 아니다.
② 가족 내 권력구조는 의사소통 과정에서도 나타나기 때문에 분리해서 파악하는 것은 옳지 않다.
③ 가족 내 희생양은 가족의 다른 문제나 본질적인 문제를 가리기 위해 부당하게 혹은 과장되게 비난의 대상이 되기 때문에 희생양이 가족문제의 시작인 것은 아니다.
⑤ 세대 간 반복되는 문제를 파악하는 도구는 가계도이다.

13

답과 해설 답 ③
오답노트

① 밀착된 가족: 가족 응집력이 과도하게 높게 나타나고, 가족원의 획일적인 감정과 생각을 강요한다. 자율성, 독립성이 제한된다.
② 유리된 가족: 가족원 간에 관심이 없어 정서적 욕구에 대한 반응도 나타나지 않는다.
④ 방임형 가족: 외부와의 교류에 제한이 없지만, 외부와 가족의 경계가 불분명하고 가족경계선의 방어를 중요하게 고려하지 않는다는 점에서 건강한 가족형태로 보기는 어렵다.
⑤ 폐쇄형 가족: 자신들만의 가족생활을 고집하면서 살아가기 때문에 문제가 발생할 경우 가족 내부에서 문제를 해결해야 한다. 그런데 스스로 질서를 회복하기 어려운 상황이 발생할 경우 무질서와 혼돈에 빠질 수 있다.

14

답과 해설 답 ③

③ 부모 하위체계에 대한 사정에서 부모가 적절한 부모 기술을 가지고 있는지, 부모역할을 위해 필요한 사회적 지지를 가지고 있는지, 자녀를 통제하고 지도하는 권위를 가지고 있는지 등을 점검하는 것이 이루어진다. 부부 하위체계에서는 상호지지 및 협력, 독립성 등에 대해 사정한다.

15

답과 해설 답 ④

문제의 예시에 제시된 것은 모두 이중구속 메시지이다. 이중구속 메시지는 주요한 타인으로부터 수준이 다른 상호모순적인 메시지를 받음으로써 상대가 어떤 메시지에도 반응하기 혼란스러운 상황에 놓이게 되는 것이다.

16

답과 해설 답 ④

④ 명확한 경계는 경직된 경계와 혼돈된 경계의 중간적 성격으로, 가족원들이 자율적이고 독립적이면서도 유기적으로 의사소통을 하며 융통성 있는 상호작용이 일어난다.

17

답과 해설 답 ②

② 가족문제에서 문제의 원인으로 지목되거나 비난의 대상이 되는 사람을 희생양이라고 한다. 실제로 이 희생양이 된 가족구성원이 원인이 될 수도 있지만 그 희생양에 집중시켜 다른 긴장을 일으키는 요소들을 회피하는 양상을 띠게 된다. 보통 부부 간에 발생하는 긴장을 해소하지 못하고 자녀들을 희생양으로 끌어들이는 경우가 많다.

18

답과 해설 답 ⑤

가족사정의 4가지 차원
- 문제에 대한 사정: 가족이 제시한 문제 및 욕구에 대한 사정
- 생태학적 사정: 거주지의 생활상 안전, 교육 및 보건 등 제반시설, 지역사회와의 교류 등
- 세대 간 사정: 확대가족과의 관계, 원가족과의 문제, 세대 간에 반복되어 나타나는 문제 등
- 가족 내부 사정: 하위체계의 기능 및 경계, 가족 내부 및 외부 경계, 가족 내 규칙 및 의사소통 양식 등

19

답과 해설 답 ④

④ 가족과 환경체계의 관계는 다양한 선으로 표현한다. 실선은 긍정적 관계를, 점선은 미약한 관계, 사선은 긴장이 많거나 갈등적인 관계를 나타내며, 자원 및 의사소통 교환인 에너지의 직접적인 흐름의 방향은 화살표로 나타낸다.

9장 가족 대상 실천기법

01.①	02.⑤	03.③	04.⑤	05.①
06.⑤	07.⑤	08.②	09.⑤	10.②
11.①	12.①	13.③	14.⑤	15.②
16.③	17.⑤	18.①	19.④	20.④
21.②	22.④	23.②	24.①	25.①
26.④	27.④	28.③	29.①	30.③
31.①	32.①			

01

답과 해설 답 ①

① 제지하기는 역설적 지시의 하나로, 가족의 변화가 지나치게 빠르게 나타날 때 속도를 조절하기 위해 실시한다. 사례에는 변화의 속도에 관한 내용이 없으므로 해당하지 않는다.

오답노트

②③ 사례에서는 엄마의 자아분화 수준이 낮아 부부 사이에 딸을 끌어들여 삼각관계가 형성된 상황으로 엄마의 자아분화 수준을 높이고 탈삼각화하는 개입을 시도할 수 있다.
④ 엄마와 아빠 사이의 경직된 경계 및 엄마와 딸 사이의 밀착된 경계를 명확한 경계로 만드는 개입이 진행될 수 있다.
⑤ 가족 대상 실천 초기과정에서는 가족 혹은 일부 가족원이 느낄 수 있는 거부감을 낮추기 위한 목적으로 가족의 분위기나 의사소통 방식 등을 따라 합류하기를 시도한다.

02

답과 해설 답 ⑤

사례에서는 엄마와 딸 사이에 역기능적 의사소통 문제를 이야기하고 있다. 엄마는 딸에게 비난형 의사소통을 보이고 있으며, 딸은 엄마에게 회유형 의사소통을 보이고 있다. 의사소통 방식의 교정에 초점을 두는 모델은 경험적 가족치료모델이다.

03

답 ③

① 계산형: 자신과 타인을 모두 무시한 채 상황만을 존중하며, 매사에 비판적이고 분석적이다.
② 비난형: 자신과 상황을 존중하고, 타인을 무시하는 유형이다.
④ 일치형: 자신과 타인, 상황을 모두 존중하여 진술하고 분명하게 표현할 줄 알며 심리적으로 안정된 유형이다.
⑤ 회유형: 자신을 무시하고 타인과 상황을 존중하여 상대방을 화나지 않게 하기 위해 노력한다.

04

답 ⑤

① 시련: 클라이언트가 가진 증상보다 더 고된 체험을 하도록 과제를 제시함으로써 결국엔 증상을 포기하도록 하는 기법이다.
② 증상 활용: 구조적 모델의 기법으로 개인의 증상을 다룸으로써 가족의 변화를 꾀하는 것이다.
③ 재구조화: 재정의, 재구성, 재명명이라고도 한다. 문제를 다른 시각에서 볼 수 있도록 돕는 기법이다. 전략적 모델의 기법이기는 하지만 역설적 지시의 방식은 아니다.
④ 긴장 고조시키기: 가족성원 간 의사소통 통로를 차단하여 긴장을 고조시키는 것으로 구조적 모델의 기법이다.

05

답 ①

① 해결중심모델은 클라이언트의 강점, 개성 등을 중요시하지만, 장기개입이 아닌 단기적 개입을 추구하는 모델이다.

06

답 ⑤

⑤ 합류하기는 어느 한 가족원이 아닌 가족성원 전체에 대한 이해와 수용을 바탕으로 해야 한다.

07

답 ⑤

① "최근 남편과 싸우지 않고 잠에 든 날은 언제였나요?" – 예외 질문
② "지난 한 주 동안 남편과의 관계는 몇 점 정도일까요?" – 척도 질문
③ "남편과 당신이 사이가 좋아지면 어머님은 어떤 말씀을 하실까요?" – 관계성 질문
④ 순환적 질문은 전략적 가족치료모델에서 제시한 질문 기법이다.

08

답 ②

문제의 사례에서는 남편과 아내 사이에 비난형 의사소통이 일어나고 있음을 알 수 있다. 경험적 가족치료모델에서는 가족의 병리적 문제를 해결함에 있어 가족의 의사소통 방식을 기능적으로 교정하는 것이 필요하다고 보았다.

09

답 ⑤

⑤ 회유형은 자신은 무시하고, 타인과 상황에 집중하는 의사소통 유형이다.

① 일치형: 기능적 의사소통 유형으로, 자신과 타인과 상황을 모두 고려하는 의사소통 유형
② 초이성형: 매사에 비판적이고 잘 따지며 부정적인 측면을 지적하는 유형
③ 혼란형: 상황을 제대로 파악하지 못하고 적절히 반응하지 못하는 유형
④ 비난형: 잘못을 남의 탓으로 돌리며 충성과 복종을 요구하는 유형

10

답 ②

① 다세대 전수과정: 미분화된 가족원이 결혼으로 새로운 가족을 형성하게 되면 새로운 가족 속에서 지나친 융합이나 단절과 같은 정서과정이 반복되면서 가족정서과정이 대를 이어 반복되게 된다.
③ 출생순위: 동일한 가족사건에 대해서도 형제들마다 느끼고 경험하는 것은 다르다.
④ 탈삼각화: 두 가족원 사이에서 긴장상황이 발생했을 때 제3자를 끌어들이는 것을 삼각관계라고 한다. 실천

과정에서는 삼각관계의 고리를 끊어 제3자를 두 명의 당사자로부터 분리되도록 한다.
⑤ 정서적 단절: 세대 간 정서적 융합이 심할수록 정서적 단절의 가능성도 높아진다.

11

답과 해설 답 ①

문제의 외현화
• 이야기치료모델의 과정에서 사용되는 기법이면서 이야기치료의 전 과정에서 상담가가 클라이언트의 문제를 어떻게 다루어야 할 것인지에 대한 기본적인 태도이기도 하다.
• 클라이언트에게 내재화된 부정적인 감정은 그의 정체성과 삶에도 부정적인 영향을 미칠 수 있기 때문에 문제를 의인화하거나 명사화하여 서술함으로써 클라이언트가 자연스럽게 자신의 문제를 자신과 분리된 객체로 인식할 수 있도록 유도한다.

12

답과 해설 답 ①

① 균형 깨뜨리기는 구조적 가족치료에서 주로 사용하는 기법 중 하나이다. 하위체계 사이에 나타나는 역기능적인 균형을 깨뜨림으로써 적절한 경계가 형성될 수 있도록 실시한다. 이때 사회복지사는 중립적인 입장이 아닌 특정 가족원의 편을 들기도 한다. **예** 지나치게 권위적인 남편에게 자기주장을 전혀 하지 않던 부인의 편을 사회복지사가 들어줌

13

답과 해설 답 ③

③ 사례에서 사회복지사의 질문은 문제와 분리하여 긍정적인 해결방안을 클라이언트가 찾도록 하는 기적질문에 해당한다.

오답노트
① 전략적 치료의 기법 중 하나인 순환적 질문에 해당
② 척도질문
④ 대처/극복질문
⑤ 예외질문

14

답과 해설 답 ⑤

⑤ 가족갈등을 치료 상황으로 가져와 가족원들이 어떻게

대응하는지 보고 그 상호작용을 수정하고 재구조화하는 기법은 실연(enactment)에 해당한다.

15

답과 해설 답 ②

오답노트
ㄴ. 가족그림, 역할극은 경험적 가족치료의 개입기법이다.
ㄹ. 실연, 합류하기는 구조적 가족치료의 개입기법이다.

16

답과 해설 답 ③

오답노트
ㄷ. 빙산탐색 기법은 경험적 가족치료학파인 사티어가 제시하였다.

17

답과 해설 답 ⑤

오답노트
① 클라이언트에게 구체적으로 어떤 행동을 할 것을 지시하는 지시적 기법을 활용한다.
② 가족 내 의사소통 유형에 주목한 것은 사티어의 경험적 가족치료이다.
③ 문제의 원인이나 행동의 이유를 파악하기보다는 변화에 관심을 두고 문제해결에 초점을 둔다.
④ 문제가 심각한 가족일수록 변화를 성장의 기회가 아닌 위협으로 인식한다.

18

답과 해설 답 ①

오답노트
ㄴ. 문제는 다세대 모델에 관해 질문하고 있는데 경계 만들기는 구조적 가족치료모델의 개입기법이다.
ㄷ. 가계도를 통해 세대를 걸쳐 나타나는 가족체계의 문제를 살펴본다. 생태도는 다세대를 분석하지 않는다.

19

답과 해설 답 ④

④ 경계 만들기는 구조적 가족치료의 기법이다.

20

답과 해설 답 ④

④ 구조적 가족치료에서의 증상 활용은 한 구성원에게서 드러난 증상을 다룸으로써 전체 가족원의 변화를 꾀하는 방식이다.

21

답과 해설 답 ②

오답노트

ㄱ. 문제 자체를 문제로 간주하기 때문에 가족의 구조 및 역기능에 초점을 두지 않는다.

ㄴ. 이야기치료 모델은 문제가 개인의 속성이나 가족 내부에 있는 것으로 보지 않는다. 문제가 외부에 존재하는 것으로 보고 그 문제를 보는 시각과 관점을 재해석할 수 있도록 돕는다.

22

답과 해설 답 ④

④ 해결중심모델에서는 문제를 완전히 없애는 것보다 조금 더 나아지는 것에 관심을 둔다.

23

답과 해설 답 ②

② 1차 사이버네틱스에서 치료자는 가족 밖에서 객관적으로 가족을 관찰한다.

24

답과 해설 답 ①

오답노트

ㄹ. 목표가 달성되지 않았거나 혹은 달성되었더라도 클라이언트에 대한 새로운 서비스의 필요성 여부를 확인하여 필요한 경우 의뢰한다.

25

답과 해설 답 ①

오답노트

ㄹ. 가족원들의 의사소통 유형을 살펴보는 것은 경험적 가족치료모델이다. 아버지와 어머니의 의사소통 유형에 대한 개입이 필요하다.

26

답과 해설 답 ④

오답노트

ㄱ. 빙산 기법은 경험적 가족치료모델의 사티어가 제시한 것이다.

27

답과 해설 답 ④

전략적 가족치료학파인 헤일리는 충고, 행동부여, 직접적 제안, 코칭 등 지시기법을 사용하였다. 지시적 기법은 크게 두 가지로 나뉜다. 하나는 기존의 행동과 다르게 행동하도록 제시하는 것이고, 다른 하나는 계속해서 똑같은 행동을 하도록 제시하는 것이다. 이러한 지시적 기법은 가족들의 저항을 불러 일으키기도 하기 때문에 역설적 지시를 시도하였다.

제시된 ㄱ과 ㄷ은 지시기법 중 다르게 행동하도록 제시하는 것에 속하고, ㄴ은 역설적 기법 중 증상처방 기법(더해라)에 해당한다.

오답노트

ㄹ의 내용은 특정 가족치료의 기법을 설명한 것이 아니라 일반적 가족치료 상황에서 언제나 가족전체가 모이는 것이 아니라 필요에 따라 부모 혹은 자녀를 따로 만나는 상황을 표현하고 있다. 따라서 ㄹ의 사례가 전략적 가족치료기법에만 해당한다고 볼 수는 없다.

28

답과 해설 답 ③

③ 합류는 사회복지사가 가족과의 신뢰를 쌓기 위해 가족의 분위기에 맞춰 행동하는 것으로 특정 성원이 아닌 모든 성원에 대한 이해와 수용을 바탕으로 이루어져야 한다.

29

답과 해설 답 ①

ㄱ. 고객형 클라이언트: 문제를 분명히 인식하며, 자발적이고 적극적인 클라이언트이다.

ㄴ. 방문형 클라이언트: 비자발적인 클라이언트. 자신에 대한 문제의식이 없고 변화하려는 동기가 약하기 때문에 클라이언트의 동기와 문제에 대한 인식을 스스로 할 수 있도록 협조하고 클라이언트의 의사결정과 자율성을 존중해 주어야 한다.

ㄷ. 불평형 클라이언트: 문제의 내용은 잘 알지만 문제를 남의 책임으로 돌리고, 자신을 희생자라고 생각하고 이해받기를 원하는 유형이다.

ㄹ. 방문형 클라이언트는 자신은 문제가 없거나 문제에 대한 책임이 없다고 생각하여 문제해결을 위한 어떠한 노력도 하지 않는 유형이다.

30

답과 해설　답 ③

③ 구조적 가족치료에서의 경계 만들기는 가족 내 하위체계 간 경계를 수정하기 위한 개입기법이다. 사례에서는 형제 하위체계의 경직된 경계에 대해 개입하여 형제들끼리 함께할 수 있는 활동을 제안하여 경계 완화를 시도한 것이다.

31

답과 해설　답 ①

오답노트

② 역설적 지시는 전략적 가족치료의 기법이다.
③ 문제가 해결된 상태를 가정하는 질문은 대처질문이 아닌 기적질문이다.
④ 구조적 가족치료는 가족구조의 불균형에 따라 가족문제가 발생한다고 보고 가족을 재구조화한다. 자아존중감의 회복 및 향상을 강조한 것은 사티어의 경험적 모델이다.
⑤ 다세대 가족치료는 체계론적 관점에 기초한다.

32

답과 해설　답 ①

① 증상처방은 클라이언트에게 증상행동을 계속하도록 격려하는 지시나 과제를 주는 기법이다. 클라이언트는 사회복지사의 지시를 거부하고 증상을 버리거나 혹은 지시에 순응하여 증상을 조절할 수 있는 통제권이 자신에게 있음을 인정하게 되는 원리를 이용하는 것이다.

10장　집단 대상 실천기법

01.③	02.②	03.①	04.③	05.⑤
06.④	07.⑤	08.①	09.②	10.⑤
11.④	12.③	13.②	14.③	15.②
16.⑤	17.②	18.①	19.④	20.④
21.③	22.⑤	23.①	24.④	25.②
26.⑤	27.②	28.②		

01

답과 해설　답 ③

③ 성장집단은 집단성원의 심리적 · 사회정서적 건강 증진을 중요시하며, 이를 위해 구성원의 자기인식 증진 및 잠재력 발견 등에 초점을 둔다.

02

답과 해설　답 ②

오답노트

① 재경험: 자신이 겪었던 일을 집단활동을 통해 다시 탐색해보고 자신의 행동방식을 수정할 수 있는 재경험의 기회를 갖게 된다.
③ 모델링: 다른 성원들이 하는 행동을 살펴보고 학습할 수 있는 기회가 된다.
④ 실존적 요인: 자신을 자기 삶의 주체자라는 인식을 키울 수 있게 된다.
⑤ 감정의 정화: 자신의 삶에서 억압해왔던 감정을 드러낼 수 있으며, 그 과정에서 자신의 문제를 객관적으로 생각해볼 수 있다.

03

답과 해설　답 ①

① 집단역동은 집단과정 혹은 집단구성원 간의 상호작용에 따라 만들어지는 힘을 말하는데, 이러한 집단역동은 긍정적인 영향을 가져오기도 하지만 집단역동을 구성하는 여러 요소들이 어떤 특징을 보이는지에 따라 역기능적인 영향을 미치기도 한다.

04

답 ③

①④⑤는 공동지도력의 단점 및 유의할 점에 해당한다.
② 집단 내 하위집단은 집단활동에 긍정적인 영향을 줄
수도 있고 부정적인 영향을 줄 수도 있다.

05

답 ⑤

⑤ 집단과정에서는 사회복지사보다 성원들과의 상호작
용이 더욱 중요하다.

06

답 ④

집단사회복지 실천모델
• 사회적 목표모델: 인보관운동에서 발달된 모델이다.
민주주의 및 사회정의의 발달, 민주시민으로서의 책임
의식 및 역량개발 등에 초점을 둔다.
• 상호작용모델: 집단지도자와 성원들 간 상호작용을 통
해 목표를 설정하며 문제해결을 위해 성원 간 상호원
조체계 구축을 강조한다.
• 치료모델: 사회적 기능 수행에 문제가 있거나 문제가
발생할 확률이 높은 개인에게 원조하는 모델로, 집단
은 개인의 목적을 달성하기 위한 수단이다.

①③ 치료모델에 해당하는 설명이다.
②⑤ 상호작용모델에 해당하는 설명이다.

07

답 ⑤

⑤ 사회복지사는 침묵하거나 소극적인 성원에 대해서 자
신의 이야기를 꺼내도록 함으로써 문제해결방법을 찾
을 수 있도록 참여를 독려하는 것이 필요하다.

08

답 ①

과업달성을 목적으로 하기보다 개별성원의 심리사회적
욕구충족을 목적으로 하는 집단은 지지집단이다.

ㄹ. 과업집단은 성원들이 제시한 아이디어와 의견을 분
석하여 집단이 성취해야 할 과업을 수행한다.

09

답 ②

① 성장집단: 집단성원들의 자기인식 증진과 사고 변화
를 목적으로 한다.
③ 과업집단: 조직이나 기관의 문제에 대한 해결책 모색
등 과업수행을 목적으로 한다.
④ 사회화집단: 사회생활에 필요한 사회적 기술을 배우
고 증진시키는 것을 목적으로 한다.
⑤ 교육집단: 집단성원들의 지식, 정보, 기술 향상을 목적
으로 한다.

10

답 ⑤

⑤ 하위집단은 집단의 목표달성에 배타적인 경우가 아니
라면 성원들의 친밀감을 높이는 효과도 있기 때문에
하위집단의 형성 자체가 집단응집력에 방해가 된다고
볼 수는 없다.

11

답 ④

④ 정신장애인 사회복귀 모임은 완벽한 회복이 어려운
정신장애의 특성상 치료모델의 성격도 어느 정도 가
지고 있지만, 장애를 어느 정도 극복하고 사회에 복귀
하는 과정에 있는 사람들로 구성되어 있으므로 지지
집단에 더 가깝다고 할 수 있다. 지지집단은 상호작용
모델의 대표적인 예이므로 정신장애인 사회복귀 모임
은 상호작용모델에 해당하는 집단이라고 할 수 있다.

12

답 ③

대인관계 학습은 집단성원 간의 상호작용 속에서 자신의
대인관계에 대한 통찰을 얻게 되고 대인관계의 새로운
방식을 시험해볼 수 있는 장이 되기도 함을 말한다.
③ 모방행동에 대한 설명이다.

13

답과 해설 답 ②

ㄱ. 자기노출 수준은 대체로 초기단계에는 낮게, 중간단계에서는 높게 나타난다. 초기단계에서 자기노출 수위가 너무 높으면 다른 성원들에게 부정적인 영향을 줄 수도 있기 때문에 어느 정도 자기노출 수준이 조절될 수 있도록 하는 것도 필요하다.

ㄷ. 한번에 너무 많은 피드백이 제공되면 클라이언트들이 그 내용을 다 이해하지 못할 수도 있다. 따라서 가장 중요한 한 두 가지에 포인트를 주어 제공하는 것도 좋다.

오답노트

ㄴ. 집단 성원의 개인적인 욕구에 대응하는 것은 개인의 성장에 도움이 될 수 있다.

ㄹ. 집단의 규칙은 성원들과 사회복지사의 논의와 합의를 거쳐 만들 수 있도록 해야 한다.

14

답과 해설 답 ③

오답노트

① 사회복지사가 사전에 정해두는 규칙도 있지만 성원들과 합의하는 과정을 거친다. 집단규칙은 집단활동이 진행되는 동안 추가되거나 수정되기도 한다.

② 집단성원 간 상호작용 과정에서 긴장과 갈등이 발생하는 것은 자연스러운 현상이며 이를 건설적으로 해결해나가도록 돕는 것이 사회복지사의 역할이다. 직면 기술은 성원의 말과 행동의 불일치에 대해 피드백하는 것으로 초기 과정에서 사용하지는 않는다.

④ 각 성원에게 부여된 역할과 지위가 고정되지 않도록 신경써야 한다.

⑤ 지역사회 자원을 활용할 수 있도록 중개, 연계해야 한다.

15

답과 해설 답 ②

ㄷ. 옹호는 표적체계에 대해 클라이언트의 권리를 대변하는 것이기 때문에 PTSD 증상 완화를 위한 옹호라는 표현은 적절하지 않다.

ㄹ. 집단의 목적이 사회성 향상에 있기 때문에 다양한 공부법에 대한 정보제공은 적절하지 않다.

16

답과 해설 답 ⑤

오답노트

ㄴ. 하위집단은 공통된 관심사, 비슷한 성향 등을 토대로 자연적으로 형성되는 것이다. 사회복지사가 의도적으로 만드는 것은 아니다.

17

답과 해설 답 ②

② 성장집단에서 사회복지사는 집단성원들이 통찰력을 얻고 새로운 행동을 시험하면서 피드백을 얻고 성장할 수 있도록 촉진자 역할과 모델의 역할을 한다.

18

답과 해설 답 ①

집단이 가지는 특성과 유용성은 있으나 모든 사람에게 집단 경험이 유익한 것은 아니다. 극도의 위기상태에 있는 사람이나 타인에게 피해를 입힐 만큼 공격성이 있는 사람, 자살의 가능성이 높은 사람, 자아기능이 매우 약한 사람 등은 개인 차원에서 접근하는 것이 더 바람직하다.

19

답과 해설 답 ④

④ 자조모임에서 사회복지사는 큰 역할을 하지 않으며, 사회복지사가 없이 진행되기도 한다. 따라서 사회복지사의 역량이 집단의 성과에 큰 영향을 미치지는 않는다.

20

답과 해설 답 ④

오답노트

ㄱ. 과업집단은 과업의 수행 및 성과가 중요하기 때문에 자기개방 수준은 낮다.

ㄷ. 정신적 치료를 목적으로 구성된 집단은 치료집단(therapy group)이다.

21

답과 해설 답 ③

오답노트

①④ 사회적 목표모델에 해당한다.

②⑤ 치료모델에 해당한다.

22

답과 해설 답 ⑤

⑤ 긍정적인 반응을 통해 집단성원의 행동을 강화할 수 있고 부정적인 반응을 통해 특정 행동이 감소할 수 있기 때문에 항상 똑같은 반응을 보여야 하는 것은 아니다.

23

답과 해설 답 ①

① 집단응집력이 높을수록 적극성, 자발성 등이 높게 나타나고 성원들 간 친밀감 형성이 용이하다. 이로 인해 대체로 집단응집력이 높을 때 목표달성의 효과성이 높게 나타난다.

24

답과 해설 답 ④

오답노트

ㄱ. 교육집단은 특정 분야의 전문가가 지식과 정보 및 기술을 가르치는 방식으로 진행된다. 전문가의 교육이 중심이 되기 때문에 성원들 간의 자기개방 수준은 낮은 편이다.

25

답과 해설 답 ②

레빈의 장이론의 특징

- 지각과 실재는 상대적 관계에 있다. 유기체나 환경이나 어느 한쪽으로만 행동을 이해할 수 없고, 즉 개인의 지각과 환경이 상호작용한다.
- 인간은 자기의 자아 관심을 추구하려는 특성을 가지고 있다. 보통 행동에 목적성이 생김으로써 지적으로 목표를 추구하는 행동이라는 뜻으로 장 이론의 목적성은 경험적 세계에 내재하는 것이므로, 현실적 생활상황 내에서 확립한다.
- 상황을 강조한다. 상황의 여러 가지 영역들을 정밀하게 분석함으로써 진행하면서 상황의 여러 영역들이 서로 배타적인 것이 아니라 상호의존적이라고 본다.
- 현시성의 원리이다. 장이란 현재의 순간적 의미 밖에 없는데 장이 현재 개인이 인지하는 내용으로 되어 있기 때문에 행동은 과거나 미래의 어떤 사건에 의하여 원인이 지어지는 것이 아니라, 현재의 장의 영역에 의한 기능이라고 본다.
- 학습은 통찰 및 인지구조의 변화로 본다. 의미를 느끼지 못한 사실이나 사물에서 의미를 느끼게 된다는 것은 개인의 인지구조가 변했다고 본다.

26

답과 해설 답 ⑤

실존적 요인

집단 프로그램을 통해 동료 성원들로부터 지지와 조언들을 받기도 하지만, 한편으로는 내가 나로서 살기 위한 책임, 자신의 삶에 대한 책임은 바로 자신에게 있다는 인식을 하게 된다. 이를 통해서 자신의 문제에 맞딱뜨릴 수 있는 힘을 스스로 키워나갈 수 있게 된다.

27

답과 해설 답 ②

② 중개자는 클라이언트와 자원 및 서비스를 연결하는 역할이다. 집단 내 성원들 간에 갈등이 일어났거나 조직 간에 분쟁이 발생했을 경우 원조하는 역할은 중재자의 역할이다.

28

답과 해설 답 ②

② 집단에의 참여는 의뢰 등에 따라 비자발적으로 이루어지는 경우도 있다.

11장 집단발달단계

01.③	02.②	03.①	04.①	05.①
06.②	07.③	08.②	09.②	10.②
11.④	12.①	13.③	14.③	15.④
16.④	17.③	18.⑤	19.①	20.④
21.⑤				

01

답과 해설 답 ③

③ 집단이 개방적일 경우 집단에 대한 유입과 이탈이 쉽게 발생하기 때문에 집단의 발달단계를 예측하는 것이 어렵다.

02

답과 해설 답 ②

② 집단의 회합빈도 및 지속기간, 종결일시 등을 정하는 것은 준비단계의 과업이다.

03

답과 해설 답 ①

오답노트

ㄴ. 소시오그램에서 의사소통의 빈도를 측정하는 것은 아니다.
ㄷ. 소시오그램은 집단성원들의 관계를 파악하는 사정도구로 성원과 환경체계의 관계를 알아보는 것은 아니다.

04

답과 해설 답 ①

오답노트

ㄴ. ㄹ. 중간단계의 과업이다.

05

답과 해설 답 ①

집단발달은 순차적으로 진행되지 않을 수도 있다. 단계를 역행하거나, 특정 단계를 뛰어넘을 수도 있다. 폐쇄집단은 집단발달단계를 예측할 수 있으나 개방집단은 예측하기 어렵다.

06

답과 해설 답 ②

② 변화를 통해 일어나는 긍정적인 결과에 초점을 맞추도록 한다.

변화의 유지와 일반화를 위해서 활용되는 방법

- 성원들이 일상생활과 밀접한 관련이 있는 현실적인 사례를 집단에서 다룬다.
- 성원들의 문제에만 초점을 맞추지 말고 자신의 능력을 확인할 수 있게 하여 자신감을 발전시키도록 한다.
- 변화유지 능력을 방해하는 어려운 상황에도 대비할 수 있도록 다양한 상황과 환경을 활용한다.
- 공식적인 집단을 마치고 난 후에 추후모임을 할 수 있는 기회를 제공하여 변화를 유지하기 위한 자신의 노력을 재검토할 수 있게 한다.
- 성원들이 집단 외부에서 부딪힐 수 있는 비우호적인 환경에 대해 어떻게 대응해야 할지 미리 준비시킨다.
- 성원에게 그동안 배운 것을 요약해 주거나, 대처기술을 이용하는 데 자신감을 북돋아 주어 스스로 자신의 문제를 해결할 수 있도록 한다.

07

답과 해설 답 ③

집단의 중간단계의 개입기법은 개인 내적 수준의 개입, 대인관계 변화를 위한 개입, 집단 전체 개입, 환경수준(지역사회 인식증진 등)의 개입이라는 4가지 차원의 개입이 필요하다. 집단사회복지실천이라 하더라도 개별성원에 대한 개인 내적 수준의 개입도 필요하다.

08

답과 해설 답 ②

오답노트

ㄴ. 치료집단의 특성상 집단성원은 대략 5~7명 정도로 구성되는 것이 바람직하다.
ㄹ. 집단성원의 특성을 반영하여 적절한 시간대를 정하는 것이 필요하다. 아동의 경우 오전에는 등교를 하

므로 방과 후에 모임을 갖는 것이 적절하며, 집중할 수 있는 시간이 짧기 때문에 회기 당 30분 내외가 적절하다.

09

답과 해설 답 ②

② 회기 중에 제시된 문제를 그 회기에 모두 다루고 종료해야 하는 것은 아니다. 한 회기 시간이 다 되면 종료하는 것이 원칙이며, 미처 다루지 못한 문제는 다음 회기에 다룬다.

10

답과 해설 답 ②

② 위기상황에 놓인 클라이언트가 바로 참여할 수 있도록 개방집단으로 구성되는 것이 더 용이하다.

11

답과 해설 답 ④

④ 사회복지사의 사정으로 집단구성원과 이별하게 되는 경우 새로운 사회복지사가 온다고 해도 바로 집단을 종결하는 것은 바람직하지 않다.

사회복지사의 사정에 의한 종결의 경우 대체 지도자 섭외 – 종결가능성 공지 – 종결에 대한 감정의 공유와 토론 – 마무리 할 일 수행 – 집단에 새로운 지도자 소개의 과정을 거치는 것이 바람직하다.

12

답과 해설 답 ①

집단 초기단계에서는 성원의 소개, 집단목적에 대한 설명, 비밀보장의 한계 설정, 집단원들의 소속감 원조, 개별목표 설정, 계약, 집단 참여에 대한 동기부여와 능력고취, 장애물 예측 등이 진행된다.

오답노트

ㄹ. 변화 확인 및 유지의 일반화는 종결단계에 속한다.

13

답과 해설 답 ③

③ 이상적인 집단의 크기는 학자마다 의견이 다르다. 성원들 사이에 상호작용이 일어날 수 있을 정도의 규모

여야 하며 집단의 유형 및 목적 등을 고려하여 결정하게 된다.

14

답과 해설 답 ③

③ 참여자들의 역할에 대해서는 개입이 본격적으로 진행되기 전, 보통 오리엔테이션 과정에서 설명한다. 자신의 역할이 분명하지 않은 경우 집단 활동에서 자신이 무엇을 해야 할지 몰라 소극적으로 참여하거나 흥미를 느끼지 못할 수도 있기 때문이다.

15

답과 해설 답 ④

노든(Northern)은 준비단계－오리엔테이션단계－탐색과 시험단계－문제해결단계－종료단계의 순서로 집단발달단계를 구분하였다.
ㄱ은 종료단계, ㄴ은 탐색과 시험단계, ㄷ은 오리엔테이션단계, ㄹ은 문제해결단계에 해당한다.

16

답과 해설 답 ④

ㄹ. 준비단계
ㄱ. 초기단계
ㅁ. 사정단계
ㄴ. 중간(실행)단계
ㄷ. 종결단계

17

답과 해설 답 ③
오답노트

ㄹ. 클라이언트 모집에 있어 프로그램의 효과성을 어떤 방식으로 평가할 것인지는 큰 관련성은 없다.

18

답과 해설 답 ⑤

⑤ 집단목적과 성원의 적합성을 파악하는 것은 집단을 구성할 때 성원을 선발하기 위해 이루어진다.

19

답과 해설 답 ①

초기단계에서는 집단에게 사회복지사의 역할을 소개하고, 집단 성원을 소개한다. 또한 집단의 목적 및 개별 성원의 목표를 정하고, 집단규칙에 대해 이야기를 나누게 된다. 집단 성원에게 집단에 참여하는 동기를 부여하고 문제해결에 대한 능력이 클라이언트에게 있음을 격려하도록 한다. 집단 성원들이 보이는 불안과 저항에 대해서도 다룰 수 있도록 하고, 목적 및 과업 등의 내용을 포함한 계약이 이루어지도록 한다.

오답노트

②③④⑤ 중간단계의 과업에 해당한다.

20

답과 해설 답 ④

오답노트

① 개별성원의 역기능적 행동패턴을 파악하는 것은 개별 성원에 대한 사정에 해당한다.
② 개별성원에 대한 사정에 있어서는 장단점을 두루두루 살펴봐야 한다.
③ 중간단계에서 실시하는 사정은 현재의 집단활동이 목적달성을 계획대로 해나가고 있는지를 살펴보아 문제점을 수정하고 보완하기 위한 것이다. 따라서 활동계획을 수정할 수 있다.
⑤ 성원 간 상호작용 빈도를 살펴보는 도구는 상호작용 차트이다. 소시오메트리는 성원들 사이의 호감도를 파악하기 위한 사정도구이다.

21

답과 해설 답 ⑤

오답노트

ㄱ. 상호작용 빈도를 기록하는 것은 상호작용차트이다.
ㄴ. 상호작용차트는 상호작용의 빈도만 기록하기 때문에 구체적으로 어떤 유형의 의사소통이 일어나는지는 알 수 없다.
ㄷ. 호감도가 높은 성원과 낮은 성원을 분류하는 방식은 소시오메트리이다.

12장 사회복지실천 기록

01.④	02.②	03.③	04.②	05.⑤
06.①	07.④	08.②	09.②	10.③
11.③	12.②	13.④	14.⑤	15.⑤

01

답과 해설 답 ④

오답노트

ㄱ. 요약기록은 클라이언트에 관한 기본적인 정보를 비롯해 개입에 관한 정보를 기록한다. 클라이언트의 진술만을 요약하는 것이 아니라 어떤 개입활동이 이루어졌는지, 시간의 흐름에 따라 어떤 변화가 있었는지 등을 포함하여 작성한다.

02

답과 해설 답 ②

② 한국사회복지사 윤리강령에서는 기록은 평가 및 점검의 도구이기 때문에 중립적이고 객관적으로 작성해야 한다고 규정하고 있다.

03

답과 해설 답 ③

③ 문제중심기록은 문제중심의 의료기록으로 개발된 것이어서 클라이언트의 강점보다 문제를 중심으로 기록된다.

04

답과 해설 답 ②

② 기록은 있는 사실 그대로 작성해야 한다. 없는 내용을 추가하거나 중요한 내용을 바꾸어 기록해서는 안 된다.

05

답과 해설 답 ⑤

⑤ 요약기록은 클라이언트나 사회복지사의 생각과 느낌이 잘 드러나지 않을 수 있다는 단점이 있다.

요약기록
- 면담 내용이 재구성되어 서술
- 사례가 장기간 지속될 경우 유용, 사례노트를 활용
- 일시와 클라이언트에 대한 간단한 내용을 적은 후 서비스나 개입 내용, 클라이언트의 변화에 대해 짧게 요약하여 기록

06

답과 해설 답 ①
오답노트

② 기록은 잘 찾아보기 쉽게 작성하여 쉽게 활용할 수 있도록 할 필요가 있다.
③ 있는 그대로 상세히 기록하는 것이 정확성은 높일 수 있지만 효율적이지는 않기 때문에 좋은 기록이라고 단정하여 말할 수는 없다.
④ 클라이언트의 느낌이나 생각도 반영되도록 한다.
⑤ 기록 내용은 클라이언트나 클라이언트의 가족이 볼 수도 있기 때문에 누가 봐도 이해할 수 있는 용어로 기록되는 것이 좋다.

07

답과 해설 답 ④
오답노트

ㄱ. 사회복지사의 인적사항이 아닌 클라이언트의 인적사항을 기록한다.

08

답과 해설 답 ②

ㄴ. S(주관적 정보): 클라이언트나 가족으로부터 얻은 정보, 기본적인 자료, 클라이언트가 느끼는 자신의 상황에 대한 느낌 등
ㄷ. O(객관적 정보): 전문가가 관찰하여 얻은 정보, 각종 검사 결과 등
ㄹ. A(사정): 주관적 정보 및 객관적 정보를 통해 전문가가 내린 해석이나 결론
ㄱ. P(계획): 사정을 바탕으로 문제해결을 위한 방법 및 계획 제시

09

답과 해설 답 ②

사회력은 클라이언트 정보, 가족 정보, 사회적 상황, 지역사회 정보, 강점 및 자원, 문제해결 능력 등을 포함하여 작성하며, 광범위한 역사적 선행사건이나 반복되는 주제, 장기적인 유형을 찾고자 시도한다.

10

답과 해설 답 ③
오답노트

① 사례관리를 위한 기록 내용의 공개도 클라이언트의 동의는 필수이다.
② 클라이언트의 기본적인 인적 사항 및 현재 호소하는 문제 외에도 클라이언트가 과거에 받았던 서비스나 현재 받고 있는 서비스 및 앞으로의 계획 등이 공개될 수 있다. 한편, 클라이언트가 공개를 동의했다 하더라도 기본적인 인적 사항 등은 비밀보장을 위해 경우에 따라 공개하지 않을 수 있다.
④ 과정기록은 사회복지사와 클라이언트 사이에 있었던 모든 과정을 있는 그대로 기록하는 방식으로 요약해서 작성하지 않는다.
⑤ 기록은 사회복지사가 무엇을 제공했는가보다 클라이언트의 변화를 위주로 작성하도록 한다.

11

답과 해설 답 ③

③ 문제중심기록의 장점에 해당한다. 문제중심기록은 하나의 사례에 대해 여러 전문직이 함께 일할 때 광범위하게 사용되는 기록방법이다.

사회력의 중요성
문제의 원인과 해결에 필요한 자원을 찾음. 클라이언트에게 적합한 서비스나 프로그램을 결정하는 데 유용함. 클라이언트와 가족 및 중요한 타인들로부터 경험을 재검토하고 공유할 수 있게 함. 다른 서비스 제공자에게 사회복지실천 관점을 알려줌. 서비스 전달과 관련 있는 결정사항과 활동의 근거를 문서화함

12

답과 해설 답 ②
오답노트

ㄱ. 과정기록은 사회복지사와 클라이언트 사이에 일어난 모든 대화과정을 있는 그대로 작성하기 때문에 클라이언트의 변화 양상을 파악하기에 용이하지는 않다.
ㄹ. 사회복지사가 관찰한 내용과 판단도 함께 기록한다.

13

답과 해설 답 ④

④ 면담 중에는 클라이언트와의 대화에 집중해야 한다.

14

답과 해설 답 ⑤

오답노트

① 기록의 일차적인 목적은 책임성이다.
② 클라이언트의 알 권리를 존중하여 정보를 공유한다는 것은 정보 제공과 관련한 목적이다.
③ 개입이나 서비스가 효과적이었는지 평가하는 데 사용되는 것은 개입 및 서비스 과정의 점검과 평가에 관련된 목적이다.
④ 서비스를 전달하는 전문가들 사이의 협조체계를 원활히 해주는 것은 전문직 간 의사소통 촉진과 관련된 목적이다. 근거자료 제공은 기관 및 사회정책에 따르는 승인을 증명하는 데 이용되거나 서비스 질을 관리하고 조사를 수행하는 데 이용되는 것을 말한다.

15

답과 해설 답 ⑤

과정기록의 예로서, 슈퍼비전이나 교육적 도구로 매우 유용하며, 어려운 사례를 다루거나 새로운 기술을 개발할 때 유용하다.

오답노트

①④ 요약기록
② 이야기체 기록
③ 문제중심기록

13장 · 사회복지실천 평가

01.②	02.③	03.②	04.②	05.①
06.⑤	07.③	08.③	09.④	10.③
11.④	12.⑤	13.③	14.③	15.④
16.①	17.④			

01

답과 해설 답 ②

② 사례는 기초선 없이 바로 개입하여, 개입(B) → 기초선(A) → 개입(B)으로 이루어지는 BAB 설계이다.

02

답과 해설 답 ③

오답노트

① AB설계에서 A는 기초선 자료수집, B는 개입이다. 즉 기초선 자료수집 이후에 개입이 이루어진다.
② 다중요소설계는 하나의 기초선 자료에 대해 여러 다른 개입방법을 도입해보는 것이다.
④ 단일사례설계는 클라이언트가 스스로 통제집단이 되기 때문에 별도의 통제집단이 존재하지 않는다.
⑤ 반복적인 관찰을 하면서 환류를 통해 기존의 개입방법을 수정하거나 새로운 개입방법을 수립하기도 한다.

03

답과 해설 답 ②

② 클라이언트의 만족도가 높다고 해서 항상 성과가 높은 것은 아니기 때문에 클라이언트의 만족도가 성과 중 일부는 될 수 있지만 성과의 전부라고 볼 수는 없다.

04

답과 해설 답 ②

단일사례설계에서 A는 기초선이고, B는 개입이다. 제시된 사례는 상담을 신청한 후 4주 동안 분노조절과 관련된 증상에 대한 기초선(A) 자료를 모아 그 이후에 상담(B)을 진행하는 AB설계이다.

05

답과 해설 답 ①

철회설계는 기초선 측정 후 일정 기간 동안 개입을 하고, 일정 기간 동안 개입을 중단하는 것을 말하는데 ABA설계, ABAB 설계 등이 이에 속한다. ABAB설계는 제2개입단계가 추가되어 철회/반전설계로 불린다. 이러한 설계는 개입을 임의적으로 중단하는 것에 대한 윤리적 문제가 있다.

오답노트

ㄹ. 복수기초선 설계는 기초선이 둘 이상이며, 한 기초선에 대한 개입이 중단되면 다른 기초선에 대한 개입이 시작되므로 윤리적 문제를 피할 수 있다.

06

답과 해설 답 ⑤

평가방법 중 단일사례연구의 과정을 묻고 있다. 기본적으로 단일사례연구는 문제확인 – 변수선정 – 측정대상 선정 – 개입목표 설정 – 조사설계 – 조사실시 – 개입평가로 나눈다. 문제에서는 개입목표 설정부터 평가까지를 좀 더 세분화하였다.

단일사례연구의 세부 순서

개입목표 설정→측정도구 선택→기초선 및 정보수집→개입 및 모니터링→변화사정→효과성 평가

07

답과 해설 답 ③

- 프로그램의 효과성을 측정하는 것은 ㄴ. 결과평가이다.
- 개입을 한 집단과 개입을 하지 않은 집단 간 점수 차이를 통해 개입의 효과를 평가하는 것은 ㄹ. 실험집단–통제집단 비교방법이다.

08

답과 해설 답 ③

단일사례연구는 개인, 가족, 소집단을 대상으로 표적행동에 대한 개입의 효과성을 규명하는 것을 목적으로 하며, 하나의 사례를 반복 측정하는 것이다. 반면, 집단연구설계는 모집단으로부터 무작위 추출한 표본을 대상으로 가설검증을 연구목적으로 하며 실험집단과 통제집단으로 나누어 사전–사후 검사값을 비교하여 실험처치의 효과를 평가한다.

오답노트

① 집단사례연구의 설명
② 단일사례연구의 목적은 개입의 효과성 규명
④ 단일사례연구는 하나의 사례를 반복 측정
⑤ 단일사례연구의 대상은 개인, 가족, 소집단이 적당

09

답과 해설 답 ④

사례는 남편과 아내, 즉 클라이언트 두 명에 대해 각각 기초선과 개입을 진행하고 있으므로 복수기초선설계에 해당한다.

오답노트

① ABAB 설계: 한 명의 클라이언트에 대해 AB 설계를 진행한 후 동일한 AB 설계를 반복하는 것이다.
② ABAC 설계: 한 명의 클라이언트에 대해 AB 설계를 진행한 후 다시 기초선(A)을 측정하고 다른 개입(C)을 진행하는 것이다.
③ 다중요소설계: 하나의 기초선 자료에 여러 방식의 개입을 진행해보는 설계방식이다. ABC, ABAC, ABACA 등으로 설계할 수 있다.
⑤ 집단연구설계: 실험집단과 통제집단의 결과를 평가하는 방식으로 이루어지는 설계이다. 단일사례연구의 유형은 아니다.

10

답과 해설 답 ③

과제성취척도는 클라이언트와 사회복지사가 합의한 개입과제를 성취한 정도를 평가하는 방법이며, 단일사례설계를 이용하거나 기초선 설정이 어려울 때 유용하다. 또한 시간과 자료가 부족할 때 사용할 수 있다는 이점이 있다.

오답노트

ㄱ. ㄷ. 목적성취척도의 내용에 해당한다.

11

답과 해설 답 ④

④ ABCD: 하나의 기초선 자료(A)에 여러 개의 다른 개입방법(BCD)을 시도한다.

12

답과 해설 답 ⑤

① 평가를 통해 개입에 대한 효과성을 파악할 수 있을 뿐
만 아니라 책임성을 향상시킬 수 있다.
② 프로그램의 실무자 혹은 담당자도 평가의 대상이 된
다. 평가 결과를 실무자에게 피드백하여 부족한 부분
이나 잘못된 부분이 개선될 수 있도록 해야 한다.
③ 만족도와 효과성은 별개이다. 클라이언트의 만족도가
높다고 해서 효과성이 반드시 높은 것은 아니며, 반대
로 만족도가 낮다고 해서 반드시 효과성이 낮은 것도
아니다.
④ 평가는 긍정적 결과를 도출하기 위한 목적으로 평가
내용, 방법, 결과 등을 왜곡하지 않도록 해야 한다.

13

답과 해설 답 ③

ABAB설계

기초선(A) → 개입(B) → 제2기초선(A) → 개입(B)의 형
태이다. 외생변수를 좀 더 효과적으로 통제하기 위해 제2
기초선(A)과 제2개입단계(B)를 추가하는 것으로서 개입
과 철회를 반복함으로써 같은 결과가 나오면 인과관계를
좀 더 명확히 할 수 있다.

14

답과 해설 답 ③

단일사례연구에서 개입의 유의성 분석은 시각적 유의성,
통계적 유의성, 실질적 유의성, 이론적 유의성 등의 차원
이 있다. 제시된 선택지는 각각 ① 통계적 유의성, ② 이
론적 유의성, ④ 실질적 유의성, ⑤ 시각적 유의성에 해당
한다.

15

답과 해설 답 ④

④ 개별화의 원리와 일치하는 목표달성척도는 표준화된
척도와는 달리 클라이언트의 개인 목표에 따라 측정을
위한 내용을 자유롭게 정할 수 있다는 장점이 있다.

16

답과 해설 답 ①

제시된 사례는 '기초선 A: 심리검사 → 개입 B: 이메일 상
담 → 개입 C: 대면상담'의 과정으로 진행된 ABC설계에
해당한다.

17

답과 해설 답 ④

④ 직접관찰대상은 행동일 수도, 심리적인 상태일 수도
있다. 심리적 상태를 평가하기 위해서는 행동적인 용
어로 구체화해야 한다. 예를 들어, '자존감 향상'은 '대
화를 먼저 시작'하는 것으로 구체화한다.

5영역

지역사회복지론

1장 지역사회의 개념과 유형

01.⑤	02.②	03.①	04.②	05.①
06.①	07.②	08.③	09.③	10.⑤
11.⑤	12.③	13.②	14.④	15.②
16.②	17.①	18.④	19.④	

01

답과 해설 답 ⑤

오답노트

① 지리적 의미와 기능적 의미로 구분한 학자는 로스(Ross)이다.

② 지역적 영역, 공동의 유대, 사회문화적 상호작용 등 3가지 요소를 제시한 사람은 힐러리(Hillery)이다.

③ 맥키버(MacIver)는 부락이나 읍 단위뿐만 아니라 시·도, 국가, 그리고 국경을 넘어선 더 넓은 지역까지도 포함하며, 협동, 공동생활 등의 감정적 측면을 강조하여 지역사회의 개념을 정의했다.

④ 지역사회의 기능과 사회제도를 연결하여 설명한 대표적인 학자는 길버트와 스펙트(Gilbert & Specht)이다.

02

답과 해설 답 ②

오답노트

① 정보통신기술의 발달에 따라 지리적 영역의 한계를 뛰어넘는 기능적 의미의 지역사회가 발전하였다.

③ 지역적 자치성은 지역사회가 다른 지역사회와 맺는 관계 속에서 나타나는 자립도와 의존도를 파악하는 것이다.

④ 아동범죄 근절을 위한 모임은 지리적 공간을 넘어서서 조직될 수 있다.

⑤ 기능적 지역사회는 지리적 영역을 뛰어넘어 구성되는 공동체를 의미하는 것으로 단지 개념적으로만 존재하는 것이 아니라 실재하는 것이다.

03

답과 해설 답 ①

지역사회에 관한 사회학적 접근이론은 지역사회 상실이론, 지역사회 보존이론, 지역사회 개방이론 등 세 가지 관점으로 분류된다. 문제에 제시된 개방이론 외에 상실이론과 보존이론은 다음과 같다.

• 상실이론은 현대사회에서의 지역사회는 산업화를 겪으며 복구될 수 없는 잃어버린 세계로 이해하며 상실된 지역사회를 대체할 수 있는 새로운 제도적 장치가 필요함을 주장한다. 전통사회의 상부상조 기능은 사회복지 제도라는 국가의 개입을 통해 이루어져야 한다는 것이다.

• 보존이론은 현대사회에도 과거와 유사하게 혈연, 이웃, 친구에 의해 사회적 관계망이 이루어지고 있다고 보며 이러한 사회적 관계망을 지지함으로써 전통사회

지역사회복지론

가 가지고 있던 사회적 기능을 보존할 수 있다고 본다. 국가의 개입보다 가족이나 지역사회의 능동적인 상부상조 기능 수행을 강조한다.

04

답과 해설 **답 ②**

ㄴ. 사회통합의 기능 → 종교제도
ㄷ. 사회화의 기능 → 가족제도, 상부상조의 기능 → 사회복지제도

05

답과 해설 **답 ①**

힐러리는 "지역사회는 지역적 영역, 공동의 유대, 사회·문화적 상호작용 등의 3가지 구성요소가 나타난다"고 보았다.

06

답과 해설 **답 ①**
오답노트

ㄷ. 주민들의 심리적 동일시는 지역주민들이 자기 지역을 어느 정도로 중요한 준거집단으로 생각하며, 어느 정도 소속감을 갖는가에 관한 것이다.
ㄹ. 워렌은 지역사회의 기능을 측정하는 기준으로 지역적 자치성, 서비스 영역의 일치성, 주민들의 심리적 동일시, 수평적 유형 등 4가지를 제시하였다. 사회규범성은 포함되지 않는다.

07

답과 해설 **답 ②**
오답노트

ㄴ. ㄹ. 기능적 지역사회에 해당한다.

08

답과 해설 **답 ③**

로스(Ross)는 지역사회를 지역성이 강조되는 지리적 의미의 지역사회와 지역을 뛰어넘어 공통된 관심사가 강조되는 기능적 의미의 지역사회로 구분하였다. ㄱ, ㄷ은 지리적 지역사회에 해당한다.

09

답과 해설 **답 ③**

③ 지역사회는 다양한 집단의 참여를 포용한다.

10

답과 해설 **답 ⑤**

〈보기〉에서 제시된 지역은 노인밀집지역이라는 인구구성의 특수성을 보이고 있다. 인구구성의 특수성에 따른 기준은 지역사회 구성원 대다수의 사회적 특성을 중심으로 지역사회를 유형화하는 것이다.

11

답과 해설 **답 ⑤**

⑤ 지역사회 내의 권력은 폭넓게 분산되고 배분되는 것이 좋다.

12

답과 해설 **답 ③**
오답노트

① 일반적으로 지역사회 내 구성원들은 권리와 의무를 갖게 된다. 구성원들이 지역사회 활동에 아주 작은 부분이라도 참여해야 지역사회가 유지될 수 있기 때문에 활동 참여에 대한 의무를 갖게 된다.
② 지역사회 내 갈등을 해결하기 위하고 공동의 목표를 달성하기 위해 일정한 자체적 규칙을 갖지만 자율성은 최대한 보장되어야 좋은 지역사회라고 볼 수 있다.
④ 기능적 지역사회는 공간적 제약에서 벗어나 형성된다.
⑤ 최근에는 기능적 특성이 더 강조되고 있다.

13

답과 해설 **답 ②**

②는 지리적 의미의 지역사회에 해당한다.
지리적 의미의 지역사회는 일정한 지리적 공간에 살고 있는 사람들의 집단을 의미한다.

오답노트

①③④⑤는 기능적 의미의 지역사회에 해당한다.
기능적 의미의 지역사회는 공간적 제약에서 벗어나 이해관계나 관심사, 신앙, 취미활동, 직업유형 등을 중심으로 구성되는 공동체이다.

14

답과 해설 답 ④

④ 로스(Ross)는 지역사회를 지리적 지역사회와 기능적 지역사회로 구분하였는데, 인터넷 동호회와 같은 지리적 영역을 넘어 공통된 관심사 등을 중심으로 구성된 지역사회를 기능적 지역사회로 정의하였다.

15

답과 해설 답 ②

지역사회 유형화(던햄)
- 인구 크기: 대도시, 중소도시
- 경제적 기반: 어촌, 산촌
- 정부 행정구역: 특별시, 광역시, 시·군·구
- 인구구성의 사회적 특수성: 외국인 밀집 지역 등

16

답과 해설 답 ②
오답노트

ㄴ. 지역사회 구성원들이 사회를 구성하는 가족, 집단, 조직 등을 통해 지역사회의 지식, 가치, 행동유형을 터득하는 과정과 관련된 기능은 사회화의 기능이다.

17

답과 해설 답 ①

① 지역사회 보존이론은 현대사회의 도시인들도 혈연, 이웃, 친구와 관계를 맺으며, 이러한 사회적 관계망을 통해 전통사회가 가지고 있었던 지역사회의 사회적 기능을 보존할 수 있다는 관점이다.

18

답과 해설 답 ④
오답노트

① 지역사회의 인구수에 따른 구분이다. 행정구역에 따른 구분은 시·도, 시·군·구 등을 의미한다.
② 지역사회 개방이론은 지리적 의미에서 벗어나 기능적 의미의 지역사회를 함축하며 사회적 지지망의 관점에서 비공식적 연계를 강조한다.
③ 퇴니스가 제시한 공동사회와 이익사회의 개념에서 공식적인 사회복지 제도가 발전한 것은 이익사회 연합체이다.

⑤ 공동의 이해관계를 중심으로 한 기능적 지역사회가 강조되고 있다.

19

답과 해설 답 ④
오답노트

ㄱ. 공동사회는 정서적, 전통적인 관계에 기반한다. 이익사회는 합리적 이익추구를 기초로 한다.
ㄴ. 공동사회의 연합체 → 공동사회의 협의체 → 이익사회의 협의체 → 이익사회의 연합체의 순서로 발전했다고 주장하였다.
ㄷ. 이익사회의 연합체 단계에서는 제도적 사회복지가 발전하였다.

2장 지역사회복지와 지역사회복지실천

1. ②	**2.** ⑤	**3.** ④	**4.** ⑤	**5.** ③
6. ①	**7.** ①	**8.** ⑤	**9.** ⑤	**10.** ②
11. ④	**12.** ⑤	**13.** ③	**14.** ⑤	**15.** ④
16. ①	**17.** ②	**18.** ①	**19.** ②	**20.** ④

01

답과 해설 **답** ②

② 지역사회복지실천에서 개별화의 원칙은 지역사회마다 다른 특성을 고려해야 한다는 것이며, 지역사회복지실천에서 일차적인 클라이언트는 지역사회 그 자체이다.

02

답과 해설 **답** ⑤

⑤ 네트워크는 포괄적·통합적 욕구충족을 위해 공급자 및 유관기관과의 연계체계를 구축하는 것을 의미한다. 이 과정에서 개인정보가 무분별하게 유출되는 것을 방지하기 위한 노력을 기울어야 한다.

03

답과 해설 **답** ④

④ 지역사회조직은 공공기관과 민간기관을 모두 포함하여 전문 사회복지사에 의한 조직적이고 계획적이고 의도적인 지역사회 활동이 이루어져야 함을 강조한다.

04

답과 해설 **답** ⑤

⑤ 지역사회복지는 전문가에 의한 공식적 서비스 외에 비전문가에 의한 비공식적 서비스도 강조한다. 지역공동체 정신을 바탕으로 시설이나 기관을 통한 서비스 외에 가족, 이웃 등 지역 내에서 이루어지는 모든 서비스를 포괄한다.

05

답과 해설 **답** ③

③ 지역주민과 실천가 간 상호학습을 통한 동등한 파트너십을 만들어가야 한다.

06

답과 해설 **답** ①

오답노트

ㄴ. 지역사회복지의 일차적 클라이언트는 지역사회 그 자체이며, 개입의 일차적 목표는 개인의 변화가 아닌 지역사회의 개혁이다. 지역사회의 변화를 통해 주민들의 삶의 질 향상을 추구한다.

ㄷ. 불이익집단과 이익집단의 갈등에 직접 개입하기도 한다.

07

답과 해설 **답** ①

오답노트

ㄹ. 조직의 가치나 목표도 중요하지만, 무엇보다 수요자의 관점에서 지역주민의 관심과 욕구가 최우선적으로 반영되어야 한다.

08

답과 해설 **답** ⑤

오답노트

① 인간의 다양성, 문화의 다양성에 대한 이해는 필수적 요소이다.

② 지역사회복지실천은 다양한 대상집단을 포함하고 있으며, 전문적 활동으로만 이루어지는 것은 아니기 때문에 모든 구성원을 직접 만나야 하는 것은 아니다.

③ 대상집단이 사회복지사를 선택, 고용하기도 한다.

④ 개인의 문제는 사회적 문제에서 비롯된 것일 수 있기 때문에 사회구조 및 사회문제에도 초점을 두어야 한다.

09

답과 해설 **답** ⑤

⑤ 지역사회개발은 단순히 물리적 측면의 개발뿐만 아니라, 지역사회 구성원 간 상호신뢰가 생기고 지역사회의 문제해결 과정에 주민들의 참여가 확대되는 현상까지 포함한다.

10

답과 해설 답 ②

정상화

- 정상화는 정신지체인의 생활을 가능한 정상적인 생활에 가깝게 추구하기 위해 대두된 이념이다.
- 특별한 장애나 욕구를 가진 사람도 지역사회와 분리된 시설이나 병원이 아닌 일상적인 삶을 유지할 수 있는 생활 환경과 방식을 지속하도록 하는 것을 의미한다.

오답노트

① 1950년대 덴마크, 1960년대 스웨덴에서 나타났다.
③ 시설보호에 대한 설명이다.
④ 사회통합에 대한 설명이다.
⑤ 주민참여에 대한 설명이다.

11

답과 해설 답 ④

④ 지역사회보호는 시설보호의 폐쇄적 운영에 대한 대안으로서 제기된 것이다.

12

답과 해설 답 ⑤

〈보기〉는 주민참여에 해당한다.
주민참여에서는 욕구와 문제해결의 주체로서 지역주민의 주체성을 강조한다. 주민들의 자원봉사활동과 밀접한 관련이 있다.

13

답과 해설 답 ③
오답노트

ㄹ. 사회복지기관의 사명과 목적보다 지역사회의 이익을 우선해야 한다.

14

답과 해설 답 ⑤
오답노트

ㄱ. 지역사회복지실천은 다양한 집단의 참여와 통합을 강조한다는 점에서 이익집단에 대한 갈등을 일으키는 것을 목적으로 하지 않는다.

15

답과 해설 답 ④

④ 기관의 사업을 추진하는 과정에서 연계·협력의 필요성이 나타날 수 있다. 둘 중 어느 것을 더 우선시 할 것인가의 문제는 아니다.

16

답과 해설 답 ①

① 지역사회복지실천은 지역사회 내 불이익집단이나 취약계층 및 특수집단의 물질적 재화와 서비스의 몫을 증대시키고, 그들의 이익을 증대시키는 데에 초점을 둔다.

17

답과 해설 답 ②

② 지역사회복지실천은 지역사회의 조직화, 지역사회계획 및 서비스 통합, 사회행동 등을 광범위하게 포괄하는 것으로 변화를 위한 직접적인 개입활동에 초점을 두는 개념이다.

18

답과 해설 답 ①
오답노트

ㄴ. 지역사회가 가진 문제나 억압을 조장하는 메커니즘을 인식하고 이러한 사회구조적 변화를 이끌어낼 수 있도록 비판의식을 고양하도록 해야 한다.
ㄹ. 지역사회복지실천은 주민들 간 혹은 기관과 주민들 간 위계적 관계가 아닌 동등한 파트너로서 상호학습을 강조한다.

19

답과 해설 답 ②

② 주민의 기초적인 생활권역에 따라 지역적 특성을 고려하여 지역사회복지가 전개되며, 이는 '지역성'으로 표현된다.

20

답 ④
오답노트

① 지역사회복지실천에서 지역사회 및 지역주민은 대상
인 동시에 수단이기도 하다.
② 지역사회 전체를 대상으로 한 것으로, 아동, 청소년,
노인, 가족 등 특정 대상 중심의 활동은 아니다.
③ 사회계획모델은 전문가들이 지역사회 문제와 욕구를
조사하고 그 결과를 바탕으로 필요한 서비스를 설계
하고 주민들에게 제공될 수 있는 토대를 만드는 것에
주력한다. 하향식이라는 특징이 있기는 하지만 사회
계획모델 역시 지역사회복지실천에서 중요한 모델 중
하나이다.
⑤ 지역사회복지실천은 주민들이 경험하는 생활상의 과
제를 공동행동을 통해 해결하는 것을 포함한다.

3장 지역사회복지의 역사

1.③	2.④	3.⑤	4.③	5.⑤
6.④	7.③	8.①	9.②	10.⑤
11.①	12.④	13.②	14.③	15.⑤
16.④	17.⑤	18.④	19.②	20.①

01

답과 해설 **답** ③
오답노트

① 1992년에 설치된 재가복지봉사센터는 2010년 종합사
회복지관의 재가복지봉사서비스로 흡수되었다.
② 국민기초생활보장법은 1999년 제정되어 이듬해 시행
되었다.
④ 2016년 읍 · 면 · 동 복지허브화 사업을 통해 행정복지
센터가 출범하기 시작했다.
⑤ 사회보장급여의 이용 · 제공 및 수급권자 발굴에 관한
법률 제정으로 2015년부터 지역사회보장협의체로 대
체되었다.

02

답과 해설 **답** ④

④ 1964년에는 빈곤과의 전쟁 선포로 지역사회행동 프로
그램이 실시된 것은 영국이 아닌 미국에 해당한다.

03

답과 해설 **답** ⑤

ㄷ. 1989년 주택건설촉진법 등에 의해 저소득층 영구임
대아파트 건립 시 일정 규모의 사회복지관 건립을 의
무화하였다.
ㄹ. 1992년 재가복지봉사센터 설립이 이루어졌으며,
2010년 종합사회복지관의 사업으로 흡수되었다.
ㄴ. 2012년부터 시 · 군 · 구 희망복지지원단 운영이 시작
되었다.
ㄱ. 「사회보장급여의 이용 · 제공 및 수급권자 발굴에 관
한 법률」이 2014년에 제정되어 2015년에 시행됨에 따
라 지역사회복지협의체에서 지역사회보장협의체로
명칭이 변경되었다.

04

답과 해설 답 ③

오답노트

ㄹ. 시 · 도(광역단체) 사회복지협의회는 1984년부터 일
부 지역에 한국사회복지협의회의 지회로서 조직되기
시작했다. 이후 1998년에 독립법인이 되었다.

05

답과 해설 답 ⑤

⑤ 1970년대 후반에 나타난 신보수주의 경향은 1980년대
에 이어지면서 정부의 복지사업은 대대적으로 축소되
고 민영화가 본격화되었다.

06

답과 해설 답 ④

④ 1970년대 국가 사업으로 시작하여 1980년대에 민간
주도 사업으로 전환되었다.

07

답과 해설 답 ③

ㄴ. 지역사회복지의 기원(1800년대 후반~1950년대 초)
시기에 해당하는 내용이다.
ㄹ. 지역사회보호의 태동기(1950년대~1960년대 후반)에
해당하는 내용이다.
ㄷ. 지역사회보호의 형성기(1960년대 후반~1980년대 후
반)에 해당하는 내용이다.
ㄱ. 지역사회보호의 발전기(1980년대 후반~현재)에 일어
난 지역사회보호 개혁(1993년)에 대한 내용이다.

08

답과 해설 답 ①

오답노트

ㄹ. 1980년대에는 신보수주의 경향에 따라 '작은 정부'를
표방하면서 지방 정부, 민간, 가족에 의한 복지서비스
가 강조되었다. 사회복지에 대한 정부의 지원이 축소
되고 공공 서비스의 민영화가 본격화된 시기로, 이로
인해 지역사회복지실천에서도 자조를 기반으로 한
모델들이 강조되었다.

09

답과 해설 답 ②

② 자선조직협회의 특징이다.

10

답과 해설 답 ⑤

오답노트

① 계는 조합적 성격을 지닌 상부상조의 민간 협동체
이다.
② 조선시대 오가통(五家統)은 일종의 지자체 성격을 갖
는 국가 차원의 인보제도였다.
③ 일제강점기에는 한국 농업을 식민지적 구조로 변경하
기 위한 사업이 진행되면서 전통적인 자생적 복지활
동이 위축되고 해체되었다.
④ 조선구호령은 근대적 의미의 공공부조적 성격을 갖는
제도였다.

11

답과 해설 답 ①

오답노트

ㄷ. 바클레이 보고서는 비공식 서비스와 공식 서비스 간
의 파트너십 개발을 강조하였다.
ㄹ. 그리피스 보고서는 민간 부문의 역할을 강조하며, 특
히 지방정부는 서비스의 구매자이자 조정자로서 역
할을 수행해야 한다고 주장했다.

12

답과 해설 답 ④

오답노트

ㄱ. KAVA는 우리나라 중앙정부 차원에서 도입한 것은 아
니다.

13

답과 해설 답 ②

오답노트

ㄴ. 기부금품모집금지법은 기부금품의 모집을 금지하여
국민의 재산권 보장 및 생활안정을 위해 1951년 제정
되었다. 그러나 이 법은 행정청의 허가를 받지 않고
는 기부금품을 모집할 수 없도록 엄격히 제한해 놓아
기부문화의 활성화를 가로 막은 측면이 있다.
ㄹ. 1957년 이화여자대학교 부설 사회복지관이 건립된

후 1970년대까지 몇 개의 대학에서 부설 사회복지관을 설치하기는 하였으나 사회복지관이 급격히 증가한 것은 1980년대에 들어선 뒤이다.

14

 답 ③

ㄴ. 1기 지역사회사회복지계획 시작: 2007년
ㄱ. 희망복지지원단 출범: 2012년
ㄹ. 읍ㆍ면ㆍ동 복지 허브화: 2016년
ㄷ. '사회서비스원' 시행: 2019년부터 시범운영으로 시작

15

답과 해설 **답 ⑤**

2014년 사회보장급여의 이용ㆍ제공 및 수급권자 발굴에 관한 법률을 제정하면서 지역사회복지의 범위를 지역사회보장으로 확장하였다.

16

답과 해설 **답 ④**
오답노트

①②③⑤ 인보관운동의 특징에 해당한다.

17

답과 해설 **답 ⑤**

4가지 보고서 모두 공통적으로 지역사회보호의 중요성을 강조하였다.

영국 지역사회보호 관련 보고서
• 시봄 보고서: 지역사회는 사회서비스의 수혜자인 동시에 서비스의 제공자임. 사회서비스국 창설, 서비스의 통합 강조
• 하버트 보고서: 지역사회에 기반을 둔 서비스 개발 및 근린사회의 비공식 서비스의 필요성을 강조
• 바클레이 보고서: 공식적 보호와 비공식적 보호의 파트너십 강조
• 그리피스 보고서: 지역사회보호의 일차적 책임은 각 지역정부에 있다고 봄. 비공식적 보호망의 중요성, 공식적 사회서비스와 비공식직 서비스와의 긴밀한 유대관계 강조

18

답과 해설 **답 ④**

④ 향약은 마을 단위로 실시된 향촌의 자치규약으로 국가 차원의 제도는 아니었다.

19

답과 해설 **답 ②**

② 지방분권화 이후 사회복지에 대한 지방정부의 책임이 강화되었다.

20

답과 해설 **답 ①**
오답노트

ㄷ. 시봄 보고서는 주민들의 참여를 통한 지역사회보호의 실현을 강조했다는 점에서 주민들의 주체성을 고려하지 못했다는 것은 옳지 않은 지적이다.
ㄹ. 영국의 지역사회보호 발달 흐름을 시기별로 구분할 때, 대체로 시봄 보고서(1968년)는 지역사회보호의 형성기, 그리피스 보고서(1988년)는 지역사회보호의 발전기로 본다.

⑤ 교환이론의 내용이다.

4장 지역사회복지의 주요 이론

01

답과 해설 답 ①

권력의존이론은 생존의 차원에서 사회복지조직이 외부의 재정적 지원에 의존할 수밖에 없다는 전제에서 출발한다. 이러한 전제로 인해 재정 지원자의 요구에 충실할 수밖에 없는 구조를 가진다고 설명한다.

02

답과 해설 답 ①
오답노트

② 사회교환이론: 사회적 상호작용을 자원의 교환 과정에서 살펴보는 이론이다. 갈등에 초점을 둔 것은 아니다.
③ 권력의존이론: 활용가능한 자원에 따라 관계가 결정되기 때문에 조직이 권력에 의존하게 되는 현실을 설명할 수 있는 이론이다.
④ 다원주의이론: 이익집단이 참여하면서 민주적으로 정책결정이 이루어질 수 있다고 보았다.
⑤ 자원동원이론: 사회운동조직이 사회운동을 성공시키기 위해서는 자원이 확보되어야 한다고 보았다.

03

답과 해설 답 ④
오답노트

① 자원동원이론에서 말하는 자원은 돈, 정보, 사람 등 물질적인 것 외에 조직구조의 개발, 조직원 간의 연대, 사회운동의 정당성 등이 모두 포함되는 개념이다.
② 자원의 유무로 사회운동의 성패가 결정된다고 본다.
③ 거액기부자 및 장기후원자를 확보하는 것도 조직의

04

답과 해설 답 ②

② 갈등이론에서는 사회가 분열되어 있기 때문에 한 집단이 다른 집단을 완전히 지배했을 때 일시적으로 안정이 나타날 수 있다고 볼 뿐이다. 즉 갈등은 완전히 해결될 수 있는 것이 아니기 때문에 사회적 안정 역시 지속될 수 없다는 것이다.

05

답과 해설 답 ③
오답노트

① 교환행위의 반복으로 사회적 관계가 강화된다고 보았다.
② 사회체계이론에서 강조한 내용이다.
④ 교환이론에서는 인간을 합리적인 동물로 보고 자신의 최대 이익을 추구한다고 보았다.
⑤ 하드캐슬은 교환관계에서 권력에 따라 불균형이 일어난다고 보았고, 이러한 불균형을 수정하기 위한 전략들을 제시하였다.

06

답과 해설 답 ①

① 자원동원이론은 사회적 소수자의 권익옹호를 위한 실천에 있어 기관이 동원할 수 있는 자원의 정도와 범위에 따라 활동의 역할과 한계가 규정된다고 본다.

07

답과 해설 답 ③
오답노트

ㄱ. 힘과 관련된 이론들은 사회적 공감대보다는 갈등이 지역사회 내 결속력 강화, 사회변화를 위한 원동력 등의 기능을 한다고 본다.

08

답과 해설 답 ⑤

다원주의

• 어떤 단일한 제도 또는 제도적 집합체도 지배적인 것은 없다. 사회는 여러 상충되는 목표를 가진 수많

지역사회복지론

은 이익집단들로 구성되거나 특별한 문제를 중심으로 일시적으로 연합하는 변화무쌍한 연합체로 구성되어 있다.
- 상충적인 이익집단이 정치적 영역에서 서로 경쟁하거나 협상하는 과정 속에서 권력은 다소 민주주의적으로 운영된다. 그리고 공공정책이라는 것은, 경쟁하는 집단들이 내린 타협과 협상의 결과로 나타나는 것이며, 대중은 선거와 조직적인 참여를 통하여 엘리트에 대해 상당한 영향을 미칠 수 있다고 본다.
- 다원주의자들은 공동체적 의사결정 과정과 권력구조를 지향하며, 한정된 영향력과 범위를 가지는 결정을 내리며, 조직을 분석 대상으로 삼는 경향이 있다.

09

답과 해설 답 ①

오답노트

ㄹ. 보상이나 이익은 관계에서 도출되는 긍정적인 결과를 가리키며, 여기에는 심리적 안정, 사회적 지위, 만족감, 사람에게서 받는 인정이나 동정과 같은 심리적 결과물을 비롯하여, 경제적·물질적 이득까지 포함된다.

10

답과 해설 답 ⑤

생태이론
- 생태이론은 사람과 환경과의 관계뿐만 아니라, 지역사회와 지역사회 간의 상호작용에도 초점을 둔 이론이다.
- 인간이 환경과 상호작용하면서 환경에 적응하면서도 환경을 변화시키려고 끊임없이 노력하는 역동적인 존재임을 가정하며, 인간과 그를 둘러싼 사회환경을 별개가 아닌 하나의 거대한 생태계로 파악한다.

11

답과 해설 답 ③

③ 각 하위체계 부분들은 상호 간에도 영향을 주며, 전체 사회 역시 각 부분들과 영향을 주고받는다.

12

답과 해설 답 ③

〈보기〉는 권력의존이론에 관한 설명이다. 권력의존이론은 지역주민이나 집단 또는 조직의 힘의 소유 여부가 지역사회의 발전에 중대한 영향을 미친다는 것을 강조한다.

오답노트

ㄱ, ㄷ. 사회구성론에 관한 설명이다.

13

답과 해설 답 ④

④ 구조기능론에서는 지역사회의 유지와 균형에 관심을 두고 갈등이 발생하는 원인에 대해서는 관심을 두지 않기 때문에 자원과 권력을 둘러싼 하위체계 간의 갈등을 설명하는 데에는 한계가 있다.

14

답과 해설 답 ②

② 사회구성론은 개인이 처한 사회나 문화 속 맥락에 따라 현실의 문제나 상황을 구성 또는 재구성할 수 있다는 관점이다. 이론은 다양한 문화를 가진 클라이언트와의 실천에서 민감성을 갖고 통찰할 수 있는 근거가 된다.

15

답과 해설 답 ③

③ 생태이론에서 말하는 환경에 대한 적응은 기본적으로 체계의 안정을 지향한다. 때문에 환경에 대한 저항이나 변화를 적극적으로 추구하지 않는다.

16

답과 해설 답 ④

④ 사회연결망은 위계적 구조가 아닌 분권적, 수평적 구조를 바탕으로 사회적 교환 및 지지 체계로서 기능한다.

17

답과 해설 답 ⑤

오답노트

ㄱ. 사회구성론은 기존에 구성되어 있는 지식에 대해 지배집단의 이익을 대변하는 경향이 있다는 점에서 비판한다. 그렇기 때문에 사회구성론을 기반으로 한 개입에 있어서는 주류 문화의 학습을 강조하는 것이 아니라 클라이언트들이 갖고 있는 다양한 문화적 가치와 규범, 사회문화적 맥락을 이해하고 그 의미를 해석하는 데에 초점을 둔다.

18

답과 해설 답 ④

오답노트

① 호만스, ③ 블라우 등은 교환이론 학자이다.

② 로스만은 지역사회개발, 사회계획, 사회행동 등 지역사회복지 실천모델의 3가지 유형을 제시한 학자이다.

⑤ 던햄은 지역사회를 인구 크기, 경제적 기반, 행정구역, 인구구성의 사회적 특수성 등의 기준에 따라 유형화한 학자이다.

19

답과 해설 답 ②

오답노트

ㄷ. 다원주의이론은 다양한 집단과 조직이 이익을 표출함으로써 정책과정에 영향을 미칠 수 있음을 설명하는 이론이다.

20

답과 해설 답 ②

오답노트

ㄴ. 권력은 사회경제적 체제 속에 있는 지위와 역할에서 나오는데, 권력이란 구조화되는 것이며, 권력관계는 오래 유지되는 경향이 있다.

ㄹ. 권력의 핵심 내부에는 상당한 정도의 이익 일치와 대부분의 중요한 문제에 대한 본질적인 동의가 존재한다고 본다.

21

답과 해설 답 ⑤

⑤ 생태체계이론은 기본적으로 환경에 대한 인간의 적응을 토대로 체계의 안정을 지향한다. 그렇기 때문에 환경에 대한 저항이나 변화를 적극적으로 추구하지 않는다.

22

답과 해설 답 ②

제시된 상황은 B기업이 가진 자원의 필요성이 낮아짐에 따라 관계가 변화한 것으로 재평가에 해당한다.

하드캐슬의 권력균형 전략

• 경쟁: 교환에 참여하는 대신 다른 자원을 찾는 것

• 재평가: A가 B의 자원을 재평가하여 종속을 피하는 방법

• 호혜성: A와 B가 서로에게 필요한 교환관계임을 인식하게 하여 A와 B의 관계를 독립적이고 동등한 관계로 바꾸는 것

• 연합: B에 종속된 A, C, D 등이 힘을 합쳐 B의 권력에 대항하는 전략

• 강제: 물리적 힘을 동원하여 B가 갖고 있는 자원을 A가 장악하는 전략

01. ③	02. ②	03. ④	04. ⑤	05. ⑤
06. ⑤	07. ①	08. ①	09. ①	10. ④
11. ②	12. ④	13. ④	14. ②	15. ⑤
16. ⑤	17. ②	18. ①	19. ⑤	20. ④
21. ⑤	22. ④	23. ⑤		

01

답과 해설 답 ③

오답노트

① 자조정신을 바탕으로 하지만 사회행동을 추진하기 위한 것은 아니다.
② 다양한 집단의 참여를 강조한다.
④ 변화를 위한 매개체인 소집단은 과업지향적 성격을 갖는다.
⑤ 지역사회개발모델에서는 토착 지도자 개발에 초점을 둔다.

02

답과 해설 답 ②

② 사례에서는 기관에서 문제를 파악하고 이에 대한 해결방안을 강구하는 사회계획모델과 표적집단에 대한 사회행동을 진행하는 방식의 사회행동모델이 함께 나타나고 있다.

03

답과 해설 답 ④

정치·사회행동모델은 정책 또는 정책결정자의 변화를 통해 사회정의를 추구한다. 지역주민의 정치적 권력을 강화시키고 기존의 제도를 변화시키는 데에 목적을 둔다. 사회복지사는 현 제도의 문제를 제기하기 위한 조사 작업을 하며, 제도의 문제를 알리는 캠페인을 진행하며 집단 소송 등을 진행하기도 한다.

04

답과 해설 답 ⑤

테일러와 로버츠는 프로그램 개발 및 조정 모델, 계획모델, 지역사회연계모델, 지역사회개발모델, 정치적 권력 강화모델 등을 제시하였다.

05

답과 해설 답 ⑤

〈보기〉는 로스만의 지역사회개발모델에 해당한다.
지역사회개발모델은 지역사회의 변화를 가장 효과적으로 만들어내기 위해서 광범위한 주민들을 변화의 목표설정과 실천행동에 참여시키며, 과정중심 목표에 역점을 둔다.

06

답과 해설 답 ⑤

⑤ 사회운동모델에서 사회복지사는 옹호자, 촉진자로서의 역할을 수행한다.

오답노트

① 근린지역사회조직모델 – 조직가, 교사, 감독자, 촉진자
② 지역사회의 사회·경제모델 – 교사, 계획가, 관리자, 협상가
③ 사회계획모델 – 조사자, 프로포절 작성자, 관리자
④ 정치·사회모델 – 옹호자, 조직가, 조사자, 조정자

07

답과 해설 답 ①

① 로스만은 지역사회에는 특권과 권력이 존재하며 이로 인해 착취되고 억압받는 주민들이 발생한다고 보았다. 사회행동모델은 이와 관련하여 억압받는 주민들의 처우 향상 및 사회적 재분배, 제도적 변화 등을 위한 활동을 진행한다.

08

답과 해설 답 ①

① 지역사회개발모델은 합의를 변화전술로 활용하며, 이러한 합의를 이끌어내기 위해 지역사회 내 다양한 집단 간의 토의를 전략으로 삼는다.

② 갈등과 대결은 사회행동모델의 변화전술에 해당한다.
③ 대중조직과 정치과정 활용은 사회행동모델의 변화의
　 매개체에 해당한다.
④ 지역사회의 통합은 지역사회개발모델의 목표이다.
⑤ 공식조직과 객관적인 자료 활용은 사회계획모델의 변
　 화의 매개체에 해당한다.

09

답과 해설　답 ①

② 경제개발과 사회개발을 동시에 추구하는 것은 지역사
　 회 사회·경제개발모델의 특징이다.
③ 사회계획모델은 지역사회의 사회적 욕구 통합과 사회
　 서비스 관계망 조정 등에 초점을 두고 지역사회 문제
　 를 해결하려는 모형이다.
④ 연합모델에서 사회복지사는 중재자, 협상가, 대변가
　 로서의 역할을 수행한다.
⑤ 정치·사회행동모델은 법·제도적 부정의를 알리고,
　 지역주민들의 정치적 권력을 강화할 수 있도록 하여
　 잘못된 기존 제도를 바꿔나가고자 하는 모델이다.

10

답과 해설　답 ④

④ 사회행동모델은 아래로부터(상향식) 접근을 취한다.
　 위로부터의 접근(하향식) 접근을 취하는 모델은 사회
　 계획모델이다.

11

답과 해설　답 ②

ㄱ. 사회행동모델에서 사회복지사는 옹호자, 행동가, 중
　 재자 등의 역할을 수행한다. 조정자, 조력자는 지역
　 사회개발모델에서 강조되는 역할이다.
ㄷ. 사회계획모델은 객관적인 자료분석 및 합리적인 문
　 제해결에 초점을 둔다. 지역사회 내 불이익집단의 권
　 력을 강화하는 데에 초점을 두는 모델은 사회행동모
　 델이다.

12

답과 해설　답 ④

① 지역사회보호: 노인, 장애인, 아동 등 지역주민의 복지
　 를 위한 사회관계망과 자발적 서비스를 증진시키고자
　 한다.
② 지역사회행동: 지역사회 내 불균등한 권력을 재구성
　 하기 위해 사회복지사는 행동가로서 갈등 및 직접적
　 행동 등을 취한다.
③ 지역사회개발: 지역주민들의 삶의 질 향상을 목적으
　 로 하며, 교육을 통해 자조개념을 증진시켜 지역사회
　 의 독자성을 반영하도록 원조한다.
⑤ 사회·지역계획: 지역사회의 상황, 사회정책, 기관의
　 서비스 등을 분석하여 프로그램을 기획하고 자원을
　 동원하여 프로그램을 집행한다.

13

답과 해설　답 ④

웨일과 갬블이 제시한 프로그램 개발과 지역사회연계모
델은 로스만의 사회계획모델에서 추가적으로 세분화된
모델로 전문가, 계획가에 의한 문제분석 및 프로그램 설
계 등에 초점을 둔 동시에 지역사회 내 다양한 대상자들
과의 연계를 도모하는 모델이다.

14

답과 해설　답 ②

ㄴ. 후원자의 권한이 가장 강한 모델은 프로그램 개발 및
　 조정모델이다.
ㄹ. 지역사회개발모델에 관한 설명이다.

15

답과 해설　답 ⑤

⑤ 갈등과 경쟁을 변화기술로 사용하는 것은 사회행동모
　 델에 대한 설명이다.

①②③④ 지역사회개발모델에 대한 설명이다.

16

답과 해설　답 ⑤

테일러와 로버츠의 모델
• 프로그램 개발 및 조정 모델: 지역사회의 변화를 효과
　 적이고 효율적으로 유도하기 위해 공공기관을 중심으

로 프로그램을 개발하고 조정해나가는 모델로, 클라이언트의 참여는 매우 제한적이다.
- 계획모델: 로스만의 사회계획모델이 지나치게 합리적이고 과학적인 접근을 지향한다는 점을 지적하며 의사결정에 있어 상호교류와 인간지향적 특성을 추가하고자 한 모델이다.
- 지역사회연계모델: 클라이언트의 개별적 문제를 지역사회에 연계하여 지역사회의 문제를 해결하고자 하는 모델이다.
- 지역사회개발모델: 지역사회의 자체적 역량을 개발하여 지역사회 문제를 스스로 해결할 수 있도록 지지하고 지원하는 것에 초점을 둔다.
- 정치적 권력강화(역량강화)모델: 사회적으로 배제된 집단과 그 구성원들에 초점을 두면서 배제된 집단구성원의 사회참여 노력을 확대시키는 것에 중점을 둔다. 클라이언트의 참여와 결정권이 가장 강하게 나타나는 모델이다.

17

답과 해설 답 ②

오답노트

ㄴ. 지역사회개발모델에 해당한다.
ㄹ. 사회행동모델에 해당한다.

18

답과 해설 답 ①

오답노트

② 선거권자, 선출직 공무원 등을 표적체계로 제도의 변화를 추진하는 모델은 정치·사회행동모델이다.
③ 사회계획모델의 성격이 강하면서도 지역과 프로그램 간의 상호작용을 강조하는 것은 프로그램 개발과 지역사회연계모델이다.
④ 정치적 역량강화모델은 테일러와 로버츠(Taylor & Roberts)가 제시한 모델 중 하나이다.
⑤ 지리적 차원의 지역사회 조직화를 중심으로 삶의 질 향상을 꾀하는 것은 근린지역사회조직모델이다.

19

답과 해설 답 ⑤

오답노트

① 지역사회보호모델: 복지욕구 충족을 위한 사회관계망 구축 및 자조개념 개발에 집중한다.
② 지역사회조직모델: 자원 부재의 현상을 극복하기 위해 타 기관과의 협력을 증진한다.

③ 사회·지역계획모델: 사회정책과 기관의 서비스를 분석하여 주요 목표 및 우선순위를 설정한다.
④ 지역사회행동모델: 특정 이슈에 대한 권력자와의 협상을 위해 직접적인 행동을 선호한다.

20

답과 해설 답 ④

오답노트

ㄱ. 사회행동모델을 세분화한 것이다.
ㄹ. 사회계획모델에 대한 설명이다. 사회계획모델은 객관성과 합리성에 기반을 둔 모델로 지역사회의 문제 해결에 초점을 둔다.

21

답과 해설 답 ⑤

사례에서는 구청에 시설 보수를 요청하는 탄원서 서명 및 집회를 진행하는 사회행동모델과 함께 주민조직 결성 및 활동을 중심으로 한 지역사회개발모델이 동시에 진행되었다.

22

답과 해설 답 ④

④ 여권주의적 지역사회사업 모델과 인종차별철폐 지역사회사업 모델은 포플이 제시한 모델이다.

23

답과 해설 답 ⑤

⑤ 정서적인 내용을 지닌 활동들이 포함될 경우 성공 가능성이 더 높아진다.

6장 지역사회복지 실천과정

01.②	02.①	3.⑤	4.③	5.⑤
06.④	7.④	8.①	9.④	10.②
11.①	12.①	13.③	14.④	15.②
16.④	17.②	18.④	19.②	20.④
21.④	22.③			

01

답과 해설 답 ②

② 지역주민의 욕구를 사정하기에 앞서 문제 발견 및 분석 단계가 진행되어야 한다.

02

답과 해설 답 ①

① 델파이 기법은 이메일 또는 우편으로 의견을 취합하기 때문에 시한을 지키지 않는 참여자들이 발생할 가능성도 높으며, 이 기법은 보통 한 번으로 종료되는 것이 아니라 여러 번 반복하는 과정을 거치기 때문에 긴급한 경우에는 적합하지 않다.

03

답과 해설 답 ⑤

⑤ 빈칸의 과정은 계획 단계에 해당한다.

오답노트

① 사정단계, ② 문제확인 단계, ③ 종결단계, ④ 실행단계

04

답과 해설 답 ③

오답노트

ㄱ. 욕구사정의 목적은 지역사회의 문제 및 욕구를 구체적으로 확인하는 것을 넘어 궁극적으로 그 문제해결 및 욕구충족을 위해 서비스와 프로그램을 개발하기

위한 것이다.

ㄷ. 사정의 범위는 사정의 목표나 초점에 따라 달라진다. 즉 대상집단이 한정적인지 전체 지역사회인지, 욕구파악을 위한 것인지 자원파악을 위한 것인지 등에 따라 주요 초점이 달라진다.

05

답과 해설 답 ⑤

지역사회를 사정하는 과정에서는 지역사회의 발전 과정, 정치·사회 구조, 경제적 상황, 사회문제적 특징 등을 파악한다.

사업에 대한 구체적 계획을 수립하는 일은 사정 단계가 종료된 이후에 실시한다.

06

답과 해설 답 ④

델파이기법은 전문적인 지식을 가지고 있는 주요 정보제공자들을 활용하는 방법이다. 관련 전문가들을 선정하여 주요 관심사에 대한 설문지를 발송한 후, 회수된 응답 내용을 합의되지 않은 부분과 합의된 부분으로 종합 정리한다. 분석 결과, 합의되지 않은 내용에 대해서는 그 이유와 함께 2차 설문지를 발송하여 의견을 묻는다. 이러한 방식으로 일정 정도의 합의점에 도달할 때까지 분석한 결과를 참고하여 다시 응답하게 하는 절차를 반복한다.

07

답과 해설 답 ④

오답노트

① 사정은 문제확인 단계에서 파악된 문제를 해결하기 위한 서비스나 프로그램을 개발하기 위한 준비단계의 의미를 갖지만, 문제확인 과정에서 미처 파악하지 못한 문제도 필요에 따라 살펴봐야 한다.
② 전문가의 의견을 듣는 것도 필요하다.
③ 지역주민마다 문제에 대한 인식과 욕구는 다르다는 것을 이해해야 한다.
⑤ 지역사회의 인적, 물적 자원 영역을 검토하는 것은 자원 사정이다.

08

답과 해설 답 ①

① 사회지표 분석은 지역사회의 문제를 확인하거나 사정하는 단계에서 진행된다.

09

답과 해설 답 ④

④ 제한된 자원과 역량을 고려하여 구체적인 쟁점이나 문제에 초점을 맞추어 진행해야 한다.

10

답과 해설 답 ②

② 지역사회의 문제를 진단하는 활동은 실천 과정의 가장 첫 번째 단계에서 이루어진다.

11

답과 해설 답 ①

오답노트

② 명목집단기법: 전문가들이 한 자리에 모이지만 무기명으로 의견을 제출하고 투표로 선정
③ 델파이 기법: 관련 전문가에게 이메일 등을 통해 의견을 받는 방식으로 진행
④ 지역사회포럼: 전문가가 문제에 대해 발제하고 청중이 질의응답에 참여하는 방식
⑤ 비공식인터뷰: 지역주민과의 자연스런 만남을 통해 지역의 문제를 확인하며 정보를 수집

12

답과 해설 답 ①

① 초기 단계에서는 개방적인 태도를 가지고, 관련자들과 폭넓은 대화를 실시해야 한다.

13

답과 해설 답 ③

오답노트

① 기관에서 제공한 프로그램의 문제점을 파악하기 위한 평가는 평가 단계에서 진행한다.
② 문제확인 단계에서는 광범위하게 문제들을 살펴보고 파악된 문제들의 우선순위를 선정하다. 사정 단계는 우선순위로 선정된 문제의 해결을 위한 방안을 모색하기 위해 진행된다.
④ 형성평가처럼 프로그램이 종료되지 않았어도 평가를 진행할 수 있다.
⑤ 프로그램의 목표설정은 프로그램 계획 과정에서 함께 이루어져야 한다.

14

답과 해설 답 ④

④ 문제확인 단계 및 사정 단계를 거친 뒤에는 목표를 설정하고 그 목표를 달성하기 위한 전략들을 구체화한다. 이후 설정된 계획에 따라 실행에 옮긴다.

오답노트

① 문제확인 단계, ②⑤ 사정 단계, ③ 계획 단계

15

답과 해설 답 ②

② 초점집단기법은 질적 방법이기 때문에 수량화된 자료를 확보하기에는 적합하지 않다.

16

답과 해설 답 ④

오답노트

① 포괄적 사정은 특정 문제나 표적집단에 한정하지 않고 지역사회 전반을 대상으로 진행하는 사정이다.
② 협력 사정은 지역사회 참여자들이 완전한 파트너로서 조사계획, 참여관찰, 분석과 실행 국면 등에 관계되면서 지역사회에 의해 수행되는 사정을 의미한다.
③ 하위체계 사정은 지역사회의 특정 하위체계를 중심으로 사정을 진행하는 것이다.
⑤ 자원 사정은 권력, 전문기술, 재정, 서비스 등 인적·물적 자원 영역을 검토한다.

17

답과 해설 답 ②

② 대체적으로 결과에 대해서는 양적 평가를, 과정에 대해서는 질적 평가를 이용하며, 최근에는 두 가지 방식을 혼합하여 활용하는 경향도 있다.

18

답과 해설 답 ④

목표의 확장은 프로그램 운영 중 기존의 목표에 더하여 양적으로 늘리는 것을 의미하는 반면, 목표의 다원화는 기존의 목표에 새로운 목표를 추가하는 것을 말한다. 문제에서는 탈수급률의 목표를 양적으로 증가시킨 것이 아니라, '사회적응'이라는 새로운 목표를 추가하였다는 점에서 목표의 다원화라고 볼 수 있다.

① 목표의 승계: 목표가 달성되었거나 달성이 불가능한 경우, 새로운 목표를 발견해내는 현상
② 목표의 확장: 기존 목표 달성 도중 새로운 목표를 추가하여 기존 목표를 확장시키는 현상
③ 목표의 축소: 목표 달성이 어렵거나 불가능할 때 목표를 축소하는 현상
⑤ 목표의 비중 변동: 동일한 유형의 목표 사이에 비중이 변동되는 것

7장 지역사회복지실천에서의 사회복지사의 역할

01. ①　02. ②　03. ①　04. ⑤　05. ①
06. ①　07. ④　08. ⑤　09. ④　10. ②
11. ①　12. ⑤　13. ①　14. ④

19

답과 해설 답 ②

ㄱ. 표적집단은 문제를 내포하고 있어 변화가 필요하다고 판단되며 실천의 대상이 되는 집단을 말한다. 현실적으로 기관이 갖고 있는 자원은 한정적이기 때문에 지역사회 전체가 표적집단이 되기는 어렵다.
ㄷ. 목표를 설정할 때는 구체적이고 측정가능하게 작성해야 하는데, 이는 목표를 얼마나 달성했는지를 살펴봄으로써 평가가 진행되기 때문이다. 다만 긍정적인 평가결과를 목적으로 목표를 설정해서는 안 된다.

20

답과 해설 답 ④

④ 우선적으로 해결이 필요한 특정 문제 영역에 초점을 두는 문제중심 사정에 해당한다.

①②③⑤ 자원 사정에 해당한다.

21

답과 해설 답 ④

④ PERT 기법은 기획 기법 중 하나이기 때문에 실행단계에서 쓰이지는 않는다.

22

답과 해설 답 ③

ㄹ. 사업 수행을 위한 예산을 수립하고 확보하는 것은 계획 단계의 과업이다.

01

답과 해설 답 ①

<보기>의 상황에서 사회복지사는 조직가로서 문제를 겪는 사람들의 집단행동을 조직하고 문제해결을 위한 사회행동을 진행한다.

02

답과 해설 답 ②

② 목표달성을 위해 프로그램을 관리하고 운영하는 행정가로서의 역할은 특히 사회계획모델에서 강조된다.

03

답과 해설 답 ①

① 클라이언트에게 필요한 인적, 물적 자원을 연결해주는 역할은 중개자로서의 역할이라고 볼 수 있다.

② 옹호자: 사회정의를 위해 클라이언트의 입장에서 대변하는 역할을 한다.
③ 행정가: 계획 수립, 프로그램 운영, 자원 관리 등의 역할을 한다.
④ 안내자: 목표설정 및 해결방안 마련을 돕는다.
⑤ 조직가: 집단행동을 조직화하여 문제를 해결할 수 있도록 원조한다.

04

답과 해설 답 ⑤

<보기>의 상황에서 사회복지사는 세입자들의 입장의 정당성을 주장하고 옹호하는 역할을 수행해야 한다.

05

답 ①

② 주민조직의 유지를 원조하는 것 역시 조력가의 역할에 해당한다.

③ 행정가로서의 역할에 해당한다.

④ 조력가로서의 역할은 지역사회의 문제에 대해 주민들이 서로 논의하고 대안을 모색하고 목표를 설정하고 달성해나갈 수 있도록 돕는 역할이다.

⑤ 분석가, 전문가로서의 역할에 해당한다.

06

답 ①

사회복지사는 사회치료자로서 적절한 진단을 통해 규명된 성격·특성을 주민들에게 제시하고, 주민들이 문제에 대한 성격을 이해하게 함으로써 긴장을 해소주고 협력적인 작업을 방해하는 요인을 제거하는 역할을 한다.

ㄹ. 불만을 집약하고 조직화를 격려하는 일은 조력가의 역할이다.

07

답 ④

사례에서 나타나는 주된 역할은 계획가로서의 역할이다.

ㄱ, ㄴ. 조직가로서의 역할에 해당
ㄷ. 분석가로서의 역할에 해당

08

답 ⑤

⑤ 행동가로서의 역할은 사회행동모델에서 강조되는 사회복지사의 역할로, 갈등적인 상황에서 클라이언트의 행동을 조직화하는 데에 초점을 둔다. 사회복지사 활동의 적극성이 가장 강하게 나타나는 역할이다.

09

답 ④

사회행동모델에서 사회복지사의 역할
사회행동모델은 피지배집단 내지는 불이익집단의 입장을 대변하여 그들에 대한 처우 개선 및 권리 확보 등을 위해 지역사회의 기존 제도나 현실에 대한 변화를 추구하는 모델이다. 따라서 이 모델에서 사회복지사는 단지 행정가로서의 역할이나 계획가로서의 역할에 그치지 않고, 옹호자, 행동가, 조직가, 중개자, 조력가 등의 역할을 수행하게 된다.

ㄱ. 중개자로서의 역할에 해당한다.
ㄴ. 행동가로서의 역할에 해당한다.
ㄷ. 옹호자로서의 역할에 해당한다.

10

답 ②

① 사회복지사는 동시에 여러 역할을 수행할 수 있다.

③ 지역사회개발모델에서는 주민 당사자들을 더 중요시하기 때문에 전문가의 역할이 강조되지는 않는다.

④ 사회계획모델에서보다 사회행동모델에서 강조되는 사회복지사의 역할이 더 적극적이라 볼 수 있다.

⑤ 사회행동모델에서 그로스만이 제시한 조직가로서의 역할은 기술상의 과업과 이데올로기적 과업으로 구분되는데, 기술상의 과업은 거의 모든 사회복지사가 수행하는 것이며 이데올로기적 과업은 일부 사회복지사가 수행하게 된다. 이데올로기적 과업은 주로 이데올로기에 따른 대립이 첨예한 지역에서 행해진다.

11

답 ①

① 사례에서 사회복지사는 지역사회에 대두될 것으로 보이는 문제를 분석하여 이를 해결하기 위한 방안을 수립하는 데에 초점을 두고 있으므로 계획가로서의 역할이 가장 두드러진다고 볼 수 있다.

12

답 ⑤

조력가로서의 역할은 주민들이 스스로 문제와 욕구를 분석하고 목표를 세워 적절히 사업을 추진하면서 문제를 해결해나갈 수 있도록 돕는 데에 있기 때문에 사회복지사가 주민조직의 리더가 되지 않는다.

13

답 ①

지역사회의 상황과 조건에 대해 객관적인 입장을 취해야 하며, 자신의 가치판단에 따라 특정 집단에 대해 배타적인 태도를 보이지 말아야 한다.

14

답과 해설 답 ④

오답노트

① 안내자로서의 역할은 주민들이 자신들의 문제해결을 위한 목표를 설정하고 해결방안을 마련하도록 돕고 다양한 견해를 소개해주는 역할이다.
② 중개자로서의 역할은 단지 자원을 찾도록 돕는 역할에 한정되는 것이 아니라 자원과 클라이언트를 연결해주는 좀 더 적극적인 역할이다.
③ 옹호자로서의 역할은 사회행동모델에서 강조되는 역할이다.
⑤ 계획가로서의 역할은 문제해결을 위한 목표설정과 계획수립에 초점을 두는 역할이다. 프로그램의 운영을 위한 인사관리, 예산관리 등은 행정가로서의 역할에 해당한다.

8장 · 지역사회복지 실천기술 I

01.④ 02.③ 03.③ 04.③ 05.②
06.⑤ 07.⑤ 08.④ 09.① 10.②
11.① 12.① 13.③ 14.① 15.④
16.⑤ 17.③

01

답과 해설 답 ④

오답노트

① 참여를 유도하되 강제할 수는 없다.
② 쟁점은 구체적이고 실현가능하며 시급한 문제이어야 한다.
③ 갈등과 대립을 회피하는 것이 문제해결은 아니기 때문에 갈등과 대립의 상황을 살펴보고 조정하면서 긍정적으로 활용될 수 있도록 해야 한다.
⑤ 지역사회에서 이해관계를 같이 하는 기존의 조직을 통해 더 많은 사람들이 함께할 수 있다.

02

답과 해설 답 ③

③ 네트워크는 사회자본의 전제가 된다. 사회자본의 확충을 위한 필요조건이기는 하지만 네트워크만으로 충분조건이라고 할 수는 없다.

03

답과 해설 답 ③

자원동원 기술은 지역사회주민의 욕구충족과 문제해결을 위해 자원이 필요한 경우 자원을 발굴하고 동원하는 기술이다.

04

답과 해설 답 ③

오답노트

ㄷ. 사회자본은 한 번 획득되었다고 해서 유지되는 것은 아니기 때문에 유지하기 위한 노력이 지속적으로 투

입되어야 한다.

05

답 ②

② 조직이 네트워크에 참여할 때에는 자율성이 전제되어야 하기 때문에 참여를 거부한다고 해서 강제력을 행사해서는 안 된다.

06

답 ⑤

⑤ 조직화 기술은 주민들이 문제를 해결해나갈 수 있도록 돕는 것이다. 따라서 사회복지사가 문제해결을 주도하지는 않는다.

07

답 ⑤

자원동원을 위한 전략으로 모두 옳은 내용이다.

08

답 ④

사회자본은 사회공동체 구성원 사이의 협조, 협동을 가능하게 해주는 네트워크, 규범, 신뢰를 통해 구성된다. 간혹 네트워크와 사회자본을 같은 것으로 파악하는 경우도 있지만, 네트워크의 형성을 통해 사회자본이 동원될 수 있기 때문에 네트워크는 사회자본을 위한 필요조건이라 할 수 있다. 그리고 이러한 네트워크는 단지 양적 차원뿐만 아니라 질적 차원도 확보되어야, 구성원 간 연대성이 높아야(즉 네트워크의 밀도가 높아야) 사용가능한 사회자본의 총량이 증가하는 독특한 특징을 갖는다.

09

답 ①

① 네트워크는 중심조직이 존재하기는 하지만 이 중심조직이 집권적인 역할을 하는 것은 아니며 조직들 사이에 권력과 자원이 분산되는 분권적 구조가 형성되도록 해야 한다.

10

답 ②

자원동원 기술은 지역주민의 욕구충족과 문제해결을 위

해 필요한 자원을 발굴하고 동원하는 기술을 말한다.
ㄱ. 연계 기술에 해당한다.
ㄷ. 옹호(대변) 기술에 해당한다.

11

답 ①

ㄴ. 조직화에 있어 사회복지사의 활동이 전문가주의로 흐르지 않도록 주의해야 한다.
ㄷ. 조직을 만들어감에 있어서는 쟁점을 중심으로 주민들에게 조직에 동참할 것을 호소하게 되지만, 그렇다고 조직화의 초점이 쟁점에 있는 것은 아니다. 조직화는 주민들이 스스로 문제에 대해 논의하고 해결방안을 찾아가는 것에 있으며, 사회복지사는 주민조직이 원활하게 운영될 수 있도록 지원한다.

12

답 ①

① 사회자본의 성격상 동시 교환이 어렵기 때문에 동시교환이 원칙이 되지는 않는다.

13

답 ③

③ 자원은 한정되어 있기 때문에 문제를 겪는 모든 사람들에게 혜택이 돌아가기 어려울 때도 있다. 그렇기 때문에 네트워크를 통해서 특정 클라이언트에 대한 서비스 중복 수급을 방지하여 되도록 많은 사람들이 서비스를 받을 수 있도록 배분하는 것을 고려해야 한다.

14

답 ①

ㄱ. 촉진자로서 관련 정보를 제공하여 주민조직의 활동참여를 촉진한다.
ㄴ. 조직가로서 주민모임을 조직하고 활성화한다.
ㄹ. 교육자로서 문제와 관련된 내용을 알려주거나 문제해결을 위한 능력을 개발한다.

ㄷ. 옹호자로서의 역할은 옹호 기술에서의 주요 역할이다.

15

답 ④

④ 협상 기술은 문제상황을 알리는 것만으로는 해결을 기대하기 어려울 때 상대 표적집단에 대해 직접적으로 요구 사항을 제시하고 타협을 진행하는 것이다. 제시된 사례에서는 표적집단이라고 볼만한 체계가 없기 때문에 협상 상황은 아니다.

16

답과 해설 답 ⑤

⑤ 조직화는 특정 쟁점을 중심으로 이루어진다. 쟁점이 시급하고 구체적이고 실현가능한 대안이 포함되어 있을수록 조직화에 더욱 효과적이다.

17

답과 해설 답 ③

③ 질적 차원, 양적 차원 모두 중요하다. 대체로 양적 차원이 확보되어야 공유될 수 있는 자원도 많아지지만, 질적 차원이 확보되지 않으면 사회자본이 공유되기 어렵다. 따라서 단순히 참여조직이 많다고 해서 좋다고 할 수는 없으며 질적 측면에서 구성원 간의 연대성이 높아야 사회자본의 총량도 증가할 수 있다.

9장 지역사회복지 실천기술 Ⅱ

01.⑤	02.①	03.①	04.⑤	05.①
06.②	07.②	08.④	09.③	10.③
11.⑤	12.②	13.⑤	14.①	15.⑤
16.①				

01

답과 해설 답 ⑤

⑤ 사회복지사가 지역주민의 문제해결을 위해 지역주민의 뜻을 표적체계에 직접 대변하여 알리는 것이 옹호의 주요 활동이다. 사회복지사의 활동만으로 문제해결이 이루어지지 않고 표적체계의 변화 및 결정 등으로 인해 문제가 해결된다는 점에서 간접적 개입이다.

02

답과 해설 답 ①

임파워먼트 기술에 대한 설명으로, 문제의 해결을 위한 힘의 획득에 관심을 갖는다.

03

답과 해설 답 ①

청소년들의 모임을 결성한 것은 조직화 기술, 자원봉사에 대한 인식 캠페인이나 정보 제공은 지역사회교육 기술에 해당한다.

오답노트

ㄴ. 사례관리: 장기적이고 복합적인 문제를 가진 대상자에게 사례관리자가 지속적인 책임을 지고 다양한 서비스를 제공, 연결 및 모니터링 하는 활동
ㄷ. 옹호: 지역사회나 지역주민의 입장을 지지하고 일련의 행동을 제안하는 활동

04

답과 해설 답 ⑤

⑤ 지역주민의 권리 대변에 초점을 두는 지역사회복지

실천기술은 옹호이다.

05

답과 해설 답 ①

사례에서 사회복지사의 주요 활동은 위험에 처한 주민의 이익과 권리를 대변하는 옹호이다.

06

답과 해설 답 ②

② 역량강화는 개인적 차원에서도 진행되지만 집단적(집합적) 차원에서도 진행될 수 있다. 개인적 역량강화는 개인의 능력에 관한 신념의 향상을 중요시한다. 집합적 역량강화는 구성원 상호 간에 대한 책임을 인식하고 함께 사회자본을 만들어가는 과정을 중요시한다.

07

답과 해설 답 ②
오답노트

ㄱ. 협상은 멈추지 않고 계속적으로 이루어지는 것이 필요하지만, 협상을 언제까지 할 것인지 그 기본적인 시한을 정해두는 것은 필요하다. 협상의 기간이 무기한 길어지면 조직에서 이탈하는 주민들이 발생하기 때문이다.
ㄷ. 협상은 주민조직의 요구를 관철시키는 것이 주 목적이지만, 현실적으로 타협하고 양보해야 하는 상황도 있기 때문에 상대방이 제안하는 내용을 신중히 검토하고 대응해야 한다.

08

답과 해설 답 ④

설득은 추가적인 정보를 제공하거나 잘못된 정보를 바로잡아 표적체계가 기존의 결정과는 다른 결정을 내릴 수 있도록 한다. 혹은 표적체계의 결정을 이해할 수 있지만 사회복지사가 제시한 입장에도 일리가 있음을 알려 해당 문제에 대한 논쟁을 재점화하여 재검토되도록 이끌 수 있다.

09

답과 해설 답 ③

ㄴ. 임파워먼트는 병리 관점이 아닌 강점 관점을 기반으로 병리적 문제의 치료가 아닌 강점의 강화에 초점을

둔다.
ㄹ. 임파워먼트 기술에서는 대상자와 사회복지사의 관계가 중요하기 때문에 이성주의적이고 기술적인 접근에 한정되어서는 안 된다.

10

답과 해설 답 ③
오답노트

ㄱ. 자기옹호: 클라이언트 개인 및 집단이 스스로 자신을 옹호하는 활동
ㄷ. 정치 옹호: 사회정의와 복지를 증진시키기 위해서 입법영역, 행정영역, 사법영역에서 다양한 형태로 전개되는 활동

11

답과 해설 답 ⑤

⑤ 법적 행동과 사회적 대결 모두 사회행동을 일환으로 진행된다. 공청회나 집회 등은 사회적 대결(직접 행동)로 분류되며, 행정심판, 행정소송, 민사소송 등은 법적 행동에 해당한다.

12

답과 해설 답 ②
오답노트

① 협조 〈 연합 〈 동맹의 순으로 협력의 정도가 강하게 나타난다.
③ 동맹 관계는 회원조직 간의 영구적인 결속을 전제로 한다.
④ 협조 관계는 특정 사안에 대해 일시적으로 협력하기 때문에 자율성이 높다.
⑤ 협조는 별도의 기구가 조성되지 않으며, 연합에서는 각 조직의 대표자로 구성된 운영위원회가 구성된다. 동맹은 영속적인 관계이기 때문에 회원조직들을 관리하고 교육하거나 전체 조직이 참여하는 활동에 대해 준비하고 총괄하는 역할을 하는 중앙위원회나 사무국 등이 있다.

13

답과 해설 답 ⑤

지역사회복지실천에서 역량강화를 위한 방법으로 모두 옳은 내용이다.

14

답과 해설 답 ①

① 임파워먼트는 '치료'가 아닌 '파워'의 획득, 즉 역량강화를 통해서 욕구충족 및 문제해결이 가능하다고 보는 기술이다.

15

답과 해설 답 ⑤

비폭력 전술에 관한 설명으로 모두 옳은 내용이다.

16

답과 해설 답 ①

• 주민모임의 구성 및 주민 리더 양성 등은 조직화 기술에 해당한다.
• 지역주민들이 자신의 삶에 대한 통제력을 획득하도록 하는 데에 초점을 두는 것은 역량강화 기술에 해당한다.

10장 지역사회복지 네트워크의 실제

01.④	02.②	03.②	04.①	05.③
06.⑤	07.④	08.②	09.④	10.②
11.③	12.⑤	13.③	14.①	15.③
16.⑤	17.④	18.④	19.①	20.⑤
21.④	22.⑤			

01

답과 해설 답 ④
오답노트

① 지역사회보장협의체의 심의와 시·군·구 의회의 보고를 거쳐 시·군·구 계획이 수립된다.
② 4년을 단위로 한 중장기 계획이며, 1년 단위로 연차별 시행계획도 수립하고 있다.
③ 사회보장과 관련된 전반적인 영역에 관심을 둔다.
⑤ 지역사회보장계획은 사회보장급여의 이용·제공 및 수급권자 발굴에 관한 법률에 따라 운영되고 있다. 보건복지부장관은 시·도 지역사회보장계획의 시행결과를, 시·도지사는 시·군·구 지역사회보장계획의 시행결과를 각각 보건복지부령으로 정하는 바에 따라 평가할 수 있다. 평가가 의무화되어 있는 것은 아니다.

02

답과 해설 답 ②

ㄷ. 특별자치시 내 읍·면·동 지역사회보장협의체의 구성 및 운영에 대한 심의·자문은 시·도 사회보장위원회에서 실시한다.
ㄹ. 실무협의체의 구성에 대해서는 사회보장급여법 시행규칙을 통해 '위원장 1명을 포함하여 10명 이상 40명 이하의 위원으로 구성'하도록 규정하고 있다. 실무협의체의 조직·운영과 관련하여 법률에서 규정하고 있지 않은 사항에 대해서는 해당 시·군·구 조례로 정하도록 하고 있다.

03

답과 해설 답 ②

오답노트

ㄱ. 사회복지사업법에 근거하여 설치된다.

ㄹ. 2024년에는 모든 시·군·구 단위에 사회복지협의회의 설치가 되도록 하는 법 개정이 이루어졌다.

04

답과 해설 답 ①

오답노트

ㄴ. 시·도 계획의 내용에 해당한다.

ㄹ. 지역사회보장균형발전지원센터의 업무에 해당한다. 보건복지부장관은 시·도 및 시·군·구의 사회보장 추진 현황 분석, 지역사회보장계획의 평가, 지역 간 사회보장의 균형발전 지원 등의 업무를 효과적으로 수행하기 위하여 지역사회보장균형발전지원센터를 설치·운영할 수 있다.

05

답과 해설 답 ③

③ 지방분권화에 따라 보건복지부, 시·도, 시·군·구 등의 역할분담을 위해 추진되었으므로 중앙집권화와는 거리가 멀다.

06

답과 해설 답 ⑤

2003년 (ㄱ) 사회복지사업법 개정을 통해 (ㄴ) 4년마다 지역사회복지계획과 연차별 시행계획을 수립하도록 의무화하였다. 이후 2015년부터 시행된 사회보장급여의 이용·제공 및 수급권자 발굴에 관한 법률로 이관되면서 지역사회복지에서 (ㄷ) 지역사회보장으로 범위를 확장하였다.

07

답과 해설 답 ④

오답노트

① 시·군·구 계획을 수립하기 전 지역주민 등 이해관계인의 의견을 들어야 한다.

② 시·군·구 계획은 지역사회보장협의체의 심의 및 해당 시·군·구 의회에 보고 등을 거쳐야 한다.

③ 시·군·구 계획은 시·도지사에게, 시·도 계획은 보건복지부장관에게 제출해야 한다.

⑤ 보건복지부장관은 시·도 계획을 사회보장위원회에 보고해야 한다.

08

답과 해설 답 ②

② 지역사회보장균형발전지원센터의 역할이다.

09

답과 해설 답 ④

④ 지역사회보장계획은 법에 따라 4년마다 수립하도록 의무화되어 있다.

10

답과 해설 답 ②

② 시·군·구 지역사회복지협의회의 임원은 사회복지사업법 시행령에 따라 10인 이상 30인 이하(중앙 및 시·도 협의회는 15인 이상 30인 이하)의 이사와 2인의 감사를 두도록 정하고 있으며, 임원의 자격요건 및 선출방법은 각 협의회의 정관에 따르도록 하고 있다.

11

답과 해설 답 ③

③ 사회복지협의회는 민간 단체로, 지역 내 소외계층을 발굴하여 민간 사회복지자원과 연계·협력하는 사업을 진행한다.

12

답과 해설 답 ⑤

오답노트

ㄱ. 시·군·구청장은 읍·면·동의 사회보장 관련 업무가 원활히 수행되도록 읍·면·동 단위에 지역사회보장협의체를 둔다.

13

답과 해설 답 ③

오답노트

ㄱ. 처음부터 공공과 민간 간 연계를 위한 기관으로 설치되어 운영되고 있다.

ㄹ. 시·도 사회보장위원회는 시·도에 설치되며, 지역사회보장협의체는 시·군·구에 설치되어 있다.

14

답과 해설 답 ①

오답노트

ㄹ. 지역사회복지의 대표적인 협의, 조정기관은 시·군·구에 조직된 지역사회복지협의회라고 볼 수 있다.

15

답과 해설 답 ③

오답노트

ㄷ. 현재 사회복지 시설평가는 중앙사회서비스원에서 실시하고 있다.

16

답과 해설 답 ⑤

오답노트

ㄱ. 읍·면·동 지역사회보호체계 구축 및 운영은 읍·면·동 지역사회보장협의체의 업무이다.

17

답과 해설 답 ④

ㄹ. 시·도지사는 평가를 시행한 경우 그 결과를 보건복지부장관에게 제출하여야 한다. 보건복지부장관은 이를 종합·검토하여 사회보장위원회에 보고하여야 한다.

18

답과 해설 답 ④

④ 사회보장에 관한 업무를 담당하는 공무원은 협의체 위원이 될 수 있으며, 공무원인 위원의 임기는 그 재직기간으로 한다.

19

답과 해설 답 ①

ㄱ. 민간기관의 대표자도 위원이 될 수는 있지만, 지역사회보장협의체는 시·군·구에 설치되는 공공기관이다.
ㄴ. 지역사회보장협의체 위원은 시·군·구청장이 임명

또는 위촉한다.
ㄷ. 실무분과에 관한 사항은 지역의 상황에 맞게 대상별, 기능별 등 다양한 실무분과가 구성되기 위하여 시·군·구 조례에 따라 정하도록 하고 있다.

20

답과 해설 답 ⑤

⑤ 지역사회보장계획의 심의는 사회복지협의회의 업무가 아니라 지역사회보장협의체의 업무이다.

21

답과 해설 답 ④

오답노트

① 시장·군수·구청장은 지역의 사회보장을 증진하고, 사회보장과 관련된 서비스를 제공하는 관계 기관·법인·단체·시설과 연계·협력을 강화하기 위하여 해당 시·군·구에 지역사회보장협의체를 둔다.
② 사회보장정보원은 사회보장정보시스템의 운영 및 지원을 위해 설립한다.
③ 사회복지사업법에 따라 사회보장에 관한 주요 시책을 심의·조정하기 위하여 국무총리 소속으로 사회보장위원회를 둔다.
⑤ 한국사회복지협의회는 사회복지에 관한 조사·연구 및 정책 건의, 사회복지 관련 기관·단체 간의 연계·협력·조정, 사회복지 소외계층 발굴 및 민간 사회복지자원과의 연계·협력 등의 업무를 수행하기 위해 전국 단위로 조직된 민간단체이다.

22

답과 해설 답 ⑤

오답노트

① 지역사회보장협의체는 지역의 사회보장을 증진하고, 사회보장과 관련된 서비스를 제공하는 관계 기관·법인·단체·시설과 연계·협력을 강화하기 위하여 시·군·구에 둔다.
② 시장·군수·구청장은 지역사회보장협의체의 심의 및 시·군·구 의회의 보고를 거쳐 시·도지사에게 제출해야 한다.
③ 지역사회보장조사의 결과를 반영할 수는 있지만 반드시 반영해야 하는 것은 아니다.
④ 보건복지부장관은 시·도 지역사회보장계획의 시행결과를, 시·도지사는 시·군·구 지역사회보장계획의 시행결과를 보건복지부령이 정하는 바에 따라 평가할 수 있다.

11장 ● 지역사회복지실천의 추진체계 I

01.②	02.③	3.④	4.④	5.③
6.①	7.⑤	8.③	9.①	10.②
11.②	12.③	13.②	14.④	15.③

01

답과 해설 **답 ②**

② 지방정부 간 복지 불균형은 부정적 측면이다.

02

답과 해설 **답 ③**

③ 복지 허브화 사업은 읍·면·동 단위, 희망복지지원
단 사업은 시·군·구 단위에서 실시되고 있다.

03

답과 해설 **답 ④**

④ 실업급여는 고용보험법에 따른 급여로, 실업급여
부정 수급자 명단의 취합은 고용노동부 직원의 업
무에 속한다.

오답노트

① 사회복지전담공무원은 국민기초생활보장 수급자의
조사·선정·급여 등을 포함한 공공부조 서비스 관련
업무를 수행한다.
②③ 노인, 장애인, 소년소녀가장, 한부모가정 등에 각종
사회복지시비스를 제공하거나 연계한다.
⑤ 관할 지역 안의 사회복지를 필요로 하는 사람 등에 대
하여 생활실태조사를 나간다.

04

답과 해설 **답 ④**
오답노트

ㄷ. 사후관리적 지원뿐만 아니라 사전예방적 지원을 통
해 차상위계층이 빈곤층이 되는 것을 방지하기 위한
능동적 대응도 강조하고 있다.

05

답과 해설 **답 ③**

③ 지방분권화는 지역의 실정에 맞는 정책의 수립 및 실
행을 위해 중앙정부의 권한을 지방정부로 이양한 것
으로 지역성에 따른 복지정책이 가능하다.

06

답과 해설 **답 ①**

① 희망복지지원단은 시·군·구 단위에 설치되었다.
읍·면·동을 통해 의뢰받은 사례관리 대상자에 대해
심층적인 욕구조사를 실시하여 종합적인 서비스 제공
을 실시한다.

07

답과 해설 **답 ⑤**

⑤ 광역단체(시·도) 사회복지협의회는 1984년 무렵부
터 생겨나기 시작한 민간기구로 지방분권화의 영향으
로 생겨난 것은 아니다.

08

답과 해설 **답 ③**

③ 지방분권화는 중앙정부보다는 지방정부의 책임 및 역
할을 강화하기 위한 것이다.

09

답과 해설 **답 ①**

① 지방분권화 이후 지역 간 복지 불균형 문제가 제기되
고 있고 이는 풀어나가야 할 과제이지만 그렇다고 해
서 중앙정부의 권한을 강화하고 있지는 않다.

10

답과 해설 **답 ②**

② 2004년 사회복지서비스 관련 국고보조 사업의 지방이
양을 위한 국고보조금 정비방안을 확정하여 2005년부
터 국고보조 사업을 지방으로 이양하였다.

11

답과 해설 **답 ②**

ㄱ. 사회복지전담공무원은 사회복지사 2급 이상의 자격
   증이 있어야 응시가 가능하다.
ㄷ. 국민건강보험공단은 공기업으로 공단의 직원은 공무
   원이 아니다.

12

답과 해설 답 ③

오답노트

ㄷ. 읍 · 면 · 동 중심의 공공 사회복지전달체계 개편은
   2016년부터 본격화된 '읍 · 면 · 동 복지허브화' 사업
   으로 이루어지기 시작했다. 사회보장정보시스템 개
   통은 읍 · 면 · 동 복지허브화 사업 추진 이전인 2013
   년 도입되어 실시 중에 있기 때문에 읍 · 면 · 동 중심
   의 전달체계 개편과 관련된 내용은 아니다.

13

답과 해설 답 ②

ㄱ. 기초생활보장제도와 의료급여는 중앙정부가 담당하
   는 사업이다.
ㄷ. 지역의 다양성과 특수성을 적극적으로 반영하기 위
   한 지방정부 중심의 복지체계로 전환되고 있다.

오답노트

ㄴ. 지방분권에 따라 지방정부의 자율성이 커졌으며, 지
   역주민의 새로운 욕구에 대해 민감하게 반응할 수 있
   어 지역의 특성에 맞는 복지정책의 수립이 가능해
   졌다.
ㄹ. 지방자치단체들 간 재정 격차가 발생하고, 지방자치
   단체들마다 집중하는 정책이 다르기 때문에 지역 간
   복지수준의 격차가 발생하기도 한다.

14

답과 해설 답 ④

오답노트

ㄱ. 1992년 사회복지사업법 개정으로 관련 규정이 마련
   되었다.
ㄷ. 사회보험에 관한 업무는 별도의 공단을 통해 진행되
   기 때문에 사회복지전담공무원의 업무 영역은 아
   니다.

15

답과 해설 답 ③

ㄷ. 기초연금은 노후 보장과 복지 향상을 위해 65세 이상
   의 소득인정액 기준 하위 70% 어르신에게 일정 금액
   을 지급하는 제도이다. 따라서 연금을 위한 별도의
   납입금이 없으며, 읍 · 면 · 동 행정복지센터 등을 통
   해 급여를 신청하여 받게 된다.
ㄹ. 사회복지전문요원에서 사회복지전담공무원으로의
   변화가 지방분권화에 따른 것은 아니다.

12장 · 지역사회복지실천의 추진체계 II

01.①	02.③	03.⑤	04.④	05.④
06.②	07.①	08.④	09.①	10.⑤
11.②	12.②	13.④	14.⑤	15.④
16.②	17.③	18.③	19.①	20.⑤
21.①	22.④	23.②		

01

답과 해설 답 ①

① 사업에 소요되는 최소한의 실비를 이용자로부터 수납할 수 있다.

02

답과 해설 답 ③

③ 자원봉사자 및 후원자에 대한 개발, 관리 등은 자원 개발 및 관리 사업분야에 해당한다.

03

답과 해설 답 ⑤

⑤ 사회적협동조합은 비영리법인으로 설립한다.

04

답과 해설 답 ④

④ 시·도 지회는 중앙에 속해 있으며 독립된 법인이 아니다.

05

답과 해설 답 ④

④ 공동모금은 민간자원을 동원하는 방법으로 공공재정 확충과는 거리가 멀다.

06

답과 해설 답 ②

지역사회의 특성을 사업계획 수립 시 반영하는 것은 지역성의 원칙에 해당한다.

07

답과 해설 답 ①

사회복지관, 지역자활센터와 같이 클라이언트에게 서비스를 직접적으로 제공하는 기관을 직접서비스기관이라 하고, 자원봉사센터, 공동모금회, 사회복지협의회 등 클라이언트에게 서비스를 직접 제공하지 않는 기관을 간접 서비스기관이라고 한다.

08

답과 해설 답 ④

④ 아동복지법에 규정된 아동양육시설에 해당한다. 사회복지관은 이용시설이기 때문에 시설에의 입소를 통한 주거 및 생활 관련 서비스를 제공하지는 않는다.

09

답과 해설 답 ①

① 국민기초생활보장법 시행령에 따라 차상위계층은 소득인정액이 기준 중위소득의 100분의 50 이하인 사람을 말하며, 자활사업에 참여할 수 있다.

10

답과 해설 답 ⑤

⑤ 자원봉사센터에 관한 내용은 자원봉사활동기본법에서 규정하고 있으며, 자원봉사센터 장의 자격요건과 자원봉사센터의 조직 및 운영 등에 관한 사항은 자원봉사활동기본법 시행령을 따른다.

11

답과 해설 답 ②

오답노트

① 사회복지공동모금의 규정은 사회복지공동모금법을 따른다.
③ 정치적, 종교적 목적으로 이용될 수 있는 경우에는 배분대상이 되지 않는다.

④ 공동모금은 전국적인 이슈가 발생했을 때 집중 모금을 진행하기도 하지만 상시적인 모금도 진행하고 있다.
⑤ 재원 조성을 위해 보건복지부 장관의 승인을 받아 복권을 발행할 수 있다.

12

답과 해설 답 ②

② 사회복지관의 운영원칙이 관계 법령에 명시화된 것은 아니다. 다만, 한국사회복지관협회에서는 지역성의 원칙, 전문성의 원칙, 책임성의 원칙, 자율성의 원칙, 통합성의 원칙, 자원활용의 원칙, 중립성의 원칙, 투명성의 원칙 등 8가지 원칙을 권고사항으로 제시하고 있다. 이 중 중립성의 원칙은 '사회복지관은 정치활동, 영리활동, 특정 종교활동 등으로 이용되지 않게 중립성이 유지되어야 함'을 의미한다.

13

답과 해설 답 ④

④ 주말·공휴일 프로그램은 평일에 시간적 여유가 없어서 진행할 수 없었던 프로그램과 주말에만 참여가능한 문화 프로그램, 체험학습 등을 제공한다. 주말과 공휴일에 학교와 가정에서 보호받기 어려운 아동들을 보호하는 서비스도 제공할 수 있다.

14

답과 해설 답 ⑤

⑤ 사회적 기업은 「사회적기업 육성법」에 따른 인증 요건을 갖추어 고용노동부장관의 인증을 받아야 한다.

15

답과 해설 답 ④
오답노트

① 자원봉사활동진흥위원회는 국무총리 소속이다.
② 5년마다 수립해야 한다.
③ 자원봉사단체 및 자원봉사센터는 그 명의 또는 그 대표의 명의로 특정 정당이나 특정인의 선거운동을 하여서는 아니 된다.
⑤ 자원봉사의 동기를 부여하기 위한 인정과 보상이 가능하다.

16

답과 해설 답 ②
오답노트

ㄱ. 사회복지공동모금은 민간 부문의 자원을 확보하기 위한 전략이다.
ㄹ. 개인도 배분대상이 된다.

17

답과 해설 답 ③

③ 시설운영위원회는 시설의 장, 시설 거주자(이용자) 대표, 시설 거주자(이용자)의 보호자 대표, 시설 종사자의 대표, 해당 시·군·구 소속의 사회복지업무를 담당하는 공무원, 후원자 대표 또는 지역주민, 공익단체에서 추천한 사람, 그 밖에 시설의 운영 또는 사회복지에 관하여 전문적인 지식과 경험이 풍부한 자 중에서 관할 시장·군수·구청장이 임명 또는 위촉한다(시설장의 친인척 등 시설장과 특수관계가 명확한 자는 위원에서 제외).

18

답과 해설 답 ③

사회적 기업에 관한 설명이다.

19

답과 해설 답 ①
오답노트

② 지역자활센터는 사회복지법인, 사회적 협동조합 등 비영리법인과 단체 등의 신청을 받아 보장기관이 지정하여 설립된다. 공공기관은 아니며 일종의 민간위탁형 사업수행기관으로 볼 수 있다.
③ 사회적 기업은 영리기업과 비영리단체의 중간적 성격을 갖는다. 일자리 창출 측면에서 국가 정책적으로 많은 지원이 이루어지고는 있으나 보건복지부 사업은 아니다.
④ 다함께돌봄센터는 초등학생에게 방과 후 돌봄서비스를 제공하기 위한 것으로, 아동복지법의 규정(2019년 신설)에 따라 설치되지만 아동복지시설로 규정된 것은 아니다. 보건복지부에서 사업을 총괄하고 있으며, 시·도 및 시·군·구 단위에서 설치 및 관리·운영된다.
⑤ 정치적 활동은 자원봉사활동으로 인정되지 않기 때문에 정당과 자원봉사자를 연계하지는 않는다.

20

답 ⑤

정치적, 종교적 목적으로 이용될 수 있는 경우, 수익을 주된 목적으로 하는 경우, 동일한 사업으로 다른 기관으로부터 이미 지원을 받았거나 받기로 확정된 경우 등은 배분제외대상이 되어 배분을 받을 수 없다.

21

답 ①

① 민간복지의 발전에 필요한 재원을 자율적으로 마련하기 위한 것이다.

22

답 ④

사회복지관의 이용 대상

사회복지관의 대상은 사회복지서비스 욕구를 가지고 있는 모든 지역주민을 대상으로 한다.

다만, 국민기초생활보장 수급자, 차상위계층, 장애인, 노인, 한부모가정, 다문화가정, 직업 및 취업 알선이 필요한 주민, 보호와 교육이 필요한 유아·아동 및 청소년, 그밖에 사회복지관의 사회복지서비스를 우선 제공할 필요가 있다고 인정되는 주민 등 사회적 취약계층에 대해서는 서비스를 우선적으로 제공하도록 규정하고 있다.

23

답 ②

① 사례관리 기능에는 사례발굴, 사례개입, 서비스 연계 등의 사업분야가 있다. 교육문화 사업은 서비스 제공 기능 중 하나이다.
③ 서비스 제공 기능에는 가족기능 강화, 지역사회보호, 교육문화, 자활지원 등 기타 사업 등이 있다. 사례발굴 사업은 사례관리 기능에 해당한다.
④ 서비스 연계 사업은 사례관리 기능 중 하나이다.
⑤ 지역 조직화 기능은 복지 네트워크 구축 사업, 주민 조직화, 자원 개발 및 관리 등의 사업분야로 구분된다. 이 중 복지 네트워크 구축 사업은 지역 내 타 시설들과 네트워크를 구축하여 서비스 공급의 효율성을 높이고, 지역복지에서 사회복지관의 중심적 역할을 수행하기 위한 것으로 지역사회연계, 지역욕구조사, 실습지도 등을 실시한다.

13장 지역사회복지운동

01.⑤	02.②	03.①	04.③	05.①
06.④	07.②	08.②	09.③	10.①
11.①	12.⑤	13.③	14.②	15.⑤
16.⑤	17.④			

01

답 ⑤

아른스테인의 주민참여 8단계

1. 조작(manipulation): 행정과 주민이 서로 간의 관계를 확인한다는 것에서 의의를 찾을 수 있으며, 공무원이 일방적으로 교육, 설득시키고 주민은 단순히 참석하는 수준
2. 치료(therapy): 주민의 욕구불만을 일정한 사업에 분출시켜서 치료하는 단계로서 행정의 일방적인 지도에 그침
3. 정보제공(informing): 행정이 주민에게 일방적으로 정보를 제공하며 환류는 잘 일어나지 않음
4. 상담(consultation): 공청회나 집회 등의 방법으로 행정에 참여하기를 유도하고 있으나 형식적인 단계에 그침
5. 회유(placation): 각종 위원회 등을 통해 주민의 참여범위가 확대되지만 최종적인 판단은 행정기관이 한다는 점에서 제한적임
6. 협동관계(partnership): 행정기관이 최종결정권을 가지고 있지만 주민들이 필요한 경우 그들의 주장을 협상으로 유도할 수 있음
7. 권한위임(delegated power): 주민들이 특정한 계획에 관해서 우월한 결정권을 행사하고 집행단계에 있어서도 강력한 권한을 행사함
8. 주민통제(citizen control): 주민 스스로 입안하고, 결정에서 집행 그리고 평가단계에까지 주민이 통제하는 단계

02

답 ②

② 지역주민 전체를 기반으로 하므로 대상자가 포괄적이다.

03

답과 해설   답 ①

오답노트

ㄹ. 재정 마련을 위한 수익사업을 진행하는 경우도 있
지만, 수익사업을 통한 이윤 창출을 주요 활동으로
보기 어렵다.

04

답과 해설   답 ③

권한위임 단계는 아른스테인의 주민참여 8단계 중 7단계
로서 주민들이 특정한 계획에 관해서 우월한 결정권을
행사하고 집행단계에 있어서도 강력한 권한을 행사한다.

05

답과 해설   답 ①

공청회는 국가 또는 지방자치단체의 기관이 일정한 사항
을 결정함에 있어서 공개적으로 의견을 듣는 형식으로
의사결정 과정에 국민을 참여시키는 제도이다.

06

답과 해설   답 ④

오답노트

ㄴ. 지역사회복지운동의 주체는 기본적으로 지역주민이
된다. 여기에는 사회복지 전문가, 활동가, 실무자, 클
라이언트가 모두 포함된다.

07

답과 해설   답 ②

② 정부와 이익집단 간의 분쟁을 조정하는 기능을 한다.
①은 대변 기능, ③은 견제 기능, ④는 복지 기능, ⑤는 교
육 기능에 해당한다.

08

답과 해설   답 ②

민간 시민단체는 어느 정도 지속성을 가져야 하나 반드
시 법인일 필요는 없다. 다만 이윤을 분배하지 않으며, 자
발적 참여를 기반으로 만들어진 조직이다. 간사의 경우
일정 부분 보수를 받고 활동을 하는 경우도 있다.

09

답과 해설   답 ③

③ 지역사회 일부 특정 계층이 아닌 지역사회 전체에 영
향력을 미칠 수 있는 제도의 마련과 개선이 필요하다.

10

답과 해설   답 ①

- 비참여: 조작, 치료
- 형식적 참여: 정보제공, 상담, 회유
- 주민권력: 협동, 권한위임, 주민통제

11

답과 해설   답 ①

① 공청회는 모든 주민을 대상으로 하여, 전문적 문제보
다는 일반적이고 단순한 문제에 초점을 맞추는 것이
좋다.

12

답과 해설   답 ⑤

지역사회복지와 관련하여 주민참여는 행정비용이 증가
할 수 있고, 계획입안이나 집행하는 데 있어 시간상의 지
연 가능성이 높을 수 있다. 또한 주민들 간에 갈등을 유발
시킬 수 있으며, 참여자들의 대표성 여부에 문제가 될 수
있다.

13

답과 해설   답 ③

오답노트

ㄹ. 샤레트는 지역주민, 관료, 정치가가 함께 모여 서로
배우는 비공식적 분위기를 조성하여 지역사회가 느
끼는 문제점들과 관료 또는 정치가들이 인지하고 있
는 문제의 시각을 개진하여 상호 이해를 통해 일정 시
간 내 합의된 제안서를 작성하는 방법이다.

14

답과 해설   답 ②

② 조작 단계는 가장 첫 단계로 공공 행정기관과 주민이
서로 간의 관계를 확인한다는 차원일 뿐 주민은 단순
히 참석하는 데에 그친다.

15

답 ⑤

모두 옳은 설명이다.

16

답 ⑤

샤레트방법

지역주민, 관료, 정치가들이 함께 모여 서로 배우는 비공
식적 분위기를 조성하여 지역사회가 느끼는 문제점들과
관료 또는 정치가들이 인지하고 있는 문제의 시각을 개
진하여 상호이해를 통해 일정시간 내 합의된 제안을 작
성하는 방법으로 준비, 발견, 통합, 제안 작성의 단계로
진행된다.

17

답 ④

주민통제 단계는 주민들이 스스로 입안하고, 결정에서
집행 그리고 평가단계에 까지 주민이 통제하는 단계로
주민의 권한이 가장 높은 단계이다.

사회복지정책론

1장 사회복지정책 개요

01.①	02.④	03.⑤	04.④	05.⑤
06.④	07.③	08.④	09.③	10.⑤
11.④	12.⑤	13.④	14.④	15.③
16.③	17.②	18.④	19.③	20.④
21.④	22.⑤	23.④	24.⑤	

01

답과 해설 답 ①

대체로 행정비용의 비중이 높을수록 운영효율성이 낮아진다고 볼 수 있다. 따라서 공공부조제도는 자산조사 및 대상자 관리 등에 별도의 행정비용이 소요되기 때문에 운영효율성이 낮다고 본다.

02

답과 해설 답 ④

완전경쟁시장에서는 누구나 시장에 자유롭게 진입할 수 있지만 그에 따른 결과는 누구에게나 평등하지 않다. 이러한 시장실패를 교정하기 위해 국가 개입의 필요성이 제기된 것이다.

03

답과 해설 답 ⑤

소득재분배는 시간을 기준으로 장기적 재분배와 단기적 재분배로 구분되고, 사회계층 구조의 흐름에 따라 수직적 재분배와 수평적 재분배로 구분되며, 세대를 기준으로 세대 내 재분배와 세대 간 재분배로 나눌 수 있다.

04

답과 해설 답 ④

오답노트

ㄹ. 롤스는 상상의 시나리오에 참여하는 사람 모두가 각자의 지능수준이나 기술, 능력, 계급적 지위, 사회적 지위, 성별, 인종, 연령 등에 대해 아무 것도 알지 못하는 무지의 베일에 가려져 있으며, 이러한 상태를 원초적 상황이라고 표현했다. 이러한 원초적 상황은 사회구성원이 장래 사회에서 자신의 위치를 가늠할 수 없고 자신의 능력이나 지능, 성격 등을 알 수 없는 철저한 무지의 베일에 싸인 가상적 사회상황을 의미한다. 무지의 베일에 싸인 원초적 상황은 모든 개인이 평등하다는 것, 모두 자유로운 존재라는 것을 나타내준다고 보았다.

05

답과 해설 답 ⑤

일반적으로 소득이 증가하는 만큼 소비가 증가하지는 않는다. 또한 소득수준이 높아질수록 한계소비성향(소득의 증가분에 대한 소비의 증가분의 비율)은 체감하기 때문에 소득이 고소득층에 집중되어 있는 사회에 비해 소득이 균등하게 분배되어 있는 사회의 경우엔 국민 전체의 한계소비성향이 높아져 국민소득 중 소비지출이 차지하는 비중이 높아진다. 사회복지정책은 저소득층의 소득 및 소비 수준을 높임으로써 내수기반을 안정화시키는 데 기여한다.

경제성장과 사회복지정책의 관계
- 사회복지정책은 성장으로 인한 부작용과 경제적 위험을 완화시켜 준다. **예** 빈곤층과 실업자의 생계를 지원하는 공공부조와 고용보험
- 사회복지정책은 성장으로 인한 효과가 미치지 않는 공백에 개입하는 역할을 한다.
- 경제성장으로 인한 세수증대는 사회복지정책에 대한 재정지출에 기여할 수 있다.
- 사회복지정책은 빈곤층의 소득과 소비 수준을 높여줌으로써 이들이 노동력의 질을 향상시키기 위해 투자할 수 있는 기회를 넓혀준다. 또한, 공공 보건의료체계와 사회서비스체계는 사회구성원의 평균적 건강 수준과 삶의 질을 높여 평균적 노동력의 질을 향상시킴으로써 경제성장에 기여할 수 있다.

06
답과 해설 답 ④

우리나라는 OECD 국가들 중에서 노동시장정책 관련 공공사회복지지출 비중이 낮은 편에 속한다.

07
답과 해설 답 ③

운영효율성은 정책을 집행하고 운영하는 과정에서 투입되는 운영비용의 효율을 판단하는 기준이다. 정책집행 및 전달과정에서 합리적이고 효율적인 집행이 이루어지지 않을 경우 극단적으로 공무원의 비리 등이 발생할 수도 있다. 이러한 경우를 "새는 바구니 효과"라고 하는데 이런 현상이 나타날 경우 운영효율성을 달성하기 어렵게 된다.

오답노트
① 사회적 적절성: 인간다운 생활을 할 수 있도록 적절한 수준의 급여를 제공하는 것을 의미한다.
② 결과의 평등(수량적 평등): 모든 사람을 똑같이 취급하여 사람들의 욕구나 능력의 차이와 상관없이 사회적 자원을 똑같이 분배하는 것을 말한다.
④ 목표효율성(대상효율성): 정책이 목표로 하는 대상자들에게 자원이 얼마나 집중적으로 할당되는가를 판단하는 기준이다.

⑤ 적극적 자유: 스스로 원하는 혹은 바람직하다고 생각하는 어떤 목적이나 행위를 추구할 수 있을 때 경험하는 자유를 의미한다(무엇을 할 수 있는 자유).

08
답과 해설 답 ④

비경쟁적이며 비배타적인 성격을 갖는 재화를 공공재라고 하며, 시장은 공공재를 충분히 공급하는 데 한계가 있기 때문에 공공재의 공급은 국가가 담당하는 것이 일반적이다.

오답노트
ㄱ. 이웃효과를 긍정적 외부효과라고 한다. 이웃효과는 다른 사람에게 의도하지 않은 혜택을 가져다주지만 이에 대한 보상을 받지 못하는 경우를 의미한다. 이웃효과가 큰 활동은 국가에서 직접 제공하는 것이 바람직하다.
ㄴ. 역 선택은 보험가입자와 보험회사 간의 정보의 비대칭성(보험가입자는 자신의 위험도에 대해 자세한 정보를 가지고 있지만 그에 반해 보험회사는 보험가입자에 관해 낮은 수준의 정보를 가지고 있는 경우)으로 인해 민간보험시장에서 바람직하지 않은 결과가 초래되는 현상을 의미한다. 이는 시장실패의 한 가지 유형으로, 이러한 시장실패로 인해 국가적 차원의 사회보험이 요구되는 것이다.
ㄷ. 무임승차자는 비용 부담을 지지 않으면서 그 혜택을 누리는 사람들을 말한다. 이러한 무임승차자들이 존재하기 때문에 공공재의 경우에는 시장을 통해서 적절한 수준의 공급이 이루어지지 않는 경우가 많이 발생한다. 따라서 사회 전체적으로 필요한 공공재 공급에 있어서 국가가 개입할 필요성이 존재한다.

09
답과 해설 답 ③
오답노트
① 결과의 평등 가치는 재분배를 통한 불평등 완화, 복지국가의 확대를 중요한 목표로 간주한다. 비례적 평등은 개인의 욕구, 노력, 능력 및 기여에 따라 사회적 자원을 상이하게 배분하는 것을 말한다.
② 적극적 자유 개념은 빈곤, 실업, 공공서비스의 부족 등 사회적 조건의 제약들이 자유의 실현과 밀접하게 관련이 있다고 본다.
④ 기회의 평등 가치는 동등한 출발선을 강조하며 개인의 노력과 능력의 차이로 인해 발생한 결과에 대해서는 불평등이 정당화될 수 있다고 본다.
⑤ 소극적 자유란 개인의 행동에 대한 외적 강제가 없는

상태를 의미한다.

10

답과 해설 답 ⑤

오답노트

① 재분배를 위한 국가의 개입은 소극적 자유를 침해하는 결과를 낳기도 한다.
② 인간다운 생활을 할 수 있는 정도의 급여수준이라는 측면에서 비교하면 공공부조에서의 급여 수준은 최저수준에 그치기 때문에 공공부조보다 사회보험이 사회적 적절성의 실현 정도가 상대적으로 더 높다.
③ 공공부조는 대상효율성은 높지만 운영효율성은 낮다고 볼 수 있다.
④ 한정된 자원을 고려할 경우 비례적 평등의 가치를 더 많이 반영하는 방향으로 제도화된다면 사회적 적절성의 가치가 훼손될 수 있다. 이러한 측면에서 사회적 적절성과 비례적 평등의 가치는 상충할 수도 있다.

11

답과 해설 답 ④

드림스타트 프로그램은 빈곤층 아동에게 공평한 출발 기회가 보장될 수 있도록 기회의 평등 가치를 반영한 정책이다.

12

답과 해설 답 ⑤

무언가를 할 수 없다는 것은 단지 간섭이나 억압과 같은 물리적인 제약의 유무를 넘어서 재정적인 제약이나 사회적 조건과 밀접하게 관련이 있다는 것을 의미한다. 적극적 자유란 스스로 원하는 혹은 바람직하다고 생각하는 어떤 목적이나 행위를 추구할 수 있을 때 경험하는 자유를 의미한다(무엇을 할 수 있는 자유). 복지국가의 발전은 적극적 자유의 개념을 확장시킬 수 있는 기회가 되기도 했다.

13

답과 해설 답 ④

구직급여의 수준은 비례적 평등의 가치를 반영하고 있다.

오답노트

ㄱ. 연금액의 실질가치를 보전하기 위한 조치는 사회적

적절성에 기반한 정책사례라고 볼 수 있다.
ㄴ. 드림스타트 사업은 기회의 평등 가치에 근거한 대표적인 정책사례이다.
ㄷ. 사회보험의 징수업무 통합은 운영효율성을 높이기 위한 사례이다.

14

답과 해설 답 ④

관대한 사회복지제도는 복지수혜자의 노동동기를 약화시킬 수 있다는 우려도 있다.

15

답과 해설 답 ③

〈보기〉에서 설명하고 있는 것은 기회의 평등 가치를 반영한 노력으로 교육기회의 균등화가 이루어졌지만, 부모의 교육수준이나 소득수준에 따른 상위권 대학 진학률의 차이가 증가하고 있고, 이는 기회의 평등이 결과의 평등으로 이어지는 것은 아니라는 사실과 관련된 내용이다.

오답노트

ㄱ. 모든 사람에게 동일한 결과가 주어지기를 바라는 것은 결과의 평등 가치와 관련된 내용이다.
ㄷ. 기회의 평등 가치는 결과의 불평등이 정당화될 수 있다고 본다.

16

답과 해설 답 ③

ㄱ. 비례적 평등 가치는 개인의 능력과 노력, 기여에 따라 사회적 자원을 상이하게 배분하는 것을 말한다.
ㄴ. ㄷ. 기회의 평등 가치는 모든 사람에게 삶의 동등한 출발선을 부여하고 동일한 경기규칙을 적용하는 것이다. 장애인 고용의무제도와 같은 적극적 차별시정조치 역시 기회의 보장이라는 측면에서 기회의 평등 가치를 반영하고 있다.

17

답과 해설 답 ②

〈보기〉에서 설명하고 있는 사례는 고속버스나 시외버스를 이용할 수 없는 장애인의 교통수단 이용에 있어서의 차별과 관련된 내용이다. 이는 기회의 평등 가치와 밀접한 관련이 있다.

① 운영효율성: 정책에 소요되는 전체 자원 중에서 행정비용이 차지하는 비율로 측정하며, 행정비용의 비중이 높을수록 운영효율성이 낮아진다.
③ 목표효율성: 정책이 목표로 하는 대상자들에게 자원이 얼마나 집중적으로 할당되는가를 판단하는 기준이다.
④ 사회적 적절성: 인간다운 생활을 할 수 있도록 적절한 수준의 급여를 제공하는 것을 의미한다.
⑤ 효과성: 정책 목표를 얼마나 달성하였는가를 의미한다.

18

답과 해설 답 ④

ㄹ. 보험수리원칙은 보험료 납부수준(소득수준에 비례)에 비례하여 급여액을 결정하는 소득비례방식을 의미하므로 비례적 평등 가치를 반영한 것이다.

19

답과 해설 답 ③

한국의 사회보험제도는 적절성의 가치와 비례적 평등의 가치를 동시에 반영하고 있다. 사회보험제도의 경우 일반적으로 보험료 납부수준에 상응하여 급여수준이 정해지는데, 저소득층의 경우에는 납부하는 보험료 수준이 낮기 때문에 급여수준도 낮아질 수밖에 없다. 따라서 사회적 적절성의 측면에서 기본적인 급여수준을 유지할 수 있도록 제도를 설계하기도 한다.

20

답과 해설 답 ④

사회복지정책의 확대로 인한 사회지출의 증가는 단기적으로 민간부문의 투자를 줄이는 효과를 가진다는 주장은 신자유주의와 관련이 있다.

21

답과 해설 답 ④

ㄹ. 불황기에 실업급여 등의 형태로 발생하는 사회복지지출과 이것의 재원충당을 위해 강화되는 누진세는 경기변동을 억제하는 자동안정장치 기능을 수행한다.

22

답과 해설 답 ⑤

보건의료서비스에 대한 국가 개입이 필요한 근거에는 의료서비스의 독과점 문제, 수요의 불확실성, 가치재로서의 성격, 정보의 비대칭성 등이 있다.

23

답과 해설 답 ④

ㄴ. 국가경제가 성장하면 자연스럽게 국민에게 돌아가는 전체 분배의 몫이 확대되므로 경제성장정책을 우선시해야 한다는 선성장 후분배 논리를 주장한 것은 신자유주의자이다.

24

답과 해설 답 ⑤

모두 옳은 내용이다.

01. ② 02. ③ 03. ③ 04. ② 05. ⑤
06. ① 07. ⑤ 08. ⑤ 09. ③ 10. ⑤
11. ④ 12. ④ 13. ③ 14. ① 15. ③
16. ③ 17. ② 18. ② 19. ④ 20. ⑤
21. ② 22. ⑤ 23. ① 24. ④ 25. ②

01

답과 해설 답 ②

오답노트

ㄴ. 보험료는 근로자, 고용주, 국가가 함께 부담하도록 하였다.
ㄹ. 이는 미국의 역사에 해당한다.

02

답과 해설 답 ③

오답노트

① 위험별로 나누어져 있던 사회보험을 하나의 사회보험 시스템으로 통합할 것을 제시했다.
② 소득수준, 직업, 재산 등과 무관하게 동일한 액수의 보험료를 부담하는 정액보험료를 주장했다.
④ 급여액은 정액으로 균일하게 지급하는 것을 원칙으로 삼았다.
⑤ 국민 최저선의 보장을 사회보장의 원칙으로 제시하였다.

03

답과 해설 답 ③

자조와 사적 자선을 강조하는 자유주의자들과 보수주의자들은 사회보험의 강제성에 대해 격렬히 반대했다.

04

답과 해설 답 ②

ㄱ. 복지국가 유형에 따라 상이한 재편 양상을 나타내고 있다.

ㄷ. 새로운 사회적 위험에 대한 대응에 있어서도 복지국가 유형에 따라 상이한 양상을 나타내고 있다.

05

답과 해설 답 ⑤

건강보험은 포함되지 않았으며 미국의 사회보장제도는 사회보험보다는 공공부조제도를 중심으로 하는 특징을 나타낸다.

06

답과 해설 답 ①

오답노트

② 1883년 제정된 질병보험은 세계 최초의 사회보험이다.
③ 질병보험은 육체노동자와 저임금 화이트칼라 노동자를 대상으로 하였다.
④ 1884년 산재보험은 광산, 공장, 건설업 등에 종사하는 저소득 노동자를 의무가입 대상으로 하였다.
⑤ 1889년 노령폐질연금은 노동자와 사용자가 동일한 보험료를 지불하였다.

07

답과 해설 답 ⑤

세계화가 복지국가에 미친 영향에 대해서는 다양한 주장이 있으며, 개별 국가별로 제도적 특성에 따라 다양한 대응 양상을 나타내고 있다.

08

답과 해설 답 ⑤

미국의 사회복지정책과 관련된 설명으로 모두 옳은 내용이다.

09

답과 해설 답 ③

실용주의적 관점에서는 복지국가의 위기를 일시적인 현상으로 보며, 지방분권화나 민영화라는 방법으로 극복이 가능하다고 본다.

10

답과 해설 답 ⑤

• 저소득층의 근로활동을 촉진하기 위한 정책이 강화되

면서 복지급여 수급을 위해 근로활동 조건을 부과하거나 근로활동을 유인하는 정책을 활용하고 있다.
- 경제의 양극화 심화와 고용조건의 불안정성의 심화는 비정규직의 급속한 확대와 노동시장의 양극화를 가져왔으며 이는 다시 소득구조의 양극화로 이어지고 있다.
- 복지국가의 재정부담이 증가하면서 사회복지 프로그램의 급여수준을 낮추거나 급여기간을 축소하는 등의 경향이 나타나고 있다.

11

답과 해설 답 ④

사회복지의 제공 주체는 국가뿐만 아니라 민간의 다양한 주체들의 참여와 분담을 강조하는 복지다원주의가 강하게 부각되고 있다.

12

답과 해설 답 ④
오답노트

ㄹ. 복지국가의 유형에 따라 복지국가의 재편방식도 상이하게 나타나고 있다.

13

답과 해설 답 ③

사회보험의 성공을 위한 전제로 완전고용, 포괄적 보건의료서비스, 가족(아동)수당의 필요성을 강조했다.

14

답과 해설 답 ①

고용보험제도는 1995년부터 실시되었다.

15

답과 해설 답 ③

ㄱ. 엘리자베스 빈민법(1601)
ㄷ. 정주법(1662)
ㄴ. 스핀햄랜드법(1795)
ㄹ. 개정 빈민법(1834)

16

답과 해설 답 ③

세계화에 대한 대응양식은 복지국가의 성격과 제도적 특성의 차이에 따라 다르게 나타난다.

17

답과 해설 답 ②

<보기>에서 설명하는 것은 스핀햄랜드법(1795)이다.
ㄱ. 엘리자베스 빈민법과 개정 빈민법은 원내구제를 원칙으로 한다.
ㄷ. 엘리자베스 빈민법에 대한 설명이다.

18

답과 해설 답 ②
오답노트

ㄴ. 목적세 성격의 구빈세를 별도로 징수하였다.
ㄹ. 빈곤아동에 대해서는 도제생활을 하게 하였다.

19

답과 해설 답 ④

복지국가의 재편 흐름에는 공통점도 있지만, 국가별로 다양한 방식으로 전개되었다.

20

답과 해설 답 ⑤
오답노트

① 사회보험을 통해 기본적인 수요를 충족하고 이를 넘어서는 개별적인 수요는 자발적인 저축에 기대해야 한다고 주장하였다.
② 전 국민을 사회보험의 대상으로 포괄하였다.
③ 균일기여와 균일급여의 원칙을 제시하였다.
④ 사회보험의 성공을 위한 전제로 완전고용과 포괄적 보건의료서비스, 가족(아동)수당의 도입을 강조하였다.

21

답과 해설 답 ②

<보기>는 엘리자베스 빈민법에 대한 설명이다. 엘리자베스 빈민법은 노동 능력의 유무에 따라 빈민을 노동능력자, 노동무능력자, 빈곤아동(요보호아동)으로 분류하였다. 노동능력자는 작업장에서 일을 하는 조건으로 최소한의 구호를 제공하였으며 거부할 경우 처벌하는 등 빈민통제적 성격이 강하였다. 모든 교구에 구빈감독관을

임명하여 구빈행정과 구빈세 징수 업무를 관장하게 했으며, 지방행정의 책임을 강화하였다.

오답노트

ㄴ. 엘리자베스 빈민법은 교구 단위의 구빈세(지방세)를 재원으로 활용하였다.

ㄹ. 길버트법의 시행으로 교구연합이 허용되었고, 교구연합은 최초로 유급 구빈사무원을 채용하였다.

22

답과 해설 답 ⑤

오답노트

ㄹ. 실용주의적 관점에서는 복지국가의 위기를 일시적인 현상으로 보며, 지방분권화나 민영화 등의 방법으로 극복이 가능하다고 본다.

23

답과 해설 답 ①

오답노트

ㄱ. 길버트법은 강제성보다는 임의성이 더 강했지만 인도주의적 처우에 따라 교구민의 구빈세 부담이 가중되어 일부의 불만을 일으켰다. 길버트법은 원내구제에서 원외구제로 전환하였다.

24

답과 해설 답 ④

<보기>의 내용은 정주법에 해당한다.

오답노트

ㄱ, ㄴ. 엘리자베스 빈민법에 대한 설명이다.

ㄷ. 길버트법에 대한 설명이다.

25

답과 해설 답 ②

비스마르크의 사회보험 도입은 격렬한 반발에 직면하였다. 자조나 사적 자선을 강조하는 자유주의자와 보수주의자들은 사회보험의 강제성을 받아들일 수 없고, 국가의 권력 강화와 관료화를 초래할 것이라며 우려를 나타냈다. 사회주의자들 역시 사회보험이 노동자들을 국가복지의 노예로 만들 수 있으며 근본적인 개혁을 가로막는다는 점에서 도입에 반대하였다.

01.③　02.②　03.③　04.⑤　05.⑤

06.①　07.④　08.⑤　09.①　10.③

11.④　12.②　13.③　14.⑤　15.②

16.④　17.④　18.⑤　19.③　20.⑤

21.②　22.④　23.②　24.②　25.③

26.④　27.①　28.⑤

01

답과 해설 답 ③

오답노트

ㄱ. 보수주의 복지국가 유형에 대한 설명이다.

ㄷ. 탈상품화 수준이 가장 낮은 것은 자유주의 복지국가 유형이다.

02

답과 해설 답 ②

오답노트

ㄴ. 산업화이론은 복지국가의 차이보다 유사성을 강조했다. 산업화 과정에서의 사회경제적 변화로 생겨난 사회문제에 대한 대응으로 사회복지제도가 확대되었다고 보며, 유사한 정도의 산업화를 이룬 국가들은 유사한 수준의 사회복지제도를 갖는다고 보았다.

ㄹ. 마샬은 사회권의 확립으로 사회복지가 권리의 차원으로 발전했다고 보았다. 즉 복지국가의 핵심 요소는 사회권이 된다.

03

답과 해설 답 ③

오답노트

ㄹ. 조지와 월딩의 이데올로기 초기 모형에서 마르크스주의는 국가의 개입에 대하여 적극적인 역할을 인정한다. 하지만 복지국가에 대한 관점에서는 모순적인 입장을 취하며, 복지국가의 확대를 통해 자본주의의 근본적인 모순은 극복할 수 없다고 본다.

사회복지정책론

04

답과 해설 답 ⑤

일본에서 도입된 제도들이 우리나라로 도입된 것과 같이 지리상 인접한 국가나 긴밀한 관계에 있는 국가 간에 정책이 확산되어 간다는 이론은 근대화론(확산이론)이다. 이익집단이론은 복지국가의 발달이 다양한 이익집단들의 이익추구 과정에서 나타났다고 보는 이론이다.

05

답과 해설 답 ⑤

ㄹ. 제3의 길은 영국의 블레어 정부와 독일의 슈뢰더 정부의 정책노선과 맥락을 같이 한다.

06

답과 해설 답 ①

사회투자국가는 영국 노동당 정부가 '제3의 길'의 구체적 실천전략으로 제시한 국가모형에서 비롯되었다. 사회투자국가는 복지의 투자적 성격과 생산적 성격을 강조하며, 복지와 성장, 사회정책과 경제정책의 상호보완성을 강조한다.

오답노트

ㄹ. 결과의 평등보다는 기회의 평등을 강조한다. 불평등의 해소보다는 사회적 포섭에 관심을 두고, 기회를 재분배함으로써 결과의 불평등은 받아들일 수 있는 것으로 본다.

07

답과 해설 답 ④

페이비언 사회주의는 점진적 사회주의라고 말할 수 있다. 즉 점진적으로 사회개량을 진행하면서 생산수단의 공공적 소유, 기업의 국유화를 실현시켜 나가려는 입장이다. 자유주의를 비판하면서 사회는 개인의 합 이상의 유기체이며, 사회가 바람직한 상태가 되어야 개인의 행복도 가능한 것이라고 보았다. 또한 복지국가의 확대를 통해 자본주의를 변화시킬 수 있다고 보았다.

08

답과 해설 답 ⑤

산업화이론(수렴이론)에 대한 비판에 해당한다.

09

답과 해설 답 ①

오답노트

② 보수주의 복지국가는 사회보험을 강조하며, 전통적으로 가부장제가 강한 남성생계부양자 모형에 속한다. 프랑스, 독일 등 유럽 대륙국가들이 이에 해당한다.
③ 독일은 보수주의 복지국가의 대표적인 예이다.
④ 사회민주주의 복지국가는 중산층을 주요한 복지대상으로 포괄하며 탈상품화 효과가 가장 큰 편에 속한다.
⑤ 자유주의 복지국가는 시장 중심적인 유형에 속하며 자산조사에 의한 공공부조가 가장 비중 있는 프로그램이다.

10

답과 해설 답 ③

신우파는 국가의 개입이 유해하며, 복지국가는 개인의 자유를 침해할 수밖에 없다고 주장한다. 따라서 시장이야말로 소비자의 선호를 발견하고 조정하는 최선의 체계라고 주장한다.

11

답과 해설 답 ④

케인스주의의 입장이다. 케인스주의는 국가가 적극적으로 경제에 개입하여 유효수요를 창출함으로써 시장의 불완전성을 보완할 수 있다고 보고, 시장에 대한 국가의 적극적인 개입을 주장했다. 세계대전 이후 선진국들은 이 이론을 따라 복지제도 확충을 통해 적극적으로 시장에 개입하면서 자본주의의 위기를 안정화시켰다.

12

답과 해설 답 ②

좌파정당과 노동조합의 영향력을 강조하는 것은 권력자원이론(사회민주주의이론)에 해당하는 설명이다.

13

답과 해설 답 ③

소득보장을 통한 유효수요의 창출과 완전고용을 강조하였던 기존의 케인스주의적 복지국가 형태에서 새로운 사회적 위험에 대응하기 위한 다양한 측면에서의 복지국가의 재편이 시도되고 있다.

14

답과 해설 답 ⑤

모두 옳은 내용이다. 국가의 적극적인 시장개입을 통해 시장경제의 위기를 해결할 수 있다는 케인스의 경제이론을 케인스주의라고 한다.

15

답과 해설 답 ②

오답노트

ㄴ. 사회복지제도의 발전이 사회안정 및 사회질서의 유지를 목적으로 한 것이라는 주장은 음모이론에 해당한다. 사회양심이론은 사회복지정책을 국가의 자선활동으로 간주하며, 국가 책임의 확대나 국민의 권리라는 차원보다는 이타심, 타인에 대한 사랑이 복지정책의 발전을 가져왔다고 본다.

ㄹ. 민주주의의 발전은 정치적 측면에 해당하는데, 산업화이론은 민주화 수준, 정당구조 등과 같은 정치적 변수를 중요하게 고려하지 않는다.

16

답과 해설 답 ④

오답노트

① 윌렌스키와 르보의 모형에서 잔여적 모형은 빈민과 같은 요보호자를 대상으로 하여 사회적으로 최저한의 급부를 주는 역할만을 수행한다.

② 티트머스의 모형에서 산업성취 모형은 사회복지 제도의 중요한 역할을 경제의 종속물로서 통합·구체화하고 있다.

③ 퍼니스와 틸톤의 모형은 적극적 국가, 사회보장국가, 사회복지국가로 구분하였다.

⑤ 에스핑-앤더슨의 조합주의적 복지국가는 주로 사회보험 프로그램을 강조한다.

17

답과 해설 답 ②

오답노트

ㄴ. 소극적 집합주의는 자본주의의 효율적이고 공정한 기능을 위해서 국가의 개입이 일정하게 필요하다고 주장하였지만, 이는 상황에 따른 실용적인 성격의 개입이라고 볼 수 있다.

ㄹ. 페이비언 사회주의는 의회정치를 활용한 점진적인 방식의 사회주의를 지향하였다.

18

답과 해설 답 ⑤

오답노트

① 독일은 대표적인 보수주의 복지국가에 해당한다.

② 자유주의 복지국가는 공공부조 프로그램을 강조하며, 대표적으로 미국을 들 수 있다.

③ 사회민주주의 복지국가는 복지의 재분배적 기능이 강력하다.

④ 사회민주주의 복지국가는 공공부문에서 제공하는 사회서비스가 발전하였으며, 전형적인 남성생계부양자 모형에 속하는 것은 보수주의 복지국가이다.

19

답과 해설 답 ③

오답노트

① 사회민주주의 복지국가 유형은 탈상품화 수준이 가장 높다.

② 자유주의 복지국가 유형은 시장에서 개인이 복지욕구에 따라 직접 필요한 서비스를 구매하는 형태를 강조한다.

④ 탈상품화 수준: 자유주의 < 보수주의 < 사회민주주의

⑤ 사회민주주의 복지국가 유형은 복지의 재분배적 기능이 강력하다.

20

답과 해설 답 ⑤

후기산업사회로의 전환이라는 경제·사회구조의 변화는 전통적인 복지국가의 소득보장 프로그램으로 대응하기 어려운 새로운 사회적 위험을 구조화하였다. 한국 사회에서도 노동시장의 구조와 인구·가족 구조의 변화가 매우 빠르게 전개되고 있다. 여기서 새로운 사회적 위험이란 후기산업사회로의 전환과 경제·사회구조의 변화로 인해 새롭게 발생하는 위험이라고 할 수 있다.

21

답과 해설 답 ②

케인스주의에 관한 설명이다. 국가의 적극적인 시장 개입을 통해 시장경제의 위기를 해결할 수 있다는 케인스의 경제이론을 케인스주의라고 한다.

22

답과 해설 답 ④

신자유주의는 개인주의, 경쟁의 원리, 소극적 자유, 선별주의적 복지제공 등을 강조하는 입장이며, 시장의 활성화를 위해 기업이 경쟁력을 발휘하기 위해서는 노동시장의 유연화가 필요하다고 보아 노동자보호를 위한 입법을 후퇴시키기도 했다.

23

답과 해설 답 ②

미쉬라(R. Mishra)는 복지국가를 '분화된 복지국가'와 '통합된 복지국가'로 구분하였다. 분화된 복지국가는 경제정책과 사회복지정책이 분리되어 있으며 사회복지정책은 잔여적인 역할에 국한된다고 보았고, 통합된 복지국가는 경제정책과 사회복지정책이 결합되어 있으며 국가, 사용자, 노동자 간에 협력과 합의를 토대로 이루어진다고 보았다.

24

답과 해설 답 ②

ㄱ. 반집합주의: 복지국가는 개인의 자유를 침해하며, 따라서 국가의 역할을 축소하고 시장의 역할을 강화하는 것을 강조한다.
ㄷ. 사회민주주의: 불평등을 개선하고 국민들의 적극적 자유를 보장하기 위한 국가의 역할을 강조한다.

25

답과 해설 답 ③

ㄴ. 사회복지 발달을 18세기 공민권, 19세기 정치권, 20세기 사회권 등 시민권의 확대과정으로 설명하였다.
ㄹ. 시민권의 확대와 자본주의의 불평등한 계급구조는 양립할 수 있다고 보았다.

26

답과 해설 답 ④

프랑스, 독일 등은 보수주의 복지국가에 해당한다.

27

답과 해설 답 ①

마르크스주의는 복지국가가 발달한다고 해도 자본주의의 근본적인 모순이 해결되는 것은 아니며 오히려 장기적으로 봤을 때 자본주의를 강화한다고 보았다.

28

답과 해설 답 ⑤

모두 옳은 내용이다.

1.④	2.①	3.③	4.①	5.①
6.⑤	7.③	8.②	9.④	10.⑤
11.②	12.⑤	13.⑤	14.②	15.③
16.②	17.④	18.⑤	19.⑤	20.③
21.③	22.③			

01

답과 해설 답 ④

ㄴ. 정책형성 – ㄱ. 정책결정 – ㄹ. 정책집행 – ㄷ. 정책평가

02

답과 해설 답 ①
오답노트

② 효율성은 투입과 산출을 비교하여 판단하는데, 투입이 높아 효율성이 낮다 하더라도 의도했던 정책목표의 달성도가 높다면 효과성이 높다고 할 수 있다.
③ 효율성은 목표를 달성하기 위한 수단적 차원이다.
④ 적절성은 문제해결을 위해 사용한 수단이나 방법들이 바람직했는지를 평가하는 것이다.
⑤ 평가의 결과는 정책의 지속 여부를 판단하는 근거가 되기도 하지만 정책목표와 정책수단의 수정, 보완을 위한 정보로서의 기능도 한다.

03

답과 해설 답 ③

ㄴ. 최적모형은 경제적 합리성과 초합리성을 동시에 고려한다.
ㄹ. 혼합모형은 합리모형과 점증모형을 절충한 것이다.

04

답과 해설 답 ①
오답노트

② 투입과 산출의 비율에 따라 평가하는 것은 효율성 평

가이다.
③ 과정평가에서는 주로 질적 방법을 통해 정책의 활동을 분석한다.
④ 정책집행에 따른 수혜자의 만족도를 살펴보기 위해 반응성 평가를 진행한다.
⑤ 정책과정에 있어 수혜대상자들이 얼마나 참여하였는가, 즉 민주성 평가도 진행될 수 있다.

05

답과 해설 답 ①

목표달성 정도는 효과성 평가를 통해 판단한다.

06

답과 해설 답 ⑤

집행과정은 정책형성과정의 다른 단계에 비해 관리기술적 성격이 강해서 집행조직의 문화, 선례, 표준운영절차 등이 많이 작용한다. 그리고 여러 사회세력들의 세력관계를 반영하는 정치적 과정이기도 한다. 즉 정책집행과정은 여러 이해당사자들 사이의 상호작용 과정이며, 이들 사이의 협상과 타협을 통해 원래의 정책목표가 왜곡되거나 정책집행이 지연되기도 하고 전혀 집행되지 않기도 하는 것이다.

07

답과 해설 답 ③

실현가능성과 관련해서 정치적 실현가능성과 기술적 실현가능성을 모두 고려한다.

08

답과 해설 답 ②
오답노트

① 브레인스토밍: 다양한 아이디어를 자유분방한 상태에서 제안하는 방법이다.
③ 회귀분석: 변수들 간의 인과관계를 활용하여 만들어낸 회귀방정식을 통해 미래를 예측하는 방법이다.
④ 점진적 방법: 한정된 수의 대안만을 탐색하는 것으로 기존 정책에 약간의 수정을 가한다.
⑤ 경향성 분석: 과거의 경향이나 추세를 미래에 연장시켜 추측하는 방법이다. 예를 들어 노령 인구의 증가 추세를 가지고 앞으로의 출산율 변화와 노령화 경향을 예측하는 방법이다.

09

답 ④

① 합리모형은 인간의 이성과 합리성을 전제로 한다.
② 혼합모형은 합리모형과 점증모형의 절충적인 형태이다.
③ 최적모형은 정책결정에 있어서 경제적 합리성과 함께 직관, 창의력 등 초합리적 요소를 동시에 고려한다.
⑤ 쓰레기통모형은 정책결정에 필요한 요소들이 우연히 결합되어 정책결정이 이루어진다고 본다.

10

답 ⑤

정책평가자의 신념, 가치, 지식, 전문성 등은 평가의 방향에 있어서 영향을 미친다.

11

답 ②

비용편익분석은 경제적 합리성을 중시하며 효율성이라는 기준은 충족시킬 수 있으나, 눈에 보이지 않는 비화폐적 효과가 간과되기 쉽고, 사회적 형평성이나 클라이언트의 반응성 등의 기준은 적용하기가 곤란하다는 문제점이 있다.

12

답 ⑤

동원모형은 내부에서 이슈가 제기되어 정부의 주도적인 홍보활동에 의해 공공의제로 확산되는 모형이다. 권력이 분산되어 있지 않은 후진국에서 주로 발생한다.

13

답 ⑤

빈칸의 단계는 정책대안 형성 단계에 해당한다. 사회문제를 이슈화한 뒤 의제로 선택되면 그에 대한 정책대안을 형성하는 과정으로 이어진다.

14

답 ②

ㄴ. 과거의 경향이나 추세를 미래에 연장시켜 추측하는

방법은 경향성 분석이다.
ㄹ. 마르코프 모형은 어떤 상황이 시간의 흐름에 따라 일정한 확률에 따라 변해가는 경우에 최종적 상태를 예측하여 도움을 줄 수 있는 확률적 정보를 제공해주는 방법이다.

15

답 ③

효과성 평가는 의도했던 정책목표를 얼마나 달성했는가를 비용(투입)과 상관없이 평가한다.

16

답 ②

① 정책평가는 무엇이 잘된 것인지, 잘못된 것인지를 판단하는 것으로 가치지향적 성격을 갖는다.
③ 정책담당자가 정책평가의 결과를 참고하여 정책에 반영하겠다는 의지가 없으면 평가의 결과는 무용지물이된다.
④ 정책평가에는 기술적 지식 외에 사회복지실천에 대한 이론적 지식이 바탕이 되어야 하며, 현재의 정치, 사회, 문화 등에 대한 다양한 지식도 필요하다.
⑤ 총괄평가는 주로 양적 방법을, 과정평가는 주로 질적 방법을 활용한다.

17

답 ④

ㄹ. 합리모형에 대한 비판이다.

18

답 ⑤

정책의 집행은 여러 사회세력들의 세력관계를 반영하는 과정으로 정치적 성격을 띨 수밖에 없다.

19

답 ⑤

① 합리모형에 해당하는 설명이다.
② 만족모형에 해당하는 설명이다.

③ 혼합모형에 해당하는 설명이다.
④ 쓰레기통모형에 해당하는 설명이다.

20

답과 해설 답 ③

오답노트

ㄱ. 문제해결을 위해 사용한 수단이나 방법들의 바람직한 정도를 나타내는 정책평가의 기준은 적절성이다. 형평성은 효과나 노력이 얼마나 공평하고 공정하게 배분되는지를 평가하는 기준이다.

ㄴ. 사회복지정책의 집행결과에 대해 수혜대상자들이 얼마나 만족하는가를 평가하는 것은 반응성 평가이다. 합법성 평가는 사회복지정책이 수행되는 과정에서 얼마나 관련 법률을 제대로 준수하였는가에 대한 평가이다.

21

답과 해설 답 ③

총괄평가는 정책의 효과나 영향을 파악하기 위해 정책이 집행된 이후에 진행되는 것이 일반적이다.

22

답과 해설 답 ③

사회복지정책이 수행되는 과정에서 얼마나 관련 법률을 제대로 준수하였는가에 대한 평가는 합법성 평가이다. 민주성 평가는 복지수혜대상자들이 자신의 행복이 결정되는 사회복지정책과정에 얼마나 참여하였는가에 대한 평가이다.

5장 사회복지정책의 분석틀

01.③	02.①	03.③	04.②	05.③
06.①	07.③	08.④	09.④	10.②
11.④	12.②	13.⑤	14.③	15.①
16.⑤	17.⑤	18.④	19.①	20.④
21.②	22.①	23.④	24.①	25.⑤
26.②	27.③	28.⑤	29.⑤	30.③
31.②	32.①	33.④	34.④	35.⑤

01

답과 해설 답 ③

해당 내용은 과정분석에 대한 설명이며, 산물분석은 정책선택에 관련된 여러 가지 쟁점들을 분석하는 접근을 말한다.

02

답과 해설 답 ①

오답노트

② 국민연금제도는 인구학적 기준, 보험료 기여, 진단적 차등 등을 기준으로 한다. 기초연금제도는 인구학적 기준과 자산조사를 기준으로 한다.

③ 국민기초생활보장제도는 자산조사와 부양의무자 기준을 고려하며, 장애인연금제도는 인구학적 기준과 진단적 차별, 자산조사를 기준으로 한다.

④ 노인장기요양보험은 인구학적 기준, 보험료 기여, 진단적 차등을 기준으로 한다.

⑤ 산재보험은 보험료 기여와 진단적 차등을 기준으로 한다.

03

답과 해설 답 ③

오답노트

① 현금급여는 본래 정책목표와는 다른 용도로 사용될 가능성이 있으므로 현물급여보다 목표효율성이 낮다.

② 현물급여는 용도가 제한되기 때문에 이용자의 선택권이 제한된다.
④ 현물급여는 낙인 효과가 크게 나타날 수 있다.
⑤ 현물급여는 규모의 경제 효과가 있어서 생산, 공급 단가를 낮출 수 있는 장점이 있다.

04

답과 해설 답 ②

조세보다 사회보험료와 같은 목적세가 저항이 적은 편이다. 조세는 세금을 납부하는 것과 혜택이 직접적으로 연계되어 있지 않지만, 보험료는 급여와 연계되어 있기 때문이다.

05

답과 해설 답 ③
오답노트

ㄱ. 분리 전략에 대한 설명이다. 분리 전략은 새로운 기관이 기존 전달체계 외부에 만들어지며, 기존 전달체계 내로 진입을 시도하지 않는다. 성적, 인종적 차별 또는 사회경제적 지위로 인해 기존의 전달체계 내에서는 적절한 서비스를 받을 수 없는 소외계층을 위한 새로운 서비스 네트워크를 구축하려는 것이다.
ㄷ. 경쟁 전략에 대한 설명이다. 경쟁 전략은 전달체계 내에서 클라이언트와 자원을 놓고 기존 기관과 경쟁 관계에 있게 될 새로운 기관을 만드는 전략이다. 클라이언트의 욕구에 좀 더 민감하도록 하고, 좀 더 창의적이고 활력을 불어넣는 역할을 한다.

06

답과 해설 답 ①
오답노트

② 국민기초생활보장제도는 자산조사와 부양의무자 기준을 고려한다.
③ 기초연금은 인구학적 기준과 자산조사를 기준으로 한다.
④ 건강보험은 급여종류에 따라 차이가 있으며 기본적으로 기여를 기준으로 한다.
⑤ 산재보험은 급여종류에 따라 차이가 있으며 기여와 진단적 구분을 기준으로 한다.

07

답과 해설 답 ③

조세지출은 납부해야 하는 세금을 면제해 주거나 감면해 주는 것으로 세금을 납부한 사람들만 혜택을 받을 수 있다.

08

답과 해설 답 ④
오답노트

ㄹ. 복지다원주의의 확대가 사회복지 제공자로서 국가의 역할을 축소시키면서 서비스 이용의 불평등이 증가하고, 공공서비스 제공의 축소로 이어질 수 있다는 비판이 제기된다.

09

답과 해설 답 ④

산업재해보상보험법상 요양급여는 현물급여이다.

10

답과 해설 답 ②

ㄷ. 사회보험료에는 보험료 부과의 기준이 되는 소득의 상한액이 있어서 고소득층이 유리하다.

11

답과 해설 답 ④

• 소비자 선택권: 현금급여 > 바우처 > 현물급여
• 목표효율성: 현물급여 > 바우처 > 현금급여
• 운영효율성: 현금급여 > 바우처 > 현물급여

12

답과 해설 답 ②

안정성, 통합성 등에서 유리한 것은 중앙정부의 사회복지 전달체계이다.

13

답과 해설 답 ⑤

모두 옳은 내용이다. 과정분석은 정책의 형성과정을 분석하고, 산물분석은 정책의 운영(행정)과 관련된 문제들을 분석하며, 성과분석은 정책이 실행된 결과나 영향을 평가한다.

14

답과 해설 답 ③

오답노트

ㄹ. 지방정부의 재량권을 기준으로 작은 것에서 큰 순서로 나열하면 범주적 보조금 〈 포괄 보조금 〈 일반교부세 순으로 나열할 수 있다.

15

답과 해설 답 ①

오답노트

② 한국은 공공부문의 재원 중 사회보험료의 비중이 가장 크다.

③ 소비세의 비중이 소득세보다 크다.

④ 소득세의 누진성이 높다는 것은 소득이 높아질수록 세율이 높아지는 것을 의미한다. 소득재분배효과는 소득세에 대한 누진성이 높을수록 커진다.

⑤ 급여의 상한액을 설정하고 보험료 부과기준의 상한액을 없애면 소득재분배 효과를 높일 수 있다.

16

답과 해설 답 ⑤

비영리기관은 기본적으로 민간기구로서 정부로부터 독립하여 활동하고 자치적으로 운영되지만, 정부로부터 재정적 지원을 받을 수 있으며, 정부와 관련된 활동에 참여할 수도 있다.

17

답과 해설 답 ⑤

이전소득은 공적 이전소득과 사적 이전소득이 있다. 공적 이전소득은 공공부문 재원으로부터의 이전소득이고 사적 이전소득은 비공식부문 재원(가족 내 이전, 가족 간 이전)으로 민간재원에 속한다.

18

답과 해설 답 ④

복지혼합

• 사회복지에 대한 국가의 역할과 책임이 시장, 가족, 지역사회, 자원조직 등 다른 다양한 공급주체들에 의해 대체되어야 한다는 것이다.

• 1980년대 초반 영국의 대처 정부, 미국의 레이건 정부로 대표되는 신보수주의의 등장으로 국가복지에 대한

비판이 일면서 등장하게 된 개념이다.

19

답과 해설 답 ①

사용자 부담은 서비스 이용 시 일정한 액수를 본인이 부담하는 것으로 아무리 부담 액수가 크지 않더라도 저소득층에게 부담이 될 수 있어 역진적이다.

20

답과 해설 답 ④

ㄱ. 보편주의란, 급여는 사회적 권리로서 모든 사람에게 주어져야 한다는 원리이다.

ㄴ. 보편주의는 인간의 존엄성, 사회통합, 평등의 가치를 강조한다.

ㄷ. 선별주의에 기반한 복지제도는 비용 절감을 강조하며, 대상자에게 낙인이 발생한다.

21

답과 해설 답 ②

• 공공재원에는 일반예산, 사회보험료(사회보장성 조세), 조세지출(조세비용) 등이 있다. 일반예산은 누진세가 적용되는 많은 조세들로 조성되기 때문에 다른 재원들에 비해 소득재분배 효과가 높다. 따라서 일반예산의 비중이 높을수록 소득재분배 효과가 높다. 특히 누진적인 소득세가 역진적인 소비세보다 높은 비중을 차지할 때 소득재분배 효과가 높다.

• 사회보험료가 역진적인 이유 중 하나는 보험료 부과기준소득에 상한액이 설정되어 있다는 것인데 이를 없애면 소득재분배 효과를 높일 수 있다.

• 조세지출의 한 형태로 사교육에 대한 지출을 소득공제해주면, 사교육에 대한 지출이 비교적 높은 고소득층이 더욱 유리해지므로 오히려 소득재분배가 악화된다.

22

답과 해설 답 ①

실업급여는 사회보험 중 하나인 고용보험의 급여로서 보편주의적인 제도에 속한다.

23

답과 해설 답 ④

민영화의 진행에 따라 사회복지에 대한 공공부문의 역할

과 책임이 민간부문으로 떠넘겨진다는 비판이 있다.

24

답과 해설 **답** ①

㉠은 현금급여, ㉡은 권력, ㉢은 현물급여, ㉣은 바우처를 의미한다. 건강보험의 장애인 보조기기 구입비는 현금급여로 제공한다.

25

답과 해설 **답** ⑤

조세지출에 대한 설명이다. 조세지출의 형태에는 소득공제, 비과세, 세액공제, 세액감면 등이 있다. 조세지출은 세금을 내지 않은 사람은 혜택을 받을 수 없다는 점에서 일반조세와는 차이가 있다. 따라서 저소득층의 상당수는 세금을 내지 않으므로 조세지출의 혜택을 받지 못한다는 점에서 역진적인 특징이 있다.

26

답과 해설 **답** ②

ㄱ. 사회수당제도의 경우처럼 특정한 인구학적 조건(출생, 사망, 연령 등)만 충족하면 급여가 제공되는 경우 보편주의적 성격이 상대적으로 강하다고 볼 수 있다.
ㄷ. 국민연금의 급여는 종류별로 일정한 차이가 있지만, 보험료 기여와 인구학적 기준(연령), 진단적 차등 등을 대상자 선정 기준으로 활용한다.

오답노트

ㄴ. 장애인연금은 만 18세 이상(연령)의 등록한 중증장애인(진단적 차등) 중 소득인정액이 선정기준액 이하인 경우(자산조사)에 지원대상이 된다.
ㄹ. 노인장기요양보험의 경우 소득수준과 상관없이 노인장기요양보험 가입자(국민건강보험 가입자와 동일)와 그 피부양자, 의료급여수급권자로서 65세 이상 노인과 65세 미만 노인성 질병이 있는 자에게 신청자격이 주어지는데 누구나 장기요양급여를 받을 수 있는 것은 아니며 일정한 절차에 따라 장기요양급여를 받을 수 있는 권리(수급권)가 부여된다.

27

답과 해설 **답** ③

기관보조금 방식은 공공부문이 직접 서비스를 제공하는 대신 비영리 민간부문에 사회복지시설의 설치와 운영을 허용하고 비용의 일부를 정부가 보조하는 방식이다. 재원조달이 이용자와는 상관없이 공공부문에서 기관으로 이루어지기 때문에 종속적인 의존관계를 가져올 수 있다.

28

답과 해설 **답** ⑤

㉠은 인구학적 기준, ㉡은 진단적 구분, ㉢은 자산조사, ㉣은 기여를 의미한다. 기초연금은 인구학적 기준(65세 이상 노인)과 자산조사를 기준으로 급여를 제공한다.

29

답과 해설 **답** ⑤

ㄷ. 장애인 의무고용 제도, 장애인 특례 입학제도, 여성고용할당제 등은 비물질적 급여 중 기회에 해당한다. 권력은 수급자에게 정책결정에 있어 권력을 부여하여 그들에게 유리하게 결정될 수 있도록 하는 것으로써 예를 들어 사회보장위원회에 수급자 대표를 참여시킨다면 권력이라는 급여를 제공한 것이라고 볼 수 있다.

30

답과 해설 **답** ③

클라이언트가 이용할 수 있는 기관이 없어서 서비스체계에 접근하지 못하는 경우 비접근성의 문제가 나타난다.

31

답과 해설 **답** ②

사회서비스 전자바우처 도입으로 인해 공급자 지원방식에서 수요자 직접지원방식으로 전환이 가능해졌다.

32

답과 해설 **답** ①

우리나라의 국민건강보험제도는 영국의 국민보건서비스제도(NHS)와 달리 보험료 납부라는 형태의 기여를 급여자격 기준으로 한다.

33

답과 해설 **답** ④

사회복지정책 분석의 4가지 기본틀
• 할당 – 사회적 할당의 기반은 무엇인가: 누가 급여를

받는가?

- 급여 – 사회적 급여의 형태는 무엇인가: 무엇을 받는가?
- 전달 – 사회적 급여를 전달하기 위한 전략은 무엇인가: 어떻게 급여를 받는가?
- 재정 – 사회적 급여에 필요한 재정을 마련하기 위한 방법은 무엇인가: 누가 급여를 지불하는가?

34

답과 해설 답 ④

ㄴ. 산출분석(산물분석)에 해당한다.
ㄷ. 성과분석에 해당한다.

35

답과 해설 답 ⑤

민영화는 사회적 욕구 충족을 위한 기제를 정부부문에서 민간부문으로 이전하거나 민간영역의 확대를 장려하는 사회적 흐름을 의미한다. 민영화는 공공재 제공, 평등추구, 규모의 경제 실현 등의 면에서 어려움을 겪을 가능성이 크다.

6장 **사회보장론 일반**

01.⑤	02.①	03.②	04.②	05.⑤
06.③	07.④	08.④	09.⑤	10.③
11.④	12.②	13.④	14.④	15.①
16.④	17.②	18.⑤	19.③	20.⑤
21.③	22.②	23.⑤	24.②	25.①
26.⑤

01

답과 해설 답 ⑤

사회보험은 국가의 책임으로 운용되며, 공공부조 및 사회서비스는 국가 및 지방자치단체의 책임으로 운용된다.

02

답과 해설 답 ①
오답노트

ㄹ. 연금재정 운영방식 중 부과방식은 현재 노인세대에게 지급할 연금을 미래 세대인 근로계층이 부담하는 방식으로, 세대 간 재분배 효과가 발생한다.

03

답과 해설 답 ②

사회보험은 모든 가입자에게 일정한 수준 이상의 급여를 제공하는 사회적 적절성을 중시한다. 민간보험은 자신이 낸 보험료에 비례하여 급여를 받는 개인적 형평성을 강조한다.

04

답과 해설 답 ②

자산조사를 하게 되면 사회적 낙인감이 크지만, 사회수당은 자산조사를 하지 않기 때문에 낙인감이 발생하지 않는다.

05

답 ⑤

의료급여 1종 수급권자가 입원 시에는 본인부담금이 없지만, 외래 시에는 본인부담금이 있다.

06

답 ③

사회보장제도를 통해 실업, 질병, 노령 등 다양한 사회적 위험에서 보호하는 정도가 증가할수록 소득재분배 효과는 커지게 된다.

07

답 ④

ㄱ. 제도 설계에 따라 차이가 있지만, 일반적으로 공공부조제도의 수직적 재분배 효과가 가장 크다.
ㄴ. 공공부조제도는 선별주의 원칙에 기반한다.
ㄷ. 공공부조제도는 주로 빈곤층을 대상으로 하며 자산조사를 실시한다.

08

답 ④

국민연금과 고용보험의 경우 근로자가 10명 미만인 사업장에 근무하는 근로자 중 정부가 고시하는 기준에 해당하는 근로자에게 보험료를 지원한다.

09

답 ⑤

노인장기요양보험의 보험료는 건강보험료에 장기요양보험료율을 곱하여 산정한다.

10

답 ③

산재보험료는 전적으로 사용주가 부담한다. 국민건강보험의 보험료는 직장가입자는 보수월액을 기준으로, 지역가입자는 보험료 부과점수를 기준으로 산정한다.

사회보장기본법의 사회보장 비용 부담 원칙
• 사회보장 비용의 부담은 각각의 사회보장제도의 목적에 따라 국가, 지방자치단체 및 민간부문 간에 합리적

으로 조정되어야 한다.
• 사회보험에 드는 비용은 사용자, 피용자 및 자영업자가 부담하는 것을 원칙으로 하되, 관계 법령에서 정하는 바에 따라 국가가 그 비용의 일부를 부담할 수 있다.
• 공공부조 및 관계 법령에서 정하는 일정 소득 수준 이하의 국민에 대한 사회서비스에 드는 비용의 전부 또는 일부는 국가와 지방자치단체가 부담한다.
• 부담 능력이 있는 국민에 대한 사회서비스에 드는 비용은 그 수익자가 부담함을 원칙으로 하되, 관계 법령에서 정하는 바에 따라 국가와 지방자치단체가 그 비용의 일부를 부담할 수 있다.

11

답 ④

수급권의 성격과 관련해서 공공부조제도보다 사회보험제도의 권리성이 강한 편이다.

12

답 ②

기초연금은 보험료를 재원으로 하는 국민연금제도와 달리 국가의 일반재정을 재원으로 하는 소득보장정책이다.

13

답 ④

국민연금의 노령연금, 건강보험의 장애인 보조기기 급여비는 현금급여이다.

14

답 ④

ㄱ. 건강보험심사평가원은 요양기관으로부터 청구된 요양급여 비용을 심사하고 요양급여의 적정성을 평가한다.
ㄴ. 장기요양위원회는 장기요양 보험료율, 가족요양비 등의 지급기준, 재가 및 시설급여비용 등을 심의한다.
ㄷ. 국민건강보험의 체납 업무는 국민건강보험공단에서 수행한다.

ㄹ. 2011년부터 사회보험 징수통합에 따라 고용보험과 산재보험의 징수 업무는 국민건강보험공단에서 수행하게 되었다.

15

답과 해설 답 ①

- 산업재해보상보험: 1963년 법 제정, 1964년 시행
- 의료보험: 1963년 법 제정, 1977년 강제가입 도입
- 국민연금: 1986년 법 전부개정, 1988년 시행
- 고용보험: 1993년 법 제정, 1995년 시행
- 노인장기요양보험: 2007년 법 제정, 2008년 시행

16

답과 해설 답 ④

ㄹ. 사회적 적절성은 사회보험에만 해당한다. 민간보험은 사회적 적절성의 원리가 아니라 개인적 공평성의 원리에 입각한다. 따라서 엄격한 보험수리원칙을 적용한다.

17

답과 해설 답 ②
오답노트

ㄱ. 수직적 재분배는 소득이 높은 계층으로부터 낮은 계층으로 재분배되는 형태이다. 아동수당은 수평적 재분배에 해당한다.
ㄴ. 수평적 재분배는 동일한 소득 계층 내에서의 특정한 조건을 가진 사람들에게 재분배되는 형태이다. 국민기초생활보장제도와 같은 공공부조는 수직적 재분배에 해당한다.

18

답과 해설 답 ⑤

2007년 제5의 사회보험이라 불리는 노인장기요양보험법이 제정되었으며, 2008년에 시행되었다.

19

답과 해설 답 ③

보건복지부장관은 관계 중앙행정기관의 장과 협의하여 사회보장 증진을 위하여 사회보장에 관한 기본계획을 5년마다 수립하여야 한다.

20

답과 해설 답 ⑤

기초연금은 국가의 일반재정으로 재원이 마련되며, 만 65세 이상 노인 중 소득인정액이 기초연금의 선정기준액 이하인 경우를 대상으로 시행하는 공공부조제도로 분류한다.

21

답과 해설 답 ③

사회보장기본법상 사회보장이란 "출산, 양육, 실업, 노령, 장애, 질병, 빈곤 및 사망 등의 사회적 위험으로부터 모든 국민을 보호하고 국민 삶의 질을 향상시키는 데 필요한 소득·서비스를 보장하는 사회보험, 공공부조, 사회서비스"를 말한다. ①은 사회보험, ②와 ④는 공공부조, ⑤는 사회서비스에 해당한다.

22

답과 해설 답 ②

국가와 지방자치단체는 사회보장제도의 급여 수준과 비용 부담 등에서 형평성을 유지하여야 한다.

23

답과 해설 답 ⑤

상병보상연금, 직업재활급여는 산재보험의 급여에 해당한다.

24

답과 해설 답 ②
오답노트

ㄱ. 사회수당 제도는 비기여·비자산 조사의 형태이다.
ㄴ. 우리나라의 사회수당 제도는 아직 보편주의적 가치를 완벽하게 반영하지 못하고 있다.
ㄷ. 사회보장제도 중 가장 오래된 유형은 공공부조제도와 같은 비기여·자산 조사의 형태이다.

25

답과 해설 답 ①

공공부조 제도는 단기적 재분배에 해당한다. 단기적 재분배는 사회적 욕구의 충족을 위해 현재의 자원을 사용하여 소득을 재분배한다.

26

답과 해설 답 ⑤

ㄱ. 특정한 조건을 가진 사람들에게 급여하는 경우는 수평적 재분배이다.
ㄴ. 대부분의 수직·수평적 재분배는 세대 내에서 일어난다.
ㄷ. 세대 간 재분배는 주로 부과방식으로 운영되는 공적 연금제도에서 나타난다.
ㄹ. 누진적 소득세의 경우 수직적 재분배에 해당한다.

7장 · 공적 연금의 이해

01.④	02.①	03.②	04.②	05.②
06.③	07.⑤	08.③	09.②	10.②
11.⑤	12.②	13.②	14.④	15.⑤
16.④	17.⑤	18.④	19.④	20.⑤

01

답과 해설 답 ④

적립방식은 장기간에 걸쳐 보험료와 이를 적립한 기금의 투자수익을 합하여 노후세대에게 급여를 지급하는 방식으로 부과방식에 비해 상대적으로 인플레이션으로 인한 영향이 큰 편이다.

02

답과 해설 답 ①
오답노트

② 국민연금공단은 공법인이다.
③ 연금액은 물가상승률에 따라 조정하여 연금액의 실질 가치를 보전하고 있다.
④ 출산크레딧제도에 따라 5자녀 이상인 경우 50개월을 가입기간에 추가로 인정받을 수 있고, 이 50개월이 최대기간이다.
⑤ 전 국민을 대상으로 실시된 것은 1999년부터이다.

03

답과 해설 답 ②

ㄱ. 기여식 연금은 주로 사회보험료를 재원으로 하며, 무기여 연금은 조세를 재원으로 한다.
ㄷ. 정액연금은 일반적으로 연금급여지출에 필요한 재원을 조세에 의존하고 있는 사회부조식 연금이나 사회수당식 연금에서 흔히 찾아볼 수 있다. 소득비례연금은 기여식 연금에서 가장 보편적으로 찾아볼 수 있는 형태이다.

04

답과 해설 답 ②

부부가 모두 기초연금을 받는 경우 각각의 기초연금에서 20%를 감액하여 지급하도록 하고 있다.

05

답과 해설 답 ②

오답노트

ㄴ. 국민연금제도는 부분(수정)적립방식을 채택하고 있다.
ㄹ. 부과방식은 매년 전체 가입자가 낸 보험료로 당해연도에 지급해야 할 연금급여를 충당하기 때문에 적립방식보다 세대 간 재분배 효과가 크게 나타난다.

06

답과 해설 답 ③

유족연금은 유족의 범위에 해당하는 배우자, 자녀, 부모, 손자녀, 조부모의 순위에 따라 최우선 순위자에게만 지급한다.

07

답과 해설 답 ⑤

급여의 종류로는 노령연금, 장애연금, 유족연금, 반환일시금, 사망일시금이 있다. 즉, '장애인연금'이 아닌 '장애연금'이 급여의 종류에 해당한다. 장애인연금은 공공부조제도로서 중증장애인에게 근로능력의 상실 또는 현저한 감소로 인하여 줄어드는 소득과 장애로 인한 추가 비용을 보전하기 위하여 매월 일정액의 연금을 지급하는 제도이다.

08

답과 해설 답 ③

• 적립방식은 근로세대가 낸 보험료와 이를 적립한 기금의 투자수익으로 노후세대에게 급여를 지급하는 형식이다. 기금의 투자수익은 경기변동의 영향을 받는데 경기변동을 예측할 수 없다는 점에서 위험성이 있다.
• 부과방식은 지급할 연금급여 총액에 대한 추정을 근거로 근로세대에게 보험료를 부과하는 방식이다. 고령화 사회에서 근로세대가 적을 경우 대응이 어렵다는 위험성이 있다.

09

답과 해설 답 ②

소득비례연금은 과거의 소득을 기준으로 차등하여 급여를 지급하는 형태이지만, 그렇다고 해서 반드시 급여액이 소득에 정비례하지는 않는다.

10

답과 해설 답 ②

오답노트

ㄴ. 국민연금제도는 수정적립방식을 채택하고 있다.
ㄹ. 소득대체율은 연금에 가입하여 보험료를 납부한 경우 본인 가입기간 중 평균소득과 대비하여 받을 수 있는 연금액의 지급수준을 말한다.

11

답과 해설 답 ⑤

모두 옳은 내용이다. 확정급여식 연금의 급여는 임금 또는 소득의 일정 비율 또는 일정 금액으로 사전에 급여산정공식에 의해 확정되어 있지만 원칙적으로 보험료(기여금)는 확정되어 있지 않다. 반면, 확정기여식 연금은 보험료(기여금)만이 사전에 확정되어 있을 뿐 급여액은 확정되어 있지 않다. 급여액은 적립한 기여금과 기여금의 투자수익에 의해서만 결정되기 때문에 사전에 급여액이 얼마나 될지 알 수 없다.

12

답과 해설 답 ②

지역가입자는 9%의 보험료를 모두 자신이 부담하고 있다. 반면, 사업장가입자의 보험료는 근로자와 사용자가 각각 4.5%씩 균등하게 부담한다.

13

답과 해설 답 ②

국민연금 수급액, 소득수준, 부부 모두가 기초연금 대상자인지의 여부 등에 따라 대상자를 선별하여 지급한다.

14

답과 해설 답 ④

ㄹ. 부부가 모두 국민연금에 가입되어 있다면 각자 보험

사회복지정책론

료를 납부한 기간에 따라 둘 다 노후에 노령연금을 받
을 수 있다.

15

답 ⑤

ㄹ. 인구구조의 변화에 많은 영향을 받는 것은 부과방식
이다. 부과방식은 시행초기에 적은 보험료로 제도를
운영하는 것이 가능하다는 장점이 있지만, 장기적인
재정운영이 불안정하며, 인구구조의 변화에 영향을
많이 받는다는 단점이 있다.

16

답 ④

ㄱ. 노후보장에 있어서 공적 연금보다 시장이 주도적인
영향력을 행사하는 경향이 있는 것은 잔여적 연금체
계 유형에 해당한다.
ㄴ. 노후보장에 있어서 시장의 역할은 주변적인 기능을
하는 것에 지나지 않으며, 공적 연금의 적용대상이 직
업에 따라 분절화되는 특성을 보이는 것은 조합주의
적 연금체계 유형에 해당한다.
ㄷ. 조합주의적 연금체계 유형에 해당하는 국가에는 벨
기에, 프랑스, 독일, 이탈리아 등이 있다.

연금체계의 유형
에스핑-앤더슨은 전체 연금체계를 구성하는 요소로서 개
별 연금제도들이 전체 퇴직 후 소득에서 차지하는 역할
의 비중과 적용대상의 범위와 구분방법 등을 고려하여
연금체계를 크게 세 가지 유형으로 분류하였다.
• 조합주의적 연금체계: 이 체계 내에서는 지위(status)가
연금제도의 구조를 결정하는데 주요한 요소이다. 노후
보장에 있어 시장의 역할은 주변적인 기능을 하는 것
에 지나지 않으며, 공적 연금의 적용대상 또한 직업에
따라 분절화 되는 특성을 보인다. 여기에는 오스트리
아, 벨기에, 프랑스, 독일, 이탈리아 등이 해당된다.
• 잔여적 연금체계: 이는 자유주의적인 시장순응체계로
서 노후보장에 있어서 공적 연금보다는 시장이 주도적
인 영향력을 행사하는 경향이 있다. 즉, 노후소득 구성
면에서 근로소득, 사적 연금, 재산소득 등이 상대적으
로 큰 역할을 수행한다. 공무원의 특권은 조합주의적
연금체계와는 달리 인정되지 않는 경향이 있다. 호주,
미국, 캐나다, 스위스 등이 해당된다.
• 보편주의적 연금체계: 거의 모든 국민들에게 사회권
차원에서 연금수급권이 부여되고 지위에 따른 특권은
인정되지 않는 경향이 있다. 또한 노후보장에 있어 시
장의 역할은 매우 제한적이다. 여기에는 스웨덴, 노르

웨이, 뉴질랜드, 덴마크, 네덜란드 등이 포함된다.

17

답 ⑤

납부예외기간은 가입기간에 포함되지 않기 때문에 나중
에 연금액 산정 시 가입기간에서 제외된다.

18

답 ④

국민연금의 급여 중 반환일시금과 사망일시금 등은 일시
금으로 지급된다.

19

답 ④

적립한 기여금과 기여금의 투자수익에 의해서만 결정되
기 때문에 사전에 급여액이 얼마나 될지 알 수 없는 것은
확정기여식 연금이다. 확정급여식 연금에서 급여는 임금
또는 소득의 일정 비율 또는 일정 금액으로 사전에 급여
산정공식에 의해 확정되어 있지만 원칙적으로 보험료(기
여금)는 확정되어 있지 않으며, 연금급여액은 대개 과거
소득 및 소득활동기간에 의해 결정된다.

20

답 ⑤

ㄹ. 기초연금 수급권자의 권리는 5년간 행사하지 아니하
면 시효의 완성으로 소멸한다.

8장 국민건강보장제도의 이해

```
01.①   02.①   03.⑤   04.⑤   05.④
06.①   07.⑤   08.①   09.⑤   10.④
11.②   12.③   13.⑤   14.④   15.⑤
16.④   17.⑤   18.④
```

01

답과 해설 답 ①

오답노트

② NHS 방식은 정부가 일반조세로 재원을 마련하여 모든 국민에게 서비스를 제공하는 방식이다. 우리나라는 사회보험료를 통해 재원을 마련하고 있다.
③ 소득수준에 따라 보험료를 차등하여 부과한다.
④ 의료급여 수급권자는 건강보험 적용에서 제외된다.
⑤ 조합방식에 따라 지역가입자와 직장가입자의 운용을 별도로 하던 것을 2003년 단일 재정으로 완전 통합하여 통합방식을 유지하고 있다.

02

답과 해설 답 ①

노인장기요양보험제도는 소득수준과 상관없이 노인장기요양보험 가입자(국민건강보험 가입자와 동일)와 그 피부양자, 의료급여 수급권자로서 65세 이상 노인과 65세 미만 노인성 질병이 있는 자가 신청대상이다.

03

답과 해설 답 ⑤

국민건강보험제도의 가입자는 직장가입자 및 지역가입자로 구분한다.

04

답과 해설 답 ⑤

오답노트

① 건강보험심사평가원: 요양기관으로부터 청구된 요양급여 비용을 심사하고 요양급여의 적정성 평가

② 진료심사평가위원회: 심사평가원의 업무를 효율적으로 수행하기 위하여 심사평가원에 설치한 기구
③ 국민건강보험공단: 가입자 및 피부양자의 자격관리, 보험료 부과 징수, 보험급여 비용의 지급 등의 업무를 수행
④ 건강보험분쟁조정위원회: 건강보험과 관련한 심판청구를 심리·의결하기 위하여 보건복지부에 설치한 기구

05

답과 해설 답 ④

ㄱ. 중복수급 금지를 원칙으로 하지만, 가족요양비 수급자 중 기타 재가급여를 받는 경우에는 예외로 한다.
ㄴ. 건강보험료와 통합징수한다.
ㄷ. 장기요양인정 절차를 거쳐야 급여를 받을 수 있다.

06

답과 해설 답 ①

오답노트

② 건강보험심사평가원은 요양기관으로부터 청구된 요양급여 비용을 심사하고 요양급여의 적정성을 평가한다.
③ 건강보험 급여의 종류 중 장애인 보조기기는 현금급여의 형태로 지급된다.
④ 공무원 및 교직원은 직장가입자에 해당한다.
⑤ 건강보험의 재원은 사회보험료와 국고보조금 및 건강증진기금 등 정부지원금으로 한다.

07

답과 해설 답 ⑤

오답노트

ㄹ. 우리나라는 현재 행위별 수가제를 기본으로 하면서 포괄수가제의 적용 영역을 확대해나가고 있다.

08

답과 해설 답 ①

정부는 외국 정부가 사용자인 사업장의 근로자의 건강보험에 관하여 외국 정부와의 합의에 의하여 이를 따로 정할 수 있다. 국내에 체류하고 있는 재외국민 또는 외국인으로서 대통령령이 정하는 사람은 제5조의 "국내에 거주하는 국민"이라는 적용대상의 규정에도 불구하고 이 법의 적용을 받는 가입자 또는 피부양자가 된다.

09

답과 해설　답 ⑤

섬 · 벽지 · 농어촌 등의 지역에 거주하는 자, 65세 이상인 자, 장애인복지법에 따라 등록한 장애인, 국가유공자 등 예우 및 지원에 관한 법률에 따른 국가유공자, 휴직자, 그 밖에 생활이 어렵거나 천재지변 등의 사유로 보험료의 경감이 필요한 자는 그 가입자 또는 그 가입자가 속한 세대의 보험료의 일부를 경감할 수 있다.

10

답과 해설　답 ④

장기요양요원이 수급자의 가정 등을 방문하여 신체활동 및 가사활동 등을 지원하는 것은 방문요양이다. 단기보호는 수급자를 일정기간 동안 장기요양기관에 보호하여 신체활동 지원 및 심신기능의 유지 · 향상을 위한 교육 · 훈련 등을 제공하는 것이다.

11

답과 해설　답 ②

장기요양기관으로 지정을 받을 수 있는 시설은 노인복지법에 따른 노인복지시설 중 노인의료복지시설(노인요양시설, 노인요양공동생활가정) 및 재가노인복지시설(방문요양서비스, 주 · 야간보호서비스, 단기보호서비스, 방문 목욕서비스 등을 제공하는 것이 목적인 시설)로 한다.

12

답과 해설　답 ③

장기요양급여는 크게 재가급여와 시설급여로 구분할 수 있다. 재가급여의 종류에는 방문요양, 방문목욕, 방문간호, 주 · 야간보호, 단기보호, 기타재가급여가 있으며, 특별현금급여에는 가족요양비가 있다. 주 · 야간보호와 단기보호의 차이는 전자가 수급자를 "하루 중 일정한 시간" 동안 보호한다면, 후자는 수급자를 "일정기간" 동안 단기보호시설에 보호한다는 점에 있다.

13

답과 해설　답 ⑤

요양급여를 실시하는 요양기관으로는 '의료법에 따라 개설된 의료기관, 약사법에 따라 등록된 약국, 약사법에 따라 설립된 한국희귀 · 필수의약품센터, 지역보건법에 따른 보건소 · 보건의료원 및 보건지소, 농어촌 등 보건의료

를 위한 특별조치법에 따라 설치된 보건진료소'가 있다.

14

답과 해설　답 ④

포괄수가제는 행위별 수가제에 비해 과잉진료와 의료서비스 오남용을 억제하는 효과가 있다.

15

답과 해설　답 ⑤

요양급여의 적정성 평가는 건강보험심사평가원의 업무에 해당한다.

16

답과 해설　답 ④

우리나라는 본인부담상한액 제도를 시행하고 있다. 본인부담상한액 제도는 고액 중증질환의 의료비 부담을 덜기 위하여 환자가 부담한 연간 본인부담금 총액이 가입자 소득수준에 따른 본인부담 상한액을 초과하는 경우, 그 초과금액을 전액 환자에게 돌려주는 제도(비급여 항목 제외)이다.

17

답과 해설　답 ⑤

공단은 보험급여를 받을 수 있는 사람이 '고의 또는 중대한 과실로 인한 범죄행위에 그 원인이 있거나 고의로 사고를 일으킨 경우, 고의 또는 중대한 과실로 공단이나 요양기관의 요양에 관한 지시에 따르지 아니한 경우, 고의 또는 중대한 과실로 급여의 확인에 관한 문서와 그 밖의 물건의 제출을 거부하거나 질문 또는 진단을 기피한 경우, 업무 또는 공무로 생긴 질병 · 부상 · 재해로 다른 법령에 따른 보험급여나 보상을 받게 되는 경우'에 해당하면 보험급여를 하지 아니한다.

18

답과 해설　답 ④

장기요양인정을 신청하는 자가 거동이 현저하게 불편하거나 도서 · 벽지 지역에 거주하여 의료기관을 방문하기 어려운 자 등 대통령령으로 정하는 자는 의사소견서를 제출하지 않을 수 있다.

9장 산업재해보상보험제도의 이해

01.⑤ 02.③ 03.③ 04.⑤ 05.④
06.⑤ 07.① 08.⑤ 09.② 10.③
11.⑤ 12.④ 13.③ 14.①

01

답과 해설 답 ⑤

사업주의 보험관계 성립신고 여부와 관계없이 사업을 개시한 날 또는 소정의 요건에 충족되어 당연적용사업에 해당하게 되는 날 이후에 재해를 당한 근로자는 산재보험의 보상을 받을 수 있다.

02

답과 해설 답 ③

오답노트

ㄱ. 장애급여가 아니라 장해급여이다.
ㄷ. 요양급여의 범위는 진찰 및 검사, 약제 또는 진료재료와 의지 그 밖의 보조기의 지급, 처치, 수술, 그 밖의 치료, 재활치료, 입원, 간호 및 간병, 이송 등이 있다.

03

답과 해설 답 ③

보험료율은 업종별 요율과 개별 실적요율제를 함께 적용한다.

04

답과 해설 답 ⑤

오답노트

ㄹ. 공무원 재해보상법 또는 군인 재해보상법에 따라 재해보상이 되는 사업은 적용제외대상에 해당하며, 따라서 공무원은 산재보험 적용대상에서 제외된다.

05

답과 해설 답 ④

오답노트

ㄹ. 산재보험에서는 휴업급여를 지급함으로써 요양기간 동안 소득보장을 제공하지만 건강보험에서는 요양기간 동안 소득보장을 제공하는 상병수당제도가 아직 정식으로 실시되지 않고 있다.

06

답과 해설 답 ⑤

오답노트

① 산재보험의 징수업무는 건강보험공단에서 담당하고 있다.
② 업무상 재해 인정기준에 해당한다.
③ 요양급여와 휴업급여의 대기일은 3일이다.
④ 보험료는 사업주가 전액 부담한다.

07

답과 해설 답 ①

오답노트

② 간병급여는 실제로 간병을 받는 자에게 지급한다.
③ 수급권자가 이 법에 따라 보험급여를 받았거나 받을 수 있으면 보험가입자는 동일한 사유에 대하여 근로기준법에 따른 재해보상 책임이 면제된다.
④ 요양 또는 재요양을 받고 있는 근로자가 그 요양기간 중 일정기간 또는 단시간 취업을 하는 경우에는 부분휴업급여를 지급할 수 있다.
⑤ 보험급여를 받을 권리는 퇴직하여도 소멸되지 아니한다.

08

답과 해설 답 ⑤

휴업급여의 대기기간은 3일이며, 대기기간은 지급이 지연됨을 의미하는 것이 아니라 지급하지 않음을 의미한다. 따라서 대기기간이 지나도 대기기간 동안의 급여는 지급되지 않는다.

09

답과 해설 답 ②

오답노트

ㄴ. 장기요양에도 불구하고 장애가 남아 노동능력이 저하되었을 경우 해고 제한 및 직장 복귀 등을 위한 권리를 보장하도록 하고 있다.
ㄹ. 휴업급여는 업무상 사유에 의하여 부상을 당하거나

질병에 걸린 근로자에게 요양으로 인하여 취업하지 못한 기간에 대해 지급하는 소득보상 성격의 급여이다. 1일당 지급액은 평균임금의 70%이다.

10

답 ③

사업주의 구체적인 지시를 위반한 행위, 근로자의 사적 행위 또는 정상적인 출장 경로를 벗어났을 때 발생한 사고는 업무상 사고로 보지 않는다.

11

답 ⑤

ㄹ. 요양급여를 받은 자가 간병이 필요할 때 지급하는 것은 간병급여이다. 상병보상연금은 요양급여를 받는 근로자가 요양 개시 후 2년이 경과된 날 이후에 당해 부상 또는 질병이 치유되지 아니한 상태가 계속되는 경우, 그 부상 또는 질병에 의한 중증요양상태의 정도가 대통령령이 정하는 중증요양상태등급기준에 해당하는 상태가 계속되는 경우, 요양으로 인하여 취업하지 못하였을 경우 휴업급여 대신 상병보상연금을 당해 근로자에게 지급한다.

12

답 ④

'공무원 재해보상법 또는 군인 재해보상법에 따라 재해보상이 되는 사업, 선원법 · 어선원 및 어선 재해보상보험법 또는 사립학교교직원 연금법에 따라 재해보상이 되는 사업, 가구내 고용활동, 농업 · 임업(벌목업은 제외) · 어업 및 수렵업 중 법인이 아닌 자의 사업으로서 상시근로자 수가 5명 미만인 사업'은 적용제외 사업에 해당한다.

13

답 ③

가입 대상과 수급권자 등을 위한 노후준비서비스 사업은 국민연금공단의 업무에 속한다. 근로복지공단의 업무에는 '보험가입자와 수급권자에 관한 기록의 관리 · 유지, 보험료징수법에 따른 보험료와 그 밖의 징수금의 징수, 보험급여의 결정과 지급, 보험급여 결정 등에 관한 심사청구의 심리 · 결정, 산업재해보상보험 시설의 설치 · 운영, 업무상 재해를 입은 근로자 등의 진료 · 요양 및 재활, 재활보조기구의 연구개발 · 검정 및 보급, 보험급여 결정

및 지급을 위한 업무상 질병 관련 연구, 근로자 등의 건강을 유지 · 증진하기 위하여 필요한 건강진단 등 예방 사업, 근로자의 복지 증진을 위한 사업, 그 밖에 정부로부터 위탁받은 사업' 등이 있다.

14

답 ①

ㄷ. 사회협약이론: 확실하고 신속한 산재보상을 보장받는다면 근로자는 민사배상을 포기할 수 있고 사업주는 자신의 과실이 없어도 배상할 수 있다는 것
ㄹ. 직업위험이론: 자본주의 체제에서 산재는 필연적인 현상이며, 산재비용은 생산비용 일부이기 때문에 과실여부에 관계없이 지급되어야 한다는 것

10장 고용보험제도의 이해

01. ② 02. ③ 03. ⑤ 04. ④ 05. ⑤
06. ④ 07. ③ 08. ④ 09. ⑤ 10. ⑤

또는 직무와 관련된 법률을 위반하여 금고 이상의 형을 선고받은 경우, 사업에 막대한 지장을 초래하거나 재산상 손해를 끼친 경우, 정당한 사유 없이 근로계약 또는 취업규칙 등을 위반하여 장기간 무단결근한 경우)
- 자기 사정으로 이직한 피보험자(전직 또는 자영업을 하기 위하여 이직한 경우, 중대한 귀책사유가 있는 자가 해고되지 아니하고 사업주의 권고로 이직한 경우, 그밖에 고용노동부령으로 정하는 정당한 사유에 해당하지 아니하는 사유로 이직한 경우)

01

답과 해설 답 ②

고용안정 · 직업능력개발사업의 보험료는 사업주가 전액 부담한다.

02

답과 해설 답 ③

구직급여 수급기간은 피보험기간과 연령을 고려하여 산정되며 최소 120일부터 최대 270일까지이다.

오답노트

① 중대한 잘못으로 해고된 경우에는 받을 수 없다.
② 대기기간은 7일이다.
④ 구직급여를 받기 위해서는 직업안정기관의 장에게 수급자격 인정신청을 해야 한다.
⑤ 적극적인 재취업활동을 전제로 지급된다.

03

답과 해설 답 ⑤

고용노동부장관은 보험사업에 필요한 재원을 충당하기 위해 고용보험기금을 설치한다.

04

답과 해설 답 ④

육아휴직은 자녀 1명당 1년 사용가능하므로 자녀가 2명이면 각각 1년씩 2년 사용 가능하다.

05

답과 해설 답 ⑤

이직 사유에 따른 수급자격의 제한
- 중대한 귀책사유(歸責事由)로 해고된 피보험자(형법

06

답과 해설 답 ④
오답노트

ㄹ. 자영업자인 피보험자의 실업급여의 종류에서 연장급여와 조기재취업수당은 제외한다.

07

답과 해설 답 ③

일용근로자란 1개월 미만 동안 고용되는 자를 말한다.

08

답과 해설 답 ④
오답노트

ㄹ. 육아휴직 급여는 배우자의 근로 여부와 상관없이 신청할 수 있다.

09

답과 해설 답 ⑤
오답노트

ㄱ. 조기재취업 수당은 실업급여를 지급받고 있던 수급자격자가 빠른 시일 내에 안정된 직장에 재취업하는 경우에 지급되는 보너스 성격의 급여이다.

10

답과 해설 답 ⑤

구직급여는 폐업한 자영업자인 피보험자가 다음의 각 요건을 모두 갖춘 경우에 지급한다.
- 폐업일 이전 24개월간 피보험 단위기간이 합산하여 1년 이상일 것
- 근로의 의사와 능력이 있음에도 불구하고 취업을 하지

못한 상태에 있을 것
- 법령을 위반하여 허가 취소를 받거나 영업 정지를 받아 폐업한 경우, 방화 등 피보험자 본인의 중대한 귀책사유로서 고용노동부령으로 정하는 사유로 폐업한 경우, 전직 또는 자영업을 다시하기 위하여 폐업한 경우 등의 수급자격의 제한 사유에 해당하지 아니할 것
- 재취업을 위한 노력을 적극적으로 할 것

11장 빈곤과 공공부조제도

01.⑤	02.⑤	03.③	04.②	05.②
06.③	07.⑤	08.④	09.②	10.③
11.②	12.①	13.⑤	14.②	15.②
16.④	17.④	18.③	19.③	20.③
21.④	22.④	23.③	24.⑤	25.⑤
26.⑤	27.②	28.④		

01

답과 해설 답 ⑤

반물량방식은 저소득층의 최소한의 식료품지출비에 3을 곱한 급액을 빈곤선으로 정한다.

02

답과 해설 답 ⑤

지니계수는 높을수록 소득불평등이 심각하다고 말할 수 있다. 지니계수는 0에서 1사이의 값으로 나타나는데 보통 0.4 이상인 경우 소득불평등이 심하다고 본다.

03

답과 해설 답 ③

주거급여에 관하여 필요한 사항은 주거급여법에서 정하며, 국토교통부가 주관한다.

04

답과 해설 답 ②
오답노트

ㄴ. 완전평등선에서 아래쪽으로 볼록한 면적이 넓을수록 불평등 정도가 심하다고 해석할 수 있다.
ㄹ. 시장소득 지니계수는 시장소득을 토대로 계산하고, 가처분소득 지니계수는 가처분소득을 토대로 계산하기 때문에 같은 값을 갖지 않는다. 시장소득 지니계수가 높고 가처분소득 지니계수가 낮게 나타나면 시장에 따른 불평등은 심하지만 국가의 개입을 통해 불

평등 정도가 완화된다고 판단할 수 있다.

05

답과 해설 답 ②

가처분소득은 총소득에서 소득세 및 사회보험료 등을 제외한 소득을 의미한다. 즉, 가처분소득은 세후소득을 의미한다.

06

답과 해설 답 ③

근로연계복지정책은 국가의 개입을 최소화하는 데에 초점을 둔 신자유주의 흐름과 연관된다. 신자유주의는 복지급여를 축소하고 국가의 책임보다 개인의 책임을 강조하는 특징이 있다.

07

답과 해설 답 ⑤

국민기초생활보장제도가 개편되면서 수급자의 필요에 따라 개별급여를 실시한다.

08

답과 해설 답 ④

ㄹ. 인적 자본이론에 대한 설명이다.

09

답과 해설 답 ②

1990년대 중반과 현재를 비교했을 때 GDP는 크게 증가하였지만, 절대빈곤율과 상대빈곤율은 높은 수준을 유지하고 있다는 점에서 경제성장이 빈곤율 감소로 이어지는 낙수효과가 거의 사라졌음을 알 수 있다. 낙수효과란 경제가 성장하면 이로 인한 성과가 아래로 분배되어 자연스럽게 국민들의 복지도 향상될 수 있다는 것을 핵심으로 한다. 즉, 분배와 경제성장 중에서 경제성장을 우선순위에 두는 신자유주의자들이 주로 주장하는 내용 중에 하나이다.

10

답과 해설 답 ③

생계급여는 현금급여를 원칙으로 하되, 현물로 지급

할 수도 있다. 수급자의 소득인정액에 따라 달라질 수 있다.

11

답과 해설 답 ②

ㄱ. 빈곤율은 가장 간단한 방법이지만 정확한 수치는 아니다.
ㄷ. 빈곤율과 빈곤갭은 모두 빈곤층 내부의 소득분배 상태를 보여주지 못한다.

12

답과 해설 답 ①

경제가 성장하여 평균적인 생활수준이 올라가면 절대적 빈곤은 감소하는 경향이 있다.

오답노트

② 상대적 빈곤은 경제성장에 따라 그 기준이 높아질 수 있다.
③ 사회적 배제는 소득뿐만 아니라 사회적 관계에 따른 다차원적인 배제에 관심을 둔 개념이다.
④ 복지국가로 발전할수록 절대적 빈곤보다 상대적 빈곤 개념이 더 대두된다.
⑤ 중위소득을 기준으로 함에 따라 상대적 빈곤개념을 도입하였다.

13

답과 해설 답 ⑤

국민기초생활보장제도는 최저생활보장의 원칙, 보충급여의 원칙, 자립지원의 원칙, 개별성의 원칙, 가족부양 우선의 원칙, 타급여 우선의 원칙, 보편성의 원칙 등을 따르고 있다.

오답노트

ㄹ. 단기지원의 원칙은 긴급복지지원제도의 원칙 중 하나이다.

14

답과 해설 답 ②
오답노트

① 지니계수는 0에 가까울수록 평등한 상태를 의미한다.
③ 로렌즈곡선은 완전평등선에서 아래쪽으로 볼록할수록 불평등함을 나타낸다.

④ 시장소득 지니계수와 가처분소득 지니계수를 비교했을 때 전자에 비해 후자가 상당히 낮은 수준을 나타냈다면 국가의 조세 및 사회복지정책의 불평등 완화효과가 크다는 것을 보여준다.
⑤ 10분위 분배율은 수치가 작을수록 소득 격차가 큰 것이며, 5분위 분배율은 수치가 작을수록 소득 격차가 작다는 것을 의미한다.

15

답과 해설 **답 ②**

의료급여에 필요한 사항은 따로 의료급여법에서 정한다.

16

답과 해설 **답 ④**
오답노트

① 빈곤층의 규모를 확인하기 위해서는 빈곤갭보다 빈곤율을 살펴봐야 한다.
② 주관적 빈곤을 측정하는 대표적인 방식은 라이덴 방식으로, '당신의 가구에서는 얼마의 소득이 있다면 근근이 살아갈 수 있겠습니까?'라는 식의 질문을 통해 빈곤선을 추정한다. 라운트리 방식(전물량방식)은 절대적 빈곤을 측정하는 방식이다.
③ 절대적 빈곤의 문제는 최저생활 수준에 미치지 못하는 상태를 일컫는다. 상대적 빈곤의 문제는 불평등과 상대적 박탈감 등과 밀접한 관련을 가지고 있다.
⑤ 반물량방식은 영양학적으로 충분한 식단을 구성할 수 있는 비용을 기초로 빈곤선을 계측한다.

17

답과 해설 **답 ④**
오답노트

ㄱ. 빈곤율은 빈곤층의 규모를 보여주는 지표로 보기에서 설명하는 것은 빈곤갭에 대한 설명이다.
ㄴ. 10분위 분배율이 클수록, 5분위 분배율이 작을수록 소득 격차가 작다고 볼 수 있다.
ㄷ. 지니계수는 0과 1 사이의 값을 가지며 그 값이 1에 가까울수록 불평등도가 높다는 것을 의미한다.

18

답과 해설 **답 ③**
오답노트

① 중위소득이란 전체 가구를 소득 순으로 순위를 매겼을 때 정확히 가운데를 차지한 가구의 소득수준을 말하며, 평균소득은 전체 가구소득의 총합을 전체 가구 수로 나눈 값이다. 일반적으로 평균소득이 중위소득보다 높은 경향이 있는데, 이는 고소득층이 평균소득을 끌어올리기 때문이다.
② 10분위 분배율은 수치가 클수록 소득 격차가 작은 것이며, 5분위 분배율은 수치가 클수록 소득 격차가 크다는 것을 의미한다.
④ 상대적 빈곤선은 사회의 불평등 수준에 큰 영향을 받는다.
⑤ 빈곤갭은 빈곤층의 규모를 보여주지는 못한다.

19

답과 해설 **답 ③**

ㄴ. 5분위 분배율은 수치가 클수록 소득불평등 수준이 큰 것이며, 10분위 분배율은 수치가 클수록 소득불평등 수준이 낮은 것이다. 따라서 2010년에 비해 2012년에는 소득불평등 수준이 감소하였다.
ㄹ. 10분위 분배율은 하위 40% 소득 합을 상위 20% 소득 합으로 나눈 것이다.

20

답과 해설 **답 ③**

의료급여제도는 공공부조제도이다.

21

답과 해설 **답 ④**

ㄹ. 5분위 분배율은 소득이 가장 높은 상위 20% 가구의 소득 합을 소득이 낮은 하위 20% 가구의 소득 합으로 나눈 것이다.

22

답과 해설 **답 ④**

미국은 칠레, 한국과 더불어 소득재분배정책의 효과가 OECD 평균에 비해 상대적으로 낮은 편에 속한다.

23

답과 해설 **답 ③**

'당신의 가구에서는 얼마의 소득이 있다면 근근이 살아갈 수 있겠습니까?'라는 식의 질문은 주관적 빈곤 개념을 측정할 때 사용하는 질문이다. 이러한 주관적 빈곤을 측정하는 대표적인 방식으로 라이덴(Leyden) 방식이 있는데, 위의 질문과 같은 내용으로 빈곤선을 추정하였다.

24

답과 해설 답 ⑤

난민법에 따른 난민으로 인정된 외국인만 긴급지원대상자에 포함한다. 긴급지원대상자가 될 수 있는 외국인은 '대한민국 국민과 혼인 중인 사람, 대한민국 국민인 배우자와 이혼하거나 그 배우자가 사망한 사람으로서 대한민국 국적을 가진 직계존비속을 돌보고 있는 사람, 난민법에 따른 난민으로 인정된 사람, 본인의 귀책사유 없이 화재·범죄·천재지변으로 피해를 입은 사람, 그 밖에 보건복지부장관이 긴급한 지원이 필요하다고 인정하는 사람'에 해당하는 사람이다.

25

답과 해설 답 ⑤

모두 옳은 내용이다. 근로장려세제란 열심히 일은 하지만 소득이 적어 생활이 어려운 근로자 또는 사업자(전문직 제외)가구에 대하여 가구원 구성과 총급여액 등에 따라 산정된 근로장려금을 지급함으로써 근로를 장려하고 실질소득을 지원하는 근로연계형 소득지원제도이다.

26

답과 해설 답 ⑤
오답노트

ㄹ. 보편성의 원칙으로서 국민기초생활보장법에 규정된 요건을 충족시키는 국민에 대하여는 성별·직업·연령·교육수준·소득원 등의 이유로 수급권을 박탈하지 아니한다.

27

답과 해설 답 ②

ㄴ. 공공부조는 법적으로는 모든 국민이 보호의 대상이지만, 실제로는 빈곤선 이하의 생활이 어려운 사람이 주 대상이다.

28

답과 해설 답 ④

라운트리(Rowntree) 방식은 절대적 빈곤을 측정하는 대표적인 방식으로서 인간 생활에 필수적인 모든 품목에

대하여 최저한의 수준을 정하고 화폐가치로 환산하여 빈곤선을 측정한다. 주관적 빈곤을 측정하는 대표적인 방식으로는 라이덴(Leyden) 방식이 있다.

사회복지행정론

1장 사회복지행정의 개념과 특성

01. ⑤	02. ③	03. ④	04. ⑤	05. ④
06. ⑤	07. ①	08. ①	09. ②	10. ①
11. ④	12. ④	13. ③	14. ②	15. ⑤
16. ①				

01

답과 해설 **답 ⑤**

⑤ 사회복지조직은 수익사업을 하지만 이윤을 목적으로 하는 것은 아니다.

02

답과 해설 **답 ③**

오답노트

ㄷ. 사회복지서비스는 제공되었다고 해서 그 성과가 바로 나타나지 않는 경우도 많다. 또한 그 성과의 기준 자체가 모호한 경우도 많다.

03

답과 해설 **답 ④**

④ 문제에 제시된 사례에서는 소진을 보이는 직원들에 대한 보상, 복지, 교육·훈련 등 인적자원관리 차원의 대처가 필요하다.

04

답과 해설 **답 ⑤**

휴먼서비스 조직의 특성(Hasenfeld)
• 휴먼서비스 조직의 원료는 인간이다.
• 휴먼서비스 조직의 목표는 불확실하며 애매모호하다.
• 휴먼서비스 조직이 활용하는 기술은 불확실하다.
• 휴먼서비스 조직의 핵심 활동은 직원과 클라이언트의 관계이다.
• 휴먼서비스 조직은 직원의 전문성에 대한 의존도가 크다.
• 휴먼서비스 조직의 효과성을 측정할 척도가 부족하다.

05

답과 해설 **답 ④**

오답노트

ㄱ. 사회복지서비스는 개별화가 강조되기 때문에 일률적인 서비스가 되도록 표준화하는 것을 지향하지는 않는다.

06

답과 해설 답 ⑤

사회복지행정가가 갖추어야 할 지식
- 기관의 목표, 정책, 서비스, 자원에 대한 지식
- 인간행동의 역동성에 관한 지식
- 기관에서 활용하는 사회복지방법론에 대한 지식
- 관리의 원칙 · 과정 · 기술에 관한 지식
- 사회복지 관련 전문단체 및 협회들에 관한 지식
- 조직이론에 관한 지식
- 평가 과정과 기법에 관한 지식
- 사회복지조직과 관련된 법 · 제도에 관한 지식

07

답과 해설 답 ①

①은 사회복지행정에서만 나타나는 특징에 해당하며, ②③④⑤는 일반행정과 사회복지행정 모두에서 나타나는 특징이다.

08

답과 해설 답 ①

사회복지행정의 주요 가치
- 효율성: 최소한의 자원으로 최대한의 효과를 산출해야 한다.
- 효과성: 제공된 서비스 혹은 프로그램이 클라이언트의 욕구충족 및 문제해결을 위해 적절해야 한다.
- 공평성/형평성: 동일한 욕구를 지닌 클라이언트에 대해 동일한 서비스가 제공되어야 한다.
- 접근성/편익성: 물리적, 심리적 접근성을 모두 아우르는 개념으로 클라이언트가 서비스를 쉽게 이용할 수 있어야 한다는 가치이다.
- 대응성: 사회복지조직의 서비스나 행정체계가 외부집단의 욕구, 선호, 가치 등에 민감하게 반응해야 한다는 가치이다.
- 책임성: 효과성과 효율성을 포괄하는 가치이며, 조직의 활동 및 서비스 제공에 있어 정당성이 확보되어야 함을 의미하는 개념이다.

오답노트

ㄹ. 민간 조직은 사회문제를 고려하고, 국가 정책의 사각지대에 놓인 사람들을 포용할 수 있어야 하기 때문에 국가 정책의 기조를 반드시 따르게 되지는 않는다.

09

답과 해설 답 ②

②사회복지조직은 그 설립 · 운영에 있어 법적 · 제도적 기준을 따라야 하며, 지역사회의 경제 · 사회 · 문화적 영향을 받게 된다. 때문에 외부환경의 영향에서 완전히 벗어난다는 것은 애초에 불가능하며, 오히려 자원 확보 등을 위해 의도적으로 외부환경과 교류한다.

10

답과 해설 답 ①

접근성의 개념은 물리적, 지리적 접근성 외에 심리적 접근성의 개념을 포함한다. 즉 위치나 교통의 문제뿐만 아니라 비용, 심리적 낙인, 정보 부족 등의 문제도 접근성을 가로 막는 요인이 될 수 있다.

11

답과 해설 답 ④

④ 영리를 목적으로 하지 않더라도 한정된 자원을 적절히 분배하기 위해 효율성을 추구해야 한다.

12

답과 해설 답 ④
오답노트

ㄷ. 전문적 책임성의 원칙은 고품질의 전문적 서비스를 제공할 책임이 있다는 것을 의미한다. 사회복지사의 전문적 활동에 있어 책임과 권한의 위임이 이루어질 수 있도록 해야 한다는 내용은 위임의 원칙이다.

13

답과 해설 답 ③

③사회복지행정은 전체 사회가 아닌 지역사회의 문제와 욕구에 초점을 두고 이를 해결하고 지원하기 위한 활동을 수행하는 것이다.

14

답과 해설 답 ②

②사회복지행정가는 기관의 일원으로서 기관이 추구하는 가치를 반영할 수 있어야 한다.

해답과 오답노트 사회복지행정론 **193**

15

답과 해설 **답 ⑤**

사회복지행정은 대개 POSDCoRBE로 표현되는 '기획 →
조직 → 인사 → 지시 → 조정 → 보고 → 재정 → 평가'의
과정으로 진행된다. 문제는 보고의 다음 단계인 재정에
관한 설명을 찾는 것으로 ⑤가 답이 된다.

오답노트

① 조직(Organizing)
② 평가(Evaluating)
③ 조정(Coordinating)
④ 기획(Planning)

16

답과 해설 **답 ①**

사회복지행정의 접근방법

- 관료적 접근방법: 위계적 명령계통, 규칙과 절차의 체계화, 전문성에 기반한 분업
- 민주적 접근방법: 구성원들의 참여 및 협력관계 강조, 팀 구조
- 클라이언트 중심 접근방법: 클라이언트의 복지를 위한 조직의 역할 강조, 지속적 학습 강조
- 컴플라이언스 접근방법: 기관의 사명 및 경영이념 준수, 이용자의 인권 강조

오답노트

ㄹ. Max Weber에 의해 처음으로 체계적으로 연구되고
분석된 조직구조의 체계는 관료적 접근방법이다.

2장 · 사회복지행정의 역사

01. ③ 02. ④ 03. ② 04. ① 05. ③
06. ③ 07. ② 08. ① 09. ④ 10. ①
11. ③ 12. ⑤ 13. ② 14. ② 15. ③
16. ③

01

답과 해설 **답 ③**
오답노트

① 2007년에는 주민생활지원서비스를 실시하며 동사무소를 동주민센터로 바꾸었다. 행정복지센터라는 명칭은 2016년 읍·면·동 단위의 맞춤형 복지를 위해 복지 허브화를 추진하면서 사용되기 시작했다.
② 2017년 주민자치형 공공서비스 도입은 주민참여형 서비스 제공을 강조하였다.
④ 2019년에 출범한 사회서비스원은 공공에서 돌봄 노동자를 직접 고용하여 서비스를 직접 제공하기 위한 것이다.
⑤ 2023년 4월 한국사회복지사 윤리강령이 개정되었지만 윤리강령이 법률은 아니므로 윤리강령의 개정으로 인해 사회복지 전문직의 권리가 법제화되었다고 말할 수는 없다.

02

답과 해설 **답 ④**

ㄷ. 일반직 사회복지전담공무원 임용: 2000년
ㄹ. 시·군·구 사회복지사무소 설치: 2004년, 시범사업으로 2006년에 종료
ㄴ. 주민생활지원서비스 전달체계: 2006~2007년에 걸쳐 단계별 도입
ㄱ. 사회복지통합관리망(행복e음) 개통: 2010년

03

답과 해설 **답 ②**

② 기존의 별정직 사회복지전문요원이 2000년에 일반직 사회복지전담공무원으로 전환되었다. 사회복지전담공무원은 읍·면·동 단위에만 배치되는 것은 아니다.

04

답과 해설 답 ①

① 1990년대 도입된 지방분권화에 따라 사회복지계에서도 지역성을 토대로 한 민·관 협력이 강조되면서 2003년 사회복지사업법 개정을 통해 지역사회복지계획의 수립을 의무화하였다.

오답노트

②③④⑤ 1997년 사회복지사업법 개정 내용에 포함된 사항들이다.

05

답과 해설 답 ③
오답노트

① 1960년대: 이 시기에는 이용시설보다는 수용시설이 주를 이루었다.
② 1970년대: 사회복지행정이 대학 교과목으로 채택되면서 행정의 필요성이 인식되기 시작하였다.
④ 1990년대: 사회복지사업법 제정은 1970년에 이루어졌으며, 사회복지 시설평가는 1997년 개정으로 도입되었다.
⑤ 2000년대: 지방분권화 자체는 1990년대에 시작되었다.

06

답과 해설 답 ③
오답노트

ㄹ. 우리나라에서는 시·군·구 희망복지지원단, 읍·면·동 복지 허브화 등을 통해 공공체계에 통합사례관리가 이루어질 수 있도록 하는 전달체계를 조직하였다. 이는 지역사회 내 복지소외계층 및 사각지대를 발굴하고 복합적 욕구에 대한 맞춤형 서비스를 제공하기 위한 것으로, 민간 자원과 연계하기는 하지만 민영화에 따른 결과라고 보기는 어렵다.

07

답과 해설 답 ②
오답노트

ㄱ. 별정직 사회복지전문요원이 2000년부터 일반직 사회복지전담공무원으로 전환되었다.
ㄹ. 사회서비스 전자바우처 대상자 및 제공기관에 대한 신청접수, 선정, 통지 등은 시·군·구에서 이루어지

며, 한국사회보장정보원에서는 서비스 결제승인, 비용지급 및 정산, 결제카드 등에 관한 사항에 대해 관리기관의 역할을 맡고 있다.

08

답과 해설 답 ①

사회복지 시설평가 제도는 사회복지시설에 대한 개방성, 투명성을 포함한 책임성에 대한 요구와 기대가 높아짐에 따라 도입되었다. 이 제도를 통해 사회복지시설은 책임성 이행을 위한 기본적인 기술과 절차를 갖추는 계기가 되었다.

09

답과 해설 답 ④

④ 1980년대 이후에는 사회복지가 민영화되고 예산이 감축되었다.

10

답과 해설 답 ①

① 국민기초생활보장제도와 같은 공공부조 서비스는 국가적 차원에서 제공된다.

11

답과 해설 답 ③
오답노트

① 반열방은 원산에 설립되었다.
② 일제하에서는 전통적인 사회복지 양식들이 대부분 사라졌다.
④ 조선구호령은 극히 한정된 구빈사업이었다.
⑤ 한국 초기 역사에서 빈민들을 대상으로 제공된 개별 사회사업과 유사한 방면위원은 반민간, 반공공에 의해 제공되었다.

12

답과 해설 답 ⑤
오답노트

① 신공공서비스론은 신공공관리론이 지나치게 정부의 효율적 운영에 초점을 둔다는 점을 비판하며 등장한 것으로, 정부 운영에 있어 공익적 측면, 시민의 권리 등을 강조하였다.
② 행정적 관리론은 생산성에 기초한 행정의 원리 및 원

칙, 행정의 관리적 기능을 강조하는 이론이다.
③ 품질관리론은 일반 기업의 다양한 분야에서 품질을 강조하며 개발되어 왔다. 우리 사회복지행정론에서는 대표적으로 총체적 품질관리(TQM)를 학습한다.
④ 성과관리론은 조직의 효율과 효과를 극대화하기 위한 체계적인 조직관리 방법으로 제시된 다양한 이론과 모델들을 포괄하여 지칭한다.

13

답과 해설 답 ②

ㄴ. 사회복지행정이 전문적인 실천방법의 하나로 인정받게 된 것은 1929년 밀포드회의이다.
ㄷ. 공동모금의 발달은 1950년대 일이다.
ㄱ. 1970년대 이후 사회복지기관의 운영원리로서 효과성, 효율성, 책임성에 대한 관심이 증대되었다.
ㄹ. 1990년대 이후 사회복지 재정관리와 마케팅이 점차 강조되고 있다.

14

답과 해설 답 ②

ㄴ. 사회복지전담공무원으로 개정: 1992년
ㄱ. 사회복지 시설평가 제도 마련: 1997년
ㄹ. 국민기초생활보장법 시행: 2000년(제정은 1999년)
ㄷ. 지역사회복지협의체 설치 및 운영: 2005년

15

답과 해설 답 ③

① 1997년
② 1998년
③ 1987년
④ 2000년
⑤ 2005년

16

답과 해설 답 ③

③ 1980년대 이후 여러 사회문제가 증가하고, 민주화가 진행되면서 사회복지와 관련된 법률들이 신설되거나 개정되었다. 이에 따라 민간 사회복지 전반에 큰 변화가 일었으며, 사회복지 관련 시설 및 기관들이 급속도로 증가하였다.

3장 사회복지행정의 이론적 배경

01

답과 해설 답 ③

③ 총체적 품질관리에서 품질은 클라이언트의 결정을 따른다.

02

답과 해설 답 ③

제시된 내용은 학습조직이론에 관한 설명이다. 학습조직이론은 전체 조직 및 구성원 개개인에 대한 학습으로 역량을 강화하여 조직의 효율성 및 생산성을 제고할 수 있다고 보았다.

03

답과 해설 답 ①

오답노트

② 체계이론은 개방체계와 폐쇄체계의 개념을 제시하여 조직과 외부환경의 관계를 연결시키기는 했지만 외부환경의 변화에 대한 분석과 대응에 초점을 두어 이론을 전개한 것은 아니다.
③ 제도이론은 조직이 사회적 규범에 동조함으로써 정당성을 확보해나간다고 설명한 이론이다.
④ 목표관리이론은 명확한 목표설정을 바탕으로 기획하고 실행하는 총체적 관리체계이다.
⑤ 자원의존이론은 정치적, 경제적 자원의 확보를 위해 조직이 과업환경에 의존하게 됨을 설명한다.

04

답 ③

③ 기관마다 제공하는 서비스의 특징이나 상황적 요건들이 다르기 때문에 총체적 품질관리를 도입하는 것이 필수라고 말할 수는 없다.

05

답 ①

① 과학적 관리론은 노동을 집단이 아닌 개인적 활동으로 보았다. 이러한 전제에 따라 개개인에 대한 물질적 보상을 통해 동기부여가 가능하다고 보아 차별적 성과급 제도를 적용하였다.

06

답 ①

① 관료제 이론은 공적인 지위에 기반을 둔 위계적이고 합법적인 권위구조를 제시했다.

07

답 ②

① 조직군 생태론
③ 정치경제이론
④ 상황이론
⑤ 체계이론

08

답 ①

TQM의 주요 특징
• 클라이언트의 만족을 최우선으로 여긴다.
• 조직의 목표는 고객의 욕구나 필요에 따라 결정된다.
• 지속적인 학습과정을 통해 서비스를 개선한다.
• 품질은 제공 과정, 제공 이후의 품질까지 포함한다.
• 리더의 강력한 의지가 중요하다.
• 총체적이고 통합적인 관리과정이다.
• 권력이 분배되고, 직원의 참여를 중요시한다.

ㄹ. TQM은 권한을 직원들에게 분배하여 참여를 유도하는 분권식 구조를 채택한다.

09

답 ⑤

⑤ 정치경제이론에서 조직은 환경과 상호작용하면서 조직의 생존과 발전을 위해 경쟁, 협력, 갈등, 계약 등 다양한 전략을 발휘하며 자율적이고 능동적으로 대처해 나간다.

10

답 ③

③ 학습은 조직운영상의 결함이나 문제점이 발견되었을 때 실시되기도 하지만, 상시적으로 진행되기도 하며 조직활동의 결과가 성공적일 때에도 그 성공을 유지하거나 다음 활동의 성공을 이어가기 위해 진행되기도 한다.

11

답 ②

② 조직군 생태학 이론은 환경을 주어진 여건으로 본다는 점에서 상황이론과 같은 입장을 보인다. 그러나 상황이론이 조직을 환경적 상황에 적합한 형태로 설계하고 적응할 수 있다고 보는 반면, 조직군 생태학 이론은 환경적 요인에 가장 적합한 조직군이 피동적으로 선택된다는 조직의 적응을 가정하고 있다.

12

답 ④

ㄱ. 과학적 관리론은 관리자를 기획하는 사람으로, 노동자를 실행하는 사람으로 구분함으로써 의사결정의 몫을 관리자에게만 부여하였다.
ㄷ. Z이론은 특수 전문직들이 모인 조직에 적합한 조직이론으로 제시된 것으로, 고도로 자율적이고 자유방임적인 분위기가 필요함을 역설하였다. 이 이론은 조직이 인위적으로 동기부여를 하는 것이 아니라 구성원들이 자유의지에 따라 행동할 수 있도록 분위기를 조성하는 데 그쳐야 한다고 설명하였다.

13

답 ③

ㄴ. 인간관계이론은 조직과 환경과의 관계를 고려하지는

않았다.

14

답과 해설 **답 ①**

폐쇄체계와 개방체계

폐쇄체계와 개방체계는 환경과 조직과의 관계를 통해 구분하여 볼 수 있다.
- 폐쇄체계: 다른 외부체계들과 상호교류가 없거나 교류할 수 없는 체계를 말한다. 관료제이론, 과학적 관리론 등 고전이론 및 인간관계이론이 이에 해당한다.
- 개방체계: 다른 체계와 에너지, 정보, 자원 등을 상호교류하는 체계이다. 상황이론, 정치경제이론, 자원의존이론, 제도이론, 조직군 생태이론 등 조직환경이론이 이에 해당한다.

15

답과 해설 **답 ⑤**

오답노트

① 애드호크러시: 기존 조직의 형식과 공식에 얽매이지 않는 특별임시위원회의 구성을 말한다.
② 리스트럭처링: 조직구조를 개혁하는 것으로, 흔히 구조조정으로 번역된다. 생산성이 낮은 조직은 축소, 통폐합하기도 하지만 새로운 사업단위를 구축하는 것도 포함하며 전반적인 사업구조의 개혁을 의미한다.
③ 다운사이징: 인원감축, 합병 등을 통한 조직의 축소, 감량경영을 말하며, 장기적 차원의 전략이다.
④ 리엔지니어링: 조직의 경쟁력 확보를 위해 조직의 체질, 구조, 경영방식 등의 근본적인 변혁을 말한다. 리엔지니어링을 리스트럭처링에서 파생된 하위개념 정도로 보기도 하는데, 리엔지니어링은 업무 프로세스 재설계의 의미가 크다.

16

답과 해설 **답 ⑤**

위험관리는 서비스의 질 향상, 이용자의 안전 확보 및 만족도 향상, 조직의 유지 및 발전을 위해 그 중요성이 점차 강조되고 있으며, 단순히 사건, 사고, 재해 등에 따른 위험뿐만 아니라 사회적 변화에 따라 발생할 수 있는 위험이나 경영상의 위험, 업무상 발생할 수 있는 위험 등을 모두 포함한다.

17

답과 해설 **답 ①**

정치경제이론에서 말하는 자원은 합법성, 세력 등 정치적 자원과 서비스를 생산하기 위한 돈, 클라이언트, 후원자 등 경제적 자원이 있다.

18

답과 해설 **답 ①**

<보기>는 사회복지조직을 둘러싸고 있는 조직환경의 변화에 대한 내용이다. 따라서 조직환경을 강조하는 이론인 정치경제이론, 제도이론, 상황이론, 조직군 생태이론 등을 고려하여야 한다.

19

답과 해설 **답 ④**

학습조직이론은 개인적 통제감(자기숙련), 정신적 모델(사고의 틀), 공유 비전, 팀 학습, 체계적 사고 등을 통해 조직의 주요영역이 역량강화될 수 있다고 보았다.
④ 문제해결(problem solving)은 학습조직이론이 추구하는 핵심가치이다. 학습조직이론의 핵심가치가 효율성이 아닌 문제해결이라는 점은 전통적인 조직이론과 구별되는 특징으로 손꼽힌다.

20

답과 해설 **답 ②**

사회복지서비스의 속성으로 무형성, 이질성, 소멸성, 생산과 소비의 비분리성 등을 들 수 있다. ②의 내용은 서비스의 이질성과 관련된다. 개별 클라이언트에 따라 다른 성질의 서비스가 제공되어 표준화가 어려움을 의미한다.

오답노트

① 서비스의 무형성으로 인해 서비스가 눈에 보이지 않아 만져보거나 미리 이용해볼 수 없다.
③ 서비스의 소멸성으로 인해 서비스는 제공과 동시에 소멸하기 때문에 재고를 남겨둘 수 없다.
④ 서비스의 비분리성으로 인해 생산과 소비가 거의 동시적으로 일어난다.
⑤ 운영의 투명성은 사회복지서비스의 속성이라기보다 사회복지조직의 운영원칙으로 보는 것이 적절하다.

21

답과 해설 **답 ⑤**

목표관리이론(MBO)
- 목표관리는 참여의 과정을 통해 조직단위와 구성원들

이 실천해야 할 생산활동의 단기적 목표를 명확하게 체계적으로 설정하고, 그에 따라 생산활동을 수행하며, 활동의 결과를 평가하고 피드백하는 총체적 관리체계이다.
- 목표관리는 상위관리자의 독단으로 이루어지는 것이 아니라 하위관리자도 목표설정에 참여해야 한다. 경우에 따라서는 구성원 전체를 의사결정 과정에 참여시키기도 한다.

22

답과 해설 답 ④

④ 확신성(assurance)은 서비스에 관한 풍부한 지식과 친절을 바탕으로 클라이언트에게 신뢰와 자신감을 심어줄 수 있는 능력을 갖춰야 함을 의미한다.

23

답과 해설 답 ①

오답노트

② 유지 하위체계: 조직의 변화보다는 안정과 유지를 위하여 직원을 교육하고 훈련한다.
③ 경계 하위체계: 다른 조직과 교환 관계를 맺는다(생산지지체계). 지역사회의 지지를 얻고 정통성을 확보하도록 한다(제도적 지지체계).
④ 적응 하위체계: 연구 및 기획을 통해 조직이 어떻게 변화해야 할지를 제시한다.
⑤ 관리 하위체계: 다른 4가지 체계를 통합하는 기능을 한다.

24

답과 해설 답 ②

25

답과 해설 답 ③

③ 정치경제이론은 조직의 생산을 위해 과업환경과의 관계에서 정치적, 경제적 자원을 획득해야 함을 강조한 이론이다. 제도적 동형화 과정은 제도이론에서 제시된 개념이다.

26

답과 해설 답 ②

오답노트

ㄱ. 상황이론: 상황에 따라 적합한 조직구조는 달라지며, 조직환경과 조직구조의 적합성이 조직의 성패를 좌우한다고 보았다. 상황을 유형화하지 않았으며, 어떤 상황에 어떤 조직이 적합한지에 대해 제시하지 못했다는 비판을 받았다.
ㄷ. 벤치마킹: 다른 조직의 성공 사례와 비교하여 조직이 자기혁신을 해나가는 것이다. 단순모방을 의미하는 것은 아니며, 오히려 단순모방에 그칠 경우 실패 가능성이 높아진다.

01.②	02.⑤	3.②	4.④	5.②
06.③	07.①	8.④	9.③	10.④
11.②	12.⑤	13.③	14.①	15.⑤
16.③	17.④	18.①	19.③	20.④
21.①	22.②			

01

답과 해설 답 ②

② 수평적 분화와 수직적 분화를 같이 진행할 수는 있지만 수평적 분화로 인해 수직적 분화가 일어나는 것은 아니다. 수직적 구조에서 계층 단위가 분화되다 보면 결재 지연 등의 비효율 문제가 발생하게 된다. 이로 인해 조직이 커질수록 계층적인 분화가 아닌 부서 단위를 쪼개는 방식의 수평적 분화를 진행하게 된다.

02

답과 해설 답 ⑤

⑤ 비공식조직은 조직 내에서 마음이 맞는 사람들끼리 모임을 갖는 것으로, 공식조직의 통제가 반드시 전제되는 것은 아니다. 간혹 회사에서 사내 동호회 활동을 지원하는 경우가 있어 이를 두고 회사가 비공식조직을 직접 통제한다고 생각하는 경우가 있는데, 이는 동호회 활동 지원을 직원 복지의 일환으로 활용하는 것이지 비공식조직을 통제하기 위한 것은 아니다. 특히 원칙적으로 비공식조직에서의 활동이 성과로 반영되지 않기 때문에 비공식조직에서의 활동이 연봉인상, 승진 혹은 해임 등에 직접적인 영향을 미치지 않는다는 점에서 공식조직이 비공식조직을 통제한다거나 직접 관여해야 한다고 생각해서는 안 된다.

03

답과 해설 답 ②

② 업무가 세분화되면 각 담당자의 역할이 분명하게 규정되게 된다. 이로 인해 각 업무단위에 대한 관리·감독이 용이해질 수 있다.

04

답과 해설 답 ④

④ 직무공유는 하나의 전일제 업무를 2~3명의 업무자가 나누어 수행하는 것이다. 주기적으로 다른 업무를 수행하도록 인력을 배치하는 방법은 직무순환이다.

05

답과 해설 답 ②

오답노트

① 1회적인 이벤트는 도움이 될 수 있지만 지속적으로 전 직원의 참여를 강제할 경우 반발이 생길 수도 있다.
③ 파벌 형성은 비공식조직의 폐단이기는 하지만, 비공식조직의 특성 상 강제적인 해산은 어렵다.
④ 신입 직원들의 경력이 부족하기 때문에 직원들에게 권한을 주기보다는 관리자가 권한을 갖는 것이 조직의 안정성 확보에 도움이 된다.
⑤ 직무의 전문성을 강조하면 업무가 지나치게 개별화되는 경향이 나타날 수 있다. 이를 해결하기 위해 팀제를 도입할 수 있으나, 팀 조직은 개인의 목표보다 팀 공동의 목표를 강조해야 한다.

06

답과 해설 답 ③

오답노트

ㄷ. 비영리조직은 공적 체계는 아니며, 정부로부터 독립적이다.

07

답과 해설 답 ①

① 분화 정도가 높을수록 조직의 복잡성은 높아지며, 통합을 위한 조정의 필요성이 요구된다.

오답노트

② 수평적 조직구조가 될수록 책임자의 통제범위가 넓어진다.
③ 과도한 분화는 조직활동의 효율성과 예측성을 오히려 떨어뜨린다.
④ 신생 기관들은 대체로 규모가 작아 복잡성이 낮은 상태이고, 시간이 지날수록 환경 및 필요에 따라 복잡성이 증가하는 경향이 있다.
⑤ 복잡성을 가지면 전문기술 개발이 용이한 것은 사실이나 과도한 분화로 인해 클라이언트의 혼란을 초래할 수 있고 통합적 서비스를 제공하기 어렵게 된다.

08

답 ④

문제의 내용은 조직 내 권한의 위임에 관한 것이 아니라
조직구조의 분화에 관한 것이기 때문에 집권화-분권화
가 아닌 수직적-수평적 조직구조에 관한 설명이다.

09

답 ③

- 권력의 종류
  - 강제적 권력: 신체적 탄압, 위협
  - 보상적 권력: 물질, 금전
  - 규범적 권력: 지위, 명예, 존엄
- 관여의 종류
  - 소외적 관여: 권력 행사자에 대한 강한 부정, 강제적
    권력 필요
  - 타산적 관여: 획득한 보상에 따라 권력에 대해 다소
    무관심
  - 도덕적 관여: 권력 행사자에 대한 강한 긍정, 규범적
    권력 필요

10

답 ④

ㄱ. 수직조직에서는 권한을 많이 가진 책임자가 결정권
   과 집행권을 행사함으로써 결정의 신속성을 꾀할 수
   있다는 장점이 있다.
ㄴ. 수직조직은 소수의 엘리트가 사라지고 나면 통제체
   계나 명령체계가 무너지는 문제가 발생할 수 있다.

11

답 ②

ㄱ. 사업부제 조직
ㅁ. 기능적 조직

ㄴ. 프로젝트 조직
ㄷ. 매트릭스 조직
ㄹ. 공동관리 조직

12

답 ⑤

⑤ 네트워크는 조직 간에 이루어지는 것이기는 하지만,
  결국 실무자들 간의 접촉으로 진행되는 것이기 때문
  에 실무자들 간에 개인적인 유대관계가 강화되면 네
  트워크의 활성화에 도움이 될 수 있다.

13

답 ③

〈보기〉는 푸드뱅크에 관한 설명이다.
푸드뱅크는 중개 역할을 하는 연계조직으로, 중개 및 조
정, 연결 및 의뢰의 기능을 수행한다. 또한 업무의 분화가
명확히 이루어져 있고, 조직의 구조화가 마련되어 있으
므로 공식조직에 속한다.

14

답 ①

학습조직은 모든 조직 구성원들이 문제의 인지와 해결에
참여하면서, 조직의 문제해결능력을 높이기 위해 시행착
오를 거치면서 지속적으로 실험할 수 있는 조직이다.

학습조직의 구축 단계
- 준비단계에서는 전담 태스크포스팀을 구성하고, 인식
  공유를 위해 각종 세미나 및 워크숍과 벤치마킹 활동
  을 전개한다.
- 토대형성 단계에서는 전조직원의 학습인화를 전개하
  고 학습조직 교육과정 설계 및 기반교육을 실시한다.
- 새로운 가치체계 및 조직문화 재구축을 추진하고 조직
  을 재설계하며 정보의 입수와 전파 및 공유를 위한 시
  스템을 구축한다.
- 마지막으로 지속적인 변환과 학습활동의 체질화를 추
  구한다.

15

답 ⑤

⑤ 사회복지법인은 사회복지사업법에 따라 법인격을 갖
  게 된다. 즉 법인의 조직, 구성, 운영 등에 있어 법적
  책임과 의무를 갖는다.

16

답 ③

ㄴ. 지역사회가 아닌 클라이언트가 1차적 수혜자인 서비
   스 조직이다.

17

답과 해설 | 답 ④

④ 기능기준 부문화는 클라이언트의 기능적 문제에 따른 구분은 아니다. 사업, 재무, 총무, 인사 등과 같은 주요한 기능에 따라 부문화하는 방식으로, 업무자는 자신이 속한 업무단위에만 집중하여 부서 간 의사소통이나 협조 등에 문제가 발생할 수 있다.

18

답과 해설 | 답 ①

① 매트릭스 조직은 기존의 기능부서와 프로젝트 부서를 혼합한 형태를 말하기 때문에 조직이 외부환경과의 연계 및 협력 관계를 맺는 거버넌스를 위한 방안은 아니다.

19

답과 해설 | 답 ③

③ 민영화 이후 공공조직이 민간에 위탁 운영하는 방식이나 공공의 지원으로 운영되는 방식 등 공공과 민간의 구분이 불명확한 조직이 많아졌다.

20

답과 해설 | 답 ④

〈보기〉의 내용은 이사회의 역할이다. 외국인도 이사가 될 수 있다. 다만, 이사 현원의 2분의 1 미만이어야 한다.

오답노트

① 이사는 법인이 설치한 사회복지시설의 장을 제외한 그 시설의 직원을 겸할 수 없다.
② 위원회의 회의에는 실무자가 참여하는 경우가 많지만, 이사회의 회의에는 주로 책임자가 참석한다.
③ 이사회는 정책을 결정하는 기능을 수행하며, 위원회는 정책을 건의하는 기능을 한다.
⑤ 사회복지사업법에서는 사회복지법인에 대해 대표이사를 포함한 7인 이상의 이사와 2인 이상의 감사를 두도록 하고 있다.

21

답과 해설 | 답 ①

① 크리밍 현상은 성공 가능성이 높은 클라이언트를 위주로 하고 성공 가능성이 낮거나 문제해결이 어려울 것으로 생각되는 클라이언트를 배척하는 현상을 말한다.

22

답과 해설 | 답 ②

② 생활시설, 요양원 등은 24시간 동안 서비스가 지속적으로 제공되어야 하기 때문에 직원들이 2교대, 3교대 등으로 시간을 나누어 교대근무를 하게 된다. 이로 인해 교대하는 직원들 간 업무가 제대로 연결되지 않아 업무가 단편화될 수 있다는 문제가 지적되기도 한다.

01. ② **02.** ⑤ **03.** ③ **04.** ④ **05.** ②
06. ③ **07.** ② **08.** ① **09.** ③ **10.** ③
11. ① **12.** ④ **13.** ① **14.** ② **15.** ⑤
16. ① **17.** ⑤ **18.** ②

01

답과 해설 답 ②

② 통합성의 원칙은 서비스의 중복 및 누락 방지에 관한 것이다. 홍보물 제작은 접근성의 원칙과 관련된다.

02

답과 해설 답 ⑤

⑤ 공공재는 모든 사람이 공동으로 이용할 수 있는 재화 및 서비스를 말한다. 공공재 성격이 강한 사회복지서비스는 공공체계를 통해 이루어지는 것이 바람직하다. 연대재는 상호협력관계를 통한 재화를 말하며, 조합 등을 예로 들 수 있다. 연대재는 다양한 주민조직의 적극적인 참여를 바탕으로 한다.

03

답과 해설 답 ③

③ 사회복지 법인 및 시설 외에 다양한 민간기관 및 기업까지도 사회복지서비스 제공 주체가 될 수 있다.

04

답과 해설 답 ④

④ 분야별로 전문화할 경우 클라이언트는 자신의 욕구나 문제에 맞춰 각기 다른 센터를 방문해야 한다. 따라서 이는 통합성을 증진하기 위한 전략으로 보기 어렵다.

05

답과 해설 답 ②

06

답과 해설 답 ③

오답노트

① 서비스 이용자가 예상보다 많을 때 수혜자격 요건을 강화하는 것은 공급억제 전략에 해당한다.
② 시·군·구 희망복지지원단이 민·관 협력체계는 아니다.
④ 지방분권화에 따라 지방정부는 지역에 맞는 서비스를 제공해야 할 책임을 갖는다.
⑤ 공공부조는 시·군·구, 읍·면·동을 통해 제공된다. 사회보험은 공단을 통해 운용되고 있으며, 사회보험 중 근로복지 사업은 보건복지부가 아닌 고용노동부 관할이다.

07

답과 해설 답 ②

오답노트

ㄱ. 전문성을 갖춘 인력을 통해 전문적인 서비스를 제공해야 함은 전문성의 원칙에 해당한다. 적절성의 원칙은 클라이언트의 욕구충족을 위해 충분한 양과 질의 서비스가 제공되어야 한다는 원칙이다.
ㄹ. 심리적 차원의 서비스 진입 장벽을 낮춰야 함은 접근성의 원칙에 해당한다. 포괄성의 원칙은 이용자가 가진 다양한 문제에 대해 다각적으로 접근해야 함을 의미한다.

08

답과 해설 답 ①

① 전달체계의 중복화는 같은 서비스를 제공하는 기관을 의도적으로 근거리에 중복되게 두는 것이다. 두 개의 기관이 모두 가까운 경우 클라이언트는 자신이 원하는 시간이나 교통의 편의 등을 기준으로 선택할 수 있기 때문에 이용자의 선택권이 강화되는 효과가 나타난다.

오답노트

② 지역에 설치된다고 해서 주민들이 자동적으로 참여하는 것은 아니다. 주민들의 참여를 이끌어낼 수 있는 전략이 필요하다.
③ 민간 전달체계라고 해서 사회적 책임성이 덜 중요한 것은 아니며, 사회적 책임성이나 이용자의 만족도 모두 중요하게 고려해야 한다.
④ 지속성의 원칙은 하나의 프로그램이 계획에 맞게 끝까지 실행되는 것을 의미하기도 하지만, 이용자가 갖

고 있는 복합적인 욕구에 대한 다양한 서비스 연계 제
공도 포함한다. 즉 이용자의 문제해결 및 욕구충족을
위해 서비스가 지속되어야 함을 의미한다.
⑤ 서비스에 대한 수요가 공급을 초과하는 경우 한정된
자원을 효율적으로 배분하기 위해 공급억제 전략 및
수요억제 전략을 고려하게 된다. 수요억제 전략은 서
비스에 접근하기 위한 물리적, 시간적, 사회적 장벽을
발생시키거나 생성된 장벽을 제거하지 않는 것이다.
공급억제 전략은 서비스를 받는 사람들에 대한 자격
요건을 강화하는 방법과 서비스의 양이나 질을 감소
시키는 방법이 있는데, 이중 후자를 서비스의 희석화
라고 한다.

09

답과 해설 답 ③

③ 구조기능에 따라 행정체계와 집행체계로 구분된다.

10

답과 해설 답 ③

서비스의 수요가 공급을 초과할 경우 서비스 배분을 달
리하는 전략을 모색하게 되며, 이러한 전략에는 공급억
제 전략과 수요억제 전략이 있다. 〈보기〉의 내용은 물리
적 접근성을 감소시킨 경우로 수요억제 전략에 해당한다.

11

답과 해설 답 ①

① 활용성은 서비스 제공은 가장 필요로 하는 사람에게
이루어져야 함을 강조하는 개념이다. 욕구가 없는 사
람에게 서비스가 제공되는 과활용 문제나 욕구가 있
는 사람에게 서비스가 제공되지 못하는 저활용 문제
를 바로잡아 활용성을 제고할 수 있다.

12

답과 해설 답 ④
오답노트

① 사례관리: 사례관리자가 중심이 되어 클라이언트에게
제공되는 서비스를 연결해주고 클라이언트의 문제해
결상황을 관리해주는 방식이다.
② 종합서비스센터: 종합사회복지관처럼 하나의 기관에
서 여러 서비스들을 제공하는 방식이다.
③ I&R: 조직들 간에 구조적인 통합은 시도하지 않고, 독
립성을 유지한 상태에서 단지 클라이언트의 교환이나

서비스들 간의 연결을 실시한다.
⑤ 트래킹: 서로 다른 각각의 기관 혹은 다른 팀에서 다루
었던 클라이언트에 대한 정보를 공유하도록 하는 방
식으로, 클라이언트의 서비스 수혜에 대한 과거 정보
를 알 수 있다.

13

답과 해설 답 ①
오답노트

ㄹ. 서비스 접근의 장애요인 방치는 수요억제 전략에 해
당한다.

14

답과 해설 답 ②
오답노트

ㄴ. 병행보충 모형은 공공과 민간이 각각 재원을 조달하
고 급여의 대상도 같지만 서로 다른 급여를 제공하는
방식이다. 동일한 복지수요자에게 민간은 서비스를
제공한다면 공공은 현금급여를 제공하는 경우를 예
로 들 수 있다. 한편, 병행보완 모형은 공공과 민간이
각각 재원을 조달하고 급여의 대상은 다른 경우이다.
이 모델에 따르면 민간은 공공 급여의 사각지대에 위
치한 수요자에게 급여를 제공하는 역할을 한다.
ㄹ. 만약 서비스가 모든 국민에게 동등하게 주어져야 한
다면 국가에 의해 제공되는 것이 바람직하다.

15

답과 해설 답 ⑤

ㄱ: 전문가를 통해 전문적 서비스가 제공될 수 있도록 하
는 데에 초점이 있는 것은 전문성의 원칙이다.
ㄴ: 잠재적 클라이언트가 서비스 이용에 대해 느끼는 거
리적, 심리적 장벽을 제거하는 데에 초점이 있는 것은
접근성의 원칙이다.

16

답과 해설 답 ①
오답노트

ㄷ. 공공부조 서비스는 정부 행정체계를 통해 제공된다.
ㄹ. 민간조직은 규모에 따라 다르지만 대다수가 수익사
업이 아닌 후원금 및 지원금으로 사업을 꾸리기 때문
에 재정 안정성이 높다고 볼 수는 없다.

17

답과 해설　답 ⑤

⑤아웃리치, 가정방문 등 직접 찾아가는 서비스가 필요
　하기는 하지만 이러한 전략들은 통합성 증진과 직접
　적인 관련은 없다.

18

답과 해설　답 ②

사회복지 역할분담 유형
- 병행보완 모형: 공공과 민간이 각각 재원을 조달하고
　급여의 대상은 다른 경우이다.
- 병행보충 모형: 공공과 민간이 각각 재원을 조달하고
　급여의 대상도 같지만, 서로 상이한 급여를 제공하는
　경우이다.
- 협동대리 모형: 공공은 재원조달의 책임을 맡고, 민간
　은 급여의 책임을 맡는다. 다만, 공공과 민간의 관계가
　일방적이라는 특성을 가진다. 이 모형에서 민간은 정
　부의 대리인으로서 기능하며, 정부는 민간의 역할을
　세세하게 평가·감독한다.
- 협동동반 모형: 공공이 재원조달의 책임을 맡고, 민간
　이 급여를 제공한다는 점은 협동대리 모형과 동일하지
　만, 공공과 민간의 관계가 쌍방적이라는 점에서 다르
　다. 즉, 이 모형에서 민간은 프로그램 관리나 정책개발
　에서 상당한 재량권을 가질 뿐 아니라, 공공의 정책결
　정 과정에도 영향을 미친다.

오답노트

① 협동대리 모형
③⑤ 병행보완 모형
④ 병행보충 모형

6장　사회복지조직의 기획과 의사결정

01.①	02.④	03.①	04.④	05.⑤
06.③	07.②	08.①	09.④	10.②
11.③	12.③	13.④	14.②	15.⑤
16.④	17.②	18.⑤	19.④	20.③

01

답과 해설　답 ①

① 서비스에 대한 기획은 앞으로 어떤 활동이 어떤 방식
　으로 진행될지를 결정하는 과정으로, 이 자체가 의사
　결정에 관한 구조를 설정하는 것은 아니다.

02

답과 해설　답 ④
오답노트

① 월별 활동계획카드는 카드를 쉽게 이동시킬 수 있어
　일정을 변경하기는 쉽지만 업무 간의 상관관계를 파
　악할 수는 없다.
② 방침관리기획은 예외 상황은 발생할 수밖에 없기 때
　문에 실행하면서 보완하는 방식이다.
③ PERT는 모든 활동 간 연결흐름을 파악하여 도식화해
　야 하기 때문에 소요시간을 측정하고 도식화하는 데
　에 시간과 노력이 많이 소요될 수 있어 보편적으로 활
　용되는 기법은 아니다.
⑤ 기획에 있어 MBO 방식을 도입하게 되면 실무자 자신
　의 참여로 목표가 설정되고 자신의 업무 및 성과를 스
　스로 관리할 수 있게 된다. 그래서 MBO는 명령에 의
　한 관리가 아닌 자기통제에 의한 관리를 가능하게 한
　다는 평가를 받는다.

03

답과 해설　답 ①

① 대안선택흐름도표는 개인적 의사결정이지만, 브레인
　스토밍은 전문가의 의견을 묻는 집단적 의사결정 방
　법이다.

04

오답노트

ㄱ. 간트 차트는 각 활동에 소요되는 기간을 막대 그래프로 표시하는 형식으로, 활동 간의 연관성을 명확히 알수는 없다.

05

답과 해설 답 ⑤

⑤ 최적모형은 합리모형의 비현실성 및 이상주의적 경향에 대해 비판하였다. 합리적 요소뿐만 아니라 초합리적 요소도 중요한 역할을 한다고 보며, 의사결정에 드는 비용보다 효과가 더 높아야 함을 전제로 한다.

06

답과 해설 답 ③

③ 델파이 기법: 우편 혹은 이메일 통해 전문가들의 의견을 받는 방식으로 대면으로 이루어지는 의사결정과달리 참여자 사이의 영향력에서 자유로울 수 있다는장점이 있다.

오답노트

① 브레인스토밍은 참여자들이 자유롭게 아이디어를 내면서 아이디어의 연쇄반응을 일으켜 의견을 나누는방식이다.
② 명목집단 기법은 참여자들이 한 자리에 모이면서도무기명으로 의견을 제출하고 각자 의견에 대한 우선순위를 매겨 투표하는 방식으로 진행된다.
④ SWOT분석은 기업 내외부 환경을 분석하여 강점(strength), 약점(weakness), 기회(opportunity), 위협(threat) 요인을 규정하고 이를 토대로 전략을 수립하는 기법이다.
⑤ 변증법적 토의는 '정(正)－반(反)－합(合)'이라는 헤겔의 변증법적 사고방식에 기초한 토의 방법이다.

07

답과 해설 답 ②

② 대안을 모색하기에 앞서 가용 자원을 살펴본다.

08

답과 해설 답 ①

오답노트

② 기획은 활동을 수행하기 전에 활동을 결정하기 위한단계이다.
③ 설정된 목표를 상황 변화에 맞게 수정할 수 있다. 목표를 추가할 수도 있고 축소할 수도 있다.
④ 자원이 부족한 경우에는 보통 창조적인 사업보다는기존의 사업을 이어가는 데에 집중하게 된다.
⑤ 최소한의 자원으로 최대한의 결과를 이끌어내는 데목표를 둔다는 점에서 효율성 증진과 관련된다. 또한기획한 내용에 따라 목표달성을 추진한다는 점에서효과성을 추구하는 활동이다.

09

답과 해설 답 ④

PERT의 주요 특징
• 활동별 기대시간과 연결성에 따라 임계경로를 파악
• 최종목표에 따라 역순으로 도식화
• 계획 변경에 대한 대처에 유리함
• 도식을 만드는 자체가 어려울 수 있음
• 도식이 지나치게 복잡하면 활용이 어려움

오답노트

ㄱ. PERT는 애초에 장기적인 대규모 사업에 대한 진척상황을 측정하고 관리하기 위해 개발된 것이어서 장기기획에 적용할 수 있다.

10

답과 해설 답 ②

② 목표는 비교적 단시간 내에 도달하고자 하는 구체적인 표적인데 비해, 목적은 비교적 장기간에 걸쳐 도달하려는 방향 또는 궁극적인 목표를 말한다. 목적을 달성하기 위해서는 몇 가지 이상의 목표가 설정되고, 그목표들을 달성함으로써 목적에 도달할 수 있는 것이다.

11

답과 해설 답 ③

ㄱ. 명목집단 기법(NGT): 6명에서 9명 정도의 소집단으로 구성하여 무기명으로 의견을 제출한 후 투표를 통해 우선순위를 결정하는 방식으로 진행된다.
ㄴ. 델파이(Delphi) 기법: 참여자에게 개별적으로 이메일을 발송해 의견을 취합하는 방식이다.
ㄹ. 변증법적 토의: 찬성과 반대의 두 집단으로 나누어 각각 입장을 발표하며 합의를 이뤄나가는 방식이다.

ㄷ. 대안선택흐름도표: 의사결정자가 개인적으로 진행하는 방식이다. '예' 혹은 '아니요'로 답할 수 있는 질문을 연속적으로 만들어 판단해나간다.

12

답과 해설 답 ③

③ 표면적으로 드러난 것 외에도 감추어진 문제가 있을 수 있기 때문에 문제를 둘러싼 다양한 상황을 고려하여 문제를 정의해야 한다.

13

답과 해설 답 ④

정책기획과 운영기획

조직의 상층부에서 진행되는 조직 전체의 비전, 부서별 사업기획, 목표설정, 우선순위 설정, 자원의 획득과 분배는 정책기획에 속하고, 각 프로그램이나 각 부서별로 진행되는 인적·물적 자원의 관리에 관한 기획은 운영기획에 속한다.

14

답과 해설 답 ②

<보기>에서 제시하고 있는 기획 기법은 시간별 활동계획 도표, 즉 간트 차트에 대한 설명이다.

간트 차트는 과업이나 활동 간의 연관성이나 연결과정을 알 수 없다는 한계를 지니고 있다.

15

답과 해설 답 ⑤
오답노트

ㄱ. 조직의 목표설정은 정책기획에서 이루어지며, 이를 구체적으로 실천하기 위해 운영기획을 세운다.

16

답과 해설 답 ④

방침관리기획은 PDCA(Plan→Do→Check→Action) 사이클에 따라 이루어지는 기획 기법이다. 예외 상황은 계속 발생하게 되므로 계획을 바로 실행에 옮긴 후 문제점이 나타나면 그때그때 보완해가는 방식을 취한다.

17

답과 해설 답 ②

<보기>의 설명은 의사결정나무분석 기법에 해당한다. 의사결정나무분석은 의사결정자가 여러 가지 다른 대안들을 생각해보고, 각 대안의 장단점과 조직의 상황을 두루 살피면서 각각의 대안에 대해 선택했을 경우와 그렇지 않을 경우에 대한 성공확률을 계산하여 최적의 대안을 찾아보는 개인적 의사결정 방식이다.

18

답과 해설 답 ⑤

⑤ 전략기획은 한번 수립되었더라도 조직의 내외부적 상황에 따라 근본적인 방향까지도 수정될 수 있다.

19

답과 해설 답 ④
오답노트

① 혼합모형: 합리모형과 점증모형의 장단점을 보완하기 위해 두 모형을 혼합한 형태이다.
② 최적모형: 합리모형의 비현실성과 점증모형의 보수성을 비판한 모형으로 현실적인 여건을 고려하여 합리적인 의사결정 방안을 찾고자 한다.
③ 합리모형: 의사결정자가 이성과 합리성에 따라 문제를 명확히 정의하고, 가능한 모든 대안을 인식하고, 문제에 대한 정보를 확인하여 의사결정을 한다.
⑤ 공공선택모형: 의사결정자는 개인의 이기심에 따라 자신의 이익을 극대화하는 방향으로 의사결정을 한다.

20

답과 해설 답 ③
오답노트

ㄷ. 목표의 다원화는 원래의 목표에 다른 유형의 새로운 목표를 추가하는 것을 말한다. 동일한 유형의 범위를 새로이 추가하는 것은 목표의 확대이다.

01.④	02.③	03.①	04.⑤	05.④
06.④	07.⑤	08.①	09.②	10.③
11.⑤	12.②	13.②	14.①	15.⑤
16.⑤	17.④	18.②	19.①	20.③

01

답과 해설 답 ④

④ 퀸(Quinn)의 경쟁가치 모델에서 인간관계, 협력, 응집력을 강조하는 유형은 동기부여가 리더이다. 비전제시가 리더는 환경변화에 초점을 두고 조직의 변화와 성장을 이끈다.

02

답과 해설 답 ③
오답노트

① 구성원들의 자율성이 극대화되는 것은 방임적(자율적) 리더십이다.
② 대부분의 의사결정권이 구성원들에게 위임되는 것은 방임적(자율적) 리더십이다.
④ 조직구성원을 보상과 처벌에 따라 통제하는 것은 지시적 리더십이다.
⑤ 정책에 일관성이 있고 신속한 결정이 가능한 것은 지시적 리더십에 해당한다. 참여적 리더십은 구성원들을 의사결정 과정에 참여하도록 하여 다양한 의견을 들을 수 있다는 장점은 있지만 긴급한 결정에서는 시간소모로 인해 불리한 점이 있으며 구성원 간 갈등이 발생하면 어중간한 타협으로 결정되기도 한다.

03

답과 해설 답 ①

① 일상적으로 진행되는 업무를 어떻게 처리할 것인지, 의사소통이나 의견조율을 어떻게 할 것인지 등을 결정함에 있어 조직문화가 바탕이 된다.

04

답과 해설 답 ⑤

⑤ 리더와 구성원의 관계를 성과와 보상의 교환관계로 파악한 것은 거래적 리더십이다. 변혁적 리더십은 동기부여와 관련하여 구성원들과 목표와 비전의 공유를 강조한다.

05

답과 해설 답 ④

1960년대는 리더가 처한 상황에 따라 리더십 행동이 달라져야 한다는 연구가 진행되면서 상황론적 리더십 이론이 등장했다. 상황이론의 등장은 남들보다 빠르게 목표와 과제를 달성해야 했던 산업화 시대의 특징이 반영된 것이다.

06

답과 해설 답 ④

④ 조직의 특수한 목표를 달성하기 위해 어떤 종류의 서비스 기술이 적당한가를 결정하는 것은 최고관리층 리더십에 속한다.

리더십의 수준
• 최고관리층 리더십: 내부운영을 지시·조정하고, 조직과 외부환경과의 관계 확립
• 중간관리층 리더십: 최고관리층의 지시를 전달하고 하위관리층의 욕구나 관심사를 대변하는 중재역할 수행, 최고관리층의 지시에 따라 프로그램을 구체화하고 필요한 인적·물적 자원을 확보
• 하위관리층 리더십: 일선 사회복지사들을 관리하고 접촉하는 슈퍼바이저로 일선 요원들의 프로그램 수행을 감독하고 업무를 위임하거나 분담하고 충고와 지침을 제공하고 부족한 지식과 기술을 지적하며 개인적인 성과를 평가

07

답과 해설 답 ⑤

〈보기〉의 내용은 오늘날 변화된 환경에 알맞은 변혁적 리더십에 대한 내용이다. 변혁적 리더십의 특징은 비전 설정 및 공유, 인간존중, 배려, 목표제시, 솔선수범 등이다.
업무 수행에 대한 보상 강화, 예외에 의한 관리 등은 안정을 지향하는 거래적 리더십의 특징이다.

08

답과 해설 답 ①

경로–목표이론 (House)
- 상황이론의 하나로서 오하이오연구와 동기이론을 결합한 이론이다. 하위자와 업무환경의 특성에 의해 조절된 리더의 행동유형은 하위자의 유연성, 기대인지 및 수단성에 영향을 미치고, 이는 결국 더 높은 노력, 동기부여, 성과 및 만족을 가져오게 된다는 것이다.
- 이 이론의 핵심은 지시적(수단적) 리더 행동은 비구조화된 과업에 종사하는 하위자들에게 효과적이고, 지원적 리더 행동은 하위자들이 구조화된 일상적 과업들을 수행할 때 높은 만족을 가져온다는 것이다.
- 하위자의 만족을 예측하는 데 있어서 강한 예측력을 가지고 있다.
- 단점: 리더 행동의 범주가 너무 포괄적일 뿐만 아니라 복잡하고 난해한 점, 서로 다른 상황변수들 간 상호작용의 가능성을 배제한 점, 리더가 하위자의 과업에 영향을 미치는 기타 다른 방법들에 소홀하다는 점 등

09

답과 해설 답 ②

② 리더의 보편적 특성에 주목했던 것은 특성이론에 해당한다. 상황적 리더십 이론은 상황에 따라 성공적인 리더의 양상도 달라질 수 있다고 보았다.

10

답과 해설 답 ③

③ 능력 있는 지도자는 자신이 모든 일에 대한 해답을 갖고 있지 않다는 것을 인식하고 자신과 다른 의견을 수용하고 타협할 수 있어야 한다.

11

답과 해설 답 ⑤

블레이크와 머튼의 관리격자모형
관리격자모형은 리더의 유형은 생산에 대한 관심과 인간에 대한 관심이라는 두 가지 차원에서 다섯 가지 리더 유형을 제시하였으며, 그 중 팀형 리더가 가장 높은 생산성을 보인다는 결론을 내렸다.
- 무기력형: 생산 ↓, 인간 ↓
- 컨트리클럽형: 생산 ↓, 인간 ↑
- 과업형: 생산 ↑, 인간 ↓
- 팀형: 생산 ↑, 인간 ↑
- 중도형: 생산, 인간 모두 중간

12

답과 해설 답 ②

허시와 블랜차드의 상황이론
- 부하가 능력도 없고 의지도 없는 경우: 지시형 리더십
- 부하가 능력은 없는데 의지만 있는 경우: 제시형 리더십
- 부하가 능력은 있는데 의지가 없는 경우: 참여형 리더십
- 부하가 능력과 의지 모두가 있는 경우: 위임형 리더십

13

답과 해설 답 ②

②는 미시간 연구에 대한 내용이다.
미시간 연구는 리더의 행동 유형에 따라 업무성과와 만족도가 높아지는가를 연구한 것으로, 직무 중심적 리더 유형과 구성원 중심적 리더 유형을 구분하여 구성원 중심적 리더 유형이 더 높은 생산성을 보였다는 결론을 도출했다.

14

답과 해설 답 ①

하위관리층의 경우 전문적(기능적) 기술을 활용하여 일선요원들의 조직화와 업무 조정에 도움을 주어야 한다.
최고관리층은 내부운영을 지시하고, 환경과의 관계를 확립하기 위하여 높은 수준의 의사결정(개념적) 기술을 지녀야 한다.

15

답과 해설 답 ⑤

⑤ 관리자가 조직의 변화와 관련된 문제에 대한 정보와 이해가 명확하지 않을 때는 광범위한 경험과 지식을 가진 직원들의 참여를 유도할 필요가 있으나 책임을 위임해서는 안 된다.

16

답과 해설 답 ⑤

⑤ 비전제시가 유형은 외부지향적이며 유연한 조직 구조를 형성한다.

17

답과 해설 답 ④

18

답과 해설 답 ②

19

답과 해설 답 ①

20

답과 해설 답 ③

③ 특성이론은 성공적이지 못한 리더와 성공적인 리더를 구별할 수 있는 보편적 특성이 존재할 것이라고 보는 이론이다. 즉, 어떤 특정한 특성들을 갖추게 되면 성공적인 리더가 될 수 있다는 것을 기본전제로 삼고 있다. 상황적 변수를 고려하지 않았다.

8장 인적자원관리

01.①	02.④	03.⑤	04.③	05.③
06.②	07.⑤	08.②	09.③	10.④
11.③	12.③	13.②	14.⑤	15.③
16.②	17.④	18.⑤	19.①	20.⑤
21.③	22.①			

01

답과 해설 답 ①

① 직무분석의 결과를 바탕으로 직무기술서를 작성한다.

02

답과 해설 답 ④

① 알더퍼는 욕구계층설을 따르지 않았다.

② 맥클리랜드는 자신의 능력을 최대한 발휘하고자 하는 성취욕구를 가장 중요하게 보았다.

③ 맥그리거(McGregor)의 X · Y이론은 개인의 욕구에 주목함에 따라 동기를 유발시키는 요인은 무엇인가에 대해 설명하지 못한 측면이 있다.

⑤ 투입 대비 산출의 차이를 인식하면서 동기가 발생한다고 본 학자는 아담스(Adams)이다.

03

답과 해설 답 ⑤

⑤ 슈퍼비전은 반드시 1:1의 관계로 진행되어야 하는 것은 아니다. 슈퍼비전은 집단적으로 진행될 수도 있고, 상사가 아닌 동료 간에 진행될 수도 있다.

04

답과 해설 답 ③

소진의 단계

• 열성의 단계: 희망과 정열을 가지고 많은 시간과 노력을 투자함

- 침체의 단계: 보수, 근무시간 등의 근무환경에 신경을 쓰고, 개인적 욕구충족을 중요시 함
- 좌절의 단계: 자신의 직무수행 능력과 일 자체의 가치에 의문을 갖게 됨
- 무관심의 단계: 정신·신체적으로 기권 상태에서 클라이언트에게 무관심해지거나 이직을 결심하게 되는 단계

05

답과 해설 답 ③

③ 비공식 집단은 사내 동호회를 생각하면 이해하기 쉽다. 사내 동호회의 활동을 직원 복지 차원에서 지원하기도 하지만, 동호회 활동 자체는 조직의 공식적 활동이 아니며 구성의 주체는 조직이 아닌 직원들이라는 점에서 비공식 집단에 관한 사항을 인적자원관리에 포함된다고 보기는 어렵다.

06

답과 해설 답 ②

② 계속교육은 학교교육, 정규교육이 끝난 직원들을 대상으로 전문성 유지 및 향상을 위해 교육을 지속적으로 진행하는 것으로, 평생교육의 한 형태로 볼 수 있다.

07

답과 해설 답 ⑤

⑤ 사례에서처럼 자아실현의 욕구는 자신의 재능과 잠재력을 충분히 발휘하여 자신이 원하는 것을 성취하려는 욕구이다.

08

답과 해설 답 ②

② 슈퍼바이저는 행정적 상급자, 교육자, 상담자로서의 역할을 다양하게 수행하기 때문에 역할 간 갈등을 경험할 수 있다.

오답노트

① 두 업무자가 동등한 자격으로 상호간에 슈퍼비전을 제공하는 형태는 직렬 슈퍼비전이다. 팀형 슈퍼비전은 다양한 성격을 가진 구성원으로 팀을 구성하여 상호작용하는 형태이다.
③ 행정적 상급자로서 업무에 대한 조정이나 통제 행위도 가능하다.

④ 반드시 직접 만나 진행되어야 하는 것은 아니며, 기록 등을 통한 간접적인 지원도 가능하다.
⑤ 슈퍼비전은 행정적, 교육적 차원뿐만 아니라 정서적 차원에서도 실시된다.

09

답과 해설 답 ③
오답노트

ㄱ. 지지적 슈퍼비전
ㄷ. 교육적 슈퍼비전

10

답과 해설 답 ④

④ OJT는 현장훈련으로 번역되는데, 근무현장에서 실제 업무를 수행하면서 선임자의 경험과 기술, 요령 등을 습득할 수 있도록 하는 것이다.

11

답과 해설 답 ③
오답노트

ㄱ. 알더퍼는 ERG이론을 통해 존재욕구, 관계욕구, 성장욕구를 제시하였다. 성취동기이론은 맥클리랜드(McClelland)가 제시한 것으로 성취욕구, 권력욕구, 친화욕구 등이 있다.
ㄴ. 브룸의 기대이론은 동기를 일으키는 욕구에 따라 동기를 살펴본 내용이론이 아닌 행동을 일으키는 요인이 무엇인가를 살펴본 과정이론에 해당한다. 따라서 욕구를 유형화하여 제시하지는 않았으며, 인간은 결과에 대한 기대와 실제 결과에 대해 느끼는 매력에 따라 행동한다고 보았다.

12

답과 해설 답 ③
오답노트

ㄹ. 선발하기 전에 어떤 업무를 할 사람이 필요한지를 먼저 확정해야 한다. 즉 모집 및 선발에 있어서는 직무분석이 가장 첫 번째 단계가 된다.

13

답과 해설 답 ②

② 아담스는 형평성이론을 통해 조직의 구성원은 자신이 투입한 노력과 자신이 받은 보상 사이에 차이를 인식하게 되면 이를 줄이려는 동기가 발생하며, 또한 다른 사람과의 투입 대비 산출을 비교함으로써 동기가 일어난다고 보았다.

14

답과 해설　답 ⑤

허즈버그의 2요인이론
경제적 보상과 근무여건의 개선과 같은 위생적인 요소들은 소극적인 동기부여 요소로, 불만을 갖지 않게 할 뿐, 직무 자체의 개선을 통해 동기요인을 충족시키는 것이 중요함을 강조하였다.
- 동기요인(만족요인): 직무에 대한 달성감, 성취에 대한 인정, 직무 자체, 증대되는 책임성, 능력과 지식의 신장 등
- 위생요인(불만족요인): 기술적 감독, 봉급, 작업조건, 상하관계 등

15

답과 해설　답 ③

③ 슈퍼비전은 하급자가 업무상 어려워하는 부분에 대해 같이 고민을 나누고 해결책을 찾아가는 과정으로 슈퍼바이저가 책임을 대신한다는 의미는 아니다.

16

답과 해설　답 ②

② 슈퍼바이저는 하급자들에 대해 풍부한 지식을 나누어줄 수 있어야 하고, 하급자들이 필요로 할 때 언제든 슈퍼비전이 이루어질 수 있도록 해야 하며, 진지하고 솔직하게 대화에 임할 수 있어야 한다. 또한 하급자들의 성과에 대해 인정하고 칭찬에 인색하지 말아야 한다.

17

답과 해설　답 ④
오답노트

① 적극적인 동기부여 요소는 동기요인이다.
② 동기요인은 만족요인이며, 위생요인은 불만족요인이다.
③ 경제적 보상과 근무여건은 위생요인에 해당한다. 불만족을 낮출 수는 있지만 만족도를 높이는 핵심 요인

은 아니다.
⑤ 동기요인은 매슬로우가 제시한 욕구 중 자기존중의 욕구, 자아실현의 욕구 등 고차원적 욕구와 관련이 깊다.

18

답과 해설　답 ⑤

⑤ 업무평가도 소진 방지를 위한 긍정적인 측면이 있지만 업무평가를 위한 준비에도 별도의 시간과 노력을 기울여야 하기 때문에 자주 실행하는 것이 소진 방지를 위해 바람직하다고 볼 수는 없다.

소진 방지 전략
- 휴가, 성과금, 임금인상 등의 보상
- 근무효율을 높이는 행정체계 개선, 탄력근무 도입 등
- 역량강화를 위한 교육 · 훈련, 슈퍼비전 등
- 운동이나 문화생활 지원, 심리상담 지원 등

19

답과 해설　답 ①

맥클리랜드의 성취동기이론
- 성취욕구(달성욕구): 목표달성 혹은 과업성취 등에 관한 욕구, 혼자 일하는 것을 선호
- 권력욕구: 인정받고 존경받고 싶어하는 욕구, 다른 사람들을 통제하고 영향력을 행사하고 싶어함
- 친화욕구(소속욕구): 친밀한 관계를 맺으려는 욕구, 위험한 도전을 좋아하지 않으며 경쟁보다 협동을 선호

오답노트

ㄴ. 권력욕구에 해당
ㄷ. 친화욕구에 해당

20

답과 해설　답 ⑤
오답노트

ㄱ. 통찰력 · 추리력 · 판단력 · 창의력과 같은 고도의 복잡성을 지닌 사고능력을 측정하기 위해서는 객관식 시험보다 주관식 시험이나 논술, 면접 등이 더 효과적이며, 다양한 방법을 혼용하기도 한다.

21

답과 해설　답 ③

③ 강제배분식은 다수의 직원들이 중간에 집중되도록 강제로 분산시키는 방법이다. 예를 들면, 대학에서 성적

을 매길 때 적용하는 상대평가가 이에 해당한다.

① 개조서열식: 각각의 평가요소에 대해 전체 순위를 매기지만, 평가요소가 구체적이지 못해 평가에 한계가 존재하며, 1등부터 꼴등까지 순위가 매겨지기 때문에 지나친 경쟁을 일으킬 수 있다.

② 이분비교식: 각각의 평가요소에 대해 평가하는 직원과 비슷한 직위의 다른 사람과 비교하여 상대적인 평가를 부여하는 것이다. 자신을 제외한 나머지 같은 서열 내의 다른 직원과 비교하며, 평가요소가 다소 구체적이라는 장점이 있다.

④ 중요사건평가식: 특별히 결과가 좋았던 업무와 나빴던 업무를 동시에 써내는 것으로, 좋았던 결과는 강화시킬 수 있도록 하고, 나빴던 결과는 교정하여 검토하는 척도로서 사용한다.

⑤ 행동계류평정식: 중요사건을 전문가들을 이용한 델파이 기법을 통해 평가하는 방식으로, 델파이 기법을 사용함에 따라 시간과 노력이 많이 드는 단점이 있다.

22

답과 해설　답 ①

오답노트

② 허즈버그의 2요인이론에서 일에 대한 책임, 일 그 자체, 승진 등은 만족되었을 때 동기를 불러일으키는 동기요인이다.

③ 맥그리거의 X,Y이론 중 인간관계이론과 연결되는 것은 Y이론이다.

④ 맥클리랜드의 성취동기이론은 성취욕구, 권력욕구, 친화욕구 등 3가지 욕구를 제시하면서 욕구가 위계적 관계는 아니지만 성취욕구가 가장 중요하다고 보았다.

⑤ 매슬로우의 욕구계층이론은 5가지 욕구를 계층화하여 제시하면서 하위 욕구가 충족되어야 상위 욕구가 나타난다고 보았다.

1.④	2.⑤	3.③	4.②	5.⑤
6.②	7.①	8.②	9.⑤	10.①
11.②	12.④	13.①	14.④	15.①
16.③	17.①	18.②	19.①	20.⑤
21.③	22.④			

01

답과 해설　답 ④

④ 프로그램기획 예산(PPBS)은 사업의 목표를 달성하기 위해 필요한 예산을 정리한 것으로 세부적인 항목이 제시되지는 않는다.

02

답과 해설　답 ⑤

⑤ 예산보고서에는 예산총칙, 세입·세출명세서, 추정재무상태표, 추정수지계산서, 임직원 보수 일람표, 예산을 의결한 이사회 회의록 또는 예산을 보고받은 시설 운영위원회 회의록 사본 등을 첨부해야 한다. 세입·세출결산서는 결산보고서에 첨부해야 할 서류이다.

03

답과 해설　답 ③

③ 이용자의 선택권 보장은 '현물급여 < 바우처 < 현금급여'의 순으로 강하게 나타난다.

04

답과 해설　답 ②

② PPBS 방식에서는 사업을 위해 필요한 품목들이나 단위원가가 직접적으로 제시되지는 않는다. 즉 지출근거가 명확하게 드러나지는 않는다. 다만, 조직이 가지고 있는 한정된 자원으로 최적의 활용·배분 방법을 계산하여 예산의 효율성을 확보한다.

해답과 오답노트 사회복지행정론　213

프로그램기획 예산(PPBS)의 주요 특징
- 사업−목표−예산을 연결
- 장기적인 목표와 사업에 대해 연차별 예산 편성
- 기획 기능 강조
- 예산의 효율과 능률에 기여
- 예산의 구체적인 항목이나 단위원가가 제시되는 않음

05

답과 해설 답 ⑤

⑤ 예산이 목표달성에 효과적이었는지를 알아보는 것은 운영 감사로 볼 수 있다. 규정순응 감사는 기관의 재정 운영이 적법한 절차에 따라 시행되었는지, 필요한 서류들은 제대로 갖추고 있는지 등을 확인하는 데에 초점을 두는 것을 말한다.

06

답과 해설 답 ②

② 품목별 예산은 예산의 통제기능이 강조된다.

07

답과 해설 답 ①
오답노트

② 위탁비는 위탁을 받은 사업에 대해서만 사용되어야 한다.
③ 사회복지공동모금회는 정부기관이 아니기 때문에 민간 측 재정에 해당한다.
④ 수익사업을 통한 수익도 재원이 된다.
⑤ 이용자가 바우처 쿠폰을 통해 기관의 서비스를 이용하면, 기관은 그 쿠폰에 해당하는 재정을 정부로부터 받게 된다. 즉 바우처는 이용자에 대한 지원인 동시에 기관에 대한 지원이기도 하다.

08

답과 해설 답 ②
오답노트

ㄱ. 영기준 예산은 목표달성에 초점을 둔다기보다는 어떤 사업이 더 중요한가에 초점을 두며, 예산을 관례적으로 배분하지 않는다는 점에서 합리적인 방식으로 평가되고 있다.
ㄷ. 영기준 예산은 전년도 예산과 무관하게 현재의 기준에서 사업의 우선순위를 부여하여 자금을 배분한다.

09

답과 해설 답 ⑤

⑤ 효율성은 무분별한 예산의 사용을 제한하는 것으로, 비용과 노력을 최소화하여 기대하는 산출을 얻고자 하는 것이다.

10

답과 해설 답 ①

ㄱ. 일반적으로 향후 1년 동안의 재정활동에 대한 계획을 정리한 것은 예산이다.
ㄴ. 회계는 단식부기를 원칙으로 하지만, 법인회계와 수익사업회계에 있어서는 필요에 따라 복식부기를 하도록 하고 있다.
ㄷ. 운영감사는 예산과 관련된 바람직한 프로그램 운영의 산출 여부, 조직의 목표달성에 있어 효과성과 능률성을 확인하는 것에 관심을 둔다.

11

답과 해설 답 ②

② 사회복지조직은 이윤을 추구하지 않으며, 수익은 예산 외에 다른 많은 변수들에 따라 달라질 수 있기 때문에 수익성을 예산 수립의 원칙으로 보기는 어렵다.

12

답과 해설 답 ④

④ 준예산을 집행할 때에는 법인의 대표이사 및 시설의 장은 시·군·구청장에게 그 사유를 보고해야 한다.

13

답과 해설 답 ①

① 예산에는 세입·세출명세서를 첨부하며, 결산에는 세입·세출결산서를 첨부한다.

14

답과 해설 답 ④

④ 작성된 결산보고서는 이사회의 의결을 거친 후 시·군·구청장에게 제출해야 한다.

15

답과 해설 답 ①

해당 문제는 품목별 예산의 한계를 극복하기 위해 개발된 성과주의 예산방식의 특징을 찾는 문제이다.

성과주의 예산

- 성과주의 예산은 예산을 기능별, 사업계획별, 활동별로 분류하여 예산의 지출과 성과의 관계를 명확하게 하기 위한 예산제도를 말한다.
- 수행하고자 하는 사업이 무엇인지를 중심으로 예산을 편성하기 때문에 사업과 예산의 관계를 명백히 해준다.
- 활동별로 업무단위를 선정하여 양적으로 표시한 다음 단위원가를 기준으로 예산을 과학적·합리적으로 편성함으로써 집행성과를 측정·분석·평가할 수 있게 한다. 따라서 예산을 투입하여 무엇을 구매할 것인가가 아니라 무엇을 성취할 것인가에 초점을 맞춘다.

16

답과 해설 답 ③

③ 성과주의 예산은 사업별로 예산의 책임이 분산되기 때문에 조직 전체 차원에서 예산집행을 통제하는 것은 어려울 수 있다.

17

답과 해설 답 ①

오답노트

ㄷ. 영기준 예산모형은 모든 프로그램을 전년도 예산과 무관하게 해당 연도에서 판단된 우선순위에 따라 예산을 배분한다. 이로 인해 장기 프로그램은 예산을 예측할 수 없어 불리한 측면이 있다.

ㄹ. 프로그램기획 예산모형은 프로그램의 목표를 중심으로 하지만, 구체적인 품목과 단위원가가 직접 제시되지는 않는다.

18

답과 해설 답 ②

② 사회복지법인의 감사는 당해 법인과 시설에 대해 매년 1회 이상 감사를 실시해야 한다.

19

답과 해설 답 ①

① 예산을 편성할 때에는 효율성뿐만 아니라 효과성, 시급성, 재정의 가용성, 조직의 목표 및 가치 등이 모두 고려되어야 한다.

20

답과 해설 답 ⑤

⑤ 바우처는 정부가 수요자에게 쿠폰을 지급하면 수요자는 쿠폰을 사용할 수 있는 공급자를 선택하여 서비스를 받고, 공급자는 수요자로부터 쿠폰을 받아 정부에 제시하여 재정을 지원받는 방식이다.

21

답과 해설 답 ③

ㄴ. 예산의 편성 → ㄱ. 심의·의결 → ㄹ. 예산의 집행 → ㄷ. 결산 및 회계감사

22

답과 해설 답 ④

④ 프로그램의 운영에 직접적으로 투입되는 비용(프로그램 홍보비, 직접서비스 비용)을 직접비용, 프로그램 활동에서 단지 부분적이거나 간접적으로 나타나는 비용(일반행정비, 간접경비, 일반목적의 회의비)은 간접비용이라고 한다.

10장 프로그램 개발과 평가

01.④　02.③　03.①　04.③　05.②

06.④　07.①　08.②　09.④　10.⑤

11.③　12.①　13.②　14.④　15.③

16.⑤　17.④　18.①

01

답과 해설 답 ④

오답노트

① 효율성: 투입 대비 산출량
② 노력성: 제공된 서비스의 내용 및 양
③ 효과성: 목표달성 정도
⑤ 질 평가: 제공된 서비스의 전문성

02

답과 해설 답 ③

오답노트

ㄹ. 총괄평가는 목표를 달성했는지에 초점을 둔다는 점에서 목표지향적이며, 형성평가는 프로그램 진행과정을 점검하고 피드백한다는 점에서 과정지향적이다.

03

답과 해설 답 ①

① 성과(outcome) 요소는 활동에 따른 클라이언트의 변화가 중심이 된다. 주로 질적 측면에서 파악되기 때문에 수량적으로 측정하기 어려운 경우도 많다.

04

답과 해설 답 ③

③ 인지적 욕구는 사람들이 욕구라고 생각하는 것을 말하며, 선호도 조사 등을 통해 파악한다. 하지만 욕구의 정도는 수시로 바뀔 수 있으며, 어떤 욕구가 있다고 느낀다고 해서 반드시 서비스를 찾는 것은 아니기 때문에 실제 수요와 다를 수 있다.

05

답과 해설 답 ②

명목집단 기법은 한 자리에 모여 의견을 나누지만 무기명으로 아이디어를 제출하여 발표자가 각각의 아이디어를 발표한다. 발표가 종료된 후 참여자들의 투표를 통해 우선순위를 결정하게 되는데 투표 전 의견 교환이 일어나기도 하지만 대체로 심층적인 토론이 진행되지는 않는다.

06

답과 해설 답 ④
오답노트

① 비용효과분석, 비용편익분석 등은 효율성을 분석하기 위한 방법이다. 효과성을 파악하기 위해서는 목표달성모형, 체계모형 등을 이용할 수 있다.
② 서비스의 질은 단지 양만으로 판단되는 것은 아니며, 제공자들이 서비스를 제공할 만큼 적절한 기술과 지식을 갖고 있었는지, 실제로 서비스가 클라이언트의 만족을 이끌 만한 수준이었는지 등을 토대로 판단된다.
③ 외부환경적 요인이나 목표달성을 위한 수단 및 과정에 초점을 둔 모형은 체계모형이다. 목표달성모형은 외부환경적 요인이나 조직 내부의 효율성보다는 고객만족에 더 집중한다.
⑤ 일반적으로 객관성을 확보하기 위해서는 외부평가를 선택한다. 다만, 외부평가자가 사회복지기관의 관련자인 경우 객관성을 보장할 수 없다.

07

답과 해설 답 ①

폰시오엔의 욕구이론

• 폰시오엔은 사회의 우선적인 책임은 구성원의 생물학적 · 사회적 · 정서적 · 정신적 요소를 포함한 기본적인 생존의 욕구를 충족시키는 것이며, 사회는 최소한의 욕구 수준을 규정하게 된다고 주장했다.
• 어떤 집단은 재화 또는 서비스를 받게 되지만 다른 집단은 이와 같은 것들에 접근하지 못하게 됨에 따라 사회적 욕구가 발생하게 된다는 이론이다. 따라서 욕구는 상대적이며, 사회복지정책 및 프로그램 기획의 쟁점은 분배 및 재분배에 관한 것이 된다.
• 이 이론을 바탕으로 영국의 국민보건서비스가 발달되었다.

오답노트

ㄴ. 매슬로우의 욕구단계이론의 특징이다.
ㄹ. 브래드쇼의 욕구이론에 대한 설명이다.

08

답과 해설 답 ②

② 비용효과분석은 효율성을 분석하는 방법이다.

09

답과 해설 답 ④

'ㄷ. 일반집단 > ㄴ. 위기집단 > ㄹ. 표적집단 > ㄱ. 클라이언트 집단' 순으로 범위를 좁혀가며 클라이언트의 규모를 가늠해볼 수 있다.

10

답과 해설 답 ⑤

⑤ 모든 요소는 프로그램의 목적과 관련되어야 한다. 영향은 프로그램이 직접 목적한 바를 넘어 그 목적과 관련된 지역사회의 문제에 끼친 거시적 차원의 성과를 의미한다. 과거 학교폭력 피해경험이 있는 성인을 대상으로 한 집단상담이 학교폭력 감소와 연결된다고 볼 수는 없다.

11

답과 해설 답 ③

SMART 기준
- Specific: 구체적으로 작성
- Measurable: 측정 가능하게 작성
- Attainable: 실현 가능하게 작성
- Result-Oriented: 결과 지향적으로 작성
- Time frame: 시간 구조를 갖도록 작성

12

답과 해설 답 ①

산출은 프로그램을 통해 제공된 실적으로 볼 수 있으며, 주로 양적 측면에서 파악된다.

오답노트

ㄷ. 프로그램에 소요되는 비용을 비롯한 인적, 물적 자원은 투입에 해당한다.
ㄹ. 프로그램이 의도했던 목표는 성과에 해당한다.

13

답과 해설 답 ②

오답노트

① 효과성 평가에 해당한다.
③ 노력성 평가에 해당한다.
④ 효율성 평가에 해당한다.
⑤ 서비스 질 평가에 해당한다.

14

답과 해설 답 ④
오답노트

ㄱ. 투입과 산출의 양을 비교하는 것은 효율성 평가에 대한 내용이다. 영향평가란, 의도했던 사회문제의 해결에 어느 정도 영향을 미쳤는지에 대한 평가이다.
ㄷ. 의도했던 목표의 달성에 대한 평가는 효과성 평가이다.

15

답과 해설 답 ③

브래드쇼의 욕구 유형
- 규범적 욕구: 전문가의 판단에 의해 규정된 욕구
- 인지적(감촉적) 욕구: 설문조사를 통해 사람들이 선호하는 것을 물어보는 방식으로 파악되는 욕구
- 표출적 욕구: 서비스의 수요를 통해 파악되는 욕구
- 비교적(상대적) 욕구: 다른 지역, 다른 기관, 다른 사람 등과의 비교를 통해 느끼는 욕구

16

답과 해설 답 ⑤

⑤ 설계 과정에서 평가를 언제, 어떻게 실시할지를 결정할 수는 있지만, 평가 자체는 프로그램이 실시 혹은 종료된 이후에 진행된다.

17

답과 해설 답 ④

④ 효율성을 살펴보기 위한 방법으로 비용효과분석과 비용편익분석이 있다. 비용효과분석은 대안선택의 효과(이익)를 금전적 가치로 환산하지 않고 살펴보는 것이며, 비용편익분석은 대안선택의 효과(이익)를 금전적 가치로 환산하여 살펴보는 것이다.

18

답 ①

① 사회복지 프로그램이 궁극적으로 지향하는 바는 서비스 수급자들의 복지향상에 있다.

② '기준행동(criterion behavior)'이란, 업무자들이 기준으로 제시된 측정 가능한 사안들에만 집중하게 되어 실질적인 서비스의 효과성에 대해서는 무관심하게 되는 것을 말한다. 엄격한 측정 기준들이 적용되는 평가가 지속되는 경우 이러한 기준행동이 비례해서 증가하는 경향이 있다.

③ 사회복지서비스에서는 비록 명확하게 특정되진 않지만 서비스의 효과성을 위해 결정적인 중요성을 갖는 것들이 많다. 다만, 대부분의 이러한 요소들이 직접적으로 측정되기 어려워 평가의 구성요소에서 누락되기 쉽다는 문제가 있다.

④ 예를 들면, 극히 한정된 자원밖에 제공받지 못하면서도 서비스의 양과 질을 높이지 못한다고 외부로부터 부정적인 평가를 받는 사회복지 프로그램의 경우를 들 수 있다. 이 경우에는 차라리 평가 결과를 외부 사회에 폭넓게 공개함으로써 문제의 근원이 기관 내부가 아니라 제한된 자원만을 제공하는 외부환경에 있음을 알리는 자연스러운 계기가 될 수 있다.

⑤ 이제껏 불명확하거나 막연하게 규정해두었던 목표, 방법적 기술, 성과 측정 등에 관심을 갖게 하고, 효과성 및 효율성에 대한 정보를 수집하고 분석하게 한다.

11장 사회복지조직의 책임성과 평가

01.②	02.①	03.⑤	04.①	05.③
06.⑤	07.⑤	08.④	09.②	10.⑤
11.⑤	12.①	13.①	14.④	15.①
16.⑤				

01

답 ②

ㄴ. 시설평가 기준은 사회복지사업법상의 서비스 최저기준을 고려하여 보건복지부장관이 정한다.

ㄹ. 보건복지부장관과 시·도지사는 평가결과를 해당 기관의 홈페이지 등에 게시하여야 한다.

02

답 ①

① 사회복지조직은 새롭게 대두되는 사회문제나 현재 정책의 미흡한 부분에 대해 문제를 제기하여 정책에 영향을 주는 일을 수행하며, 현재 정책의 사각지대에 놓인 사람들에게 서비스를 제공한다는 점에서 국가 정책의 범위 내에서만 활약하지는 않는다.

03

답 ⑤

1992년 캐플란과 노튼(R. Kaplan & D. Norton)이 개발한 균형성과표(Balanced Score Card)는 조직의 비전과 전략 그리고 이를 실현하기 위한 미래의 성과창출동인을 고객 관점, 재무 관점, 내부 프로세스 관점, 학습과 성장 관점이라는 4가지 관점에서 균형 있게 평가하는 전략적 평가 모형이다.

04

답 ①

① 종사자 채용 시 준수사항은 사회복지사업법 제35조의 3을 통해 규정하고 있다. 시설의 서비스 최저기준에 관한 사항은 사회복지사업법 제43조 및 동법 시행규

칙 제27조를 통해 다음의 사항이 포함되도록 규정하고 있다.

1. 시설 이용자의 인권
2. 시설의 환경
3. 시설의 운영
4. 시설의 안전관리
5. 시설의 인력관리
6. 지역사회 연계
7. 서비스의 과정 및 결과
8. 그 밖에 서비스 최저기준 유지에 필요한 사항

05

답과 해설 답 ③

오답노트

① 성과관리에서 성과는 효과성에 그치는 것이 아니라 효율성, 품질평가, 이용자 만족도 등을 모두 포괄한다.
② 성과수준을 결정할 때에는 그 성과를 달성할 수 있을 만한 자원이 갖춰져 있는지를 확인해야 한다.
④ 성과수준은 현실적으로 누구나 달성할 수 있는 정도의 수준이어야 한다. 최대한의 수준이라기보다 최저 요건이라고 볼 수 있다.
⑤ 성과수준은 수령, 품질 등 측정할 수 있도록 표현되어야 한다. 이를 통해 실제 달성 여부를 명확히 파악할 수 있다.

06

답과 해설 답 ⑤

07

답과 해설 답 ⑤

⑤ 사회복지서비스는 표준화를 지향하는 것은 아니기 때문에 사회복지 평가가 서비스의 표준화를 위해 진행되지는 않는다.

간혹 표준화와 공평성을 유사한 의미로 이해하는 경우가 있는데, 표준화는 몇 가지 유형을 나누어 각 유형에 따라 정해진 매뉴얼대로 서비스를 제공하는 것을 말한다. 사회복지는 개별화를 강조하기 때문에 클라이언트의 문제 상황을 유형화하지 않으며, 애초에 유형화가 어려워 서비스를 표준화하여 제공하는 것도 어렵다. 한편, 공평성은 서비스의 분배 및 제공 과정에서 편향된 점은 없었는지, 즉 공정하게 이루어졌는지를 살펴보는 것을 말한다.

08

답과 해설 답 ④

④ 시설에서 지역사회의 인적, 물적 자원을 어떻게 개발하고 동원하였는가는 평가의 범위이지만, 지역사회 내의 인적, 물적 자원 그 자체가 평가의 영역은 아니다.

사회복지 시설평가의 평가영역

- 시설 및 환경: 안전관리, 식품위생, 공간배치 및 청결상태, 편의시설 설치상태 등
- 재정 및 조직운영: 회계 관련 사항, 운영위원회 구성 및 활동 등
- 인적자원관리: 자격증 소지 직원 비율, 직원의 근속률, 직원의 교육활동, 직원 채용의 공정성, 슈퍼비전, 직원복지 등
- 이용자의 권리: 이용자의 비밀보장, 이용자의 고충처리
- 지역사회관계: 자원봉사자의 활용 및 관리, 외부자원 개발, 후원금 사용 및 관리 등
- 프로그램 및 서비스: 프로그램 기획 · 실행 · 평가, 사례관리에 관한 사항, 프로그램의 차별성 · 참신성 · 전문성, 지역사회조직화 등

09

답과 해설 답 ②

② 효과성, 효율성, 서비스의 질, 개방성, 투명성, 책임성 등의 전방위적 확보를 추구한다. 효과성보다 효율성에 더 초점을 두지는 않는다.

10

답과 해설 답 ⑤

성과수준 설정에서 고려할 요소

- 현실적인 달성 가능성
- 초과 달성의 여지
- 기대가 충족된 상태를 명확히 기술
- 성과를 측정할 구체적 방법
- 성과의 수량, 질, 효과, 비용 등의 구체적 제시

11

답과 해설 답 ⑤

⑤ 클라이언트 역시 책임성의 주체가 된다. 클라이언트는 공적 기관이든 민간 기관이든 서비스를 제공받는 과정에 성실히 임해야 할 의무가 있는 것은 물론이며, 목표달성을 위해 노력해야 할 책임을 진다.

12

답 ①

① 민간기관의 서비스와 공공기관의 서비스가 동일하거나 유사할수록 수혜자의 선택권이 넓어진다는 장점도 있다.

13

답 ①

① 행정관리자는 전반적인 업무의 흐름을 확인하고 점검할 수 있어야 하기 때문에 특정 분야에 대한 전문성만 갖춰서는 안 된다.

14

답 ④

사회복지조직을 변화시키는 요인
- 행정규제, 정권교체, 예산삭감, 기존의 사례관리나 프로그램 등의 요소에 새로운 기술(기법)이 출현하여 이에 적응하기 위한 변화의 경우 외부환경 요인에 속한다.
- 서비스의 다양성, 기술의 복잡성, 목표의 불확실성 및 업무단위들 간의 갈등 등은 내부환경 요인에 속한다.

15

답 ①

① 사회복지시설은 각기 다른 목적과 기능을 위해 설립되므로 평가기준 역시 각 시설 유형의 특성을 반영하여 마련되고 있다.

16

답 ⑤

책임성의 기준
사회복지행정 활동이 책임성을 다하는 방향으로 이루어졌는지를 판단하는 근거로, 책임추궁이 필요한 경우 그 활동내용이 도의적 책임, 법적 책임, 책무적 책임을 다하였는가에 근거하여 책임성을 판단한다.
- 도의적 책임: 공익, 국민의 열망, 고객의 요구 등이 해당된다.
- 책무적 책임(또는 기능적 책임): 활동의 기준이 명문화되어 있지 않은 경우 재량에 따를 수 있으며, 이때 재량적 판단기준은 반드시 전문가로서 전문적 기준과 사회복지사로서의 직업윤리를 따라야 한다.

- 법적 책임: 입법화된 기준뿐만 아니라 활동에 관한 명문화된 기준, 즉 정관, 계약 등을 준수해야 한다.

12장 홍보와 마케팅

1.④	2.④	3.①	4.③	5.④
6.②	7.①	8.④	9.④	10.⑤
11.③	12.⑤	13.④	14.⑤	15.④

01

답과 해설 답 ④

④ 사회복지조직은 대체로 비영리로 운영되긴 하지만 자체적인 수익사업을 진행하기도 한다.

02

답과 해설 답 ④

④ 지역주민에게 홍보자료를 우편으로 발송하는 방식은 다이렉트(DM) 마케팅이다.

03

답과 해설 답 ①

① 사회복지조직은 이용자 모집에 있어 성과보다는 꼭 필요한 사람에게 적절한 서비스가 제공될 수 있도록 해야 하며, 서비스 결과를 마케팅에 활용할 때에는 개인정보 노출 및 사생활 침해 등의 문제가 발생할 수 있다는 점도 주의해야 한다.

04

답과 해설 답 ③

③ 시장 세분화 정도가 가장 높은 방식은 미시적 마케팅(원투원 마케팅)이다. 대상자의 개인적인 성향을 기반으로 맞춤형 정보를 제공하여 기부를 유도하는 방식이다.

05

답과 해설 답 ④

성공적인 모금활동을 위해서는 기관의 대내외적 환경을 분석하여 기관의 상황에 맞는 모금 전략을 수립해야 하며, 모금은 외부기관에 의뢰할 때에도 전적으로 외부기관에 의존하는 것보다 기관의 상황에 맞는 전략이 수립될 수 있도록 유기적인 의사소통이 필요하다.

06

답과 해설 답 ②

ㄴ. 마케팅 믹스(4P)는 종합적인 마케팅 전략을 추진하기 위해 상품(Product), 가격(Price), 유통(Place, 입지), 촉진(Promotion, 의사소통) 등 4가지 요소를 고려하는 것이다. Permission은 해당하지 않는다.

ㄹ. 서비스 이용자를 모집하기 위해 홍보 활동을 진행하는 것은 촉진(Promotion) 전략에 해당한다. 유통(Place) 전략은 사업대상 지역 및 유통과정 선정 등에 관한 전략으로 사회복지조직에서는 서비스의 접근성 제고 및 연계 등과 관련된 전략이라고 볼 수 있다.

07

답과 해설 답 ①

오답노트

② 사회 마케팅: 공공의 건강, 안전, 환경 또는 사회복지 등에 관한 개선을 목표로 기업이 특정 행동의 변화를 기획, 시도할 때 적용하는 방식이다.

③ 고객관계관리 마케팅: 고객과 관련된 자료를 더욱 세분화하여 심층적으로 분석하여 지속적인 관계유지를 목적으로 하는 마케팅 방법이다.

④ 다이렉트 마케팅: 홍보자료와 신청서 등을 함께 우편으로 발송하는 방법이다.

⑤ 데이터베이스 마케팅: 기관 이용자의 개인정보를 토대로 한 마케팅 방법이다.

08

답과 해설 답 ④

④ 이용자마다 만족도가 다를 수는 있지만 그렇다고 해서 평가를 진행할 수 없는 것은 아니다. 효과성, 효율성, 적절성, 영향성 등 다양한 측면에서 서비스를 평가하고 그 결과에 따라 개선점을 찾아나는 것이 평가의 목적이며 책임성을 확보하기 위한 노력이다.

09

답과 해설 답 ④

고객 유지 및 충성도 제고 전략은 고객의 이탈을 방지하는 목적으로 가시적인 인센티브를 제공하는 전략이다.

ㄱ. 재활성화 전략은 이용자가 더 이상 기관을 이용하지 않을 때 다시 기관을 이용할 수 있도록 유도하는 데에 초점이 있다. 최근에 활동이 뜸해진 자원봉사자의 참여를 다시 유도하기 위한 전략이다.

ㄷ. 고객 확보 전략은 신규 이용자를 모집하는 데에 초점이 있다. 사업의 확장이나 신규 사업 등으로 더 많은 자원봉사자가 필요할 때의 전략이다.

10

답과 해설   답 ⑤

ㄱ. 현수막은 프로그램 이름과 실시 기관, 문의할 전화번호 등이 잘 보이도록 간략하게 구성하여 불특정 다수가 다니는 길에 설치한다.

ㄴ. 타 기관에서 유사한 대상으로 사업을 꾸리고 있거나 유사한 프로그램을 진행하고 있더라도 클라이언트의 선택권 확보라는 측면에서 해당 기관과 협력관계를 구축하여 홍보전단을 배치할 수 있다.

ㄷ. 인터넷이 발달하면서 홈페이지를 통해 내용을 확인하는 클라이언트들도 많기 때문에 프로그램의 일정 등을 보기 쉽게 정리하여 게시한다.

ㄹ. 아웃리치는 반드시 사회복지사가 수행해야 하는 것은 아니다. 기관을 이미 이용하고 있는 사람들이나 기관에 후원하는 사람, 기관에서 자원봉사를 하는 사람들이 주변 사람들에게 해당 프로그램을 소개하는 방식으로 진행될 수 있다.

11

답과 해설   답 ③

기부시장 분석

- 시장 세분화: 비슷한 욕구, 개성 또는 행위의 특징에 따라 소비자(후원자)를 분류
- 표적시장 선정: 시장이 세분화된 곳의 매력적인 요소(후원 가능성)를 발견하여 하나 또는 그 이상의 시장(후원자)을 선정하여 진입하는 것
- 시장 포지셔닝: 세분화되고 표적이 된 각각의 집단을 명확하게 지배하는 것, 즉 대상집단으로 하여금 후원을 하도록 확정하는 것

12

답과 해설   답 ⑤

마케팅의 필요성

- 효율성과 효과성의 증진(책임성 측면)

- 클라이언트에게 효과적인 서비스를 제공하고 만족을 이끌어냄(대상자 관리 측면)
- 급변하는 환경과 불확실한 미래상황에 대처(서비스 개발 측면)
- 철저한 계획에 의한 후원자 개발로 재정 확보(재정 확보의 측면)

13

답과 해설   답 ④

- 시장세분화는 지리적 변수, 인구통계학적 변수, 심리적 변수, 행동적 변수 등에 대한 분석을 통해 잠재적 후원자 집단을 찾기 위한 것이다.
- 시장세분화를 통해 얻을 수 있는 이익은 첫째, 후원자의 욕구에 따라 정확한 시장을 찾을 수 있다는 점이다. 둘째, 지역사회의 변화에 대처할 수 있도록 사회복지기관의 마케팅 능력이 강화될 수 있다. 셋째, 지역사회 자원을 효과적으로 개발할 수 있다. 넷째, 사회복지관이 지역사회 마케팅을 실시할 때 강점과 약점이 올바르게 파악될 수 있다.

14

답과 해설   답 ⑤

SWOT 기법

SWOT 기법은 조직의 내적인 차원에서 강점(Strength)과 약점(Weakness)을 파악하고, 조직 외적인 차원에서 기회 요인(Opportunity)과 위협 요인(Threat)을 파악하여 현재 혹은 미래의 기관 활동을 어떻게 진행할지를 결정하기 위해 활용된다.

15

답과 해설   답 ④

- 다이렉트(DM) 마케팅: 지역주민에게 홍보자료를 우편으로 발송하여 서비스 정보를 전달한다.
- 인터넷 마케팅: 기관 홈페이지 및 연계기관 간 배너 교환 등을 통해 서비스를 홍보한다.

13장

13장 환경관리와 정보관리

01.③	02.⑤	03.⑤	04.⑤	05.②
06.①	07.③	08.⑤	09.③	10.②
11.②	12.⑤	13.①	14.④	15.④
16.①	17.②	18.②	19.④	

01

답과 해설 답 ③

③ 사회복지사업법은 사회복지조직의 설립과 운영에 있어 합법성을 제공해준다는 측면에서 과업환경 요소에 해당한다.

02

답과 해설 답 ⑤

⑤ 이용자의 인권 보장, 시설운영의 투명성 등의 이슈가 발생함에 따라 시설의 소규모화, 지역사회보호 등이 강조되고 있다.

03

답과 해설 답 ⑤

⑤ 중앙정부에서 전국 단위의 정책을 마련하면 각 지자체별로 사업을 집행한다. 지방분권화에 따라 단순 집행에 그치지 않고 지역에 맞는 사업을 계획하여 집행하기도 한다.

오답노트

① 장애인거주시설 폐지라는 탈시설화 정책은 일반환경의 변화에 해당하며, 이는 지자체 등 과업환경의 변화에도 영향을 미친다.
② 탈시설화로 지역사회보호가 강조됨에 따라 지역사회 자원 개발이 더욱 중요해졌다.
③④ 공공의 책임성 제고, 전문성 확보, 운영의 투명성 등을 위해 민·관 협력이 강조되고 있으며, 외부 전문가의 참여와 소통도 강조되고 있다.

04

답과 해설 답 ⑤

⑤ 최고관리자가 주도하는 조직혁신은 구성원들의 저항, 반발을 유발하기도 한다. 이때에는 거래적 리더십이 아닌 변혁적 리더십을 통해 구성원들에게 동기부여하는 것이 필요하다.

05

답과 해설 답 ②

② 매몰비용(함몰비용)은 다시 되돌릴 수 없는 비용을 말한다. 일단 지출하고 나면 회수할 수 없는 기업의 광고비용이나 연구개발 비용 등이 이에 속한다.

06

답과 해설 답 ①

종속 상쇄조건
• 외부조직과의 정보 공유
• 주요 자원 소유
• 대체자원이 필요한 서비스의 이용 가능성
• 정당성을 내세울 수 있는 이념 개발
• 대안에 대한 효과적인 지적 능력

종속 강화조건
• 외부에서 강요하는 정책
• 서비스 기획 및 실행에 대한 외부의 재량권 허용
• 외부단위의 서비스가 크게 필요한 경우
• 외부에서 목표를 인가해야 하는 경우
• 대안들에 대한 부정확한 정보

07

답과 해설 답 ③

③ 지역사회를 구성하는 인구의 연령, 성별, 거주지역, 인종 등의 사회인구통계학적 조건은 일반환경에 해당한다.

08

답과 해설 답 ⑤

⑤ 한 명의 직원이 담당한 서비스의 양과 활동 내용 등은 직원 정보에 해당한다.

정보체계 설계를 위한 정보유형
• 지역사회 정보: 인구통계학적 정보, 사회적·경제적

특성에 관한 자료, 서비스를 받고 있는 대상자의 신원 확인, 실질적인 서비스와 재원의 목록
- 서비스 정보: 기관의 서비스 단위, 클라이언트 수, 주어진 기간 내에 서비스를 제공받은 클라이언트 수와 서비스가 종결된 클라이언트 수, 서비스와 관련된 활동들에 대한 설명 등
- 클라이언트 정보: 클라이언트의 현존 문제, 개인이력, 서비스 수혜유형, 서비스 기간, 사회·경제적·가족적 특성, 고용상태, 만족도 측정과 서비스 성과 등
- 직원 정보: 사업수행에 참여한 시간, 도움을 준 클라이언트 수, 서비스 제공의 양, 서비스의 차별성 등
- 자원할당 정보: 전체비용, 특수한 유형의 서비스 비용, 예산 및 결산보고서를 위해 필요한 자료 등

09

답과 해설 답 ③

③ 기술적 발달은 일반환경에 해당한다.

10

답과 해설 답 ②

② 정보를 전산화하는 것은 정보의 성격, 시스템의 한계 등에 따라 그 범위가 달라질 수 있다. 모든 정보를 모든 구성원들에게 공유하게 되면 그만큼 클라이언트의 개인정보 유출 문제가 발생할 위험도 높아지기 때문에 모든 정보를 반드시 전산화해야 하는 것은 아니며 모두에게 공유되어야 하는 것도 아니다.

11

답과 해설 답 ②

② 성공률이 좋을 것으로 예상되는 클라이언트를 선별하여 서비스를 제공하는 것을 크리밍 현상이라고 하는데, 사회복지조직은 욕구를 가진 모든 사람, 문제를 겪는 모든 사람을 위해 열린 서비스를 제공하는 것이 바람직하므로 지양해야 할 점이다.

12

답과 해설 답 ⑤

⑤ 저항이 클 때는 강력한 대응을 하는 것보다 구성원들을 이해시키고 설득하기 위한 의사소통을 진행하는 것이 좋다.

13

답과 해설 답 ①

사회적, 법적, 정치적, 경제적, 문화적, 인구통계학적 조건들은 일반환경에 해당한다.

14

답과 해설 답 ④
오답노트

① 사회복지조직은 대체로 외부 자원을 지원받아 운영되기 때문에 외부환경에 대한 의존도가 높다. 이러한 의존도를 낮추고 사회복지조직의 운영에 있어 자율성을 확보하는 것이 환경관리 전략의 목적이다.
② 권위주의 전략은 다른 조직들보다 우세한 위치에 있음을 전제로 한다. 네트워크 구성은 조직 간 우열에 상관 없이 모두 동등한 위치에서 관계한다.
③ 대체로 수평적 조직일수록 조직의 융통성이 있기 때문에 조직혁신에 유리한 측면이 있다.
⑤ 환경변화에 대한 대응은 조직 전체 차원에서 이루어지도록 해야 한다.

15

답과 해설 답 ④
오답노트

ㄱ. 과업환경은 일반환경보다 조직에 더 직접적으로 영향을 미치지만 조직도 과업환경에 영향을 미칠 수 있다는 점에서 일방적으로 적응해야 하는 관계가 아니라 상호작용하는 관계라고 말할 수 있다.

16

답과 해설 답 ①

① 전체 사회체계에서 봤을 때 조직은 환경에 종속된다.

17

답과 해설 답 ②

ㄱ. 지식기반시스템 중 전문가시스템에 관한 설명이다.
ㄷ. 지식기반시스템 중 사례기반시스템에 해당한다.

오답노트

ㄴ. 관리정보시스템의 특징이다. 클라이언트에 관한 정보를 다루기도 하지만, 월별, 분기별 보고서 작성 등을 위해서 사용되기도 한다.

ㄹ. 월급명세서 자동처리, 이용자 명부관리, 영수증 자동
발급 등 일상적이고 반복적인 업무를 처리하는 것은
자료처리시스템에 해당한다.

18

답과 해설 답 ②

협동적 전략

• 계약: 두 조직 간에 지원 혹은 서비스의 교환을 통해 협
상된 공식적, 비공식적 합의
• 연합: 여러 조직들이 사업을 위해 합동하여 자원을 합
하는 전략
• 흡수: 과업환경 내 주요 조직의 대표자들을 조직의 정
책수립기구에 참여시키는 전략

19

답과 해설 답 ④
오답노트

ㄱ. 유관기관과 협력체계 구축은 조직 내외의 변화를 위
한 혁신으로 행정·관리 혁신에 해당한다.

1장 사회복지법의 개관

01.④ 02.② 03.④ 04.③ 05.②
06.⑤ 07.② 08.④ 09.③ 10.③
11.① 12.⑤ 13.④ 14.③ 15.②
16.② 17.④ 18.④ 19.③ 20.③
21.① 22.②

01

답과 해설 답 ④

법률을 제정하기 위해서는 반드시 국회의 의결을 거쳐야 한다.

02

답과 해설 답 ②

지방의회는 법령의 범위 내에서 그 사무에 관하여 규칙이 아닌 조례를 제정할 수 있다. 지방자치단체의 장은 법령 또는 조례의 범위에서 그 권한에 속하는 사무에 관하여 규칙을 제정할 수 있다.

03

답과 해설 답 ④

사회보장기본법에서 규정하고 있는 내용이다.

04

답과 해설 답 ③

관습법, 판례, 조리 등은 사회복지법의 불문법에 해당한다.

05

답과 해설 답 ②

법규범의 수직적 체계화는 상위법과 하위법에 대한 내용이다. 이에 따르면 헌법-법률-명령-조례-규칙의 순으로 되어 있다.

06

답과 해설 답 ⑤
오답노트

ㄹ. 보건복지부령은 명령에 속하는 시행규칙이다.

07

답과 해설 답 ②

ㄴ. 우리나라의 경우 단일한 사회복지법전으로 체계화된

상태는 아니다.
ㄹ. 국제법, 조약도 국내 사회복지법의 법원이 될 수 있다. 우리나라 헌법 제6조 제1항에서 "헌법에 의해 체결·공포된 조약과 일반적으로 승인된 국제법규는 국내법과 같은 효력을 가진다."라고 규정하고 있다.

08

답과 해설 답 ④

오답노트
① 주민의 권리와 의무에 관한 사항도 법률의 위임 안에서 정할 수 있다.
② 지방자치단체의 장은 규칙에 관한 제정권을 갖지만, 조례는 지방의회의 의결로서 제정된다.
③ 아동위원에 관한 사항은 해당 시·군·구 조례로 정한다.
⑤ 자치법규는 법률이나 명령보다 하위법으로서, 법률이나 명령에 위반한 규정은 효력을 갖지 못한다.

09

답과 해설 답 ③

사회복지법인의 이사회 구성에 관한 사항은 사회복지사업법에 따라 법률로서 규정되어 있다.

10

답과 해설 답 ③

- 신체장애자 및 질병·노령 기타의 사유로 생활능력이 없는 국민은 법률이 정하는 바에 의하여 국가의 보호를 받는다.
- 국가는 사회보장·사회복지의 증진에 노력할 의무를 진다.
- 국가는 노인과 청소년의 복지향상을 위한 정책을 실시할 의무를 진다.

11

답과 해설 답 ①

규칙을 제정하는 것은 지방자치단체의 장이다.

12

답과 해설 답 ⑤

오답노트
① 헌법은 관련법규의 존립근거이며 재판의 규범이 된다.

② 국제법규는 헌법 제6조 제1항에 의해 국내법과 동일한 효력을 지닐 근거를 갖고 있다.
③ 행정부에서 정하는 명령은 대통령령, 총리령, 부령 외에도 긴급명령, 긴급재정·경제명령 등도 포함된다.
④ 자치법규는 법률보다 하위법은 맞지만 행정부의 승인과정 없이도 제정가능하다.

13

답과 해설 답 ④

오답노트
① 헌법은 모든 법규정의 근원이다.
② 사회보장기본법은 일반법이고 사회복지사업법은 특별법 성격이기 때문에 사회복지사업법이 우선 적용된다.
③ 사회복지사업법과 장애인복지법의 관계는 상위법과 하위법의 관계는 아니며, 일반법과 특별법의 관계로서 장애인복지법이 우선 적용된다.
⑤ 법 적용은 상위법 우선, 특별법 우선, 신법 우선의 순서를 따른다. 따라서 구법인 특별법과 신법인 일반법 간에 충돌이 있는 경우에는 구법인 특별법이 우선 적용된다.

14

답과 해설 답 ③

조례는 규칙보다 상위규범에 해당한다. 즉, 규칙이 조례를 위반해서는 안 된다.

15

답과 해설 답 ②

헌법은 단지 선언적 성격만 갖는 것이 아니라 최상위의 법으로서 하위법령의 제·개정의 토대가 될 뿐만 아니라 재판의 규범이 되기도 한다.

16

답과 해설 답 ②

신법 우선의 원칙에 대한 설명과 관련이 있으며, 이는 동등한 법형식 사이에 법령 내용이 상호 모순되는 경우에 시간적으로 나중에 제정된 것이 먼저 제정된 것보다 우선하는 효력을 가진다는 것을 의미한다.

17

답과 해설　답 ④

사회복지에 관한 개별 법률은 헌법의 하위법에 속한다.

18

답과 해설　답 ④

법률안을 심의·의결하는 과정은 국회의 고유권한이지만, 법률안을 제출하는 것은 정부도 할 수 있다.

19

답과 해설　답 ③

대통령이 기간 내에 공포나 재의의 요구를 하지 아니한 때에도 그 법률안은 법률로서 확정된다.

20

답과 해설　답 ③

모든 국민은 인간으로서의 존엄과 가치를 가지며, 행복을 추구할 권리를 가진다.

21

답과 해설　답 ①

우리나라 대법원은 관습법을 인정하고 있다.

22

답과 해설　답 ②

행정기관의 내부에서 제정·시행되는 내규, 지침, 고시 등은 법규의 성격을 갖지 못한다.

2장　사회복지법의 발달사

01.③　02.①　03.③　04.④　05.③
06.⑤　07.④　08.④　09.②　10.①
11.②　12.②　13.⑤　14.①

01

답과 해설　답 ③

ㄴ. 사회복지사업법(1970년 제정) – ㄱ. 국민기초생활보장법(1999년 제정) – ㄷ. 긴급복지지원법(2005년 제정) – ㄹ. 노인장기요양보험법(2007년 제정)

02

답과 해설　답 ①

1983년 사회복지사업법이 개정되면서 사회복지사 자격제도가 처음으로 도입되었다.

03

답과 해설　답 ③

① 노인복지법: 1981년 제정
② 사회복지사업법: 1970년 제정
③ 산업재해보상보험법: 1963년 제정
④ 국민기초생활보장법: 1999년 제정
⑤ 긴급복지지원법: 2005년 제정

04

답과 해설　답 ④

ㄴ. 국민연금법(1986년 제정) → ㄹ. 고용보험법(1993년 제정) → ㄱ. 사회보장기본법(1995년 제정) → ㄷ. 긴급복지지원법(2005년 제정)

05

답과 해설　답 ③

국민복지연금법이 1973년에 제정되었지만 여건 부족을 이유로 시행이 미뤄지다가 국민연금법으로 전부 개정되면서 1988년부터 국민연금제도가 실시되었고, 전국민의 강제가입은 1999년에 국민연금법 개정으로 이루어졌다.

06

답과 해설 답 ⑤

오답노트

ㄹ. 지역사회복지협의체 및 지역사회복지계획의 수립에 대한 규정 등을 신설한 개정안이 통과된 것은 2003년이다.

07

답과 해설 답 ④

사회보장기본법은 1995년, 국민기초생활보장법은 1999년에 제정되었다.

오답노트

① 생활보호법(1961년), 의료보호법(1977년)
② 사회복지사업법(1970년), 노인복지법(1981년)
③ 모자복지법(1989년), 국민의료보험법(1997년)
⑤ 영유아보육법(1991년), 노인장기요양보험법(2007년)

08

답과 해설 답 ④

기초노령연금을 폐지하고 기초연금법을 제정한 것은 박근혜 정부인 2014년 5월 20일이다.

09

답과 해설 답 ②

오답노트

ㄴ. 심신장애자복지법과 노인복지법은 1981년에 제정되었고, 최저임금법은 1986년에 제정되었다. 노인복지법이 최저임금법보다 먼저 제정되었다.
ㄹ. 국민기초생활보장법은 1999년에 제정되었고, 긴급복지지원법은 2005년, 기초노령연금법은 2007년에 제정되었다.

10

답과 해설 답 ①

생활보호법(1961년 제정) - 사회복지사업법(1970년 제정) - 노인복지법(1981년 제정) - 고용보험법(1993년 제정) - 노인장기요양보험법(2007년 제정)

11

답과 해설 답 ②

ㄱ. 기초연금법(2014년 제정) - ㄷ. 국민건강보험법(1999년 제정) - ㄹ. 노인복지법(1981년 제정) - ㄴ. 산업재해보상보험법(1963년 제정)

12

답과 해설 답 ②

오답노트

ㄱ. 사회복지사업법에 사회복지사라는 명칭이 사용되기 시작한 것은 1983년 개정 이후이다.
ㄹ. 1981년 심신장애자복지법으로 제정된 후 1989년 전부개정되면서 장애인복지법으로 법명이 변경되었다.

13

답과 해설 답 ⑤

긴급복지지원법은 2005년 12월에 제정되었다. 사회보장기본법(1995년 제정), 국민기초생활보장법(1999년 제정), 영유아보육법(1991년 제정), 가정폭력방지 및 피해자보호 등에 관한 법률(1997년 제정)은 모두 1990년대 제정된 법률이다.

14

답과 해설 답 ①

오답노트

② 정신보건법이 정신건강증진 및 정신질환자 복지서비스 지원에 관한 법률로 개정된 것은 2016년 5월이다.
③ 산업화에 대비하여 1963년에 산업재해보상보험법이 제정되었다. 고용보험법은 구조조정과 노동시장 유연화에 대비하여 1993년에 제정되었고, 1995년부터 실시되었다.
④ 사회복지공동모금회법이 제정된 것은 1997년이다.
⑤ 심신장애자복지법을 개정하여 장애인복지법으로 명칭을 변경한 것은 1989년이다.

3장 사회복지의 권리성

01.④ 02.② 03.③ 04.③ 5.④
06.④

01

답과 해설 **답 ④**

<보기>는 헌법 제34조의 조항들을 열거한 것으로 사회권적 기본권 중에서 생존권, 복지권의 내용을 담고 있다.

02

답과 해설 **답 ②**

구체적 권리는 프로그램 규정적 권리와는 다르게 각 개인이 생존권을 근거로 국가에 대해 법적 권리로서의 실현을 청구할 수 있다는 입장이다.

03

답과 해설 **답 ③**
오답노트

① 사회보장기본권은 헌법상의 생존권, 사회권 조항을 기반으로 한다.
② 사회보장수급권은 사회권적, 생존권적 기본권으로서의 의의를 갖는다(사회권, 생존권, 복지권은 모두 같은 의미로 볼 수 있다).
④ 사회보장수급권을 침해받은 경우에는 행정심판을 청구하거나 행정소송을 제기할 수 있다.
⑤ 국민연금 수급권은 양도하거나 압류하거나 담보로 제공할 수는 없도록 하고 있다.

04

답과 해설 **답 ③**
오답노트

ㄱ. 구체적이고 현실적인 권리가 아니다.
ㄷ. 구체적인 법적 권리가 아니므로 그 실현을 위한 작위의무화소송을 제기할 수 없다.

05

답과 해설 **답 ④**
오답노트

① 생존권은 생존권적 기본권 또는 사회권적 기본권이라고 하며, 국가의 적극적 개입이 있어야만 국민의 기본적인 생활을 보호할 수 있다는 개념이다. 반면, 자유권적 기본권이나 재산권적 기본권은 국가의 불간섭을 필요로 한다.
②③ 법적 권리설은, 사회복지의 권리에 관한 헌법의 규정은 법적인 권리로서 국민 개개인은 사회복지의 혜택을 누릴 권리가 헌법으로 보장되어 있으므로 국가는 이를 이행할 의무가 있다는 학설이다.
⑤ 생존권에 대한 프로그램 규정설에 따르면 헌법 외에 구체적인 법률이 제정되어야 법적인 효력을 가질 수 있다.

06

답과 해설 **답 ④**

헌법 제21조 "모든 국민은 언론·출판의 자유와 집회·결사의 자유를 가진다"는 자유권적 기본권에 속한다. 정치적 기본권에는 헌법 제24조 "모든 국민은 법률이 정하는 바에 의하여 선거권을 가진다"가 있다.

4장 국제법과 사회복지

01.⑤ 02.⑤ 03.⑤ 04.④ 05.①
06.③

01

답과 해설 답 ⑤

국제인권규약 A에는 자결권, 노동권, 사회보장수급권, 건강권, 교육권이 포함된다. ⑤는 국제인권규약 B(시민적·정치적 권리에 관한 규약)에서 규정하는 내용이다.

02

답과 해설 답 ⑤

협정체결 이후 국회의 비준 동의를 거쳐야 효력이 발생한다.

03

답과 해설 답 ⑤

사회보장협정은 협정당사국의 사회보장제도 간에 서로 다른 점을 상호조정하여 양 당사국 국민에게 혜택을 부여하기 위한 것으로 이중가입 배제, 가입기간 합산, 동등 대우, 급여송금보장이라는 하위 혜택을 부여한다.

04

답과 해설 답 ④
오답노트

ㄹ. 아동을 단순히 보호대상으로 보는 것이 아니라 적극적인 권리의 주체로 본다.

05

답과 해설 답 ①

양국의 외무 관련 장관 혹은 대사들의 서명 이후(체결), 국회의 비준 동의를 거쳐야 효력이 발생한다.

06

답과 해설 답 ③

국제인권규약은 법적 구속력이 있다.

01.② 02.② 03.④ 04.⑤ 05.④
06.⑤ 07.② 08.② 09.③ 10.③
11.④ 12.⑤ 13.③ 14.④ 15.⑤
16.① 17.③ 18.① 19.⑤ 20.②
21.⑤ 22.③

01

답과 해설 답 ②

사회보험은 국가의 책임으로 시행하고, 공공부조와 사회서비스는 국가와 지방자치단체의 책임으로 시행하는 것을 원칙으로 한다. 다만, 국가와 지방자치단체의 재정 형편 등을 고려하여 이를 협의·조정할 수 있다.

02

답과 해설 답 ②

국가와 지방자치단체는 모든 국민이 건강하고 문화적인 생활을 유지할 수 있도록 사회보장급여의 수준 향상을 위하여 노력하여야 한다.

03

답과 해설 답 ④

사회보장기본법 제3조(정의)에 명시된 사회서비스에 관한 정의이다.

04

답과 해설 답 ⑤

사회보장기본법에서는 사회보장제도의 운영원칙으로 보편성, 형평성, 민주성, 연계성, 전문성 등을 규정하고 있다.

05

답과 해설 답 ④

사회보장급여를 받으려는 사람은 국가 또는 지방자치단체에 신청하여야 한다. 다만 관계 법령에서 따로 정하는 경우에는 국가나 지방자치단체가 신청을 대신할 수 있다.

06

답과 해설 답 ⑤

위원장은 국무총리가 되고, 부위원장은 기획재정부장관, 교육부장관 및 보건복지부장관이 된다.

07

답과 해설 답 ②

국가와 지방자치단체는 사회보장제도의 급여 수준과 비용 부담 등에서 형평성을 유지하여야 한다.

08

답과 해설 답 ②

국가는 사회보장제도의 안정적인 운영을 위하여 중장기 사회보장 재정추계를 격년으로 실시하고 이를 공표하여야 한다.

09

답과 해설 답 ③

국가와 지방자치단체의 책임하에 생활 유지 능력이 없거나 생활이 어려운 국민의 최저생활을 보장하고 자립을 지원하는 제도는 공공부조이다. 사회보험은 국민에게 발생하는 사회적 위험을 보험의 방식으로 대처함으로써 국민의 건강과 소득을 보장하는 제도를 말한다.

10

답과 해설 답 ③

오답노트

ㄱ. 보건복지부장관은 관계 중앙행정기관의 장과 협의하여 사회보장 증진을 위하여 사회보장에 관한 기본계획을 5년마다 수립하여야 한다.
ㄷ. 사회보장위원회 위원의 임기는 2년으로 한다.

11

답과 해설 답 ④

ㄱ. 독립성의 원칙은 해당하지 않는다.

12

답과 해설 답 ⑤

모두 옳은 내용이다.

13

답과 해설 답 ③

국가와 지방자치단체는 모든 국민의 인간다운 생활과 자립, 사회참여, 자아실현 등을 지원하여 삶의 질이 향상될 수 있도록 사회서비스에 관한 시책을 마련하여야 한다.

14

답과 해설 답 ④

사회보장수급권도 권리이기 때문에 권리의 주체는 권리를 포기할 수 있다. 그러나 타인에게 해를 주거나 사회보장에 관한 관계법령에 위반되는 경우에는 이를 포기할 수 없다.

15

답과 해설 답 ⑤

사회보장 업무에 종사하거나 종사하였던 자는 사회보장업무 수행과 관련하여 알게 된 개인·법인 또는 단체의 정보를 관계 법령에서 정하는 바에 따라 보호하여야 한다.

16

답과 해설 답 ①

국가와 지방자치단체는 개인·법인 또는 단체가 사회보장에 참여하는 데에 드는 경비의 전부 또는 일부를 지원하거나 그 업무를 수행하기 위하여 필요한 지원을 할 수 있다. 즉, 강행규정이 아니라 임의규정에 해당한다.

17

답과 해설 답 ③

사회보장기본법 제3조(정의)에 명시된 평생사회안전망에 관한 정의이다.

18

답과 해설 답 ①

사회보장수급권을 포기하는 것이 다른 사람에게 피해를 주거나 사회보장에 관한 관계 법령에 위반되는 경우에는 사회보장수급권을 포기할 수 없다.

19

답과 해설 답 ⑤

모두 사회보장위원회의 심의·조정사항에 해당한다.

20

답과 해설 답 ②

사회보험에 드는 비용은 사용자, 피용자 및 자영업자가 부담하는 것을 원칙으로 하되, 관계 법령에서 정하는 바에 따라 국가가 그 비용의 일부를 부담할 수 있다.

21

답과 해설 답 ⑤

보건복지부장관 및 관계 중앙행정기관의 장은 기본계획에 따라 사회보장과 관련된 소관 주요 시책의 시행계획을 매년 수립·시행하여야 한다.

22

답과 해설 답 ③

국가와 지방자치단체는 국가 발전수준에 부응하고 사회환경의 변화에 선제적으로 대응하며 지속가능한 사회보장제도를 확립하고 매년 이에 필요한 재원을 조달하여야 한다.

01.⑤　02.①　03.⑤　04.⑤　05.③
06.①　07.③　08.⑤　09.②　10.③
11.②　12.③

01

답과 해설　답 ⑤

모두 옳은 내용이다.

02

답과 해설　답 ①

보장기관의 장은 누락된 지원대상자가 적절한 사회보장급여를 제공받을 수 있도록 지원이 필요한 위기가구를 발굴하기 위하여 노력하여야 한다.

03

답과 해설　답 ⑤

보장기관은 지역의 사회보장 수준이 균등하게 실현될 수 있도록 노력하여야 한다.

04

답과 해설　답 ⑤

모두 지원대상자 발견 시 신고의무자에 해당한다.

05

답과 해설　답 ③

오답노트

ㄹ. 보건복지부장관은 사회보장정보를 처리하는 자에게 사회보장정보 보호에 관한 교육을 실시하여야 한다.

06

답과 해설　답 ①

오답노트

ㄴ. 사회복지전담공무원은 사회복지사업법에 따른 사회복지사의 자격을 가진 사람으로 하며, 그 임용 등에 필요한 사항은 대통령령으로 정한다.

07

답과 해설　답 ③

이 법에 따른 처분에 이의가 있는 수급권자등은 그 처분을 받은 날로부터 90일 이내에 처분을 결정한 보장기관의 장에게 이의신청을 할 수 있다. 다만, 정당한 사유로 인하여 그 기간 내에 이의신청을 할 수 없음을 증명한 때에는 그 사유가 소멸한 때부터 60일 이내에 이의신청을 할 수 있다.

08

답과 해설　답 ⑤

지역사회보장협의체의 심의 · 자문 사항

- 시 · 군 · 구의 지역사회보장계획 수립 · 시행 및 평가에 관한 사항
- 시 · 군 · 구의 지역사회보장조사 및 지역사회보장지표에 관한 사항
- 시 · 군 · 구의 사회보장급여 제공에 관한 사항
- 시 · 군 · 구의 사회보장 추진에 관한 사항
- 읍 · 면 · 동 단위 지역사회보장협의체의 구성 및 운영에 관한 사항
- 그 밖에 위원장이 필요하다고 인정하는 사항

09

답과 해설　답 ②

시 · 군 · 구 지역사회보장계획에 포함되는 사항

- 지역사회보장 수요의 측정, 목표 및 추진전략
- 지역사회보장의 목표를 점검할 수 있는 지표의 설정 및 목표
- 지역사회보장의 분야별 추진전략, 중점 추진사업 및 연계협력 방안
- 지역사회보장 전달체계의 조직과 운영
- 사회보장급여의 사각지대 발굴 및 지원 방안
- 지역사회보장에 필요한 재원의 규모와 조달 방안
- 지역사회보장에 관련한 통계 수집 및 관리 방안
- 지역 내 부정수급 발생 현황 및 방지대책
- 그 밖에 대통령령으로 정하는 사항

10

답과 해설 답 ③

보장기관의 장은 지역사회보장협의체의 효율적 운영을 위하여 필요한 인력 및 운영비 등 재정을 지원할 수 있다.

11

답과 해설 답 ②

특별시장·광역시장·특별자치시장·도지사·특별자치도지사 및 시장·군수·구청장은 지역사회보장에 관한 계획을 4년마다 수립하고, 매년 지역사회보장계획에 따라 연차별 시행계획을 수립하여야 한다. 이 경우 사회보장기본법에 따른 사회보장에 관한 기본계획과 연계되도록 하여야 한다.

12

답과 해설 답 ③
오답노트

ㄴ. 통합사례관리를 실시하기 위하여 필요한 경우에는 특별자치시 및 시·군·구에 통합사례관리사를 둘 수 있다.

7장 사회복지사업법

01.②	02.④	03.③	04.③	05.④
06.②	07.①	08.④	09.③	10.③
11.⑤	12.③	13.④	14.④	15.②
16.④	17.⑤	18.①	19.⑤	20.⑤
21.⑤	22.②	23.③	24.①	25.③
26.⑤	27.⑤	28.①	29.①	30.①

01

답과 해설 답 ②
오답노트

① 이사회의 구성에 있어서 대통령령으로 정하는 특별한 관계에 있는 사람이 이사 현원의 5분의 1을 초과할 수 없다.
③ 법인을 설립하려는 경우 시·도지사의 허가를 받아야 하며, 법인의 정관을 변경하려는 경우 시·도지사의 인가를 받아야 한다.
④ 법인의 이사는 법인이 설치한 사회복지시설의 장을 제외한 그 시설의 직원을 겸할 수 없다.
⑤ 법인은 임원을 임면하는 경우에는 지체 없이 시·도지사에게 보고하여야 한다.

02

답과 해설 답 ④
오답노트

ㄱ. 사회복지사의 등급은 1급·2급으로 구분한다.
ㄴ. 사회복지법인 또는 사회복지시설을 설치·운영하는 자는 해당 법인 또는 시설에서 사회복지프로그램의 개발 및 운영업무, 시설거주자의 생활지도업무, 사회복지를 필요로 하는 사람에 대한 상담업무에 종사하는 자를 사회복지사로 채용해야 한다.
ㄷ. 금고 이상의 형을 선고받고 그 집행이 끝난 사람은 사회복지사의 결격 사유에 해당하지 않는다.

03

답과 해설 답 ③

시설의 운영자는 그 운영을 일정 기간 중단하거나 다시 시작하거나 시설을 폐지하려는 경우에는 보건복지부령으로 정하는 바에 따라 시장·군수·구청장에게 신고하여야 한다.

04

답과 해설 답 ③

법인의 이사회 구성에 있어서 특별한 관계에 있는 자의 범위에는 '출연자, 출연자 또는 이사와의 관계가 6촌 이내의 혈족·4촌 이내의 인척·배우자(사실상 혼인관계에 있는 사람을 포함)·친생자(親生子)로서 다른 사람에게 친양자(親養子)로 입양된 사람 및 그 배우자와 직계비속에 해당하는 자, 출연자 또는 이사의 사용인 그 밖에 고용관계에 있는 자(출연자 또는 이사가 출자에 의하여 사실상 지배하고 있는 법인의 사용인 그 밖에 고용관계에 있는 자를 포함), 출연자 또는 이사의 금전 그 밖의 재산에 의하여 생계를 유지하는 자 및 그와 생계를 함께 하는 자, 출연자 또는 이사가 재산을 출연한 다른 법인의 이사'가 있다.

05

답과 해설 답 ④

노인복지법에 따른 노인여가복지시설은 사회복지사를 채용하지 않아도 되지만, 노인여가복지시설 중 '노인복지관'은 예외로 사회복지사를 채용해야 한다.

사회복지사를 채용하지 않아도 되는 시설
- 「노인복지법」에 따른 노인여가복지시설(노인복지관은 제외)
- 「장애인복지법」에 따른 장애인 지역사회재활시설 중 수화통역센터, 점자도서관, 점자도서 및 녹음서 출판시설
- 「영유아보육법」에 따른 어린이집
- 「성매매방지 및 피해자보호 등에 관한 법률」에 따른 성매매피해자등을 위한 지원시설 및 성매매피해상담소
- 「정신건강증진 및 정신질환자 복지서비스 지원에 관한 법률」에 따른 정신요양시설 및 정신재활시설
- 「성폭력방지 및 피해자보호 등에 관한 법률」에 따른 성폭력피해상담소

06

답과 해설 답 ②

각 시설의 수용인원은 300명을 초과할 수 없다. 다만, 대통령령으로 정하는 경우에는 그러하지 아니하다.

07

답과 해설 답 ①

사회복지사업 관련 법률
국민기초생활보장법, 아동복지법, 노인복지법, 장애인복지법, 한부모가족지원법, 영유아보육법, 성매매방지 및 피해자보호 등에 관한 법률, 정신건강증진 및 정신질환자 복지서비스 지원에 관한 법률, 성폭력방지 및 피해자보호 등에 관한 법률, 입양특례법, 일제하 일본군위안부 피해자에 대한 생활안정지원 및 기념사업 등에 관한 법률, 사회복지공동모금회법, 장애인·노인·임산부 등의 편의증진 보장에 관한 법률, 가정폭력방지 및 피해자보호 등에 관한 법률, 농어촌주민의 보건복지증진을 위한 특별법, 식품등 기부 활성화에 관한 법률, 의료급여법, 기초연금법, 긴급복지지원법, 다문화가족지원법, 장애인연금법, 장애인활동 지원에 관한 법률, 노숙인 등의 복지 및 자립지원에 관한 법률, 보호관찰 등에 관한 법률, 장애아동복지지원법, 발달장애인 권리보장 및 지원에 관한 법률, 청소년복지지원법, 그 밖에 대통령령으로 정하는 법률(건강가정기본법, 북한이탈 주민의 보호 및 정착지원에 관한 법률, 자살예방 및 생명존중 문화 조성을 위한 법률, 장애인·노인 등을 위한 보조기기 지원 및 활용촉진에 관한 법률)

08

답과 해설 답 ④

ㄹ. 시·도지사는 법인이 설립 후 기본재산을 출연하지 아니한 때 설립허가를 취소하여야 한다. 즉, 임의규정이 아니라 강행규정에 해당한다.

09

답과 해설 답 ③
오답노트

ㄱ. 법인의 기본재산은 그 목록과 가액을 정관에 적어야 한다.
ㄷ. 법인의 기본재산을 매도·증여·교환·임대·담보 제공 또는 용도변경을 하려는 경우 시·도지사의 허가를 받아야 한다.

10

답과 해설 답 ③

사회복지법인 또는 사회복지시설을 운영하는 자는 그 법인 또는 시설에 종사하는 사회복지사에 대하여 보수교육을 이유로 불리한 처분을 하여서는 안 된다.

11

답과 해설 답 ⑤

보건복지부장관은 사회복지사가 '거짓이나 그 밖의 부정한 방법으로 자격을 취득한 경우, 사회복지사의 결격사유 어느 하나에 해당하게 된 경우, 자격증을 대여·양도 또는 위조·변조한 경우'에 해당하면 그 자격을 반드시 취소하여야 하며, '사회복지사의 업무수행 중 그 자격과 관련하여 고의나 중대한 과실로 다른 사람에게 손해를 입힌 경우, 자격정지 처분을 3회 이상 받았거나 정지 기간 종료 후 3년 이내에 다시 자격정지 처분에 해당하는 행위를 한 경우, 자격정지 처분 기간에 자격증을 사용하여 자격 관련 업무를 수행한 경우'에 해당하면 그 자격을 취소하거나 1년의 범위에서 정지시킬 수 있다.

12

답과 해설 답 ③

목적사업 외의 사업을 한 법인에 대해서는 시정명령을 한 후 6개월 이내에 법인이 이를 이행하지 않을 경우 설립허가를 취소한다.

13

답과 해설 답 ④

오답노트

ㄱ. 보건복지부령으로 정하는 경우에는 복수의 시설에 공동으로 운영위원회를 둘 수 있다.

14

답과 해설 답 ④

법인의 정관 변경은 시·도지사의 인가를 받아야한다.

15

답과 해설 답 ②

오답노트

ㄴ. 사회복지법인 또는 사회복지시설에 종사하는 사회복지사는 연간 8시간 이상의 보수교육을 받아야 한다.

ㄹ. 보수교육에는 사회복지윤리 및 인권보호, 사회복지정책 및 사회복지실천기술 등이 포함되어야 한다.

16

답과 해설 답 ④

오답노트

① 사회복지법인을 설립하려는 자는 시·도지사의 허가를 받아야 한다.

② 법인의 정관에는 목적, 명칭, 주된 사무소의 소재지, 사업의 종류, 자산 및 회계에 관한 사항 등이 포함되어야 한다.

③ 법인은 수익사업에서 생긴 수익을 법인 또는 법인이 설치한 사회복지시설의 운영 외의 목적에 사용할 수 없다.

⑤ 법인은 대표이사를 포함한 이사 7명 이상과 감사 2명 이상을 두어야 한다.

17

답과 해설 답 ⑤

사회보장정책의 기본방향으로서 평생사회안전망의 구축·운영에 관한 사항은 사회보장기본법 제22조에 명시되어 있다.

18

답과 해설 답 ①

오답노트

ㄹ. 사회보장기본법의 기본이념에 해당한다. 사회보장기본법 제2조(기본이념)에 "사회보장은 모든 국민이 다양한 사회적 위험으로부터 벗어나 행복하고 인간다운 생활을 향유할 수 있도록 자립을 지원하며, 사회참여·자아실현에 필요한 제도와 여건을 조성하여 사회통합과 행복한 복지사회를 실현하는 것을 기본이념으로 한다."고 명시되어 있다.

19

답과 해설 답 ⑤

보건복지부장관, 시·도지사 또는 시장·군수·구청장은 '시설이 설치기준에 미달하게 되었을 때, 사회복지법인 또는 비영리법인이 설치·운영하는 시설의 경우 그 사회복지법인 또는 비영리법인의 설립허가가 취소되었을 때, 설치 목적이 달성되었거나 그 밖의 사유로 계속하여 운영될 필요가 없다고 인정할 때, 회계부정이나 불법행위 또는 그 밖의 부당행위 등이 발견되었을 때, 신고를 하지 아니하고 시설을 설치·운영하였을 때, 운영위원회를 설치하지 아니하거나 운영하지 아니하였을 때, 정당한 이유 없이 보고 또는 자료 제출을 하지 아니하거나 거짓으로 하였을 때, 정당한 이유 없이 검사·질문을 거부·방해하거나 기피하였을 때, 시설에서 성폭력범죄 또는 학대관련범죄가 발생한 때, 1년 이상 시설이 휴지상태에 있어 시장·군수·구청장이 재개를 권고하였음에도 불구하고 재개하지 아니한 때'에는 그 시설의 개선, 사업의 정지, 시설의 장의 교체를 명하거나 시설의 폐쇄를 명할 수 있다.

20

답과 해설 답 ⑤

사회복지 소외계층 발굴 및 민간사회복지자원과의 연계·협력은 한국사회복지협의회의 업무이다.

21

답과 해설 답 ⑤

법인은 시·도지사의 허가를 받아 사회복지사업법에 따라 설립된 다른 법인과 합병할 수 있다.

22

답과 해설 답 ②

오답노트

ㄴ. 벌칙 규정에 따라 1년 이하의 징역 또는 1천만원 이하의 벌금에 처한다.

ㄹ. 벌칙 규정에 따라 5년 이하의 징역 또는 5천만원 이하의 벌금에 처한다.

23

답과 해설 답 ③

국가와 지방자치단체는 시설 거주자 또는 보호자의 희망을 반영하여 지역사회보호체계에서 서비스가 제공될 수 있도록 노력하여야 한다.

24

답과 해설 답 ①

사회복지사 자격증 소지자를 일정 비율 이상 채용해야 한다는 규정은 없다.

25

답과 해설 답 ③

지방자치단체의 장은 사회복지사업을 수행할 때 관할 복지행정시스템과 정보시스템을 전자적으로 연계하여 활용하여야 한다.

26

답과 해설 답 ⑤

사회복지관은 모든 지역주민을 대상으로 사회복지서비스를 실시하되, '국민기초생활보장법에 따른 수급자 및 차상위계층, 장애인·노인·한부모가족 및 다문화가족, 직업 및 취업 알선이 필요한 사람, 보호와 교육이 필요한 유아·아동 및 청소년, 그 밖에 사회복지관의 사회복지서비스를 우선 제공할 필요가 있다고 인정되는 사람'에게 우선 제공하여야 한다.

27

답과 해설 답 ⑤

사회복지시설 운영위원회의 심의 사항
• 시설운영계획의 수립·평가에 관한 사항
• 사회복지 프로그램의 개발·평가에 관한 사항
• 시설 종사자의 근무환경 개선에 관한 사항
• 시설 거주자의 생활환경 개선 및 고충 처리 등에 관한 사항
• 시설 종사자와 거주자의 인권보호 및 권익증진에 관한 사항
• 시설과 지역사회의 협력에 관한 사항
• 그 밖에 시설의 장이 운영위원회의 회의에 부치는 사항

28

답과 해설 답 ①

정신건강증진 및 정신질환자 복지서비스 지원에 관한 법률에 따른 정신질환자는 사회복지사가 될 수 없다. 다만, 전문의가 사회복지사로서 적합하다고 인정하는 사람은 그러하지 아니하다.

29

답과 해설 답 ①

한국사회복지협의회의 업무에 해당한다. 사회복지에 관한 업무를 수행하기 위하여 전국 단위의 한국사회복지협의회와 시·도 단위의 시·도 사회복지협의회를 두며, 필요한 경우에는 시·군·구 단위의 시·군·구 사회복지협의회를 둘 수 있다.

30

답과 해설 답 ①

사회복지서비스를 필요로 하는 사람에 대한 사회복지서비스 제공은 현물(現物)로 제공하는 것을 원칙으로 한다.

8장 공공부조법

01.⑤	02.⑤	03.②	04.③	05.⑤
06.⑤	07.①	08.③	09.④	10.⑤
11.⑤	12.⑤	13.②	14.⑤	15.⑤
16.④	17.①	18.④	19.④	20.③
21.③	22.⑤	23.①	24.①	25.③
26.④	27.④	28.⑤	29.②	30.②
31.①	32.③	33.⑤	34.①	35.③
36.⑤	37.②	38.③		

01

답과 해설 답 ⑤

이 법에 따른 급여를 받을 수 있는 자격을 가진 사람은 "수급권자"이다. "수급자"는 이 법에 따른 급여를 받는 사람을 말한다.

02

답과 해설 답 ⑤

모두 의료급여법상 수급권자에 해당한다.

03

답과 해설 답 ②

국내에 체류하고 있는 외국인도 일정한 경우에 해당하면 긴급지원대상자가 될 수 있다.

04

답과 해설 답 ③

기초연금 수급권자는 사망한 때, 국적을 상실하거나 국외로 이주한 때 기초연금 수급권을 상실한다.

05

답과 해설 답 ⑤

수급권자 중 기초연금 수급권자에게는 기초급여를 지급하지 아니한다.

06

답과 해설 답 ⑤

차상위계층이란 수급권자에 해당하지 아니하는 계층으로서, 소득인정액이 기준 중위소득의 100분의 50 이하인 사람을 말한다.

07

답과 해설 답 ①

시·군·구청장은 수급권자의 소득, 재산상황, 근로능력 등이 변동되었을 때에는 직권으로 또는 수급권자나 그 친족, 그 밖의 관계인의 신청을 받아 의료급여의 내용 등을 변경할 수 있다.

오답노트

② 의료급여기관은 의료급여를 하기 전에 수급권자에게 본인부담금을 청구하거나 수급권자가 이 법에 따라 부담하여야 하는 비용과 비급여비용 외에 입원보증금 등 다른 명목의 비용을 청구하여서는 아니 된다.
③ 진료비용뿐만 아니라 출산비용도 추가급여를 받을 수 있다.
④ 수급권자가 자신의 고의 또는 중대한 과실로 인한 범죄행위에 그 원인이 있거나 고의로 사고를 일으켜 의료급여가 필요하게 된 경우에는 급여를 하지 않도록 규정하고 있다. 다만, 보건복지부장관이 의료급여가 필요하다고 인정하는 경우에는 급여가 가능하다.
⑤ 수급권자는 1종과 2종으로 구분된다.

08

답과 해설 답 ③
오답노트

① 수급자에 대한 생계지원은 생계유지에 필요한 비용 또는 현물 지원으로 한다.
② 금전 또는 현물 등 직접 지원 외에 민간기관 등과의 연계를 통한 지원도 이루어진다.
④ 국민기초생활보장법, 의료급여법, 사회복지사업법, 재해구호법 등 다른 법률에 따라 이 법에 따른 지원 내용과 동일한 내용의 구호, 보호, 또는 지원을 받는 경우 이 법에 따른 지원을 하지 않는다.
⑤ 주거지원에 관한 긴급지원은 시·군·구청장이 긴급지원대상자의 위기상황이 계속된다고 판단하는 경우에는 1개월씩 두 번의 범위에서 기간을 연장할 수 있다.

09

답과 해설 답 ④
오답노트

ㄱ. 기초연금은 공공부조제도로서, 65세 이상인 사람 중 소득인정액이 보건복지부장관이 고시하는 선정기준액 이하인 사람에게 지급한다.
ㄴ. 국민연금기금은 기초연금 지급을 위한 재원으로 사용할 수 없다.
ㄷ. 수급자가 금고 이상의 형을 선고받고 교정시설 또는 치료감호시설에 수용되어 있는 경우에는 그 지급을 정지한다.

10

답과 해설 답 ⑤

• 생계지원 3개월간, 주거지원·사회복지시설 이용 지원·그 밖의 지원은 1개월간의 생계유지 등에 필요한 지원으로 한다.
• 시장·군수·구청장은 지원에도 불구하고 위기상황이 계속되는 경우에는 긴급지원심의위원회의 심의를 거쳐 지원을 연장할 수 있는데, 생계지원, 사회복지시설 이용 지원, 그 밖의 지원은 규정된 지원기간을 합하여 총 6개월을 초과해서는 안 되고, 주거지원은 규정된 지원기간을 합하여 총 12개월을 초과해서는 안 된다.

11

답과 해설 답 ⑤

부양의무자는 수급권자를 부양할 책임이 있는 사람으로서 수급권자의 1촌의 직계혈족과 그 배우자를 말하며, 사망한 1촌의 직계혈족의 배우자는 제외한다.

12

답과 해설 답 ⑤

수급자가 수급자에 대한 급여의 전부 또는 일부가 필요 없게 된 경우, 급여의 전부 또는 일부를 거부한 경우에는 급여의 전부 또는 일부를 중지하여야 한다.

13

답과 해설 답 ②

보장기관은 수급자의 소득·재산·근로능력 등이 변동된 경우에는 직권으로 급여의 종류·방법 등을 변경할 수 있다.

14

답과 해설 답 ⑤

모두 부양의무자가 있어도 부양을 받을 수 없는 경우에 해당한다.

15

답과 해설 답 ⑤

수급권자가 다른 법령에 따라 의료급여를 받고 있는 경우에는 이 법에 의한 의료급여를 행하지 아니한다.

16

답과 해설 답 ④

ㄱ. 기초연금 수급자가 국적을 상실하게 되는 경우에는 기초연금 수급권을 상실한다.

17

답과 해설 답 ①

- 의료급여의 급여비용 심사·조정, 의료급여의 적정성 평가, 심사 및 평가기준의 설정 등의 업무를 건강보험심사평가원에 위탁한다.
- 의료급여의 지급, 전산기기에 의한 수급권자의 자격, 개인별 진료 내역의 관리, 의료급여 제한에 필요한 실태조사 및 자료수집 업무를 건강보험공단에 위탁한다.
- 급여비용의 재원에 충당하기 위한 의료급여기금은 시·도에 설치한다.

18

답과 해설 답 ④

국민기초생활보장법상 급여의 종류에는 생계급여, 주거급여, 의료급여, 교육급여, 해산급여, 장제급여, 자활급여가 있다. 장례비는 산업재해보상보험법상의 급여에 해당한다.

19

답과 해설 답 ④

의료급여기관은 의료급여를 하기 전에 수급권자에게 본인부담금을 청구하거나 수급권자가 이 법에 따라 부담하여야 하는 비용과 비급여비용 외에 입원보증금 등 다른

명목의 비용을 청구하여서는 아니 된다.

20

답과 해설 답 ③

금전 또는 현물(現物) 등의 직접지원

- 생계지원: 식료품비·의복비 등 생계유지에 필요한 비용 또는 현물 지원
- 의료지원: 각종 검사 및 치료 등 의료서비스 지원
- 주거지원: 임시거소(臨時居所) 제공 또는 이에 해당하는 비용 지원
- 사회복지시설 이용 지원: 「사회복지사업법」에 따른 사회복지시설 입소(入所) 또는 이용 서비스 제공이나 이에 필요한 비용 지원
- 교육지원: 초·중·고등학생의 수업료, 입학금, 학교운영지원비 및 학용품비 등 필요한 비용 지원
- 그 밖의 지원: 연료비나 그 밖에 위기상황의 극복에 필요한 비용 또는 현물 지원

21

답과 해설 답 ③

긴급복지지원 대상 외국인

- 대한민국 국민과 혼인 중인 사람
- 대한민국 국민인 배우자와 이혼하거나 그 배우자가 사망한 사람으로서 대한민국 국적을 가진 직계존비속을 돌보고 있는 사람
- 출입국관리법에 따라 난민의 인정을 받은 사람
- 본인의 귀책사유 없이 화재, 범죄, 천재지변으로 피해를 입은 사람
- 그 밖에 보건복지부장관이 긴급한 지원이 필요하다고 인정하는 사람

22

답과 해설 답 ⑤

이 외에도 '가정폭력을 당하여 가구구성원과 함께 원만한 가정생활을 하기 곤란하거나 가구구성원으로부터 성폭력을 당한 경우' 등이 있다.

23

답과 해설 답 ①

국민연금기금은 기초연금 지급을 위한 재원으로 사용할 수 없다.

24

답과 해설 답 ①

보건복지부장관은 선정기준액을 정하는 경우 65세 이상인 사람 중 기초연금 수급자가 100분의 70 수준이 되도록 한다.

25

답과 해설 답 ③

수급권자에 대한 통지는 장애인연금 지급의 신청일부터 30일 이내에 하여야 한다.

26

답과 해설 답 ④

- 국가는 지방자치단체의 노인인구 비율 및 재정 여건 등을 고려하여 기초연금의 지급에 드는 비용 중 100분의 40 이상 100분의 90 이하의 범위에서 대통령령으로 정하는 비율에 해당하는 비용을 부담한다.
- 본인과 그 배우자가 모두 기초연금 수급권자인 경우에는 각각의 기초연금액에서 기초연금액의 100분의 20에 해당하는 금액을 감액한다.

27

답과 해설 답 ④
오답노트

① 수급자가 사망한 것으로 추정되는 경우에는 그 사실을 시·도지사 및 시·군·구청장에게 신고하여야 하며, 연금의 지급은 정지된다.
② 기초연금을 지급받으려는 사람 또는 보건복지부령으로 정하는 대리인은 특별자치시장·특별자치도지사·시장·군수·구청장에게 기초연금의 지급을 신청할 수 있다.
③ 기초연금 수급자가 사망한 경우로서 그 기초연금 수급자에게 지급되지 아니한 기초연금액이 있는 경우에는 그 기초연금 수급자의 사망 당시 생계를 같이 한 부양의무자는 미지급 기초연금을 청구할 수 있다.
⑤ 보건복지부장관은 5년마다 기초연금액의 적정성을 평가하고 그 결과를 반영하여 기준연금액을 조정하여야 한다.

28

답과 해설 답 ⑤

모두 옳은 내용이다.

29

답과 해설 답 ②

중앙생활보장위원회는 위원장을 포함하여 16명 이내의 위원으로 구성한다.

30

답과 해설 답 ②

장애인연금의 수급권자는 18세 이상의 중증장애인으로서 소득인정액이 그 중증장애인의 소득·재산·생활수준과 물가상승률 등을 고려하여 보건복지부장관이 정하여 고시하는 금액 이하인 사람으로 한다.

31

답과 해설 답 ①

자활 지원을 위한 조사·연구 및 홍보, 자활 관련 기관 간의 협력체계 구축·운영 등의 사업은 자활복지개발원이 수행한다.

자활복지개발원의 업무

- 자활 지원을 위한 사업의 개발 및 평가
- 자활 지원을 위한 조사·연구 및 홍보
- 광역자활센터, 지역자활센터 및 자활기업의 기술·경영 지도 및 평가
- 자활 관련 기관 간의 협력체계 구축·운영
- 자활 관련 기관 간의 정보네트워크 구축·운영
- 취업·창업을 위한 자활촉진 프로그램 개발 및 지원
- 고용지원서비스의 연계 및 사회복지서비스의 지원 대상자 관리
- 수급자 및 차상위자의 자활촉진을 위한 교육·훈련, 광역자활센터 등 자활 관련 기관의 종사자 및 참여자에 대한 교육·훈련 및 지원
- 국가 또는 지방자치단체로부터 위탁받은 자활 관련 사업
- 그 밖에 자활촉진에 필요한 사업으로서 보건복지부장관이 정하는 사업

32

답과 해설 답 ③

의료급여의 내용에는 '진찰·검사, 약제·치료재료의 지급, 처치·수술과 그 밖의 치료, 예방·재활, 입원, 간호, 이송과 그 밖의 의료목적 달성을 위한 조치'가 있다.

33

답과 해설 답 ⑤

긴급복지지원법에 따른 긴급지원대상자가 될 수 있는 외국인은 '대한민국 국민과 혼인 중인 사람, 대한민국 국민인 배우자와 이혼하거나 그 배우자가 사망한 사람으로서 대한민국 국적을 가진 직계존비속을 돌보고 있는 사람, 난민법에 따른 난민으로 인정된 사람, 본인의 귀책사유 없이 화재 · 범죄 · 천재지변으로 피해를 입은 사람, 그밖에 보건복지부장관이 긴급한 지원이 필요하다고 인정하는 사람'으로 한다.

34

답과 해설 답 ①

보건복지부장관은 5년마다 기초연금 수급권자의 생활수준, 금액의 변동률, 전국소비자물가변동률 등을 종합적으로 고려하여 기초연금액의 적정성을 평가하고 그 결과를 반영하여 기준연금액을 조정하여야 한다.

35

답과 해설 답 ③

수급자가 행방불명 또는 실종 등의 사유로 사망한 것으로 추정되는 경우에는 장애인연금의 지급을 정지한다.

36

답과 해설 답 ⑤

수급자나 급여 또는 급여 변경을 신청한 사람은 시장 · 군수 · 구청장의 처분에 대하여 이의가 있는 경우에는 그 결정의 통지를 받은 날부터 90일 이내에 해당 보장기관을 거쳐 시 · 도지사에게 서면 또는 구두로 이의를 신청할 수 있다.

37

답과 해설 답 ②

이 법에 따른 수급권자의 질병 · 부상 · 출산 등에 대한 의료급여의 내용은 '진찰 · 검사, 약제(藥劑) · 치료재료의 지급, 처치 · 수술과 그 밖의 치료, 예방 · 재활, 입원, 간호, 이송과 그 밖의 의료목적 달성을 위한 조치'와 같다.

38

답과 해설 답 ③

기초연금액의 환수금을 환수할 권리와 기초연금 수급권자의 권리는 5년간 행사하지 아니하면 시효의 완성으로 소멸한다.

의 권고로 이직한 경우는 수급자격이 없는 것으로 본다.

1.①	2.①	3.③	4.②	5.⑤
6.⑤	7.②	8.④	9.⑤	10.②
11.②	12.③	13.⑤	14.⑤	15.②
16.⑤	17.⑤	18.②	19.⑤	20.⑤
21.①	22.④	23.②	24.③	25.②
26.④	27.①	28.⑤	29.④	30.②
31.④	32.②	33.③	34.⑤	35.⑤
36.②	37.⑤	38.⑤	39.①	40.①
41.④				

04

답과 해설 답 ②

취업하지 못한 기간이 3일 이내이면 휴업급여를 지급하지 아니한다.

05

답과 해설 답 ⑤

장기요양인정의 갱신결과 직전 등급과 같은 등급으로 판정된 경우, 장기요양 1등급의 유효기간은 4년으로 한다. 2등급부터 4등급까지는 3년으로 한다. 5등급 및 인지지원등급의 경우 2년으로 한다.

06

답과 해설 답 ⑤

'배우자 > 자녀 > 부모 > 손자녀 > 조부모'의 순위에 따라 최우선 순위자에게만 지급한다.

01

답과 해설 답 ①

수급권자에게 이 법에 따른 2 이상의 급여 수급권이 생기면 수급권자의 선택에 따라 그 중 하나만 지급하고 다른 급여의 지급은 정지된다.

07

답과 해설 답 ②

혼인기간이 5년 이상인 자가 분할연금 수급요건을 모두 갖추게 된 때부터 5년 이내에 청구하여야 한다.

02

답과 해설 답 ①
오답노트

② 보건복지부장관은 요양기관이 속임수나 그 밖의 부당한 방법으로 보험자·가입자 및 피부양자에게 요양급여비용을 부담하게 한 경우 그 요양기관에 대하여 1년의 범위에서 기간을 정하여 업무정지를 명할 수 있다.
③ 고의 또는 중대한 과실로 인한 범죄행위에 그 원인이 있거나 고의로 사고를 일으킨 경우에는 보험급여를 하지 아니한다.
④ 약국은 처방전을 요양급여비용을 청구한 날부터 3년간 보존하여야 한다.
⑤ 이의신청에 대한 결정에 불복하는 자는 건강보험분쟁조정위원회에 심판청구를 할 수 있다.

08

답과 해설 답 ④
오답노트

① 요양급여비용을 심사하고 요양급여의 적정성을 평가하는 기관은 건강보험심사평가원이다.
② 요양급여비용은 공단의 이사장과 대통령령으로 정하는 의약계를 대표하는 사람들의 계약으로 정한다.
③ 업무 또는 공무로 생긴 질병·부상·재해로 다른 법령에 따른 보험급여나 보상(報償) 또는 보상(補償)을 받게 되는 경우에 해당하면 보험급여를 하지 아니한다.
⑤ 국민건강보험공단은 제3자의 행위로 보험급여사유가 생겨 가입자 또는 피부양자에게 보험급여를 한 경우에는 그 급여에 들어간 비용 한도에서 그 제3자에게 손해배상을 청구할 권리를 얻는다.

03

답과 해설 답 ③

중대한 귀책사유가 있는 자가 해고되지 아니하고 사업주

09

오답노트

① 1개월간 소정 근로시간이 60시간 미만인 자에게는 이 법을 적용하지 않을 수 있다.
② 자기 사정으로 전직 또는 자영업을 하기 위해 이직한 피보험자는 수급자격이 없는 것으로 본다.
③ 직무와 관련된 법률을 위반하여 금고 이상의 형을 선고받고 그 사유로 해고된 자는 수급자격이 없는 것으로 본다.
④ 수급자격자가 직업안정기관의 장이 소개하는 직업에 취직하는 것을 거부한 경우 정당한 사유가 있는 경우를 제외하고는 구직급여의 지급을 정지하도록 규정하고 있다.

10

답과 해설 답 ②

오답노트

① 사회복지전담공무원은 관할 지역 안에 거주하는 자에 대한 장기요양인정신청 등을 본인 또는 가족의 동의를 받아 대리할 수 있다.
③ 장기요양기관은 수급자에게 재가급여 또는 시설급여를 제공한 경우 공단에 장기요양급여비용을 청구하여야 한다.
④ 국민기초생활보장법에 따른 의료급여 수급자는 무료이다.
⑤ 국가는 매년 예산의 범위 안에서 당해 연도 장기요양보험료 예상수입액의 100분의 20에 상당하는 금액을 공단에 지원한다.

11

답과 해설 답 ②

사업장가입자란 사업장에 고용된 근로자 및 사용자로서 국민연금에 가입된 자를 말한다.

12

답과 해설 답 ③

사업장가입자는 사용관계가 끝난 다음 날에 가입자 자격을 상실한다. 그 외에 사망한 때, 국적을 상실하거나 국외로 이주한 때, 60세가 된 때 가입자 자격을 상실한다.

13

답과 해설 답 ⑤

요양급여를 실시하는 요양기관
• 의료법에 따라 개설된 의료기관
• 약사법에 따라 등록된 약국
• 약사법에 따라 설립된 한국희귀·필수의약품센터
• 지역보건법에 따른 보건소·보건의료원 및 보건지소
• 농어촌 등 보건의료를 위한 특별조치법에 따라 설치된 보건진료소

14

답과 해설 답 ⑤

오답노트

① 요양급여는 가입자 및 피부양자의 질병, 부상, 출산 등에 대해 실시된다.
② 요양급여에는 진찰·검사, 약제·치료재료의 지급, 처치·수술 및 그 밖의 치료, 예방·재활, 입원, 간호, 이송 등이 포함된다.
③ 요양급여의 방법, 절차, 범위, 상한 등의 기준은 보건복지부령으로 정한다.
④ 장애인복지법에 따라 등록한 장애인 가입자 및 피부양자는 보조기기에 대한 보험급여를 받을 수 있다.

15

답과 해설 답 ②

요양급여비용 및 요양급여의 적정성 평가 등에 관한 심사평가원의 처분에 이의가 있는 공단, 요양기관 또는 그 밖의 자는 심사평가원에 이의신청을 할 수 있다.

16

답과 해설 답 ⑤

국민건강보험종합계획 포함 사항
• 건강보험정책의 기본목표 및 추진방향
• 건강보험 보장성 강화의 추진계획 및 추진방법
• 건강보험의 중장기 재정 전망 및 운영
• 보험료 부과체계에 관한 사항
• 요양급여비용에 관한 사항
• 건강증진 사업에 관한 사항
• 취약계층 지원에 관한 사항
• 건강보험에 관한 통계 및 정보의 관리에 관한 사항
• 그 밖에 건강보험의 개선을 위하여 필요한 사항으로 대통령령으로 정하는 사항

17

답과 해설　답 ⑤

구직급여는 이직한 근로자인 피보험자가 다음의 요건을 모두 갖춘 경우에 지급한다.

- 기준기간 동안의 피보험 단위기간이 합산하여 180일 이상일 것
- 근로의 의사와 능력이 있음에도 불구하고 취업(영리를 목적으로 사업을 영위하는 경우를 포함)하지 못한 상태에 있을 것
- 이직 사유가 피보험자가 자기의 중대한 귀책 사유로 해고되거나 정당한 사유없는 자기 사정으로 이직한 경우와 같이 수급자격의 제한 사유에 해당하지 아니할 것
- 재취업을 위한 노력을 적극적으로 할 것
- 수급자격 인정신청일이 속한 달의 직전 달 초일부터 수급자격 인정신청일까지의 근로일 수의 합이 같은 기간 동안의 총 일수의 3분의 1 미만일 것
- 건설일용근로자(일용근로자로서 이직 당시에 통계청장이 고시하는 한국표준산업분류의 대분류상 건설업에 종사한 사람을 말함)로서 수급자격 인정신청일 이전 14일간 연속하여 근로내역이 없을 것
- 최종 이직 당시의 기준기간 동안의 피보험 단위기간 중 다른 사업에서 수급자격의 제한 사유에 해당하는 사유로 이직한 사실이 있는 경우에는 그 피보험 단위기간 중 90일 이상을 일용근로자로 근로하였을 것(최종 이직 당시 일용근로자이었던 자에 한함)

18

답과 해설　답 ②

자영업자인 피보험자에 대해서도 구직급여 및 취업촉진수당을 실시한다. 다만, 실업급여 중 훈련연장급여, 개별연장급여, 특별연장급여 등의 연장급여를 비롯하여 조기재취업 수당은 제외된다.

19

답과 해설　답 ⑤

육아기 근로시간 단축을 30일 이상 실시한 피보험자 중 단축을 시작한 날 이전 피보험 단위기간이 180일 이상인 피보험자에게 급여를 지급한다.

20

답과 해설　답 ⑤

산재보험 특례 적용대상에는 '해외파견자, 현장실습생, 특수형태근로종사자, 중소기업사업주, 자활급여 수급자,

학생연구자' 등이 있다.

21

답과 해설　답 ①

고용보험기금의 용도

- 고용안정 · 직업능력개발 사업에 필요한 경비
- 실업급여의 지급
- 국민연금 보험료의 지원
- 육아휴직 급여 및 출산전후휴가 급여등의 지급
- 보험료의 반환
- 일시 차입금의 상환금과 이자
- 고용보험법과 고용산재보험료징수법에 따른 업무를 대행하거나 위탁받은 자에 대한 출연금
- 그 밖에 고용보험법의 시행을 위하여 필요한 경비로서 대통령령으로 정하는 경비와 고용안정 · 직업능력개발 사업 및 실업급여의 수행에 딸린 경비

22

답과 해설　답 ④

장기요양기관은 수급자로부터 장기요양급여신청을 받은 때 장기요양급여의 제공을 거부하여서는 아니 된다. 다만, 입소정원에 여유가 없는 경우 등 정당한 사유가 있는 경우는 그러하지 아니하다.

23

답과 해설　답 ②
오답노트

- ㄴ. 간병급여는 요양급여를 받은 자 중 치유 후 의학적으로 상시 또는 수시로 간병이 필요하여 실제로 간병을 받는 자에게 지급한다.
- ㄹ. 요양 중에 이미 발생한 부상이나 질병이 추가로 발견되어 요양이 필요한 경우 추가상병에 대한 요양급여를 신청할 수 있다.

24

답과 해설　답 ③
오답노트

- ① 요양급여는 3일 이내의 요양인 경우 지급하지 않는다.
- ② 휴업기간이 2년이 경과한 후에도 부상이나 질병이 완치되지 않거나 그 부상 또는 질병에 의한 중증요양상태의 정도가 대통령령이 정하는 중증요양상태등급기준에 해당하면 상병보상연금을 지급한다.

④ 유족급여는 유족보상연금 또는 유족보상일시금으로 하는데 유족보상일시금은 유족급여를 연금의 형태로 지급하는 것이 곤란한 경우로서 대통령령이 정하는 경우에 한하여 지급한다.

⑤ 상병보상연금을 받는 경우에는 휴업급여를 지급하지 아니한다.

25

답과 해설 답 ②

근로자의 고의 · 자해행위나 범죄행위 또는 그것이 원인이 되어 발생한 부상 · 질병 · 장해 또는 사망은 업무상의 재해로 보지 아니한다.

26

답과 해설 답 ④

ㄹ. 장기요양사업의 관리운영은 국민건강보험공단과 지자체가 분담한다.

27

답과 해설 답 ①

장기요양보험료율, 재가 및 시설 급여비용 등을 심의하기 위하여 보건복지부장관 소속으로 장기요양위원회를 두며, 장기요양인정 및 장기요양등급 판정 등을 심의하기 위하여 공단에 장기요양등급판정위원회를 둔다.

28

답과 해설 답 ⑤
오답노트

ㄱ. 자영업자인 피보험자에 대해서 구직급여 및 취업촉진 수당을 실시한다. 다만, 실업급여 중 훈련연장급여, 개별연장급여, 특별연장급여 등의 연장급여를 비롯하여 조기재취업 수당은 제외된다.

29

답과 해설 답 ④

수급자는 장기요양인정서와 개인별장기요양이용계획서가 도달한 날부터 장기요양급여를 받을 수 있다.

30

답과 해설 답 ②

건강보험정책의 기본목표 및 추진방향은 국민건강종합계획에 포함되어야 하는 사항이다.

31

답과 해설 답 ④

분할연금 수급권자가 분할연금 수급권의 포기를 신청한 경우에는 그 분할연금 수급권은 신청한 날부터 소멸된다. 분할연금 수급권이 소멸된 경우에는 분할연금 수급권을 포기한 사람의 배우자에게 분할연금이 발생하기 전의 노령연금을 지급한다.

32

답과 해설 답 ②

모든 사업장의 근로자 및 사용자와 공무원 및 교직원은 직장가입자가 된다. 다만, '고용 기간이 1개월 미만인 일용근로자, 병역법에 따른 현역병(지원에 의하지 아니하고 임용된 하사를 포함), 전환복무된 사람 및 군간부후보생, 선거에 당선되어 취임하는 공무원으로서 매월 보수 또는 보수에 준하는 급료를 받지 아니하는 사람, 그 밖에 사업장의 특성 · 고용 형태 및 사업의 종류 등을 고려하여 대통령령으로 정하는 사업장의 근로자 및 사용자와 공무원 및 교직원'에 해당하는 사람은 제외한다.

33

답과 해설 답 ③

육아휴직 급여액은 대통령령으로 정하며, 육아휴직 급여의 신청 및 지급에 관하여 필요한 사항은 고용노동부령으로 정한다.

34

답과 해설 답 ⑤
오답노트

① 방문요양: 장기요양요원이 수급자의 가정 등을 방문하여 신체활동 및 가사활동 등을 지원하는 장기요양급여

② 주 · 야간보호: 수급자를 하루 중 일정한 시간 동안 장기요양기관에 보호하여 신체활동 지원 및 심신기능의 유지 · 향상을 위한 교육 · 훈련 등을 제공하는 장기요양급여

③ 방문목욕: 장기요양요원이 목욕설비를 갖춘 장비를 이용하여 수급자의 가정 등을 방문하여 목욕을 제공하는 장기요양급여

④ 방문간호: 장기요양요원인 간호사 등이 의사, 한의사 또는 치과의사의 지시서에 따라 수급자의 가정 등을 방문하여 간호, 진료의 보조, 요양에 관한 상담 또는 구강위생 등을 제공하는 장기요양급여

35

답과 해설 답 ⑤

오답노트

① 유족이란 사망한 자의 배우자(사실상 혼인 관계에 있는 자를 포함), 자녀, 부모, 손자녀, 조부모 또는 형제자매를 말한다.
② 장해란 부상 또는 질병이 치유되었으나 정신적 또는 육체적 훼손으로 인하여 노동능력이 상실되거나 감소된 상태를 말한다.
③ 중증요양상태란 업무상의 부상 또는 질병에 따른 정신적 또는 육체적 훼손으로 노동능력이 상실되거나 감소된 상태로서 그 부상 또는 질병이 치유되지 아니한 상태를 말한다.
④ 진폐란 분진을 흡입하여 폐에 생기는 섬유증식성 변화를 주된 증상으로 하는 질병을 말한다.

36

답과 해설 답 ②

장애상태에 해당하지 아니한 자녀인 수급권자가 25세가 된 때 또는 장애상태에 해당하지 아니한 손자녀인 수급권자가 19세가 된 때 그 수급권은 소멸한다.

37

답과 해설 답 ⑤

가입자와 피부양자의 질병, 부상, 출산 등에 대하여 '진찰 · 검사, 약제(藥劑) · 치료재료의 지급, 처치 · 수술 및 그 밖의 치료, 예방 · 재활, 입원, 간호, 이송(移送)'의 요양급여를 실시한다.

38

답과 해설 답 ⑤

취업촉진 수당은 재취업을 장려하기 위해, 재취업 활동을 위해서 노력하는 비용을 지원하는 것이다. 조기재취업 수당, 직업능력개발 수당, 광역 구직활동비, 이주비 등의 취업촉진 수당을 지원한다.

39

답과 해설 답 ①

특례요양비는 노인장기요양보험법상의 급여에 해당한다. 산업재해보상보험법상 급여의 종류에는 요양급여, 휴업급여, 장해급여, 간병급여, 유족급여, 상병보상연금, 장례비, 직업재활급여가 있다.

40

답과 해설 답 ①

• 장기요양급여를 받는 자가 부담해야 하는 비용에 있어서 재가급여는 해당 장기요양급여비용의 100분의 15, 시설급여는 해당 장기요양급여비용의 100분의 20을 수급자가 부담한다.
• 의료급여법에 따른 수급권자, 소득 · 재산 등이 보건복지부장관이 정하여 고시하는 일정 금액 이하인 자, 천재지변 등 보건복지부령으로 정하는 사유로 인하여 생계가 곤란한 자에 대해서는 본인부담금의 100분의 60의 범위에서 보건복지부장관이 정하는 바에 따라 차등하여 감경할 수 있다.

41

답과 해설 답 ④

고용보험법령상 외국인 근로자는 원칙적으로 적용 제외 대상에 해당한다.

10장 사회서비스법

01.②	02.②	03.②	04.①	05.④
06.③	07.⑤	08.②	09.⑤	10.①
11.①	12.③	13.④	14.②	15.②
16.①	17.③	18.①	19.③	20.④
21.④	22.②	23.②	24.③	25.④
26.④	27.④	28.②	29.③	30.④
31.④	32.①	33.③	34.⑤	35.③
36.④	37.①	38.②	39.①	40.④
41.④	42.③	43.⑤	44.①	45.②
46.②	47.①	48.①	49.⑤	50.⑤

01

답과 해설 답 ②

오답노트

① 보건복지부장관은 노인의 보건 및 복지에 관한 실태조사를 3년마다 실시하고 그 결과를 공표하여야 한다.

③ 모든 사회복지사가 신고의무를 갖는 것은 아니다. 다만, 사회복지전담공무원 및 사회복지관, 부랑인 및 노숙인보호를 위한 시설의 장과 그 종사자, 노인복지시설의 장과 그 종사자 및 노인복지상담원 등 노인복지법에서 정하는 사람은 그 직무상 노인학대를 알게 된 때 반드시 신고를 하도록 정하고 있다.

④ 누구든지 정당한 사유 없이 사고 등의 사유로 인하여 보호자로부터 이탈된 노인(실종노인)을 경찰관서 또는 지방자치단체의 장에게 신고하지 아니하고 보호하여서는 아니 된다.

⑤ 학대받는 노인의 발견·보호·치료 등을 신속히 처리하고 노인학대를 예방하기 위해 지역노인보호전문기관을 시·도에 둔다.

02

답과 해설 답 ②

국가 또는 지방자치단체 외의 자는 관할 시장·군수·구청장에게 신고하고 아동복지시설을 설치할 수 있다.

03

답과 해설 답 ②

오답노트

ㄴ. 중증장애인에게는 장애수당을 지급하지 아니한다.

ㄹ. 반드시 지원해야 하는 강행규정이 아니라 임의규정에 해당한다.

04

답과 해설 답 ①

오답노트

② 출산 후 해당 아동을 양육하지 아니하는 미혼모도 출산지원시설을 이용할 수 있다.

③ 이 법에 따른 지원대상자가 다른 법령에 따라 지원을 받고 있는 경우에는 그 범위에서 이 법에 따른 급여를 하지 아니한다.

④ 국가나 지방자치단체가 한부모가족에게 제공하도록 노력해야 하는 가족지원서비스에는 아동의 양육 및 교육 서비스, 장애인·노인·만성질환자 등의 부양 서비스, 취사·청소·세탁 등 가사 서비스, 교육·상담 등 가족 관계 증진 서비스, 인지청구 및 자녀양육비 청구 등을 위한 법률상담·소송대리 등 법률구조서비스 등이 있다.

⑤ 국가나 지방자치단체의 지원으로 형성된 자산은 청소년 한부모가 이 법에 따른 지원대상자에 해당하는지 여부를 조사·확인할 때 이를 포함하지 아니한다.

05

답과 해설 답 ④

아동학대 예방 및 피해아동에 대한 지원 등에 관련된 사항을 심의하기 위하여 아동보호전문기관에 아동학대사례전문위원회를 둔다.

06

답과 해설 답 ③

국공립어린이집 외의 어린이집을 설치·운영하려는 자는 특별자치도지사·시장·군수·구청장의 인가를 받아야 한다.

07

답과 해설 답 ⑤

노인학대 신고전화의 운영 및 사례접수는 지역노인보호

전문기관의 업무에 해당한다.

08

답과 해설 답 ②

정신질환자는 원칙적으로 자신의 신체와 재산에 관한 사항에 대하여 스스로 판단하고 결정할 권리를 가진다. 특히 주거지, 의료행위에 대한 동의나 거부, 타인과의 교류, 복지서비스의 이용 여부와 복지서비스 종류의 선택 등을 스스로 결정할 수 있도록 자기결정권을 존중받는다.

09

답과 해설 답 ⑤

'모' 또는 '부'는 다음 중 어느 하나에 해당하면서 아동인 자녀를 양육하는 자이다.
• 배우자와 사별 또는 이혼하거나 배우자로부터 유기된 자
• 정신이나 신체의 장애로 장기간 노동능력을 상실한 배우자를 가진 자
• 교정시설 · 치료감호시설에 입소한 배우자 또는 병역복무 중인 배우자를 가진 사람
• 미혼자(사실혼 관계에 있는 자는 제외)
• 위 규정에 준하는 자로서 여성가족부령으로 정하는 자

10

답과 해설 답 ①
오답노트

② 이 법에서 정하는 장애인복지시설에는 장애인 거주시설, 장애인 지역사회재활시설, 장애인 직업재활시설, 장애인 의료재활시설, 장애인 쉼터, 피해장애아동 쉼터, 장애인 생산품판매시설 등이 있다.
③ 장애아동수당은 보호자가 아닌 장애아동에게 지급하는 것이다.
④ 자녀교육비는 장애인이 자녀를 부양하는 경우뿐만 아니라 자녀가 장애인인 경우에도 받을 수 있다.
⑤ 성범죄로 형 또는 치료감호를 선고받아 확정된 사람은 그 형 또는 치료감호의 전부 또는 일부의 집행을 종료하거나 집행이 유예 · 면제된 날부터 10년 동안 장애인복지시설을 운영하거나 장애인복지에 취업할 수 없으며, 사실상 노무를 제공할 수 없다.

11

답과 해설 답 ①

ㄱ. 단기보호시설은 피해자등을 6개월의 범위에서 보호하는 시설이다.
ㄷ. 외국인보호시설은 배우자가 대한민국 국민인 외국인 피해자등을 2년의 범위에서 보호하는 시설이다.

12

답과 해설 답 ③

보건복지부장관은 5년마다 실태조사를 하여야 한다. 다만, 정신건강증진정책을 수립하는 데 필요한 경우 수시로 실태조사를 할 수 있다.

13

답과 해설 답 ④

의료인 및 의료기관의 장도 노인학대 신고의무자에 해당한다.

14

답과 해설 답 ②

노인전문병원은 2011년 노인복지법 개정에서 삭제되었다.

15

답과 해설 답 ②

노인복지시설의 종사자도 신고의무자에 해당한다.

16

답과 해설 답 ①

아동정책조정위원회의 심의를 거쳐 아동정책기본계획을 확정한다.

17

답과 해설 답 ③

아동의 건강한 성장을 도모하고, 범국민적으로 아동학대의 예방과 방지에 관한 관심을 높이기 위하여 매년 11월 19일을 아동학대예방의 날로 지정하고, 아동학대예방의 날부터 1주일을 아동학대예방주간으로 한다.

18

답과 해설 답 ①

시 · 도지사 또는 시장 · 군수 · 구청장은 아동의 가정위탁보호를 희망하는 사람에 대하여 범죄경력을 확인하여야 한다.

19

답과 해설 답 ③

국가와 지방자치단체는 중증장애인이 일상생활 또는 사회생활을 원활히 할 수 있도록 활동지원급여를 지원할수 있다. 즉, 강행규정이 아니라 임의규정에 해당한다.

20

답과 해설 답 ④

장애인복지실시기관은 경제적 부담능력 등을 고려하여 장애인이 부양하는 자녀 또는 장애인인 자녀의 교육비를 지급할 수 있다. 즉, 강행규정이 아니라 임의규정에 해당한다.

21

답과 해설 답 ④

장애인복지실시기관은 해당 장애인 또는 그 부양의무자로부터 장애인복지실시기관이 부담한 재활상담 등의 조치 비용의 전부 또는 일부를 받을 수 있다.

22

답과 해설 답 ②

오답노트

① 국민기초생활보장법에 따라 보호를 받는 경우 그 범위에서 한부모가족지원법에 따른 급여를 하지 아니한다.
③ 여성가족부장관은 자녀양육비 산정을 위한 가이드라인을 마련하여 법원이 이혼 판결시 활용할 수 있도록 노력해야 한다.
④ 시 · 도지사, 시 · 군 · 구청장은 매년 1회 이상 관할구역 보호대상자의 가족상황, 생활실태 등을 조사하여야 한다.
⑤ 국가 및 지방자치단체는 한부모가족의 모 또는 부와 아동의 취업기회를 확대하기 위하여 한부모가족 관련 시설 및 기관과 직업안정법에 따른 직업안정기관과 효율적인 연계를 도모하여야 한다.

23

답과 해설 답 ②

법인 · 단체등어린이집은 각종 법인(사회복지법인을 제외한 비영리법인)이나 단체 등이 설치 · 운영하는 어린이집이다. 사회복지법인어린이집은 사회복지사업법에 따른 사회복지법인이 설치 · 운영하는 어린이집이다.

24

답과 해설 답 ③

장애수당 지급에 관한 규정은 임의규정에 해당한다.

25

답과 해설 답 ④

한부모가족복지시설의 설치 신고를 한 자가 그 시설을 폐지하거나 그 시설의 운영을 일시적으로 중단하려면 미리 특별자치시장 · 특별자치도지사 · 시장 · 군수 · 구청장에게 신고하여야 한다.

26

답과 해설 답 ④

모금회는 정관을 작성하여 보건복지부장관의 인가를 받아 등기함으로써 설립된다.

27

답과 해설 답 ①

행정안전부장관은 관계 중앙행정기관의 장과 협의하여 자원봉사활동의 진흥을 위한 국가기본계획을 5년마다 수립하여야 한다.

28

답과 해설 답 ①

오답노트

② 친생부모가 친권상실의 선고를 받은 경우 그 아동을 양자로 하려면 친생부모의 동의가 없어도 된다.
③ 양친이 될 사람이 대한민국 국민이 아닌 경우에는 해당 국가의 법에 따라 양친이 될 수 있는 자격을 갖추어야 한다.
④ 양친이 될 사람의 자격에 재산에 관한 조건이 규정되어 있다. 즉, 양친이 될 사람은 양자를 부양하기에 충

분한 재산이 있어야 한다.

⑤ 아동을 입양하려는 경우에는 이 법령에서 정한 서류를 갖추어 가정법원의 허가를 받아야 한다.

29

답과 해설 답 ⑤

정신건강증진시설의 장은 정신건강증진시설에 입원 등을 하거나 시설을 이용하는 사람의 성명, 주소, 보호의무자 등의 신상정보를 확인하여야 하며, 신상정보가 확인되지 아니하는 경우에는 보건복지부령으로 정하는 바에 따라 특별자치시장·특별자치도지사·시장·군수·구청장에게 신상정보의 조회를 요청하여야 한다.

30

답과 해설 답 ④

가족지원서비스에는 아동의 양육 및 교육 서비스, 장애인·노인·만성질환자 등의 부양 서비스, 취사·청소·세탁 등 가사 서비스, 교육·상담 등 가족관계 증진 서비스, 인지청구 및 자녀양육비 청구 등을 위한 법률상담·소송대리 등 법률구조서비스가 규정되어 있다.

31

답과 해설 답 ④

기부금품의 기부자는 배분지역, 배분대상자 또는 사용용도를 지정할 수 있다.

32

답과 해설 답 ①

여성가족부장관은 관계 중앙행정기관의 장과 협의하여 건강가정기본계획을 5년마다 수립해야 한다.

33

답과 해설 답 ③

자원봉사진흥위원회는 자원봉사활동에 관한 주요정책을 심의하며, 국무총리 소속으로 관계중앙행정기관 및 민간전문가로 구성한다.

34

답과 해설 답 ⑤

보건복지부령이 아닌 여성가족부령으로 정한다.

35

답과 해설 답 ③

국가 또는 지방자치단체는 노인보건복지관련 연구시설이나 사업의 육성을 위하여 필요하다고 인정하는 경우에는 국유재산법 또는 지방재정법의 규정에 불구하고 국·공유재산을 무상으로 대부하거나 사용·수익하게 할 수 있다.

36

답과 해설 답 ④

오답노트

ㄹ. 장애인복지에 관한 정보의 수집·분석·관리, 조사·연구·정책개발 및 국제개발 등의 국제협력 사업은 한국장애인개발원의 사업에 해당한다.

37

답과 해설 답 ①

아동학대란 보호자를 포함한 성인이 아동의 건강 또는 복지를 해치거나 정상적 발달을 저해할 수 있는 신체적·정신적·성적 폭력이나 가혹행위를 하는 것과 아동의 보호자가 아동을 유기하거나 방임하는 것을 말한다.

38

답과 해설 답 ②

국가 또는 지방자치단체는 노인의 지역봉사 활동 및 취업의 활성화를 기하기 위하여 노인지역봉사기관, 노인취업알선기관 등 노인복지관계기관에 대하여 필요한 지원을 할 수 있다.

39

답과 해설 답 ①

여성가족부장관은 한부모가족 지원을 위한 정책수립에 활용하기 위하여 3년마다 한부모가족에 대한 실태조사를 실시하고 그 결과를 공표하여야 한다.

40

답과 해설 답 ④

요양보호사가 되려는 사람은 사회복지사 자격증 소지 여부와는 관계 없이 요양보호사교육기관에서 교육과정을 마치고 시·도지사가 실시하는 요양보호사 자격시험에 합격하여야 한다.

41

답 ④

국가와 지방자치단체 그 밖의 공공단체는 의지·보조기기사, 언어재활사, 장애인재활상담사, 한국수어 통역사, 점역(點譯)·교정사 등 장애인복지 전문인력, 그 밖에 장애인복지에 관한 업무에 종사하는 자를 양성·훈련하는 데에 노력해야 한다.

42

답 ③

ㄱ. 보건복지부장관은 아동정책에 대한 종합적인 수행과 아동복지 관련 사업의 효과적인 추진을 위하여 필요한 정책의 수립을 지원하고 사업평가 등의 업무를 수행할 수 있도록 아동권리보장원을 설립한다.
ㄴ. 시·도지사, 시장·군수·구청장은 보호조치 및 퇴소조치 등에 관한 사항을 심의하기 위하여 그 소속으로 아동복지심의위원회를 각각 둔다.
ㄷ. 보건복지부장관, 관계 중앙행정기관의 장 및 시·도지사는 매년 기본계획에 따라 연도별 아동정책시행계획을 수립·시행하여야 한다.

43

답 ⑤

'부모가 사망하거나 생사가 분명하지 아니한 아동, 부모가 정신 또는 신체의 장애·질병으로 장기간 노동능력을 상실한 아동, 부모의 장기복역 등으로 부양을 받을 수 없는 아동, 부모가 이혼하거나 유기하여 부양을 받을 수 없는 아동, 앞서 규정된 자에 준하는 자로서 여성가족부령으로 정하는 아동'에 해당하는 아동과 그 아동을 양육하는 조부 또는 조모로서 여성가족부령으로 정하는 자는 이 법에 따른 지원대상자가 된다.

44

답 ①

ㄹ. 피해자등의 보호 및 숙식 제공은 성폭력피해자보호시설의 업무에 해당한다.

45

답 ②

여성가족부장관, 관계 중앙행정기관의 장과 시·도지사는 매년 기본계획에 따라 다문화가족정책에 관한 시행계획을 수립·시행하여야 한다.

46

답 ②

다문화가족의 삶의 질 향상과 사회통합에 관한 중요 사항을 심의·조정하기 위하여 국무총리 소속으로 다문화가족정책위원회를 둔다.

47

답 ①

장기보호시설은 피해자등에 대하여 2년의 범위에서 자립을 위한 주거편의 등을 제공하는 시설이다.

48

답 ①

국가와 지방자치단체는 피해자나 피해자의 가족구성원이 각급 학교의 학생인 경우 주소지 외의 지역에서 취학(입학, 재입학, 전학 및 편입학을 포함)할 필요가 있을 때에는 그 취학이 원활히 이루어지도록 지원하여야 한다.

49

답 ⑤

ㄱ. 보건복지부장관은 3년마다 아동의 양육 및 생활환경, 언어 및 인지 발달, 정서적·신체적 건강, 아동안전, 아동학대 등 아동의 종합실태를 조사하여 그 결과를 공표하고, 이를 기본계획과 시행계획에 반영하여야 한다. 다만, 보건복지부장관은 필요한 경우 보건복지부령으로 정하는 바에 따라 분야별 실태조사를 할 수 있다.
ㄴ. 보건복지부장관은 노인의 보건 및 복지에 관한 실태조사를 3년마다 실시하고 그 결과를 공표하여야 한다.
ㄷ. 보건복지부장관은 이 법의 적절한 시행을 위하여 보육 실태조사를 3년마다 실시하고 그 결과를 공표하여야 한다.
ㄹ. 보건복지부장관은 장애인 복지정책의 수립에 필요한 기초 자료로 활용하기 위하여 3년마다 장애실태조사를 실시하여야 한다.

50

아동복지법령상 보건복지부장관, 시·도지사 또는 시
장·군수·구청장은 아동학대 전담의료기관 지정의 취
소, 시설 위탁의 취소 또는 시설의 폐쇄명령을 하고자 하
는 경우에 청문을 하여야 한다.

11장 판례

01.④ 02.② 03.④ 04.⑤ 05.⑤
06.③ 07.② 08.② 09.④

01

국민연금제도는 조세법률주의나 재산권보장에 위배되
지 않는다. 국민연금제도를 통하여 달성하고자 하는 공
익이 개별적인 내용의 저축에 대한 선택권이라는 개인적
사익보다 월등히 크다고 보아야 할 것이어서 과잉금지의
원칙에 위배되지 아니하므로, 결국 헌법에 위반된다고
할 수 없다(99헌마365).

02

계약자유의 원칙과 기업의 경제상의 자유는 무제한의 자
유가 아니라 헌법 제37조 제2항에 의하여 공공복리를 위
해 법률로써 제한이 가능한 것이며, 국가가 경제주체 간
의 조화를 통한 경제의 민주화를 위해 규제와 조정을 할
수 있다(헌법 제119조 제2항)고 천명하고 있다. 이는 사
회·경제적 약자인 장애인에 대하여 인간으로서의 존엄
과 가치를 인정하고 나아가 인간다운 생활을 보장하기
위한 불가피한 요구라고 할 것이어서, 그로 인하여 사업
주의 계약의 자유 및 경제상의 자유가 일정한 범위 내에
서 제한된다고 하여 곧 비례의 원칙을 위반하였다고는
볼 수 없다(2001헌바96).

03

① 기업의 경제상의 자유는 공공복리를 위해 법률로 제
   한이 가능하다고 보았다. 장애인 근로의 권리를 보장
   하기 위해 사회적·국가적 차원의 조치가 필요하여
   기업의 자유를 제약하는 것은 불가피한 조치이다.
② 국민건강보험법이 의무가입을 규정하고 임의해지
   를 금지하면서 보험료를 납부케 하는 것은 국가의
   사회보장·사회복지의 증진의무(헌법 제34조 제2

항)라는 정당한 공공복리를 효과적으로 달성하기 위한 것이다.

③ 국민건강보험공단의 보험급여거부처분이라는 집행행위를 통하여 비로소 기본권에 대한 현실적 침해가 있게 되므로 기본권 침해의 직접성이 없다.

⑤ 사회보험방식에 의하여 재원을 조성하여 반대급부로 노후생활을 보장하는 강제저축 프로그램으로서의 국민연금제도는 상호부조의 원리에 입각한 사회연대성에 기초하여 고소득계층에서 저소득층으로, 근로세대에서 노년세대로, 현재 세대에서 다음 세대로 국민 간에 소득재분배의 기능을 함으로써 오히려 사회적 시장경제질서에 부합하는 제도라 할 것이므로, 국민연금제도는 헌법상의 시장경제질서에 위배되지 않는다.

04

답과 해설 답 ⑤

성문법주의를 채택하고 있는 우리나라에서 불문법원인 판례는 원칙적으로는 재판의 근거규범이 될 수 없다. 하지만 실제로는 성문법원의 보충적 기능을 하면서 법적 판단의 근거가 되고 있다.

05

답과 해설 답 ⑤

헌법재판소는 여러 종류의 수급권을 갖게 된 수급권자에 대해 당사자의 선택에 따라 하나만을 지급하도록 한 것은 공공복리를 위해 필요하고 적정한 방법이며, 헌법에 따른 기본권을 제한한 것으로 볼 수 없으며, 평등권을 침해한 것도 아니라는 결정을 내린 바 있다.

06

답과 해설 답 ③

ㄴ. 장애인을 위하여 저상버스를 도입해야 한다는 구체적 내용의 의무가 헌법으로부터 나오는 것은 아니다.

ㄹ. 대한민국 정부가 지방공무원에게 맞춤형 복지제도를 시행하기 위한 법규 제정 및 예산지원을 하지 않은 것은 위헌이 아니다.

07

답과 해설 답 ②

〈보기〉의 판례는 국민기초생활보장제도의 수급자격 및 급여액 결정에 관한 것이다. 국민기초생활보장제도의 수급자격 판단에는 선별주의 원리가 적용되며, 급여액의 결정에는 보충성의 원리가 적용된다.

08

답과 해설 답 ②

오답노트

ㄴ. 선례구속주의는 불문법 제도를 채택하고 있는 영미법계 국가에서 채택하고 있다.

ㄹ. 성문법주의를 채택하고 있는 우리나라에서는 법적 구속력을 갖지 못하고 사실상 구속력만을 갖는다고 볼 수 있다.

09

답과 해설 답 ④

헌법재판소 전원재판부는 1996년 10월 4일 96헌가6의 판결로 국민연금기금의 공공자금관리기금 편입이 위헌이라는 제청을 기각하였다. 그러나 소수의견으로 재산권 및 인간다운 생활을 할 권리를 침해한 것이라는 의견도 있었다.